新时代幼儿教师的专业化成长之路

——第二十二届“当代杯”全国幼儿教师职业技能大赛获奖作品选(上册)

苏 津 主编

首都师范大学出版社
CAPITAL NORMAL UNIVERSITY PRESS

图书在版编目(CIP)数据

新时代幼儿教师的专业化成长之路：第二十二届“当代杯”全国幼儿教师职业技能大赛获奖作品选 / 苏津主编. —北京：首都师范大学出版社，2023.11

ISBN 978-7-5656-7760-1

Ⅰ.①新… Ⅱ.①苏… Ⅲ.①幼教人员－职业技能－教师培训－文集 Ⅳ.①G615－53

中国国家版本馆 CIP 数据核字(2023)第 190931 号

XINSHIDAI YOU'ER JIAOSHI DE ZHUANYEHUA CHENGZHANG ZHI LU

新时代幼儿教师的专业化成长之路

——第二十二届“当代杯”全国幼儿教师职业技能大赛获奖作品选(上册)

苏 津 主编

策划编辑 李佳艺
责任编辑 林 尧 武站世
首都师范大学出版社出版发行
地 址 北京西三环北路 105 号
邮 编 100048
电 话 68418523(总编室) 68982468(发行部)
网 址 http://cnupn.cnu.edu.cn
印 刷 北京印刷集团有限责任公司
经 销 全国新华书店
版 次 2023 年 11 月第 1 版
印 次 2023 年 11 月第 1 次印刷
开 本 787mm×1092mm 1/16
印 张 52.75
字 数 1352 千
定 价 158.00 元(全三册)

编　委　会

主　编　苏　津

副主编　段春梅　张会会　顿艳宾

编　委　（按姓氏笔画排序）

王　影　刘　念　李　靖　李　静　李丽红
张慧茹　陈　阳　林　莹　赵　猛　徐　珺
黄　琴　黄诗雅　薛　巍

组　委　杨雅楠　闪军燕　赵　强　布松涛　张庭玮
苏　博　王　阳　潘永东　钟秋瑜

前　言

改革开放以来，特别是进入21世纪以后，我国学前教育取得长足发展，普及程度逐步提高。办好学前教育，关系亿万儿童的健康成长，关系千家万户的切身利益，关系国家和民族的未来。

学前教育事业能够健康发展，最重要的保障是师资，因此《国务院关于当前发展学前教育的若干意见》要求：各级政府要充分认识发展学前教育的重要性和紧迫性，将大力发展学前教育作为贯彻落实教育规划纲要的突破口；作为推动教育事业科学发展的重要任务；作为建设社会主义和谐社会的重大民生工程，切实抓紧抓好，加快建设一支师德高尚、热爱儿童、业务精良、结构合理的幼儿教师队伍。

开展职业技能型比赛活动，就是培养合格师资队伍的有效途径之一。

其一，比赛是对幼儿教师的能力和水平的一次全面展示和检阅。人才是教育之本，教师是学校之本，技能是教师之本。拥有过硬的职业技能是每位教师必须具备的基本条件，竞赛是全面磨炼、展示和提高这一素质的最有效的形式。

其二，比赛是提高教师能力、水平和质量的一种重要途径。比赛为教师提供了提高教育能力和教育水平的机会，作为参赛者的教师在准备过程中可以得到前辈及同事们的指点和帮助；参赛的准备和比赛过程会帮助教师得到锻炼和提高，并在展示自己的同时，与其他参赛教师进行各个层面的广泛的交流，互相学习，共同进步。

其三，比赛是促进教师成长的重要手段。通过比赛活动，可以正确引领教师在专业上的进步，引导他们关注最新的教育理念，潜移默化地培养他们的创新意识和学习意识。参与比赛有助于提高全国幼儿教师的职业素养，有助于增加教师之间的专业交流，有助于促进教师之间的专业分享。此外，比赛还是帮助教师树立良好的师德、教育观念和能力的最好方式，能使教师经历一次全面、完整的过程训练。

由《幼儿教育导读》杂志社、当代学前教育网、当代学前教育研究会以及多家机构联合举办的“当代杯”全国幼儿教师职业技能大赛，是当前幼儿教师培养培训的有效补充，也是促进教育教学质量提高、培养合格幼儿教师的辅助手段。

第二十二届“当代杯”全国幼儿教师职业技能大赛，历时3个月，围绕15个比赛项目展开，得到了全国各地幼儿园及幼儿教师的积极响应。比赛中，涌现出了一批具有专业理念和创新意识的作品。经过大赛组委会的甄别，从其中的文字作品中遴选出部分优秀获奖作品结集出版。我们希望通过作品分享展示的形式，促进广大幼儿教师的交流，促进幼儿教师的专业化发展。

在本书的编辑出版过程中，我们得到了来自全国各地幼儿园、参赛选手、教科研领域的专家以及知名出版社同人的大力支持和帮助。在此，谨代表大赛活动的主办机构、组委会的工作人员深表感谢。

为了更好地提升“当代杯”全国幼儿教师职业技能大赛的整体品质，我们将继续

聆听行业的诉求、建议和期盼，借鉴历届大赛的经验，将今后的大赛活动办得更加丰富、更加成熟、更加具有社会价值。我们将继续在幼儿教师专业成长的道路上，不断奉献我们的微薄之力。

祝愿当代幼儿教师专业化长足发展，祝愿我国学前教育事业不断进步！

目　录

教学实践

【教案】

【说课稿】

教育反思

【观察记录】

【案例分析】

【教育随笔】

教育探索

教学实践

【教案】

我的太空梦

北京城市学院　赵晶晶

教学领域	社会	班级	大班
设计意图	学龄前儿童对社会环境的认知包括对家庭、社区、幼儿园、家乡、民族和国家以及世界的认知。幼儿对社会环境和重大事件的认识遵循由小到大、由近及远的规律。随着年龄的增长，幼儿会接触到越来越多的社会环境和重大社会事件。 《幼儿园教育指导纲要（试行）》中的社会领域目标指出幼儿“有初步的责任感”，“爱集体、爱祖国”，内容与要求中指出教师应“充分利用社会资源，适当向幼儿介绍我国的发展成就，引导幼儿实际感受祖国文化的丰富与优秀，激发幼儿爱祖国的情感”。《3—6岁儿童学习与发展指南》中社会适应篇提到5—6岁幼儿“知道国家一些重大成就，爱祖国，为自己是中国人感到骄傲”。因此，教师应向幼儿介绍反映中国人聪明才智的发明和创造，激发幼儿的民族自豪感。因此，本次活动抓住幼儿心理发展特点，引导幼儿关注神舟十五号载人飞船发射升空的重大社会事件，知道本次三名航天员及出舱任务，了解现阶段中国航天事业取得的成就，同时激发幼儿热爱航天事业、热爱祖国的情感。		
活动目标	1. 知道神舟十五号载人飞船发射的具体时间，航天员的信息、工作内容以及生活方式。 2. 发现太空中的有趣现象，并大胆想象自己在外太空中的有趣事情。 3. 感受到火箭成功发射的满足感，探索宇宙的新奇感，作为中国人的自豪感。		
重点难点	重点：知道神舟十五号载人飞船发射的相关信息及影响。 难点：能结合自己的经验想象神秘有趣的太空生活，并用自己喜欢的方式表现出来。		
活动准备	物质准备：PPT，平板电脑，师幼共同收集的太空舱内有趣的视频和太空舱外的景色视频与图片、资源共享库。 经验准备：幼儿与家长共同观看了《太空生活》和《天空课堂》的直播。		
活动过程	**一、导入环节“遨游外太空”** 幼儿在音乐的伴随下“遨游外太空”。 教师提问：小朋友们在外太空里见到了什么？发生了什么有趣的事情？ 幼儿回答：火箭升空，航天员在向我们打招呼。 **二、主体部分** （一）神秘的外太空 1. 关于神舟十五号载人飞船的故事 观看神舟十五号载人飞船发射升空的视频。 教师提问：火箭升到太空里去做什么？ 幼儿回答：上幼儿园去了、旅行去了、找外星人玩去了。 教师提问：这次升空的飞船叫什么名字？什么时间发射的？都有哪几位航天员？ 2. 神奇的机舱 观看视频《火箭发射》《天宫课堂》。 教师提问：火箭发射升空后，发生了什么事情？视频中的航天员在做什么？ 教师总结：航天工作及航天员在太空中的生活方式。 （二）外太空大畅想 1. 我是小小探险家 小组合作闯关寻找外太空的秘密。		

续表

活动过程	2. 太空里的秘密 小组分享收集的外太空内容，观看平板电脑中的视频与图片，发现太空舱中的有趣现象。 教师提问：小朋友们发现了什么有趣的现象和事情？小朋友们在太空中会遇到哪些和地球上不一样的事情呢？会发生什么有趣的故事呢？ (三)我的太空生活 组织幼儿进行游戏，想象自己是外太空的一个角色(航天员、飞船、小行星、外星人)，演绎出外太空的日常生活。 **三、结束环节“宇航员我想对你说”** 观看视频，讨论分享成为一名航天员的准备。 教师提问：如何才能成为一名航天员呢？我们要做哪些准备？你有什么话想对这些伟大的航天员们说？
活动反思	1. 在本次活动中，我们前期准备充分，活动形式多样，为幼儿创设了轻松自由的环境，将活动内容与社会热点问题紧密相连，基本达到了本次活动目标。 2. 活动目标设计合理，在活动操作的过程中，给每位幼儿展示的机会，并能够进行视频记录，使学习和思考的过程能够被清晰地记录下来，便于日后反思和完善。 3. 活动后可以把每幅作品都附上二维码，把幼儿的语音链接插进每幅作品里，随时扫码听取；也可以把每位幼儿的作品编成电子版，直接连接语音，形成每位幼儿的电子成长档案。

疯狂星期二

广东省深圳市龙华区行知学校附属锦绣观园幼儿园　张月琴

教学领域	语言	班级	中班
设计意图	《疯狂星期二》是大卫·威斯纳创作的一本被公认为无字图画书的经典之作，这本绘本用极少的文字表达了一个极富想象力的故事。图画书采用水墨画风格，画面节奏鲜明、富有规律，每一幅图的逻辑性都是连贯的，让幼儿通过细微的观察感受画面的细节。根据图画书的特点和中班幼儿年龄段发展特点，在活动设计上我引导幼儿观察画面细节，鼓励幼儿对画面大胆猜测；利用故事线索图帮助幼儿了解故事发展的主要脉络。在最后一个时间转折点鼓励幼儿大胆推测、想象、创编小猪飞行的故事，培养幼儿的观察能力、前书写能力、语言表达能力以及丰富的想象力。		
活动目标	1. 仔细观察画面，能根据画面大胆猜测故事情节。 2. 在了解故事发展主要脉络的基础上，能够结合线索图完整讲述故事并能结合故事特点进行续编和改编。 3. 在活动中培养幼儿观察、想象、联想、表达的能力，喜欢与同伴分享交流。		
重点难点	重点：仔细观察画面，了解故事发展的主要脉络。 难点：能够根据故事情节续编故事。		
活动准备	物质准备：《疯狂星期二》绘本、视频、故事线索图、操作卡、绘画纸和笔。 经验准备：幼儿有创编故事的经验，富有想象力。		
活动过程	**一、出示绘本，引导幼儿观察封面、封底、主题页和扉页，猜测故事内容** 1. 观察封面，识别、猜测画面中的关键信息。		

续表

活动过程	2. 观察封底，介绍绘本获奖情况。 3. 观察主题页和扉页，引发幼儿的想象。 **二、师幼逐页观察画面，引导幼儿发挥想象，猜测故事情节的发展** 1. 阅读第 1—8 页，空白的画面给我们留下什么信息？在这三幅图中你看到了什么？乌龟为什么瞪大了眼睛，究竟发生了什么事呢？青蛙全都飞起来了，它们要干什么？ 2. 幼儿自主阅读第 9—16 页，引导幼儿关注画面细节并进行大胆猜测。 什么时间？画面中的叔叔在干什么？他的眼睛在看哪里呢？青蛙在飞行中又发生了什么事？飞到了哪里？你看到了什么，有什么发现？ 3. 阅读第 17—24 页，凌晨 4 点 38 分，图中的青蛙发生了什么事，结果怎样？天亮了，青蛙最后去了哪里？它在想什么呢？ 4. 阅读讨论第 25—26 页，故事情节再现，引发幼儿的思考与联想。 5. 阅读第 27—29 页，另外一个星期二晚上 7 点 58 分，墙壁上出现了什么？又有谁飞起来了？又会发生什么奇怪的事情呢？ **三、完整观看视频，了解故事内容，理解故事情节发展的主要线索** 教师利用故事线索图帮助幼儿回顾故事情节 师：星期二晚上发生了什么事？你最喜欢哪个画面？ **四、根据时间线索，鼓励幼儿大胆续编小猪的飞行之夜的故事** 鼓励幼儿根据画面线索大胆推测，续编故事。 师：另一个星期二晚上，又发生了什么奇怪的事？ **五、活动延伸** 1. 在语言区投放《疯狂星期二》线索图、操作卡，让幼儿讲述故事，进一步理解和熟悉故事情节。 2. 提供画纸和笔，鼓励幼儿根据自己的想法创编不同角色的飞行故事。 3. 亲子创编不同的小猪飞行的故事，制作成图画书带回幼儿园分享。
活动反思	在本次活动中，幼儿对图画的观察很细致，根据教师的提问能够大胆猜测画面中发生的故事，对于飞行的青蛙的故事非常感兴趣，都觉得很神奇，这也是他们最喜欢的故事之一。在活动中教师使用夸张的表情和语言把幼儿带入故事情境中，通过师幼共读绘本、幼儿自主阅读绘本去发现、猜测故事发展的情节，在观察分享中幼儿能大胆想象猜测角色的对话、想法等。教师还使用故事线索图帮助幼儿进一步了解故事发展的脉络。故事的最后是一个转折点，幼儿根据线索在课后能够与家长、同伴发挥想象，创编小猪飞行的故事，在区域活动中能够自主再次阅读绘本，利用线索图和图卡进行故事的续编和改编，反馈效果比较好，能够激发孩子们天马行空的想象力。

我会交好朋友

广西壮族自治区崇左幼儿师范高等专科学校　徐　铭

教学领域	社会	班级	中班
设计意图	《幼儿园教育指导纲要（试行）》中指出：幼儿与成人、同伴之间的共同生活、交往、探索、游戏等是其社会学习的重要途径，应为幼儿提供人际相互交往和共同活动的机会和条件。为了满足幼儿交好朋友的渴望与需求，我设计了本次活动。		
活动目标	1. 知道交好朋友的重要性，学会用不同方式交好朋友。 2. 能够用不同方式交好朋友。 3. 喜欢交好朋友，体验交好朋友的乐趣。		

续表

<table>
<tr><td>重点难点</td><td>重点：知道交好朋友的重要性，学会用不同方式交好朋友。
难点：能够用不同方式交好朋友。</td></tr>
<tr><td>活动准备</td><td>物质准备：PPT，百宝书，交友的图片，红、蓝牌子，小白兔头饰一个。
经验准备：幼儿有主动与小朋友交往的能力。</td></tr>
<tr><td>活动过程</td><td>一、情景导入
师：小朋友们，今天我们班来了一位好朋友，是小白兔。它好像不开心，让我们一起来看看它到底怎么了。
小白兔：其他的小朋友都有自己的好朋友，可是我没有自己的好朋友，我也不知该怎么交好朋友？
师：小朋友们都是怎么交到自己的好朋友的？我们交好朋友的方法都有哪些呢？
幼儿自由回答。
二、引导幼儿说说交好朋友的方法
师：小朋友都想到了交好朋友的方法了，那现在请我们的小朋友们分组讨论一下吧！
教师分组提问：刚刚老师听到了小朋友们讨论得很热闹，那现在有哪个小组愿意分享一下，你们是怎么交到自己的好朋友的呢？
幼儿自由回答。
小结：我们交好朋友的时候，有礼貌是很重要的。小朋友们都有自己交好朋友的办法，大家都是小小的本领家。
三、引导幼儿学习交好朋友的方法
教师播放视频。师：老师这里也有一些交好朋友的方法，让我们一起来学习一下吧！
师：刚刚小朋友都看到了哪些交好朋友的方法？有哪位小朋友愿意说一说？
幼儿自由回答。
小结：看来我们的小朋友们都已经学会了交好朋友的方法了，我们可以和伙伴一起分享食物和玩具，可以在别人需要帮助的时候帮助他，还可以主动表达自己想要交好朋友的意愿。
四、引导幼儿分辨交好朋友的方法
师：老师给小朋友们准备了一些小图片，请小朋友们从里面找到可以交到好朋友的图片，再贴到我们的书上制作成一本百宝书，送给小白兔。
师：老师看到小朋友们都把百宝书贴得满满的了，有哪位小朋友愿意上来和我们分享自己制作的百宝书呢？
幼儿分享。
小结：小朋友们都掌握了交好朋友的方法了，都知道互相关心、互相帮助、乐于分享、学会倾听、尊重他人是可以交到好朋友的，对朋友发脾气、不尊重朋友是不能交到好朋友的。
五、引导幼儿参与游戏——“小小裁判官”
师：现在小朋友们手上都有红牌和蓝牌，小白兔给大家表演交好朋友的方法，你们觉得能交到好朋友的就举蓝牌，觉得不能交到好朋友的就举红牌。
教师扮演小白兔表演交好朋友的办法，幼儿通过看表演进行判断。
小结：看来小朋友们都知道随便对其他小朋友发脾气、不尊重小朋友是不可以交到好朋友的，小朋友们还知道了主动关心、帮助朋友，分享食物和玩具是可以交到好朋友的。</td></tr>
<tr><td>活动反思</td><td>本次活动中我应该多提供机会让幼儿主动学习，积极创造条件与环境让幼儿去实践，这样能使幼儿主动打开心扉，主动认识他人，让幼儿之间的友谊可以在他们的表达与交流中进一步延伸与扩展下去。</td></tr>
</table>

忙碌的蜘蛛

上海市浦东新区金童幼儿园　杨　爽

教学领域	艺术	班级	小班
设计意图	“吐出细银丝，织成天罗网，摆下八卦阵，专捉飞来将。”天气回暖，孩子们外出散步的时候经常能在草丛附近看到小蜘蛛忙碌的身影。《3—6岁儿童学习与发展指南》指出，要在大自然和社会文化生活中萌发幼儿对美的感受和体验，引导幼儿用自己的方式去表现美和创造美。 近期我班幼儿对小蜘蛛很感兴趣，且喜爱绘本《忙碌的蜘蛛》。平时与动物有关的美术活动选材大多数为长颈鹿、蝴蝶、小鱼等，节肢动物较少，我趁此次机会设计了本次活动。		
活动目标	1. 尝试用黏土、扭扭棒等材料创作蜘蛛模型。 2. 感受艺术创作的乐趣，激发幼儿对蜘蛛的探索欲望。		
重点难点	重点：幼儿了解蜘蛛的形体特点和生活习性，观察蜘蛛的身体构成。 难点：拿取彩色黏土，用手揉搓出蜘蛛的头部和胸腹部；捏住扭扭棒一端往里弯折变成蜘蛛的腿，锻炼手部精细动作。		
活动准备	物质准备：PPT、背景音乐、作品底板等教具；各色扭扭棒、彩色黏土、卡纸、手工纸、马克笔、自制树叶等学具。 经验准备：阅读绘本故事《忙碌的蜘蛛》。		
活动过程	**一、谜语导入，激发兴趣** 提问：吐出细银丝，织成天罗网，摆下八卦阵，专捉飞来将。小朋友们一起猜猜看这个谜语说的是什么动物呢？ 追问：你们是怎么猜出来的？ 找出谜语关键词：吐丝、织网、八卦阵、捉虫。 视频：小蜘蛛八条腿，平常最爱吐银丝，织个网，丝连丝，捉到虫子它就吃。 **二、出示图片，观察蜘蛛** 关键提问1：蜘蛛的身体结构由哪几个部分组成？分别是什么？ 关键提问2：蜘蛛的头部和腹部是什么形状？ 重点提问：蜘蛛一共有几条腿？腿靠近蜘蛛的哪个部位？ 小结：蜘蛛是由头部、腹部和八条腿组成，蜘蛛的八条腿靠近腹部。每只蜘蛛的形态和花纹都各不相同，各具特色。 **三、展示材料，交流讨论** 师：忙碌的小蜘蛛不仅要忙着织网还要捕虫，今天就邀请小朋友们一起利用材料制作几只小蜘蛛。 1. 展示材料：保丽龙半球、黏土、扭扭棒、马克笔、眼睛贴纸、自制树叶 提问：你们认识这些材料吗，分别是什么？ 追问：怎样利用这些材料变成小蜘蛛呢？ 2. 请个别幼儿演示方法，交流讨论 取一块彩色黏土，用手揉搓出蜘蛛的头部和胸腹部。利用形态特征将保丽龙半球变成蜘蛛的身体或头部。捏住扭扭棒一端往里弯折变成蜘蛛的腿。 小结：蜘蛛的头小一点，身体长一点，脚是弯的，需要折一折，不要忘记蜘蛛的小眼睛，最后利用多余的黏土和自制树叶装饰画面。		

续表

活动过程	**四、幼儿操作，展示分享** 过渡语：接下来请小朋友们到桌子旁制作小蜘蛛吧！ 教师鼓励幼儿自主选择材料，大胆配色，可以将小蜘蛛的八条腿弯折出不同的角度，让蜘蛛忙碌起来，使作品更加生动。教师提醒幼儿拿取黏土的方法，使用白胶时注意卫生，可用湿巾纸擦手，安全使用扭扭棒。幼儿展示作品，分享自己的蜘蛛创意画。
活动反思	本次活动是由班级幼儿近期的兴趣为切入点来设计的美术活动，活动过程中幼儿对于蜘蛛的探索欲望很强烈。导入部分利用小谜语与幼儿一起互动，激发幼儿对小蜘蛛的兴趣，他们都很喜欢猜谜小游戏，争先恐后地猜测。接着利用视频、图片让幼儿观察，通过欣赏形态各异的蜘蛛，幼儿会发现蜘蛛神奇的身体结构及花纹，启发幼儿的想象力。在“说一说”环节，他们能够把蜘蛛的身体部位比喻成意想不到的物品、形状，幼儿天马行空的想法也为后面的美术创作做了铺垫。 对于小班幼儿来说，他们喜欢新奇的材料和绚丽的色彩搭配，所以在操作过程中我也增加了一些创新型的材料。每个小组的材料投放也有区别，幼儿看到之后更加兴奋了，他们在一步步地探索材料和创作小蜘蛛，艺术创作能力也得到了提升。有的幼儿还与同组的幼儿合作、互相帮助，他们用自己的方式去表现美和创造美，最后呈现的作品都是独特且画面丰富有趣的。

翻滚吧！蛋炒饭

广西壮族自治区河池市宜州区庆远镇慧凡爱心幼儿园　李建林

教学领域	健康	班级	大班
设计意图	在大班幼儿的日常生活中，教师发现，只要有能躺下翻身打滚的地方，孩子们就会一起在上面滚来滚去，玩得不亦乐乎。教师根据幼儿的兴趣与发展需要，设计了关于侧滚翻动作的探索和练习活动。前期已和幼儿在游戏中一起探索和练习单人侧滚翻的基本动作，接下来，准备在游戏中与幼儿一起探索和学习双人侧滚翻的动作与方法，并尝试和同伴一起合作进行侧滚翻的游戏，提高幼儿的合作能力。		
活动目标	1. 幼儿通过游戏“翻滚吧！蛋炒饭”掌握侧滚翻的基本动作，并在练习中提升幼儿肢体的平衡、协调能力和身体的控制能力。 2. 幼儿通过游戏“翻滚吧！蛋炒饭”与同伴一起探索和学习多种双人翻滚的方法，共同完成动作任务。 3. 幼儿愿意与同伴合作，喜欢迎接挑战，体验一起克服困难、取得胜利的成功与喜悦。		
重点难点	重点：掌握侧滚翻的基本动作。 难点：拓展双人侧滚翻的动作，能较好地控制自己的身体，与同伴共同完成动作任务。		
活动准备	物质准备：垫子、三段音乐《向快乐出发》《开心往前飞》《八音盒》的音频。 经验准备：幼儿有单人侧滚翻的经验，并掌握侧滚翻的基本动作。		
活动过程	**一、导入环节——热身活动** 1. 幼儿跟随教师进入场地，排成一列纵队，入场慢跑热身，锻炼头部、肩部、腰部、上肢、下肢等身体各部位。 2. 引导幼儿自由散开，进行转圈游戏——“龙卷风”，练习和发展幼儿的转圈动作。播放音乐《向快乐出发》。		

续表

<table>
<tr><td>活动过程</td><td>**二、活动过程**
(一)自由练习，回顾和继续探索单人侧滚翻技能
1. 教师引导幼儿回顾和自由练习单人侧滚翻的方法。
幼儿随着音乐《开心往前飞》在地垫上自由翻滚。
2. 引导幼儿分享自己侧滚翻的方法，并总结出单人侧滚翻的翻滚方法。
小结：单人侧滚翻的方法有很多，可以双手举起来放在头顶上方；可以双手抱住放在后脑勺上；可以双手贴在身体的两侧；还可以双手抱拳放在额头的前面。
(二)合作练习探索双人侧滚翻技能
1. 探索双人侧滚翻的方法。
(1)引导幼儿自由结伴，两人一组，尝试和探索双人侧滚翻的方法。
师：那我们随着音乐《开心往前飞》两人一组尝试双人侧滚翻吧！
(2)教师请小组分享双人侧滚翻的方法，及时给予幼儿肯定和表扬，并总结出双人侧滚翻的动作要领和注意事项。
2. 小结：在做双人侧滚翻时，需要两个人找到舒适的位置躺下，身体摆正，双腿伸直，两个人一起向一侧翻滚。要注意保护好自己，如果觉得不舒服，要立即告诉同伴，一起调整姿势。
(三)游戏体验，巩固技能
1. 引导幼儿围坐在一起，休息片刻。师幼一起讨论“蛋炒饭”需要准备的食材，引出游戏——“翻滚吧！蛋炒饭”。
2. 教师介绍游戏规则，引导幼儿根据角色用单人侧滚翻、双人侧滚翻进行游戏。
3. 幼儿分组进行游戏“翻滚吧！蛋炒饭”，教师观察并及时给予指导和帮助。
三、活动结束
1. 教师播放舒缓的音乐，引导幼儿做身体的放松运动。按四列纵队站好，我们一起来放松放松身体！播放音乐《八音盒》。
2. 师幼一起收放材料，整理活动场地。</td></tr>
<tr><td>活动反思</td><td>本次活动以情境游戏为前提，根据大班幼儿身体发展水平，在幼儿初步的合作意识基础上，设计了练习双人侧滚翻动作。情景化、游戏化的活动设计激发了幼儿主动参与动作练习、敢于尝试和体验的主动性。活动结构设计注重由浅入深、由易到难的过程，通过多次实践练习，幼儿从掌握单人侧滚翻动作拓展到双人侧滚翻动作，锻炼身体的协调能力。在双人侧滚翻中，幼儿尝试了与同伴合作，互相商量、配合完成动作，锻炼动作技能，培养幼儿勇敢、坚毅、果断、不怕困难等意志品质。在活动过程中，教师对个别幼儿的关注和指导应更加细致和有针对性，及时关注幼儿遇到的问题并给予启发和支持。</td></tr>
</table>

讲卫生

广州华商学院教师教育学院　刘　佩　苏　媛

<table>
<tr><td>教学领域</td><td>艺术</td><td>班级</td><td>小班</td></tr>
<tr><td>设计意图</td><td colspan="3">通过艺术领域的音乐活动，让小班幼儿跟唱歌曲，教师根据歌曲的内容创编身体动作，在欢快的律动中让幼儿养成讲卫生的好习惯。</td></tr>
<tr><td>活动目标</td><td colspan="3">1. 理解并学唱歌曲《讲卫生》。
2. 初步学会用肢体动作进行表演，通过歌曲知道要养成讲卫生的好习惯。
3. 喜欢参加音乐活动，体验音乐活动的乐趣。</td></tr>
</table>

续表

重点难点	重点：引导幼儿养成讲卫生的习惯。 难点：根据《讲卫生》的歌词创编身体动作。
活动准备	物质准备：歌曲《讲卫生》、一张小猪生病图片。 经验准备：小班幼儿喜欢参加唱歌活动，开始能够模仿唱一些短小、简单的歌曲；能边唱边模仿动作；能听前奏整齐地开始唱，基本合拍。幼儿对爱干净、讲卫生有初步的认知。
活动过程	**一、图片导入** 谈话：今天小猪们玩得很开心，吃得饱饱后，都闭着眼睛直接睡觉了(老师做动作“吃饱饱”，摸摸肚子；“闭眼睛”，做睡觉的动作)，接下来会发生什么事情呢？ 教师(出示小猪生病的图片)：咦，小朋友们，图片上的小猪怎么了呀？(生病了)你们知道它为什么会生病吗？其实，小猪是因为不讲卫生才生病的。我们有什么办法帮助生病的小猪，让它赶快好起来呢？(小猪要多喝水，要注意换衣服)老师这里有一首歌曲，我们把它学会了唱给小猪听，提醒它要讲卫生，好吗？ **二、初步欣赏歌曲** 教师播放歌曲，幼儿倾听。 **三、教师范唱，幼儿理解歌词内容** 1. 教师(范唱第一段)：你们听到了什么？(重点：起得早，手脸洗干净，刷牙忘不掉。) 2. 教师(范唱第二段)：你们又听到了什么？(重点：饭前洗洗手，饭后不乱跳。) 3. 带领幼儿按节奏念歌词，并学会用手打拍子。 **四、完整播放歌曲，幼儿歌唱并尝试用肢体动作进行歌曲表演** 教师带领幼儿根据歌词内容做出相应的动作，如：太阳眯眯笑(用手指着脸颊笑)，起得早(做起床伸懒腰的动作)…… **五、结束活动** 师：小朋友都太厉害了，都学会了歌曲！现在我们把这首歌曲大声地唱给生病的小猪听好吗？ 幼儿合唱。 师：你们的歌声太动听了，小猪也听到了，它说它以后一定会讲卫生，爱干净。小朋友们，你们也要像歌曲里面说的那样做个讲卫生、爱干净的好宝宝！那现在我们一起去外面洗洗我们的小手好吗？
活动反思	《3—6 岁儿童学习与发展指南》指出，艺术是人类感受美、表现美和创造美的重要形式，也是表达自己对周围世界认识和情绪态度的独特方式。音乐是艺术领域中不可或缺的一部分。幼儿对事物的感受和理解不同于成人，他们表达自己认识和情感的方式也有别于成人。因此，教师应该创造机会和条件，让幼儿自己发现、创造和学习。 遵循小班幼儿年龄的特点，我设计了“讲卫生”的主题活动。通过小猪生病的故事引起幼儿的好奇心，然后引出要学唱的歌曲。而歌曲的内容配合动作的加入，能够让小班幼儿更直观地感受歌曲的内容，并辅助动作加强记忆。本次活动还涉及了语言、音乐、图片的输入，给幼儿视觉和听觉以及动作上的刺激和调动。我们以音乐的形式让幼儿养成在日常生活当中讲卫生的习惯，这样能够让幼儿更有兴趣加入活动。

雕塑艺术

河南省河南财政金融学院国际教育学院(韦伯国际学院) 王 前 杨红梅

教学领域	艺术	班级	大班
设计意图	雕塑是一种造型艺术，是以一定的物质材料和手段制作的三维空间形象的视觉艺术。雕塑在日常生活中无处不在，小区中、公园里、道路旁等都有雕塑作品。在生活中，我发现当幼儿看到高大或是小巧的雕塑作品时，总是会摸一摸、看一看、玩一玩，我们可以利用幼儿对雕塑的好奇心开展雕塑艺术活动，由此扩充幼儿对雕塑的认知，使幼儿了解到雕塑的多样性。欣赏雕塑就是让幼儿在生活中从不同领域感知世界、认识世界。欣赏优秀的雕塑作品对幼儿个体审美趣味的培养和幼儿审美心理结构的构建起着至关重要的作用。在欣赏不同雕塑作品的过程中，幼儿可感受雕塑中蕴含的艺术元素，增加美术知识，提高审美素养和创造力，对幼儿未来的创造性发展和审美起到了奠基作用，并启迪了幼儿艺术发展领域的多样性，是打开幼儿艺术创作领域的一把钥匙。		
活动目标	1. 欣赏优秀雕塑，感受雕塑带来的魅力。 2. 尝试动手做雕塑，运用所给材料并发挥想象，感受做雕塑带来的乐趣。 3. 介绍自己的雕塑，尝试说出雕塑的构造。		
重点难点	重点：感受不同雕塑所传达的不同情感。 难点：初步掌握欣赏雕塑的方法。		
活动准备	物质准备：雕塑作品、雕塑照片、PPT、黏土、纸浆、橡皮泥、蜡烛。 经验准备：幼儿已经见过多种雕塑，并触摸过雕塑。		
活动过程	**一、导入：认识雕塑作品** 1. 师：小朋友们，猜猜看这幅图片是什么？(出示一张雕塑的黑色剪影)在我们的生活中，雕塑作品无处不在，请小朋友来分享一下自己见过的雕塑吧！ 邀请幼儿拿出准备好的照片，说一说见过的雕塑。 2. 老师展示各种材料的雕塑小作品。 师：在生活中，你能分辨出雕塑作品吗？看看这些小雕塑，你们猜猜它们是用什么做的呢？ 幼儿在老师的指导下认识雕塑的材料：泥土、石头、木头等。 **二、观察：欣赏优秀雕塑作品** 1. 引导幼儿观察雕塑的造型。 师：下面我们将一起进入雕塑的世界，看一看不同的雕塑作品，它们又有着什么样的独特造型。(出示 PPT) 著名的狮身人面像坐落于古老的埃及，有着几千年的历史。它的上半身和下半身好像是不一样的造型。它的下半身像什么呢？ 幼：上半身是人，下半身是狮子，造型独特。 师：除了这一个独特的地方外，再仔细观察，你还看到了哪些独特的造型呢？ 引导幼儿观察细节：大大的眼睛，短而神秘的发饰，长长的“手臂”。 2. 引导幼儿观察雕塑所表达的情感。 师：小朋友们，这个雕塑给你什么样的感受呢？是欢快、庄重还是悲伤呢？你是如何知道的呢？ 让幼儿关注到细节：雕塑的眼睛注视前方，面部表情庄严，庞大的身躯更加营造了庄重的氛围。		

续表

活动过程	**三、感受：多元雕塑作品的欣赏** 师：下面我们再来看几个雕塑，这几个雕塑与前面的狮身人面像有何不同呢？现代雕塑作品更加侧重于我们现在的生活，造型特别，不同的雕塑传达着不同的感情。 **四、创造：动手操作，自行完成作品** 师：小朋友们，我们现在可以自己做雕塑，这里有黏土、纸浆、橡皮泥和蜡烛，大家可以自由选择材料，创作自己的雕塑作品。 幼儿自主创作，教师巡回观察，并让幼儿尝试着介绍自己创作的是什么雕塑作品，是什么造型等。 **五、课后延伸** 将作品摆放到一起，做一个幼儿雕塑作品展，邀请家长参观。
活动反思	在活动开始之前，我先让幼儿收集自己和雕塑的合照，这一点充分调动了幼儿的兴趣，因为这和幼儿本身的经历息息相关，以往的经验有利于更顺利地开展课程活动。活动中带领幼儿感受雕塑作品，体验雕塑带来的神秘、乐趣等，让幼儿感受雕塑造型的独特，体验雕塑所表达的情感，激发幼儿的共情能力。活动后提供多种多样的材料，让幼儿自由选择，激发他们自由想象；邀请幼儿说一说自己的作品，让幼儿有充分的表达机会。活动最后是一个参观展，能够让幼儿在活动中感到快乐。在以往的设计当中，我的开场不够生动，没有充分激发幼儿兴趣。这次活动中我吸取教训，充分调动幼儿兴趣。在以往的活动中我总是较为直接地给出幼儿答案，如“这是……这个作品表达了……”，应该让幼儿自己想，而不是直接告诉他们这是什么。在此后的美术活动中，我会避免这两个错误，不断提升自己的教学水平。

均衡饮食

湖北省襄阳市湖北文理学院理工学院　张榕婕

教学领域	健康	班级	大班
设计意图	现在的生活条件越来越好了，小朋友们经常出现挑食的现象。针对这一现象，我们开展了有关均衡饮食的活动，帮助幼儿养成均衡饮食的习惯。		
活动目标	1. 初步树立均衡饮食的观念，知道均衡饮食的好处。 2. 了解不同食物的营养价值，知道挑食的危害，养成均衡饮食的习惯。 3. 体验自己搭配一顿营养套餐的过程。		
重点难点	重点：了解不同食物的营养价值，养成均衡饮食的习惯。 难点：掌握营养搭配套餐的能力。		
活动准备	物质准备：音乐《我要吃肉肉》、食物宝塔及表格、常见食物的图片（图片都要多备一份）、视频《熊博士》。 经验准备：认识常见的食物。		
活动过程	**一、音乐律动吸引幼儿注意** 导入语：请小朋友们跟着老师一起随着音乐动起来吧！ 播放《我要吃肉肉》的音乐，教师带幼儿随着音乐律动。 **二、引入故事《爱吃肉的毛毛》，让幼儿初步了解挑食的危害** 导入语：有一个小朋友叫毛毛，他跟你们一样，都很爱吃肉。我们一起来听听他的故事吧！		

续表

活动过程	师：毛毛爱吃什么，不爱吃什么？毛毛只爱吃什么菜？结果怎么样呢？ 幼：毛毛爱吃肉，不吃蔬菜，所以长得很胖，而且没有力气，很容易生病。 **三、观看视频，进一步了解挑食的危害，了解食物的营养价值** 导入语：挑食的坏处有很多，不同食物都有不同的营养，接下来我们一起来听听熊博士是怎么说的吧。 师提问：视频中，熊博士说挑食有什么危害呢？熊博士又给了小朋友们什么建议呢？小朋友们，能说一说视频中出现了哪些食物吗？对我们的身体有什么好处呢？（播放视频之前提问，视频中间有暂停，让幼儿思考） 幼：挑食会生病，挑食会变丑，挑食长不高……… 小结：挑食会导致营养摄入不全面，缺乏营养，使我们长不高、长不壮，我们应该每种食物都要吃，营养均衡。蔬菜里有很多维生素，可以让我们少生病；牛奶可以补钙，可以让我们长高…… **四、结合生活经验，引导幼儿搭配一顿有营养的膳食** 导入语：每种食物都有不同的营养，今天我们都是小小营养师，我们来为自己搭配一顿营养餐吧！ 教师分发给幼儿食物宝塔及表格（教师对图片有标注和解释）以及常规的食物图片，指导幼儿选出想要的食物图片，贴在食物宝塔上。 小结：搭配营养套餐时，主食一定不能少，还要保证既有蔬菜又有肉，营养均衡，合理搭配。 **五、结束环节，检验幼儿对均衡饮食的掌握情况** 导入语：现在每位小朋友都是小小营养师了，请几位小朋友介绍一下自己的食物宝塔，并讲讲每种食物的营养价值。 幼儿展示环节。邀请2—3人，教师对每位小朋友的介绍进行及时的评价。 师：今天课程马上就要结束了，但老师还有一个小小的任务，请把今天的食物宝塔带回家和妈妈一起搭配一顿亲子套餐吧。 **六、活动延伸** 请家长指导幼儿制作一周丰富的食谱，巩固营养均衡知识。
活动反思	“均衡饮食”是有关健康的主题活动，与幼儿的生活紧密相连。为了让幼儿深入了解均衡饮食的好处，我们组织了“毛毛爱吃肉”等线下故事活动，让幼儿了解故事的情节，分析毛毛爱吃肉的原因以及相应的结果，最后带给我们什么启示。在课程开始前播放相关视频，让幼儿切实感受毛毛的现实处境，激发幼儿的好奇心，让幼儿积极讨论。最后让幼儿帮助毛毛制作食谱表格，均衡饮食。教师要帮助幼儿养成均衡饮食的习惯，将均衡饮食的思想内化到幼儿的日常生活中，不只停留在这节课上。

艺术造纸

湖北省大冶市机关幼儿园教育集团尹家湖幼儿园　段志明

教学领域	科学	班级	大班
设计意图	有一天，彤彤小朋友拿出一张特殊的纸，吸引了很多小朋友围观，“这纸好漂亮呀！”见到孩子们对纸产生了兴趣，于是我就问：“你们想知道这张漂亮的纸是怎么做出来的吗？”孩子们都异口同声地说：“想！”“那今天就让我们一起来做美妙的花草纸吧。”于是我们开展了制作花草纸的活动。		

续表

设计意图	花草纸是一种源于中国、运用较为古老的手工造纸法制造出来的纸张，在未干的纸浆上直接铺就花草，经特殊处理及自然烘干而成。幼儿通过亲手制作花草纸，体验古法造纸的烦琐过程，以及花草与纸的融合艺术。
活动目标	1. 了解古法造纸术，感受制作花草纸带来的快乐。 2. 学习花草纸的制作方法和过程。 3. 能自己动手制作花草纸。
重点难点	重点：了解制作花草纸的方法、过程。 难点：自己动手制作花草纸。
活动准备	物质准备：水、水盆、脱水纸浆、造纸胶、勺子、搅拌棒、造纸框；一些鲜花、树叶和小草；干花草，装饰的小亮片、亮粉等。 经验准备：对古法造纸术有一定的了解。
活动过程	**一、区域导入** 导入语：今天老师在科学区里增加了一些新的材料，让我们一起来制作一种特别的纸吧。它神奇、有趣，还很漂亮。 **二、幼儿自主游戏(花草纸制作过程)** 第一步：制作纸浆。将脱水纸浆放入水盆中，纸浆与水的比例为 1∶100，然后用搅拌棍进行搅拌，搅拌到纸浆呈糊状。 第二步：加入造纸胶水。加入造纸胶水后用搅拌棍继续搅拌，让造纸胶水和纸浆充分混合。 第三步：抄纸。将造纸框倾斜放入水盆中。上下左右摇晃造纸框，使纸浆均匀着落，若纸浆分布不平整，可倒入盆中重新抄纸，根据自己需要的厚度进行抄纸。抄纸次数越多，纸张越厚。 第四步：根据自己的创意在抄好的纸浆上摆放花草造型，也可以在上面放一些彩色亮片来装饰。 第五步：二次浇浆。用勺子舀少量纸浆在花草纸上。 第六步：将做好的花草纸放到通风处晾干。纸张晾干后，将纸张从造纸框上剥离，一张张精美的花草纸就做好了。 花草纸做好后，可以装裱起来做装饰画，也可以用来做书签等。   **三、教师指导要点** 1. 在制作纸浆时要提醒幼儿注意脱水纸浆与水的比例为 1∶100，在搅拌环节要尽量搅拌均匀。 2. 抄纸这一环节在整个活动中是较难的，指导幼儿要把造纸框倾斜放入水盆中，上下左右摇晃，使纸浆均匀着落后再慢慢用双手把造纸框平着端起来。

续表

活动过程	3. 二次浇浆时要注意用勺子把纸浆均匀地浇在造纸框上。 4. 在把做好的纸张从造纸框上剥离的时候，要从纸的一角慢慢剥离，不要撕破做好的花草纸。 **四、成果展示** 1. 将做好的花草纸摆放在活动室的作品展台上，让幼儿欣赏。 2. 对能完整操作、制作图案精美的幼儿进行表扬鼓励。
活动反思	制作花草纸的环节较多，看似复杂，但幼儿都非常喜欢，对制作花草纸兴趣很浓，操作过程中也是非常投入，幼儿的动手能力、思维能力、审美能力都得到了提高。 因为幼儿对比例这个词还比较陌生，所以一开始在制作纸浆时老师要参与到其中，经过多次的配比、多次的尝试，幼儿也逐渐熟练起来。在整个制作环节中，抄纸相对要难一些，把造纸框放入水盆中，如果幼儿的手上下、左右摇晃的力度不一，那么所铺就的纸浆厚度就不一，纸浆厚度不一，所造出来的花草纸就有的地方厚，有的地方薄，那么在剥离的时候薄的地方就容易撕破，厚的地方就不容易干。所以我教会摇晃力度不一的幼儿另一种方法，就是用勺子把纸浆慢慢地一点一点地舀到造纸框上，这样做出来的花草纸就非常漂亮。幼儿的想象力真的是不可估量，铺就花草、摆放造型的能力也让我们刮目相看。为了让幼儿发挥得更好，以后我会给他们提供更多的材料，如人物、动物的贴纸等，让他们真正做到玩中学、学中玩。

条形码的秘密

湖北省襄阳市湖北文理学院　柯　爽　张莎莎

教学领域	社会	班级	大班
设计意图	条形码与我们日常生活息息相关，了解条形码及其特点和作用是幼儿必备的社会常识。《幼儿园工作规程》中提到：“幼儿一日活动的组织应当动静结合，注重幼儿的直接感知、实际操作和亲身体验，保证幼儿愉快的、有益的自由活动。”因此，设计该活动旨在让幼儿了解条形码的外形特点和条形码的神奇作用以及使用方法，激发幼儿对于问题的探索欲望，使幼儿丰富社会常识，对生活充满热爱。整个活动整合了社会、语言、艺术等领域的内容，活动中通过出示图片及观察实物的方式让幼儿了解商品上的条形码，通过观看视频《条形码》让幼儿了解条形码包含的信息及作用。		
活动目标	1. 了解条形码的特点，知道条形码的作用。 2. 能够通过观察、对比概括总结出不同商品的条形码的区别。 3. 愿意与大家讨论条形码有何不同，敢在众人面前说出自己的发现。		
重点难点	重点：了解条形码的特点，知道条形码的作用，学会条形码的使用方法。 难点：通过对比，总结概括出不同商品的条形码的异同，说出自己的发现。		
活动准备	物质准备：条形码组图、条形码相关视频、条形码扫描器、各种不同的商品。 经验准备：幼儿去超市买过东西，见过商品上的条形码。		
活动过程	**一、游戏导入** 通过师幼互动的游戏形式调动幼儿参与活动的积极性和好奇心。 师：小朋友们，老师今天为大家准备了一个小魔术，不过需要你们配合老师一起才能完成哦。		

续表

活动过程	1. 教师给幼儿发放事先准备的图书、衣服、杯子等物品进行互动。 师：现在老师手上有一个“魔法棒”，只需要扫一扫你们手中的物品，我就能知道它是多少钱了。 2. 教师用感应器对二维码进行扫描，向幼儿说出商品的价格。 小结：老师能够知道商品的信息、价格是因为商品背后的条形码，条形码就是这些商品的“身份证”。 **二、活动展开** 1. 教师出示不同条形码组图，引导幼儿观察条形码的外观。 师：小朋友们，你们在平时生活中见过条形码吗？都是在哪里见到的？ 师：请小朋友们观察一下老师提供的条形码，看看它们像什么？ 小结：我们在超市里的零食、饮料以及一些生活用品上经常能看见条形码，黑黑白白的条形码是由粗细长短不一的直线和数字组成的，就像斑马身上的黑白条纹。 2. 教师引导幼儿通过小组讨论，对比不同商品的条形码的差异。 师：小朋友们，让我们分组一起观察不同商品的条形码有何不同，并说出你们的发现。 师：不同商品的条形码形态和条形码下的数字都是不同的，让我们一起来探索它们为什么不一样吧，其中又蕴含着什么样的奥秘呢？ 3. 教师播放与条形码相关的视频，让幼儿了解条形码的信息、特点和作用。 师：条形码中包含了一些什么信息？视频中说了我们可以借助什么特殊的仪器来读取条形码的所有信息？在生活中，条形码是用来做什么的？ 小结：条形码中包含了生产国、制造厂家、商品名称等。“条形码”就像商品的“身份证”。它由13位数字组成，前3位代表商品的国家代号码；后5位是生产厂家的商号，如同我们的门牌号；再接下来的4位就是该厂商的排序；最后1位是校验码，是对前面数字起校验作用的。我们用条形码扫描器可读取条形码的信息。在生活中，通过扫描条形码就可以购买各种各样的商品了。 **三、活动巩固** 教师带领幼儿开展“模拟超市”游戏，增强幼儿对条形码的认识，了解条形码的使用方法。 师：大家五人一组，轮流扮演收银员。剩下四人扮演顾客，可拿取商品到收银台扫描条形码，看看会出现哪些信息。 **四、活动总结** 条形码是将宽度不等的多条黑线，按照一定的编码规则排列，用以表达一组信息的图形标识符。条形码可以标出物品的生产国、制造厂家、商品名称、生产日期、图书分类号、邮件起止地点、类别、日期等许多信息，因而在商品流通、图书管理、邮政管理、银行系统等许多领域都得到了广泛的应用。 **五、活动延伸** 在美工区对条形码进行创意设计。
活动反思	导入方式新颖，通过游戏导入，调动幼儿的兴趣与积极性，使幼儿积极主动地参与到活动当中，此环节充分体现了幼儿的主体性。 通过“试一试”“看一看”“玩一玩”三个环节，幼儿逐渐深入了解条形码的秘密，从“为什么”到“是什么”，最后到“怎么用”，环节设计层层紧扣，符合幼儿的认知规律。

会跳舞的面条

云南省保山市光丽英博幼儿园　茶晓艳

<table>
<tr><td>教学领域</td><td>艺术</td><td>班级</td><td>大班</td></tr>
<tr><td>设计意图</td><td colspan="3">大班幼儿非常喜爱音乐游戏，并喜欢模仿和表现。《3—6岁儿童学习与发展指南》中指出，应充分创造条件和机会，在大自然和社会文化生活中，激发幼儿对美的感受和体验，丰富其想象力和创造力，引导幼儿学会用心灵去感受美、发现美，用自己的方式去表现美和创造美。音乐游戏“会跳舞的面条”更是以幼儿熟悉的，与幼儿生活经验相关的面条为活动内容，形象具体且生活化。在音乐的选择上，教师注重以音乐节奏感强、段落分明、富有感染力的音乐来激发幼儿的表现欲望，活动中教师引导幼儿用夸张的肢体动作进行创编，帮助幼儿在创编和游戏中获得快乐。</td></tr>
<tr><td>活动目标</td><td colspan="3">1. 积极参与游戏，体验创编游戏带来的快乐。
2. 能根据音乐的节奏变化，与同伴进行游戏。
3. 了解面条在煮的过程中不同的形态变化，尝试用夸张有趣的肢体动作来表现不同形态的面条。</td></tr>
<tr><td>重点难点</td><td colspan="3">重点：能根据音乐的节奏变化，与同伴进行游戏。
难点：尝试用夸张有趣的肢体动作来表现不同形态的面条。</td></tr>
<tr><td>活动准备</td><td colspan="3">物质准备：煮面条的视频和音乐；活动场地用彩绳胶带布置成一个大圆作为“大锅”，四个小圆作为“碗”。
经验准备：幼儿在家观察过父母煮面条的过程。</td></tr>
<tr><td>活动过程</td><td colspan="3">一、谈话激趣，引出主题
师：小朋友们在家里见过爸爸妈妈煮面条吗？面条是怎样煮熟的？
二、观看视频，初步了解面条下锅前后的各种形态，尝试模仿不同形态的面条
1. 观看视频，引导提问，帮助幼儿了解面条的各种形态。
(1)师：面条下锅前是什么样子的？
幼：面条没煮前是直直的、硬硬的。
(2)师：面条下锅后发生了什么变化？
幼：面条下锅后慢慢变软了，像妈妈的头发卷卷的。
(3)师：水开了，面条又发生了什么变化？
幼：水开了，面条上下翻滚、跳上跳下、黏在一起。
2. 启发幼儿模仿各种形态的面条。
师：现在我们把自己想象成快乐的面条，来模仿面条下锅前、下锅后、水沸腾时的不同变化。
有的幼儿用“伸直的手臂”，有的幼儿用“直立的身体”来表现直直的面条……
三、欣赏音乐，感受节奏变化，并创编相应的动作
1. 完整欣赏音乐，初步感受不同的音乐。
师：老师带来了三段音乐，你们听了每一段音乐后有什么感觉？
幼：第一段音乐感觉很有力、有劲。
幼：第二段音乐感觉慢、舒缓。
幼：第三段音乐感觉很兴奋、激动。
2. 分段欣赏音乐，引导幼儿根据音乐创编相应的动作。
师：听第一段音乐，把自己想象成面条，你会用什么动作表现？</td></tr>
</table>

续表

活动过程	幼儿纷纷展开想象，用跺脚、直立双臂行走、身体僵直跳入锅中等动作表现。 听到第二段音乐，幼儿用身体、手臂表现面条慢慢变软，弯曲双臂，双臂相抱表现面条缠绕。 听到第三段音乐，水开了，幼儿越来越兴奋，节奏越来越快，用奔跑、上下翻滚、跳跃表现沸腾的面条；关火了，用身体表现面条静止不动。 3. 提炼动作，全班幼儿跟着音乐完整表演一次。 **四、游戏“煮面条”** 音乐响起，“面条”雄壮有力地行进在锅的外圈，教师以厨师的身份参与游戏。厨师说水开了，“面条”下锅，“面条”纷纷跳到锅里，沉在锅底。慢慢地，“面条”浮起来了，变弯了、变软了。“面条”上下翻滚、互相缠绕。关火了，“面条”一动不动，开始捞“面条”到碗里了。“面条”跳到“碗里”。厨师撒各种“调料”，如“花生酱”“辣酱”“葱花”，搅拌“面条”，“面条”抖动、舒展。
活动反思	本次活动结合幼儿的社会生活经验，让幼儿观察煮面条过程中面条形态的变化，进而延伸到了肢体动作的表现，大大提高了幼儿的兴趣及表现美的能力，让幼儿的社会经验、观察力、想象力以及对美的感受等方面都得到了发展。

找座位

云南省曲靖市会泽县第二幼儿园　张耀月

教学领域	科学	班级	大班
设计意图	《3—6 岁儿童学习与发展指南》提出建议，要鼓励和支持幼儿发现、尝试解决日常生活中需要用到数学的问题，体会数学的用处。大班幼儿对序数已有了初步的经验，生活中有很多地方需要座位票，例如坐汽车、看电影、观看体育比赛等。我认为大班幼儿完全可以根据座位票上的信息找到座位，让他们运用已有的经验为自己的生活服务，并在生活化的游戏情境中提升数的运用能力，因此我设计了“找座位”这个活动。		
活动目标	1. 理解座位票上数字的含义，知道票上的序数代表第几排、第几号。 2. 学习运用序数的经验寻找座位，能够对号入座。 3. 寻找生活中的序数，体验数字在生活中给人们带来的便利。		
重点难点	重点：能够根据票上的信息知道自己是第几排、第几号。 难点：幼儿能够对号入座。		
活动准备	物质准备：黄、蓝色公交车玩具各一辆，椅子若干，自制的车票、电影票、足球票若干，体育馆座位模型图，课件。 经验准备：幼儿去过电影院，对电影院座位有初步了解，知道电影票是和座位一一对应的。		
活动过程	**一、师幼谈话，以“看电影”引入主题，激发幼儿的兴趣** 师：听说电影院新上映了一部好看的动画片，小朋友们想不想去看一看呀？ 师：老师也想去看电影。可是，我们幼儿园离电影院有点远，想一想用什么方式去电影院？ 引导幼儿说出坐公交车。 师：老师已经给大家提前约好了公交车。想坐上公交车去电影院，要完成几个小任务才可以出发。		

续表

<table>
<tr><td>活动过程</td><td>二、乘坐公交车
1. 出示车票，引导幼儿了解车票上的数字是代表座位号。
2. 请幼儿找座位。
3. 跟随音乐，坐上公交出发去看电影。
三、看电影(PPT 出示电影院场景)
师：电影院到了，请小朋友们排队下车，先在售票厅找一个座位坐好，等老师去买电影票。
1. 学习认识电影票(认识几排几号)。
(1)请一位小朋友尝试在电影院里找座位，并请幼儿分享是如何找到的。
(2)出示电影票“5 排 3 号”和“1 排 3 号”，引导幼儿观察，说说两张电影票的不同之处。
小结：要想找到自己的座位，必须先找到排，再找到号。票上第一个数字代表第几排，第二个数字代表座位号。
2. 幼儿凭票找到自己的座位，教师巡回指导。
(1)请小检票员检票，分享找座位的情况。
(2)请找错座位的幼儿重新找座位。
3. 巩固知识，在操作中进行小结。
请幼儿根据老师的电影票帮老师找到座位。
4. 一起看电影，播放视频《大头儿子和小头爸爸》。
四、看球赛
师：这几天，小学生运动会正在进行，想不想去看看大哥哥、大姐姐踢足球呀？
1. 介绍体育馆观众席的座位分布情况。
2. 幼儿分组操作，在操作板上找到自己的座位，并将自己的票贴在座位上。
3. 分享找座位的情况。
小结：根据票上的信息，先找到自己坐在哪个颜色的区域，再找自己在第几排，最后找到自己坐在第几个座位上。
4. 看球赛，播放视频《我爱踢足球》。
五、感知生活中序数的运用
1. 出示火车票。
2. 出示飞机票。
小结：在我们的生活中，数字为我们提供了重要的信息。在我们日常生活中，还有哪些地方需要我们根据数字提供的信息找位置的？
六、活动延伸
请幼儿一起去找找教室里水杯架上自己水杯的位置，给自己的水杯设计一个编号(要标明在第几层、第几号)。</td></tr>
<tr><td>活动反思</td><td>本次活动中我创设了“坐公交”“看电影”“看球赛”的游戏情境，为幼儿提供了一个真实、自然、轻松的环境。通过实际操作、亲身体验，激发幼儿自由探索兴趣，在“做中学、玩中学、生活中学”，提升了幼儿对数字的认知和运用能力。</td></tr>
</table>

古诗《池上》

云南省普洱市宁洱哈尼族彝族自治县幼儿园　李家艳

<table>
<tr><td>教学领域</td><td>语言</td><td>班级</td><td>大班</td></tr>
<tr><td>设计意图</td><td colspan="3">《池上》是一首描写儿童生活的古诗，整首诗通俗易懂，极富韵味，非常适合大班幼儿诵读。《幼儿园教育指导纲要(试行)》中提出，引导幼儿接触优秀的儿童文学作品，使之感受语言的丰富和优美，并通过多种活动帮助幼儿加深对作品的体验和理解。因此，我将二维码与幼儿的古诗学习相结合，设计了此次教学活动。用现代信息技术(手机)支持幼儿的学习，拓展他们的学习体验，激发幼儿学习古诗的兴趣。</td></tr>
<tr><td>活动目标</td><td colspan="3">1. 初步感知图画和语言之间的联系，能有感情地朗诵古诗。
2. 理解古诗大意，感受诗中质朴、纯真的童心和童趣。</td></tr>
<tr><td>重点难点</td><td colspan="3">重点：学习古诗《池上》，并能有感情地朗诵古诗。
难点：初步感知图画和语言之间的联系，理解古诗大意。</td></tr>
<tr><td>活动准备</td><td colspan="3">物质准备：《池上》视频、《池上》PPT、图片、幼儿操作材料。
经验准备：幼儿已经会背 4 首以上的古诗。</td></tr>
<tr><td>活动过程</td><td colspan="3">一、听音频导入，激发幼儿兴趣
师：小朋友，李老师听说我们大六班的小朋友特别厉害，能背诵好多古诗呢，今天李老师也带来了一首古诗，谁能第一个学会呢？
(播放古诗音频)
师：这首古诗叫什么名字？你有在哪里听过吗？
二、看视频，感受诗歌原文
师：请小朋友和老师一起走进这首古诗《池上》，看看荷花池上发生了一件什么事？
三、用手机扫码找出古诗《池上》的配图
师：我们学的每一首古诗都有一幅图画，你能找到《池上》这首古诗的图画吗？老师为小朋友准备了一张纸，小朋友可以用手机扫码找出哪一幅是古诗《池上》的图画吗？并把相应的古诗贴在对应的方框里。
四、教师引导幼儿观察图画，并简单讲解古诗《池上》的大概内容，帮助幼儿理解古诗的大意
1. 教师简单讲解古诗《池上》的内容。
师：小朋友们已经能和老师一起把古诗读出来了，那你知道这首古诗是什么意思吗？
小结：小娃撑着小船，偷偷地采了白莲回来，他不懂得隐藏自己的踪迹，在满是浮萍的水面上留下了一条小船划过的痕迹。
2. 教师引导幼儿观察图画，进一步理解古诗的大意。
“船上有什么？”(小娃、白莲)
“水面上有什么？”(浮萍)
五、游戏“古诗接龙”
教师念前半句，幼儿念后半句。
六、幼儿表演集体朗诵古诗《池上》
师：现在请小朋友们完整地表演一次诗朗诵，要注意节奏哦。
七、活动延伸
1. 在表演区，为古诗《池上》创编动作。
2. 手机扫码，亲子共读。</td></tr>
</table>

续表

活动反思	《池上》是一首描写儿童生活的古诗，前两句写一个小娃娃撑着小船，偷偷采了白莲回来，后两句写他不懂得隐蔽自己的踪迹，在满是浮萍的水面上留下了一条小船划过的痕迹。诗人的这种近乎白描的手法，质朴的语言表达，对开始学习古诗的幼儿有特别大的帮助。所以在教学中，教师通过音频、视频、图画等不同角度给予幼儿刺激，不需要刻意的重复，也不需要幼儿死记硬背，幼儿在自然的观察与表达中就学会了古诗。在现在“幼儿在前，教师在后”的理念下，教师应多通过小组学习和幼儿的自主学习引导幼儿走进古诗的意境，感受古诗的意境美和语言美，用自己喜欢的方式学习古诗。

了不起的轮子

云南省保山市隆阳区光丽英硕幼儿园　隽丽燕

教学领域	科学	班级	小班
设计意图	在一次探索活动“车轮的秘密”中，小朋友对车轮有着浓厚的兴趣，从而产生了这样的疑问，“车轮为什么是圆形的?”然而，小班的幼儿对于“圆形的物体利于滚动”这一抽象的物理概念是很难理解的，所以我决定带领幼儿一起通过探索体验来寻找答案。 《3—6岁儿童学习与发展指南》中指出，幼儿的思维特点是以具体形象思维为主，应注重引导幼儿通过直接感知、亲身体验和实际操作进行科学学习。通过创设大量的游戏、体验活动，让幼儿去观察、去操作、去发现，去主动构建自己的知识经验，了解为什么轮子是圆的、轮子的用途以及轮子给我们生活带来的便利。 本节活动以游戏贯穿始终，将枯燥的科学知识以有趣的、便于幼儿理解的方式呈现给幼儿，给幼儿带来了极大的情感满足，积累了丰富的感性经验。		
活动目标	1. 在操作过程中探索、发现轮子是圆形的，会滚动。 2. 通过活动，了解轮子的特性和在生活中的用途。 3. 感受轮子给我们的生活带来了方便，体验轮子带来的乐趣。		
重点难点	重点：知道轮子是圆的，会滚动，了解轮子在生活中的用途。 难点：尝试用简单的语言交流自己对轮子的认识，产生对轮子进一步探究的欲望。		
活动准备	物质准备：歌曲 *The Wheel on the Bus*、轮胎、不同形状的轮子、地垫、四轮平衡板、有轮子的物体图片若干。 经验准备：幼儿认识形状。		
活动过程	**一、创设情境，激发兴趣** 1. 教师带领幼儿跟着音乐进入活动室。 2. 创设情境，请幼儿帮忙运轮胎，发现用滚动的方法搬运轮胎更快，更省力。 **二、探索轮子的形状** 1. 体验滚动不同形状的轮子，知道只有圆形的轮子才能行驶得又快又稳。 (1)教师出示不同形状轮子的车子，请幼儿观察车轮的不同之处。 (2)幼儿自主操作。尝试用不同的方法滚动不同形状的轮子。 (3)观看视频，教师引导幼儿探讨生活中的轮子为什么是圆形的。 小结：圆形的轮子能保证车子平稳地行驶，其他形状的轮子在行驶时不平稳，所以轮子只有做成圆形，车辆才能跑得又快又稳。 2. 教师带领幼儿玩游戏(模仿不同形状的轮子行驶)。		

续表

活动过程	**三、感知轮子在生活中的应用** 1. 通过玩游戏“过马路”，发现有轮子的物品用起来更快更省力，没有轮子的物品用起来又慢又费力。 2. 寻找生活中有轮子的物品。 引导幼儿寻找生活中带有轮子的物体，进一步感知轮子的作用。 **四、延伸活动** 师：幼儿园里也有许多有轮子的物品，我们一起去找一找！
活动反思	《幼儿园教育指导纲要(试行)》指出，幼儿科学教育是科学启蒙教育，重在激发幼儿的认识兴趣和探索欲望，发展认知能力。应尽量为幼儿创设条件，运用各种感官，动手动脑，探究问题、解决问题，从而体验发现的乐趣。轮子在生活中的应用很广泛，它给人们的生活带来了便利。根据小班幼儿喜欢玩的特点，同时也观察到他们对轮子的兴趣，因此，我以游戏贯穿了整个活动，让幼儿进行探索，让轮子滚动起来。本次活动中，我给幼儿提供了不同形状的轮子及一些有轮子的物品，让幼儿自己去观察、去操作、去发现，去主动构建自己的知识经验。通过动作体验来感知轮子会滚动的特性，既考虑了幼儿的年龄特点，也能体现对幼儿探索可能性的考虑。让幼儿既获得了极大的情感满足，又积累了丰富的感性经验。

多变的天气

湖北职业技术学院　侯文静

教学领域	艺术	班级	大班
设计意图	有一天，我与幼儿进行户外活动时，天气突然转阴，我赶紧将幼儿带进室内进行室内课程。不一会儿，窗外就下起了大雨，幼儿们纷纷跑去窗台看雨。我决定利用这场雨让幼儿了解天气的变化，并学会绘画不同的天气。		
活动目标	1. 让幼儿感受到天气变化所带来的情绪变化。 2. 学会绘画不同天气的天空。 3. 了解天空的颜色会根据天气的变化而变化。		
重点难点	重点：让幼儿明白天空的颜色会随着天气的变化而变化。 难点：让幼儿懂得云朵的颜色也会因为天气的变化而变化，并能将其灵活地运用到自己的画面中。		
活动准备	物质准备：水彩笔、白纸等绘画材料；不同天气的图片和视频。 经验准备：会画基本的图形，如圆形、三角形；会画直线、波浪线等。		
活动过程	**一、导入新课** 师讲故事：淅沥沥，淅沥沥，顽皮的雨滴娃娃离开了云妈妈的怀抱，一个一个跳到了树上，落到了屋顶上，挤进了草丛里。 它把妹妹的伞当滑梯，站不稳，骨碌骨碌滚下来。它把清清的池塘当跳水的游泳池，纵身一跳，在水面上留下圈圈涟漪。它喜欢躲在路边的水坑里，车轮碾过它马上蹦得高高的，溅得路人一身泥。它喜欢在沙滩上捉迷藏，一眨眼就不见了，却傻傻地留下串串脚印。 ……		

续表

活动过程	小雨滴看到街上的小朋友又蹦又跳，真想跑过去和他们一起玩。可是来不及了。小雨滴顺着小草掉进了旁边的小河里，不见了。在小河里，小雨滴想起了天上的云彩妈妈，哗！哗！哗！它哭了起来。 太阳公公来了，它伸出温暖的大手，把小雨滴接回了家。 师：小朋友们，小水滴的旅行好有趣呀！它落到地面，就下起了雨，是不是很神奇呢？小朋友们，你们喜欢下雨吗？ 幼：喜欢。 **二、播放图片和视频** 师：在下雨时，空气中的云朵会变成灰色，在雨停后，云朵又会变成白色。是不是很神奇呢？今天我们就来看看天气变化时天空会有什么变化吧！ 播放天气转变的天空 PPT 和视频(先播放晴、阴、雨的天气图片，再播放转变视频)。 **三、绘画天空和云朵** 师：小朋友们，你们观看了这些图片和视频，有没有觉得这些天气很有趣呢？现在我们来试着画画它吧！
活动反思	教师在巡堂指导时会仔细观察本班幼儿的错误并耐心地给予指导；教师在示范时会积极与幼儿互动。不足之处是在展示范例时应更加生动活泼，以此来调动幼儿学习的积极性，集中他们的注意力。在播放 PPT 时应进行讲解，帮助幼儿理解 PPT 的内容。

拉大锯

湖北商贸学院　陈世杰　董　洁

教学领域	艺术	班级	大班
设计意图	我国的民谣蕴含了丰富的文化底蕴和民族内涵，传统民谣具有语言生动、节奏感强的特点，对幼儿的语言和节奏韵律的发展起着不可低估的作用。但是幼儿在现实生活与活动中却很少接触到传统民谣，因此我设计了“拉大锯”的活动，希望为幼儿带来不一样的音乐体验。		
活动目标	1. 知道童谣《拉大锯》的背景、歌词内容及含义。 2. 能跟唱童谣，学会看图谱并运用身体动作和乐器演绎童谣节奏。 3. 喜欢唱童谣，体会集体演奏、集体游戏的快乐。		
重点难点	重点：用乐器合奏童谣。 难点：能看懂图谱并运用身体动作和乐器演绎童谣节奏，特别注意最后一个节奏型｜× ××｜× ××｜的手脚配合。		
活动准备	物质准备：围裙剧道具(不织布人偶)，如围裙、双人锯子、门、人偶(戏子、姥姥、男人、女人、小宝宝)、叉叉标识、对钩标识、小车；默剧表演道具，如双人大锯、树、幕布(大戏)、轿子、小车；乐器准备(鼓、摇铃、双响筒若干)；戏台(可粘贴)；PPT 课件。 经验准备：幼儿有使用乐器的经验。		
活动过程	**一、活动导入** 1. 师：小朋友们，你们看过表演吗？今天老师准备了一个精彩的节目，请小朋友们坐好，一起看看今天的节目跟你看过的节目有什么不同？讲了什么样的故事？		

续表

活动过程	幼儿观看教师或助教的默剧表演《拉大锯》。 2. 幼儿回答，并再次观看默剧表演，同时，教师清唱童谣内容。 **二、出示童谣图谱，梳理童谣内容** 1. 幼儿回答听到和看到的童谣内容。 师：大家看见了什么？听见了什么？(幼儿说出一个，教师出示一个图谱，并粘贴在围裙上) 2. 第二次听童谣，检验图谱是否完整。 3. 童谣排序。 师：我这里有一个小戏台，需要大家帮忙把我们图谱上的内容按照儿歌的顺序摆在小戏台上面。 4. 第四次听童谣，验证排序结果。 **三、学习童谣节奏** 1. 教师出示第一个节奏型，幼儿学习并练习。 师：好听的童谣加上节奏，才会更完美，老师这里有一个节奏型，你们认识吗？能不能用拍手的方式把这个节奏型打出来呢？教师引导幼儿边打节奏边唱童谣。 2. 探索其他身体部位进行创编节奏。 师：除了拍手打节奏，还有哪些部位可以发出声音呢？幼儿自由探索。 教师出示第二张图谱，请幼儿观看并尝试表演。 3. 出示第三张图谱。 师：刚刚大家都是坐着打节奏的，除了坐着还可以站起来。站起来该怎么打节奏呢？幼儿尝试创编节奏型。 师：老师这里有一个节奏型，大家试一下该怎么打出这个节奏型呢？ 幼儿学习，并尝试边唱童谣边打节奏。 **四、加入乐器，合奏图谱** 1. 学习乐器的使用方法及规则。 2. 身体部位与乐器进行替换，并尝试练习三种节奏型(第一个节奏型使用双响筒，第二个节奏型使用摇铃，第三个节奏型使用鼓)。 3. 幼儿选择自己喜欢的乐器，分组练习。 4. 熟悉合奏规则，三种乐器对应三个节奏型，幼儿看指挥尝试边唱童谣边合奏。 **五、与默剧合奏** 邀请幼儿一起为默剧配乐，并唱童谣，一起完整演绎童谣。 **六、活动延伸** 师：我们生活中还有很多的童谣，请小朋友们回到家中和爸爸妈妈们一起搜集各种童谣吧！
活动反思	这节活动充分调动了幼儿视觉、听觉、触觉等，使得幼儿兴趣非常浓厚；活动难度逐渐升级，遵循了循序渐进的原则，幼儿在不断思考与练习中学会了童谣，并能够尝试合作演奏。

打击乐活动“杨柳琴鼓响咚咚”

湖北省宜昌市伍家岗区中心幼儿园　白玲丽

<table>
<tr><td>教学领域</td><td>艺术</td><td>班级</td><td>大班</td></tr>
<tr><td>设计意图</td><td colspan="3">流行于三峡地区湖北省秭归县的杨柳琴鼓是国家级非物质文化遗产。杨柳琴鼓既有琴，又有鼓，琴鼓合一，能弹能敲，深受当地大人和孩子的喜爱。为了传承国家非物质文化遗产“杨柳琴鼓”，我充分利用幼儿对乐器的摆弄兴趣设计了本次打击乐活动。</td></tr>
<tr><td>活动目标</td><td colspan="3">1. 巧用打击乐器杨柳琴鼓，在敲和打中感受其音色的不同，让幼儿充分感受到自身创作带来的快乐，体验与同伴合作击鼓的快乐。
2. 感受欢快的击鼓乐曲，能伴随音乐和节奏创编简单的肢体动作，来表现音乐中的强拍。</td></tr>
<tr><td>重点难点</td><td colspan="3">重点：敲打杨柳琴鼓，感受其与其他乐器音色的不同。
难点：能伴随音乐和节奏创编简单的肢体动作来表现音乐中的强拍。</td></tr>
<tr><td>活动准备</td><td colspan="3">物质准备：奶粉罐子、松紧带、筷子、杨柳琴、音乐表演节目录像《敲起琴鼓劲逮逮》、打击乐曲《花鼓舞曲》。
经验准备：会用自制打击乐器准确拍出四二拍节奏。</td></tr>
<tr><td>活动过程</td><td colspan="3">一、观看录像
幼儿欣赏舞蹈视频。教师向幼儿介绍杨柳琴鼓，感受杨柳琴鼓的美。
二、教师示范，激发兴趣
师：小朋友们，老师跳得怎么样，我的鼓敲得还不错吧，看看我的杨柳琴鼓是用什么做的，认识吗？你们想不想也来用自制的杨柳琴鼓，跳上一曲？
教师以充满激情的话语和动作，激起幼儿的兴趣，引导幼儿进一步探究。
三、自制杨柳琴鼓
制作时，要求幼儿将松紧带系在奶粉罐两头，老师协助幼儿系紧。
幼儿拿起熟悉的奶粉罐子，在老师适时的帮助提醒下很快制作成功，他们迫不及待地敲鼓，听鼓的声音。
四、敲敲、打打、听听
1. 师：请大家敲一敲鼓面，比较一下，每个地方发出的声音一样吗？
幼儿操作和感受，并与同伴交流。
2. 师：同样的面，能不能让它发出不一样的声音呢？
引导幼儿想一想，鼓励幼儿大胆尝试，互相合作，体验鼓各面的音色特点。幼儿交流发现。教师帮助幼儿理解，不同的面因为质地的不同发出的声音不同，相同的面也因为敲的方法的不同而发出不同的声音。
活动中始终以幼儿为主体，幼儿在探索过程中，在教师启发式提问引导下，通过幼儿各个感官的感知，发现了不同质地的鼓面能发出不同的声音，不同的操作方法也能使同一鼓面发出不同的声音。
五、用自制杨柳琴鼓为乐曲《花鼓舞》伴奏
1. 先商讨如何巧用杨柳琴鼓各面。
师：今天我们就用自制的杨柳琴鼓来为音乐伴奏。我们先来听听是什么音乐，你想用鼓的哪面为它伴奏，为什么？
幼儿根据自己对乐曲的理解，选择与乐曲相配的声音进行配乐演奏。
2. 看指挥敲鼓。
因为幼儿先前有打击乐的基础，在老师的指挥下，幼儿敲杨柳琴鼓时非常整齐，声音悦耳动听，绝不比现成乐器的效果逊色。</td></tr>
</table>

续表

活动过程	**六、学跳花鼓舞** 师：刚才我们看了花鼓舞，我们也来跳一跳。 师幼学跳花鼓舞。 整个活动设计充分考虑了幼儿的年龄特点，充满了游戏的愉悦性，真正体现了“玩中学”。 **七、活动延伸** 将自制的杨柳琴鼓放入音乐活动区，幼儿随时可用它来演奏各种乐曲，自娱自乐。
活动反思	本活动中，由于选材贴近幼儿生活，既给了幼儿新的挑战，又使幼儿萌发了学习的兴趣和欲望。在教学过程中，我注意营造宽松愉快的氛围，让幼儿积极参与到探索、学习中来。如制作杨柳琴鼓，敲敲、打打、听听等活动让幼儿自由探索，体验探索带来的快乐，激发幼儿演奏的兴趣。整个活动在一种轻松愉快的氛围中进行。最后的“学跳花鼓舞”让幼儿充分享受杨柳琴鼓乐器的美妙，挖掘孩子自身的创作激情，为延伸活动做了铺垫。

西兰花先生的理发店

重庆市重庆对外经贸学院　邓　丽

教学领域	艺术	班级	大班
设计意图	《3—6 岁儿童学习与发展指南》中指出，幼儿“喜欢进行艺术活动并能大胆表现自己的情感体验”，根据幼儿的生活经验，与幼儿共同确定艺术表达、表现的主题，引导幼儿围绕主题展开想象，进行“艺术表现”。理发店的游戏是幼儿常玩的游戏，而绘本《西兰花先生的理发店》中的蔬菜都是幼儿熟悉的。因此，本活动以绘本为基础，带领幼儿运用多种工具、材料和不同的表现手法表达自己的感受和想象。		
活动目标	1. 了解不同材料的特性及产生的不同效果。 2. 大胆发挥想象，运用不同材料为蔬菜设计发型。 3. 乐于参与美术创作活动，感受创新精神。		
重点难点	重点：能够大胆地运用各种材料为蔬菜设计发型。 难点：乐于参与美术创作，感受创新精神。		
活动准备	物质准备：PPT 课件、毛线、黏土、橡筋、彩纸、纸条、水彩笔、颜料、双面胶、胶水、剪刀。 经验准备：幼儿已有去理发店理发的经验。		
活动过程	**一、兴趣激发，情境导入** 引导幼儿观察绘本封面。 师：小朋友们请仔细观察封面，你们觉得西兰花先生的理发店是一个怎样的理发店？理发店里发生了什么事呢？ **二、初步感知，讲述绘本故事内容** 1. 教师讲述绘本故事。 师：茄子小弟想要一个杂志里的发型。于是来到了西兰花先生的理发店。门刚一打开，就看到了玉米先生、白菜夫人、苹果小弟、萝卜大叔，他们都在排队理发。 师：第一位顾客是玉米先生，玉米先生请西兰花先生给他剪一个酷酷的发型。剪完后玉米先生很满意设计的发型。轮到了白菜夫人，她想要一个公主的发型，“咔嚓咔嚓”，终于做完了，做完头发的白菜夫人光彩照人。下一位是苹果小弟，苹果小弟说：“我想		

续表

活动过程	做一个适合我的发型。""咔嚓咔嚓"，弄好啦！苹果小弟看了看头发，很喜欢，说："好适合我啊!"轮到头发乱蓬蓬的萝卜大叔了，他想要一个清爽利落的发型。"咔嚓咔嚓"剪完了，萝卜大叔照了照镜子很满意，顶着帅气的发型离开了理发店。 师：终于轮到了茄子小弟，茄子小弟也想换个发型。折腾了好一阵终于弄好了，"随风飘荡、清爽无比的发型真的很适合我，谢谢你，西兰花先生。"茄子小弟蹦蹦跳跳地离开了理发店。 2. 教师提问，引导幼儿回顾绘本内容。 师：仔细想一想，西兰花先生的理发店接待了哪几位顾客呢？他们想要什么样的发型呢？ 小结：大家都说得很好，我们都可以像西兰花先生一样，成为小小理发师，现在我们一起来为他们设计一个新发型吧！ **三、教师讲解演示，幼儿进行自由创作** 1. 教师进行创作演示。 2. 幼儿自由选择进行发型设计，教师巡回指导。 师：大家可以大胆使用各种材料，每一位小朋友选择一位顾客为他设计发型，但是大家要注意，每一位顾客都有自己的要求。例如，白菜夫人想要一个公主发型，萝卜大叔想要一个清爽利落的发型。小朋友们就要动脑筋想一想什么是公主发型，什么是清爽利落的发型。 **四、模特走秀，展示作品** 1. 幼儿带上自己设计的模特造型进行走秀展示。 2. 将作品放在展示台上，幼儿相互欣赏评价。 师：小朋友来说一说，你最喜欢哪一款发型？用了哪些材料？ 3. 师幼共同评价。 小结：今天大家都完成得很好，表现得很棒，每一位小朋友都很有自己的想法，能够大胆地想象并动手设计新发型，每一款发型都是特别的，与众不同的。 **五、家园共育，活动延伸** 邀请家长到幼儿园进行亲子活动，来到全实景装饰的故事绘本剧场，对真实的蔬菜进行发型设计并和幼儿一起进行绘本的角色扮演，加深幼儿对绘本故事的了解。
活动反思	在本节活动中，幼儿通过亲手操作，积极参与，感受活动过程；幼儿以模特走秀的形式来展示自己的作品，幼儿很有成就感。但活动还有很多不足，有待完善，例如，教师要把握好指导个别幼儿的时间；可以缩短讲故事的时间，把更多时间留给幼儿创作作品以及展示作品。

勇敢的小蚂蚁

北京军区联勤部机关幼儿园　史欣然

教学领域	健康	班级	小班
设计意图	《3—6 岁儿童学习与发展指南》健康领域中动作发展前两条提到了大肌肉动作发展。我们班平时比较注重平衡能力、协调能力和灵敏性的培养，因而，小班幼儿后期的灵活性、协调性确实有了很大提高，但是速度、力量等的发展还有待增强。结合本班幼儿特别喜欢观察小蚂蚁，喜欢听有关小蚂蚁的故事的兴趣点，融合这个角色，为提升幼儿身体的灵活性、速度等能力，设计了"小蚂蚁，爬爬爬"的这节集体体育活动。		

续表

活动目标	1. 能上下肢动作灵活、快速地手膝着地爬行。 2. 进一步发展幼儿爬、跑、走，增加上下肢和腿部力量。 3. 体验和老师、同伴一起游戏的快乐。
重点难点	重点：能灵活、快速地手膝着地爬行。 难点：在有障碍和一定坡度的环境中，能够灵活、快速地爬行。
活动准备	物质准备：各种仿真食物、小桥、大树、拱形门、垫子、活动音乐。 经验准备：有过爬行的经验。
活动过程	**一、开始部分** 热身活动：通过“小蚂蚁去旅行”活动，活动上下肢。 教师扮演“蚂蚁妈妈”，幼儿扮演“小蚂蚁”。 师：小蚂蚁宝宝上车啦，跟着妈妈一起去旅行吧！ **二、基本部分** 自由探索，鼓励幼儿自由探索小蚂蚁走路的动作，初步练习手膝爬。 师：蚂蚁宝宝们，小蚂蚁是怎样爬的？ 小结：小手和膝盖着地，向前爬。（找一只爬得好的“小蚂蚁”做示范） 开始游戏，练习手脚着地向前爬行。 游戏1：山洞取物。添加地面材料，练习手膝着地直线快速爬。 用小桥、拱形门创设环境，幼儿爬过山洞，爬过小桥，去取食物。 师：蚂蚁宝宝们，我发现了一片粮食地，我们要爬过山洞，爬过小桥，去取粮食，取完食物以后要从两边跑着回来继续取食物。 幼儿从起始线处，爬过山洞，爬过小桥，去取食物。 游戏2：帮帮小动物。设置不同场景，练习躲避障碍物并绕行，手膝着地快速爬。 用大树和小桥创设环境，请幼儿绕过大树，爬过小桥去取食物。 师：蚂蚁宝宝们，刚才我接到了一个消息，有小动物们请我们帮帮忙，帮它们收粮食。这次通往粮食地的小路要经过树林，我们需要绕过大树，爬过小桥去取粮食，取完食物要继续跑着回来收粮食。 幼儿从起始线处爬行绕过大树，走过小桥去取食物。从直线到S形，增加难度，继续练习手膝着地快速爬行。 游戏3：寻宝。增加坡度，请幼儿爬过山坡，滑到山底，去探险岛上寻找食物及宝物。 师：在大山深处有一座探险岛，岛上有许多食物及宝物，请小蚂蚁爬到探险岛上去寻找食物，找到食物的小蚂蚁爬出山洞，收集好食物，然后再快速爬到岛上继续寻找。 在幼儿爬过两次之后，教师讲解怎样爬才能爬得更快。需要幼儿手臂用力，腿部也要用力蹬地。 **三、结束部分** 1. 放松活动。 带领幼儿放松全身，拍拍小腿，拍拍肩膀，拍拍手臂。游戏结束。 2. 教师和幼儿一起将材料收放归位。
活动反思	教育环节分为三层。第一层是自由探索环节，鼓励幼儿自由探索小蚂蚁走路的动作，目的是初步探索手膝着地爬行。 第二层是游戏环节，设计了两个游戏。第一个游戏是“山洞取物”，幼儿直线爬过山洞，目的是练习手膝着地爬行。第二个游戏是“帮帮小动物”，幼儿S形绕过大树去取食物，目的是练习躲避障碍物的手膝着地爬行。这两个游戏从直线到S形，从易到难，循序渐进地练习手膝着地爬行的动作，逐步规范了幼儿的动作。

续表

活动反思	第三层是练习提高环节，在幼儿原有的爬行基础上，增加了高度(爬坡)，在练习动作的基础上，上下肢的协调、力量、速度等都得到了综合的发展，进一步提高了手膝着地爬行的动作技能。活动中，运用了分层教学、情景教学、游戏化教学法、示范法、师幼互动教学法。

并步躲闪

北京市中国人民解放军火箭军机关幼儿园　欧莉莉

教学领域	健康	班级	中班
设计意图	幼儿天生具有探索精神，喜欢探索和感知新鲜的事物。灵敏性、协调性、平衡性等的培养在幼儿期是很重要的。本次设计的活动旨在提高幼儿的平衡能力，增强幼儿的合作意识。		
活动目标	1. 通过并步走的游戏活动提升幼儿身体灵敏协调性。 2. 提升幼儿的判断反应能力。 3. 让幼儿理解并遵守游戏规则。		
重点难点	重点：幼儿通过各种方式尝试重复并步的动作，掌握用并步躲闪的方法。 难点：通过改变环境因素，如缩短距离，增加人数，让幼儿增加并步躲闪的活动次数，提升平衡能力。		
活动准备	物质准备：沙包、软球、头饰。 经验准备：具备躲闪的游戏经验，具有合作的精神。		
活动过程	**一、导入活动** 教师带领幼儿进入场地，并活动四肢，进行热身练习。教师喊口号，幼儿做热身活动，重点做扩胸、绕臂、活动膝盖、绕手腕、绕脚腕的动作练习。 师：小朋友们知道螃蟹是怎样走路的吗？让我们一起来试一试。 幼儿跟随教师做螃蟹走路的并步动作，可根据幼儿掌握情况调整螃蟹步的速度。 师：刚才我们做的这个螃蟹走路的动作就叫作并步走。 **二、基本部分** 师：今天老师跟小朋友一起玩一个“躲炸弹”的游戏，我来扔“炸弹”，小朋友来躲，看看谁能躲过老师扔的“炸弹”。 1. 请一名幼儿进行示范并提问：小朋友们，他是怎样躲避炸弹的？ 鼓励幼儿大胆回答。 2. 教师继续提问：老师往左扔，小朋友应该往哪个方向躲呢？看看你的小脚是怎样移动的呢？ 3. 教师带领幼儿玩扔“炸弹”的游戏，幼儿用并步走的方法躲避“炸弹”。 第一次：教师按匀速左右扔球，幼儿左右躲闪。 第二次：教师加快左右扔球速度，幼儿快速左右躲闪。 第三次：教师做左右假动作扔球，幼儿体验假动作躲闪。 4. 教师引入主题。 师：小朋友都玩过“植物大战僵尸”的游戏吧，太阳花能给“豌豆射手”带来能量，“僵尸”把太阳花都抢走了，需要闯关抢回太阳花，放到能量包里。		

续表

活动过程	(1)介绍游戏规则。第一个"豌豆射手"闯关，闯过第一关后第二个"豌豆射手"出发，每次闯关只能拿一朵太阳花，拿完从两侧回来。被"僵尸"抓到的"豌豆射手"要回到队列的后面重新闯关。如果每次闯关多拿太阳花，就是违反规则，就要把所有太阳花放回城堡。"僵尸"只能在自己的阵地上左右移动，不能前后移动，双手左右抓"豌豆射手"，手臂不能伸向前抓，如果违反规则主动交出一朵太阳花给"豌豆射手"。(教师适时给予引导) (2)引导幼儿尝试游戏：幼儿分三组，第一组小朋友当"僵尸"，第二、三组小朋友当"豌豆射手"，每个"豌豆射手"只闯关一次，拿一朵太阳花。 教师引导幼儿说出"豌豆射手"用什么样的动作闯关？"僵尸"怎样阻止"豌豆射手"闯关？如果两个小朋友方向一样，应该怎样闯关？ (3)教师根据幼儿掌握的情况和游戏过程中幼儿的兴致及时调整游戏难度。 师：小朋友们，现在"僵尸"的能量越来越弱了，它们的阵地距离变短了，需要我们调整速度来打败"僵尸"(闯关难度增加)。 与幼儿一起参与游戏。"僵尸"与"豌豆射手"换组进行游戏。 **三、结束部分** 游戏后幼儿分享闯关心得。教师引导幼儿说出并步变方向速度要快，与对手方向相反的时候就能过关。
活动反思	本次活动激发了幼儿对运动游戏的兴趣，幼儿敢于大胆尝试。游戏锻炼了幼儿的平衡感知能力和灵活性，使幼儿获得成功后的喜悦感。

毕加索与《格尔尼卡》

湖北省咸宁市湖北商贸学院　曹　爽　黄诗雅

教学领域	艺术	班级	大班
设计意图	让幼儿欣赏外国名画，有助于拓展幼儿的视野，感知人类文化的多样性。大班幼儿已经能够对艺术作品表达自己的想法与感受。选择欣赏大师名画，可以加深幼儿的情感体验，提高幼儿的审美能力和陶冶艺术情操。		
活动目标	1. 欣赏毕加索的画，了解《格尔尼卡》特有的绘画手段、色彩。 2. 能够大胆地表达自己对毕加索作品的认识和感觉。 3. 体验画家作品表达的愤怒、害怕等情感，激发热爱和平的情感。		
重点难点	重点：能够大胆表达自己对《格尔尼卡》作品的感受。 难点：感受作品《格尔尼卡》表达的情感。		
活动准备	物质准备：实物投影仪、毕加索作品《格尔尼卡》、各种绘画材料。 经验准备：幼儿有过绘画经验。		
活动过程	**一、图片导入** 师：世界上有很多画家，他们使用五彩斑斓的颜色细致描绘生活中的一草一木、一山一水。而有的画家不一样，他们用其他方式描绘世界，颜色的使用也单一，却同样很有价值。今天，我们就来欣赏一位外国画家的作品，这位画家的名字叫毕加索。(投影仪展示毕加索的照片)		

续表

活动过程	**二、基本部分** 1. 整体感知 师：你觉得这幅画带给你什么样的感觉？（投影仪展示《格尔尼卡》） 幼 1：很特别、很害怕。 幼 2：一点儿都不好看，很奇怪。 幼 3：像一群大怪兽。 幼 4：表情很恐怖，我不喜欢这样的画。 2. 要素识别 师：画面上的图案都是完整的吗？画家为什么要把人、马、牛等画成这样呢？ 幼 1：因为他不喜欢马和牛，他讨厌它们。 幼 2：因为他很生气。 幼 3：因为怪兽要把画家抓走。 3. 形式关系分析 师：画面上的这些图案，它们看上去怎么样？ 幼 1：人都张大着嘴巴，没有身体，也没有脚。 幼 2：有扁扁的太阳、杯子，牛在跳舞，好像有人要去帮助别人。 幼 3：上面有一个很亮的灯，有一个人眼睛睁得很大，两只手伸向天空。 师：你什么时候会把眼睛睁得大大的呢？ 幼 1：做噩梦的时候。 幼 2：我很生气的时候。 幼 3：有人要把我从妈妈身边抓走的时候。 4. 回到整体 师：请你给这幅画取个名字好吗？ 幼 1：《奇怪的画》。 幼 2：《愤怒的画》。 幼 3：《怪兽》。 师：大家起的名字都不错，都是按照这幅画给你的感觉来起的。作者毕加索给这幅画起的名字叫《格尔尼卡》。你能感觉到画家的心情是怎样的吗？ 幼 1：很生气，很难过。 幼 2：很害怕。 师：大家回答得都很棒，其实格尔尼卡是西班牙的一个美丽的小镇，那里的人们生活得非常幸福。可是德国侵略者看中了这个地方，想把小镇占为己有。有天夜里，人们正在熟睡的时候，德国侵略者突然在格尔尼卡小镇上空丢下了一枚炸弹。顿时，整个小镇火光冲天，哭声喊声连成一片，很多人都失去了宝贵的生命，但是也有很多坚强的人们奋起反抗，就像这匹马。后来毕加索就把格尔尼卡发生的这件悲惨的事情画了下来，来表达战争的残酷。 5. 心理回忆与构思 师：等一会儿老师就要请你们来画一幅画，反映自己曾经感到害怕的事和开心的事，学着像毕加索这样表现自己害怕的心理或者开心的心情。现在老师想请你想一想，你准备怎么当毕加索呢？你可以怎么画？ **三、创作部分** 师：现在你们身后都有不同的作画工具、材料和颜料，请你们看一看，然后选择你最喜欢的那一种，开始画画吧。 幼儿自由选材料作画。 创作结束，教师带领幼儿互相欣赏，并介绍自己的作品。

续表

活动反思	当幼儿看到图片便能瞬间体会到作品中的情感，以此为例，对名画作品进行欣赏的活动可以加深幼儿的情感体验，提高他们的审美能力和艺术感知能力，并落实《幼儿园教育指导纲要（试行）》中提到的“应充分发挥艺术的情感教育功能，促进幼儿健全人格的形成”。

我会劳动

北京市大兴区青云店镇中心幼儿园　刘倩倩

教学领域	社会	班级	大班
设计意图	基于主题活动“快乐劳动我能行”开展劳动教育，为幼儿提供劳动实践的机会，在实践中学习劳动方法、解决实际问题、增强劳动意识，达成《幼儿园入学准备教育指导要点》中“生活准备——参与劳动”的目标，为幼儿入学适应做好相关准备。开展本次活动，让幼儿学会清洁物品的具体方法，并在实践中尝试和学习，体验和感受劳动的辛苦和成就感，为幼儿今后自我服务奠定基础。		
活动目标	1. 愿意参与劳动活动，有责任心，体验劳动的快乐和成就感。 2. 学习清洁桌面、清洗物品的好方法，能够合作完成小组的清洁任务。 3. 在劳动实践中，不怕脏、不怕累，能够表达自己的发现和解决问题的方法。		
重点难点	重点：在劳动实践中学会清洁桌面、清洗物品的好方法。能够分工合作完成小组的清洁任务，遇到困难一起克服。 难点：在体验清洁桌面、清洗物品时，能够发现问题、解决问题，完成小组任务。		
活动准备	物质准备：带有水粉渍的桌子垫板 7 张，擦桌布 20 块，未清洗的水粉工具 12 套，装有水的水盆 12 个，落地衣架 1 个，多夹晾衣架 2 个，PPT 课件，步骤图教具，红黄蓝分组牌各 6 个，绘画罩衣（活动前穿好），劳动徽章。 经验准备：日常对水粉工具进行过清洗；有班级小值日生经验（擦桌子、清理桌面）；有小组合作完成任务的经验。		
活动过程	**一、开始部分** 师：咱们班小朋友都是爱劳动、会劳动、乐于助人的好孩子。今天，老师有个问题需要大家一起解决。出示带有水粉渍的桌子垫板和水粉工具，中班的弟弟妹妹用完后来不及清理干净，你们愿意和老师一起帮助他们解决这个问题吗？ **二、基本部分** 1. 学习清洁方法 请一名幼儿与老师一起擦桌子，师：请大家认真观察，看看我们的方法一样吗？遇到了什么问题？ 师：我们用了什么方法？我们用的方法不同，但都能将桌子擦干净，区别是速度的快慢。 师：你发现了什么问题？ 幼：抹布太湿了，抹布洗不干净。 师：抹布拧到什么程度能更好地擦桌子？（不滴水） 师：怎么洗抹布才能洗得更干净？（出示视频） 毛笔刷怎么洗干净？——用手指搓笔刷，再涮一涮。调色盘缝隙洗干净的好方法？——用笔刷仔细刷干净。笔洗完怎么放？——放桶里，笔毛向上。		

续表

活动过程	教师出示步骤图小结梳理擦桌子和洗工具的步骤。 2. 劳动实践 (1)尝试与练习 师：接下来请小朋友们选择自己想要尝试的劳动内容练一练，用我们刚才学到的好方法，看看谁能把桌子、抹布和工具洗得更干净，还能让桌面、地面、衣服上没有水。大家互相谦让、轮流尝试，音乐结束后回到座位。 教师巡回指导，关注幼儿清洁技巧的掌握情况，促使幼儿关注要求。 小结：看看我们刚才说的要求做没做到？(通过 PPT 逐一引发幼儿观察和判断)哪些没做到呢？为什么？ 教师介绍好方法——擦桌子边、利用备用水、动作轻、使用拖布擦地。 (2)劳动清洁大比拼 分为红、黄、蓝三组，小组商量如何分工，商量好后开始劳动，音乐停时完成任务回到座位，将拼图带回贴到黑板上。 播放背景音乐，控制时间 6 分钟。教师关注清洁方法，适时帮助和引导。 (3)分享劳动成果 师：小组遇到了什么新问题？是怎么解决的？你们的小组合作得怎么样？劳动后你有什么感受？收获了什么？ 引发幼儿从方法、合作、感受等方面表达。 教师评价：恭喜大家学会了清洁的基本方法，大家表现得非常棒，在劳动中我们不怕苦、不怕累，互相帮助，和同伴合作完成了小组的劳动任务。我们今天的劳动很辛苦，所以要在平时珍惜劳动成果，也要主动为班级、家里做力所能及的事，做个有责任心、爱劳动的好孩子。 **三、结束部分** 教师为幼儿颁发“劳动最光荣”的徽章，让幼儿享受劳动的成就感。 师：我们是爱劳动、会劳动的小达人。桌面上还有工具和材料，我们可以再冲一冲、洗一洗，洗的时候要节约用水。和老师一起搞好班级卫生吧！ **四、延伸活动** 1. 在日常活动中鼓励幼儿为集体做一些力所能及的事，如擦桌子、清洗水杯、整理玩具等，增强幼儿的劳动意识。 2. 家园共育拓展劳动内容，如洗袜子、洗毛巾、刷拖鞋等，锻炼幼儿的自理能力。
活动反思	通过主题活动“快乐劳动我能行”生成本次劳动实践活动。整个教学活动通过“五段式”教学法，从导入启动——氛围卷入、情景导入，到感知体验——合作体验，到探索发现——解决合作中存在的问题，再到分享展示表现——二次分工合作，到最后的归纳总结——提升经验，达成了预设的三个维度的目标。整个活动主要通过调动幼儿已有经验，积累劳动方法，引发幼儿在动手操作、亲身体验、实践的过程中学习分工与合作，发现与表达，感受参与劳动的获得感。 在整个活动中幼儿积极参与，对分工合作进行劳动比拼兴趣浓厚，幼儿在两个环节的小组合作中不断发现劳动技能上存在的问题和在分工合作中存在的问题，并积极交流，不断解决问题。小组合作不仅使幼儿积累合作学习的经验，也在过程中使幼儿体验到劳动的快乐，学习劳动的技巧，创新劳动的方法，感受到可以用多种方法将物品清洁干净，而且有的方法能够提高清洁的速度，提高劳动的效率。

我家乡的“大境门”

河北省张家口市31675部队幼儿园　霍岩莉

教学领域	社会	班级	大班
设计意图	幼儿在假期中总是喜欢到各个地方观光游玩，假期过后经常听到幼儿议论假期到哪里去玩了。大境门是张家口市的标志性建筑，幼儿应该主动去了解它，热爱它。“我家乡的‘大境门’”活动让幼儿深入了解家乡的风景名胜，激起幼儿对家乡的热爱之情。在构建区搭建积木，使幼儿懂得热爱生活、热爱家乡。活动分两部分进行，第一部分是让幼儿了解家乡的风景名胜，激起幼儿对家乡的热爱之情；第二部分是幼儿通过图片和对家乡大境门的了解，搭建心中的大境门。		
活动目标	1. 通过观察图片和已有经验，了解家乡的大境门，知道大境门的外形特征。 2. 学习积木搭建的平铺和延长技巧，尝试城墙凹凸的搭建方法，并将烽火台和城墙按规律连接。 3. 激起幼儿对家乡的热爱之情，体验合作和成功的快乐。		
重点难点	重点：知道大境门的结构特征。 难点：尝试城墙凹凸的搭建方法，并将烽火台和城墙按规律连接。		
活动准备	物质准备：环境创设，如资料收集版面、布置搭建场地。各种建构材料及工具，如大小、材质不同的积木；废旧纸盒；自制积木；插塑及废旧物品、彩色瓶盖、废旧烟盒等。教学材料，如大境门的挂图、本班小朋友的照片、张家口地图、电子图片、音乐《长城长》。 经验准备：参观过张家口大境门景区或长城。		
活动过程	**一、活动导入** 出示本班幼儿在大境门的照片，导入主题。 让大家欣赏张家口地图，创设情境：有一批外地的游客想来我们的家乡观光旅游，你们愿意把家乡的美丽风光介绍给他们吗？ **二、介绍家乡的大境门，体会家乡的美丽** 1. 展示大境门图片(电子课件 1)，让幼儿仔细观察其外形特征。 2. 提问：你看到了什么？大境门分为几个部分？(城墙、关城和烽火台) 3. 巩固平铺和延长，学习架空和盖顶的搭建方法。 (1)幼儿操作试搭。 (2)教师小结并讲解城墙凹凸的搭建方法。 (3)欣赏搭建作品(电子课件 2)。 4. 介绍搭建材料和方法，要求幼儿合作完成(引导幼儿将烽火台和城墙按规律连接)。 **三、幼儿分组活动，共同搭建长城** 1. 第一组：木质积木组(主要是长方体和正方体积木)。 2. 第二组：自制积木组(城墙纸包装的纸盒)。 3. 第三组：桌面拼插组(烟盒、瓶盖、拼插玩具)。 在幼儿自由搭建时，播放长城图片和音乐《长城长》，教师巡回指导。活动结束时，播放“收玩具音乐”。 **四、幼儿分享，介绍自己搭建的作品** 请每组选出一位代表介绍自己的作品，在讲解的过程中，既能回顾大境门的外观特征、搭建方法，又能提高幼儿的语言表达能力。		

续表

活动反思	我班幼儿很喜欢构建区的活动，这次构建区活动是让幼儿搭建自己家乡的标志性建筑“大境门”，他们搭得不亦乐乎，区域活动里一片幼儿忙碌的景象。他们根据自己的经验和设计的图纸搭建，一会儿工夫，大境门就被他们搭建得有模有样。但是问题也随之而来，有的幼儿搭建的烽火台美观大方，但就是不结实；有的幼儿搭建的城墙没有和烽火台连接。针对这种情况，我让幼儿自主发现问题，找到原因，自己想办法解决。通过幼儿的反复试验，终于找到了问题的根源，原来在做平铺时，下面的积木一定要搭得坚固结实，要比上面的积木用得多、搭得大。在搭建中总结方法让幼儿记忆深刻，幼儿收获了搭建经验，效果很好。

音乐游戏：快乐馅饼

湖北省荆州市荆州区第八幼儿园　熊　楠　李　霞

教学领域	艺术	班级	大班
设计意图	根据《3—6 岁儿童学习与发展指南》5—6 岁幼儿年龄特点，幼儿已能感受到音乐的基本节拍并随拍子改变动作节奏，感知音乐作品主题；能在音乐游戏中创造性地进行音乐表现活动，体验创造活动的快乐。基于此，我将音乐和烘焙有机融合，从幼儿实际生活经验出发，结合荆州本地特色美食“矮子馅饼”，带给幼儿一次奇妙的音乐游戏体验。此外，希望幼儿能感受圆舞曲的欢快曲风，增强对开心快乐情绪的体验和表达。		
活动目标	1. 幼儿通过活动感受音乐游戏的乐趣和欢乐曲风。 2. 幼儿在欣赏音乐《加速圆舞曲》选段后，结合图谱了解乐曲 ABA 式的结构。 3. 幼儿能在音乐活动中听辨音乐旋律，根据旋律变化自由创编肢体动作。		
重点难点	重点：幼儿能沉浸式感受音乐游戏的乐趣和欢乐的曲风；能听辨旋律，自由创编动作。 难点：幼儿能结合图谱了解乐曲 ABA 式结构。		
活动准备	物质准备：自制 PPT、音乐《加速圆舞曲》选段、矮子馅饼。 经验准备：幼儿认识本地特产“矮子馅饼”；有一定节奏训练经验。		
活动过程	**一、情景导入，激发兴趣** 1. PPT 展示“快乐馅饼”烘焙店。 2. 师：欢迎来到荆州特色美食矮子馅饼店！想不想跟我学习制作荆州特色美食——矮子馅饼呢？ 3. 师：(做动作)穿上围裙，戴好厨师帽，洗手后前往操作间！ **二、欣赏音乐，了解 A、B、A1 段乐曲，感受由弱到强、由慢到快的旋律** 1. 展示真实馅饼，引导幼儿观察馅饼由饼皮和馅料组成。 2. 联系生活，讨论做馅饼所需食材。 3. 小结：馅饼就是由香酥的饼皮和各种口味的馅料做成的。 4. 完整播放音乐，感受欢乐曲风，教师演绎做馅饼过程。 师：我在做馅饼时，喜欢边听音乐边做馅饼。 师：听完这首音乐，有何感受？(幼儿自由畅聊音乐初体验) 小结：音乐很欢快，让人情不自禁想舞蹈。伴着这欢快的音乐做出来的馅饼更美味！ 5. 播放 A 段，引导幼儿听辨由弱渐强、由慢到快的旋律特点。 师：现在来做酥脆的饼皮吧！		

续表

<table>
<tr><td>活动过程</td><td>播放 A 段，师：(轻轻地)打一个鸡蛋；(逐渐加速)搅拌；(加大动作幅度)加面粉，加糖、加油、撒芝麻。饼皮准备好啦！
师：你们听这段音乐有什么感受？(引导幼儿描述节奏由弱渐强、由慢变快)
小结：我们在制作饼皮时，就像这段音乐一样，由弱渐强、由慢到快。
6. 播放 B 段，幼儿感受欢快节奏，启发幼儿创编动作。
师：饼皮做好了，开始包馅料。我包一个经典口味椒盐馅(卡点 B 段)，研磨椒盐料，搓揉、按压，送入烤箱。
鼓励幼儿大胆表达自己喜爱的口味。
播放音乐，请 2—3 名幼儿上前边讲述边展示自己所做的馅料。带领全班跟随模仿。
小结：包入喜爱的馅料后就可以送入烤箱啦。
7. 播放 A1 段，引导幼儿感受乐曲 ABA 式结构。
师：这段音乐听上去有没有很耳熟？
师：是，和第一段音乐一样。我们再做一锅馅饼，还是从做饼皮开始。这首音乐和我们做馅饼的过程一样，是不断重复的。
三、体验音乐游戏的欢快，跟随节奏自由创编动作，结合图谱了解乐曲 ABA 式结构
1. 展示图谱，了解 ABA 式结构。
(1)师：我们的馅饼太美味了，越来越畅销。为方便大家制作，我们根据图示一步步来做更多的馅饼！
(2)播放音乐，随旋律解说图谱。
A 段：打鸡蛋、搅拌 4 次，加面粉、加糖、加油、撒芝麻。
B 段：自由创编，按压，送入烤箱。
A1 段(重复 A 段)
(3)小结：这段音乐是 ABA 式重复的结构。
2. 完整播放音乐，幼儿进行音乐游戏。
鼓励幼儿自由创编动作。
师：伴随音乐，大胆制作你们喜欢的馅饼吧！
3. 小结：我们的馅饼太美味了，外卖热线不断，我们抓紧再做一锅！
4. 游戏结束。</td></tr>
<tr><td>活动反思</td><td>本次音乐游戏中，幼儿热情参与，感受到《加速圆舞曲》欢快的节奏。通过游戏活动，幼儿能分辨音乐节奏，调整自己的动作变化。幼儿根据节奏自由创编动作并进行语言表达。本次活动目标基本达成。</td></tr>
</table>

【说课稿】

看我花样滑冰秀

北京市通州区张家湾镇牛堡屯中心幼儿园　袁　伟

【设计意图】

一次，浩宇告诉大家，冬奥会要开始了，孩子们立刻被运动员们在冰上优美的舞蹈动作所吸引。天琪说："他们在冰上跳舞的时候转圈—滑—转圈—滑—转圈—滑。"中班幼儿能发现日常生活中的规律，对模式有了初步的感知。《3—6岁儿童学习与发展指南》指出，幼儿通过感知觉和各种操作认识周围世界，要引导幼儿运用他们喜闻乐见的形式和内容，将数学经验融入其中，教师提供更为丰富的探究环境引导幼儿探究，不断丰富其数学知识经验。中班幼儿模式的复制和扩展能力发展迅速，引导幼儿运用数学知识解决生活中遇到的问题。

【说教材】

活动以冬奥会为契机，遵循密切联系生活的原则，活动内容追随时事热点，以幼儿感兴趣的冰上运动为媒介，基于模式的核心经验，引发幼儿用一双善于发现的眼睛去感受生活中的规律美，同时激发幼儿在游戏中为冬奥喝彩，争做冬奥的传播者。

【说活动目标】

1. 感受花样滑冰中动作模式表现出来的美和有趣，喜欢参与数学游戏。
2. 感知花样滑冰中出现的ABB ABB ABB简单模式，并初步理解模式在生活中的应用。
3. 能复制并扩展ABB ABB ABB的模式，创编花样滑冰动作。

【说重点难点】

1. 重点：感知花样滑冰中出现的ABB ABB ABB模式。
2. 难点：能复制并扩展ABB ABB ABB的模式，创编花样滑冰动作。

【说教法】

1. 提问法：利用不同的提问法(回忆性提问法、定向性提问法等)，唤醒幼儿原有经验，并把幼儿的注意力引向今天要学习的内容。
2. 讨论法：利用讨论法，与幼儿深入探讨，了解幼儿对所学内容的理解程度。
3. 操作法：利用操作教学法，引导幼儿实际操作，感知ABB ABB ABB模式的规律。

【说学法】

1. 参与法：幼儿通过与同伴共同参与游戏，感受生活中模式的乐趣。
2. 展示法：幼儿到讲台上展示，进一步加强幼儿对模式的理解和应用。
3. 体验法：通过对滑冰动作的创编、体验，感受模式中重复动作的美。
4. 小组合作法：中班幼儿进行小组合作，增加相互学习的机会。

【说活动过程】

一、视频导入，激发幼儿活动兴趣，唤起回忆，感知模式

活动开始，教师通过提问调动幼儿原有经验："你最喜欢哪些冰上的动作?"引发幼儿思考，随后播放一段冬奥会花样滑冰表演的视频，老师提出问题："你看见运动员都做了哪些动作?"引导幼儿回忆视频中的动作，尝试跟视频学一学，为随后的填充扩展活动做铺垫。

本环节教师利用回忆性提问方法唤起幼儿原有经验，幼儿大胆说出自己在回忆中发现运动员的不同动作是重复性的。

二、图片引导，尝试复制说出 ABB ABB ABB 的模式

出示视频中的动作图片，让幼儿挑选出一样的花样滑冰的动作，教师提问：“运动员在表演的时候，他们动作的顺序是什么？”引导幼儿发现这些动作是重复的，让幼儿学一学。教师小结，鼓励幼儿说出“原来这么好看的舞蹈是有一定的规律的”。

本环节启用定向性提问方法，把幼儿的注意力引向要学习的内容，幼儿观看图片是采用了直观感知法进行学习，复制了视频和图片中的模式。

三、创设情境，尝试填充扩展拼摆出 ABB ABB ABB 模式

创设情境，让幼儿创编一段花样滑冰舞蹈。在小组游戏中提供不同数量、不同位置的 ABB ABB ABB 动作规律图片，供幼儿自主选择，进行规律模式图的填充及扩展，并向同伴介绍自己完成的动作图卡。教师提问：“空着的图片应该是哪个动作，为什么？”引导幼儿根据自己的判断进行扩展。

此环节采用了理解性提问法，了解幼儿对所学内容的理解程度，同时注重投放材料的层次性，每名幼儿都能根据自己的理解找到适宜的材料进行操作。

四、自主创编，尝试填充扩展创编出 ABB ABB ABB 的模式

幼儿和同伴一起自主创编，用动作表现出 ABB ABB ABB 模式，注重让每名幼儿都有发表想法的机会。教师提问：“说说你是怎么创编的，为什么这么编？”

此环节教师采用应用性提问，引导幼儿将以上环节梳理出来进行实际应用，幼儿在与同伴交流中自主表达。

五、分享展示，尝试扩展表演出 ABB ABB ABB 的模式

请几名幼儿到前面进行分享，进一步增强幼儿对模式的理解和应用，这是从表象模式到听觉模式再到动作模式的转变过程。

此环节教师采用评价性提问，引导幼儿说出自己创编模式的理由和依据，幼儿在分享中获得自信，在观看中感受模式带来的规律美。

【说活动总结】

整个过程遵循幼儿操作、探索的原则，在操作中促使幼儿将具体的动作内化于大脑，在动作的基础上构建相应的数学知识。此活动追随时事热点，以幼儿感兴趣的冰上运动为媒介，幼儿在游戏中为冬奥喝彩，争做冬奥的传播者。

【说活动延伸】

幼儿享受着自己扩展的动作模式带来的成就感。在表演区，教师播放《一起向未来》《铃儿响叮当》等幼儿熟悉的音乐，鼓励幼儿大胆表现自己创编的新模式，鼓励幼儿寻找生活中重复美的探究活动，并用自己喜欢的符号记录下来。

钟表设计小达人

北京理工大学幼儿园　王慧娟

【设计意图】

大班幼儿处于幼小衔接的关键时期，班级幼儿大多数不知道如何合理安排自己的时间，时间观念比较淡薄。班级开展了“做时间的小主人”主题活动，在开展主题活动前，幼儿看到不同的钟表和钟表的图片，都产生了极大的兴趣。

5—6 岁幼儿还处于具体形象思维的阶段，抽象逻辑思维只是萌芽阶段，需要老师用适宜的策略方法帮助幼儿进行过渡。

《3—6岁儿童学习与发展指南》提示：艺术领域学习的关键在于充分创造条件和机会，在大自然和社会文化生活中萌发幼儿对美的感受和体验，丰富幼儿的想象力和创造力，引导幼儿用自己的方式去表现美和创造美。

活动中教师支持幼儿自主设计自己喜欢的钟表造型，引导幼儿大胆设计与绘画，进行富有个性的创设。

【说教材】

大班幼儿愿意将自己的想象和创造通过美术活动表现出来，但对钟表造型的特点缺乏整体的认知。幼儿在感受、设计创造自己喜欢的钟表造型的过程中，发展了感受力、观察力、表现力和创造力等。

【说活动目标】

1. 了解钟表的造型结构特点。
2. 在欣赏的基础上，迁移自己喜欢的形象，尝试设计钟表的外形。
3. 大胆自信地表达，愿意与同伴分享交流自己设计的钟表造型。

【说重点难点】

1. 重点：以数字、指针、表盘为主体，感受不同钟表的造型设计特点。
2. 难点：发挥想象，以自己喜欢的形象，大胆设计一个钟表造型。

【说教法】

1. 情境教学法：教师通过绘本《喜欢钟表的国王》，与幼儿进行谈话讨论。
2. 直观演示法：引导幼儿观察时钟，了解钟表的组成部分。
3. 提问法：以教师提问，幼儿观察的方式，帮助幼儿在头脑中初步建构钟表钟面的组成过程。
4. 启发引导法：教师通过不同的提问与幼儿进行互动，引导幼儿通过自主观察，帮助幼儿在头脑中初步建构设计钟表造型的一个过程。

【说学法】

1. 观察法：观察班级时钟。
2. 展示法：展示不同的钟表图片，引导幼儿进行欣赏。
3. 分享式学习法：幼儿进行设计绘画成果分享，展示的幼儿描述自己设计的钟表造型。

【说活动过程】

一、开始部分

采用谈话回忆、创设情境的方式导入，教师通过绘本《喜欢钟表的国王》的谈话讨论，不仅调动幼儿原有的经验，而且为之后的教学活动创设幼儿熟悉的情境。

二、基本部分

环节一：观察时钟，了解钟表的组成部分。

明确表盘的组成部分。教师出示钟表，说："请小朋友仔细观察，这个时钟钟面由哪些部分组成？它的表盘是什么形状？小朋友还见过什么形状的表盘呢？"幼儿进行解答。通过教师提问、幼儿观察的方式，帮助幼儿在头脑中初步建构钟表钟面的组成部分。

明确12个数字的位置关系，时针、分针的长度等问题。教师提问："12个数字的排列和摆放有什么特点吗？时针、分针如何区分？"幼儿通过直接观察再加上原有经验进行表述，教师采用鼓励和肯定的语言指出这些具体的特点并加以梳理和总结，帮助幼儿形成一个更清晰的钟面感知。

环节二：钟表图片欣赏，感受造型美和色彩美。

通过故事情境，幼儿猜测有什么样子的钟表。

欣赏多种钟表图片，丰富幼儿对钟表外形的认知。教师播放不同造型的钟表图片，引导幼儿进行初步的感知。教师呈现一个具体的钟表图片，幼儿说一个具体的形象。通过形象的图示，帮助幼儿将抽象的时钟造型形象化，有助于幼儿的感知和理解。

通过谈话讨论的方式，引导幼儿通过自主观察，发现钟表的共同特点。幼儿描述自己喜欢的钟表，发表自己的观点和看法，感受钟表的造型美和色彩美，帮助幼儿在头脑中初步建构设计钟表造型的过程。

环节三：发挥想象，大胆设计钟表造型。

幼儿进行钟表设计。这是本次活动最重要的环节之一，教师观察幼儿的设计活动并巡回指导。活动前，教师准备好圆形、正方形、长方形、椭圆形等表盘，幼儿自由选择自己喜欢的形状，进行时间的标识。过程中，教师重点关注幼儿是否能够将钟表表面与喜欢的造型相联系起来，鼓励幼儿尝试设计钟表造型，同时通过关键提问引导幼儿一步一步地深入思考解决问题。

幼儿在创作过程中，基本可以分为以下三种类型。

第一种：幼儿有一定绘画基础，有自己的想法，用勾线笔进行钟面设计后，再进行造型设计，速度相对比较快，整体画面干净整洁。

第二种：部分幼儿画面结构不太合理。教师先引导幼儿观察之前的钟表图片，进行对比思考。幼儿通过对比观察找到问题所在，有的幼儿重新调整绘画，有的幼儿表达自己的想法，在钟表的外圈少部分添加自己的设计，教师尊重幼儿的想法。

第三种：个别幼儿动手能力较弱或者长时间未来园。针对此类型幼儿，教师先引导他观察表盘、数字和指针，进行钟面基本的绘画，再引导他们观察之前的图片，简化造型，帮助他们获得成功的体验。

在过程中，老师结合一些教法与学法，引导幼儿一步一步去深度思考解决问题。

三、结束部分

幼儿进行设计绘画成果展示。“请展示的小朋友描述自己设计的钟表，以什么形象和色彩为主，绘画中设计的钟表是几点。请欣赏的小朋友也说一说，你觉得他的设计怎么样，有哪些值得你学习的地方?”此环节是展示法与分享式学习法的体现，为幼儿相互学习提供机会，幼儿可以在同伴分享的过程中获取一些新的经验。

【说活动总结】

此次活动的开展，教师采用直观演示和迁移幼儿喜欢的造型相结合的方式，支持幼儿进行大胆设计创造与表现。幼儿在设计创造、分享自己喜欢的作品的过程中，进一步发展感受力、观察力、表现力和创造力等。

【说活动延伸】

新的挑战：由画到做。日常区域活动中，美工区会投放丰富的材料，引导幼儿进行钟面的手工制作活动，为以后的活动做进一步的铺垫；将幼儿的绘画和手工作品在美工区和主题墙进行展示。

美丽的小鱼

云南省昆明市昆明城市学院　文振有

【设计意图】

《3—6岁儿童学习与发展指南》艺术领域中提出：大班的幼儿愿意积极参与艺术活动，有自己比较喜欢的活动形式，并能用多种工具、材料或不同的表现手法表达自己的感受和想象。为了激发幼儿的兴趣，我选择了“美丽的小鱼”这个教学活动，希望幼儿能在活动中用添画和撕贴的方法来体验艺术手工的乐趣。

【说教材】

“美丽的小鱼”中的主角鱼儿是我们人类的朋友。在幼儿的世界里，鱼儿是他们熟悉和喜欢表现的对象。《3—6岁儿童学习与发展指南》提出，美术课要与幼儿的生活经验相结合。因此，本次活动通过让幼儿看一看动画片、做一做游戏，调动幼儿对于海洋、鱼类的储存知识，由浅入深地引导幼儿学习折热带鱼，并用添画和撕贴的方法装饰，制作形态各异、色彩斑斓的热带鱼，鼓励幼儿大胆表现与众不同的鱼儿造型，从而促进幼儿个性的形成和发展。

【说活动目标】

1. 引导幼儿欣赏美丽的海底世界，让幼儿学会不同的手工制作方法。
2. 学会运用折、撕、贴、画等手段及各种材料制作鱼儿，锻炼动手能力。
3. 让幼儿在欣赏的过程中得到美的熏陶，在动手制作中懂得珍惜自然，爱护生灵。

【说重点难点】

1. 重点：幼儿学会不同的手工制作方法。
2. 难点：运用折、撕、贴、画等手段及各种材料制作鱼儿，锻炼动手能力。

【说教法】

《幼儿园教育指导纲要(试行)》中指出，教师应该成为幼儿学习活动的支持者、合作者、引导者，关注幼儿在活动中的表现和反应，察觉他们的需要，及时以适当的方式应答，形成合作探究式的师幼互动，因此我采用以下教法：

1. 观察法：观察图片，知道鱼的形状。
2. 示范法：教师示范制作方法。
3. 实践练习法：创设情境，激发创作潜能，幼儿进行练习。

【说学法】

1. 观察法：观察图片直接感知。
2. 互动法：活动中和教师、同伴进行讨论，合作学习。

【说活动过程】

一、感知与体验

1. 在“海底世界”的情景中，教师引导幼儿回忆，感知大海的特征。

师：“小朋友，你们有没有见过大海呀？是啊，蔚蓝的大海一望无边，当海面上波涛滚滚的时候，海底却是另外一番景致。想不想跟随老师一起去美丽而又神奇的海底世界周游一番呢？”

2. 情景导入。

观看《海底总动员》录像，吸引幼儿，使他们进入情境，激发幼儿学习的兴趣。

二、探索与发现

1. 赏鱼，感知鱼儿特征。

教师用课件展示在海洋里游动的各种热带鱼，让幼儿在欣赏的过程中带着问题去观察，再选择自己最喜欢的一条鱼来说一说。当鼠标移动到每条热带鱼的图片上时，这条鱼就会“听话”地停下，幼儿能仔细观察鱼的几何形状——三角形以及漂亮的颜色和花纹，让幼儿对鱼的结构和特征有所认识，幼儿以所特有的天性创作的语言会更生动，更具表现力。

2. 教师示范。

教师给幼儿展示运用折、撕、贴、画等手段及各种材料制作鱼儿，幼儿操作材料进行探索练习。

三、创作与表现

1. 教师引导幼儿先折出鱼儿的形状，用撕和贴的方法加强鱼儿的外形特征。

2. 教师鼓励幼儿给自己制作的鱼儿用彩色笔涂上美丽的颜色，添加漂亮的花纹。

3. 教师引导幼儿用撕和剪的手段，制作出水草的形状，再用彩色笔涂上水草的颜色。

4. 教师组织幼儿把自己制作的鱼和水草用粘贴的方法贴在黑板上的大海中。

四、欣赏与评议

幼儿把自己制作好的美丽鱼儿贴到黑板上的大海里，师幼共同欣赏。先让幼儿互评、自评：你觉得哪条鱼最漂亮？引导幼儿从以下几方面进行品评：色彩的搭配是否合适、形状的变化是否生动、材料的运用是否独特。最后师幼互评，教师肯定幼儿的评价，优秀的作品及时给予表扬，不理想的作品加以鼓励。

【说活动总结】

在本次手工活动中，教师让幼儿通过折、撕、贴、画等手段及各种材料制作鱼儿，鼓励幼儿动手、动脑，让他们进行合作学习，注重培养他们的动手能力、动脑能力和创造精神。幼儿对这项活动很感兴趣，在活动中他们的积极性很高，都能参与到活动中来。他们学得也非常认真，都有很大的收获。

本次活动也存在不足：有的幼儿在活动时不注意环境卫生，把一些碎纸、废树叶等材料扔到地上；有的幼儿在活动前未能把活动所需要的材料准备好；还有的幼儿做手工比较粗心，做出来的作品质量不高；等等。在以后的活动中教师应及时督促和引导幼儿，争取把工作做得更好。

【说活动延伸】

海底世界非常美丽，这是大自然赋予我们人类的瑰宝，我们在感受它的美丽的同时更有责任去保护它。请幼儿在课后收集这方面的资料，大家一起来讨论。

调皮的三角形

云南省昆明市盘龙区新迎第一幼儿园　白志英

【设计意图】

中班幼儿已能用语言或符号概括出图形的边角特征并进行分类。但幼儿对于三角形的认知是狭隘的，他们通常认为等腰三角形、正三角形才是三角形，对于三角形的变式理解存在困难。因此，本活动通过让幼儿亲自动手操作探究，学习三角形的特征，感知不同的三角形，发展幼儿的观察能力、空间知觉能力。

【说教材】

本活动是根据《3—6 岁儿童学习与发展指南》数学认知目标"感知形状与空间关系"中班幼儿核心经验认识平面图形的各种变式设计的教学活动。活动旨在帮助幼儿理解三角形是由不在一条线段上的三条线段首尾顺次相接所组成的封闭图形。

【说活动目标】

1. 了解三角形的基本特征，知道三角形是由三条边、三个角构成的封闭的平面图形。
2. 运用观察、比较等方法辨别不同的三角形。
3. 体验三角形与生活的联系，对生活中的数学感兴趣。

【说重点难点】

1. 重点：通过观察和比较，了解三角形是由三条边、三个角构成的封闭的平面图形。
2. 难点：不受图形的大小、颜色、摆放位置的影响，正确辨认三角形的特点。

【说教法】

1. 游戏教学法：以游戏贯穿整个活动，激发幼儿的积极性与主动性。
2. 观察引导法：在幼儿进行操作探究时，通过观察及时给予引导。
3. 启发教学法：通过一些启发性的提问发散幼儿的思维，巩固幼儿对三角形的认识。

【说学法】

1. 游戏法：幼儿在活动中通过摸一摸、碰一碰、找一找、摆一摆，了解三角形的属性特征。

2. 操作法：活动中，幼儿通过触摸各种各样的三角形、寻找三角形、摆一摆三角形等，感知三角形的特征及多样性。

3. 观察比较法：幼儿通过观察、推理各种各样的三角形，在原有经验上拓宽对变形三角形的认知，构建三角形的概念。

【说活动过程】

本次活动围绕目标，结合多种教学形式，让幼儿在自由、开放式的教育活动中进行自主操作探究，创造性地学习。

一、游戏"摸一摸"，感知三角形的边角特征

教师出示各种各样的三角形，引导幼儿触摸、观察三角形，感知三角形的边角特征。

二、游戏"找一找"，学习运用比较推理法辨别三角形

1. 教师提供各种各样的三角形和非三角形图形，幼儿在许多不同的图形中将不同颜色、不同样式的三角形选出来，并说明它们都有三条边、三个角。

2. 躲起来的三角形。幼儿根据图形露出来的部分寻找三角形，并将三角形与非三角形进行分类标识，并说明理由。幼儿在观察比较中，感知三角形是由三条边、三个角构成的封闭图形。

三、游戏"摆一摆"，感知三角形的多样性

幼儿在钉子板上摆出大小不同、颜色不同、方向不同的两个三角形，认识三角形的各种变式。

四、寻找生活中的三角形

幼儿通过寻找生活中哪些物品是三角形，感受三角形与日常生活的联系。

【说活动总结】

本次活动我根据中班幼儿的学习特点，以支持者、引导者、合作者的身份，科学、合理地设计活动流程，通过摸一摸、找一找、摆一摆等方法调动幼儿参与活动的积极性、主动性，同时为幼儿提供足够的操作材料，供幼儿亲自探索、尝试，主动获得有关三角形的经验，掌握三角形的基本特征，体验图形翻转和变式。最后再将活动回归到生活中，让幼儿感受三角形与生活的联系，丰富幼儿的生活经验。

【说活动延伸】

1. 请幼儿继续在生活中寻找三角形的物品。
2. 在区域中投放七巧板，引导幼儿数一数、拼一拼三角形。

变来变去还是你

北京市延庆区第一幼儿园　孙　博

【设计意图】

在“好玩的扑克牌”主题活动中，幼儿对扑克牌游戏充满了兴趣，特别是玩“大吃小”游戏。经过观察发现，幼儿在玩“大吃小”游戏时，常常会被扑克牌的出牌方向、花色的呈现方式影响，无法准确判断谁大谁小。虽然幼儿有时能够正确比较出谁大谁小，但只是机械记忆扑克牌的特点而并不是真正理解数量的大小。我们班幼儿在实际生活中已逐渐积累了对有关物体量的认识，感知量的精准性有了很大的提高。虽然能判断相等量，但缺乏对物体量守恒的认识，往往在量的比较中容易受到外在形式、视觉判断等方面的干扰，而不能正确地感知物体的量。结合幼儿的现状及需要，我们生成了本次教育活动“变来变去还是你”。

【说教材】

感知事物的数量及其关系，构建初步的数概念，是中班阶段幼儿的发展目标。《3—6 岁儿童学习与发展指南》中指出：中班幼儿学习不受物体的大小、形状和排列形式的影响，正确判断 10 以内物体的数量是重要的内容。本次数学活动“变来变去还是你”，引导幼儿在游戏中感知体验数量的守恒，通过亲身感知、具体操作初步感知物体的数量不受外部特征和排列形式的变化而改变，能够在快乐的游戏体验中，不受大小、颜色、形状、疏密的影响，正确认知物体的数量，建立数量守恒的初步概念。

【说活动目标】

1. 愿意参与数量的守恒活动并感受其中的乐趣。
2. 不受物体大小、颜色、排列形式等因素的影响，初步感知 6 以内数量的守恒。
3. 学会运用目测和点数的方法验证 6 以内数量的守恒。

【说重点难点】

重点：喜欢参与数学活动，在游戏中感知 6 以内数量的守恒。

难点：不受物体大小、颜色、排列形式、形状等因素的影响，能用目测和点数方法准确地说出物体的总数。

【说教法】

1. 直观演示法：通过扑克牌让幼儿对数量有直观的认知。

2. 探究发现法：出示大小相同、颜色不同，颜色相同、大小不同的两组扑克牌，让幼儿探究数量。

3. 操作练习法：操作是幼儿积累认知经验的重要方式，通过实际操作让幼儿正确认知物体数量，建立数量守恒的初步概念。

【说学法】

中班幼儿爱玩会玩，亲身体验、感知操作是学习的主要方式。本次活动中，我沿着游戏导入、感知理解、操作体验、内化应用的发展顺序，帮助幼儿在游戏中感知、理解数量的守恒。

【说活动过程】

一、“运动会上扑克来”，激发兴趣引出主题

中班幼儿的思维属于具体形象思维，情境游戏是他们喜欢的学习方式之一，于是我创设了“扑克王国开运动会”的游戏情境，巧妙地利用信息化手段出示大小不一、方向不同的“扑克运动员”，激发幼儿兴趣，引导幼儿进行辨认，“看看运动会上都有谁来参加?”幼儿在积极猜说的过程中巩固对扑克花色的认识。

二、“入场仪式变化多”，感知理解数量守恒

此环节是有效突破重难点的关键环节，分为三个步骤进行。

1.“扑克运动员”出场，感知物体的数量不受排列形式的变化而改变。

考虑中班幼儿在感知理解数量守恒的过程中容易受物体排列形式的影响，所以此环节“运动员入场”我特别出示了相同数量但排列形式不同的几组“扑克运动员”，请幼儿说一说：哪组“扑克运动员”最多？这时有的幼儿说一样多，有的幼儿说第二组最多。那到底哪组多呢？我进行追问，并引导幼儿运用点数的方式进行验证。

最终得出结论：6 位“扑克运动员”，一会儿变成一排，一会儿变成圆圈，一会儿又变成 S 形。无论队形如何变化，6 位运动员的数量都不会改变。

2.“桃心运动员”出场，感知物体的数量不受大小、颜色的变化而改变。

考虑幼儿理解数量守恒时除了会受物体排列形式影响外，还会受大小、颜色、图案等因素的影响，所以此环节我分别出示两组“运动员方阵”：一组大小相同、颜色不同；一组颜色相同、大小不同。引导幼儿说一说哪组运动员最多。果然幼儿再次出现了分歧，因为有了上一环节的铺垫，所以此环节幼儿能够自主运用点数的方式进行验证，共同得出结论：“桃心运动员”的数量不会因为大小、颜色的变化而改变。

3.“扑克队员对对碰”，在操作游戏中巩固 6 以内数量守恒的理解

动手操作是中班幼儿积累认知经验的重要方式，所以本环节我利用扑克牌本身的排列特点，提供扑克操作卡，引导幼儿帮助“扑克队员”找出和它数量一样的朋友进行配对。幼儿在实际操作中能够不受颜色、大小、图案、排列方式的影响，感知 6 以内数量的守恒。

三、“庆祝舞蹈跳起来”，内化巩固数量守恒

儿童的学习是主动的，理解后的再运用能够有效帮助他们巩固新经验。本环节我邀请幼儿共跳庆祝舞蹈，出示扑克花环，引导幼儿选择花色数量最多的花环进行佩戴。经过前几个环节的经验积累，幼儿的选择不再盲目靠直觉，而是能够自主根据点数花色的数量继续选择，幼儿发现虽然扑克花环上的花色大小、颜色、排列形式等都不一样，但他们的数量却是一样的，都是 6。达成共识后，幼儿开心地跳起了庆祝舞蹈。

【说活动总结】

在科学领域数学活动“变来变去还是你”中，我以激发兴趣和主动探究为核心，以年龄特点和学习规律为导向，以动手操作和亲身体验为途径，以感知理解和内化运用为主轴，创设了层层递进的游戏环节，达成了教育目标。

1. 巧设干扰、理解守恒。由于中班幼儿在理解数量守恒的过程中容易受物体大小、颜色、排列方式、图案等因素的影响，所以活动中，我会有意创设层层递进的干扰因素，将大小、颜色、排列方式、图案等巧妙穿插在情境中，帮助幼儿排除干扰不受影响，理解 6 以内数量的守恒。

2. 游戏贯穿、趣味探究。结合中班具体形象性思维，活动中我以“扑克王国运动会”的情境贯穿始终，巧妙地运用运动员入场、队列的变化、跳庆祝舞蹈等，自然呈现不同造型的扑克牌，为幼儿更好地感知数量的守恒创设干扰因素。

3. 系统建构、经验关联。幼儿对守恒的理解具有一定的发展顺序，数量的守恒为后续更好地感知理解液体守恒、空间守恒打基础。我关注幼儿学习和发展的连续性和系统性，环节中利用多种方式帮助幼儿构建守恒思维，能够不受外在干扰理解物体数量的守恒。

不足及改进措施如下：幼儿的发展存在个体差异，虽然教师能够在活动中关注不同发展水平的幼儿，但在第三步“扑克队员对对碰”操作活动中，教师直接出示 5 组扑克牌，我发现对个别幼儿来说比较有难度，可以尝试将 5 组游戏分别放在 5 张游戏卡上，幼儿可以结合自己的游戏水平来进行选择，这样更能满足不同发展需要的幼儿。

【说活动延伸】

结合中班活动区活动具有目标化这一特点，我们将扑克材料投放在益智区，供幼儿持续游戏，感知内化。

我眼中的大阅兵

河北省秦皇岛市 92676 部队幼儿园　倪　丹

【设计意图】

本园是一所部队幼儿园，浓厚的部队气息充斥着幼儿园的每一个角落。孩子们的父母是军人，在日常熏陶之下，他们喜欢军人、崇拜军人，喜欢模仿军人站立和行走，中班幼儿能观看连续的画面并能说出自己的想法，敢于尝试有一定难度的活动和任务，因此设计了这次教育活动。

【说教材】

本次活动以“大阅兵”为切入点，首先请幼儿观看国庆阅兵的视频，感受解放军的军威；然后讨论视频中出现的军种种类和解放军阅兵时的样子，从而引出解放军为了步伐整齐要进行训练；再通过观看阅兵前解放军训练的视频和图片，让幼儿了解解放军训练的艰辛；观看军人展示，幼儿玩角色扮演游戏模仿军人队列基本动作；最后树立理想，长大要当一名解放军战士，保卫祖国。

【说活动目标】

掌握大阅兵中的解放军军种分类；模仿阅兵基本动作，感受军人队列行进中飒爽英姿和不怕苦、不怕累，坚决完成任务的军事作风；萌发长大当解放军、保卫祖国的情感。

【说重点难点】

1. 重点：掌握大阅兵中军种分类，体会军训的艰辛。

2. 难点：模仿队列基本动作。

【说教法】

1. 直观法：运用视频、图片的直观方法，使幼儿进一步了解大阅兵的情况。

2. 演示法：请军人实地表演，使幼儿对训练更感兴趣。

3. 角色扮演法：幼儿亲身体验队列动作，更能感受军人训练的辛苦。

此外，还采用了交流谈论法和观察法。

【说学法】

以幼儿为主体，创造条件，让幼儿自由尝试、发现、交流讨论，不仅提高了认识，更升华了感情。

本次活动采用了角色扮演游戏法，通过扮演解放军，模仿他们的队列基本动作，感受他们飒爽英姿的整齐步伐和不怕苦、不怕累的品质。

【说活动过程】

一、欣赏大阅兵视频，感受解放军的军威

请幼儿观看大阅兵的视频，感受解放军的军威，从而引起对大阅兵的兴趣。

二、对视频进行讨论，知道军种名称

幼儿对视频进行讨论，大胆表述自己所看所听，掌握四大军种的名称。

三、观看视频和图片，了解训练时的艰辛

通过观看视频和观察图片，说出自己的看法，了解解放军训练的艰辛。

四、游戏小兵学本领，亲身体验训练辛苦

通过角色扮演的游戏形式，模仿军人做队列基本动作，亲身体验训练的辛苦。

五、表达理想与愿望，长大愿意当解放军保卫祖国

和幼儿互动谈话，引导幼儿表达自己的愿望，长大要当解放军。

【说活动总结】

以幼儿为主体，创造条件，让幼儿自由尝试、发现、交流讨论。活动重点是观看视频、图片，师幼交流。难点是利用角色扮演的方式，模仿解放军做动作，营造训练的氛围。

【说活动延伸】

请幼儿到活动区，继续说一说大阅兵的那些事或模仿军人进行队列练习。

甜美的微笑

吉林省长春市吉林工程技术师范学院　刘航羽

【设计意图】

经常保持愉快的情绪，不高兴时能较快地进行自我调节是幼儿健康发展的一种基本能力。在学前教育阶段，幼儿教师应以各种手段提高幼儿的这种能力。《3—6 岁儿童学习与发展指南》中指出，中班幼儿在教师的引导下应具有能够保持愉快的心情，不高兴时能够在成人的提醒下较快缓解的能力。从最近我班幼儿接受心理健康教育的程度上来看，幼儿对此深感兴趣，本次活动符合我班幼儿身心发展特点，且生动有趣，浅显易懂，富有教育意义。因此，我结合语言领域的要求，通过演示法、探索发现法以及谈论法等设计了本次活动。

【说教材】

《3—6 岁儿童学习与发展指南》中指出，中班幼儿在教师的引导下应具有能够保持愉快的心情，不高兴时能够在成人的提醒下较快地缓解的能力。另外，通过家园合作发现，我班还有部分幼儿存在着一定的心理健康问题，尤其是部分幼儿性格较为内敛害羞，遇事一味退缩。基于我班幼儿的特点，我结合语言领域的要求设计本次活动，希望能帮助幼儿保持愉快的心情，不高兴时能够在成人的提醒下较快地缓解，变得活泼开朗、积极向上。

【说活动目标】

1. 知道心情和人面部表情的关系，理解微笑的含义与魅力。
2. 学会调节控制自己的情绪，会用微笑来感染他人。
3. 感受微笑带给人的力量，萌发积极主动关心他人并给他人带来快乐的情感。

【说重点难点】

1. 重点：知道心情和人面部表情的关系，感受微笑带给人的力量，萌发积极关心他人、愿意为他人带来快乐的情感。

2. 难点：理解在生活中，微笑和向别人传递微笑的意义。不开心时，在成人的提示下，学会调节自己的情绪。

【说教法】

1. 情境教学法：在看微笑，听微笑、说微笑，创造微笑，表达微笑以及画微笑五个不同情景之中，以有层次的提问环节来吸引幼儿进入不同的情景之中。

2. 提问法：我就“观看了微笑的短片，你有什么感受?”“微笑在日常生活中有什么作用?”“在遇到不开心的事情时你会怎么办?”等多个重要问题向幼儿提问。

3. 操作法：逐步引导幼儿动手操作，尝试用画笔在纸上画出微笑，促进幼儿对微笑有更为深刻的认识。

4. 游戏法：我设计了传递微笑的游戏，引导幼儿绽放出自己的笑容，同时对同伴表露出微笑，再说些祝福的话；也可以通过拉拉手、抱一抱来感受微笑的力量。

【说学法】

1. 通道参与法：《幼儿园教育指导纲要(试行)》中明确指出，能用多种感官动手动脑，探究问题；用适当的方式表达交流探索的过程和结果。活动中，引导幼儿通过看微笑，听微笑、说微笑，创造微笑，表达微笑以及画微笑等多种感官的参与对微笑进行全方位、多层次的讲解认识。

2. 交流讨论法：鼓励幼儿以小组为单位讨论对“微笑能够传递快乐与力量”的小故事的感受，以便于幼儿能够更好地把握微笑的真正意义。

3. 尝试法：陶行知说过，“做中教，做中学，做中求进步”。进一步引导幼儿分享日常生活中关于微笑的事情，试着画出自己或家人或其他人的微笑，感受微笑所传递的力量，萌发主动积极地关心他人，并给他人带来快乐的情感。

同时，我还通过幼儿间的互补学习、师幼合作共长的方法，表达着各自丰富的、多样性的认识，体现着“以幼儿发展为本”的理念。

【说活动过程】

一、开始部分

谈话导入。引导幼儿观察教师脸上的情绪，鼓励幼儿说出老师现在的心情（快乐、高兴）。

二、基本部分

1. 看微笑。引导幼儿说出教师脸上微笑的表情并观看由幼儿笑脸制成的短片，看完后讨论交流感受。

2. 听微笑、说微笑。欣赏歌曲《歌声与微笑》，说说听完这首歌的感受，出示相应的图片，试着用固定的句式对微笑造句（如：“我笑起来像花儿一样美，我笑起来像糖一样甜”）。

3. 创造微笑。引导幼儿思考在遇到不开心的事情时会怎么办（想办法解决问题，做令自己开心的事，或想一想以前发生过的开心事情），讲述两个关于微笑能够传递快乐与力量的小故事，鼓励幼儿分享感受。

4. 表达微笑。用相机拍幼儿的微笑，比比哪个幼儿笑得最漂亮，进行传递微笑的游戏（对同伴表露出可爱的微笑，同时说些祝福的话；也可以互相拉拉手、抱一抱来感受微笑的力量）。

5. 画微笑。引导幼儿用彩笔在纸上画出自己或家人或其他人的微笑，进一步感受微笑所传递的魅力与力量，鼓励幼儿分享所画微笑背后的故事，或作画时的感受。

【说活动总结】

本次活动最后，教师总结了所讲的关于微笑的所有内容，同时询问幼儿学完本堂课的感受，促进幼儿进一步认识微笑，感受微笑带给人的力量，能够在一定条件下进行自我情绪的调节，从而喜欢微笑，爱上微笑。

【说活动延伸】

引导幼儿将今天所学的关于微笑的内容讲给父母听，鼓励幼儿回家后给家人展示一个大大的、甜甜的微笑。

教育反思

【观察记录】

纸杯城堡

北京市通州区台湖镇定海园幼儿园　李洪岩

【观察对象】优优、俊俊、六六、腾腾　**【班级】**中班

【观察时间】区域游戏时间

【观察背景】

在探索“纸杯真好玩”的游戏时，幼儿发现纸杯摞在一起能搭建，于是建筑区变成了纸杯世界。

【观察目标】

幼儿能否合作运用纸杯进行搭建并解决问题。

【观察过程】

几个好朋友在建筑区玩起了纸杯城堡游戏，纸杯一个挨着一个地排成一排，在搭建第二层时，优优说：“你们看，纸杯挨得太近了，上面特别挤，这样就不好往上搭了。”一句话，让大家都发现了这个问题。于是大伙拉开纸杯间的距离，准备一层一层地向上搭。在搭建到第五层时，只听“哗啦”一声，纸杯倒塌了。俊俊说：“没事儿，没事儿，咱们重新搭。”大家又一起动手搭了起来，可搭到第三层，纸杯又倒了。“到底是怎么回事儿啊？怎么老倒呀！”腾腾大声说。这时，一直没有说话的六六，走过来对大家说：“我知道是什么原因。你们看，上面的纸杯有的歪了。”俊俊、优优立刻蹲下来看，说：“快看！还真是。”“原来这个纸杯有高有矮，上面一歪就容易倒了，咱们得用一样高的纸杯搭。”于是大家把纸杯全部拿下来，六六、腾腾把同样颜色的放在一起，优优、俊俊把两个纸杯放在地上用对比的方法比较纸杯的高低，当纸杯全部整理好后，大家又热火朝天地干了起来。在不断搭高、不断倒塌的实践中，城堡搭好了。这时候，优优又指着建筑区的墙饰说：“你们看，城堡周围还有围墙和塔呢，咱们今天就按照这个图搭建吧。”说干就干，大家取来纸杯，每个人负责搭建一部分，有的搭半圆和不同造型的城墙，有的搭建三角形塔，在他们共同努力下，一个有造型的城堡呈现在我们面前。

【分析与措施】

分析：

中班幼儿有经常一起玩的小伙伴，同伴间有较强的合作意识，能主动探索材料，发现玩纸杯的方法并自己决定游戏内容进行建构。

游戏中幼儿愿意接纳同伴的意见和建议，能够共同寻求解决问题的方法。能运用到以前垒高架空的经验，解决两个纸杯的距离问题。当纸杯出现频繁倒塌状况时，幼儿没有放弃，而是一遍一遍地进行尝试，旁边的小朋友能细致认真地观察，并找到问题的原因，针对问题自己总结纸杯不容易倒的方法，如纸杯间的距离要一致，同一层用一样高的纸杯搭建，遇到高矮不一样的纸杯时，用摞纸杯的方法将矮的纸杯变高等。幼儿的探究能力在游戏中逐步发展着。虽然城堡建成，但是一个城堡已经不能满足幼儿的游戏水平和需要，通过观察墙饰上城堡的图片来丰富游戏内容，用不同造型搭建出城堡周围的建筑。在反复搭建过程中，幼儿手部动作的力度、灵巧性、手眼协调能力都得到了发展。

措施：

1. 播放游戏视频，请幼儿说说自己在游戏中的收获和想法，与大家分享建构经验。

2. 鼓励幼儿搜集更多的辅助材料到建构区，如纸板、建筑模型、建筑图片和搭建迷宫的图书等。

3. 总结纸杯还有哪些建构方法，让幼儿回顾讨论还想搭建什么。继续关注幼儿的游戏，支持和鼓励幼儿进行更深入的建构探索游戏。

不午睡的茜茜

山东省青岛市青岛滨海学院　臧金金

【观察对象】茜茜　【班级】小班

【观察时间】午睡和区域活动时间

【观察背景】

茜茜进入幼儿园已经半个多月了。和别的幼儿不同，每当其他幼儿午休时，茜茜总是躺在床上做小动作，甚至有时发出“嚓嚓”声，影响其他幼儿休息。在每天下午的课外活动中，茜茜也都表现得无精打采，很少去参加活动。

【观察目标】

1. 了解茜茜不午休的原因。

2. 通过观察，针对茜茜的情况制定教学方法，帮助她养成良好的午睡习惯。

3. 让茜茜能够主动地加入其他幼儿的集体活动中。

【观察过程】

茜茜从入园开始，就一直有不睡午觉的现象。有一天午休时，别的小朋友大都已进入梦乡，我发现茜茜在小床上翻来覆去、手舞足蹈，根本没办法安静入睡。于是我走到她面前，悄悄问道：“茜茜，你怎么还不睡觉啊？你看别的小朋友都在睡觉对不对？”茜茜裹了裹自己的小被子，向老师眨了眨眼说：“老师，现在几点了？妈妈答应我今天会早点来接我的。”接着，我耐心地轻轻拍打着茜茜：“我们现在先睡觉，等会儿与小朋友们玩会儿游戏，就可以见到妈妈了。妈妈跟我说你在家里表现可好了，尤其是在睡觉的时候，睡得可安静了。”这时茜茜停止了手里的动作，朝我点了点头，在我的轻轻拍打下进入了梦乡。随后，在下午的区角活动中，茜茜在我的带领下，逐渐开始融入小朋友们的游戏当中。之后的几天，茜茜不睡午觉、发呆的情况减少了，不再像原先一样无精打采，放学时会主动跟老师打招呼说再见，积极与他人交往，并且有了两个好朋友。

【分析与措施】

分析：

对于刚上幼儿园的茜茜来说，幼儿园的一切环境都是非常陌生的。茜茜很难去适应幼儿园每天的安排，她的这种不习惯表现为从不午睡，也很少去参加集体活动，这是一种典型的入园焦虑行为。没有了与其他小朋友的交往互动，茜茜经常感到孤独。当老师走近茜茜，给予茜茜关心和陪伴时，茜茜慢慢放下了防备。其他小朋友午睡时，她也跟着很快睡起来，并且慢慢地开始主动跟老师打招呼，还在幼儿园交到了好朋友。

措施：

通过以上观察，我认为茜茜不午睡的根源在于刚入园，不适应幼儿园的生活。帮助茜茜这样有入园焦虑的幼儿解决这一问题，不能生硬地去强制她适应环境，而是要给予她更多的关心和爱，让她感觉到幼儿园的温暖，体会到与同伴交往的乐趣，自然而然地加入集体活动中。

有效引导　和谐共育

广东省深圳市龙华区大浪实验学校附属时尚幼儿园　刘伶俐

【观察对象】嘉熙、书可　**【班级】**大班

【观察时间】2023 年 5 月 26 日

【观察背景】

嘉熙个性好动，常因小动作被同学告状；书可个性仗义，常打抱不平，却反而成为被攻击的对象，心生委屈。两位家长都坚持："如果对方先动手，我家孩子还击就没错。"两个孩子之间的问题引发了两位家长之间的矛盾。

【观察目标】

观察两个孩子的冲突经过，耐心引导，并解决家长间的矛盾，做好家园共育。

【观察过程】

餐后，嘉熙看到可心搭建的积木雏形被表扬了，想看看搭建的技巧，就伸手抢过来准备细看。整个过程被书可看见了，他认为嘉熙又欺负同学，就仗义抢回还给同学。嘉熙还没有看清搭建的积木雏形就被夺走，心生怨念，就直接用手攻击书可肚子，导致书可疼痛大哭。最后老师介入，让两个孩子认识到自己行为的错误，相互道歉后和好如初。

放学后，书可向妈妈陈述今天肚子疼的经过，妈妈认为自己的孩子经常被打，且攻击的是肚子(隐私部位)，心生怨气，就直接打电话给嘉熙妈妈发出警告："上次因为孩子之间的打闹我已经跟你沟通过一次，但是并没有好转的迹象。你家孩子还是经常打我家孩子，如果你不管，我就教我的孩子打回去。"嘉熙妈妈被对方家长的情绪所伤，直接回复："可以啊！试试看！"两位家长矛盾正面升级，最后双方约定来幼儿园查看监控，看事发经过。

【分析与措施】

分析：

两位家长的矛盾是因为孩子而起，双方对事情经过不了解，且没有发现孩子成长中的教育契机，"护子心切"，没有深究教育、因势利导。

措施：

反问整理：让双方家长叙述自己的目的，以及处理好这次事件后，如何避免类似情况再发生。

分析引导：让双方家长了解事情经过，嘉熙动手是因为书可抢了积木，但他也是抢别人的积木在先，而且打书可下手太重，导致负面评价多；书可仗义行为，没考虑介入后自己也是先动手，且把事情推向更复杂的局面。

引导家长：正确看待孩子社会交往学习中的矛盾，因势利导帮助孩子建立和谐友爱的意识，守规则耐心地解决矛盾，做孩子社交的引路人。

运动小将乔乔

广东省肇庆市广州华商学院　李英薛

【观察对象】乔乔　**【班级】**大班

【观察时间】上午户外游戏时间

【观察背景】

园内设有滑梯、跷跷板等游乐设施，还有单杠、足球等体育器材和用品。为了释放孩子们的“运动细胞”，小朋友们在老师的组织下有序开展体育活动。乔乔完成了两项活动：一是没有玩过的单杠，二是足球友谊赛。

【观察目标】

通过玩单杠观察乔乔的弹跳力和耐力；通过踢足球观察乔乔的灵活度、反应能力以及协作能力。

【观察过程】

看到个子高的哥哥用力跳就抓住了杆，乔乔脸上写满了不甘心，于是就站在一旁仔细观察哥哥的动作。等哥哥下来后，乔乔学着哥哥先双腿弯曲，然后起跳。他的动作虽然标准但力度明显不够，不小心摔了一跤。我见乔乔很想挑战这个动作，轻声说道：“乔乔，你往后退几步再跑过来试试!”他望向我，觉得有道理，于是他换了策略，一次比一次蹦得高，直到最后他终于抓住了杆！在他抓住杆的同时，我在一旁帮他数：“1、2、3……15!”他整整坚持了15秒！我不禁夸赞：“乔乔你真的好棒!”乔乔“呼呼”的喘气声让我感到他的坚持不懈和不服输的精神。

乔乔环顾四周，发现有小伙伴在独自踢球。他渴望加入其中，在一旁静静观察，目光紧紧盯着对面小伙伴的球，没过一会儿，就听到踢球的小伙伴大喊：“快接球!”说时迟，那时快，乔乔即刻做出接球的预备姿势，等球被踢过来时他及时将球奋力地踢到对面小伙伴的周围，结果对面的小伙伴也顺利地接住了球。他们进行了好几个回合。这个过程总是要加速跑动，于是我的目光也快速跟随乔乔。可喜的是，乔乔连续几次都准确地接住对面的球，并且都能以合适的力度踢回去，他配合得相当好。

【分析与措施】

分析：

《幼儿园教育指导纲要(试行)》中指出，要坚持健康第一，深化体教融合，帮助学生磨炼坚强意志、锻炼强健体魄。通过观察，我发现乔乔对单杠运动产生了浓厚的兴趣，并且整个过程都是以积极主动的态度来解决问题。在活动中他表现出惊人的专注度，一边仔细琢磨哥哥的动作，一边思考自己该如何完成任务，这种学习品质有利于培养他的独立自主性，并且磨炼了他的意志。

《3—6岁儿童学习与发展指南》中提到，良好的身体和强健的体质是幼儿身心健康的重要标志，也是其他领域学习与发展的基础。足球运动属于户外活动的一种，乔乔加入集体活动，除了锻炼了身体，还提高了他的反应能力和专注度。

措施：

爱动是儿童的天性，应鼓励幼儿多参加户外活动，不仅激发他们好动的天性和创造力，还可以结交到小伙伴，提高幼儿的团队协作能力。

在此次活动中我反思，应鼓励幼儿尝试有一定难度的任务，但不要过度去保护，让他感受经过努力获得的成就感。帮助幼儿逐步养成不怕困难、勇于尝试的学习品质，避免造成过度依赖的不健康心理。

毛毛小朋友

湖北省襄阳市湖北文理学院理工学院　张榕婕

【观察对象】毛毛、洋洋　**【班级】**中班

【观察时间】上午区域活动时间

【观察背景】

毛毛本来是一个活泼开朗、喜欢交朋友的小女孩。但这学期回来，她不愿意和小朋友一起玩了，很少和好朋友交流。自己拿到的玩具也不愿意和别的小朋友分享，甚至在活动区每天都有告状的声音："毛毛拿我玩具。"

【观察目标】

幼儿性格突然发生变化，通过一些不恰当的方式寻求关注。关注二孩家庭大孩的心理，及时引导幼儿正确表达自己的想法。

【观察过程】

今天我坐在益智区，看见洋洋拿起一盒拼图坐下和别的小朋友一起玩，边拼边说着出现的图案。这时毛毛也去找拼图，可是没有找到一样的，便走过来说："老师，我也想要那个拼图。"我说："他们玩的是动物的，筐里还有一套交通工具的。"毛毛说："我就想要他们那个，好吗？""可是洋洋先选的，我们可以先玩另外一个，一会儿再交换。"毛毛并不愿意，说："我就要那个，现在就想要。"我便把毛毛叫到一边，希望她情绪冷静下来再聊拼图的事。毛毛说："爸爸妈妈在家也是先让妹妹玩，然后我再玩。妹妹总是随便玩我的玩具，把我的玩具玩坏了，他们说给我买，也没有买。你们都不爱我！"我思索了一会儿，抱着毛毛和她说："我们都很爱你，你是姐姐要保护妹妹，爸爸妈妈也会给你买新的，可能只是上班忙没抽出时间。刚才这样任性是不能解决问题的，想玩那个拼图，你想想应该怎么办？我们去和小朋友商量一起玩或者交换好吗？"最后孩子们一起玩起来。

【分析与措施】

分析：

毛毛妈妈上个月刚生完第二个孩子，最近陪毛毛的时间比较少。其实小孩子多是脆弱又敏感的，心里非常没有安全感。毛毛看见自己多了妹妹，爸爸妈妈的注意力都放在妹妹身上，就会想各种办法引起成人的注意力。她用闹脾气、哭闹得到关注，甚至做一些不对的事，被批评后会更加不开心。

措施：

1. 家园共育：和家长反馈孩子最近的变化，平时在家要多和毛毛说多一个妹妹的好处；多关注毛毛的情绪，多陪伴孩子。

2. 希望家里不要将所有的注意力放在二孩身上，要经常向大孩表达爱意。所有的东西都要做到一样两份，妹妹有的毛毛也应该有。之前弄坏的玩具一定要再买一个，而且要告诉毛毛正确表达自己的想法。

3. 在"娃娃家"中角色扮演，情景再现，让毛毛感受照顾妹妹的乐趣，从而喜欢妹妹、

接纳妹妹。

4. 开展一些“大带小”的活动，让幼儿拥有成就感。

大桥

山东省威海市环翠区实验小学幼儿园　范灵烨

【观察对象】佳宜、晨月　**【班级】**大班

【观察时间】户外自主游戏搭建区

【观察背景】

搭建区里，孩子们挑选自己需要的积木，进行创作。

【观察目标】

观察幼儿遇到问题时解决问题的能力以及与同伴的合作能力。

【观察过程】

情景一：户外活动时间，孩子们像往常一样，挑选自己需要的积木，选好积木以后，孩子们开始了自己的创作。这时，我发现佳宜只选择了圆柱体积木，而且每一个积木都是一样大小的，这让我十分好奇。只见佳宜将手中的积木一块一块立在地上，还认真地用积木测量每一块之间的距离，摆成了一小长排。

手中的积木用完以后，佳宜又去挑选积木，这次，她抱回来一堆长短不一的长方体积木，只见她将这些积木一块一块地放在之前摆好的积木上，这让我更加好奇。

我问：“这是什么？”佳宜说：“我要建一座大桥，刚才搭好了支撑桥的柱子，现在是桥面。”很快，佳宜遇到问题了，固定好的支撑柱子没有办法让桥面稳稳地连接起来。佳宜重新调整柱子和桥面，很快，一座小桥搭好了。

情景二：一会儿，晨月被吸引过来。晨月问：“佳宜，我能和你一起吗？”佳宜说：“好啊，我在搭桥。”晨月说：“大桥上面有拱门，我们建个拱门吧。”

拱门搭好了，可是桥面又不稳了，于是，两个宝贝又研究起桥面。

经过一系列讨论，一座改良的大桥完成了。这次，她俩先在桥上放了几块三角积木试了试，桥没有再倒。

【分析与措施】

分析：

1. 幼儿的创新能力。佳宜在选择材料时就能确定自己要搭建一座大桥，可以看出她很有自己的想法。

2. 幼儿解决问题的能力。幼儿可以自己发现问题，并且可以通过自己动脑思考，想出解决问题的方法，不再需要寻求老师的帮助。

3. 幼儿的合作能力。《3—6岁儿童学习与发展指南》指出，大班幼儿应能主动参加各种活动，乐意与人交往、学习互助、合作与分享。佳宜在晨月提出一起加入时，表现得很大方，愿意分享自己的成果；晨月能主动提出加入并且能与佳宜一同合作，表现出合作的精神。

措施：

1. 在活动前，教师可以通过一些图片、视频，开阔幼儿的视野，激发幼儿更多的创造力，也让幼儿在互相讨论中产生更多的想法。

2. 当幼儿遇到问题时，教师要有意识地“管住嘴”“管住手”，让幼儿自己动脑想办法解

决问题。

3. 大班幼儿需要更多合作机会，教师可以适当地给予一些幼儿无法独自完成的任务，让幼儿学会自己寻找合作伙伴；在合作的过程中学会正确的交流与沟通方式，学会分享。

石磨豆浆记

广西壮族自治区河池市巴马瑶族自治县第四幼儿园　帅兰凤

【观察对象】冠璋、凯凯、振壹　**【班级】**大班

【观察时间】上午区域活动时间

【观察背景】

很多幼儿都爱喝幼儿园美味香甜的豆浆，经常三三两两地讨论豆浆是怎么做的。为了顺应幼儿的兴趣，让幼儿了解豆浆的制作过程，接触古法工艺，弘扬传统文化，我们开展了“源于自然，乐于生活”的磨豆浆体验活动。

【观察目标】

1. 观察孩子在游戏过程中的动手能力及合作能力。

2. 观察孩子在面对游戏中出现问题时的应对方式。

【观察过程】

孩子们带着泡好的豆子再次来到生活体验馆，这次孩子们信心满满。冠璋撸起袖子，把一勺黄豆放进石磨的孔中，接着凯凯和振壹两人一人一只手合力抓着木柄推石磨。磨了一会儿，振壹观察到豆浆从石磨缝里流出来了，并指给凯凯看，凯凯继续转圈磨。冠璋又舀了一勺黄豆加在了石磨里，这时豆浆是比较黏稠的状态，都挂在石磨上，流不动。

由于黄豆加得太多，在磨的过程中，快要从小孔里冒出来了。凯凯磨了一会儿看到豆浆一直流不到盆里，便端了半勺水从小孔里加了进去，可豆浆还是黏稠状，流动性不强。这个情况持续了很久，但孩子们并没有放弃，依然坚持磨豆浆。

在老师的启发与孩子们的坚持下，经过不断加水，豆浆流的速度慢慢加快。当发现豆浆不再往下流时，孩子们继续用勺子往石磨里加水，同时加了一勺豆子，豆浆又继续向下流了。通过反复验证，孩子们用一勺豆子、四勺水的比例，让豆浆一直流动着，豆浆终于磨出来了。

【分析与措施】

分析：

1. 孩子们能够合理分工，互相配合，在磨豆浆的过程中体现出了组织能力、集体合作能力。

2. 当发现在磨的过程中豆浆黏稠，流动性不强时，孩子们没有放弃，而是不断尝试，找到了一勺黄豆、四勺水的最佳比例，成功磨出了豆浆，体现出了解决问题的能力。

3. 游戏中，孩子们表现出极大的积极性和探索欲望，还在生活体验中锻炼了劳动实践能力。这符合《幼儿园教育指导纲要(试行)》中对幼儿自主探究能力的要求。

措施：

1. 提供自由探究的机会。孩子在生活体验馆中自由探究黄豆怎样变成豆浆，有助于激发他们的好奇心和探究欲望。

2. 鼓励合作学习和交流。孩子合作探究如何磨豆浆，相互帮助、分享经验和知识，有

助于建立合作意识和团队精神。

3. 提供必要的指导和支持。教师提供必要的指导和支持，比如调整豆子和水的比例，帮助孩子克服困难，引导他们解决问题。

4. 鼓励尝试和反复。孩子反复尝试不同的比例和操作方式，不断验证，最终找到了能够成功磨出豆浆的方法，这有助于培养孩子的创造力，以及勇于尝试不怕失败的精神。

5. 让孩子通过亲身体验掌握如何磨豆浆的技能，培养了孩子的动手能力。

别样娃娃家

河南省濮阳市金星幼儿园　肖　艳

【观察对象】米乐、石头、琪琪　**【班级】**中班

【观察时间】下午户外活动时间

【观察背景】

学校硬件升级，把淘汰下来的旧餐具投放到了后院游戏区，这样一个由旧物件组建的新区域——“宝贝厨房”就诞生了。

【观察目标】

通过活动游戏观察米乐的游戏水平、社会性发展和品质。针对发现的问题提供必要的支持，创设更适宜的游戏环境，助推游戏进一步发展。

【观察过程】

户外活动时间，孩子们通过投票的方式选择了户外区域“宝贝厨房”。石头说：“我也喜欢去小厨房玩，可是太阳太大太热，紫外线会晒伤皮肤的。紫外线很厉害的。”这时候李老师说：“我们想玩，但是又怕晒，那有什么办法解决吗？”孩子们想了各种办法。有的说戴帽子，有的说挪到树荫下，有的说晒太阳补钙，不怕晒。

李老师带着孩子们来到了户外场地。米乐发现在墙角处有一棵玉兰树，树枝下有一片树荫，于是米乐就拿着盘子和碗跑了过去。这时琪琪走过来说：“我们一起玩吧。”米乐说：“你去那边择菜。”过了一会儿，米乐开心地说：“开饭啦，香喷喷的花菜出锅喽！”石头说：“在地上吃不卫生。”米乐说：“野餐就是在地上吃的。”米乐对琪琪说：“我们一起找个餐桌吧。”于是米乐和琪琪找到了两张绿色桌子。李老师说：“需要帮忙搬吗？”米乐跟石头说：“老板，能帮我搬运两张桌子吗？”石头说：“没问题。”在石头的帮助下，两张餐桌很快到位。琪琪说：“我们可以做点不一样的菜。”于是琪琪和米乐开始去捡树叶，这样一桌大餐就要完工了。

【分析与措施】

分析：

一、游戏中材料的分析

1. 幼儿园投放的旧餐具是幼儿模拟大人生活的极好材料。废旧材料的再利用凸显了教师的教育智慧。

2. 材料要跟着幼儿游戏的不断深入及时进行调整升级。

二、游戏中的幼儿行为分析

1. 通过米乐的游戏行为，可以看出米乐玩游戏能够做到专注、投入和坚持，做事比较有计划性。

2. 通过米乐的语言可以看出米乐是比较有条理性的，逻辑性思维发展较好。

3. 从游戏中我们看出，米乐的社会性发展较好，自主、自信，且具有一定的抗挫能力。

措施：

1. 行动的支持。当幼儿对游戏场地有争议时，教师没有化身“权威”，也没有做“判官”，而是抓住教育契机，由幼儿想办法。

2. 语言上的支持。案例中李老师并未过多介入幼儿的游戏，而是在幼儿有困难时，轻声追问了一句：“需要帮忙吗？”进而引导另一位小朋友加入游戏。

小黄和小蓝变成了小绿

湖北省十堰市苗苗幼儿园　郭正娥

【观察对象】小格、荣荣　**【班级】**小班

【观察时间】区域游戏时间

【观察背景】

涂鸦是孩子们最喜爱的游戏之一，涂鸦区有很多涂鸦的材料，他们自主选择材料，决定怎么玩、在哪里玩。老师则是陪伴者，用视频记录着他们的游戏。

【观察目标】

观察和了解幼儿的游戏兴趣、发展水平，分析幼儿的游戏行为，从而支持幼儿的深度学习。

【观察过程】

小格和安安拿着黄色的颜料，在涂鸦墙上画圆圈。小格一直在画圆圈，然后专注地将圈圈里面涂满颜色。安安边涂鸦边对小格说：“你看我画了一个小人，哈哈。”

荣荣在小格的旁边也画了一个蓝色的圆圈。小格说：“我画的也是圆圈，我的圆圈大多了。”荣荣涂着蓝色的颜料，唱起了：“小呀嘛小儿郎，背着那书包上学堂……”颜色涂到了黄色颜料上，荣荣说：“看，这个颜色怎么不一样呀？”小格没有说话。

荣荣将放在地上的黄色颜料蘸起一块，放在蓝色的颜料里开始搅拌，他搅拌均匀后欣喜地去找小格说：“哇！变颜色了。”小格说：“你太厉害了，我也来试试。”荣荣发现我就在身边，高兴地与我分享他的发现：“老师，快看！蓝色和黄色变成了绿色。”他的兴奋感染到了我：“哇！这真是一个神奇的发现，为你点赞，谢谢你的分享。”

【分析与措施】

分析：

1. 在游戏中能发现新奇的点，获取知识，让幼儿更兴奋。一次偶然的游戏，幼儿发现了两种颜料混合后变成了一种新的颜色，激动地与周围伙伴分享。从幼儿的表情、言语中，可以看出幼儿当时是非常开心激动的，在探究和发现中了解了新知识。

2. 混色游戏初体验，孩子们是好奇的，更是新鲜感十足的。为了保持孩子们的探索欲，作为教师，我觉得更应该是孩子在前、老师在后，应该让孩子们在以后的混色游戏中自主地有更多的尝试，从而去发现其中的“秘密”，做游戏的主人。

措施：

1. 以幼儿为主体，尊重幼儿的兴趣点。在涂鸦区投放充足的材料，让幼儿自主探索，去发现两种颜料之间混合后会产生什么样的变化。

2. 持续观察幼儿的游戏并进行记录，开展“颜色变变变”的主题活动，师幼一起梳理游

戏经验，体验游戏的乐趣，丰富幼儿对颜料混合后变成新颜色的认知。

变废为宝的树叶

福建省厦门市仙岳幼儿园　李鑫雨

【观察对象】操场上摆树叶的幼儿　**【班级】**中大班(混龄)

【观察时间】户外活动时间

【观察背景】

幼儿园的树掉落了大量的叶子在操场上，正当保育老师发愁要清扫时，小朋友们却玩起了树叶，把凌乱的树叶摆成了一幅幅画，好像在诉说着秋天的美丽。

【观察目标】

幼儿在自发游戏中的创造力。

【观察过程】

早晨，一群幼儿注意到了操场上满地的落叶，他们利用树叶自发地玩了起来。

孩子们是混龄在操场上进行树叶游戏的，他们起先只拿树叶进行创作，随后，他们借助石头、套圈等材料来丰富自己的画面。

我问："你们玩的是什么?"幼儿说："摆树叶。"我又问："你摆的是什么?"一个女孩说："鱼。"我夸奖她："很逼真，线条好好看。"接着，我去看了其他幼儿。我问一个男孩："这个是什么?"他说是雨伞。我说："这把伞好大好漂亮。"我走到一个女孩旁边，说："这个是花朵对吗?"女孩说："这是太阳花。"

我看到另一个女孩还借助了石头，摆了一个自己设计的花。另外两个女孩借助套圈、石头和树叶摆成了一个小人。一位紫色衣服的小男孩摆的也是花，我问这是什么花，他回答："这是一束向日葵。"

一时间，整个操场都成了树叶的乐园。

【分析与措施】

分析：

1. 自发游戏寓教育无痕，对于幼儿整体能力的提升有重要的潜在价值。"兴趣"助推游戏的发生，幼儿对落在地上的树叶萌发了兴趣，开始自主尝试游戏，最终在自己的思考、教师的引导下变废为宝，把落叶摆成了一幅幅生动的画。

2. 低结构化的材料易激发幼儿的创造力。自然材料有着天然的游戏价值，幼儿可以千变万化地操作、尝试不同的玩法。看似没有价值的花花草草在幼儿手中往往创意无限。

3. 在幼儿的自发游戏过程中，更珍贵的是对幼儿学习品质和习惯的培养。例如，幼儿主动丰富作品，与同伴协商讨论，自主设计作品等，游戏过程中幼儿敢于大胆尝试，运用有规律的排列组合去表征表达，语言、数学思维、交往、想象力也在游戏中到发展。

措施：

1. 给幼儿更多的自主选择权，允许幼儿自发游戏，自己决定玩什么、和谁玩。不错失幼儿在自发游戏中成长的机会。

2. 自然性的游戏材料有利于激发幼儿的探索乐趣。教师应为幼儿提供更多低结构化的材料，同时引导幼儿自己去发现天然的玩具。

3. 做自发游戏中的"观察者"和"支持者"。教师观察幼儿在游戏中的表现，为幼儿提供适宜的支持。

彩色的积木

广东省广州市番禺区石楼镇尚上名筑幼儿园　江秋华

【观察对象】琪琪　**【班级】**大班

【观察时间】区域游戏时间

【观察背景】

教师在益智游戏区投放了彩色积木，琪琪用彩色积木按照两种不同颜色依次交叉按规律摆放成小塔，并且能表达出自己的摆放规律。

【观察目标】

1. 能运用多种方法摆放彩色积木。

2. 能使用上下、左右、前后等方位词描述物体的位置和运动方向。

3. 学习规律排序，能用语言表达操作的结果。

【观察过程】

琪琪来到益智区选择了彩色积木，她先选取了黄色和蓝色的彩色积木。在第一层按照一个黄色、一个蓝色进行间隔摆放；到第二层她先选择蓝色，按照一个蓝色、一个黄色间隔摆放。这次的蓝色积木是摆放在第一层黄色和蓝色积木中间位置，这样第二层摆放完的时候比第一层要少一块积木，紧接着按照相同的方法摆了第三层、第四层、第五层、第六层，摆好后就呈现出一个小型的六层金字塔。她接着选了橙色和紫色积木，按照一橙一紫的规律摆放。最后选取了红色和绿色积木，按照一绿一红规律摆放第三层、第四层、第五层、第六层，所有的积木摆放完成后都呈现出金字塔的造型。拼搭结束后她开心地向我分享了她的作品，并用表图记录了她的游戏。她说道："我今天玩了彩色的小积木，搭了三个高塔。每个高塔都有六层，第一个是按一个蓝色、一个黄色的顺序摆放的。第二个是按一个紫色、一个橙色的顺序摆放的。第三个是按一红一绿的顺序摆放的。每个都是一层一层地搭上去的。"

【分析与措施】

分析：

1. 在投放彩色积木的时候考虑其是低结构材料，不限制幼儿玩，便于创造出更多的玩法。在材料的摆放上按照颜色、数量不同，便于幼儿观察比较材料的不同，方便幼儿拿取。

2. 琪琪之前在益智区拼搭过彩色积木，当时是每一层摆放不同的颜色，数量递减，搭出一个大型的金字塔模型。在前期经验的基础上，今天不同的金字塔的搭建方法，呈现一定的模式规律。

3. 这次游戏中，琪琪将彩色积木按照两种不同的颜色依次交叉按照规律摆放，并且能表述出自己的摆放规律。在这一过程中，孩子通过自己的操作感受物体摆放时的递减递增所带来的变化。

措施：

1. 鼓励孩子在游戏分享环节时分享自己在拼搭中的想法，比如是怎么搭建的，呈现了怎样的规律。

2. 将幼儿搭建后拍摄的照片张贴在益智区的墙面，形成同伴间的经验共享，鼓励更多的幼儿创新玩法。

3. 基于游戏的观察添置彩色积木的数量，便于幼儿进一步探究与搭建。

我们的火箭粘好啦！

北京市朝阳区亚运村第一幼儿园　刘晓彤

【观察对象】北北　**【班级】**中班

【观察时间】区域活动时间

【观察背景】

昨天老师讲“中国航天日”相关内容时，幼儿对于其中讲述火箭的内容很感兴趣，所以今天来到美工区制作“火箭”。

【观察目标】

支持性环境的有效性。

【观察过程】

上午区域活动时间，北北小朋友想把三个高矮不同的废旧纸卷粘在一起做成“火箭”，他来到了支持性环境墙饰“和各种胶做朋友”前，蹲下看了一眼，发现墙饰上提示：废旧纸卷可以用透明胶带粘。于是去了工具柜拿了一卷透明胶带，回到椅子上开始粘“火箭”。但是当他将三个纸卷粘在一起后，打算将一个空白纸卷涂成想要的蓝色时，发现胶带粘住的地方涂不上颜色，于是对我说：“老师，为什么我的颜色涂到胶条上了?”我正好听到了孩子的问题，走到他身边蹲下对他说：“胶条挡住了颜色怎么办?”“那我换个双面胶再试试。”“好啊。”于是我协助孩子一起将他正在制作的作品“火箭”粘好。将“火箭”粘好后他笑着对我说：“耶！晓彤老师，我们的火箭粘好啦!”我伸出大拇指对他给予了肯定。

【分析与措施】

分析：

1. 教师全程都是基于幼儿的角度考虑问题，及时进行了平行的介入，并蹲下与幼儿交流，以开放性的问题引导幼儿，在幼儿提出解决办法后及时鼓励幼儿尝试，并在成功后及时给予幼儿鼓励，让幼儿能够主动地自己想办法解决问题，并在尝试和探索的过程中充分给予支持，在成功后与幼儿共情，让幼儿更能够感受成就感，有助于幼儿自信心的建立。

2. 支持性环境对于幼儿的支持很到位，幼儿有意识地去支持性环境墙饰处寻找自己想要的结果帮助自己。

3. 班级内没有有关废旧纸卷的欣赏作品或者半成品，幼儿没有相关的作品欣赏经验。

措施：

1. 根据《3—6 岁儿童学习与发展指南》，“幼儿能够专心地观看自己喜欢的事物，并有模仿和参与的愿望”，教师应该营造宽松和谐的氛围，支持帮助幼儿自发地进行艺术表现和创作。

2. 虽然教师创造支持性环境的前提是因为观察到本班幼儿最近对于各种胶的使用方法没有更好的经验，才设置了“和各种胶做朋友”的墙饰，但主要是以教师的经验进行的创设，并没有全面考虑到幼儿的前期经验，这是教师值得反思并进行调整的。支持性环境应该源于幼儿，也应该是从幼儿的角度出发设计的。

3. 适当地提供一些有关于纸筒的成品或半成品作品让幼儿欣赏，帮助幼儿更加直观地感受一些组合型作品是怎么进行粘贴的，这样更加直观。

4. 教师可以设置一节有关科学探究领域的集体教学活动，和幼儿共同探索什么物体更适合用什么胶进行粘连或粘贴，让幼儿自己动手，充分地猜测与想象并进行尝试，最后得出的结论一定是更适合幼儿的生活与学习经验。

我制作的坦克

中国人民解放军军事科学院幼儿园(阜成园) 曾靖茹

【观察对象】二宝 **【班级】**中班

【观察时间】上午区域游戏时间

【观察背景】

地面区的红砖材料一直都十分受孩子们的欢迎。尤其是男孩子在地面区很有自己的想法，但是在作品搭建的造型上有点单一。所以，教师给予幼儿一些搭建的图示和真实的图片，以提升幼儿的搭建能力。

【观察目标】

幼儿在活动中的专注力及看图搭建的能力。

【观察过程】

二宝拿起坦克图示后先用六块长方砖，两两并齐摆放；再把四块长方砖放在第一层的中间位置往上垒高。二宝看了看放在地面上的示意图，起身从旁边的筐里拿出来四块三角砖和两块长方砖，有序地覆盖在第二层的上面，且两边是用对称的方法来搭建的。

他继续看图游戏，拿起三块短方砖和一块长方砖搭在坦克的最上层，又找到一根长圆柱棍镶嵌在短方砖的中心位置，作为坦克的发射炮弹筒。可是他连续往上放了好几次也没有成功。他皱着眉头，低头看着地上坦克的说明书。我走过去主动询问道："二宝，发生了什么事?"二宝抬头说道："我想把它放上去，可是它总掉下来。"我低头看了看坦克的说明书说："你看看这个位置和你搭建的作品有什么不一样的地方?"我用手指出相应的位置。他也发现了与图中不同的位置。我提示他："你试一试将短方砖换成图中的长方砖。因为短方砖和长方砖的长度和接触面不同，所以你在搭建的过程中才无法摆放平稳。"二宝听完后，将短方砖中的长圆柱棍取出来放在一块长方砖的中间位置。我又发现坦克炮筒的方向和图中不一样，二宝说："我就想往这边放。"我说："也是可以的，那你看看还能怎样搭建让你的作品更加完整和坚固?"二宝接着又拿起两块长方砖将坦克的最上方覆盖保护好。他笑着说："老师，我完成了!"

【分析与措施】

分析：

二宝能够选择自己喜欢的坦克图示自主进行搭建，虽然他看图搭建的能力还需要加强，但是他仍然没有放弃，而是自己去探索、调整。当他为自己努力后的效果不佳而苦恼时，在老师的适时介入和指导下，师幼共同完成了游戏。

措施：

根据幼儿近期的兴趣爱好，教师给幼儿提供了关于坦克、轮船的搭建说明书和实物照片。孩子们愿意根据图示进行搭建，但是在看图搭建的过程中有一些细节的位置没有观察到，教师可以引导幼儿观察并制订有明确主题的搭建计划，并坚持将计划完成。教师应创设有趣的搭建主题，引导幼儿先看懂图再画图，进一步培养幼儿的记录与表征的能力。

敲敲打打

中国人民解放军军事科学院幼儿园(阜成园)　任　杰

【观察对象】呈呈　**【班级】**小班

【观察时间】上午区域活动时间

【观察背景】

幼儿对于生活中的倒、抓、拧等动作都很感兴趣，那么幼儿掌握了这些技能后，又怎样提升呢？我为幼儿投放了“敲敲打打”的材料。

【观察目标】

幼儿能够在敲敲打打中锻炼手眼协调性。

【观察过程】

早餐结束后，呈呈来到了生活区，选择了敲敲打打的材料。他先双手将钉钉子的材料轻轻地摆到桌子上，接着拉出椅子坐下来，先选择了一根黄色的钉子，只见他右手拿着锤子，左手用大拇指和食指捏着黄色钉子，一下一下地将钉子敲打进板块当中。“啪嗒”一声，他迅速将捏着钉子的手撤了回去。“怎么了，呈呈?”“我差点打到手，吓死我了。”呈呈回答说。但是他并没有停下来的意思，接着取来蓝色的钉子，按照钉黄色钉子的方法，继续钉到板子里面，这次他没有用另外一只手捏着，而是拿起来旁边的辅助锥子，一只手拿着锤子，另一只手握紧锥子调整位置，连续敲了好几下，蓝色钉子终于也被敲了进去。接着，他将这个柱子换了个方向，稳定好四周后，一只手捏住辅助锥子，一只手握紧锤子，对准后，开始将钉进去的钉子卸出来，眼神一直紧紧地盯着手部，当钉子敲出一段距离后，他见小钉子还没有下来，便端起柱子从下往上观察一下，接着继续将辅助锥子插进去。一只手拿着锤子，一只手捏住锥子，“当当当”“咚咚”，钉子终于掉了下来。就这样，呈呈将四根钉进去的钉子全都按照相同的方法敲了出来，并将材料都收回到托盘当中，然后起立、收椅子，将托盘贴着小肚子，稳稳送回了“家”。

【分析与措施】

分析：

从呈呈在进行活动时的表情中就不难看出幼儿对于材料的喜爱和幼儿自身极高的专注度，他一点一点将钉子敲进去，手、眼的配合都非常到位。当他遇到困难，差点敲到手时，他能够自己想办法，运用辅助工具去调整方法，这一点特别值得赞扬。

措施：

在日常活动中，教师可以从投放的方式上吸引幼儿，生活操作区可尽量设置在班级较为明显的位置，盛放材料的托盘也应颜色鲜艳、多样，摆放整齐，给人以整体的美感。根据幼儿的发展水平，提供锻炼幼儿抓、倒、串、夹、拧等动作的材料，发展幼儿不同的精细动作。根据幼儿的发展水平及时更换材料，教师可通过增加、减少、组合等方式逐渐提升操作的难度和挑战性，激发幼儿的兴趣。

【案例分析】

好吃的面条

江西省宜春市宜春百树幼儿园　梁　丹

一、案例背景

角色扮演是幼儿最喜爱的区域游戏，也是教学活动中必不可少的内容，处于发展阶段的幼儿往往特别喜欢角色扮演，乐于用自己的语言、动作、神态等与同伴互相交流，反映自己的生活经验。角色扮演可以有效发展幼儿的动作、语言、情感、认知，对促进幼儿社会交往能力的发展有着特殊的功能。《3—6岁儿童学习与发展指南》中指出，我们需要珍视幼儿生活与游戏的独特价值，创设丰富的教育环境。如何提供适宜的玩具材料，创设多样的扮演场景，是我一直在思索的问题。本次活动根据幼儿的活动兴趣和年龄特点在区域里进行角色扮演。

二、案例描述

区域游戏时间到了，孩子们都欢欢喜喜地选择了自己喜欢的区域开始了游戏活动。在"娃娃家"区角里，小朋友们穿上了做饭的围裙，一起合作制作起今天的早餐来。欣欣拿起了白色的黏土想做面条，她尝试着用两只小手揉一揉、搓一搓、擀一擀，虽然有粗有细，"颜值"不高，但总算是做出来了面条。露露看见了便问欣欣："欣欣，你为什么只做白白的面条？咱们做带颜色的蔬菜面吧。""好啊！彩色的面条不但好吃，还有营养呢，咱们一起来做彩色面吧！"欣欣答应着，和露露及其他几个小朋友开始一起动手做起了带颜色的蔬菜面，有橘色的胡萝卜面、绿色的青菜面、紫色的紫薯面等。小朋友们都在认真地做着自己的彩色面条。突然，甜甜对欣欣说："欣欣，你的面条怎么那么长？我的面条怎么这样短？"于是大家的目光全都聚集在了欣欣身上。欣欣说："你们把橡皮泥用手慢慢搓一搓，别弄断了，像我这样。"大家都学着欣欣的动作，慢慢地做起长长的、细细的面条。孩子们做面条做得热火朝天。忽然，欣欣说："我妈妈今天过生日，我想给妈妈做一个面条蛋糕。"露露问："面条蛋糕怎么做呀？"欣欣说："咱们刚才不是做了那么多面条吗，把它们都摞起来，不就成了面条蛋糕了吗？"露露和其他的小朋友都随声附和着，大声说："好啊，好啊，我们一起做面条蛋糕！我们一起做面条蛋糕！"说干就干，露露、甜甜、大力三个小朋友有的用橡皮泥又揉又搓，有的拿着小刀叉切切拍拍，一会儿工夫就把两个大小不同的蛋糕底座做出来了。她们边做边商量着用什么颜色好看，合作得很默契。欣欣像个小指挥家一样指挥着大家把大的蛋糕底座放在一个平整的位置上，又将小的蛋糕放在大的蛋糕中心上，接着和小伙伴们一起将做好的橡皮泥面条一条一条地竖着粘在两个蛋糕侧面。人多真是力量大，在孩子们的团结努力下，好看的"面条蛋糕"做好了！几个孩子围着充满孩子们爱意和祝福的"面条蛋糕"，边拍手边高兴地唱起生日歌，欢乐的歌声传遍了整个教室。

三、案例分析

彩泥制作是幼儿最喜欢的手工。制作面条对于大班幼儿来说其实是比较简单的，但案例中欣欣、露露等小朋友并没有因为简单而觉得枯燥，而是随着同伴一次又一次的加入，想法越来越多，从简单、单一的面条制作出各种不同颜色的面条，再到最后的面条蛋糕，孩子们的兴趣越来越浓。

《3—6岁儿童学习与发展指南》指出，成人要激发幼儿的探究兴趣，善于发现和保护幼儿的好奇心，充分利用自然和实际生活机会，引导幼儿通过观察、比较、操作等方法，学习发现问题、分析问题、解决问题。通过制作好吃的面条游戏活动，可以看出幼儿对此活动产生了很大的好奇心和学习兴趣，他们乐于学习制作面条，并根据面条的长短、颜色、造型等进行讨论，产生了很大的兴趣。这次的游戏分为三个探索阶段，从这三个探索阶段可以看出游戏层层递进，幼儿的游戏经验有了明显的累积和提升，他们探索出不同的制作方法，获得了不同经验。另外，我们发现，参与游戏的幼儿数量一直在增加，游戏秩序井然有序。

四、案例措施

鼓励幼儿进行游戏分享，鼓励幼儿通过自己的想象力探索还可以用哪些材料制作各种面条，并在材料上给予幼儿更广泛的支持，使幼儿能够积极、主动、愉快地进行游戏，激发他们的创新能力、动手能力、探究能力、合作能力和语言表述能力。

五、案例总结

这看似是一个简单的面条游戏，但是在这个游戏过程中，我们发现，幼儿获得了多方面的发展。如幼儿的动手能力、探索能力、社会交往能力、同伴合作能力等。游戏是幼儿最好的学习方式，它符合幼儿的天性，以一种潜移默化的方式促进幼儿全面发展。幼儿的学习是以直接经验为基础，在游戏和日常生活中进行的。该案例中，教师充分为幼儿创造自由探索的环境，利用身边的环境资源让幼儿在游戏中得到发展。

萝卜探究之旅

广东省清远市阳山县第一幼儿园　蔡燕霞

一、案例背景

陈鹤琴先生曾言，大自然、大社会都是活教材。一天孩子们去户外参加农耕活动，回程的时候轩轩捡到了一个萝卜，这可把他们高兴坏了，他们围绕着自己的发现开展了热烈的讨论。

二、案例描述

轩轩说："哇，老师我发现了萝卜，我去把它捡起来。"凡凡说："前面还有一个，我也把它捡回课室。"婷婷说："萝卜是白白的。"彤彤说："萝卜还有绿色的叶子。"金新说："这些萝卜有什么用?"凯瑜说："可以把这些萝卜交给厨师啊!"瑶瑶说："可以腌制酸萝卜，我看过我奶奶腌制过，把萝卜切了，用盐腌一下，放糖、放醋就可以了。"凡凡说："还可以制作萝卜干。"轩轩说："可以种萝卜。"接下来，幼儿围绕着萝卜开启了一系列的探究活动。

(一)亲子共探"制作萝卜的方法"

幼儿对萝卜产生了兴趣，幼儿将和老师一起设计的调查表带回家，和爸爸妈妈一起进行课程前的资料收集工作。幼儿共带回28份"制作萝卜的方法"亲子调查表，幼儿和家长利用网络查询资料和观看视频寻找答案。幼儿通过询问爷爷奶奶，和父母逛超市的方式，自主探索、发现、寻找到多种制作萝卜的方式。在这个过程中幼儿自主解决问题的能力、反思能力、收集资料分类整理的能力得到显著的提升。

捕获到幼儿的探究兴趣后，如何进一步展开探究？考虑到幼儿关于腌制萝卜的经验相对不足，教师便借助家园合作的力量，让幼儿带回调查表，与家长一起搜集资料，推进幼儿的游戏进展。

(二)腌制酸萝卜的方法

制作方法一：孩子们了解到更多的腌制酸萝卜的方法后，经过投票最终选出使用金新小朋友的制作方式。孩子们根据自己的兴趣对接下来腌制萝卜需要的调料、器皿，展开了讨论与实施。

1. 食材和调料准备

孩子们采购了腌制酸萝卜的食材，并对自主购物的过程做了总结梳理。知道萝卜需要在生鲜食材区购买，如果采购的萝卜比较多可以用超市的购物篮或者购物车盛放，购物结束后需要去收银台交费后，才能把购买的物品拿走等。他们还买了需要用到的白醋、盐和糖等。食材和调料准备好了，现在就准备开始行动啦！

2. 初试腌制酸萝卜

有了食材以及白醋、盐和糖等调味品后，具体腌制方法是怎样的呢？孩子们开始了初步探究。

瑶瑶说："我和凡凡把萝卜洗干净。"彤彤说："我们来负责切萝卜。"婷婷说："彤彤，你切的萝卜太厚了，要切薄一点。"金新说："老师，我想试一下生萝卜是什么味道。"老师说："可以啊，你拿来试一下。"金新说："生萝卜有点甜、有点辣。"敏仪说："放了盐的萝卜会出水，我们要拿篮子沥一下萝卜上的水。"凯瑜说："莹莹，我们把糖和醋加进沥好的萝卜里，下午起床就可以吃了。"

孩子们还用绘画的形式展示了腌制酸萝卜的步骤图，并对制作出来的酸萝卜的味道有了自己的猜测，大家纷纷表达了自己的想法。

瑶瑶说："我觉得我们腌制的酸萝卜会很酸。"凡凡说："我觉得我们腌制的酸萝卜会很甜，因为加了糖。"彤彤说："我觉得我们腌制的酸萝卜会酸、咸、甜，因为加了盐、醋和糖。"婷婷说："我觉得会脆脆的，很美味。"

下午起床后，他们开始品尝自己亲手腌制的酸萝卜了。莹莹说："酸萝卜这么多，我们分一些给其他班的老师和小朋友吃吧！"敏仪说："好啊，我们用碟子装给老师和小朋友吧！"敏仪尝后觉得萝卜很酸，宇宇认为味道不错，凯瑜觉得很甜。此时老师给出了引导："酸萝卜做出了这么多不同口感，大家一起思考如何腌制酸萝卜才会更好吃呢？"于是，小朋友们围绕"怎样腌制酸萝卜才会更好吃"在班级展开了热烈的讨论和调查，小朋友们通过网络查找资料、口头询问、问卷调查的方式找到了许多改进腌制酸萝卜的小妙招，经过大家调整后的酸萝卜口感就更好啦！腌制酸萝卜的活动结束了，但是孩子们却觉得活动才刚刚开始，他们纷纷回家把"腌制酸萝卜配方"告诉爸爸妈妈，让腌制酸萝卜活动走进每一个家庭。

三、案例分析

《3—6岁儿童学习发展指南》指出，要善于发现和保护幼儿的好奇心，充分利用自然和实际生活的机会，引导幼儿发现、探索。当幼儿捡到萝卜后引发讨论，此时，教师对幼儿的兴趣点保有高度的敏感性，并把制作酸萝卜的三种方式与幼儿的游戏兴趣点相结合，引发"萝卜探究之旅"课程活动。

四、案例措施

在孩子探讨的过程中，教师以开放的心态倾听幼儿，才使得幼儿大胆猜测和实践，且在幼儿尝试的过程中，教师把握住关键性提问，比如"酸萝卜做出了这么多不同口感，大家一起思考如何做酸萝卜会更好吃呢？"聚焦问题，将幼儿的探究引向更高水平。除了以上的支持，教师还通过活动组织的形式，幼儿集体讨论的方法，发展了幼儿的自我表达能力，同时也促进了幼儿间的合作。

五、案例总结

在幼儿揭秘制作酸萝卜的过程中，教师为幼儿营造了良好的探讨氛围，且教师发现幼儿的兴趣点后，给予他们充分探讨的时间，并通过家园合作的方式让他们从家里收集相关资料。从幼儿的交流中，可以看出有一部分幼儿都有和爷爷奶奶制作酸萝卜的经验，想要腌制酸萝卜，愿意进行更深入的探究。教师在这个过程中更多的是尊重幼儿的想法，放手让幼儿去探索并实现自己的想法。

户外畅玩——“滚”出彩

广西壮族自治区商务厅幼儿园　曾牡莎

一、案例背景

《3—6 岁儿童学习与发展指南》在健康领域中提出，利用多种活动发展身体平衡和协调能力，开展丰富多样、适合幼儿年龄特点的各种身体活动，如走、跑、跳、攀、爬等，鼓励幼儿坚持下来，不怕累；经常与幼儿玩拉手转圈、秋千转椅等游戏活动，为幼儿准备多种体育活动材料，鼓励他们选择自己喜欢的材料开展活动等。此类学前教育建议均体现出应开展丰富多样的适合于幼儿的体育活动的重要性，根据实事求是的原则，抓住幼儿园本身现有的资源，结合幼儿天生活跃的“大脑思维”，实现学中玩、玩中学，创造趣味性幼儿游戏。

二、案例描述

第一次体验

游戏活动前，由老师引领孩子们准备游戏器械——铁环，规划路线。由于游戏器械的有限性，将孩子们分为若干小组，保证每一位孩子都能够体验到滚铁环的乐趣。

根据幼儿们游戏的情况分析，第一次体验主要为试玩阶段，起初，幼儿对于滚铁环存在一定的陌生感，无法正确使用游戏器械，没有完全进入游戏状态，各类问题层出不穷，出现的问题或情况主要分为以下几种：铁环总会从铁钩里面脱离而出；铁环无法滚直，歪斜着前进；幼儿无法掌握铁环的前行方向；幼儿直接放弃滚铁环，采用手扶式游戏。

第二次体验

第二次体验也还是属于孩子们的试玩体验阶段，在老师们的引导下，孩子们也逐渐明白自身力量的不足，改用双手扶铁钩，慢慢地推动铁环前进。每个孩子都在逐渐进步，与第一次相比，明显进一步掌握了滚铁环的技巧，虽然他们的“滚滚”无法长时间持续前进，仍然需要他们双手扶着铁环到达规定路线的终点，但是他们的游戏积极性明显得到较大提升，选择坚持将游戏进行下去，积极学习游戏规则，没有因为一时的困难而选择放弃。

第三次体验

试玩两个阶段完成以后，老师将游戏“舞台”的主动权交给幼儿，让幼儿按照自己的想法以及老师的指导，亲自动手摆放器械。等一切准备好以后，幼儿陆陆续续地排好队伍，根据自己掌握的技巧，遵守游戏规则，一个接一个地从起点到终点尝试滚铁环，大家在欢乐的笑声中跑了起来。

第四次体验

失败乃成功之母，孩子们在尝试中积累成功的经验，学会面对失败，吸取教训。游戏中学习知识，滚铁环游戏逐渐变成孩子们的“花样表演”，他们不再局限于直线滚动，放开了自己的手脚，敢于尝试滚铁环的各类花样动作，根据他们自己的想法变换着玩铁环，在和睦相处的环境中互相向小伙伴们分享玩法。

第五次体验

在最后的收尾活动中，许多小朋友对滚铁环的技巧掌握已至炉火纯青，老师让能力突出的孩子带领着其他孩子学习进步，并让表现优秀的孩子来一场正式的“花式铁环”表演秀。有的孩子能够绕着操场的弧线良好地完成弧线行驶，有的孩子能让铁环保持在设置的“路线桥”而不落下，有的孩子能在“路线桥”上保持身体的平衡，推着铁环前进至终点，“滚”出彩，“滚”出特色，孩子们成功地掌握了滚铁环的技巧。

三、案例分析

第一，幼儿通过观察教师示范和讲解的动作要领逐渐掌握滚铁环的技能。滚铁环是传统的民间儿童游戏，也是幼儿童年时期的“炫技宝贝”，幼儿在老师的正确示范下，一步一个脚印地练习滚铁环。充分激发幼儿们的思维活力，让幼儿自己掌握滚铁环的技巧和要领，多出一项游戏体验，为他们的童年增添一份独特的色彩。

第二，尝试着变换花样地玩，提高幼儿动作的协调性与灵敏性。滚铁环游戏玩出花样的最终主体还是幼儿，滚铁环的过程中，幼儿四肢的不协调性得到有效改善，拖着铁环四处奔跑，时不时会发现几个幼儿的额头已出现汗滴，在无形中锻炼了他们的身体素质，提高了他们身体的协调能力。

第三，培养竞争意识，体验游戏带来的挑战与快乐。编排队伍让孩子们分成若干队伍，孩子们将自己所学的游戏成果与班级的小伙伴相互分享，相互竞争，他们会保持着自己对游戏的高度热情参与到其中，挑战与快乐并存，在孩子之间的较量下形成一种良好的竞争意识，在快乐地游戏中明白游戏的真谛。

四、案例措施

第一，结合民间传统游戏，创造更加多元化的游戏空间。

“滚铁环”虽然是年代比较久远的游戏，也没有失去其存在的意义和作用，中国民间传统游戏呈现数量化、多元化的特点，甄选利于全面发展幼儿身心的游戏是幼儿园老师必然的选择，借助当今社会发展的便利性，根据民间游戏的各方面需求，订购游戏器械，创造更加丰富、便利、多元的适合幼儿的游戏，进一步提升幼儿体力、智力、活力等综合能力，保证幼儿身心全面健康发展。

第二，注重兴趣培养，保护幼儿的天性。

兴趣是幼儿教育发展的重要因素。幼儿天生是好动的，作为幼儿教师，更多的是保护幼儿的天性，而不是克制幼儿的本性。通过滚铁环游戏，发现游戏中的幼儿能够充分释放自己的天性，并且他们学习的效率和热情比以前更高，教师应抓住该特点，发挥好游戏的作用，发展幼儿教学模式，进一步提升教学效率和质量。

第三，转变家长观念，鼓励幼儿发展“恒心”。

《幼儿园教育指导纲要(试行)》指出“家长是幼儿教师重要的合作伙伴”，幼儿的成长需要家园共育。家庭中蕴藏的丰富的教育资源是我们所不能忽视的。之前发现很多家长对孩子参与游戏其实很不认可，且大多持反对意见。这不仅仅让教学的进度受到阻碍，且孩子不知该听谁的，导致效率低下。所以要加强家园联系，向家长宣传游戏教育方面的知识、动向，并向家长提供有关幼儿游戏教育方面的理论知识，提高家长对游戏活动的认识，转变家长的陈旧观念至关重要。

五、案例总结

《给孩子多一点鼓励》一书中写道："每个孩子都是聪明伶俐的，他们都具有某些方面的特长和创造力，关键是在于你如何去发现和挖掘他们的潜力，给予他们自信和肯定，使他们有机会展示自己的长处，正确对待自己的短处。"教师要在课堂中培养幼儿兴趣和激发他们的快乐，为他们创造学习和表现自我的空间，从而确立、增强孩子们的自信心。

南广幼里的"七彩花"

四川省宜宾市叙州区第三幼儿园　郑银芬　肖　蔚

一、案例背景

平时幼儿园的《幼教金刊》《育儿周刊》等报纸杂志都是送到门卫室，由我们班的"小小送报员"们去门卫室拿来分发到各个班。今天是星期一，孩子们像往常一样去门卫室拿《育儿周刊》，他们在门卫室的角落里发现了一些快递，程程说："肖老师，我们可以把这些包裹也给老师们送去吗?"我立即同意了孩子们的提议，让他们尝试把包裹给老师们送去。"七彩花"的故事由此开始。

二、案例描述

故事一：初次尝试送快递，小不点儿探索遇困难

当孩子们走到这些包裹面前时却蒙了，因为他们不认识字，所以当他们拿到包裹的时候都要先问我："老师，这是谁的呀"？然后才去把包裹送给班级的老师。游戏回顾中，孩子们总结说，每一个包裹他们都需要先询问老师，然后再去送，很不方便。于是，孩子们自己提出了解决方案，鑫鑫说："可以拨打快递上收件老师的电话号码，看看是哪个班的老师，咱们再送去。"程程说："可以给每个老师画像，再由我帮他们记录上名字，咱们就可以把名字和头像对应起来找到相应的老师。"孩子们自主发现问题，提出解决方案，但究竟哪个方案能够解决问题呢？孩子们决定分成两组在实践中去验证。

第一组打电话的孩子发现两个问题：第一，单子上有两个号码，他们不知道应该打哪一个；第二，他们连着打了两个老师的电话都没有人接听，因为老师们都在上课无法接听电话，他们觉得这个办法不可行。

第二组的孩子们给幼儿园的老师进行画像，然后找我帮他们记录下了各个老师的名字，这样就形成了一本幼儿园教师通讯手册。他们发现这是一个不错的办法，而且孩子们通过多看几次画像和名字对应，自然而然地便认识了老师的名字，这不正是生活即教育吗!

在孩子们开始自发地玩快递游戏的同时，我叫上班级的另外两名老师一起进行了班级教研，我们分析了快递游戏背后的价值，其实在这种看似简单的快递游戏中，可以提升幼儿的语言表达能力、解决问题的能力、社交能力等，并且在幼儿全情投入的游戏中，幼儿能够更加坚持自己的想法开展游戏，幼儿在游戏中遇到困难时更能不放弃，会主动想办法克服困难、解决问题。

故事二：建立小小快递站，小不点儿有大想法

霖霖说："老师的包裹太少了，送快递游戏玩得不过瘾。"妍妍说："我们可以在班里建立自己的快递站，玩送快递的游戏呀。"我决定追随孩子的兴趣，支持他们的游戏，和大家一起把班里冷门的区角"超市"变成"快递站"。孩子们说快递站一定要有自己的名字，还要有统一的标志，所以他们又有了新的活动——给快递站取名字、设计标志。他们通过自主

设计、介绍作品、自行投票，来确定快递站的名字和标志。有的孩子设计了机器人，取名机器人快递站；有的孩子设计了一顶帽子，取名小红帽快递站；有的孩子设计了公主，取名公主快递站。“七彩花快递站”在众多的设计当中得到了最高的票数，最终我们这个区角有了自己的名字“七彩花快递站”。

故事三：自主分工定角色，小不点儿有大能量

孩子们发现，大家都在装快递，没有人收费，没有固定的送快递的人，玥玥说：“我爸爸就是快递员，可以让他来给我们说一说他的工作。”于是，我们邀请了快递员家长进课堂，给孩子们介绍了快递员的工作要求和快递驿站的分工等。接着，孩子们通过自主讨论进行了分工，确定了两名送货员、两名打包员和两名收银员，他们还给自己制作了工作牌。由这几个孩子创建的区角逐渐成为班级最热门的区角，寄快递的小朋友络绎不绝，快递站的孩子们忙得不可开交。大家都可以将自己的画、手工作品等寄给班里的小朋友，也可以寄给其他班的老师或者小朋友，同样可以寄给幼儿园的厨房阿姨、保安爷爷等。

故事四：装备一定要配齐，小不点儿找到专用车

程程说：“每天的包裹量太大了，我们需要车来装包裹。”于是，孩子们来到幼儿园玩具车辆停放处，选择了两辆他们觉得最适合的车辆，并且给这两辆车贴上了“七彩花快递站”的标志，这两辆车便成了孩子们送快递的专用车辆。拉着满满一车的包裹奔波在幼儿园中，他们觉得自己可神气啦！

故事五：“我来设计小贴纸”，小不点儿画出大智慧

“快递员”霖霖说：“班上小朋友寄出的包裹都是口头说的信息，包裹一多，我们根本记不住哪个包裹是给谁的。”另一名“快递员”程程说：“我看到大人收到的每一个包裹上都有一张小贴纸，这张小贴纸上有电话号码，有条纹，还有很多的字。”孩子们觉得，他们的包裹上也应该有一张这样的小贴纸。于是，他们开始照着包裹上的小贴纸画了起来。同时，为了提升幼儿的经验，我布置了家园小任务让孩子们和家长一起查询这张小贴纸上究竟是什么。通过查询，他们知道了这张小贴纸是包裹的相关信息，包含寄件人和收件人的姓名、地址、电话号码等。这时，“七彩花快递站”的小小工作员们又来到各个班的门口，为各班设计了门牌和符号，这样就方便他们根据自主设计的小贴纸上的信息准确送货。我发现，孩子们的观察越来越细致，能够捕捉到更多有用的信息，他们的快递活动越来越有意义。

故事六：快递站变忙碌，小不点儿扩招新员工

每次区角活动时快递站的几个孩子都很忙碌，玥玥说：“我们现在人手不够啦，需要招聘一些新的‘员工’。”于是，他们举行了现场招聘会，班上其他孩子都想加入，之前的6名“老员工”便当起了面试官。在竞争中，又有3名小朋友应聘成功，成为“七彩花快递站”的新员工。“老员工”中还推选出了鑫鑫担任新员工的培训老师，对新招的几名员工进行培训。孩子们建立的快递站现在总共有了9名员工，快递站变得越来越“规范”。

接着，结合班级开展的“新年”主题活动，孩子们又有了新的活动，他们制作了新年礼物，又把礼物和祝福送到幼儿园的各个班。当然，孩子们的快递探索活动还未结束，我相信接下来他们会迸发出更多的想法。

三、案例分析

《3—6岁儿童学习与发展指南》指出，幼儿科学学习的核心是激发探究兴趣、体验探究过程，发展初步的探究能力。教师追随幼儿兴趣，不断探索。幼儿的品格教育绝不是在一次游戏或者一段时间的活动中养成的，而是在一系列的游戏中让幼儿去面对问题、解决问题，习得各方面的品质。

四、案例措施

1. 支持幼儿兴趣，提供一系列帮助措施。

2. 通过送快递活动，了解快递员的角色和职责。

3. 结合家园共育，请家长入课堂，更好地了解快递站和快递员的工作。

五、案例总结

在本次幼儿自发的快递游戏中，幼儿自始至终都非常投入，有耐心地一步一步去发现问题、寻找问题的答案，习得了坚持的品质。当然，幼儿的品格养成是一条长长的路，教师应退居幼儿的身后，去观察他们、理解他们、支持他们，静待他们自主生长，直至花开，抑或成长为参天大树！

保鲜，让活动永葆魅力

河北省秦皇岛市昌黎县幼儿园　刘　辉

一、案例背景

学习型区域游戏是幼儿非常喜欢的一种游戏活动，它能在一定程度上解放幼儿的思想，顺应幼儿的个体需要，与集体教育活动相辅相成。在开展“拜访大树”活动时，根据中班幼儿年龄特点和本班幼儿的情况，我们开设了二十多个学习型活动区域，“开花的树”就是其中一个。在最初的材料准备上，我们费尽心思，特意使用了剪下来的小树枝，制作了仿真树，然后把秸秆剪成一段段的，染成各种颜色，孩子们可以用双面胶把秸秆组合在一起，做出各种花朵粘在树枝上，成为开花的树。在活动开展过程中，我进行了持续观察，发现问题、解决问题。

二、案例描述

“开花的树”这一区域第一次投入使用时，一下子就吸引了很多孩子，他们个个挤着想玩儿，甚至座位已经坐满了，有的孩子还不肯离开，驻足观望。见此情景，我只能引导他们先玩别的区，等有空座了再来。坐下来的孩子们一边玩儿还一边说“太好玩了!”“真好看!”但没过一会儿，我听到小浩对我说：“老师，这个双面胶我弄不开。”于是我教给他怎么更好地把双面胶撕下来。林林又说：“老师，我用双面胶粘完，它老是掉下来，粘不牢。”我就引导他看看是不是双面胶撕得太小，才不够牢固的，并调整一下粘的位置。这时候，然然很高兴地对我说：“老师，你看我做得漂亮吗?”我看到了一棵满是花朵的小树，上面的花有三瓣的，有四瓣的，颜色也各有不同。我马上回答：“真好看!”并让她展示给其他幼儿看。不知不觉，这次区域活动接近了尾声，除了一名幼儿中途离开去别的区外，其他幼儿一直待在这个区，基本上完成了本次活动。

活动后，我改进了双面胶的准备方式，便于幼儿拿取。在接下来的两次区域活动中，这个区里总保持着较多人数，但从第四次开始，我突然发现只有两位小朋友在这里玩，有的来了看两眼又离开了。再后来，这个区成了半闲置的区了，偶尔会有幼儿来玩，但再也没有之前的热度了。

三、案例分析

这个区在开设过程中前后差别较大，我分析了一下，主要有以下原因。

第一，忽略了幼儿注意的不稳定性和短暂性。该区首次使用时，吸引了很多幼儿，主要原因是材料比较新颖，颜色比较鲜艳，玩法比较新鲜，所以幼儿愿意去尝试，这也是与幼儿的年龄特点相关的。因为幼儿对这个世界充满了好奇，他们的心智和大脑的发育程度决定了他们会被许多新奇的事物所吸引，从而去认知这个世界。这个区后来无人问津，也是由于幼儿的新鲜感已过，没有了引起注意的要素，而且教师没有及时改进材料或玩法，幼儿失去了兴趣。

第二，目标定位限制了幼儿自由、创造性地活动。最初的活动目标定位在健康领域，是想通过给大树制作花朵，锻炼幼儿肌肉灵活能力。但事实证明，幼儿好像工人一样，只是简单机械地在组合拼接，虽然在颜色上有自己的想象和布局，但是很大程度上限制了幼儿的创造力和想象力，幼儿游戏的自主性较少。

第三，操作材料单一且缺乏层次性。首先从双面胶的使用上，幼儿之间就有了差距，有的幼儿一点儿也弄不开，有的幼儿很熟练。其次，用秸秆粘成花瓣，也是需要一些耐心和技巧的，有的幼儿很长时间才能粘上一朵花，有时能坚持有时会放弃，而有的幼儿则能找到一些小方法，做得又快又好。

四、案例措施

根据上述种种情况，我做了以下改进。

首先，把活动目标调整到艺术领域，把“尝试制作喜欢的花”作为重点，从幼儿的情感意愿出发，鼓励创造性游戏。

其次，丰富材料，把游戏主动权交给幼儿，充分发挥他们的自主性。我把活动材料分类，提供有层次、可随意选择的材料。比如，制作花朵的材料有多颜色秸秆段、超轻黏土、已剪好花瓣形的卡纸、未剪的卡纸等。起固定黏合作用的材料有双面胶、胶条、牙签、小细绳等。因为真树枝做成的仿真树不足以提供多次活动，我就用细铁丝或毛根儿，在能保障安全的情况下，做成仿真树，供幼儿使用。做完的成品，由幼儿选择是留在班里还是带回家。

最后，3—6 岁儿童随着知识经验和认知能力的发展，游戏材料的新颖性对吸引幼儿注意力有重要作用。因此，教师应根据每次幼儿玩的情况，对活动进行微调和改进。

五、案例总结

其实，开展区域活动时，我们经常会遇到类似的情况，有的区经常被闲置，有的区中途会夭折，如果我们不分析其中原因，任其闲置或夭折，既浪费了资源，又丧失了一次与幼儿行为对话的机会。

现实生活中，我们总会考虑物品的保鲜期，它是指物品的最佳食用期。我想，区域活动也是有保鲜期的，它的这个“鲜”，指的是幼儿对于区域活动的关注程度、热情程度、喜爱程度等，只要把这些保持住了，“鲜”也就保持住了。通过每次微调，使活动向纵深发展，使活动更充实，更有内涵。所以，在适当的时候对区域进行更新与改进，就是在为它保鲜。如果区域活动能永远保“鲜”，让幼儿能尽情尝“鲜”，那么开设的区域活动会永远焕发生机，极具教育价值。

有趣的百变条

北京军区机关幼儿园　李　敏

一、案例背景

百变条是一种安全、柔软，能给幼儿提供直接感知和实际操作的材料，深受中班幼儿的喜欢。幼儿户外活动的时候有的将百变条当小锤子进行敲打，用它玩打地鼠的游戏；有的搭房子；有的举哑铃；有的玩“跳小河”的游戏。幼儿之间相互模仿，相互激发，不断尝试，不断有新的惊喜发生。

二、案例描述

第一次孩子们拿着百变条进行游戏，一会儿开起了小火车，佳佳说：“我们继续玩开火车的游戏吧!”圣德说：“我坐过火车，火车还经过好几个隧道呢！那咱们来搭一个隧道，这样就好玩了。”圣德找到一个连接器，先将百变条的一端用连接器连起来，再将百变条插入另一端的连接器。圣德高兴地说：“我做好一个了。”圣德这组搭的隧道很长，旁边有两个小朋友扶着，中间有小朋友踮着脚举着，怕塌下来。这时祎祎走过来说：“你这样举着太累了，能不能找一个支撑的呀?”圣德说：“我去找百变条支撑一下。”他迅速跑过去拿来了一个，可是一个不够，祎祎又去拿了一个，两根百变条就支撑起来了。佳佳说：“祎祎，我个儿高，我来举着吧!”看着孩子们的举动，我及时给予了表扬。隧道搭好了，小火车可以开起来了。小火车一列列穿过隧道，有的开得快，有的开得慢，能很好地用身体控制方向。在过最长的一条隧道时，孩子们出现了分歧，因为最后一个隧道有三个拱形门，有的火车走第一个，有的火车就走第三个，有的绕着走就发生了碰撞。

琪琪说：“小火车总撞车怎么办呀?”霏霏大喊：“你们别撞我。”子卿说：“可以从第一个走，然后一个一个地绕出去。”子卿带队按照他的想法开火车。圣德说：“这样不对，在隧道里不能这样开。绕着走容易出事故。我们这是三条路，你想走哪一条路就应该在哪排队走。”小司机们觉得也有道理，所以就按照圣德说的方法过隧道。

小火车从三条路通过后都往一个地方走，这时又发生了碰撞。我们利用游戏总结的机会讨论了这个问题：当行驶到最后一个隧道的时候，由于隧道有三条道路，通过的时候都往一边走就发生了碰撞，我们应该怎么办呢？景睿说：“可以往不同的方向开。”子卿说：“刚开始先开快点，出隧道开慢点，我们可以相互避让一下。”佳佳说：“我们应该遵守交通规则。”我继续追问：“你们想想交通指示图，再想想这个游戏，我们该怎么解决呢?”佳佳说：“交通指示图上面画的两边的路是拐弯的，中间的路是直走的。”

我一边赞扬孩子一边说：“佳佳小朋友的这个方法很棒，我们来想想两边是拐弯的，第一条路你们想想是往哪边转弯啊?”孩子们回答：“左转弯。”“那第三条路也是转弯的，是往哪边呢?”孩子们回答：“右转弯。”“你们说得很棒，那中间就是直行了。”我总结道：“根据小朋友们说的，在跑的时候我们应该注意身体的协调性，避让一些车辆。我们在下次的游戏中要遵守规则，按照交通指示图行驶。”

第二次，孩子们将隧道进行了升级。佳佳说：“这样举着太累了，我们可以加一个底座，做个升级版吧!”他很用力地将百变条与连接器连在一起，在连接器下面竖着插入百变条的时候，佳佳说：“这样插不进去啊。”圣德说：“我来帮你试试。”但还是插不进去，佳佳试了试说：“把两边的松一下，就可以了。”小隧道经过这次改造，中间可以不用小朋友扶着了。

这次将隧道的位置摆放改成一竖排，这样小火车更容易行驶。有的隧道有点矮，个子高的小朋友通过的时候要弯腰低头钻过去，这也体现了孩子们的身体灵活性。虽然在通过最后一个隧道的时候没有发生碰撞，但是大家都往中间的道路走，就导致了堵车。我提醒幼儿想一想昨天的讨论，应该怎么行驶。“你们可以试一下，看看还堵车吗？你们要很好地控制自己的身体和方向的转变，让我们的小身体更加灵活协调。”

于是，小火车有的是直行的，有的是往两边转弯的，没有发生堵车。小火车们开的速度很快，孩子们玩得很开心，游戏中充满了欢笑。

我利用收拾玩具的环节，问孩子们："刚才的这个方法怎么样，还会堵车吗?"孩子们异口同声说："不堵车了，太好玩了。老师，我们下次还想玩……"

三、案例分析

幼儿在运动中不能及时观察周围情况，不能迅速改变身体方向，并且发生了碰撞，所以灵敏性需要加强。

游戏后幼儿对"撞车"一事发表了自己的想法，将自己知道的有关交通安全的知识说给大家听，能大胆地表达自己的想法。幼儿在游戏中探索的积极性很高，教师引导幼儿自己想出解决问题的办法，共同进行游戏，提高了幼儿解决问题的能力。幼儿之间有很好的分工、合作、协作等。

游戏活动是幼儿教育中不可或缺的重要环节，是引发幼儿参与热情、学习体验的重要途径。游戏中发展了幼儿的协调性、灵敏性、速度等身体素质。

四、案例措施

第一，教师继续支持幼儿实施自己的游戏想法，把解决问题的机会留给幼儿。让幼儿在游戏过程全身心地投入，利用游戏对幼儿身体素质进行提升，不断地探索、调整、尝试、实践，用自己的方式解决在游戏过程中出现的一个又一个的问题，真正成为游戏的主人。

第二，引导支持幼儿充分挖掘材料的价值以及探索材料的多种玩法，让幼儿对材料有更大的兴趣。

第三，游戏后的总结活动则能引导幼儿对新经验进行梳理、总结，使幼儿在分享、反思中逐渐丰富游戏经验，提升游戏水平。幼儿在自由、自主的游戏中体验了游戏带来的快乐。

五、案例总结

户外自主游戏是幼儿自发的活动，在活动过程中幼儿自主决定与谁玩、玩什么、怎么玩，这种活动保证了幼儿的游戏性体验。幼儿可以随心所欲、没有压力地游戏，只有幼儿对游戏有了自由的掌控，体验到游戏应有的快乐，游戏的教育作用才能真正发挥。幼儿自发地进行学习、解决问题，教师的作用就是"管住手、管住嘴"，给幼儿提供充足的游戏材料，最大限度地保证幼儿自主游戏。

打不起精神的尚尚

河南省濮阳市金星幼儿园　李晓静

一、案例背景

尚尚是从其他幼儿园转到我们班三个多月的小男生，他喜欢自己在一边玩耍，与小朋友交往也不多。刚转来时和妈妈沟通了解到：尚尚 2 岁多时父母离异，平时妈妈自己带尚尚，但因忙于工作，从上学期起会让奶奶或家中其他成员接尚尚。在这三个月中，我发现尚尚参与集体活动的兴趣不高，在活动中经常发现他会长时间看着一处不动。

二、案例描述

片段一

3 月 2 日上午晨谈活动时

大家都在跟随老师的问题"蝴蝶有几条腿，它的腿有什么作用"进行讨论，尚尚吃过早饭后搬起凳子到集中区，坐在了最后一排，他背靠着凳子，头低着，两腿分开，脚蹬到前面小朋友的凳子上。他一会儿坐在凳子上身体却转过去枕在椅背上，一会儿又跪在地上头枕在凳子上，从活动开始一直处于趴着的状态。在老师提醒后，他能够坐好但只能坚持3分钟左右。

晨谈结束后，尚尚背靠着椅背开始打哈欠，手一直揉着眼睛。在晨间活动中，尚尚像这样没有精神打着哈欠已经不是第一次了，还有一次，他直接趴在椅背上睡着了。

片段二

3月2日上午区域活动时

尚尚一如既往地选择美工区活动，进区后，他迅速选好自己要用的材料。旁边的月月问："尚尚，你要做什么?"他摆弄着自己的材料说："我要做一个手提包。"月月问："什么样的手提包，我能和你一起做吗?""可以，我们先剪出包的形状吧。"尚尚说。整个区域活动时间，他一直专注于自己的制作，而且会给月月讲制作的过程，还主动取材料交给月月做包的提手。

片段三

3月3日户外活动

今天老师带着孩子们探索了轮胎的玩法，自由活动时，三五个孩子一组一起游戏，有的在滚轮胎，有的在比赛膝盖悬空爬轮胎。这时，许老师发现在场地一边，尚尚仰面躺在轮胎里，许老师走过去说："尚尚，你可以和小朋友们一起玩哟。"尚尚摇了摇头，趴在轮胎上看着小朋友。许老师问："你可以加入许老师的游戏吗？我们刚好缺一个人。"尚尚还是摇摇头，继续趴在轮胎里看着其他小朋友玩。许老师说："好吧，那我们一起给他们(许老师指着离尚尚最近的一组小朋友)当啦啦队吧。"尚尚点点头，在看着小朋友游戏时，脸上也有了笑意，比赛结束时还会给获胜的孩子鼓掌。

片段四

围绕主题，我们班开展了"图书漂流"活动。漂流第一日，尚尚早早地来到幼儿园，而且准备了三本绘本书，他走到班级阅读区，翻阅着自己的绘本。入园的孩子逐渐多了起来，尚尚停止翻阅自己的书，眼睛看着其他在互相讲图书的小朋友，然后慢慢地靠近他们。于是我走过去，说："尚尚，你带的这三本书我都没有看过，你能讲讲吗?"他看着我点点头，我拿起《不一样的恐龙》，说："我想听恐龙的故事。"尚尚又点点头，小声地讲着。这时，有4个小男生围过来，明明指着书说："我最喜欢霸王龙，它是最厉害的恐龙。"小哲说："对，它跑得特别快，还能吃掉其他恐龙。"这时尚尚说："不对不对，还有一个食人妖怪龙，它还会吃人呢！我妈妈说，它最厉害。"看着尚尚和围过来的孩子一起讨论恐龙，我慢慢退出了阅读区。

三、案例分析

针对尚尚在幼儿园的情况，我们和妈妈进行了沟通，在沟通中，我了解到，在片段一中，尚尚连续几次在晨间活动中出现打哈欠、揉眼睛以及睡着的情况，主要是因为晚上陪伴孩子的人员不固定，导致尚尚每天的生活不规律，没有养成良好的作息习惯。有时晚上等妈妈，十一二点还没有睡，而早上因为大人要上班，又要早早地把他叫醒。

尚尚妈妈是做美术设计工作的，家里有很多美术相关的书，尚尚平时会翻着看一看，久而久之，尚尚对画画也产生了兴趣。妈妈看尚尚喜欢画画，平时也会给他买这些书或手工制作的材料，尚尚也就越做越好。所以片段二中尚尚很熟练地在美工区活动。尚尚对手工制作非常感兴趣，其他幼儿在模仿和询问尚尚怎么做的过程中，他有了一定的成就感。

而且在美工区能与他人合作制作作品，说明尚尚有与他人合作交流的意愿。

尚尚妈妈的工作没有双休日，所以没有带尚尚参加过什么活动。有时妈妈紧急外出时，尚尚就一个人在家，看电视或自己玩。片段三中尚尚坐在一边不参与活动时，老师并没有直接询问他在干什么或责备他，而是发出邀请。在被拒绝后，老师没有放弃他，而是邀请他一起做啦啦队。老师对于孩子的前期经验有足够的了解，并能用不同的方式和角色让尚尚参与到活动中。

片段四中，老师对于孩子的动作行为观察很细致，发现尚尚有“看着其他孩子交流”这样的行为时，及时介入了其中，用参与游戏的方式鼓励尚尚给老师讲故事。而在三本书中，老师根据班级幼儿的兴趣选择了恐龙的内容，目的就是引发其他幼儿的关注，创设尚尚与他人交流的条件。

四、案例措施

第一，家园共育，帮助幼儿形成稳定、规律的生活节奏。我们从孩子的作息着手，保证孩子有充足的睡眠，这样才能让孩子每天精力充沛，这也是孩子积极参与活动的基础保障。如果每日陪伴孩子的人员不固定，我们建议父母将孩子的作息时间告诉家庭其他成员，或者为孩子制作一份作息表，这样方便大家了解尚尚的生活，促使他良好习惯的形成。

第二，有效的亲子陪伴，多和孩子沟通，鼓励幼儿积极参加班级的活动。父母可以利用接送孩子上下学的时间，主动和孩子聊一聊幼儿园发生的事情，在聊的过程中，鼓励孩子多参加活动，鼓励孩子结交好朋友。妈妈也可以渲染气氛，告诉孩子：“妈妈也好想参加你们幼儿园的活动呀，也想玩一玩你们幼儿园的玩具呀，以后你能多给我分享一些你们玩了什么吗?”

第三，在教师的鼓励和肯定中激发幼儿的自信心。抓住幼儿的特长，为幼儿创设与他人交流和展示自我的机会。特别是在区域活动时，有几次老师有意安排他做小组长，让他带领美工区小朋友制作“小棒偶”，并将做好的作品投放到表演区，让他们这个制作道具小组去创编故事、表演故事。通过为班级出力，幼儿逐渐形成集体归属感，萌发自信心。

第四，“帮带”作用。孩子之间的交流是促进各方面发展的最好方法，他们在一起时，不会产生与成人在一起的紧张感，会很放松。而且通过交流，能在集体经验上形成个体经验，提升幼儿的能力。所以，基于教师对班级幼儿前期经验及性格的分析，再有分组活动时，可将尚尚和一些性格活跃、主动的孩子分在一组，相互影响，相互带领。

第五，抓住契机，教师适当介入。教师日常不要急于介入帮助，多一些观察。在介入前，多思考：这样做合适吗？会对孩子有什么影响吗？

五、案例总结

通过对幼儿不同环节的观察，我们在思考：鉴于幼儿家庭的特殊性，我们应该如何沟通，有什么样的建议能真正帮助到妈妈和尚尚。三位教师沟通后，又和尚尚妈妈进行了沟通，并提出了一些可行性建议。一段时间后，我们发现尚尚发生了一些变化，选择区域的范围广了，户外活动时奔跑也多了，脸上的笑容也逐渐多了。

通过这件事情，我也更加意识到教师言行的重要性，遇到事情不要急于要求和指使，而是多问一下自己：“如果我是孩子，我希望得到什么样的帮助?”我们也会继续跟进孩子的成长，根据孩子的变化做阶段性指导。

我的乐园我做主

湖北省荆州市沙市教育幼儿园　药　卉

一、案例背景

幼儿园的大型器械综合运动乐园是小班幼儿入园以来最钟爱的户外游戏区域，这里丰富的器械、奇特的造型、鲜艳的色彩深深地吸引着孩子们，在这里他们钻网、攀爬、走吊桥、滑滑梯、荡秋千，进行各种有趣的体育活动。游戏中孩子们的基本动作和身体素质都得到了显著提升。渐渐地，进入小班下学期，孩子们自主、自发探索游戏的热情更为高涨，开始了探索真正属于自己的乐园。

二、案例描述

(一)"叶"有所思

这天上午户外自主游戏时，大家开心地选择了综合乐园区游戏，像往常一样滑滑梯、荡秋千、攀爬墙。游戏进行了一会儿，我发现子诺和几个小朋友正在乐园的各个角落寻找着什么。只听见他们喊："快来呀！这里也有!""我在滑梯底下发现了好多好多!""你看，我在这上面也找到啦!"我闻声走过去，看到他们个个手上都拿着一片甚至几片树叶。"这可是我的宝贝！我们一起去找更多的宝贝吧!"靓靓边拿着刚找到的一片树叶边说。不一会儿，小木屋滑梯的底下就聚集了一大群小朋友。我看见子诺边手里鼓捣着边振振有词地说："烤红薯咯！烤红薯咯!""我也要玩，我也要玩!"研研跑过来说。"那你自己去找这个。"子诺甩甩手上的树叶。于是研研也开心地加入了找树叶的活动中。

(二)寻"宝"之乐

第二天生活活动一结束就有小朋友迫不及待地问我："是不是要进行户外游戏啦?"靓靓也说："我今天还要找宝贝呢。"一听到"宝贝"，更多的小朋友提起了兴趣。"是宝藏，我也要找宝藏!"则则激动地说。于是我们一致决定今天的游戏主题就是"找宝藏"。小朋友们可以在乐园的各处寻找属于自己的"宝藏"。这时我悄悄地跟同班的老师说，带一些区角里孩子们平时喜欢的娃娃和小汽车之类的玩具，提前藏在乐园里。寻宝小队出发啦！还没到乐园，只听到萱萱指着小木屋下面大声喊道："我看到宝藏啦!"原来那里正躺着一个布娃娃，萱萱健步如飞地跑过去第一个拿到了"宝藏"，其他小朋友也不甘示弱，一个个踏上了寻宝之旅。看到小朋友们兴致盎然地在乐园的各个角落寻找宝藏，甚至平时不敢攀爬的小锦也积极行动了起来，我感到很欣慰。平时就很爱运动的童童，这次不走寻常路，从攀爬网外围爬上去取宝藏。孩子们的两个小眼睛炯炯有神，他们四处寻找，一会儿爬到木屋上，一会儿钻到吊桥下，寻宝的情景真是好不热闹。

(三)分"工"有序

又到了户外自主游戏时间，在游戏开始之前，我组织小朋友们制订游戏计划。这一次，我让小朋友们自己讨论今天玩什么，几乎所有的小朋友仍然对寻宝游戏十分热衷。我让他们各抒己见想想怎样玩。桐桐说："老师，今天能不能让我来藏宝藏呢?"我说："可以呀，你还需要其他的小朋友帮你一起藏宝藏吗?"我的话音刚落，好几个小朋友连忙举手说："我!""我来!""还有我!"看到孩子们积极踊跃，我说："好！想藏宝藏的小朋友可以组成'藏宝小分队'。"子诺一听，立马接着说："那我们就是'寻宝小分队'。"这一次孩子们在游戏前有了角色的分工，大家都开心地鼓起掌来。

“藏宝小分队”出发了，拿好宝藏就往乐园跑去。孩子们迅速将手中的宝藏藏好，成成开始把宝藏放到小木屋底下，过一会儿又不放心换了个位置，最后他爬上了树上的小木屋，把宝藏放在了木屋和树杈交接的高处，甚至还找了些树叶遮挡。小驰和他计划的一样，来到了沙池，用铲子挖了个洞，将玩具小车藏了进去。不一会儿小朋友们都藏好了宝藏。马上就轮到“寻宝小分队”出发啦！

由于已经有了前期经验，“寻宝小分队”显得得心应手，小朋友们跑遍乐园的各个角落，搜寻出了各种宝藏。“谁来帮帮我呀？我发现了宝藏，但是太高了！在树上。”听到了小谦的声音，小沁和果果闻声赶来。看来，成成藏的宝藏被发现了。几个小朋友对着宝藏跳啊跳，就是够不到。“老师，你来帮忙吧，你最高啦！”小谦向我求助。“你们自己想想办法。工具箱里还有些工具呢！”我说。小沁马上就为小谦抱来了积木块说：“你站上去试试。”小谦站了上去，伸出小手，就差一点了。果果立马转身又抱来了一个木块垫在下面。两个小伙伴一起扶着小谦站在两个积木块上。只见小谦双脚站在木块两端，脚尖微微踮起，左手扶着小伙伴，右手用力向上伸直。“终于拿到了！耶！”三个小伙伴开心地哼着小曲儿继续寻宝去了。

三、案例分析

小班下学期的孩子，自主游戏水平在逐渐提高，对自然环境感兴趣，善于观察发现并富有创造性地进行游戏，乐意和同伴交流分享。孩子们找树叶当“宝贝”，甚至是找到更多的树叶“烤红薯”，他们自发玩的一些游戏吸引了我。其实当时我很想问问他们正在玩什么游戏，但怕我突如其来的介入会打断他们的行为，也出于好奇，想看看他们自发的游戏进行得怎么样。当看到孩子们投入游戏热烈地讨论时，我深感欣慰，如何引发孩子们在乐园中创造更多的游戏呢？孩子们的行为也引发了我的思考。我很期待他们接下来的游戏。

孩子们自发的游戏行为兴趣会更持久，第二天依然延续了昨天的“寻宝”游戏。有了前期的经验和新的投放材料的刺激，孩子们在游戏中表现得更积极，更有目标，就连平时运动水平不高的小锦也克服了障碍，勇敢地钻、爬、跑、走，积极地“寻宝”。

孩子是天生的游戏者，在游戏前，孩子们大胆地表达着自己的想法和游戏的意愿，经过集体的讨论，在制订游戏计划时确定了各自的角色分工。这说明孩子们的相关游戏经验在迁移，也反映出了孩子们在游戏玩法上的自主与创新。

四、案例措施

首先，教师要做一个有心的观察者，观察幼儿的需要，关注幼儿的发展。当孩子们将树叶当作宝贝四处寻找时，教师敏锐地捕捉到幼儿新的兴趣所在，闭上嘴、管住手，保护孩子们的真游戏，让孩子成为游戏真正的主人，并积极思考如何支持幼儿推进游戏，促进幼儿运动水平在游戏中的提升。

其次，在固定的大型器械综合乐园中，可以根据孩子们的兴趣和运动特点投放富有趣味和挑战性的活动材料。教师添置更多新的辅助材料可以激发孩子们进一步的探索。

五、案例总结

(一)看见——孩子是游戏的主人

幼儿热爱游戏，尤其对户外大肌肉运动游戏有着本能的喜好。小班下学期的幼儿在游戏经验上有了一定的积累，不仅仅满足于对大型固定器械的探索。当被风吹下的落叶吸引孩子们的注意时，哪怕只是小小的叶子也是孩子们眼中的宝贝，孩子们在自己的游戏情境里不断萌发创意。

(二)相信——激发幼儿自主探索

相信幼儿，在游戏中给幼儿最大限度的自由。游戏前教师和幼儿一起制订游戏计划，孩子们可以自己决定玩什么、自己选择怎么玩。游戏中教师根据幼儿的需要添置活动材料，不固定用法、不强加指导，只有让幼儿根据自己的愿望和想法与材料发生互动，才能使活动的方式方法具有灵活性，才能使幼儿真正产生兴趣和自主体验，才能使幼儿以自己的方式、速度将外部经验内化成自己的经验。

(三)支持——推动幼儿多元发展

科学的观察、正确的解读、有效的支持，是教师与幼儿日常互动中应有的专业行为。从“叶”有所思到分“工”有序的游戏进程，是全程由幼儿发起、参与、深入的。乐园寻宝的游戏是适应幼儿身心发展需求而产生的，在游戏的过程中幼儿善于发现、乐于表达，有同伴竞争也有同伴互助，有勇于挑战、突破自我，也有不断尝试、不言放弃。幼儿的生理和心理的需要在不同程度上得到了满足。我从此次乐园系列游戏中看到了幼儿学习的生长点，游戏是可以促进幼儿的全面发展的。

语言发展迟缓幼儿教育案例

四川天府新区籍田幼儿园　张利梅

一、案例背景

(一)教师发展的需要

幼儿的发展也是教师的发展，幼儿个别化的需求与教师的发展是密不可分的。在没有接触到个别化教育之前，对于在幼儿园遇到的有语言发展迟缓、语言发展障碍、情绪障碍的幼儿时，我们是不知道如何去用相应的方法、策略进行支持，并让其得到发展的。因此，要想真正实现语言发展迟缓幼儿的个别化教育，教师必须具备语言发展迟缓幼儿支持的能力，做到早期发现、及时干预，消除影响幼儿心理行为发育的不利因素，早期识别幼儿心理行为发育偏异，有针对性地开展随访、干预和健康管理，同时为以后的幼儿个案支持提供经验参考。

(二)个案幼儿发展的需要

个案幼儿在幼儿园生活、学习时，教师发现他们在语言、认知、运动等多方面的能力表现与同龄幼儿相比差别较大，与其家长沟通后得知，医院诊断其为语言发展迟缓幼儿。经过家长访谈和教师访谈，结合研究者的观察发现，个案幼儿在幼儿园最大的问题是无法用语言表达自己的意愿、想法，只有通过自己特有的情绪行为进行“表达”，个案幼儿缺少与教师、同伴的主动互动，都是独自游戏。我们希望通过个案研究促进幼儿语言的发展，使其学会用正确的方式表达自己的意愿、想法，从而促使幼儿其他方面的共同发展，让其体验到生活、学习的快乐。在与家长进行访谈时，家长希望教师能提供一些建议和帮助。所以我们也希望通过本次研究解决家长的一些困扰，给家长提供一些具体的干预措施。

二、案例描述

苗苗三岁多了还不会说话，只偶尔听到她说“爸爸”“妈妈”，而且发音也不清晰，很模糊，听不懂老师、幼儿说的话；生活上拒绝老师喂饭，不会自己吃饭，不知道用杯子喝水、喝牛奶，随地大小便；情绪非常不稳定，每天哭闹、尖叫、发出怪声的次数比较多，持续时间长，经常使劲儿咬自己、打人、推人，爱摔玩具；独自玩耍；协调能力差，需要老师牵着走，双脚不能交替上下楼；毫无安全意识，什么都放进嘴里咬，任何人都可以把她带走。

三、案例分析

引起幼儿以上问题的原因主要有以下几方面：一是由于幼儿父亲曾经因高烧被抽过脊髓，对幼儿有一定的影响；二是家长过度包办、宠溺，未培养幼儿的自理能力，在家里都是家长喂食，幼儿边吃边看电视，稍有不适就会发脾气，家长未进行引导，而是任由其发泄情绪；三是缺乏社交，家长很少带苗苗到外面与其他小朋友玩耍，基本上都是在自己的家里玩耍，所以苗苗缺乏与同龄人交往沟通的机会；四是家长基本上不与幼儿交流。

四、案例措施

（一）生活自理方面

1. 和家长沟通，在家时先改掉边喂饭边看电视的习惯，先逐步减少吃饭时看电视的时间，再慢慢引导她吃饭时不看电视。

2. 养成吃饭不看电视的习惯后，由拒绝老师喂饭过渡到老师喂她吃饭。

3. 培养她自己端饭、吃饭的习惯。

4. 培养幼儿穿脱简单的衣物、鞋子。

5. 教会幼儿自己抬放椅子、取放书包。

6. 教会幼儿找准自己的毛巾擦手。

（二）语言表达：描述法、重复法、重构法

第一，描述法。客观地描述幼儿自己、成人的行为或其他幼儿的行为，而不是描述结果，让幼儿更愿意表达。上学期的重点是描述老师和其他幼儿的行为。本学期的重点主要是描述苗苗的行为，如看见苗苗搭建积木时，我会说："老师看见你把积木垒得很高。"而不是说"你搭了一个高楼"或"你搭得真好"。

第二，重复、重构幼儿的语言。重复幼儿的语言表达对幼儿的认同，认同后让他们更愿意去表达，重构幼儿语言，帮助幼儿说出他们想说但还不能完整表达或正确表达的内容。例如，区角游戏时间，我看到苗苗在探索方块，苗苗拿了一块红色方块说："红色"。老师说："红色。"（重复幼儿语言）苗苗又拿了一块黄色方块说："绿色。"老师马上也拿了一块黄色方块，说这是"黄色"。（重构苗苗语言）苗苗又拿了一块黄色的方块说："这是黄色"。

（三）情绪行为：描述幼儿情绪、认同平复幼儿情绪

第一，描述幼儿情绪。客观描述幼儿的身体动作或面部表情等情绪信号，并说出其情绪词。例如，苗苗哭了，我会说："苗苗哭了，苗苗看起来很伤心很难过。"苗苗笑了，我会说："苗苗在笑，苗苗看上去很开心。"

第二，转移注意力。如她哭闹太久哄不住时，老师拿她喜欢的东西吸引她。

第三，认同平复情绪。成人可通过身体动作，如拥抱，或用语言安抚等表达对幼儿情绪的接纳，同时成人要保持耐心等待幼儿平复情绪，直到幼儿的坏情绪消失。例如，玩具被别的小朋友抢，眼看她要哭了，老师平静地走过去，蹲下来，轻抚苗苗的后背，并看着苗苗的眼睛，对苗苗说："你现在看起来很难过，很伤心，如果你想哭就哭出来吧，老师愿意陪着你。"等苗苗的情绪平复后，可以对苗苗说："你可以告诉老师是怎么回事儿，不愿意说的话，也可以用手指给老师看。"这是持续认同，直到苗苗把坏情绪全部清空。

（四）解决冲突

第一，阻止伤害性行为，认可情绪，描述老师所观察到的。例如，飞飞拿走了苗苗的墙面玩具，苗苗把玩具拿回来，并用玩具打了飞飞的头，这时，我会第一时间让苗苗把玩

具给我(控制争抢物品，防止伤害发生)，然后对苗苗说："我看见飞飞拿走了你的玩具，你又拿回了玩具，还用玩具打了飞飞的头，我知道飞飞抢了你的玩具，你很生气，生气是可以的，但打人是不可以的。"

第二，用第一人称陈述的方法，描述出成人对幼儿情绪行为的感受，这代表成人关注的是错误的行为，而不是对个人。例如："苗苗，我感到很生气，因为你用玩具打了飞飞的头，打人的行为是不可以的，而且打头是很危险的。"

(五)安全方面

进行安全教育，教育幼儿不跟陌生人走，不吃陌生人给的东西。

(六)健康(大肌肉)方面

第一，模仿并描述幼儿的动作，如"我像苗苗一样，一只脚一只脚地上下楼梯。"

第二，练习双脚离地，跳起跳落。(如双脚跳呼啦圈)

(七)社交方面

第一，模仿幼儿进行平行游戏。如我观察到苗苗经常一个人玩，这天我看到苗苗独自在玩黏土，我在苗苗旁边安静地坐下来，模仿她的动作玩黏土。

第二，为幼儿示范如何加入同伴游戏，对同伴说："我可以和你一起玩吗？我能加入你的游戏吗?"

五、案例总结

婴幼儿时期是孩子发育成长的关键时期，更是语言发展的重要时期。这个时期的婴幼儿处于思维活动的萌芽期，如果能在这个阶段抓住幼儿语言发展的关键期，给予语言发展迟缓的幼儿个别化支持，引领幼儿健康发展，并对孩子进行较好的科学心理健康指导，满足语言发展迟缓幼儿个体发展的需要，可以使孩子受益终身。

【教育随笔】

拥抱的力量

深圳市南山区前海时代第一幼儿园　欧阳惠玲

小班开学第一周，除了孩子有分离焦虑，家长也同样存在分离焦虑。第一周孩子们放学后，有部分家长反馈："今天宝宝回来就说好饿，今天在幼儿园吃得怎么样呀?""宝宝回来裤子上有一点黄色的扈扈，宝宝还不会擦屁屁，麻烦老师帮助一下。""宝宝早上上幼儿园前总是哭，是不是不喜欢幼儿园呀?"

根据这一情况，我们班级老师召开了一次主题班会，分析核心问题并找到解决方案，今年的小班新生有部分孩子分离焦虑比较重，第一次自己一个人进入到集体环境中，有诸多的不适应，不敢表达自己的诉求，没有建立足够的依恋，不能主动向老师寻求帮助。经过讨论，我们准备从以下几个方面解决。首先我们要接纳孩子这种难受的情绪，理解、拥抱、共情，通过转移注意力等方法帮助孩子缓解焦虑情绪；其次，积极表达爱，与孩子产生情感依恋，让孩子感受到安全和接纳，而表达爱最直接的行为就是拥抱。

我们开启了一系列的拥抱活动，通过集体活动学习打招呼的方式，让幼儿选择自己喜欢的方式表达友好，早上孩子来园时老师主动蹲下来给一个大大的拥抱；孩子默默流泪时老师先给一个拥抱安抚，告诉他老师很愿意帮他；当孩子遵守规则时，老师再给一个大大的拥抱，告诉他："老师太高兴你能跟着我一起游戏了。"

拥抱真的有效安抚了孩子的恐惧，让孩子直接感受到了老师的接纳与爱，第二周，就已经没有哭泣的孩子了，早上来园还会主动跑过来给老师一个大大的拥抱。同时，老师会将拥抱活动和系列反应及时反馈给家长们，家长们也会有意识地引导："赶快起床啦！老师的抱抱已经在学校等你喽!"当老师没有及时给到拥抱时，有的孩子还会说："老师，你今天还没有抱我呢!"

在不断拥抱和表达接纳与爱的过程中，焦虑较重的孩子和家长情况都得到了有效缓解，孩子们跑过来拥抱我时，也是我的成就感和职业幸福感最强的时候。拥抱让我们产生了积极的相互影响。

"我是谁?"

北京市朝阳区教育国资中心幼儿园瑞祥园　赵紫微

"一楠，我是谁?""微微妈妈、微微妈妈……"，在听到这个回答后我心跳加速，被一个3岁小男生奶声奶气的四个字叫得害羞了，不知道该怎么打断他的"复读机"式回答，我只好做"嘘"的手势，可他还没有停下来的意思，一直重复"微微妈妈"这四个字，我下意识挡住了自己有些发热的脸，笑着低下了头。这是在我认识一楠小朋友一个月后的某一天离园环节发生的事情，这简单的对话却让我得到了从事幼教行业以来最崇高的称谓。

2020年的9月，是我与小五班的孩子们相识的时间，也是我认识一楠小朋友的第一个月。孩子们刚来到一个陌生的环境难免不适应，所以我们说过最多的话就是"在幼儿园，老师就是妈妈，有什么事情都可以找老师妈妈"。一楠小朋友是适应比较快的，没有过多的分离焦虑，所以我很快记住了他。

2020年10月，是我跟一楠小朋友认识的第二个月。在一个周一的晨间接待环节，他撕心裂肺地哭喊着："我不要上幼儿园，我要回家!"我哄他、抱他，转移注意力，他反而哭得更凶，开始对我拳打脚踢，但全程闭着眼睛。他突然踢到了我的腿，我提醒道："你把小眼睛睁开看看我是谁，你把我踢疼了。"他不理我接着闹。我让自己冷静下来，想到他之前午睡起床后也有闹脾气的现象，正值秋季，最是容易睡懒觉的季节，且刚在家过完愉快的周末，不愿意睁眼睛应该是没睡醒，我便问他："你闭着眼睛是没睡醒吗?"他点点头，可爱极了。我摸着他的背说："没睡醒就中午早点睡，一会儿该吃饭了，我带你去洗洗脸吧。"午睡时间，我在旁边陪着他，他很快就进入了梦乡，他下午起床情绪状态也有很大转变，开心地度过了一下午。到了晚上离园环节，他在我旁边玩闹，看着他可爱的模样我忍不住问他："张一楠，我是谁?"于是便有了开头那段"复读机"式的回答。

这件事让我明白了孩子就像一本书，需要我们去"解读"，倾听幼儿，从观察开始，走进幼儿的内心世界；看见儿童，从爱开始，是教育的起点。幼儿的一日生活，处处皆教育。我喜欢孩子们用稚嫩的声音叫我"微微妈妈"，因为这个称呼里饱含着孩子们对老师的莫大信任和依恋。我们一定要以幼儿为本，支持孩子们用自己的方式去表达，聆听他们内心的声音。陪伴在孩子左右，做孩子们最忠诚的倾听者、支持者和引导者，陪伴他们度过一个快乐而有意义的童年。

犯错了怎么办

广东省深圳市龙华区大浪实验学校附属小燕子幼儿园　何　燕

做完午间操回来，孩子们去上厕所，路过种植角的轩轩小朋友发现绿萝长出了新叶子，就好奇地用手碰了碰，刚长出的新叶一下子就掉了，班上的孩子们看见了，马上起哄："轩轩把叶子弄掉了，他干坏事。"这时，轩轩着急地说："我没有弄掉它，我只是碰了碰。"其他小朋友大声说："就是你弄掉的，就是你。"我听见了，赶忙走过去，轩轩一下子抱着我，边哭边说："老师，我没有弄掉叶子，我没有干坏事，我不是故意的。"我连忙安慰他："没有关系，下次你要观察植物，就不要用手去碰了，因为它还没有长好。"可其他孩子还是很生气地说："明明就是他弄掉了叶子，让我们都没有看见新叶。"于是，我马上同班上的小朋友一起以"别人犯错了，我们该怎么办?"为主题让小朋友进行了讨论。

我提出了第一个问题："如果你做错事了，大家指责你，你心里什么感受?"孩子们都热烈地讨论着。睿睿说："我会很讨厌他们。"伦伦说："我犯错误了，大家指责我，我会害怕。"孩子们一起说："我们都会害怕，伤心。"我提出了第二个问题："你觉得我们应该怎样对待做错事的小朋友?"桐桐说："我们应该原谅他，给他一个机会。"昕昕说："跟他好好说话，不能吼他。""我们相信他，他以后不会去碰新叶了。"孩子们大声说。我提出了第三个问题："轩轩现在很伤心，我们应该怎样帮助他?"孩子们有的说："我们和他一起玩。"有的说："我们同他做好朋友。"有的说："我们一起分享好吃的和好玩的。"我告诉孩子们："我们都会犯错，犯错才会成长，但我们要学会给予犯错的人包容和爱。"

这个案例让我意识到，作为老师，要灵敏捕捉生活中的教育契机，对孩子及时地进行教育。著名教育家陶行知先生曾说："生活即教育。"幼儿园生活环节中，教育契机无处不在，我们只有细心地在生活点滴中进行教育，才能更好地引导孩子们健康成长。

做自己情绪的小主人

北京青年政治学院　陈园园

每个人都会有各种各样的情绪，情绪表达的方式也因人而异。同样，在幼儿身上也会表现出各种不同的情绪，如生气、伤心、开心等，这也是在表达自己不同时段的心情。幼儿教师或者家长在面对幼儿出现不同情绪的时候，该如何引导幼儿接纳情绪，引导幼儿正确表达情绪，从而培养幼儿积极向上、健康阳光的心态?

在对幼儿进行良好情绪行为培养过程中，丰富多样的绘本故事也提供了丰富的素材。在情绪养成方面，《我的情绪小怪兽》绘本是比较经典的作品，也深得幼儿喜欢。绘本中将各种情绪用不同的颜色来区别，如用黄色代表快乐，蓝色代表忧伤，红色代表生气、愤怒，绿色代表平和、平静，黑色代表害怕、惊恐。

绘本中小怪兽最初的色彩形象是各种颜色交织在一起，小怪兽感觉心里怪怪的，心情乱乱的，随之在小女孩的引导下，小怪兽开始"整理情绪"。明亮的色彩让人快乐，也可以给周边的人带来快乐；伤心的时候我们无精打采，想一个人躲起来，不喜欢做任何事情；生气、愤怒的时候面红耳赤、大吼大叫，乱发脾气……通过不同的色彩营造出来的氛围，引导幼儿思考不同情绪的产生原因，通过对不同的情绪进行“整理分类”，引导幼儿正视不同情绪的产生，并且感知当不同的情绪出现的时候给周边的人带来的影响。绘本故事讲读后，我们在班级中开展不同情绪表达的扮演活动，让幼儿回忆自己在幼儿园、家庭或者社会生活中出现的不同情绪给自己和他人所带来的影响；通过演绎过往经历中出现不同情绪的场景，引导幼儿理解每个人都会出现各种各样的情绪，在面对不同情绪的时候，要用积极的心态应对，做自己情绪的小主人。

情绪是一个抽象的名词，很难理解。我们以幼儿能够认知的色彩来对情绪进行分类，让幼儿能够认识情绪，引导幼儿正确表达情绪，让抽象的事物具体化。对于幼儿教师而言，我们理解和接纳每一名幼儿的不同情绪也尤为重要。如面对小班幼儿刚入园出现分离焦虑哭闹不止的时候，老师要理解幼儿的分离焦虑情绪，及时关注并有效引导，为幼儿尽快适应幼儿园的生活起到积极的推动作用。

让种植区“活”起来

重庆邮电大学幼儿园　丁　霞

种植园地不仅能促进幼儿对植物生长过程的了解，还能发展他们的观察力，培养其做事持久、认真的态度。然而，通过一段时间的观察，我发现孩子们很少到种植园地去，久而久之，种植园地就荒废了。一天，子扬带来一些豆豆向同伴介绍，他们很感兴趣，提出了许多问题。我灵机一动，把豆豆放到自然角让幼儿观察，准备和他们一起探索。

片段一：装豆豆

我请幼儿用班上现有的瓶子装豆豆。启发幼儿想一想这些豆豆可以怎样玩。在探索的过程中，小宇把瓶子摇晃起来说：“豆豆会上下跑。”其他幼儿觉得有趣，就不断地把豆豆放进瓶子里摇。他们发现较小的豆豆会往上跑，较大的豆豆会往下跑。

在装豆过程中，幼儿自主发现、自由探索，无意中了解到体积与重量的关系。

片段二：种豆豆

“老师，豆豆能种吗?”“把豆豆种在什么地方呢?”“是呀，你们想把豆豆种在哪里呢?”我反问。孩子们议论开了：“豆豆能种在沙子里。”“能种在泥土里。”“能种在水里。”“豆豆是绿色植物，可以绿化环境。”我说：“那好啊，你们就用自己喜欢的方式种豆豆吧，别忘了用图画符号对自己种的豆豆做标记。”

在种豆豆的过程中，孩子们以主人翁的姿态参与进来，积极性得到了充分发挥。他们按自己喜欢的方式种豆，教师尊重了幼儿的需要，同时幼儿也了解到植物对人类的好处。

片段三：豆豆的生长

幼儿在观察后又提出疑问：“为什么有些豆豆能发芽，有些不能发芽?”我趁机引导幼儿讨论豆豆生长需要什么条件。经过一星期的观察，他们发现在干沙中的豆豆不能生长，而在湿沙中的豆豆却能生长；水中的豆豆能发芽，但长不出叶子来。当幼儿来到种植园观看用泥土种的豆豆时，都兴奋地说：“豆豆发芽了!”我让他们把观察到的豆豆画到记录表上。之后，幼儿不断向我传递种植园的信息：“老师，豆豆长出叶子来了……”

幼儿通过亲自观察，感受到植物的生长离不开周围的环境，从而产生了对大自然的兴趣。每天入园、户外活动以及午餐后散步时，他们都会到种植园地去观察豆豆的生长情况。

种植园地由冷清到热闹的变化过程中，幼儿自主装豆豆、种豆豆，观察豆豆的生长情况，我深深地感到：兴趣是儿童学习的原动力，教师应敏锐捕捉幼儿的兴趣点生成活动；活动中，教师可以大胆放手让幼儿自主去探索、操作、发现，把问题抛给幼儿，教给他们学习的方法；教师在活动中应关注幼儿需求，真正成为幼儿活动的支持者、合作者、引导者，材料的提供者。

扬帆起航

四川天府新区第三幼儿园　申雨卉

一个平静的午后，一次平常的洗水杯，带领我们进入了一段不平常、充满奇思妙想的神奇“船”世界。

一、奇思妙想的问题发现者

饭后，孩子们将水杯扔进了水箱中。悦悦突然说：“你们看，我的杯子浮起来了!”她的话引来了孩子们的围观。天乐说：“这个杯子就像小船一样!”绵绵说：“杯子和小船为什么能浮在水面上呢?”孩子们脑子里充满了各种各样神奇的想法，他们展开了激烈的讨论。凭着这股兴趣，孩子们决定一起来制造一艘能够浮起来的小船。

二、“小设计师”们

在造船之前，通过激烈的讨论，幼儿分成了 6 个小组，然后开始制作设计图。在制作船体设计图之前，我们简单学习了小船的基本结构和种类，并分小组商议自己要造的小船类型。商讨做出决定后，正式开始画自己小组的小船设计图。“小设计师”们积极思考，发挥想象力进行设计。

三、思考的价值

孩子们画好设计图进行分享后，准备好材料就开始第一次造船活动了。B 组的小朋友设计的是起重船。起重船的设计图中有一个支撑抓钩的桅杆。一开始在制作起重船时 B 组小朋友只考虑了抓钩，而忽视了桅杆，于是他们在制作过程中进行了修改，使用两条粗的 PVC 管作为抓钩的支撑桅杆，为抓钩提供了高度和可操作性。C 组的孩子们制作的是帆船，帆船桅杆选用的材料是横截面扁平的木块，第一次用一块木块，但高度太低。小何作为组长提议用三块木块将桅杆高度增高，但是木块横截面太扁，各种胶都无法让桅杆竖立起来。小何和小尘开始寻找还有没有其他的材料可以用作桅杆。大家齐心协力找到了卷纸芯，将两个卷纸芯粘在一起，将卷纸芯的底部面积增大，做成了帆船的桅杆。孩子们在活动中大胆尝试动手制作，敢于创新、敢于尝试的精神让我备受鼓舞。

之后，我们将小船放进了水里，发现有两个小组的小船沉了下去。总结原因后发现，C 组因为船体重量不平衡导致小船倾斜翻倒，D 组因为船体材料太薄导致失败。在总结失败原因后，C 组调整了小船的整体结构，让重量均衡地分布在船体上。D 组则是将船体材料从薄薄的卡纸更换成了泡沫积木。在第二次试航中，全部小船都成功浮上了水面。

四、反思

生活中处处皆课程，通过这些有趣的活动，孩子们尽情体验探索和实践的乐趣。在这次“小船浮起来了”的活动中，每一次对问题的思考、总结和解决都是孩子们一步一步成长的足迹。

课程是风帆，是海浪，是船前进的动力，小船到达的终点代表着孩子们能力的提升和成长进步。希望在未来，带着欢笑和探究的小船继续扬帆起航，乘风破浪。

变废为宝　乐享运动

四川省成都市双流区荣汇幼儿园　王　倩

《幼儿园教育指导纲要(试行)》中明确指出户外体育活动对于幼儿身心健康发展有着重要的意义，并告诉我们必须把保护幼儿的生命和促进幼儿的健康放在工作的首位，重视幼儿户外活动的开展。因此，我园结合《幼儿园教育指导纲要(试行)》精神和园内得天独厚的场地资源优势，充分运用和开发家长资源，制作了很多安全、环保、实用、美观的体育器械，当这些体育器械送到幼儿园后，发现小朋友们玩得不亦乐乎。

一、变废为宝自制体育器械

体育器械不一定要最贵的才是最好的，价格不等同于价值。我们身边的废旧物品不是垃圾，而是非常宝贵的材料。我园提倡家长和孩子们共同收集一些安全卫生的废旧材料，把它洗干净、消毒、晒干。选定游戏活动的内容，事先根据幼儿的年龄特点，秉承着“安全、实用、美观、耐用”的原则自制体育器械。例如，将彩色广告纸卷成纸棒让幼儿当成孙悟空的金箍棒；将废旧报纸团成纸球，给幼儿当作足球；等等。这些极其普通、唾手可得的自然材料和废旧物品自制的体育玩具，往往成为幼儿爱不释手的玩具，并具有再创造的价值!

二、灵活机智地组织户外游戏

为了确保自制体育器械更好地为幼儿所用，根据不同体育器械的特性规划了活动的时间、场地，确保每天每班有两个小时的户外活动时间，每周幼儿可以轮流玩不同的体育器械。同时，帮助幼儿建立游戏活动的常规：玩具用后要放回原处；集体游戏时不推、不抢、不挤他人；学会等待、排队、谦让等，学会用商量的语气跟他人讨论来解决问题，如有争执不下的问题就用“剪刀、石头、布”来决定或让老师当裁判，这样既确保活动有条不紊地开展，又培养了幼儿良好的交往及行为习惯。

三、探究学习的机会还给幼儿

在活动中，幼儿可以自愿选择玩伴，不管是两人一组玩“飞碟”“踢足球”，还是多人一组玩“青蛙跳荷叶”“钻山洞”的游戏，都是在“自然状态”下的自由组合。让幼儿在自我探索、同伴间互相学习的过程中，成为活动的主体，真正让孩子成为活动的主人。

四、亲子游戏提升家园互动、亲子感情

家园合作对于家长和教师自身来说，是一个共同受教育的过程。从一开始自制体育器械材料的提供与制作，到后来的亲子游戏体验，是家长与幼儿园教师互相支持、合作的结果。这些体育器械架构的游戏让家长又找回了童年的记忆，“变废为宝”让他们感悟了玩具的价值，“孩子的健康快乐”让他们转变了教育观念。

互帮互助共成长

云南省昆明市安宁市第二幼儿园　吴海艳

为了进一步提升幼儿的生活自理能力，我们开展了“生活技能大比拼”活动，知道有这样一个活动，每个孩子都兴奋得像一只只小鸟，在教室欢呼着。

比赛开始前，我让孩子们复习系鞋带，我说先系好鞋带的小朋友请悄悄地举手，平时调皮的小季今天居然第一个完成了任务，我对他竖起大拇指。接下来，陆陆续续有小朋友举手，大部分小朋友已经完成了，少部分小朋友还在努力中。默默小朋友努力了半天，可他系的鞋带还是散了。针对大家出现的情况，我在集体面前带领幼儿边念儿歌边复习系鞋带的正确方法，示范完成后，让幼儿再次练习。可我发现默默小朋友还是没掌握方法，一旁的小季完成后沾沾自喜。这时，我说："请已经熟练掌握系鞋带技能的小朋友帮一帮你旁边的同伴，仔细观察他们是哪里出错导致鞋带系不起来。"话音刚落，我就发现小季主动去帮助默默，过了一会儿，只听见小季大喊："你的兔耳朵变得太长了，等下一拉就会散，老师说了要变两只小小的耳朵。"说完，他一边示范一边让默默仔细看，然后还像小老师似的有模有样地在一旁指导着每一步该怎么弄。这时，我发现平时爱胡闹的小季一下子像变了个人，变得如此有耐心。忽然，他自豪地大叫起来："老师，我教会他系鞋带了，他学会了，他学会了。"默默也高兴地跳起来说："老师，我会系鞋带了，我终于学会了。"看着小季激动的表情，看到默默学会新技能的喜悦，我情不自禁为他们的进步感到开心。

大班幼儿已经具备一定的竞争意识，做事情喜欢和同伴比一比谁做得快，谁做得好，同伴之间已经学会相互合作。老师讲解之后还没学会系鞋带的幼儿，通过同伴之间协商合作就能很好地完成任务，这不仅提升了自己的交往能力，而且巩固了生活技能。此外，小季平时在班上特别好动，自我约束能力较弱，对于这类孩子我们平时不应该只看到他们的缺点，而应该善于发现他们的优点，应该多给他们表现自我的机会，以优点作为正面引导，帮助他们改正其他不良行为。

"幼儿生活技能比拼大赛现在开始，请小朋友们为参赛的同伴加油!"教室里充满了团结一致的加油声，每个人脸上都洋溢着欢快的笑容。

稳定的情绪促使我们进步

安徽省合肥市雪霁路幼儿园　李雪珂

《3—6 岁儿童学习与发展指南》指出，幼儿的学习是以直接经验为基础，在游戏和日常生活中进行的，教师要珍视游戏和生活的独特价值。当我带孩子们准备玩"往返跑"的游戏时，孩子们特别开心，在下楼前我们班的孩子就早早排好了队，你一句我一句地讨论着。

我整理了队伍："立正，一二。"将孩子们带到了楼下集合排队，向他们讲了往返跑的规则和注意事项，把游戏的玩法都一并介绍给孩子们，并把他们分成了四纵队。孩子们听我的口令去准备，当孩子们站好了自己的位置，准备出发时，我说："预备，开始!"可是我话音刚落，丁丁便马上说："老师，我会玩，我一定会赢的!"我说："加油哦!"游戏有序进行着，当轮到丁丁那组游戏时，我便喊："预备，开始。"可是这时丁丁在跑的过程中，因为走神，没有拿他们组的"第一"，于是他有些闷闷不乐，甚至有些烦躁。在接下来的游戏中，我就发现了他情绪上的不对劲，于是我抱了抱他，安慰他："玩游戏时输赢是很正常的，你要放平心态，刚才不是第一名不要紧的，我们还有机会对不对？小小男子汉要坚强点。"后来丁丁及时调整自己的状态，轻声和我说："老师，我可以!"我拍了拍他的肩膀说："你可以的!"终于在第二轮游戏时，他取得了第一，相信这次"第一"对他来说有着特别的意义。

后来我找机会与家长进行沟通，分享了孩子这次的成功。我和家长讲述了整个事情的经过，希望和家长共同配合，达成教育步伐一致。后期针对孩子的情况会及时与家长联系，与家长进行交流，对待孩子的情绪反应处理要一致，慢慢缓解情绪的变化。对于丁丁的引导需要循序渐进，若他对待事情情绪有变化时，应及时给予认同、鼓励和表扬，让他意识到进步，改善情绪化的行为。

平时我们应多鼓励孩子，多抱抱孩子。其实情绪不稳定的孩子，最需要父母和老师的陪伴与交流，成人用稳定的情绪去影响孩子的身心和情绪状态是很有必要的。孩子情绪不稳定，就是不知道如何自处、如何与人交流。在幼儿园，作为一名老师，要多去观察孩子的情绪，帮助孩子调节情绪，促进他们健康成长。

输了也没关系

河南省濮阳市金星幼儿园　柳晓娜

近期班级里投放了一些益智棋，幼儿非常喜欢，但同时也出现了部分幼儿因为游戏不过关或多人游戏中受挫而难过、沮丧、哭鼻子或者发脾气的现象。

今日区域活动中，玉儿、牛牛、昊昊和小英一起玩“魔幻脸谱”益智棋。游戏中，四位小朋友紧盯着老师发的卡片。

牛牛说：“小玉，你怎么又赢了？我还没拼一张呢。”玉儿说：“哼，谁让你不看仔细了。”老师接着发卡。同时，小英已经用三张卡拼出了一张完整的头像卡。玉儿对小英说：“我看着是我的这一张。”小英说：“谁先拼出来就是谁的，你又没有喊停。”玉儿看着自己手中的卡说：“我就赢了三张，你们赢得多。”说着她低下了头，眼泪开始流下来。我说：“玉儿，你还记得我们下棋的约定吗？”玉儿抬起头看着我，小嘴一撇，停了几秒，她抹了一下眼睛说：“柳老师，你能帮帮我吗？我看得眼睛都花了。”我说：“你问问大家同意不？”玉儿看向三位伙伴，说：“我就让柳老师帮我一次。”三位小男孩同意了。在我的提示下，玉儿找到了与自己手中相同的部分卡片。虽然最后玉儿手里的卡片数量最少，但她与三位男孩的卡片数量相差不大，玉儿也就没有再哭，而是不停地说：“就差三张，我们就一样多了，都赢了，就是平局。”

如果游戏结束，玉儿手中的卡片还是特别少，她又会有何反应？针对幼儿这种获胜了就特别高兴、输了就哭鼻子发脾气的情况，我与班级老师和家长进行了沟通。了解到的情况是孩子在家庭中受众人夸赞、宠爱，家长过度照顾孩子的情绪，帮助她避免了很多挫折，所以当孩子面对失败或是输了游戏时，她的内心就会有极大的落差。于是，帮助孩子正确看待输赢成为本学期品格教育的重点。

首先，我与家长深入沟通，达成家园共育。父母改变成人故意输给孩子的方式，可以从“教你一招”来传授“赢”的技巧。成人在鼓励孩子努力的同时，也要教孩子怎么面对失败。

其次，我以《输了也没关系》《输不起的莎莉》等绘本故事为切入点，帮助幼儿理解输赢是比赛的正常结果。同时，引导幼儿学习理解他人的情绪，鼓励幼儿学会表达自己的情绪，使不良的情绪得到释放。

再次，班级里又设置了一些规则游戏，为幼儿创设抗挫环境。老师会把个别幼儿的努力过程讲给大家听，还请个别幼儿分享游戏经验，并与孩子们一起约定：赢者要对输者说“加油”，输者要对赢者说“你真棒”。

最后，相信通过以上的策略，在家园协力配合下，班级幼儿因输赢而产生的负面情绪会得到较好的改变。

宝贝儿，你能行！

河南省濮阳市金星幼儿园 刘红霞

又到了区域活动时间了，今天美工区由涵涵做计划，只见涵涵微笑着大方地从座位上走到老师和小朋友面前，大声与小朋友分享自己的区域计划，我看着涵涵自信的样子，欣慰地笑了，心里不禁想到，这还是刚插入中二班时一说话就脸红，一让她做事情就摆手说“老师，我不行”的那个羞涩、不自信的小姑娘吗？

我带班的十几年中，不乏像涵涵这样内向不自信，未经努力就放弃，还没做事就否定自己的孩子，是什么原因导致孩子的这种性格呢？作为老师，如何改变这种性格的孩子的状况呢？为此，我做了大量的工作。

父母是孩子的第一任老师，首先，先从了解孩子的家庭教育入手，通过跟涵涵妈妈的多次沟通，我发现涵涵妈妈对孩子的期望值很高，妈妈喜欢拿涵涵和其他孩子做比较，并认为自己的孩子不如别人家孩子，涵涵妈妈挂在嘴边的话经常是：“涵涵不行，涵涵胆子小……”孩子遭受失败，缺乏鼓励，渐渐地就感觉自己什么都不行了，在幼儿园里也就不太爱表现了，久而久之就形成了恶性循环，导致孩子形成这种胆小、羞涩、不自信的性格。

找到原因，就要对症下药，先从家庭教育入手，我与涵涵妈妈约定，在与涵涵的交流中要多鼓励孩子，多用赞赏的语言去激励孩子。在幼儿园平时的活动中，我更是找准机会，选择一些较易完成的任务交给她。一天，在过渡环节，我把音乐打开，带着小朋友们做音乐律动，发现涵涵很认真地做，动作也比较标准。我就尝试让她与另外两个小朋友一起到前面带领大家一起做律动。涵涵看到有人与她作伴，也就没有太排斥，也很成功地完成了老师交给她的任务，我顺势好好地表扬了领舞的三位小朋友，特别是涵涵。“这三位‘小老师’真棒，特别是涵涵这个‘小老师’做的动作非常标准，也很优美。”就这样，每次完成任务，我都会给予表扬与鼓励，一点点增强她的自信心。经过一段时间的锻炼，涵涵已经能够独立完成一些任务了，在每次完成一项事情之后，我都会不失时机地鼓励她、表扬她。就在上周童话节活动中，涵涵成功地独立完成了《森林游乐园》童话剧中小精灵这一角色的表演。在看完表演后，涵涵妈妈拉着涵涵走到我面前激动地对我说：“刘老师，我真是没想到涵涵进步这么大，真是太感谢您了，您不光是孩子的老师，也是我的老师！”

曾经有位教育家说过：尝试带来愉快，愉快带来兴趣，兴趣带来干劲，干劲带来成就，成就带来自信！作为一名幼儿教师，不光要教授孩子知识，更重要的是能带动家长关注幼儿的内心世界，通过仔细、深入的观察，能够发现问题，找到解决问题的方法，并善于发现孩子的点滴进步和变化，以此为契机，培养他们的自信。所以，请让我们大声地对孩子说：“宝贝儿，你能行！”

用心陪伴 以爱起航

——小班幼儿入园午睡习惯养成的重要性

江苏省南通市如东县丰利镇石屏幼儿园 李 娟

在离园故事分享会上，孩子们都在和伙伴们叽叽喳喳地聊着今天发生的故事。“老师，小雨睡着啦!”冉冉的话立刻引起了大家的注意，孩子们纷纷探头，继而哄然大笑，但小雨什么声音都听不到，依旧坐在小椅子上做着甜甜的梦。

“你们会打瞌睡吗?”没想到原本为了制止孩子们的笑声而提出的问题却引起了孩子们认真的思考，他们有的大声地回答“不会”，有的却不说话，于是我们决定一起进行一次午睡“问卷星”线上小调查。

通过对问卷的整理，我们发现孩子在家与在园表现区别较大，大部分孩子在家的午睡时间是下午 1—3 点，睡觉时长也不一。而部分在幼儿园午睡质量不好的孩子在家也没有午睡的习惯。“在幼儿园不午睡的话下午会不会打瞌睡呢?”“如果有人下午睡着了该怎么办?”对于这样的追问，孩子们有很多不一样的想法：叫醒、推醒、打电话给他妈妈、给他盖被子、让他继续睡……

鉴于此，我们开展“假如我睡着了”情境体验活动，孩子们模拟睡着状态，分别体验以上几种办法，最后交流自己的感受。大部分孩子都认为睡觉时被突然叫醒会吓一跳，继续坐在小椅子上睡很不舒服，而且容易跌倒。“闭上眼睛就会吓到。”涵涵的话成了大家讨论的引子：“不要闭上眼睛就可以了!”“不闭眼睛怎么睡觉?”“那就不要睡觉。”“下午怎么才能不打瞌睡呢?”讨论至此，孩子们已经开始初步认识到午睡的重要性了，大家约定第二天全部要好好午睡，在家也要养成准时午睡的习惯。

帮助孩子们养成良好睡眠习惯是一个长期过程。但是我们相信，陪伴是有助于孩子睡眠的。有孩子睡不着，我们就坐在他旁边陪着，或者讲睡前故事，或者轻轻拉着他的小手，让他们有安全感，更安心地入睡。

孩子们在午睡这一生活环节的课程中体验着、感受着温馨与快乐，他们也在不断产生问题、解决问题的过程中得到了成长与认可。午睡无小事，作为教师要有“一日生活皆课程”的理念，在幼儿午睡过程中，要有一双善于发现的眼睛，及时捕捉适宜的教育契机，将它纳入课程，借助绘本教学、经验分享、游戏互动等有效的策略，与幼儿共同讨论、共同解决，生成幼儿积极参与的教育课程。

“这不是惊蛰时候的画”

山东省德州市临邑县实验幼儿园　田会英

今天就是二十四节气之一的惊蛰了。老师们提前好几天就开始为开展“惊蛰”主题活动忙碌着，又是查资料，又是准备视频，只为给幼儿举办一个精彩纷呈的活动。

大家经过层层筛选终于决定了主题方案，而今天是最后一个活动——绘惊蛰。一下午的绘画活动终于结束，放学了，孩子们兴高采烈地拿着自己的作品要回家了。看着孩子们手中色彩鲜艳、立体生动的劳动成果，我也有一种满满的成就感。正当我沉醉于自我良好的感觉时，突然刘宇小朋友对我说：“老师，我有个问题想问你。”只见他一脸的严肃和费解。我急忙问：“宝贝，怎么了?”他说：“我觉得今天画的这幅画不像是惊蛰时候的画。老师你看——”说着，他用手指向我们院子里的小树林，“我们这里的树上都是光秃秃的，还没有长出叶子呢，即使长出叶子也是小小的呀!”“呃……”我一时语塞。看着孩子手中绿意盎然的画，我竟无言以对。但是出于老师的良知，我赶紧对孩子说：“是，是，你观察得很对，你很厉害！对不起，老师错了，明天我们再重新画一幅吧。”“嗯，好!”刘宇高兴地答应着。看着孩子重新绽放的笑脸，我羞愧难当。

第二天，在组织活动之前我当众表扬了刘宇，并让他来分享他观察到的“惊蛰”是什么样子的。为了证实刘宇的不一样的“惊蛰”，我们组织了孩子们开展游园活动，让孩子们到我们的自然园区，到小菜园里去走一走，看一看，摸一摸，去真正观察“惊蛰”时节大自然的本真面貌。孩子们亲自体验后，我们又开始了新一轮的绘画活动。这次孩子们的作品虽然没有视觉冲击的美感，可张张中的星星点点、一笔一画无不体现着孩子们眼中最真实、最生动的“惊蛰”，渗透着孩子们对“惊蛰”时节大自然最纯真的、最朴素的情感。孩子们拿着他们的作品一个个兴奋地讲述“惊蛰”的故事，特别是刘宇小朋友，表现得最活跃。

这件事已过数日，可它却常常萦绕在我的心头，久久不散。我要将“这不是惊蛰时候的画”这句话当作我日后工作中的座右铭，让它时时警醒我不忘幼教之本，不失幼师之德；时时鞭策我要以幼儿为主，要用幼儿的视角来观察世界，体味人生。孩子们的天空是天真的，孩子们的眼里是烂漫的，就让我们在孩子们心中厚植真善美的种子，收获那既甜美又丰硕的累累果实吧。

种植区里的生命教育

湖北省武汉市直属机关曙光幼儿园　代玉婷

新学期开始了，我带着小朋友们来到大蒜苗前，有的小朋友蹲下去用手摸摸，有的小朋友去捡落在大蒜盆里的落叶。“老师，长得比之前高了耶!”“代老师，地上有个小蚂蚁!”突然，有一个小朋友大声说：“快来看，大蒜的叶子枯了，要死了!”其他小朋友赶紧围过来，看了看，发现确实有的大蒜叶蔫了，变黄了。他们七嘴八舌，有的很沮丧，有的很着急，不知道该怎么办好。

我问：“你们觉得是什么原因呢?”一个小朋友说：“因为它太渴了，我们放假时没有人给它浇水，我看到土都是硬硬的。”其他小朋友也都觉得有道理，纷纷点头。孩子们拎来一大壶水，慢慢走到大蒜跟前，细心地为“大蒜宝宝”浇水。经过孩子们一段时间的浇水和观察，大蒜叶子越长越绿，他们都高兴极了。

今天，小朋友像往常一样为“大蒜宝宝”浇水，强强却蹲在一块什么都没长出来的土地的旁边，仔细地看着。我好奇地走过去问他：“强强，在看什么呢?”他小声地对我说：“代老师，我种了一片花瓣，好久了，它也没有长出来。”我轻轻地搂着他，对他说：“要不我们大家一起讨论一下这个问题吧，看看大家是否知道原因。”孩子们一听他的问题，笑着说肯定不会的。我问：“我们每天给它晒太阳、浇水，为什么不会呢?”有人说：“因为它不会动。”我接着反驳：“种子放在手里看起来也不会动呀!”其中一个小朋友手举得高高的，大声说：“我知道，种子是有生命的，它会动，种在土里就会慢慢发芽长大！捡起来的花瓣又没有生命，不会长大的!”强强笑着点点头。

孩子们对生命产生了极大的兴趣，还有小朋友问：“代老师，人也是有生命的，对吗?”……在孩子们的问题中，我们开启了一系列“认识生命”的主题活动。孩子们经过激烈的讨论后，又衍生出了好多关于人类生命安全和生命情感的话题和活动。

法国教育家卢梭提出“自然体验教育”，他主张在自然哲学观的指导下，让幼儿遵循自然规律成长。孩子们在培育植物的过程中，了解了大自然中的各种生命现象，感受到生命的美好，萌发了珍惜生命、爱护生命、尊重生命的情感。大自然蕴藏着巨大的生命资源，我们需要充分满足幼儿的好奇心和求知欲，从兴趣导入，引导幼儿发现问题，探索问题，解决问题；以体验为中心，亲近自然，把他们培养成会思考的智慧人。

菊韵

山东省济南市育明幼儿园北园区　许　梅

幼儿园传达室的郝爷爷是个能工巧匠，院子里的花花草草都被他侍弄得格外好，我们的小花园里各种菊花竞相开放，秋意浓浓。

《3—6岁儿童学习与发展指南》中关于艺术领域的目标强调要丰富幼儿情感，初步感受环境、生活和艺术中的美。本月秋季主题我想带孩子们做黏土菊花，所以散步时间我总是带孩子们驻足在小花园。这也正是引导幼儿真切感受秋天的美好，亲近自然的好时机。

下午餐后我们又来到小花园，我把课堂也带到了美丽的菊花丛中。我让孩子们说一说菊花的形状。琪琪说："这个红色的菊花花瓣是尖尖的。"阳阳说："这个白菊花的花瓣是卷卷的，像比熊狗狗的大脑袋。"家赫说："这个花瓣像龙须面。"孩子们有很多我意想不到的精彩回答。我把郝爷爷请了过来，让他给小朋友们介绍菊花的名字。郝爷爷俨然像个专家一样给孩子们介绍："这是狮子头、金线菊、点绛唇、古龙须……"原来有这么多好听的名字啊！郝爷爷告诉孩子们，这些菊花都是从趵突泉公园移植过来的，小朋友看到这么多菊花，十分兴奋。真的可以开个菊花展了。

我们边观察边总结，菊花的花瓣有平面的、管状的、卷曲状的等。平面菊花能够看见明显的花形和花蕊，像雏菊。管状菊花的花瓣呈丝状，如古龙须，卷曲状的菊花卷在一起呈球状，看不见花蕊，如狮子头。我们刚学习了元稹的古诗《菊花》，我和孩子们坐在花丛中不由自主地背诵起来——秋丛绕舍似陶家，遍开篱边日渐斜。不是花中偏爱菊，此花开尽更无花。在菊花丛中背诵这首诗感觉太美好了，背诵完我提问孩子们："诗中提到陶渊明爱菊，元稹爱菊，古人为什么爱菊？"令我意外的是孩子们的知识面还真广，家赫小朋友回答："梅兰竹菊是花中四君子。"睿睿说："菊花和梅花一样都具有不怕寒冷的品格。"看来我们坚持的经典诵读活动见成效了。孩子们在古诗词的浸润下情感得到滋养，对美的感觉也提升了。

《幼儿教育指导纲要(试行)》中指出：引导孩子接触自然环境，感受自然界的美与奥妙，激发幼儿的好奇心和认识兴趣。充分利用大自然赋予的美好环境，引导幼儿运用多种感官，在看看讲讲、做做玩玩多种活动过程中，发现秋天的绚丽多彩，品味秋天诗意的气息。

我的心里充满了期待，孩子们和我一样盼望这节美术活动，他们想用灵巧的小手表达对菊花的喜爱，我十分期待孩子们下节课的泥工作品《菊花》给我带来的惊喜。

彤彤怎么了？

北京市丰台区群英幼儿园　张子伦

彤彤是一个能干的孩子，做事有条不紊，可是最近彤彤发生了巨大变化，变得很急躁——和小朋友抢玩具，上课注意力不集中，不和小朋友交流了，对什么事情都特别敏感，不喜欢让小朋友动她的东西。

有一次区域活动，孩子们都玩得不亦乐乎，彤彤却很不高兴，她突然就把小朋友手中的玩具抢走了，而且还挤了小朋友。当我要了解情况时，彤彤说这是她自己的玩具，谁都不能动。

现在的她不喜欢和小朋友交流，对什么事情都特别敏感。有一次小朋友不小心拿错了彤彤的计划本，彤彤的反应非常强烈，说："我的东西谁都不能动！"

最近彤彤强烈要求爸爸妈妈必须两者来一个人接送她，奶奶单独送不行，她的理由是喜欢和爸爸妈妈在一起。

原来，彤彤的妈妈生了一个小弟弟，以前的彤彤是被爸爸妈妈捧在掌心的宝贝，全家人都以她为中心，突然多出一个弟弟和她分享房间，分享玩具，甚至分享爸爸妈妈，这时彤彤心里就会有很大的落差，变得很敏感。

彤彤的爸爸妈妈有点重男轻女，经常在彤彤犯错误时说："你再不听话我就不要你了，还是弟弟听话。"这时彤彤就真的以为爸爸妈妈会不要她，才造成现在这样想一直跟着爸爸妈妈的情况。由于弟弟年龄偏小，大人们把重心都放在了弟弟身上，彤彤心里一时接受不了，才会做出反常行为，她变得很敏感，害怕被抛弃，被忽视。

我们采取了以下措施：

第一，教师主动跟家长沟通交流孩子最近一段时间的表现，让家长在家多注意一下自己的言谈举止，另外教师也要多引导幼儿，让孩子在一个充满爱的班级里成长。

第二，家长要从言语上注意，即使孩子犯了错误，也要避免说一些伤害孩子的话，要多鼓励、肯定孩子，让孩子感受到父母的爱是平等的，自己是不被忽视的。

第三，引导孩子帮助大人照顾弟弟，如：在你这么小的时候，爸爸妈妈就是这么照顾你的，现在弟弟还小，你能帮助爸爸妈妈一起照顾弟弟吗？让她树立责任感。

第四，鼓励孩子自己的事情自己做，孩子一旦有好的表现应及时表扬，让孩子树立自信，更有成就感。让孩子参与到照顾弟弟的事情中，让孩子感觉到被信任，被赋予一些责任，并且让她知道，她有能力完成这些任务。

脱不下来啦

湖北省武汉市国防科技大学信息通信学院幼儿园　余雯慧

入冬的季节，孩子们都穿上了厚厚的衣服。当然，脱衣服也成了小班孩子们的"小小难题"。

"小朋友们，午休时间到啦！"大家陆续在椅子上脱衣服准备睡觉。"嗯，它不听话，我脱不掉。"瑶瑶正一边扯着自己的毛衣袖子一边说着。这时，我问道："怎么了，是谁不听话啊？""哎哟！就是这个啊！"瑶瑶用力地扯着毛衣袖子，"老师，您帮我脱一下吧！""哦，原来是毛衣有点难脱。没关系，你试试把你的左手缩起来让它钻出左边的大洞洞。"瑶瑶开始试着把左手往里缩，但是右手又紧紧拉着衣袖，扯了半天也没缩出来，"呜呜呜！我不想脱了！我想妈妈了！"我闻声立马走过去看，瑶瑶正坐在椅子上大哭了起来。我连忙把她抱起来跟她说："没关系，宝贝！余老师教你一首神奇的儿歌，这首儿歌可以教会我们脱衣服哟！"瑶瑶听了我的话，眼前一亮。"左手钻出左洞洞，右手钻出右洞洞，抓领子向下钻，衣服乖乖出来啦！"我念着儿歌，瑶瑶也开始跟着我小声念。她高兴地说："我想跟着儿歌一起脱衣服！"我把她放下后点点头肯定了她的想法。瑶瑶跟着儿歌不急不躁地脱掉了毛衣，然后脸上露出了灿烂的笑容："我把衣服脱下来了！"

苏霍姆林斯基说过："把教育意图隐蔽起来，是教育艺术十分重要的因素之一。"这正道出了“无痕教育”的真谛。在脱衣服这件小事上，瑶瑶不知不觉中学会脱衣服的方法，提高了学习和自我教育的积极性、主动性、自觉性，掌握了学习和自我教育的本领。

一日生活皆教育，关键在于教师如何去发现，去转化。作为一名刚入职一年的教师，我深深感受到：大人对孩子的说教，不论有多么深刻，多么犀利，多么宏大，都必须转化为孩子可以理解、体验、接受的内容。或许，教育的全部奥秘就隐藏在这种“润物细无声”的转化中。

“戏”说科学：哇！火山！

重庆市江北区新村幼儿园　叶　维

《幼儿园教育指导纲要(试行)》明确指出科学教育应密切联系幼儿的生活，把实际物与现象作为科学探究的对象。大班幼儿逐步具备敏锐的观察能力和探究欲望。一起走进孩子们和火山的有趣故事中吧！

初遇“火山”。小洁带了一本绘本《愤怒的火山》，投放在了图书区，引起了孩子们的注意，引发了他们的讨论。辰辰说：“火山是有‘火’的山吗?”明明说：“火山是‘燃烧’的吗?”花花说：“火山一定是‘山’吗?”孩子们提出了许多关于火山的问题。

寻找“火山”。讨论中有些问题存在于孩子们已有的知识经验里，小伙伴们可以直接解答。但还有很多的问题是他们现在没办法直接解答的。奕奕提出：“大家的问题太多了，我们都先回家自己找找答案，明天再来分享吧!”大家都非常同意她提出的方案。孩子们和家长共同在网上查找和收集与火山相关的资源，第二天大家带来了收集的各种资源，孩子们对火山喷发尤为感兴趣。

有趣的“火山喷发”小实验。火山喷发是因为高热的岩浆在地下大量聚集所引起的。我们是否可以自己模拟火山喷发的场景呢？孩子们自主寻找材料并组队，开始模拟实验。孩子们说“火山喷发”小实验像极了心跳的感觉。这时，大伙的争议点是：火山喷发好还是不好。

火山辩论赛：火山喷发好 vs 不好。辩论之前，幼儿分成了两组，说一说自己的观点，并认真记录下来。小小辩论赛为孩子们搭建了一个展现自我的平台，让幼儿大胆表达自己的想法和意见，并在此基础上培养幼儿倾听、交流、合作、分享等能力，促进幼儿社会性的发展。本次活动，不仅发展了幼儿的语言表达能力，还提高了幼儿思维的敏捷性。

玩转“火山”。在实验中我们见识了火山的“美”，引发了孩子们的美术创作热情。孩子们利用超轻黏土，制作出了属于自己的独一无二的火山。这座火山色彩鲜明、生动形象。

畅想“火山”。孩子们时刻都想着火山，想让火山出现在我们的班级里。于是，大家倡议把小组牌做成火山图案，一起设计火山班徽，并通过投票的方式选出了班徽。

孩子有一百种语言，一百种思考、游戏、说话的方式，他们的表达自然也就有一百种。我们尝试借助多元表达形式，来支持幼儿科学探索活动中的表达，从而实现对幼儿学习整体性的关注，去发现世界的美好与多彩。

点滴汇成教育的真谛

湖北省武汉市中国人民解放军小红帽幼儿园　谢　丹

不知从什么时候起，我已经很少阅读有关教育的专业书籍和杂志了。现在更多的时候是在思考如何让一个教育活动更具有教育的价值，具备让幼儿乐于接受的活动性形式；或者是在考虑如何让一天的活动更丰富多彩；或者是忙碌于各种教育的笔头记录之中……

有时候想，能静下心来慢慢地阅读一本书真是一种享受，但现在这种机会似乎很少，时间即使能挤出来，但细细品阅的这份心情却是很难找到了。我天天在处理着教育琐事，忙碌中似乎又一无所获。

今天偶尔翻阅了一期幼教杂志，里面有几篇朴实的文章让我感触颇多。《喝水可以这样喝》《会跳舞的肥皂》《助睡三式》这三篇文章用朴实无华的语言记录了幼儿教师在日常教育中对幼儿的观察和发现，以及自己的思考和采取的有效策略。

例如，《会跳舞的肥皂》仅仅用了不到 400 个文字，把一位教师针对流感、手足口病高发时期如何让幼儿爱上洗手并认真对待洗手的处理过程进行了阐述：根据幼儿的心理特点，设计“会跳舞的肥皂”的活动，使洗手的环节更具趣味性；与肥皂握手让幼儿喜欢洗手；一一闻小手不同的味道，让每个幼儿洗手时都不马虎。虽然文章简短，但我能感受教师在日常生活中对幼儿的关心和用心。

作为一名幼儿教师，我们的爱不就渗透在这点滴的观察和用心之中吗？

看到这些文章，我不禁想到了刚上班的我在一两年内发表的文章《小猫轻轻走》《早春的期望》。那时候，自己每天不知道如何去把工作做得更高效、更好，只知道要努力做好每天和孩子相处的每个环节的工作。当遇到自己较困惑的问题时，就努力思考解决方法，为自己每次一个小小的举措或一次小小的调整后产生的效果感到欣喜和兴奋。

现在，随着教育工作年限的增长，教育经验的积累，工作方向的调整，工作中这种小小的兴奋越来越少，但细细想来，不正是以前的这种小兴奋和小改进的积累才成了现在的经验吗？只是现在少了这种品味经验带来的兴奋和欣喜的心境而已。

教育的细微点滴汇成教育的真谛。关注幼儿的日常点滴，把教育渗透到日常的每个环节，根据时代的发展和每个幼儿的不同调整自己的教育行为和方式，让我们保持一颗平常心、一颗善于感悟和品味的心去对待每天的工作和每个幼儿，就会感觉到我们的教育工作每天都不一样。

学会放手

安徽省阜阳市北大新世纪附属幼儿园　丁汪宁

今年我带小班，一个个小宝贝真的很难不让人喜欢。不过，不管在哪个班，都会有不爱喝水的孩子，早上接孩子入园的时候，总会有家长叮嘱：“老师，阳阳最近大便干，麻烦让他多喝点水。”……作为老师，只要收到家长爱的嘱托，就会努力地回应。

一说到不喝水，就让我想到我们班这样一个孩子——橙子，不爱喝水，大便干，排便困难，排便前肚子疼得直哭。好不容易拉出来了，便便粗得让我都惊呆了！为了改善他们不爱喝水的习惯，班内多次开展了有关“水”的主题课，孩子们在课堂上热情地回应，积极表达着想法，橙子也不例外，可到了喝水的时候就又不愿意喝。

每次请橙子喝水都像在逼他喝毒药，那表情让人既生气又好笑。实在没办法了，我会请他端着水杯坐在我身边，只要我一转身，必然会听到别的小朋友告状：“老师，橙子的水洒了。”橙子为了表示对喝水的“抗议”，会把水杯藏起来，或者偷偷把水杯丢进垃圾桶。为了让橙子多喝水，橙子妈妈也感到焦虑，还曾带他看过医生。教师集体教研的时候也曾集思广益，不仅仅为了改善橙子的饮水习惯，还为了园内更多不爱喝水的小朋友。我们和家长积极配合引导孩子，发现问题及时反馈。刚开始，橙子会有些新鲜劲儿，可时间一长就习以为常了。

不过，有一件事却改变了他不爱喝水的习惯。午睡起床，我帮他穿好衣服，嘱咐道：“橙子，今天派给你一个任务，请你帮我检查水杯，但是你必须把水喝完。”他非常开心地答应了。我在收拾的间隙专门去检查了他的水杯，他竟然真的把水喝完了！而且他还仔细地检查了其他小朋友的水杯，告诉我：“乐乐没喝水，朵儿喝水慢……”他竟然能以身作则。于是，我及时在班里表扬了他，他特别开心。之后我也经常以不同的方式鼓励他做榜样，他也乐此不疲认真地做着。

通过这件事情我也开始反思：我真正走近孩子了吗？了解孩子的个性化需求了吗？小班年龄段是孩子自我意识的建立期，他们的独立生活能力和自主能力在逐步提高，迫切地想要尝试一些没做过的事情，也希望通过这些去展示自己，满足自己的虚荣心。一些容易被忽略的小事，却在教育孩子上起着巨大的作用。作为老师，我不退一步，孩子该如何进一步？我平时还教育家长多放手、多欣赏孩子，原来该放手的还有我！

作为幼儿教师，需要在孩子的一日生活、游戏、学习中充当支持者、合作者和引导者的角色。我们更要做个有心人，找准自身角色定位，全方面思考孩子的多样化需求，对孩子多一些耐心和肯定，相信他们一定会带给我们意外的惊喜。

要善于发现孩子的闪光点

山东省青岛市海军第九七一医院幼儿园　林春艳

《3—6 岁儿童学习与发展指南》中指出，要理解孩子的学习方式与特点。教师的一句话、一个眼神、一个手势、一个动作，对孩子来说都可能起到举足轻重的作用，甚至会影响孩子的一生。不管哪个年龄阶段，哪一个班级，班里总有几个特别顽皮不听话的孩子。再顽皮的孩子也是有闪光点的，要通过适当的教育手段对孩子的顽皮进行科学适当的引导。有时候老师只要通过一句欣赏的话，一次轻轻的抚摸，一份心与心的交流就能让孩子感受到“老师是爱我的，小朋友是愿意和我玩的”。

小涵小朋友绝对是我们班里的“调皮大王”，每天都不能安静地坐在小椅子上阅读图书，总是跑来跑去；在和小朋友玩游戏时也特别容易发生冲突，小朋友们都不喜欢跟他玩；上课了，他还是不紧不慢地走着，短短的 20 分钟课，他总能跑好几次厕所，而且绝对不和老师打招呼；他在区角活动时，经常故意把小朋友摆好的积木推倒，还装作是不小心；做早操时，他也不认真做，敷衍了事，甚至有时候在地上打滚。所以，小朋友们都不愿和他玩，经常告他的状，都躲他远远的。

上午区角活动的时候，孩子们在益智区玩五子棋。这引起了小涵的好奇。他站在小朋友们的旁边，仔细观察棋子走向，并没有捣乱，而是积极地和小朋友们讨论怎样走棋，一起探索游戏，认真遵守游戏规则，让我感到惊喜。他也得到小组成员的一致肯定。小朋友们说有小涵参加的游戏更好玩、更有趣。我在全班小朋友面前表扬了他。以后的区域游戏中，他再也没有捣乱过，还收到小朋友的热烈邀请，自己也感到非常自豪。

看到小涵的表现，我开始反思他的调皮捣乱，也许他只是想引人注意，他希望老师多关注他，多表扬他，也希望小朋友们能和他一起玩，一起去探索游戏。其实他并不是可怕的捣蛋鬼，他身上也有很多闪光点。

作为幼儿老师的我们，一定要理解孩子，走进孩子的心里，善于发现孩子的闪光点，并针对孩子的闪光点加以鼓励和赞扬，鼓励他改正缺点，发扬优点，用爱去引导那些调皮的、冷漠的、自卑的孩子，为他们开创更加美好的明天。

我们班的小火车

中国人民解放军军事科学院幼儿园(阜成园)　李　臻

开学初，每当去操场做操时，在班里排好的队伍，一到外面就走散了。孩子们不能自觉地一个跟着一个走，尽管我多次提醒与要求，可收效甚微。《幼儿园快乐与发展课程》指出，游戏化的一日生活是一种实现小班教育目标的适宜途径。我何不设计一个孩子们喜欢的游戏，使他们在轻松愉快的氛围中学会一个跟着一个走的本领？于是，我们开展了“我们班的小火车”游戏活动。

我先找来火车图片，请幼儿观察，了解一列长长的火车是由许多节小车厢连接而成的，小朋友们排成的队伍就像一列小火车。接着又和孩子一起朗诵自编儿歌《小火车》：“小火车长又长，跑来跑去运货忙，我是聪明的小车厢，一节一节紧跟上。”以后每当排队时，我就请幼儿来当小车厢，孩子们能边念儿歌边很快地排好队。一开始，我们的小火车在轨道上行驶，地毯、地砖及水泥地的接缝便成了我们的轨道，遇到接缝有转折的地方，小火车会自动转弯。我们班的小火车兴致勃勃地在这些或宽或窄的接缝上行驶着，这些不起眼的接缝无疑是孩子们练习一个跟着一个走的最好控制线。慢慢地，我们的小火车不需要踩线，也能有序地行驶了。

为了增加游戏的趣味性，我还加入了运水果、运蔬菜等情节，孩子们争先介绍着自己要运的货物，不知不觉中也对所运货物进行了分类。为了使幼儿能遵守规则，我还设计了将出故障的小车厢送修理厂检修的环节。这样，既能对那些违反规则的小朋友的行为进行适当约束，又很好地保护了他们的自尊心。另外，针对小班幼儿渴望教师关注的特点，我又设计了给小车厢加油的情节。教师通过逐个抚摸幼儿脑袋的方式为小车厢蓄能量，孩子们可开心和满足呢！我们的小火车开过了祖国的大江南北，孩子们还在行驶中了解到很多地名呢！总之，“我们班的小火车”游戏内容在不断变化着，孩子们玩得乐此不疲。一个跟着一个走的技能，也在这轻松的游戏氛围中自然地掌握了。

《幼儿园快乐与发展课程》指出，“对儿童的尊重，首先应该是对他们年龄特征的充分理解；对儿童的教育，首先应该是对他们年龄特征的把握。”“我们班的小火车”游戏活动的开展，充分证明了把握好本班幼儿的年龄特点，能使我们的教育收到事半功倍的效果。而在小班常规培养的过程中注入游戏的内容，增强常规培养的趣味性，更可以使小班幼儿在快乐中获得发展。

做个耐心的老师

中国人民解放军军事科学院幼儿园(阜成园) 张文娜

今天是新学期开学的第二周，也是这批孩子第二学期开学的第二周。我们班的小朋友和小一班的小朋友是同一年龄段的孩子，处于同一个起跑线上，结合我以往带小班孩子的经历，我深深地觉得这批小朋友的适应能力非常好。第一学期的时候，孩子们刚刚入园一周，哭闹的情况就很少了，只有在入园和午睡时有一两个孩子哭闹，其他时间孩子们的情绪都很稳定，表现也都特别棒。

今天孩子们都很高兴地来到了幼儿园，我本来还担心漫长的寒假过去，孩子们会哭闹不止，让我没想到的是孩子们全都兴奋地冲向老师，热情地和老师打着招呼。本以为今天会顺利地度过，结果发现小朋友之间交往又出现了问题。今天区域活动的时候满宝、平安进入到建构区，没过了一会儿我就听见建构区里传来了哭声，我刚走到建构区的门口，平安就委屈地扑到我怀里哭着叫喊着妈妈，等平安缓和了情绪后告诉我，是满宝推了他。我问满宝为什么推小朋友时，满宝说："老师，嘘!"她不回答，只是一味地阻止我往下问。我看她这样，说："满宝，如果你这样玩玩具的话，那么建构区的小积木就不和你玩了，也不会和你做游戏了，小朋友不喜欢和动手的小朋友交朋友。"

她听我这样说之后，马上说道："老师，我跟小朋友好好玩，我不推人了，推小朋友的人是没有好朋友的，而且爸爸妈妈们也不会喜欢她了。"我听她这样说后就点点头并告诉她："对，你说得没错，动手的小朋友谁都不喜欢，你喜欢和那样的小朋友玩吗?"满宝摇摇头后告诉我她不会再这样了，接着我就安慰平安告诉他："满宝不是真的要推他，是喜欢他，想让他一起玩才这样的，只是没把控好力度，你能原谅她吗?"平安也点点头，不一会儿又活力四射地和满宝一起去玩了。

通过与满宝的对话我发现其实满宝什么都明白，自开学以来据我对她的观察，发现她的脾气很倔，自尊心也很强，做错了事不让说，老师说话时她总是让老师"嘘"，说老师的声音大了，影响到她了，有时还会斜眼看着老师，这些行为对孩子以后的社会发展也不利，作为教师，我们要抓住每一次的机会去引导她，让她了解什么样的行为是正确的，什么样的方式才能被别人接受，要从小建立是非观。

区域活动材料深入孩子的生活

中国人民解放军军事科学院幼儿园(阜成园) 张 欣

《3—6岁儿童学习与发展指南》科学领域中提到，中班幼儿能够对事物和现象进行观察和比较，发现其相同与不同。在语言领域中提到他们愿意与他人交谈，喜欢谈论自己感兴趣的事情。我们要善于发现孩子眼中的世界，因为他们的兴趣点无处不在，说不定何时何地他们就会有自己的发现和学习。

户外活动我们班在六号场地，六号场地在山包的下方，那里有一处类似许多金针菇的铁柱，毛豆就在这里玩耍，过了一会儿他把我拉到了其中一个圆柱跟前，边指着这根圆柱掉漆的、露出不锈钢的顶端边对我说："张老师，你看这里。"然后问我："张老师，你觉得这个亮亮的地方像什么?”我还没有反应过来，毛豆接着说：“你不觉得它像大洋洲吗?”我看了看还真有点像，我点了点头说：“真的很像。”毛豆接着说：“张老师，你知道吗？我特别喜欢制作地图小书，我认识很多地方。”我说：“毛豆，你观察得真仔细，张老师都没有发现。”说完他就跑开了，我以为对话就这样结束了。过了一会儿，我看他又在那个掉漆的地方看来看去，我走过去问他：“毛豆，你还在看什么呢?”毛豆说：“张老师，你离近点看，看看你的脸是不是变大了?”我贴近了一瞧，还真是，毛豆也凑过来冲着掉漆的地方做起了鬼脸。他又说：“张老师，你再站远点看看。”我按他说的照了照，发现看不清自己了。我问他：“毛豆，我怎么看不清了?”毛豆一边玩一边说：“这个跟班上的凸面镜有点像。班上有很多关于镜子的玩具我也特别喜欢。”户外活动这段时间他时不时地就会跑到这个铁柱旁来看掉漆的地方。

虽然是在户外不经意间和孩子短暂的交流与互动，但我不得不感叹，孩子能够迁移和再现自己的学习经验于生活游戏当中，同时我意识到如果不留心关注孩子眼中的世界，它就会从你身边溜走，那将会是多么遗憾。

从毛豆的观察和表达中我可以深刻地感受到，有目标且能够满足幼儿学习需求的区域材料给孩子带来的影响，在丰富了他们的知识经验的同时，也在潜移默化激发他们的探究兴趣，促进他们的社会交往以及口语表达能力，让他们将自己的知识经验在生活和游戏中能不断地、自然地迁移、复制和更新。我们真的不能错过任何一次珍贵的支持孩子、帮助孩子、发现孩子学习成长的瞬间，我们需要准确地捕捉，让自己也能拥有孩子般善于发现的眼睛。

因为爱心，所以耐心

湖北省宜昌市桃花岭幼儿园　郑梦寐

在幼儿教育中，总是会遇到各种状况，在别人看来，这些状况或使人捧腹，或使人蹙眉，但对于幼儿园教师来说，无论何种状况，都要视作平常。因为每个孩子都是一个独特的存在，他们性格不同、习惯各异，无论是爱发脾气，还是不爱说话，他们的内心都是天真烂漫的，他们的可爱，也许并不体现在一举一动中，但只要用爱心去守护，用耐心去引导，孩子和老师就都能够有不一样的收获。

孩子在最初入园阶段，很多行为习惯都需要特别地引导。在“斗智斗勇”的工作中，我不仅帮助孩子树立了良好的行为习惯，同时也让我自己有了更多的进步和提升。

一天午睡起床时，很多孩子都已经穿好衣服下了床，只有一个小男孩还坐在床上，他不哭也不闹，更不着急下床。我看到这个情况之后，便上前去询问，没想到我这一问，成了孩子哭闹的导火索，他拿起还没有穿的衣服，一边用力拉扯，一边哭闹着说：“我穿不上！穿不上!”而且越说越着急。见此情况，我等他自己闹了一阵停下来之后，用温柔的语气对他说：“自己穿不好衣服时，是不是可以想其他办法呀?”孩子哭着说：“老师，我试过了，可就是穿不上。”我说：“那你是不是可以找老师来帮忙呢?”孩子愣了一下，说：“老师，可以帮我穿一下衣服吗？我有点穿不进去。”于是，我帮孩子把衣服摆好，然后告诉他该怎样才能穿进去。很快，他就自己穿好了衣服。然后，我告诉他，哭闹是解决不了问题的，无论遇到什么困难，一定要尝试着去想办法解决。孩子听完之后，也点头表示自己懂了。

这一阶段的幼儿，遇到困难和不顺心的事就选择哭和闹，其实是一种很正常的行为。作为老师，如果我们能正确地对他们进行引导，那么孩子就可以快速从情绪中走出来，从而养成更为积极和有效的行为习惯。尊重幼儿的成长规律，是一切教育行为的出发点，因为只有把握科学的规律，才能够避免让自己的教学变得南辕北辙，也才能够真正给幼儿以正确、积极的帮助。

通过诸如此类的事件，我不断调整自己的工作方式，以期能够更加符合不同孩子的个性特点。在这个过程中，我不仅提升了工作能力，同时也得到了越来越多孩子和家长的认可。我想，这是最令人振奋的奖励，因为在我所钟爱的幼儿教育事业中，能够取得成绩，能够得到认可，对于我来说就是最难得、最宝贵的。

读懂儿童，给他需要的爱

北京市平谷区靠山集中心幼儿园　王玉芹

从事幼教工作十余载，我遇到一个特殊的幼儿，至今也在惦念他。现在，我常常和教师们说：读懂幼儿，给他需要的爱。

一年开学初，园里转来一位大班幼儿，名叫恩恩。一次户外游戏的时候，他没有玩够滑梯不愿离开。我园是小幼一体的学校，老师怕孩子离开视线会有危险，于是老师走过去准备带他离开。就在老师去牵他手的时候，他咬了老师的手腕。因为他有一不如意就跑的习惯，老师忍痛没有放手，后又找到我。当老师小声跟我讲事情的经过时，当恩恩听到老师说“他不下来”后，又大声地哭起来，用力踢门，转身快速跑回班上。

恩恩的社会性发展很弱，适应群体、关心他人、归属感发展滞后，《幼儿园教育指导纲要(试行)》总则中提到，幼儿园教育应尊重幼儿的人格和权利，尊重幼儿身心发展的规律和学习特点，关注幼儿个体差异，促进每个幼儿富有个性地发展。教师要支持、引导、尊重每一个幼儿，影响他们的心灵。这样的幼儿更需要专业的教师来帮助他快速转变。

我引导教师分析：我们尊重幼儿了吗？这是一个特殊的幼儿，明显不理解教师的苦心，社会性发展滞后，交往能力弱。我们应该怎样妥善引导恩恩慢慢融入小朋友？如何既关注全体幼儿又因材施教、静待花开？教师反思后意识到应该使用耐心的语言、有趣的游戏，用小朋友们的爱心呼唤，尝试吸引恩恩小朋友回到全体小朋友的游戏中，如果恩恩一时不能接受离开当时的游戏，教师也应该尊重他，关注他，给他一个思想转变和认识的时间，三位教师做好分工，既组织全体幼儿活动又关注个别幼儿，采取时不时提醒、关心的方式，最终引导孩子融入班级活动中。

我们约谈家长，发现恩恩来自单亲家庭，妈妈主观、强势，说话都是用命令的语气。我们向家长讲了“社会交往能力培养的重要性”，“与幼儿沟通的语言技巧”，与家长达成家园共育：教师和家长每天沟通恩恩的活动表现。接园的时候，家长重复教师的表扬语，如：“恩恩，今天妈妈真高兴，老师表扬你认真观看小朋友玩‘钻山洞’游戏。蔡老师说特别希望看到你和小朋友一起玩。”“恩恩，你能告诉妈妈你最开心的事情是什么吗?”同样，老师借助家长的反馈和他聊天，增进感情。当时，我们看到家长的眼睛忽然很亮，充满希望和信心！

教师、家长都要学习尊重幼儿，《幼儿园教育指导纲要(试行)》中指出，“以关怀、接纳、尊重的态度与幼儿交往。”幼儿是弱势群体，我们施教的前提是尊重、引导，而不能把成人的想法强加于他。关爱幼儿要尊重幼儿的年龄特点和规律，读懂幼儿，给予幼儿促进其身心健康成长的支持行为。

教育探索

浅谈幼儿园户外体育大循环游戏活动实施的几个关键要素

福建省直屏东幼儿园　欧阳香

幼儿阶段，是儿童生长发育和能力发展最关键的时期，也是其形成安全感和健康人格的重要时期。为了增强幼儿体质，培养他们乐观向上的生活态度，促进幼儿身心健康发展，我们设计开展户外体育大循环游戏活动。户外体育大循环游戏活动，根据幼儿的年龄特点及本园的实际情况，设置各种不同的活动场景，投入不同的运动器械，打破班级、年龄界限，幼儿可根据自己的兴趣爱好，自主选择要参与的区域体育活动。“大循环”游戏活动的优势在于给予幼儿最大支持和最小限制的同时，通过大带小、小促大，相辅相成、相互促进，形成共同学习、共同提高的良性循环。

如何具体实施“大循环”游戏活动？首先，我们将全园教师分配到9个不同区域，打破班级界限，根据各年龄段幼儿的特点和能力，确立本区域的培育重点和目标。其次，老师们充分利用、巧妙组合幼儿园现有设施物料(如大型滑梯、通道、平衡台、羊角球、万能工匠等器械)，精心设计活动内容，提高幼儿参与意愿，让幼儿在愉悦的玩耍活动中不断提高身体素质和协调能力。最后，我们制订缜密的“大循环”游戏活动周期性计划。幼儿们在活动中循序渐进，能力逐步提升，各区域内的活动难度和挑战性也逐步提高，目标、计划、方案三者始终根据孩子们的实际情况处于动态修正，已达到最佳的实施效果。正是“大循环”游戏活动的层次性、趣味性、多样性，使孩子们在快乐运动中强健体魄的同时，更获得成就感和满足感，这也是我园具有鲜明园本特色的户外体育活动。以下是户外体育大循环游戏活动实施的几个关键要素。

一、合理划分区域

合理的区域划分直接影响场地的设置和材料的投入，因此划分时必须遵循因地制宜、安全第一的原则，合理设置划分标准，使区域设置达到完美效果。我园区域划分以基本动作为标准，分为爬行类、平衡类、投掷类、跑跳类等；根据运动器材的特点，又可分为器械区、车类区、球类区、梯凳区等。整体上布局合理，搭配适宜。

二、适宜设置物料

活动材料是幼儿开展体育活动的物质基础。为满足不同年龄阶段幼儿的需求和发展水平，我园在物料的投入过程中，始终保证物料的多样性和层次性，避免出现材料短缺、玩法单一、缺乏挑战等不利状况。现以“大循环”龙腾虎跃区为例，龙腾虎跃区是一个综合运动区，包含钻、爬、跑、跳、投等运动区域。我们精选沙袋、羊角球、地面垫、套圈、圆木桥等物料设置活动场地，充分调动了幼儿的参与积极性，为其不同身体动作技能的发展提供了可靠保障。我们在第一关设置“跳跃垫子”，幼儿坐在羊角球上跳跃不同距离的地面垫子，撞到地面垫子才算成功突破；在“触摸”设置上，设计高低不等的球，让幼儿骑羊角球跳跃，再跨过障碍棒通过，幼儿可弯膝爬行通过，也可弓身通过，还可直接跳起越过。在此过程中，幼儿自我尝试、自我判断、自我挑战的能力得到极大锻炼，“大循环”游戏活动的层次性、多样性、趣味性也得到充分彰显。

三、优化规矩养成

“大循环”游戏活动打破年龄和班级的界限，同一区域内的孩子可能彼此不熟悉，这也给活动区的组织带来一定的难度，因此日常的规矩养成尤为重要。因为入区的幼儿每天、每时都在变化，除了在入区前强调有关入区规则和纪律外，我们还采取多种方式帮助孩子们养成良好的规则意识、纪律意识。我们通过区域示意图、“安全引导员”、“爱心小督导”等将活动规则传达给入区的孩子；我们设计了攻关卡，幼儿需凭卡攻关，教师根据不同颜色的攻关卡判断幼儿年龄段，便于及时引导，同时也可控制活动人数，避免超过负荷引发安全隐患；我们还将良好习惯养成、文明活动的行为本身融入活动环节，让遵守规则、文明有礼的孩子得到嘉奖。例如在“平衡桥”活动环节，幼儿需投掷纸球，但储备的纸球很快用完了，影响了后续的活动进程。因此，我们增加了新的游戏情境内容，孩子需收回纸球后方可过关。如此一来，养成习惯和游戏规则完美结合，达到了理想的教育效果。

四、科学制定方案

科学的活动方案是保障幼儿活动安全、实现教学目标的重要保证。户外体育“大循环”游戏活动看似是游戏，但绝不是“放羊”。我们在制定活动方案时，首先明确当前器材物料对幼儿身心发展的作用，首选帮助最大、功能最强的道具，而不是外观漂亮等华而不实的东西。其次，我们根据活动的整个流程和现有设施器材，严密做好安全风险评估，从最大人流、最坏不利因素出发，设想所有可能遇见的突发情况，一条一条做好隐患排查和整改，确保万无一失。最后，我们根据活动中反馈的各种情况，及时修订完善规则，不断调整更新内容，以达最佳的效果。例如，在“疯狂的小羊”区域，我们观察到最初幼儿一直处于平行游戏阶段，基本都是自己玩自己的，彼此之间几乎没有交集。发现这一问题后，通过几次针对性研讨后，重新拟订活动方案。新的方案中增加了单人任务卡、双人任务卡、双倍积分卡、三倍积分卡等，规定两人合作攻关可获得双倍积分，“大带小”突破难关可获三倍积分，积分达到一定数量后，还可换取礼物，重点奖励团结协作、“大带小”的行为。让孩子们在不知不觉中，逐渐养成协商、合作、担当、助人等优良品质。

五、灵活选择域名

活动区域的名称选择要灵巧、接地气，尽量贴近幼儿的生活，可以给幼儿一种似曾相识、回味无穷的感觉。例如，我们设置了“骑乐无穷”“灌篮高手”“疯狂的小羊”“穿越火线”等区域名称，对孩子们来说既“记忆犹新”，又朗朗上口，是吸引孩子积极参与游戏最简单，但又很重要的手段之一。比如“穿越火线”，很多孩子都玩过类似真人 CS 游戏，这个名字对他们来说绝对有足够的吸引力和兴奋感。我们的户外“大循环”既可以每天玩，又可以和自己最喜欢、最熟悉的同伴一起玩，这对幼儿来说无疑是最大的乐趣和动力。

总之，户外体育“大循环”游戏活动的顺利开展是一次次探索、调整、推进的过程。这一过程丰富了幼儿体育活动的内容，拓宽了幼儿体育活动的形式，增强了幼儿体质和心理健康，也极大地促进了教师的专业成长。我们将继续探索前进，充分挖掘现有资源，争取在有限的空间内给孩子们最大的发展可能性。

幼儿自主游戏指导策略

广东省深圳市南山区蛇口澳城花园幼儿园　翁泽暖

自主游戏是一种可以让幼儿在一定的游戏环境中，以自己的兴趣和需求为依据，自由选择、自主开展、自发交流的活动过程。与传统的教育游戏不同，自主游戏给了幼儿很大的自主权，这对于幼儿的发展有着非常重要的意义。因此，教师要正确理解自主游戏活动对幼儿发展的重要意义，并恰当合理地指导幼儿的活动，在指导中体现出自主游戏活动的价值。

一、幼儿自主游戏及教师指导概述

（一）自主游戏的内涵

自主游戏是幼儿们积极地参与到活动当中自主进行玩耍的游戏。幼儿们在与身边丰富的环境和材料进行互动的过程中，持续地探索环境、解决问题，对现有的经历进行了移植和复制，进而促进了自身的思维、认知、语言等方面朝着更高的层次发展。例如，建构区的幼儿们在玩“高架桥”“停车场”“埃菲尔铁塔”等小游戏的时候，不仅能对周边的环境进行创意复制，还能将原有的经历进行转化，对各种物体的形状特点有更直观的认识。

（二）自主游戏中教师指导现状

目前，还有许多幼儿园教师把自主游戏视为一项硬性任务。所以在进行教育时，他们会盲目地组织各类活动，把幼儿们在幼儿园的全部时间都用来进行游戏教育，而没有根据幼儿的实际状况组织活动。同时，有些教师一直以大人的视角来看待游戏，在幼儿进行自主游戏的过程中，一旦幼儿的行为与游戏规则不符就会立即被制止，这种行为会极大地限制幼儿的发展。

此外，一些幼儿园教师为了确保玩的结果，倾向于强迫幼儿玩。如果幼儿在游戏过程中出现了一些偏差，那么教师就会让幼儿进行补充式学习，并设置一个区域让他们去完成学习任务。这使得幼儿自主游戏变成了一种辅助。教师的介入过于严重，从而使幼儿丧失了对游戏的兴趣。

二、幼儿自主游戏中教师指导策略

（一）对幼儿自主游戏进行正确定位

第一，自主游戏是一种让幼儿自我探索和自我成长的活动。在幼儿开展自主游戏之前，教师应当对幼儿的主体地位有一个清晰的认识，认识到在幼儿自主游戏的过程中，玩的主动权是在幼儿手上。同时教师也要明确自己在其中的定位，在幼儿的自主性活动中教师是旁观者、支持者；在游戏活动之后，教师是激励者、评价者。

第二，提供有针对性的游戏材料。不同的游戏材料对幼儿的影响也不一样。教师为幼儿提供不同类型的游戏素材，可以激发幼儿的创造力，让幼儿产生探索的欲望等。首先，在放置材料时，除了要注意素材本身的价值之外，还要注意幼儿的兴趣特征及年龄特征。在日常的生活中，要对幼儿的兴趣和喜好有了解，这样在放置材料的时候才尽可能地满足幼儿们的需求。其次，在对游戏时空进行设置的时候，要保障幼儿们能够有充足的进行自主游戏的时间，这样才能避免幼儿们在玩游戏的时候，因为时间的问题而停止玩耍，又或是幼儿没有办法去尝试其他类型的游戏。最后，就幼儿的自主性活动环境的创造而言，教师应该尽量创造一个符合幼儿生理和心理发展特征的轻松愉快的活动环境。当幼儿进行玩耍时，他们并不会被外界的压力所干扰。在此基础上，选择适当的场地使其能够容纳多个幼儿独立玩耍。除此之外，还需要经常改变周围的环境内容，避免幼儿出现审美疲劳，从而对他们的游戏活动造成不利影响。

（二）对幼儿自主游戏进行有效引导

第一，在活动时对幼儿进行观察。在对幼儿进行观察的过程中，教师要明确他们是否能够主动地参与游戏活动，他们对所放置的材料有没有产生兴趣，他们是如何展开自主游戏活动的，他们在游戏中有没有遇到无法解决的问题等。除此之外，在进行观察的时候，还应该知道材料的投放是否可以让幼儿感到满意，所创造的情境是否可以让幼儿在愉快的氛围中进行游戏。只有在观察的过程中，教师才能比较清楚地认识到幼儿的兴趣需求、认知水平和个体差异等，从而能够根据这些认识来正确地引导幼儿们进行独立游戏。

第二，适当而规范地引导幼儿开展游戏。一方面，在进行自主游戏的时候，幼儿可以按照自己的意愿来选择想要做的事情，他们可以自由挑选自己所需要的材料，可以自由选择玩伴等。在幼儿的玩耍过程中，教师不应该扮演主角，也不应过多地介入幼儿的玩耍活动。这并不是说对幼儿视而不见，让其自由活动，只是要结合具体情况，在不影响幼儿正常活动的基础上，进行简短的指导。另一方面，通过对幼儿行为进行分析，可以发现幼儿行为的差异，从而促进幼儿行为的发展。当幼儿不能进行游戏的时候，比如幼儿自己一个人不知道要做些什么，教师就需要积极地去指导他们。教师可以跟幼儿一起进行游戏，也可以在旁边对幼儿日常的游戏活动进行演示等。再比如，在集体自主游戏中，幼儿在游戏角色的选择、游戏材料的分配、游戏活动的形式等方面出现了矛盾的时候，教师就应该对幼儿进行直接的引导。

(三)对幼儿自主游戏进行反馈评估

第一，关于自主游戏指导评价，教师要给幼儿提供一个有充分准备的情境，要做好预先设定，把教育目的与意向融入情境和材料之中，从而为幼儿进行高质量的游戏活动提供帮助。同时，教师们在实际操作中，不要陷入“高度控制”之中，不要站在大人的角度，把预先设定的教学目的当作评价教学成效的一个主要指标，更不要完全否定幼儿根据内心的爱好与需求而产生的自主性玩耍的价值。

第二，关于评价层次，游戏是一种较少建构式的行为，其自身的生成能力也较强。教师们所关心的不是“放手”与“限制”，而是幼儿自主创造的游戏是否可以给幼儿带来新的体验，是否可以体现出自由、自主、愉悦与创新的游戏精神，是否可以促进幼儿的问题的解答，是否可以提升幼儿的认知、语言、社交等多项能力。教师要善于在“自由”与“限制”之间寻找一个平衡点，在“生成”与“预成”之间找到一个相对的平衡点，在此基础上更好地理解“自娱自乐”的含义。这样一方面可以帮助幼儿整理他们在游戏中所得到的经验，将其融入幼儿们原有的经验体系中，为幼儿进行其他游戏活动做好理论上的准备。另一方面也可以对幼儿在进行自主游戏时的表现给予适当的赞扬和肯定，让幼儿知道这种活动是可以被鼓励和认同的，以此来调动幼儿重新参加自主游戏的热情，让幼儿们能够更好地感受到自主游戏的作用。

三、结语

《幼儿园教育指导纲要(试行)》和《3—6岁儿童学习与发展指南》等文件中均提出了游戏是幼儿园教育、教学活动中最为重要的一种交互方式。这种“游戏思想”的引导，使“课程游戏”在幼儿园得到了普及。随着“课程游戏化”进程的不断推进，“自主游戏”也逐渐成了一个热门问题。幼儿自主游戏对于幼儿的整体发展起着非常关键的作用。因此，教师要正确理解自主游戏活动对幼儿发展的重要意义，并恰当合理地指导幼儿的活动，在指导中体现出自主游戏活动的价值。本文以教师指导自主游戏为视角，在分析自主游戏内涵、教师指导现状的基础上，从游戏前、游戏中、游戏后三个方面阐述幼儿自主游戏教师指导的策略。希望通过本文的研究，为教师指导幼儿自主游戏提供参考。

中国民间故事与幼儿一日生活的融合

广东省深圳市宝安区燕罗燕川第二幼儿园　吴泽航

我国的传统民间故事，例如《白蛇传》《西游记》《花木兰》《哪吒闹海》《大闹天宫》等都是大部分人耳熟能详的，故事中的人物深受人们的喜爱，它们不仅代表一种思想和信念，更是一种精神的力量。千百年来，这些民间故事之所以能够源远流长，正是因为这些故事建立起了人们共同的精神家园。实践研究表明，将民间故事引入幼儿园教育当中，对幼儿有着积极的影响。

一、民间故事在幼儿活动中的作用

著名作家尤瓦尔·赫拉利在《人类简史》一书中写道："就算是大批互不相识的人，只要同样相信某个故事，就能共同合作。"由此可见，传统文化的力量不可小视，小到团队合作，大到国家联盟，都是因为人们有着共同的精神追求，正是这样，民间故事也得以薪火相传。人类文明的发展也被不断地保留下来，久而久之便成为一种比较固定的文化体系，并且演变成为一种独特的行为方式和思考模式。民间故事进园对于幼儿的成长与发展有着不可忽视的积极作用和价值，主要的目的并不是帮助幼儿习得某种技能或者具体的知识，而是为了帮助实现幼儿精神成长，让幼儿在活动过程中获得精神上的感知与认识。幼儿在不断成长和发展的道路上，其精神世界也应当不断丰富和发展。

在组织和设计幼儿活动的过程当中，要想提高幼儿活动的有效性，必须采用新颖独特的方式吸引幼儿的注意，这也就需要引导幼儿提高其主动性，激发幼儿的兴趣。我国著名学者黄少慧在《民间故事熏陶幼儿心灵》这篇文章当中分别从以下四个方面论述了民间故事的教育作用。首先，民间故事具有题材广泛的特点，能够有效开阔幼儿的视野以及幼儿的知识层面。其次，民间故事大部分都具有新颖奇特的特点，贯穿着作者丰富的想象力，有利于发展幼儿的想象力。再次，民间故事大多都具有较强的思想情感导向，能够有效牵动幼儿的思想情感变化。最后，民间故事中通常会有善恶、好坏、美丑的对比，具有一定的教育意义，能够形成正确的道德价值导向。通过这些想象力丰富的故事情节、曲折的人物关系和真情实意的感人对白，在幼儿幼小的心灵当中，能够播撒下一颗善意的种子，随着幼儿的不断成长而悄悄扎根于幼儿的心底。

二、幼儿活动中有效渗透民间故事的方法

(一)将民间故事与幼儿阅读相结合

阅读有利于增强幼儿记忆力，促进幼儿的大脑发育。幼儿教育专家认为，所有的学习基础都是从阅读开始的，而阅读是从幼儿时期开始的，在幼儿的语言系统没有建立完全之前，当它们看到外界的画面或者是喜欢的事物时，通常会用自己喜欢的语言和词汇来表达，而他们最早接触的词汇和语言，大部分都来自故事和童话，民间故事在儿童阅读上具有十分重要的价值。

作为一种独特的故事类型，无论是思想内容表达还是故事本身的表现形式，民间故事都能够更加贴近幼儿的理解能力和接受能力。幼儿教师在带领幼儿进行阅读活动的时候，可以在讲述故事之后，引导幼儿对故事内容进行复述，用自己的话来表达故事当中的主要思想和主人公的性格特点，在活动当中营造良好的阅读氛围，让幼儿感受到阅读传统民间故事的乐趣所在。因此，教师可以通过阅读提高幼儿的理解能力和记忆能力，丰富幼儿的精神世界，实现幼儿精神成长，在阅读故事的过程当中，潜移默化地帮助幼儿学习故事的主人公身上的闪光点。在传统民间故事当中，主人公身上的勤劳、勇敢、真诚、脚踏实地等宝贵的精神品质都值得幼儿学习。中国传统的民间故事深刻地反映了人们对于正义的追求以及对于美好生活的向往之情，倡导是非分明的善恶观，褒扬真善美，能够充分体现中华民族优良传统美德的深厚底蕴。同时民间故事是大部分人民所喜闻乐见的艺术载体，经典的民间故事不会随着时间的推移而消散，反而会更加地深入人心，成为一种精神力量和人们共有的记忆。

（二）将民间故事与幼儿识字相结合

在幼儿教育中开展识字活动是不可缺少的内容之一，不难发现，当幼儿充分运用观察、思考以及动手实践等方式开展学习的时候，能够对知识形成较深的印象，教师应当积极调动幼儿多个感官，让幼儿在学习过程中运用多个感官，在相互之间的配合中真正有针对性地提高幼儿的独立思考能力，使得幼儿在思考过程中增强自身的学习能力和理解能力，幼儿自身获取的理解和感悟是教师难以通过知识讲解来做到的。幼儿在获取知识的过程中，只有眼、耳、手、脑之间充分合作与配合，幼儿才能够真正完成知识的经历和体验过程。在独立的思考过程中激发幼儿的学习兴趣，培养幼儿主动探究和分析问题的能力，从而在快乐和高效的学习过程中完成学习任务。在提升幼儿学习能力的同时，激发幼儿的学习热情和动力。

例如，可以通过《仓颉造字》这一民间故事来帮助幼儿了解汉字的产生与来源，先通过故事来帮助幼儿建立适当的活动情境，让幼儿仿佛置身于特定的活动情境中。故事中讲，在很久以前，没有文字的时期，人们通过结绳的方式来记录日常生活中的小事和数字。但是，结绳非常不方便人们记录和回忆，大部分都需要靠脑力来记住生活中的琐事。因此，有一个名叫仓颉的人想到，为什么不能用一种相对比较固定的图案来表示各种不同的事物呢？于是，他就开始了自己的创作和研究，当他看到日月山川的样子，就在地上画出这些事物的形态；看到鸟兽虫鱼所留下的痕迹，就利用不同的标志来记录不同的事物。久而久之，人们对于这些图案进行了不断的简化，从而更加方便人们的书写和记忆，最终产生了文字，这也就是中国最古老的甲骨文。

（三）将民间故事与实践活动相结合

在幼儿园的活动中，动手操作也是必不可少的活动内容之一，幼儿教师通常会带领幼儿共同开展一些有趣的手工作业以及实践创作活动，比如绘画、手工、玩黏土等，因此，幼儿教师可以思考，将民间故事与这一类的实践活动相结合，使得在开展实践活动的过程中渗透中国传统文化。

例如，开展幼儿剪纸活动就是一种有趣的实践活动。剪纸活动除了本身具有较高的艺术性之外，还能够较好地促进幼儿手脑协调能力，培养幼儿对美的认知能力。开展剪纸活动的过程中，为了帮助幼儿更加深刻地理解剪纸文化，增强幼儿的兴趣，幼儿教师可以通过讲述“剪纸故事”的方式来系统地介绍剪纸的起源与发展历程。幼儿在听故事的同时，就能够了解到剪纸这一非物质文化遗产的起源，同时能够认识生活中的常见图形，通过拼接和组合创造出一幅幅美丽的多彩画卷，从而充分利用教育资源，有效促进幼儿认知发展，培养幼儿的文化自信心，建立起幼儿的民族自豪感。

综上所述，将民间故事应用于幼儿教育中，对于幼儿的发展具有积极且正面的影响和作用。教师在幼儿课堂中渗透民间故事的时候要格外注重幼儿的体验和感受，把民间故事不仅仅作为一种课堂教学的媒介，更是作为幼儿的精神世界和精神动力，从而充分发挥中华优秀传统文化的教育价值。

浅谈幼儿园开展幼儿体育活动的必要性及相关策略

广东省深圳市龙华区民治中学教育集团幸福枫景幼儿园　梁秀锦

一、幼儿园开展体育活动的必要性

《幼儿园工作规程》明确指出，幼儿园的主要任务是：贯彻国家的教育方针实施保教相结合的原则，对幼儿实施体、智、德、美全面发展的教育，促进其身心和谐发展。其中，有目的地将"体"放在首位，可见幼儿的身体发展教育是幼儿期教育的根本。由此可见，幼儿园开展体育活动对于幼儿身心全面健康发展具有重要的作用。

(一)有助于幼儿强健体魄，茁壮成长

幼儿期是身体机能发展的最佳时期，身体平衡力、四肢协调力将在幼儿期得到充分的发展，有目标地进行体育活动，能促进幼儿健康成长。开展体育活动的过程中还能让幼儿有更多的机会走到户外接受日光浴，减少缺钙、佝偻病的发生，增强了皮肤的抗病能力和身体的调节功能，让幼儿拥有健康的体魄，茁壮成长。

(二)有助于培养幼儿勇敢、抗挫的精神

《幼儿园教育指导纲要(试行)》中健康领域的内容和要求明确指出，"在体育活动中培养幼儿坚强、勇敢、不怕困难的意志品质和主动、乐观、合作的态度"。幼儿年龄小，生活经验少，缺乏解决问题的能力。在面临困难时往往会下意识地向成人求助，容易形成畏难情绪和依赖心理。通过开展体育活动，可以让幼儿感悟"超越自我""不怕困难""敢于尝试"的精神，有助于培养幼儿勇敢、抗挫的精神。

二、幼儿园开展体育活动存在的问题

开展幼儿体育活动对幼儿的身心健康发展有着非常重要的作用，但受到各种主客观因素的限制，目前幼儿园体育活动开展仍然存在许多问题。幼儿园开展体育活动存在以下四个方面的问题。

(一)幼儿参加体育活动时间不足

目前大部分的幼儿教师在策划体育活动时注重于幼儿智力的开发，在本该带领幼儿进行体育活动时，教师占用了幼儿的体育活动时间去开展其他教学活动。例如，当带班老师当天没有完成教学任务时，教师会利用幼儿的体育活动时间来完成。

此外，部分教师没能意识到体育活动对幼儿身心发展的积极促进作用，缩短幼儿参加体育活动的时间。例如，下午天气炎热，教师担心幼儿活动量大，出汗过多，导致身体不适，让家长产生不满。为了避免引来不必要的麻烦，刻意缩短幼儿下午的体育活动时间，让幼儿在教室内开展其他活动。

(二)教师对幼儿主动性培养不够

幼儿园体育活动的目的是激发幼儿对体育的兴趣，让幼儿在体育活动中养成锻炼的良好习惯。目前大多数幼儿园体育活动的组织及开展，多由幼儿师范或学前教育专业毕业的幼儿教师负责，不是由专职的体育老师负责，他们没有经过专业的体育学习，大部分只接受了少量公共体育课的体育知识，缺乏专业体育技术。笔者实习时了解到幼儿园开展体育活动主要是通过广播体操来完成，在幼儿完成广播体操这一项目时，幼儿教师只是在一旁带着孩子一起跟着老师做，幼儿的体育锻炼没达到目标运动量，幼儿主动学习的兴趣越来越少，探求的能力也没有得到发挥。教师要营造一个主动学习的氛围，让幼儿从被动接受

体育训练到自主完成体育活动任务，激发幼儿主动参加体育活动的积极性。

（三）家长对幼儿园体育认识不足

由于家长对幼儿园教育的认识偏差，认为幼儿园开展教育内容就是“识字”“画画”“唱歌”“玩游戏”。有些家长甚至不知道“体育”这一概念，还有一些家长担心过多地开展体育活动会影响孩子学习，这种思想阻碍了幼儿园全方位制定幼儿体育活动的目标及开展丰富多彩的体育活动。

（四）幼儿园的体育设施不完善

体育活动对幼儿身心全面发展起着重要作用，需要根据不同年龄段幼儿的身心发展特点开展不同的体育活动。而体育器材配备设施是幼儿进行体育活动的重要物质条件。因此，幼儿园在购置体育设施时应该考虑到不同年龄段幼儿的体育活动需求。然而目前大部分的幼儿园体育设施较单一，很多幼儿园操场只有塑胶跑道、篮球架等，没有考虑到不同年龄段幼儿的身心特点的差异性，制约了体育活动的开展，不利于达到体育活动的根本目的。

三、加强幼儿体育活动的相关策略

（一）家长应树立正确的体育观

家长必须充分认识到，学前体育与训练能促进幼儿人体结构和肌肉发展，增强体质，并促进智力发展，为今后幼儿养成良好的健康习惯打下良好基础。家长不能片面地重视幼儿智力、偏艺术类的开发，忽视体育活动对幼儿身心发展的促进作用，更应该多花时间了解幼儿身心成长的一般规律以及个别幼儿成长的特殊现象，合理制定出符合幼儿身心发展的体育锻炼活动，在体育活动中充分调动幼儿参与体育锻炼的主动性和积极性，让幼儿爱上体育运动。

（二）幼儿园教师应树立正确的体育观

《幼儿园工作规程》规定，幼儿园每日体育活动不能少于两小时。但是目前大部分幼儿园教师在开展幼儿体育活动时侧重于智育发展，压缩体育活动的时间，忽视体育对幼儿身心的发展，这种做法不利于幼儿身心健康发展。幼儿园教师必须充分认识到开展体育活动可以增强幼儿的体质，并促进其智力发展，为其今后养成健康的生活习惯打下基础。因此，教师不应片面地重视幼儿智力的开发，忽视体育对幼儿身心发展的促进作用，应该保证幼儿每周都有充足的体育时间，应该多花时间了解幼儿身心成长的规律以及制定科学合理的体育目标，组织幼儿开展体育活动。

（三）幼儿园应丰富创新体育活动形式

游戏是帮助幼儿进行体育活动的最好方式，幼儿能从活动中获取快乐，同时还能强身健体，因此幼儿园应开展丰富多样的体育游戏活动。如在体育活动中融入民间传统游戏，如抛绣球、竹竿舞、丢沙包、滚铁圈等。抛绣球可以锻炼幼儿的运动能力、身体协调能力；竹竿舞可以让幼儿在跳动中体验舞蹈的乐趣；丢沙包、滚铁圈可以锻炼幼儿的手眼协调能力。开展这些活动一方面可以提高幼儿身体素质，另一方面可以接触和了解民俗文化，开阔视野，寓教于乐。

（四）针对不同年龄段幼儿的身心特点设计体育活动

根据幼儿的身心发展特点组织生动有趣、形式多样的体育活动，是吸引幼儿主动参与，促进幼儿身体、心理健康的重要前提。随着年龄的变化，幼儿的体育活动形式也有所变化。因此，教师在组织体育活动时要结合各年龄段幼儿的身心发展特点。

小班幼儿的神经系统支配能力和肌肉活动能力有了一定增长，可借助体育器械和玩具发展幼儿的基本动作，培养幼儿对活动的兴趣。中班幼儿正处于中枢神经和末梢神经机能发展的重要时期，应以发展幼儿的运动技能为主要目标，如运用各种信号练习走、跑、跳的动作速度能力，练习单脚跳，学会玩皮球的基本技能，学会拍球、传球、踢球，学会在垫子上爬、滚、翻等动作。当然这些活动的实施要靠幼儿感兴趣的人来引导。大班幼儿身心发展比较稳定，该阶段正是幼儿活动能力迅速发展的时期，对各项动作能够建立很好的条件反射，可以进行较复杂的动作练习，如灵活躲闪跑，会跳绳或跳橡皮筋，协调、灵敏地翻滚、钻爬、攀登，学习踩高跷、踢毽子等。

四、结语

在幼儿教育的启蒙阶段，教师要逐渐重视对幼儿体育活动的培养，充分认识幼儿园教育的阶段，要明确组织幼儿进行体育活动的目的。幼儿教师应根据幼儿的身心发展特点，树立正确的体育观，幼儿教师要充分认识到体育活动的重要性，制定科学合理的体育活动目标，针对不同年龄的幼儿去设计合理的体育活动，激发幼儿对体育活动的认识，养成良好的锻炼习惯。

加强幼儿户外自主游戏保育行为的探究

广东省深圳市龙华区未来幼教集团龙观幼儿园　潘焕有

目前，幼儿园提出了活动游戏化的口号，所以越来越多的幼儿园开展了户外自主游戏活动，旨在让幼儿通过游戏的方式参与到体育锻炼中，这对促进幼儿的健康成长是大有裨益的。但从目前来看，幼儿园户外自主游戏活动中存在着许多问题，比如很多教师的教学还停留在传统意义上的运动方式，内容比较单一，往往只涉及基本动作等，没有着眼于幼儿的终身体育意识培养。部分教师还忽视幼儿户外自主游戏中的保育行为，这不利于幼儿的健康发展。本文提出以下四点具体做法，加强幼儿户外自主游戏的保育行为，以供同人参考。

一、加强幼儿户外自主游戏保育行为的具体做法

（一）基于幼儿年龄特点开发合适的户外自主游戏活动内容

教师要适当丰富户外自主游戏活动内容，从幼儿的现实情况出发组织相关活动。比如在“编花篮”这个民间户外自主游戏中，由于幼儿大小肌肉群的力量和协调能力还没有得到完全的发展，将一只脚搭在同伴的腿上并单脚跳完一首儿歌，这个对于3—6岁幼儿来说难度太大。教师可以将其改编成一只脚勾着离地，间隔一个节奏后勾着离地的脚再轻轻点地，让幼儿有充分的时间休息，减轻游戏的强度。

基于幼儿的年龄特点，氛围和情境对活动起着巨大的作用，教师可以创设不同的游戏情境。如找宝藏、帮助老奶奶开店、运动员选拔赛等，激发幼儿主动参与户外自主游戏的积极性。在传统游戏“跳房子”中，可以创设海底寻宝的游戏情境，将小房子变成大的海底乐园，每一个小区域增添不同的材料（如轮胎、平衡木、椅子等），激发幼儿的兴趣，且能通过一个游戏活动锻炼不同技能，提高身体素质。

（二）对幼儿渗透安全教育

对于幼儿来说，幼儿园组织的户外活动既是重要的娱乐形式之一，又是增强幼儿体质和身体协调性的重要渠道之一。然而由于幼儿还不具备较强的自我保护能力，不能对潜在的安全隐患进行甄别和避让，因此很容易在户外活动中受到伤害，甚至引发更加严重的后果。客观地说，并不存在绝对安全、毫无隐患的户外活动，任何户外场所都隐藏着一定的不安全因素，也并没有统一的、标准的措施可以保证户外场所安全事故不会发生。正因如此，更有必要以人为出发点，加强对幼儿的安全教育，以人的“不变”应对环境中的“万变”，这样才能切实保障幼儿在户外活动中的人身安全。

基于以上思考，教师必须明确安全教育的目标与原则。在幼儿园，教师是幼儿的首要监护人，其个人安全意识的强弱、安全教育能力的高低，都在很大程度上决定了幼儿园户外活动中进行幼儿安全教育的成效。为了充分领会安全教育的内容、形式、本质和精神，教师有必要在工作进程中加强对幼儿教育领域相关政策文件的学习，比如《幼儿园管理条例》《未成年人保护法》《教育督导条例》等。

在了解自身义务和责任的同时，教师应当明白自己是幼儿人生中“安全第一课”的授课者，这堂课的质量在一定程度上影响着幼儿未来的自我保护能力，为此，教师应当重视户外活动中的幼儿安全教育问题，全面考量幼儿在户外有可能遭遇的安全意外状况，并将这些状况组织成小游戏，在平时的户外活动中教幼儿识别安全隐患，引导幼儿思考如何规避这些隐患，以及在遇到同类隐患后采取什么措施。科学合理的教学应当以“授人以鱼，不如授人以渔”为宗旨，在户外活动中进行幼儿安全教育的目的是教会幼儿举一反三，在幼儿园中学到了户外自我保护的知识后，在实际生活中也能懂得灵活运用。

（三）准确把握挑战的“度”

户外自主游戏需要具备一定的挑战度，能激发幼儿的挑战兴趣。但是在设置挑战度的时候，幼儿教师必须结合幼儿的身心特点，从幼儿的年龄特点出发，为幼儿提供合适的户外自主游戏内容，激发幼儿户外自主游戏的积极性和主动性。教师要善于结合幼儿身体特点安排户外自主游戏活动。幼儿的特点表现为活泼、好玩，对什么都感到新鲜，容易产生兴趣，但兴趣也容易转移；喜好模仿，但注意力较难集中；情绪易于变化，自我控制能力差；形象思维占优势，有较强的依赖性；喜欢集体活动，喜欢做强者或领头人，不能正确估计自己的力量等。此外，幼儿的骨骼正处于生长发育阶段，骨骼的坚固性差，硬度小，容易在过大外力作用下发生弯曲和变形。因此，在进行户外自主游戏时，应充分考虑这一时期幼儿骨骼关节发育的特点，注意在游戏活动中培养幼儿正确姿势，全面增强幼儿体质，促进骨骼的生长，避免长时间单纯进行非对称性的练习和静止用力练习，避免过量负荷练习。在幼儿进行发展力量性、对抗性游戏时，教师应控制一定的强度和时间，做到适量、适度。同时，在游戏中教师应提出严格要求，进行组织纪律性教育，防止伤害事故的发生。

另外，在户外自主游戏的挑战环节，教师要意识到幼儿的个体差异性。每个幼儿由于受到先天遗传、后天教育等因素的影响，他们的发展水平各不一样，身体素质也不尽相同。所以教师不能对幼儿提出一样的要求，硬性规定幼儿必须完成挑战，这样容易导致幼儿受到身心伤害。如果教师一味将自己的主观意愿强加给幼儿，就难以激发幼儿对户外自主游戏的兴趣。每个幼儿的个体差异性是客观存在的，不能规定每个幼儿都能挑战成功。设置挑战环节的最重要意义是让幼儿能够勇于挑战，而不是让他们必须完成挑战。教师要尊重幼儿的主观意愿，体现挑战环节的包容性，更要允许幼儿的失败，户外自主游戏的关键是幼儿能在挑战环节付诸努力。

（四）采取富于变化的激励方式

幼儿年纪小，他们普遍希望得到别人的肯定与表扬。所以教师在户外自主游戏中要采取多种多样的激励方式，激发幼儿敢于挑战户外自主游戏，在良好的氛围中发展幼儿的各方面能力。在以前，教师只是简单地在幼儿完成户外自主游戏时说一些“你很好”“你很棒”“继续加油”等针对性不强的鼓励语言，难以激发幼儿的积极性。有鉴于此，教师首先要丰富自己的语言表达。例如，在双脚跳的练习中，教师可以对幼儿说："你跳得真棒，正确做到了双脚起跳，双脚落地"，小朋友们听到教师的话便会加倍努力练习，争取把动作做得更好，跳得更远。这样的激励性语言不仅能对幼儿做出较好的评价，也充分给予了幼儿自信心和勇气，使他们更积极地投入户外自主游戏中。

另外，教师要激发幼儿在户外自主游戏中的积极性，我认为使用代币法进行培养效果较好。例如，制作幼儿挑战户外自主游戏的记录表，比如在固定时间内完成 50 米跑、100 米跑，孩子做到了就及时给予表扬鼓励，奖励 1 个小贴画。积累 10 个小贴画后，幼儿可以去教师那里换取自己想要的小礼物，这样可以激发幼儿勇于挑战不同的户外自主游戏的积极性。

二、结语

根据《幼儿园工作规程》要求，幼儿园应该根据幼儿特点积极开展适合幼儿的户外自主游戏活动，每天的室外运动活动时间不能少于两小时。所以，幼儿园户外自主游戏活动是幼儿园教学中的重要内容之一，不仅有利于促进幼儿生长发育，增强体质；还有利于培养幼儿勇敢、自信、抗挫的精神品质，实现幼儿的社会性发展，从而促进幼儿实现全面健康成长。因此，幼儿园需要多措并举组织开展好幼儿户外自主游戏活动，并在过程中加强保育行为，对幼儿进行安全教育的渗透，并合理设置运动的"度"，以此促进幼儿的茁壮成长。

新时代幼儿园教育评价的实施途径初探

深圳市龙岗区横岗街道振业城第一幼儿园　麦永红

一、新时代幼儿园教育评价改革的意蕴

学前教育评价就是对学前教育活动有关的各个方面和各种问题进行系统的检测和科学的价值判断过程。中共中央、国务院发布了《深化新时代教育评价改革总体方案》，这是深入贯彻落实习近平总书记关于教育的重要论述和全国教育大会精神，完善立德树人体制机制，扭转不科学的教育评价导向，提高教育治理能力和水平的重要体现。科学的教育评价是对教育方案的决策提供有用信息的过程，是一种对优缺点或价值的评估，掌握科学的评价方法有利于我们发现学前教育的不足，通过反思调整适合幼儿发展的教育目标、内容、活动等，科学合理的评价对被评价者起到良好的激励与鼓舞的作用。

二、幼儿园教育评价的现状分析

（一）教育评价中教师唱"独角戏"

大部分幼儿园教育评价中，教师成了主要的角色，教师唱着"独角戏"。"独角戏"也分为主动的独角戏和被动的独角戏，一方面是教师不欢迎其他角色介入评价，另一方面其他角色不愿意参与进来。《幼儿园教育指导纲要（试行）》指出，管理人员、教师、幼儿及家长均是幼儿园教育评价工作的参与者，评价过程是各方共同参与、相互支持的过程。然而，在幼儿园实际教育评价中，教育评价是教师的"独角戏"。

（二）教育评价中幼儿作为客体

在成人的眼中，幼儿由于年龄小、认知水平低、不懂事等原因，被认为没有能力参与评价，所以很多时候教师未给予幼儿参与评价的机会，幼儿作为评价主体的地位未被重视，甚至被忽略。《儿童权利公约》提出儿童有生存权、发展权、受保护权和参与权四种基本的权利，幼儿参与评价正是其行使参与权的重要体现。例如教师对幼儿园很多主题活动、户外活动等，按照自己的设想和预判完成所有的计划，考虑了很多的方案，却很少会征求幼儿的意见和想法。幼儿在评价中被视作客体，很少有机会表达行为背后的经验、兴趣、需要等。

(三)有关学前教育评价的研究还比较滞后

学前教育评价是一种专业性、技术性很强的工作，只靠教育管理人员主持和参与的评估，没有学前教育专业人员参与，就很难保证评价的科学性和有效性。然而，我国学前教育评价领域的理论和实践研究仍处于初级阶段，在知网上搜索学前教育评价改革论文，其中博士论文 2 篇，学位论文 10 篇；搜索学前教育评价论文，其中博士论文 26 篇，硕士论文 214 篇，学术论文 563 篇。这些研究成果都是对发展历史、文献综述和国外借鉴等方面的研究。而学前教育评价相关的研究成果少之又少。在网上的书城搜查相关学前教育评价的书籍，结果也是极其稀少的，对学前教育评价研究的评价方法、评价体系、评价内容等方面的研究少之又少。

三、幼儿园教育评价改革实施的途径

(一)深化落实国家政策和教育方针

习近平总书记在全国教育大会上明确指出，要深化教育体制改革，健全立德树人落实机制，扭转不科学的教育评价导向，从根本上解决教育评价指挥棒的问题。百年大计，教育为本，教育是培养人的事业，要充分发挥教育评价的指挥棒的作用，确立科学的育人目标，确保教育正确发展方向。我们应该深化国家政策及教育方针，落实《深化新时代教育评价改革总体方案》等相关文件，学前教育工作者应该学习、领悟相关文件精神，将其渗透于幼儿园一日生活，关注幼儿、倾听幼儿，鼓励幼儿对幼儿园一日生活、课程、教师等做出评价。同时加强学前教育评价政策思想理念的学习和宣传，变革观念，为学前教育评价改革提供强大的凝聚力和内驱力，这也是推动教育评价改革政策的重要方略。

(二)搭建全方位的幼儿园教育评价

1. 科学掌握幼儿评价

学前儿童发展是依据学前教育目标以及与此相适应的学前儿童发展目标，运用教育评价的理论和方法，对学前儿童身体、认知、情感与社会性等方面的发展进行判断的过程。它是了解学前儿童发展状况、对学前儿童实施有效教育的重要手段。著名教育家陈鹤琴认为，“只有了解儿童，才能教好儿童。”观察是教育评价的重要部分。《幼儿园教育指导纲要(试行)》提出幼儿园教育评价“是了解教育的适宜性、有效性、调整和改进工作，促进每一个幼儿发展，提高教育质量的必要手段”。

2. 促进教师发展评价

幼儿教师评价可以以专业理念与师德、专业知识、专业能力等综合能力作为评价的指标。《幼儿教师专业标准(试行)》的基本理念着重强调师德为先，要求幼儿园教师“热爱学前教育事业，具有职业理想，践行社会主义核心价值，履行教师职业道德规范，依法执教”。要求幼儿教师“把学前教育理论与保教实践结合，突出保教实践能力，观察幼儿、研究幼儿，遵循幼儿发展特点，注重保教结合工作”。幼儿教师的专业素质直接影响着幼儿的成长和发展，通过自评和他评能更加清楚了解自己。评价者可以是教师本人、同事，也可以是幼儿、家长和幼儿园的管理者。通过多方评价发挥群体的智慧和合作精神，共同研究，共同促进教师专业成长。

3. 发挥园本综合评价

用好评价指引手册，抓好评价环节，是幼儿园健康发展的必由之路。幼儿园管理工作评价涉及的范围非常广，包含了幼儿园办园条件、师资队伍、后勤管理、保教工作、文化建设、课程、师幼关系等，幼儿园管理评价是一个复杂的过程。由程秀兰主编、北京师范大学出版社出版的《学前教育评价》一书，较为系统、全面地构建了学前教育评价指标体系的逻辑脉络，这为学前教育评价指标体系构建提供了重要思路。与时俱进，更新改革幼儿园的教育评价指标，形成幼儿园的系统的教育评价指引手册，为幼儿、教育工作者、家长提供指标，进行评价。构建科学、有效的学前教育评价指标体系，能不断促进学前教育发展实践的规范与进步。

(三)现代化信息技术为学前教育评价改革提供支持

1. 资源共享研究成果

学前教育综合评价是极具复杂性的。目前全国也有学前教育的精英通过课题研究出学前教育评价的成果，每个研究者的课题不一样，相对应也存在不同方向的研究成果，把相关学前精英研究成果组成学前的评价资源库，方便学前教育工作者免费下载，通过评价的指标来对标出自己的不足，从而根据相关指标调整相关内容，助力学前教育高质量发展。

2. 开发评价系统的软件

各方面的评价离不开信息的收集，信息化手段为高效完成学前教育评价工作节约了时间和人工成本。录入电脑的评价资料有较高的准确性、完整性，也易于长期保存。信息化手段可以进行系统分析，用数字对研究对象进行度量，借助一系列统计方法和工具来分析和检验变量之间的关系。

综上所述，学前教育评价改革是一项专业和复杂的系统工程，需要多方参与和支持，并从构建原则、构建理念、构建机制等多个方面共同优化，通过多角度发力，实现学前教育评价指标体系构建工作的整体推进。落实国家政策和教育方针，坚持“为党育人，为国育才”的方向，科学构建平台、投入经费、邀请各方面专家合作研究，利用信息技术2.0进一步推动学前教育评价工作的创新和进步，为学前教育的高质量发展助力。

构建家、园、社“三位一体”新机制，共育“三好”幼儿

北京市东城区春江幼儿园　许丽娜

一、研究背景

幼儿的健康成长离不开幼儿园的教育，更离不开家庭教育。随着时代的发展和社会的进步，需要给予家长充分的必要的社会支持，需要家、园、社密切配合。若把教育比作一颗萌芽的“种子”，家庭、幼儿园、社会就是其不可缺少的“养料”，因此不断提升家、园、社协同共育能力，不仅是满足幼儿发展的新需求，更是新时代教育的责任和使命。

在家园协同共育中，如何得到家长对园所工作的认可？怎样得到邻近社区教育资源的支持？在家、园、社协同共育中怎样形成合力，发挥更大的育人效果？怎样让园所立足教育、面向社会、多维服务？我们主动思考，推动形成家、园、社共育新格局。

结合园所发展情况和新时代家、园、社协同育人需求，园所构建了“三位一体”新机制——“三位”即家庭、幼儿园、社会，“一体”即幼儿为主体。园所始终以培养“好身体、好习惯、好品行”为育人目标，建立园所各部门协作、家长参与、社会支持的家、园、社协同育人共同体，努力实现发展幼儿、成就教师、引领家长、服务社会的办园方向。

二、实施策略

(一)建立“三位一体”机制，保障家、园、社共育规范运行

“三位一体”协同共育机制，形成有机整合、高效运行的核心力量，实行“1+3+3”模式(即1个家、园、社协同育人工作室，3个家长队——家长助教队、家长护园队、家长伙委队，3个育园服务队——育园督察队、育园早教队、育园志愿队)，保障家、园、社共育机制规范运行。

“三位一体”协同共育新机制运行中，以园所教师参与区家庭教育指导服务师培训为契机，参与学习，丰富家、园、社共育新理念、新知识，成立园级“家园社协同育人工作室”，发挥园所辐射作用，引领家长更新教育理念，用科学、发展的眼光看待孩子，并从中获得切实有效的家庭教育指导服务，提高家庭教育能力。同时，园所吸纳家长力量成立助教队，家长进课堂，搭建起幼儿、家长、老师相互交流的平台，形成教育合力；护园队中家长承担来离园时的安全保障，维持秩序，保障园所门前区域的幼儿安全；伙委队中家长对园所幼儿饮食进行监督，并适时提出幼儿营养膳食合理化建议。园所和辖区合作，成立育园督察队，园社互相支持，共同监督，规范管理；育园志愿队，园所开通周末“家长热线”，帮助家长解决困惑，并进行育儿科学宣教；育园早教队，园所开展早教游戏活动及早教指导，主动服务社区。机制运行中“三位”利益共享、责任同担、密切联系、高效合作，将优质和潜在的教育资源有机整合，增强机制运行的活力。

(二)开展丰富活动，助力家、园、社共育高效发展

“三位一体”共育新机制运行中，通过家、园、社合作活动，实现家、园、社互动共育，共同培育“三好”幼儿。开展“童心向党　传承红色基因”系列活动，组织家长不定期参加园所活动，如亲子游戏“勇攀长征路”、见字如面——“写给孩子的一封家书”，亲子共玩、共听、共交流，形成良好的亲子陪伴关系。挖掘园所周边社会资源，亲子参与社会实践，如胡同博物馆之旅、非遗活动体验、走进公园等，在多走、多看、多听中，家、园、社共同参与，让幼儿从小萌发爱国的情感，共同锻炼好身体。

家、园、社携手开展“垃圾分类”活动，以家庭为单位，通过好家风、好家长的榜样，让家长意识到言传不如身教，促进良好家庭教育观念的发展，爱护社会环境，从而养成好习惯，建立好品行。

园所开展“垃圾分类小达人”评比，家园一起设计倡议书、绘画行动标语，同时发挥家、园、社联动作用，幼儿把设计的活动倡议书发给社区居民并进行讲解，播放录制的宣传视频。通过社区资源，幼儿与家长一起参与小区“垃圾桶志愿服务”，用自己的实际行动践行垃圾分类，共同保护我们干净整洁的环境。周末，教师也会以志愿者身份参与到社区服务中，幼儿和家长看到教师以身作则，也更加支持社区工作，为社区营造良好的社群关系，家、园、社共同为幼儿的健康成长保驾护航。

(三)三方赋能共生，推动家、园、社共育内涵提升

家、园、社在协同共育的过程中，不断组合、赋能新的角色。家长走进课堂变成“老师”，参与游戏变成“玩伴”，维持秩序变成“保安”，参与营养膳食变成“厨师”。教师成为家长的助教，社区优质资源被转化为教育契机，三方赋能共生，激发教育智慧。

家、园、社协同共育的合作团队，以园所“星宝”为载体，推出“星宝”公众号系列栏目，增强共育特色和品质，推动家、园、社内涵发展。“星宝故事播报站”中，亲子、师幼一起讲海洋故事，走进社会大课堂北京海洋馆、富国海底世界，幼儿在真实的体验中了解更多的知识。“星宝健康加油站”中，园所保健医和社区医院大夫联系，合作开展健康宣教，丰

富家长健康育儿理念。“星宝节气小课堂”上，师幼在节气中感知自然的变化，亲子走进自然，感知生活环境，感知节气与我们生活的关系。“星宝无忧入园云端课堂”上，针对小班幼儿分离焦虑，教师录制云课堂，分享缓解情绪的小妙招，让幼儿更快地适应幼儿园生活，感受集体生活带来的乐趣。

家、园、社三方赋能共生，由以前园所对家长的要求变为家长赋能，园所与社区的关系从分隔变为合作，园所不断吸纳家庭、社区的力量，同时三方又相互服务，协同共育，促进幼儿健康成长。

三、成效思考

“三位一体”协同共育机制让家、园、社联系更加紧密，三方坚定了对幼儿共育的观念，为寻求共育方法发挥集体智慧。每学期园所通过家长调查问卷，社区居民访谈，了解育儿中的困惑，通过“育园家庭指导讲堂”栏目，进行一对一教育诊断，向家长、社区居民传授科学的育儿理念，在对话中碰撞智慧，提升科学育儿水平。栏目中的话题也得到社会的广泛关注，内容刊登在《北京青年报》话题征集版块中。园所也联动社区，通过家长俱乐部、社区小课堂，采取专题讲座、沙龙、咨询、分层次学习、经验交流等形式，不断让机制运转充满活力，富有持久力，更具感召力。

园所会始终以“三位一体”共育新机制为中心，建立自下而上、自上而下的教育协同组织，营造家庭教育、幼儿园教育、社会教育合作共赢的良好局面，保证合作的科学性、持续性、创新性。在“三位一体”新机制运转下，园所“和谐友爱、追求卓越”的办园理念不断深化。2023 年园所成为“京城学前教育品牌幼儿园”，大大提升了园所办园质量和园所影响力。“三位一体”共育机制落地生根，最终促使幼儿这一主体在更加和谐的氛围中健康成长，实现园所高质量发展。

家园共情沟通，助力幼小科学衔接

山东省青岛市城阳区桃源居幼儿园　傅文选

每到大班阶段，家长就陷入幼小衔接焦虑中。而每当此时，几乎所有的园所、教师都会通过家长会、小学教师进园培训讲座等多样的沟通形式帮助家长树立科学的入学准备理念。但在实际的家园沟通中依然普遍存在无效、低效、频率失衡等问题，家长“不配合、不理解、不支持、有苦难言”的情况在沟通中频发。

为什么会出现这种现象呢？我们发现：沟通对话的“共情不足”“以威压人”导致教师不能基于家长们的心理需要提供有针对性的指导建议，从而造成沟通低效。因此，我园借鉴共情理论，从“探寻、明晰、鼓励、舒虑、共勉”五方面探索沟通策略，提升教师共情沟通水平，助力幼小科学衔接。

一、探寻——察觉家长对衔接的情绪和内在体验

共情就是我们常说的“换位思考”、“设身处地”和“感同身受”。我们通过分析班级日常发生的典型案例，多次模拟和家长沟通，提升自身的共情水平。

例如，当家长抛出问题“老师，我儿子不认字怎么办”时，浅层次的反馈会简单回应：“我们幼儿园没有认字课。”高一层次的反馈，可能会较为及时地捕捉家长的情绪，用“您是不是对孩子上小学有些不放心”的语言表示对其心情予以理解。而高层次反馈应是在全面明晰沟通信息的基础上，给出较为科学、可行的指导意见。

我园通过这种案例解析式的培训，帮助教师从情感、认知和行为三个层面提高共情意识、学习共情策略。这样，在家园沟通的过程中，老师们更愿意倾听家长的发言，接纳家长对“幼儿园去小学化”和“入学前知识储备”之间的矛盾，也更容易与家长实现真诚的互动、充分的交流。

二、明晰——了解家长对于衔接的认知

家长对幼小衔接的认知具有很强的主观性，而了解家长的认知水平是后续进行介入指导的关键。因此，教师需要在与家长的对话中，分析辨别其对幼小衔接的认知情况，理解家长对于幼小衔接的焦虑、困惑甚至是对幼儿园去“小学化”工作的不认可等。

例如，有的家长认为“幼儿园整天玩，不学知识，孩子能力得不到发展”。可以看出，这些家长对幼儿园教育、幼小衔接的认知有偏差，理念与教师观念完全相悖。在沟通中，如果教师一味坚持“原则”和使用“规定”的语言，就会导致沟通断层。因此，我园围绕“幼儿社会性适应和学习适应”建立“家园校环链浸润式的协同机制”。通过“相约星期三”活动让家长走进幼儿园跟岗观摩体验，在游戏中发现幼儿的智慧，在参与教研中重新解读儿童。携手小学校长、教师开展“家长大讲堂”“家校园三长对话”活动，为家长现场答疑解惑，营造温馨、舒适的沟通氛围，在共情中用专业消除家长群体的焦虑。

三、鼓励——强化家长的正向行为

及时的捕捉和认同家长的正向行为，不仅可以为有效沟通打下基础，更能强化家长有益的经验形成。在与家长沟通的过程中，每每发现家长幼小衔接的积极行为便会鼓励其开展经验分享，我们都会通过幼儿园微信公众号的“家有好爸妈”传播家长幼小衔接优秀做法和成功经验，用身边榜样案例帮助全体家长走上科学衔接之路。这种认同式的欣赏鼓励，在强化家长幼小衔接积极行为的同时也带动了更多的家长一起参与到科学合理的幼小衔接中来。

四、舒虑——突出幼儿的良好品质

“发现优点”策略能够很好地缓解家长的焦虑情绪，也是促进积极沟通的重要前提。教师有针对性突出幼儿在学习生活中的优点，可以让家长有良好的情绪体验，同时也能更加客观地评价孩子。在家长入园体验幼儿游戏活动后，我们会选取幼儿游戏中体现良好学习品质的录像，与家长一起进行“家长观察交流会”解析。如将孩子们从对影子产生兴趣，到探寻、发现生活中的影子，再到巧用材料，将自己变影子的游戏故事分享给家长，邀请家长观看游戏视频，讨论：你发现了孩子们怎样的学习品质？请家长充分表达自己的观点。教师再根据家长们的交流细致解读幼儿在自主探究过程中的深度学习，从而引发家长们见微知著，从不认可游戏到赞叹孩子们玩中学、做中学的精彩。

五、共勉——商定明确可操作的衔接方案

沟通双方达成某些共识或对行动有所改变是沟通有效性的关键所在，也与教师的专业能力息息相关。实践中，我们发现如果教师仅仅对家长的困难、矛盾有所了解，却未能提出较为有效的指导和帮助，或提出的指导建议没有针对性，不为家长所接纳，那这样的沟通仍为无效沟通。因此，我们在给予家长明确、可操作的衔接方案的同时，还应积极争取家长的认可和支持，并适时聚焦个别孩子的个别需要。比如，通过设立教师、园长、校长有约制度，随时为有需要的家长解决衔接难题。

总之，通过“寓理于情”的共情沟通和“家园校浸润式协同机制”的初步探索，我们欣喜地发现我园的家长变了，以往只是单纯地来听讲座，现在变成了与教师并肩前行的同行者。我们相信，家、园、校协同，共情沟通，必将形成有效的家园合力，引领孩子们顺利完成这场“由幼入小”的角色大转换，健康成长。

家园合作促进幼儿情感调控思考

深圳市宝安区西乡丽景城幼儿园　刘燕芬

幼儿的情绪情感发展对于其社会化、人际交流都有很大的影响，在幼儿的各项活动中更是发挥着巨大的作用。家庭是幼儿生活的主要场所，在帮助幼儿发展其情感调控能力上发挥着重要的作用。所以在幼儿阶段，提升幼儿情感调控能力是广大幼儿教育工作者与家长关心的问题。作为一位一线教师，在遇到情感调控能力较弱的幼儿时，往往因为自身工作、环境布置等原因，且同时需要考虑其他幼儿的集体活动安排，很难抽出时间对其进行干预。同时，笔者在日常工作中常常遇到家长对幼儿的情感调控能力认知不足，教师与家长之间沟通不畅导致家园共育开展滞缓。基于此，笔者结合自身一线工作的优势和实践经验的积累，提炼有效提高幼儿情感调控的家园合作形式与内容，探讨实践中的教育建议与对策。

一、明确家园合作促进幼儿情感调控中的价值导向

(一)信任基础，家园同步

教师与家长之间的信任是家园合作的基础，这层基础是奠定家园合作顺利实施的最重要的影响因素。家长需要信任教师，心中有困惑和疑问应及时与教师沟通，沟通是建立信任的重要方式。作为幼儿的班主任教师，在家长心中是有信任基础的。在此基础上，家园合作才能同步开展，两股力量汇聚成巨大的推动力促进幼儿成长。

(二)统筹时空，教养有序

时空即时间与空间。所谓时间，是家长需给予幼儿充足的陪伴时间，家长与幼儿一起玩游戏、阅读、外出活动、一起看动画等都可以增进幼儿与家长之间的感情。家园合作开展多种形式的亲子活动，幼儿更愿意与之交流，并且家长也能在整个过程中感受幼儿的情绪及心理变化，在教师的指导下更加了解幼儿情绪情感的发展，以便及时给予幼儿正确的指导，帮助幼儿健康成长。

所谓空间即环境，家庭应提供良好的家庭环境，并且家园合作中充分利用环境中的材料对幼儿进行适时的教育。在良好的家庭环境下，在教师的指导下，父母对孩子的心理和需求有所了解，互动中鼓励支持孩子提出的一些想法，并且不断启发与诱导，那么就能帮助幼儿形成良好的性格及行为习惯。家长还可通过将生活中发生的事件与故事情节、情绪儿歌等相结合的方式，使儿童学会摆脱自己的不良情绪。

二、明确家园合作中教师的角色定位

在家园合作促进幼儿情感调控发展的过程中，教师首先需要明确自身的角色定位，如此才能把握家园合作的主线，有效促进幼儿情感调控的发展。

(一)推动者

在家园合作中教师需明确自身作为推动者的主体责任。在活动组织前，教师根据“促进幼儿情感调控”这一教育目标，召开家长会或是个别约谈，并与家长讨论活动的安排与组织，确定活动内容、制订活动计划。在实施过程中根据实际情况做出相应计划调整。以微信、家园联系册等作为平台渠道，让家长及时了解活动方案内容与安排，并向家长提出具体的要求。

(二)支持者

教师是家园合作的坚定支持者。支持的主旨不变，支持的内容是多样且随机的，比如支持家长尝试设计亲子活动内容；家长遇到困难或疑惑时给予思想和行动上的支持；为提升幼儿情感调控能力，建议家长增加幼儿交往互动的时间；鼓励家长和孩子运用家庭时间经常性地进行“情感对话”，利用聊天、游戏、绘画、阅读等多种活动充分分享彼此的情感和想法；及时观察，抓住教育契机，支持巩固家园双方的教育内容；等等。教师可通过谈话，帮助家长了解幼儿在幼儿园中的一些行为习惯，针对不同的行为习惯和情绪情感发展找到合适的方式。

(三)评价者

在家园合作促进幼儿情感调控的过程中，教师也是评价者，评价的是家长的合作及教育水平、幼儿情感调控的发展水平。作为评价者要及时向家长进行反馈，帮助家长从学习者的水平发展到参与者、主导者，同时也能督促家长及时跟进与反馈，最终有效调控幼儿情感。

三、把握家园合作中家长的角色定位

家长在家园合作的过程中与教师一样，需要明确自身的角色定位，这样才能配合好教师开展家园合作，促进家园合作的有效实施。

(一)合作者

家长是家园合作过程中的参与者与合作者。在教师的组织策划下，家长在家园合作的活动准备、活动实施中承担着重要的任务。家长需把握自身的合作意识与合作行为，在家园合作中保持积极主动的态度。

(二)观察者

在家园合作过程中，通过教师的指导，家长自然而然会充当观察者这一角色。除了幼儿在园时间，其他时间的活动中家长都是幼儿表现的观察者，在观察后发现幼儿情感调控方面的行为表现，在与教师的交流中分析其背后的含义，这是家园合作的重要意义所在。

(三)学习者

当家长能意识到自己的这一角色就能提高其主观能动性，在家园合作过程中积极主动地从各种渠道获取教育观念、方法及有益经验，并且通过积极的互动交流与教师、家长等进行沟通，不断提高自身的育儿水平，提高家园合作的成效。

四、家园合作过程中促进幼儿情感调控的有效策略

(一)情境式策略

1. 故事情境

故事情境是激发幼儿兴趣的因素，本研究中教师为其指导的亲子故事表演等创设故事情境，使幼儿自始至终都兴趣盎然，有效地激发了幼儿的兴趣，增强了幼儿的参与感。

2. 游戏情境

游戏是幼儿园一日活动的主要形式，爱玩游戏是孩子的天性，家园合作当然也离不开游戏。家长在教师的指导下实施和创设游戏情境，亲子游戏围绕促进幼儿情感调控的目标进行，从访谈与结果中显示是比较有效的。

3. 激励情境

激励可以帮助幼儿树立良好的自信心，体验成功带来的满足感和愉悦感。当幼儿情感调控表现出积极的外显行为时，利用家园联系册奖励红花，且在平时的家园互动过程中多运用激励的语句，可以促进家园合作中幼儿的积极性和持续性。因此，情境式策略也是家园合作中有效促进幼儿情感调控发展的有效策略。

(二)融合式策略

根据研究的实施过程，梳理了融合式策略包含的两个方面。

1. 合作形式与内容的融合

同年龄和形式的群体活动中，孩子在与不同的同伴交往的过程中，最能够真切地体会到人与人之间的关系和人们的情感变化，从而学习大胆地表达自己的观点、感受和需要，学习控制自己的情绪，尊重和信任同伴，处理冲突，解决矛盾，共同享受活动带来的快乐。亲子社团让家庭之间的联系也变多了，增加了幼儿同伴交往的机会，研究结论中也表明幼儿在社团中的表现日益出色。

2. 趣味性和灵活性的融合

趣味性和灵活性融合是指在家园合作过程中，教师为了活动更加具有趣味性、更有效地达到发展的目的而灵活转变形式。比如在“我的好朋友”活动后，教师鼓励家长与幼儿共同建立“我的好朋友”小档案，帮助幼儿增进同伴友谊，促进幼儿情感调控。

五、结语

本文是以笔者所在幼儿园为基础展开的研究，其最主要的目的是帮助一线教师通过家园合作找到有效帮助情感调控能力较弱的幼儿健康成长、促进其健康发展的途径。通过家园合作的方式，引起教师及家长对幼儿情感调控的同步重视，唤醒意识，从而在实践中更加关注幼儿的情绪情感问题，并转化为具体的教育行为，以更好地为幼儿的发展成长提供支持与关爱，让家长对于家园合作的意义有更进一步的认识，对于提高家庭教育的质量、促进幼儿情感调控都有重要的借鉴意义。

基于未来视角培养幼儿核心素养的创新课程实践

深圳市福田区荔园教育集团百花校区附属幼儿园　李晓妍

“面向未来”是基础教育的核心特征，关注教育首先必须关注儿童的未来，关注教育的未来。当今我国的基础教育正处于重要的转型时期，关注未来基础教育，提升儿童对未来社会的适应力，已经成为教育界必须面对的重要课题。教育是培养人的活动，更是面向未来的事业，学校教育的终极目的是培养能够在未来社会更好生存与发展的人，因而在探讨“未来教育”或者“未来一段时间教育”发展的方向和趋势时，需要把人的发展置于教育的核心。

世界各国在基础教育改革中普遍提出，要以培养孩子的生存能力作为教育发展的基本方向；要以培养学生的自我教育能力作为教学改革的指导思想。

一、课程实践过程

第一，明确“儿童本位”的核心教育观念。第二，明确课程培养目标。基于幼儿当下发展，我们注重培养幼儿的关键经验。基于幼儿未来发展，我们注重帮助幼儿获得核心经验。具体包括：自主发展、社会参与、文化基础 3 个维度、6 个要素、18 个基本点。第三，明确课程实施框架。第四，明确课程评价体系。我们根据幼儿身心发展的规律，设置了过程评价、终端评价和追踪评价等方式。将各年龄段课程实施的评价标准分为做人领域、做事领域、学习领域。第五，明确课程支持系统。幼儿园课程教学实践不能孤立地存在，需要来自全方位的支持。课程与支持系统一体化才能真正促进幼儿园课程的完善和发展。

二、课程实践成果——形成我园幼儿自主成长课程的整体课程架构

第一层：儿童本位，培养“全面发展的儿童”的教育观。第二层：课程目标(基于当下关键经验，基于未来核心素养)。第三层：课程内容(主题探究活动、区域自主活动、学科学习活动、亲子研学活动)。第四层：课程评价指标(做人领域、做事领域、学习领域)。第五层：课程支持系统(教师培养系统、家长支持系统、社区资源系统、社会资源系统)。

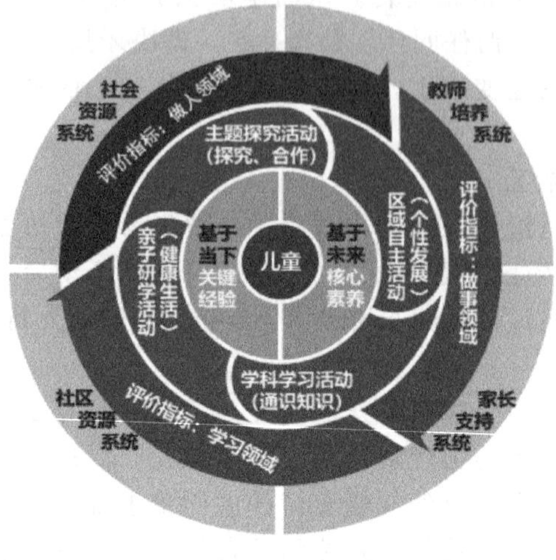

图 1　自主成长课程整体架构

以下，重点阐述自主成长课程体系的课程内容。

1. 通过区域自主活动，促进幼儿个性发展，培养幼儿的自主学习能力

我园幼儿在区域活动中的自主性不仅体现在活动本身，还贯穿区域活动整个过程。幼儿在每天早上做计划时需要自己制订今日进区计划；然后选择区域，进入区域开始自主探索和学习；区域活动结束后进行自主收区和归纳整理。

在区域活动中，每个区域都蕴含着丰富的学习资源，幼儿通过亲自操作活动材料，亲自体验活动过程而获取知识、经验，实现认知和社会性的发展，形成积极的学习兴趣和良好的学习习惯，从而实现个性化的全面发展。

此外，基于幼儿的兴趣和需要，我们鼓励幼儿实现区域联动、班级联动、年级联动，在全园内开展更大范围的活动。在交往范围逐渐扩大的过程中，幼儿不断扩大交往范围、增加交往对象，从班级同伴、教师到同年级伙伴、教师，再到全园小朋友及包括园长、门卫、保安等在内的全园教职工，实现自主交往、自主学习，提高了幼儿的自信与胆识、沟通表达能力、问题解决能力等，促进了幼儿的社会性发展。

总体而言，区域自主活动体现在：通过共建规则，在协商中开展游戏；通过亲身操作，在合作中体验成功；通过区域联动，在服务中收获成长；通过大胆表现，在展示中获得自信。

2. 通过主题探究活动，发展幼儿的探究与合作能力

开发具有探究性质的主题课程，主题来源包括预设性主题和生成性主题。不论是哪一种主题课程，其实施的过程都不是一帆风顺的，幼儿在出现问题的时候，老师没有直接替代解决，而是组织幼儿展开讨论，启发幼儿去思考，并且通过实践验证他们所思考讨论的内容是否可行。

我园开展的这类主题课程本质上是让幼儿实现项目制学习(PBL)，Aha 社会创新学院

在《我们决定不再等了》一书中系统解析了问题驱动教学法(PBL)，文中指出PBL没有一个标准的定义，目前普遍接受的形式包括三种：基于项目(project)、基于问题(problem)、基于现象(phenomenon)。不管是哪种形式，在这个过程中幼儿均实现了自主操作、体验、实验和探究，从而获得自主成长。

3. 通过学科学习活动，增加幼儿的通识知识，提升幼儿的文化底蕴

作为通识教育的主要方式，学科学习的内容需要普及，需要大部分幼儿掌握，具有基础性。因此，学科学习主要是在下午以集体形式进行。内容来源于五大领域，同时还有部分我园特色课程，如国际象棋、奥尔夫音乐等。

4. 通过亲子研学活动，倡导健康生活，提升亲子间的文化交流，促进幼儿的自主成长

儿童面对未来的必备品格和关键能力要在生活中养成，未来教育需要给儿童提供真实的成长环境。基于儿童发展的需要，我们的教育应带给他们与生活经验密切相关的内容，教育应该源于生活，根植于生活。

我园属于典型的"城市中的幼儿园"——物理空间十分有限，因此我们整合外部资源，邀请幼儿成长过程中的重要人——家长加入，家园合作共同为幼儿自主成长提供一个更大的空间和环境。

研学课程应运而生。我们为幼儿研学课程精心设计了研学手册，每月的主题研学需完成的内容均包含"我的计划""研学活动过程""我的收获"三个部分。通过"计划—实施—回顾"这一过程，很好地培养了幼儿的系统性思维；而研学活动结束后，幼儿需将研学手册带回班级，一是为了让班级教师为幼儿本次的研学活动盖章认证，二是让幼儿在集体面前进行分享，锻炼其沟通和表达能力。不论是良好的思维能力，还是沟通表达能力，都是未来社会中人才所必须具备的核心素养和要求。

三、结语

教育的目的是培养面向未来的人、能适应未来生活的人。著名教育家杜威说过："如果我们按照昨天的方式教育今天的孩子，那就是在剥夺他们的未来。"幼儿自主成长课程和活动的开展注重幼儿的自主性，激发了幼儿主动、自发的探究行为：查找信息、实践操作、解决问题、分享成果。在这一系列过程中，幼儿实现了主动思考，与其他同伴交流合作、解决问题，从而获得未来社会所需要的核心能力和素养。因此，幼儿的自主成长，是面向未来的教育的起点。

总之，未来社会对人才的需要要求我们必须开展幼儿自主成长的课程。实现幼儿的自主成长，必须遵循幼儿内在发展的需求，给幼儿提供自由的时间、自由的空间、丰富的材料，提供自主操作、体验和探索的机会。这有赖于教师"儿童本位"的科学教育观念，也离不开家长正确积极的教养态度和大力支持，家园形成合力，才能共同促进幼儿的自主成长。

大思政课背景下红色文化融入幼儿思想政治教育的实践研究

广西医科大学幼儿园　朱　婷

习近平总书记就思想政治教育做出了深刻的阐释，他以"培养什么人、怎样培养人、为谁培养人"这一教育的根本问题，构建出全面的思想政治教育理论框架，为当今社会的思想政治教育提供了坚实的指导，以求实现全面深化改革的目标。幼儿园作为3—6岁幼儿思想启蒙的重要场所，对幼儿的培养都是以潜移默化的方式贯穿于日常生活和各项活动中的。

广大幼儿教师要立足“大思政课”背景，政治要强、情怀要深、思维要新、视野要广、自律要严、人格要正，不断推动思政课教学理论理念创新、教学模式创新、教学手段创新，努力从多视角推动“大思政课”建设。

一、聚焦重大理论思想，提升幼儿园党支部的整体素质

积极推进以重大理论为核心的党建教育，不断深化党员理论知识，加强党员的理论修养，激励全体党员勇于担当，不断推动党的建设。在大思政课教育背景下，为了更好地发挥党支部作用，努力提升教师能力，幼儿园领导层保持高度的责任感和使命感，积极探索和推进创新，始终以诚信和勤奋的工作态度，将红色文化融入幼儿的思想政治教育中，促使幼儿走进自然、融入社会，继承我国优良传统，践行社会主义核心价值观。

二、贯彻落实中央政策，提高幼儿园党建的工作质量

2022年，中共中央办公厅印发了《关于建立中小学校党组织领导的校长负责制的意见(试行)》(以下简称《意见》)，本园积极贯彻落实《意见》精神，确保党的教育方针和党中央决策部署在幼儿园得到有效实施，努力办好人民满意的学前教育，加强幼儿园党建工作，将红色文化不断融入幼儿思想教育中。幼儿园党支部紧紧围绕新时代党的建设总要求，加强党对教育的全面领导。以“抓好党建带业务、抓好业务促党建”为工作思路，坚持党建工作和业务工作一起谋划、一起部署、一起落实、一起检查；将幼小衔接、师资培养、治理结构改革等作为重点项目，并逐步落实。将红色文化贯穿于幼儿园党建、常规管理、教育教学等工作之中，加快建设一支德高艺精的教师队伍，构建和谐文明的师幼关系，办人民满意的教育，建人才发展高地。

三、开展红色文化活动，构建大思政格局的思政教育

以园内的游戏活动、节日活动、“先进家长进课堂”、“先进家长国旗下讲话”为主，将红色文化融入各类活动，引导幼儿热爱党和人民，了解自然知识和社会常识，养成基本的文明行为习惯，形成乐观健康的好品质。教师从中积累了丰富的幼儿园思政教育、德育教育的实践经验。

(一)立足“教师指引”，激发幼儿爱国情怀

1. 举行红色系列活动，丰富红色教育内容

在基于红色文化设计活动时，注重搜集有趣的红色文化内容，吸引幼儿注意力，让他们能积极参与其中。充分利用本地资源，带领幼儿到邓颖超纪念馆、林景云故居等红色文化纪念馆进行参观，结合纪念馆内的图片、物品、革命遗址开展教育活动。在博物馆内，幼儿可以更直接地了解革命历史事件，并对其中陈列的物品产生好奇心。同时，本园以“将《红色传奇》进行到底”为主题，全园老师带领幼儿在线上线下开展看《红色传奇》、讲红色故事、唱红色歌曲等活动，一起感受英雄人物勇敢顽强、不惧牺牲的革命精神，充分发挥党建融媒体矩阵的传播优势，培育孩子心向党、感恩党、跟党走的情怀，将园内红色活动进行到底。

2. 进行园内红色环境创建，打造红色艺术长廊

环境是营造氛围的基础，本园为充分实现红色文化与幼儿活动的融合，创建适宜的活动环境，积极调整环境创建方式，并引导幼儿参与其中。环境创建涉及诸多环节，由最初的环境设计、材料准备，再到后来的环境布置等，教师组织幼儿一起参与，如绘红色画卷、建红色长廊，并对环境创建布置中表现优秀的幼儿进行颁奖，利用榜样力量引领幼儿积极参与和成长。本园在楼道张贴、悬挂革命英雄人物照片，共同设计制作红色艺术长廊，让红色基因代代传承。

（二）围绕“家园共育”，提高幼儿红色文化素养

1. 树立先进人物榜样，凸显家长教育价值

传承中华优秀传统文化，学习榜样人物、尊重时代楷模，幼儿园党支部组织开展“大手拉小手、讲榜样故事、学榜样人物”主题党日系列活动。在家长群体里就有这样的英雄榜样，本系列活动邀请了援鄂医疗队成员的慧慧妈妈进行国旗下讲话，分享榜样故事，共同感受榜样的力量，幼儿心中种下榜样的种子。活动中，援鄂医疗队成员慧慧妈妈为大家讲述她在援鄂抗击新冠疫情期间发生的平凡动人故事。幼儿园还邀请了党员妈妈进课堂，开展以“我的妈妈——孩子眼中的共产党员”为主题的教育活动，讲述党员妈妈的故事。这样的一节启蒙课滋润了孩子们的心田，孩子们向自己的妈妈学习如何成为一个优秀的人，学会感恩与责任并行，加强了爱国主义教育，厚植了红色基因。

2. 亲子联动红色阅读，文化课程激励人心

为了让幼儿在潜移默化中受到红色文化熏陶，本园开展“品红色经典，壮爱国情怀”亲子阅读活动。邀请家长参与幼儿园的红色文化课程，家园共育进行幼儿思政教育，激发幼儿的自豪感和责任感，同时增进亲子亲密关系，营造良好的家庭读书氛围。通过家长和孩子共读《大锅小锅行军锅》《帽子上带星的人》《闪闪的红星》等经典绘本，大家一起重温红色历史，感受书中小英雄坚定的信仰与情怀，让爱国精神浸润童心，让红色基因融入血脉，代代传承。

（三）注重“幼小衔接”，强化幼儿党心党志

1. 幼小衔接树“党志”

党员老师为大班幼儿上一节特殊的红色课程，以红领巾的历史来引导幼儿提前树立“党志”。教师可以通过一系列有趣的课程，向孩子们讲述红色故事，让他们更加深刻地理解红色的价值观和意义。

2. 剧本展演显“党风”

幼儿园与小学进行红色文化的联动教学。幼儿园组织幼儿表演节目，参加小学的红色文化活动——红色诗朗诵会和主题晚会“大手拉小手，红色家风代代传”红色课本剧展演。在节目表演中，幼儿不仅向小学生哥哥姐姐们学习了良好的“党风和学风”，而且也向小学的教师、领导展现了“童心向党”的良好风貌。

（四）邀请老年干部，强化红色基因传承

1. 重要节日举办联动会

在“六一”国际儿童节、“八一”建军节、“十一”国庆节等重要的节假日，邀请军休老干部、大学老年干部来到幼儿园为幼儿讲中外文化交流的有趣故事、抗日救国的革命历史，引发小朋友们及其家长的兴趣，通过台上台下互动，老少同乐，让幼儿在欢乐时光下了解红色历史，近距离接触军休老英雄，潜移默化地在幼儿幼小心灵中传播了爱国主义和真善美的正能量。

2. 日常生活安排开课班

在幼儿园的日常教学中，每周安排一节“祖国母亲的过往”红色文化课程，邀请老年党员和大学老干部来幼儿园担任讲师，激发“银发力量”，展现红色文化的魅力。另外以“童心向党”为主题，举办课程活动，让老党员讲述自身的经历，把自己的经历融入到故事中，讲给孩子们听，把爱国主义教育的观念传递给未来的花朵。

四、结语

总而言之，立足大思政课的背景，将红色文化融入幼儿园活动的设计中，是提升幼儿

综合素养的关键，更是提升幼儿教育质量和水平的基础。将红色文化融入幼儿思想政治教育中，可以为幼儿提供一个学习红色文化的机会和平台，引导幼儿感受和学习革命先烈的宝贵品质和精神，有效地强化幼儿的爱国主义精神，并且有助于红色文化的传承发扬，从而有效地营造“大思政课”育人课堂，保障幼儿教育活动的开展。

学前儿童音乐学习实效性探究

北京市朝阳区博雅学园幼儿园　王亚南

音乐能够愉悦身心，提高孩子的想象力、创造力，音乐教育近年来越来越受重视。越来越多的学前儿童开始学习音乐，但是目前的音乐培训班，甚至一些专业的音乐教师教学内容简单，教学模式和方法单一，使学前儿童的音乐学习变得枯燥乏味，甚至苦不堪言。其根源是没有充分尊重学前儿童音乐学习的特点。本文分析了学前儿童音乐学习的优势和劣势，探讨了儿童音乐学习的目的与原则，从而让人们进一步认知学前儿童音乐启蒙教育。

一、学前儿童学习音乐的重要性

儿童喜欢充满好奇地探究身边的世界，特别是能发出声音的各种音响。儿童渴望通过声音和肢体动作来向人们表达自己的喜怒哀乐。

(一)音乐可以提高孩子的记忆力

在学前儿童音乐学习中，以乐曲欣赏为中心，综合运用动作表演、诗歌朗诵和描绘、画图、打节拍等多种方式，使儿童对音乐产生兴趣，让儿童很容易地记住歌曲。音乐的节奏和旋律，可以激发幼儿大脑活动，增强其记忆力。

(二)音乐可以提高儿童的注意力

在音乐活动中，儿童的注意力可以通过各种途径得到发展。例如，有美感的音乐活动形式，包括聆听音乐、歌曲演唱、节奏游戏等，这些有趣的音乐活动能让儿童集中注意力，动手动脑。一个新的音色、一首新的歌曲或乐曲都很容易使儿童集中注意力。

(三)音乐可以提高儿童的观察模仿能力

儿童喜欢模仿，所以儿童在音乐活动中会不断地通过模仿学到技巧和本领。音乐又为儿童提供了不需要借助任何外部工具来模仿的极好材料。一些歌曲旋律优美，节奏型多次重复，朗朗上口，张嘴就能模仿，而这种模仿本身就是一种最直接的学习。模仿是儿童的天性，教师教什么他们就会跟着教师的口型、动作模仿，有的儿童一模仿就会，有的儿童可能会慢一些，但这些都不影响儿童自身对于模仿的渴望。音乐的学习还会使儿童常常情不自禁地随着音乐手舞足蹈。

(四)音乐可以提高儿童的探究创造能力

儿童在参与音乐活动时，能学会将个人生活经验转化成表演来表达对音乐的感受，在音乐学习活动中通过模仿积累动作表演的经验，并且通过观察学习他人的表演思路，从而提升自身的创造能力，发现自己的问题，学会清楚表达自己的思路和认识，主动进行探究创造。

二、学前儿童音乐学习的特点

(一)寓教于乐

在儿童音乐学习中，教师应从儿童的兴趣中与儿童共建集体音乐教育活动。教师要根据儿童兴趣设计儿童集体的音乐教育活动，对其内容、形式、行为方式等做好充分的准备，让儿童与教师一起愉快地游戏，让儿童自主创新，探究观察，教师及时给予评价及表扬。

寓教于乐，教师在乐趣中教学，让儿童学得开心，教师也教得开心。在乐趣中学习，师幼都能得到更好的发展。

（二）潜移默化

人的思想、性格和习惯，因受到各种后天因素的影响，无形中会产生变化。例如，在儿童音乐学习的过程中，很多人都认为每个人都有与生俱来的音乐感受能力，但音乐能力的发展却是在后天的学习和教育中获得的，即使一个具有很高音乐天赋的儿童，如果将他放在一个没有音乐的环境中，从来不进行音乐活动，或处在一个消极、被动的学习状态中，都可能会让儿童逐渐丧失对音乐的兴趣。而将一个天赋一般的儿童放到很好的音乐环境中，由专业的音乐教师正确地引导，培养他对音乐的兴趣，就会使他的音乐能力得到充分的发展。因此，适当的音乐教育是后天音乐能力形成和发展的主要因素。

三、学前儿童音乐学习的对策

（一）有目的地进行教学活动

在知识学习上，灌输知识成了幼儿教育的主要模式，有些家长认为只有努力学习才是有用的人，却没有考虑到给孩子增加的无形压力，这些现象都严重损害了儿童的健康心理，促使儿童产生厌学的情绪，阻碍了儿童的思维发展和智力的提高，对儿童发展造成不利的影响。强迫他们学习是不行的，应该让儿童顺其自然地发展，在玩中学。

片面追求知识技能，忽视学习品质的培养。就现状来看，不管是专业还是非专业，均追求一种立竿见影的效果，目的是以一种看得见、摸得着的显性行为来评价学习成效，向家长交差，忽视了儿童学习品质、道德品质、审美品质的培养与发展，致使儿童教育品质逐步下降。

（二）制定学习的原则

坚持面向全体、重视个别差异的原则；活动形式多种多样原则；教育的活动性和活动的多样性原则；等等。将音乐教育与儿童的生活和经验有机地结合起来。因为音乐来自生活中的点点滴滴。

1. 以“美”为核心的审美原则

学前儿童音乐学习应该是一种审美教育，它应该以美的形式、美的内容、美的方法、美的手段来加以组织。通过美的活动在潜移默化中赋予儿童一种审美的态度、眼光与情怀。注意引导儿童用耳朵、用心聆听音乐，感受音乐，理解音乐。教师应运用形象美、学习美，展现音乐学习的内涵美，让儿童勇敢地表现美、模仿美、创新美，在美的课堂里打造更美的音乐活动。

2. 音乐性、知识性和技术性相统一的原则

学前儿童音乐学习更要注意培养儿童通过自己真心实意的表演来表达情感、表现音乐的能力。人人参与的表演活动，使儿童的感知、注意、记忆、想象、理解、情感等心理活动全部融入演唱、演奏等外显行为中去，从而使幼儿的积极心理过程得到强化和激发。教师在教学中要有技巧地进行正确的指导，让儿童能听懂、看懂，这样教师教学也轻松，儿童学习也会更轻松。在音乐活动中，教师要接受每个儿童不同的情感体验、不同的联想和表达，根据儿童的差异，支持儿童大胆表达自己的感受与理解，引导儿童尽情地表达自己的情感。在儿童音乐教育中，我们应该关注儿童，多给儿童一点思考的权利；尊重儿童，多给儿童一点自主的空间；支持儿童，给儿童多一点选择的权利；理解儿童，给儿童多一点感受成功的快乐。

3. 感性教育原则

音乐是情感的艺术，情感贵在真实、朴素、自然，学前儿童音乐学习应当追求真实而不是哗众取宠，应当紧紧抓住情感这一核心，用教师自己对作品、对音乐、对艺术、对儿童的真情实感去感染儿童、影响儿童，而不是仅仅追求表面和外在的没有持久生命力的东西。因此，教师应当切实从音乐这一核心出发，注意选择和运用感性的、生动活泼的教学手段和方法。

4. 面向全体与尊重个体相结合的开放式教育原则

毫无疑问，学前儿童音乐学习也应当成为富有教师鲜明个性的教育活动，应当充分尊重并爱护儿童在艺术活动中表现出来的个别差异，并使之能够在音乐活动中得到很好的发展。对待个别儿童教师应该多关注、多发现，从而帮助他们树立正确的学习态度，教师应在个别儿童身上发现他们自身的优点，然后帮助他们，耐心地加以正确引导，对个别儿童多一点信任，从而让他们跟上集体的步伐。

5. 创造性原则

在学前儿童音乐创造性的培养中，教师可以从营造氛围、引发兴趣入手，以开放的视野接受儿童轻松、活泼、富有启发性的音乐表现，可以引导儿童想象，促进其产生创造的灵感。更要为他们提供自由、宽松的环境，让他们自由思索，主动创造新的学习思路。让他们依据自己已有的经验，自主探究，培养儿童的创新思维，让他们感受到创作的快乐。

四、结语

音乐可以促进儿童的发展。学前儿童音乐学习就是要为儿童创造一个良好的音乐环境，经常性地、不间断地通过聆听、歌唱、拍手、游戏等多种形式，来发展儿童音乐的潜能。教师应设计更好的教学方法，让儿童更有兴趣地学习音乐。

幼儿习惯培养之奖励币制度实践

北京市通州区马驹桥镇金桥幼儿园　周宇楠

我国著名教育家叶圣陶先生曾说过，教育就是培养习惯。幼儿爱模仿，可塑性强，因此，幼儿期是养成良好习惯最重要的时期。在中班时我们就创设了“礼物银行”互动环境，使用印章代币奖励来帮助幼儿良好习惯品质的强化与养成。到了大班后，结合幼儿的年龄特点和幼小衔接工作，把“代币”换成了“奖励币”。这种“奖励币”和我们生活中应用的钱币面值一样，方便幼儿把学习到的钱币经验延伸到生活中。

一、奖励币制度助力强化幼儿良好行为习惯

幼儿的行为习惯是逐步养成的，他们对行为的思维判断主要依据成人设定的外在标准，也就是外部反馈。奖励币不仅可以使幼儿的良好行为及时得到心理激励，还可以换取玩具、学习用具等，由此增强心理激励的作用。我们班的“挑食大户”乐乐，到了大班后对于青菜还是有抵触心理。在奖励币制度实行以后，我们设定了专项奖励，践行光盘行动、吃饭不拖拉就可以得到一角奖励币。有了奖励标准，我们也针对性地和乐乐提前进行沟通，渗透奖励机制，也提示他出现浪费的情况就会扣除一角奖励币。乐乐看着仅剩的一角奖励币说：“我的太少了，那今天我要多吃一点菜，这样就能再挣一个奖励币，我要存着奖励币来换小花盆。”乐乐再次吃蔬菜的时候我们也给他提出了建议，让他一口肉、一口菜地吃，让味道融合，这样更好吃。在建议和奖励币的激励下，他基本每次都会做到光盘行动。

幼儿一旦对某件事物产生兴趣时，其行为就会产生自觉性，良好的行为习惯也就容易形成。在使用奖励币奖励的同时，我们也会进行适当的扣除，当幼儿表现出不良的行为习惯时，比如言谈举止不礼貌、活动中有聊天行为等，就扣除一个已经拥有的奖励币，让幼儿学会控制和约束自己。

二、奖励币制度助力幼儿良好品质的养成

在奖励币制度实行中，并不是幼儿一有良好行为，我们就满足他们的要求，而是在奖励币积累到一定数量时，才能换取相应的奖励。对幼儿越有吸引力的奖励，需要的奖励币数量也就越多。为了得到更大期望的奖励，班中的幼儿就会有意识地积攒奖励币，积累和等待的过程既是对其意志力的磨炼，也是对其自制力的考验。

在实行奖励币制度一段时间后，幼儿的表现都有了很大的提升。之后，我们又加入了他们感兴趣的 VR 体验；每次体验需要提供 3 元奖励币，在盘算奖励币的时候沐沐发现已经攒够了 4 元奖励币，于是我询问她："明天要不要体验一下 VR。"她摇头表示不用，我觉得很疑惑，问她为什么，她说体验 VR 需要 3 元奖励币，她想再存一些奖励币。我们接着问："奖励币存起来想做什么？"她说："我要存够 5 元奖励币，这样就能 3 元玩 VR，2 元换一个印章。"在和幼儿对话的过程中，我们了解到幼儿的真实想法，也知道了他们在积累奖励币的过程中懂得了抵制诱惑。他们也在渐渐培养自己的意志力，做事有所克制，才能有更大的收获。

三、奖励币助力知识获取与正确消费观的养成

（一）奖励币兑换，增长钱币知识

学前儿童的钱币能力主要侧重于钱币辨认能力、钱币面值比较能力、初步的钱币应用能力和兑换能力。从中班开始，在我们的"礼物银行"活动中，幼儿们就萌发了等价交换的意识，到了大班，已经有一半的儿童具备了初步的等价交换能力。奖励币制度的实行在一定程度上提升了幼儿钱币兑换能力。在幼儿熟悉奖励币的面值后，我们引导幼儿进行简单的换算，从 5 毛、1 元，到更大面值的奖励币换算中，幼儿们的计算能力也在快速地发展。在换算过程中，我们也给幼儿试错的机会，有针对性地进行一对一的指导，师幼互动的同时也增加幼幼互动，让幼幼之间带动着学习换算奖励币，让知识的获取有更多的方式，并取得了更显著的学习效果。

（二）家园共育，促进正确消费观的养成

在大班初期的家长会上，我们就和家长介绍过奖励币制度的实行，详细地介绍了奖励币的规则和实施方法，家长们也很支持，提供了很多可供兑换的奖品。我们也建议有需求的家长可以把这个制度延伸到家中，实现家园共育，帮助幼儿运用数学方法解决生活中的实际问题，也让幼儿感受到自己学会使用钱币的快乐，体验父母挣钱的辛苦，学会感恩父母，让幼儿养成节俭的良好生活习惯。

四、实行奖励币制度的原则

我们在实行奖励币制度的过程中一直秉持着发现问题、分析问题、解决问题的原则，让奖励币制度不流于形式，同时也不频繁滥用，让它成为真正对幼儿有用、有意义的活动。

（一）奖励标准要公开、要适宜

在实行奖励币制度的时候，不论是行为习惯与品质的矫正还是塑造，我们都必须提前与幼儿进行约定，给予幼儿一个具体、明确的奖励标准，让幼儿知道自己应该如何做才能获得奖励币，反之则会失去。奖励币的实行过程也是需要循序渐进的，我们班先是营造神秘的抽奖环节，再利用科技产品吸引幼儿，激发幼儿参与的兴趣；在获得奖励币的难度上，我们选择的是适应本班幼儿发展的且有一定挑战的活动，这样既保护了幼儿的积极性，又培养了幼儿的主动性，让幼儿体会到赚取奖励币的成就感。

（二）奖励币制度要与时俱进，顺应幼儿发展

奖励的终极目标是让幼儿养成良好的性格品质和行为习惯。在实行奖励币的过程中幼儿们也在逐步地成长，他们的一些行为习惯逐渐强化并稳定下来，此时奖励币规定的内容也要有所变化。我们要善于观察、总结，当发现幼儿已经具备了良好的行为习惯时，我们就可以逐步调整奖励的标准，在不断的调整中也要逐步减弱奖励币的地位和出现频次，毕竟我们实行奖励币制度的初衷并不是奖励，而是培养幼儿良好的行为习惯与品质。

论幼儿教育的批评与技巧

广西壮族自治区南宁市吉祥路幼儿园　覃　慧

现如今，绝大多数幼儿园教师在教育教学中，通常会采用鼓励与表扬的方式进行教育，这种教育方式虽然能够帮助孩子提升自信心，但是对于3—6岁的学龄前儿童而言，他们对自身情况了解不够全面，一味采用鼓励与表扬的方式进行教育，容易导致幼儿出现自我心理。因此，为了促使幼儿健康成长，教师应根据幼儿的实际表现情况，选择合理的批评技巧进行教育，帮助幼儿认清自我，促进幼儿在教师的教育中形成优良品行，提升综合素质。

一、立足幼儿心理开展批评教育

学龄前儿童还没有具备认识自我的素养，导致他们的个人表现也不尽相同。通过调查发现，现如今绝大多数孩子在与其他同伴相处时，存在严重的自我心理，没有良好的换位思考能力。因此教师对幼儿园的孩子进行批评教育时，应立足幼儿心理开展批评教育。由于幼儿阶段的孩子心理受挫力较低，教师在批评教育的过程中，要注意语言措辞、语气的使用技巧，根据幼儿的性格进行批评教育。如对于性格内向、内心敏感的幼儿，如果他们犯错了，教师可以通过平缓的语气告诉幼儿不良行为会对自身和其他同伴造成的影响，促使幼儿勇于直面问题，敢于接受批评教育，并且在教师的语言批评下能够承认自己的错误，接受教师的改正建议。对于性格开朗、行为叛逆的孩子，教师应严肃地与幼儿进行沟通，在与幼儿面对面交谈时，应尽量减少肢体动作，加强幼儿对谈话内容的重视程度，并在教育中告诉幼儿不良行为会对自身成长带来的危害，结合幼儿实际表现制定相应奖惩措施。通过教导措施协助幼儿改正自身不良行为，端正幼儿改正错误的态度，帮助幼儿养成良好的行为意识。

二、发挥榜样带领作用

教师在幼儿园教育中，通常会将榜样示范作用应用到学习、游戏方面，促使幼儿结合自身学习能力，选择学习能力比自己强的同伴作为榜样，从而达到培养良好的学习品质的目的。当教师对幼儿阶段的孩子进行批评教育时，同样可以发挥榜样的带领作用，使得幼儿在日常学习、生活中具有明确的参照标准。例如，教师可以制作一份幼儿的个人表现表格，根据幼儿每个月的犯错次数、学习和游戏等行为按照红花评比方式进行打分，并在月末及时奖励排名前三的幼儿，并在班级上公开表扬，这样幼儿会在日常学习、生活中自主选择学习的榜样，按照榜样的言行和学习方式规范自己，从而达到批评教育目的。针对那些每个月获得小红花数量最少的孩子，教师可以告诉他们获得小红花的方式，帮助幼儿制定短期目标和榜样，促使幼儿在今后能够通过榜样带领的方式，改正自身的不良行为。

三、借助课堂游戏进行教育

教师在幼儿园教学中使用批评教育方式时，应注意使用的时机，通过合理的方式让孩子在批评教育中感受到教师对自己的关心和爱护，从而自觉纠正个人不良行为，提高批评教育的质量。例如，教师可以在课堂上组织幼儿进行剪纸活动，借助比赛游戏增强课堂趣味性，培育幼儿的团结合作能力，促使幼儿在参与比赛中强化自身的综合素质。因为幼儿的动手能力较差，教师可以将课堂教学分成两部分进行。第一部分给幼儿讲解剪纸的步骤和注意事项，促使幼儿对剪纸技巧有基础的了解；第二部分教师可以根据全班孩子的动手能力，选择一种适合幼儿的游戏竞赛模式。教师可根据班级幼儿的能力水平将全体幼儿分成动手能力优秀和动手能力一般两组，并将其混合分配到不同小组中，让他们以小组的形式进行剪纸比赛，最终以剪纸用时长短和精美程度为主进行排名。这样可以促使孩子在参与剪纸比赛游戏的过程中，锻炼自身的动手能力。如果幼儿在剪纸时出现浪费纸张的情况，教师应及时告诉幼儿只有固定数量的纸张可以使用，让幼儿学会承担浪费纸张造成的不良后果，促使他们在后面进行剪纸时，能够合理使用纸张。在剪纸比赛结束后，教师应对排名第一的小组进行奖励，并告诉幼儿纸张的生产过程，树木对保护环境的作用，促使幼儿在今后养成节约用纸的好习惯。

四、让幼儿在批评教育中快乐成长

每个人在成长的过程中都会犯错，3—6 岁学龄前儿童也不例外。当教师对幼儿进行批评教育时，应改变以往简单、粗暴的批评方式，站在孩子的角度分析问题产生的原因，采用其他对比批评的方式协助幼儿改正错误，防止过于严厉的批评行为打击孩子学习和生活信心，确保幼儿能够在批评教育中快乐成长，提升教育质量。例如，当幼儿在参与活动时出现思维不集中的情况时，教师习惯通过批评性语言教育幼儿，导致幼儿不能深刻意识到自身行为会造成哪些不良后果，从而在后面参与活动时战战兢兢，影响幼儿今后参与活动的积极性。为了避免幼儿出现这种情况，教师可以在幼儿思维不集中时，通过赞赏性语言夸奖他旁边幼儿的优点，并告诉这位孩子改正自身错误的方式，这样就会激起幼儿的争强好胜心理，从而自觉参照教师批评教育的内容改变自身参与活动的态度，达到批评教育的目的。但是部分孩子理解能力较差，当教师采用这种批评教育方式时，应根据幼儿的理解能力、现实表现情况灵活应用。与此同时，教师对幼儿进行批评教育时，应结合国家倡导的素质教育教学要求，转变自身的批评教育理念，时刻秉承师幼平等、幼幼平等的观念进行批评教育，不因幼儿的个体差异、家庭经济等情况进行区别对待。

五、结语

综上所述，现如今国家对学前教育教学质量重视程度逐年提高，当教师在幼儿园采用批评教育的方式时，应根据 3—6 岁学龄前儿童的认知能力、理解能力、沟通能力选择批评教育方式，立足幼儿心理开展批评教育，发挥榜样带领作用，借助课堂游戏进行教育，让幼儿在批评教育中快乐成长，立足教学目标使用多种批评教育技巧，促使幼儿在批评教育中全面提升自身的综合素质。

中国与瑞士幼儿教育对比及对我国幼教发展的启示

山东省青岛求实职业技术学院　杨焕兰　刘银平

瑞士经济水平发达，人民生活水平高。瑞士极重视人才的培养，把教育视为国家繁荣昌盛的基础，把幼儿的教育更作为基础的基础。幼儿教育受到整个社会的关注。

一、政府在幼教投资上存在差异

（一）瑞士

瑞士政府花在儿童教育上的经费很多，如德语区的苏黎世州共有40万人口，设有200个幼儿园(每个幼儿园15—25个孩子)。政府每年对每个幼儿园拨款4万瑞士法郎，其中除家长缴纳20%的费用以外，全由政府补贴。入园儿童家长仅负担极小一部分费用，按收入多少缴纳，低收入的父母可以免费。

除财政支出外，社会保险费用也有相当一部分用于儿童保育和教育。例如，瑞士法律规定孤儿的保教费用由社会保险基金支出。在青少年和儿童教育中起重要作用的还有各类社会组织，如各种基金会、协会等。

（二）中国

按照《中华人民共和国义务教育法》的规定，我国施行的是九年制义务教育，在义务教育阶段不收取学费和杂费。学前教育属于非义务教育阶段，这个阶段采取的收费政策是合理的经费分担机制，也就是说家长要缴纳一定的费用。由于各地区经济发展水平不一，收费标准也不一样。这样的政策致使一些地区幼儿教育的收费比大学还要高。高昂的费用不但给幼儿家庭带来了负担，也限制了幼儿入园率。

二、幼儿教育机构的设置存在差异

（一）瑞士

瑞士建立了多种多样的幼教机构，形成了完整的幼儿教育体系。瑞士幼教机构主要有以下几种。

1.“摇篮”

由妇女组织、私人基金会或地方福利部门建立，为在工作时间内无法照顾子女的职业妇女收托6个月至6岁的儿童。目前瑞士共收托儿童8000—10000名，其中60%是外籍工人的子女。

2.“日间妈妈”

即私人收托户。一般由育儿母亲开设，把收托的孩子和自己的孩子放在一起照顾。这种私人收托户是在政府有关部门的监督下和在民间团体的赞助下建立的。

3.“日间活动中心”

一般由小学附设。双职工父母无法照顾的幼儿，以及放学后的小学低年级学生，都可以由这个中心照顾，以免孩子在街上闲逛。中心配备了专职工作人员，组织孩子们做作业、做游戏、午休和进午餐。

4. 幼儿园

儿童在园时间很短，一般上下午各两小时。这样的幼儿园起双重作用，一方面作为家庭教育的补充，对幼儿进行有计划的教育；另一方面作为社会同家庭联系的纽带，向父母进行育儿教育。因此，瑞士教育家认为幼儿园工作者不只是一名教师，还是一名社会工作者。瑞士人的普遍想法是，送儿童进入幼儿园，不是为了找人照看，而是为了让孩子接触社会，熟悉集体生活，有计划地阅读、唱歌、绘画等，为进入小学做好准备。

幼儿园的普及率很高，瑞士政府规定只要有150人的居民点就可以设置一个幼儿园。人烟稀少的山村，也都设有幼儿园。即便是在只有两三名儿童的小村子，也会在中心村子设立一个幼儿园，用车将周围几个小村子的幼儿接来接受教育。

5. 3—5 岁儿童的“游戏小组”

这是为不愿意送孩子入幼儿园的家长设立的，为使儿童能参加集体活动，父母可以带孩子到居住地区附近的“游戏小组”去活动。在那里有受过专门训练的教导员组织孩子参加游戏、游泳和其他体育活动，父母也可以在那里陪伴孩子。

6. 为严重残障儿童开设的特别幼儿园

瑞士 35％的残障儿童在 3 岁前就被发现，并由巡回服务机构定期治疗。这一机构的医务人员一般一周到残障儿童家中去一次。苏黎世的 35 个巡回机构中，就有 4000 名语言障碍儿童接受治疗。巡回治疗不能奏效或残障严重的儿童，还可以转到特别幼儿园去进行矫治。瑞士每个地区都有语言障碍儿童的治疗中心以及相应的巡回治疗机构，其经费都由伤残保险费用支付。

（二）中国

中国的幼教机构相对较为单一，主要有托儿所、幼儿园和学前班。托儿所主要招收 3 岁前的幼儿；幼儿园有公办幼儿园和私立幼儿园之分，主要招收 3—6 岁的幼儿；学前班主要招收 6—7 岁的幼儿。一些较为落后的农村地区基本上没有幼教机构。很多幼儿因为没有便利的上学条件而放弃接受学前教育。即使有的农村地区设有幼教机构，其教育质量与城市地区也相去甚远。

三、教育理念存在差异

（一）瑞士

瑞士的学前教育理念是注重幼儿独立性培养。瑞士的幼教机构一向主张给孩子自由，以鼓励和培养自主能力为主，从教育细节上就可以得到充分的体现。

1. 不喂饭

每天中午，幼儿园都会供应午餐，并由老师给孩子们分配食物。瑞士的幼儿教师从不会以“营养健康”为由进行“强行摊派”。如果孩子对某种食物很不喜欢，老师就少给或不给。领到食物后，大一点儿的孩子拿勺子吃，小一点儿的孩子也会自己抓着吃。除了身体不舒服时，老师可能帮助他们吃饭以表示安慰，基本不会出现喂饭的现象。老师会示范动作，启发孩子吃饭。一旦午餐时间结束，不管饭菜有没有吃，都会被收走。无论是家长还是学校的老师都充分尊重孩子的自由。如果孩子不肯吃饭，老师和家长都不会强迫，他们认为孩子饿了自然会来吃的。他们认为只有让孩子自己主动吃才能吃得多、吃得好。

2. 不强迫幼儿午睡

午睡是孩子每天生活的重要部分。但在瑞士，睡不睡午觉，由孩子说了算。某些孩子精力充沛，不愿午休，老师也不强求。他们会让孩子到另外的教室独自玩耍，只要保证不影响其他孩子休息就可以了。有的孩子起先不愿意睡午觉，但看到其他孩子都睡午觉，就慢慢养成了午睡的习惯。让孩子之间相互影响，远比老师强迫有效得多。

3. 在幼儿园的活动自主性较大

在幼儿园的日常生活中，孩子的自主性也充分体现出来。无论是上午还是下午，都留有一定的时间让孩子可以按自己的兴趣进行活动。

（二）中国

随着幼儿教育事业的发展，幼儿教育的基本理念也在不断地趋于合理化。但是，在幼教活动中依然存在一些不合理的现象，尤其在发挥幼儿自主性上做得不够。这些同样可以从一些细节上看出。

1. 吃饭存在硬性指标

在国内多数幼儿园以“营养健康”为由进行“强行分派”。在幼儿园里，保育员为了完成任务，不许孩子剩饭，即使孩子实在吃不下了也要吃。有的老师不准吃不完饭的孩子和其他小朋友一块出去活动。看到这些孩子因为吃不下饭而受到惩罚，禁不住有些担忧，在重压之下吃饭这一事情会不会对幼儿的身心造成伤害。

2. 午睡是“必修课”

在国内大部分幼儿园里，幼儿午睡是必须的。到了午睡的时间，幼儿就必须躺在床上睡觉。这项规定对于刚进幼儿园的孩子来讲是很难适应的一件事。每个幼儿的生物钟都不一样，要把他们变得一样，这是学校的目标。笔者曾经询问过一些不愿意去幼儿园的孩子，不想去幼儿园的主要原因是老师强迫他们睡觉。

3. 自由活动时间少之又少

幼儿园里的孩子最渴望的就是自由活动时间。有的孩子说，在自由活动的时候要“赶紧玩”，通过这样的话语可以看出孩子对自由活动的渴望。玩是孩子的天性，而过早地限制孩子的自由玩要势必影响孩子的自然发展，同样剥夺了孩子拥有快乐的、无拘无束的童年时光。

由以上这些细节可以看出，中国幼儿园教育还没有给幼儿充分独立自主的权利。主要的教育理念还是“一刀切”，强调整齐划一，剥夺了儿童自由玩要的权利，限制了孩子天性的发展。

四、对我国幼教发展的启示

(一)政府应加大对学前教育的投入，减轻家庭教育负担

瑞士对学前教育的投资大大促进了瑞士学前教育的发展。我国长期以来形成了学前教育高消费的局面，严重影响了学前教育的质量。政府要加大对幼教事业的投资力度，延长义务教育年限至幼儿园，减轻家庭教育负担，保证幼儿100%的入园率。

(二)丰富和完善幼教机构形式，保证入园的公平性

瑞士丰富的幼教机构为幼儿和家长提供了多种选择，保证适龄儿童接受学前教育的机会。相比之下，我国的学前教育机构较为单一，而且落后地区甚至没有幼教机构。丰富和完善幼教机构形式，建立人性化的学前教育管理模式应当成为我国学前教育进一步发展的重要举措，要动员一切力量来共同建设幼儿教育事业，举办多种形式的幼教机构，保证不同地区、不同层次、不同民族的幼儿都有平等接受教育的机会，保证学前教育的质量。

(三)更新教育理念，用科学理念开展教育活动

学习瑞士科学的教育理念，培养幼儿的独立性和创新性。学前教育应该坚持“一切以幼儿为主体”，教育目标主要定位于培养幼儿的良好习惯，为将来的学习和生活打好基础。幼儿园应定期开展幼儿教师培训活动，帮助幼儿教师提高教学能力和水平，根据每位幼儿的特点开展教学活动，保证每位幼儿自由快乐地成长和发展。

在园本课程构建过程中提升园长课程领导力

北京市顺义区建北幼儿园　李海霞

一、转变认知，精准定位，把握课程建设核心

作为管理者，要转变认知，课程不是只有专家来研做，我们作为课程的亲历者，首先

要厘清课程的价值，课程就是教育者为实现教育目的，根据受教育者身心发展规律的内在要求和经济社会发展对人才质量的需求而潜心设计的系统性教学计划。课程的意义在于通过课程建设更好地挖掘和利用地方和幼儿园资源，更好地满足幼儿的需要，促进幼儿的身心健康和良好发展。

优质的学前教育不仅对幼儿及其家庭有利，更具有重要的社会经济价值。有学者认为，学前教育能促进幼儿认知、培养道德、陶冶情操、保育身体等，并在园所实践中实现幼儿社会化、主体化、个性化三个方面的微观价值，更体现了课程建设在园所整体发展中的重要作用。精准定位，把握课程建设核心，才能为课程建设奠定坚实的基础。

二、调整状态，找准抓手，明确课程建设方向

十年的园长管理生涯，三所幼儿园的亲身感受，笔者深知一个园所内涵的发展包含很多层面，其中课程建设是促进教师专业成长的最有效的途径。而课程建设对于十年前的我来说确实有难度，找不到切入点，导致课程建设有冲动，没行动；有热情，没思想。而此时，正值我区引进奥尔夫音乐项目第二年，经过认真思考，向主管领导表达四点想法。第一，我本人喜欢音乐，在一线从教期间，多次接待市区级音乐活动观摩团，曾经接受过为期一年的奥尔夫音乐培训，又得到过李燕怡等专业教师的亲自指导，在实践和引领方面我有底气；第二，业务园长的音乐素养相对于其他领域是高的，更具有优势，便于对老师的音乐活动进行指导；第三，非音乐教育专业的教师比较多，在日常工作中发现教师不敢上音乐活动，听不到琴声，教师的专业素养制约着幼儿艺术素养的提升；第四，我园办园理念是“快乐教育，快乐成长”。快乐文化是我园的办园之魂，而音乐教育活动正是培育幼儿良好情感的有效途径。以上四点想法得到领导的鼓励与支持，让我找准抓手，明确了课程建设的方向。

三、付诸行动，分步推进，提高课程领导能力

(一)三个“三”策略，整合地方课程资源，构建园本奥尔夫音乐课程

教育者要树立“一日生活皆教育”的教育观。结合《幼儿园教育指导纲要(试行)》(以下简称《纲要》)、《3—6岁儿童学习与发展指南》(以下简称《指南》)的发展目标，每学期初开展全园教师备课活动，根据各年龄班幼儿发展目标，以表格的方式均衡分配五大领域教学活动，同时每月末以年级组为单位进行月备课活动，将“快乐与发展课程”中的音乐活动和奥尔夫音乐课程进行分析、整理。同时梳理出三个“三”策略，即“三人员”、“三路径”和“三平台”。

1.“三人员”指管理者、一线带班教师和后勤教师三个层次的人员

依托《纲要》《指南》开展“三共”活动。即共同参与月备课；共同进行领域课程实践；共同开展教研研究。业务园长进行奥尔夫音乐实践研究，将实践和理论进行深入对接，通过实践解读理论，有针对性对教师进行指导。

2.“三路径”指音乐领域目标达成的路径

路径一：集体教学。集体教学活动是幼儿教师根据幼儿身心发展特点和教育目标，有目的、有计划地组织班级所有幼儿都参加教育活动。路径二：表演区。表演区是集体教学活动的延伸。路径三：过渡环节。过渡环节是活动与活动间的自然衔接与转换。此环节融入奥尔夫音乐，如在午睡时欣赏摇篮曲，在饮水时聆听《喝水歌》等，让幼儿在轻松氛围中汲取音乐灵感。

3.“三平台”指三项活动

平台一：升旗小音符，升旗环节为幼儿提供展示舞蹈或音乐剧的平台。平台二：亲子乐章，邀请家长与幼儿共同演绎时装秀、音乐舞台剧、乐器合奏，享受亲子互动，增进情

感。平台三：音乐节，幼儿班级巡回演出，演绎自己对音乐的热爱和理解。通过多种途径感受音乐、欣赏音乐，进而学习音乐、创造音乐，展现自己对音乐的理解和表达。

(二)“阶段走”举措，贯彻落实《纲要》《指南》精神，有效实施课程

1. 第一阶段：反复研究　勤于实践　夯实根基

实施“四站式”教研。第一站：自我推敲，确定教学方案。做到“三结合”。一结合《纲要》、《指南》和幼儿发展现状定方向。二结合幼儿最近发展区制定目标。三结合自身特长和幼儿兴趣点寻找切入口。取己所长，避己所短，选择适宜的教学活动。

第二站：同伴合作，提出合理建议。现场说课，引发大家思考，聚焦问题开展研究，将学研共同体最大化。

第三站：实践探索，把握活动节奏。业务园长参与探讨。站在活动全局位置，从理念到行为给予教师引领和指导，帮助教师更好地落实目标，实施适宜策略促进活动有效完成。

第四站：专家引领，实践结合理论。包括自我反思、分组讨论、整体梳理、专家引领四大环节。全园教师观摩、研讨、完善，专家再次指导提升，研究过程是锤炼的过程，教师教学能力不断提升。

2. 第二阶段：聚焦问题　深入实践　螺旋上升

推进“四过程”实践。过程一：理论学习指明方向。在自主游戏探究中，问题层出不穷：到底什么是自主游戏？自主游戏和“放羊”有什么区别？如何开展，从哪里入手？孩子们不感兴趣怎么办？孩子们玩不够，不愿意收怎么办……为此，我们带领大家认真学习华爱华教授的游戏理论，以思维导图的形式对自主游戏进行解读，明晰自主游戏的核心价值就是自主：孩子们自主选择游戏内容，自主选择玩伴，自主选择材料，自主选择游戏方式，孩子是游戏的主人，教师由主导者变成了观察者、鼓励者、参与者、支持者。理论学习为教师指明了实践和探究的方向，找到了探究的思路和出路。

过程二：自主实践困难重重。明确了自主游戏宗旨后，分时间段、分教师展开实践。即骨干教师先行，随着教研的不断深入，职初期教师再循环进入音乐主题下的自主游戏实践之中，进行过渡环节、户外活动、教育活动中自主游戏的设置与组织。经过不断实践，新问题随之而来，如：户外体能循环区能够满足孩子们的自主需要，但很多想法不能实现；音乐自主游戏中，教师主导地位比较明显，幼儿自主发挥空间不大等。通过理论学习和观摩研讨解决教师主导问题，并把理念上的认知落实到行动中，打破固有区域模式游戏环节，弱化教师教育行为，减少不适当介入，学会把问题抛给幼儿，让幼儿充分自主探究，充分发挥想象力。幼儿自选游戏，兴趣高涨，专注时间长，积极参与，乐此不疲。

过程三：专家引领拨云见日。推出“靶子班”承担全园观摩，教师分成三个观摩小组，幼儿观摩组——重点观察幼儿游戏中的状态及发展；教师观摩组——重点记录教师在游戏环节中的组织与引领；整体评价组——从整体上把握自主游戏的适宜性、合理性及存在的问题。经过现场研讨和专家答疑解惑，教师们越发明确方向，自主游戏开展得如火如荼。教师们发现，把“权力”还给孩子，当初的困惑迎刃而解。在落实教育活动过程中，老师始终以幼儿为主体，顺应幼儿心意，让幼儿决定玩什么，怎么探索，孩子们有了相对丰富的经验和认知，更喜欢音乐活动了，唱唱跳跳也更能“言之有物”。教师用问题进行引领，建立有序的规则，达到活而不乱、动中有序的效果。

过程四：放手实践师幼共成长。经过“靶子班”的观摩和教研，经过教师的大胆实践，教师们看到了幼儿的发展和变化，信心大增，分别在自己班级开展和实践。一个小时的游戏，幼儿专注力极高，活动结束时还恋恋不舍，意犹未尽。老师们站在孩子身后，是观察

者、游戏者、支持者、鼓励者，孩子们的游戏现场更加鲜活。同时，“靶子班”教师在实践过程中形成自主游戏专项研究材料，研发出自主游戏计划表、自主游戏思维导图等。在园本教研的引领下幼儿园逐步建立起科学系统的音乐主题下的自主游戏课程体系，在课程建设过程中提高了园长课程领导力和教师课程实施力，使教师们在园本课程构建过程中体验成功，快速成长。

浅析幼儿心理健康教育在体育活动中的渗透

安徽省合肥市江汽公司幼儿园　姜　维

体育活动与心理健康教育的有效结合是当前社会发展的必然趋势。近年来，体育教育越来越受到重视。现如今还有很多家长和老师只关心提高学生的学习成绩，很少关注学生的心理健康。同时，大多数家长忙于工作或者其他原因而没有时间照顾孩子，忽视了孩子的心理感受。在信息时代，互联网上各种形式的信息令人眼花缭乱，有些不良信息会影响孩子的认知，因此家长和教师都需要引起足够重视并积极地引导，而体育教育与心理健康教育的结合可以促进幼儿的心理健康，让幼儿保持良好的心理状态。

一、相关概念的界定

(一)体育锻炼

体育锻炼是一种有目的的锻炼，是促进健康的主要手段，对身心健康有积极作用。

(二)心理健康

心理健康是一个综合概念。积极的心理状态是维持心理健康的前提。心理健康可以根据情绪状态、认知能力、自尊心、人际关系和社会适应性进行评估。

二、体育锻炼对心理健康的影响

(一)体育锻炼对情绪状态的影响

体育锻炼可以改善情绪状态，给人带来积极情绪。当人们在锻炼时会分心，会忘记生活、学习和工作中的烦恼，缓解压力，消除紧张感。运动也会给人们带来快乐的情感体验，改善负面情绪，缓解焦虑、减小刺激等。

(二)体育锻炼对认知能力的影响

认知能力是人脑处理、存储和检索信息的能力。完成任务最重要的心理条件，包括感知、记忆、注意力、功能、思维等。体育锻炼可以在实践中提高幼儿的认知能力。对于幼儿来说，锻炼对注意力、记忆、感知等的影响非常重要。体育锻炼可以改善体质、体格和运动状态，提高身体素质，增强自尊心，提升生活满意度和主观幸福感。

(三)体育锻炼对人际关系与社会适应力的影响

在现实生活中，和谐的人际关系和良好的社会适应力是非常重要的。体育锻炼可以改善人际关系，提高社会适应性，缓解身心压力，提高应对困难的能力，提高与人交往和融入社会的能力。

三、体育与心理健康的现状分析

我在教学实践中，通过观察体育对幼儿心理健康的影响有了一些发现。目前我所教授的幼儿年龄处于四岁以下，绝大多数幼儿都能积极参加各类体育活动，个别幼儿在体育活动中表现出胆小、畏惧，但经过老师的心理疏导后都可以积极参加各项体育活动。例如，因幼儿年龄小，刚接受启蒙教育，某些幼儿会产生破坏性意识，出现不合作和推搡其他幼儿等现象。此类行为是幼儿该年龄阶段所特有的，尤其是刚进入幼儿园的幼儿。针对此类情况，通过直接的言语教育无法起到良好的效果。相反，我们应该采取无意识地消除幼儿心理问题的方法，在体育游戏的发展过程中向幼儿解释游戏规则。要求幼儿按照规则参与游戏，了解如何遵守规则并适当鼓励和引导幼儿规范自己的行为。如在体育比赛中培养幼儿的合作精神，让幼儿在心理上产生归属感和成就感。

针对幼儿身心健康发展的特点，我在教学中采取教师示范、教师全程参与、增加运动器材、减少运动量以及提高活动的多样性等方式，使幼儿都能够积极主动地参与到各种体育活动中。我们还设计了调查问卷以此来了解幼儿在体育活动中存在的一些问题。在教研活动中，教师们积极探讨分析，以便找出更好的解决问题的方法。数据如图 1 至图 4 所示。

体育是一门必修课，如何将心理健康教育渗透到体育活动中，是一个亟待解决的问题。一些学校缺乏体育教育和心理健康教育的环境支持，从而对体育心理健康教育重视不够。

此外，许多学校缺乏专业的心理健康教师，从而使幼儿得不到专业的心理健康教育。

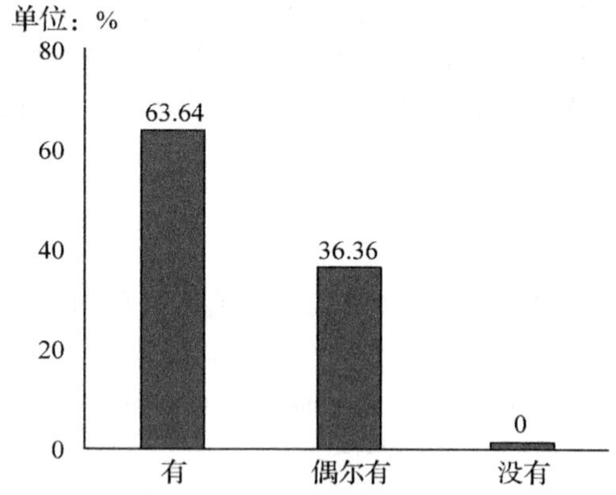

图 1　幼儿在体育活动中是否有胆小畏惧的情况

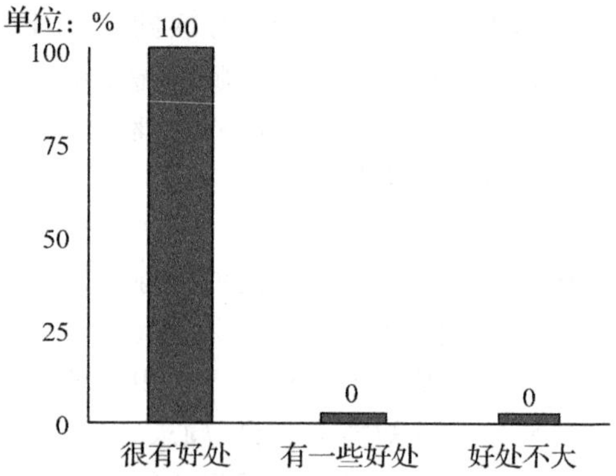

图 2　家长是否认为体育健康对幼儿身心发展有益

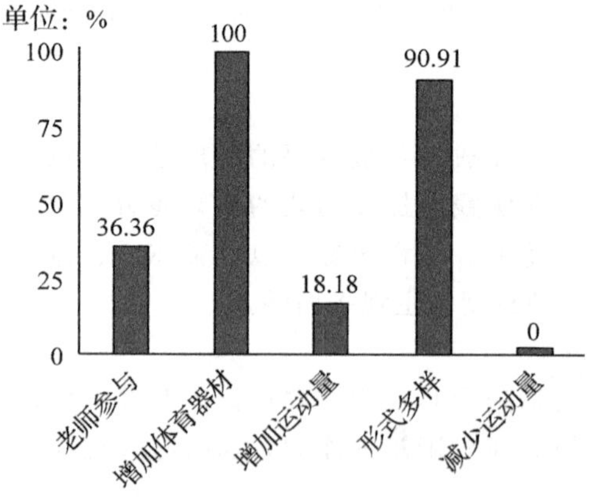

图 3　哪些活动更适合幼儿身心健康发展

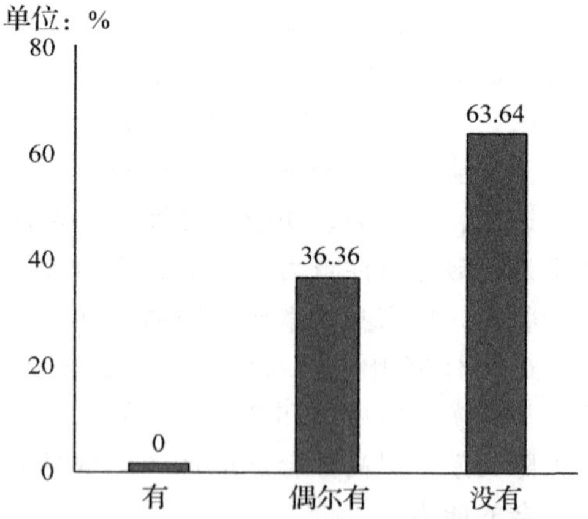

图 4　幼儿在体育活动中是否有合作游戏的意识

四、体育教育与心理健康教育相结合的意义

（一）有利于促进体育教育的开展

许多幼儿园以教育的形式开设体育课程，但这种教学方法简单片面，在融入心理健康教育后，课堂教学方法不再局限于体育教育，也增加了许多心理教育方法。幼儿对活动和

游戏更感兴趣，对体育的兴趣也在增加。教师可以在学校体育活动中积极引入情绪排解法、转移注意力法等心理健康教育教学方法。这种教学方法不仅丰富了教学活动，而且激发了幼儿的学习兴趣。

(二)有利于加深教师对幼儿的了解

体育活动融入心理健康教育后，教师可以通过体育活动与幼儿沟通，对幼儿进行深入的了解，及时发现幼儿有无心理问题，并利用课程积极引导幼儿，帮助幼儿形成正确、健康的心理。

(三)体育教育引导心理健康

对幼儿进行素质教育的基础是帮幼儿建立正确的人生观和价值观，良好的体育教育可以帮助他们正确认识自己，提高认知能力，形成正确的价值观和世界观。对此，老师可以设计体育游戏，如“勇敢地拯救小动物”。在游戏开始之前，将幼儿们分成两组，分别安排在场地的两端，场地中间放置一个装满动物玩具的大盒子。随后向幼儿解释游戏规则：在比赛开始时骑上自行车，钻入洞穴后到达浮桥，爬上浮桥营救小动物，最后再次钻入洞穴回到原来的位置。下一个幼儿将继续上一轮的规则，最后比较哪一组可以得到更多的玩具。在这个过程中，老师告诉幼儿们需要扮演小士兵的角色去拯救动物，培养责任意识。这种融于情景的感受有助于幼儿的健康发展，使他们能够在游戏中认同自己并体验积极的情绪态度。

五、体育教育与心理健康教育相结合的措施

(一)家庭与学校相互合作

家庭是孩子们成长的第一所学校。尽管许多家长因工作忙碌，没有时间教育幼儿，教师也应帮助家长认识到幼儿接受家庭教育的重要性。教学中我们采取组织家长活动和召开家长会的形式，帮助家长了解幼儿，加强家长与幼儿之间的沟通，让家长更深入地了解幼儿的学习环境和生活状况。教师也可以进一步了解幼儿和家长的心理活动，有针对性地开展心理健康教育，帮助幼儿健康成长。

(二)进一步丰富体育教育及心理健康教育资源

如今，随着科技的发展和互联网的普及，教师可以在互联网上获取一些教学资源，还可以建立微信焦点小组，宣传各种形式的体育和心理健康，帮助幼儿促进体育和心理健康教育的系统化发展。此外幼儿园可以制定关于体育和心理健康的计划和规定，鼓励所有教师和幼儿关注并实施心理健康教育，促进体育与心理健康的结合，达到预期效果。

(三)加强师资队伍建设

教师队伍的建设离不开不断更新的教育系统，学校应该加强对这部分的师资建设，有针对性地提出改进方案，从教师力量入手，聘请体育和心理健康方面的专业教师，积极组织教师培训，提升教师的专业知识水平。教师要利用日常教育教学活动，提供给幼儿有关教育和心理健康的信息，帮助幼儿更好地适应班级环境，培养幼儿健全的人格。

(四)重视心理健康教育

当前，许多地区特别是相对贫困地区的幼儿园教师对心理健康教育重视不够，大部分地区的幼儿园教师对体育重视不够，这对于体育与心理健康训练的整合与发展是非常不利的。为了有效地将两者结合起来，幼儿教师和幼儿园管理者应该更加重视幼儿的心理健康教育；建立创新的心理健康课程，吸引师生学习，同时加强心理健康研究，产生一系列理论研究成果，促进体育与心理健康发展相结合。

六、结语

作为教师，在实际教育中，任何一个课堂都可以在课程中深化一定的体育教育与心理健康教育相结合的内容，这将极大地提升体育教育与心理健康教育的效果，提高幼儿的素质，帮助幼儿建立正确的价值观和世界观。在课程中，教师必须始终坚持尊重体育教育与心理健康教育相结合，不断提高自身的综合素质，养成良好的教学习惯，幼儿园还应不断完善教育体育评价机制，让幼儿养成良好的习惯，保持健康的心理，为今后的学习和发展奠定基础。

利用军队资源开展幼儿军体运动的实践探究

广西壮族自治区南宁市广西军区幼儿园 范桂宁 李 婷

《3—6 岁儿童学习与发展指南》中指出，幼儿园每日的户外活动时间一般不少于 2 小时，其中体育活动时间不少于 1 小时，季节交替时要坚持。运动对于幼儿来说不仅是身体和心理健康发展的需要，更是实现全面和谐发展的基础。我园隶属于军队管理，园所占地面积为 27581 平方米，幼儿户外活动场地总面积为 15031 平方米；园内建有幼儿篮球场、足球场、运动广场、山坡草地等多个户外运动区域，能充分满足幼儿户外运动的需求。我园充分挖掘军队文化资源，立足园所实践，进行幼儿军体运动课程的构建与实施，形成了“每日大循环—每月专项练习—每学期军体运动会”的运动课程模式，旨在通过多种运动方式促进幼儿身体素质和运动能力的发展。

一、幼儿军体运动课程的构建

幼儿军体运动是以军队文化为背景，以军事内容为载体开展的幼儿运动，其目的在于增强幼儿体质，培养拥有“强健体魄、文明精神”的身心和谐发展的新时代儿童。

(一)确立课程总目标

幼儿军体运动的总目标围绕“强健体魄、文明精神”两个方面确定。其中“强健体魄”方面的目标指向为幼儿身体动作发展；“文明精神”方面的目标指向为幼儿个性品质培养(见图 1)。

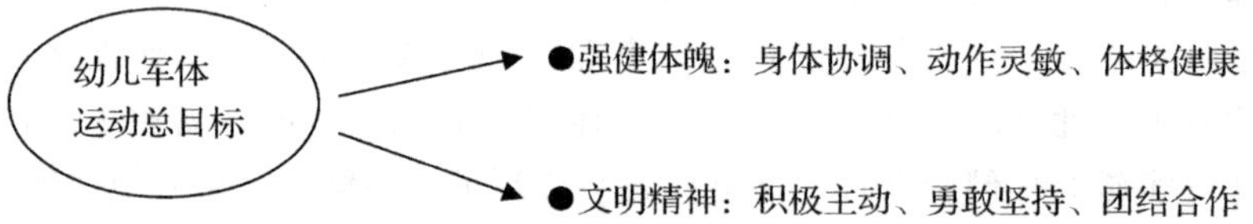

图 1 幼儿军体运动总目标

(二)梳理幼儿发展目标及内容

根据幼儿的年龄特点，结合《3—6 岁儿童学习与发展指南》中健康领域的目标要求，我们将总目标进行细化、具体化，结合军队文化，制定各年龄段幼儿军体运动发展目标和活动内容(见表 1)。

表1　大班幼儿军体运动目标和内容

<table>
<tr><th colspan="2">内容</th><th>具体目标</th><th>活动内容</th></tr>
<tr><td rowspan="3">强健体魄</td><td>身体协调</td><td>1. 练习走、跑、跳等动作，提高身体的协调性和灵活性。
2. 练习匍匐爬、单脚跳、投准、单杠移动等动作。
3. 能单手将沙包(投掷物)向前投掷5米左右。
4. 能快跑25米左右，单脚向前跳8米左右。</td><td>勇闯雪山
运输大队
扫雷突击队
坦克前进
超级神投手
躲避炸弹
炸碉堡</td></tr>
<tr><td>动作灵敏</td><td>1. 在对抗游戏中提高身体的灵敏性、协调性、力量和耐力。
2. 能在斜坡、荡桥和有一定间隔的物体上较平稳地行走。
3. 能以手脚并用的方式安全爬攀架、网等。
4. 能躲避他人滚过来的球或扔过来的沙包。</td><td>穿越烽火线
小兵越野
小小侦察兵
士兵突击
翻越轮胎山</td></tr>
<tr><td>体格健康</td><td>1. 能在较热或较冷的户外环境中连续活动半个小时以上。
2. 天气变化时较少感冒，能适应车、船等交通工具造成的轻微颠簸。
3. 模仿解放军立正、稍息、跨立、踏步等动作，保持正确的站、坐、行走姿势。</td><td>火线运输
骑战马
特种部队
翻山越岭</td></tr>
<tr><td rowspan="3">文明精神</td><td>积极主动</td><td>1. 能积极主动参加体育活动，勇于尝试、敢于挑战。
2. 能自己上下楼梯，自己背包，自己收拾器械。</td><td rowspan="3">渗透于各活动中</td></tr>
<tr><td>勇敢坚持</td><td>1. 与别人看法不同时，敢于坚持自己的意见并说出理由。
2. 能主动承担任务，遇到困难能够坚持下来，不怕累。</td></tr>
<tr><td>团结合作</td><td>活动时能与同伴分工合作，遇到困难能一起克服。</td></tr>
</table>

(三)打造富有军队特色的运动环境

环境是重要的教育资源，结合我园丰富的户外自然资源，充分融入军队文化特色元素，多元组合，在环境创设中注重"渗透军事元素、投放军体材料、创设野趣场所、重视场地安全"，使幼儿课程活动更有趣味性和多样性。

1. 渗透军事元素

幼儿以直观、具体、形象的思维方式为主，我们将军事元素的"迷彩""军队绿""五角星"等元素渗透到军体运动材料的制作中，制作出了"迷彩轮胎""手榴弹""迷彩坦克履带"，带有军事元素的环境能吸引幼儿的注意，引发幼儿与环境"对话"。

2. 投放军体材料

运动活动缺少不了游戏材料的投放，材料的投放也决定了幼儿身体动作的发展，在材料投放上我们结合军队元素，投放解放军们经常使用的各种器械，并进行改造，比如，手榴弹，利用和手榴弹造型相仿的咖啡罐，涂成棕色和绿色，供幼儿投掷；负重轮胎，将粗麻绳绑在大轮胎上供幼儿推拉；坦克履带，利用废纸箱制成大履带，并喷涂成迷彩色，供幼儿游戏；降落伞，利用花布和小积木制成降落伞，供幼儿抛接……在军体材料的投放上，我们也注重投放材料的层次性，比如在练习平衡项目时，投放的木板从1.4米到2米不等，投放的梯子从单梯到双梯等。不同军体材料的投放促进了幼儿身体动作的协调发展。

3. 创设野趣场所

为满足幼儿进行“野战游戏”的需要，我们将幼儿园废弃的游泳池改造成原生态的野战基地，投放轮胎、木梯等原生态材料，投放沙包、玩具枪、梯子、迷彩网、对讲机、障碍板、帐篷、担架等多种游戏材料，为幼儿开展野战游戏提供情境与场地。

4. 重视场地安全

根据游戏内容、器材特点以及大班幼儿现有水平，合理利用我园塑胶地、水泥地、草坪等不同地面条件并配合海绵软垫等防护器材，将运动游戏设置在适宜位置，消除潜在的安全隐患。比如，将平衡、攀爬、跳跃等游戏安排在塑胶地面；匍匐、爬等游戏项目安排在瓷砖地面；鼓励幼儿自制安全标识，游戏路径有箭头指示等。

二、幼儿军体运动的实施

幼儿军体运动的实施方式为“每日军体运动大循环—每月专项练习—每学期军体游戏运动会”。三种形式互为补充，层层递进，构成了我园幼儿军体运动的实施模式。

(一)每日军体运动大循环

每日进行的军体运动大循环强调综合体能锻炼，幼儿在日常体育活动中积累了一定的运动经验，结合我园的场地与军体运动器材，利用户外体育锻炼时间开展军体运动大循环，主要流程为：热身跑—搭建训练场—运动大循环—训练场整理—班级回顾分享。

表 2　大班每日军体运动大循环区域及内容

区域	内容	基本动作/发展能力
军训广场	勇往直前	奔跑、助跑跨跳、平衡、身体协调
	穿越火线	正面钻、侧身钻、身体控制力
	翻越轮胎山	攀爬攀登、高处往下跳、悬吊、力量、耐力以及摆动、颠簸、旋转等平衡技能
	匍匐前进	匍匐爬行、手脚动作灵活协调、大肌肉动作
	冲锋手	跑跳、合作协调走、平衡、投掷、手眼协调、动作协调、单脚跳、双脚跳远
	不走寻常路	高低不平路面上走、绕障碍走跑
	小小神投手	手眼协调、手臂力量
	运输大队	练习推、拉
丛林探险	丛林探险	平衡、协调
	丛林树屋	攀爬、攀登、平衡
	草坪运动	追逐躲避、双脚并拢向前跳、控制平衡、投掷
	花样玩球	拍球、运球、投球、踢球、颠球、抛接、灵敏、速度
	小骑兵	腿部肌肉力量，负重拖、推、拉、搬、运
	花样运动	摆动、钻爬、搬运、阻力
野战基地	野战游戏	钻爬、投掷、闪躲、躲藏、布阵、分工合作

在军体大循环中，我们播放“军号”音乐作为集结令，鼓励幼儿进行热身跑；在搭建训练场的过程中，鼓励幼儿自主搬运器械，组建运动场，在搬运的过程中锻炼幼儿的力量和

增强幼儿的团结协作意识；在运动大循环活动中，教师根据幼儿的运动状况跟进指导，保证运动的有效性；运动结束后的分享环节，针对幼儿的运动情况进行讲评和分享，鼓励幼儿大胆表达，获得良好的运动体验。

（二）每月专项锻炼

每月专项锻炼是在每日军体运动大循环的基础上，通过教师对幼儿的观察，发现幼儿对某项动作技能掌握不到位或者有创新游戏出现时，以提高幼儿专业运动技能和体能为主的专项素质提升活动。

（三）每学期军体游戏运动会

军体游戏运动会是以“军事主题”为背景，在军体运动大循环和军体游戏专项活动的基础上，师幼共同讨论确定运动项目并开展的团体性运动会，是对幼儿运动能力和身体素质进行展示和综合评价的一项活动。

三、幼儿军体运动课程的评价

（一）建立定期评价的幼儿体质测评体系

每学年初我们定期对幼儿走、跑、跳、平衡、力量、耐力等指标进行体质测评，得出初测结果后，再有针对性地进行军体运动的活动内容和游戏设计，学年结束前再进行一次后测，形成体质报告，掌握和了解幼儿运动能力发展情况，为下一阶段确立发展方向。

（二）建立随机的军体运动教研方式

为确保军体运动的实施效果，我们实施随机教研的方式，建立由“园长、大班年级主任、专职体育教师、班级教师”组成的视导小组，实地指导和观摩，及时就军体运动中出现的问题进行教研，形成统一方案，以此促进教师专业能力提升，保证幼儿身心和谐发展。

浅谈幼儿家庭劳动教育的现状及策略

广西壮族自治区柳州市柳东新区雒容镇第三幼儿园　顾正赟　韦晓慧

一、幼儿家庭劳动教育的背景

《中共中央国务院关于全面加强新时代大中小学劳动教育的意见》中指出，劳动教育是国民教育体系的重要内容，是学生成长的必要途径，具有树德、增智、强体、育美的综合育人价值。《3—6岁儿童学习与发展指南》在健康领域中明确指出，引导幼儿生活自理或参与家务劳动，发展其手部的动作。如锻炼幼儿用筷子吃饭、扣扣子，帮助家人择菜叶、做面食等。

幼儿的家庭劳动教育过程，是家长通过给予幼儿创建家务劳动的机会，帮助和指导幼儿树立正确的劳动观念，培养其掌握初步的劳动知识和技能，形成良好的劳动习惯。

二、幼儿家庭劳动的现状分析

本次调查，笔者以雒容镇第三幼儿园幼儿的家庭为研究对象，以家长对劳动教育的认识及幼儿参与劳动的情况为切入点，将电子问卷发放给家长，发放数量为434份，共收回316份，具体数据分析如下。

（一）家长在幼儿参与家庭劳动教育方面的认识

1. 家长意识到幼儿应该参加劳动教育，并要求幼儿在家参与一定的劳动

78.16%的家长认为幼儿应该参加劳动，21.52%的家长认为适当参加即可（见图1）。同时，68.67%的家长经常要求幼儿在家做一些力所能及的事（见图2）。

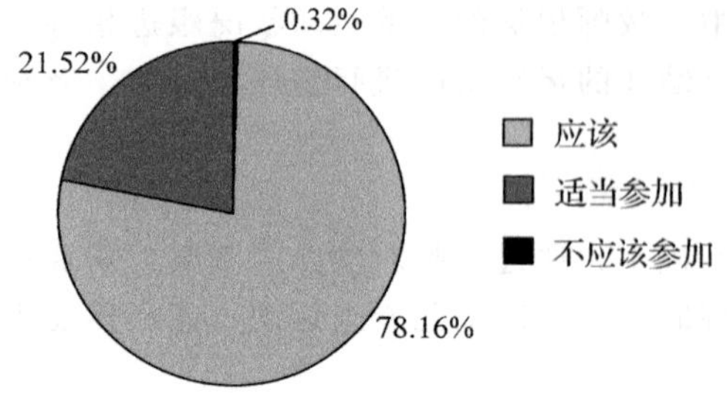

图 1　家长认为幼儿是否应该参加劳动

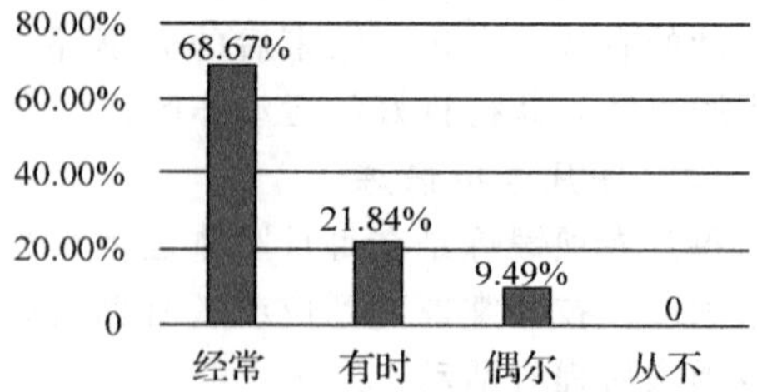

图 2　家长要求幼儿在家劳动的频率

可见，大部分家长能意识到劳动对幼儿来说是必要的，并让幼儿参与一定的劳动。

2. 家长对幼儿参与家庭劳动的看法

67.40%的家长认为劳动可以让幼儿锻炼身体，1.58%的家长认为劳动可以开发智力(见表 1)。

表 1　家长认为劳动教育能够给予幼儿带来的益处

益处	占比(%)
培养劳动习惯	5.70
锻炼身体	67.40
学习基本的劳动知识和技巧	25.32
开发智力	1.58

在劳育与德、智、体、美方面的培养教育同时出现的情况下，劳育往往会被排在末位(见表 2)。

表 2　家长更希望孩子参加的课程

课程	占比(%)
劳动教育	1.30
兴趣班(跳舞、绘画、主持、声乐、体育等)	83.20
其他	15.50

从以上数据可知，家长对幼儿参加劳动教育的态度和认识是不全面的，受传统观念的影响，大部分家长还是会以“文化知识”作为培养重点，认为劳动教育对幼儿虽有益处，但益处不大，忽略了劳动给幼儿在身心发展方面带来的更丰富的内在价值。比如，在劳动过程中，手眼协调可以促进幼儿智力发育；劳动成果给幼儿带来的喜悦有利于塑造其独立自信的性格。

(二)幼儿参与家庭劳动教育的情况

1. 幼儿参与的家庭劳动类型的情况

根据劳动服务对象的不同，笔者按照自我服务、为家人服务劳动、做家务劳动三个模块进行调查。自我服务的内容主要是为自己服务，如穿衣、洗澡、刷牙；为家人服务劳动主要是为家里共同居住人展开服务劳动，如帮年长者端茶倒水、捶背，和家人一起照顾年幼者或患病者等；做家务劳动主要是家务活，比如打扫卫生、丢垃圾、做饭等。

经调查发现，幼儿参与的家庭劳动中，自我服务占比最大，达86.90%；为家人服务劳动及做家务劳动较少，分别为7.80%和5.30%(见图3)。由此可见，家长对于培养幼儿为他人服务、为家庭服务的意识较为淡薄；幼儿参与家庭劳动的内容是不均衡、不全面的。

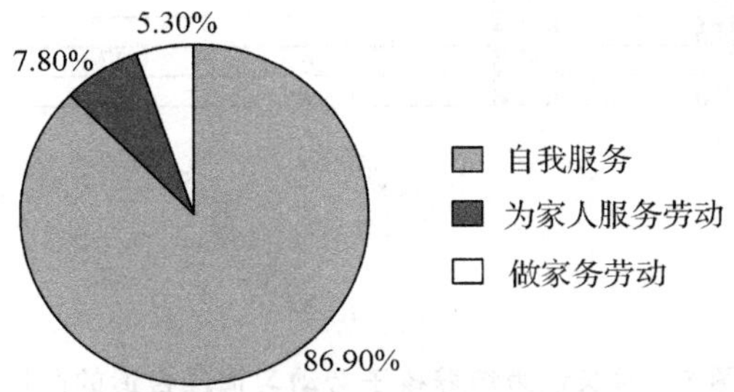

图3 幼儿参与家庭劳动内容情况

2. 幼儿连续完整地完成家庭劳动的情况

(1)针对幼儿是否能够连续完整地完成家庭劳动，60.20%的家长表示“偶尔能”，29.73%的家长表示“不能”，仅有10.07%的家长表示“能”。

(2)幼儿未能完整完成家庭劳动的主要原因

针对幼儿未能连续完整地做完家务劳动的原因进行调查，如图4所示。

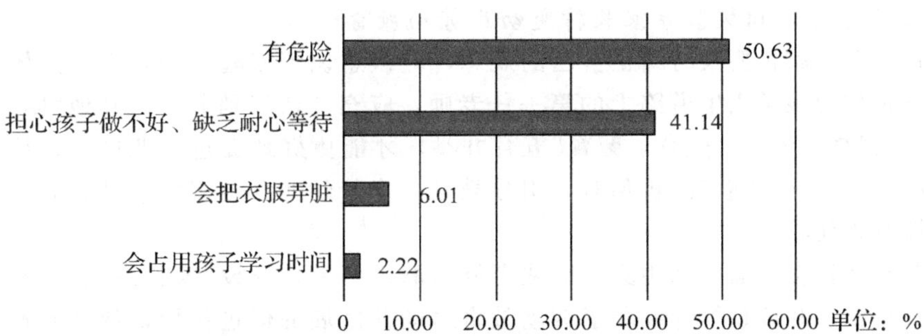

图4 幼儿未能完整完成家庭劳动的原因

幼儿未能连续完整地完成劳动的主要原因有：50.63%的家长担心做家务有危险，41.14%的家长担心孩子做不好，缺乏耐心等待，这些情况对幼儿的身心发展是不利的，不利于培养幼儿的劳动主观能动性和幼儿勤劳、持之以恒的品格。

(三)家长更多的是把幼儿劳动教育寄托幼儿园方

为了解家长对幼儿开展的家庭劳动教育情况，笔者针对是否有制定家庭劳动清单展开调查。其中有89.60%的家长并未罗列详细的任务清单，只是随口提提，对幼儿的劳动教育较为随心，具体任务指向不明确且无计划(见表3)。

表3 家长是否与幼儿罗列详细的家庭劳动任务清单

有无具体任务指向	占比(%)
没有，只是随口提提	89.60
有列清单，但并未能持续执行	6.87
有罗列清单，基本能遵照执行	3.53

根据调查，笔者发现大部分家长认为在幼儿园阶段培养孩子的劳动习惯最合适(见图5)。

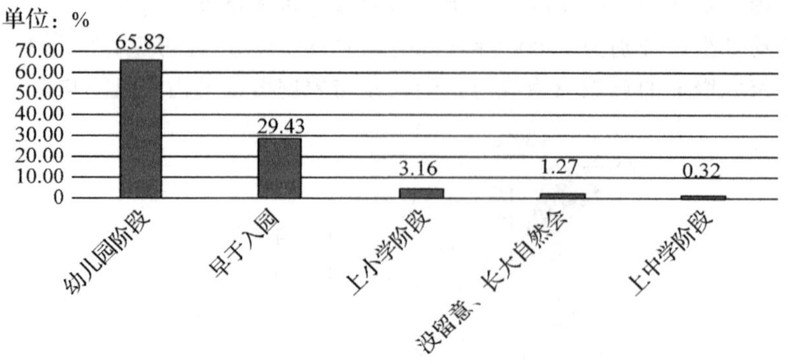

图 5　家长认为培养孩子劳动习惯最合适的阶段

且在调查过程中发现，99.37%的家长支持幼儿园开设劳动教育课程。高达 91.41%的家长认为教师更有利于对幼儿实施劳动教育。

由此可知，家长并未意识到自己是教育幼儿开展劳动的第一责任人，家长希望幼儿园开设教育课程，并觉得幼儿园是专业的育儿机构，教师更有利于对幼儿开展劳动教育，更多的是把劳动教育的责任寄托在幼儿园方。

三、幼儿家庭劳动教育的实施策略

(一)多方合作，积极引导家长转变幼儿劳动教育观念

在家长层面，家长要及时纠正自己的观念，应该意识到家庭是幼儿开展具体劳动的重要阵地。家长作为孩子人生道路上的第一任老师，应充分认识到劳育与其他“四育”同等重要，“德育、智育、体育、美育、劳育”五育并举，才能更好地促进幼儿成长。从小对幼儿培养“一分耕耘，一分收获”的价值观，引导鼓励并支持幼儿参与家庭劳动，养成幼儿热爱劳动的习惯及责任心。

在幼儿园及社会层面，利用家长会或者社区联动活动，开设“家长讲堂”，利用微信家长群、家长学校、开放日等专题分享劳动教育对幼儿发展的促进作用，帮助家长不断更新教育观，以“思想”带动“行动”，全面认识家庭劳动对幼儿成长的作用。

(二)做好安全教育，尊重幼儿，给予幼儿更多的劳动教育机会，提升幼儿在劳动中的成就感

规避危险的最有效措施便是做好教育，提前预防。首先，家长需要树立“一日生活皆教育”的理念，把对幼儿的安全教育渗透到生活中，帮助幼儿提升自我保护的意识及技能水平。例如，在洗澡时，要告诉幼儿冷热水龙头如何区分，注意水温，避免水温过高烫伤幼儿；要正确使用劳动工具，避免工具伤人，边示范边告知幼儿使用工具的安全注意事项。其次，在幼儿进行劳动时，遵循幼儿的年龄段特点，付出更多的耐心和时间，让幼儿愿意劳动、善于劳动。关注幼儿，激发幼儿劳动的兴趣，针对幼儿的劳动成果及时进行奖励，增强幼儿参与劳动的信心，让其在劳动中获得成就感。

(三)家园合作，助力幼儿劳动教育的高质量发展

幼儿的家庭劳动教育离不开家园合作，良好的家园合作关系是幼儿劳动教育高质量发展的助推器。

在幼儿园方面，结合幼儿不同的年龄段特点，开设劳动教育园本课程。根据各年龄段幼儿的认知水平、理解能力、动手能力，指导家长制定幼儿家庭劳动清单，全面支持家长开展幼儿家庭劳动教育工作。例如，3—4 岁幼儿以“为自己服务”为主，4—5 岁幼儿从“为

他人服务”出发，5—6 岁幼儿从“为集体服务”出发，制定相应的劳动任务清单。

在家长方面，家长应承担起幼儿家庭劳动教育的责任，支持配合幼儿园的劳动教育并延伸至幼儿的日常生活中。结合幼儿园的建议及指导制定详细、全面的幼儿任务清单。任务清单内容丰富、全面，不仅要包含个人服务方面的内容，也需要包含为家人服务及为家庭服务的内容。任务清单内容要合理科学，切勿超出或低于幼儿能力范围，避免太难，打击幼儿信心，或是太容易无挑战性，使幼儿失去兴趣，温柔而坚定地支持幼儿独立完成劳动任务。

四、结语

家庭劳动教育对幼儿的身心发展具有非常重要的价值，培养幼儿从小热爱劳动，更利于幼儿的成长。本文从幼儿劳动教育的背景、现状进行调查及分析，提出了相应的实施策略，希望能为幼儿的家庭劳动教育给予指导。

共生理念视角下家园合作的价值研究

广东省深圳市福田区第二幼儿园　冯运梅

苏联著名教育家苏霍姆林斯基说过：“没有家庭教育的学校教育和没有学校教育的家庭教育都不可能完成培养人这一极其细致及复杂的任务，最完备的教育是学校教育和家庭教育的结合。”家长与老师，作为儿童成长过程中最为重要的角色，其教育模式的相互合作，有助于最大限度地挖掘与利用教育资源，从而促进儿童的发展。

一、家园合作的现状与问题

在具体的教育实施过程中，由于对家园合作的理解及价值认识不足，出现了家园合作效率低、困惑多等现状，主要问题归纳为以下几点：

（一）家庭教育边缘化

部分家长主观地扩大了学校教育的功能性而忽视了家庭教育的参与，使得家庭教育的责任逐渐弱化，导致学校的教育负荷过重，从而造成过于追求教育的功利化而忽视生活世界的局面，无法促进幼儿全面而平衡地发展。

（二）家园合作片面化

大多数幼儿园所落实的家园合作仅仅局限于亲子活动以及家长会的参与，其实家园合作所涉及的方面比字面理解上更广。如在英国，家园合作的方式就有家长委员会、父母联系卡、家长布告栏、家长讲座和开放日等，且家委会会定期召开会议，会议内容不仅包括幼儿园的教育问题，同时还会有幼儿园资金筹备等方面的问题。但在中国，家长与幼儿园的联系常局限于活动开展时的配合，家园合作模式的片面化导致家长与幼儿园合作处于非理想状态。

（三）二者合作非平等化

家庭与幼儿园的合作应该建立在彼此平等的基础之上，任何一方的缺失都不构成合作与平等。目前幼儿园由于办学资质的不同，与家长在合作的过程中所处的地位也不同，非主即被，造成家园合作的效果与收益不高。

（四）责任划分不清晰

幼儿园在与家长合作的过程中有明确的责任分工才能保证活动的有序进行。目前有些幼儿园并未明确划分家园合作中的双方职责，家长对于自己角色责任的不明确会导致对幼儿园活动或决策的低参与和低意愿情况出现，从而无法完成教育效果的最大化。

二、共生理念的内涵与家园合作

(一)共生理念的内涵

"共生"一词属于生物学科概念，也是在生物界和人类社会圈中普遍存在的一种关系，它继承了达尔文的生物进化论，一般用来指两个不同而又相互影响的物种之间各种不同类型的关系，包括寄生、互惠共生、共栖和客居等，共生有时也专指互惠共生关系，从这种关系中每个相互影响的物种都可以得到益处①②。后来，人们把这一概念引用到社会圈，将其认为是：社区内形式不同或性质不同的人口单位之间的相互依存关系，每个单位的生存都离不开其他单位的持续存在，同时每个单位的存在就是其他单位生存的条件③。所以说，共生的双方要保证整个共生系统中他者的生存与发展，由此才能保证自身的发展。

(二)共生下的家园合作

根据共生理念的内涵，不难看出生物共生最重要的要素是物种之间的相互平等，从某种意义上来说这种相处状态属于共存而非共生。如今，我们以共生的理念来分析家园合作，是推崇幼儿园在与家长的合作过程中，不论是从合作形式还是地位上，都应该处于两者平等的状态；另外，共生的理念应该是多种物种之间平等互惠，这体现了合作的多样性和丰富性。同样地，幼儿园与家长的合作也应该体现出人类社会圈的多样化特点：一是合作对象的多样化。家园合作所指代的对象不仅仅是带班老师与家长的合作，还应该包括领导者或其他工作人员之间的合作，对象合作的多样化可以帮助合作双方对彼此有更全面的了解，消除不必要的隔阂与障碍。二是合作方向的多样化。共生理念就是要求我们用发展的眼光去看待家园合作，将家园合作的关注点从幼儿园和家长的成长扩大到幼儿的发展，再将幼儿的发展细化到幼儿的个性特点、人际交往、学习能力以及心理健康的成长。所以，以共生理念来探讨家园合作的意义是具有多重价值的。

三、共生理念背景下家园合作的价值与意义

(一)家园合作价值于幼儿园

1. 有利于加强幼儿园的保教管理，提高办园质量

共生理念指出物种及单元之间的关系的建立满足共同获利的条件，且具有共进性的特征。对于幼儿园而言，家园在合作过程中的双向互动不仅有利于促进园方的积极反思，不断更新其教学观念；还有助于教师通过家长的反馈对自我行为进行评价与反思。此外，家长的责任划分与监管互督也会促进幼儿园注重办学水平，提高办园质量。

2. 为幼儿园教学策略的实施提供保障

由于家园合作与沟通不畅，家长与幼儿园的教学以及保育策略产生分歧的事时有发生。在共生理念下的家园合作中，两者作为互惠共利、相互依存的单元，家长的配合与理解能为幼儿园教学策略的实施提供有力的保障。

(二)家园合作价值于家长

1. 提升家长养育效果，树立科学的家庭教育观

由于各种因素的影响，许多家长对于幼儿的教养方式以及相关教育理念并不重视，家庭教育的影响力不能得到充分的发挥。但共生下的家园合作能使家庭与幼儿园进行有效的

---

① 盛茜：《从分离走向融合——论共生文化视野下的幼儿园课程建设》，华中师范大学硕士学位论文，2014 年。

② 马小茹：《"共生理念"的提出及其概念界定》，《经济研究导刊》2011 年第 4 期。

③ 陈荟：《民族地区多种教育形态共生理论研究》，《民族教育研究》2015 年第 4 期。

联结，使得家庭教养更加科学化和规范化。同时，幼儿园经常组织的家长会和讲座也能给予家长更多正确的指导与支持，使家长在幼儿教养方面不再迷茫与漠视，并能树立科学的家庭教育观与儿童观，更好、更高效地参与到幼儿的成长当中。

2. 促进家长与园方的有效沟通

幼儿园与家长双方作为幼儿发展过程中最主要的教育参与者，应该建立起有效的沟通桥梁，这种双向的互动与交流会形成一种教育的合力，有助于更好地帮助彼此了解幼儿的发展情况与信息，也为家长和教师提供了一个经验共享和观念交流的平台。

（三）家园合作价值于幼儿

1. 合力培养幼儿良好行为习惯

幼儿园会将幼儿行为习惯的培养融入一日活动当中，其中包括学会等待、排队、分享、自己动手完成力所能及的事情等。若家长能在培养幼儿行为习惯方面与幼儿园达成共识，则会对幼儿在家庭中良好行为习惯养成方面起到事半功倍的效果。反之，则会导致幼儿的认知失调。

2. 有助于良好依恋关系形成

幼儿到接受教育的适龄年纪，当受教育环境从家庭转变到幼儿园时，同样面临的是安全依恋关系的转变，与除家人之外的成人或幼儿建立安全良好的关系是幼儿社会化进程中的重要一步。互利共赢、联系密切的家园合作可以帮助幼儿快速与教师和同龄幼儿进行有效互动，从而促进幼儿在安全的环境中技能与认知的发展。

3. 为幼儿提供更多教育资源

幼儿园教师要将家长作为促进幼儿社会认知的重要资源，将其视为培养幼儿发展过程中的重要合伙人。对于家长而言，幼儿园能为幼儿提供丰富的学习操作材料与活动场所，并在此环境中与众多来自不同家庭背景但年龄相同的幼儿进行交往与合作；对于教师而言，幼儿家长社会角色以及社会职业的不同，可以为幼儿园的教育提供更多的教育内容与素材，帮助幼儿了解社会、社区及家庭。

将共生理念运用到家园合作的工作中，强调的是双方关系的平等共生，互利共赢。双方合力互助，才能取得双赢的教育果实。因此，作为幼儿园的工作者，应重点把握共生关系下的家园合作教育价值，为幼儿提供更优质的学习与生活环境。

文化自信视域下乡村资源融入幼儿园课程的教育价值

江苏省常州市工贸高级技工学校　杨道才　湖北省黄石市湖北师范大学　刘妍慧

一、引言

面对世界百年未有之大变局，“推进文化自信自强”是一项站在实现中华民族伟大复兴的战略高度提出的重大任务。2023 年 6 月 2 日，习近平总书记在文化传承发展座谈会上再一次强调，“要坚定文化自信、担当使命、奋发有为，共同努力创造属于我们这个时代的新文化，建设中华民族现代文明”。文化自信是新时代文化建设的重要基石，也是实现中华民族伟大复兴、中国梦的必要条件。全面推进乡村振兴最重要的就是加速推动乡村的文化振兴，增强乡村的精神文明建设，乡村资源蕴藏着丰富的区域社会文化特点以及历史文化底蕴。

学前教育是基础教育的重要部分，它承担着培养幼儿身心健康全面发展的伟大使命。

然而，在乡村地区，学前教育仍然处于弱势，是最薄弱的环节。在当前社会多元化背景下，文化自信显得尤为重要。它是自我身份认同和自我价值感的体现，能在面对外来文化冲击和碎片化、异化等问题时更加坚定自己的理想信念，并展现出更好的自我。幼儿园科学合理地开发与利用乡村资源，有助于培养幼儿对乡村文化的自信，在一定程度上对乡村学前教育的发展具有重要的现实意义和潜在价值。

二、文化自信视域下乡村资源融入幼儿园课程的教育价值

(一)丰富幼儿对自然的探索与认知

当今，随着城市的快速发展和人口过量流入城区，城市中的自然空间变得越来越少。这不仅使得人与自然的关系变得疏离，也影响了幼儿对自然的探索与认知。因此，将乡村自然资源融入幼儿园课程，能帮助幼儿对自然有更深层次、更真实的体验和感受，培养幼儿乐观向上的情感，引起幼儿强烈的好奇心和探索欲。幼儿是天生的探险者和科学家，他们本能地对世界上所有未知事物好奇，更易于沉浸在探索中。“一日生活皆教育”，乡村资源更具有一种特殊的生命，能有助于幼儿通过接触这些具体的事物获得经验。比如，通过组织幼儿走进自然，体验春夏秋冬四季的变化及其原因，能够让他们更好地认识和理解季节转换与气候变化的关系，潜移默化地提升幼儿科学素养。

(二)拓展幼儿与社会文化互动的渠道

乡村是我国优秀传统文化的重要集聚地之一，可以为幼儿园课程提供丰富的、具有地域特色的有效资源。我国的优秀传统文化蕴含着教育价值和精神文明建设的内核，将优秀的、具有地域特色的乡村传统文化融入幼儿园课程，可以拓展幼儿与社会文化互动的渠道。通过教授民俗文化知识，如节日、民俗风情等，可以让幼儿了解和体验不同的乡村文化，有助于培养其乡土文化自信。此外，将乡村社会文化资源融入幼儿园课程可增加幼儿与乡村社会的接触，有助于幼儿社会领域的发展，提高幼儿的社区意识和社会交往技能。例如，通过参观乡村的历史文化景点，有助于开阔幼儿的视野，了解该地人民在历经时代变迁过程中所形成的具有地域特色的资源宝库；有助于增进幼儿对自己家乡文化的了解与感知，在互动过程中增进对家乡的爱，这也是培养幼儿爱家乡、爱祖国的有效途径之一。

(三)增强幼儿对家乡的文化自信

乡村学前教育的发展绝不是仅依靠幼儿园教育就能实现的，它需要家庭、幼儿园以及全社会的通力合作来实现。幼儿早期的发展是在与所处的微观系统、中观系统及宏观系统等相互作用、相互影响中进行的一个动态过程。对于幼儿来说，能够对其发展产生影响的大到社会文化、政策法规，小到父母、亲朋好友等。据此，幼儿所处的生态系统中的任一环节都能对其发展造成直接或者间接的影响。良好的民风民情有助于培养幼儿的文化自信，能够让幼儿更好地体验乡村文化的魅力，并且在学习过程中建立起文化自信的认同感。这样，幼儿能够更好地保障自己文化身份的完整性，并且更加自信地表达出自身独特的文化，有助于家乡文化的传承，促进乡村学前教育高质量发展，助力全面推进乡村振兴。

三、乡村资源融入幼儿园课程的具体步骤

(一)乡村资源的收集与筛选

《幼儿园教育指导纲要(试行)》中明确指出“周围的自然环境、社会环境、人文环境”均可看作幼儿发展的重要资源。乡村资源自然环境、社会环境以及人文环境均较丰富，其中包括文化产物、物产资源、名胜古迹等。幼儿教师需有敏锐的观察力，根据幼儿的兴趣爱好确定幼儿园课程的目标，收集并筛选出当地具有代表性的文化风俗和著名历史人物的信息。资源收集常用的方法有：寻找纸质与电子信息、集中家长与社区资源、实地考察等。

需要注意的是所选资源一定要基于幼儿的兴趣，来源于幼儿的生活，便于幼儿操作且反复使用，最终能够对幼儿产生教育意义的资源。

(二)乡村资源的优化与整合

在幼儿园教育活动中，将丰富的乡村资源与课程相结合，借助乡村的自然、人文和社会资源，可以开展各种有趣的教育活动，使幼儿对家乡具有更全面、更深入的了解和体验。如田野间的探索、户外运动、传统文化的体验等。幼儿教师需根据幼儿的兴趣爱好对所收集的本土资源进行内容和形式上的改编或改造，使其更加符合幼儿的身心发展规律；幼儿教师还可以将不同时期收集的不同类型、不同性质的资源整合成一个联系紧密的内容载体，更好地促进幼儿获得发展。

(三)乡村资源的利用与创新

乡村文化具有浓郁的地域性，幼儿园通过融入乡村资源的教育活动帮助幼儿加深对自己家乡文化风俗的了解。幼儿教师需要寻找不同资源间的相通点，整合并创造出更能激发幼儿兴趣的形式或者内容，提高幼儿的参与度，最终达到课程目标：感受来自家乡文化的独特优势，坚定文化自信，有助于培育出愿意在未来为家乡建设做贡献的优秀的社会主义建设者和接班人，为全面推进乡村振兴提供强有力的人才储备力量。

四、结语

乡村资源融入幼儿园课程具有丰富的内涵和广阔的应用价值，可以促进幼儿园课程的多元化和趣味性。文化自信是人们对文化自身的信赖和认同，也是保护和传承文化的一种意识和态度。通过融入乡村资源，可以让幼儿从小建立起文化自信。实现乡村资源的融入，幼儿园课程需要教育者在教育实践中不断探索和创新。需要借助各种人工和自然资源通过适宜的教育方式，让幼儿充分感受乡村文化的独特魅力和绝对优势。

幼儿园在融合乡村资源的同时，还要注意保护传统文化的本真性，让幼儿传承乡村文化，向世界传递中国优秀传统文化的精髓。因此，将乡村资源融入幼儿园课程，不仅可以增强幼儿的文化自信，也可以促进乡村文化的传承与发展。同时，乡村资源也是珍贵的文化资源，需要我们重视和保护，提升我国的文化软实力，加快建设文化强国之路。在今后的幼儿教育实践中，我们应该不断思考如何更加合理地利用乡村资源，深入挖掘乡村资源的文化内涵，让它们成为培养幼儿文化自信的重要支撑点，实现其教育价值。

依托传统节日促进幼儿良好品德形成的有效策略

北京市东城区大方家回民幼儿园　张　萍

长期以来，幼儿园德育工作的开展一般都是在与幼儿园相关的文件指导下(如《幼儿园工作规程》《幼儿园教育指导纲要(试行)》《3—6岁儿童学习与发展指南》)，融入幼儿一日生活中和五大领域中，尤其是社会领域中涉及的德育方面的内容更突出。它对幼儿身心的发展、智能的开发、性格的形成、品德的培养起着至关重要的促进作用。我们常说“三岁看大，七岁看老”；“要想学做事，首先学做人”。可见一个人的行为养成和他从小形成的习惯密切相关。幼儿园德育是社会主义精神文明建设的奠基工程，是提高全社会传统思想道德素质的奠基性教育，是培养造就中华人民共和国合格公民的起点。幼儿德育是基础教育，它要在德智体诸方面为幼儿的成长与发展打好基础，要为幼儿步入社会打好做人的基础。品德的培养不仅仅是形成个人良好习惯的关键点，更是为祖国培养合格人才、提高全民素质的重要基石。

由此可见，幼儿德育工作在现今国家发展中起着至关重要的作用。我园作为民族幼儿园，一直坚持“民族团结、和谐发展”的办园理念，融合多元民族文化的特色教育环境，将民俗艺术、民间游戏、民族文化有机地融入幼儿园五大领域教育之中，体现传统与现代、民族性与世界性的整合与渗透。我园将传统节日与幼儿德育两者相结合，确立以“依托传统节日促进幼儿良好品德形成的有效策略”为题，借鉴前人的研究并在其基础上对幼儿园德育研究一体化进行系统、深入的研究。

一、基于传统节日，通过幼儿园一日活动，探究培养幼儿良好品德形成的策略

以节日为契机，融入红色文化教育，在节日活动中挖掘红色文化教育资源和民族传统美德教育内容，通过红歌赛、红色戏剧表演、红色绘本阅读、关爱活动等活动，学习红色精神，学会关爱他人，传统美德教育与红色教育并举。

（一）特别节日施关爱教育

利用传统节日对幼儿进行“关爱他人”这一优良民族传统的培养。如“重阳节”我们和孩子一起走进敬老院为老人做一件有意义的事，这一过程让孩子们懂得尊老敬老；“妇女节”“父亲节”“母亲节”“劳动节”等节日的一系列活动使孩子更爱身边的人。

（二）传统节日扬传统美德

“赶歌会”节日活动中，赶歌中家长投票选歌，放红色歌曲现场竞歌，送歌进社区老幼赏歌；新颖独特的活动开展，彰显了全园师幼爱的参与、全园爱的激情、全民爱党爱园的情感。“清明节”活动中，以“缅怀先烈学会感恩，传承文化爱我中华”为主题，家园联合开展亲子讲述爱国英雄、抗疫英雄的故事的活动，激发爱国之情，共同感受党领导下的中华民族团结进取、勤劳勇敢、不屈不挠、不怕困难的精神。

（三）特定节日践红色教育

以国庆节为契机，孩子们通过收集讲述红色故事、投票选出“我最想表演的红色故事”、自编自演红色故事，以自己喜欢的戏剧表演方式表达了对党和祖国的热爱。其中，师幼自编自演的《献给祖国的歌》参加了第八届戏剧艺术节展演，在中国儿童艺术剧院上演，收到了一致好评。

（四）节日中的集体教育活动

在开展传统节日活动的研究中，老师们探索节日中有关德育的内容，研究如何将传统节日中的德育渗透于幼儿一日生活，通过墙饰、环境、游戏、生活活动等，将中华民族传统美德落实到幼儿发展中。

二、基于传统节日，通过家园共育活动，探究培养幼儿良好品德的策略

《3—6岁儿童学习与发展指南》指出：幼儿的学习是在直接感知、亲身体验、实际操作中进行的。而对中华民族传统节日的感受亦如此。只有在亲身感知和探索的基础上，才能深入了解中华优秀传统文化，进而才能体验节日中的深刻内涵。

在六一儿童节来临之际，当得知甘肃省某地幼儿园的孩子们需要玩具之后，中二班的孩子们纷纷表示想赠送那里的小朋友一些玩具，让他们感受和自己一样的快乐。孩子们的要求得到了老师的支持。于是老师鼓励家长和孩子一起查找、收集甘肃省的相关资料，了解当地的风俗习惯，在这个过程中不仅丰富了孩子们对我国其他省市的认知，也让孩子们了解了那里的小朋友喜欢玩哪些玩具。那么怎样让更多的小朋友参与到活动中呢？中二班的孩子们开始自制捐赠倡议书，并向大班和小班的哥哥姐姐、弟弟妹妹以及家长们进行宣传倡议，发起“爱在春天，情暖童心”的捐赠活动。大班的孩子收到倡议后，提出“什么样的玩具才能送给甘肃小朋友"的问题，于是他们开始制定捐赠玩具的要求，比如玩具较新、安全不破、大小适宜、丰富多样、要有包装等，同时大班的宣传员还将捐赠规则做成海报和宣传册，利用来离园的时间，向弟弟妹妹和家长们宣传。

接下来为期一周的捐赠活动正式开始，老师、幼儿和家长纷纷将各种益智玩具、拼插玩具、毛绒玩具、书册画报等带到园里，奉献爱心。不过不要以为捐赠活动仅限于此，孩子们用实际行动宣告："我们要把爱心进行到底!"小班小朋友边把带来的玩具装箱，边说出自己捐赠玩具的名称；中班小朋友封箱做标记一气呵成；大班小朋友自主分工，你清点玩具，我记录登记，整个捐赠过程井井有条……孩子们的热情在汗水里挥洒，快乐在眼中绽放，爱心在忙碌中传递。升旗仪式中，孩子们在发言环节纷纷表达了参与爱心活动的感受。胜胜说："我觉得帮助别人特别快乐。"金宝说："我负责记录玩具挺累的，不过能让甘肃的小朋友很快收到自己喜欢的玩具，我觉得很高兴。"

捐赠活动不仅仅是培养孩子细心观察、动手动脑的社会活动，更是爱的活动。"赠人玫瑰，手留余香。"孩子们懂得了爱是奉献，也是关怀和爱护，更是我们中华民族的传统美德。情亦温暖，静待花开。我们相信美德的种子已在孩子们心中悄然生长。

作为幼教工作者，我们深知一个人的行为养成和他从小形成的习惯密切相关，幼儿德育更是社会主义精神文明建设的奠基工程，是提高全民族思想道德素质的奠基性教育，是培养造就中华人民共和国合格公民的起点。近年来我始终坚持育人为本、德育为先，大力践行社会主义核心价值观，以培养幼儿良好行为、健全人格为本；以建立高素质、高水平，有良好道德情操的教师队伍为基础；以民族精神和民族教育为抓手；通过多种形式和途径促进幼儿形成良好行为习惯，不断践行和完善幼儿园德育工作长效机制，为学前教育的全面持续发展贡献力量。

基于研训一体化中幼儿教师观察指导能力提升的途径与策略研究

北京市平谷区第一幼儿园　梁丽丽

"研训一体化"是以教研工作为中心，以科研工作为先导，以培训工作为支撑的综合性培养模式，是教研、科研和教师培训在目标、内容和形式上的有机整合。近年来相关研究主要从研、训、研训融合等方面阐述了研训及研训一体化对于教师专业成长的价值。何明蓉和范晓丽(2019)提出"训"是一种姿态，"研"实一种能量和精神，"研"与"训"两者共同发力，可以有效增强教师岗位培训实效；张立功(2010)提出，实施"教研、培训、科研一体化"管理有利于减轻教师工作负担，提高教学工作效率；朱亚亚(2022)指出基于学习共同体理论和当前研训现状，打造"教师专业发展共同体"，形成合理高效的研训团队，对于教育发展而言十分重要；尹强(2021)指出教研、科研、培训是促进教师专业发展的不同手段，但本质内容相互关联，既相互区别，又相互联系、相互促进，最终成为促进教师专业发展的共同要素。

实施以教研工作为中心，以科研工作为先导，以培训工作为支撑的研训一体化实践，可以解决教师教育教学实践中遇到的具体问题，进而促进教师专业发展。

为更好地促进教师观察指导能力提升，本研究尝试从教师观察指导能力现状、教师观察指导能力提升的途径与策略、基于研训一体化的教师观察指导能力提升途径与策略研究三个研究角度，结合具体实践案例展开论述。

一、教育学区内幼儿教师观察指导能力现状研究

本研究以访谈的形式展开，在开学初教育学区计划会上实施，重点从幼儿园教师的年龄、性别、工龄、学历，观察分析能力的整体水平，存在问题与困惑等视角进行访谈。

通过访谈可知，教育学区内共计286名一线教师(不包含保育教师)，平均年龄32岁，女性教师占比98.6%，3年以内工龄的教师占比28.4%，4—10年工龄的教师占比62.6%，10年以上工龄的教师占比9%，新青年教师占比较大，93%的教师是大专以上学历，本科学历达到62%。虽然教师整体比较年轻，学历也比较高，但园长们的困惑仍然集中在如何帮助教师提高观察指导幼儿的能力，尤其是对美术教学中幼儿自主性与个性化的指导与基本功指导策略，区域活动中的介入时机把握和介入的方法困惑占比较高。究其原因，园长们多数认为是教师专业经验匮乏造成的，怎样在一年的时间里，帮助教育学区园领导厘清制约教师观察指导能力的瓶颈问题，并探索提升教师观察指导能力的研训一体化模式、途径与方法，将成为本次研究的核心。

二、教师观察指导能力提升途径与策略研究

经调研，教师观察指导能力提升的途径集中在观察记录、教育故事、课程故事、案例、随笔等文案的撰写上，也有部分幼儿园通过幼儿成长档案的填写、区域和主题环境创设中幼儿言语和画面的抓拍等途径提升教师观察指导能力，与此同时，园领导深入班级观察与指导、科学引领园本研训活动都要跟进。而策略的应用，更多的是典型案例剖析、师徒结对共成长、评比竞赛、开放展示等，有一定的成效，但对于不同层次教师的观察指导能力的针对性的分层培养策略不突出。

研究者结合本园实践经验进行了教育学区内的以园本教研为平台，提升不同层次教师文案撰写能力的展示交流。而文案撰写能力提升的核心专业能力指向的恰恰是教师的观察指导能力的提升。

研究者依托总的教研专题“提升教师文案撰写能力研究”，针对不同层次教师不同困惑问题的解决，采取了预设性教研和生成性教研相结合的策略，将预设性教研分为骨干教师、新青年教师两个教研小组，分别设立教研专题。同时，针对共性重点问题设立生成性教研专题，尝试创新了“分级双研”“微教研”“研训一体化”等多元模式。采取不同的实践途径，促进不同层次教师都能获得文案撰写能力提升的同时，有针对性地丰富工作经验，以“亲自然”主题课程实践为依托，自主选择不同体裁的文章进行研磨，不断精进，丰富了主题课程实践经验；新青年教师聚焦科学、益智区教育故事的撰写，潜移默化中提高了观察分析能力；面对共性问题，所有一线教师在生成性教研活动“透视幼儿美术作品，反转美术课堂”的专题研训、经验交流、师徒结对等活动中，丰富教案设计、经验总结撰写的经验。一次教研经验的交流展示活动，为教育学区园的管理者指明了方向，开拓了思路，丰富了教研引领的经验。

研究者本着授之以“渔”的原则，经常举办园本研训活动，每次活动后都会组织学区园管理者进行感悟和经验交流，互通策略的同时，鼓励学区园结合园所教师的实际情况，有针对性地选择园本研训的主题，加强分层培养途径与策略的探究。

三、基于研训一体化的教师观察指导能力提升途径与策略研究

研训一体化模式被广泛应用的同时，研究者将重心聚焦于幼儿园教师观察指导能力提升背景下的研训一体化策略研究。

以生成性教研活动“透视幼儿美术作品，反转美术课堂”为例，研究者在深入班级观察指导的过程中，发现没有足够的时间逐一深入班级聆听每一位教师的美术教学活动，教师的观察与指导能力怎样，是否可以从幼儿的作品中找寻答案呢？研究者采取如下途径和策略：

第一，结合各班展示的美术作品现状，引领教师发现亮点、反思问题，共同梳理改进方向。加强深入班级，跟踪指导作品呈现与美术课堂、美工区活动的关系，开展对比分享研训活动。

第二，师徒结对，同策异课共备美术课，新职教师与师父在进行共同备不同美术课过程中感悟交流相同策略的应用，科学引领新职教师提升美术备课能力。

第三，典型经验交流，根据幼儿作品呈现的亮点，小中大班各找两位教师交流经验，促进交流教师反思提炼观察指导幼儿美术作品个性化展现的经验，活动后研究者进行引领提升，最大化辐射更多教师。

在行动研究的过程中，研究者仅仅抓住常态化的园本研训契机，以园内骨干教师的实际案例为园本研训题材，结合教师发展所需，设计不同层次教师的研究专题，以预设性和生成性研训活动为依托，以深入班级观察指导、典型案例剖析、示范展示交流等多种途径，促进教师在常态工作中发现观察、分析、指导儿童的重要性，激发教师提升自身观察指导能力的内在动力，鼓励教师多观察、多记录、多反思、多交流、多实践，在研训一体化的多元模式尝试下、潜移默化中，提升观察指导能力。

总之，研训一体化管理，需要根据园所实际，挖掘教师教育教学中存在的共性真问题，以多元的方式调动教师主动思考、表达、践行、改进、提炼的积极性，将每位教师的隐性经验，经过研训的梳理，成为大家可以共享的经验。研训一体化途径和策略的研究，需要遵循研训内容系列化、研训手段科学化、研训对象差别化的原则。教师观察指导能力的提升，需要基于不同层次教师的真问题，以训后研—训中研—研后训—研中训等有针对性的培养模式，在共同解决问题的实践过程中，潜移默化地丰富经验，提升观察分析儿童的主动性，在不断地内化、输出的过程中，逐渐提升观察指导的能力。

浅析师幼之间治愈管理的新模式

江西省南昌市南昌理工学院　宋梦婷

当今社会，竞争压力的加大，生活、工作以及人际关系等的压力增强，导致很多年轻幼教工作者出现了焦虑抑郁的心理状况，而学前儿童心理发展也随着社会的快速发展出现了分离焦虑严重、社交水平低，对于未知新鲜事物存在恐惧和焦虑，注意力不集中以及自我意识过强等问题。而目前在幼儿园教育中，教师与幼儿之间主要表现为一种教育与被教育、指导与被指导、管理与被管理、照顾与被照顾的倾斜式互动关系，尤其是在进行教学活动时，教师总是希望自己掌控着课堂，让幼儿配合老师上课，幼儿在幼儿园想做什么必须等待老师的指令。然而，我们所期待的教育是一种平等式的、流动式的教育。教师应该更多地为幼儿服务，更多地做引导者，让幼儿自主地探索世界。三人行则必有我师，某些时候幼儿也是教师的老师，教师可以通过与幼儿互动看到不一样的、纯粹简单的世界，从焦虑压力中得到释放和解脱。针对这些现状，本文提出了一个全新的视角，即师幼之间互相治愈，以此来解决二者所面临的心理问题。

一、师幼之间互相治愈的案例分析

(一)案例

幼儿教师书清还在实习阶段，在学校里参加了英语六级考试并且想进一步提升自己的学历，增强自身的专业能力，但事情往往不尽如人意，六级成绩与及格线相差一分，自己想报考的学校也不再招收该专业的学生了。有时候现实往往很残酷，面对这些，幼儿教师书清一下子就迷失了方向，对未来产生了很强烈的焦虑感。非常焦虑的书清接到了安安小朋友的电话。安安是书清老师带的中四班的幼儿，很喜欢书清老师，而书清老师跟幼儿的相处模式也更像是姐姐跟弟弟妹妹的相处模式。因此，他们之间交流起来非常自在轻松，没有老师跟学生的距离。在交流中，安安很敏锐地捕捉到了书清老师的情绪，不知是有意识还是无意识的，安安开始跟书清老师做游戏，开始扮各种鬼脸来逗书清老师开心。书清老师看到安安的鬼脸被逗得开怀大笑，也忘记了烦恼，获得了来自幼儿安安的治愈。

(二)分析

在师幼互动中，看似教师是教育者，幼儿是受教育者，更多的都是教师在帮助引导幼儿，但其实幼儿也在潜移默化地影响启发着教师。所以教师跟幼儿的互动和相处更应该像是两个朋友，而非地位不对等的大人和小孩。因为教师跟幼儿的互动可以相互疗愈，在某种情况下教师是教育者，同时也是受教育者。

以上述案例为基础，笔者提出两个新的教育观点，即流动式教育观和平等化教育观。

流动式教育观破除了二元对立的教育观念，即“教师是教育者，学生是受教育者”的观念，让教育流动起来。教师和幼儿可以随时转变角色(教育者和受教育者的角色)，多给幼儿当教师的机会，教师也要多体验当“幼儿”的感受，以建立一种更为亲密、平等的师幼关系，让教育的发生更加自然轻松。主要内容包括：一是角色转换。通过转换师幼之间的角色，帮助教师体会到幼儿的需要，也让幼儿明白老师的辛苦。二是平等化教育观。主要是指师幼关系的平等化，教师应该在心理上从三尺讲台上走下来，用平等的眼光与幼儿进行交流沟通，让教育真正流动起来。

平等化教育观。本文所提到的平等化教育是指师幼关系的平等化，以更好地让师幼之间彼此互相教育共同成长，让成人学习幼儿对待世界简单快乐的态度，让幼儿学习成人的知识和能力。在幼儿园里，甚至是在日常生活中，我们往往认为，老师或者成人的生活经验更为丰富，我们往往引领着幼儿成长。其实不然，有些生活经验也往往是我们成人需要打破的桎梏。如幼儿看待问题更为灵活简单，思维方式也更加灵活，这需要成人学习。

第一，学前儿童天真无邪、充满好奇心，他们对周围的事物充满了热情和探索欲望。而这种活泼可爱的特性会让成年人感到温馨和轻松。成人可以通过和孩子一起玩耍、探索和学习，逐渐找回失去的乐观心态和快乐感受，这个过程可以使人们的心情变得更加舒畅。

第二，学前教育注重的是情感与社会性发展，这包括培养孩子的自信心、合作精神和责任感等。和学前儿童相处时，成年人可能会通过陪伴孩子、给予孩子支持和鼓励，从而增强自己的责任感和自信心。

第三，和学前儿童相处的过程会让人们回想起自己的童年时光，从而唤起脑海中的美好回忆。而这种回忆可以促进成年人对自己的肯定和对生活的感恩，从而减少负面情绪。

综上所述，和学前儿童一起相处会带来许多正面影响，学前儿童能够帮助成年人摆脱消极情绪，获得更多快乐和满足感。

二、如何更好地进行师幼互动，促进师幼共同成长

(一)正确运用流动式教育观和平等化教育观，与幼儿建立良好的信任关系

在流动式教育观和平等化教育观背景下，老师认真聆听幼儿的想法、需求和感受，关注幼儿的情感状态。在互动中，老师尊重幼儿的意见和感受，并给予鼓励和支持。在流动式教育观和平等化教育观的运用下，老师与幼儿建立了良好的信任关系，幼儿也感受到自己的情感和需求被尊重和认同，也更愿意向老师表达自己的情感和需求，进而帮助老师更好地捕捉幼儿情绪情感的变化，以便更好地引导幼儿健康地成长。

(二)创造良好的环境氛围，采用森林教学法更好地促进师幼互动

老师应该营造良好的教育环境和氛围，为幼儿提供丰富、有趣的学习体验。在互动中，老师要注重互动的情境和氛围，让幼儿感受到学习的乐趣和意义。教师可以采用森林教学法等教学方法进行教育。在森林教育理念中，整个大自然就是孩子们的教室，孩子们可以自己制作教具，达到在做中学、做中教、做中求进步的目的。在与大自然的接触中，在良好的环境氛围下更好地促进师幼互动。

(三)运用真心与爱代替说教，在教育中得到“治愈”

“我们说的话不仅仅是说给对方听的，更是说给自己听的。”在教育中，要合理运用流动式教育观和平等化教育观。教师要用真心去对待学生，多站在幼儿的视角，去看世界，去看他们面对的困难，将会更好地理解幼儿。在《爱的教育》一书中有这样一个故事：卡罗内的母亲因病去世了，卡罗内非常悲痛。老师为了使卡罗内振作起来，用书上的语句来鼓舞他——“噢！朋友，请听我说，生命就是生命，它遵循生命的规律，向前发展。因此，为了你母亲的热爱和崇敬，你应该变得更好，让她分享你的快乐。要坚强，要善良，要勇敢地与绝望和庸俗做斗争，做到心胸宽广，在大悲大哀之中保持平静，因为这才是她所期望的”。读完，老师把卡罗内紧紧地抱在胸前。面对卡罗内的痛苦，老师没有置之不理，而是用“爱”来鼓励温暖他，用书上的话语来告诉他，要坚强、要勇敢。第斯多惠有言：“我们认为教学的艺术不在于传授，而在于激励、鼓舞。”每个孩子都可能会遇到像卡罗内那样的问题，而我们教师应该以“爱”为灯塔，做孩子的引路人。我相信老师在劝慰卡罗内时，自己也受到了极大的鼓舞和治愈。所以教育所带来的“治愈”是相互的。

三、结语

针对当前成年人和幼儿面对科技快速发展的现状以及存在的心理问题，本次研究提出了一种全新的视角，从“师幼之间互相治愈”的视角分析解决幼儿以及成年人心理方面存在的问题，通过与幼儿建立良好的信任关系，创设良好的环境氛围，运用“爱和真心”去对待幼儿，涵养品格、提高自身魅力等来促进师幼之间的共同进步。幼儿教师和学前儿童同时是受教育者和教育者。为此本文提出两个新教育观点：流动式教育观和平等化教育观。在新教育观之下，教师可以在学前儿童身上找到随着时间推移而慢慢褪去的“童真和少年感”，幼儿亦可通过老师更好地去认识和探索世界，最终达到相互治愈的结果。

课程思政背景下高职学前教育美术课程实践探讨

广西演艺职业学院　黄仁谷　林文良

习近平总书记在全国高校思想政治工作会议上指出，思想政治理论课是高校思想政治工作的主渠道，“其他各门课都要守好一段渠、种好责任田，使各类课程与思想政治理论课

同向同行，形成协同效应”。由此可见，“立德树人”是教育教学的根本任务，也是各门课程与课程思政协同教学的教育理念。高校学前教育美术课程是艺术和学前教育的结合，更加贴合幼儿的身心发展需求。在学前教育美术课程体系中，融入思政教育，有利于实现立德树人的教育目标，培养新时代中国特色社会主义建设者和接班人。

一、高职院校美术教学进行课程思政的教育意义

美术和思政的结合，打破原有的教学理念，促使学前美术教学与课程思政教育相互融合，促进教学多元化发展，丰富课程教学内容，深入学生内心，激发学生学习兴趣，提高授课教师教育教学能力，更好地完成人才培养的目标。

(一)高职院校学前美术课程的现状

每一所高职院校都有着独特的教学风格和教学内容，同样地，高职院校间的学前教育专业美术课程教学也存在着差异。传统学前美术教学形式单一，教学方法匮乏，多以教师授课、学生聆听为主，很大程度上学生并没有完全理解吃透教学内容，更别说能举一反三地利用课堂所学知识去进行绘画创作。学前教育专业的定位是以培养幼儿教师为主，学前教育美术课程挂钩学生工作技能，与学生未来美术工作效率息息相关，转变教师固有的教育教学方法，在以往美术教学中融入课程思政，一方面可以提升学生的政治素养，增强学生的爱国情怀；另一方面通过思想政治的熏陶，使学生在潜移默化中树立良好的世界观和人生观，培养社会责任感，以阳光积极的心态面对学习生活。

(二)课程思政融入学前美术教学存在的问题

课程思政教育内容包含“思想政治教育”、“爱国主义教育”、“道德与法治教育”、“社会主义教育”和“职业素养教育”等，以培养学生为人民服务为意识目标，帮助学生正确地看待自身发展，增强民族责任感。通过实践走访，多数学生对在课堂上融入思想政治内容表示疑问，少数学生甚至表现出无所谓的态度，走访结果表明课程思政还未真正深入课堂，走进学生。在美术课堂中，也有部分教师课程思政意识没有完全明确，思政能力有待加强。由于对思政理念知识的储备不足，教师在日常授课时很难将思政元素融入美术教学中，出现融入方法不佳、绕大圈，学生对教学内容不明不白的情况。

美术教学根本引导点在于培养学生拥有感受美、欣赏美、创造美的能力。目前，学前教育美术课堂中融入思政内容不明确，引导方式过于强硬，不仅没有吸引学生产生共鸣，而适得其反，使学生无法带入课堂学习中去。正确的引导，寻找合适的切入点，将课程思政内容贯穿学前美术教学，帮助学生认识美术的意义，促进创意、技巧的形成，培养学生的个性化发展。

课程思政提出的协同效应，目的在于思政课程能与其他各类课程同向同行，共同发展。据调查，多数学前教育专业的学生喜欢传统文化，关注时事政治，对各类知识都有涉及，这给美术课程思政建设提供了良好基础，同时对学前美术教师要求也更为严格。学前美术教师没有丰富的阅历，跨学科知识储备不足，不关注时事政治，在教学中各自为政，这些都会成为思政教育与美术教学融合的绊脚石，不同学科、不同领域的知识需同向同行，方能融会贯通。

二、课程思政背景下学前教育美术课程实践策略建议

(一)加强学前美术教师课程思政能力，强化课程思政意识

通过实践探讨，发现很多学前教育教师在不断学习进步，吸收思政知识，但也有部分学前教育教师对课程思政的理解认知停留在思想政治上，忽略了课程思政也是一种思维方式，广义上包含各类知识教育。这类情况下，思政教育和学前美术课程之间的融合达不到

理想效果，美育作用也发挥不出来，强行将课程思政内容覆盖在美术课堂上，学习效率低，易引起学生反感，产生厌学心理。加强对学前教师进行课程思政知识教育，通过开展时事时政学习、课程思政教育培训、思政研讨会，集中备课等，改进课程思政教育教学方式，强化思政意识，设计探讨围绕学情的课程思政方向，考虑教育价值，提高学生的思想水平，提升学生的文化素养。

(二)明确教学思政目标，注重课堂引导

修订完善教育教学目标，将思政内容和课堂内容紧密结合。选择适当的教学案例，引起学生产生共鸣，激发学生的学习兴趣，注重课堂引导。例如，在美术基础课堂学习中，充分了解绘画作者的创作背景、创作思路，在作者身上学习锲而不舍的精神；在美术鉴赏课堂中，鉴赏传统纹饰，感受传统文化的魅力，培养学生的文化自信；在幼儿手工制作课堂中，学习陶艺、剪纸、竹编等，感受时间流淌在历史里的影子，了解非物质文化遗产。学前教育美术课堂是多样的，课程思政内容也是多元的，在教育教学中明确教学思政目标，注重引导，就能很好地将课程思政理念融入学前美术教学当中。

高职院校学前教育专业学生具有一定的思辨能力，对任何事物都有着自己独到的见解，也会关注时事政治，学习各类学科知识。在课堂教学中，教师强硬地要学生吸收知识，反而不能激起学生的学习欲望，还会导致学习效率的降低。此类情况，需要授课教师因材施教，适宜地在学前美术课程中加入时事政治相关的内容，利用画笔将一些有趣的、有意义的事件记录下来，可以是以绘本、条漫、手抄报、国画等绘画形式创作，培养学生思辨能力，提高学生关注时事政治的积极性，达到理想的美术和思政结合的教育效果。

(三)培养学生思想素养，开发学前美术课程中的思政元素

培养学生思想素养，积极开发学前美术课程中的思政元素，必要时需要做好政治环境创设，营造良好的思政氛围，增强师资建设，开展思政相关的教师培训，帮助学前教育美术教师更好地发掘美术思政教育资源，在美术教育的基础上，为融合课程思政创造有利条件。同时，为了使课程思政教学内容充分融入学前教育美术课堂，美术教师要善于发现和利用身边一切教学资源，积累教学素材，转变教学模式，丰富自身的同时提高学生美术专业技能。例如，开展区域绘画活动，画出当地红色文化、红色事迹，侧面加强学生对爱国思想的理解；参观文化基地，教育合作企业的介入，可以进一步将课程思政理念融入教学实践中，这些都是很好的思政元素。除此之外，传统文化教学也是很好的思政元素，例如在讲解学前教育美术课程中的剪纸、泥塑、陶艺、竹编和扎染等制作技巧时，教师向学生讲述传统文化精神，学习民间技师吃苦耐劳、精益求精的精神品质，融合思政内容进行创作，感受传统文化魅力的同时，理解学前美术课程中的思政教育理念。

与时俱进，根据不同的教学内容融入不同的思政教学，联系实际生活，从生活中寻找思政元素，在学前教育专业美术课堂中通过角色带入、情景教学、技能实操等多种教学方法，增强课堂学习乐趣，在学习互动中加入思政内容，既与生活息息相关，又能提高学生课堂积极性，调动课堂学习氛围。

三、结语

通过在课程思政背景下对高职院校学前教育美术课程实践的探讨，发现在学前美术课堂中融入的思政内容少之又少，教师对思政的理解还不够深刻，没有及时调整适合的教学方案，需注重美术与思政结合，改进和优化教学，提出问题，分析问题，解决问题。提高教师思政能力，明确课程思政教学目标，培养学生思政素养，开发思政元素，以加强思政理念在学前美术课程中的渗透。

幼儿园大班红色故事教学策略研究

河南省洛阳市中国人民解放军63880部队幼儿园　李艳丽　樊　丽

“红色故事”是“中国故事”的重要组成部分，故事本身具有丰厚的德育内容和独特的呈现形式。《3—6岁儿童学习与发展指南》中指出：在阅读准备中，大班孩子喜欢听故事，看图书，具有初步的阅读理解能力，有一定的书面表达的愿望和初步技能。以红色绘本为载体，在幼儿园开展故事教学，探索多领域融合的方法策略，实现立德树人和铸魂育人的教育目的。

一、概念界定

红色文化是我国从革命战争年代以来，由党和人民共同创造的宝贵财富，红色故事是红色文化体系中重要的组成部分和表现方式。将红色故事引入幼儿教育教学中，首先要明确红色文化及红色故事的概念。

(一)红色文化

文化是一个国家、一个民族的灵魂，红色文化是在革命战争年代，由中国共产党人、先进分子和人民群众共同创造且极具中国特色的先进文化，蕴含着丰富的革命精神和厚重的历史文化内涵。我们继承和弘扬红色文化，坚定“为共产主义而奋斗”的理想信念，传承“爱党爱国”的家国情怀，涵养“艰难奋战，团结一致”的精神底蕴。

(二)红色故事

红色故事是在中国共产党带领中国人民取得新民主主义革命胜利的斗争中发生的事情，尤其是关于新中国缔造者的一些伟人和革命英雄的故事。

二、幼儿园开展红色故事教学的意义

《幼儿园教育指导纲要(试行)》提出：要引导幼儿实际感受祖国文化的丰富和优秀，激发幼儿爱家乡、爱祖国的情感。《3—6岁儿童学习与发展指南》指出：建议运用幼儿喜闻乐见和能够理解的方式激发幼儿爱家乡、爱祖国的情感。

“红色故事”是“中国故事”的重要组成部分，讲好“红色故事”不仅仅是一种教学活动，更重要的是一种精神传承。红色故事中有革命先辈的英雄事迹，蕴含宝贵的精神财富。通过创新拓展红色故事的教学方法，引导幼儿深入学习红色故事，传承红色精神，从小形成“爱党爱国”的家国情怀。

三、我园大班开展红色故事教学的现状

围绕我园开展的“讲好红色故事　传承革命精神”系列活动，开展党史教育，引导儿童坚定不移听党话、跟党走，让红色基因、革命薪火代代传承。大班教研组经过深入的讨论和研究，以红色绘本为媒介，在大班开展了“娃娃学党史”等形式多样的教学活动。

(一)确立大班故事学习清单

从“讲述精准”为基点出发，精选红色故事。经过线上调研，我们发现中国教师发展研究中心于2022年初出版发行的《童心向党·爱国主义教育主题图画书》，其主旨是倡导广大儿童感恩党，听党话，跟党走。这与我园即将开展的“娃娃学党史”活动宗旨和设计高度契合。于是我们决定以这套绘本故事为载体，在大班开展“红色故事我来讲”活动，鼓励教师深入研读，初步了解绘本故事讲述的方法。

教师通过读懂故事，挖掘“红色故事”的教育价值，形成初步的教学思路和表达策略。

大班红色绘本阅读活动每周安排一次，我们选择了13个绘本故事作为班级的学习内容，分别是《光明》《孩子剧团》《一把青稞粒》《铁道飞虎队》《糖果换飞机》《美丽的大中国》《邓稼先》《詹天佑》《曾祖父心中的歌——没有共产党就没有新中国》《未来之城》《祖国，我回来了》《一粒种子改变世界》《我爱你中国》。

（二）设计大班故事教学方案

本着“引导精准”的原则，我们创设符合大班幼儿年龄特点的情景、游戏环节，引导幼儿感受红色故事的深刻内涵。教师们通过集体备课，确定设计课程的名称，独立完成设计思路，并提交活动设计方案，经历了由个人—班级—年级组—园教研组的教研过程，一个个独具特色的活动方案逐步完善和成熟，最终确定科学实用的红色故事教学活动的方案。

（三）组织实施故事教学方案

老师们对活动进行了精心的准备和设计，并查阅了相关的历史资料，帮助幼儿了解故事发生的真实的历史条件和周边环境。

以故事《光明》为例：借助绘本讲述了牺牲在重庆军统集中营里的革命烈士小萝卜头——宋振中的故事。小萝卜头在敌人的监狱中的生活情况是在新中国阳光雨露下幸福成长的少年儿童很难想象的。于是在活动中创设“小萝卜头的宝贝文具”和“我们班的学习文具”的比较，帮助孩子们更加直观地感受两种文具的区别，体会小萝卜头在艰苦的条件下学习的不易，鼓励孩子们感受小萝卜头勇敢、坚强的品质，表达自己生活在幸福年代的感受。

实践中发现幼儿观看PPT、视频的方式比较单一，久而久之专注度也会下降。如果结合绘本图画，灵活采用谈话、游戏导入、话题链接、观看绘本、教师口述、分角色表演等方式，可以有效地激发幼儿的学习兴趣，或者从绘本中提炼出一段对话、情景等内容，鼓励幼儿学习表达表现故事的内容，内容会更加深入幼儿内心，加深孩子们崇拜英雄、热爱祖国的情感。

（四）开展多种形式的故事交流活动

我们从教学活动中提炼出孩子们感兴趣的内容，创设丰富的展示平台和机会，鼓励大班幼儿大胆讲述和表达。

1.“红色故事宣讲团”的微信平台

组建“红色故事宣讲团”，鼓励孩子们将好故事分享给班级和幼儿园的小朋友们听，孩子们从“听”故事到“讲”故事这一角色的转变，不仅仅需要具备语言表达的能力，更重要的是培养了孩子们对于红色故事讲述和表演的兴趣，激发了孩子们对英雄的崇敬之情。

2.“品红色故事，温经典党史”亲子读书会

孩子们和家长一起表演家庭故事剧，将红色故事活动由幼儿园辐射到家庭和社区，一方面展现了幼儿园阅读活动成果，另一方面也将红色故事文化有效地传播和弘扬。

3.“宝贝的红色书单”摄影作品展

鼓励孩子们与看过的红色绘本合影，举办摄影展，通过观看展览了解伙伴的红色书单，并展开积极的互动和交流。

4.“童心向党，红色传承”六一会演

采取唱红色歌曲、诵经典故事等方式进行节目展演，通过创设演出情景，运用音乐、背景、情景设计、化装、编排等多种方式，孩子们大胆自信地表达了对红色经典的感受，取得了良好的效果。

5.“童心向党，多彩童画”展览

将幼儿创作的美术作品、绘本故事图画以及相关的手工作品在园内进行展示，鼓励孩

子们采用多种方式展开创作，表达自己的学习感受和抒发情感。

四、大班红色故事教学多领域融合的探索

《幼儿园教育指导纲要(试行)》指出：教育活动的组织应充分考虑幼儿的学习特点和认知规律，各领域内容要有机联系，相互渗透。根据"融合精准"的原则，以红色故事为基点，实施多领域融合的"全面"教育。笔者认为多领域融合需要注重以下几个方面：

(一)形成多领域融合的教研意识

以红色故事为基点，对教学教研提出一定的要求，深入钻研红色绘本故事，挖掘可以融入的内容并融会贯通。组织开展专业培训，学习红色文化及生成课程理论知识，绘制教学领域融合的思维导图，从而实现教师多领域整合能力的提升。

(二)创设浓厚的学习环境和氛围

创设浓厚的红色故事学习环境和氛围，开展一系列"学军"实践活动。创建"红色绘本封面展"，将红色绘本故事封面制作成宣传板；"游戏打卡"采用小小兵头像的插签设计，游戏插卡总表可以采用"小兵大本营"的图标设计，采用"插红旗""贴红星"等方式进行鼓励；定制"小兵迷彩"园服统一着装，增强归属感；幼儿园早操整队音乐录制小军歌及口号等，提高幼儿"争做小小兵"的荣誉感。开展小兵军训、参观军营、听红军老干部讲故事等系列活动，为红色故事的学习和融合奠定良好的意识和经验基础。

(三)注重教学亮点的发掘和运用

在一次大班集体观影"闪闪的红星"活动中，孩子们被潘冬子的成长经历深深打动。同时，他们很好奇"盐变水，水变盐"的原理，为此我们借机生成科学活动"盐水的秘密"，提供材料进行实际操作，感受潘冬子的革命智慧。围绕歌曲《红星闪闪》开展了专题活动，以歌唱、表演、打击乐、舞蹈等多种艺术形式开展学习，鼓励孩子们自信表达，从中了解与感受潘冬子这个小小的革命战士的成长经历与荣耀。

(四)探索融合方式的展现和创新

"创新是一个民族的灵魂，是一个国家兴旺发达的不竭动力。"结合"娃娃学党史"活动的进一步深入，我们开始探索和思考，用什么方式可以有效地实现多领域融合呢？经过两年的探索和研究，我们发现：以红色故事为主线进行梳理，可以激发孩子们的学习兴趣；而实践活动可以使孩子们更积极地参与其中，个性化地表达自己的感受。将亲子运动会确立为"兵娃重走长征路"的主题，通过"启程大会操""四渡赤水河""飞夺泸定桥""过雪山草地""胜利大会师"等环节，运用游戏道具创设情景，亲子合作，感受游戏的过程，学习红军战士百折不挠、坚持到底的精神，增强幼儿的爱国情怀。

总的来讲，开展"红色故事"教学不应仅仅局限于某一次教学活动，而是应该多层次，从"讲述精准""引导精准""融合精准"的教学实践出发，以红色故事为基点，实施多领域融合的"全面"教育，从而实现"领域融合　故事育人"的良好教育效果，为培养幼儿浓厚的学习兴趣和良好的学习习惯，萌发幼儿爱国主义情感，树立正确的人生观、价值观，为幼儿个性品质良好发展奠定基础。

幼儿园传统文化课程评究

——以屈原文化为例

湖北省宜昌市葛洲坝东山幼儿园　汪宵庆

为了弘扬与传承中华优秀传统文化，学前教育作为启蒙教育的重要阶段，其在中华优秀传统文化传播中的作用不可忽视。

一、传统文化融入幼儿园日常课程的重要性

首先，传统文化是中华民族历史的记忆，可以让幼儿了解中国悠久的文化历史和传统，从而更好地认识自己的国家和民族，增强文化认同感和归属感。其次，传统文化中的许多传统技艺和手工艺术可以培养幼儿的动手能力和创造力，培养他们的观察力、耐心和细致的态度。通过手工艺术的体验，幼儿能够感受到传统文化的魅力，更好地理解传统文化中所蕴含的深刻意义。再次，传统文化中的很多典故和故事都蕴含着丰富的哲理和道理，这些内容可以激发幼儿的思考和想象力，提高他们的逻辑推理和判断能力。最后，传统文化是国家的文化根基，对于维护国家文化自信和文化安全有着重要的作用。因此，将传统文化融入幼儿园日常课程中，有利于促进幼儿的全面发展和民族精神的传承。

二、传统文化融入幼儿园日常课程的途径

“弘扬屈原文化，传承求索精神”是我园近年的重要传统文化之一，幼儿园的部分课程设置和教育理念均与屈原文化紧密相连。在这里，幼儿将深入了解中华优秀传统文化的内涵和精神，感受民族文化的魅力和力量。

(一)环境创设，增加传统文化氛围

结合《幼儿园工作规程》中的具体要求，幼儿园需要创设一个与教育相适应的优越环境。这个环境应该能够激发幼儿的好奇心和学习兴趣，给他们提供展示能力和举办活动的条件和机遇。

为了营造传统文化氛围，教师以屈原文化为主题，创设和主题相适应的环境，通过环境创设来增加幼儿接触和了解屈原文化的机会。我们把环境创设分为户外环境创设和室内环境创设两大块。

第一，巧用户外公共课堂。户外课堂是孩子们自主游戏的天堂，我们深入挖掘幼儿园现有园所文化，创造独有的屈原文化景观和人文环境，使幼儿园处处都有屈原文化的影子。比如，操场正中间设置一面屈原景观墙，墙上是一幅屈原手拿竹简的剪影画像，周边以“路漫漫其修远兮，吾将上下而求索”等诗句为背景，衬托出屈原的高大形象，同时角落摆放多个二维码，里面全是有关屈原的故事；又如，将树屋打造成“清风亭”，用竹片制作风铃，将屈原诗词刻于竹片上，并将风铃悬挂于树屋顶上，幼儿在户外休憩时偶尔读上两句，岂不快哉；再如，利用户外科技墙、音乐墙等现有资源，将《天问》诗句渗透其中，随处可见的屈原文化，也潜移默化地感染着幼儿，鼓励幼儿学习屈原“向天发问”的精神。巧妙地利用户外的每一面墙、每一个亭、每一处景，呈现屈原诗词、屈原画像、屈原传说等，直观、形象地展现屈原文化的魅力，吸引了幼儿的注意力，激发了他们对屈原文化的兴趣，让他们时刻能感受到浓浓的屈原文化，从而增强文化认同感和归属感，感受传统文化的魅力。

第二，善用室内空间。都说“墙壁会说话”，我们要充分利用教室主题墙，进一步深入呈现屈原文化精神。同时，空间布局要合理，要将主题墙与活动区充分结合起来，让幼儿通过直接感知、实际操作和亲身体验去获得经验。比如，主题墙“屈原伟大的一生”，可设置从认识屈原—屈原的爱国情怀—走进屈原故里—话屈原、画屈原等，鼓励孩子在家长的陪同下走近屈原、了解屈原，并将屈原的故事带回来分享，激发孩子的兴趣；又如，活动区中，放置一些与屈原文化相关的物品，如瓷器、竹编制品等，提供一些供幼儿动手操作的材料；再如，设置一些“竹简坊”“橘子铺”等区域活动空间，这些既具有观赏价值，又可以让幼儿亲身感受到传统文化的魅力和神韵，不断挖掘传统文化所蕴含的哲理，对幼儿审美和文化素养的提高起到积极作用。

此外，《3—6岁儿童学习与发展指南》中指出，要营造温暖、轻松的环境，让幼儿形成安全感和信赖感。我们也十分重视隐性文化建设，通过塑造轻松愉快的幼儿园文化氛围，让幼儿在自然、和谐、舒适的环境中茁壮成长。比如，教师在课程中融合屈原文化时，会经常询问幼儿的感受和想法，倾听他们的心声，以此来建立起师幼之间的信任和互动。这些细节和关怀，可以让幼儿在幼儿园中感到温暖，建立归属感，从而更加愿意在这个环境中积极地学习和成长。

（二）活动融合，激发幼儿学习兴趣

《3—6岁儿童学习与发展指南》指出，幼儿的学习和发展具有一定的规律和特征，幼儿时期是个体发展最快的阶段，他们具有天生的好奇心和学习欲望，通过游戏和生活经验来探索和认识世界。因此，游戏是幼儿学习和发展的重要方式。幼儿园教师应该把游戏融入教学中，创造出丰富多彩、寓教于乐的教育环境，引导幼儿通过游戏来认知和学习，从而激发他们的学习兴趣和动力。

第一，在一日活动中融入屈原文化。开展各式各样的文化活动，比如，通过演唱朗朗上口的歌曲《橘颂》，让幼儿在欢快的歌曲中感受屈原文化的魅力，同时将其配上简单易学的动作，让幼儿在跟随歌曲节奏做动作的同时，理解和感受其中的诗意；又如，开展品茶、鉴茶、做小小茶艺师等活动，孩子们在活动中可以了解到中国古代礼仪、茶艺礼仪等，让孩子们在活动中不知不觉走进传统文化。这样的活动不仅可以让幼儿从中得到锻炼，还能够提高幼儿对屈原文化的认知，激发幼儿学习和探索的兴趣，同时也可以提高幼儿的身体协调能力和语言表达能力。

第二，在活动中融入屈原文化，既能让幼儿在玩耍中感受到传统文化的魅力，又能培养幼儿合作、竞争和团队意识等。比如，在赛龙舟活动中，幼儿可以了解龙舟的形状、历史背景和相关传说故事，同时也能通过模拟赛龙舟的方式来锻炼幼儿的协调能力和培养团队合作精神。为了让幼儿更好地体验赛龙舟，老师们设置了各种各样的龙船，将幼儿分成若干个小组，让他们在龙舟上配合划桨，并且争取赢得比赛胜利。比赛设置了奖项和惩罚，让幼儿在游戏中体会竞争和团结的乐趣；又如，在挂艾草、编五彩绳、制作香囊活动中，我们引导孩子了解端午节的习俗，了解挂艾草、编五彩绳、制作香囊旨在祈福驱邪、防御瘟疫等。我们可以根据孩子的不同年龄段选择适合他们的活动，小班可以选择挂艾草，孩子们通过认识艾草、菖蒲，了解端午的风俗，同时在老师的引导帮助下，将艾草、菖蒲挂在门边，感受传统文化的乐趣；中班可以开展编五彩绳的活动，学习简单的缠绕、打结的方法，了解五彩绳背后的故事，让他们初步认识屈原、了解屈原文化；大班则可以选择制作香囊，学习关于艾草的相关知识，如何鉴别艾草、艾草的药用价值；等等。同时，也可以让幼儿尝试艾草沐浴，让他们亲身体验到艾草的独特气味和药用价值。

（三）积累经验，关注幼儿行为变化

王守仁提出的“知行合一”思想是中国传统教育的重要理念之一。他认为，知识和行为是密不可分的，知识必须转化为行为才能产生真正的效果。他主张注重实践和经验，以实际行动来验证知识的正确性。幼儿只有在亲身体验与实践中，才能真正感受到中国传统文化的魅力与奥秘。因此，我园也将屈原文化故事化，并引导幼儿通过角色扮演的方式，重现屈原历史故事。让幼儿扮演屈原等人物，通过角色扮演的方式亲身体验历史事件，感受历史人物的情感和思想。同时，还可以让幼儿通过自己的创造力和想象力，为故事增添新的情节和人物，以激发幼儿的学习兴趣和创造力。

在角色扮演中，教师为幼儿提供相关的道具和服装，以更加真实地还原历史场景。同时，教师还可以提出一些问题，引导幼儿思考屈原文化中蕴含的思想和价值观念，如“为什么屈原要投江呢”“怎样才能让人们团结起来呢”，以此激发幼儿的思考和探究精神。通过故事化和角色扮演等方式，让幼儿更加深入地了解屈原文化，理解其价值和意义，同时也可以激发幼儿的学习兴趣和创造力，促进其全面发展。幼儿通过思考和探究屈原文化，不仅可以了解历史，还能够获得一种新的思维方式和探究精神，有助于其在今后的学习和生活中有更为全面和深刻的理解和体验。

通过融入屈原文化，幼儿在活动中可以自由地表达自己的思想和情感，获得心理上的满足。在玩耍的过程中，幼儿可以主动地学习与沟通，提高了社交能力和增强了团队协作意识。在学习和体验中，幼儿的想象力和创造力得到了充分的发挥和提升，激发了他们对新事物的好奇心和探索精神。在传统文化的熏陶下，幼儿的道德素养、文化素养以及审美素养等方面得到了提升，对他们的成长和发展有着积极的影响。

此外，融入屈原文化的教育活动不仅提升了幼儿的学习兴趣，激发了学习动机，同时也促进了幼儿综合素质的发展，这些综合素质包括认知能力、语言表达能力、审美能力、动手能力、社会适应能力等。同时，这种文化融合的方式还能够为幼儿的未来发展打下更加坚实的基础，让他们在跨文化的交流中更具有优势。

三、结语

幼儿园注重从传统文化的角度出发，为幼儿提供更加丰富、多元的学习体验。通过融入传统节日文化，幼儿能够更加深入地了解中国传统节日的文化内涵，增强对中华传统文化的认知和理解。同时，教师们也在课程开展中不断提升自己的教学水平，加强了自身的文化素养和专业能力。作为中华文化的传承者和创造者，我们要不断弘扬和承接中华传统文化，让它在现代社会中发扬光大。同时，在中西方文化交流中，我们也要积极推动文化融合，让不同文化在交流中相互学习、相互借鉴，实现文化多元共存。东山幼儿园将屈原文化融入课程中，不仅是为了让幼儿更好地了解和认识中华优秀传统文化，更是为了促进文化融合和多元共存。我们相信，通过这样的努力，我们可以为中华优秀传统文化传承和发扬贡献一份力量。

探析先秦儒学融入幼儿教育之理

湖北省湖北恩施学院　王　杨

中国传统文化经久不衰、历久弥新，这离不开其蕴含的优秀思想价值和丰富的哲学理论。对待优秀传统文化，我们似乎更擅长从文学和哲学的角度去挖掘和传承其中的精华，鲜少从幼儿教育的角度去探索传统思想文化可能与其产生的奇妙“火花”。一是相较于思想和精神层面的长期“默化式”学习，幼儿对内容层面的记忆和再现更为高效；二是“墨守成规式”“盲目跟风型”“不知所措类”的教育忽视了文化生态对于幼儿的“隐性影响”；三是对幼儿本身及其发展规律方面的知识欠缺及存在刻板观念，也干扰了不少教育者在幼儿学习能力上的判断。

事实上，3—6岁的幼儿有较强的学习能力，且具有深度学习的潜力，可对所学内容进行一定程度上的深度加工，也能通过各类活动获得积极的情感体验。儒家思想作为中国传统文化的主流思想，深刻地影响着中国历史文化的发展。自孔子于春秋战国时期所创立的儒家学派，后经孟子、荀子及其他弟子的发展形成了一套相对完整的思想体系，被称为先秦儒学。先秦儒学秉承“仁”的精神核心、坚守“中庸”哲学理念，崇仁义、讲仁爱、持中庸、尚和合；且以心为理、以理为性，深深地影响着中国人的思想和行为。一国的教育源于本土、扎根于本地；一国的儿童生于本土、生长于本地，理应以本土优秀传统文化滋养其心性、涵养其心智。

一、幼儿教育的“文化适宜性”问题

美国人类学家托宾指出，不少国家因身处全球“霸权主义”影响的“旋涡”之中，为获得中心国家的认同自上而下推行西方社会的世界观、教育观。20 世纪 80 年代，全美幼儿教育协会(NAEYC)提出关于“学前教育的文化适宜性问题”。自此以来，我国不少从事幼儿教育的理论和实践工作者纷纷将研究重点从全盘“借鉴”西方文化与理论，转移到如何使“借来文化”更好地适用于我国的幼儿教育。但世界上不存在能适用于不同文化背景之下所有儿童的幼儿教育理念及方案，如若不能看清局势，以所谓的“科学性”取代文化多样性、差异性和地域性，则可能陷入“文化殖民”或“文化自殖民”的泥沼之中。

中国幼儿教育的文化适宜性是一个难以被关注，但也不可避免的重要问题。面对“文化不适宜”的情况，费孝通先生曾提出重要的“文化自觉”理论来应对全球一体化和本土化的矛盾，即既要有宽大的胸怀和对他国文化的尊重与理解，更要对自己的文化的寻根与反思，明白它的来历和发展。我们的幼儿教育在文化多样性面前不仅要回归儿童本身，也要回归本土优质文化。

二、珠玉在手：先秦儒学于幼儿教育之价值

在历史的长河中，孕育中华文明和西方文明的环境、条件和人都各不相同，它们之间存在着诸多差异，由此演绎而来的幼儿教育价值取向也必然不同。于中国的幼儿教育而言，西方教育的理念、价值观和方法等可以被学习和借鉴，但不应脱离中国本土的文化背景和忽视中国传统文化所孕育的教育资源；在对中国的幼儿教育进行研究时，我们也不能脱离“本土的视角”。也就是说，中国传统文化中的适宜资源需要被开放和融于学前教育之中，中国的幼儿教育亦需充分考量中国传统文化。

(一)“天然”的幼儿教育资源

先秦儒家思想内以“仁心”引导幼儿价值观念，外以“仁爱”规范个体行为。教育，包括幼儿教育，其核心价值是育人，即教会儿童如何做人。“仁”是儒学思想的核心，也是其最高道德标准。作为一种心性之学，先秦儒家重视个体生命的道德担当、真修实悟和具体情境下的道德实践。自幼儿教育阶段，先秦儒家思想中的丰富理念与内容即可作为重要的教育资源，如仁、义、礼、智、信等人生价值观可以通过故事性、情景式的教育方式来展开，使得幼儿获得道德启蒙和思想熏陶。基于幼儿身心发展的特殊性，该阶段教育的展开不是盲目地要求幼儿机械地背诵儒家经典，而是对先秦儒家思想中的精华部分有道德情感方面的“初体验”，为幼儿日后的全面发展播下道德启蒙的“种芽”。

(二)更适宜的幼儿教育研究视角

无论是从理论分析的角度，还是从教育实践经验总结的角度，我们都不得不承认即使是在西方幼儿教育理论和实践影响之下成长起来的中国儿童，其价值观念和处世方式也带着深深的“中国烙印”。也就是说每个国家的幼儿教育几乎都反映出了各自固有的隐性文化逻辑，这种包括内在观念和外在实践的逻辑不易被改变。正如埃德加·莫兰所指出的那样，信息和资料只有在具体的背景中进行解读才能获得意义。因此，在研究我国幼儿的意识形态和实践行为时，我们必须赋予本土的思考和解读。

三、情理兼容：先秦儒学融入幼儿教育之路

先秦儒学思想并非完全是我们刻板印象中的“腐朽”和“顽固”，其“仁”的思想中将人“灵动的思想”和“鲜活的肉体”紧密结合，使其成为独立的、完整的个体；同时反对将“个体的人”和“集体的人”割裂开，看重主体精神世界的充盈和自由。实现“仁”的价值理念，需以“情”为重要的教育内容，关注幼儿的身心统一发展；行“中庸之道”，启示我们在实现教育的过程中不宜偏倚，基于人的可塑性和教育的灵活性做到“率性而教”，培育学思结合、德才兼备的人。

（一）幼儿教育价值取向：“求仁则仁至”

“仁”是儒学思想的核心，也是最高道德标准。与西方文化强调自主、自我、个性张扬和个人利益至上等价值取向相对比，中华优秀文化演绎而来的学前教育价值取向偏重道德、规矩、集体利益、求同存异。儒学思想认可人的价值，注重人的完整性，强调以“仁”与“和”的理念去开展教育，本身就是我国优秀传统文化中的“珠玉精华”，故其核心价值观念值得为我国的幼儿教育继承和发展。其一，“求仁则仁至”及心性修养之道可以为幼儿价值观念的引领提供方向与思路，我们应始终以“仁爱之心”去关注和对待幼儿，重视幼儿的身心状况和发展需求。其二，以幼儿园环境创设和教师话语体系的渲染为依托，给予幼儿正确的行为示范，使幼儿先感知“仁”在行为层面的再现，再内化“仁至”的价值观念。其三，“仁爱忠恕”的教育理念能够使幼儿在规范自身行为和处理人际关系方面获得启蒙。秉承“己欲立而立人，己欲达而达人”的道德行为基本准则，从幼儿时期即尝试规范自身行为，尽力做到爱亲人、爱他人、爱社会，逐步实现与他人的友好对话和交往。

（二）幼儿教育原则：“讲中庸、尚离合”

尊重幼儿的本性，率性而教。先秦儒学思想的首要观点即是“天人合一、物我一体”。每一个人从出生起即拥有“天性”，作为教育者，我们在充分了解和发展好每一个幼儿的“天性”的前提下尽可能“赞天地之化育”。基于该观点，每一个幼儿都具有发展的可能性，而教育是一片肥沃且具有包容性的土壤，在这片土壤里生长着具有不同“天性”的幼儿，我们的目标不是使每一颗种子都变成参天大树，而是让这片土壤能成为百花齐放、五彩缤纷的乐园。

《幼儿园教育指导纲要（试行）》指出，幼儿园教育是基础教育的重要组成部分，是我国学校教育和终身教育的奠基阶段。城乡各类幼儿园都应从实际出发，因地制宜地实施素质教育，为幼儿一生的发展打好基础。作为教育者，尊重幼儿的人格和权利，尊重幼儿身心发展的规律和学习特点，耐心地根据每一个幼儿的具体特征进行有效疏导，促进每个幼儿的个性发展。

（三）幼儿教育内容：“情理相即，即情即理”

“情”与“理”并非割裂关系，而是认为“情”与“理”本身为一。所谓“恻隐之心，仁也；羞恶之心，义也；恭敬之心，礼也；是非之心，智也。”按照此论，情即理，该类独特的情理结构是以人的生活作为本体，实现儒家伦理的生活化，且以心性去指导外在的道德实践。在他们眼里，人作为自然体而存在，不同的个体具有独立的思想，是主客体交融、理性与存在的统一体，且“身”与“情”共同指向完整的个体，故在开展教育、培育幼儿的过程中不应机械、单一地追求孩子知识“量”的增加，教育的内容也不应只体现在实体的书本和文字，应加强对幼儿“情”的关注与启蒙。

在幼儿教育工作的开展过程中，我们要关注、关心、关爱幼儿的成长，面对充满好奇心的幼儿们，我们要以丰富和生动的生活知识丰富他们对世界的认识；应耐心和细心地为

他们答疑解惑，鼓励幼儿大胆地进行思考，促进其逻辑思维能力的活跃发展；以优秀的传统美德为重要资源，以生动、形象、多样化的方式为依托开展道德教育，实现幼儿身心和谐发展。

师范专业认证背景下教育类专业“三习一体化”实践教学模式探究

武汉工程科技学院　汝利娜　王雄燕

一、概述

师范专业认证是贯彻落实习近平新时代中国特色社会主义思想和党的十九大精神，全面保障和提高师范类专业人才培养质量的重要举措。随着社会的需求，教育类专业对于人才培养目标设定为高素质、应用型教师。其中，教育实践教学能力也是人才培养方案中必不可少的组成部分。教育实践体系包括教育见习、教育研习和实习等环节，是教师教育课程的重要组成部分，也是培养未来教师的必要环节。学生通过教学的观察、训练、反思、实操等系列活动，职业能力和素养得到深化提高。《教育部关于实施卓越教师培养计划的意见》(教师〔2014〕5 号)、《教育部关于加强师范生教育实践的意见》(教师〔2016〕2 号)等文件中，规范了实践教育的各项工作要求，强调师范生教育实践要贯穿人才培养全过程。2011 年 10 月教育部下发的《关于大力推进教师教育课程改革的意见》，提到“要围绕培养造就高素质专业化教师的目标，坚持实践取向，强化实践环节，加强师德修养和教育教学能力训练，着力培养师范生的社会责任感、创新精神和实践能力。”

目前全国有近 200 所高校开设教育类专业，其中大部分高校按照全科模式进行培养。学生除了掌握教育学、心理学和学科课程教学等方面的基本知识和技能外，最重要的是实践教学能力训练。如按照师范认证的标准，学生实践实习的时间不少于 1 个学期，内容涵盖“师德体验、教学实践、班级管理实践和教研实践”；并建立相应教育实践规范，明确实践前、中、后的要求，进行有效管理评价，确保实践效果。

武汉工程科技学院教育类专业成立于 2018 年，虽成立时间不长，但根据国家应用型人才培养政策和学校“高端化、个性化、应用型”办学定位，坚持按照师范认证标准设置实践教学环节，创新人才培养模式，强化实践教学环节，从校内和校外为学生营造独立思考、勇于创新的良好环境，着力培养学生的学习、实践和创新能力，以适应国家和社会对小学教育人才的需要。在不断的积极探索中，教育见习、实习、研习通过“三习一体化”实践模式，不断摸索出一条符合民办高校办学的道路。

二、教育实践中存在的问题

(一)教育实践“三习一体化”不足

教育专业认证标准明确指出：“教育见习、教育实习、教育研习贯通，涵盖师德体验、教学实践、班级管理实践和教研实践等，并与其他教育环节有机衔接。”但目前小学教育专业实践教学设计和安排中，教学的实践形式单一，见习、研习、实习衔接性不强，三习之间未形成梯度，未形成有效的“三习一体化”实践教学体系。并且实践内容不够均衡，多为观摩课程，忽视了班级管理和师德体验。多数学校均设置教育见习和教育实习，但对教育研习的内容要求不多，规范度和重视度还需加强，且无合理的考核办法。教育实践的三个环节分割较为明显，并未从顶层设计将教育“三习”形成完整系统来规划实施。

(二)实践教学融合度不高，协同育人机制欠佳

根据师范认证标准要求，“三习”内容应在师德体验、教学实践、班级管理实践和教研实践领域实现全覆盖，并且教学内容、教学目标要与毕业要求对应。但院校的“三习”实践教学过程中，主要教学内容为校内、校外的教学观摩。实际参与教学实践、班级管理、教研以及师德体验的机会不多。教育实践流于形式，体验式实践不够。目前学生见习、研习地点多为大学校内或与幼儿园、小学相结合。实习地点固定为幼儿园和小学，但因幼儿园和小学的限制条件较多，学生真正能够做到顶岗实习的机会不多，实习的内容也多为观摩性质的见习。

教育见习、教育研习多为校内教师指导。且教授型、学术型教师居多，双师型教师较少。教育实习多为校外教师指导，校内教师不进行参与。高校与实践基地缺乏沟通与交流，导致学生的实习成绩、效果不能全面化，没有形成真正的教师教育院校教师和幼儿园、中小学教师共同指导的模式。

(三)教育实践考核评价体系不完善

教师教育的院校以指导教师评价为主，兼顾同伴评价、自我评价、学生评价和实践基地评价，综合运用课堂观察、学生访谈及教育实践档案分析等多样化的方式，全面客观评价师范生教育实践。但事实上，“三习”实践教育评价忽略过程性评价，只关注结果性考核，尚未有效建立可操作、可衡量的教育实践表现性考核标准；成绩仅仅为教学实习成绩，未能涵盖师德体验、班级管理等领域。

三、“三习一体化”实践教学模式构建

(一)创新应用型本科人才培养的基本模式

以技术体系为依据构建人才培养的课程内容体系，以胜任人才培养为原则构建“双师”结构、多元组成的教师队伍，以加强能力培养为目的构建“做学结合”为特征的教学方法体系，以满足社会需求为目标构建“多样化”的学习评价体系和“市场化”的人才评价体系。

(二)搭建校内、校外实践平台，理论与实践结合育人

教师教育类专业根据专业特色，搭建校内“小树苗幼稚园”“向日葵云支教”实践教学基地。“小树苗幼稚园”为教师子女提供课后延时特色活动，内容有户外体育游戏，室内手工、绘本阅读等主题活动，传播中华优秀传统文化，厚植童心爱国情怀。“向日葵云支教”通过云端，推进教育数字化，为乡村教育振兴提供了新的助力。校内实践教学基地，重在将教育实习由校外转入校内实践教学，使理论联系实践，且拉近学生的能力与社会对人才的要求之间的距离。

(三)以产教融合、校企合作为主线，深化实践教学模式改革

教师教育类专业推动创新应用型、技术技能型人才培养模式，深化人才培养方案和课程体系改革，不断探索产教融合、协同育人的实践教学体系。

与江夏区教育局及部分幼儿园、中小学合作建立实习实训基地，积极探索院校与教育行政部门、中小学、幼儿园“三位一体”的协同育人新机制。有双师型教师10名，定期到幼儿园和小学挂职锻炼。合作的幼儿园和小学全程参与人才培养目标的制定，校企协同育人，提高人才培养的社会适配度。

教育研习课程让学生带着实际的问题去学习，学以致用，使得知识与实际贴合，并与以项目为基点系统化。如学生和一线幼儿园、小学教师共建《手工玩教具》教学案例，了解职业需求，提高了专业能力。

根据企业岗位需求设置课程内容，设立技能竞赛与企业需求、技能竞赛有效对接。将

湖北省教师技能大赛、三笔字、普通话等校内外竞赛与“三习”相结合，创新教育实践的形式。

(四)创新应用型本科人才培养的质量评价体系

对学生教育见习、教育实习的评价推行方法多样、评价主体多元的评价体系，促进课程考核从“评价分数高低”向“评价能力高低”转变；从注重“期末考试”向注重“学习过程”转变；学位论文与教育实习、见习相结合；从重理论研究向重应用创新转变。同时将毕业生的质量评价以市场检验为标准，以就业率和就业质量为主要评价指标。

四、结语

针对武汉工程科技学院小学教育专业教育实践现状，构建了“教育见习、研习、实习一体化”的教育实践模式，今后将按照师范认证标准，给学生提供校内、校外的真实实习场域，与小学、教育行政部门三位一体，协同建设长期稳定的教育实践基地。将教育研习与课程、比赛相结合，组织开展规范化的教育实习，全面推行教育实践“双导师制”。完善多方参与的教育实践评价体系，从而完善教师教育类专业“三习一体化”实践教学模式。

浅议幼小衔接中绘本的应用

重庆市涪陵区教育科学研究所　敖娇娅

目前，幼小衔接得到了教育界的高度关注，传统的衔接方法过于强硬，同时容易导致幼儿出现不适应的情况，这对于幼儿的发展造成了较多的阻碍，同时也会导致家校之间出现较多的矛盾。将绘本融入幼小衔接中，旨在把握好衔接机制的特点，将衔接教育的内容以全新的方法呈现出来，减少幼儿的排斥心理，引导幼儿去探索新的人生阶段，最大限度地减少教育的问题，促使长期教育的发展得到更大的突破。

一、幼小衔接中绘本的作用

(一)有利于提高幼小衔接的水平

随着幼小衔接意识的不断提升，传统的教育手段并不能给幼儿带来较多的保障，反而对幼儿造成了一定的压力。绘本的有效应用，有利于提高幼小衔接的水平，帮助幼儿在成长的过程中更好地接受现实。比如，传统的幼小衔接教育，只是单纯地告诉幼儿需要上小学了，但是对于新的环境和新的条件，并没有科学的渗透，这样的情况导致幼儿出现了严重的不适应情况，自身的学习和思考能力也跟不上小学的节奏。但是，绘本会通过一种相对简单且温柔的方式，让幼儿看到小学中的美好，想要去尝试上学，这就在一定程度上激发了幼儿的求知欲和成长心理，让他们面对新的环境、新的条件时，可以积极地适应，减少盲目的排斥。

(二)有利于改变幼儿的心理状态

随着幼小衔接的要求增多，幼儿的心理状态应做科学的调整，很多幼儿进入小学以后，虽然看起来比较开心，但实际上压力并不小，只是外部表现方式不同。为了避免幼儿的心理压力过大，可尝试通过绘本进行调整。

二、幼小衔接的问题

(一)幼儿入学心理紧张

幼小衔接教育的时候，我们发现很多幼儿入学时表现出较高的紧张心理，这样的状态下，并不能对幼儿提供较多的帮助，而且在长期教育中难以得到较好的成果。比如，家长对于幼儿进入小学的关注度并不高，觉得这是自然而然的事情，整体上的引导比较少，完全交付给教师来指导，可实际上幼儿从教师身上得到的信息和观点是有限的，缺少家长的支持和辅导，幼儿会觉得自己没有足够的依靠，在入学的时候有可能表现出怯懦的心态，这对于幼儿的成长和发展造成了较多的问题。幼儿入学心理紧张的时候，他们的能力发挥效果并不好，而且各方面的知识学习，同样无法获得优良的成绩，还有可能造成落后的情况。所以，要科学地疏导幼儿的入学心理，帮助他们从容应对。

(二)幼儿缺少倾听习惯

幼小衔接教育的时候，我们发现很多幼儿缺少倾听的习惯。当前的幼儿教育重视幼儿的自信心培养，所以很多幼儿喜欢表达自己的想法，甚至是随意打断别人的发言，希望所有人都按照自己的想法走，这样的行为并不能得到较多的优势，反而给人一种距离感。随意打断别人，本身就是不礼貌的行为，对于幼儿的成长会造成错误的引导，让幼儿觉得自己的观点是正确的，别人的观点都是错误的，而且他们对于别人的尊重程度比较低，在小学中很容易与其同学造成较多的矛盾，甚至会出现肢体冲突。幼儿的倾听习惯是非常重要的习惯素养，应坚持在培育的过程中强调其重要性，把握好习惯的培育方式，帮助幼儿在长期的成长和进步中更好地学会倾听。

(三)幼儿社交能力不足

现如今的幼小衔接教育体系并不健全，幼儿的社交能力表现并不好，这样的情况下，容易对幼儿的发展造成较多的挑战。社交能力不足的状态下，幼儿对各类活动的参与感并不强，他们往往处于逆来顺受的状态，对幼儿的心理健康和学习能力造成不利影响。为此，幼小衔接教育的时候，应让幼儿充分意识到社交能力的重要性，坚持在该方面的能力培养，逐步巩固他们的社交思维，促使他们在社交过程中得到更多的支持与肯定。

(四)幼儿缺少规则意识

对于幼小衔接教育，规则意识是不可或缺的组成部分。进入小学以后，要遵守的规则不断增加，如果幼儿依然处于肆意妄为的状态，并不能让他们得到更好的成长，反而会在未来的教育中造成较多的问题。幼儿的规则意识并不强，一部分原因在于家长的溺爱，一部分原因在于教师的约束并不多。当前很多家长对于幼儿的培养，并没有意识到规则的重要性，觉得孩子还小，所有的事情都可以放松，正是这样的溺爱思想，导致幼儿进入小学以后，依然我行我素，不利于他们适应小学的学习生活。

三、幼小衔接中绘本的应用策略

(一)减少幼儿的紧张心理，正确认识自己的成长

随着幼小衔接教育的发展，绘本资源引起了教育者的高度关注。阅读绘本能够逐步减少幼儿的紧张心理，让幼儿认识到自己的成长，把握好教育的规范性，促使长期教育的方向更加明确。深入了解幼儿的想法，利用绘本有效减轻他们的入学心理压力，切实帮助他们做好入学前的心理准备是非常重要的。通过对《小阿力的大学校》这本绘本的反复阅读与感受，对照我们班的孩子，发现他们现在正处于前一阶段，高兴又紧张，心里有着各种各样的想法，首先要认同他们的想法，给予他们充分表达的机会，说出心里的想法。减少幼儿的紧张心理后，很多幼儿对于自身的成长情况有了新的认识，整体上的学习和思考有了更大的进步空间，并且对于各类挑战的解决也有了一定的想法。

(二)培养幼儿的倾听习惯，帮助幼儿获取信息

绘本独特的画面风格，鲜明的颜色，各种各样的形状、图案，能够吸引幼儿的注意。优秀的绘本是能够很好地进行幼小衔接教育的，尤其是培养幼儿的倾听习惯，幼儿们在聆

听绘本内容时往往特别专注。教师在用绘本进行教学时，应把握好幼儿的各类习惯培养。除此之外，绘本的种类繁多，涉及五大领域的各个方面，要借此帮助幼儿获取更多的信息，指导幼儿在自身的成长过程中得到科学的帮助。比如，在应用绘本的时候，对比两个幼儿的行为习惯，一个懂得倾听，可以与其他人更好地玩耍，身边有更多的小伙伴；另一个不懂得倾听，完全按照自己的想法做事，导致大家日渐疏远，最后处于孤独的状态。绘本内容的显著对比，让幼儿对倾听习惯有了很大的改变，会主动地聆听其他人的想法，然后积极模仿绘本的内容去改变自己的行为，这样不仅可以减少幼儿生活学习中的问题，还可以在将来的学习过程中得到更多人的帮助。培养幼儿的倾听习惯，要通过绘本进行长期的渗透。

（三）巩固幼儿的社交能力，敢于融入新的群体

幼小衔接教育的体系不断完善，为了让幼儿合理地过渡，建议在幼儿的社交能力方面不断地巩固，让幼儿积极尝试融入新的群体，获得更多的小伙伴。在进行绘本阅读时，幼儿们应该运用多种阅读方式，除了单独阅读，还可以运用互相讲述、表演讲述、观看儿童绘本剧等方式，这些方式在无形之中大大加强了幼儿们互相交流的机会。我们常常发现当某一个幼儿想要融入游戏的时候，会先从旁观看，尝试了解游戏规则，寻找空当去发问，然后在一轮游戏结束以后，礼貌地询问大家是否可以加入。由于自己比较礼貌，又懂得游戏规则，所以能很快融入进去。在绘本内容的熏陶下，幼儿开始在社交的过程中尝试用不同的方法融入不同的群体，然后根据自己的习惯选择感兴趣的群体。此时的绘本更像是一本《行动指南》，让幼儿感觉融入新的群体以后，还可以得到很多的快乐，并没有想象得那么难。所以，绘本的有效应用，促使幼小衔接教育的每一个环节更好地融合，整体上的教育发展得到了更多的保障。

（四）加强幼儿规则意识培养，注意尊重别人

绘本的应用不仅提高了幼小衔接的教育质量，还可以帮助幼儿在成长的过程中得到较好的体验，一定程度上激发了幼儿的动力。未来，应继续加强绘本的应用，不断加强规则意识的培养，引导幼儿尊重别人。比如，绘本的内容中展示了课堂的场景，幼儿要举手示意，得到教师的点名后才能站起来提出自己的要求或者是回答问题。如果像幼儿园一样自由站立坐下，是不符合规则的，还会遭到其他同学的嘲笑和教师的批评。特别是在阅读《大卫上学去》《大卫不可以》时，幼儿们知道了当自己不小心违反规则时，会引起他人怎样的对待和后果。在绘本的作用下，幼儿意识到了规则的重要性，他们想要得到别人的肯定和信赖，因此在言谈举止方面开始加强自我约束。绘本的应用，以立体化的方式让幼儿充分熟悉新的学习环境和充分掌握新的学习目标，减少了教育中的问题。

随着教育的发展和时代的进步，幼小衔接教育的内容也在逐步丰富，绘本的有效应用，不仅可以提高教育的质量，还可以在长期教育方面减少压力，帮助幼儿在学习过程中获得更好的感受，一定程度上减少了教育的矛盾和冲突。但是，绘本在幼小衔接教育中的应用，要有效选择不同类型的绘本资源，把握好绘本的科学性，发挥各类绘本的教育效果，吸引幼儿的注意力，让幼儿在长期的学习中获得更多的进步。幼小衔接教育的绘本应用，要进一步完善教学方案，给幼儿带来更多的指导，提高幼儿的综合素养。

浅谈幼儿园美术教育中师幼互动的时机

四川省直属机关东府幼儿园　陈小溪　重庆市重庆传媒职业学院　赵　猛

随着社会各界对学前教育的关注度不断提高，幼儿教育正在不断改革，并逐渐形成了“以幼儿为本”的教育观。在教育实践中，师幼互动也摒弃了以教师为中心、以课堂为中心、以教材为中心的传统“三中心”理论，开始转变为强调教师与幼儿交互、双向的影响过程。《幼儿园教育指导纲要(试行)》强调，教师应成为幼儿学习活动的支持者、合作者、引导者，关注幼儿在活动中的表现和反应，敏感地察觉他们的需要，及时以适当的方式应答，形成合作探究式的师生互动。

但在本园教师进行园本特色课程——创意空间活动时，不难发现许多教师对于美术教育中的师幼互动还有不少疑问和困惑。为什么有时候教师积极地互动却没有达到预期的效果，甚至可能会适得其反？自主游戏是不是就意味着放任不管？师幼互动的时机到底应该如何把握？以上困惑在实际进行美术教育时，常让教师感到为难。想要进行有效的师幼互动，时机很重要；如果教师介入过早，会影响、打扰孩子的自主活动；如果教师介入过晚，则会使活动的教育价值大打折扣，甚至给孩子带来不必要的挫败感。

那么，如何把握住美术教育中师幼互动的时机呢？通过查阅相关文献，并将理论与实际案例相结合，笔者将美术教育中的师幼互动时机总结为以下四个方面。

一、幼儿活动过程中寻求帮助时需要师幼互动

幼儿美术教育活动作为一种以创造性为主的活动，应该充分尊重幼儿的自主性，园本课程也坚持“顺应天性、还原本真”的教育理念，支持幼儿的自由创想。但创造也需要在一定的经验基础上才能顺利进行，幼儿会受到年龄、能力和阅历的多因素限制，导致他们在美术教育活动时经常产生很多疑问，这对他们来说都是很难解决的。当幼儿遇到困难时，教师需要马上去帮助吗？答案是否定的，困难也是幼儿成长的契机。

当幼儿遇到困难时，可以尝试自己解决、与同伴共同解决、寻求成人的帮助，教师可以先观察幼儿的情况，结合其特点进行分析，最后根据实际情况进行互动。如皮亚杰所言，教师应站在一边静静地等待一会儿，给幼儿让出时间和空间，仔细观察幼儿的所做和所为，从中有所发现，有所感悟，而后你的教学就可能不同于平常。如果幼儿时常产生这样的困难，这也是他们必须去面对和解决的，同时由于能力限制，幼儿不能通过思考独立地去解决，这时教师的积极指导就会显得尤为重要。

如在“橘子树写生活动”中，教师带领幼儿到后院一起观察了橘子树，并讨论了橘子、树干、枝叶的特点，然后就进入了幼儿自主作画的环节，让幼儿看着眼前的橘子树，画出其在自己眼里的样子。但中班的幼儿还处于前运算阶段，由于绘画能力有限、经验不足，有些幼儿不能很好地将精细的物体用简单的形状来表现。陶陶画了几个圆来代表橘子后就无法继续了，看着数不清的树叶和长短各不相同的枝丫，他陷入了困境。这时，教师就可以把握师幼互动的时机，通过提问等方式引导幼儿将树叶变成扁扁的椭圆、枝丫变成粗细不一的线段……经过互动后，孩子们的画面明显更丰富了。

二、幼儿难以将美术作品进行升华时需要师幼互动

《3—6岁儿童学习与发展指南》中指出，幼儿美术活动的关键在于“充分创造条件和机会，丰富其想象力和创造力，引导幼儿学会用心灵去感受和发现美，用自己的方式去表现

和创造美”，要达到这样的效果，师幼互动非常重要。幼儿能够在教师的有效引导中逐步得到提升，进行更深入的探索。维果斯基提出了“最近发展区”理论，即“儿童目前的独立解决问题的水平”和“通过成人或同伴的帮助能达到的潜在的发展水平”之间的区域，他倡导教学要以幼儿的最近发展区为前提。因此，在美术教育中，教师应该给幼儿创设适宜难度的活动，并在尊重幼儿的兴趣爱好的前提下，提高幼儿进行美术创作的积极性，让他们潜在的美术能力得到展现，最后甚至能让幼儿的美术水平得到提升。

但在实际开展美术教育时，幼儿会被认知能力限制，他们常依靠已有经验进行创作，这就导致最后形成的作品一直在低水平线上徘徊甚至停滞不前，无法达到预期教育目标，还会使幼儿觉得枯燥无味，对美术活动失去兴趣。这时就需要教师把握住时机，在明确幼儿的困难后，进行有效互动，逐步引导幼儿的创作向更深入、更多样的方面探索，一步一步在美术教育中成长起来，克服困难，在美术教育中达到预期的效果。

在创意空间活动时，某位幼儿总是喜欢去布艺室做拼贴画，但将她的几幅作品放在一起观察，都是简单的彩纸、绒球粘贴形成的图案，布艺室的许多特色材料都没有用到，且制作成品都是差不多的结构，这就说明她的创造力没有像预期那样提高。这时就需要教师把握师幼互动的时机，积极引导幼儿去发现新的材料，探索新的材料的使用方法，鼓励幼儿将多种材料搭配在一起，完成更丰富、更有层次感的作品。

三、幼儿活动过程中产生不良情绪时需要师幼互动

美术教育的过程，也是幼儿发现美、创造美的过程，在这个过程中情感会对幼儿的表现和学习效果产生极大的影响。孟昭兰在《婴幼儿不同情绪状态对其智力操作的影响》一文中指出：强烈的激情状态或淡漠无情，都不利于儿童的智力探究活动，兴趣和愉快的交替，是智力活动的最佳情绪背景，惧怕和痛苦对儿童智力发展不利。

但在实际开展美术教育时，由于幼儿受年龄特点限制，手部精细动作正在发展中，常遇到无法协调地画出自己想要的图案、制作出自己想象中的作品的情况，这时他们就容易产生消极情绪，减少创作热情和继续创作的欲望。那么在美术教育中，教师应该随时关注幼儿的情绪状态，当幼儿出现较长时间的消极情绪时，教师要及时介入，在尊重幼儿兴趣爱好的基础上，使用多种方式激发其积极愉悦的情绪，多使用正面引导的方法去鼓励幼儿。

比如，某位幼儿选择了七色毯进行创意空间活动，在这个活动中幼儿可以使用不同颜色的颜料和油性笔在七色毯上涂鸦各种图案、形状。她首先拿起了黑色油性笔在毯子上画出了自己想要的房子、草地，然后拿起大平刷填色，但当她拿起刷子蘸取颜料时，总有颜料滴落在毯子上，把她的作品弄得斑斑点点。她尝试了两次，作品已经被滴落的颜料弄得乱七八糟了，她就放下刷子，只用油性笔绘画。画着画着，她发现身边的同伴都在认真地涂色，而且他们的作品色彩缤纷、十分漂亮，她放下了笔，看着自己的作品委屈地哭了起来。这时，教师就要及时地鼓励和表扬幼儿，告诉她，她的作品也很独特，用正面的积极引导和互动法消除幼儿的不良情绪，用智慧将她的眼泪转化为成长的雨露。

四、幼儿主动寻求帮助或希望得到老师的鼓励时需要师幼互动

美术教育的师幼互动中，除了以上情况，还有很多时候是幼儿主动发起的，这类时机也是教师最容易发现的，其目的是获得关注、提出疑问、发表看法、求得肯定和安慰、告状等。所以在美术教育中，教师应该积极回应幼儿并善于回应幼儿，这样有助于增长师幼互动的积极性和有效性，进而使幼儿的主动性与积极性都得到提高。

小班时，幼儿特别喜欢去粉笔墙进行创意空间活动，他们的表达欲望也非常高：有的幼儿用七种颜色的粉笔在地上画了长度相同的线条，与教师分享；有的幼儿把用蜡笔画好图案的透明纸的一面涂满了胶水，但试了很多次总是贴不上墙，委屈地抹着眼泪跑到教师身边寻求帮助……这些都是美术教育中幼儿常出现的行为，此时我们应该把握住幼儿抛来的时机，积极与他们进行互动，但又要注意以幼儿为主体，否则他们的互动意愿会在教师的消极回应中消失殆尽。

在美术活动中，大部分时间都是交给幼儿，让他们自己去探索、创造和思考，因此把握住以上四类师幼互动的时机特别重要，只有在此前提下才能保证师幼互动的有效性，及时地对幼儿的创作状态进行支持和引导。美术教育中有效、积极的师幼互动，不仅可以帮助教师了解幼儿的美术发展水平与个性心理，还能够及时调整和帮助幼儿进行美术活动，最终顺利达到预期的美术教育的教学目标，让幼儿和教师都从中获得相应的成长。把握时机只是第一步，为了走向理想中的美术教育师幼互动，接下来的每一步还需要我们不断地进行探索。

基于可持续发展理念探讨幼儿园种植实践活动

云南省昆明市云南师范大学附属俊发城幼儿园　朱　波

一、可持续发展理念下的幼儿园种植活动的重要意义

当下，我国正处于社会主义现代化建设的关键时期，在精神文明建设以及经济建设的同时，生态文明建设也在快速推进的过程中，这也使得可持续发展理念在各行各业中均有所渗透。在可持续发展的理念下，幼儿园组织设计种植活动，对于提升幼儿的综合素养，提升幼儿园的教学质量均可产生重要的影响。而幼儿园组织设计种植活动，可使得幼儿在种植活动中能够深刻地了解植物的生长习性，并养成热爱大自然、尊重生命以及尊重劳动的良好道德品质。幼儿在参与种植活动的过程中，也可借助对植物生长过程的观察帮助幼儿形成探究思维，培养幼儿的自然科学意识。在幼儿进行种植的过程中，幼儿的动手实践能力将会得到锻炼，在参与种植的过程中提升表达能力与合作能力，实现幼儿综合素养的提升。

基于可持续发展理念的幼儿园种植活动对于提升幼儿园教学质量也起到较为积极的促进作用。在引入种植活动之后，可持续发展的理念渗透在幼儿园教育理念的创新上，种植活动使得幼儿园的教学内容以及教学模式均得以创新，显著提升了幼儿的学习积极性。同时，幼儿园落实种植活动可促使教师不断提升自身组织设计种植活动的专业能力，丰富教师的知识储备，也促使教师的教学理念得以发展、变化，实现幼儿教师的专业化发展。

二、可持续发展理念下的幼儿园种植活动的特征分析

(一)整体性

在可持续发展理念下，幼儿园种植活动也呈现出明显的整体性特征。从具体表现来看，幼儿园种植活动涉及的内容较多，其中的各个要素呈现出相互影响且相互关联的关系。与此同时，幼儿作为种植活动的主体，他的各方面能力也能得到提升。

(二)可持续性

在基于可持续发展理念的幼儿园种植活动中，可持续性特征也是其根本特征之一，其对于资源的循环利用以及可再生性均进行了强调。教师在设计种植活动时，不仅需保证种植活动教育具有可持续性，结合幼儿的实际情况制定出长期的活动方案，使得幼儿园中的种植活动与幼儿游戏活动以及课程进行有机结合；更要保证幼儿在身心发展上的可持续性，

在种植活动的设计过程中结合幼儿身心发育情况，让幼儿在这种可持续性的幼儿园种植活动中能够明确植物生长相关内容，加深对于自然界现象的了解。

（三）多元化

在自然界中，生物的种类和数量整体呈现出多元化的特征，这也使得幼儿园的种植活动呈现出多元化的特征。对于教师来说，在设计幼儿园种植活动的过程中，需依照多元化的要求进行，结合幼儿的知识储备水平以及认知水平，使得幼儿在参与种植活动的过程中加深对于多元化植物种类的了解，明确其生长特点以及基本属性等。

三、可持续发展理念下的幼儿园种植活动的实践策略

（一）合理选择种植种类

为激发幼儿参与种植活动的积极性，教师需结合幼儿的兴趣爱好以及认知发育特征合理选择种植种类。小班幼儿无法理解所要种植的植物与种植季节之间的关系，且动手能力不强，教师可为幼儿选择一些植株较为低矮，且在生长的过程中变化较为明显、栽培步骤较少的蔬菜类植物引导幼儿种植，例如大葱、四季豆以及茄子等。中班幼儿在动手能力方面有了一定的提升，并且在思维上已经处于形象思维向抽象思维过渡的阶段，对于事物变化已经有所感知。在种植植物的类型选择上，可选择一些在生长过程上较为单一的蔬菜或者根菜类蔬菜进行种植，如南瓜、辣椒、花生以及马铃薯等。大班幼儿在动手能力上相对较强，并具备一定的合作意识以及合作能力，在探究积极性上也较强，教师可选择一些种植步骤较多、生长周期较长的植物带领幼儿进行种植，如黄瓜、玉米、山药、苦瓜等，使得幼儿在种植的过程中不仅能够学习到较多的种植知识，更能领悟到合作的重要意义。

（二）合理规划种植活动

1. 科学种植

在选定所要种植的植物之后，由于幼儿均缺乏种植经验，教师需合理规划种植活动，使得幼儿在种植活动中不仅学习到种植知识，还可获得综合能力上的提升。在设计科学种植活动的过程中，教师需结合所种植物的不同引导幼儿探究科学的种植方法。可引入项目式教学模式，即将种植活动设计为项目，在进行种植之前带领幼儿进行资料的收集，明确所要种植的作物的生长特性，做好一系列准备工作之后再进行种植。而在种植的过程中，教师也需带领幼儿做好观察，及时发现在种植中存在的问题，在找出问题出现的原因之后需及时对问题进行处理，以此来提升种植效率。教师在指导幼儿进行种植活动时也需渗透可持续发展理念，引导幼儿在进行除草除虫的过程中利用物理防治或者施加有机肥料，培养幼儿的环保意识。

2. 自主种植

教师还可鼓励幼儿进行自主种植，结合种植空间的规划来画出比例相同的图纸，由幼儿对种植区域进行标记。例如在组织小班幼儿种植茄子时，可由几名幼儿共同认领一株幼苗，并在图纸上做出标记。在幼儿标记之后，教师可带领幼儿在种植区域内对图纸进行解读，引导幼儿结合图纸确定自己的种植区域，帮助幼儿提升对于方向的辨别力以及对于空间的感知能力。而在中班以及大班的幼儿中，其可在进行自主种植的过程中在同一区域种植多种作物，可要求幼儿利用不同的标记以及符号设计出种植规划图纸，并依照图纸中的规划进行种植，使得幼儿能够参与到种植的全流程中。在幼儿积累一定的种植经验之后，教师可带领幼儿共同制订作物的养护管理计划。可将幼儿进行分组，制定出每组幼儿照料作物的职责安排，使得幼儿均参与到作物的种植以及生长管护流程中，培养幼儿的责任意识。

（三）做好活动观察，体验丰收的快乐

观察是种植活动中的重要内容之一，不仅可使幼儿积累种植经验，还可培养幼儿的注意力，为其今后的学习做好准备。可指导幼儿利用定位观察的方式进行观察，例如在小班的种植活动中，可要求幼儿尝试自主浇水或者除草，可一人负责一株作物，并在照顾作物的过程中持续进行观察。在大班幼儿的观察中，由于大班幼儿具备一定的合作意识，可以以小组的形式进行观察，并在小组中进行分工，保证每组幼儿均能够坚持观察一株作物，感受其完整的生长过程，以此来明确作物的生长习性。也可利用定物观察的方式进行观察，即教师要求幼儿仅观察多个作物的同一部位，例如叶子等，幼儿可发现部分作物的叶子上出现虫洞，但部分叶子较为完整，没有出现虫洞；还有部分叶子颜色为绿色，部分叶子的颜色却变成黄色，激发幼儿的探究积极性，使得幼儿能够结合问题分析其出现的原因。

收获也是幼儿园种植活动中的重要环节，幼儿在这一过程中能够更好地感受到成功的喜悦。在作物收获之后，教师可设计一系列活动组织幼儿参与。例如可带领幼儿利用自己收获的作物制作出菜品并进行品尝，也可将自己收获的作物进行售卖，丰富幼儿种植活动的体验。

（四）强化教师的活动组织能力

幼儿园种植活动中，教师不仅需具备一定的种植知识，还需具备一定的组织设计种植活动的能力，这样才能保障幼儿园种植活动的顺利进行。幼儿园需做好教师的培训，促使教师能够将幼儿园的教育教学工作与种植活动进行有机结合。同时，教师自身也需不断学习有关种植的相关知识，通过互联网或者查阅图书获取相关资料，丰富教师的种植知识储备，便于种植的过程中能够更好地解答幼儿的问题。

（五）落实家园合作

为更好地发挥幼儿园种植活动在提升幼儿综合素养、树立幼儿可持续发展理念中的积极作用，教师还要落实家园合作，引导家长参与到幼儿园的种植活动中，与幼儿共同完成作物的种植工作。可引导家长带领幼儿进行作物的种植与养护，为幼儿营造出良好的生态环境，使得幼儿在家庭教育中也能够接受到种植活动的教育，以此来树立幼儿的可持续发展理念。

《指南》指导下美术教学中范画的运用

云南省曲靖市麒麟区第三幼儿园　刘　燕

《3—6 岁儿童学习与发展指南》（以下简称《指南》）在艺术领域中指出：幼儿对事物的感受和理解不同于成人，他们表达自己认识和情感的方式也有别于成人。幼儿独特的笔触、动作和语言往往蕴含着丰富的想象和情感，成人应对幼儿的艺术表现给予充分的理解和尊重，不能用自己的审美标准去评判幼儿，更不能为追求结果的“完美”而对幼儿进行千篇一律的训练，以免扼杀其想象与创造的萌芽。在指导幼儿绘画时，可不可以提供范画，要求幼儿完全按照范画来画，对此老师们感到十分困惑。范画不是历来就作为培养幼儿绘画技能的手段吗？以问题为导向，梳理问题缘由，解决问题中的矛盾，正确理解范画在美术教学中的作用，合理地运用范画。

一、问题描述/呈现

问题一：教师提供的范画是将线条、形状从事实形象中抽象出来，为幼儿模仿用的一种概念化、符号化的模式，是一种画法的示范。《指南》不倡导让所有幼儿都模仿范画创作出一模一样的画。即使老师提供多幅范画，让幼儿选择一幅来照着画，那也是一种被动模仿，这违背了作为自我表现的艺术的本质，忽视了美术是幼儿表达自己的一种语言。在幼儿被动模仿的作品里，全然没有自己思想和情感的投注。《指南》反对的是对范画的被动模仿，是照着范画进行复制，但并不反对幼儿的模仿学习，强调的是自发模仿，而非被动模仿；强调的是个体从自己的需要出发进行的主动模仿，而不是集体统一的被动模仿。自发模仿、主动模仿的是幼儿自己的感知对象，幼儿通过模仿再现的是对这个对象的感知印象。同一个对象由不同的幼儿去模仿，因为认知不同、感受不同、影响和兴趣不同，模仿出来的作品并不会一模一样。

这一解释显然还不能让一直使用范画的老师彻底转变观念。老师们认为，范画的目的是教会幼儿一种美术语言，当幼儿掌握了这种语言，才能够通过绘画进行表现和表达。幼儿的美术语言不是被范画教会的，而是在表现表达的过程中自然习得的，这一过程需要有大量自发表现的机会。强调幼儿的自发模仿，并不是不能进行集体性的模仿学习。如集体写生活动就是一种很好的集体模仿学习，因为幼儿在感知真实的基础上用自己的方式去再现。但是我们要清楚，提供作品、实物与简笔模式画，让幼儿自发模仿与用统一的要求让幼儿被动模仿，画自己感知的对象与画没有任何体验的对象是完全不同的。幼儿美术活动中教师所提供的范画，传递给幼儿的是“鱼”，不是“渔”。

问题二：真的不需要技能了吗？技能在《指南》中确实很少被提及。其实就艺术领域而言，艺术是一种表现性的活动，表现的是自己对事物的理解和感受，没有感受就没有表现。表现能力与技能有关，但不是因果关系。艺术的技能不是不重要，而是在幼儿阶段发现美、感受美、欣赏美，从艺术的审美功能出发，这是《指南》希望教师能做到的。只要教师不那么在乎幼儿画得好不好、像不像、对不对，而在乎幼儿表现的内容反映了幼儿的感受、认知、想象和创造，那么原先集体教学在丢掉拐杖(范画演示法)后，就会发生很大变化。艺术领域的集体教学活动，一定要以幼儿的感知经验为前提，即对事物的感知在先，对事物的艺术表达在后。

二、原因追溯

片面地理解《指南》精神，认为利用范画这样的教学方式约束了孩子的想象力、创造力，在专家的提议下，老师们开始让孩子在“自由”“宽松”的氛围下大胆而自主地绘画，不再提供范画，也不敢示范，生怕自己的教学观念落后，教学策略机械。与此同时，我们也发现孩子的画面很糟糕，没有构图意识，没有色彩概念，没有绘画技能的提升，有的只是天马行空的点状分布，以及孩子意犹未尽的语言陪衬，孩子所表达的都在语言上，在一幅画里看不到内容、看不清线索、看不出美感。

三、方法/策略选择或者技能应用

第一，以园本教研的形式，就解决“教师可不可以用范画指导幼儿绘画活动”这一问题开展教学研讨。

第二，以教学活动实例进行对比分析：使用范画/不使用范画的教学效果研讨。

第三，用观察、讨论、对比等方法得出：使用范画，引导幼儿欣赏各种作品、学习各种绘画方式，为幼儿积累丰富的表象和经验；学习用绘画技能表达自己的意愿。

四、实施过程

首先，运用范画积累绘画经验，为创新积淀物质基础。绘画是一项操作性的能力，是需要经验积累的，而创新必须以模仿为基础。任何人、任何事物都不可能凭空想象、杜撰产生。所以，必须帮助孩子积累关于绘画的经验，让孩子们了解、欣赏不同的作画方式，在欣赏、学习、运用的基础上触发绘画的激情，学习用自己的方式进行练习和运用。

其次，运用范画模仿学习绘画技能，进而表达自己的意愿。绘画技能是绘画表达的基本条件，只有学会表达方式才能恰如其分地表达自己的意愿，而技能的学习需要指导和练习。只有让孩子看到作品，看到作品中所运用的技能，知道这些技能是怎样的，并通过锻炼，才能内化为孩子自己的操作能力，才能在适当的时候进行运用和表现。如果没有这一环节，那么孩子的所有绘画方式都是自发的，也会是稚嫩的、发展缓慢的。

再次，运用范画进行欣赏与讲解。绘画活动中教师的绘画欣赏能力、讲解能力很重要。孩子对美术作品的理解、对绘画方式的了解很大程度上依赖老师的讲解。同时，我们要尽可能地多给孩子欣赏各种作品、各种绘画方式，为孩子积累丰富的表象和经验，使他们对绘画产生浓厚的兴趣，不断对照自己作品与范画的差距，不断提高表现和表达能力。对于绘画内容的范画，提倡多种形式、多个角度、多重画面的范例，比如画猫头鹰，在孩子们观察完猫头鹰的基本特征以后，要给孩子欣赏不同动态、不同角度、不同场景的猫头鹰作品，开阔孩子的视野，让孩子们能够在更广阔的思路中表达自己心中的猫头鹰。

最后，运用范画进行演示与指导。在绘画技能的积累提升过程中，教师的演示和指导显得尤其重要。所以每次技能练习时，有必要让孩子欣赏完整的作品，再讲解绘画技能的分解步骤，这些会使孩子形成技能与作品之间的必然联系，然后给孩子提供同样方式不同画面的绘画练习，举一反三，使孩子产生浓厚兴趣。

五、实施成效

(一)符合儿童年龄特点的需要

以学前儿童的绘画为例，其发展遵循着从涂鸦期(1.5岁至3.5岁)到象征期(3.5岁至5岁)再到图式期(5岁至7岁)的规律。涂鸦期的儿童美术教育应该简单有趣，让孩子体验美术活动的乐趣，重在手部的操作体验；象征期的美术教育内容应该为其提供结构简单、色彩鲜明，与生活联系紧密的物体；图式期的儿童美术内容着重为他们提供重要而有意义的、带有情感色彩的视觉经验，提供有利于表现的绘画形式语言。

(二)为幼儿提供形式新颖、内容丰富多样的美术欣赏内容

教师为幼儿选择形式新颖、内容丰富多样的美术欣赏内容，引导幼儿欣赏和感受美术作品、自然景物和周围环境中的美好事物，丰富幼儿的审美经验。这些欣赏的对象，不仅应该有古今中外的绘画、雕塑等艺术大师的艺术作品，还应该有民间艺术作品，尤其是本民族的民间艺术作品，如民间艺术皮影戏、泥塑、剪纸、玩具(如布老虎)、工艺美术作品(如服饰品)、年画、节日环境布置等，开阔幼儿的视野，培养幼儿感受美、欣赏美的意识和能力。

(三)达到思想性与艺术性相统一

为幼儿选择的美术作品要有一定的思想性，能够正确反映现实社会生活，激发幼儿对生活的热爱和追求，培养他们良好的道德情感。同时必须具有一定的艺术性，形象生动，色彩鲜艳，线条流畅，构图优美，有利于培养幼儿的美感。对于抽象作品，虽然没有真实的物体形象，但独特的视觉形象却是最容易被幼儿所理解接受和欣赏的。欣赏这些作品不需要太多的知识经验做基础，完全是靠直觉，幼儿尚完好地保存着人类的本能和直觉。正因为幼儿的知识经验少，思维没有形成定式，所以他们面对抽象作品的阻碍也少，可以展开丰富的想象和创作，更容易与这些作品达到默契和相通。对于写实作品，幼儿对作品的理解受到他们已有的经验的限制，所以在欣赏过程中不必要求幼儿的理解与作者的创作意

图完全一致。教师在选择这类作品时要注意内容应与幼儿生活经验接近，动物画是幼儿比较喜欢的类型。

（四）在发展绘画技能与培养创造力之间寻找平衡

在绘画活动中教给幼儿简单的技能技巧和发展儿童的创造能力是统一而非矛盾的。儿童的创作能力不是与生俱来的，而是在实践过程中获得的。学前儿童绘画教育活动的目标强调运用造型、色彩、构图等要素进行平面表现，是一种由内而外的过程。对较小年龄班的儿童来说，老师的示范是必不可少的，但这种示范不是简单注入式的，而是在游戏性的练习活动中逐步实现的。

例如在小班“好吃的樱桃”活动中，需要教师提供一些支持和引导。教师提供画好樱桃柄的作业纸，一方面可以帮助幼儿巩固一一对应的概念，另一方面可以帮助低龄幼儿解决构图困难的问题。教师可以采用这样的指导用语：“用我们的手指，轻轻地亲一下红颜料，然后再亲一下纸，注意要亲在樱桃柄的下面，给盘子里填好樱桃后别忘了用桌子上的小毛巾擦擦手。”教师指导时注意提示幼儿可以用不同的手指点画出大小不同的樱桃，手指点按不动，然后轻轻提起。这样幼儿在有背景的纸上进行添画，一方面可以潜移默化地感受中国画独特的美感，另一方面可以通过接触初步感受宣纸独特的质感。在此基础上，教师还可以延伸“漂亮的梅花”“紫色的葡萄”等类似的手指点画活动。

总之，对幼儿本身绘画的技能技巧不应要求过高，而应以充满了自身的情感和大胆的想象作为评价的主要标准。当幼儿掌握了一定的绘画技能技巧后，绘画内容就会更加丰富和充实了。如果要幼儿进行临摹范画，也要注意范画的质量，除了前面提到的对范画的要求，教师还要提供多样性的范画，从不同的侧面反映事物的形态特点，以供幼儿思考。

《指南》指出：每个幼儿心里都有一颗美的种子。幼儿艺术领域学习的关键在于充分创造条件和机会，在大自然和社会文化生活中萌发幼儿对美的感受和体验，丰富其想象力和创造力，引导幼儿学会用心灵去感受和发现美，用自己的方式去表现和创造美。了解并倾听幼儿艺术表现的想法或感受，领会并尊重幼儿的创作意图，不能简单用“像不像”“好不好”等成人标准来评价。尊重幼儿自发的表现和创造，并给予适当的指导。

绘本深度阅读中绘本元素拓展区域游戏的探析

云南省曲靖市第三幼儿园　陈丽敏

幼儿期所受到的教育，在人一生的成长与发展中发挥着至关重要的作用。因此需要教师采用富有针对性、灵活性、多元性、高效性的方法与手段，做好幼儿启蒙、引导工作，最终提高幼儿的综合能力。为了让幼儿喜欢学习与活动，教师要基于幼儿的年龄特点，将绘本教学与区域游戏紧密结合，从而调动幼儿的积极性，促使幼儿踊跃参与。

一、幼儿园绘本教学与区域游戏相融合的价值

（一）促进幼儿全面发展

绘本教学与游戏教学是幼儿园教学的主要形式，对幼儿的语言表达能力、创新思维能力、动手操作能力等的培养有积极的促进作用。而这两者不是独立存在的，需要幼儿教师将两者有效融合，从而有效促进幼儿的全面发展。幼儿绘本独具特色，其因内容的趣味性、画面的精美性等特点，能够快速吸引幼儿注意力，激发幼儿阅读兴趣，引导其走进书本描绘的世界，沉浸体验书中的情感与价值。而区域游戏包括阅读区、表演区、美工区、构建

区等，每一个区域都充满了浓郁的趣味性、灵动性、丰富性元素，能够调动幼儿的积极性，使幼儿主动参与游戏活动，获得相应的知识与体验。因此，若将两者紧密融合，就可以基于绘本阅读，组织幼儿展开故事比赛、角色表演、二次美劳创作、故事场景构建等，让绘本阅读由浅至深，充满浓郁的趣味性，调动幼儿的主动性、积极性，使幼儿真正成为活动的主体，遵循幼儿的发展规律。幼儿在学习活动中通过绘本阅读收获相应的知识与经验，有利于良好习惯与行为的养成，接下来参与各种游戏活动，发展自身的想象力、创造力，主动与他人合作、交流，积极展示、表现自我，有利于想象思维、创造力、合作交流等能力的培养，最终促使幼儿全面发展。

(二)提高幼儿园教学质量

绘本教学与区域游戏是为了传授相应的知识、技能与经验，从而提高幼儿的综合能力，提高幼儿园教学质量与效率。在实际教学中，将两者有效融合，就可以促进幼儿的身心协调发展，从而提高教学质量。区域游戏活动本身具有浓厚的趣味性，能够在寓教于乐中带领幼儿轻松学习、快乐成长。将其与绘本教学融合，就可以引导幼儿在各种区域游戏活动中运用绘本知识，参与绘本阅读，展开想象交流，动手实践创作，深刻地体验与感悟，投入真实的情感。无论是幼儿的想象思考过程，还是合作交流过程；无论是创新创造过程，还是舞台表演过程，都可以带领幼儿深入体验绘本内容、游戏活动，感悟其情感，体验其价值，收获属于自己的知识、技能与经验，促进幼儿言语、思维、创造等能力的发展，保障幼儿教师教学的实效性。

二、幼儿园绘本教学与区域游戏相融合的路径

(一)基于幼儿个性特征

幼儿思维、能力等还处于发展阶段，对各项事物的理解能力较弱。在幼儿园的绘本深度阅读与区域游戏融合中，需要教师基于幼儿的个性特征，保障教学的实效性及针对性，从而促使幼儿获得全面发展。第一，教师应密切观察幼儿的表现，精确、详细记录幼儿的性格思维、行为习惯、兴趣爱好等特点，并且要利用各种机会与幼儿密切互动，了解每一位幼儿的实际情况。此外，还要与幼儿家长保持密切联系，对幼儿进行全面、深入的了解。第二，幼儿教师需要遵循幼儿园教育工作的要求与目标，基于每一位幼儿的个性特征做好保护、引导、培养工作，让幼儿感受到快乐与尊重。在绘本教学中，教师需要先制订个性化、有针对性的教学计划与方法，然后将阅读主体归还幼儿，培养幼儿良好的兴趣与习惯，使幼儿积累丰富的知识与经验。接下来通过组织区域游戏活动，引导幼儿运用绘本知识信息展开想象、交流、创造、表演、实践，促使幼儿感受到学习的快乐，主动参与绘本阅读与游戏活动。

(二)深入了解教学内容

绘本教学与区域游戏的融合，还需要教师深入了解教学内容，提高自身的引导、组织等能力，才能保障教学的实效性。第一，优质生动的绘本内容是激发幼儿阅读兴趣、培养幼儿良好阅读习惯的关键。故而，教师在选择绘本时一定要慎重，应筛选出积极的、健康的、有益于幼儿身心发展的阅读内容，根据幼儿兴趣点挖掘绘本内容中的游戏元素，设计幼儿区域游戏活动。同时，还要基于幼儿的年龄特征、兴趣爱好等，选择相应的绘本内容，促使幼儿积极踊跃地参与绘本阅读。待绘本内容选择好之后，就需要幼儿教师结合自身的教学经验，搜集相应的资料信息，深入了解绘本教学内容，制订高效的教学计划、目标，采用科学、合理的教学方法，带领幼儿领悟绘本阅读的快乐。第二，幼儿教师还要对区域游戏活动的教学内容有全面、深入的了解。不同的区域游戏活动，对幼儿的能力发展侧重点不同。作为幼儿教师，要基于趣味性、灵动性、丰富性等特点，进行游戏活动的设计与引导，并且以绘本教学为基础，以绘本内容为前提，设计出真实、生动的游戏活动，促使幼儿主动参与，增强幼儿的体验与感悟。第三，绘本教学与区域游戏的融合需要教师基于幼儿的个性特征，进行游戏活动的设计、引导，从而带领幼儿健康发展。在实际教学中，教师需要深入挖掘绘本中的趣味性元素和能够吸引幼儿眼球、激发幼儿参与欲望的素材，进行游戏活动的设计与引导；同时，要灵活运用绘本中的故事元素、自然科学元素、社会科学元素等，以灵动、多元、丰富的内容吸引幼儿，然后设计创造性、体验性等游戏活动，引领幼儿感悟其中的美好与真实，收获更多的情感体验。

例如，在《我是中国娃》绘本教学中，教师要深入了解绘本教学的内容，然后设计相应的区域游戏活动。第一，幼儿教师需要根据幼儿教学要求与目标以及幼儿的个性特征，深入了解绘本教学的内容。如本节课的活动目标为：根据图片信息进行人或事物主要特征的描述，以及培养幼儿的爱国情感。第二，幼儿教师可以组织表演区域游戏活动，根据绘本内容的元素进行表演活动或情境的创编，然后让每一位幼儿分别扮演不同的角色，在舞台上进行表演，由其他幼儿竞猜。第三，在幼儿表演过程中，教师还要给予相应的指导，带领幼儿深入了解绘本内容，体验游戏活动的乐趣，收获相应的知识、技能与经验。

（三）灵活展开教学引导

教师的教学引导在幼儿园绘本教学与区域游戏的融合中发挥着非常重要的作用。因此，幼儿教师还要主动参加学习培训，不断提高自身的综合能力，做好教学引导工作。第一，幼儿教师要明确绘本教学与区域游戏教学的联系性和差异，然后将两者有效融合，有意识、有计划、有目的地渗透在幼儿教学中，促进幼儿各项能力的培养与发展。第二，幼儿教师可以根据不同的绘本内容或元素设计不同的区域游戏活动，或者在各区域游戏活动中挖掘相应的绘本元素，然后指导幼儿思考想象、合作交流、实践探究、表演创作，实现绘本教学与游戏的融合。第三，幼儿教师应提供相应的材料、工具等，将绘本教学与区域游戏有效融合，调动幼儿的积极性。无论是阅读区、美工区，还是益智区等区域中，都需要幼儿教师准备与提供相应的材料工具，保障游戏活动的趣味性、多元性，引导不同的幼儿选择不同的工具、材料完成实践活动。第四，在游戏活动中，教师要密切观察幼儿的表现，并及时给予指导与点拨或者适当的帮扶与鼓励，挖掘幼儿的潜能，将各项能力激发出来，增强幼儿教学的实效性。

例如，在《变化的世界》绘本教学中，教师就可以组织构建区域游戏活动，指导幼儿动手操作与实践。第一，幼儿教师需要先根据教学活动内容提前准备与提供相应的工具、材料，如彩色积木、七巧板等，调动幼儿学习的积极性。第二，教师需要将绘本中描绘的故事情节，借助投影仪、实物图片等呈现出来，然后引导幼儿展开想象，与他人相互合作进行积木的搭建，将故事情节展现出来；或者通过游戏情境的创设，引导幼儿在不同的情境中动手实践与操作，搭建自己心中的世界。第三，在幼儿动手实践中，教师要给予相应的指导与引导，如引导幼儿围绕游戏活动的主题展开想象、思考，进行重新构建。在活动中，教师要密切关注、主动引导幼儿深入了解绘本内容，体验其中的情感与价值，从而提高幼儿的构建水平。

三、结语

综上所述，幼儿园的绘本深度阅读与区域游戏教学有着紧密的联系，对幼儿身心健康、全面发展有着积极的促进作用。故而，在实际教学中，需将两者有效融合，从而引导幼儿感受到绘本阅读的真正魅力与乐趣，领悟到游戏活动的价值。教师可以通过幼儿个性特征、深入了解教学内容、灵活展开教学活动三个角度，实现两者的有效融合，充分发挥两者的教学价值，引领幼儿全面发展。

“生态文明”视野下乡村幼儿园田园课程探索与实践

云南省安宁市县街街道幼儿园　冯滟涵

我国在经济迅速发展的同时，也面临着生态环境问题。从党的十八大“大力推进生态文明建设”到党的十九大“建设美丽中国”，再到2018年“习近平生态文明思想”的提出，党和国家高度重视生态文明建设和社会发展的生态化进程。生态文明建设离不开生态文明教育，开展学前儿童生态启蒙教育是我国生态文明教育体系的重要组成。基于幼儿成长需要，安宁市县街街道幼儿园以“生态文明”为指导，充分利用本土丰富的自然资源，研究并构建田园课程。

一、“生态文明”视野下幼儿园田园课程存在的问题

(一)教师对课程资源开发利用认识浅薄

大部分的幼儿教师对于本土资源不够了解，教学经验不够丰富，对课程资源如何利用、开发没有清晰的认识，也不知道该如何将本土资源带到幼儿园里，与幼儿进行分享。

(二)幼儿园田园课程资源开发利用的主体单一

《幼儿园教育指导纲要(试行)》指出，幼儿园应与家庭、社区密切合作，与小学相互衔接，综合利用各种教育资源，共同为幼儿的发展创造良好的条件。通过调查发现，幼儿园田园课程活动的主体主要是教师和孩子，而家长、社区较少参与到园所田园课程的活动中来。

(三)幼儿园田园课程资源开发利用的内容有限

由于多方面因素限制，幼儿园现有田园资源课程资源开发利用内容仅限于农作物、节气、民族等，对精神文化层面的资源没有进行有效开发和利用。

(四)幼儿园田园课程资源开发利用的方法单一

开发利用幼儿园田园课程资源需要丰富多样的方法措施，不局限于幼儿园，要将幼儿活动拓展到户外，让幼儿在亲近自然中感受家乡的美，收获知识。目前幼儿园田园课程资源开发利用的方法比较单一、封闭，目前课程开发主要集中在室内外环境创设、班级特色课程等方面。

二、“生态文明”视野下幼儿园田园课程实施理念及目标

(一)实现生态文明之愿景

开展学前儿童生态启蒙教育是我国生态文明教育体系的重要组成。从幼儿的身心发展来看，生态文明教育对于幼儿生态文明素质的培养有着极为重要的意义。探索幼儿园生态文明教育现状与提高幼儿生态文明素质之间的矛盾，解决现实问题，指导教学实践，为更好地推进“素质教育从幼儿阶段抓起”，全面提高幼儿园保教质量，为幼儿的终身发展奠定良好的基础。

(二)践行田园教育之理念

大自然、大社会就是“活教材”，幼儿在自然社会的接触中，在观察和游戏中获得知识、经验、技能。因此课程要重视农村幼儿的田园生活经验，尊重他们的发展需求。将其生活经验融入课程，保护幼儿们好奇、纯真、质朴的个性。教育幼儿热爱家乡、热爱农村、热

爱农民，立足自然，努力开发田园教育资源。从设计游戏课程、积累游戏资源、收集游戏素材和共建田园课程，多方面挖掘田园课程游戏化的内容，创造独特而优美的田园文化。

（三）明确园本文化之定位

幼儿园地处乡镇县街，有着得天独厚的自然资源，“三泊流韵”彰显独特的魅力，“中国红梨之乡”举世闻名，油菜花田引人驻足观赏，梨头山、云龙山层峦叠嶂，鸣矣河、小漩河、梨子河涓涓细流，这些本土的活动资源，都是幼儿所经历和感受过的，将这些活动资源带进幼儿园，幼儿乐意接受并且喜欢。幼儿园应充分利用本土资源，进行全面系统的研究，探讨田园资源开发利用的方法，丰富农村幼儿园主题活动教育资源，促进农村本土自然资源的保护与继承。

因此，田园课程目标为：以“生态文明”为指导，充分利用本土丰富的自然资源，研究并构建田园主题教育活动；引导幼儿喜欢大自然，能运用观察、比较、操作、实验等方法探索周围环境，亲近田园，爱护动植物；教师真正成为幼儿的支持者、合作者、引导者，走出教材，关注本土自然资源，设计适合本班幼儿的集中教育活动。

三、“生态文明”视野下幼儿园田园课程建设路径

（一）搜集地域文化资源，设计主题教育活动

在课程实施的过程中挖掘自然、地理、人文等本土资源，在对幼儿的教育内容中结合自身生活环境，对幼儿的已有经验进行提炼与加深。县街资源作为教育教学的本土资源，为幼儿们提供健康的、熟悉的、取材方便、利于实践与观察的课程内容与活动环境，满足幼儿兴趣及多方面发展的需求。在内容选材上还需考虑孩子对于生活环境中的兴趣点，从而进行筛选。幼儿园支持老师深入了解县街本土文化，对县街特色文化精神形成深刻理解，借助县街本地资源，将县街文化、特产、小吃、风景区等教育资源根据幼儿年龄特点进行精心选择，设计主题教育活动，因时制宜地将知识教育与本土资源有机整合开展丰富的探索性活动。如“花开正当时”“一亩农田”“趣味‘虫’生”“你好，树朋友”“‘彝’脉相承”等把自然、植物、民族特色等构建成新的课程，丰富主题课程内容，形成有地方特色的课程体系，加强幼儿对于本土资源的了解，充分感受到家乡的变化和发展，萌发热爱家乡的情感。

（二）园所开辟田园，亲身体验种植活动

师生一起种下满园绿色，拉开了田园种植的起点，遵循“春生、夏长、秋收、冬藏”的自然规律，孩子们在春季播种，秋日丰收。在播种之后，教师有计划地组织幼儿持续观察种子的发芽，记录自己种植的植物从发芽到开花结果的过程，发现植物生长的特点和规律，如绘画、符号、图标、数字等。记录植物生长的高度时，组织中大班幼儿进行测量活动，把测量的结果用图表、数字、符号等方法记录下来。

（三）构建教育共同体，共同开发课程资源

第一，家园合作，促进家长教育观念的转变。家长是开发利用幼儿园田园课程资源的重要主体，不仅可以向幼儿园提供物质保障，还可以双向合力促进幼儿发展。在《幼儿园本土资源开发和利用》的家长问卷调查中，大、中、小班家长共 308 人次参与填报。我们通过分析问卷结果、了解家长需求，制定科学全面的课程实施方案。在课程实施过程中，尽量让家长参与其中，了解幼儿发展情况。通过家长会、半日活动开放日、钉钉群，让家长看到本土化资源是如何被孩子们使用的，在使用的过程中幼儿有哪些创造性表现。此外，班级教师组织一些体验活动，让家长们通过亲自参与的动手操作活动，感受变废为宝的奇妙过程，以体验废旧物品材料在幼儿园课程中的资源价值。

第二，利用本地区的自然资源，设计一些户外亲子活动，让幼儿更多地接触县街本土

文化，感受县街本土自然环境，让幼儿在自然环境中感受美、发现美、创造美。幼儿园发掘不同季节、不同自然风光中的县街本土文化，根据幼儿园处于县街中心的自然地理资源优势，组织幼儿和幼儿家长进入万亩梨园、文创石江、大美山口、花巷雁塔、宜居红祥、滇秀石庄、别样苗寨等乡村振兴试点示范村参与亲子活动。这一过程中，幼儿能够体会到自己家乡物质资源的丰富。

四、"生态文明"视野下幼儿园田园课程收获

（一）基于幼儿视角，构建田园课程

在开展田园课程的过程中，我们将教师从固化的教材中解放出来，学会观察幼儿、倾听幼儿，善于抓住幼儿生活中常见的具有教育意义的细节，结合幼儿兴趣和需要发展班本课程。教师们也渐渐从高控的教育方式中渐渐脱离出来，看幼儿所看，想幼儿所想，成为幼儿真正的引导者、合作者、支持者。

（二）贴合幼儿经验，促进深度学习

自从开展田园课程以来，学习的内容源于幼儿的兴趣和经验，幼儿成为课程的主人，激发了幼儿学习兴趣和内在需求。因此，幼儿需要自己主动去查资料、不断思考解决问题，在与材料互动、动手动脑中使学习不断深入，其中幼儿也在不断地构建新经验。

（三）搭建家园平台，增加亲子交流

幼儿园围绕课程活动开展多样化亲子活动，搭建起亲子沟通的桥梁。众多家长不仅理解和支持幼儿园田园课程的开展，还能积极参与到各项亲子活动当中。

（四）传递生态理念，播撒文明种子

随着活动的开展，幼儿在与自然、动物的相处中学会爱护动植物，心中埋下敬畏自然、珍爱生命的种子，并用实际行动改善幼儿园和周边社区的环境。幼儿园成为宣传和保护生态文明的重要阵地。

浅谈绘本阅读在幼儿园区域活动中的应用

云南省红河州蒙自市华星幼儿园　王　燕　田　线

区域活动是幼儿的一种重要自主的活动形式，它是以快乐和满足为目的，以操作、摆弄为途径的自主性学习活动。绘本是早期阅读的首选，经典绘本是幼儿的"人生第一本书"。绘本阅读是幼儿园的主要课程之一，它承载着幼儿早期阅读的任务，在幼儿园教育教学中非常重要。

一、丰富阅读区的游戏，营造良好的阅读氛围

绘本阅读是阅读形式的一种，将绘本与阅读有效地整合起来，为幼儿营造良好的阅读氛围，充分挖掘出绘本价值。

第一，创设温馨、舒适的阅读场所，提供光线充足、环境适宜的地方，让幼儿放松心情安静阅读。

第二，结合近期开展的主题活动，定期更新阅读区的绘本，带领幼儿一起阅读，或请个别能力强且熟悉绘本的幼儿带读。

第三，搜集、喷绘一些绘本卡片，利用一些废旧盒子，制作成绘本故事盒子，让幼儿根据已有的经验进行排图讲。如投放"逃家小兔""彩虹色的花""小金鱼逃走了"插卡，幼儿可根据自己的记忆和想象力先对卡片进行排序，然后拿着插卡边讲边插在盒子上，绘声绘色地讲述故事，其他同伴听故事，讲完后还可以进行交换。这样的阅读方式不仅培养了幼儿的语言表达能力、倾听习惯，同时也提高了幼儿阅读的积极性和交往能力。

第四，开展争做“故事大王”的活动。利用区域活动时间、餐前准备时间、离园前时间，让幼儿与同伴分享自己喜爱的绘本故事，争做班级“故事大王”，使幼儿能充分体验绘本阅读带来的快乐与成就感。

二、延展绘本元素，丰富幼儿美工区活动

绘本中既有阅读的成分又有美术的成分，常常有人将它们称为“画出来的书”，绘本用图画讲故事的方式，把原本仅供少数人欣赏的绘画艺术带到了大众面前，尤其是幼儿的面前。这些图都是插画家们精心绘制的，讲究绘画的技法和风格，讲究图的精美和细节，是一种独创性的艺术，所以我们将绘本中的插图与美术活动联系起来对幼儿进行教育。幼儿在绘本与美术的整合活动中，表现出了非凡的想象力。例如，当幼儿们看了绘本故事《彩虹色的花》后，非常喜欢绘本中无私奉献的彩虹色的花，他们用橡皮泥根据自己的想象制作出了各种各样的七彩花，让绘本教育得以进一步延伸。

第一，在区域中提供各种材料与工具，让幼儿边看绘本边把绘本中的内容画出来，或者剪一剪、拼一拼等，编故事制作绘本图书。

第二，运用橡皮泥把绘本中的故事人物形象捏出来，摆一摆，将这些小泥人作为玩偶讲故事，幼儿们在这样的活动中体验到了成功的喜悦。

第三，利用生活中的废旧物品来制作绘本，比如用布贴画、剪贴画、树叶、折纸等制成书等。书的形状可以由幼儿们自己想象，可以制成圆形、菱形等。

幼儿成长的每个故事都是最温馨的回忆，动员家长一起将幼儿们的成长历程制成绘本，制作出各种形状的亲子绘本。比如，绘本《昊昊换牙齿了》，换牙是每个幼儿都会有的经历，《牙齿小精灵》也是很多幼儿都听过的故事，于是在亲子制作活动中，发动家长和幼儿一起制作了关于换牙的绘本。亲子绘本中文字与画面配合巧妙，俏皮可爱地描绘了父母和幼儿的生活经验。一个个温馨而风趣的故事，讲述了一段段家长和幼儿的生活经历。

三、丰富的科学绘本资源，让幼儿在科学区探索科学奥秘

绘本原本是与科学没有直接关系的，但是绘本可以呈现科学的内容，所以绘本阅读中的科学部分就可以与科学区域联系起来。

第一，科学角中建立小型实验。有的绘本中的知识需要通过实验来获取结果，比如，读过绘本《肥皂泡泡》后，在科学区为幼儿投放水、肥皂、洗洁精、甘油等，再放上吹泡泡的工具，让幼儿体验一下肥皂水的制作，再吹一吹，看谁吹得大。

第二，对应找朋友练习。把绘本中与科学有关的图片找出来，在美工区制作成卡片，让幼儿们通过找一找练习，找到相应的食物、身体部分等。比如，绘本《是谁便便在我的头上》，把小动物的便便图片放置在区域内，把幼儿分成几组，当一个幼儿拿出一个动物图片后，其他幼儿拿出与之相对应的“便便”。在游戏中，幼儿们掌握了科学知识，认识了小动物。

四、绘本场景丰富多彩，在建构区灵活展现

搭建绘本中的建筑物，教师提供各种类型的建构积木，并把一些适合幼儿做的建筑图片复印多份发给他们，让他们根据自己的爱好选择图片并进行制作。可以展开丰富的想象，根据故事制作不同的场景，比如，阅读绘本《母鸡萝丝去散步》后，幼儿发挥自己的想象，制作出各种场景：萝丝散步经过一个院子，院子里有池塘、小动物、磨面坊等；萝丝去散步，不小心掉进了游泳池；萝丝散步走进了地下车库；等等

五、绘本融入表演，提升阅读的乐趣

创设生动的游戏情景，提供创造性运用绘本的机会。将表演区作为绘本阅读的展示场所，提供一些简单的道具，进行故事表演。当幼儿戴上头饰，拿上道具表演故事时，通过故事中角色的对话与表演，可以充分发挥幼儿的想象力和表现力，把绘本中的角色具体化、形象化。幼儿在表演区里找到了自信，提高了复述能力和语言表达能力及表现能力。例如，绘本《厨房精灵》讲述了小女孩与垃圾食品和健康食品之间发生的神奇故事。垃圾食品与健康食品分别展现自己的魅力吸引小女孩，小女孩最终选择了垃圾食品，最后生病了，健康食品来拯救小女孩。大家一起表演绘本故事，用各种废旧材料、泡沫纸、布料制作各种蔬菜、水果、垃圾食品的服饰、头饰。这个故事不仅让幼儿的语言能力得到了充分的发展，还提高了幼儿们的生活经验，同时，也培养了幼儿们健康良好的生活饮食习惯。这样的角色表演与丰富有趣的情节能让幼儿明白故事中的道理，让幼儿身临其境，真实地表现故事内容。同时幼儿对表演游戏的浓厚兴趣，在不知不觉中也有效地促使他们主动地参与到学习中去。环境是重要的教育资源，只有通过环境的创设和利用，才能更加有效地促进幼儿的发展。将“绘本阅读”“环境”“区域活动”有机地整合，在每个区域中创设有关阅读的环境，让幼儿在表演、绘画、制作、探究等区域活动中获得阅读的快乐。

总之，绘本阅读是一个综合性的学习方式，教师要充分解读绘本，充分了解幼儿的心理特点，把绘本教学真正落实下去。绘本无声却有生命，绘本阅读会在幼儿产生了浓厚阅读兴趣后成为他们心灵的对话。绘本阅读更能愉悦幼儿心情，陶冶幼儿情操，满足幼儿的情感需求。让绘本阅读真正融入幼儿的生活，使幼儿在生活中阅读，在阅读中快乐成长。

幼儿园园本文化引领下的美育课程实践与探索

——以某园所“沁”文化引领下的“三生”美育课程为例

四川省乐山市城北幼儿园　杨维杉　易雪莹

一、“沁”文化解读及美育课程创设思路

在“沁”文化引领下，创设了“三生”美育课程(见图1)。“三生”美育即生命美育、生态美育、生活美育。“沁”字从水从心，有渗入、浸润之意。教育如水，无痕渗透；复原本心，温润而泽。“沁”文化蕴含着“沁心启蒙，趣玩开智”的精神文化，“开放共享，相融共生”的物质文化，“点滴熏陶，润物无声”的育人文化。以精神文化引领生命美育；以物质文化外显生态美育；以育人文化落地生活美育，让幼儿在快乐自主的氛围、自然生态的环境、童真童趣的活动中，爱生命、亲生态、会生活，体验游戏乐趣，探索成长奥秘！

二、生命之美，浸于内心

“生命”的内涵远远大于生命本身。生命美育是一种全人教育，不仅要引导幼儿对生命本身的关注、对生死的正确认识，还涵盖了生存能力的培养和生命价值的提升。伟大的教育家、哲学家孔子说：“志士仁人，无求生以害仁，有杀身以成仁。”意思是：有志向的仁义之人，不会为了自己活命而做出损害仁义的事情，而是宁可牺牲自己的生命也要成全仁义。简单的话语阐述着“生命”与“仁义”的抉择，论述了“血肉生命”与“精神生命”的辩证价值关系。学前阶段是幼儿心智启蒙阶段，正确的引导和教育可以促进幼儿对生命的正确认知，进而懂得追求正向人生价值。为此，我园的生命美育课程分为基础课程和高阶课程。高阶课程不再限于幼儿知识技能培训、安全教育和挫折教育等，而是创新性地将爱国启蒙教育

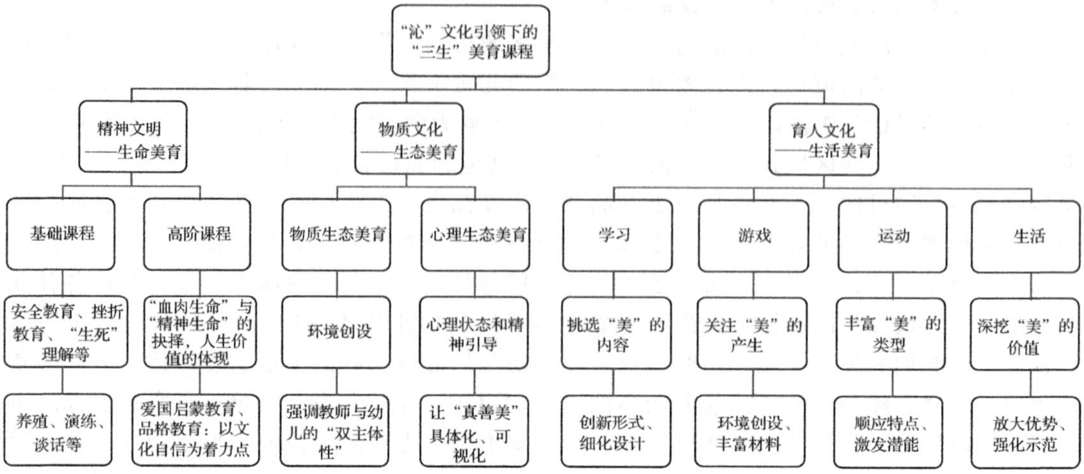

图 1 "沁"文化引领下的"三生"美育课程

与品格教育融入生命美育，让幼儿初步感知"我将无我，不负人民"的人生境界，初步了解"小我"与"大我"的辩证统一关系。

我园将生命美育高阶课程的着力点放在了文化自信上。文化自信是对包括中华优秀传统文化、革命文化和社会主义先进文化在内的中国特色社会主义文化这一有机整体的自信，是习近平新时代中国特色社会主义伟大成就的积极评价和由衷自豪。我园开展"全民国防日，共筑童军梦""学雷锋，从我做起"等国旗下主题宣讲活动；"观红色影片，启爱国情怀""致敬小英雄，党在我心中"等沉浸式观影活动；"浓情端午，'粽'享盛夏""孝润童心，情暖重阳"等传统节日庆祝活动；"农耕节""音乐节""风筝节""服装节"等主题活动中，采用感受、养成、体验、品味的教育形式，从感知物质文化自信，内化为精神文化自信。例如，"望月抒怀 浸润童心"中秋节活动中，孩子们通过中秋诗歌分享、中秋手工创作、中秋知识问答等活动，进一步了解了中秋节的文化内涵，更激发了幼儿对中国传统文化的热爱之情。幼儿在听、说、品、赏、践、行中了解传统文化、习得传统礼仪、坚定文化自信，进而涵养美好品格，启蒙爱国情怀。幼儿在潜移默化中见证成长美、培养心灵美、感受生命美，从小树立正向人生观、价值观、世界观，陶冶高尚情操，树立崇高理想。

三、生态之美，源于自然

"生态"是指与我们每一个人息息相关的环境系统。"沁"文化引领下的生态美育课程强调"去自我中心化"，让幼儿主动带着"真善美"去理解、思考、改善、维护"我"和"我的世界"相融共生的内在关系。我园将生态美育划分为物质、心理两个维度，根据幼儿身心特点，积极与幼儿一起创造"自然美、社会美、艺术美"的物质环境，营造"真、善、美"的心理环境。

我园将物质环境的准备过程列为物质生态美育课程的重点内容。教师需根据幼儿兴趣和生活经验，与幼儿一起创设能进一步激发幼儿主动学习、游戏兴趣的环境。过程中，强调教师和幼儿的"双主体性"。幼儿通过全程参与班级主题墙、楼层功能室、户外活动区等环境的创设，合作商讨制定环境保护方法和规则，动手制作形式不一、美观和谐的温馨提示牌等，感知自然美、提升艺术美、感受社会美。园级层面则通过楼道环境、区域设置、主题墙等评比活动，从布局合理性、版面美观性、设计巧妙性、操作便捷性等多重维度，进一步评价班级物质生态美育课程实施的实效性，进而促进班级与班级、教师与教师、幼儿与幼儿之间的相互学习与促进。

“人之初，性本善”。每个幼儿都是善良可爱却又不善表达的个体。为此，心理生态美育课程强调幼儿良好的心理感受，提倡为幼儿营造向上、向善的精神引导。课程目标弱化“知、意、能”，突出“情”，让幼儿从小学会带着“真善美”与自然相处、与别人相处、与社会相处。对于幼儿来说，“真善美”是抽象的。我园将心理生态美育课程内容可视化、具体化，细化到爱护身边的一株植物，喜欢和老师一起创造，在幼儿园结交许多朋友等，在“感恩父亲，爱的表达”“蜗牛历险记”“一群呆萌孩子的日常”等项目活动中，让孩子们看到了“真善美”，懂得了“真善美”，传递着“真善美”。如在“一次特别的护鸟行动”活动中，受伤的鸟儿引起了孩子们的注意，孩子们自发想为鸟儿治伤、喂食、制窝，孩子们主动发现问题，思考问题，解决问题，并积极与同伴讨论合作。教师追随幼儿的兴趣，抓住自然教育的契机，帮助孩子们了解动物、大自然、人类的关系，同时增强了孩子们爱鸟护鸟、保护生态文明的意识，懂得用自己的实际行动表达对自然的热爱和对生命的敬畏。幼儿园积极邀请家长参与，扩大美育受益面，同时强化美育实施效果，进而帮助幼儿从生态整体的层面尝试理解、思考、探讨人与自然的和谐关系，思考人类共存的深层次问题。

四、生活之美，溢于行动

“生活”的内涵在于贴近生活。它是一种参与活动，也最容易揭示或外显某些难以悟到的道理。一日生活皆课程，生活美育课程化是必然趋势，美育课程生活化是必由途径！“沁”文化引领下，生活美育是一种持久成形的美化教学传统、美化思维方式、美化价值观念和美化行为习惯，也是一种师幼互动方式。

生活美育课程是传递美、理解美、发展美进而生成美的重要载体。教师个人要不断提升自身的素质和能力，重视示范美、引领美、发现美。挑选“美”的内容，在教学活动中，创新活动形式，细磨活动设计，帮助幼儿感受美、欣赏美、创作美；关注“美”的产生，在游戏活动中，精心创设环境，丰富材料类型，开发幼儿智力美、行动美、合作美；丰富“美”的类型，在体能活动中，顺应年龄特点，激发幼儿潜能，让幼儿体验运动美、形体美、协调美；深挖“美”的价值，在生活活动中，放大幼儿优势，强化示范作用，鼓励幼儿发现细节美、差异美、个性美。我园从多个角度采取多种方法将生活美育渗透到教学活动、游戏活动、体适能活动等一日活动的各个环节中，让幼儿真正认识生活、了解生活，懂得生活中的和谐，发现生活中的美，寻找生活中的幸福感和归属感，进而学会感受生活。

以文育美，至美“三生”。“沁”文化引领下，城北幼儿园美育课程兼顾了外显美育与内隐美育。老师们有目的、有计划、有准备地介入，孩子们主动、自然、愉悦地参与，层级推进，纵横互动，注重陶冶幼儿情操，丰富幼儿精神世界，支持幼儿发现不一样的美，理解不一样的美，帮助幼儿树立正向、全面、积极、多元的审美品位，为幼儿全面健康的审美发展奠定良好的基础。

幼儿园环境建设的思与行

四川省成都市天府新区美岸幼儿园　王　敏

我园位于天府新区，这里教育生态环境良好，是四川省教育综合改革试验区，作为一所新建园，如何在这方教育沃土做好自己的教育工作？我们认为，环境创设是做好教育工作的最显性也是最直接的途径。

《幼儿园教育指导纲要(试行)》明确规定："环境是重要的教育资源，应通过环境的创设和利用，有效促进幼儿的发展。"陈鹤琴先生指出："我们需要布置环境，以充实儿童的生活环境，丰富儿童的学习资料。"环境更是作为幼儿园的一种"隐性课程"，在开发幼儿智力、促进幼儿个性发展等方面有着非常重要的教育作用。基于以上的观点，结合我园的发展需求，我们在环境创设方面做了以下的思考和实践。

幼儿园遵循"田园文化"的引领，以"打造滋养心灵的田园、丰富教师生命的乐土、引领幸福共育的家园"为目标，整合多方资源，坚持开展丰富多彩的游戏活动，多途径、高质量实施"田园课程"，着力彰显幼儿园"教育有田园之境、教育有田园之美、教育有田园之乐、教育有田园之丰"的园所环境特色。

一、教育有田园之境——大环境是园所文化的直接表达

为创设良好的育人环境，我们从新园修建和筹备的时候就开始思考，一定要将园所文化与园所环境相结合，本着"环境育人"的理念，坚持"以境引趣、以境生情、以境促育"的教育愿景，用环境表达和彰显文化。我们挖掘了"田园文化"与儿童发展，幼儿园教育之间的关系即尊重成长规律、个性和主体性，创造自然、自由、平衡和谐的教育环境，教师平和、从容地陪在孩子身边，与他们一起成长。幼儿通过与教师、同伴的交往，与环境的互动，愿意感知美善、敬畏生命、乐于劳作、接纳自我、丰盈情感，我们的老师质朴、天然、温和、从容。园所自然环境优美，幼儿园四季有花香、四季有蔬果，户外种植的几十种植物可供幼儿观察、探索。一条条蜿蜒的小路由小石子、青石板、防腐木铺成，孩子们走走看看，在充满童趣、多变、有创意的环境中感受、探索、发现，我们与孩子一起创设了"有静有动""有看有玩"的幼儿园立体空间环境，这就是"田园"的核心表达：自然、开阔、清新、生机勃勃。

二、教育有田园之美——园所公共空间"美"中有趣、有爱、有创意

我园场地开阔，可利用的场地资源丰富，为我们合理规划空间和特色化打造环境提供了基础保障。在崇敬自然、关注自然的环境中，为儿童创设积极、宁静、优美和充满活力的生活环境，有效地促进幼儿的发展与生长。我们将园所公共区域赋予了不同的功能和价值，其核心目的在于满足儿童发展的需要，在园所的公共空间中感受美、享受美，并能够自由选择、自主活动。我们将社区资源、地域特色、园所文化，将幼儿日常生活中看得见的、经常能接触到的瓜果蔬菜、花花草草、富有本地特色的农作物农产品、土陶罐等搬到幼儿园内，运用本土资源打造出田园氛围浓郁的大厅、走廊、换步台、拐角、露天场地，让幼儿每走到一处都能感受到田园气息、自然与美。

一进大门，首先映入孩子们眼帘的就是瓜果飘香的"百果园"，春有樱花和桃花，夏有梨子和李子，秋有石榴和银杏，冬有梅花和橙子，四季交替，它们与孩子共生共长。来到大厅，精美童趣的彩绘墙面，矗立在窗户旁边的绿树，新颖别致的土陶瓦罐，制作的趣味小人，都能让儿童得到"美"的熏陶。三个楼道及走廊的主题环境创设各美其美，不仅突出了每个楼道的主题，还记录了幼儿园及儿童发展的轨迹。孩子们在四季轮回中享受、体悟、对话自然。

三、教育有田园之乐——六大功能室的环境创设，有效支持课程建设

幼儿园课程建设是园所品质内涵发展的基石，"一日生活皆课程"是我们构建课程的重要途径。《幼儿园工作规程》明确指出："创设与教育相适应的良好环境，为幼儿提供活动表现的机会和条件"。

我园的田园课程之选择性课程分为田园运动、田园故事、田园探究、田园美食、田园小筑、田园创意，依托六大功能室开展丰富多彩的活动。功能室在环境创设的过程中，紧紧联系课程的建设需求，创设了丰富且适宜的功能室环境，幼儿根据活动主题，自由、自主选择活动内容与材料，与环境充分互动。幼儿园操场的后侧，是我园的“田园运动”丛林探险区，这是孩子们非常喜欢的地方，因为这里充满了挑战和变化，他们独自或者结伴进行攀登、钻爬、弹跳、荡秋千，勇敢的孩子不断挑战自我，胆怯的孩子也迎难而上，身体动作得到了发展，让孩子们有了成就感。在幼儿园，有一个3亩地的后花园，它是孩子们与四季、与小动物对话的“秘密花园”。每个班级都有自己的“自留地”，种什么，怎么种，收获的蔬菜怎么办，“可爱多”养什么小动物，怎么轮流照顾，这些都是由班级的孩子自己投票和商量决定的。当一只小兔子来到幼儿园里，孩子们从兔子吃的食物、兔子住的地方、兔子的朋友、兔子的衣服等方面进行思考和探索，通过与同伴、老师、家长之间的交流与探讨，利用绘画、测量、手工剪裁等方式为兔子设计了一个温馨、舒适的“家”。“秘密花园”的另一角，是幼儿园的“田园户外角色游戏区”，幼儿在里面可以玩烧烤游戏、玩野外游戏、玩厨房餐饮游戏、玩特产直销游戏、制作和售卖糖葫芦游戏、休息等。在自然、开阔、清新、生态的环境中游戏，在愉悦幼儿身心的同时促进幼儿社会性发展。建构区的丰富材料、美食区中的自制美味、阅读区的各类读物，孩子们都可以自由选择、专注参与，操作与体验中获得经验的积累与能力的发展。在功能室环境的创设中，教师们深入思考环境的创设、材料的投放和园所资源的利用，将种植区的蔬菜拿到“田园美食”区域进行蔬菜饼、饺子、面条等美食的制作；将园内的花草树木、昆虫等自然的材料拿到“田园科探”区域里进行动植物标本的制作，观察这些动植物的外形、特征，将一叶一草进行创作变成可爱的动物等，激发幼儿科学探究的兴趣和初步的科学探究能力。适宜的选择性课程，充满趣味的六大功能室，承载着孩子们更多的个性化发展需求，也让孩子们在不同的空间和活动中快乐游戏，愉悦发展。

四、教育有田园之丰——班级环境创设承载着主题活动的“智慧表达”

班级就像“家”一样，环境对幼儿的生活和学习起着相互促进的作用。班级教师将室外环境与班级环境有效连接，以主题活动为线索，给予幼儿视觉和动手操作的机会，让环境与幼儿充分互动。教师创设班级环境遵循以下原则。

(一)环境创设之初探阶段——班级环境与园所环境相得益彰

在田园文化的引领下，班级教师依托质朴、自然、生态、田园的园所环境，确立班级主体色系，利用园内、园外天然的材料进行区域环境的打造，根据季节、地域特色丰富班级区域的材料，留有空白空间促进幼儿积极探索、发现问题、解决问题。

(二)环境创设之实践阶段——根据主题活动，完善班级环境的创设

一成不变的环境会让幼儿产生厌倦、疲劳等情绪。追随班级主题活动的开展，教师们将主题活动融入班级环境和区域的打造，使环境发挥教育功能，让幼儿置身环境中进行游戏、学习、生活。通过一系列的环境创设让幼儿在主题环境下进行探索和学习。

(三)环境创设之探索发现阶段——班级区域墙面和班级班本话题的不断深入

各班教师大胆创新班级墙面布置，根据班级幼儿年龄特点，结合班级主题活动，随着季节的变化，创设与教育相吻合的环境，实现幼儿是环境的主人、环境创设来源于幼儿的发现，促进幼儿积极探索和提高解决问题的能力，教师在每个班级区域里为幼儿留有空白的墙面，让幼儿用自己的方式呈现幼儿的整个学习过程。

(四)环境创设之反思调整阶段——幼儿始终是环境创设的主人

幼儿始终是环境创设的主人，促进幼儿多维度的发展是环境创设的起点与归宿。我园

在班级环境创设中，通过幼儿和环境之间的充分互动，教师不断反思与调整。过去幼儿园的环境创设都是教师单方面策划、制作的，幼儿参与小部分，布置好以后，让幼儿充当被动的观赏者，显然，这与环境的价值以及我们进行环境创设的价值是相违背的。通过不断地追问、反思和调整，我们一改以前的环境创设方式，本着“以幼儿为本”的原则，共同与幼儿创造一片欢乐天地，既调动了幼儿的多种感官，促进幼儿全面、和谐、主动发展，又能从幼儿的视角出发，满足幼儿的喜好与需要。

“那些感受大地之美的人，能从中获得生命的力量”，我们希望用自然、自由生长的田园之境给予孩子支持，让孩子体验更多的美好，对未来充满无限的创景和愿景。

试论如何在幼儿园开展本土民间游戏

四川省南充市西充县示范幼儿园　毛艳蓉

《3—6 岁儿童学习与发展指南》(以下简称《指南》)指出，我们要珍视游戏和生活的独特价值，创设丰富的教育环境，合理安排一日生活。游戏是幼儿园组织活动的最基本形式，在幼儿的学习生活中具有重要意义。西充县本土的民间游戏因简单易学，具有浓郁的趣味性、娱乐性，可以满足幼儿强烈的好奇心和他们活泼好动的年龄特点，它与现代教育理念所倡导的让儿童玩“真游戏”相得益彰，能让儿童回归生活，回到儿童，因而基于西充县本土民间游戏的实践探究有着深刻的现实意义。本文从开展民间游戏的原因、意义以及三大策略进行阐述。

一、开展西充县本土民间游戏的原因

(一)优质学前教育发展的需要

《指南》中指出，幼儿园要利用民间游戏，适当地向幼儿介绍我国主要民族的民族文化，帮助幼儿感知文化的多样性和差异性。当下孩子们已经在不知不觉中对各种高档的玩具失去了兴趣，玩什么都索然无味了，多数时候都以电子产品为伴。这种家长省心、孩子感兴趣的“陪伴”方式是不可取的，最终带给孩子的伤害是巨大的。曾有专家指出，毁掉一个孩子最简单的方法就是给他一部手机。优质的幼儿教育是需要身体力行的，西充县本土的民间游戏是一个切入点，对孩子的发展有着举足轻重的作用。

(二)西充县本土民间游戏传承的需要

西充县厚重的历史文化孕育了勤劳、善良的西充人。在多年的积淀中，西充县本土民间游戏也是西充人民智慧的结晶。传统的民间游戏承载着祖辈、父辈的童年，也充实了我们自己的童年。作为幼儿教育工作者，要让西充县本土的民间游戏从小植根于孩子幼小的心灵，将民间游戏发扬光大，责无旁贷。游戏对于幼儿来说，是学习、生活中不可或缺的重要组成部分，唯有这样才能让本土的民间游戏得到更好的传承。

(三)回归生活，回到儿童的需要

民间游戏以其浓厚的趣味性和娱乐性，再加上取材方便、简便易行、灵活多变的特点，老少皆宜，深入人心；不受人数、年龄、场地和时间的局限，不论何时何地，只要想做游戏，愿意玩，幼儿就可以在走廊或活动室的一角、室外或家里，利用点滴的时间独自或结伴自由地玩耍。让幼儿玩中有乐、乐中有学，而且更能把传统文化从小植根于幼小心灵，让孩子从小接受地方传统文化教育，培养孩子爱家乡的情感，实现西充县本土民间游戏价值的最优化，从而共享其价值，更好地促进幼儿的全面发展。

二、开展西充县本土民间游戏的意义

(一)民间游戏可以促进幼儿全面发展，激发内驱力

民间游戏种类繁多，有语言类的本土民间游戏，如炒黄豆、木头人；动作类的民间游戏，如踩高跷、抽陀螺、滚铁环、丢沙包等。孩子在玩游戏的过程中需要激发内驱力，要不断探究游戏玩法，手眼协调配合，走、跑、跳、平衡能力等都得到发展。

(二)民间游戏可以培养幼儿良好的学习品质，获得积极的情感体验

民间游戏有它独特的趣味性，它对幼儿的自制力和坚持性也有着良好的促进作用。例如“丢手绢”游戏中，幼儿背对着丢手绢的人，还要在边唱儿歌的同时观察手绢是否丢在了自己身后，对一个幼儿来说，特别是自我约束能力较差的孩子来说无疑是一个比较严峻的考验。这对孩子的坚持性、敏捷性的养成有着很大的促进作用。有些民间游戏难度较大，如“耕地”需要两人合作才能完成，孩子在玩游戏中就得学会与他人融洽相处，积极有效沟通，才能完成游戏；“抽陀螺”游戏中，在未掌握抽陀螺的技巧时，需要不断尝试，这样大大锻炼了幼儿的意志，使幼儿发展耐挫能力，从而习得终身受益的良好学习品质。

(三)民间游戏有助于家园有效沟通，改善亲子关系

家长，尤其是老人们，对儿时的游戏往往都难以忘怀而且津津乐道，这对幼儿园征集和开展民间游戏有着极大的推动作用，拉近了幼儿园与幼儿及家长的距离，使家长认识到西充县本土民间游戏的重要性，和幼儿园达成共识，达到家园共育的效果，也便于幼儿园的传统文化教育进一步延伸到家庭中。在家里，家长怀着愉悦的心情，和自己的孩子亲密接触和交流，互教互动，在游戏中改善了亲子关系。这对于习惯电子产品陪伴的家长和孩子来说，获得的可是宝贵的社会交往机会，民间游戏发挥了其他教育难以替代的独特教育作用。

三、开展西充县本土民间游戏的策略

(一)进行针对性培训，挖掘西充县本土民间游戏

绝大多数教师对西充县本土民间游戏不完全了解，幼儿园欠缺开展本土民间游戏的氛围；在选择本土民间游戏上存在着盲目性，在开发和利用本土民间游戏教育资源上缺少积极性、主动性。为此，幼儿园对教师进行针对性培训，使教师对民间游戏的运用得心应手，让教师的教育理念在实践中发生转变。只有让教师从思想上发生改变，深刻认识到民间游戏有利于幼儿认知、情感、行为习惯的相互发展，有助于幼儿了解西充县本土的风俗习惯，教师就会主动给孩子搭建玩本土民间游戏的平台，对适合于幼儿园的西充县本土民间游戏进行挖掘，从而罗列出适合的本土民间游戏并能有效运用民间游戏，最终形成园本课程的一个分支，编撰出具有园本特色的《民间游戏集》。

(二)进行常态化渗透，玩转西充县本土民间游戏

开展民间游戏最忌讳的是热热闹闹的形式化，只有将本土的民间游戏渗透于教育的各个领域，与幼儿日常生活相结合，才能达到教育的目的。首先要激发孩子玩民间游戏的兴趣。民间游戏有不限人数、游戏道具少、规则简单等特点，只要孩子玩过一次类似的游戏，就可以随时随地进行，从而在深度体验中自发产生兴趣。其次是拓展认知。民间游戏有别于孩子们常玩的低结构游戏和高结构游戏，先让孩子们通过观察感知、了解玩法，再鼓励他们从简单的形式开始尝试，然后逐步增加难度，最后和同伴一起探究更好、更有创意的玩法，让孩子体验到“真游戏”的快乐。最后是整合家长资源。将民间游戏与园内的大型集体活动有机整合，如过“六一”和庆“元旦”这两个大型的集体活动都有家长参与，充分利用家长资源为孩子们创造玩转本土民间游戏的条件。

(三)提升实施途径，优化西充县本土民间游戏

在实施本土民间游戏的过程中，要实现西充县本土民间游戏的优化。一是要结合幼儿园自身的资源优势和幼儿的年龄特点。我们幼儿园是城乡接合部幼儿园，可以依托周边农村自然资源，如用青冈树的种子制成小陀螺，用木材制成大陀螺；利用乡土文化资源，教会幼儿炒黄豆、丢手绢的游戏儿歌等。同时，结合幼儿的年龄特点，选择适合小、中、大班孩子玩耍的各类民间游戏。二是将民间游戏贯穿在一日生活中。如在幼儿来园活动、主题教育活动、户外活动、过渡环节等时段有效开展民间游戏。三是多举措保障民间游戏的进行。第一，精益求精，注重筛选与整理优秀的民间游戏；第二，集思广益，积极研讨开发能与现有幼儿课程相结合的优秀传统教育资源；第三，多方集结，充分调动幼儿园、家庭与社区参与，增强沟通交流，采取多种形式持续完善家园交流与合作；第四，吟诵经典，积极展示传统教育理念、价值，促动良性互动循环。

让孩子走进西充县本土民间游戏，这本身就是回归生活、回到儿童；让孩子在与民间游戏的“亲密接触”中，感受那份幸福与快乐，也让教师在游戏中遇见真实的儿童，回归教育本真。

利用家长资源促进幼儿园课程实践的策略

四川省成都市天府新区白麓幼儿园　王香玉　曾娉婷

一、课程资源的定义

关于课程资源的界定有很多，如有学者认为“课程资源是形成课程的因素来源与必要而直接的实施条件”，也有学者认为“课程资源是指可能进入课程活动的物质和非物质的一切，直接成为课程活动内容或支持课程活动”，还有学者认为“进行课程开发、实施、评定等整个课程编制过程中可以利用的一切人员、物质以及自然因素的总和称为课程资源”。综上所述，课程资源包含园内课程资源与园外课程资源，园内课程资源包含教材、教师、幼儿生活经验等；而园外课程资源包含网络资源、乡土资源、家长资源以及各类博物馆等。教育是由幼儿园、家庭和社会三方面组成的，而影响幼儿发展最主要的就是幼儿园与家庭，因此合理利用家长资源更能促进幼儿的全面发展。

二、幼儿家长资源在幼儿园特色课程构建中存在的优势

影响幼儿社会性发展的因素有很多，而幼儿的社会性发展主要来源于家庭、幼儿园以及同伴等。家庭是最具影响力的因素，幼儿的发展离不开家园共育，而家长们自身的资源也更能帮助幼儿了解社会因素发展。家长资源有利也有弊，我们应该客观地分析看待，根据前期对幼儿家长的摸底，目前我园家长资源主要分为以下几种类型。

(一)丰富性

幼儿家长自然资源丰富，是课程构建的有益补充。丰富的教育资源是幼儿教育的重要基础，是促进幼儿全面发展的有力保障，而我园家长对耕种文化有着深厚的经验，就为幼儿课程提供了专业资源的载体。很多幼儿的家里都有农田，爷爷奶奶十分了解当地文化特色和自然资源，幼儿受家长的影响，对耕种有一定的了解，有助于我们桑蚕课程活动的推进。

(二)亲情性

家长资源包含亲情元素，促进课程发挥教育作用。家长是幼儿教育的重要组成部分，

利用幼儿熟悉的对话、生活方式，能够帮助幼儿更好地掌握课程内容。教育的形式单一容易造成幼儿多种性格发展的缺失，不利于幼儿的健康成长。我园家长虽文化程度不高，但在园内及班级开展的各项家园共构活动中，我们能看到家长们参与度都很高，并乐意提供力所能及的帮助，其原因在于大部分家长都在本地，时间较充裕，很看重幼儿在园内的发展情况。家长的支持度很高，积极配合教师的活动安排，乐意提供力所能及的帮助与支持，但家长受文化程度的影响，教育方式的相对不科学，也导致亲情教育的形式单一。

（三）便利性

家长资源具有便利性，有效支撑开展课程活动。因幼儿园的地域文化特色，以及很多幼儿家长有养殖蚕、种桑树的资源，家长愿意参与到课程活动中，开发自身资源为幼儿健康成长助力，家长专业资源类型相对比较单一，但自身资源具有一定的便利性，教师可以通过整合与交流，将家长资源有机融入其中，拓展特色课程资源，而家长也能在开展活动的过程中与教师进行专业沟通，形成教师家长的专业互补。这种共参与合作、共发展教育的课程教育活动模式，能够更好地发挥双方的教育资源优势，在中国融合式教育发展中，有效率地拓展课程教育资源，形成一个特色鲜明的幼儿课程教育活动主体内容。这种共构合作教育的模式，能够更好地发挥双方的资源优势，在融合式发展中，有效拓展课程资源，形成特色鲜明的课程活动内容。家长参与也能够更好地帮助家长了解幼儿园的教育、课程文化等的发展方向，达到家园合作的有效目地。

三、开发与利用幼儿园家长资源的有效策略

结合上述分析，家长是参与幼儿园课程建设的一支重要力量。在课程活动的开展中，家长不仅具有知情权，更具有参与权。家长要亲自参与到课程主题教学活动中，实现从“观众”到“参与者”、从“完成任务”到有效支持的转变。通过以上对家长情况的分析，计划从以下方面入手，拟定初步采用的措施与方法，以明确教育目的、清晰活动内容、充分挖掘家长资源，促进家园合力、推动课程质量提升。

（一）家长观念更新与桑蚕文化课程的推动相结合

《幼儿园教育指导纲要（试行）》指出，家庭是幼儿园重要的合作伙伴，应本着尊重、平等、合作的原则，争取家长的理解、支持和主动参与，并积极支持、帮助家长提高教育能力。根据幼儿的发展需求，教师与家长互相配合，转变传统教育观念。家长资源的开发与利用是以家长为主导的一种权利。开学初，我们主要利用家长会，向家长介绍我们的桑蚕文化课程的活动预设，以及如何利用自身资源等知识，从家长会中先挑选一部分参与意识较强并且有充足时间的家长，组成一支“家长课程资源中间站”，让他们带动并提升全体家长课程开发的意识与行为。利用活动前幼儿的经验捕捉，活动中家长可以提供的帮助，并采用问卷调查的方式，取得家长们的支持配合，根据问卷调查结果针对家长的自身优势，对家长们进行了分工、分组，充分让家长融入幼儿园科研课题桑树种养的活动中来。希望通过对幼儿家长的教育观念更新，最终实现家长资源的开发与利用的长期化。

（二）建立家长课程资源库

为充分利用家长课程资源，在开展课程活动“种植桑树园”之前，我们通过问卷调查表提出“关于幼儿园开展种植桑树园的活动意见”和“针对此项活动，你能提供什么样的帮助”等问题对家长进行了摸底调查，挖掘幼儿家长潜在的资源。教师也由此了解到家长从事的职业以农业为主，有丰富的农作经验等，其中也有从事教师、木工、电脑工程师等工作的，还有专业技能的职业家长。教师根据收集到的信息进行汇总和归类，建立班级家长资源库，创建分工计划表并入存，实行信息化系统管理。

（三）鼓励家长走进幼儿园的课堂

在课程活动的实施过程中，不仅需要幼儿园教师的参与，更需要家长的积极参与，引导家长走入课堂之中可以丰富教育形式和过程。首先在开展活动前，教师要创造良好的空间，与家长进行充分的沟通以便家长资源在专业领域的有效融入。另外家长与教师的教育方式存在很多不同，家长在活动过程中注入了更多的亲情元素，幼儿在家长亲情的教育之中会产生浓厚的兴趣，有效地提升课程教学效率。在开展桑树种植活动中，家长作为课程资源的提供者，积极收集主题活动相关资料，提供相应支持。例如，我们会邀请一些有着丰富经验的家长来为幼儿普及适合桑树生长的环境、土壤等相关知识，从家长的角度出发，帮助幼儿更容易提炼日常经验，促进知识的积累；大班幼儿在购买桑树苗的实践活动中，有的家长会提供相应的途径帮助等，将家长资源渗透到日常课程活动过程中，为幼儿园教学提供多种支持。在孩子和家长一起查找资料、选择材料、制作道具等一系列过程中，孩子与家长之间形成了一种互动，既调动了孩子的积极性，又充分利用了家长的课程资源。

（四）将桑树种植活动课程延伸到家园中，形成良好的氛围

针对课程活动的开展，教师应多组织一些亲子实践活动，使课程活动走进幼儿的家庭。活动的形式丰富多样，但其主要还是从幼儿的兴趣点出发，教师归纳提炼出重点。例如，有些家长擅长种植蔬菜、果树等，可以让幼儿充分观察植物生长的过程变化，了解其生活习性，研究环境的变化对植物生存的影响，也增进了亲子交流。活动的组织与开展不但有助于家长课程资源的开发与利用，更能够让家长和幼儿及教师感受到合作的氛围。

开发与利用幼儿家长课程资源的目的是丰富课程形式，增加幼儿教育的趣味性，实现幼儿的全面健康发展。但因幼儿家长的文化层次、兴趣爱好及所从事的职业各不相同，所提供的课程资源在内容、形式和水平上往往参差不齐，教师应认真挖掘每一项家长课程资源的教育价值，同时也要注意在开展的过程中本着尊重理解、平等沟通的原则开展工作，开发利用应有机结合，忌“掠夺式开发”，时间、形式等的安排要符合幼儿家长情况，不能给家长造成负担。教师在课程活动开展前要给予家长以指导和帮助，大多数家长不是专业的教育工作者，不熟悉幼儿教育的方式，更不熟悉课程资源转化为课程活动开展的方法，因此，教师应给予适当的指导和帮助。

总之，幼儿家长课程资源的开发与利用是幼儿园与家庭形成的合作教育新亮点，增加了幼儿园课程的活力。教师能够影响家长转变教育理念，培养家长了解教育、参与教育的意识与能力，帮助幼儿园在有限的条件下，实现无限发展的可能，从而达到家园共建、共育，课程园本化等理念得以真正实现。

幼儿园生活化课程的探索与实践

——以自主餐点为例

四川省成都市天府新区云龙东街幼儿园　周熙冉

陶行知先生曾提出“生活教育”理念，结合这一理念，课程内容应更多地来源于幼儿的实际生活，以及幼儿当下的兴趣需要。生活的复杂性和异质性为个体的成长提供了完整的场域，其在幼儿园课程实践中应用的意义在于可以促使幼儿的成长从经验范畴的拓展不断走向能力的自主建构和精神世界的发展。将幼儿园课程生活化，就是为了使幼儿在经验、能力和精神等方面得到全面、协调、有效的发展。

一、幼儿餐点环节存在的问题

在开展自主餐点之前，我们组织老师进行了幼儿餐点环节的活动教研，依据《3—6岁儿童学习与发展指南》精神，从儿童视角出发，发现我园幼儿餐点环节组织存在以下几个问题。

(一)老师的教育意识较弱，容易出现包办代替的行为

在教研观摩中，我们发现目前大家在点心环节容易出现共性的问题是老师会“好心”帮助孩子们做事情，如：分餐点时将孩子们的点心一一分类好，幼儿只需拿取盘子；老师将橘子、鸡蛋一类需剥皮的食物提前剥好，因为老师们担心孩子们会剥不好。

(二)餐点组织的方式较弱，幼儿排队等待现象较明显

保育老师花费了太多精力和时间在剥壳的事情上，所以在此环节缺少与主班老师的配合，容易出现主班老师一人在教室内和盥洗室来回组织幼儿的情况，导致幼儿在取餐环节非常拥挤，等待时间较长。

(三)幼儿进餐常规弱，主动收纳习惯差

大多数幼儿在家吃饭需要家长喂，所以导致幼儿的进餐常规较差，会出现不清楚自己吃的是什么，随意将餐点乱扔和倒掉的情况；同时孩子们的主动收纳意识基本没有，所以在餐后整理环节全靠老师帮忙，各环节之间的衔接需要老师花费大量的时间去组织和协调。

二、幼儿自主餐点环节的有效组织策略

在教师们的“放手”中，我们设置了适合各班级的自主用餐的方式，幼儿们拿餐具、取餐、端碗、送餐具、维护卫生等能力都得到了提高。为了让餐点充分满足幼儿的需要，凸显幼儿主体性，我们开展了基于儿童立场的自主餐点组织的实践与研究，并总结了以下几点策略。

(一)基于幼儿经验能力，提供适宜支持

1. 物质支持，提供适宜的取餐工具

为便于幼儿自主拿取点心，我们配备便于幼儿操作的小餐桌、点心夹、分餐牌。我们根据不同年龄段幼儿的能力与水平，挑选了2—3种不同规格的点心夹，分别让小、中、大班的幼儿尝试操作，最终确定相应的型号；幼儿在取餐点时，查看分餐盘上的数量和餐点照片，明确今日餐点吃的食物和相应的数量。

2. 环境支持，助推幼儿自主餐点

为合理利用班级空间，在自主餐点的组织过程中，各班级根据实际情况调整了座椅的摆放方式，改变原来在场地的中心区域集中摆放的方式，我们根据不同年龄层次幼儿的经验水平及自我服务能力给予适宜的支持，帮助幼儿尽快适应自主餐点，每个班级配置两个以上不同方位的取餐点位置。

在具体实施过程中，对于小班的幼儿我们更多的是给予正面指导，在区域游戏中投放相应的取点心的教具，帮助幼儿练习使用夹子等技能；对于中大班幼儿，我们则基于幼儿原有的经验和能力进行启发和引导，组织幼儿针对餐点中出现的问题，通过讨论、实践、探索，不断寻求解决问题的办法，完善自主餐点的管理。

3. 趣味游戏，激发幼儿自主取餐的兴趣

教师在教育实践中发现，无论是什么性格的幼儿都会对各种有趣又好玩的游戏情有独钟，并愿意积极融入其中。由此出发，幼儿教育提倡“课程游戏化”，即将幼儿所要学习与掌握的知识融入丰富多彩的游戏中，引导幼儿边玩游戏边学习、理解并掌握知识。具体到幼儿生活自理能力的培养，教师也可以通过组织趣味游戏的形式巧妙开展。

例如，在教会了幼儿剥鸡蛋壳的方式方法后，特意带领幼儿进行了一次生动有趣的“剥鸡蛋壳”大赛，即幼儿都提前拿着一个未剥壳的鸡蛋，待到教师的指令响起，大家再一起开始剥鸡蛋，最先剥好且美观的幼儿获胜。这一有趣的比赛很好地调动了幼儿的求胜心理，他们会全身心地融入，认真回忆平时教师所讲解的剥鸡蛋的技巧和方式。

幼儿在这一趣味游戏中进一步复习与掌握了剥鸡蛋壳的方法，很好地实现了在趣味游戏中培养幼儿生活自理能力的良好效果。借助趣味游戏培养幼儿生活自理能力的价值由此得以充分凸显。

4. 及时鼓励，提升幼儿自主取餐的兴趣

幼儿阶段的孩子年龄较小，非常希望得到他人的关注与肯定。每当听到他人表扬自己时，幼儿总是表现得开心雀跃，更为重要的是，他们内心也会为自己的行为感到高兴和自豪。从这一层意义来说，幼儿教师在教育实践中还应有意识地对幼儿给予及时的、充满鼓励语气的表扬，以此给予幼儿更充足、更坚定的信心，促使他们提高生活自理能力。例如，在取点心环节，有些幼儿自我动手能力和服务意识比较弱，针对这一情况，教师应有意识地鼓励这些孩子们，教师可以先剥一半鸡蛋壳，再鼓励他自己剥另外一半，或是剥一个小口子鼓励幼儿自己动手继续剥壳，在结束后还会给他们颁发“剥壳小能手”的光荣勋章。看到自己动手剥壳得到了表扬，本身表现优秀的幼儿会更加认真地融入自我服务、自我动手的行列中，而其他幼儿也都想得到教师的肯定与鼓励，他们也能有意识地表现自己的“能干之处”。

5. 经验共享，有效指导

幼儿的一日生活皆课程，幼儿餐点不仅仅是生活环节，也不仅仅是吃吃点心。我们用课程的理念和视角组织自主餐点环节，将自主餐点作为课程组织实施的方式，以幼儿为主体，教师给予适时引导，有效支持、促进幼儿的学习与发展。实现幼儿生活自主化，需要教师从理念到行为的改变。针对在推进自主餐点中遇到的诸多问题，我们有针对性地开展三级教研(即园级教研、年级组教研、班级内部教研)，实现边发现问题、边教研、边探讨、边实践、边学习。实践调整过后，教师们对幼儿生活自主化有了新认识，慢慢摸索出了适合本班幼儿的自主取餐模式，形成了一套自主化流程。

(二)家园合作，共助幼儿自理能力成长

幼儿园是培养幼儿生活自理能力的重要场所，但父母作为对孩子影响至深的人，也承担着培养幼儿生活自理能力的重要责任。

在提倡自主取餐后，许多家长看到幼儿自己夹点心、取餐点等生活能力得到提高，表示欣慰的同时，也提出了不少疑问。我们利用微信、QQ群、公众号等多种沟通方式，解决家长的顾虑，引导家长了解自主餐点活动的教育价值，从而为幼儿提供自由发展的空间，培养他们的自理能力，进而让家长支持、鼓励并引导幼儿投入自我发展的各种活动中。

这种家园双方携手所形成的合作力量将对幼儿生活自理能力的发展起到更充分的引导作用。例如，幼儿园阶段的孩子应具备独立进食就餐的基本能力。在幼儿园，教师会要求幼儿手拿着小勺子独自吃饭。对此，教师会采取循序渐进的方式，首先会对幼儿讲解基本的进餐技巧，像如何用勺子，如何用手去扶住小碗，如何喝汤而不会洒出来等。当然，教师也会跟家长建立联系，鼓励家长在家中引导幼儿多多练习，尝试独立吃饭，而不是靠父母去喂。

当幼儿在家庭中、在幼儿园都能接受到关于独立进餐的正确教育时，其独立进餐的基本生活自理能力也能由此快速形成并得到快速发展。再如，幼儿应具备独立喝水的能力，如何打开自己的水杯喝水，需要在有效地引导与教育中逐渐掌握。在幼儿园，教师会向幼儿示范喝水的正确动作，提醒幼儿喝水时不要太大口，不要太着急，要小口小口慢慢喝，避免呛到；还会鼓励幼儿当口渴时要主动举手告诉教师，然后自己找到水杯喝水。当然，家长在家中也不要追在孩子身后提醒他们喝水，而应教导孩子要及时补充水分，口渴的时候要及时找到自己的水杯喝水。这样一来，在幼儿园及家庭的统一引导下，幼儿便能正确形成喝水的意识，并逐渐养成独立喝水的良好生活能力。又如，幼儿教师还会引导家长在家庭生活中适当让幼儿做一些力所能及的事情，像擦桌子、扫地、倒垃圾等。这些家务并不难，却能在幼儿动手去做的过程中引导其体验劳动的快乐，并逐渐掌握做这些家务的技巧，形成良好的生活自理能力。

通过自主餐点的探索实践，我们更加坚信“孩子是天生的、有能力的学习者”。在自主餐点中，孩子们学会了自主分配时间、自我服务、自我管理，不仅养成了良好的生活习惯，也获得新的经验和发展。同时，我们深刻认识到幼儿园生活化课程的建构首先需要从幼儿的日常生活入手，从直接经验逐步过渡到间接经验，并且必须在建构幼儿经验体系的基础上引导他们逐步认识各类经验的意义。只有基于儿童立场，真真正正地了解儿童，了解儿童的兴趣需要及发展，遵循儿童的学习特点，才能有效地支持、促进幼儿的学习与发展。自主餐点只是幼儿一日生活中的一小部分，“一日生活皆课程”，我们将继续深入探究，做孩子的追随者，陪伴孩子健康快乐地成长。

幼儿园自主游戏中低结构材料的投放策略

湖北省黄冈市英山县县直机关幼儿园　查　捷

教育部发布的《幼儿园保育教育质量评估指南》(以下简称《评估指南》)对幼儿园的保育教育与管理工作给出了具体的指导方向与要求，并明确坚持以促进幼儿身心发展为导向。《评估指南》中关于环境创设的评估中明确地指出了两个关键指标：空间设施和玩具材料。其中要求玩具材料种类丰富、数量充足，以低结构材料为主，能够保证多名幼儿同时游戏的需要，尽可能减少幼儿使用电子设备，幼儿园要积极营造丰富适宜、充满童趣、能够帮助孩子学会发现的教学环境。所以，幼儿园在实施自主游戏的活动中应该加大低结构材料的合理投入，有效地促进孩子的主动发展和创新能力的展现，使自主性游戏的意义与效果得以进一步彰显。

一、结合幼儿需求，自主游戏活动需要低结构材料

从中国幼儿教育实践多重教学角度综合来看，在游戏环境中充分提升每个幼儿的自主性是非常有必要的，而自主性活动的有效培养还与对低结构材料合理的使用投放方式密不可分。在儿童开展自主游戏过程中，教师应根据幼儿年龄特点和活动需求，投放各种低结构材料，促进自主游戏得以良性的发展。例如，在孩子们开展自主游戏扮演厨师这一角色时，需要用到一些材料作为食材，这时老师就可以组织幼儿去户外捡一些树叶、树枝等作为食材的替代品。树叶、树枝这些材料在户外随手可得，而且还能带给幼儿无限想象的空间，充分体现了低结构材料的特点。

个体可以通过对自我的认知和对游戏的初步建构而重新理解世界，并在自己探索游戏的过程中使用最合适的低结构材料，充分自主地思考、动手探索，逐渐塑造一个自己理想的世界。

多年来，从一线教师总结出的教育经验和国内外专家共同探讨的结果看，使用低结构材料才能真正地释放孩子的天性，最大化地实现孩子从直观感知、动手操作中获得知识的需求。所以，就自主游戏的形式而言，低结构材料合理高效的使用将成为对幼儿自主性表达的有效方式。同时，低结构材料也是推进自主创新游戏有效开展的一个关键原因。

二、低结构材料的投放策略

低结构材料的收集过程，对于教师来说并不复杂，但在孩子们参加自主游戏的过程中，究竟如何正确地投放低结构材料，对教师而言才具有重大的意义。只有帮孩子寻找到更多类型、覆盖面更加广泛的游戏材料，才可以给孩子的独立活动行为带来更大的自由、更宽广的操作余地。但是，在自主游戏时教师如果不加思索地投入大量的低结构材料，就容易造成孩子"无从下手"的错愕感。因此，目标清晰、合理恰当的低结构材料投放策略非常关键。

1. 循序渐进式投放材料

幼儿园自主游戏目前面临的最大困难，就是老师们"一股脑儿"地投放材料反而遏制了幼儿创造性游戏的开展。要促使儿童在游戏中真正地得到"主动"的体验，从而提高在游戏中的主动获得性，老师们可以采取循序渐进的方式投放材料。从最单纯的低结构材料着手，逐渐地给幼儿添加更多类型的游戏材料，使幼儿自主游戏具有足够的延伸性、深化性，使幼儿在游戏中得到提高，使每个幼儿的基本技能技巧和创新思维都得到进一步锻炼，保持他们对自主游戏活动的兴趣。具体可从这样一些角度进行：一是在单项自主活动项目中逐步添加低结构材料，着重培养幼儿对物品功能、属性的了解，促使游戏不断深入。二是在某一阶段的一些自主游戏中，逐渐添加低结构材料的品种，使幼儿从自主游戏中获得知识、技能方面的提高。

2. 了解材料的功能特点后再投放

自主游戏指的是老师完全放手，幼儿可以在游戏活动中发挥独立性，但是完全放手并不等同于放任不管，对整个游戏过程不进行任何干预。在实践中，我们可以看到，教师在投放低结构材料时，主要存在着以下三个现象：一是材料随机被放置在活动区，使得大部分幼儿根本无法进行完全自主的游戏活动；二是在老师准备投放材料之前，先对所有幼儿简单介绍各种低结构材料的主要功能、特性等，并引导全体幼儿进行游戏体验；三是在老师投放低结构材料之后，逐步引导幼儿对低结构材料进行组合运用，并带动他们进行自主游戏体验，进而取得相应的成果。这三种不同的材料投放策略效果截然不同：第一种情形下，幼儿不会使用材料或胡乱使用，进而造成游戏秩序混乱，成效不佳；第二种情形下，部分幼儿可以取得相应的游戏效果，多数幼儿仍会无计划地玩耍，造成资源的浪费；第三种情形下，大部分幼儿都能认知并使用低结构材料，融入到游戏中。因此，低结构材料的合理投放和使用，一定离不开幼儿对材料的前期了解。

3. 持续优化地投放材料

孩子们综合素质的养成将是一个漫长的过程，在幼儿园的自主活动游戏中，低结构材料投放必须全方位不断地优化：一方面，对低结构材料的投入必须根据小班、中班、大班幼儿不同年龄段的特点，以《3—6 岁儿童学习与发展指南》为标准，不断调节所投放的内容、数量，提高孩子自主游戏的质量水平。另外，在低结构材料投放的过程当中，一定要尽可能多地与幼儿的生活背景相契合，如此才可以使孩子产生好奇心，也可以通过体验形成不同的玩法。例如，教师发现幼儿对于各种各样的石头非常喜爱。因此，在活动开展之前教师可以带幼儿们一起收集大量的形状、颜色、硬度不同的小石头，为后续游戏的开展起到一个铺垫的作用。教师将这些小石头投放到活动区，幼儿可以凭借自己的想法开展游戏。比如，有的幼儿会将石头涂上各种颜色用来搭建房子，而有的幼儿却借助不同形状的石头来拼成图案，甚至有的幼儿把石头当成枪械、大炮等武器，在搭建好的城堡里玩起“大作战游戏”。通过游戏独特的方法可以直接让幼儿的思维获得更丰富的自主表达和发展空间，并在无形中激起幼儿的探究欲，使幼儿能够积极主动地在游戏中与同伴合作，让幼儿的团队意识与竞争意识得到进一步的培养。

随着幼儿园教师自身专业化的发展，教学质量的持续提高、课程教学主题的持续转变、低结构材料资源的可持续利用和优化配置投放，都要确保是有效性的、可持续使用的。

三、结语

综上所述，在幼儿园自主游戏中进一步提高对低结构材料的有效投入，能有效地引导幼儿去探索知识、创造发展，使幼儿在与材料的交流中得到更多经验。所以，幼儿园应该根据幼儿需要循序渐进地贴合幼儿实际，体现引导效果，对幼儿园自主游戏材料的投放和实践活动进行调整，实现理想的材料投放效果。

以“红色基因”为媒，让“家校社”协同育人落地开花

湖北省武汉市江岸区珞珈山街幼儿园　郑莎莎

坚持以习近平新时代中国特色社会主义思想为指导，认真贯彻落实习近平总书记关于教育和注重家庭家教家风建设的重要论述，全面贯彻党的教育方针，落实立德树人根本任务，弘扬中华优秀传统文化，坚持科学教育观念，增强协同育人共识，积极构建学校、家庭、社会协同育人新格局，着力培养德智体美劳全面发展的社会主义建设者和接班人。

一、“红色基因”背景下幼儿园开展家校社协同育人的重要性

《幼儿园工作规程》中明确德育在幼儿园保育活动中的重要地位，爱国主义教育是德育的重要内容，而红色教育是爱国主义教育价值实现的优质载体和介质。幼儿教育是人生的启蒙教育，直接关系到“扣好人生第一粒扣子”。教育不是单方面的，是家庭、学校、社会共同关注的重点。家庭、学校与社会协同育人，以家庭教育为主体、学校教育为主导、社会教育为保障。学生是种子，家庭是土壤，教师是园丁，社会是环境，必须健全一个好的家校社共育生态系统。武汉市江岸区珞珈山街幼儿园以“红色基因”教育体系为媒介，找准家校社协同育人的切入点，将“红色文化”教育渗透到幼儿园一日生活之中，从而强化家校社教育的沟通与联系，构建家校社良性互动机制，形成协同育人良好生态，促进学生健康成长和全面发展。

二、家校社协同育人与幼儿园一日生活的联系

幼儿园是幼儿一日生活的主阵地，教师要认真履行教育教学职责，全面掌握并向家长及时沟通幼儿在园期间的情绪情感、行为表现和身心发展等情况，同时向家长了解幼儿在家中的有关情况。积极创新日常沟通途径，通过家庭联系册、电话、微信等方式，保持学校与家庭的常态化密切联系，帮助家长及时了解幼儿在园日常表现。同时，幼儿园在一日生活中要把统筹用好各类社会资源作为强化实践育人的重要途径，积极拓展校外教育空间，着力培养幼儿的社会交往能力、灵活创新意识。幼儿园应主动加强同社会有关单位的联系沟通，建立相对稳定的社会实践教育基地和资源目录清单，依据不同基地资源情况联合开发适合幼儿年龄特点的社会实践课程。

三、“红色基因”背景下家校社协同育人的有效分类

在幼儿园阶段传承“红色基因”，以“红色基因”为载体落实家校社协同育人是新时代“以德为先”教育理念的体现。《幼儿园教育指导纲要(试行)》《幼儿园保育教育质量评估指南》提倡幼儿园有效利用和挖掘社会资源，对幼儿渗透爱家乡、爱祖国的教育，且明确指出，幼儿园应与家庭、社区密切合作，与小学相互衔接，综合利用各种教育资源，共同为幼儿的发展创造良好的条件。武汉市江岸区珞珈山街幼儿园利用“红色基因”和“红色文化”与家校社协同联动，并依据实际情况进行有效分类：园本主题显特色、教研助力协发展、园区特色张个性，三方联动效果好。

四、巧用“红色基因”元素，使家校社协同育人落地开花

幼儿园教育是基础教育的重要组成部分，是我国学校教育和终身教育的奠基阶段。幼儿园阶段的“红色基因”教育要符合幼儿的年龄特征，通过多元教育方式对幼儿进行“红色基因”的传承。在家校社概念提出背景下，以“红色基因文化”作为切入点，在实践中挖掘可利用的红色资源，三方联动配合，在幼儿园课程实施的基础上，巧借家庭、社会的资源与力量，既扩充了“红色基因”教育课程资源，又能使三方协同育人彰显成效。

(一)转变观念、多效合力、助力成长

珞珈山街幼儿园利用媒介平台学习《教育部等十三部门关于健全学校家庭社会协同育人机制的意见》，通过园长带头学、教研组长领头学、骨干教师帮助学的多渠道方式，更新教师理念、转变观念、创新手段，从而引导家长强化“家庭是第一个课堂”“家长是第一任老师”的责任意识，注重家庭建设，坚持以身作则、言传身教，培育向上向善的家庭文化，积极传承优良家风，弘扬中华民族家庭美德，构建和谐和睦的家庭关系，为子女健康成长创造良好的家庭环境。我园进一步引入以“红色基因”为载体的教育课程，使家长自主愿意、积极参与、全力配合，通过自身条件、家庭氛围、社会资源来和幼儿园一起共育“红色文化”课程。

(二)园本主题、突出重点、彰显特色

以《幼儿园保育教育质量评估指南》《3—6岁儿童学习与发展指南》为依托，以每个月的传统节日、节气、习俗为载体，结合我园各年龄班特点，创设出符合幼儿年龄特点的四大主题活动：四月“踏青时节春意浓　致敬英烈情意深”、五月“劳动最光荣　快乐伴成长”、九月“国庆园庆齐欢庆　国家珞珈幸福家”、十到十二月“金秋读书节　阅读润心灵”，形成研究机制、实施方案，让幼儿在丰富多彩的活动中传承“红色基因”，并与家校社有机联动融合。我们将四月园本主题划分为：小班主题——“春之觅”春天在哪里，通过春之寻觅，让幼儿在大自然中发现春天里的勃勃生机，寻找春天里的五颜六色，享受春天带来的美好时光。中班主题——“春之约”春天多美好，通过春之吟诵，让幼儿探寻富有生机和变化的春日都藏着哪些秘密，感受春天的美好。大班主题——“春之领”春日的赞歌，结合大班“我做小老师”活动，通过春之颂歌，让幼儿缅怀英烈、歌颂革命精神、赞美抗疫英雄等，以及亲子参观红色场馆当小小讲解员等。五月将“劳动教育”园本主题划分为：乐吖知劳动、乐吖会劳动、乐吖爱劳动三个主题板块，通过积极、健康、温馨的师幼、幼幼、家园互动氛围，让教师、幼儿、家长共同感知体验“劳动教育”带来的别样乐趣。通过小班主题“‘乐吖知劳动’——快乐小能手”，幼儿知晓自己的事要自己做，鼓励幼儿自己动手参与、大胆表达意愿，利用活动“快乐生活”“小手真能干”“我长大了”，增强自我服务意识，提升自我服务、自我护理的能力。中班主题“‘乐吖会劳动’——乐趣值日生”，利用班级值日生活动进行延伸，将值日生活动围绕自我服务、他人服务的切入点以丰富形式展现。大班主题“‘乐吖爱劳动’——悦享志愿者”，以“幼小衔接我能行”为载体、“我做小老师”为主题，在完成好自我服务、自我认可的同时，以友好对对碰的结对形式，鼓励能力强的幼儿主动去帮助、引导能力弱的幼儿学习及掌握幼小衔接技能，实现共同成长、进步的美好愿望。九月是爱国主义教育主题月，活动包括“爱珞珈”——我与国旗同框亲子师生摄影展；“艺珞珈”——歌颂祖国红歌会，通过亲子、师幼、幼幼形式表现；“贺珞珈”——巧手绘长卷；乐珞珈——特别的日子之游戏嘉年华。十月金秋读书节开展“乐吖悦享——浸润童心”金秋读书节优秀视频展播、“乐吖聆听——悦动童星”金秋读书节故事大王。我园通过四大主题活动，不仅以学校为主体，还将辐射面扩展到校外，利用家庭及社会等方面资源，通过“请进来、走出去”的方式，有效丰富幼儿园园本课程内容，更好地满足幼儿多样化的学习发展需求。

（三）教研助力、有效推进、协同发展

在实践过程中，我园利用教研活动优势，依据“红色基因”的中心思想，从“爱”“礼”“学”三个维度定义“红色基因”的新内涵，形成了“红色基因”二十四个字。其中，“爱”是幼儿应具备的爱的情怀与精神信仰，包括“爱国、友善、自信、勇敢”；“礼”是幼儿应具备的礼仪与品格，包括“团结、守礼、诚实、分享”；“学”是幼儿应具备的学习品质，包括“自主、探索、坚持、创新”。在集体教育活动和游戏活动中进一步探索、挖掘、研讨幼儿在一日生活各个环节中的内涵意义和教育价值，与家长达成育儿共识，共同培养幼儿良好的社会品质。

（四）园区特色、各有千秋、彰显不同

结合我园一园四址的特点，因地制宜创设符合各园区条件的“红色基因”实施方向，黎黄陂路园区以“老物件”为载体，研究、探索、传承“红色老物件”给幼儿带来的启蒙教育；景兰苑、尚都园区以“红色文化”课程为突破口，确定了“红色基因”的二十四个字，着力以此为依托，通过一日生活中的各类活动有机渗透与践行；文卉苑园区以志愿者为活动中心，挖掘出适合大中小不同年龄阶段的志愿服务。各园区紧密围绕实施重点，找准目标、落实措施，巧妙利用家庭及社会资源，在家长了解幼儿园开展活动的基础上，愿意主动配合幼儿园引导幼儿了解、学习、掌握更多相关知识技能，协同发力、共促成长。

（五）家校联动、社会协同、落地开花

在创设园区特色课程、园本主题课程的前提下，我园还潜移默化地向家长进行宣传，通过家园论坛、家长群、家委会、家长进课堂等方式，鼓励家长与幼儿共同参与“红色文化”课程，在学习、探索的过程中，引导、帮助、鼓励幼儿在参与中养成“红色品质”。

在幼儿园一日活动内容中，将“红色基因”与家校社协同机制相结合，是落实立德树人根本任务的内在要求和根本途径。探索“红色基因”背景下幼儿园家校社协同实施的途径和方法，落实协同育人所蕴含的幼儿社会性价值，从而促进幼儿全面发展。

幼儿音乐感受力培养研究

中国人民解放军国防大学幼儿园（玉泉园）　宋朝晖

一、问题的提出

音乐是声音的艺术，热爱音乐是儿童的天性。幼儿满怀着好奇和探索的心理来到这个世界，可以说，声音是幼儿接触世界的第一事物。美丽鲜明的色彩与图案可以满足幼儿视觉的需要，而优美动听、欢快的音乐便是满足他们听觉的最好的刺激。从这个角度上说，音乐感受力对幼儿成长发展的重要性是不言而喻的。

《幼儿园教育指导纲要(试行)》(以下简称《纲要》)的艺术领域目标中明确提出，幼儿“能初步感受并喜爱环境、生活和艺术中的美；喜欢参加艺术活动，并能大胆地表现自己的情感和体验；能用自己喜欢的方式进行艺术表现活动”，强调幼儿能在艺术活动中通过“感受—体验—表达”来促进审美能力的发展。在幼儿园的音乐教育实践中，教师往往并不能很准确地领会《纲要》的这种精神，在设计和实施音乐活动时会出现偏差，教师从自己的角度出发，更多关注的是教会幼儿唱几首歌、做几个律动和游戏、学几个舞蹈动作，注重给幼儿提供智力、技能方面的经验，而对于幼儿音乐能力的发展则关注得较少，忽略了幼儿需要通过探索、发现、操作、尝试、感受、体验获得发展的学习特点。

二、研究的目的

(一)促进教师音乐教育观念的转变

深刻领会《纲要》所蕴含的“幼儿发展为本”思想，音乐教育的目标指向培养幼儿的个性、才能和创造性，在音乐活动中重视幼儿的整体发展。将教育指向幼儿的一日生活，充分发挥环境的作用，强调在教师的引导下幼儿探索发现、操作尝试、感受体验的学习过程，注重发挥幼儿的主动性。

(二)形成有价值的实践经验

本研究属于应用性研究，以音乐心理学和教育学为基点，立足于运用不同形式的音乐活动，探索培养幼儿音乐感受力的不同途径和方法。在研究过程中，我们不断发现问题，不断调整策略，通过实践—反思—调整—再实践—再反思的过程，不断总结丰富音乐教育的实践经验，为教师今后进行幼儿音乐教育提供借鉴。

(三)提升培养幼儿音乐感受力的实效

幼儿在音乐活动过程中，在与环境的互动中，能够充分地享受、体验和表达对音乐的感受，对音乐产生兴趣和爱好，掌握简单的音乐知识和技能，发展幼儿对音乐的性质、音色、速度、力度、音的高低及音乐所表达的思想感情的感受能力。

三、利用多种途径培养幼儿音乐感受力

(一)利用音乐课程培养幼儿音乐感受力

音乐课程是培养幼儿音乐感受力的主要途径。我园以奥尔夫音乐课程为基本音乐教育活动，根据幼儿音乐教育的目标，精选其中的乐曲和内容，以音乐主题活动的形式，引导幼儿通过有节奏地朗诵歌谣，用身体、道具、乐器等感知体验音乐中的节奏、韵律，用动作、律动、舞蹈、语言等表达对音乐的感受。

(二)在日常生活中渗透音乐教育

在日常生活中进行音乐渗透是培养幼儿音乐感受力的一个主要途径。伴随幼儿日常生活中的各个环节，我们有针对性地选择不同音乐性质的乐曲进行编录，使幼儿在潜移默化中得到美的熏陶。

(三)环境中的音乐教育

在环境中渗透音乐教育也是促进幼儿音乐感受力发展的有效途径。《纲要》中明确指出：环境是重要的教育资源，应通过环境的创设和利用，有效地促进幼儿的发展。我园统筹规划公共环境，突出“艺术教育”特色，利用环境拓展教材内容，带给幼儿潜移默化的影响。

(四)表演活动中的音乐教育

在表演活动中渗透音乐教育以促进幼儿音乐感受力的发展，是一个值得探索和尝试的途径。我们有计划、有意识地安排一些表演活动，引导幼儿通过动作、语言、器乐等表达

其对音乐性质和形象的感受与想象。

（五）家庭中的音乐教育

家庭中的音乐教育，也是培养幼儿音乐感受力的一个重要途径。我园从逐步改变幼儿家长观念入手，通过召开全园家长会、开放各个年龄班音乐教学活动、家长参与音乐教学活动等，向家长宣传幼儿园音乐教育的特点，引导家长在家庭中为幼儿创设优良的音乐环境，选择适宜幼儿听、唱的乐曲和歌曲，鼓励幼儿在家听音乐进行即兴表演等。同时，我们还为家长提供适宜幼儿活动、表演的音乐光盘，指导家长在家庭中进行亲子音乐活动。

四、探索适宜方法，培养幼儿音乐感受力

（一）情感激趣法

兴趣是最好的老师，音乐教育如果能够很好地调动幼儿兴趣，将会达到事半功倍的效果。情感激趣法就是要充分发挥兴趣对于幼儿音乐感受力发展的价值。我们认为，运用情感激趣法时需注意：运用多种教学辅助手段激发幼儿对音乐的兴趣。色彩丰富、形式多样的教具，与音乐教育内容相得益彰的教育情景，形象生动的多媒体教学都能够增强音乐教学的趣味性，诱发幼儿的好奇心和求知欲，使幼儿积极地投入音乐教育活动中。教师一定要精神饱满、情感积极地投入音乐教育活动之中，情绪情感是可以传染的，教师的状态对幼儿有强烈的暗示作用，会对幼儿产生重要影响。教师积极的状态有利于激发幼儿的兴趣，并帮助他们获得积极的情感体验，进而促进其音乐感受力的发展。

（二）体验学唱法

“直接经验感知”是幼儿主要的学习方式之一。《纲要》强调教师在艺术活动中应通过幼儿的“感受—体验—表达”来促进幼儿能力的发展。基于此，我们尝试运用了“体验学唱法”，让幼儿在充分体验的基础上再学习，为幼儿音乐感受力的发展奠定坚实的基础。

（三）节奏练习法

节奏在音乐中具有重要的表现意义，它是音乐美感的重要来源。因此，我们认为节奏练习法也是培养幼儿音乐感受力的重要方法。我们借鉴奥尔夫音乐教育理念，通过声势、游戏、打击乐器、即兴创作等活动进行节奏练习活动。

（四）快乐游戏法

游戏是幼儿时期的一种基本活动形式，它能更充分地调动幼儿参与的积极性。所谓“快乐游戏法”，就是将音乐教学游戏化，将游戏和音乐有机地融合在一起，使幼儿在玩中获得能力的提高，在玩中获得情感的抒发和个性的展示，使幼儿成为活动的主体。

（五）递进欣赏法

音乐欣赏对于幼儿音乐能力的培养具有非常重要的作用。欣赏活动中，教师们调动幼儿的各种感官，提供各种可以利用的活动材料和活动方式，引导幼儿积极地聆听、感受和享受音乐。首先，教师帮助幼儿学会倾听；其次，教师运用多种形式帮助幼儿理解音乐作品的内容；最后，教师根据不同年龄班幼儿的实际水平，引导幼儿对所欣赏的音乐展开一定的想象和联想，使孩子们在音乐欣赏的海洋中放飞思想，展开想象。

五、结语

我们在研究中积极探索，大胆实践，研究总结出了幼儿音乐感受力培养的途径与方法，使幼儿对音乐的性质、音色、速度、力度、音的高低的感受力有了不同程度的提高。在今后的研究中，作为音乐学习主体的幼儿，我们还应多关注他们的原有经验，关注幼儿对已有环境、材料的反应，及时调整研究策略，避免音乐教育中的“表面热闹”。我们将以园本教研为平台，继续加强学习和专家引领，突出教师研究的主动性，不断提高教师表现音乐、鉴赏分析音乐的能力，不断丰富教师音乐知识，从而更好地促进幼儿快乐、健康、和谐发展。

基于幼小衔接的幼儿品格图画书阅读实践研究

北京市北京师范大学亚太实验学校　郗媛媛

一、研究背景

幼小衔接是儿童从幼儿园教育情境向小学教育情境过渡的过程。两种教育情境中固有的和人为的差异，造成了种种衔接问题，如何科学实施入学准备和入学适应教育，成为亟待解决的问题。2021 年《教育部关于大力推进幼儿园与小学科学衔接的指导意见》中明确提出，全面推进幼儿园和小学实施入学准备和入学适应教育，减缓衔接坡度，帮助儿童顺利实现从幼儿园到小学的过渡。

有研究认为，儿童入学所面临的主要问题是社会适应性方面。多年来，幼儿园更多的是为幼儿入学做心理准备，但是幼儿的社会性适应能力明显不足。研究过程中，我们发现具有良好品格的幼儿在进入小学后，人际交往、学习品质等社会性发展方面有明显优势。

根据前期研究，我们了解到：大班幼儿社会不适应主要表现为规则意识不强、人际交往有难度，如不能遵守班级纪律、难以处理好同学关系等，需要借助一定的载体实现，幼儿积累的自我服务、遵守规则、团结合作、完成任务等相关意识和能力为社会适应提升提供支持。

我们思考从幼儿入学准备目标出发，结合发展现状，基于大班幼小衔接教育要求，以幼儿品格教育为切入点，以图画书阅读活动为载体，促进幼儿社会性发展，提升幼小衔接工作质量。

教育性是图画书的一大特质，儿童阅读图画书，从而在社会性发展方面获得成长。因此，以图画书为载体设计并开展幼儿品格培养系列活动，以品格教育为切入点，丰富幼儿的情感体验，激发幼儿由内而外的主体意识和行为表达，在提升幼小衔接相关能力的同时，更好地促进其社会性适应能力。

二、基于幼小衔接的幼儿品格图画书阅读活动存在的问题

根据幼小衔接指导要点及幼小衔接精神重新审视我园前期实施的幼儿品格图画书阅读活动，我们发现：在理念层面教师已经达成共识，但在实践层面还是有脱节，具体问题如下。

首先，教师缺乏基于幼儿视角实施幼小衔接背景下的幼儿品格主题图画书阅读活动组织能力，在环节设计上过于放大活动形式，造成表面化形式叠加，且幼儿入学准备与品格教育目标也缺乏一致性。

其次，前期开展的幼小共研内容多以品格图画书阅读活动设计、阅读指导策略为主要研究内容，根据幼小衔接指导要点及幼小衔接精神方面出发落实幼儿品格教育目标，促进幼儿社会性发展的思考较为片面。

最后，家园共育内容方面多以亲子阅读活动实施与反馈为主，针对家长层面的家庭教育指导、幼小衔接指导的内容较少。

这些问题的归因，是教师对幼小衔接教育指导要点与幼儿品格教育目标之间的核心价值把握不准，而瓶颈问题是教师对过程与方法缺乏深度、有针对性的思考、理解与实践。

基于以上关键性问题，我们拟定在原有研究的基础上基于幼小衔接视角，关注幼儿社会性适应能力的培养，继续深入开展幼儿品格教育实践研究。

三、基于幼小衔接的幼儿品格图画书阅读实施策略

为构建以图画书阅读活动为载体实施幼儿品格教育，助力幼小衔接，我们采取如下策略。

(一)拟定图画书阅读在幼小衔接中要承担的任务，确定幼儿品格培养方向

1. 借助图画书阅读，为幼儿建立自我服务意识

进入小学，孩子首先面临的问题就是自理能力。因此，挖掘图画书价值中的生活经验，引导孩子们学会自己照顾自己，培养孩子的自理能力，为幼儿建立自我服务意识极为重要。

2. 借助图画书阅读，锻炼幼儿的抗压能力

小学生活中，孩子还会面临很多挑战。学业压力大、同学相处不畅该如何处理，都是非常重要的一项学习内容。利用图画书价值中的挫折教育内容，引导孩子正确面对，直视成功与失败，做好幼小衔接中抗压能力方面的教育。

3. 借助图画书阅读，培养幼儿的规则意识

小学生活有很多规则要遵守，但是对于刚进入小学的孩子来说，大部分孩子缺乏自我管理意识，上课喜欢做小动作，上课时想去厕所；等等。借助图画书阅读，让孩子了解规则的意义，学会遵守规则，树立规则意识；等等，都是幼小衔接要做的重要工作。

4. 借助图画书阅读，促进幼儿语言发展

具备良好的倾听能力与表达能力是孩子适应小学生活的必要条件，没有良好的倾听及表达能力，孩子们会在学习和生活中遇到各种困难，还会对孩子的学习品质养成方面造成影响。借助图画书阅读，培养孩子的倾听能力、表达能力，引导孩子学会倾听、正确表达，形成良好的学习品质，更好地适应小学生活。

(二)基于幼小衔接视角拟定幼儿品格教育目标实施路径

1. 分类整理图画书资源，建立“教学主题模块”

将我园目前使用的幼儿品格成长课程数据库中的图画书资源从三方面进行划分：自我管理、人际交往、向往小学。囊括幼小衔接所需要的关键经验。

2. 细致划分衔接内容，将其变为可操作的行为点

在认真分析研究幼小衔接内容的基础上，将幼小衔接需要的内容再细化为知识准备、能力准备和情感准备三个方面。

3. 确定图画书阅读书目，落实幼儿品格教育目标中的幼小衔接重点

经过与专家、老师们的讨论，我们选定出大班阶段需要重点培养的12个品格，同时筛选出与之对应的主题图画书，结合幼小衔接教育指导方向，将图画书进行分类整理，确定集体教学阅读书目及亲子阅读拓展书目。

4. 开展多领域的拓展活动和经验迁移，引导幼儿形成良好品质

我们以品格图画书阅读活动为平台和蓝本，根据现实需要灵活选择适切的实施方式。幼儿园以幼儿图文故事为蓝本，结合品格课程中已有的活动，自主开发设计“课程包”，开展了“阅读＋N”多领域活动，即以听读故事、讨论交流等阅读活动作为基础，同时根据文本内容进行多领域拓展，开展故事创编、戏剧表演、音乐律动、绘画体验等跨学科活动，让幼儿在参与、体验的过程中获得经验。

四、结语

首先，有效的图画书教学能够促进幼儿多元能力的发展。有效的图画书阅读活动对孩

子的影响是多方面的。通过后期追踪与问卷调查，学前直升幼儿在分目标行为表现中，均优于外来幼儿，说明品格教育对孩子的学习态度、规则意识与任务意识、独立性与生活自理能力、情绪管理能力、倾听与表达能力、阅读习惯等都有良好的影响。

其次，品格图画书阅读活动是助力幼小衔接的有效载体。通过对坚持开展亲子阅读家庭与不开展亲子阅读家庭幼儿的对比分析，发现两者存在明显差异，排除一些不可控的因素，我们是有理由相信品格图画书阅读活动对幼小衔接是有促进作用的。

最后，社会性因素对幼小衔接的影响力大于知识性因素。在幼小衔接中，家长们一直都在学不学"拼音""数学"等知识的问题上存在争议。我们对参加知识能力培训的幼儿进行后期追踪，发现经过知识培训学习的孩子，在刚刚进入小学的阶段确实表现较为突出，这主要体现在课堂纪律、考试成绩方面，而在社会性发展方面他们并没有表现出优势，甚至有的孩子在社会性适应方面有困难。学前直升幼儿虽然没有做知识方面的储备，初期可能会遇到考试成绩的困扰，但不会持续太长时间，因为有了社会性目标行为的培养，他们很快就能融入小学生活，而且在进入小学初期，大多数孩子都能对新生活充满期待，并对学校中的各项活动保持着较高的积极性，更乐于享受小学的生活。

儿童无稿创意剪纸中美育培养的路径探究

中国人民解放军海军机关幼儿园　钟艳英

在儿童无稿创意剪纸美育主题教育活动中，儿童只有充分感受美、体验美，才能真正发现艺术美，进入艺术的世界并与其产生共鸣，从而表达美和创造美。

一、激发幼儿的兴趣，通过无稿创意剪纸活动开展幼儿美育教育

在开展幼儿美育教育的过程中，活动兴趣是基础，是幼儿主动学习的出发点和内部动机。教师根据幼儿的兴趣、现有经验水平开展活动，对促进幼儿的美育发展有着非常重要的意义。如在进行古诗的剪纸活动中，让幼儿对古诗感兴趣就成为开展活动的基础，可以通过以下几种方法来提高幼儿对古诗的兴趣。第一，通过感知古诗朗朗上口的韵律特征提高幼儿对古诗的兴趣。第二，借助动作和口头语言表现出古诗的节奏和韵律，如拍手或跺脚等方式帮助幼儿意识到古诗的节奏和韵律。第三，调动幼儿原有的生活经验和古诗进行链接，通过对内容的理解，在大脑中再现作者欲表现出来的情节、主体意境等文学要素，从而更加准确地理解古诗的内涵，在过程中获得美的感受，得到文学的熏陶，产生创造美的兴趣和愿望，提高审美情感。

二、选择适合的内容，以无稿创意剪纸为载体开展幼儿美育教育

开展幼儿美育教育，借助适合的题材内容，帮助幼儿"在头脑中形成审美意象"，这是幼儿创造出可视可听的艺术作品的前提与基础。如在开展幼儿古诗创意剪纸活动时选择不同类型、不同题材的古诗，让幼儿有多元化的想象经验。优秀的古诗无论是在意境、主题还是在语言上都独具匠心，能够提高幼儿对古诗的审美能力和审美情趣，我们尝试以下几个路径进行选择。

（一）选择画面感强的内容，提高幼儿感受美、欣赏美、表现美的能力

有的诗听起来就是一幅很美的画面，凝练、形象的语言，抒发作者强烈的思想感情，展现作者所要传达的意境，适合儿童进行剪纸创作。例如《绝句》，诗句浅显易懂，每一句都展现出一幅精美的画面。通过欣赏古诗，儿童感受着诗中黄鹂鸟的鸣叫、白鹭在天空中

飞翔的动作，似乎可以看见西岭千年不化的积雪和门口停泊着的船只。幼儿感受着古诗带来的情景美，而在用剪纸表现自己想法和感受的时候，每个幼儿的表现作品都是不一样的，有的幼儿分句进行表现，有的幼儿是对整首诗进行表现，都能够用剪刀表现出自己对美的感受和理解。

(二)选择与生活接近、幼儿易懂的内容，提高幼儿表现劳动美的能力

教师通过幼儿的生活选择适合的内容开展教育。例如当幼儿进餐时出现掉饭掉菜的情况时，《悯农》这首古诗就能够帮助幼儿明白“粒粒皆辛苦”的含义，知道要爱惜粮食、珍惜农民伯伯的劳动成果。幼儿用剪纸作品描述着小苗苗茁壮生长，农民伯伯辛苦锄草，汗水顺着额头流了下来，打湿了衣衫，掉进了泥土里。以作品对古诗的主要内容进行提炼，将农民伯伯劳动的艰辛表现得非常鲜活，让人一看到剪纸作品就了解了劳动果实的来之不易，知道要爱惜粮食。创意剪纸的活动与儿童习惯的培养自然融合为一体，同时创设自然角，幼儿通过自己特有的方式与周围环境互动，通过实际操作、亲身体验去感知劳动带来的快乐，理解、感受劳动最光荣的传统美德。

(三)选择有生活经验的内容，提高幼儿表现生活中的美的能力

在选择创意剪纸内容时，选择幼儿有生活经验的内容进行创作。例如，春天幼儿放风筝后进行了古诗创意剪纸《村居》的创作，将自己和小伙伴们一起放风筝的画面表现得淋漓尽致，将自己的生活经验用剪纸进行了表达表现，体现出自己心中的、生活中的美和快乐。儿童剪纸创造美的语言包含了创作、色彩、空间等造型要素，以及对比、渐变、节奏等形式美的原理。由于生活经验、心理发展阶段的不同，儿童运用美术语言进行创作的时候也有着各自不同的特点，因此教师要遵循他们的学习发展规律，让儿童能够用自己的方式去表现和创造。

(四)选择意境突出的诗歌，提高幼儿欣赏美、创造美的能力

教师通过整首诗表现的一种意境、一种感觉，引导幼儿提高欣赏美、创造美的能力。例如，在欣赏《江南》的时候，除了对文学作品的欣赏，家长还带领幼儿到真正的荷塘去观察，进行直接的感受体验。引导幼儿从荷花的颜色、花型、种类等方面进行比较，观察水面以上的部分和水面以下的部分有什么不同等。幼儿通过观察、分析、创意剪纸表现出整首诗的意境美，作品使用了阴剪和阳剪两种不同的剪纸方法，用作品传达出采莲人欢快的心情，陶冶幼儿的情操。过程中教师给幼儿提供较充足的想象、思考的时间，并且给幼儿的想象提供支架，引导幼儿对自己的想象进一步思考，如何表现出画面的美。在发展剪纸技巧、创造力、想象力的同时发展幼儿的思维能力、语言表达能力等，体现出美在智育中的激发功能。

三、创造“浸润式”美感环境，依托环境创设开展幼儿美育教育

在开展美育教育时教师要在创设良好和谐的文化环境和精神环境的同时，创造“浸润式”的美感环境，让幼儿在潜移默化中感受艺术的美，理解和体会艺术给他们带来的快乐，养成他们美化环境的能力和习惯。如开展诗歌《元日》创意剪纸活动时，把这首描写新年元日热闹、欢乐和万象更新的动人景象布置在活动室的主题墙上，帮助幼儿理解“爆竹声中一岁除，春风送暖入屠苏，千门万户曈曈日，总把新桃换旧符”的真正含义，做到环境墙饰为幼儿服务，感受剪纸创造的美在环境中的应用，帮助幼儿深刻地理解诗歌，体验新年的新气象，形成他们对于美和艺术的爱好。

四、多个领域相结合，开展融合式幼儿美育教育

美育教育和其他领域的教育是相互融合、相互促进、不可分割的。如在诗歌创意剪纸

活动中，每一首诗歌都有其表现的主题内容和画面，在欣赏《望庐山瀑布》时，采用了多种诵读方式：集体读、小组读、个别读、重读、轻读、吟唱、接龙等，用美的声音、美的韵律帮助幼儿理解诗歌所表现的内容、意境和主题，幼儿从对作品的初步感知进入到情感欣赏的层面，更深层次地感受古诗要传递的内涵。在这一过程中美育和语言相互整合，实现了幼儿对美的感受，也实现了幼儿对美的运用。幼儿阶段还没有形成完整的审美体系，审美经验是否丰富直接关系到他们的剪纸创作，而古诗体现内化的、含蓄的情感，诗人把自己的意志和感情蕴含在诗文中，幼儿通过汲取古诗中的有益精髓，学习和继承中华优秀的传统文化和传统美德，振奋民族精神，弘扬民族文化。

五、利用多种形式、材料，为幼儿美育教育赋予“生命”活力

幼儿的审美感知不仅包括视觉的和听觉的，他们还有更丰富的通道。要让美育教育在幼儿的生活中“活”起来，让有“生命”的美育教育贯穿于幼儿的一日活动中。例如，在《江南》剪纸活动中，根据诗歌特点，利用了唱、演、游戏及配乐朗诵等多种形式演绎诗歌，让幼儿对古诗更加感兴趣，让静态的古诗“动”起来，给古诗注入了生命的活力。在创意剪纸活动中，幼儿也在活动中将自己对古诗的理解进行了深化和升华，在丰富教学内容和手段的同时，也让幼儿吸收更多的优秀的传统文化，了解祖国文化的博大精深，使儿童获得全面发展。

开展美育教育，使幼儿受到美的熏陶。以古诗词作为一个起点，一个撬动活动的支点，给幼儿充分想象的空间，使其根据诗意把大脑中记忆的各种意象进行再造组合，从而在大脑中创造一个新的画面，发展幼儿的创造性思维，进行艺术再创造。古诗还有着特殊的审美功能，把音乐美、色彩美、画面美、意境美与艺术创作融为一体，让幼儿通过古诗感受古诗的节奏与韵律、想象优美生动的画面；以创意剪纸为手段，加深对诗意的理解，去联想、补充和创造，构思想象中的画面。创意剪纸对儿童来说并不是简单的剪纸创作，它对儿童美育发展有着潜移默化的影响，是幼儿表达美、创作美的重要源泉。在过程中，丰富情感、充实心灵、培养自信心、获得成就感，使幼儿欣赏美的能力、想象美的能力、创造美的能力、表现美的能力得到发展，对发展幼儿美育核心素养、促进全方位的可持续性发展有着重要的意义。

基于幼儿园一日生活融入二十四节气传统文化的思考和探究

北京市昌平区南邵镇中心幼儿园　门俊楠

大数据时代已经来临，时代的列车也越开越快，传统的农耕生活早已经离孩子们远去。科技的进步，让我们对时间和气候的掌握越来越精准。在生活节奏逐渐加快的今天，把传统文化中的二十四节气带给孩子，意义何在？

一、二十四节气文化融入生活化课程的意义

(一)激发幼儿学习兴趣

幼儿园传统文化教育的素材选自二十四节气，来源于生活，来源于自然，幼儿可以通过直接体验和感官感受来了解某一节气下，某个植物或者某个天气现象的特点，激发幼儿学习的兴趣。例如，有谚语说：“谷雨前后，种瓜点豆”，为了让幼儿更好地体会这句谚语的意思，我们决定在自己的植物角里种上蔬果。可是种植蔬果又有学问了，“立春花开，雨水来临，惊蛰春雷，蛙叫春分，清明犁田，谷雨春茶”这句二十四节气儿歌告诉我们，在清明节气要犁田，也就是翻地的意思。冬天，动物们冬眠，各种虫子藏于泥土中，为了让种植的蔬果有好的收成，农民伯伯们都会在清明节气时翻地，让虫子暴晒于太阳之下。孩子们了解之后，便纷纷在老师的带领下，拿着小铁锹、小耙子，把我们的植物园翻个“底朝天”。孩子们都热情高涨，在翻地的时候，还发现了泥土里的小动物，在老师的引导下，孩子们便挖泥土，观察泥土里的东西，孩子们一个个很投入。

（二）丰富幼儿的认知经验

将二十四节气与活动区“中药铺”有效结合。中药对于幼儿来说并不常见，为了让幼儿对“中药铺”这个区域感兴趣，并且玩得开心，我们结合二十四节气特点来丰富幼儿的认知经验。立秋时节，桂花飘香，带着孩子们采摘桂花，清洗桂花，晾晒桂花，在采摘的同时，教师告诉孩子们桂花能够消除疲劳，增进食欲；发动家长和孩子一起了解桂花的用途，孩子们知道桂花可以用来制作桂花茶、桂花糕、桂花酒，还可以用来做香料；幼儿将采摘的桂花清洗晾晒后，一起制作桂花糖。制作桂花糖需要用到桂花、白砂糖、蜂蜜，方法是放一层桂花、放一层白砂糖，最后用蜂蜜封层，这样便于储存。放置一定时间后，就可以用来泡水喝，香味醇甜。整个过程中，孩子们既了解了桂花这个中药材，同时还丰富了认知经验，桂花还可以用来做很多东西。在孩子们亲自制作桂花糖时，孩子们知道了桂花糖的制作方法，又尝到了白砂糖和蜂蜜的味道，极大地吸引了孩子们制作的兴趣。

（三）增强幼儿的探索意识

在创设环境中，带动幼儿一起来创设。植物角是孩子们最喜欢且光顾最多的区域，每个幼儿都有自己的植物，将水芹种植在不同的生长环境中，如泥土、刨花、树皮、丝瓜瓤、棉花中，观察对比水芹适合在哪种环境下生长。引导幼儿认真照看自己的植物，每天观察自己的植物并做观察记录，在观察记录中，孩子们提出了很多问题，记录孩子们一系列的问题，引导他们利用现有的材料大胆尝试、探索。在科学教学活动“泥土里有什么”中，教师带着孩子们一起挖泥土，立夏时节，雨水刚过，泥土里的蚯蚓被叫醒了。孩子们自主选择肥沃的泥土，去发现泥土里的秘密，孩子们不仅发现了泥土里的蚯蚓，还有残败的树叶、树根。孩子们还发现了坏死的树干上能长出青苔，带回幼儿园，孩子们每天都能去观察。

二、二十四节气中传统文化内容的选择

（一）传统的饮食习惯养成

作为一种非常有价值的民族文化，二十四节气是中国人衣食住行的重要参照表，已经深深地融入人们的生活中。通过二十四节气，我们可以了解并认识到人的生命节律，并据此来指导日常饮食生活，形成日常习惯，有助于身体保健。例如，立春要迎春，清明要踏青，谷雨前要享用雨前茶，立秋要食用瓜果等，给人们的生活带来了很多生活情趣。很多地区至今仍然流传着一些谚语，如冬至饺子，夏至面；清明风筝，谷雨花；等等。这些谚语中蕴含了丰富多彩的民俗含义。

（二）传统的农作物生长及生产方法

二十四节气是人与自然和谐共处的引导指南，是一种能用来掌握作物生长时间的文化技术。二十四节气中每一个节气都有一定的含义，例如，雨水代表雨季开始，降雨量开始增加；惊蛰代表气候回暖，天气晴朗，万物复苏；谷雨代表降水增加，对谷类农作物的生长有帮助。我国农民运用二十四节气来进行农田耕种管理和推算农作物成熟程度，经验丰富。幼儿通过了解节气从而了解农作物生长及生产方法。

（三）传统风俗的传承

随着人们生产和生活水平的提高，许多传统风俗都逐渐消失，渐行渐远。二十四节气像是一个生动的纪录片，把那些深埋记忆的历史传统讲给孩子们听，希望他们能够一代又一代地传承下去。二十四节气是我国特有的一种计时方法，为了纪念一年中一些重要的节气，在该节气到来时，人们还会开展一系列民俗活动，例如，立春作为二十四节气之首，有吃春饼和鞭春牛的习俗，象征一年春耕的开始，庆祝新的一年到来。立春、清明和冬至既是节气又是重要的节日，除了了解节气本身的含义之外，还可以通过传说故事等让儿童了解节日背后的含义。清明和冬至时节，有些地方有祭祖的风俗，通过故事的形式，让儿童了解家国天下、血缘的延续、历史的传承，理解一代又一代中国人世世代代的风俗传承。

(四)人与自然和谐共处

二十四节气体现着我国古代人与自然和谐相处的思想。随着人们对于自然征服欲的增强，大自然给人们提出了种种警告，各种自然灾害频发。如何与自然相处，是儿童从小就应该思考的问题。二十四节气中引用了很多谚语，如“惊蛰至，雷声起”，春雷把冬眠的动物一一唤醒，既生动又形象；“谷雨前后，种瓜点豆”，谷雨的名字源于“雨生百谷”，谷雨节气后，气温逐步回升，降水增多，正是种瓜种豆的最佳时节，一旦错过则费时费力，事倍而功半。二十四节气给儿童的启示是要顺应天时，也就是要顺应自然。

三、二十四节气传统文化融入幼儿园生活化课程的策略

(一)一日活动融入节气教育

把二十四节气融入幼儿教育内容中，首先，教师要掌握好幼儿的学习特点，利用日常活动体现节气教育的内涵，吸引幼儿积极参与节气教育教学。如，在晨间可以播报一些与节气相关的新闻内容；或组织晨读朗诵二十四节气歌等；或在用餐时讲授农耕的相关知识，通过了解节气体会古人的智慧；或在天气晴朗之时，带领幼儿去踏春、放风筝，并辅以春分的讲解；立冬代表冬天来了，可以加入一些游戏活动，如剪窗花等，辅以冬至的讲解；在教授古诗时也可以找寻关于节气的古诗内容，让幼儿通过阅读与理解体会其中的寓意，同时分享自己熟知的节气谚语，让小伙伴们也积极参与学习；或适当开展一些教育活动，让幼儿直接体验，以加深对节气的认识。在幼儿日常教育中不断融入节气文化，使他们受到传统文化的熏陶，实现全面发展的目标。

(二)挖掘传统文化

二十四节气中的传统文化较多，可以挖掘相关知识点进行幼儿教学，这样既让教学内容变得丰富多彩，也培养了幼儿的民族自豪感。通过二十四节气搜索传统节日，从而渗透节气知识，让幼儿深刻理解我国的传统文化。清明时节，利用清明传统文化制定教学方案，将幼儿对传统文化的兴趣激发出来。在清明节这一天设计“清明”的讲解，通过古诗让幼儿了解清明的由来和传统习俗，及古诗与二十四节气的关系。到了端午节，可以增加端午节儿歌的讲述，也可以设计相关的美术活动，如画龙舟。又如，惊蛰节气，教师可以引导幼儿观察天气并做简单的记录，如天气状况或气温等，以日常方式来体会节气到来时的天气变化；或者开展户外活动，如修剪树木，一边修剪一边联想树枝的作用，或者发挥想象把剪掉的树枝做成插花。这样的教学方式既让幼儿了解了节气，也培养了他们对美的认识。

(三)培养幼儿多元化表达

关于二十四节气的童谣或儿歌也有很多，其词语与意境极其优美，通过对它的学习，幼儿能获得艺术的享受。在进行节气教育活动时应探寻多元化的艺术元素，通过眼、手、口、脑的相互合作，提升艺术审美力。通过看图、歌唱等活动方式，让幼儿深刻理解节气；也可以鼓励幼儿寻找与节气相关的内容，或听爸爸妈妈的讲述，或在自然中发现、感受……以幼儿独特的角度讲述他们眼中的节气；或者利用某一个节气创设个性表演，扮演某一角色；等等。这样一场别出心裁的“表演秀”就开始了。

（四）营造传统节气氛围

为了体现二十四节气的文化氛围，可以设计一面传统文化宣传墙，分类制作春、夏、秋、冬模块，并设计出二十四节气图片分别粘贴到上面。如，端午节时，可以在夏的模块中粘贴相关饰品以衬托节气氛围。也可以粘贴有关节气的古诗，如春季模块可以粘贴《咏柳》，夏季模块可以粘贴《悯农》，秋季模块可以粘贴《水调歌头》，冬季模块可以粘贴《立冬》，等等。这样的教学方式能让幼儿在节气氛围中了解节气文化，体会我国传统文化的内涵。

将二十四节气融入幼儿教育中，展开一系列主题活动，带领幼儿近距离地接触大自然，依靠自己的直接体验和主动探索，在愉快的实践中体验、感悟，从而发挥生活化课程的教育功能。让中华优秀传统文化与美德能代代弘扬与传承，让民族文化根植于每个孩子的心田。

亲近生活、热爱劳动

——给3—6岁幼儿家长的劳动指导建议

北京市北京师范大学实验幼儿园明光分部　鲁　珍

2020年，中共中央、国务院就已经颁布了《关于全面加强新时代大中小学劳动教育的意见》，切实要求各级各类学校大力推进劳动教育。2021年通过的《中华人民共和国家庭教育促进法》中也强调了要“帮助未成年人树立正确的劳动观念，参与力所能及的劳动”。劳动教育如此频繁地在党和国家近期颁布的意见、法律中呈现，它对于3—6岁幼儿有怎样的发展价值呢？3—6岁幼儿如何循序渐进地开展劳动教育，家长指导幼儿劳动又要遵循怎样的原则？

一、劳动对于3—6岁的幼儿是必要的学习体验

（一）促进幼儿手指精细动作的发展和手眼协调能力的发展

许多家长为幼儿买了很多玩具来支持幼儿手部精细动作的发展，日常生活中想要促进幼儿的精细动作的发展就是要为幼儿提供丰富的抓、揉、捏、撕、折、扫、擦的动作发展的机会，家务劳动中蕴含着非常丰富的发展手指动作的机会。

（二）生活即教育，劳动中包含了数学经验

家长跟教师交流时常常自豪地说孩子数数能数到100，数到100体现的是孩子的唱数能力，但是幼儿数学能力的发展可不只是唱数那么简单，它包含了唱数、点数、目测数、按群计数等丰富的内容。家庭劳动中蕴含了非常丰富的数学经验，比如点数，孩子叠好自己的衣服后，可以请他/她数一数叠了几件上衣、几条裤子、几双袜子。劳动中有大量的机会能够让幼儿感知数和理解数、量及数量关系。

（三）家务劳动能够丰富幼儿的科学经验

照顾家中的植物还能丰富幼儿的科学经验。3—4岁的幼儿在照料植物时，热情极高，喜欢给植物浇水，但是把握不好浇水量，通过观察，幼儿会获得“浇太多水，植物会死去”的经验，他就能够在父母的指导下给植物适量浇水。4—5岁的幼儿能够在父母的帮助下了解家中植物的需求，能够用绘画的形式记录每种植物的照顾方法并且进行照料。5—6岁的幼儿在照料植物的过程中能够观察植物的生长变化，并且发现水、阳光、空气、土壤等对植物生长的影响。虽然只是一个很简单的家务劳动，却蕴含着非常丰富的科学知识和科学经验。

(四)激发幼儿思考，培养幼儿的思考能力、问题解决能力、创新能力

在幼儿整理自己的玩具和图书的过程中，家长和教师可以引发他思考："如何摆放图书，才能够使图书看起来很整齐?""如何摆放，才能够让玩具筐里放下最多的玩具?"在日常洗碗的过程中也可以激发幼儿思考："如何用最少的水洗干净所有的碗盘呢?"当幼儿参与了家务劳动我们就会发现，我们有很多机会和幼儿探讨生活中的小智慧。

二、幼儿劳动教育年龄表及对家长的指导建议

3—6 岁幼儿可以承担的居家家务劳动清单如下。擦拭类：擦桌子、擦台面、擦植物叶子、擦皮鞋等。清洗类：洗碗筷、洗水果、洗蔬菜、洗衣服、洗塑料玩具等。折叠类：叠衣服、叠被子等。整理类：整理玩具、整理图书、整理衣柜、整理鞋柜等。打扫类：扫地、拖地、垃圾分类等。食物制作类：切水果、包饺子、煎鸡蛋等。

我们还能够将这些内容定制在 3—6 岁幼儿一日劳动时间表中，为家长们提供比较清晰的参考。

表 1　3—4 岁幼儿一日家务劳动时间表

环节	内容	家长指导要点
起床	拉平床单、摆好枕头。	家长可承担大部分整理床铺的活动，邀请幼儿辅助参与。
早餐	餐前：摆放桌椅、碗筷，端凉菜。	家长提出简单的要求即可。
	餐后：将碗筷放到洗碗池、擦桌子、收椅子。	家长为幼儿示范擦桌子的正确方法。
照料植物	擦拭植物叶子，为植物喷水、浇水。	为幼儿准备棉签、小块抹布、喷壶、小水瓶等照料植物的材料，并为幼儿示范正确方法。
打扫卫生	擦拭家中低矮的台面(桌子、鞋架、花架)。	鼓励幼儿和长辈一起擦拭，重点在于培养幼儿的积极性。
处理垃圾	扔垃圾。	为幼儿介绍垃圾的种类，告诉幼儿每种垃圾应该如何分类。
午餐	餐前：认识蔬菜、洗菜、择菜。	耐心为幼儿讲解洗菜、择菜的方法，为幼儿提供练习的机会。
	同早餐后。	同早餐后。
整理玩具	从哪里拿的玩具送回哪里去。	家长要为幼儿提出整理玩具的要求。
洗衣服	洗袜子、洗内裤、洗毛巾。	为幼儿示范正确方法；接受幼儿的各种尝试。
叠衣服	叠裤子、上衣、袜子、内裤。	要为幼儿示范叠每种类型衣服的正确方法。

表 2　4—5 岁幼儿一日家务劳动时间表

环节	内容	家长指导要点
起床	折叠小毯子、小褥子。	家长为幼儿示范正确方法，开始可以辅助，幼儿熟练后要求幼儿独立完成。

续表

环节	内容	家长指导要点
早餐	餐前：摆放桌椅、碗筷、端凉菜。	家长提出简单的要求即可。
	餐后：洗碗筷。	教给幼儿洗碗的方法，指导幼儿使用洗碗布、洗洁精等洗碗辅助工具。
照料植物	为植物浇水、喷水，修剪枝叶。	带领幼儿学习照料植物的知识，科学照料植物。
打扫卫生	擦拭家中台面、扫地、拖地。	为幼儿示范扫地、拖地的正确方法，鼓励幼儿和长辈一起打扫卫生。
处理垃圾	制作垃圾分类箱，正确进行垃圾分类。	指导幼儿运用废旧材料制作垃圾分类箱，并且和幼儿一起进行垃圾分类。
午餐	餐前：洗菜、择菜、餐前工具准备。	为幼儿提供机会尝试。
	餐后洗碗筷。	同早餐后。
整理玩具、图书	能够把玩具、图书进行分类并且摆放整齐。	带领幼儿一起选择玩具、图书分类筐，鼓励幼儿自己为玩具、图书分类。
洗衣服	清洗夏季的上衣、裤子。	为幼儿示范正确的方法，鼓励幼儿尝试。
叠衣服	叠自己的衣服并整理自己的衣柜，为自己选择第二天要穿的衣服。	陪伴幼儿一起做，并且给予幼儿一些整理的建议。

表 3　5—6 岁幼儿一日家务劳动时间表

环节	内容	家长指导要点
起床	叠被子。	为幼儿示范正确方法，开始可以辅助，幼儿熟练后要求幼儿独立完成。
早餐	餐前：制作简单的食物（切水果、煎鸡蛋）。	要为幼儿示范使用刀具、小型炊具的正确方法，并且告知幼儿安全注意事项。
	餐后：洗碗筷。	鼓励幼儿探索又快又节约用水的洗碗方法；尝试选择不同的洗碗辅助工具。
照料植物	根据植物的生长需求照料植物。	带领幼儿丰富有关植物的科学知识，支持幼儿进行科学照料。
打扫卫生	擦拭、扫地、拖地或者根据家中需要的其他内容。	鼓励幼儿为家中成员分配打扫内容，学习使用新的清洁工具（吸尘器等）。
处理垃圾	进行厨余垃圾堆肥。	与幼儿共同学习厨余垃圾堆肥的方法，并且指导幼儿一起进行堆肥实验。
午餐	餐前：参与食物制作。	在幼儿的能力范围内为幼儿提供制作食物的机会。
	餐后：洗碗筷。	同早餐后。
整理自己的物品	整理自己的玩具、图书、书包等。	放手交给幼儿，鼓励幼儿按照自己的想法整理。
洗衣服	清洗自己夏季的上衣、裤子。	鼓励幼儿自己去做。

续表

环节	内容	家长指导要点
叠衣服	自己叠衣服并整理自己的衣柜。	带领幼儿学习叠衣服的各种方法，激发幼儿思考科学的收纳方法。

三、指导幼儿劳动的原则

(一)幼儿劳动要遵循由易到难的顺序

幼儿参与劳动的能力一方面取决于幼儿的动作发展水平，另一方面取决于幼儿参与劳动的机会，家长开始引导幼儿参与劳动时一定要从简单的内容开始，比如清洗衣物，先从小袜子开始清洗，学习揉搓小件衣服，再到清洗内衣、毛巾，然后再清洗裤子、上衣这种大件的衣服。

(二)允许幼儿在劳动过程中犯错

幼儿可能第一次洗菜浪费了很多水，第一次叠衣服不够整齐，第一次端汤不小心洒了点汤，甚至还有更多意想不到的事情发生。在保证幼儿安全的情况下，家长要允许幼儿犯错和失误，因为幼儿在失败中学习到的内容一定比在成功中学习到的多。

(三)家长要行动示范、共同参与

家庭教育中，我们最常提到的一种教育理念就是“身教重于言教”，如果幼儿生活在爱劳动的家庭里，他/她自然会模仿父母的行为，很早就萌发劳动的意识和劳动的行为。如果只安排幼儿去做这做那，父母却不参与进来，开始幼儿还能因新鲜感参与劳动，后面就会产生抵触心理。

(四)既要善用肯定鼓励，又要耐心示范正确方法

很多家长都知道“赏识教育”的益处，在幼儿劳动时免不了对其进行一番夸赞，但是为幼儿示范正确劳动的方法也是幼儿需要的，只有幼儿在劳动中有收获和成就感，他/她才愿意继续做下去。劳动中的成就感是培养幼儿劳动习惯的动力。

(五)善于在劳动中激发幼儿的思考和创造力

在家务劳动中，幼儿可能会遇到一些有趣的挑战，如图书太多塞不进书柜，衣服上的污渍洗不下来，每一个问题都是培养幼儿思考和解决问题能力的机会，家长们要抓住这样的机会和孩子一起思考，丰富拓展幼儿的经验。

浅谈幼儿园京剧文化环境创设的策略和意义

云南省玉溪市通海县第一幼儿园　姚　俊　吴艳梅

现代社会信息技术日新月异，科技创新突飞猛进，如何传承优秀的传统文化，对幼儿进行中华优秀传统文化教育，显得尤为重要。

中华传统文化博大精深，是中华民族数千年文明智慧的结晶，是我们的文化母体。党的十八大以来，习近平总书记多次强调要传承和弘扬中华优秀传统文化。他指出：“中华文明源远流长，孕育了中华民族的宝贵精神品格，培育了中国人民的崇高价值追求。自强不息、厚德载物的思想，支撑着中华民族生生不息、薪火相传。”深入挖掘并利用优秀的文化资源，为幼儿创设丰富的、健康的生活和活动环境，对于满足幼儿发展需要，帮助幼儿获得有益身心发展的经验，都具有深远的教育价值和意义。

幼儿园环境是无声课堂，是重要的教育资源。为了进一步丰富幼儿园环境的教育内涵，提高教师专业素养，让幼儿感受到中国传统文化京剧的魅力，我园以京剧为切入点，开展了以“传承传统文化——京剧”为主题的环境创设活动。开设活动的目的是让孩子们充分感受中国传统文化，在“中华瑰宝——国粹京剧”主题环境浸润下，感受国粹艺术的别样韵味。依据《3—6岁儿童学习与发展指南》(以下简称《指南》)精神，以环境、游戏、课程、家园合作为主要途径，将京剧元素融入幼儿一日生活；并充分利用各方资源，让幼儿欣赏、感受、了解、体验、动手创作。

良好的环境，是培育京剧教育的沃土。我园遵循《指南》精神，以幼儿发展为中心，把环境创设定位在“保护好奇、支持探索、鼓励创新”的教育理念下，在环境中努力渗透京剧元素，着力于突破静态设计，凸显生活性、丰富性、动态性和可操作性，充分发挥环境的隐性教育功能。主要包括园所装饰环境、活动环境两部分。

一、幼儿园京剧文化环境创设的策略

第一，幼儿园户外及墙面打造。幼儿园的户外活动场地是幼儿园室内活动场地的延伸，是幼儿与大自然接触的地方，他们在这里呼吸新鲜空气、享受阳光雨露。草地、沙池、小水沟以及花花草草等大量充满自然气息的环境是幼儿户外活动场地的主要构成部分，每一株花草、每一块石头都是“会说话”的老师。在环境创设时要不露痕迹地精心装饰，既要源于自然又要超于自然，让幼儿眼里所见皆为纯洁与美好。

为营造京剧元素浓郁的氛围，为幼儿创设具有京剧艺术美感的室外公共环境，可以让幼儿在墙面及自然环境中绘画喜欢的京剧人物，让幼儿一走进幼儿园就能看见、摸到、感受到京剧元素。具体做法是在大厅外围低矮墙面铺设长画卷，在两棵树之间固定塑料薄膜画以及树桩画、青砖画、瓦片画等。

第二，亲子楼道文化熏陶。孩子们与家人一起动手制作了关于京剧元素的作品，用来装扮楼道，这不仅让他们体验了亲子动手操作的乐趣，还加强了他们的主人翁意识。当一面面漂亮的主题墙呈现在大家面前，孩子们兴奋得你一言我一语地说：“那幅画是我画的!”“那是我和爸爸妈妈一起完成的!”“这是我去公园里捡的枯树枝，和奶奶一起做好的!”在这次的环境创设中，幼儿真正做到了“我的地盘我做主”。在楼道环境中，结合幼儿年龄特点，将京剧人物形象卡通化、拟人化，制作互动化环境“京剧小戏台”，将京剧中贵妃的头饰巧妙地与光学玩具相结合，使幼儿在游戏中与环境互动，自然获得文化的浸润和感染。

第三，创意美工室创作。美工室里有相关京剧的教师作品、幼儿作品、京剧道具及材料。班级教师和幼儿每周都有固定时间在这里探索各种材料，尝试各种传统艺术表现形式。京剧道具包含幼儿、成人演出的京剧服装、头饰、兵器、乐器等。教师充分利用京剧戏服同幼儿进行画京剧、赏京剧、话京剧等体验游戏，使幼儿在感受、体验京剧的过程中，逐渐爱上京剧。室内还存放有各种生活化、自然化材料，幼儿在接触材料的过程中，自然就会产生艺术创作的奇思妙想。

第四，区域活动的设置(美工区、表演区、语言区)。区域活动是幼儿园教育教学活动中的重要组成部分，也是幼儿最喜欢的活动之一，因为幼儿可以在活动中直接感知、实际操作及亲身体验。区域活动是以幼儿的需要、兴趣为主要依据，考虑幼儿园教育的目标和正在进行的其他教育活动等因素，将活动室或者教室划分为一些区域，在其中投放一些合适的活动材料，制定活动规则。幼儿可以自由选择区域，在其中通过与活动材料、同伴等的积极互动，获得个性化的学习与发展。为了让幼儿能与京剧近距离接触，老师们和家长带领幼儿一起共同创设了琳琅满目的美工区，投放了可以欣赏、绘画、制作的与京剧相关的材料；还有可以活学活用的表演区，里面投放了服装、水袖、涂在脸上的油彩、扇子等道具和化装用品，幼儿画了脸谱后，拿起道具就可以进行现场表演。

第五，主题墙推进。主题墙是师幼互动、幼幼互动的渠道，要让孩子有参与权，环境的布置要靠幼儿的大脑和双手。我园在大班以“京剧元素在幼儿园美术教育中的实践研究”为题进行主题墙的环境创设，紧扣主题，以主题开展为线索，在配合教育需要进行主题墙布置时，鼓励幼儿积极参与构思、创作、安排，与幼儿共同创设与主题相关的墙设。它可以帮助教师回顾主题实施走向，适当调整主题目标，以进一步调整后面的内容走向，增减和筛选与京剧主题相关的活动内容。此外，主题墙的创设紧跟主题活动的状态，主题活动开展到哪个阶段，主题墙就应创设到相应阶段，让主题墙一直处于动态的调整中。

二、在幼儿园开展京剧传统文化教育的意义

(一)通过创设环境让幼儿走进京剧，感受美的艺术

幼儿的年龄特征决定了他们对世界的认识还是感性的、具体的、形象的，常常需要实物和动作的帮助。从京剧艺术欣赏的不同角度出发，在班上创设了“京剧艺术欣赏角”，将色彩精美的剧照、漂亮的服饰、多彩的脸谱放在里面展示，引导幼儿感受京剧色彩的美；在表演活动区开办“京剧小舞台”，将具有德育功能的曲段用连环画的形式表现出来，展示在区域中，帮助幼儿理解故事人物与情节，引导幼儿感受京剧内容的美；增添表演道具，将戏曲中的人物面具和简单服饰，如长发、长须、官帽、戏服、车旗、伞盖等投放到区域中，激发幼儿的表演兴趣，感受京剧表演形式的美。通过环境的创设，引导幼儿走进京剧、了解京剧、喜爱京剧、发现京剧艺术的美。

(二)以京剧脸谱的艺术特点为切入点，培养幼儿对美术活动的追求和表达

初步了解京剧艺术往往是从生动有趣的京剧脸谱开始的，使幼儿通过脸谱欣赏、脸谱绘画、脸谱制作及京剧表演的形式来表达内心世界。要避免仅仅重视表现技能或艺术活动的结果，而忽视幼儿在活动过程中的情感体验和态度的倾向。京剧脸谱，是根据人物性格、性情设计的。我们通过欣赏这些色彩各异的脸谱，引导幼儿学会通过脸谱颜色判断京剧人物的好坏，明褒贬、辨是非。强调了艺术活动中的情感熏陶，这让我们看到了一种人文性的幼儿艺术教育。在欣赏活动中，孩子们不仅欣赏到京剧脸谱的色彩美，艺术情感也得到了熏陶。

(三)以京剧故事为切入点，培养幼儿的良好品质和坚强意志

孩子们可以通过教师提供的历史故事书和京剧故事书，或剧照、剪报、光碟等多媒体材料，了解京剧故事情节，同时了解中国文化的博大精深，增强民族自豪感。我们通过谈话、讲故事等方式，开展京剧故事图书自制活动，同时也将幼儿对故事的感受记录下来，添加到故事内容之中，使幼儿通过直观的画面感受到它的教育内涵。《岳飞传》中岳母刺字“精忠报国”的故事，能激励孩子们从小多学本领，长大才能为建设祖国多做贡献。现代京剧《沙家浜》选段“智斗”“军民鱼水情”，《红灯记》选段“都有一颗红亮的心”“穷人的孩子早当家”，我们将这类京剧以故事的形式讲给幼儿听，通过这些京剧故事并运用多媒体信息技术帮助幼儿了解旧社会人民生活的艰难，使幼儿感受到现在的幸福生活是无数英雄用生命换来的，从而培养孩子们从小就对英雄人物十分敬仰。

(四)以京剧表演为切入点，在日常活动中培养良好行为

京剧小舞台表演游戏中，幼儿扮演各种角色，模仿故事主人公的情绪和动作，体验表演的乐趣和人物的情感。演包拯、关羽的孩子觉得，他们要像包公、关公一样匡扶正义、惩恶扬善，经典戏曲富含表演因素，背诵、表演是大班孩子的强项，只要引导得当，是非

常轻松愉快的。引导孩子接触经典戏曲，是在纯净、空旷的心灵中奠定灿烂的中华文明。经典戏曲活动能实实在在地促进孩子多方面能力的发展，通过动手与聆听，使幼儿对京剧有更多的了解，还能在艺术美学上得以提升。

环境是重要的教育资源。以幼儿发展为中心，把环境创设定位在“保护好奇、支持探索、鼓励创新”的教育理念下，渗透京剧元素，为弘扬和传承中华优秀传统文化添砖加瓦。

幼儿园美术欣赏活动的实践与思考

云南省昆明市中共昆明市委机关幼儿园　张丽娟

美术欣赏是幼儿全面发展教育中一个不可缺少的组成部分，《3—6 岁儿童学习与发展指南》中指出，要和幼儿一起感受、发现和欣赏自然环境和人文景观中美的事物，激发他们表现美、创造美的情趣。通过对美术作品的欣赏，可以培养幼儿敏锐的审美感知能力和丰富的审美情感，激发他们的表现力和创造力。

幼儿园美术欣赏活动是一种培养幼儿欣赏能力的教育活动，是指教师引导幼儿欣赏和感受大师的艺术作品，了解对称、均衡等形式美的初步概念，感受其形式美和内容美，从而丰富他们的美感经验，培养幼儿审美情感和审美评价能力的教育活动。

教学策略是指以一定的教育思想为指导，在特定的教学情境中，为实现教学目标而制定，并在实施过程中不断调适、优化，以使教学效果趋于最佳的系统决策与设计。

一、目前幼儿园开展美术欣赏活动存在的问题

(一)对作品的选择缺乏依据

在众多的美术作品中，并不是所有的美术作品都适合幼儿欣赏，如何选择适合本年龄段幼儿且易于被幼儿喜爱和接受的美术作品对于教师来说是一个难题。

(二)教师认识不清或缺少具体的指导方法，导致美术欣赏活动艺术氛围的缺失

有的教师认为，幼儿欣赏能力水平不高，孩子不可能理解名画，无法理解作家所要传达的艺术内涵；还有的教师认为，教师自己都对美术一窍不通，在组织幼儿欣赏时，更不知如何引导才能让幼儿进入到作品中去。

这些都是我们在现实的美术欣赏教学实践中遇到的问题，那么我们该如何采取有效的教学策略来开展美术欣赏活动呢？

二、幼儿园开展美术欣赏活动的教学策略

(一)营造美术欣赏的环境艺术氛围

《幼儿园教育指导纲要(试行)》指出：环境是重要的教育资源，应通过环境的创设和利用，有效地促进幼儿的发展。在活动环境的创设过程中，我们应把握环境的整体风格与美感，充分利用丰富的颜色以及图案装饰环境，注重从平面向立体空间的延伸。同时充分利用建筑的结构特点，利用柱子、扶梯、墙壁、木柜、木架、房顶等创设美术的艺术展示长廊。

(二)把握美术欣赏的选材原则

并不是所有的美术作品都适合直接拿来给幼儿欣赏，合理选材是关键。教师首先要在充分了解幼儿身心发展特点的基础上，对大量的美术作品进行分析和筛选，选择其中最合适的作品。教师在选择美术作品时，应遵循以下原则：

1. 考虑幼儿的审美偏向

3—6 岁幼儿的思维水平尚处于具体形象阶段，因此他们更喜欢形象逼真、有视觉冲击力、色彩鲜艳、结构清晰的画面。有些美术大师经过长期对幼儿作画行为的观察与分析，从幼儿稚拙的表达方式和内容上深受启发，吸取了很多元素，因此这类美术与幼儿的作品有着异曲同工之妙，如物体的透视、多视点构图、夸张变形、立体物平面表现等。这类美术作品与幼儿的审美偏向一致，因此适合幼儿美术欣赏教学活动。

2. 了解幼儿的年龄特点

教师要了解不同年龄段幼儿的生理和心理特点，并在此基础上选择适合幼儿的生活经验、接受水平并能激发幼儿浓厚欣赏兴趣的美术作品。教师可以为不同年龄段幼儿选择不同的美术作品，也可以让不同年龄段幼儿欣赏同一幅美术作品，但欣赏的侧重点不同。

3. 参照幼儿的班级要求

幼儿园小班、中班和大班具有不同的培养目标，因此在选择美术作品时要符合幼儿所在班级的教育要求。参照相关的艺术理论和研究结果，并结合幼儿的年龄特点、知识结构和认知水平，我们确定了小班、中班和大班幼儿美术欣赏作品的发展脉络，即由抽象性作品导入，以具象性作品过渡，以介于抽象与具象之间的作品进行延伸，教师在为幼儿选择美术欣赏材料时必须遵循这一发展脉络。

（三）应该与幼儿的生活经验相关

当美术作品与幼儿的生活经验相关，美术作品就不再是“高高在上”或“遥不可及”了。当美术欣赏与幼儿的生活经验相关，更能引起幼儿内心的共鸣，从而使他们的审美想象得到充分诠释和释放。例如，在欣赏毕加索的《哭泣的女人》时，毕加索以一些散乱而紧凑的粗线条、剧烈变化的色彩描绘了一个处于极度悲伤状态的女人，她的表情呈现出她内心强烈的痛苦。在欣赏过程中，教师可以引导幼儿说说：这个女人心情如何？你是从哪里看出来她很悲伤的？她可能是因为什么事而悲伤？幼儿纷纷联系自身的生活经验进行表述，“可能她的孩子正在生病”……幼儿根据自己的感受体会到了画中女人的悲伤情绪，同时幼儿也在美术欣赏中了解了大师如何运用夸张的线条和变形的表现手法，画出不同心情的人物。

（四）提出开放性的问题

对话法是幼儿美术欣赏教学的基本方法，它是指“美术欣赏教育中，教师、幼儿与美术作品三者之间的相互作用和相互交流”。由于幼儿欣赏经验的缺乏，需要教师做好幼儿与作品之间的中介，引导幼儿与作品进行对话。其中，教师开放性的提问是幼儿与作品之间进行对话的桥梁之一。只要运用得当，提出的开放性问题就能成为引导幼儿发挥想象力和创造力的有效手段。

在引导幼儿观察欣赏对象时，通过“你在这幅作品中看到了什么？这像什么？”等问题，促使幼儿产生想象的需要和动机，并激发幼儿去搜索大脑中的表象，选择已有的形象组成新的形象。特别是在欣赏西方抽象作品时，幼儿面对高度抽象的图像和线条，在教师开放性问题的激发下可以充分发挥发散性思维，再借助想象将这些抽象的图像和线条与相应的事物联系起来。

（五）教授欣赏方法，做好有效引导

《3—6 岁儿童学习与发展指南》提出，引导幼儿学会用心灵去感受美和发现美。这说明，在美术欣赏活动中，要教给幼儿欣赏的方法，并做好有效的引导，引导幼儿在美术欣赏活动中感受美和发现美。由于幼儿园孩子年龄比较小，他们对美术欣赏的内容一般是以画面特点、色彩等为主。

1. 欣赏画面特点

例如，在“戏剧脸谱”的欣赏活动中，首先引导幼儿对画面中脸谱的特点进行欣赏。在引导欣赏的过程中，可以设计一些问题来引发幼儿的思考：你能说说这些脸谱的特点吗？这些线条都用到了哪些地方？通过这些问题，把幼儿引到构图和线条的欣赏中来。通过欣赏，幼儿们感受到脸谱大多是对称的，线条是弧线形的，而且大多是有粗有细的。

2. 欣赏画面色彩

幼儿最初的美术活动是从色彩开始的。但在幼儿园的美术教育中，普遍注重幼儿使用色彩的技能，而忽视了幼儿对画面色彩的欣赏。所以，在美术欣赏活动中，除了引导幼儿欣赏画面特点以外，还应引导他们欣赏画面的色彩。在“戏剧脸谱”的欣赏活动中，我先提出问题：这些脸谱的颜色好看吗？然后让幼儿说说自己的看法。有的幼儿非常喜欢这些颜色，红色的脸谱很亮眼，眉毛向上画，让人觉得这个脸谱很正直；也有的幼儿觉得这些脸谱像是生气的样子。通过对脸谱色彩的欣赏，幼儿学会了欣赏的方法，也提高了审美鉴赏能力。

（六）给作品起名字

给作品起名字一般是在对作品的内容、形式和意义有了深刻的理解之后进行的。幼儿给作品起名字的时候，是根据自己对作品所传达的信息的体验和理解，并充分发挥想象力而完成的。教师应该鼓励每位幼儿都要独立思考，大胆发表自己的想法。给作品取名字，能够引发幼儿对作品内容进行概括，并促使幼儿对画家的作画意图进行想象。

三、结语

总之，在美术欣赏教学中幼儿教师要为幼儿提供一个自由想象的广阔空间，理解美术欣赏的重要性，利用身边的资源营造一个美的环境。运用多种教学方法和选择各种适合幼儿欣赏的教学内容，运用教育学原理使幼儿快乐地掌握美术欣赏的基本知识和鉴赏方法，激发幼儿的学习兴趣，提高幼儿的审美能力，培养幼儿的审美兴趣，鼓励幼儿敢于自由大胆地发表自己的感想。通过美术欣赏，最终让幼儿多方位、多角度地感受美、发现美和表现美。

山区学前教育发展的希望

——以巧家县农村社区幼儿班为例

云南工商学院　秦天悦

巧家县位于云南省东北部、昭通市西南部，总人口约 62.5 万人，是云南省地形最为复杂的县城之一，山地面积占全县总面积的 98.9%。巧家县毗邻省内东川区、会泽县、鲁甸县、昭阳区，省外沿金沙江与四川省凉山州会东县、宁南县、布拖县、金阳县等县隔江相望，是出滇入川的重要通道。

长久以来，巧家县学前教育一直是云南省教育体系中的“短板”，而农村学前教育则是这个“短板”中最薄弱的一环。为了实现国家提出的“基本普及学前教育”的目标，近年来巧家县借助世界银行贷款云南学前教育发展实验示范项目，坚持“公益、普惠、优质”的办学原则，把学前教育作为重要的民生工程，着力破解“无园入、入园难”的困境，走出了一条农村学前教育普及普惠的新道路。巧家县学前教育 3 年毛入园率从“十三五”初期的 19.36% 提升至 84.19%。

2018年2月，在世界银行贷款云南学前教育发展实验示范项目资金的支持下，巧家县教体局以购买服务的形式，引入非政府组织“互满爱”，计划在巧家县农村地区建立5个“农村社区幼儿班”。当时巧家县共有幼儿园20所，其中11所在县城，9所在乡镇，在村社没有幼儿园。许多村社年龄满5岁的幼儿被安排到村完小学前班就读，接受小学化的管理和教育；3—4岁的适龄幼儿无园可上，只能待在家里。全县学前教育基础差、教育资源不足、管理不规范、城乡差距明显等问题十分突出。

通过走访调查、仔细筛选，巧家县最后确定在白鹤滩镇野鸭村、法土村、水塘村、大寨镇小田村、药山镇麦坪村利用当地村完小闲置校舍设置5个农村社区幼儿班。此举一出，引起许多人的质疑：教师从哪儿来？教学效果如何？会不会影响村完小的教学？由于要缴纳一定的费用，家长不愿意送来怎么办？面对这些质疑，项目工作人员积极与当地乡镇党委政府、村委会座谈，同时做好村完小校长的工作，在得到支持后，工作人员又走村串户，深入农户家中和幼儿家长促膝谈心，开展实地调研。

2018年3月，5个农村社区幼儿班顺利开班，共招收3—6岁混龄幼儿157人，招聘当地具备初中以上文化教师10名，为巧家县农村幼儿班探索迈出了坚实的第一步。

通过项目各方的付出与努力，巧家县5个农村社区幼儿班社会效益显著，得到了巧家县教体局以及广大学生家长的一致认可，并积极支持将这一成果在全县推广。截至2021年底，农村社区幼儿班已在巧家县覆盖8个乡镇、35个村，共建立起48个幼儿班(含世界银行项目下的5个农村社区幼儿班)，共有教师54名，在园幼儿达到1384名。

3年的时间，巧家县农村社区幼儿班从无到有，再到获得一致认可、全县推广，这中间离不开很多人的努力。通过总结梳理，巧家县农村社区幼儿班在教师培训、日常督导和社区动员等方面有以下鲜明的特征。

一是整合社会资源，就近办学。根据巧家县当地情况，在人居分散的偏远山区，周边没有学前教育资源，且有10个以上3—6岁适龄儿童的村落，与当地村委会协商，利用闲置的小学校舍、村活动室或村委会办公室等房屋作为农村社区幼儿园(班)的活动地点。减少家长的时间成本和资金成本，从而让家长有更多的时间从事生产，增加经济收入，为国家乡村振兴事业做努力。

二是师资队伍建设。招聘当地稳定的教师，通过岗前、月度、假期培训及外出实习等方式，使这些没有教学经验或幼教经验的老师成为合格的幼儿教师。同时，让附近的2—3个幼儿班教师组成互助小组，互助小组按周进行线上线下的支持、讨论和分享幼儿班管理和教学工作。组织老师经验共享，互相支持，促进教师队伍更加稳定。建立教师激励机制，通过教师绩效评估、公开课竞赛、外出学习等方式对教师进行激励。

三是教师培训。农村社区幼儿班教师大部分为小学转岗教师或社区临聘人员，学前教育背景缺乏、学前教育经验薄弱，为了促使幼儿班教师在学前教育教学水平和班级管理上能力不断提升，“互满爱”项目组每年制订教师培训计划，系统地开展教师培训工作，分别有岗前培训、月度培训、假期培训等。

四是玩教具图书设备投入。投入硬件设备、配置玩教具，优化幼儿班的教育教学环境，建立区角，创设班级环境，为幼儿提供更舒适的学习生活环境。

五是日常督导。项目办人员按月对幼儿班开展督导，主要对幼儿班管理、日常教学活动、幼儿班存在的困难和问题进行帮助和支持。同时，协助幼儿班教师召开家长会和举行大型活动，向当地教育部门汇报项目及各幼儿班运作情况，邀请村委会参加项目经验交流会等。通过项目团队的驻地跟进，增加县教体局和学校学前教育的管理人手，更有效、更全面地对幼儿班进行督察和管理。

六是社区动员。成立家长委员会，提升其参与社区事务的能力，学习儿童教育知识。召开家长会议、家长委员会会议，组织家长参加儿童保育、营养、卫生及儿童早期发展的培训，让家长形成科学的育儿观念，给孩子更好的呵护，促进整个社区在育儿观念上的进步。参与协商幼儿班重要事务，每月接受儿童早期教育培训。

七是加强项目团队的能力建设。定期督导幼儿班，按照幼儿班实际情况总结出适宜的项目操作和管理工具包，从而形成对项目的高效管理。

巧家县借助世界银行贷款云南学前教育发展实验示范项目设置农村社区幼儿班3年以来，给全县农村学前教育发展开辟了一条全新的道路，带给了孩子们五彩快乐的童年，也在农村广大家长和村民心中播下温暖的种子，点燃了山区学前教育发展的希望。

大力发展农村学前教育，是中国教育改革的重要着力点之一，也是世界银行云南学前教育发展实验示范项目实现扩大云南省学前教育覆盖率的本质要求。然而，在一些山区农村，人居过于分散且山高路远，加之留守儿童较多，当地的学前教育几乎一片空白。在经费投入有限的背景下，农村社区幼儿班的模式也是一种探索。希望昭通巧家县探索建立的农村社区幼儿班模式，能为我国其他地区提供系统的、可操作的、可推广的农村社区幼儿班的模式及经验。

傣族文化融入幼儿园美术活动的对策探究

——以双江县M幼儿园为例

云南工商学院　何美蓉　俸江美

一、傣族文化融入幼儿园美术活动的现状

(一)教师对傣族文化的认识不足

幼儿园的一部分教师对傣族文化的认识不足，了解的内容较少，不能及时根据幼儿需要、幼儿的年龄特征等对傣族文化知识进行选择，限制了整体教学的范围。还有一部分幼儿教师仅对傣族文化有简单的了解，不能带领幼儿深刻挖掘傣族文化的内涵和价值意义，不能对教学活动进行灵活调整，也不利于整体学习效果的提升。只有少部分幼儿教师对傣族文化有深入的了解，并且能够在课堂中自如地对其进行运用。

(二)活动目标和活动内容缺乏适宜性

部分教师的活动目标制定得太简单，缺乏挑战性，不符合《3—6岁儿童学习与发展指南》中大班幼儿的目标要求。此外，还有一部分教师没有根据幼儿的兴趣和需要出发，仅仅凭借教师对傣族文化的了解来完成课堂教学，没有达到备课教案中的活动目标，所以不能有效促进幼儿对傣族文化的学习与认知。

(三)傣族文化融入的元素和形式单一

幼儿园大班教师在开展美术教学活动中，融入的傣族元素相对比较单一，教师仅注重孔雀、大象、筒状的帽子、土陶罐等元素的融入，而忽略了傣族服饰中花筒裙和绣花鞋上图形元素的融入，对于傣族文化中色彩、物体的质感、风俗习惯并未引入课堂。此外，教师在组织美术活动时常常使用绘画活动和手工活动来展示傣族文化，活动形式单一，限制了幼儿的想象力和创造力，以致幼儿的作品千篇一律。

二、傣族文化融入幼儿园美术活动的应用策略

(一)培训研讨，提升教学能力

从教师自身角度来看，教师应提高自主学习傣族文化的意识，积极参加培训和教研活动；从幼儿园角度来看，幼儿园应重视民族文化的建设，举办一些关于傣族文化活动：一是幼儿园应该定期开展研讨会；二是幼儿园应该多开展关于傣族文化美术教育活动的讲座；三是成立傣族文化工作室。具体来讲，首先，幼儿园应该定期每周开展一次教研会，总结本周各班组织傣族文化美术教育活动出现的问题，参会的教师应该相互协助和讨论提出解决问题的对策，提高教学能力；其次，幼儿园可以定期请当地的傣族协会人员入园给教师讲解关于傣族文化的知识，让教师深入了解傣族文化；最后，幼儿园应该成立傣族文化工作室，成员可以包括了解傣族文化的园外的教育工作者和园内的教师，工作室的成员相互合作共同研讨，共同打造园本课程。

(二)丰富自身，促进教师专业发展

首先，教师应该提高知识储备，可以参加关于傣族文化美术活动的培训、教研、讲座，通过教师之间相互交流来增加傣族文化知识。其次，教师应该提高自身的教学能力，可以通过以下两个方面提高教学能力：第一，参加园内组织的磨课活动；第二，参加省、市和地州的美术活动竞赛。具体来说，教师应该多参加园内组织的关于傣族文化美术活动的磨课，在一次次的磨课过程中掌握更多的教授傣族文化美术活动的方法，并提高自身的专业发展能力。此外，教师可选择当地比较有特色的课程参加省、市和地州组织的竞赛活动，以激励的方式来提高教师的专业能力和专业素养。

(三)开发傣族文化资源，拓宽开展形式

首先，幼儿园应该对傣族文化资源进行深入的探析，美术教育活动中不仅要采用常见的象征性的元素，还应该挖掘傣族文化中图形、图像元素，如花筒裙和绣花鞋上的图案与花纹等。其次，幼儿园应该施行家、园、社合力，丰富教育形式。例如多实行家、园、社合力，多组织关于傣族文化的亲子活动，如让幼儿和家长共同制作傣族土陶罐并将其放在展览区，幼儿和家长共同设计傣族服饰并进行傣族服饰时装秀活动等。幼儿园应该建议家长带领幼儿到傣族文化园参观，并把在参观的过程中看到的内容通过绘画的形式画下来，以此来拓宽傣族文化美术活动的开展形式。

三、结语

丰富多彩的傣族文化、鲜艳亮丽的傣族服饰、灵活生动的傣族吉祥物符合幼儿的审美。在幼儿园中融入傣族文化的美术教育活动，既丰富了幼儿园的课程，还提高了幼儿的审美能力，使当地的民族文化得到了传承和发展。幼儿教育工作者应该对傣族文化应用于大班美术教育活动的影响有深刻的认识，不断地探索傣族文化融入幼儿园美术活动的方法和策略，从而使教师的专业水平得到提高，促进幼儿的全面发展。

融合教育背景下关于孤独症幼儿发展策略的分析与思考

四川省成都市天府新区宁安幼儿园　杨　静　佘　钰

一、孤独症幼儿在融合教育环境下的发展现状和困难

截至 2015 年，我国孤独症患者数量已超千万，其中 0—14 岁的患者达 200 余万，并持续快速增长。随着孤独症患儿出生率的不断增长，适龄进入幼儿园的孤独症幼儿数量也在

增多，普通幼儿园难以全部容纳，其教育形势日益严峻。即使国家大力发展融合教育，但因为经济或地区条件等限制，一部分孤独症幼儿仍然面临着入学难、融入难等困境。

(一)孤独症幼儿入学难

虽然进入普通幼儿园的孤独症幼儿数量在增加，但这是建立在我国人口的大基数上的，能接纳孤独症幼儿的场所相对来说数量还是比较少。孤独症幼儿在普通幼儿园接受学前教育的总体比例较低，特殊教育机构能接纳的人数也有限，所以一部分孤独症幼儿的教育需要并不能得到满足。

(二)孤独症幼儿融入难

大多数幼儿园能为孤独症幼儿提供的支持系统不完善，教育环境单一，特殊教育资源不足，幼儿教师在为孤独症幼儿提供早期干预时也往往是心有余而力不足，难以满足孤独症幼儿的发展需要，导致孤独症幼儿在园生存状况不佳，难以真正融入。

二、孤独症幼儿在融合教育背景下发展遇到困难的原因

造成孤独症幼儿在融合教育背景下发展困难的因素众多，主要可分为两个重要的方面：教育环境和个体特征。教育环境主要包括社会、幼儿园、家庭环境等外部因素；个体特征则是孤独症幼儿自身的基本特征和发展障碍程度。

(一)教育环境

1. 社会环境

经过实践证明，纯粹单一的物质环境的融合并不能达到促进孤独症幼儿社会化的效果，融合教育想要取得显著的效果还需要社会大众的支持认同和法律措施的有力保护。

首先，即使许多孤独症幼儿家长为了其子女能平等地接受教育都积极支持融合教育的开展，但与此同时也存在着其他一些声音抵制融合教育的开展。主要是因为这一部分人对孤独症幼儿的认识和观念存在偏差，导致对孤独症幼儿的包容性不足。在融合教育的开展过程中，因为孤独症幼儿存在发展障碍，在一些普通幼儿家长看来，孤独症幼儿的怪异行为会影响普通幼儿的发展，认为普通幼儿难以和孤独症幼儿沟通交往或者会模仿其怪异行为，从而对孤独症幼儿进入普通幼儿园接受教育难以产生认同感；幼儿园为了管理方便拒绝孤独症幼儿入学；孤独症幼儿家长的维权意识也比较淡薄，认为是自己的孩子有问题，他们不太愿意也羞于通过法律诉讼等方式去争取应有的权利，就将自己的孩子“隔离”起来。虽然国家已经在致力于打造高质量的学前融合教育，但拒绝孤独症幼儿进入普通幼儿园接受教育的情况还是在发生，在一些新闻报道上屡见不鲜。

其次，我国关于特殊教育的法律体系建设还不完善。一方面，关于特殊教育的法律法规立法的层次较低，现有的相关法律法规除基本法外大多数是地方性的法规或者意见，有些条款也只有号召和呼吁的意思，并没有强制相关人员去执行，也没有相应的监察体系，缺乏法律应有的权威性。另一方面，现有的法律条款用词空泛，大多是原则性的表述，难以指导实践，含糊不清的表述必然会带来实际操作和监督上的困难，这使得法律的可操作性大打折扣。

2. 幼儿园环境

大多数普通幼儿园可供融合教育顺利开展的各种教育资源不足，缺少支撑其开展所需的物质环境和精神环境。首先是在这些资源中占重要地位的幼儿教师，幼儿教师的专业素养、幼儿教师职业发展的阶段、幼儿教师的性格特点、幼儿教师群体文化氛围、幼儿教师的职业特点等都会影响幼儿教师对幼儿的态度和教学效果。其次是幼儿园本身，幼儿园实行的管理体制、园所的整体氛围和可提供的设备设施等都是幼儿园实施融合教育的关键。

最后是家长对幼儿园及幼儿教师的联系和支持状况，良好的家园关系才能给孤独症幼儿带来全方面可持续的发展。

3. 家庭环境

家庭作为孤独症幼儿第一个接触的成长环境，对孤独症幼儿的发展具有先导作用，无论是幼儿园还是社会都无法替代家庭对促进孤独症幼儿社会化发展所起的重要作用。孤独症幼儿进入幼儿园开始生活与学习，必然都带着与生俱来的家庭环境的差异性。所以家庭环境功能的发挥对孤独症幼儿顺利进入幼儿园接受融合教育有着极大的影响。

(二)个体特征

对幼儿园和幼儿教师而言，孤独症幼儿的年龄、认知能力、智商高低、语言能力、生活自理能力和社会交往能力等自身因素都是其融入普通幼儿园的关键。接收一个孤独症幼儿入园，意味着会花费幼儿园和幼儿教师数倍的精力，所以幼儿园也会在其能够提供教育资源使孤独症幼儿获得全面可持续发展的能力范围以内选择接收入园的孤独症幼儿。其中认知能力和语言能力更是孤独症幼儿学习和社交的基础，对融合教育的开展极其重要，直接影响着幼儿进入普通幼儿园就读。

三、针对融合教育背景下孤独症幼儿提出的发展策略

(一)提供给家长适宜的干预方案与培训

家长是孤独症幼儿早期干预过程中重要的参与者，家长具有专业的早期干预知识和技能对干预效果有着至关重要的影响，为家长提供持续的、科学的培训和合理的干预方案是帮助家长对孤独症幼儿进行干预训练过程中的重要步骤。只有经过对孤独症相关知识的深入学习或者是专业人员的培训，家长才能为孤独症幼儿提供科学的早期干预，这不仅有利于孤独症幼儿获得适宜和及时的发展，达到与普通幼儿相近的水平，还有利于提升家庭成员对孤独症幼儿未来发展的自信心，促进家庭和谐。当前主要针对孤独症幼儿在自然环境中提供干预训练，学前教育阶段主要指的是家庭和幼儿园，所以家长在这个过程中不仅只是一个辅助者，更多情况下也是主导者。融合教育开展过程中不仅是幼儿园和幼儿教师要付出时间和精力，家庭也是其中的主力军。如果每个融合教育开展过程中的参与者都能尽职尽责为孤独症幼儿提供和谐的发展环境，那么这对促进孤独症幼儿的发展无疑是非常大的帮助。在幼儿园接受的训练和教育，在家里也要不断地巩固学习，尤其是针对孤独症幼儿的一些严重刻板行为，想要改变就必须要做到家庭和幼儿园的教育方法相统一，不然再多的努力都将是徒劳的。

(二)制定适合孤独症幼儿的早期干预方案

孤独症幼儿是融合教育开展过程中的主体，其个体特征极大地影响着学前融合教育的效果。1975 年，美国联邦政府颁布“残疾儿童教育法”规定，要为每个特殊幼儿制订个别化教育计划(Individualized Education Program，简称 IEP)。制订个别化教育计划应在对孤独症幼儿个体特征和发展特点充分了解的前提下，尊重不同孤独症幼儿的个体发展差异，针对每个孤独症幼儿的特殊教育需要，由幼儿园代表、融合班幼儿教师和家长为其共同拟定，以此为指导为孤独症幼儿提供高质量、合适的融合教育。

(三)建立融合教育教师标准化认证体系

我国亟须建立有关融合教育教师标准化认证的相关体系，提高融合教育教师的专业门槛，以市场需求引导幼儿教师提高关于融合教育的专业水准。幼儿教师在融合教育的开展过程中起主导作用，幼儿教师只有在全面了解融合教育理念的基础上，才能在教育和保育的过程中采取科学适宜的教学方法；幼儿教师只有在深入了解孤独症的含义及孤独症幼儿的行为问题后，才能在实践教学中处理好孤独症幼儿的基本行为问题；同样地，幼儿教师只有在了解孤独症幼儿的发展特点的基础上，才能在教学过程中有所侧重，运用孤独症幼儿能接受的方法为孤独症幼儿提供适宜的教学内容。除上述之外，幼儿教师还要能够及时地与孤独症幼儿家长进行沟通，通过家访、谈话、家园联系册等手段加强与家长之间的沟通交流，以便及时共享信息，尽快形成相互信任的家园关系，将家园合作的作用发挥到最大。相关教育机构或部门应为现在岗的普通幼儿教师提供针对孤独症幼儿学习、生理、心理特点进行教育的专业教师培训；加强对师范生入职融合教师岗前的培训，重点关注其在融合教育过程中是否具有相应的实践技能与实践教学能力，并形成相关认证标准。除此之外，还应按时对幼儿园无差异化教学进行评估和达标认证。

（四）完善孤独症幼儿社会保障体系

学前融合教育是一项极其复杂的教育实践，其顺利开展依赖于高质量的幼儿园环境和高素质的教师等条件性因素，也取决于是否有法律法规制度的有力保障。政策支持才是全面落实融合教育的核心保障，应尽快制定强有力的特殊教育法，为学前融合教育发展奠定法治基础，并提供财政、教育资源等支持。尽快完善社会保障体系，才是提升融合教育质量最有力的保障。社会保障体系是融合教育理论发展的实践依托，也是实现教育公平的重要举措。

（五）形成全员参与的融合教育氛围

只有孤独症幼儿所在班级教师与普通幼儿都积极参与，再加上每一位相关人员的共同努力，才能形成全员参与的融合教育氛围。充分发挥家庭、学校、社会共同进行融合教育的巨大作用，在通力合作的基础上，运用专业的知识和诊断仪器对孤独症幼儿进行观察、记录、诊断、评估，并制订与实施科学合理的干预训练计划。值得关注的一点是要参照最近发展区及时更改个别化教育计划以适应孤独症幼儿不同阶段的发展需要。

构建全社会都能积极接纳孤独症幼儿的融合教育环境对发挥孤独症幼儿融合教育作用具有极大的积极作用。在构建全员参与的融合教育环境过程时，不仅要拓展参与人员的广度，增加参与人员的数量，还需要注重融合教育接纳氛围的深度。只有更加深入地了解孤独症幼儿，消除对孤独症幼儿的偏见，才能打心底里认同和接纳每一个孤独症幼儿。并且，仅有思想态度上的接纳也是远远不够的，还需要具备关于孤独症的专业知识和相关行为问题的处理能力，以便在实践活动中能采取行动帮助孤独症幼儿进行正常的学习和生活。

四、结语

综上所述，融合教育对于促进孤独症幼儿的发展十分重要，是他们获得公平教育机会的一个重要途径，开展融合教育已经成为一种趋势和使命。我国的学前融合教育尚处于初步发展阶段，融合教育的理论上的成熟与实际操作的滞涩之间存在着巨大的反差。孤独症幼儿本身的复杂性、幼儿园和幼儿教师在观念上和物质上的准备是否充分、孤独症幼儿的家长是否具备护理和教育孤独症幼儿的相关专业知识、普通幼儿家长对孤独症幼儿入学是否持支持态度等因素都影响着融合教育的顺利开展，决定着孤独症幼儿是否能得到适合自身发展的教育资源和教育环境。因此，相关政府部门应早日出台明确的法律法规，加大对融合教育事业的财政投资力度，积极完善学前融合教育支持保障体系；还应做好孤独症相关知识的普及与宣传，增强社会民众对孤独症幼儿的认同感，让孤独症患者被更多人理解和接纳。幼儿园应具有融合教育发展理念，提前准备好适合孤独症幼儿的幼儿园环境、课程和设备器材，为幼儿教师干预和训练孤独症幼儿提供物质条件；还应该提供充分的培训机会提高幼儿教师的融合教育知识和技能；提高幼儿教师工资待遇，营造良好的工作氛围，做好教师的心理工作也必不可少。作为幼儿教师，要在执教过程中不断增强自身的职业认同感，提升个人专业素养，增强指导幼儿家长进行家园共育的本领。除上述策略之外，我们还可以更多地参考国外的实践案例，借鉴国际上开展融合教育的相关模式，提炼出适合我国融合教育发展的相关措施，在普通幼儿园进行试验，评估其可操作性和可推广性，在不断的实践中提升我国学前融合教育的整体质量。

小班幼儿自主饮水行为初探

——以某幼儿园为例

四川省成都市天府新区祥鹤三街幼儿园　刘　佳　王翔宇

《3—6岁儿童学习与发展指南》明确指出：幼儿园必须把保护幼儿的生命和健康放在工作的首位。幼儿年龄越小，体内所需水分比例就越高，及时的补水对幼儿身体发育非常重要。幼儿在园是否具有饮水意识，是否能够喝足量的水，不仅意味着幼儿的基本生理需求是否得到满足，更从深层次反映出教师对幼儿饮水环节的指导与支持情况。

一、幼儿在园饮水时存在的问题

(一)饮水主动性不强

集体教学活动结束后，教师组织班级幼儿进行盥洗饮水活动。大部分幼儿陆续进入盥洗间，小部分幼儿在椅子上坐着不动，部分幼儿在区角玩自己最喜欢的小玩具，迟迟不肯进入盥洗间准备饮水活动。

幼儿在集教活动结束后的集中饮水环节主动性不强，小部分幼儿需要老师的引导和督促才能进行饮水活动，幼儿分散饮水的自主性也不强。幼儿在排队接水和喝水的过程中容易被其他的事物吸引，分散幼儿的注意力。幼儿饮水并不是因为觉得自己口渴了，而是老师的提醒。整个饮水活动表现出被动饮水、被动接受的状态。整个活动花费时间长，容易出现消极等待的时间，同时也不利于幼儿养成良好科学的饮水习惯。

(二)饮水形式枯燥

晨间入园环节，小部分幼儿开始陆续进班，并且都能根据自己的以往经验进行物品整理和盥洗饮水。A幼儿入班后在老师的提醒和帮助之下进行了盥洗，又在老师的提醒下拿杯子接了半杯水回到座位上开始喝水。同桌的小朋友已经喝完水并且在区角选取了自己喜欢的玩具进行游戏。A幼儿喝了一口水之后便开始和同座的小朋友进行交流，尝试和同伴一同游戏。此时老师提醒他先喝水，喝完水之后再进行游戏。听到老师提醒后他又拿起杯子准备喝水，嘴唇刚接触到杯子的时候又被其他小朋友的游戏吸引过去了。直到整个晨间游戏结束，他还有半杯水没喝完。

饮水对于幼儿而言不光是一件有利于健康的事情，更应该是一件快乐的事情。在教师提醒A幼儿饮水时，他表现出积极取水的行为，在饮水的过程中，他确实出现了饮水困难，但并未表达出不愿意饮水的想法，而是饮水的行为容易被其他外界事物影响和打断。可以看出，该幼儿对饮水活动缺乏积极性，简单枯燥的饮水形式并未让幼儿获得良好的饮水体验。

(三)未养成良好的饮水习惯

晨间入园时，B幼儿拿着水杯去饮水区接水，只喝了半杯。户外活动后，B幼儿又是只喝了半杯。第二天晨间入园时，B幼儿却连半杯水都没有喝完，只喝了一点点。

在老师的关注与提醒下仍然有幼儿存在只接一点水或者悄悄将水倒掉的情况，这样的情况值得老师的深思。在老师没有关注到的情况下，幼儿的饮水质量是否得到保证，幼儿的饮水量是否达到保教操作手册中的保教操作建议，即每日达到1200毫升的饮水量？幼儿每日的饮水质量值得老师去关注。通过环境与理论的提升，帮助幼儿快乐自主地饮水，了解饮水对身体有好处，愿意主动饮水、喜欢饮水，而不是迫于老师的要求而饮水，初步养成良好的饮水习惯。

二、支持幼儿自主饮水的策略探索

幼儿在园是否具有饮水的意识，能否足量饮水，不仅意味着幼儿的基本生理需求是否得到满足，更从深层次反映出孩子在园是否具备自我归属感和价值感。

（一）通过教育教学活动帮助幼儿认识饮水的重要性

通过集体教育教学活动，帮助幼儿了解饮水对身体健康的重要性，了解饮水的基本常识，让幼儿了解身体对水的需求以及喝白开水的好处。在日常活动以及餐前活动中，通过绘本故事饮水游戏等活动，如《取水歌》："小朋友，来喝水，你先我后排好队；拿好杯子来取水，按一按，叮，水来啦！"幼儿在一边排队一边念儿歌的过程中感受饮水的乐趣。另外，可以为幼儿讲述《肠道滑梯咕噜咕噜转》《咕咚》等绘本故事，让幼儿在潜移默化中了解水在身体里的变化。

（二）通过环境暗示让饮水更有序

通过饮水记录墙"能量加油站"的建立，让幼儿自主记录自己每天的饮水量，并在离园前进行集体讨论，鼓励和表扬认真饮水、爱喝水的幼儿，帮助幼儿建立饮水记录墙的公信度和记录饮水量的成就感，让饮水记录墙起到激发幼儿自主饮水的作用。同时，通过墙面和地面的提示，让幼儿自主排队接水，并且了解适宜的接水量，从而保证幼儿的饮水量。

（三）师幼共定饮水规则，让饮水更自主

教师尝试了解幼儿的想法，共同讨论喝水的常规，如：喝水时如何排队、喝水的地点、喝水时的接水量、什么时候喝水。通过孩子们的参与，让饮水规则更加民主化，让幼儿在制定饮水规则和遵守规则的过程中获得归属感与价值感，让自主饮水更加具有意义。

（四）争做"小小喝水观察员"，让同伴互助更细致

在每日喝水积极认真的幼儿中选出"喝水观察员"，在幼儿的认知下制定喝水观察员的工作职责，在幼儿饮水活动中引导同伴排队接水，提示接水量等。通过"小小喝水观察员"，让同伴互助更加细致入微，观察每位幼儿的饮水量，保证每位幼儿真实的接水量和饮水量。另外，"小小喝水观察员"本身也是一种激励，无形中形成了幼儿们心中的饮水动力。

（五）特别的提示，让家园共育形成合力

每日晨检，教师便会了解到当日班级持红牌、黄牌的幼儿人数。面对生病幼儿，保证饮水量对他们来说更是至关重要。制作特殊的幼儿饮水观察记录本，清晰地记录每日特殊幼儿的饮水量，保证幼儿身体健康的同时让家园沟通更具信任度。

三、结语

科学饮水包含了三层含义：一是幼儿知道饮水对身体健康的重要性，了解饮水的基本常识，喜欢饮白开水；二是幼儿能够逐渐做到根据自己的身体需要主动喝水，适量饮水；三是幼儿能逐步养成良好的饮水习惯，能安静、有序地饮水，及时饮水，保证身体健康。因此帮助幼儿科学自主饮水，是一线教师需要不断探寻的教学道路。同时饮水与进餐一样，是幼儿一日生活中极其重要的环节，关乎着幼儿的生命健康，水是维持生命的第二要素，是人体内六大营养素之一。幼儿在园主动饮水，饮水足量，能促进孩子身体的正常发育和

健康成长，同时这也是每位家长须密切关注的问题。幼儿的成长是一个漫长的过程，让孩子接受没有味道的白开水同样需要一个循序渐进的过程。饮水关乎孩子的健康成长，培养幼儿主动饮水、科学饮水的习惯，是孩子成长急需解决的问题，同样也是有价值的生活教育课程。

大班建构游戏中教师的指导策略

——以成都市A幼儿园为例

四川省四川科技职业学院　刘　婷

一、问题的提出

建构游戏是指幼儿利用积木、沙土、积塑或其他材料建造各种造型的娱乐活动，是利用各种不同的建构材料来反映周围生活的一种游戏。《幼儿园工作规程》也要求："幼儿园应当将游戏作为对幼儿进行全面发展教育的重要形式"。游戏是幼儿的基本活动，是幼儿生活和学习的重要方式。而建构游戏作为游戏中的重要组成部分，在幼儿的全面发展中发挥着至关重要的角色。由于幼儿年龄较小，他们的身心发育还不够成熟，在建构游戏中可能会遇到各种各样的问题，这时就需要教师提供相应的指导来促进游戏的顺利开展。同时，《幼儿园教育指导纲要(试行)》中指出："教师应成为幼儿学习活动的支持者、合作者、引导者。"本研究采用观察和访谈方法，对大班建构游戏现状进行分析，并试图探讨大班建构游戏中教师的指导策略。

二、大班建构游戏中教师指导的现状

(一)建构游戏时间把握不合理

笔者对幼儿园大班建构游戏中教师指导现状进行了简单的梳理，在梳理过程中发现教师对幼儿建构游戏时间的控制存在一定的不合理情况。大班区域建构时间每天在20—25分钟；户外集体主题建构游戏活动一学期1—2两次，每次活动时间为60分钟左右。大班幼儿相比于中小班幼儿，与同伴沟通交流合作能力有较大提升，因此保证足够的建构游戏时间是很有必要的。幼儿园建构游戏不同于其他游戏，从主题选择到构思作品再到搭建需花费较长时间完成，如果强行规定幼儿建构游戏时间，会导致幼儿的游戏构想不能实现，因此也就不能满足幼儿深度游戏的需求，这是违背一定的游戏精神的。如果不规定幼儿建构游戏时间，可能会影响其他活动的安排。针对这样的教育情境，只有合理的、科学的、合乎真实情境的指导策略，才能帮助有同样困惑的教育者，以提升他们的指导水平。

(二)建构游戏材料投放不合格

其一，材料不够丰富，数量不够。开展建构游戏的重要前提是游戏材料要丰富，若建构材料种类、颜色单一，数量较少，则很难吸引大班幼儿的注意力，也就难以创造丰富多彩的建构作品。其二，材料缺少变化。班级建构区材料每年一次大更新，半年一次小更新。大更新是指建构区全部的材料都会翻新，但小更新只会更新一小部分建构材料，过低的材料更换频率会使大班幼儿对游戏材料很快失去探究兴趣。大班幼儿处于接受各种事物的最佳时期，形象认知能力比较敏锐，抽象、逻辑思维的能力迅速发展，好奇、求知欲也比较强烈。如果供幼儿探索的一直是一成不变的建构材料，幼儿就会很浮躁，手上虽然在操作，但一直没拼成比较有创意的作品。高频次地玩重复单一的材料，孩子们会对建构活动缺乏兴趣，也就导致了游戏的进行毫无效果。

(三)建构游戏指导理念不科学

在幼儿园建构游戏活动中，教师的指导理念有很重要的作用。有科学的理念才有正确的指导策略。没有科学理念的支持，教师对大班幼儿的游戏特点不了解，就难以选择合适的方式指导大班建构游戏。大班幼儿能自行组织建构游戏，有困难也会和同伴一起想办法解决，遇到无法解决的难题会向教师求助。在游戏过程中，教师只需要尊重幼儿主体地位，发挥幼儿主动性，引导幼儿自主创作游戏。

没有科学理念的引导，游戏活动开展过程中往往会出现教师过度干预指导幼儿搭建、教师参与建构游戏程度低、建构作品环节教师无评价等。教师是活动的引导者、合作者和支持者。建构游戏是一种发挥幼儿想象力的活动，活动前，面对建构活动中不同难度的主题搭建活动，发现教师未好好启发幼儿思想，给予一定的搭建思路和方法，未充当一个启发者和引导者；教师在游戏中时常充当一个旁观者，认为建构活动能安全、有序开展就行，不需要过多的指导；教师在游戏中也未好好充当一个合作者，与幼儿讨论交流情况较少，当幼儿出现问题时，教师并未和他们一起想办法，而是直接帮他们搭建未完成的作品。部分教师为不影响下一个活动环节，往往会提前结束建构游戏活动，导致出现幼儿不愿离开建构区的现象。活动结束时，没有幼儿分享作品环节或者教师点评作品环节，没有起到鼓励幼儿搭建作品的信心的作用。教师如果缺乏对自身在幼儿建构游戏中角色意识的认识，长此以往，幼儿的建构游戏会失去原本的教育意义。

三、教师在建构游戏中的指导策略

(一)游戏时间合理充足

要保障大班幼儿建构游戏的时间，首先，班上可制订建构游戏开展计划计划表，并严格按照计划表来进行，不能因为其他活动安排影响到建构游戏的开展。其次，根据大班幼儿年龄安排合理的游戏时长，可视本班幼儿情况延长游戏活动时间和建构游戏次数。最后，户外集体主题建构游戏活动不仅利于大班幼儿的讨论交流与合作分享，还有利于提升幼儿的搭建水平，教师可适当增加户外集体建构游戏活动次数，在条件允许的情况下争取每月举办一次。

(二)合理投放建构游戏材料

首先，可根据年龄特点及兴趣投放，保障幼儿建构技能提升。游戏材料投放要符合幼儿的年龄特征，要有层次性，材料投放要有动态性。大班幼儿的具体形象思维发展迅速，并有着强烈的创作欲。在大班建构区，教师要提供多种类型的建构材料，尤其是低结构类的建构材料，如实心积木、彩色积塑、乐高积木，还应投放一些半成品或自制的材料。其次，要防止建构区发生争抢材料的状况，同类型的材料数量应充足。材料投放方面，可寻求幼儿和家长一起帮忙收集日常生活中建构游戏的辅助材料。有了家长的共同参与，建构游戏材料才会变得更加丰富多彩。最后，幼儿是成长中的主体，在成长的过程中幼儿会出现新的需求，老师应注重观察及时更新建构材料，根据幼儿的需要提供适当的材料，并帮助幼儿深入探索，引导幼儿形成创新思维。

(三)培养教师科学的建构游戏观念

首先，教师应改变“建构游戏是孩子自己搭积木”的传统观念，重视建构游戏在幼儿认知、动作等方面的发展。教师只有理解建构游戏的含义和内涵，把握建构游戏的特点，充分理解建构游戏对幼儿和教师的价值，才能正确解读幼儿作品，正确运用建构游戏的指导策略。学习科学的建构游戏指导理念，丢弃过时的指导方法，多从幼儿的角度思考问题。

其次，维果斯基的“最近发展区”理论对当前的幼儿园教育教学仍具有重要的指导意义。

教师常以“跳一跳，够得着”来评价幼儿的“最近发展区”，这也成为教师在建构游戏中开展指导策略的重要依据。维果斯基的“支架理论”是教师指导幼儿探索建构游戏的重要指导方法。教师通过观察，了解幼儿在建构游戏中的实际问题，并能够对此进行记录，然后再将问题反馈给幼儿，并在全体幼儿面前进行讨论，将解决问题的方式方法还给幼儿，以促进幼儿解决问题的能力，推进幼儿“最近发展区”的进一步发展。

最后，教师要树立科学的教育观、儿童观、课程观。这样教师才不会出现“放任幼儿游戏”和“过度指导幼儿游戏”的不恰当指导行为。在建构游戏中，教师要有角色转变的意识，幼儿教师是支持者、引导者、观察者、合作者和评价者，教师角色灵活转变有利于幼儿在游戏中进行自主探索和思考。活动的开展需要幼儿教师的组织和安排，他们会根据本园和大班情况开展适宜的主题性建构活动，此时教师是支持者。教师是观察者、引导者，在游戏中教师要仔细观察幼儿在游戏中的行为，选取合适的时机以恰当的方式引导幼儿，协助他们克服搭建过程中出现的困难。教师是幼儿重要的合作者，在游戏中和幼儿一起交流互动，融入幼儿世界，共同完成搭建作品。当游戏活动结束，教师是评价者，根据幼儿需求，从儿童的视角出发，以鼓励性评价为主。大班幼儿建构能力与中小班幼儿相比较强，教师在游戏中应多以引导者、观察者和评价者的角色出现。教师科学、合理的指导策略才能保证幼儿在建构游戏中获得该有的经验与成长。

“婴幼儿是天生的科学家”

——论 0—3 岁婴幼儿科学概念发展

湖北省黄石市湖北师范大学　邹雪城　刘妍慧

自 1995 年我国提出科教兴国发展战略以来，科学教育一直是教育领域备受重视的一个核心议题。2021 年《全民科学素质行动规划纲要(2021—2035 年)》和《中国儿童发展纲要(2021—2030 年)》的颁布进一步强调学前儿童科学教育的必要性和重要性。目前世界各国对儿童早期认知能力发展的重视促使我们必须理解学前儿童的概念发展并思考如何通过高质量的师幼活动来支持其概念发展。学前儿童科学教育有助于早期科学概念发展，这对发展学前儿童对自然现象的理解，发展观察、推理、探索等过程能力(Mesut Saçkes et al.，2011)以及科学兴趣(Fragkiadaki，Fleer and Rai，2022)具有重要意义，从而为我国培养高科技创新型人才奠定良好开端。但纵观国内外学前儿童科学概念的相关研究，发现国外研究仍处于领先和主导地位，国内在这一领域的研究起步较晚，研究基础和研究成果仍比较薄弱和匮乏，尤其是针对 0—3 岁婴幼儿科学概念的研究，目前较为空白。本研究旨在通过梳理现有的 0—3 岁婴幼儿科学概念研究并结合日常实践，论述 0—3 岁婴幼儿科学概念发展的可能性、影响因素和策略，在丰富已有研究成果的同时为我国相关研究的开展提供启示和借鉴。

一、0—3 岁婴幼儿科学概念发展的可能性

(一)0—3 岁婴幼儿的科学概念发展潜质

关于 0—3 岁的婴幼儿是否具有学习科学概念的能力，历来备受争议。正如皮亚杰所认为的，“婴幼儿的认知发展处于感知运动和前运算阶段，他们的思考与科学思考大相径庭”，大部人依然觉得“0—3 岁的婴幼儿能像科学家一样思考”这一观点非常荒谬。但早在 21 世纪之前，许多研究者就对皮亚杰的观点持反对意见，发现婴幼儿对周围自然世界的表征近似科学理论，提出婴幼儿是天生的科学家。例如，有研究发现当一个物体在半空中被释放时，2.5—4个月大的婴儿能预测到它会下落(Baillargeon and De Jong，2017)。最近的一系列开创性研究也发现早在婴儿期，系统的科学学习便已发生，科学概念也已形成，而且婴儿和学步儿都是有能力的、积极的科学学习者(Byrne，Rietdijk and Cheek，2016；Gopnik，2012；Fragkiadaki，Fleer and Rai，2020；Sikder and Fleer，2018)。因此，0—3岁的婴幼儿不仅具有学习和发展科学概念的可能性，而且蕴含巨大潜力。

（二）0—3岁婴幼儿发展的科学概念类型

0—3岁婴幼儿形成的“科学概念”与他们日后接受学校教育习得的科学概念一样吗？答案显然是不同的。那两者存在怎样的差异和联系？苏联著名教育家维果斯基依据不同的来源将概念分成日常概念和科学概念两类(Vygotsky，1987)。日常概念是通过与世界互动直接习得的关于如何行动的直觉性和隐性的概念，例如冷的时候关窗，热的时候开窗(Fleer，2009)。0—3岁婴幼儿形成的“科学概念”往往来自游戏、运动、生活等日常活动，本质上是日常概念。而他们日后习得的科学概念一般是通过学校教育间接习得的学术性和显性的概念，在上述例子中就是开窗和关窗背后的科学原理，即空气流动原理。长久以来存在着一种观点，日常概念的学习会阻碍日后科学概念的学习(Osborne and Freyberg，1985)。但事实不仅与此相反，而且两者紧密联系、辩证统一。只学习日常概念会导致概念难以在其他情境中迁移运用，同样，只学习科学概念会导致概念难以与实际生活相联系。因此，0—3岁婴幼儿形成的“科学概念”(日常概念)能为其日后学习真正的科学概念奠定重要的实践基础，由此他们既能将科学知识与生活紧密联系，又能灵活迁移。

二、0—3岁婴幼儿科学概念发展的影响因素

（一）游戏活动

游戏活动是影响0—3岁婴幼儿科学概念发展的一个重要因素，主要有三方面原因：一是基于政策文件的角度，《幼儿园教育指导纲要(试行)》《幼儿园工作规程》等文件纷纷强调“游戏是幼儿园的基本活动”，那么游戏也应该是0—3岁婴幼儿科学概念发展的基本活动。二是基于实证研究的角度，游戏是促进婴幼儿想象和认知发展的重要资源，他们对游戏情境的想象与对科学概念的想象相互交织(Fleer，2021)，由此日常概念与科学概念相互融合，促成真正的概念形成(Fleer，2009)。此外，游戏能创造最近发展区(Vygotsky，2016)，在游戏中学习科学有助于科学概念内化。三是基于现实困境的角度，在巨大的学业竞争压力下和“业精于勤，荒于嬉”“玩物丧志”等中国传统思想的深远影响下，游戏与学习往往被对立，许多婴幼儿教师和家长都刻板地认为科学学习是严肃和高要求的，因此应通过正式的教育而不是娱乐的游戏来增加婴幼儿科学知识并提升其科学能力，游戏在婴幼儿科学学习中严重缺位。

（二）教师参与

另一重要影响因素是教师参与。教师的积极参与有助于显著提升师幼互动的质量，实现具身多模态师幼双向互动。具身互动是指互动应发生在日常活动而不是虚拟世界中，也就是说0—3岁婴幼儿科学概念发展应与生活实际紧密联系，这与杜威、陶行知等著名教育家倡导的生活教育理论具有异曲同工之妙，有助于增强日常概念与科学概念的联系。多模态互动是指互动应将言语、视觉、听觉、空间、触觉等多种信息模态相结合，为婴幼儿提供充分的感知觉刺激，帮助他们直接习得丰富的有关科学的感性经验，为认识上升到理性奠定基础(Yelland，2018)。师幼双向互动是指沟通应是师幼之间平等的相互对话，而不是一方支配另一方的不平等对话，这有助于教师深入了解婴幼儿的兴趣、观点和动机等。0—

3 岁婴幼儿科学学习在做和言语讨论中进行(Siry, Ziegler and Max, 2012),师幼双向互动完美契合这一特点,有助于他们科学概念的发展。

三、0—3 岁婴幼儿科学概念发展的促进策略

(一)在各种游戏活动中发展科学概念

澳大利亚蒙纳士大学的 Fleer 教授团队基于概念游戏实验室(Conceptual Playlab)进行了数十年的研究和实践,研发出一套科学游戏世界模型(Scientific Playworlds Model)。这是一套让婴幼儿在游戏世界中学习科学并能有效促进其科学概念发展的教学模型,为我们在游戏活动中促进婴幼儿科学概念发展提供了一个范例。它具体包含五个关键特点:一是通过一个婴幼儿感兴趣的故事(例如《好饿的毛毛虫》)创设一个具体的科学想象情境,所有婴幼儿可以在这个故事情境中展开冒险和探索;二是使用一种文化工具(例如,教师自编的一首与毛毛虫生长相关的儿歌)让婴幼儿从现实世界平稳过渡到涉及科学概念的游戏世界;三是成人和婴幼儿共同进入游戏的想象世界,通过扮演角色开启冒险和探索之旅;四是教师基于婴幼儿对游戏的探索设置科学问题(例如,树生长需要什么?)并描述探索结果;五是在解决科学问题以拓展游戏的过程中对科学概念进行戏剧化处理(例如,树从小树长成大树是怎样一个过程,发生了什么变化),以创造戏剧性和紧张的时刻,维持婴幼儿和成人对科学学习的专注(Li, 2020)。

(二)提升教师在游戏活动中的情感投入

想要让婴幼儿时期的科学概念学习为其未来学校教育阶段的科学学习奠定良好开端,提升教师在婴幼儿游戏世界中的情感投入是关键,因为教师的积极参与和情感共鸣有助于为婴幼儿创造一个集体游戏环境,从而促进他们的科学概念学习和认知发展(Li, 2020)。具体而言,教师应该真正进入婴幼儿的游戏世界,以游戏伙伴的身份积极参与他们的游戏,而不是以成人的视角旁观他们的游戏,由此教师能真正理解婴幼儿对科学的兴趣和观点,与他们建立高质量的聚焦于科学概念学习的互动。

四、结语

在科教兴国发展战略的背景下,重视并促进 0—3 岁婴幼儿科学概念学习与发展对我国培养高科技创新型人才、加快人才强国建设具有重要意义。发达国家历来重视对学前儿童认知能力的培养,因此学前儿童科学概念研究历史悠久,数量可观,但令人惊讶的是,针对 0—3 岁婴幼儿科学概念的研究却十分匮乏。根据脑科学的研究成果,儿童生来就具有强大的学习能力,而且早期学习质量对未来成就具有重要的预测价值。近来一些开创性研究也纷纷表明科学学习始于婴儿期,0—3 岁的婴幼儿对科学学习态度积极、兴趣浓厚并能发展出科学概念。因此,婴幼儿具有学习科学概念的可能性与巨大潜力,成人千万不可忽视和轻视,错失人生早期开端这一学习和发展的关键期可能会对其未来科学学习产生深远的负面影响。热爱游戏是婴幼儿的天性,游戏是他们的权利,强调游戏在 0—3 岁婴幼儿科学概念发展中的重要意义,既是对发展规律的顺应,亦是对儿童权利的捍卫。国外的科学游戏世界模型在结合游戏与科学学习方面成效斐然,值得我们学习借鉴,但同时也要注意“水土不服”的问题,必要时需要进行中国化处理。游戏是婴幼儿科学概念发展的重要载体,但想要保证并提升婴幼儿科学概念的学习成效离不开教师的积极参与或情感投入,因为这有助于实现师幼双向互动,显著提升师幼互动质量,由此教师会科学观察并解读婴幼儿在游戏中进行科学学习的表现并给予精准有效的支持。

托育教师专业素养研究

——以P市为例

云南省普洱学院　孔礼美　汪忠意

传统的隔代教养加上“三孩政策”的全面放开，0—3岁婴幼儿数量逐渐增多，托育需求也相应增加。众多研究表明，托育服务的质量会影响0—3岁婴幼儿的身心发展。要确保高质量的托育服务，托育教师的专业素养成为至关重要的决定性因素，提高托育服务的质量首先应该关注托育教师的专业素养。通过对P市10家托育中心229名教师进行调查发现：托育教师整体的年龄偏年轻；托育教师以专科及本科学历为主。在调查中发现，专科学历托育教师人数最多，占比63.76%；本科学历占比25.76%。托育中心教师的整体学历水平符合《托儿所幼儿园卫生保健管理办法》的要求。

一、P市托育教师队伍专业素养现状分析

根据托育教师专业素养各个方面的得分，统计出平均值，从高到低依次是专业理念与师德(3.76分)＞专业知识(3.59分)＞专业能力(3.50分)。托育教师专业素养的三个方面得分均值均高于理论中值(3.0分)，专业素养平均得分为3.62分，说明托育教师的整体专业素养良好。

(一)托育教师专业理念与师德

专业理念与师德包括职业理解与认识、对婴幼儿的态度和行为、对婴幼儿的保教态度和行为三个方面。通过调查，在托育教师的专业理念和师德中，职业理解与认识平均值相对较低，为2.83分，说明托育教师对职业理解与认识有待提升。对婴幼儿的态度与行为和对婴幼儿的保教态度与行为平均值都在4分以上，说明托育教师对待婴幼儿和对婴幼儿保教的态度与行为都比较好。

(二)托育教师专业知识分析

专业知识是专业理念与师德、专业能力的认知基础。专业知识包括婴幼儿发展知识、婴幼儿保教知识、通识性知识。针对这些方面和具体要求，本研究展开针对性调研，数据结果显示：托育教师专业知识整体平均分为3.59分。婴幼儿发展知识平均得分为4.315分，婴幼儿保教知识平均得分为3.24分，通识性知识平均得分为3.205分。只有婴幼儿发展知识的得分在4分以上，说明托育教师还需丰富专业知识的储备，尤其要注重婴幼儿的保教知识和通识性知识。

(三)托育教师专业能力分析

托育教师的专业能力直接影响托育的质量。本研究展开针对性调研，数据结果显示：专业能力的整体均值为3.50分。除了反思与发展，其他六个方面都过了理论中值(3.0分)，托育教师的反思与发展得分较低，仅为2.59分，说明托育教师需要有意识地增强反思与发展能力。

二、P市托育教师专业素养差异性分析

(一)不同机构类型的托育教师专业素养差异分析

托育中心有幼儿园托班和其他类型的托育中心(托儿所、早教中心等)。调查结果显示，幼儿园托班的托育教师专业素养平均得分为4.06分，其他类型托育机构的托育教师专业素养平均得分为3.32分，幼儿园托班的托育教师专业素养明显高于其他类型托育机构的托育

教师。其中，托育教师的专业理念与师德和专业能力在不同机构类型上有着很明显的差异，幼儿园托班的托育教师的专业理念与师德和专业能力平均得分均在4分以上，明显高于其他类型托育中心的托育教师。专业知识在不同机构的类型上没有明显的差异，平均得分仅相差0.02分。

（二）不同年龄的托育教师专业素养差异分析

在调查问卷中，将托育教师的年龄划分为四段，分别是18岁以下、18—25岁、26—30岁、30岁以上。调查结果显示，26—30岁、30岁以上这两个年龄段的托育教师专业素养总体来说高于另外两个年龄段，其中，专业能力得分最高的年龄段是30岁以上，得分为4.52分；而专业知识得分最高的年龄段是18—25岁，得分为3.93分。不同年龄的托育教师在专业知识和专业能力上有着显著的差异。不同年龄的托育教师在专业理念和师德上没有显著的差异，都超过了理论中值(3.0分)。专业理念和师德是托育教师对职业的认同感和敬业精神，具有相对的稳定性。而30岁以上年龄段的托育教师专业能力得分最高，是因为专业能力会随教龄的增长而增长，长期的经验积累是专业能力提高的重要原因。

（三）不同学历的托育教师专业素养差异分析

调查问卷中设有四个层次的学历水平，分别为高中以下、高中、专科、本科。问卷结果显示，总体来看，不同学历的托育教师专业素养有着明显的差异，本科学历的托育教师专业素养平均得分为3.95分，其专业素养明显高于其他学历的托育教师，另外三个层次的均未超过4分。其中，不同学历的托育教师在专业知识、专业能力上有着显著的差异，本科学历的托育教师专业知识得分最高，为4.31分。专科学历的托育教师专业能力得分最高，为4.19分。

（四）不同教龄的托育教师专业素养差异分析

在调查问卷中，将教龄设为四个阶段，分别为1年、1—3年、3—5年、5年以上。调查问卷结果显示，教龄在3—5年及5年以上的托育教师专业素养得分更高，分别为3.64分和3.71分，而另外两个年龄段的托育教师专业素养平均得分还没有过理论中值(3.0分)。其中，不同教龄的托育教师在专业知识和专业能力上均有显著的差异，托育教师教龄在3—5年及5年以上的，这两个维度的得分均高于教龄在1年及1—3年的。

（五）培训对托育教师专业素养的影响

参加过培训的托育教师专业素养平均得分为3.93分，而没有参加过培训的托育教师专业素养平均得分仅为2.84分。其中托育教师是否参加培训在专业理念和师德上没有显著差异，都超过了理论中值(3.0分)；而在另外两个维度上差异显著，参加过培训的得分均高于没有参加过培训的。这说明培训对于托育教师专业素养的提高有着重要的影响，参加过培训的托育教师专业素养总体高于没有参加过培训的托育教师。

三、P市托育教师专业素养存在的问题及原因分析

（一）存在问题

1. 托育教师对职业的理解与认识不够全面

在托育教师的专业理念和师德中，托育教师专业理念与师德存在的问题是托育教师对职业的理解与认识不够全面。托育教师没有在工作之余坚持学习，在访谈时有的托育教师认为："我能够用现有的知识和方法照顾和看护好婴幼儿就行了。再加上托育中心的培训时间比较短，内容单一，自己的知识也得不到更新。"

2. 托育教师掌握的婴幼儿保教知识和通识性知识不够

托育教师在专业知识方面，掌握的保教知识和通识性知识不够广泛。首先，托育教师

的专业基本上都是学前教育，学前教育专业虽然很接近0—3岁婴幼儿教育，但其最主要的对象还是3—6岁的幼儿，学习的专业知识也多是3—6岁幼儿的相关知识。其次在访谈中了解到，虽然大部分托育机构给托育教师提供了培训机会，但是为了节省时间和成本，所以培训时间短暂，而且更关注的是培训托育教师的营销和亲和能力，缺乏培训的专业性，导致托育教师具备的专业知识不够扎实。最后，在入职标准上，托育中心更注重托育教师的爱心和责任心等品质，没有对托育教师的专业知识的掌握有更高和具体的要求。

3. 托育教师缺乏反思和终身学习意识

在访谈中部分托育教师表示：工资待遇低、工作压力大、教学任务过重，没有时间去进行反思和寻求自我发展，没有把专业的发展看作自我完善的需要。但是有了这种需要才会产生动力，才会寻求主动去反思、主动去发展自己。

由于托育教师寄希望于托育机构，只想着在机构要求培训的时候才去学习，没有主动学习的意识。然而学习应贯穿人发展的整个过程，要树立终身学习的理念，汲取新的理念和学习科学的教育方法，才能获得专业的发展。

(二)原因分析

首先，教师专业知识结构有待完备，自我发展意识不强及反思程度不够。大多数的托育教师的专业背景基本上是学前教育，学习的多是3—6岁幼儿的保教知识，对婴幼儿的保教知识掌握得不完备，且教师平时不注重自身的学习，导致婴幼儿的保教知识有所欠缺。

其次，托育中心对托育教师的培训缺乏实效性，培训制度不够完善。在访谈和问卷中了解到，虽然大部分托育机构给托育教师提供了培训机会，但是为了节省时间和成本，托育机构培训时间短，培训内容单一，而且更注重培训托育教师的营销和亲和能力，缺乏培训的专业性，没有完善托育中心的培训制度，缺乏系统性。

四、P市托育教师专业素养培养建议

首先，应该热爱婴幼儿教育事业，对自己的职业有一个正确的认识，踏实工作；认真学习国家教育法律法规和各行政部门颁发的有关文件精神，维护婴幼儿的合法权益，注重师德内涵建设，扩展师德建设的载体，完善自身师德修养。

其次，加强专业学习，增强自我发展意识。托育教师要树立终身学习理念，加强专业学习，可以上网查阅资料、购买专业书籍以及积极参加职后的各类培训，补充新的思想理念和方法，在不断的学习中获得专业的发展，实现自我价值。对自身教育工作中出现的问题进行反思与探索，如通过教育笔记、观察记录、教学反思等形式，养成反思的习惯，同时还可以通过积极参与听课、评课和教学研讨等方式进行反思。

最后，相关部门应建立教师激励机制，托育中心应立足教学工作实际。相关部门应建立教师激励机制，保障托育教师的工资和福利待遇等，维护托育教师的合法权益。托育中心应立足教学工作实际，帮助托育教师获得职业体验感和幸福感，从而激发托育教师的专业成长。注重托育教师的专业发展。各类托育中心应注重托育教师的专业发展，增强培训的专业性和针对性，保障培训的实效性，促进托育教师的专业成长。师范类院校应根据相关要求建立婴幼儿托育专业，并将其纳入师范教育体系。以婴幼儿教育的目标和计划为标准，安排合理的教学内容与教学课程，注重对专业素养的培养。

大班额背景下幼儿园小班保育质量提升的策略

湖南省长沙市湖南艺术职业学院　黄　芳

由于受教育资源的不均衡，以及父母对良好教育资源的追求等因素的影响，在一些优质幼儿园，如省级或市级示范幼儿园，以及配套幼儿园不足的情况下，部分幼儿园存在大班额的现象。这主要表现为，班级人数超过《幼儿园工作规程》所规定的“幼儿园小班、中班、大班人数分别不能超过 25 人、30 人和 35 人”的标准，甚至有的幼儿园班级人数达 48 人。这种做法给班级保育工作的开展带来了一系列的挑战，如教师和保育员对幼儿照顾不周、保育质量下降、幼儿容易发生安全事故。如何在大班额背景下提升小班保育质量值得思考。

一、大班额背景下幼儿园小班保育工作面临的问题

(一)保育工作量增大影响保育质量

按照《幼儿园教职工配备标准(暂行)》的规定，全日制幼儿园常规班每班应配备 2 名专任老师和 1 名保育员。在大班额，一些幼儿园小班依旧按照两教一保的标准配备师资，另一些幼儿园则按照三教一保的标准配备师资。由于幼儿园有许多保教活动以外的事务需要处理，如布置班级环境、撰写教案、家长工作等，通常幼儿园会安排一位教师出班处理上述工作，并非每个班所有教师和保育员同时参与班级保教工作。这无疑增加了班级保育的工作量，导致小班保育工作容易出现教师和保育员无法照顾到每位幼儿的情况。此外，当幼儿需要帮助时，教师和保育员分身乏术，无法及时给幼儿提供帮助。大班额环境下安全问题也层出不穷，幼儿间互相追逐打闹，极易造成矛盾升级，由此演变为小范围的“大打出手”，教师由于精力匮乏，可能未能及时制止调解，这对幼儿的成长发展很不利。这直接影响到幼儿园小班的保育质量。

(二)幼儿生活卫生习惯和生活自理能力差

对于大班额，教师为了方便管理，多以集体活动的形式开展活动，这非常不利于因材施教。此外，因工作量大，为了确保各环节活动如期进行，教师和保育员缺乏足够的耐心和精力去指导每位幼儿，在幼儿生活自理能力的培养上存在不仔细、不深入、缺乏耐心的现象，导致幼儿生活自理能力参差不齐；甚至为了赶时间，教师和保育员直接代替幼儿做，如给幼儿穿好衣服、整理好书包。

由于幼儿没有得到有效的生活能力的指导和练习，他们难以习得良好的生活卫生习惯和自理能力。他们不能主动端餐，不能独自正确洗手，不能独自穿脱套头衣、拉链衣。因此，在大班额，小班幼儿整体的生活卫生习惯和生活自理能力差。

(三)保育工作不细致，难以获得家长的信任

大班额存在教师和保育员无法细致照顾到全班幼儿的情况。小班幼儿时有发生尿湿裤子或把大便拉在裤子上的现象，对于一些内向、不爱表达的幼儿，他们遇到此类情况不会主动向教师和保育员寻求帮助，可能会一直忍受着身体的不适，直至回到家中被父母发现。此外，小班幼儿自我保护能力、社会交往能力和解决问题的能力弱，规则意识差，但又好奇爱动，因此，他们在集体活动中容易发生抓伤、磕伤等意外状况。而在人数多的班级，此类问题发生的概率更大。当父母看到自己的孩子在幼儿园出现这些情况后，会认为是教师和保育员照顾不到位，他们容易对班级保育工作失去信任。

二、大班额背景下提升小班保育质量的策略

(一)保育优先，加强协同合作

保教结合是幼儿园教育的原则，也是幼儿园教育特殊性的体现。保育是整个幼儿园教育得以开始的根基，教师首先要做的是保育工作，要始终把保育工作放在首位。但在实际中，班级教师主要负责班级的教育教学活动，保育员则主要负责班级卫生保健工作和幼儿的生活起居，幼儿园教师和保育员之间存在着明确的分工，并没有实现保教结合。

幼儿园教师与保育员的协同合作影响着保育质量。因此，幼儿园教师和保育员之间要加强合作，坚持保教并重。尤其是在大班额情况下，幼儿园教师和保育员之间的合作显得更为重要，他们应共同开展好班级保育工作。如在进餐环节，教师要协助保育员给幼儿分发饭菜、点心，个别幼儿进餐慢时，教师要适当喂饭；如厕环节，保育员在厕所照看幼儿如厕，教师应在洗手池照看幼儿洗手、帮幼儿挽衣袖并提醒幼儿正确洗手。此外，教师和保育员的协同合作还表现在，教师和保育员应合理安排各环节的站位，以便教师和保育员最大限度地观察到每一位幼儿，避免意外状况的发生。

(二)加强学习，提高保育能力

大班额的问题在短时间内依然存在，并不会完全消失，面对这种情况，提高教师和保育员的保育能力是提高保育质量的有效途径。

教师有指导并配合保育员管理幼儿生活、做好卫生保健工作的职责需要教师自身具备扎实的保育知识和保育技能，这样才能指导保育员开展好卫生保健工作、消毒工作。针对小班幼儿活泼好动、容易发生碰伤等意外状况的特点，教师也应学习和掌握好应对突发状况的技能，如海姆立克急救法、止鼻血技能。此外，教师还应具备关于幼儿身心发展规律、幼儿学习与发展特点方面的知识。最后，教师应参加一些保教一体化的学习活动，从而提升保育意识和技能。

保育员不仅要做好班级的保育工作，还应该积极参与班级教学工作。但很多保育员因学历低、专业能力不强等因素缺乏班级管理能力和保育活动组织的能力。提升保育员班级管理能力和组织保育活动的能力显得尤为重要。既懂卫生保健又懂教育的保育员是实现保育工作规范化、高质量的必要条件。保育员可以通过阅读学前教育方面的专业书籍，观看优秀的教学活动和保育技能比赛的视频，观摩班级教师教学和班级管理等方式提高保教理论水平、提升教学能力和班级管理能力；做一个懂保育，也懂教育的全能型保育员。

(三)巧用策略，提高保育质量

面对大班额这一实际情况，教师和保育员应当充分发挥教育智慧，通过一些切实可行的策略，提高保育质量。

教师和保育员要采用分组的形式组织保育活动。在大班额中，集体行动容易导致幼儿长时间的消极等待，而在消极等待中，幼儿之间容易发生冲突，甚至会产生碰撞、抓伤等状况。因此，教师和保育员应对幼儿进行分组，指导幼儿轮流进行一日生活活动。例如，每次安排一部分幼儿如厕、洗手、喝水，其他幼儿则进行游戏活动或区域活动。这样既有利于教师和保育员更细致、更全面地照看每一位幼儿，避免意外状况的发生，确保幼儿安全；又能细致地指导每位幼儿的生活活动，帮助幼儿养成良好的卫生习惯、提升生活自理能力。

教师和保育员要发挥幼儿的带头作用，鼓励生活自理能力强的幼儿参与班级保育工作，做一些力所能及的事情。例如，让这些幼儿收拾玩具、整理书籍，分发餐碟、勺子，帮助生活自理能力弱的同伴脱衣服、穿衣服和喂饭等。对于幼儿而言，这不仅促使他们在锻炼

中提高生活自理能力，也有助于他们习得合作、互帮互助等亲社会行为，促进其社会性的发展；对于教师和保育员而言，这减轻了保育工作量，有助于班级保育质量的提升。

（四）多种途径培养幼儿自我保护能力和生活自理能力

提高保育质量，需要教师和保育员做好保教工作，培养幼儿的自我保护能力和生活自理能力。

要充分发挥一日活动的整体教育功能，通过集体教学活动、生活活动、区域活动、游戏活动等多个途径，培养幼儿的自我保护能力和生活自理能力。在健康领域集体教学活动中，教师可以开展安全、卫生保健和生活自理方面的教学活动，培养幼儿的自我保护能力和生活自理能力，如通过开展“我的小手真干净”的活动，让幼儿愿意洗手，并学会“七步洗手法”；在进餐环节，教师和保育员提醒幼儿嘴里有饭时不要说话，以免发生气管异物；在生活区投放娃娃，干净的衣服、裤子、袜子等材料，让幼儿在游戏中练习穿脱衣服、裤子和鞋子的技能；在益智区组织幼儿玩穿珠、拼图等游戏，提升幼儿手指灵活性。

（五）家园共育，发挥家庭的教育作用

提高保育质量，需要家长的参与。家庭是幼儿的第一任学校，父母是幼儿的第一任教师，应充分发挥家庭在教育幼儿方面的作用。

首先，父母要树立科学的教育理念，承担起家庭教育的责任。由于现在很多父母忙于工作，幼儿的生活起居主要由爷爷奶奶或外公外婆照料。老人出于溺爱的心理，常常过于保护、照顾幼儿。还有的父母认为幼儿吃饭、穿脱衣服慢，耽误时间，于是就包办代替。这种行为剥夺了幼儿训练的机会，非常不利于幼儿生活自理能力的提高。因此，父母要改变教育理念，要当一位“懒”家长，放手让幼儿自己做。

其次，父母要培养幼儿基本的自我保护和生活自理能力。在日常生活中，父母要教幼儿自我保护的知识和能力，如教幼儿安全使用剪刀，玩滑滑梯时不要头朝下，不要用手触摸插座；在生活自理方面，父母要教会幼儿拉拉链、扣扣子、擦桌子等技能，以便幼儿能更好地适应幼儿园的集体生活。

最后，父母要培养幼儿的表达能力。在大班额，教师和保育员要照顾三四十位幼儿，存在幼儿不说、教师和保育员不知道的情况。因此，幼儿的主动表达显得尤为重要。父母应鼓励幼儿在幼儿园遇到问题时主动告知教师，并在日常生活中培养幼儿这方面的能力。

浅谈奥尔夫音乐在智力障碍幼儿教育中的治疗作用

四川工业科技学院　王芳玲　黄译漫

近年来，国家高度重视残疾人事业发展，《中国残疾人事业“八五”计划纲要》的出台，更是强调了智力残疾的预防和康复工作。其中，智力障碍幼儿的康复工作，更是得到了政府、社会人士、教育领域的高度重视。奥尔夫音乐治疗法具有独特的治疗效果，在改善幼儿的生理、心理、智力和适应行为表现等方面具有特殊优势，我国也逐渐将奥尔夫音乐教学法用在特殊幼儿教育中并取得显著成果。本文主要通过分析奥尔夫音乐教育的特征、智力障碍幼儿的特点等，以此提炼归纳奥尔夫音乐教育对智障幼儿的治疗作用，从而间接为教育机构在智力障碍幼儿身上使用奥尔夫音乐治疗法提供有价值的教育启示，促进智力障碍幼儿的身心发展。

一、奥尔夫音乐教育的特征

(一)原本性

奥尔夫音乐是一种专注于回归音乐原始状态的音乐形式，它强调音乐作为人的本能的初始状态，注重音乐创作和表演者的角色，试图让人们在更加积极的参与音乐创作和表演的过程中，在音乐中重新发现原始自然的魅力，了解幼儿的音乐天赋，发掘幼儿在音乐创作和表演方面的潜力和能力，并在音乐创作和表演中找到幼儿的满足感和价值。

(二)游戏性

奥尔夫认为所有的音乐教学都应该以游戏为基础，因为通过游戏可以激发幼儿的好奇心，增添幼儿的兴趣，游戏是幼儿最基本的活动。奥尔夫音乐教育主张教师应以不同形式的游戏为手段，将教育目标融合在游戏当中，以此达到寓教于乐的作用，从而促进学前幼儿的身心发展。

(三)形象化

奥尔夫音乐教育通过各种打击乐器，比如木质类乐器、散响类乐器、皮革类乐器等，让幼儿学习不同音乐元素的手段，比如音乐的基本要素有节奏、节拍、速度等。同时，奥尔夫音乐教育还运用了“人体乐器”，即以身体动作的声音作为乐器使用，主要有声势、指挥形式。这些简单的动作技巧，没有场合和地点等条件的约束，可以随时自发运用，幼儿很容易驾驭。

(四)开放化

我国传统的音乐教育模式，只是单纯地照着固定的教材，教师采用形式单一化的方式讲授，没有一点创新性。而奥尔夫音乐教育具有开放性，它没有一个标准固定的课程模板，它鼓励教师可以依照自己国家或当地文化进行调整改动，或者遵循本幼儿园幼儿的特点去创造性地、个性化地创编课程。

二、智力障碍幼儿概述

(一)智力障碍幼儿的定义

智力障碍幼儿是智力水平明显低于同龄幼儿的一般水平，并伴有适应性行为障碍的人。智力障碍幼儿在个性表现和身体形态上都和正常幼儿有所不同。在个性表现上，智力障碍幼儿常表现出迟缓和呆滞。同时，他们缺乏表达情感和交往的能力。在身体形态上，尽管智力障碍幼儿和正常幼儿差异不明显，但他们的身体机能有一些差异。智力障碍幼儿通常会出现一些行为上的异常，如手舞足蹈、头部晃动、口吐唾沫等。

(二)智力障碍幼儿的特征

(1)五官发育都是异常的，和正常的面容是不同的。

(2)四肢不协调，不能完成精细动作。

(3)表情多变，如开心、难过、愤怒、愧疚等表情切换多变。

(4)语言发展缓慢、语言表达不清楚、记忆力衰退、思维能力低、情绪不稳定。

(5)自控能力差，反应迟钝。

(三)智力障碍幼儿的人数

据不完全统计，中国有1000多万智力障碍人士，其中近一半是学龄前的幼儿。

三、奥尔夫音乐在智力障碍幼儿教育中的治疗作用

(一)奥尔夫音乐教育可以培养智力障碍幼儿的自我意识

智力障碍幼儿存在自我意识缺陷，主要表现在对事物缺乏主动探究的兴趣，缺乏活力。但奥尔夫音乐教育中很重要的一个观念就是注重“原本性”，即强调幼儿是音乐的创作者和

表演者，需要自身参与到音乐中。此外，奥尔夫音乐还特别注重发挥孩子的主体性，鼓励孩子发挥自己的想象力和创造力，自主寻找音乐，自己去创造音乐，有助于智力障碍幼儿的自我意识的培养。

(二)奥尔夫音乐教育可以有效缓解智力障碍幼儿的情绪行为问题

智力障碍幼儿存在情绪不稳定和情绪调节能力差的特点，他们很容易受周围环境的刺激影响，情绪表现较极端。奥尔夫音乐教育包含多种特点的音乐素材，比如活泼的、轻快的、热情的音乐等。奥尔夫音乐教育可以按照智力障碍幼儿所处的不同环境状态，播放相适应的音乐素材，从而有效缓解智力障碍幼儿的情绪行为问题。比如，当智力障碍幼儿运动时，他们可能会出现呼吸困难、肌肉酸痛等症状，此时播放节奏轻快活泼的音乐可以有效缓解智力障碍幼儿的疲惫感，激发他们的耐力，点燃激情。

(三)奥尔夫音乐教育有利于培养智力障碍幼儿良好的行为习惯

一个优秀的班级，必定有一套完善成体系的班级管理制度。但是基于智力障碍幼儿存在注意力难以集中，生活、学习管理能力差等特性，教师想要管理好一个存在多数智力障碍幼儿的班级，是很困难的。若教师采用奥尔夫音乐的管理模式，即教师将不同类型的音乐运用在日常的教学活动过程中，就会使课堂更加有秩序。例如，在课程开始时，老师可以播放一段正常的激烈音乐，让孩子们为课程做好准备；而在课程结束时，老师可以播放一段正常的舒缓音乐，让孩子们休息或者玩游戏等。通过长期使用这种管理方式，有助于智力障碍幼儿行为习惯的养成。

(四)奥尔夫音乐教育能提高智力障碍幼儿的专注力

在奥尔夫音乐教育的教学过程中，幼儿需要运用听、唱、敲、弹、舞等多种方式与音乐进行互动，需要幼儿在一段时间内集中精力去完成一项任务，如听力训练、乐器演奏、舞蹈表演等。因此，智力障碍幼儿通过参与这些音乐活动，可以有效促进他们保持一定的专注度和耐心，不断地接受和处理新的信息，逐渐地培养他们的专注力。

(五)奥尔夫音乐教育可以增进智力障碍幼儿的灵活性

有研究者曾在北京海淀某学校进行了一项关于“奥尔夫音乐在智力障碍幼儿教育中的治疗作用”的课题研究。在三、四年级中选取 24 名智力落后儿童作为研究对象，分别为实验组和控制组，让控制组正常教学，而实验组在正常教学的基础上增设 3 个学期的音乐治疗课，最后将两组进行比较，以此评估智力障碍幼儿是否存在社会适应能力或心理能力等方面的变化。该课题组采用数字踪迹描绘测验的方式，来评估被试者的灵活性。

表 1　两组数字踪迹描绘平均数和标准差(秒)

分组	N	平均数	标准差
控制组前测	12	179.66	62.75
控制组中测	12	178.91	64.16
控制组后测	12	176.75	60.96
实验组前测	12	173.66	67.95
实验组中测	12	173.08	71.32
实验组后测	12	110.83	66.30

资料来源：张鸿懿，周为民．音乐治疗在智力障碍儿童教育中的作用[J]．中央音乐学院学报，2004(01).

从表 1 可以得出：两组的前中测差异不太显著，相反，实验组的前后测的平均数排除了各种误差影响，出现了显著变化，这是由于受音乐治疗的影响。

从图 1 可以看出，两组的前、中测所使用的平均单位时间差异不大，但两组在后测的差异显著。因此可以得出结论：实验组在接受一个学期的音乐治疗之后，其所需完成测验的时间和控制组无明显差别，但他们经过为期两学期的音乐治疗后，实验组的治疗效果明显高于控制组。

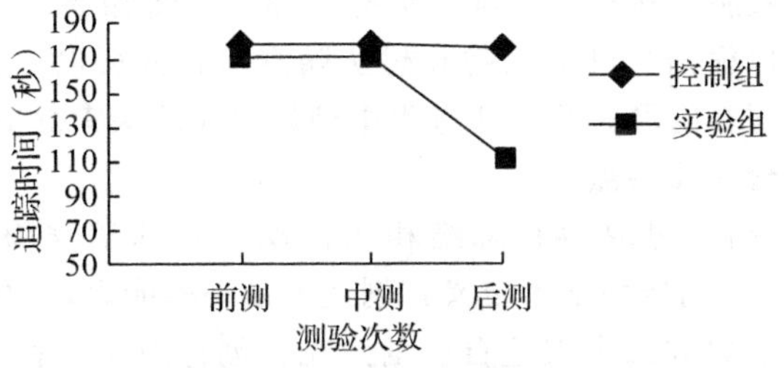

图 1　两组数字踪迹描绘测验比较(单位：秒)

资料来源：张鸿懿，周为民．音乐治疗在智力障碍儿童教育中的作用[J]．中央音乐学院学报，2004(01).

该课题组通过相关小样本的 t 检验得出了结论：控制组前后测比较的结果接近显著性差异，但同样将实验组的前后测进行比较，发现实验组的前后测有很大程度的提高。这说明实验组在数字踪迹描绘测验所需的平均单位时间比控制组有明显的缩短趋向(见表 2)。该结果则可完全归纳于受奥尔夫音乐治疗的影响。

表 2　两组数字踪迹测验 t 检验(秒)

分组	t	df	显著水平
控制组前中测	0.421	11	0.682
控制组前后测	1.900	11	0.084
实验组前中测	0.270	11	0.792
实验组前后测	5.932	11	0.000**

注：* 表示 $P<05$；** 表示 $P<01$。

资料来源：张鸿懿，周为民．音乐治疗在智力障碍儿童教育中的作用[J]．中央音乐学院学报，2004(01).

综合以上数据分析可以推论出，奥尔夫音乐教育能增进智力障碍幼儿的灵活性。

四、结语

综上所述，奥尔夫音乐教育对智力障碍幼儿的治疗作用主要有：培养智力障碍幼儿的自我意识、培养幼儿良好的行为习惯、缓解智力障碍幼儿情绪行为问题、提高智力障碍幼儿的专注力、增进智力障碍幼儿的灵活性五个方面。

利用低结构材料提高幼儿创造力的实践研究

北京市昌平区机关幼儿园　李　晶　谷　盈

所谓低结构材料，就其结构松散，可变性强，内容宽泛，没有具体玩法和规定的材料，如报纸、布袋、瓶罐、衣服、筷子、棋牌、贝壳、棉花、纽扣等多种可塑性强、无固定玩法的原始材料。幼儿可以根据自己的兴趣和想法随意组合并可以一物多用，通过一次次摆弄，不断探索、不断发现新问题，并在此过程中满足幼儿的探索欲望。

一、幼儿创造力的含义及特点

儿童的思路极其广阔，想象力和思维相当活跃。心理学家梅斯基（Meysky）和纽曼(Newman)还专门对儿童的创造力下了定义：创造力是一种能力，它能使一个人以一种让别人听取和欣赏他们的讲话的方式来表达自己的意见；创造力是一种素质，它能使人类发现自然的定义——别人以前未能理解的定义。当儿童能创造出一种表达自己思维的方式和能发现新问题时，就说明儿童有创造力。随着幼儿年龄的增长，其幻想中创造想象的成分随之增多，精细性也不断提高。幼儿创造力的发展表现在其动作、言语、感知觉、想象、思维及个性特征等各方面的发展中。

幼儿创造力主要表现出以下特点：其一，是不断发展变化的；其二，是比较简单和初级的；其三，自发性强，表现相当广泛；其四，主要表现为创造想象。在幼儿创造力形成和发展过程中，好奇心和创造想象的发展是两个最重要的表现。好奇心是幼儿创造力发展的起点，创造想象是幼儿创造力发展的最主要成分，随着能力的增长而逐渐发展。

《3—6岁儿童学习与发展指南》中指出：中班幼儿能经常用绘画、捏泥、手工制作等多种方式表现自己的所见所想。中班幼儿对物体的美感和形象思维还处于启蒙阶段，虽然他们有丰富的想象力，但是较缺乏将其组合的能力。

如何在低结构手工制作中培养中班幼儿的想象力与创造力呢？笔者在教学实践中进行了有益的尝试，取得了一些经验。

二、营造愉悦的低结构手工制作环境，激发幼儿活动兴趣

托尔斯泰曾经说过："成功的教学所需要的不是强制，而是激发学生的兴趣。""兴趣是最好的老师。"要使幼儿对手工活动感兴趣，重要的是激发其兴趣，有了浓厚的兴趣，幼儿就会主动投入、积极参与。

（一）精神环境

教师引导幼儿自己思考、判断，建立平等的伙伴式师生关系，教师尊重幼儿的时间支配，留给他们自己活动的时间；尊重幼儿动手的权利，不过多干预；尊重幼儿发言的权利，允许幼儿发表自己的意见；尊重幼儿的作品创作，公正地评价幼儿作品等。教师用欣赏与包容的眼光来看待幼儿的种种表现，为幼儿营造安全自由、宽容理解、鼓励支持的精神环境。

（二）物质环境

首先，在材料投放上要秉承让幼儿"看得见、摸得着"的原则。而且根据制作的需求，教师会定期更换玩具柜里材料的摆放位置。会根据主题的不同，与幼儿一同营造主题环境氛围，让幼儿主动去欣赏、去理解、去感受、去发现。中班孩子对物体的美感和形象思维还处于启蒙阶段，虽然他们有丰富的想象力，但是比较缺乏将其组合的能力，所以他们有

时不愿去尝试。这就需要我们帮助他们唤起制作的兴趣。图片、书籍、实物的欣赏环境同样重要，丰富幼儿手工制作的感知经验，我们应该从以下几个方面入手：一是多样性。从外形的多样性、功能的多样性上，让幼儿充分观察、比较。二是典型性。根据幼儿原有水平，选择适合他们所认知和欣赏的材料。

三、充分把玩材料，提升破形的水平，提升幼儿制作技能

“纸袋大变身”是孩子们非常感兴趣的主题，在活动前期，并没有让幼儿直接制作纸袋，而是收集了各种的纸质材料，让幼儿随意把玩，如餐巾纸、锡纸、卡纸等。幼儿将每一种纸张进行无限的变化：团球、搓条、撕、剪……在这样的充分把玩中，幼儿对材料的熟悉程度、对破形的经验都有所提高。其间，教师要记录幼儿学习的轨迹，并给予环境支持。在美工区的墙饰上，将幼儿的想法展示出来，这对于后期制作也是一种借鉴。

有了这些经验，这时让幼儿带来了各式各样的纸袋：长方形、正方形的，有提手、没有提手的等。我们先是对纸袋进行把玩，在把玩中幼儿发现了纸袋的多样性，观察到了外观的不同。这些都为制作纸袋奠定了很好的基础。纸袋可以变成什么呢？通过同伴合作把玩和欣赏感知，幼儿对制作有了自己的想法，有了技能的支持，制作变得更加简单而快乐。由于前期的把玩，幼儿有针对性地寻找材料，制作自己喜欢的作品。这对于提高幼儿的创造力有着很大的帮助。

四、师幼间、幼幼间沟通交流，提升幼儿制作水平

分享是幼儿社会性发展不可缺少的部分。学会与别人合作、分享，也是创新素质培养的必要条件。当幼儿经过自己的努力，做出了各具特色的作品得到老师的表扬和同学的羡慕，体验到了成功的快乐时，幼儿对手工活动的兴趣也会越来越浓厚。例如，同样是塑料袋，有的幼儿给它充满气制作成小鱼，有的幼儿将它剪成了碎片制作成外星人，还有的幼儿制作成服装和小手包。教师组织幼儿把自己的构思、表现手法与同伴们交流。通过交流，幼儿不仅在制作技能、制作策略上有了借鉴和提高，更多的是感受到了成功的喜悦和快乐。

陶行知曾说：“让幼儿在动手的过程中发挥自己的创造力”，培养孩子创造力的基本方法是“解放孩子的头脑、双手、眼睛、嘴巴、空间、时间”。每次活动过后，我就把幼儿成功的、有创造性的作品加上“童心画语”——幼儿对作品的想法，展示在班里或楼道上，引导他们相互欣赏，并邀请其他班的幼儿和家长来欣赏，使幼儿互相启发，形成积极向上、大胆创造的学习氛围，使幼儿的想象力、创造力得到了有效的提高。

对于学前教育阶段的幼儿来说，创造力的培养至关重要，它是幼儿自我创造意识和创造精神的一种体现，对于综合素质发展意义重大。而低结构材料手工制作很好地培养了幼儿的创造力。在活动中，幼儿形成自然的创造意识，善于在生活中有所创新，并积极将这样的创造力应用于学习当中。

全面推进乡村振兴视域下
高职院校学前教育专业服务城乡融合发展的路径探索研究

重庆市重庆传媒职业学院　付先菊　赵　猛

一、高职院校服务于城乡融合发展的必然性

人才战略是我国当前促进城市和乡村统筹融合与发展、相互促进的一条重要支撑因素。2021年9月，习近平总书记在中央人才工作会议上强调，深入实施新时代人才强国战略，全方位培养、引进、用好人才。而职业院校根据社会发展需要，开设了各类专业，每年为社会输入大量应用型人才，已经具备了大规模培养技术技能人才的能力。

同时，随着我国对高职院校教育发展的重视程度不断提升，现阶段我国高职院校已经不断前进发展，不断创新改革，各类民办、公办高职院校都在尝试采取不同形式、不同育人机制、不同发展模式并重的教学原则进行办学。因此，在多层次且系统科学的办学方针的指引之下，高职院校必能培养出满足不同区域发展的人才，必能满足城乡融合发展需要，以教育之力助力乡村振兴事业。

二、职业院校学前教育专业服务于城乡融合发展的可行性

首先，现在越来越多的高职院校的视角开始聚焦于学前教育，开办学前教育专业。随着我国三孩政策的全面开放，我国幼儿人数将会随之出现较大增长，幼儿教师队伍及专职保育员数量将因此出现较大量的缺口；同时，随着年轻父母对幼儿早期教育有了更加科学的认识，大量的高职院校开始意识到社会对学前教育教师的需求，着力开办学前教育专业，不断地多维度探索科学合理的人才培养模式，以适应学前教育行业发展的不同需求。

其次，我国城乡幼儿教师数量差异性大。2022 年 4 月 26 日，教育部举办了“教育这十年”和“1+1”系列关于我国教育发展的发布会，其中教育部基础教育司司长吕玉刚同志首场就向大家介绍了我国学前教育十年发展成果，他明确提到：目前，学前教育实现了基本普及；以中西部和农村发展得最快，全国新增的幼儿园，80%左右仍然集中在中西部地区，60%左右分布在农村。总体而言，学前教育区域、城乡差距明显缩小。

虽然农村幼儿园在办园数量和资源上已经有了很大的提高，但幼儿园教师在数量和质量上仍然无法满足农村幼儿园发展。中国教育学会会长朱之文同志介绍，虽然从当前的农村幼儿园在办园经营主体数量结构上和优质办园两者相比来看，我国农村学前教育有了明显的提高，但事实上由于多方面影响，我国城乡幼儿园教师仍然无法满足现实需要。全国民办、公办幼儿园专任教师累计需要达到 65 万人，而全国广大乡村幼儿园所需幼师数每年增长尤甚。

2020 年，北京师范大学洪秀敏教授团队以乡村幼师为专项方向，研究分析调查发现：东、中、西部地区六省(市)乡村幼儿园平均师幼比为 1∶14.5，重庆地区更是达到 1∶25.9，与国家标准 1∶7—1∶9 相比差距较大。可见，对于全国各地农村幼儿园而言，优质的幼儿教师资源仍然稀缺，农村学前教育的发展也因此受到一定的阻碍。乡村幼师人才严重短缺，已成为乡村幼教事业的发展之困。

因此，综上所述，促进城乡均衡发展、促进学前教育城乡均衡发展也是重中之重。职业院校率先开设城乡学前教育试点专业，既有办学能力基础，也有实践机遇，能够切实促进城乡区域学前教育均衡化发展，从而有利于城乡要素均衡流动，推进城乡经济融合创新发展。

三、学前教育专业服务城乡融合发展的路径探索

(一)健全课程改革方向，充分考虑农村幼儿园教育改革和发展的要求

中国共产党第十九次全国代表大会提出中国要全面实施乡村振兴战略，并做出了一系列工作部署，其中明确指出教育事业是我们优先发展对象，尤其要特别重视我国广大农村教育的发展。同时，我国无论是人口数量还是疆土面积，都属于大国之列，并且农村地区较多，因此，我国农村教育问题是我国教育前进发展中不可忽略的关键因素。教育的发展，师资是关键，师资水平较低一直是农村教育发展中最突出的问题之一，而农村幼儿园师资更加薄弱。

从这个意义上来说，为农村幼儿园培养师资就成为各师范院校学前教育改革的重要任务。从人才培养模式、培养目标和方式方法到课程结构设置，都应该充分考虑广大农村幼儿园教育改革和发展的切实要求，着重培养既能胜任普通城镇幼儿园教学，更能承担农村教学的复合型、应用型教师。在课程设置上增加符合农村资源的应用类课程，在课程内容上也要密切联系农村幼儿实际生活，在教学过程上，加强针对性实践环节，培养动手实践能力与生产劳动相结合，在劳动实践中，培养劳动感情、劳动习惯，逐渐形成为农服务的观念和本领。

（二）多维度教学，学生提前储备在农村幼儿园教育教学的能力

近些年来，国家对教育部门的投资力度加大，使得农村幼儿的基础设施与教育保障有了部分改善，然而在农村中仍存在各种问题制约着学前教育的发展，农村学前教育仍然是整个教育体系中最薄弱的环节，教学资源匮乏、办学条件差、幼儿教育定位产生偏差、部分农村家长的传统观念落后导致幼儿学前教育的意识淡薄等问题，这些问题严重阻碍了农村幼儿身心健康和谐发展，不利于我国学前教育的发展，更不利于推进乡村振兴事业。基于我国目前农村实际教学情况，在今后课程建设实施教学过程基础上，要进一步将该课程理论学习和当前农村生活实际密切联系起来。例如，教师进行案例分析时，需要特殊案例特殊分析，不能单从某一角度进行分析教学。在开设“学前儿童家庭教育”系列课程环节中，教师们在现场讲授如何科学做好家园亲情沟通、家园合作内容时，任课教师要有意识地、充分地考虑到现在部分农村父母由于对农村家庭教育理解模糊，教育思想方法观念陈旧，对自家孩子教育放任自流以及需要注意部分留守家庭等特殊情况，引导学生从农村实际情况去分析，而不是单一地只从某一方面去分析，不考虑该幼儿园实情。高职院校设立学前教育专业首先要积极主动地对接我国现实社会实际情况以及未来社会发展需求，突破单一封闭形式办学体制的组织架构，走出传统理论层面教学的狭隘空谈。

（三）“引进来、走出去”，提高学生对农村幼儿园教学的适应能力

1.“引进来”，引导学生巧妙利用农村资源，延展课程内容

教师在进行课程教学时，可以将农村资源引入课程中，延展课程教学内容，引导学生从农村资源中寻找与课程高度契合的点。例如，学前教育专业核心课程之一“幼儿游戏设计与指导”，主要涉及各类游戏的教学，如可以利用农村自然资源——竹子，进行建构游戏设计、教学与指导示范；高职院校教师进行学前教育课程教学时，需要有意识地引导学生巧妙利用农村资源，提高学生对深入农村幼儿园开展教育教学的适应能力。

2.“走出去”，以“实践”促“学习”，切实了解农村幼儿园实际情况

目前，我国农村幼儿园在办学条件、办学基础等方面与城市幼儿园相比具有一定差距。但是最近几年，国家加大对农村学前教育的重视程度以及对农村学前教育的财政拨款力度。因此，农村幼儿园在办园资源以及办园条件上已有一些较大或明显有效的改善，但农村幼儿园在幼儿师资上仍然存在较大的问题。目前，中国大多数乡村幼儿园教师仍然停留在他们自己或以前一些陈旧的幼儿教育观念框架体系中，因此，可以放手大胆地带领年轻学生一起主动“走出去”，去亲自体验接触另一种真正的、现代化的、开放式的农村幼儿园，真诚地学、认真地听、真实地体验感知，借此学生可以在实践中践行课堂教学内容，将课堂知识真正融会渗透、相互贯通，达到真正意义上的学以致用。

（四）客观性就业指导，与农村幼儿园发展需求相匹配

就业指导向来是高职院校每年的工作重点，高职院校有责任也有义务对学前教育专业毕业生进行就业方面的指导。学者许艳玲、史爱芬通过问卷调查研究发现：幼专类毕业生

到农村幼儿园就业具有潜在可能性。这也就意味着我国青少年是愿意到农村幼儿园开展工作的，但也有一定的顾虑，笔者通过与目前正在择业期的学生沟通发现，大部分学生担心自己不能完全适应农村的教育教学。因此，除了在课程教学中，任课教师需要与农村幼儿园实际情况相结合，学前教育类院校也可以通过政策引导优秀毕业生积极自愿到本市农村幼儿园工作，这也是积极推动本市农村幼教事业健康全面有序发展的客观要求。

但是，高校对学生进行就业指导时，一定要注意其指导的客观性。不能仅凭“乡村情怀”，仅有为祖国农村教育事业奉献的热情也是不行的。号召学生自愿去农村幼儿园工作，而学校却未提供给学生真正可以适应农村幼儿教学工作的能力，只是单纯地从宏观层面进行就业指导，这是高职院校流于形式、对学生不负责任的表现，最终也必将直接导致部分学生择业的盲目、迷茫，大量学生盲目去农村幼儿园就业，然后适应不了，再跳槽，导致农村幼儿教师流动性更大，得不偿失。

幼儿园大班区域活动中幼儿计划能力的研究

——以云南省Y幼儿园为例

云南省文山学院　刘新伢　孙　浩

《3—6岁儿童学习与发展指南》中明确指出应重视幼儿的学习品质。本文基于区域活动中幼儿的计划能力，观察幼儿在区域活动真实情境中的行为表现，深入分析大班幼儿计划能力的特点及存在的问题，让家长和教师意识到提升幼儿计划能力的重要性，为教师指导、培养幼儿计划性提出针对性的建议。

一、调查对象与方法

本文选取Y幼儿园大班为研究对象，大班的幼儿在幼儿园里的年龄最大，自我意识发展最强，计划性行为也较明显。本班共有43名幼儿，其中男生23名，女生20名；少数民族幼儿共有20名。采用观察法、访谈法进行调查，制定观察记录表，围绕幼儿制订计划、幼儿实施计划、幼儿回顾(反馈)计划三方面进行观察记录。

二、幼儿园大班区域活动中幼儿计划能力情况

(一)幼儿制订计划能力的情况

1. 幼儿制订计划的途径

(1)区角卡(进区预约卡)

区角卡是教师自己动手制作的，标记各区域名称以及区域人数的卡片。大七班开展的区域活动有美工区、益智区、建构区、阅读区、生活区五个区域。每个区域的人数都有限制，当某个区域的卡槽被插满了，就表示该区域人数满了，幼儿需自主换区。区角卡的使用引导幼儿自主计划，明确自己想去的区域，培养幼儿的计划能力。

(2)口头计划预约

Y幼儿园大班区域活动中，幼儿制订计划的形式大都以口头预约为主，在进行区域活动之前，老师会引导性地询问幼儿：“今天宝宝们想去哪个区呢?”“哪些宝宝想去建构区，想搭建些什么呢?”“想去美工区的宝宝需要用到什么工具和材料呢?”幼儿通过口头回答教师的询问，和小朋友分享自己的想法，自主选择并预定自己想去的区域，这样既可以促进幼儿思维和口语的发展，还培养了幼儿的计划能力。

2. 幼儿制订计划的时间段

Y幼儿园大七班的区域活动时间是每天上午9:00—10:00，所以大七班幼儿的计划时间基本就在9:00—9:10，或是在区域活动结束总结时，或是每天放学前，老师会对幼儿在幼儿园一天的表现进行总结，这时有些幼儿会提出自己明天想去的区域，以及和谁去，这个时段也是幼儿进行计划的一个时段。

3. 幼儿制订计划的行为表现

通过对Y幼儿园大七班幼儿的观察，笔者发现幼儿在制订计划时的行为表现主要是口头描述明确区域及区域活动的内容、自主选择区域和同伴。

(1)口头描述明确区域

据观察，明确所选区域并能清晰指出所进行活动名称的幼儿占总人数的88%；明确所选区域并能大致指出所进行的活动名称的幼儿约占总人数的9%；不能指出区域活动名称的幼儿占总人数的2.3%。由此数据可知，大班的大部分幼儿已经具备了做计划的能力。

(2)幼儿自主选择区域和同伴

据观察，明确区域内容和同伴的幼儿占总人数的53%；明确区域内容但犹豫和谁玩的幼儿约占总人数的30%；明确区域内容但不明确和谁一起玩的幼儿占总人数的16%。由此数据可知，大班幼儿的区域活动计划有了目的性，知道在区域里该和谁去干什么，但还有少部分幼儿的区域计划没有目的性。

(二)幼儿实施计划能力的情况

1. 幼儿实施计划的特点

通过对大七班幼儿在区域活动中实施计划的观察，笔者发现幼儿在实施计划时有以下三个特点：一是幼儿会忘记自己在区域活动开始之前计划的内容，计划随时都在改变，在区域活动开始后会发现，部分幼儿的区域活动内容与计划的活动内容不符；二是幼儿在实施计划的过程中容易受到材料和同伴的影响，幼儿在实施自己的计划时，材料的不充分会影响计划的实施，幼儿也会被同伴的活动内容所吸引，从而影响了自己计划实施的完整性；三是幼儿计划的实施会受到游戏时间的影响，导致幼儿的计划没有完全实施。

2. 幼儿实施计划时的行为表现

(1)幼儿实施计划的坚持性

通过对大七班幼儿的观察，幼儿在实施计划的过程中，能够坚持开始时的计划的幼儿占总人数的38%，对初始计划有稍微改动的幼儿占总人数的25%，更改计划的幼儿占总人数的28%，频繁更改计划的幼儿占总人数的9%。由此数据可看出，部分幼儿明确自己的计划并能坚持实施，计划能力较明显；部分幼儿虽然改动自己的计划，但也体现了一定的计划能力；少数幼儿频繁更改计划，说明他们还没有明确的目标，计划能力不强。

(2)幼儿实施计划解决问题的能力

通过对大七班幼儿的观察，幼儿在实施计划的过程中，遇到问题能自己解决的幼儿占总人数的24%，遇到问题能自己大致解决问题的幼儿占总人数的32%，遇到问题不能自己解决、需要帮助的幼儿占总人数的31%，遇到问题不能自己解决并放弃的幼儿占总人数的13%。由此数据可看出，幼儿在实施计划的过程中自主解决问题的能力欠佳，需要老师或者同伴的帮忙。

(3)幼儿实施计划时材料的使用

通过对大七班幼儿的观察，在实施计划的过程中，会利用多种途径使用材料的幼儿占总人数的18%，能正确使用材料的幼儿占总人数的39%，大致能正确使用材料的幼儿占总人数的33%，不能正确使用材料的幼儿占总人数的10%。由此数据可看出，幼儿在区域活动时使用材料的情况较好，大部分幼儿熟悉材料，在实施计划的过程中能较好地使用材料来完成自己的计划，只有少部分幼儿还需要加强。

(4)幼儿实施计划时教师的指导

通过对大七班幼儿的观察，在实施计划的过程中，不需要教师指导的幼儿占总人数的49%，偶尔需要教师指导的幼儿占总人数的24%，经常需要教师指导的幼儿占总人数的27%，由此数据看出，大班幼儿在实施计划过程中，自主解决问题的能力不高，需要教师介入指导。

(三)幼儿回顾计划能力的情况

1. 幼儿回顾计划的形式与内容

通过在大七班的观察，发现幼儿回顾计划的形式主要有两种。一是以绘画为主的书面形式回顾。幼儿把自己早上玩的区域内容以绘画的形式表现出来，老师再以文字的形式把幼儿的绘画内容写在旁边，这是一个很好的帮幼儿回顾自己计划的方法。二是以分享的形式回顾计划。在早上的区域活动结束后，教师会请部分幼儿或幼儿自愿和老师、小朋友分享自己的区域内容。大班幼儿回顾的计划内容主要是自己在区域活动时玩的内容，以及和谁玩的，当时玩的心情是怎样的，不同的区域，幼儿回顾的内容和心情也是不一样的，建构区幼儿围绕与同伴所搭建的作品以及和同伴之间发生的事情进行分享，分享自己的心情与收获。

2. 幼儿回顾计划时的行为表现

(1)幼儿回顾计划时的计划完成度

通过对大七班幼儿的观察，在实施计划的过程中，大致完成计划的幼儿占总人数的54%，部分完成计划的幼儿占总人数的37%，不能完成计划的幼儿占总数的9%。由此数据可知，能完成计划的幼儿占大部分，只有小部分幼儿不能完成计划，说明大班幼儿的计划完成能力较强。

(2)幼儿回顾计划时的自我评价

通过对大七班幼儿的观察，在实施计划的过程中，能正确评价自己的幼儿占总人数的51%；能大致正确评价自己的幼儿占总人数的27%；有评价自己的意识，但评价不正确的幼儿占总人数的22%。由此数据可知，大班幼儿的自我评价意识大都已经发展，只有少部分幼儿没有正确评价自己的意识。

三、幼儿园大班区域活动中提高幼儿计划能力的对策

(一)注重幼儿计划能力的培养

首先，教师要有意识地培养幼儿的计划性，注重幼儿的一日生活，为幼儿做计划创造条件和机会。在幼儿的一日生活中，教师可以引导幼儿做初步的计划，可以给出合适的意见，然后观察幼儿的计划完成情况。教师应平等参与到幼儿计划的过程中去，促进幼儿的计划能力发展。比如，每天区域活动开始之前给幼儿充足的时间去做计划，在幼儿实施计划时给出恰当的引导，计划结束时给幼儿正确的评价。要注重家园合作，幼儿计划能力的培养应当是靠幼儿教师和幼儿家长一起努力，幼儿教师和家长加强沟通和交流，积极配合，互相帮助，形成一致的教育观念和方式方法。

(二)创设适宜的区域环境及材料，支持幼儿计划的开展

活动环境和活动材料是区域活动的重要组成部分。在区域活动开展时，教师不限制幼儿的选择自由，应该根据幼儿的实际需求和当天的幼儿人数，灵活调整各区域场地和人数，

以帮助幼儿开展计划。高瞻课程方案(high scope program)提出，材料是促进幼儿主动学习的要素之一，由于幼儿的个体差异，需要为幼儿提供不同层次的材料供幼儿操作。教师应注意更换材料，掌控区域材料的难度，给幼儿足够的动手空间，促进幼儿计划能力的提高。当区域的材料不能满足幼儿的计划需要时，教师应根据幼儿计划，与家长和园所沟通，尽量满足幼儿区域计划的需求。

(三)教师加强自身能力建设，为更好地指导幼儿计划做好准备

在区域活动过程中，教师应给幼儿创造一个宽松自由的活动环境，以观察者、引导者、支持者的身份参与到幼儿的区域活动中，使幼儿更好地实施计划。教师应鼓励幼儿思考，而不是一味地向幼儿提供问题的解决方法，教师应提供合适的解决方法，培养幼儿独立思考、自主解决问题的习惯。在区域活动结束后，对幼儿的作品进行讲评，请幼儿分析自己的作品，这样有助于幼儿同伴之间经验和知识的分析交流，教师帮助幼儿以书面或者口头的形式回顾计划。在幼儿回顾计划的时候，教师不应用带有偏向性的语言和语气评价幼儿，更多的应该是鼓励而不是表扬，因为表扬会让幼儿觉得只有老师表扬的才是最好的，从而放弃自己所想做的，所以教师应该多鼓励幼儿，帮助幼儿提高自己的计划能力。

植根教育起点，弘扬民族传统文化

北京军区机关幼儿园　翟亚丽

中国的农耕文化源远流长，自古以来就与中国人民的生活密不可分。在中国传统文献中，最早的与农耕文化相关的记载可以追溯到《尚书》和《易经》等典籍。这些文献中不仅记录了农业生产的技术和方法，还描绘了一系列的祭祀仪式和节日活动，如春祭、夏祭、秋祭、冬祭等，以及农事活动中的各种禁忌和习俗。

随着时间的推移，中国的农耕文化逐渐演变成为一个复杂而完整的体系，包括了许多不同层次的传承方式和仪式，它为中国人民的生产和生活带来了无限的力量与支持。

一、开展农耕文化和中华传统文化教育对幼儿有着非常重要的意义

(一)增强认知能力

通过了解农耕文化和中华传统文化，可以帮助幼儿增强对于自然环境、人类社会的认知能力，加深对于中华文化的理解和感悟。

(二)培养情感亲近感

农耕文化和中华传统文化中蕴含着丰富的道德观念和文化内涵，可以培养幼儿的爱国心、社会责任感，增强对于家园土地和祖先文化的情感亲近感。

(三)培养良好习惯

中国的农耕文化中强调勤劳、勇敢等优秀品质，传统文化也强调礼仪、谦逊、孝顺等良好的行为习惯。通过开展相关教育活动，可以让幼儿更好地学习和领悟这些品质和习惯。

(四)增进多元文化认知

农耕文化和传统中国文化都是中国文化的重要组成部分，但它们的内涵和表达形式也具有多样性。通过开展相关的教育活动，可以让幼儿更好地了解和认知多元文化，增进对于文化多样性的理解和尊重。

总之，农耕文化和中华传统文化对于幼儿的成长和学习具有极其重要的意义。通过加强对于传统文化内涵的学习和传承，可以培养出更具有创新能力和文化自信的下一代，为

中华民族的复兴贡献力量。

二、在幼儿园开展农耕文化教育的方式

第一，培养孩子的农耕意识。通过观察大自然，让孩子们了解四季的变化和农作物的生长过程，培养他们对于农业的兴趣和关注，增强他们的农耕意识。

第二，传授农耕知识。在启蒙阶段，可以适当地讲授一些基本的农耕知识，如播种、收割等，让孩子们认识到农民的勤劳，并且了解这些知识对于自己的生活也会有所帮助。

第三，传承农耕文化。在教育过程中，可以引导孩子们了解中国的农耕文化及其历史沿革，传承其中的美好品质和优秀传统。可以通过讲故事、播放视频等形式，生动形象地展示中国农耕文化的魅力。

通过种种方式，我们可以将农耕文化与传统文化有机结合起来，落实到幼儿园的教育中去，帮助孩子们更好地认识和理解中国的农耕文化和传统文化。

三、幼儿园开展的传统文化教育活动

为了让中华传统文化在幼儿心中埋下传承的种子，我园集中骨干教师对中华传统文化进行调研，并开展了丰富多彩的活动。从幼儿身边所闻所感入手，为他们创设良好的感知传统文化的环境。

身临其境，深受其益。为幼儿创建传统文化的育人环境不仅可以激发他们求知的兴趣，使得他们更好地参与到学习中来，还可以提高幼儿的学习能力和创造力，帮助幼儿塑造良好健康的心态，促进其身心的健康发展。

第一，制定活动主题，利用室内、室外等场地进行相关的布置，让幼儿通过身边环境和氛围处处感知传统文化，考虑到幼儿的认知与思维发展水平，在设计中既要体现出童趣，又不失传统文化元素的教育。

第二，结合幼儿的年龄特点、认知特点和兴趣爱好等，选择适合的中华传统文化教育内容，组织幼儿亲自动手制作、亲自布置班级环境。同时，结合二十四节气，各班开展与之相应的主题活动，如品茗、做春饼、制作果茶等一系列的亲身体验活动，让幼儿在活动中感受到浓郁的中华传统文化。

第三，通过多样化教学手段让幼儿全方位地体验中华传统文化。采用多种教学方法，如图画解说、游戏互动、手工制作等，注重幼儿的参与和体验，让他们在活动中充分了解中华传统文化的内涵和价值。

第四，通过切实可行的活动强化幼儿的亲身体验，在活动中感知传统文化。通过多种教育方式，如绘本、动画片、音乐、戏剧等方式进行教育，让幼儿感受中华传统文化的魅力和内涵。可以通过课堂讲解、集体活动、小组讨论等方式，培养幼儿对于中华传统文化的理解和认知。

结合幼儿园园所比较大的特点，我们还为每个班级划分了种植区，孩子们在种植区可以亲自翻地、播种、锄草、浇水、施肥，并收获自己的劳动成果。整个种植季，幼儿不仅可以亲身体验田间劳作，见证作物的发芽、长大、开花、结果的过程，还能强化对作物的认知。为了让幼儿亲身感知传统文化、传统仪式，我们还在幼儿园举办了盛大的开耕仪式。通过亲历仪式让他们感受到先人们对待农耕的尊重，从而衍生出对劳动者甚至劳动本身的尊重。

中华传统文化教育对于幼儿的成长和发展十分重要。在幼儿园中开展中华传统文化教育，需要循序渐进、因材施教，让幼儿在多元化的学习方式中更好地接受和理解中华传统文化的精髓。

第五，不断拓宽教育的半径，通过多种途径唤醒幼儿对传统文化的感知。教育是没有边界的，幼儿园教育只是教育中的一环，充分发挥家庭教育及社会教育的作用才能够让我们的教育落到实处。为此，我们会向家长推荐与农耕文化相关的博物馆，鼓励家长带孩子走进博物馆，感知传统文化的魅力和祖先的伟大智慧。同时，组织幼儿走进稻香湖非遗传承基地，让我们的幼儿在非遗课程中亲自感知传统文化的魅力。

中华传统文化在世界文化史中具有重要的意义和作用。它历经几千年的沉淀和发展，形成了独特的文化体系。从《尚书》《易经》等典籍到唐诗、宋词、元曲等文学名篇，再到春联等民间文化，中华传统文化涵盖了众多不同领域和层面的内容，展现出丰富多彩的文化魅力。

让幼儿从小感知传统文化不仅是让他们不断学习中华传统文化，更是希望他们成为文化的传承者，为中华文化的发展贡献自己的力量。

学前教育专业民族民间舞教学任务的选择与应用

北京市工艺美术高级技工学校　彭飘漪

民族民间舞是中华优秀传统文化的重要组成部分。为了传承中华优秀传统文化和民族特色，应对幼儿进行传统文化及美育教育的启蒙与培养。

一、学前教育专业民族民间舞教学面临的问题

(一)教学内容缺乏指导性文件

2001年7月教育部印发了《幼儿园教育指导纲要(试行)》，对幼儿教师的能力和要求在政策上有了更明确的方向标，同时也标志着我国学前教育的改革拉开了帷幕。2012年教育部又印发了《3—6岁儿童学习与发展指南》，帮助广大幼儿园教师和家长了解3—6岁幼儿学习与发展的基本规律和特点，全面提高科学保教水平。但除此之外，有关学前教育的指导性文件甚少，细化到民族民间舞蹈教学的内容更是少之又少。

(二)缺乏完整的学习任务

民族民间舞蹈教学的任务不够系统化，大部分老师会用传统的教学模式，照本宣科或者是单纯的口传身授，这种舞蹈教学模式形式过于单一，因为学生是存在个体差异的，没有统一的教学方法。因此，同一专业学生的舞蹈专业水平参差不齐，单调的教学模式会让学生在学习过程中感到无聊和枯燥。

还有学者提出目前教学的规划缺乏明确性，教学过程和教学目标不一致。缺乏明确的教学计划，不仅让学生的课堂学习负担加重，也使得一些学生在课余时间失去了自主实践的主观能动性，影响了学生在专业课中的学习效果。

(三)缺乏相应的教材

民族民间舞蹈的教学是一个由浅入深、循序渐进的过程，在教育产业化的进程中，选择集系统性、代表性和统一性于一体的教材是非常重要的，但是民族民间舞蹈教学的教材具有局限性。大部分学校采用的都是《中国民族民间舞蹈等级考试教材》，因为它直接面向幼儿，教师更好掌握理解，是学前教育中相对适宜的教材。但该教材也有不完善的部分，在教学过程中发现，初级教材中大部分舞蹈教学都是围绕着模仿动物的形态，对于除模仿动物以外的舞蹈风格并不涉及；中高级教材中辅之以道具表现各个民族的经典舞蹈动作，会让孩子们形成刻板印象，固化他们的生活常识，比如在以后的生活和学习中，他们会条

件反射般地认为蒙古族只会使用马头琴，新疆维吾尔族的人们只会动脖子等。

教材也有必要加大舞蹈实作教学设计的比重与篇幅，以能让学子们多从舞蹈创作中获得与戏剧创作过程相类似的肢体开发的乐趣、身体心灵的双重满足与成就感，并能从团体创作的过程中提升与他人沟通、合作的能力。

二、学前教育专业民族民间舞教学任务的实施

作为一名职业学校幼儿教育专业的舞蹈老师，最重要的是针对中职院校学生的特点，让中职学生找到适合他们的学习方式及之后教育学生的方式，接受前人累积的知识经验，在自己的学习中融会贯通。

中职教育是一种以工作过程为导向的教育，初学者不仅要对即将学习的职业具有一定的预备经验和知识，还要完成职业导向的任务，当然，在教学过程中也会面临着很多挑战。教师选择的课堂教学方法会直接影响到学生日后教学的呈现方式，应根据学生后续教学发展选择教学方法、设计教学方式和评量学生学习。要让其领会课堂中的教学内容，将职业技能训练与岗位要求相结合，将工作岗位上的工作内容转化为学习内容，达到“工学一体化”的要求，有更好的职业发展，准备成为未来的教育者。

(一)教师的教学目标设定

在教学目标的设定上，教师的首要目标是希望学生在学习上葆有专注度，具备观察分辨动作的能力，以利于舞蹈动作的诠释。其次是希望培养学生的舞感，包括肢体协调度、动作的标准程度和流畅度等，加之音乐的配合，教师可将肢体动作和音律结合，加强学生对节拍的掌握。最后是希望学生除了独立学习之外也可以学会和同学配合合作，让学生在有限的主题中发挥无限的潜能，让他们发现自己身体的多种可能性，感觉身体是自由轻盈的。教师应根据学生后续发展，选择教学方法、设计教学方式和评量学生学习。教师是教育政策的诠释者，作为教育专业的授课教师，教师选择的课堂教学方法会直接影响到学生日后教学的呈现方式。

(二)中职学生的学习特性

从中职学生的学习特性上来看，大部分学生的文化基础薄弱，理解能力差。以舞蹈课程为例，舞蹈被融人课程中往往难以将理论与实务结合；加上大部分中职教育的学生都不是专科出身，很可能是因为就业的局限性才不得不选择幼儿教育的舞蹈专业，许多舞蹈专业的学生在学习过程中都有热情减退和持续动力不足的情况，更有甚者会半途而废、中断学业。对于职业院校的学生来说，他们的专业技术程度也比较低，也难以通过教学让学生了解舞蹈课程中专业素养的核心。他们需要克服更多的困难，如可能无法很好地适应传统的教材编排和教学模式，基础功底较为薄弱，理解能力欠缺等。

但正因如此，树立中职学生的教育信念非常重要，教学过程中告诉他们不仅要对自我价值有强烈的信念感，如拥有良好的专业训练背景、个人特质和教学态度等，而且要对专业知识有所了解，包括教学内容知识、课程学科知识等。中职学校的舞蹈课程教学方向期望以舞蹈作为工具，将学生培养成教学者，这些教育信念可能会对教师的教学实践产生关键性的影响。随着环境的变化，学生在受教育过程中会遇到很多机会、限制或挑战，他们可以根据这些不确定因素随时修正自己的看法和做法，这样可能会让学生打破以往的价值观，巧妙地运用实务知识来改变教学，从此更加坚定学生们的教学信念。要让他们首先爱上自己的职业，将来才会报以更大的热忱去教授别人。

在舞蹈教学实践过程中，教师们希望学生了解自我身体、动作语汇呈现精准度、表现身体的主体性等，以此发挥对空间的感知能力。所以在民族民间舞等教学中，教学者需要

采取新的方式方法对幼儿进行教学，也要集百家所长，选择更多元化的教材内容，根据教学实际情况来决定其中的排布顺序和重难点。

这要求教师们在观课与助教当中汲取教材中好的部分，建立自己的基本教学架构，对照于自己的学习经验，将所学习的教学动作放入舞蹈教学中，再根据实际情况制定弹性的规则，运用不同的教学方式对幼儿进行舞蹈启蒙。例如，在表演民族舞蹈之前，可以安排时间让学生搜寻与这个民族相关的信息并做记录，让他们有机会和同学、老师们讨论和分享。这样不仅可以调动他们的学习主动性，还能让学生们在搜寻知识的过程中建立起民族自豪感，达到有效学习的目的，减少教学实践中的盲目性和误导性，降低教学过程中的错误率和低效率，从而提高学生在实践和表演中的表现力和感染力。

（三）教学对象——幼儿的学习特性

首先，由于中职学生之后工作的目标人群是学龄前儿童，文字理解能力差、自我控制和约束力不足，针对他们的特点，首先要学会引导幼儿的学习心向。进入教室时观察每个幼儿脸上的表情，再简单寒暄几句，偶尔可用幽默的话语让课堂气氛活跃起来，接下来进入课程时幼儿会有着愉快的心情，自然也能提高学习的效率。而且教学时对每一个幼儿的态度与指导都要一视同仁，不能忽视班级中先天条件较差或者学习积极主动性不足的幼儿。相反地，要在课余时间与幼儿多沟通，做心灵上的辅导，就像朋友一样关怀他们，给予他们信心。不可小觑在学习中他人的肯定对于自身学习的重要性，通过家长与老师的正向反馈，能让幼儿在学习过程中获得成就感，进而提升自我的学习兴趣和学习效能。

其次，要从幼儿的学习和生活经验出发，如用民族舞蹈选曲作为上课铃加深他们对歌曲的印象，多给他们讲述民间传说等故事，唤醒他们对过去生活经验和梦想未来的力量。比如，很多孩子看到中国舞的道具眼睛就会亮起来，引起他们想要学习舞蹈的欲望，这也是评估一堂课的教学效果的重要条件。要以幼儿兴趣为教育的中心来进行教学，要让幼儿觉得在这课堂中学有所成，且期待下次的课程，这堂课就成功了一半。循序渐进地引导幼儿，告诉他们如果再努力一下你就能学到新的技巧，可让他们一直对舞蹈课堂保持高度兴趣。如果他们在某处舞蹈动作进行了自己的即兴创作，适当情况下可以给予鼓励和采纳。因为在他们的世界中，很多想法是天马行空的，但同时也是成年人缺失的，要学会尊重孩子们的思考。还可以善用活化教学的概念提升幼儿的学习效能，比如创设情境、活用游戏，对应幼儿的能力改变教学方法，进而改变幼儿对于舞蹈的制式学习，创造出更灵活也更适用于学前儿童的基础教学模式。

最后，培养幼儿的兴趣之后，舞蹈技能提升也是教学的关键。专业舞蹈学校学到的动作运用于幼儿身上会有落差，会出现幼儿动作不规范、节奏跟不上等问题。此时可以放慢教学速度，观察幼儿学习动作的过程，分析幼儿身体能力与能做到动作的最大范围，准备课程时将所观察到的挫折点进行“再分解”，反复观察幼儿再进行动作组合验收，找到符合幼儿能力与适合的学习方式。在蒋庆斌学者的研究中，这种教学方法可以看作一个项目，他认为只要有利于教学，并能促进学生职业能力发展，就可以看作一个完整的项目。同时，教师要给予幼儿正确的引导，比如在课堂上教师要亲自示范动作，再从幼儿中要求学习能力强和动作把握性强的幼儿出来示范，这样孩子们不仅会认真观察教师的动作，也会从示范同学中观察自己是否也有相同的缺点。更有好胜心较强的幼儿会通过此种类似的“奖励机制”更加努力学习舞蹈动作，争取下次有当“小老师”的机会。

好的教学没有一定的模式，但在课程实施中的顺畅度是最基本的要求。在舞蹈教学时既要让学生了解又要懂得要领，此为教学上的最高境界。教师们还需与学生维持良好的关系，和学生有良好沟通与互动。

中职学生在教学实践的过程里根据一定的教学目的、信念和任务引导掌握知识和技能，并在此后进入幼儿园等学前教育机构的舞蹈课堂中指导幼儿，引导学龄前儿童成长，使孩子能充分发挥天赋与潜能，根据他们的特性培养出一套完整且恰当的训练方式，在有限的舞蹈教学时间里达到最好的成效，更加适用于自己的工作领域。这样可加深他们对舞蹈教学的了解，也可以最快速度完成从职业选择到新职业工作世界的过渡，在日后对学前舞蹈教育有更深的研究。

三、结语

基于上述的研究结果发现，教育者若希望将民族民间舞教学落实于人身上，让中职学生对课程的内容有所掌握，并且懂得如何灵活运用以发挥舞蹈蕴含的精神，将中华传统文化传承发扬下去，需要良好的课程环境和多元素材的提供，意识到中职学前教育的职业是沟通学前儿童与中职学生的桥梁，让中职学生增加对舞蹈的兴趣，从而将民族民间舞发扬光大。

多元互动音乐游戏促进幼儿音乐核心素养发展

北京市丰台区花城幼儿园　刘博雅

一、夯实基础，确定核心概念

（一）多元互动

多元互动体现了多元智能理论，体现了陈鹤琴"生活即教育"理念，以及《3—6岁儿童学习与发展指南》（以下简称《指南》）中幼儿园阶段生活化、游戏化的独特学习方式。本研究分为主体互动和客体互动两个层面的互动形式研究（见图1），更强调通过多元互动满足幼儿直接感知、亲身体验、实际操作的学习方式，坚持儿童为本，尊重幼儿年龄特点和成长规律，注重幼儿发展的整体性和连续性，有效促进幼儿学习与发展。

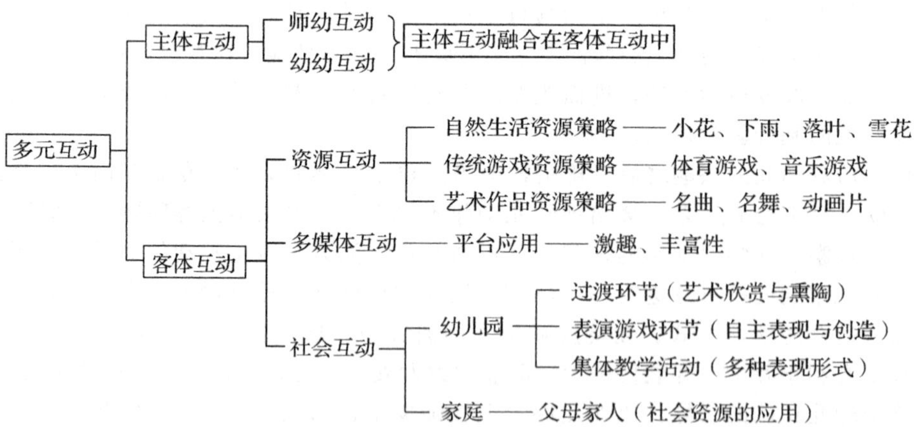

图1　多元互动框架图

（二）明确音乐游戏理念

幼儿园以游戏为基本活动，教师要珍视游戏和生活的独特价值，理解幼儿的学习方式和特点。音乐游戏对幼儿大脑的开发、智力的提升、视觉整合能力的提升等都有着重要的价值，是幼儿园教育中不可缺失的部分。中共中央办公厅、国务院办公厅在《关于全面加强和改进新时代学校美育工作的意见》中也明确指出：幼儿园美育要遵循幼儿身心发展规律，通过开展丰富多样的活动，培养幼儿拥有美好、善良的心灵，懂得珍惜美好事物。通过理念认识和文献研究，本课题在音乐游戏的特点和类别中也进行了明确，将音乐游戏按内容重点分为有主题音乐游戏和无主题音乐游戏，游戏形式为表演游戏、歌舞游戏和听辨游戏(见图 2)。同时，在研究中从游戏趣味性和音乐游戏规则两方面为突破口开展更加适宜幼儿园阶段开展的音乐游戏内容，满足幼儿学习与发展的需要。

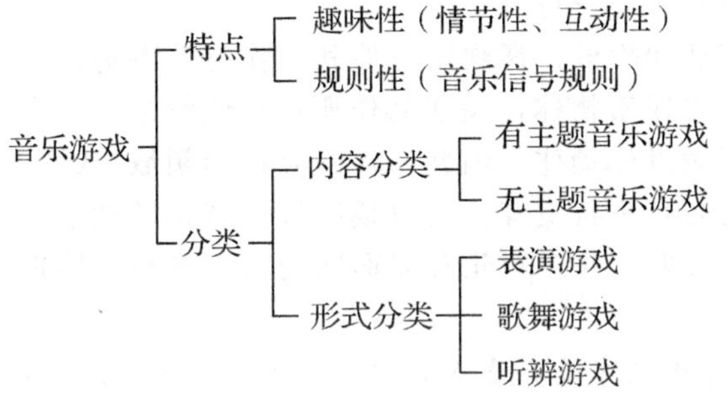

图 2　音乐游戏框架图

(三)明确幼儿园音乐核心素养内涵

20 世纪末、21 世纪初是国际教育改革的融合期，开始聚焦于核心素养的研究。中小学在新课标改革中也突出了审美感知、艺术表现、创意实践、文化理解四方面艺术核心素养内容。音乐游戏属于《指南》艺术领域音乐学科综合的一种活动方式，对接核心素养，《指南》艺术领域的核心价值更多地体现的是幼儿“感受与欣赏”“表现与创造”能力，即萌发幼儿对美的感受和体验，丰富其想象力和创造力。因此，本课题研究中的音乐核心素养定位于审美兴趣、感知欣赏能力、表现创造能力、学习品质四个维度的音乐能力发展(见图 3)。

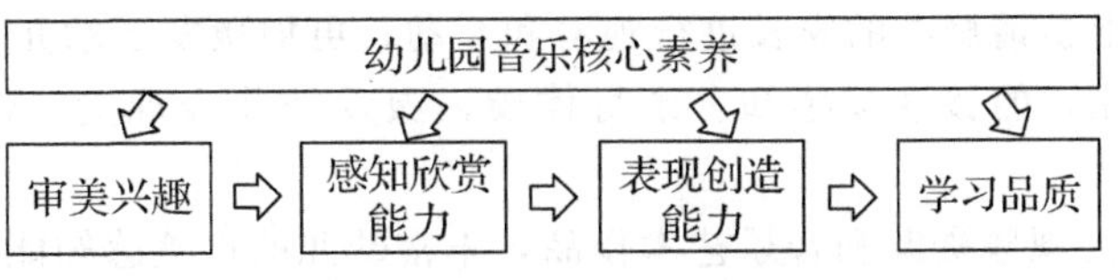

图 3　幼儿园音乐核心素养

二、音乐游戏实践研究，形成初步的多元互动实施策略

(一)创设幼儿园生活化音乐游戏环境，激发幼儿的审美兴趣

幼儿在园的一日生活都离不开音乐，如区域游戏、阅读、进餐、餐后活动、体育锻炼等。教师结合幼儿的兴趣出发，选择适宜幼儿欣赏的优美的音乐素材资源，开展有主题的听辨类音乐游戏，如：洗手歌、餐后放松音乐游戏等。通过素材和灵活的过渡环节时间为幼儿创设生活化的音乐游戏环境。在这一环境创设中，幼儿与资源、幼儿与教师、幼儿与同伴开展了丰富的音乐游戏活动，优美的音乐资源和游戏方式激发了幼儿的音乐审美兴趣，达成音乐核心素养目标。

案例：收区音乐游戏“库奇奇”

音乐在幼儿一日生活环节中起到了隐性指导的作用，同时趣味的音乐可以使幼儿在完成事情的过程中增加积极性和参与感，使隐性指导变成游戏的延续而不是单纯的提示。“库奇奇”音乐节奏感鲜明，游戏性强，作为游戏区域结束的最后一首提示音乐，能够使收完玩具的幼儿听到音乐后，跟随音乐一起做律动游戏，同时提示了未完成收区的小朋友，跟随音乐加快自己的收拾速度。

(二)融合多领域内容和目标开展有主题的音乐游戏活动，激发幼儿的表现创造能力

幼儿园是融合的教育，音乐游戏对幼儿大脑的开发、智力的提升、视觉整合能力的提升有重要的价值，教师尝试了融合多领域目标开展一些有主题的音乐游戏活动，在激发幼儿表现创造力的同时也能达成幼儿多领域学习和发展的价值。

案例：小班音乐游戏“小手拍拍”

小班幼儿处于自我认知阶段，喜欢用身体和动作感知事物。科学领域目标中提到，幼儿能用多种感官或动作去探索物体，关注动作所产生的结果。艺术领域目标中提到，小班幼儿能跟随熟悉的音乐做身体动作。因此，在开展科学领域“认识五官”活动中，教师融合了音乐游戏中的“小手拍拍”进行贯穿，通过趣味性的音乐游戏活动，调动幼儿兴趣和认知经验，促进幼儿大脑的开发，并在幼儿有节奏感的动作感知中体现了幼儿音乐核心价值中的艺术表现创造能力。

(三)丰富信息化的游戏环境和资源，进一步促进了幼儿感知欣赏能力的提升

信息技术将各种资源进行整合，大大提升了视听效果，使互动更加有时效性。在研究中我们探索了如何丰富信息化游戏环境，以及丰富哪些信息化资源和设备等，进一步促进幼儿感知欣赏能力的提升。

1. 在区域游戏中提供视听设备，促进幼儿自主选择多元的欣赏内容

首先，在表演区中我们投放了平板电脑视听设备，教师将幼儿表演的音乐和相对应的图片做成超链接，幼儿点击相应图片就可以播放音乐。也可以通过超链接视频让幼儿自主地选择自己喜欢的音乐进行游戏。其次，投放录像设备，幼儿运用录像设备将自己的表演录制下来进行回放观看，在欣赏艺术作品的同时也能够进一步欣赏到自己的美，进一步激发幼儿的感知欣赏能力和多元表现能力。再次，教师开通了企业号家长群微信直播功能，在网络安全的基础上邀请群内的家长进行观看和互动，更加激发了幼儿游戏和表现的欲望。信息技术的巧妙应用，能够直接感知、亲身体验，激发幼儿表现美、创造美的音乐素养，实现多元互动。

2. 选择生活化的视频资源和音乐艺术作品，丰富幼儿的审美感知能力

首先，丰富的信息化视听资源可以进一步激发幼儿的审美感知和审美欣赏能力。例如，在生活化资源体现上，教师下载了丰富的不同季节的大自然和生活中美好的事物的图片和视频资源，幼儿可以感受到更加丰富多元的自然化、生活化资源，促进幼儿对自然美和生活中美的感受。其次，教师收集了大量适合幼儿欣赏的经典音乐作品和舞蹈作品，包括一些音乐会片段，视听结合的民族音乐，四小天鹅、孔雀舞等经典舞蹈作品；上海电影制片厂传统音乐动画作品等。在丰富的资源供给下，幼儿开展了丰富的形象和艺术性、游戏化的角色表演等，丰富了幼儿的审美感知能力和创造性的艺术表现能力。

三、结语

幼儿园活动的组织要以“儿童为本”，以儿童喜欢的形式进行开展，游戏化的组织形式符合幼儿的年龄特点和学习心理。音乐游戏具有兼容性、融合性，寓教于乐，在以信息技术为载体的背景下促进了幼儿的多元互动，促进了幼儿的多元化发展。

幼儿园创造性开展泥塑教学实践的探究

北京市丰台区花城幼儿园　崔正钰

一、幼儿园开展泥塑教学的现状

幼儿园常用的泥工材料主要有橡皮泥、空气黏土、陶泥等。但空气黏土由于具有颜色丰富、不黏手、柔软性好、可塑性强等特点，所以很适合幼儿进行泥塑活动。但是在以往的泥塑教育活动中，有些教师没有转变观念意识，多是采取传统的教育模式，即教师演示泥塑作品的制作过程，幼儿按照教师的制作步骤模仿完成或者教师教一步泥塑制作方法，幼儿学习一步。比如，捏一只吃竹子的小熊猫，幼儿呈现出来的作品全部都是吃竹子的小熊猫，这些塑造出来的作品都是以模仿为主，为了学而学，忽略了幼儿的表现力与创造力。在泥塑教育活动中，教师应该鼓励幼儿根据自己内心的经验来对周围事物进行感知、认识，随心所欲地运用他们手里的材料，进行最恰当的表现，通过自己的观察体验创造性地制作出形态各异的作品，在创作中体验成功、增强自信、发展个性。用自己的方式去表现美和创造美。

二、幼儿园创造性地开展泥塑教学的实践分析

(一)融入环境——捕捉幼儿的兴趣点

兴趣是最好的老师，兴趣也是幼儿积极参与泥工活动的前提。给孩子们一团泥，多数孩子都会本能地拿起泥来捏，泥工的技能是不局限的，只要用小手团一团、压一压、搓一搓并把它们组合在一起就是捏泥的方法。不过，前提是幼儿愿意动手去操作。激发幼儿对泥工活动的兴趣是很重要的前提条件。所以我就利用了班级的环境创设，让幼儿在熟悉的生活环境中感受泥、欣赏泥塑作品，让幼儿主动参与到泥工活动中。

1. 重视环境中泥塑作品的体现，合理运用空间位置进行作品展示，提高幼儿对美的感受力

首先了解幼儿的真实需要，从幼儿兴趣、年龄特点、能力水平出发，给幼儿更多的空间去创作。根据幼儿的生活经验，与幼儿共同确定主题，根据幼儿近期的兴趣点与幼儿一起确立方向与活动内容。其次和班中教师共同商讨，为幼儿创设浓郁的泥塑氛围环境。在班级中的主题墙、美工区、吊饰、植物角的小围栏上都要有泥塑作品的体现。例如，中班创设“你好，春天”的主题环境，池塘中的小鱼、小蝌蚪、小乌龟、小鸭子等都是用彩泥制作而成的，符合中班幼儿的年龄特点且富有情趣，同时给幼儿美的享受，激起幼儿玩泥的兴趣。通过潜移默化、自然渗透的环境和丰富的作品，对幼儿起到引导的作用，激起幼儿主动参与活动的兴趣。

2. 创新泥塑作品的展示形式

班级美工区的墙面上也可以张贴幼儿的泥塑作品，这些泥塑作品幼儿可以拿在手里观看，让每一个幼儿都能体验到自己的泥工作品被重视被接纳，而获得满足感。为了让幼儿便于取放、观察、欣赏，同时又具有美感，教师可巧妙利用废旧物创设情景，让作品更加生动、立体。例如，用KT板创设动物乐园情景，用积木块拼摆成展示架等。

(二)多样化、多元素——组织开展泥塑活动

1. 区域活动中创设有意思的情景

在小班的区域活动中，可开展“奇妙的餐厅”活动，进行各种食物的制作，并且送餐给

娃娃家的顾客。这种区域区之间的点餐互动形式，让幼儿对于泥塑活动产生更浓厚的兴趣，孩子们不再盲目地进行制作，慢慢地，教师就可以循序渐进地更新食物的制作种类，有目的地进行制作。随着时间的推移与经验的积累，泥塑活动不仅丰富了幼儿的操作经验，还激发了幼儿的创作灵感。

2. 选择开放性的内容，抓住幼儿生活中的小契机

幼儿的学习是以直接经验为基础的，在游戏和日常生活中教师可以多听一听孩子们最近在讨论什么话题，观察幼儿感兴趣的事情，以幼儿为本，科学合理地开展泥塑活动。孩子们更喜欢感知和描绘熟悉的事物，例如，大班孩子们明白了友谊的意义，喜欢每天和自己的好朋友在一起游戏。于是可以就此契机开展"我和我的好朋友"泥塑活动，鼓励幼儿分组进行制作，大胆创造自己和好朋友的人物造型，肯定幼儿的想法，以此来挖掘幼儿的潜能。

（三）创造表现——利用辅材联合塑造事物形象

除了塑造事物形象以外，还可以根据物体的外形选用适当的废旧材料来进行联合塑造。如塑造小乌龟时，孩子们到自然角仔细观察乌龟的外形，教师引导幼儿利用辅助材料制作。孩子们利用半个核桃壳当乌龟的壳，用橡皮泥捏四肢、头和尾巴，塑造出来的作品有的是缩在壳里的乌龟，有的是伸长脖子向前爬的乌龟等。在塑造小熊的时候，孩子们捏完小熊的身体后，又找来一些开心果壳，用来做小熊的脚，这样既形象又站得很稳。另外在连接动物的身体时，有时会出现身体分开的现象，尤其是头和身体总是接不上，因此教师要鼓励孩子们自己去探寻方法，如用什么材料最合适，幼儿尝试选择了几种不同粗细的棍儿，最后认为牙签最合适、效果最好。孩子们还利用多种辅助材料，根据自己的喜好，塑造了恐龙、小羊、长颈鹿等动物形象。

（四）评价方式——灵活多样促学习

1. 创设全面展示的平台和空间，发展幼儿的个性

不以捏的像不像、好不好作为评价幼儿作品的标准，而是将幼儿作品全部展现出来。这样，既鼓励了所有幼儿为之付出的努力，对个体个性的发展也有益处，同时也促进幼儿创造力的发展。

2. 创设多样的评价方式，促进幼儿相互学习

在中班评价活动过程中，我们可以以"问—猜—答"的形式去挖掘幼儿的创造意图，调动所有孩子参与评价。在呈现作品时，教师不忘给予每个孩子积极肯定的评价，同时也让孩子们互相提一提建议，说说自己的看法：你觉得他们的作品好不好，好在哪里，哪里还需要再改一改？能提出一定的问题和改进的方法，这样幼儿今后再做就可以参考他人的意见，使之做得更好了。这种建议性的评价，不但没有伤害到幼儿的自信心，更重要的是更多的幼儿在橡皮泥活动中综合运用各种技能的能力明显得到提高；幼儿还借鉴他人的作品，将各种手法运用到自己的创作作品中，进行了主体自发性的有效学习。例如，幼儿在捏制小蛇时，最初只会做蛇的身体，没有眼睛、舌头，现在不仅会做五官，还能做出眼镜蛇、花纹比较多的蛇等；而且在同伴作品中出现的各种操作手段均被幼儿发挥在自己的作品中，活动自然引导了幼儿接触周围环境和生活中美好的人、事、物，丰富他们的感性经验和审美情趣，激发他们表现美、创造美的能力，使得幼儿的泥塑作品从美观和技能上都有了进一步的提高。

三、结语

实践研究证明，泥工活动丰富了幼儿的生活，增添了生活乐趣。开展泥工教学活动，

不仅锻炼了幼儿手眼脑的协调能力、小肌肉精细动作的发展及观察、分析、对比、动手解决问题的能力，更让幼儿形成做事细致耐心、认真有条理等良好的品质与行为习惯。

泥工是综合创作的艺术，是一种美的创造和体现。人的审美能力不同，感受美、创造美、表现美、欣赏美的能力也不同。泥工是幼儿学习活动中不可缺少的内容，运用图形教学开展泥工活动对促进幼儿的创造力，提高感受美、欣赏和创造美的能力，促进同伴间的合作意识有着很大的作用。

美育视角下开展剪纸活动的探究

北京市丰台区实验幼儿园　黄秀娟

美育即审美教育，是审美教育和情感教育的综合培养。2015 年中共中央办公厅、国务院办公厅颁布的《关于全面加强和改进学校美育工作的意见》中明确提出："幼儿园美育要遵循幼儿身心发展规律，通过开展丰富多样的活动，培养幼儿拥有美好、善良的心灵，懂得珍惜美好事物，能用自己的方式去表现美、创造美，使幼儿快乐生活、健康成长。"幼儿园美育可以用九字来概括，即感受美、发现美、创造美。

民间剪纸来源于生活，剪纸的创作者把他们对生活、对自然的认识和感悟以剪纸这种特殊的艺术形式表现出来，是他们内心情感的一种表达，因此，这种艺术表达重在表现神似，而不是表现形似。一把小小的剪刀，几张普普通通的纸，就能剪出飞禽走兽、植物、建筑、人物故事，就能剪出一个泱泱大国几千年的文化积淀。在现代教育的今天，当前在对儿童全面实施素质教育中，我们要在广泛的文化背景下，深刻认识剪纸对儿童发展的重要作用。

我们现在常常谈起要尊重儿童，要尊重儿童就必须要了解儿童，要了解儿童就要知道他们是怎样思考的，就必须明白他们是用什么来表达自己的思考的。儿童，尤其是年幼的儿童，他们对周围事物的认知和思维的发展还远超于他们的语言和文字表达能力的发展，其思维(尤其是与抽象思维相关的概念)的表达往往要借助于非语言的形式，尤其是视觉艺术形式。因此，这里说的"读懂儿童的语言"，要读懂的不仅仅是孩子说的话和写的"语言"，更主要的是指儿童使用的各种各样的象征符号，即可以表现儿童思维的各种各样的媒介，如剪纸。

美育视角下开展剪纸教学活动的策略如下。

一、多方面入手，培养幼儿兴趣

教师是教育教学的直接实施者，幼儿的态度很大一部分受老师的影响，怎样能使幼儿上好一节剪纸课程是需要教师深思的一件事情。在剪纸的教育教学活动中，可以利用多种形式来吸引幼儿注意，从幼儿的兴趣点出发去设计整节课程。

首先，在设计教学活动时，要选择幼儿喜欢的一些事物进行剪纸。在剪纸活动中，幼儿的兴趣很关键，幼儿的兴致高了注意力自然就跟着教师走了，课堂气氛也会很好。

其次，利用主题活动的开展，促进幼儿剪纸兴趣。在中班时期，我班开展了"汽车王国"的主题活动，还请幼儿和家长一起制作了立体汽车。幼儿们总是喜欢到摆设台去看一看，通过观察发现幼儿们很喜欢汽车，于是我们就开展了一个汽车的主题剪纸活动。在活动中，幼儿的积极性很高，尝试剪出各种样式的汽车，遇到剪纸的难题时，会积极向老师询问，孩子们的兴致高了，活动的开展自然就更加容易了。

最后，运用有效的教学方式。在剪纸活动中适当利用多媒体、实物、故事情节等有效方式引出活动主题，吸引幼儿注意力，提高幼儿兴趣。

二、教学中的环境创设是营造良好课堂氛围的法宝

初期，我们尽可能地为幼儿创设一个处处见得到剪纸作品，并与班级整体环境密切结合的氛围。例如，班中的区角、自然角里摆设的物品，班内各种物品的取放处，主题墙上都粘贴上与实物结合的剪纸作品，让幼儿主动发现班中的物质、环境与剪纸相结合，激发起幼儿对不同剪纸方法的认识与探索。看到这些剪纸作品时同伴间会有交流，帮助幼儿集中获得剪纸信息，使幼儿不知不觉地获得了剪纸知识，从而调动起幼儿学习剪纸的兴趣。

三、在各个环节中注重培养幼儿良好的剪纸常规

在幼儿园一日生活中教师要注重幼儿日常常规的培养，使幼儿养成良好的生活习惯，教育教学活动才能更好更顺利地进行。在生态剪纸的教育活动中也是如此，创设剪纸常规，培养幼儿认真学习的态度，有条理，学习过程中不怕困难，拿剪刀姿势正确，注意力集中等。这些习惯的培养是和学习的兴趣相互关联的，所以良好的剪纸常规习惯是顺利开展剪纸活动的根本。

四、利用游戏、提问、情境等引入，为幼儿提供思考和创造的机会，创意剪纸活动

（一）为幼儿提供创造性思维的材料

为幼儿准备丰富的剪纸材料，不同材料的纸会激发出幼儿不同的想法，如剪纸活动“我的小伙伴”，目标是请幼儿大胆地剪出自己心目中的小伙伴、好朋友的形象。幼儿对小伙伴已有一定的感知。老师为幼儿提供了不同质地的纸供幼儿选择，孩子看到后，兴趣高涨。在选纸的过程中，幼儿嘴里还说着：“我用这张纸剪一个漂亮的小姑娘，还有小辫子。”孩子选择了各种各样的材料，积极动手剪起心中的小伙伴的样子。幼儿剪的作品既大胆又丰富，有穿花裙子的、有梳小辫子的等。

（二）巧设创造性情景，设置思维空隙

在“有趣的汽车”活动中，我请幼儿联想汽车的形象。我又采用自制汽车对话的录音，把幼儿带入神秘的汽车世界中。幼儿听着汽车的“对话”，教师放映幻灯片，片中不同的汽车形象吸引了幼儿的注意力，根据汽车不同的功能再出示新的内容，使幼儿明确了剪纸思路，自然地剪出汽车的形象。我们将幼儿发现的问题和方法展示在墙上，经过尝试与探索，幼儿发现“剪刀像条大鳄鱼立起身子，一张一合就能剪下来”。活动中不断鼓励幼儿发现问题并解决问题。

（三）提问要简明并有启发性

小班幼儿概括物品的具体形象能力较弱，他们往往把复杂的物体形象归于简单的几何图形。因此，在剪纸活动中我引导幼儿依据图形创意表达自己所观察的物品。首先，图形想象调动幼儿生活经验。幼儿在熟练地将纸剪碎、剪成条状，以及用方形纸从一个方向和不同方向剪不同的物品后发现，他们都是在方形纸上变化着剪不同的物品的。“还有什么物品是方形的?”这一问题的提出，使幼儿展开联想。有的说门是方形的，有的说表是方形的，有的说窗户是方形的，还有的幼儿一口气说出了电视、冰箱、空调、手机等多种不同的方形物品。这样，通过图形调动了幼儿原有的生活经验，使幼儿积极表达自己的所见所闻、所思所想。其次，引导幼儿观察物品，主动表达。例如，在“喂大鳄鱼吃面条”的活动中，有的幼儿用转纸不转剪的方法剪出了细细长长的面条，我们将孩子们在尝试中发现的方法以图示的形式展示。“咦？这是怎么剪的?”教师的提问激发了幼儿对剪纸的兴趣。

(四)与其他领域整合，促进幼儿认识、情感、社会领域的发展

剪纸并不是单纯的教剪纸与学剪纸的方法研究，而是通过剪纸活动整合其他领域，促进孩子认识、情感、社会领域的发展。幼儿的剪纸作品反映了他们对数、量、形的认识与理解，同时还可用剪纸的形式表达对故事的理解。如在“看谁剪得长”的活动中，幼儿将自己剪的“长蛇”一端对齐比谁的长，这就融入了数学内容。在比长短的过程中，幼儿又发现剪得越粗就越短，剪得越细就越长。在此活动中，幼儿不仅对长短有了一定认识，而且对粗细更有了直观的感知。活动中还有的幼儿把自己剪的长条看作是给爸爸剪的围巾，并告诉小朋友们：“冬天太冷了！长‘围巾’围在爸爸的脖子上一定很暖和。”这便反映了幼儿的真实情感，表达了幼儿对亲人的关爱之情。此外，有的幼儿剪了一条长长的腰带，用来讲《减肥腰带》的故事。通过剪纸活动，幼儿的节约意识和环保意识也得到了增强。

五、有效的评价策略，让孩子充分体验成功

幼儿剪纸的每一幅作品都是成功的，老师要多去鼓励表扬幼儿的点滴进步，进一步增加幼儿对剪纸的信心。在剪纸活动结束时，适时地请幼儿到集体面前进行表述，将自己的作品、经验、体会、困惑讲述出来，不仅对幼儿是一个积极有效的促进，对全体幼儿来说，也同样有着不可低估的教育价值，是幼儿互相学习的绝好契机。对发展孩子的语言能力、逻辑思维能力都具有不可替代的影响力和教育价值。

剪纸以及其他各类型的作品对于促进幼儿思维、知觉、个性和兴趣发展都有重要作用，我们也能从中了解幼儿的艺术和审美发展。实践证明，幼儿主动动手、自主积极地学习才是最好的学习方式，幼儿的思维发展也更趋合理，更趋平衡。

幼儿园师生互动对幼儿学习动机的影响

江西省南昌市南昌理工学院　周俏亭

幼儿教育的目标是全面促进幼儿的身心发展和学习能力的培养。师生互动在幼儿园教育中起着至关重要的作用。积极的师生互动不仅能够建立良好的师生关系，还能够激发幼儿的学习动机和学习兴趣，提高他们的学习效果。然而，在实际教学中，一些幼儿园师生互动不够密切，缺乏有效的互动方式和沟通方式，这可能会对幼儿的学习动机产生负面影响。

一、师生互动对幼儿学习动机的积极影响

(一)积极的师生互动可以激发幼儿的学习兴趣和动机

积极的师生互动可以创造愉悦和积极的学习环境，使幼儿对学习充满乐趣。当教师与幼儿互动时，多使用鼓励性的语言，幼儿会感受到学习是一种有趣和愉悦的体验，从而激发他们的学习兴趣和欲望。

(二)教师与幼儿之间的亲密互动可以建立安全的学习环境，增强幼儿的自信心，促进幼儿积极参与

师生互动的积极性可以帮助建立安全、支持性的学习环境。当教师与幼儿之间建立了积极的亲密关系时，幼儿会感到被尊重和关注，从而增强他们的学习动机。积极的师生互动有助于培养幼儿的学习自信心。通过与教师的互动，幼儿可以获得支持和指导，逐渐掌握新的知识和技能，从而提升他们的学习动机和自信心。当教师鼓励幼儿积极参与课堂活动、与他人合作时，幼儿会感到被重视，从而增强他们的学习动机。

(三)师生互动中的积极反馈和认可，可增强幼儿的学习动机和自我效能感

教师在师生互动中提供积极的反馈和认可可以增强幼儿的学习动机。当幼儿获得教师的肯定和鼓励时，他们会感到自己的努力和成就被认可，进而激发他们的学习动机。积极的师生互动可以促进幼儿的参与和合作精神。

总的来说，积极的师生互动可以激发幼儿的学习兴趣和动机，建立安全的学习环境，提供积极的反馈和认可，培养学习自信心，激发参与和合作精神。这些因素共同作用，能促进幼儿的积极的学习动机。

二、师生互动对幼儿学习动机的负面影响及解决措施

虽然师生互动通常对幼儿的学习动机有积极影响，但在一些情况下也可能带来负面影响。主要体现在以下几个方面。

(一)缺乏有效的师生互动可能导致幼儿的学习动机下降

当教师与幼儿之间缺乏有效的师生互动时，幼儿可能缺乏学习动机，对学习缺乏兴趣和动力。如果教师与幼儿的互动缺乏个体化的关注和指导，幼儿可能感到他们的学习需求没有得到满足，从而降低学习动机。当幼儿缺乏有效的互动和合作机会时，他们可能感到孤立和缺乏支持，从而减少对学习的兴趣和动机。如果幼儿缺乏来自教师的肯定和鼓励，他们可能感到学习的努力没有得到重视，从而降低他们的学习欲望。

为了解决这些问题并提高幼儿的学习动机，教师可以采取以下措施：创建积极的学习环境，鼓励幼儿参与和分享自己的想法；提供个体化的学习支持，关注每个幼儿的学习需求和兴趣；提供定期的反馈和认可，鼓励幼儿的努力和成就；促进互动和合作，创建合作学习的机会，让幼儿相互支持和学习。通过这些措施，可以增强师生互动的有效性，提高幼儿的学习动机和兴趣。

(二)不充分的互动和指导可能使幼儿感到无助和无兴趣，从而影响他们的学习动机和学习成果

当师幼之间缺乏充分的互动和指导时，幼儿可能无法获得必要的学习支持和解答问题的机会，这可能导致他们在学习过程中感到困惑和无效，从而降低他们的学习动机。不充分的互动和指导可能导致幼儿产生自我怀疑和学习焦虑。他们可能觉得自己无法理解或掌握学习内容，缺乏自信，从而降低他们参与学习的积极性和兴趣。不充分的互动和指导可能使幼儿缺乏对学习目标的清晰理解。他们可能无法理解为什么学习特定的概念或技能对他们的发展至关重要，从而减少对学习的动机和兴趣。充分的互动和指导有助于培养幼儿的自主性和主动性。当幼儿缺乏充分的互动时，他们可能失去主动学习的机会，变得依赖性较强。

为了解决这些问题并提高幼儿的学习动机，教师可以采取以下措施：提供充分的互动和指导，确保幼儿获得必要的学习支持。教师还可以关注每个幼儿的学习需求和兴趣，并根据他们的个体差异提供个性化的学习指导。同时，鼓励幼儿主动参与学习过程，培养他们的自主性和主动性，激发他们的学习动机和兴趣。

(三)师生互动中的负面反馈或批评可能会降低幼儿的学习动机和自尊心

负面反馈或批评可能导致幼儿对学习失去兴趣和动机。当幼儿受到频繁的负面反馈或批评时，他们可能感到沮丧、无助和不自信，从而降低他们对学习的动机。负面反馈或批评可能影响幼儿的自尊心。当幼儿感受到负面的评价或被指责时，他们可能对自己的能力产生怀疑，质疑自己的价值和价值感，从而影响他们的自尊心和学习动机。负面反馈或批评可能导致幼儿产生学习焦虑。他们可能担心再次受到批评或失败，从而变得过于担心和

紧张，影响他们在学习中的表现和动机。

为了避免这些负面影响，教师可以采取以下措施：提供积极的反馈和鼓励，强调幼儿的努力和进步；使用建设性的指导和指导性语言，帮助幼儿改善和发展；建立支持性和尊重的学习环境，鼓励幼儿分享和表达意见；培养积极的学习氛围，鼓励幼儿之间的互助和合作。通过这些措施，教师可以减少负面反馈和批评的影响，提升幼儿的学习动机和自尊心。重要的是给予幼儿支持和鼓励，帮助他们建立积极的学习态度和信心，以促进他们的学习和发展。

三、师生互动的关键因素

第一，教师的教学风格和互动方式对幼儿的学习动机产生重要影响。支持性、鼓励性和启发性的教学方法有助于增强幼儿的学习动机。通过采用支持性、鼓励性和启发性的教学方法，教师可以建立积极的学习环境，增强幼儿的学习动机。这些方法可以促进幼儿的积极参与、自信心和学习兴趣的发展。重要的是教师能够灵活地运用这些方法，根据幼儿的需要和兴趣进行个性化的教学，以提高幼儿的学习动机，从而进行有效的学习。

第二，师生之间的亲密关系和沟通能力对幼儿学习动机的发展至关重要。教师应倾听幼儿的需求和兴趣，积极参与他们的学习过程。通过建立亲密关系、倾听幼儿、积极参与和个性化教学，教师能够创造支持性和鼓励性的学习环境，提高幼儿的学习动机。这种良好的师幼关系和沟通能力有助于培养幼儿的自信心、合作精神和学习兴趣，为他们的学习打下坚实的基础。

第三，课堂环境和资源的充实程度也会影响师生互动和幼儿学习动机。丰富多样的教具、游戏材料和互动活动可以促进师生互动和学习动机的提升。通过提供多样化的教具、游戏材料和互动活动，创设丰富的学习环境，以及营造积极的课堂氛围，可以增加师生互动和提升幼儿的学习动机。在这些因素的共同作用下，为幼儿提供有趣、富有挑战性和有意义的学习体验，促进他们进行有效学习。

四、结语

综上所述，幼儿园师生互动对幼儿学习动机有显著的影响。通过积极的师生互动，可以激发幼儿的学习兴趣和动机，提升他们的自信心。因此，在幼儿园教育实践中，我们应该重视和加强师生之间的互动，为幼儿提供支持性的学习环境和资源，以激发他们的学习动机，促进他们进行有效学习。

新时代幼儿教师的专业化成长之路

——第二十二届“当代杯”全国幼儿教师职业技能大赛获奖作品选(下册)

苏　津　主编

首都师范大学出版社
CAPITAL NORMAL UNIVERSITY PRESS

图书在版编目(CIP)数据

新时代幼儿教师的专业化成长之路：第二十二届“当代杯”全国幼儿教师职业技能大赛获奖作品选 / 苏津主编. —北京：首都师范大学出版社，2023.11

ISBN 978-7-5656-7760-1

Ⅰ.①新… Ⅱ.①苏… Ⅲ.①幼教人员－职业技能－教师培训－文集 Ⅳ.①G615－53

中国国家版本馆 CIP 数据核字(2023)第 190931 号

XINSHIDAI YOU'ER JIAOSHI DE ZHUANYEHUA CHENGZHANG ZHI LU

新时代幼儿教师的专业化成长之路

——第二十二届“当代杯”全国幼儿教师职业技能大赛获奖作品选(下册)

苏　津　主编

策划编辑　李佳艺
责任编辑　林　尧　武站世
首都师范大学出版社出版发行
地　　址　北京西三环北路 105 号
邮　　编　100048
电　　话　68418523(总编室)　68982468(发行部)
网　　址　http://cnupn.cnu.edu.cn
印　　刷　北京印刷集团有限责任公司
经　　销　全国新华书店
版　　次　2023 年 11 月第 1 版
印　　次　2023 年 11 月第 1 次印刷
开　　本　787mm×1092mm　1/16
印　　张　52.75
字　　数　1352 千
定　　价　158.00 元(全三册)

编　委　会

主　编　苏　津

副主编　段春梅　张会会　顿艳宾

编　委　（按姓氏笔画排序）

王　影　刘　念　李　靖　李　静　李丽红
张慧茹　陈　阳　林　莹　赵　猛　徐　珺
黄　琴　黄诗雅　薛　巍

组　委　杨雅楠　闪军燕　赵　强　布松涛　张庭玮
苏　博　王　阳　潘永东　钟秋瑜

前　言

改革开放以来，特别是进入 21 世纪以后，我国学前教育取得长足发展，普及程度逐步提高。办好学前教育，关系亿万儿童的健康成长，关系千家万户的切身利益，关系国家和民族的未来。

学前教育事业能够健康发展，最重要的保障是师资，因此《国务院关于当前发展学前教育的若干意见》要求：各级政府要充分认识发展学前教育的重要性和紧迫性，将大力发展学前教育作为贯彻落实教育规划纲要的突破口；作为推动教育事业科学发展的重要任务；作为建设社会主义和谐社会的重大民生工程，切实抓紧抓好，加快建设一支师德高尚、热爱儿童、业务精良、结构合理的幼儿教师队伍。

开展职业技能型比赛活动，就是培养合格师资队伍的有效途径之一。

其一，比赛是对幼儿教师的能力和水平的一次全面展示和检阅。人才是教育之本，教师是学校之本，技能是教师之本。拥有过硬的职业技能是每位教师必须具备的基本条件，竞赛是全面磨炼、展示和提高这一素质的最有效的形式。

其二，比赛是提高教师能力、水平和质量的一种重要途径。比赛为教师提供了提高教育能力和教育水平的机会，作为参赛者的教师在准备过程中可以得到前辈及同事们的指点和帮助；参赛的准备和比赛过程会帮助教师得到锻炼和提高，并在展示自己的同时，与其他参赛教师进行各个层面的广泛的交流，互相学习，共同进步。

其三，比赛是促进教师成长的重要手段。通过比赛活动，可以正确引领教师在专业上的进步，引导他们关注最新的教育理念，潜移默化地培养他们的创新意识和学习意识。参与比赛有助于提高全国幼儿教师的职业素养，有助于增加教师之间的专业交流，有助于促进教师之间的专业分享。此外，比赛还是帮助教师树立良好的师德、教育观念和能力的最好方式，能使教师经历一次全面、完整的过程训练。

由《幼儿教育导读》杂志社、当代学前教育网、当代学前教育研究会以及多家机构联合举办的“当代杯”全国幼儿教师职业技能大赛，是当前幼儿教师培养培训的有效补充，也是促进教育教学质量提高、培养合格幼儿教师的辅助手段。

第二十二届“当代杯”全国幼儿教师职业技能大赛，历时 3 个月，围绕 15 个比赛项目展开，得到了全国各地幼儿园及幼儿教师的积极响应。比赛中，涌现出了一批具有专业理念和创新意识的作品。经过大赛组委会的甄别，从其中的文字作品中遴选出部分优秀获奖作品结集出版。我们希望通过作品分享展示的形式，促进广大幼儿教师的交流，促进幼儿教师的专业化发展。

在本书的编辑出版过程中，我们得到了来自全国各地幼儿园、参赛选手、教科研领域的专家以及知名出版社同人的大力支持和帮助。在此，谨代表大赛活动的主办机构、组委会的工作人员深表感谢。

为了更好地提升“当代杯”全国幼儿教师职业技能大赛的整体品质，我们将继续

聆听行业的诉求、建议和期盼，借鉴历届大赛的经验，将今后的大赛活动办得更加丰富、更加成熟、更加具有社会价值。我们将继续在幼儿教师专业成长的道路上，不断奉献我们的微薄之力。

祝愿当代幼儿教师专业化长足发展，祝愿我国学前教育事业不断进步！

目　　录

教学实践

【教案】

教育反思

教育探索

教学实践

【教案】

森林音乐会

北京师范大学亚太实验学校　徐萍萍

教学领域	艺术	班级	大班
设计意图	《狮王进行曲》这首曲子节奏变化明显，将生动有趣的动物和音乐有机结合，能让幼儿深刻地感受音乐活动的趣味性，于是设计了本次活动“森林音乐会”。本次活动运用了奥尔夫音乐教学法，奥尔夫强调原本性的教育方式，也就是贴近自然、源于生活。 运用图谱、游戏、声势、打击乐器等方式，生动形象地帮助幼儿理解音乐。重视幼儿在音乐活动中的体验，培养“听”的艺术，并转化为表演的能力。让幼儿在以自身为主体的活动中获得愉悦和满足。		
活动目标	1. 引导幼儿大胆想象，培养表现力。 2. 理解图谱，并能够根据图谱进行律动和乐器演奏。 3. 感受乐曲的情绪，体验音乐游戏表演的乐趣。		
重点难点	重点：感受乐曲的情绪，体验音乐游戏表演的乐趣。 难点：理解图谱，并能够根据图谱进行律动和乐器演奏。		
活动准备	物质准备：《狮王进行曲》课件、音乐、图谱、铃鼓、打棒、沙锤、串铃。 经验准备：已认识乐器，会看图谱。		
活动过程	**一、开始部分** 1. 故事导入 师：今天老师接到了森林王国的来电，说森林里即将举行动物狂欢节，想要邀请小朋友们一起参加。动物狂欢节每年举办一次，每次都会邀请一位重要的嘉宾，它会是谁呢？老师和你们一样期待。下面老师播放音乐，音乐里会透露这位神秘嘉宾的重要信息。可能会是它的脚步声，又或者是它的吼叫声。请小朋友们仔细听一听、想一想，这位神秘嘉宾会是谁呢？ 2. 说一说，想一想 师：听完这段音乐你有什么样的感受？你觉得这位神秘嘉宾是谁呢？ 3. 揭秘时刻 师：让我们来模仿一下狮王。你们觉得狮王怎么叫才威风？ **二、基础部分** 1. 感知图谱，欣赏完整乐曲 乐段一：在茂密的大森林里将要举行动物狂欢节，小鸟在天空中飞来飞去。突然喊道：“狮子大王来啦！狮子大王来啦！”于是小动物乐队吹起了号角，迎接狮王的到来。 乐段二：狮王出场了，它威风凛凛地走来了。 乐段三：狮王一边巡视森林，一边大声吼叫着。 乐段四：小兔子、小猫、小猴子等小动物为狮王唱歌跳舞，狮王对这次的狂欢节非常满意，并和小动物们一起开心地跳舞做游戏。最后动物狂欢节圆满结束。 （播放音乐，边听音乐边感受故事情节。） 2. 分段进行肢体创编与音乐表演，感知不同乐段的故事内容 第一部分“迎接狮王”。 师：你会用什么样的方式来迎接狮王呢？ 第二部分“狮王巡视森林”。 师：假如你是狮王，你会怎样巡视森林呢？		

续表

活动过程	第三部分“狮吼”。 师：狮王是如何吼叫的？ 第四部分“动物狂欢”。 师：让我们变身成小动物一起加入迎接狮王的队伍吧！ 3. 乐器合奏 (1)出示乐器，引导幼儿找出乐器，在对应的乐段跟随音乐分段演奏。 (2)在师幼的配合下进行完整的演奏。 师：老师准备了许多的乐器，让我们把在大森林里发生的故事用音乐会的形式演奏出来吧！ **三、结束部分** 师：我们一起为狮王演奏了美妙的乐曲，小朋友们真棒。今天的活动到这里就结束啦。小朋友们，再见！
活动反思	通过故事的方式引发幼儿的探索欲望，在活动过程中幼儿的积极性很高。倾听音乐，运用情景表演的形式来加深对音乐的感受。利用图谱的方式来建立故事与音乐的概念。引导幼儿运用身体动作和夸张的表情来模仿狮王的神态，使得幼儿产生浓烈的兴趣，并积极主动地体验当狮王的乐趣。培养幼儿的想象力、创造力和对音乐的感受力，运用多种媒介将抽象的内容具体化，从欣赏、表演到最后的乐器演奏，让幼儿真正体验到参与音乐活动的快乐。

我们一起跳跳跳

广西医科大学幼儿园　李佳妮

教学领域	健康	班级	大班
设计意图	《3—6岁儿童学习与发展指南》提出幼儿在动作发展方面应“具有一定的平衡能力，动作协调、灵敏”的发展目标，以及5—6岁幼儿应达到能连续跳绳的技能目标。教师应鼓励幼儿进行跑跳等活动，发展幼儿动作的协调性和灵活性。因此，我们设计开展大班体育活动“我们一起跳跳跳”，让幼儿自由尝试双脚跳绳的方式，了解连续跳绳的动作要领，尝试有挑战的连续跳绳。		
活动目标	1. 初步掌握连续跳绳的动作要领。 2. 在活动中提高腿部力量及身体动作协调能力。 3. 乐于探索跳绳的方法，感受跳绳的乐趣。		
重点难点	重点：掌握连续跳绳的动作要领。 难点：尝试双脚连续向前跳绳。		
活动准备	物质准备：音乐、跳绳。 经验准备：幼儿已有双脚同时跳绳的经验。		
活动过程	**一、热身活动，情境导入** 师：明天兔子王国要召开一年一度的跳绳比赛，小兔子们都在做热身准备呢。快跟着兔妈妈一起运动起来吧！（设计意图：幼儿顺利连续跳绳的重要因素就是腿部发力，所以热身运动中教师以训练幼儿腿部力量为重点。） **二、学习活动** 1. 自由探索双脚跳绳方式 师：兔子王国的跳绳比赛第一项是，每只兔子能双脚连续跳绳3个以上。		

续表

<table>
<tr><td>活动过程</td><td>师："小兔子们"来试一试吧！
师：刚刚你们是怎样跳绳的？
师小结：手臂抡跳绳到身前的同时，我们双脚合并跳过绳子。
【设计意图：让幼儿自由探索双脚跳绳，体现了课程游戏化中"自由、自主、愉悦、创造"的核心理念。在自己尝试和观看同伴跳绳的过程中，幼儿自主获得了双脚跳绳的经验。】
2. 学习双脚连续跳绳
(1)发现问题，提炼要领。
师：你们在练习双脚跳绳的时候有没有遇到什么困难？
(2)教师示范。
师：我们一起跟着兔妈妈来学习一下正确的跳绳方式！
①调整合适的跳绳长度，单脚踩住跳绳中间位置，两只手将跳绳拉直，绳子长度到胸口以下位置更合适。
②学习前脚掌连续跳。
③学习徒手跳绳动作，在踮脚的同时手臂做直臂环绕。
④学会摇绳。让幼儿单侧手臂贴住身体，进行摇绳练习，熟练后跟着摇绳节奏并脚跳。
⑤练习原地双脚跳绳，逐渐增加连续跳绳数量。
(3)幼儿示范。
师：谁愿意来试一试？
师小结：你们找到方法了吗？想要双脚连续跳绳的话，我们两脚需要并拢夹紧，腿部用力，配合双臂挥动跳绳。
(4)再次练习，体验技巧。
师：我们用刚才的方法再来试一试。幼儿自由练习。
【设计意图：本环节中结合兔子王国跳绳比赛的情景，让幼儿在欢快愉悦的情境中自主探索，总结遇到的困难，从而教授正确的跳绳方式，给幼儿充足的时间去获得双脚跳绳的真实体验和感受，从而掌握技能。】
3. 挑战双脚连续向前跳绳
师："小兔子们"已经学会原地双脚连续跳绳的本领。兔子王国的跳绳比赛第二项是，双脚连续向前跳绳 3 米，成功的小兔子可以获得胡萝卜贴纸奖励。"小兔子们"敢不敢挑战？
(1)幼儿自主尝试双脚连续向前跳绳。
(2)教师示范：在双脚连续向前跳绳时，我们在双脚跳起来的同时要像小青蛙一样向前跳，同时配合手臂抡绳动作。
师小结：在双脚连续向前跳绳时，我们的腿部要用力，要坚持专注力才能成功。
三、放松活动
师："小兔子们"太棒啦，相信在明天兔子王国的跳绳比赛中，"小兔子们"都能获得成功，现在让我们一起放松身体，为明天的比赛养精蓄锐吧！
四、活动延伸
师：跳绳除了是一项很好玩的运动，它对我们的身体健康也有很大的帮助。请小朋友们回家和爸爸妈妈一起查阅资料了解一下跳绳的好处吧，并把你的发现画在调查表上，带到幼儿园分享给小伙伴们，大家一起参与跳绳运动吧！</td></tr>
<tr><td>活动反思</td><td>幼儿积极参与跳绳游戏活动，不断地练习并商讨跳绳的正确方法，虽然在活动过程中有几个幼儿还不会，但是在同伴的示范帮助下不断练习跳绳技能，具有积极主动、认真专注、不怕困难，勇于探究和尝试的学习品质。</td></tr>
</table>

孙悟空本领大

中国人民解放军 63918 部队幼儿园　　倪俊伟

教学领域	健康	班级	中班
设计意图	孙悟空是幼儿所熟悉和喜欢的一个人物形象。幼儿平时就很喜欢模仿孙悟空。在孙悟空身上最吸引幼儿的就是他神奇的七十二变了。因此，引导幼儿通过参与各种活动来加深对“孙悟空本领大”的理解，锻炼幼儿多方面的能力。引导幼儿在游戏中体验努力所带来的喜悦心情和成功感受。		
活动目标	1. 练习双脚交替在直线、S形木桩上行走，保持身体平衡。 2. 能根据木桩摆放的距离、形状等，创造性地玩木桩。 3. 敢于在高矮不同的木桩上走过，体验和木桩做游戏的快乐。		
重点难点	重点：练习双脚交替在直线、S形木桩上行走，保持身体平衡。 难点：能根据木桩的不同高低、距离等，控制身体平衡。		
活动准备	物质准备：用易拉罐、单元桶、奶粉桶制作的“木桩”若干、音乐。 经验准备：观看过《西游记》，了解故事情节及孙悟空的本领。		
活动过程	**一、开始部分** 创设“孙悟空变变变”游戏情境，进行热身活动。教师以“孙悟空变变变”游戏，引导幼儿通过模仿大象、老鹰等动物练习上肢摆动、单脚站立等动作，进行热身练习。 **二、基本部分** (一) 通过“花果山玩游戏”，探索木桩的多种玩法 1. 根据木桩摆放的位置引导幼儿创造性地玩木桩。 2. 师幼交流并展示玩木桩的多种方法，重点练习在木桩上平衡站稳的方法。 (二)开展“腾云驾雾学本领”游戏，练习掌握双脚交替走木桩 1. 师幼自主摆放直线木桩，练习双脚交替走直线木桩。 (1)幼儿自主摆放出高、中、低三组高度不同的直线木桩进行练习。 (2)鼓励幼儿选择其他高矮不同的直线木桩进行练习。 2. 将直线木桩调整为S形木桩，练习双脚交替走曲线木桩。 (1)引导幼儿观察木桩的变化，探讨走S形木桩的方法。 (2)幼儿自选1～2种不同高度的S形木桩进行练习。 3. 将三组木桩连在一起，延长距离，练习连续走过S形木桩的动作技能，提高游戏难度。鼓励幼儿大胆行走，巩固身体平衡的动作技巧。 (三)开展“蟠桃园摘桃”游戏，再次提高游戏难度 请幼儿在场地内自主摆放木桩(木桩打乱顺序，高度、间距不同)。引导幼儿观察场地布局并思考自己的行走路线。 第一遍游戏：从场地中自主选择路线平稳地走过。 第二遍游戏：引导幼儿挑战自我，选择不同路线再次尝试走过高度、间距不同的木桩，增加游戏的挑战性。 **三、结束部分** 创设“吃桃”的游戏情境，做快乐放松活动。 1. 在“吃桃”的游戏情境中引导幼儿做深呼吸和全身放松活动。 2. 把木桩送回“家”，幼儿离开场地。		

续表

活动反思	本活动我以幼儿熟悉的孙悟空为主线，以游戏情境贯穿始终，从准备活动、动作练习到放松活动，都较好地体现了情境化、游戏化。创设游戏情境，利用活泼的乐曲激发幼儿兴趣做热身活动。通过“花果山玩游戏”环节，幼儿探索木桩的多种玩法。我引导幼儿创造性地玩木桩，重点练习在木桩上平衡站稳的方法，为后面的活动奠定基础。在这个环节中，幼儿创新出了好多不同的玩法。在此基础上，开展“腾云驾雾学本领”环节，主要练习掌握双脚交替走木桩。从走直线开始，个别幼儿不能平稳走过，第二次尝试有明显进步。将三组木桩连在一起，延长距离，练习连续走过S形木桩的动作技能，提高游戏难度。最后开展“蟠桃园摘桃”环节，幼儿自选路线走高度、间距不同的木桩，再次提高游戏难度。幼儿在此环节中表现不一，有的选择比较简单的路线，有的喜欢挑战难度。此次活动，我充分放手，鼓励幼儿自主摆放木桩、自由选择路线练习，从三排直线摆放木桩到变S形，再到变方阵，给予幼儿不同的体验与挑战，很好地体现了幼儿的主体性。幼儿积极性较高，较好地完成了活动目标。

10的分解与组成

吉林省省直机关第二幼儿园　艾红波

教学领域	科学	班级	大班
设计意图	本学期，大班幼儿已经学过了《6—9以内各数分解与组成》，对于数的组成他们也有了一定的经验。《纲要》中要求幼儿“能从生活和游戏中感受事物的数量关系”，关注幼儿探索、操作、交流的能力。我尝试让幼儿亲自动手操作，然后记录结果，在教师的引导下寻找分解和组成的规律，让幼儿在玩中学，以达到活动目标与幼儿兴趣最优化的结合。		
活动目标	1. 通过动手操作，感知10的分解与组成，掌握10的9种分法。 2. 在感知数的分解、组成的基础上，掌握数组成的递增、递减规律和互相交换的规律。 3. 发展幼儿观察力，培养幼儿逻辑思维能力和对数学的兴趣。		
重点难点	重点：感知整体与部分的关系，学习并记录10的9种分法。 难点：总结归纳10的分解和组成规律。		
活动准备	物质准备：扑克1—9各两张，数字卡片9、10各一张，杏核每组10个(一面是红色，一面是绿色)，10的分解式。 经验准备：已会9以内的分解式。		
活动过程	**一、玩一玩** 1. 复习9的组成，玩碰球游戏，出示数卡。 师：这是数字宝宝几？(9)今天我们来玩碰球游戏，小朋友与老师的数合起来是“9”。 师：小朋友，我问你，我的“1”球碰几球？ 幼儿：艾老师，你的“1”球碰“8”球。 2. 游戏：玩杏核。 师：大家一起数杏核，一共几个？ 教师示范投掷杏核：一次把10个杏核都扔出去，看有几个红色的，几个绿色的？然后写在记录单上。游戏反复数次，直到罗列出10的全部分解组合。 将幼儿分成6组，每组请一名幼儿用扑克作记录，其余幼儿动手操作。重复的不作记录。		

续表

<table>
<tr><td>活动过程</td><td>3. 师总结：10的9种分法，引导幼儿观察10的分解式，利用10的分解式，发现总结10的分解组成规律：整体大于部分；把一个数分成两部分，如果一部分增加1，另一部分就减少1，即递增递减规律；交换规律。
二、说一说
师：小朋友们真棒，数得真好。1和9合在一起是多少呢？2和8？3和7？4和6？5和5？我们还可以这样说：10可以分成1和9，9和1。
三、做一做
1. 游戏“扑克找朋友”
两名幼儿一组，幼儿甲拿出一张数字扑克牌，说：凑足10，成朋友，我出1来你出几？幼儿乙看到甲出的扑克牌后，快速找出能够凑成10的扑克牌“9”，说：1和9，组成10，你出1来我出9。如果幼儿甲出错了，就要输给幼儿乙一张扑克牌。如果幼儿甲出对了，幼儿乙就要输给幼儿甲一张扑克牌。
2. 猜拳游戏
两名幼儿一组。每人9张扑克牌，开始猜拳，赢者先抽对方的一张扑克牌，将抽到的扑克牌数字与自己手中的扑克牌数字组成10，然后将这两张扑克牌同时拿出来。如果不能组成10，就把抽到的扑克牌留在手中，让对方抽。先抽完扑克牌的一方为胜。
四、评价总结
对幼儿在游戏中的表现做简单评价，鼓励有进步的幼儿。
五、活动延伸
课余时间学习手指操《凑十歌》：
“一九一九好朋友，二八二八手拉手。
三七三七真亲密，四六四六一起走。
五五凑成一双手，六四六四看电视。
七三七三爬高山，八二八二打坏蛋。
九一九一坐飞机，坐——飞——机。”</td></tr>
<tr><td>活动反思</td><td>本案例我运用了PPT软件和幼教网络平台，首先在活动中以PPT的形式，帮助幼儿直观地感受了10的分解组合，知道递增、递减的关系等，增加了教学游戏的兴趣。同时又可以把我的案例做法、PPT的使用通过幼教网络平台向家长传递，家长百分之百地接收，在家里就可以和孩子们进行游戏、学习。老师也可以在幼教网络平台里掌握幼儿和家长的互动情况，起到了很好的效果。</td></tr>
</table>

换牙的小秘密

吉林省长春市实验幼儿园　刘旭霞

<table>
<tr><td>教学领域</td><td>健康</td><td>班级</td><td>大班</td></tr>
<tr><td>设计意图</td><td colspan="3">幼儿对于自己的身体中藏着的秘密有着浓厚的兴趣。大班年龄段的幼儿有一个重要的长大的标志就是换牙。幼儿在面对自己从来没经历过的事情时，会有一种不安甚至恐惧的心理。这个时期正是对幼儿开展健康教育的最佳时机。怎么保护牙齿？为什么换牙？从问题出发，本节活动便产生了。</td></tr>
<tr><td>活动目标</td><td colspan="3">1. 知道换牙是一种正常的生理现象，不用害怕，体会牙齿健康对身体的重要性。
2. 能围绕换牙话题进行讨论，并大胆、清楚地表达自己的见解。
3. 了解换牙时应注意的卫生，掌握正确的刷牙方法，并学会保护新长出的牙齿。</td></tr>
<tr><td>重点难点</td><td colspan="3">能围绕换牙话题进行讨论，并大胆、清楚地表达自己的见解。</td></tr>
</table>

续表

<table>
<tr><td>活动准备</td><td>物质准备：课件、牙刷、牙杯、牙膏、牙齿模型。
经验准备：活动前了解本班幼儿换牙的情况，部分幼儿已经开始换牙。</td></tr>
<tr><td>活动过程</td><td>一、谜语导入
教师 PPT 出示谜面：
兄弟生来白，队伍排两排。
嚼饭又切菜，活儿干得快。
你若猜不出，张口它就来。(牙齿)
二、牙齿介绍
1. 乳牙。
师(PPT 出示图片)：我们生下来以后慢慢长出来的一口牙齿叫乳牙。乳牙比较小，也不够坚硬。乳牙只有 20 颗。
师：请小朋友看图片。小朋友们慢慢长大，吃的食物种类多了，有些食物是坚硬的，咀嚼时会觉得很费劲。
2. 恒牙。
师：乳牙脱落后长出恒牙，就叫换牙。我们慢慢长大，到了五六岁的时候，乳牙就会脱落，开始长出新牙，这新长出的牙就叫恒牙。恒牙比较大而且很坚硬，比乳牙还要多，对人的身体很重要。恒牙掉了就不会再长出新牙。恒牙有 32 颗，其中包括 4 颗智齿。
三、交流分享
师：谁的牙齿松动了或脱落长出新牙了，愿意到前边来让大家看一看吗？
师提问：
(1)我们小朋友换牙的时候不能做哪些事情？
(2)如果恒牙长出了，乳牙还没掉，这时我们该怎么办？
(3)有些小朋友的牙齿掉了很长时间了，还没有长出新牙，怎么办呢？
师小结：我们在换牙时不用害怕，对活动的牙齿不要用手去摇，我们可以通过啃苹果、馒头等食物帮助牙齿自然脱落；不要用舌头舔刚长出的新牙，不然会导致牙齿变形；换牙出现的问题时，也可以到医院请牙医帮忙。
四、议一议
1. 换牙我不怕。
(1)说说换牙的感受(唱歌、说话、吃东西有不方便的地方、不好看)。
(2)为什么换牙？换牙的时候有什么不方便？换牙的时候要注意什么？
师小结：换牙是正常现象，没有什么可怕的，这说明小朋友长大了，被换掉的是乳牙，新长出的是恒牙，恒牙是要陪伴我们一生的。在换牙时，小朋友要少吃甜食，不要用舌头舔，不要用手摸，否则长出的牙齿就不整齐了。
2. 保护牙齿。(出示 PPT)
(1)刷牙的正确方法儿歌：
“上牙从上往下刷，下牙从下往上刷。咬合面，来回刷，每个地方五六下。早晚刷牙勤漱口，牙齿洁白人人夸。”
(2)刷牙环节。(出示 PPT、播放音乐)
(3)师小结：保护牙齿的好方法是定期检查牙齿，早晚刷牙，用正确的方法认真刷牙，饭后漱口，选择合适的牙刷和牙膏。
五、活动延伸
1. 在爸爸妈妈的帮助下制作“换牙日记”，记录每日刷牙情况、换牙过程，记录乳牙换完长齐恒牙的整个过程，留下一段美好的回忆。
2. 好书推荐：《张开嘴巴：牙齿学校在里头》。</td></tr>
</table>

续表

活动反思	“换牙的小秘密”这节课是主题活动“我长大了”的生成课，对于换牙的变化是大部分孩子又好奇又害怕的问题，恒牙对于孩子的一生又有着重要的意义。活动内容符合大班幼儿年龄特点，环节紧凑，环环相扣，重难点突出。谜语导入引发兴趣，引出主题。通过课件学习正确的刷牙方法，突破重难点。

奇妙的美食之旅

吉林省长春汽车经济技术开发区杨柳幼儿园　曹译丹

教学领域	数学	班级	大班
设计意图	我们常常发现，幼儿喜欢用等分的方法解决现实中的问题，特别是分食物、分玩具。虽然他们已经掌握了二等分的方法，但在面对更复杂的问题时还不能很好地解决。因此，我设计了本课。		
活动目标	1. 通过动手操作体会成功的喜悦，探索不同的四等分方法。 2. 理解四等分的含义，知道四等分后每份图形的大小、形状一致。 3. 尝试用多种方法为不同的图形四等分。		
重点难点	重点：理解四等分的含义。 难点：尝试用多种方法为不同的图形四等分。		
活动准备	物质准备：“奇妙美食地图”图片，剪刀、胶棒。 经验准备：幼儿已经学习并掌握简单图形二等分的方法。		
活动过程	**一、情景导入，出示美食地图，激发幼儿兴趣** 师：熊猫奇奇和熊猫妙妙得到了一张《中国美食地图》，它们决定按照地图上的路线去旅行，我们也跟着它们一起出发吧。 **二、想一想，回顾图形二等分的方法** 师：第一站，奇奇和妙妙来到了美丽的宝岛台湾。 快看，它们正准备品尝美味的蚵仔煎呢。这份蚵仔煎是什么形状的？（圆形）这份蚵仔煎是一个大大的圆形，奇奇和妙妙决定一人吃一半。你还记得把图形二等分的方法吗？ 师小结：像这样把图形分成形状、大小一样的两份就是二等分。奇奇和妙妙成功把这份圆形的蚵仔煎二等分了。 **三、分一分，尝试在二等分的基础上做四等分** 师：瞧，壮壮和闹闹也来旅行了，四位小伙伴决定一起分享美味的蚵仔煎。你觉得可以怎么分？老师准备了二等分后的蚵仔煎图片和剪刀，我们也来试着分分看吧！大家都分好了，我们先来听听奇奇的办法吧。奇奇的办法是什么？它是怎么分的？你和奇奇分的一样吗？圆形的蚵仔煎被分成四份，怎样才能知道它们是不是一样大的呢？我们一起验证一下。 师小结：将四份分好的蚵仔煎全部重叠在一起，如果能完全重合，就证明它们是四等分的。像这样把一个图形分成大小、形状一致的四份，就是四等分。 **四、做一做，以小组的形式尝试用剪刀做四等分** 师：吃完美味的蚵仔煎，四位小伙伴一起踏上旅程，第二站它们来到了香港。香港的美食真不少，小伙伴们一下子就被街边鸡蛋仔的香味吸引了，可鸡蛋仔只剩最后一份了，小伙伴们又要分享美食了。这一次，它们想请小朋友们来分。请你看一看，这份鸡蛋仔是什么形状的？（正方形）请你想一想，怎样把正方形四等分呢？老师准备了一些正方形的鸡蛋仔图片，还有操作记录单、剪刀和胶棒，请你们试着分一分，并将分好的结		

续表

活动过程	果贴在框中。分完的小朋友继续动动脑筋，想一想还有什么其他的分法。你们是怎么分的？谁愿意分享一下你的分法？老师也试着将正方形的鸡蛋仔四等分了，一起来看看老师的分法和你想到的一样吗？ 师小结：将图形四等分时，我们可以将图形对折，沿着折线先二等分，再将二等分后的图形分别用相同的方法再次对折，沿着折线继续分成两部分；我们也可以将图形连续对折两次，再展开沿着折痕分割。按照这样的方法为正方形四等分，我们会得出很多不同的结果。美食地图上还有好多地方等着小伙伴们去品尝，快快出发去下一个地方吧！ **五、活动延伸，尝试将长方形四等分** 师：长方形的新疆切糕怎么分呢？请小朋友们接着试一试吧。今天我们用四等分的方法帮助四位小伙伴分享了好多美食，它们非常开心。时间不早了，小伙伴们要继续旅行了，我们和它们说再见吧！
活动反思	“奇妙的美食之旅”是大班数学领域里关于等分的一次活动，其核心目标在于理解四等分，尝试用不同的方法为不同的图形四等分。活动结合了幼儿特别喜爱的美食作为情境线索，从美食的形状入手，从圆形—正方形—长方形，层层导入，并通过充分的练习和操作让幼儿在生动的情境交互中愉快地探索，较好地实现了活动目标。

“小医院”诞生记

内蒙古自治区赤峰市红山区第十一幼儿园　于　颖

教学领域	综合	班级	小班
设计意图	在幼儿的游戏世界里，积木是最受欢迎的玩具。积木游戏不仅好玩，还能对幼儿的空间知觉、观察能力、想象能力、思维能力、创造能力、解决问题能力、语言表达能力、人际交往能力、物品规律认知、肌肉发育等方面的发展产生积极影响。当今社会普遍重视健康，孩子们也不例外，因此搭建“小医院”的主题由此诞生。整个活动内容以幼儿为主，满足幼儿探究学习的需要，提升幼儿的建构技能，发展幼儿的社会交往能力。		
活动目标	1. 了解医院的基本结构及作用，能够用架空、平铺、垒高、围合等方法呈现小医院。 2. 能在游戏中运用不同形态的积木、奶粉桶、易拉罐等低结构材料组合拼搭、填充和装饰。 3. 学会分工合作，提升幼儿发现问题、分析原因并解决问题的经验和方法。		
重点难点	重点：了解医院的基本结构及作用，能够用架空、平铺、垒高、围合等方法呈现小医院。 难点：能在游戏中运用不同形态的积木、奶粉桶、易拉罐等低结构材料组合拼搭、填充和装饰。		
活动准备	物质准备：积木、奶粉桶、易拉罐、水彩笔、白纸。 经验准备：幼儿对建构游戏感兴趣，了解平铺、垒高等技能。		
活动过程	**一、师幼谈话引发游戏主题并制订游戏计划** 游戏前，师幼的谈话中，教师的咳嗽声引发了幼儿关于健康的话题，进而激发了幼儿建构医院的想法。 幼儿结合自己的生活经验绘制想要搭建的医院。 **二、幼儿自主游戏** 1. 用不同大小、形状、材质的积木进行基础搭建。 搭建游戏开始，幼儿便自动分成四组，分别使用长方体、正方体、拱形、三角体等形		

续表

活动过程	状的积木，分工合作，运用围合、平铺、垒高、排列、架空等技能建构“小医院”。 2. 低结构材料填充和装饰。 建构“医院”的过程中，幼儿充分利用低结构材料，如奶粉桶、易拉罐、薯片桶等，与其他材料进行组合，从而丰富建构游戏中的场景创设。 3. 小医院角色扮演游戏。 “小医院”竣工后幼儿将玩偶放进小推车里，边走边说：“这个‘小孩’肚子疼了，快把他推进急诊室吧？”“好的好的，医生马上就能到了……”就这样，孩子们将玩偶、小床等材料充分利用起来，将“医院”运行了起来。 4. 游戏材料收纳。 结束的音乐响起，孩子们开始收纳材料，只见他们用自己的办法将所有积木按照不同的形状与标识对应放置在原有的位置上，摆放整齐。 **三、幼儿回顾、记录游戏** 游戏结束后，幼儿将自己在游戏中的内容通过绘画的形式进行记录，把直接经验用抽象的方式表现出来。这是幼儿的第一次反思。 **四、幼儿复述绘画作品** 幼儿叙述自己画了什么，是如何游戏的，教师一对一倾听。教师用文字把他们的原词原句完整地记录下来。在对成人表述的时候，幼儿会再次思考自己在游戏中的发现和想法。这是幼儿在游戏后的又一次复盘，也是第二次反思。 **五、经验交流，拓展提升** 教师引导幼儿观察游戏时的照片，梳理已有经验，集中交流分享。教师结合自己的观察，有针对性地进行“医院各科室标识”问题引导，从而提升拓展幼儿游戏的水平和经验。
活动反思	这次的游戏是一个典型的主题式建构游戏。在游戏中，幼儿自主计划、自由建构，随着游戏的推进，搭建内容不断丰富，对幼儿的建构技能、合作协商及解决问题的能力等都有一定的促进和提升。 在游戏的过程中，我一直以观察者的身份去关注幼儿的游戏，最大限度地放手，最低限度地介入，使得幼儿在面对问题时，自主地想办法解决问题，完整地经历了“发现问题—提出猜想—行动验证—解决问题”的探究过程。随着游戏的发展，我也发现了一些问题，这些问题的出现恰好促进了幼儿在游戏中的反思、想象力及创造性发展和解决问题能力的提升。

“1”和“许多”

内蒙古自治区赤峰市红山区第十一幼儿园　叶海超

教学领域	数学	班级	小班
设计意图	《指南》科学领域中将“初步感知生活中数学的有用和有趣”作为前提性和方向性目标，充分考虑了幼儿数学认知的特点和具有终身意义与价值的目标，幼儿的数学学习应该突出“做中学、游戏中学和生活中学”。其次，根据小班幼儿的特点来看，幼儿学数比较形象、直观，而且幼儿喜欢宽阔的自然环境和小动物，因此设计了这一教学活动，让幼儿通过自然材料来感知“1”和“许多”这两个不同的量，以及“1”和“许多”的关系。		
活动目标	1. 感知“1”和“许多”，能正确说出物品的数量哪些是“1”，哪些是“许多”。 2. 尝试运用多种感官认识“1”和“许多”，知道“1”和“许多”的关系。 3. 幼儿乐于参与数学活动，培养学习数学的兴趣。		

续表

重点难点	重点：感知“1”和“许多”，能正确区分“1”和“许多”。 难点：尝试运用多种感官认识“1”和“许多”，知道“1”和“许多”的关系。
活动准备	物质准备：食物袋、托盘、核桃、大枣、花生、纸飞机、音乐、食盒。 经验准备：幼儿对数量有初步的感知，且喜欢参与情境类活动。
活动过程	**一、情境导入：纸飞机传信** 师：松鼠妈妈说，“小朋友们，你们好，我的食物袋落在了你们幼儿园的一棵树下，你们能帮我找一下吗？” 幼儿帮助松鼠妈妈寻找食物袋。 **二、感知“1”和“许多”** 通过猜想和验证食物袋里的食物数量，感知“1”和“许多”，并正确说出物品的数量哪些是“1”，哪些是“许多”。 师：一个物体在袋子里摇晃没有声音，许多物体在袋子里摇晃会发出碰撞的声音。将袋子打开倒在托盘里验证，一个袋子里装了一个核桃，另一个袋子里装了许多核桃。当物品很多，数不清的时候我们就可以用“许多”来表示。 **三、感知“1”和“许多”的关系** 1. 帮助松鼠妈妈运粮食，感知“许多”。 师：松鼠妈妈拿不动食物袋子啦！ 提问：一个人的力量太小了，搬不动怎么办？你们有什么好方法吗？ 引导幼儿说出许多人帮松鼠妈妈搬食物。 师小结：一个人的力量很小，但一个人一个人地聚在一起变成许多人，力量就会变得非常大。 2. 帮松鼠妈妈给松鼠宝宝分食物，感知“许多”可以分成1个1个的。 师：经过小朋友们的团结努力，食物终于搬回松鼠家了。松鼠妈妈告诉我说：我们要帮忙给每一个宝宝分一个大枣。 提问：那么多大枣我们该怎么分给它们呢？ 师小结：“许多”可以分成1个1个的。 **四、集体探究“1”和“许多”的关系** 1. 寻找食物，探究1个1个合在一起就是“许多”。 师：小朋友们，松鼠家有许多宝宝，而且它们喜欢吃的食物也有许多种，请大家团结起来为它们多寻找一些食物吧！ 教师引导幼儿寻找食物，找到后送回食物盒子里。请小朋友们说说自己是怎样帮助松鼠妈妈找到许多粮食的。 2. 分享食物，探究“许多”可以分成1个1个的。 师：松鼠妈妈为了感谢小朋友们，把许多核桃留给了我们做礼物，小朋友们一人一个。 **五、结束活动** 1. 给松鼠投喂食物 师幼探讨：怎么给松鼠投喂食物？（一只松鼠的家里投喂一颗食物；许多只松鼠的家里投喂许多颗食物。） 2. 延伸活动 在室内游戏材料中增添“1”和“许多”的卡片，支持幼儿巩固已有经验。
活动反思	本次活动中我充分利用情境教学法，调动了幼儿在活动中的积极性，活动同时适合小班幼儿年龄特点，促进了活动目标的达成，幼儿充分感知“1”和“许多”的区别以及关系。活动环节层层递进，幼儿在活动中积极探索，乐于发现和表达。 但是在整个活动中，由于幼儿的活动场地有三次变化，导致了个别幼儿的专注力受到了影响。在今后设计活动时我应避免此类情况的发生，在备课的时候备好场景。

音乐活动“打石榴”

浙江省杭州市上城区杭州市采荷幼儿园　汪　敏

教学领域	音乐	班级	中班
设计意图	音乐活动“打石榴”，起源于幼儿园对面的小公园里面的一棵石榴树，小朋友们每天入园都会看见有石榴掉落在地上。回想我们幼儿园里的李子树、枇杷树，以及秋天的山核桃树和银杏树都是比较高的，果实就是靠竹竿等工具打下来的，所以小朋友们对打果子的经验是很丰富的。刚好动画片《萌鸡小队》里面有打石榴的视频，所以结合了幼儿已有经验和现有资源，我设计了本节音乐欣赏课。		
活动目标	1. 体验、感知音乐作品中的节拍，并能用打、接等动作来表现音乐的乐句。 2. 喜欢和小朋友一起游戏，感受和同伴游戏的快乐。		
重点难点	重点：体验感知音乐作品中的节拍，并能用打、接等动作来表现音乐的乐句。 难点：音乐加快速度时，一样能用身体动作来表现音乐的基本节拍。		
活动准备	物质准备：PPT。 经验准备：对摘果子的方法有一定的经验。		
活动过程	**一、导入** 1. 图片导入。 师(出示萌鸡小队图片)：秋天到了，树林里的石榴都成熟了，萌鸡小队想去摘石榴，我们一起来看看它们是怎么样摘石榴的吧！ 2. 观看萌鸡小队摘石榴的视频。 师(播放视频)：它们是怎么摘石榴的？一开始是怎么样摘的？(还用了什么办法摘的)但是结果怎么样？那我们一起来给萌鸡小队想个办法摘石榴吧！ 3. 探索摘石榴的办法。 教师引入竹竿。 师：小朋友们，你们有什么工具可以摘石榴呀？ 幼：竹竿。 师：萌鸡小队想要马上就摘到石榴，用竹竿怎么样打石榴？哦，我们的眼睛要看着石榴瞄准了再打出去才会打中，那我们先坐着来打打看，大家准备，一二三，打！一二三，打！ 幼儿以拍手表示击打。 师：萌鸡小队拿着竹竿去打石榴了，我们来听听它们到底有没有打到石榴。 **二、打石榴** 1. 初步感知音乐节拍。 师(放音乐)：刚刚的音乐里，石榴有没有被打下来？ 幼：有。 师：什么声音是打到石榴的声音？ 幼：“嘭”“啪”“咚”(类似词语都可以)。 师：原来“咚”就是石榴掉下来的声音。那你们听到几次“咚”的声音呢？ 幼：五六次…… 师：每个小朋友听到的都不一样，那我们再来听听看，到底打中了几次石榴。 播放音乐及动画视频，引导幼儿感受节拍及重音。 2. 学习音乐节拍尝试做动作。 师：打中了几次？ 幼：8 次。		

续表

<table>
<tr><td>活动过程</td><td>师：听到什么声音才打出去呢？
幼："咚"的声音。
3. 跟随音乐节拍做动作。
师：我们站起来试试看。竹竿准备好哦！（教师检查幼儿动作，播放视频，幼儿重音打中一次石榴则掉下来一个。）
三、合作游戏
1. 师幼合作。
师：石榴打下来了，我们去看看。咦，石榴怎么样了呀？
幼：石榴掉下来摔坏了，摔烂了。
师：那我们想一个办法去接住掉下来的石榴好不好？用什么接呢？
幼：网、篮子、筐子……
师：小朋友们刚刚想了这么多工具，那老师现在来请两个小朋友站我对面来试试，看能不能接住。
师小结：眼睛要瞄准，石榴掉下来发出"咚"的时候，大家的工具伸出去才能够接住。
2. 同伴合作。
师：打石榴的小朋友去那边站好瞄准，接石榴的小朋友看好了再接哦。
3. 交换玩法。
师：那边的石榴不多了，现在我们来这边打打看。
4. 个别展示。
师：刚刚老师看到这两个小朋友合作得很好。打得很准，接得也很准。请他们到中间来打打看。记住，每次"咚"的时候就接住了。
四、升级游戏
1. 音乐加快，跟随音乐节拍做动作。
师：天快黑了，我们要加快速度了。
师(视频播放完)：为什么掉下来的叶子比石榴多。
幼：没瞄准。
师：音乐的速度虽然加快了，但是我们也不要着急哦，要有节奏的。眼睛瞄准了石榴，听到"咚"的声音才打出去哦。(强调重音)
2. 请个别幼儿示范。
出示 PPT，创设情境，个别幼儿展示。
教师播放音乐，全体幼儿跟随音乐做动作，注意观察个别幼儿。
3. 取消提示音，跟随音乐打石榴。
播放音乐，全体幼儿进行游戏。
师：打了这么久，我们坐下来看看有多少石榴吧！
集体观看最后画面。
五、活动结束
师：我们打了这么多石榴，萌鸡小队开心地跳起了舞。秋天真是一个美好的季节，不仅有石榴还有很多其他水果，我们也去看看吧！
六、延伸活动
(1)开展幼儿园摘果子活动；
(2)晨间锻炼情景式游戏。</td></tr>
<tr><td>活动反思</td><td>在日常的实践教学过程中，发现我们班的孩子在学唱歌曲的时候，对节拍的把握有时比较模糊。这让我想到，其实音乐教学活动不仅仅局限于歌曲的教唱、律动表现、乐器演奏等内容，节拍在音乐教育中同样也有着至关重要的作用。</td></tr>
</table>

续表

活动反思	对于中班幼儿来说，掌握一些简单的音乐节拍，一方面可以帮助幼儿解决自身的音乐表现能力，另一方面可以为他们更进一步欣赏感受音乐做好基础。于是，结合中班幼儿的年龄特点设计了这次以节拍为基础，联系生活实际的音乐欣赏的教学活动。在教学中，用打、接等动作来表现音乐的乐句。在“打石榴”音乐游戏中，激发幼儿与他人合作的意愿，体验合作带来的快乐。从初步感知音乐节拍做动作、学习音乐节拍尝试做动作到利用动画情景师幼合作同伴合作做动作培养幼儿的音乐节拍感，发展幼儿的表现力。感受旋律的气氛以及和同伴一起参加集体音乐活动的乐趣，让整个音乐活动的轻松有趣氛围贯穿整个教学活动，让幼儿在游戏中学习音乐的节拍。在学习节拍的过程中，利用音乐的重音提示、视频动画的同步、音乐速度的变化、重音的消失等多样的方式，让幼儿感受到趣味无穷甚至意犹未尽，从而让幼儿喜欢上音乐活动“打石榴”，达成我们的活动目标及活动重难点。

点点运动会

北京市平谷区第一幼儿园　刘月文

教学领域	数学	班级	小班
设计意图	幼儿对于自然数的学习与游戏从点数游戏开始。我们在小班阶段开展本次活动，鼓励幼儿在游戏中多次进行手口一致的点数游戏，在游戏中感知物体的数量不因位置变动而变化，感受数量的关系，体验数学的趣味性。		
活动目标	鼓励幼儿在游戏中多次进行手口一致的点数，在游戏中感知物体的数量不因位置变动而变化，感受数量的关系，体验数学的趣味性。		
重点难点	重点：手口一致，判断5以内圆点的数量。 难点：按照圆点数量匹配同样数量的物体。		
活动准备	物质准备：课件、画笔、运动服挑战卡、椅子挑战卡、花篮挑战卡、花朵贴纸若干。 经验准备：幼儿能手口一致点数1～3的数量，认识红、黄、蓝三种颜色。		
活动过程	**一、开始部分** （一）点点运动会 1. 观看课件，感受点点运动会情境，引发幼儿游戏兴趣。 师：点点王国要举办运动会，点点国王向小朋友发出邀请卡，邀请大家参加比赛！国王为参加运动会的小朋友准备了礼物。不过，点点国王是有要求的，咱们一起听一听要求吧！ 师（出示课件）：欢迎参加点点王国的运动会，每个参加运动会的小朋友都需要穿上和邀请卡圆点数量一样的运动服。比如，你的邀请卡上有3个圆点，那你就要穿上有3个圆点的运动服。 2. 和幼儿一起思考点点国王的要求。 师：怎样才能按照点点国王的要求参加运动会？ 3. 幼儿大胆表达自己理解的点点国王的要求，教师梳理。 （1）数一数邀请卡上面的圆点数量。 （2）数一数运动服上的圆点数量，是不是和邀请卡上的一样多。 （二）帮助小运动员找到符合要求的运动服 师：现在需要你们帮助小运动员找一找和他邀请卡上圆点数量相同的运动服（位置相同的圆点数量3～5）。		

续表

活动过程	1. 出示课件，幼儿集体点数，共同帮助一位小朋友寻找合适的运动服。 2. 出示挑战卡，幼儿自主操作，为自己的挑战卡上的“小朋友们”寻找合适的运动服进行连线。(位置相同的圆点数量 3～5) 3. 教师观察幼儿操作，梳理并点评。 **二、基本部分** (一)帮助运动员寻找圆点数量一样的椅子 1. 师：开始比赛前小运动员需要坐到椅子上休息，请你帮运动员找一找和他运动服上面圆点数量一样的椅子。(位置不同的圆点数量 3～5) 2. 幼儿一起为一位运动员寻找圆点数量一样椅子。(引导幼儿关注圆点的位置有所变化) 3. 幼儿分组自主操作，为更多运动员寻找合适的椅子进行连线。 4. 教师观察幼儿操作情况，点评并梳理经验。 (二)制作小花篮 1. 师：点点国王还邀请咱们班小朋友为运动员制作花篮。请听一听怎么制作花篮吧。(不同颜色不同位置的圆点数量 3～5) 2. 师(出示课件)：为了让花篮更漂亮，请你按照花篮上面圆点的数量插上相同圆点数量的花，要注意花的颜色(红、黄、蓝)也要和圆点的一样哟。 3. 幼儿自选花篮，自主点数花篮上圆点的数量，粘贴上相应的颜色的花朵。 4. 幼儿互相观看，教师点评、梳理经验。 **三、结束部分** 邀请幼儿一起观看课件里的运动会项目，感受运动会氛围。
活动反思	小班幼儿处于直觉行动思维阶段，对数的概念的获得需要运用大量的操作才能完成。此次活动用点点运动会各个环节贯穿，幼儿沉浸其中，兴趣高涨。分析幼儿现有经验，目标设计符合小班幼儿发展水平。利用匹配运动服、匹配椅子、装扮花篮三个环节层层递进突破难点，以相同位置、不同位置、数量与颜色多个维度鼓励幼儿掌握点数核心经验。幼儿在有趣的情境中反复体验点数的乐趣，学习手口一致的点数 5 以内的数量物。

穿越封锁线

广东省江门市蒲葵幼儿园　　黄兆维

教学领域	健康	班级	大班
设计意图	《指南》中指出：开展丰富多样、适合幼儿年龄特点的各种身体活动，如走、跑、跳、攀、爬、钻等，鼓励幼儿坚持下来，不怕累。大班年龄段的幼儿，基本动作正处于迅速发展的阶段，能比较自如地调控身体动作，在体育活动中愿意主动尝试比较新颖、有趣的运动方式，特别是对有一定难度和挑战性的游戏很感兴趣。因此设计了“穿越封锁线”活动，让幼儿当一回“小兵”，体验军人服从命令、听指挥的作风。增强幼儿的纪律意识，提高自我控制能力。锻炼幼儿的勇敢、自信、坚持等良好的个性品质。		
活动目标	1. 在情境中探索幼儿探索穿越封锁线的方法。 2. 学习侧身钻，提高身体的协调性和控制能力。 3. 养成不怕困难、乐于奉献的精神。		
重点难点	重点：结合不同形式的技能动作完成活动。 难点：掌握侧身钻的技能动作。		

续表

活动准备	物质准备：桌子、椅子、垫子、梯子、迷彩网、红旗、泡沫砖、万能工匠器械、麻绳、铃铛、轮胎。 经验准备：幼儿对军事战争所用的封锁线的作用和特点有所了解。
活动过程	**一、创设情景，引入主题** 师：各位"小兵"好！我是你们的"领队教官"。今天我们作为一支"特种兵部队"，将要去前线执行任务，让我们一起出发吧！听指令：立正！齐步跑！ **二、热身运动，技能回顾** 师：今天我们的任务是运送物资去往"前线战场"增援，但前方需要通过"飞夺铁桥""过大草地""翻山越岭""丛林匍匐"等，我们需要运用学习过的野外训练技能，在保护好自己的同时完成穿越，清楚了吗？出发！ 教师小结幼儿完成情况，提出需要调整的动作要领。 **三、探索"封锁线"的穿越方法** 1. 观察和了解"封锁线"的外形和作用 师：我们已经穿过了前方复杂的路段，现在到达了最危险的"封锁线"，请"小兵"们观察一下"封锁线"是怎么样的？ 师：封锁线的作用是隔离外界，封锁一切外来人员进入指定区域。一旦有人触碰到里面的界线，就会触发警报，敌人对我们进行包围，任务就失败了。所以我们在穿越"封锁线"时一定要注意安全，不能被敌人发现了！ 2. 启发幼儿探索穿越"封锁线"的方法 设置 30～80cm 高度的"封锁线"，幼儿尝试穿越"封锁线"。 请个别幼儿进行探索尝试；组织幼儿依次进行探索尝试。 师小结：刚刚你们都能用到之前学过的走、跑、跨、跳等技能穿越"封锁线"，但是我发现你们在穿越的过程中，身体很容易会触碰到里面的线。接下来，请看我的示范。 **四、学习侧身钻的技能** 1. 教师示范"侧身钻"并讲解动作要领 师：刚刚我示范的动作叫侧身钻。动作要领是：身体侧向"封锁线"，屈膝下蹲；一侧从"封锁线"下伸过，再低头弯腰，同时蹬腿移动重心从"封锁线"下钻过。这个方法能让我们在穿越时，眼睛可以观察到"封锁线"的位置，避免触碰到"封锁线"。 2. 幼儿练习动作要领，尝试第一次穿越 (1)原地进行侧身钻的技能练习，教师进行观察并纠正； (2)组织个别幼儿探索尝试。 3. 幼儿集体运用侧身钻练习穿越 师："小兵"们，我们在穿越的时候要记得观察界线的高度，再根据不同高度来判断采用什么方法穿越，如果触碰到"封锁线"就会发出警报，你们一定要注意安全。听指令：出发！ 教师进行小结，幼儿第二次穿越"封锁线"。 **五、情景游戏"前线救援"** 师：现在我们要出发运送"物资"前往"战场"了，"小兵"们可以根据我们的"物资"，用自己的方式运送到"前线战场"。但路途比较凶险，需要翻山越岭去穿越"封锁线"，你们有信心完成任务吗？非常好，过程中注意安全，我相信你们能出色完成任务，加油！ 幼儿进行游戏，教师观察游戏情况并适当地给予指导。 **六、活动小结** 结合歌曲《歌唱祖国》做放松运动。

续表

活动反思	本次活动结合大班年龄阶段的特点，通过以“小兵”的角色代入，结合相关的教具创设了一个“穿越封锁线”的活动情景，引导幼儿在活动中自主探索并尝试用走、跨、跳、钻、爬等方式完成游戏，以侧身钻作为重难点开展活动。最后通过情景游戏“前线救援”，让幼儿再次巩固侧身钻的技能动作，发展幼儿的身体协调性并提高自我控制能力。整个环节基本能做到层层递进，突出主题内容，使活动可以顺利开展。

剪纸活动“后羿射日”

中国人民解放军海军机关幼儿园　钟艳英

教学领域	艺术	班级	大班
设计意图	中国传统的童话故事是民族传统文化之一，对幼儿有着特殊的吸引力。在感受和学习童话故事的时候，幼儿的兴趣极高。在大班这个年龄阶段的幼儿精细动作发展得非常好了，表达表现的时候，是可以非常细致的。		
活动目标	1. 培养幼儿对民族文化的认同感和归属感。 2. 用不同的表现手法，剪出不同的“太阳”。 3. 通过剪纸培养幼儿对艺术的兴趣，知道这是一种视觉艺术的表达方式。		
重点难点	重点：敢于用剪刀进行剪纸创作。 难点：创造出大小、颜色、形状、花纹等不同的太阳。		
活动准备	物质准备：彩纸、剪刀、工具盒。 经验准备：了解童话故事《后羿射日》，知道故事里有十个太阳。		
活动过程	**一、导入部分** 1. 复习童话故事《后羿射日》，帮助幼儿回忆故事内容 师：小朋友们，我们学过一个故事叫《后羿射日》。在故事中，有十个太阳，开始的时候十个太阳轮流当班，每天一换，秩序非常的好。后来发生了什么事情？ 幼：这十个太阳觉得一个一个地轮流很无聊，于是十个太阳一起升上了天空。 师：这一下，大地上万物就受不了了——十个太阳像十个大火团，它们一起放出的热量烤焦了大地。然后谁出现了？ 幼：神箭手后羿。 师：他射下了九个太阳，最后剩了一个太阳。这个太阳每天从东方的海边升起，晚上从西边山上落下，温暖着人间。 2. 提出活动任务和要求 师：故事里说到的这十个太阳是东方天帝的孩子，请小朋友们想一想，如果用剪纸来表现这十个不一样的太阳孩子，它们会有哪些不一样的地方？ 幼：大小、形状、颜色、花纹等。 师：今天，小朋友们也来剪一剪这十个不同的太阳，老师给你们准备了剪刀和不同颜色的彩纸，你要先想一想，你都准备剪什么样子的太阳？准备用什么颜色？用什么花纹装饰你的太阳？ 师：在剪纸的时候小朋友们要注意安全，小剪刀在自己的胸前使用，也别忘记及时将自己剪下的碎纸收到碎纸筐里。 **二、基本部分** 幼儿剪纸，教师观察指导。 观察：幼儿是否能够流畅运剪；幼儿是有想法的选择纸张还是随便选取。		

续表

活动过程	关注：幼儿用怎样的手法剪太阳；幼儿遇到的问题和解决的方法。 指导：指导幼儿用多种方法剪出不同的太阳。 **三、结束部分：欣赏与评价** 师：今天小朋友们都很棒，剪出了这么多种不一样的“太阳”，有的用了红色，有的用了黄色，有的是大的，有的是小的，还有的装饰了花纹。下面请小朋友来介绍一下，你剪的每个“太阳”的特点是什么。 请小朋友说说最喜欢的作品及原因。
活动反思	在活动中，幼儿的兴趣非常浓厚，对《后羿射日》这个故事有了深刻的理解。通过活动，幼儿知道了用剪纸的方法表现出不同太阳。幼儿创作的“太阳”也各有特色，表达了幼儿自己的想法。

拯救公主

湖北省省直机关第一幼儿园　高　婷

教学领域	科学	班级	小班
设计意图	第一次进入综合区游戏的小班幼儿，对梯子、木板、安吉箱都有着十分浓厚的兴趣。幼儿时而爬上高梯纵身向下跳跃，时而在木板上爬行，时而在安吉箱里钻爬，玩得不亦乐乎。在合作游戏时，幼儿常常会因为和小伙伴商量如何调整材料的空间位置而展开热烈的交流与讨论。为了帮助幼儿更好地在游戏中理解上下、里外等方位词，我设计了此数学活动。		
活动目标	1. 体验玩闯关游戏的快乐与成就感。 2. 感知和理解物体上下、里外方位。 3. 能利用方位词正确表述隐藏物品的位置。		
重点难点	重点：能够利用方位词正确表述物品方位。 难点：游戏中能准确说出隐藏物品的方位。		
活动准备	物质准备：金币、人字梯、安吉箱、轮胎车、安吉垫、纸箱、滚筒、拱门、金币图片、魔法杯、魔法杯示意图、恶龙头饰等道具。 经验准备：玩过与方位有关的游戏。		
活动过程	**一、公主被困** 1. 教师示范手指游戏。 师：金锁、银锁，噶啦啦啦一锁！ 2. 教师提问： (1)当作锁的手在上面还是下面？(上面) (2)当作钥匙的手在上面还是下面？(下面) 师：你们的锁打开了，可是有位公主被锁给困住了，怎么办呢？聪明的公主害怕钥匙被恶龙发现，就在草地上藏了很多的金币，我们一起来帮帮公主吧。 **二、寻找金币** 师：你在哪里找到的金币？ 幼儿讲述金币位置。 师：小勇士们，你们太厉害了，都能准确地说出自己找到金币的位置。 **三、恶龙出现** 恶龙：嗷——我似乎听到了金币的声音，金币，金币，你在哪儿？		

续表

活动过程	1. 幼儿隐藏金币。 师：哇，是恶龙的声音。金币拿在手上很容易被恶龙发现，我们快把金币藏起来，要把金币藏好可别被恶龙发现了，金币是帮助公主的线索。 2. 恶龙没有找到金币离开了，幼儿表述自己藏金币的位置。 恶龙：嗯，这里似乎没有金币，难道是我听错了？ 师：恶龙走了，小勇士你把金币藏在哪里了？你藏得真好。（请幼儿说完后自行取回藏起来的金币） 师小结：原来草地上有这么多地方可以隐藏金币，都是我意想不到的地方，我刚刚也在草地上找到了一个宝盒。 **四、解救公主** 教师打开宝盒。 师：听，宝盒里好像有声音？我们一起来看看里面有什么吧！ 幼儿获得魔法杯示意图。 请个别幼儿说一说自己的魔法杯示意图有什么？ 师：你的魔法杯在图片中的什么地方？ 使用金币解救公主。 师：那我们现在就出发去解救公主吧，请勇士们通过关卡寻找自己的魔法杯，把金币准确地投入魔法杯里。 (1)幼儿开始第一轮闯关游戏，根据示意图寻找魔法杯并投币，当 14 枚金币都投入魔法杯后大喊“公主，我们来救你啦”，大门打开。 (2)幼儿开始第二轮闯关游戏，根据魔法杯示意图将魔法杯移到指定位置，打开大门，成功解救公主。 **五、活动延伸** 将游戏材料投入综合区材料库供幼儿使用。
活动反思	1. 本次活动的所有提问、评价、思考、表述都是面向全体幼儿，尊重幼儿的主体性，发挥教师的主导作用，极大地激发了幼儿的兴趣。 2. 小班幼儿以形象思维为主，而角色情景正好符合幼儿的年龄特点。在代入角色的活动中，幼儿非常愿意参与拯救公主。 3. 虽然本次教学活动取得了较好的效果，但其中还有不少的问题需要改进和提高： (1)教师语言不够简练，希望在以后的教学活动中能够做到语言精准简练。 (2)教师的教学机制在活动中是非常重要的，要善于观察、总结。

男生女生向前冲

湖北省武汉市江岸区珞珈山街幼儿园　石　曼

教学领域	健康	班级	大班
设计意图	《指南》中指出：健康是指人在身体、心理、社会适应方面的良好状态；鼓励幼儿进行跑跳、球类等体育游戏，以发展幼儿动作的协调性和灵活性。而足球游戏正是符合指导思想和教育要求的活动。 本次活动建立在大班幼儿已有动作技能的基础上，旨在通过闯关游戏提高幼儿对足球运动的兴趣，并在躲避障碍物的过程中，自主习得带球躲避的能力。		

续表

活动目标	1. 喜欢参与闯关游戏，感受与同伴共同游戏、成功闯关的快乐。 2. 知道观察障碍物的运动轨迹，来躲避障碍物。 3. 能用曲线带球、停球的方式躲避赛道各障碍物。
重点难点	重点：习得带球躲避障碍物的能力。 难点：曲线带球时的灵活性和协调性。
活动准备	物质准备：赛道、足球、标志盘、标志桶、奖杯。 经验准备：幼儿有带球和接力游戏的经验。
活动过程	**一、热身运动，导入情境** 1. 跳热身操《向前冲》。 2. 创设情境。 师：欢迎大家来到今天的“男生女生向前冲”，今天我们的男生队和女生队要进行比赛了，看看今天是哪一队获胜吧！ **二、开始闯关** 游戏一：躲避炸弹(不带球躲避障碍物) 1. 介绍游戏规则。 师：今天的游戏我们分为进攻方和防守方，第一赛道防守方须两两一组，把炸弹(足球)以滚动的方式互相传递，进攻方需一边躲避炸弹一边前进，被炸弹碰到则淘汰，最后成功穿越人数多的队伍获胜。 2. 游戏后，幼儿讨论有效的躲避方法。 师：刚刚××又快又好地穿过了赛道，他用了哪些好方法呢？ 师小结：炸弹(足球)过来时不要慌张，注意观察炸弹运动的轨迹，控制好与炸弹的距离，在错过时机时，可以停球等待下一个时机。 3. 攻守交换(巩固经验)。 游戏二：物资运输队(带球躲避定点障碍物) 1. 介绍游戏规则。 师：第二赛道防守方须站在规定地点，用手阻拦，进攻方不仅要躲避，还要用带球的方式运送物资。最后在3分钟内，成功运送物资多的队伍获胜。 2. 游戏后，幼儿讨论运送物资的方法。 师：你们发现了哪些运送物资的好方法呢？ 师小结：闯关时要观察防守方的站定地点，规划出一条最优的路径，在观测到对方阻拦时，可提前停球变向，或者曲线带球来躲避对方。 3. 攻守交换(巩固经验)。 游戏三：螃蟹阵(带球躲避动态障碍物) 1. 介绍游戏规则。 师：本赛道，防守方像螃蟹一样张开双臂，并在两个标志桶间横向移动，进攻方需要运送物资(带球)躲过螃蟹的阻挡，成功抵达终点(射门)。用时短的队伍获胜。希望大家能结合前两个赛道的经验，发挥出最好的水平。 2. 幼儿游戏，而后攻守交换(联合练习第一、第二赛道所获技能)。 **三、总结活动** 师：在今天的闯关比赛中，最后××队获得了胜利，我们一起给他们送上胜利的奖杯！没有获得胜利的队伍也不要灰心，只要我们在接下来的时间认真练习足球，最后一定也会有收获的哦！ **四、放松运动** 师幼一起做放松操。

续表

活动过程	**五、活动延伸** 将赛道融入课间活动中，变成操场大循环，使幼儿在日常活动中也能与足球快乐玩耍并练习技能。
活动反思	本次活动旨在通过游戏中的各种冲关挑战，来发展幼儿的带球躲避能力。在第一赛道，幼儿通过躲避炸弹的游戏，找到了躲避的方法；在第二赛道，又通过带球穿过定点障碍物，锻炼了幼儿曲线运球的能力；第三赛道结合了第一、第二赛道的特点，联合练习之前所获技能，使幼儿的带球技巧和躲避能力有了发展。但是有个别幼儿注意力不够集中，导致老师在组织和讲解下一环节时，衔接得不够紧凑。由于行动的幼儿较多，老师观察不够仔细，个别幼儿有轻微犯规行为时，老师没有及时指出，于是再次游戏时，会出现相同错误。应在以后的游戏设计时，注意这一点，进一步加强幼儿规则意识的培养。

可爱的毛毛虫

甘肃省定西市渭源县第七幼儿园　师惠芳

教学领域	艺术	班级	中班
设计意图	生活中的美无时不有，无处不在。而怎样让幼儿去感受美、发现美、表现美、创造美，让每个幼儿都能得到美的熏陶和培养，正是《纲要》中对幼儿艺术教育提出的目标和要求。 艺术教育通过一定的教育形式，将生活中美好的东西集中展示和表现出来，让幼儿对美有更鲜明的感受和更深刻的体验，是幼儿园实施美育的主要途径。 《可爱的毛毛虫》这首曲子由缓慢和轻快两种旋律组成，整首曲子主要是表现长得不好看的毛毛虫蜕变成美丽的花蝴蝶的过程。曲子前后两段的情绪特征、速度快慢对比非常明显，曲子的前半部分舒缓、忧伤又执着，后半部分蜕化为蝴蝶后曲风又非常亮丽、欢快。这样的曲子比较符合中班幼儿能力发展水平，并能让幼儿在爱听、喜欢听的基础上产生强烈的情感共鸣和创造欲望。本活动尝试以《可爱的毛毛虫》为媒介，提高幼儿的审美情趣。		
活动目标	1. 尝试用肢体动作来表现毛毛虫一伸一缩的动作和蝴蝶飞舞的动作。 2. 初步感应三拍子节奏。 3. 感应A、B段乐曲的不同风格，充分体验自由表达和创造表现的乐趣。		
重点难点	重点：尝试用肢体动作来表现毛毛虫一伸一缩的动作和蝴蝶飞舞的动作。 难点：初步感应三拍子节奏。		
活动准备	物质准备：《毛毛虫》音乐、课件。 经验准备：了解毛毛虫变蝴蝶的过程。		
活动过程	**一、故事导入** 教师讲述故事《蝴蝶美美和毛毛虫丑丑》。 提问：毛毛虫长大后变成了什么？ 幼儿回答。 **二、完整欣赏音乐，进入主题** 师：音乐中说了哪些小动物？ 幼：毛毛虫和蝴蝶。		

续表

活动过程	师：毛毛虫的音乐比较慢，比较忧伤，因为毛毛虫爬得慢。表现蝴蝶的音乐比较欢快，节奏也快了起来。 1. 出示图谱，用图谱感受毛毛虫变蝴蝶的过程。 2. 分段欣赏音乐，用肢体感知乐曲的不同风格。 (1)听 A 段音乐，用肢体动作表现毛毛虫一扭一爬的样子。 启发幼儿说出我们身体还有哪些部位都可以模仿毛毛虫，(胳膊、腰)并听音乐模仿练习。 (2)律动感应 B 段音乐《蝴蝶》三拍子，并尝试用动作表现。 师：毛毛虫好伤心呀，它不吃不喝变成什么了？好，赶快把自己变成一只蛹，它要睡觉了。(放音乐) (3)感应 B 段三拍子。 师：毛毛虫变成了美丽的蝴蝶，它的心情怎么样？它是怎么飞的呢？(教师提示：小蝴蝶在飞的时候是有规律的——它是飞一下到草地上停两下。)除了用手当翅膀，还可以怎么飞？ (4)听 B 段音乐，感受三拍子的节奏和风格的变换。 (5)完整欣赏音乐，用“爬”“扭”和“飞”生动形象地表现毛毛虫变蝴蝶的过程。 师：现在我们是一只只可爱的毛毛虫，让我们一起随着音乐变成美丽的蝴蝶，好不好？听音乐，幼儿集体表演。 **三、活动结束** 师小结：今天小朋友表现得非常好，明白了毛毛虫长大后会变成美丽的蝴蝶，现在我们学着蝴蝶飞出活动室吧！
活动反思	1. 好的方面。(1)本节活动设计的目标基本达成，重难点突出，环节内容全面。(2)在活动过程中，幼儿能够大胆用肢体动作来表现毛毛虫一伸一缩的动作和蝴蝶飞舞的动作。幼儿感受音乐的状态是放松的，情绪是愉悦的，参与活动的积极性较高。 2. 不足之处。幼儿对于音乐旋律把握得不太准确，导致节奏不太清晰。教师的过渡语不够流畅，环节之间的衔接不够紧凑。教师对个别幼儿的关注度不够全面。 3. 改进方向。加强自身语言的组织能力，使课堂语言的连贯性更强，让活动更加顺畅。在艺术活动中给幼儿大胆创编动作的机会。

奇特的发型

广东省育才幼儿院二院　梁晓晴

教学领域	艺术	班级	中班
设计意图	普通的发型在生活中随处可见，但多种材料组合，天马行空、奇思妙想的发型却具有独特的魅力，强烈激发幼儿创作的欲望。《指南》指出，4—5 岁幼儿喜欢进行艺术活动并大胆表现，经常用绘画、捏泥、手工制作等多种方式表现自己的所见所想。教师应该创造机会和条件，支持幼儿艺术表现和创造。因此，我精心设计本次活动，活动中材料丰富多样、色彩明亮鲜艳、构思巧妙创新，适合中班年龄阶段的幼儿学习。通过活动，幼儿自由选择材料、大胆设计与创作，体验独立创作的趣味，从而达到美术活动培养幼儿创新意识，赋予幼儿满足感和成就感的目的。		

续表

活动目标	1. 通过观察，了解不同纸张变形的方法，如折叠、弯曲、卷动、搓揉等技巧；同时感知各式各样的发型，丰富幼儿认知。 2. 掌握纸张变形的基本技能，发挥想象力，利用不同的材料自由组合，创造奇特的发型。 3. 乐意参与美术手工活动，体验独立创作的趣味。
重点难点	重点：欣赏各式各样的图片，大胆设计与创作发型，体验自我创作带来的快乐。 难点：学习使用双面胶灵活地粘贴纸张，并尝试创意组合。
活动准备	物质准备：颜料、调色盘、小水桶、毛笔、吸管、纽扣、瓦楞纸、拉菲草、夹子、纸筒、超轻黏土、木片、松果、泡沫球、固体胶、记号笔、油画棒、双面胶、剪刀。 经验准备：幼儿对不同的发型拥有初步的感知，具有折叠手工的前期经验。
活动过程	**一、欣赏图片，激发兴趣** 播放幻灯片，让幼儿欣赏奇特的发型，激发幼儿设计发型的兴趣。 师：欢迎小朋友来到奇趣发型展览馆。 参观“发型展览馆”，让幼儿初步感受不同发型的美。 **二、制作奇特发型** 1. 介绍各组的材料，巧妙提问 师：待会儿请你们担任小设计师，给自己画的人物设计独一无二的发型，你们有信心吗？请自由选择：第一组是耐心的吹画师，第二组是创意的造型师，第三组是灵活的泥工师。不同的分组，方法是不一样的。 2. 提出制作要求 第一组(吹画组)：试管可以变魔术哦。先用试管吸取颜料，再往画纸上挤压颜料。想让“头发”向哪边延伸就往哪边吹气。注意颜色搭配好，我们说过找好朋友的法则。蓝色和紫色、黄色和绿色、红色和橙色。最后还可以添加纽扣装饰发型。 第二组(造型组)：瓦楞纸的折叠方法有很多种，可以折叠成小弹簧的，可以卷动成龙卷风，还可以往不同方向折；拉菲草可以揉成一团。最关键的来了，怎么粘牢？先将双面胶贴在纸上，再用剪刀剪掉多余的部分，然后开始粘贴，一定要贴稳哟！你们可以发挥想象创作。 第三组(泥工组)：你们用圆木片、超轻黏土、泡沫球设计。用超轻黏土做你喜欢的图案。先把双面胶贴到纸上，然后贴上圆木片，最后按压作品贴稳。可以将超轻黏土贴在纸上，也可以添加小纽扣装饰，这样发型更别致。 幼儿分组制作。 3. 幼儿大胆创作，教师巡回指导 师：我们来当发型设计师，比比谁设计的发型最独特、最有趣。 教师巡视、指导。 **三、分享交流，创意表达** 布置发型展览墙，鼓励幼儿大胆地展示作品。 师：你们设计的发型都太美妙、太特别了。谁想分享自己设计的发型？介绍得很完整，真棒！其他小朋友还想分享作品，欢迎你们课后与还没上课的小朋友分享。
活动反思	通过本次活动，幼儿基本能够综合使用各种工具和材料，创造性地制作奇特的发型。一个个生动立体的作品，折射出幼儿无限的想象力及独特的创造力，实在是一场童真童趣的视觉盛宴！

绘本阅读《跑跑镇》

云南省昆明市委机关幼儿园　范　师

<table>
<tr><td>教学领域</td><td>语言</td><td>班级</td><td>中班</td></tr>
<tr><td>设计意图</td><td colspan="3">《指南》中提及，每个幼儿心里都有一颗美的种子。幼儿学习的关键在于在大自然和社会文化生活中萌发感受和体验，丰富其想象力和创造力。绘本《跑跑镇》给孩子们演绎了一个有趣的场景：跑跑镇上的居民都喜欢快跑，快跑就免不了会碰撞在一起。可是当汽车和梯子碰撞在一起、黑熊和白熊碰撞在一起后出现了什么呢？整个故事充满幽默诙谐的生活情趣和奇妙现象。两个看似不相关的物体，在跑动碰撞以后出现了奇妙的“合体”现象，不仅对幼儿的思维是一个冲击，而且给了他们想象的空间。中班幼儿乐意用较完整的语言表达自己的想法，但在想象力和创造力方面还比较缺乏。故以绘本《跑跑镇》为素材，设计本次拓宽思维、鼓励幼儿大胆想象的集体活动，满足他们的奇思妙想，发展想象力，拓展思维。</td></tr>
<tr><td>活动目标</td><td colspan="3">1. 引导幼儿仔细观察画面，大胆地猜想。
2. 积极完整地表达“两个物品经过碰撞，变成一种新的物品”。</td></tr>
<tr><td>重点难点</td><td colspan="3">重点：大胆想象两个物体碰撞后的奇妙变化，并乐于表达，感受碰撞的神奇。
难点：根据实物特征大胆进行想象、讨论并找到好朋友。</td></tr>
<tr><td>活动准备</td><td colspan="3">物质准备：绘本 PPT、背景音乐、胸饰等。
经验准备：幼儿有一定的阅读经验。</td></tr>
<tr><td>活动过程</td><td colspan="3">一、开始部分
师：今天，我带来了一个有趣的故事——有一个小镇，镇上的居民都喜欢做一件有趣的事情。这个小镇叫“跑跑镇”。居民都喜欢快乐地奔跑，跑着跑着，奇妙的事情就发生了。
二、基本部分
1. 奇妙的跑跑镇
(1)汽车和梯子
关键提问：汽车和梯子跑跑跑，碰碰碰，碰出什么了？
小结：汽车和梯子跑跑跑，碰碰碰，碰出了一辆本领大的消防车！
(2)黑熊和白熊
关键提问：黑熊和白熊跑跑跑，碰碰碰，会碰出什么？
小结：黑熊和白熊跑跑跑，碰碰碰，碰出了黑白衣服的大熊猫。
(3)女孩和小鱼
关键提问：女孩和小鱼跑跑跑，碰碰碰，碰出了什么？
小结：女孩和小鱼跑跑跑，碰碰碰，碰出了一条美人鱼。
师小结：原来跑跑镇里的居民碰在一起会发生这么多有趣的变化，有的本领变大了，有的颜色发生了变化，还有的连外形都不一样了。真是太有趣啦！
2. 有趣的碰碰碰
(1)游戏：对对碰
幼儿两人讨论，自主表达奇妙的想法。
小结：哇，跑跑镇里的朋友碰在一起，碰出了这么多神奇的组合。
(2)游戏：找朋友
找朋友一：
师：这也是我们小朋友的跑跑镇！今天，老师要对每个小朋友施魔法，把我们大家变成跑跑镇里的居民。</td></tr>
</table>

续表

活动过程	游戏规则：老师跟着音乐跑跑跑，找朋友；找到朋友碰一碰，变变变！音乐结束，找到一个好朋友。（幼儿随音乐游戏） 幼儿讨论：自己和找到的朋友碰撞后会发生什么变化。 找朋友二： 幼儿自主游戏，找另外一位好朋友，看看能发生什么不一样的变化。 幼儿随音乐开始游戏。 幼儿两人讨论、自主表达奇妙的想法。 小结：我们都是跑跑镇的朋友，不管和谁碰在一起，都会发生奇妙的变化。 **三、结束部分：生活中的“跑跑镇”** 师：跑跑镇的朋友跑着跑着就来到了我们的生活中。看，谁跑来了？ 关键提问：爸爸和妈妈跑跑跑，碰碰碰，碰出了什么？ **四、活动延伸** 师：这个有趣的故事就藏在《跑跑镇》这本绘本里，有兴趣可以到阅读区仔细看一看。
活动反思	本节活动内容幽默诙谐，故事有想象力，以出人意料的结果，让人忍俊不禁。首先通过两个不相关的东西快跑、碰撞在一起后，变成“新”事物，幼儿通过两个事物的快跑以及碰撞学会说完整句。其次，幼儿可以从两个不同的对象上观察趣味的元素，进而联想出两个角色碰撞后可能产生的新变化，发挥了幼儿的想象力，增添幼儿对活动的兴趣。

神奇的条形码

陕西省西安市高新区第二十二幼儿园　董　佩

教学领域	社会	班级	大班
设计意图	当今家长在注重幼儿知识性教育的同时，往往忽略了生活中的常识教育。为了让幼儿能了解生活中的常识，学会从生活中发现和解决问题，引起家长对生活化教育的重视，我设计了此次活动。通过活动，幼儿认识条形码，了解条形码的特点及作用。		
活动目标	1. 通过观察比较，初步了解条形码的特点。 2. 能积极参与集体讨论和购买物品的活动，用完整的语言清楚地表达自己的发现。 3. 观察条形码，感知条形码在生活中的广泛应用。		
重点难点	重点：通过观察比较，初步了解条形码的特点。 难点：能积极参与集体讨论和购买物品的活动。		
活动准备	物质准备：多媒体课件、有条形码的物品。 经验准备：幼儿在活动前了解过条形码，知道条形码的存在。		
活动过程	**一、谈话导入，激发幼儿兴趣** 师：小朋友们上午好！今天早上长颈鹿去逛书店，它看看这本，摸摸那本，突然惊奇地发现每本书的后面都有这样一个黑黑白白的条纹，它很想知道这个黑黑白白的条纹是什么。 提出问题：你们在哪里见过这样的黑黑白白的条纹呢？ 小结：在日常生活中有很多这样黑黑白白的条纹，比如我们在超市的商品上都能看到这些条纹，这些黑黑白白的条纹有一个好听的名字——条形码。		

续表

<table>
<tr><td rowspan="1">活动过程</td><td>二、出示图片，引导幼儿观察条形码的外形特点
出示条形码图片，引导幼儿仔细观察。
提出问题：条形码是由什么组成的？黑白色的条纹有什么不一样？
小结：黑黑白白的条形码是由数字和粗细长短不一样的直线组成的。
三、播放视频，引导幼儿了解条形码包含的信息及作用
播放条形码的动画视频。
提出问题：
(1)条形码中包含了一些什么信息？
(2)视频中说，我们可以借助什么特殊的仪器来读取条形码的信息？
(3)在生活当中我们将条形码用来做什么？
小结：条形码中的数字包含了产品名称等信息，用条形码扫描器可读取条形码的信息。在生活当中条形码用来购买各种各样的商品。
四、借助实物，观察讨论各种商品的条形码
探索条形码，从魔法袋里准备各种带条形码的商品，邀请每位小朋友抽取一件。引导幼儿观察、讨论每个商品上的条形码。
提出问题：
(1)你们在哪些物品上看到了条形码？
(2)这些条形码都是一样的吗？
小结：相同的条形码，商品相同；不相同的条形码，商品不相同。
五、了解条形码在超市的应用
了解条形码的使用方法：在超市买东西时有了条形码，超市工作人员就只需将商品的条形码在条形码扫描器前晃动一下，就可以查出物品的价格等信息。
提出问题：当我们购物时，必须带什么呢？
六、游戏：我去超市买东西
让幼儿自己选择需要的物品，老师组织幼儿共同讨论各自所买的东西，观察上面的条形码。
七、活动延伸
回家跟爸爸妈妈一起去超市看看商品上的条形码，观察超市工作人员是如何用条形码扫描器读取条形码上信息的。</td></tr>
<tr><td>活动反思</td><td>本次活动我采用了六个环节，各环节层层递进，由易到难，重难点突出，设计合理。整节活动课幼儿情绪高涨，兴致勃勃。在活动中，教师花了足够的时间让幼儿多次讨论，合作学习，在合作探索中得出结论。美中不足的是在活动中幼儿的规则意识较差，老师没有及时采用新颖的教学方法吸引幼儿的注意力，导致活动快结束时很多幼儿的注意力不够集中。老师还需要自我反思，在后面的教学活动中要总结不足，多丰富自己的教学方法，使幼儿更好地参与教学活动。</td></tr>
</table>

我的身体都会响

吉林省省直机关第二幼儿园　刘馨蒙

<table>
<tr><td>教学领域</td><td>科学</td><td>班级</td><td>小班</td></tr>
<tr><td>设计意图</td><td colspan="3">本次活动“我的身体都会响”让幼儿充分了解声音无处不在，用自己的身体部位发出声音是件非常有趣的事。幼儿会发现制造声音是多么简单、有趣的事。</td></tr>
</table>

续表

活动目标	1. 知道身体哪些部位可以发出什么声音。 2. 尝试用身体各部位有节奏地发出声音。 3. 对声音感兴趣，能主动探索周围的声音。
重点难点	重点：知道身体哪些部位可以发出什么声音。 难点：幼儿能用身体各部位有节奏地发出声音。
活动准备	物质准备：课件、“我的身体”大图。 经验准备：幼儿喜欢探索，喜欢发现生活中各种声音的奥秘，喜欢挑战。
活动过程	**一、律动导入** 做律动《拍手歌》。 师：小朋友们，在刚才的律动里，我们做了哪个动作？(拍手) 师：我们拍拍小手的时候会发出什么声音呢？(啪啪) 小结：我的小手××，我的小手××，我的小手会唱歌××。 **二、探究身体各部位的声音** 1. 教师模仿肚子“咕咕”叫的声音 师：请小朋友们闭上眼睛听一听，这是什么声音？(肚子的叫声) 提问：哪位小朋友能来模仿一下肚子是怎么叫的？ 小结：我的肚子“咕咕”，我的肚子“咕咕”，我的肚子会唱歌“咕咕”。 2. 猜一猜哪个部位能发出声音 师：我们身体还有哪个部位可以发出声音呢？请几位小朋友到前面来把你认为能发出声音的部位贴上红点。 3. 探究身体各部位的声音 (1)小脚的声音 提问：走路声音特别大的是什么小动物？(河马)声音很小的呢？(小老鼠)我们一起来模仿一下。小朋友们请起立，准备开始，河马走路“砰砰”，河马走路“砰砰”，老鼠走路“吱吱吱”，老鼠走路“吱吱吱”。我们的小脚走路呢？我的小脚“踏踏”，我的小脚“踏踏”，我的小脚会唱歌“踏踏”。 (2)嘴巴的声音 师：请小朋友们自己试一试，嘴巴可以发出什么声音。 师：请两位小朋友到前面展示一下。 小结：我的嘴巴“么么”，我的嘴巴“么么”，我的嘴巴会唱歌“么么”。 (3)舌头的声音 师：老师来听一听，小朋友们的舌头能不能发出声音呢？一起来。 小结：我的舌头××，我的舌头××，我的舌头会唱歌××。 (4)牙齿的声音 师：小朋友们听一听，老师的上下牙齿碰到了一起有没有声音？(有)那我来听一听宝贝们的小牙齿发出的声音。 小结：我的牙齿××，我的牙齿××，我的牙齿会唱歌××。 (5)鼻子的声音 师：请小朋友们跟着老师一起吸气、呼气，听到了我们的鼻子里有呼吸的声音。 小结：我的鼻子××，我的鼻子××，我的鼻子会唱歌××。 **三、身体各部位有节奏地发出声音** 师：我们身体的各个部位可以发出不同的声音，我们来完整地做一遍吧！ 1. 我的小手××，我的小手××，我的小手会唱歌××。 2. 我的肚子“咕咕”，我的肚子“咕咕”，我的肚子会唱歌“咕咕”。

续表

活动过程	3. 我的小脚“踏踏”，我的小脚“踏踏”，我的小脚会唱歌“踏踏”。 4. 我的嘴巴“么么”，我的嘴巴“么么”，我的嘴巴会唱歌“么么”。 5. 我的舌头××，我的舌头××，我的舌头会唱歌××。 6. 我的牙齿××，我的牙齿××，我的牙齿会唱歌××。 7. 我的鼻子××，我的鼻子××，我的鼻子会唱歌××。 **四、游戏“我的身体会唱歌”** 1. 课件中显示的身体部位，利用自己对应的部位发出声音。 2. 跟随音乐《我的身体都会响》做律动。 **五、活动延伸** 师：除了刚才我们发现的这些身体部位，还有其他身体部位也可以发出声音，我们下次活动继续探索。老师准备了豆子、水杯、彩纸，请小朋友们探索一下它们会发出什么样的声音。
活动反思	本次活动开始，我就把主动权让给幼儿，让他们从最熟悉的身体出发，探索会发出声音的部位，并体验声音的异同。幼儿喜欢在自己的身体上探索，他们都很兴奋地寻找着发音部位，找到一个便马上举手表达或告诉同伴。幼儿使用身体的不同部位来演奏音乐，既重新感受了“身体音乐”的美妙与神奇，又使幼儿对不同的声音引起了兴趣。整个活动气氛非常活跃，幼儿参与的积极性很高。通过本次活动，幼儿发现尝试用自己的身体发出声音是件非常有趣的事，制造声音简单、有趣。活动结束后，继续播放着这段音乐，让幼儿尽情地去表演和感受。幼儿高涨的情绪告诉我，活动很顺利，也让我认识并体会到：探索过程中应该让幼儿自己去探索和发现，把主动权留给幼儿，而教师则应该充当引导者，这样幼儿才能更自信、主动，表现得更自然。

未来的房子

广东省深圳市光明区明安幼儿园　邹淑媛

教学领域	美术	班级	大班
设计意图	教师引导幼儿猜想房子最初的形态，激发幼儿活动的兴趣。通过参观展览，帮助幼儿了解房子的外观、设施、功能等方面的发展变化。幼儿间相互讨论交流，引发联想，为设计“未来的房子”提供依据。幼儿在绘画中充分体验想象和创作的乐趣。		
活动目标	1. 初步了解房子的发展历程，大胆想象和设计未来的房子。 2. 体验创造和表现的快乐。		
重点难点	重点：大胆想象和设计未来的房子。 难点：体验创造和表现的快乐。		
活动准备	物质准备：纸、笔等绘画工具。 经验准备：师生共同收集有关房子发展过程的图片，布置成“房子发展展览区”。		
活动过程	**一、提出问题，引起兴趣** 师：小朋友们猜猜看，最早的时候人们住在什么样的房子里？ 教师引导幼儿猜想，探索房子的最初形态，引发他们参与的兴趣。 **二、参观展览区** 引导幼儿参观“房子发展展览区”，使幼儿初步了解房子的发展历程(如外观、设施、功能等)。		

续表

活动过程	**三、设计未来的房子** 引导幼儿讲述、讨论房子的发展历程，如人们最初住在山洞里，后来有了石头、树枝或草做的房子，再后来有了砖木结构的房子…… 幼儿间相互讨论交流，引发联想，为幼儿设计未来的房子提供依据。谈论现在人们发明的一些先进的房子(如房车)。 引导幼儿讨论未来的房子。 师：请你来做设计师，设计一座未来的房子，你会把房子设计成什么样子？有什么神奇的地方？ 请幼儿将自己设计的未来的房子画下来，鼓励幼儿大胆设计。 请幼儿介绍自己设计的房子。 **四、展示欣赏** 评选出“小朋友最喜欢的房子”“最先进的房子”“最奇怪的房子”“最有创意的房子”等。 **五、活动延伸** 鼓励有兴趣的幼儿根据图纸将自己设计的未来的房子制作出来。 活动提示：讨论设计的环节很重要，一方面给幼儿独立思考的机会，另一方面，幼儿共同讨论，拓展思维，为绘图做好准备。
活动反思	本次活动幼儿非常感兴趣，首先感觉本活动知识非常地丰富，在简单认识房子结构、功能的基础上，启发幼儿的想象力，大胆地设计未来的房子。 优点：教师在物质准备和知识准备上都比较充分，课件图片丰富，能充分调动幼儿的想象力，教师对一部分幼儿的评价也比较及时、到位。 幼儿表现很积极，想象出各种各样未来的房子：从功能上来说有安全房子，可以防地震、水灾、火灾；声控房子，是一种高科技房子；在海底游泳的房子，可以进入海底观看各种各样的海洋生物；会飞的房子，可以去旅游，想到哪里就到哪里。从形状上来说有老虎形状的房子、小兔形状的房子、米老鼠形状的房子等。幼儿的作品也比较丰富漂亮，创作出了鲨鱼房子、米奇妙妙屋、月亮上的房子、乌龟房子等。 不足之处：1. 前面教师讲述较多，耗时较长。2. 没有给幼儿一个总体概括的评价。分别是从功能上、结构上、外观形象上等进行概括性讲评。3. 范画不饱满(没有涂底色)。

花果山探险之百变车轮

广东省深圳市明安幼儿园　吴秀秀

教学领域	体育	班级	中班
设计意图	中班幼儿能在较窄的低矮物体上平稳地走一段距离，能以匍匐、膝盖悬空等多种方式钻、爬。在日常生活中，幼儿很喜欢玩走边边、钻桌子、躲猫猫等游戏。《指南》的健康领域目标中提出：要促进幼儿的动作发展，使其具有一定的平衡能力，动作协调、灵敏。因此，根据幼儿的兴趣和发展目标，设计了这节体育游戏活动，通过轮胎这种常见的物品来设计趣味体育活动，发展幼儿的身体平衡和协调能力，培养幼儿不怕困难、勇于探险的精神。		
活动目标	1. 学会钻、爬等基本技能。 2. 练习平衡，发展幼儿上肢动作、力量和身体的平衡。 3. 培养幼儿不怕困难、勇于探险的精神，发展幼儿的自主性和创造性。		
重点难点	重点：练习钻、爬的基本技能，发展上肢动作、力量和身体的平衡。 难点：爬的技能。		

续表

活动准备	物质准备：轮胎若干、音乐。 经验准备：幼儿玩走边边游戏，具备基本的平衡能力。幼儿在日常活动中有过钻、爬的经验。幼儿知道孙悟空的故事。
活动过程	**一、开始部分** 1. 情景导入 师：今天我们要去花果山，但是花果山困难重重，我们要走过小桥，爬过山洞，还要翻越大山，才能到达花果山…… 2. 自编轮胎韵律操 利用轮胎做简单的热身运动，整队入场，在幼儿前方放一个小轮胎，让幼儿跳入轮胎中，听着欢快的音乐围着轮胎做扩胸、体转、弓箭步、跳跃等动作。 **二、基本部分** 1. 探索活动 幼儿自由探索轮胎的多种玩法。老师鼓励幼儿互相交流与分享创意玩法，表扬幼儿的创造兴趣和热情，注意幼儿安全。 2. 走“独木桥” 引导幼儿探索轮胎玩法的过程中，用轮胎摆桥，让幼儿分两队，锻炼幼儿的平衡能力。 师：这是用轮胎摆的小桥，小朋友过桥时一定要注意安全，不要推前面的小朋友。 3. 过“山洞” 四个大轮胎立起来，当作“山洞”。引导幼儿思考，轮胎不稳定，如何固定“山洞”。两个幼儿扶住一个轮胎，让其他幼儿钻过去，然后回来替换扶轮胎的幼儿，让所有幼儿都锻炼钻、爬的技能。 师：“孩儿们”已经过了小桥，现在要开始过“山洞”了，我们要互相帮忙才能过“山洞”…… 4. 用轮胎造山，翻越“大山” 引导幼儿用轮胎搭建一座山，并在搭建的过程中引导幼儿思考山的高度，协助幼儿搭建稳固的山，最后引导幼儿尝试翻越大山，锻炼爬的技能。 师：现在又碰到了一座大山，接下来我们要翻过这座大山，才能胜利。“孩儿们”从这边山的一边爬上去，从另一边下来，不要推，不要挤。 **三、结束部分** 1. 放松环节 师：现在请“孩儿们”每人拿一个轮胎，找一个空地躺在轮胎上享受一下，相互捏一捏，捶一捶(听着音乐做一些简单的放松运动)。 2. 器械归位 请“孩儿们”帮忙搬运轮胎，将轮胎归位。
活动反思	兴趣是幼儿的动力。活动开始前，我利用幼儿感兴趣的孙悟空导入情景，吸引幼儿的兴趣。利用轮胎编制简单的热身韵律操，引导幼儿讨论轮胎的玩法，并与大家分享，探索轮胎的多种玩法。通过百变轮胎的花样玩法，串联了“独木桥”“过山洞”“翻大山”等玩法，提高幼儿参与体育活动的积极性，并在活动中锻炼幼儿掌握平衡和钻、爬的技能。设计了幼儿自己搭建“大山”的环节，让幼儿开动脑筋，大胆尝试和设计，通过轮胎高度和角度的调整，搭建符合自己能力的“大山”。个别幼儿能力稍弱，在过“独木桥”时会四肢并用，对跨越障碍产生恐惧，我会注意在练习时给予指导和鼓励，帮助幼儿战胜恐惧，增强幼儿的自信心。不足之处是语言组织需要再精练一些，便于幼儿更加明确指令，同时还需要考虑情景的设置，增加活动的趣味性。

三打白骨精

北京市丰台区军委办公厅第五十一所研究所幼儿园　冀雨婷　祁　朔

<table>
<tr><td>教学领域</td><td>语言</td><td>班级</td><td>大班</td></tr>
<tr><td>设计意图</td><td colspan="3">《西游记》是我国四大名著之一，也是幼儿所熟悉和喜爱的。依据《指南》以及幼儿的兴趣我们选取了“三打白骨精”这一片段，打破传统的语言活动组织方式，运用讨论的方法让幼儿对故事情节进行设想，并在活动中渗透美术等领域的知识。通过情景表演，帮助幼儿在提高表演能力的同时增强辨别是非善恶的能力，有助于幼儿对于文学作品的理解，提升他们对中国古典文学的兴趣。</td></tr>
<tr><td>活动目标</td><td colspan="3">1. 初步培养幼儿对我国文学作品的热爱。
2. 知道西游记中主要情节、人物特征和性格特点，能大胆地表演。
3. 能够积极参与故事角色的扮演，体验与同伴一起表演的乐趣。</td></tr>
<tr><td>重点难点</td><td colspan="3">重点：能与同伴一起商讨表演情节中的内容。
难点：能够了解故事中角色人物性格特点。</td></tr>
<tr><td>活动准备</td><td colspan="3">物质准备：角色服装、道具，以及背景音乐、故事绘本。
经验准备：观看过“三打白骨精”的片段，会唱主题歌《白龙马》。</td></tr>
<tr><td>活动过程</td><td colspan="3">一、谈话导入部分
1. 引导幼儿根据故事内容说一说，自己对各个角色性格的理解。
师：小朋友们都了解故事的内容了，你们觉得孙悟空、白骨精、唐三藏、猪八戒、沙悟净的性格有什么特点？在扮演他们的时候应该如何演出来？
2. 教师总结角色的特点。
二、分角色扮演
1. 教师组织幼儿进行角色扮演，幼儿根据自己所选角色穿上相应的服装、拿对应道具，表演故事情节。教师录制视频。
师：小朋友们自主选择角色，根据自己所选角色穿好相应的服装，拿好相应道具。小朋友还可以扮演大山、红山桃树、两个孙悟空分身等角色，没有选到角色的小朋友可以作为观众观看表演。
2. 讨论表演情节，提出建议。
师：表演结束了，在观看的过程中发现如果发现了问题，请说出你的看法与建议。
3. 教师总结并帮助幼儿做表演修改，再次演出。
师：观众小朋友们提出来的建议，我们的小演员是否赞成？如果赞成的话，我们就按照建议做修改，然后再次表演。
4. 教师小结。
师：今天不管是我们的小演员还是我们的小观众，都尽情地发挥着自己的作用，小观众认真观看并提出意见，小演员认真研究角色性格特点并大胆表演，都是非常认真、优秀的小朋友。
三、活动延伸
制作演出票，邀请其他班级幼儿与老师来观看。</td></tr>
<tr><td>活动反思</td><td colspan="3">本次活动通过角色扮演，对故事内容有了更清晰的理解。在对角色性格特点的讨论中，更加了解所扮演角色的特点，在表演过程中怎样将这一特点展现出来，根据自己对于故事的理解发挥想象力，提出建议并修改、完善表演，通过本节活动使自己在原有的经验上得到了升华。以后可以将故事创编，让表演更加丰富有趣。</td></tr>
</table>

“乱画大师”

四川省成都市锦江区教育科学研究院附属幼儿园　胡冬梅

教学领域	艺术	班级	大班
设计意图	《指南》在艺术领域指出，幼儿对外部世界的感受与理解常常会自发地通过某种艺术形式表现出来，这是幼儿的天性，成人不应该简单地用自己的审美标准去要求幼儿，更不能对幼儿进行千篇一律的训练，而应该及时给予幼儿支持和鼓励，引导幼儿在欣赏艺术作品的同时，学习用适当的方式来表达自己的美感体验。结合5—6岁幼儿的年龄特点以及本班幼儿的爱画但形式拘泥、害怕出错的实际情况，为了鼓励幼儿大胆地表现美，我设计了这个活动，旨在通过这个活动，让幼儿认识到绘画的多样性，在欣赏大师作品的同时，能结合自身的生活经验去发现美、创造美、表达美。		
活动目标	1. 能大胆联想出线条中的图案。 2. 描画出线条中的图案，并进行装饰。 3. 能大胆分享自己的作品。		
重点难点	重点：愿意跟随音乐乱画，根据线条大胆想象。 难点：结合实际生活经验，联想出自己乱画线条中的图案。		
活动准备	物质准备：白纸、笔、音乐《森林狂想曲》、假胡子、PPT。 经验准备：已有握笔的经验，对线条画的理解与掌握，生活中看到的图案的映像积累。		
活动过程	**一、开始部分** 1. 老师粘贴好假胡子，扮演让·杜布菲，播放PPT 师：大家好，我的名字叫让·杜布菲，你们可以叫我杜布菲爷爷。我是一名法国人，我是一名画家，这是我的绘画作品，你们觉得我画得怎么样？ 2. 教师总结绘画风格，引出主题 师：是的，这些画都是乱乱的，所以，我还有一个名字，叫“乱画大师”。 **二、基本部分** 1. 请幼儿观察画面、颜色，引出所需材料 师：请你们仔细看看，这些图画里都有哪些颜色呢？（黑、红、蓝） 师小结：我用黑色、红色、蓝色的笔在白纸上画出了这些图案。今天，我想邀请小朋友和我一起，用这些材料进行创作，画出一幅属于我们的图画。 2. 教师示范画 (1)播放《森林狂想曲》，音乐停止，老师停笔。 师：我需要一点音乐，一张白纸，一支黑色的笔，然后闭上眼睛，准备跟随音乐，在白纸上画出任意的线条：可以画一条直直的线，可以画一条弯弯的线，可以让这条线拐个弯，还可以让这条线转个圈。跟着音乐，你可以画出任何想要的线条。 (2)引导幼儿观察线条，用蓝色的笔描绘出看到的形状，再用红色进行装饰。 师：在音乐结束前，我跟着音乐在白纸上乱画出了很多线条，现在我们来仔细看一看，这些线条像什么图案？我发现了一只“袜子”，我需要把它用蓝色描绘出来，标记一下，再用红色的笔装饰一下，嗯，我现在觉得它变漂亮了。 (3)请幼儿上来操作。 师：小朋友们，你们看看这些线条像什么图案呢？（幼儿自由回答）请小朋友上来描一描，并且装饰一下你看到的图案。 (4)师小结：小朋友们真厉害，你们用蓝色描出图案，用红色装饰图案，把这幅乱糟糟的线条画变成了一幅图案丰富的作品。那接下来，我们所有的小朋友都变成“乱画大师”，去完成一幅属于你自己的乱画作品吧！		

续表

活动过程	3. 教师提出操作要求，幼儿分散操作 师："乱画大师"们，请拿起你们桌子上的黑色笔，闭上眼睛，跟着音乐，在纸上画起来吧。你可以画任何想画的线条。 音乐停止，小朋友停笔，自行描画装饰。 师：音乐结束，请"乱画大师"们放下手中的笔，睁开眼睛整理好它，然后开始描画装饰你的作品吧！ **三、结束部分** 师：有哪位"乱画大师"愿意带上你的作品，走到前面来分享一下你的作品上有什么图案？从哪里看出来是这些图案呢？ 幼儿展示与分享作品。
活动反思	幼儿表达认知和情感的语言之一是艺术，他们喜欢多元的艺术表达形式，但却无奈于家长与老师的机械化的技能训练中，把自己的创造性一点点磨灭。本次活动中，幼儿在沉浸式了解让·杜布菲的同时，通过欣赏他的"乱画"作品，知道绘画不只是"线要画直、树要涂绿"这种固化方式，更是自由表达与想象、合理利用与修饰，通过自己参与乱画，然后去发现美、创造美，知道了即使是乱画的线条，只要善于发现、想象，并且找到合适的方式去装饰我们的图画，"乱画"的人，也会变成大师。在最后的分享环节，幼儿更是有了畅所欲言的机会，不仅大胆表达了自己发现的美。更是欣赏了小伙伴发现的美，对他们来说，这不仅仅是一节课，而是对他们平时乱画时充满想象力的认可，也是对他们该如何发挥想象力的引导。在活动结束后，老师更是提供了涂鸦墙以及相关材料投入活动区域进行活动延伸，使他们的想象力及创造力得到了发展。

爸爸去哪儿

安徽省合肥市陆军炮兵防空兵学院幼儿园　余　艳

教学领域	音乐	班级	中班
设计意图	该活动基于"幼儿艺术活动的能力是在大胆表现的过程中逐渐发展起来的"而设计。通过感受父爱的温暖，幼儿体会歌曲《爸爸去哪儿》所表达的父子亲情，根据音乐和歌词内容，创造性地运用身体动作表现对歌曲的感受。本节活动中，教师的作用主要在于激发幼儿感受父子之间的情感，使幼儿体验音乐带来的欢乐，自由表达和创造快乐。教师在此基础上根据幼儿的动作发展需要，对表演方式给予适当指导。		
活动目标	1. 根据自己对歌词的理解，愿意演唱歌曲并能用适当的动作表现歌曲。 2. 感受父爱的温暖，乐意表达对爸爸的爱。 3. 能感受到歌曲的欢快、有趣，愿意在音乐活动中跟伴奏演唱歌曲。		
重点难点	重点：介绍《爸爸去哪儿》节目及背景，引导幼儿感受父爱。 难点：根据自己对歌词的理解，愿意演唱歌曲并能用适当的动作表现歌曲。		
活动准备	物质准备：幼儿和爸爸旅游的电子照片、音乐《爸爸去哪儿》。 经验准备：幼儿观看过《爸爸去哪儿》电视节目。		
活动过程	**一、导入** 教师通过谈话活动，增进幼儿对爸爸的情感。 师：小朋友们，你们看过《爸爸去哪儿》吗？有什么感受？ 师：你们和爸爸一起出去旅游过吗？ 师：爸爸带你们旅游的时候，开心吗？		

续表

<table>
<tr><td>活动过程</td><td>二、观察感知
出示电子照片，引导幼儿谈一谈和爸爸旅游时的场景，表达愉悦的心情。
师：小朋友们，爸爸带你去哪儿了？
三、探索发现
通过音乐让幼儿感受父子之情。
师：有一首好听的歌曲，让我们一起来听一听。
师：请小朋友说一说，你听完歌曲后有什么感受？
师：小朋友你们听到了什么？请小朋友说一说。
师：让我们一起来跟着音乐唱一唱吧。
四、展示表现
播放歌曲，鼓励幼儿用动作和歌声表现歌曲。
师：小朋友，让我们一起跟着音乐来唱一唱并做一做动作。
五、结束
请幼儿讨论做哪些事情是爱爸爸的表现。
师：今天回家后，请你们对爸爸做一件事情，表达对爸爸的爱。</td></tr>
<tr><td>活动反思</td><td>艺术是人类感受美、表现美和创造美的重要形式，也是表达自己对周围世界的认识和情绪态度的特有方式。每个幼儿的心里都有一颗美的种子。幼儿艺术领域的学习关键在于充分创造条件和机会，用自己的方式去表现美和创造美。所以教师将活动目标渗透在歌曲中，使幼儿感受父爱的温暖，体会歌词所表达的父子亲情，根据音乐和歌词内容，创造性地运用身体动作表现对歌曲的感受。在此活动中，教师可以先找个别幼儿展示，而非全班幼儿一起表演歌曲，然后再让幼儿说一说，哪句歌词、哪个动作，最能表现出父子的情感。</td></tr>
</table>

红军小乖乖

安徽省合肥市陆军炮兵防空兵学院幼儿园　王惠妹

<table>
<tr><td>教学领域</td><td>语言</td><td>班级</td><td>大班</td></tr>
<tr><td>设计意图</td><td colspan="3">《指南》指出：“幼儿的语言能力是在交流和运用的过程中发展起来的”。通过语言获取信息，幼儿的学习逐步超越个体的直接感知。本次活动是根据大班幼儿感兴趣的绘本《倔强的小红军》为题材，设计了这首原创儿歌《红军小乖乖》。该儿歌内容结构简单、语句简短、朗朗上口，具有浓厚军队口号的气势，特别适合大班幼儿学习和表演，通过感知和体验，感受朗读的乐趣。活动中，教师运用生动有趣的快板方式，创设了一个宽松、自由的语言环境，支持、吸引幼儿愉快地投入活动，让幼儿充分地感受儿歌的韵律和节奏。</td></tr>
<tr><td>活动目标</td><td colspan="3">1. 能够边表演边朗读儿歌，激发爱国主义情怀。
2. 能根据图片提供的线索学习儿歌，感受儿歌的韵律和节奏。
3. 能够有节奏地朗诵和表演儿歌。</td></tr>
<tr><td>重点难点</td><td colspan="3">1. 能根据图片提供的线索学习儿歌。
2. 感受儿歌的韵律和节奏美。</td></tr>
<tr><td>活动准备</td><td colspan="3">物质准备：课件、快板、红军帽、红军衣服、集结号儿歌《红军小乖乖》。
经验准备：幼儿阅读过《倔强的小红军》，知道红军精神并珍惜现在来之不易的幸福生活。</td></tr>
</table>

续表

活动过程	**一、导入部分** 教师穿上红军的着装，踢正步喊口号：一二一，走到幼儿面前敬礼跟幼儿打招呼。 教师出示课件，提供线索学习儿歌，激发幼儿兴趣。 师：小朋友们，你们听这是什么响声？(集结号号声)你们猜猜会出现谁呢？(出示小红军卡通图) 师：欢迎军军和我们一起来学习这首儿歌《红军小乖乖》。 **二、观察感知** 倾听和学习儿歌内容，引导幼儿感受儿歌的韵律和节奏。 教师播放课件，幼儿倾听整首儿歌。 师：儿歌中你最喜欢哪一句？请试着唱出来吧。 **三、展示表现** 教师带领幼儿一起朗诵儿歌，边读儿歌边打快板，体会儿歌的节奏和韵律。 师：接下来我们玩个游戏，你们说我打快板的游戏。 第一遍游戏：幼儿大声诵读，教师打快板。 师：小朋友们诵读得很有节奏，小快板也要和大家一起学。 第二遍游戏：幼儿和教师一起打快板，大声诵读儿歌。 师：我们戴上红军帽，起立！再把《红军小乖乖》这首儿歌诵读一遍。 第三遍游戏：幼儿戴上红军帽打起快板，再次诵读。 **四、结束活动** 弘扬军旅题材的儿歌，激发幼儿学习像红军一样英勇、坚强、爱国。 师："小红军"们，(教师吹起集结号)集合！我们排好队伍去把这首儿歌诵读给弟弟妹妹听听吧！ 附：儿歌《红军小乖乖》(原创) 《红军小乖乖》 一声炮响，走来了红军； 十方埋伏，风过了雨来。 千层铁壁，撕破了口袋； 百战百胜，吓破了敌胆。 小乖乖，小乖乖，长大要走红军路； 小乖乖，小乖乖，革命一代接一代。 小乖乖，小乖乖，长大要走红军路； 小乖乖，小乖乖，革命一代接一代。
活动反思	幼儿认真倾听老师、家长讲述红军题材的故事，为学习《红军小乖乖》这首儿歌做好了铺垫，同时朗朗上口的内容和节奏感便于幼儿学习与表演，让幼儿在快乐的诵读中真切地感受到快板的敲打是多么有趣。活动中运用了多种游戏方式，这样能够更好地调动了幼儿的多种感官学习，能够激发幼儿的学习兴趣。活动中也存在着不足之处，有些环节对幼儿的引导性语言不够到位。如在运用多种形式诵读儿歌时，可以让幼儿自主选择自己喜欢的方式，这样能更好地体现幼儿的自主性。

“自然物变变变”——蛋糕王国

湖北省宜昌高新区颐和雅郡幼儿园　王晓凌

教学领域	艺术	班级	大班
设计意图	《指南》指出：让幼儿多接触大自然，和幼儿一起感受、发现和欣赏自然环境中美的事物。在美工区，幼儿会收集许多的自然物。起初我们的创作活动仅限于涂色、绘画等。在一次建构区游戏中，幼儿借助了部分自然物作为辅助材料，激发了我们使用自然物创作的灵感。为此，我查阅了自然物创作相关资料并设计了这节艺术活动课，以幼儿为主体，以自然探究、小组合作、创意拼摆等方式，发现自然物之美，开展自然物艺术创作。		
活动目标	1. 享受与自然物的艺术互动，感受自然物的美，激发热爱大自然的情感。 2. 了解和认识自然物，尝试根据自然物的外形特征产生丰富联想。 3. 能运用拼一拼、摆一摆等方式，开展自然物艺术创作。		
重点难点	重点：亲近了解自然，认识自然物，开展自然物艺术创作。 难点：能小组合作，尝试根据自然物的外形特征产生丰富联想。		
活动准备	物质准备：树叶、松果、海螺、贝壳、石头、干花、树枝等自然材料，透明盒子，生日头饰，自制《大自然游记》视频、数字话筒、课件。 经验准备：幼儿有初步使用自然材料做游戏的经验；师幼共读过自然材料相关绘本。		
活动过程	**一、观看视频，引入主题** 1. 幼儿观看《大自然游记》视频，引出主题。 2. 请幼儿说一说收集的自然物。 师：看看我们收获了哪些大自然的礼物？ **二、感知体验，激发兴趣** 1. 思考自然物可以做什么，引出拼摆创作。 师：大自然中有许多的自然物，如落叶、树枝、松果、石头、贝壳等。这些自然物可以用来做什么呢？ 2. 出示自然物拼摆的课件，激发幼儿创作兴趣。 师：这些自然物可以成为我们艺术活动的材料，用一种新的创作方法——拼摆，就是发挥创意拼一拼、摆一摆，将这些自然物变成许多有趣的艺术作品！ 3. 提问激发思考，与自然物材料产生强联系。 师：这些自然物拼摆作品真有趣！我们收集了这么多自然材料，你想来试试拼摆吗？你想拼什么？用什么材料？ 4. 尝试拼摆，帮助幼儿突破常规思维。 师：这里每一种材料都有许多表现方法，假如想要拼摆出更大更圆的太阳，就可以用自然材料继续拼摆。 **三、探索发现，自由创作** 1. 教师戴上生日帽，引入蛋糕主题拼摆。 师：我的生日就快要到了，想要一个美味的超级大蛋糕。谁愿意帮我实现心愿？可以用什么材料制作？ 2. 幼儿小组合作，自主选择材料，找宽阔位置拼摆。 师：拼摆之前每组4个小朋友相互讨论，看看拼一个什么样的大蛋糕。商量好了就可以开始创作。 3. 播放背景视频，幼儿合作，共同设计、拼摆，教师巡回指导并及时肯定幼儿的合作及创意。		

续表

活动过程	**四、展示作品、交流分享** 1. 教师用情景化语言引导幼儿在活动室内轮流欣赏作品。 2. 倾听幼儿介绍，多元评价幼儿作品，提示幼儿注意脚下，爱护别人的作品，自然结束。 师：谢谢你们为我做的超级大蛋糕。“自然物变变变”，明天我们再来变更好玩的吧！ **五、延伸活动** 1. 在幼儿园微景观开展自然物拼摆展览。 2. 家园合作，鼓励亲子共同开动脑筋想出以自然物为材料的其他玩法。
活动反思	活动亮点：教师语言艺术性强，不断用启发式提问，层层递进帮助幼儿与自然物建立起联系。活动氛围自由、轻松、自主，教师与幼儿围坐在教室里；活动场地开阔，给予幼儿充分发挥的空间，幼儿自主参与度高，在拼摆中不断激发幼儿的小组合作意识。 不足及改进：可以尝试不设定制作蛋糕的主题，而是鼓励幼儿突破思维，尽情拼摆自己喜欢的内容，给幼儿更多的自主空间。

巧虎的生日会

湖北省宜昌高新区颐和雅郡幼儿园　邱　鹏

教学领域	社会	班级	中班
设计意图	随着“生态小公民”主题活动的深入，幼儿对如何保护环境已有了一些了解。但在日常生活中随手乱扔废纸、瓜果皮、饮料瓶等现象依然存在。针对这些情况，我设计了本次活动，引导幼儿“垃圾要入箱，入箱要分类”，让幼儿从小懂得怎样去保护环境。		
活动目标	1. 养成不乱丢垃圾的好习惯，初步建立环保意识。 2. 能区分“可回收垃圾”和“其他垃圾”，并能对生活中常见的垃圾按标识分类。 3. 愿意为维护环境卫生做一些力所能及的事。		
重点难点	重点：养成不乱丢垃圾的好习惯，初步建立环保意识。 难点：能正确区分生活中常见的“可回收垃圾”和“其他垃圾”。		
活动准备	物质准备：各类饮品、食物若干，新垃圾桶（有标识），旧垃圾桶（无标识），常见垃圾若干，巧虎头饰，动物头饰，垃圾夹，垃圾分类课件、视频。 经验准备：幼儿已有塑料、金属、纸张、果皮等的初步概念。		
活动过程	**一、情境导入，激发兴趣** 巧虎（教师扮演）热情地邀请动物朋友们（幼儿扮演）来参加它的生日派对，并与动物朋友们分享好吃的点心。 **二、认识标识，学习分类** （一）垃圾不乱丢 教师提问：刚刚小伙伴们吃零食剩下的垃圾丢哪儿了呀？（垃圾桶） 小结：我们吃零食所剩的垃圾不能随便乱扔，而是要丢进垃圾桶，做个讲卫生讲文明的好宝宝。 （二）认识“可回收垃圾”“其他垃圾”标识 1. 出示分类垃圾桶和传统垃圾桶，引导幼儿大胆说出分类垃圾桶和传统垃圾桶的区别。 2. 教师出示“可回收垃圾”和“其他垃圾”标识，介绍标识名称并引导幼儿观察标识的特点。 小结：“可回收垃圾”的垃圾桶是蓝色的，标识是由三个顺时针箭头组成的三角形。“其他垃圾”的垃圾桶是灰色的，标识是由两个向下的箭头组成的三角形。		

续表

活动过程	**三、大胆尝试，学会分类** 1. 鼓励幼儿大胆说出哪些是“可回收垃圾”，哪些是“其他垃圾”。 2. 播放垃圾分类的视频验证幼儿的猜想，并带领幼儿总结哪些是“可回收垃圾”，哪些是“其他垃圾”。 3. 请幼儿分小组练习投放垃圾，教师巡回指导。（以卡片代替实物） 4. 请幼儿帮巧虎收拾打扫地面的垃圾（实物），将垃圾正确分类，投放到垃圾桶里。教师带领幼儿共同检查分类是否正确，并对易分错的垃圾做强调说明。 小结：小伙伴们要养成垃圾分类的好习惯，并提醒身边的人也要这样做。 **四、巩固练习，正确分类** 师：刚刚接到环保局的电话，我们旁边的森林公园布满了垃圾，需要征集“环保小卫士”去帮忙清理，你们愿意争做“环保小卫士”吗？ 教师带领幼儿来到户外布满垃圾的场地进行垃圾分类的巩固练习。 **五、活动延伸** 为幼儿颁发“环保小卫士”勋章，并请幼儿在家或者家附近履行“环保小卫士”职责。
活动反思	活动中，我以巧虎过生日的情境导入，激发了幼儿的参与积极性。幼儿在分享美食的过程中，很自然地表现出一些丢垃圾的行为。有的幼儿有一定的环保意识，知道垃圾要丢进垃圾桶。也有的幼儿环保意识较弱，但在同伴的提醒下，还是能将垃圾丢进垃圾桶。在亲身体验后，幼儿的环保意识有了明显增强，知道不能乱扔垃圾。通过认识“可回收垃圾”和“其他垃圾”的标识，幼儿学会了正确的垃圾分类。接着，在邀请幼儿帮忙打扫客厅的环节，及时了解幼儿对垃圾分类的掌握情况。为了检验学习成效，我创设了去森林公园争做“环保小卫士”的情境。当幼儿看到户外的垃圾时，都主动提出要将垃圾拾起、分类丢进垃圾桶。说明幼儿已有了较强的环保意识。 活动结束时，我把活动延伸到了每名幼儿身边的环境，这也是本次活动的最终目的，体现了活动的可持续性。一次活动只是一个开始，“生态小公民”的活动还将继续深入开展。

参观农贸市场

浙江省温州市温州大学　王菡悦

教学领域	社会	班级	中班
设计意图	幼儿社会性发展是在日常生活中进行的，以幼儿的直接经验为基础的。所以教师应该珍视幼儿生活的独特价值，把握幼儿的原有经验，探寻幼儿最近发展区的新经验与有效的教学策略，并且要充分利用社区等多种教育资源，从而为幼儿搭建一个支架，创设相应情境，丰富幼儿的直接经验。 “参观农贸市场”活动的主题价值满足《纲要》和《指南》中对中班幼儿社会领域活动的目标要求；让幼儿通过亲身体验“走出去”并尝试完成有难度的买菜这一任务，丰富社会经验、培养自信心、锻炼社会交往能力和自主能力。		
活动目标	1. 观察农贸市场，了解买菜的过程并知道农贸市场是用于销售各类农副产品和食品的地方。 2. 能够识别蔬菜的种类人，会分类；尝试独立买菜，锻炼与人沟通交往的能力。 3. 通过实地参观农贸市场、买菜以及制作蔬菜沙拉等环节锻炼自主能力，增强自信心，体验劳动所带来的幸福感。		

续表

重点难点	重点：认识多种蔬菜并能正确分类。 难点：实地参观农贸市场并能购买自己需要的蔬菜。
活动准备	物质准备：教师提前前往农贸市场考察，做好安全预案及活动分工。 经验准备：①通过前期在“好吃的食物”主题下的一系列活动，幼儿已经了解了蔬菜的营养价值。②在日常活动中玩过“小菜场”的游戏，有一定的经验。
活动过程	**一、导入** 播放制作蔬菜沙拉的视频，提出制作蔬菜沙拉的任务，创造任务情境吸引幼儿兴趣。 **二、开始活动** 师：制作蔬菜沙拉需要去哪里买一些蔬菜呢？小朋友们有没有去农贸市场买过菜呢？今天让我们一起去农贸市场购买制作蔬菜沙拉的材料吧。（激发幼儿完成任务的目标导向心理，引导幼儿交流自己买菜的经验） **三、讨论安全事项** 师：农贸市场里面有很多人在买菜，小朋友们需要注意什么呢？（路上要跟紧，在农贸市场里不打闹，不乱丢东西，等等） 引导幼儿去观察大人们是如何买卖蔬菜的，并引导其试着买菜。 教师一定要注意介入的时机：当幼儿可以独立完成事情时，教师可以在旁观察记录；而当幼儿表现出不知所措时，教师可以介入，引导幼儿购买制作蔬菜沙拉所需要的蔬菜，积极鼓励，增强幼儿自信心。 **四、制作蔬菜沙拉** 教师带领幼儿回到园中如厕、洗手并稍事休息后，拿出幼儿购买的菜，让幼儿简单介绍分享。之后开始让幼儿制作蔬菜沙拉，并享用自己的劳动成果。 **五、教师观察记录** 教师观察并记录幼儿制作蔬菜沙拉的过程，了解幼儿的认知操作水平；同时根据幼儿的作品进行小结，让幼儿有一个回顾的过程，增强其认知能力。 **六、活动延伸** 区域活动：创设超市的情境并投放相应材料，让幼儿体验购买商品，提升幼儿的经验，增强幼儿的自主性。 家园共育：鼓励父母培养幼儿的社会性发展，增强幼儿的社会经验，为日后成为一名合格的社会人打下坚实基础。
活动反思	1. 活动的亮点：让幼儿围绕主题有针对性地“玩乐”。教师放手，让幼儿学会“自主完成任务”。在活动过程中培养幼儿具有初步的社会责任感。 2. 活动的不足：带幼儿“走出幼儿园”的不确定性，需要教师做好充分准备，确保幼儿安全。 3. 解决策略：教师在活动开展前认真设计活动流程及教师间的分工。家园联动，充分发挥家长的力量。

有趣的复制

广东省科学院幼儿园　赵艳春

教学领域	科学	班级	大班
设计意图	《指南》指出：“成人要善于发现和保护幼儿的好奇心，充分利用自然和实际生活机会，引导幼儿通过观察、比较、操作、实验等方法，学习发现问题、分析问题和解决问题；帮助幼儿不断积累经验，并运用于新的学习活动，形成受益终身的学习态度和能力”。		

续表

设计意图	复制在我们生活中无处不在，如何让幼儿关注生活中的复制现象，并感受其给我们生活带来的便利呢？我设计了大班科学探索活动，让幼儿探索操作，了解和关注身边的复制现象，激发探索的欲望和爱科学的情感。
活动目标	1. 能通过多种方法寻找问题的答案。 2. 学会与他人交流、表达自己的意见，能用自己理解的方法做记录。 3. 了解生活中几种不同的复制方法。
重点难点	重点：了解生活中几种不同的复制方法。 难点：探索中发现复制的方法，学会与他人交流、表达自己的意见，能用自己可以理解的方法做记录。
活动准备	物质准备：视频、课件、一模一样的凯蒂猫图片、字卡“复制”、模具、印章、印泥、剪刀、铅笔、白纸、复写纸、拷贝纸、记录表、折纸等。 经验准备：幼儿有观看视频了解关于复制的初步生活经验。
活动过程	**一、看一看、试一试、做一做，认识复制的现象** 出示两个一模一样的凯蒂猫。 师：这两个凯蒂猫一样吗？为什么一模一样呢？ 师：现在请你们用桌面的材料来做两个一模一样的东西。（幼儿操作） 师：你做了什么，是怎么做的？（幼儿讲述） 师小结：刚才小朋友做的过程就叫复制，复制就是做一模一样的东西。（认识字卡“复制”） **二、尝试“复制”物品** 1. 拷贝纸俗称硫酸纸，因为它很薄，薄到像透明的纸一样，能够把下面的东西再拷贝画一遍，所以叫拷贝纸。 2. 出示复写纸。 师：给你们带来了一张纸，看，它是怎样的？哦，别看它小，它可神奇啦！我们一起来看看吧！复写纸，我们使用的手写复写纸，复写后文字或图画在纸的正反面都能显示出来，可以防止涂改。一般用于财务写数据，一式两份。 3. 以故事情境导入活动。 师：小兔子是一家蛋糕店的点心师傅。一天早上，蛋糕店里的蛋糕都被小老鼠偷吃了，每种蛋糕只剩下一块了，小动物们马上就要来买早餐了，大家帮帮蛋糕店，一起来制作蛋糕吧！ 4. 尝试用复写纸、拷贝纸复制“蛋糕”。 5. 讨论：你制作的蛋糕一样吗？ 分享：拷贝纸、复写纸在复制的时候不能动来动去，不然复制出来的就不一样。 师：小动物们都买到了美味的蛋糕，它们真高兴，谢谢你们，你们真能干！ **三、感知、探索复制的多种方法** A 组材料：复写纸、铅笔、印章、印泥、黏土、模具。 B 组材料：白纸、铅笔。 分享：说说哪种方法复制得快？为什么？ **四、了解复制技术在日常生活中的运用** 师：如果我想制作一批月饼，怎样才能又快又好地制作出来呢？ 分享：复制的方法对人们有什么好处呢？为什么要使用复制呢？（方便、速度快）。说说自己用什么方法复制得最快？为什么？ **五、延伸活动** 师：我们刚才复制的都是看得见摸得到的东西。那么，看不见摸不着的声音是否能复制？你们今晚试一试，明天把答案带回来和小朋友们一起分享，好吗？

续表

活动反思	本次活动孩子们对于复制方法非常感兴趣，觉得很神奇！通过多种材料探索，自己寻找问题的答案，学会小组之间分工合作，大胆表达自己的意见，并在探索的多种方法中体验复制的快捷，进一步延伸了解复制技术在日常生活中的运用。《指南》中指出，幼儿科学学习的核心是激发探究欲望，培养探究能力。教师要善于发现和保护幼儿的好奇心，引导幼儿通过观察、比较、操作、实验等方法，学习发现问题、分析问题和解决问题；帮助幼儿不断积累经验，并运用于新的学习活动，形成受益终身的学习方法和能力。

鼓鼓和蛋蛋的梦想

湖南省长沙师范学院　杨昆宏

教学领域	数学	班级	大班
设计意图	大班幼儿已掌握5以内数的组成，但是对10以内数的组成及其分合规律还缺乏认知，因此利用绘本故事情境开展大班数学活动“鼓鼓和蛋蛋的梦想”，使幼儿掌握10以内数的组合与分解，理解整体与部分、部分与部分之间的关系，为后续学会加减运算打基础。		
活动目标	1. 积极参与操作活动，在故事中体验学习数学的快乐。 2. 掌握10以内数的组成，能找出10以内数的分合规律。 3. 感知整体与部分的关系，知道10的9种分法。		
重点难点	重点：感知整体与部分的关系，知道10的9种分法。 难点：掌握10以内数的组成，能找出10以内数的分合规律。		
活动准备	物质准备：绘本《鼓鼓和蛋蛋的梦想》、纸片人教具、课件、小石头若干、10以内数的分合操作表、笔。 经验准备：幼儿学习了5以内数的组成。		
活动过程	**一、故事导入，激发幼儿兴趣** 出示纸片人教具，讲述绘本《鼓鼓和蛋蛋的梦想》故事开头。 师：鼓鼓和蛋蛋的梦想分别是什么？小朋友们猜猜这个叫“鼓鼓”的狼会对放羊少女“蛋蛋”做些什么呢？如果你是蛋蛋，你会怎样保护羊群呀？ **二、引导幼儿在操作中感知10以内数的分与合** 1. 第一次分羊，感知10可以分成5和5；动手操作石头，感知5和5合起来是10。 师：蛋蛋把羊群分开了，我们来数一数两边各有几只羊？(5只和5只)鼓鼓两只手各拿5个石头，合起来是多少个呢？(10个)我们来试试摆弄石头吧。 2. 第二次分羊，感知10可以分成6和4；动手操作石头，感知6和4合起来是10。 师：这一次蛋蛋把羊群分成了几只和几只？(6只和4只)鼓鼓仔细想了想，它发现了什么？(6和4与5和5，合起来都是10)我们来验证一下吧。 3. 第三次分羊，感知10可以分成7和3；动手操作石头，感知7和3合起来是10。 师：第三次的羊群有什么变化？(分成7只和3只)大家有什么办法帮助鼓鼓来数一数？(操作发现7和3合起来也是10) **三、操作练习，制作“合在一起是10的数”的表格** 1. 教师分发操作表和笔，引导幼儿分组合作完成操作。 师：鼓鼓为了从蛋蛋那里拿到羊，决定制作一个“合在一起是10的数”表格。我们也来试一试，帮帮鼓鼓吧。		

续表

活动过程	2. 幼儿通过操作探索出10的9种分法，并记录在表格中。 师：10个石头有多少种分法呢？请和你的小伙伴一起分一分，并记录下来。 **四、交流分享，发现10以内数的分合规律** 1. 小组分享操作结果，幼儿边说教师边列出分合式。 2. 小结10的9种分法，发现10以内数的分合规律。 师：原来10可以分成1和9、2和8、3和7、4和6、5和5……一共是9种分法。我们再来找找看，两边的数字有什么秘密吗？ 3. 归纳10以内数的分合规律。 **五、讲述故事结尾，拓展幼儿经验** 1. 教师讲述故事结尾。 2. 出示图片，引导幼儿思考把10分成3份的分法。 师：蛋蛋买来了10个西瓜，想分别装在3个篮子里，你有什么好的办法呢？ 3. 教师总结，活动结束。 **六、活动延伸** 益智区：投放操作材料，引导幼儿探索10以内数的组成及分法，寻找出分合规律。 家园共育：日常生活中，家长有意识地引导幼儿对食物或者生活用品进行分合操作。
活动反思	本次活动将绘本故事《鼓鼓和蛋蛋的梦想》贯穿全程，让幼儿在趣味听故事时，引出10以内数的组成的相关知识，并在老师的互动提问下明白10以内数的分合规律，以及操作练习巩固。有了故事的加入，数学知识变得趣味、形象，可促进幼儿学习和激发数学兴趣。 活动环节整体连贯，突出重难点的学习，逐步达成幼儿学习目标。通过该活动的有效开展，可以更好地为幼儿后续学会数的加减做准备。

趣玩火箭

江苏省常州市明德幼儿园　　汪仙娥

教学领域	科学	班级	中班
设计意图	《指南》指导并要求我们教育者在幼儿探究时，引导幼儿学习发现问题、分析问题、解决问题，学习猜测并尝试验证，学会合作交流，让幼儿在探究中慢慢建构经验，发展能力。根据幼儿现有发展水平有目的地创设活动环境，让幼儿按照个人意愿根据个人能力操作、摆弄，自主学习、探究。本次"趣玩火箭"活动设计，从幼儿操作开始，鼓励幼儿探索火箭升天的科学原理，感知气流的存在，以及运用多种方法探索发现影响小火箭发射高度的因素。		
活动目标	1. 引领幼儿运用各种感官仔细观察，鼓励幼儿发现问题、提出问题，培养幼儿自我探索意识。 2. 通过尝试活动让幼儿了解火箭，运用多种方法探索发现影响小火箭发射高度的因素。 3. 培养幼儿的现代科技意识，激发幼儿学科学的兴趣。		
重点难点	重点：运用多种方法探索发现影响小火箭发射高度的因素。 难点：引导幼儿帮助小火箭升天。		
活动准备	物质准备：吸管、黏土、透明胶、彩纸、瓶子、空气助推器、卷尺、科学探究实验器材(每组一套)、幼儿科学探究记录表、课件。 经验准备：幼儿对空气已有初步的认识和了解。		

续表

<table>
<tr><td>活动过程</td><td>一、导入
师：小朋友们，这是纸火箭，你们怎么玩？
幼儿自由观察纸火箭，共同讨论其外形特征。
幼儿思考讨论：火箭怎么飞上天？
小结：迅速向吸管吹气时，气流会沿着吸管向前流动，对吸管最前方的火箭形成一个向前力，火箭就发射出去了。瞬间吹入吸管的气流量越大，火箭就飞得越远。
二、引领幼儿进行分组探究
幼儿通过课件了解火箭的种类和特点。
1. 幼儿探索自制空气火箭。
分发实验器材及记录单(3 人一组)。幼儿选材，做火箭，画设计图。
2. 分组操作。
教师提炼方法，引导幼儿制作火箭，观察火箭能不能飞，飞多远。幼儿尝试做记录。
小组合作探究，讨论漏气火箭是否能飞，根据示意图验证结论。
3. 幼儿积极操作，自由探索不同方法。
引导幼儿探索火箭发射高度与空气推动力大小的关系。
请幼儿试试怎样让火箭飞得高。幼儿再次带着问题操作、尝试。
请幼儿介绍自己的创意方法，提炼总结方法。
三、多媒体欣赏神舟七号火箭视频
1. 幼儿欣赏，激起科技兴趣。
2. 教师引导幼儿思考探索，树立科学意识。
3. 结合实验视频，扩展幼儿探究生活的方方面面。
4. 分析幼儿不同实验操作，提高幼儿自主探究能力，识别规律，得出结论。
四、教师分析实验范例，讲解实验中的重难点
师小结：当吸管一头被黏土封住，空气就被挤压到火箭吸管中，越用力，挤出的空气越多，火箭就发射得更高，加装尾翼后火箭飞行越平稳。不粘住火箭头，发生漏气时，火箭就射不远。
五、活动延伸
1. 亲子科学探索，探究生活中其他物质发电，如自制水火箭。
2. 茶叶包火箭(利用热空气膨胀)、纸杯皮筋火箭。
3. 好奇宝宝探索浓烟瀑布、旋转纸蛇(热气流引起转动)。</td></tr>
<tr><td>活动反思</td><td>本次科学活动力求以“合作式的探究学习方式”运用多种感官探索实际操作，让幼儿知道空气的推动能产生力量让火箭飞起来；运用游戏巩固对空气产生力的科学认知。通过点滴的积累，不同角度、多样化的科学活动，使幼儿科学概念的内涵不断得到补充，外延不断得到扩展，知识得以迁移和运用，能力和方法得到不断锻炼和发展。延伸部分的设计，教师采用留疑的方式，出示水推动装置，给幼儿留下了想象、探索的空间，激发他们继续进行科学探索的兴趣。</td></tr>
</table>

弯弯乐园

浙江省台州市黄岩区机关幼儿园　翁玲玲

<table>
<tr><td>教学领域</td><td>科学</td><td>班级</td><td>中班</td></tr>
<tr><td>设计意图</td><td colspan="3">情境贯穿，运用嘴、眼、手等多种感官让幼儿感知并认识各种弯，通过自主探索设计各种弯，体验同伴合作与设计的快乐，对弯弯的事物产生兴趣。</td></tr>
<tr><td>活动目标</td><td colspan="3">1. 在活动、游戏、交流中发现和感知各种弯。
2. 能大胆尝试，乐意表现和创造出各种各样的弯。
3. 通过探索，对弯曲的事物产生兴趣。</td></tr>
<tr><td>重点难点</td><td colspan="3">重点：在活动、游戏、交流中发现和感知各种弯。
难点：能够发现特别的弯，合作创造出各种各样的弯。</td></tr>
<tr><td>活动准备</td><td colspan="3">物质准备：弯弯乐园背景图、小动物图、绳子若干。
经验准备：见过生活中弯弯的事物。</td></tr>
<tr><td>活动过程</td><td colspan="3">一、发现、认识各种弯
1. 谈话，幼儿说说生活中见过的弯弯的东西。
2.(出示背景图)介绍弯弯乐园，幼儿发现、说出弯弯小路的名称，认识各种弯。
3. 小动物们玩弯弯乐园，幼儿用手指指着走，发现弯弯小路的走法，带小动物走。
师(出示小狗图片)：说说小狗走进什么弯？用手指跟着小狗走走、说说。
师(出示小猫图片)：小猫走进××弯？××弯可以怎么走？伸出手指走走、说说，并请一个小朋友带小猫走××弯。
师(出示鸭、鸡、兔图片)：其他弯弯小路该怎么走？走走、说说，请一位小朋友邀请一个小动物，带它玩××弯。
4. 教师操作，师幼共同完整表述小动物玩弯弯乐园。
二、尝试操作探索、创造发现各种弯
1. 师：我的弯弯乐园实在是太小了，小动物们一下子就走完了。它们还想走更多的弯弯小路，我给你们准备了绳子，想请你们当小小设计师帮我摆出不同的弯弯小路。
2. 操作要求讲解。
(1)先动脑筋想想、摆摆，说说你摆出的是什么弯？
(2)摆好的弯弯小路留在地上，等下要给大家参观，不能拿着绳子回到座位上。
(3)当我拍手时，小小设计师的工作就结束了，请马上回到位置上。
(4)请你找空的位置摆摆。
3. 幼儿操作，教师巡回观察指导。
4. 师幼自主参观，发现各种弯弯的小路。
师：我们设计出了很多条弯弯的小路，这边有那边有，等下请你都去看看、瞧瞧，都有什么弯？你的弯弯和别人的弯弯有什么不同？
5. 请个别幼儿说说自己设计的弯弯小路。
师：这个弯弯这么大，谁摆的？叫什么弯？
6. 请个别幼儿说说发现的有趣的弯弯小路。
师：你看到了哪条弯弯的小路很有意思？请用手把它画一画，怎么弯的？
7. 幼儿带小动物走弯弯小路，在走的过程中继续发现各种各样的弯。
师：我们摆了很多弯弯的小路，大家都很想去走走，小动物也很想去走走，有很多小动物都来了哦，请你带着它们去不同的弯弯小路走走。走时要小心，不要把弯弯小路破坏了，尽量走完每一个弯。</td></tr>
</table>

续表

活动过程	**三、合作创建超级弯弯乐园** 师：在弯弯乐园一起玩开心吗？你带着小动物走了哪些弯弯小路？真开心。可是我发现了个问题：弯弯小路还是太小、太短了，我一下子就走完了，走的人这么多还要排着队，又有点挤，满足不了我们这么多人同时玩，你有什么好办法解决？ 师：请你找几个好朋友，越多越好，同大家合作创造出弯弯大路。别把绳子收掉，我们大家要一起玩。 幼儿再次操作创造弯弯大路，教师巡回指导。 教师提问：你们发现现在的弯弯乐园和原来的有什么不一样？ 师小结：大家合作创造了弯弯大路，创建了一个超级大弯弯乐园，我们一起走一走。 教师带领幼儿走一走超级大弯弯乐园。 **四、活动延伸** 找一找，认识、发现生活中更多不同的弯。 师：我们生活中也有很多弯弯的朋友，学校里也有，我们一起去找一找吧。
活动反思	以情境贯穿整个活动，增加了趣味性，更体现出了活动的层次感，很好地达成了目标，整个活动幼儿不仅愉悦更体现自主性，他们运用各种感官感受创造各种弯，体验到操作带来的愉悦与成就感。在操作中需适当提醒保留作品。

我是金鸡王

四川省成都市双流区西航港常乐幼儿园　廖　琳

教学领域	健康	班级	中班
设计意图	《幼儿园工作规程》指出：幼儿园应当积极开展适合幼儿的体育活动。斗鸡游戏是极具传统文化色彩的体育竞技游戏，具有一定的技巧性与难度，简便易行，趣味性浓，游戏性强。《3—6 岁儿童学习与发展指南》中也提出 4—5 岁幼儿“能单脚连续向前跳 5 米左右”的目标，应在快乐的游戏活动中训练孩子的体能，使幼儿具有一定的力量和耐力，并把民间传统体育竞技游戏发扬光大，给孩子留下更多美好的回忆。因此，我设计了“我是金鸡王”的游戏活动。		
活动目标	1. 练习单脚跳，提高动作的平衡性以及腿部力量。 2. 遵守游戏规则，能按要求做游戏。 3. 喜欢传统体育竞技游戏，体验游戏的乐趣。		
重点难点	重点：能单脚连续跳五米左右。 难点：能制定并遵守游戏规则。		
活动准备	物质准备：长绳、音响、红绿手腕圈、奖牌。 经验准备：幼儿有过跳的经验。		
活动过程	**一、开始部分** 1. 热身运动 师生问好。 师：小朋友们，让我们跟着音乐一起动起来吧！ 2. 对话导入 师：你们见过公鸡一只脚站立的时候是什么样子的吗？（请个别幼儿尝试模仿，其他幼儿一起来学一学）		

续表

<table>
<tr><td>活动过程</td><td>二、基础部分
1. 幼儿模仿公鸡单脚站立
师：我们一起来学学公鸡单脚站立，看看谁坚持得最久，跟着廖老师一起来数数吧。
2. 幼儿练习单脚跳
师：你们除了可以单脚站立，还可以用单脚做什么动作呢？（引导幼儿说出单脚可以向上跳、向前跳、向后跳、转圈跳等）
当幼儿说出一种跳的方式的时候，师幼就一起来学一学、练一练。
3. 斗鸡游戏
师：你们知道公鸡打架的时候用的武器是什么吗？（尖尖的嘴巴）那把我们的膝盖当成公鸡尖尖的嘴巴，也来玩玩斗鸡游戏吧。
幼儿自由两两结伴玩斗鸡游戏（教师在幼儿游戏的时候，有意识地引导幼儿总结斗鸡游戏的规则和方法）
4. 游戏“我是金鸡王”
师：你们刚刚玩得可真好，我们来比赛吧，看看谁是金鸡王。那我们一起来说说比赛的方法和规则。（师幼一起讨论、制定游戏方法和规则）
(1)游戏方法：游戏分成三轮，以淘汰赛的方式得出奖牌。
第一轮：16 名幼儿分八组比赛，获胜的幼儿将得到一个绿色的手腕圈。
第二轮：8 名幼儿分四组比赛，获胜的幼儿将得到一个红色的手腕圈。
第三轮：4 名幼儿分三组比赛，将决出冠军、亚军、季军，分别颁发奖牌。
(2)游戏规则：在游戏中，幼儿的脚掉下来踩到地上视为失败，被对方攻击出圈外视为失败，不能用手推、拉对方，不能用脚踢对方。
(3)幼儿两两组合，开始游戏。发令前，参与游戏的幼儿面对面站在用绳子围成的圆圈里，做好斗鸡姿势准备，其余幼儿数“一、二、三”，游戏开始，两名幼儿同时冲向对方，开始游戏。
(4)教师为最后获胜的幼儿颁奖。
三、结束部分
师：现在请斗鸡选手们跟着廖老师做放松运动。
四、活动延伸
回家后可以跟附近的小伙伴们一起玩斗鸡游戏。</td></tr>
<tr><td>活动反思</td><td>本次活动符合中班幼儿的年龄特点，利用了多元的教学方法，激发了幼儿对规则游戏的兴趣和积极性。但为了保证时间的完整性，个别幼儿没有玩尽兴。在活动以后，我会对个别幼儿进行有针对性的引导，还会多向有丰富经验的老师请教，多多学习专业知识，努力提升自己。</td></tr>
</table>

【说课稿】

我和小熊学刷牙

北京市延庆区第三幼儿园　薛　媛

【设计意图】

本班多半的幼儿和祖辈生活，不能做到早晚刷牙，家长也没有认真教过孩子刷牙方法。从报道中我们也了解到幼儿龋齿率逐渐增高，班内三分之一的幼儿出现了龋齿的现象，4名幼儿正在进行牙齿治疗。所以，让幼儿在游戏中了解牙齿健康的重要性，学习正确的刷牙方法，养成早晚刷牙的好习惯至关重要。

【说教材】

《规程》中指出："幼儿园必须切实做好幼儿生理及心理卫生保健工作""注意幼儿口腔卫生"。养成早晚刷牙的好习惯是保持口腔卫生的关键，可以有效预防龋齿，保持牙齿健康。《指南》在生活习惯与生活能力目标中也提出小班幼儿"在提醒下，每天早晚刷牙"。为此，我设计了"我和小熊学刷牙"这节教学活动课。

【说活动目标】

1. 在成人的提醒下，愿意刷牙，感受刷牙的快乐。
2. 在情境中尝试刷牙，养成早晚刷牙的习惯。
3. 辨别牙齿的好坏，学习刷牙方法。

【说重点难点】

重点：知道刷牙的好处，学习刷牙的正确方法。

难点：了解刷牙的顺序，知道牙齿里面也要刷。

【说教法】

1. 游戏法。活动中始终以"我和小熊学刷牙"的情境贯穿其中，让幼儿在学一学、玩一玩的过程中学习刷牙的方法。
2. 探索教学法。活动中，利用牙齿模型和牙具，让幼儿在探索和真实的体验中练习刷牙的方法，学会正确刷牙。

【说学法】

小班幼儿主要的学习方式是游戏化的一日生活，对事物的认识与他们的"玩儿"往往是同一过程。因此，我选择以幼儿熟悉并喜欢的"带小熊看牙，教小熊刷牙，学小熊刷牙"情境贯穿整个活动，让幼儿在看一看、说一说、玩一玩、做一做的游戏过程中，辨别出好坏牙齿，并学习刷牙方法，体验刷牙带来的快乐。

【说活动过程】

活动过程是达成活动目标的载体，活动目标引领着活动过程。为了更好地完成活动目标，我设计了环环相扣、层层递进的活动过程。下面，我来阐述一下各环节的具体做法。

第一环节：带小熊看牙，辨别牙齿的好坏。

活动开始，教师以饱满的热情将幼儿带入情境中："(哎哟，牙疼)快看，小熊的牙齿又疼了，我们快带小熊去医院看看牙齿吧。"情境的创设一下子将幼儿情绪带入高潮。接着教师利用白板聚光灯功能，用给小熊牙齿拍片子的情境拿出好牙和坏牙图片，吸引幼儿注意，激发幼儿学习兴趣。紧接着抛出问题："两个牙齿一样吗？小熊的牙齿怎么黑了呢？"鼓励幼儿动脑思考，说出自己的想法，及时表扬观点不同的幼儿。而后借助同伴资源，相互看一

看对方的牙齿，通过观察、讨论、对比的方法使幼儿辨别出牙齿的好坏，并得知经常吃甜的、凉的、酸的，牙齿会变坏，不经常漱口、早晚不刷牙、睡前吃东西，牙齿也会变坏。

第二环节：教小熊刷牙，学习刷牙的方法。

此环节是本次活动的重点环节，因此教师又将此环节细化为以下两个小环节。第一小环节：谈话讨论，引出刷牙。（“小熊的牙齿变黑了，医生说小熊没有认真刷牙，牙齿才生病，我们来教教小熊吧。”）抛出问题：“你们是怎么刷牙的?”请幼儿说一说并鼓励幼儿结合自己的生活经验大胆用手模拟刷牙过程。第二小环节：操作体验，学习刷牙。（此环节能够突出重点环节）教师根据《刷牙歌》边说儿歌边用牙齿模型正面示范刷牙(出示模型)：“我是小牙刷，我最爱刷牙，上刷刷、下刷刷，左刷刷、右刷刷，里面外面都要刷，水和牙膏别吞下。我们一起来刷牙，刷得牙齿白花花。”教师示范完后，再次带领幼儿边说儿歌边用手指模拟刷牙，同时请一两名幼儿用牙齿模型尝试练习刷牙的方法，教师给予指导。巩固刷牙方法之后，请全体幼儿用牙齿模型练习刷牙。教师重点指导牙齿里面也要刷，及时鼓励牙齿都刷到的幼儿。本环节主要运用正面示范、儿歌提示以及牙齿模具材料的投放，支持幼儿了解刷牙方法，并且操作练习，以此突破活动重点。

第三环节：和小熊学刷牙，体验刷牙的快乐。

此环节是突破难点重要环节。幼儿的学习是在亲身实践中获得直接经验的。为了让幼儿更真实地体验刷牙的方法，尝试自己刷牙，教师再次创设情境：“小熊的牙齿刷得可真白，小朋友试一试，看看哪个小朋友能像小熊一样，里里外外都刷到。”幼儿分组刷牙，教师边指导边说儿歌提示，并对照刷牙儿歌里里外外都刷到。此环节，在面向全体幼儿的同时，注意指导个别幼儿。重点提示牙齿里面也要刷一刷。刷完牙的小朋友与小熊拍照留念。本环节通过实际操作练习、对照儿歌提示、个别指导的方法突破难点。在看一看、做一做、玩一玩的过程中，练习刷牙方法，体验刷牙游戏的快乐。

【说活动总结】

1. 教育过程整合化。幼儿不仅辨别了牙齿的好坏，学习了正确的刷牙方法，还将内容延伸于生活活动和家园共育，渗透于各领域，使教育内容自然整合，教育思想渗透整合。

2. 活动过程游戏化。幼儿们在刷牙游戏中来完成整个活动，在轻松、愉快的氛围中参与活动，充分激发了幼儿参与活动的兴趣。

【说活动延伸】

1. 班内创设给小熊刷牙的互动墙饰，幼儿练习刷牙。

2. 将刷牙儿歌、刷牙方法发给家长，并进行21天好习惯“打卡”活动。

认识图形

陕西省榆林市横山区第二十幼儿园　周歌武

【设计意图】

在此次活动中，我设计了课件、三种图形的卡片、三种动物图卡、各种不同图形的饼干；为幼儿提供了充分的操作材料，让幼儿可以运用多种感官，直接感知、亲身体验、实际操作，然后来掌握图形的基本特征，并且学会图形分类。

【说教材】

本节活动选自卓越课程小班上册《我会自己做》幼儿资源包里的《送图形宝宝回家》。小

班幼儿对简单的图形有一定的认识，但是他们还不能具体地掌握图形的一些特征，不能很好地开展图形分类活动。综上所述，我设计了“认识图形”这一活动，主要要求幼儿辨认平面几何图形并能做简单的图形分类；通过游戏活动，使幼儿巩固认识三角形、圆形、正方形。

【说活动目标】

1. 认识三角形、圆形、正方形。

2. 可以根据形状标记将图形分类。

3. 能够积极参与游戏，体验共同活动的快乐。

【说重点难点】

重点：认识三角形、圆形、长方形，可以说出图形的基本特征。

难点：能独自操作图形分类，并且说出为什么这么分。

【说教法】

1. 情景引入法。在导入中，我创设了图形王国的图形宝宝打电话邀请我们小朋友去玩的情境，提高幼儿的学习兴趣，产生探索新知的欲望。

2. 课件互动法。通过课件让幼儿运用多种感官去了解图形的知识，通过师幼互动、幼幼互动、幼儿和材料之间的互动，培养幼儿的交往能力和口语表达能力。

【说学法】

1. 多感官参与法。在科学活动中，小班幼儿通过多种感官共同体验，可以促进幼儿的学习兴趣。为了让幼儿掌握图形的特征，我在课件中加入了动画、音频。

2. 游戏体验法。幼儿的学习主要以直接感知、亲身体验、实际操作为主。所以在活动中，我设计了送图形宝宝回家的环节，让幼儿在情景游戏中学会图形分类。

【说活动过程】

本次教学内容安排为一课时。集体教育是幼儿数学知识的获得，技能技巧的形成，智力、能力的发展以及思想品德的养成的主要途径。为了达到预期的教学目标，我对整个教学过程做了系统的规划，遵循目标性、整体性、启发性、主体性等一系列原则构思了教学设计。共设计了四个主要的教学程序：情景引入法引起兴趣—新授活动—巩固活动—生活化延伸。

一、开始部分

情景创设导入：“小朋友们早上好，刚才图形王国的图形宝宝和老师打电话说，想和小二班的小朋友一起做游戏，我们一起去看一看吧！”

二、基本部分

1. 通过课件的动画互动让幼儿认识三种图形，并可以在老师的引导下说出三种图形的特征，说出在生活中与三种图形相像的物体。

课件互动：小朋友们，大家好，欢迎来到图形城堡。我是圆形，我有大大的圆圆的身体，我是由1条光滑且封闭的曲线组成的。

老师：“请小朋友们伸出小手指一起画个圆。”

老师：“小朋友们在生活中还见过哪些形状看起来像圆形的物体呢？”

课件互动：哈喽，小朋友们好，我是正方形，欢迎你们来到城堡。我有4条一样长的边，还有4个角。

老师：“我们小朋友伸出小手指一起画个正方形。”

老师：“小朋友们在生活中还见过哪些形状看起来像正方形的物体呢？”

课件互动：哈喽，小朋友们好，我是三角形，欢迎你们来到城堡。我有3条边，还有3个角。

老师："我们小朋友伸出小手指一起画个三角形。"

老师："小朋友们在生活中还见过哪些形状看起来像三角形的物体呢?"

2. 游戏：送图形宝宝回家。

老师："请小朋友观察并感知自己手里的图形，告诉老师是什么图形，之后老师在悬疑接听电话的环节，让幼儿听清楚送图形宝宝回家的规则，以及如何送它们回家。"

老师："丁零零，图形城堡的爸爸妈妈给老师打电话了，说它们的图形宝宝不见了，请小朋友们帮助它们把图形宝宝送回去。"

老师："小朋友们看一看，我们身边哪里有图形宝宝呢?"

老师："如果你找到了图形宝宝，请你把图形宝宝送回家。"

（幼儿自己操作送图形宝宝回家）

老师："请小朋友们注意啦，要根据形状标记把图形宝宝送到跟它们形状一样的家里，在送的时候，还要说'××形，我送你回家'。"

三、结束部分

老师："小朋友们老师今天还带来了三位动物朋友，它们喜欢吃不同形状的饼干。小朋友们仔细观察小动物旁边的图形标识，等一会小朋友们可以去投喂小动物跟它的图形标识相同形状的饼干。"

【说活动总结】

活动结束后，老师和幼儿小结图形的基本特征，引导幼儿找出幼儿园里有哪些图形。

【说活动延伸】

1. 鼓励幼儿找寻生活中与三种图形相像的物体。
2. 在建构区活动中，让幼儿进一步掌握图形的特征。

七只瞎老鼠

黑龙江省大兴安岭地区呼中区幼儿园　夏艳敏

【设计意图】

《指南》中指出：大班幼儿语言发展中，要多给幼儿提供倾听和交谈的机会；引导幼儿学会认真倾听；对孩子说话时，要注意结合情境使用丰富的语言；为儿童提供良好的阅读环境和条件；幼儿的语言能力是在运用的过程中发展起来的。而成语故事具有言简意赅、言近旨远、提纲挈领、画龙点睛的特点，是中华民族文化宝库中一颗璀璨的明珠，蕴藏着丰富的知识和道理。因此，我们幼儿园大班开展成语故事教学的实践活动。

【说教材】

《盲人摸象》是一个家喻户晓的故事，杨志成先生把《盲人摸象》的故事改编成《七只瞎老鼠》。绘本中黑色的背景和鲜艳的色彩，形成了强烈的对比。拼贴技巧赋予了绘本新的视觉感受，巧妙地帮助幼儿学会该如何认识并观察新事物，非常贴合幼儿的生活经验和心理发展。通过解读绘本，不仅可以培养幼儿的想象力，发展幼儿的表达能力，而且能激发幼儿对绘本阅读的兴趣。因此我选择了该绘本故事，并根据大班幼儿的年龄特点进行了设计和教学。

【说活动目标】

1. 通过联想阅读，初步理解故事内容，尝试用正确的量词表达发现的事物。

2. 通过课件操作和拼图活动，幼儿在思考操作中获取真相，知道做每件事都要认真细心。感受故事情节的诙谐与幽默。

【说重点难点】

重点：运用联想阅读，理解故事内容。

难点：在思考操作中获取真相，并知道做每件事都要认真、细心。

【说教法】

1. 课件演示法。根据大班幼儿的年龄特点和学习特点，选用多媒体辅助教学，把抽象的教学内容变成形象生动的画面，吸引幼儿的“眼球”，充分发挥幼儿学习的积极性、主动性。课件以动态和音效相结合，让多媒体与语言活动巧妙整合，激发了幼儿仔细观察的欲望，并且鼓励他们大胆地猜想。

2. 情景教学法。通过《七只瞎老鼠》诙谐、幽默的故事情节，把幼儿置身于有趣的情境中，激发幼儿为小老鼠获取真相而思考探索的兴趣和欲望。

3. 设疑提问法。通过多种设疑提问的方式，让幼儿对重复性的问题产生思考的欲望，不会产生无趣和乏味。

【说学法】

1. 观察法。幼儿通过仔细观察画面，根据画面上的蛛丝马迹寻求答案，培养幼儿的逻辑思维能力和推理能力。

2. 联想阅读法。幼儿根据七只小老鼠所摸出东西的形状，来联想此物体究竟是什么，并学会用连贯的语言表达画面内容。

3. 拼图游戏法。通过让幼儿拼拼、玩玩、想想，为幼儿探索发现提供一个游戏平台。

【说活动过程】

1. 第一环节课件导入，激发幼儿阅读的兴趣。

我以课件出示老鼠的尾巴，引导幼儿来猜猜是谁来了。点击课件结合音效逐一跳出七只小老鼠，让幼儿看到。呀！原来是小老鼠的尾巴。接着让幼儿一起来看一看，数一数一共有几只小老鼠，并根据它们身上的颜色为小老鼠取名。并且突出主题让幼儿知道这七只小老鼠都是瞎老鼠，通过追问“瞎”是什么意思，让幼儿理解并强调“瞎”这个字。图文声像有机结合的多媒体课件可以为此教学创设一个生动有趣的情境，从而激发幼儿参与活动的兴趣。

2. 第二个环节，引导幼儿在猜一猜、想一想、说一说中，初步理解故事内容。

这是本次活动的重点部分，将“联想阅读”贯穿整个故事，并通过多媒体课件的演示来引导幼儿仔细观察画面，边结合设疑提问的方式引导幼儿猜想、联想。有一天，七只瞎老鼠在池塘边听到了一声巨响，会是什么呢？让幼儿来猜测一下，引发幼儿的好奇。接着七只瞎老鼠分别去调查这个怪东西到底是什么。

3. 第三个环节，教师运用巧妙的课件和幼儿拼图活动，让幼儿获取故事真相，并知道做事要细心，认真。

这是本次活动的难点。“七只小老鼠都很粗心，它们一上一下，一前一后，分开摸，就摸一个地方，所以结果都不同。那小朋友来帮忙，试一试、拼一拼，看看小老鼠摸的究竟是什么？”指导幼儿仔细、认真地操作，找出真相。

【说活动总结】

绘本《七只瞎老鼠》是一本画面看起来非常简单，内涵却十分丰富的书。它改编自民间故事《盲人摸象》，使得故事更切合幼儿的生活经验和心理发展；七只瞎老鼠各有各的色彩，红、绿、黄、紫、橙、蓝、白七种颜色具有引导儿童认识颜色的功能；每只老鼠的联想都用了图片，这不仅有助于幼儿展开想象，也有助于幼儿造型认知；绘本中第一到第七，星期一到星期天，可以丰富幼儿的数概念，游戏中还可以加强幼儿形容词和量词的学习。大班抽象逻辑思维能力已初步发展，具备了学习《七只瞎老鼠》这本绘本故事所要求的类比、想象能力。

【说活动延伸】

知识经验迁移，让幼儿在区域中拼其他动物，属于本次活动的一个延伸。纵观以上的活动过程，我以课件贯穿始终。运用现代化的教学手段，把原本枯燥、呆板的画面变得生动有趣；把难以明白的道理变得通俗易懂。使孩子们在欣赏故事的同时，把自己也置身于情境中，以高昂的情绪帮助老鼠们一起来揭开真相。整个活动我采用联想阅读的教学方法，尽情地留给孩子们想象的空间，充分发挥幼儿的想象力和思维能力，以轻松、愉快的教学方式让幼儿体验到阅读活动的快乐。

蔬菜香香

山东省青岛市市南区江苏路幼儿园　杨春霞

【设计意图】

蔬菜是幼儿健康成长的重要物质来源。《指南》中指出要“帮助幼儿养成良好的饮食习惯”，而小班幼儿年龄小，容易挑食，因此我设计了本次活动，意在培养幼儿养成爱吃蔬菜、不挑食的良好饮食习惯。

【说教材】

基于小班幼儿爱玩的特点，本活动运用游戏化教育理念，创设“帮蔬菜奶奶过生日”的游戏情境，通过“神秘的礼物袋”“礼物大分类”“品尝生日美食”等游戏，让幼儿在轻松有趣的活动中动起来、玩起来，在对比观察中了解蔬菜的外形特征并分类，结合生活经验说一说蔬菜的营养，通过多媒体课件总结蔬菜的营养价值，以此激发幼儿对蔬菜的兴趣，促进幼儿养成良好饮食习惯。

【说活动目标】

1. 认识芹菜、油菜、菠菜、茼蒿等常见的绿叶菜，了解它们的名称，并区分蔬菜的不同特征。

2. 在观察、比较中，能运用多种感官感知蔬菜并说出蔬菜的外形特征和味道。

3. 懂得蔬菜营养多，愿意吃蔬菜，养成不挑食的好习惯。

【说重点难点】

重点：认识芹菜、油菜、菠菜、茼蒿等常见的绿叶菜，了解它们的名称，并区分蔬菜的不同特征。

难点：在观察、比较中，能运用多种感官感知蔬菜并说出蔬菜的外形特征和味道。

【说教法】

1. 运用情境游戏法，激发幼儿与“蔬菜宝宝”一起玩的兴趣。在活动中，创设“帮蔬菜奶

奶过生日”情境，在情境中通过带礼物、品尝生日美食等环节引导幼儿在游戏中认识蔬菜，激发幼儿喜欢蔬菜、想要品尝蔬菜的快乐愿望。

2. 借助多媒体渲染法，引导幼儿了解蔬菜的营养。小班幼儿活泼、好动，喜欢形象逼真、生动拟人的游戏内容，所以我借助多媒体手段增强教学活动的趣味性，使幼儿身临其境，更好地激发幼儿学习和思考的欲望。

【说学法】

1. 运用生活经验迁移法，增进幼儿对蔬菜的认识。本活动贴近幼儿生活，引导幼儿迁移在生活中对蔬菜已有的认知经验及品尝蔬菜的生活经验，提升经验，增进幼儿对蔬菜的认识。

2. 通过多感官参与法，让幼儿在感受体验中获取经验。请幼儿用闻一闻、听一听、摸一摸等方式来猜一猜礼物袋里面装的是什么，充分调动幼儿各种感官，有效调动幼儿学习积极性。

3. 运用对比观察法，引导幼儿了解并区分蔬菜的外形特征。活动中让幼儿在看一看、比一比的过程中，有目的、有重点、细致全面地观察蔬菜，发现蔬菜的不同，帮助幼儿提升经验。

【说活动过程】

一、情境导入，有效激趣

设置“帮蔬菜奶奶过生日”的游戏情境，激发幼儿参与活动的兴趣。

1. 出示“蔬菜奶奶”，播放生日歌，激发幼儿兴趣。

教师：小朋友们，今天是“蔬菜奶奶”的生日，你想怎样为它庆祝生日呢？

2. 出示礼物袋，引出活动主题。

教师：今天有很多小伙伴也为它送了神秘的礼物，赶紧看看你小凳子下面的礼物袋，看看是什么礼物吧！

二、多感官参与，寓教于乐

通过闻、摸、看、说等多感官体验，丰富幼儿对蔬菜外形的了解。

1. 开展“神秘礼物袋”游戏，多感官调动学习兴趣。

教师重点提问：礼物袋里面是什么？闻一闻，是什么味道？摸一摸，你觉得袋子里的是什么？

2. 通过观察比较，了解各种绿叶蔬菜的外形特征及特点。

(1)引导幼儿将蔬菜从礼物袋里拿出，对比观察各种蔬菜的外形特点。

重点提问：你的“蔬菜宝宝”长什么样子？你知道这个蔬菜的名字吗？

(2)在与幼儿讨论交流的基础上结合图片总结蔬菜的外形特征。

芹菜：身体摸起来一条一条的，叶子是一片一片的。

菠菜：根的部位有一点红，像小鹦鹉的红嘴巴。

油菜：身体胖胖的、硬硬的，有一片大大的椭圆形叶子。

茼蒿：有一种特殊的香味，叶子是一整张大片的。

3. 开展“礼物大分类”游戏，巩固对蔬菜的认知。

游戏内容：准备四个不同颜色的筐，每个筐上标记某种蔬菜的某一特征。幼儿通过回顾已有的经验快速说出蔬菜名称，并将蔬菜放到相应的筐里。

三、趣味动画，悦动课堂

借助趣味视频动画，了解蔬菜的营养价值，养成良好的饮食习惯。

1. 观看“蔬菜宝宝”动画视频，了解蔬菜营养。

鼓励幼儿大胆交流：为什么要给“蔬菜奶奶”送蔬菜？通过趣味动画引导幼儿了解各蔬菜的营养。

2. 开展“品尝生日美食”的游戏，让幼儿了解蔬菜的不同吃法，引导幼儿养成不挑食的良好饮食习惯。

(1)引导幼儿讨论：蔬菜变变变，可以怎么吃？

教师出示蔬菜美味餐图片，引导幼儿交流自己吃过哪些菜肴。

(2)播放“蔬菜奶奶”的动画视频，引出今日午餐，将“帮蔬菜奶奶过生日”的游戏延伸到一日生活中。

【说活动总结】

1. 本活动遵循小班幼儿年龄特点，运用“帮蔬菜奶奶过生日”的游戏情境贯穿活动始终，层层递进，在情境中有效激发幼儿兴趣，无形中将“蔬菜宝宝”的可爱形象根植在幼儿心中。

2. 在活动中，幼儿运用多种感官自主探究蔬菜的外形特征，能有效调动幼儿的主动性，培养其探究能力。

【说活动延伸】

美工区投放蔬菜拓印画，表演区提供蔬菜宝宝来跳舞道具，以此助力幼儿良好饮食习惯的养成。

彩光变变变

吉林省省直机关第二幼儿园　白　玉

【设计意图】

幼儿通过操作发现彩光不同的变化，引领幼儿用探究式的学习方法在可视、可感、可操作的条件下完成教育目标，让幼儿在探究式学习活动中获得丰富的知识体验和情感体验，培养良好的科学探究习惯。

【说教材】

内容适合中班幼儿特点，学习内容和材料投放及课程设计都具有探究性、可操作性。

【说活动目标】

1. 幼儿通过实践操作发现彩光变化。

2. 引导幼儿尝试探究式学习。

3. 帮助幼儿形成正确的科学学习习惯。

【说重点难点】

重点：培养幼儿在科学活动中养成探究式学习的好习惯。

难点：引导幼儿积极与同伴互动分享，从而生成新的探究内容，提升幼儿的探究能力。

【说教法】

整个活动以幼儿为主体，以教师为主导，通过开放式提问和目的性材料投放，引导幼儿探究发现。

【说学法】

鼓励幼儿积极参与探究活动，主动发现彩光变化并与他人分享。

【说活动过程】

首先，在环境创设上，教师为幼儿提供了能让幼儿产生探究欲望的环境。教师带幼儿进入一个没有光线、黑洞洞的屋子里，我们借助幼儿开门进入屋子时的一点光线，从幼儿的表情和对话中，感受到他们的好奇。他们很想知道要发生什么事情？老师要做什么？这时的他们已经产生了强烈的探究欲望。教师打开了灯，幼儿发现了桌上的手电筒。教师提问："猜一猜，手电筒能发出什么颜色的光？"结果，幼儿凭借已有的经验和大胆的想象，说出了多种答案。教师再次提问："手电筒到底能发出什么颜色的光？让我们来试一试。"幼儿纷纷打开手电筒，并将前面的猜想和操作的结果做了记录。

教师出示许多彩色的纸，请幼儿猜想手电筒发出的光透过这些纸会发生什么变化，并请幼儿操作实践。此时，幼儿发现，手电筒的光透过不同颜色的纸能发出不同颜色的光。在此过程中，一名幼儿将手电筒放在了自己的衣服里，发现透过粉色的衣服，手电筒发出了粉色的光。这是一个新的探索，其他孩子纷纷效仿。探究后，幼儿知道了手电筒透过不同颜色的衣服也可以发出不同颜色的光。这一小小的发现，并非偶然。鉴于教师在备课时考虑到幼儿会有此种迁移能力和探究能力，为了给幼儿提供探索机会，老师已经在活动前一天告诉幼儿穿颜色鲜艳的衣服。

此时又有一名幼儿发现，透过衣服发出的不仅有光还有图案，这是为什么呢？一个男孩子做出很好的解释："白光是手电筒透过毛衣窟窿发出的光，粉色的是透过粉毛衣发出的粉光。"幼儿不但能发现问题，还能解释问题，幼儿就是在这样的探究式学习中发现了光的一个又一个变化。幼儿的探究能力是不可估量的。

在这个基础上，教师引导幼儿开始了新的探索。教师又投放了不同颜色、不同形状的薄塑料积木。通过探索，孩子们发现手电筒透过这些积木时，不但光的颜色发生了变化，光的形状也发生了变化。从这个环节可以看到，教师在材料的投放上是有计划、有目的的，有层次性和递进性。教师无须手把手地教，幼儿只要与材料互动就会有新的发现、新的探索。

这时，幼儿的操作方式还停留在上一次的操作模式上，把塑料积木紧贴在手电筒上。这时，一名幼儿又有了新的发现，他发现光能变大、变小。原来他移动了塑料积木，使积木与手电筒的距离发生了变化，就产生了这样的现象。幼儿又发现，积木不动，移动手电筒，光也可以变大变小。同样的现象，幼儿又探索出了新的方法。

从这些意外的发现中可以看到，只要教师投放的材料具有科学性和探究性，幼儿就可以从中发现问题，他们的探究能力就可以得到发展。

另外，在运用探究式学习时，教师不但要有充分的物质准备，更要有足够的知识储备，把孩子们可能探究到的问题尽量都要考虑到，以便应对幼儿不同的探究行为和探究结果。

【说活动总结】

在这节科学教育活动课中，教师主要运用了探究式学习方法，将幼儿置于问题情境中，让幼儿带着疑问去发现、去探索。教师投放的材料具有科学性、探究性，为幼儿探究式学习提供了充分的条件，激发了幼儿的学习欲望，促使幼儿不断思考、不断尝试解决新的问题，引导幼儿形成科学探究习惯。

【说活动延伸】

将课程中的材料投放到科学区，供幼儿继续探究发现。

动物绝对不应该穿衣服

浙江省温州市温州大学　胡燕英

【设计意图】

《指南》指出："幼儿的语言能力是在交流和运用的过程中发展起来的。"谈话是学前儿童口头语言能力的重要组成部分，良好的谈话能力是学前儿童口头语言能力的重要表现，同时学前儿童的口头语言能力又是在交往和谈话中发展出来的。谈话活动的组织在幼儿园日常的教学中是非常有必要的，但是笔者在幼儿园实习观察时并没有观察到教师对这项活动的重视。因此，笔者希望通过本次说课稿中利用绘本开展谈话活动的形式能给广大的幼儿工作者们提供一定的启示。

【说教材】

《动物绝对不应该穿衣服》是美国作家茱蒂·巴瑞特和罗恩·巴瑞特的作品。该绘本色彩鲜明艳丽、画面简洁、主题突出，并通过图像与文字的搭配，融合了动物的特性，以轻松幽默的方式纠正了孩子们的一个错误观念——他们从小就看到猫、狗等宠物穿了衣服，就认为其他动物也是要穿衣服的。而且，此绘本存在很多的细节，幼儿在绘本中可以不断地发现、发现、再发现，并产生许多的想法来讨论，符合谈话的核心经验要求。

【说活动目标】

1. 能够充分理解他人的意思并对他人的谈话内容做评论和提问。
2. 能够运用解释、补充等方式使自己的言语表达清楚明白。
3. 体会人们对动物的关爱要符合他们的需要，萌发出关爱动物、保护动物的情感。

【说重点难点】

重点：本次谈话活动是根据绘本主题开展的，幼儿在活动的众多环节中有许多表达自己的机会。因此本次谈话活动的重点是，引导儿童使用解释、补充等多种方式来辅助自己的表达。

难点：本次活动所采用绘本尽管存在许多的细节，可以让幼儿不断地发现，但故事主线单一，幼儿在谈话中可能会由于简单的情节而分散注意力，导致对他人的话语内容缺少关注。因此在本次活动中的难点定位为，在活动中能够充分理解他人话语中的意思并对他人的谈话内容做评论和提问。

【说教法】

1. 创设积极的语言交往环境。体现在合适的谈话主题内容选择、良好的谈话氛围以及教师的间接指导等方面。

2. 善用提问的方式激发和推进幼儿的谈话。教师提问的方式与作用在整个活动过程中非常地明显，如以开放性提问"动物适合穿衣服吗"作为环节之间的过渡。

【说学法】

1. 观察法。体现为活动导入环节中幼儿对衣服的观察及讨论。

2. 讨论法。这是本次活动中运用较为频繁的方法，在许多环节中都有涉及，如导入环节、欣赏绘本、延伸与提升环节等。

3. 小组合作法。该方法在谈话迁移环节的完成记录表过程中体现得最为直接。

4. 视听结合法。体现在完整的绘本欣赏环节中。

【说活动过程】

一、谈话导入：我们的衣服

本环节属于导入环节，教师引导幼儿观察自己以及其他人的衣服特点，以“我们的衣服”为主题展开说一说，发表自己的看法并展开讨论，营造良好的谈话氛围。

二、谈话迁移：动物适合穿衣服吗

本环节先采用提问的方式从上一环节自然地迁移到本环节的主题——动物适合穿衣服吗，再向幼儿展示绘本中的几个小动物穿衣服的图片，然后通过小组合作的方式完成主题为“动物穿的衣服是否合适”的记录表，并说明选择的理由。

三、欣赏《动物绝对不应该穿衣服》

本环节属于完整的绘本欣赏阶段，在上一个环节中已经展示了绘本中部分动物穿衣服的图片并做了讨论，但是就整个主题来说缺乏完整性，因此本环节主要是教师根据所展示的课件带领幼儿进行完整的绘本欣赏与绘本观点的分享。

四、联系生活：谈谈生活中动物穿衣服现象

教师通过提问“你在生活中看过动物穿衣服吗”，让幼儿回顾已有经验并展开讨论。

【说活动总结】

教师引导幼儿以小组合作的方式来就“动物该不该穿衣服”的话题进行总结，鼓励每个小组里的幼儿大胆表达自己的想法，小组成员之间相互鼓励与帮助。

【说活动延伸】

教师与幼儿共同观看关于动物保护色的视频，了解动物皮毛的作用，并让幼儿谈谈观看视频的感受与想法，教师做总结。在这个过程教师引导幼儿达到本次活动的情感目标，即体会人们对动物的关爱要符合它们的需要，萌发出关爱动物、保护动物的情感。

我的太空梦

湖北省武汉市珞珈山街幼儿园　韩俊花

【设计意图】

随着我国航天事业的不断发展，孩子们也从日常的生活中听到了很多关于太空的故事。我们紧跟时事组织带领幼儿在班级观看神舟飞船的发射视频，幼儿对此非常感兴趣。《纲要》指出，教育活动内容的选择，既要贴近幼儿的生活，选择幼儿感兴趣的事物和问题，又要有助于拓展幼儿的经验和视野。因此，根据《纲要》和《指南》精神，以及大班幼儿年龄特点和本班幼儿的实际情况，设计了这一大班艺术活动“我的太空梦”。

【说教材】

大班幼儿好奇心强，探索欲望强烈。幼儿是活动的积极参与者而非被动者，活动内容必须与幼儿兴趣、需要及接受能力相吻合，以引导向最近目标发展区发展。本次活动选择幼儿感兴趣的事物，通过直观感受与想象创造相结合，让幼儿在喜欢的活动中畅想太空，感受祖国太空事业的成功与自豪。

【说活动目标】

1. 喜欢参与美术绘画太空梦，对太空、航天感兴趣。
2. 初步了解太空知识，知道宇航员飞天的秘密。
3. 能运用绘画、粘贴等多种形式创作太空梦。

【说重点难点】

重点：让幼儿了解太空知识发挥想象创作。

难点：通过多种形式，运用不同方法创作。

【说教法】

1. 以视频演示法导入，通过播放《神奇的太空》让幼儿直观感受学习。

2. 以谈话法深入交流探讨。

3. 以启发联想法开阔幼儿思维。

以上三种教学方法和多媒体技术在活动中交替使用，相互补充，教学活动中动静交替，注意发挥艺术领域活动的教育功能，重视幼儿在活动过程中的情感体验和亲身感受。此外，我还采用了尝试操作法将活动加以整合，使幼儿在活动过程中获得愉悦的体验。

【说学法】

幼儿是学习的主体，要想让幼儿主动积极参与探究活动，帮助幼儿正确选择学习方法是很重要的。根据教材内容和幼儿年龄特点，我在学法指导中紧紧围绕活动目标，创造适宜的条件让幼儿在认知能力、语言能力以及动手能力上得到了提高。主要运用的方法有：视频学习法、谈话法、尝试操作法。

【说活动过程】

一、看一看，视频导入，激发兴趣

导入视频《神奇的太空》，吸引幼儿兴趣，让幼儿了解太空知识。教育心理学家加涅认为，构成教学过程共有九个要素，其中首要因素就是要“引起幼儿注意”。通过直观看视频的方式迅速吸引幼儿注意。

二、说一说，你眼中的太空

1. 幼儿与幼儿之间交流讨论。

2. 师幼交流讨论。

幼儿的想象是天马行空的，通过这一环节激发幼儿的想象力，同时促进幼儿的分享与表达，开启幼幼、师幼间的互动，充分尊重幼儿的主体地位，发散幼儿思维，开展自由探索分享。

三、画一画，想象创作

幼儿通过自主想象绘画，加入各种材料进行创作，手脑并用。通过前期的想象与讨论，发散幼儿思维，这一环节再将理论和想象进行创作，付诸实践。

四、看一看，“我的太空展”

教师布置太空展，展示幼儿画作。幼儿身临其境感受太空，分享自己与同伴的太空梦。

教师利用相互作用原理，以动静融合的形式展开，符合幼儿的身心发展特点，使幼儿在轻松愉快的气氛中接受学习，在情境中激发幼儿的表达欲与分享欲。

【说活动总结】

整个活动互动性强，其中包含师幼互动、幼幼互动、个体与集体互动、幼儿与环境互动。在活动中以艺术领域为主轴，整合了科学领域(太空科普)、语言领域(如幼儿交流分享表达)等多个领域的知识，从中挖掘教育的点滴，使幼儿在活动中能积累更多有价值的经验。

【说活动延伸】

1. 本次活动延伸到区域活动中的美工区，让幼儿可以在区角中再创作。

2. 小小讲解员——集体参观太空展，幼儿可作为小讲解员向弟弟妹妹分享作品的同时科普太空知识。

家是什么

北京军区机关幼儿园　豆雪静

【设计意图】

首先，我班幼儿正处在积极言语发展阶段，词汇量不断增加，语句结构不断完善，语言表达能力逐渐增强，现阶段的幼儿学情适合开展完整句式的学习。其次，诗的语言简明易懂、具体可感，不仅能激发幼儿的学习兴趣，也为幼儿创编散文诗句提供了经验支持与动力支持。因此本次活动选择了经典散文诗歌《家》作为欣赏对象，以实现幼儿语言能力发展。

【说教材】

《指南》《纲要》中“语言领域”目标明确指出：要引导幼儿接触优秀的儿童文学作品，使之感受语言的丰富和优美，能根据画面线索猜想故事情节的发展，或续编、创编故事。因此本次活动为发展大班幼儿对于诗歌散文的理解能力、语言表达能力及创编能力，设计了本次语言教学活动“家是什么”。

【说活动目标】

1. 理解散文诗的内容，感受“家”所表达的含义。

2. 能够用“家是××可以××”的句式创编诗句，并大胆在集体面前表达自己的“家”。

3. 感受散文诗优美温馨的意境，萌发爱“家”的情感。

【说重点难点】

重点：理解散文诗的内容，感受散文诗优美温馨的意境。

难点：学会用“家是××可以××”的句式创编诗歌。

【说教法】

1. 演示法。通过呈现图片、课件等直观手段刺激幼儿的视听感官，帮助幼儿更好地理解散文诗的内容和意境。

2. 启发式教学法。通过层层递进的提问，引导幼儿加深对散文诗的整体理解，进一步感受散文诗的语言美、意境美，并通过拓展性的提问启发幼儿，为幼儿发挥想象创编做好铺垫。

3. 视、听、讲结合法。“视”就是引导幼儿去看、去观察课件中的内容；“听”就是倾听教师的语言启发、引导、暗示和示范；“讲”就是幼儿来讲，满足幼儿想说的愿望。这个方法能充分调动幼儿的各种感官，让幼儿处于一种积极的学习状态当中。

【说学法】

1. 多通道参与法。活动中以幼儿为主体，通过看一看、听一听、说一说等方式，训练幼儿的发现思维，激发幼儿主动创编的欲望，使幼儿能够大胆表达。从引导幼儿观察图片，再到幼儿欣赏散文诗，掌握文学句式，最后仿编散文诗，从而实现了由教师被动地教到幼儿主动地学的转变。

2. 观察法。观察法是幼儿通过视听觉感官积极参与活动，幼儿通过观看情境表演直接获得印象的方法。

3. 讨论谈话法。这一方法是指幼儿在讨论、谈话中无拘无束地说出自己的理解与看法，相互交流，互相学习。

【说活动过程】

一、照片导入，形象谈“家”

鼓励幼儿大胆表述自己对“家”的看法和感觉。通过分享“家”的照片，调动幼儿关于“家”的已有经验，引出诗歌主题，为下一环节做好铺垫。

二、整体感知，视听赏“家”——配乐朗诵，初步感知

1. 教师举例：家，是一盏灯、一个屋檐、一张柔软的床。有了灯，不再害怕夜晚没有星星和月亮。有了屋檐，不再担心风吹和雨打。有了床，累了，困了，可以睡上甜甜的觉，做个美美的梦。家是太阳，是爸爸妈妈的笑容，是温暖的阳光。

2. 教师借助启发式提问，以“为什么”让幼儿深入思考，理解家的温馨，引导幼儿品味散文诗的意境。

3. 幼儿自主选择图片，并朗诵出自己喜欢的句子，为幼儿提供在集体面前大胆表达的机会。其他幼儿通过跟读，也能加深对作品的体验，感知散文诗语言的丰富和优美。

三、发散思维，创编诗句——经验迁移，巩固句式

1. 教师出示一张温馨的“家”的图片，引导幼儿说出图片中的事物，示范并引导幼儿按照“家是××可以××”的句式讲述。

2. 引导幼儿从感受小“家”逐步升华到感受大“家”。教师将逐一出示围巾、牡丹、高山、国旗的图片，通过提问、追问激发幼儿，进而鼓励幼儿脱离图片，发散思维，继续大胆创编诗句。

3. 教师通过图片和拓展性的提问启发幼儿，引导幼儿迁移经验，激发幼儿大胆创编诗句，从而突破教学难点。

四、整合诗句，结束活动

教师整理幼儿创编的内容，编成一首新的散文诗《我们的家》，与幼儿共读。

【说活动总结】

散文诗《家是什么》作为一个学习活动的素材点，在抒发情意中显现的挑战点是借物抒情。对大班的幼儿来说，他们的思维表征还是具体形象的。所以在设计教学时，我就在搭建素材点和幼儿认知之间的脚手架。从让幼儿谈谈喜欢家的理由到对家的内心感受再到借物补语，幼儿的情感和认知在不断地提升。

【说活动延伸】

1. 与爸爸妈妈分享、创编。

2. 将创编的诗歌用绘画的方式记录下来，做成诗歌集投放至语言区供幼儿自由阅读、欣赏。

瓢虫

吉林省延边朝鲜族自治州敦化市第一幼儿园　颜　君

【设计意图】

每当秋末冬初之际，许多瓢虫总是从窗外爬进幼儿园各个角落。幼儿总是带着好奇、亲切、兴奋的神情，去观察这些漂亮的“小东西”。《指南》艺术领域提出：为幼儿充分创造条件和机会，在大自然和社会文化生活中萌发幼儿对美的感受和体验，丰富其想象力和创造力，引导幼儿学会用心灵去感受美和发现美，用自己的方式去表现美和创造美。5—6 岁

大班幼儿在艺术欣赏时常常用表情、动作、语言等方式表达自己的理解，愿意和他人分享、交流自己喜欢的艺术作品和美感体验，能用多种工具、材料或不同的表现手法表达自己的感受和想象，并且在艺术活动中能与他人相互配合，也能独立表现。我希望幼儿通过瓢虫的探究活动，增加对瓢虫的了解。

【说教材】

《瓢虫》来自省编主题教材《昆虫总动员・大班(上)》。《瓢虫》正是以小朋友喜欢的昆虫为切入点，引导幼儿一起发现美的事物的特征，感受和欣赏不同创作方法的瓢虫作品，进而创作不同表现形式的瓢虫。由此，设计本次艺术绘画活动。

【说活动目标】

1. 感受欣赏不同创作方法的瓢虫作品，激发幼儿创作欲望。
2. 尝试用多种材料绘画瓢虫。
3. 体验绘画带来的乐趣。

【说重点难点】

重点：感受欣赏不同创作方法的瓢虫作品，激发幼儿创作欲望。

难点：尝试用多种材料绘画瓢虫。

【说教法】

1. 多媒体展示法。借助多媒体手段观察、欣赏、演示，效果简洁、生动，容易吸引幼儿的注意力。本次活动设计中，我通过多媒体课件的展示，让幼儿感受欣赏不同创作方法的瓢虫作品。

2. 引导发现法。在活动中，引导幼儿主动去观察、去发现不同创作方法的瓢虫作品的表现方法。

3. 谈话法。在感受欣赏不同创作方法的瓢虫作品时，用启发性提问调动幼儿已有经验。

【说学法】

1. 观察法。观察法即通过观察进行学习的方法。通过观察，幼儿既能形成准确的形体印象，又能把握局部的细节特点。而在观察中比较，则能让幼儿更加直观地感受不同的创作手法带来的不同效果。

2. 欣赏评价法。欣赏评价法指的是将幼儿不同特点的作品对比评价，肯定各自的特点。在本次活动的最后环节，我采用了欣赏评价法，让幼儿在审美的同时习得经验，为下次经验迁移做准备。

【说活动过程】

一、导入环节

师：今天老师要带领小朋友们一起上一节美术活动课，创作一幅瓢虫绘画作品。

(设计意图：通过谈话的方式激发幼儿的学习兴趣，开门见山直入主题，使幼儿明确活动的主要内容。)

二、基本部分

1. 师生谈话交流，欣赏不同表现手法的瓢虫作品

师：你们见过瓢虫吗？在哪里见过？

(设计意图：自由交流调动幼儿的前期经验，回顾已知内容。)

教师：出示课件，幼儿了解不同表现手法的瓢虫作品。

(设计意图：这一环节是活动的重点，为了引起幼儿的兴趣，我展示出五组作品，请幼儿仔细观察，说说自己对这五幅作品的感受，同时引出美术的相关基础知识。)

(1)这幅作品是艺术大师创作的水彩画作品《忙碌的一天》，那你看到瓢虫了吗？它是什么样子的？

小朋友们想一想瓢虫有什么特点？它身上是什么样子的呢？(身体是红色的，身上有斑点)这几只瓢虫有什么不同？(有大有小，有远有近)

(2)这幅作品是《两只瓢虫》。这两只瓢虫的颜色有什么特点？(颜色鲜艳、丰富)

(3)这幅作品是水粉画作品《花园里的瓢虫》。小朋友们来看一看，找一找，画中有几只瓢虫，是什么样子的？(有的站在叶子上，有的飞在花丛间)

(4)这幅是儿童画作品。画中有几只瓢虫？颜色有什么特点？(颜色单一，以黑色为主)

(5)看一看，找一找，这幅画都画了瓢虫的哪些地方？(触角、头、眼睛)

师：有一个小朋友他也喜欢画瓢虫，我们一起来看一看他是怎样创作的吧！

(设计意图：突破难点，学习观察法，引导幼儿观察范画的色彩、线条、造型、大小，绘画的手段也采取开放式的，充分发挥学生的想象力，让幼儿创造性地学习相关技能。)

2. 介绍操作材料、示范工具的使用

结合绘画工具与材料讲述正确的使用方法，对绘画的形式与种类做简单的介绍，为接下来的艺术创作奠定基础。在预设的问题情境中激发幼儿的创造性思维。

3. 幼儿作画，教师巡视

为幼儿创设轻松愉悦的创作环境，教师引导幼儿创作瓢虫作品。在组织活动的过程中，注重幼儿的情感体验，鼓励幼儿大胆表现。

三、展示与评价幼儿作品

师：现在我们来欣赏一下大家的作品！

(设计意图：促进幼儿之间的相互学习与沟通，拓宽幼儿思维视野。)

【说活动总结】

幼儿了解瓢虫特点的同时，能够用多种绘画材料创作不同表现形式的瓢虫作品。

【说活动延伸】

幼儿在绘画瓢虫的已有经验之上，尝试运用手工的方式，制作一只瓢虫作品。

杨柳依依

上海市青浦区泰安幼儿园　陈洁雨

【设计意图】

儿童水墨画教学活动是幼儿园集体教学活动之一，属于艺术领域的艺术教学部分。《3—6 岁儿童学习与发展指南》指出，“感受与欣赏”和“表现与创造”是艺术领域的两个核心经验。以前水墨画教学案例，不难发现在幼儿园水墨画的教学，方式大多是重于技能的传授。幼儿在学习过程中欣赏的作品主要是常见的国画作品或教师的随堂范画。但哪些是真正适合幼儿年龄段感知欣赏的作品值得我们反复斟酌。如今我们的水墨画教学中开始重视幼儿的实际“体验”，以及德育、美育在活动中的渗透。

【说教材】

“杨柳依依”活动来源于“春夏和秋冬”的主题，主要是让幼儿了解四季中常见的花草。在一次饭后散步的时候，我们班的小朋友看到路边的柳树，哼着《柳树姑娘》这首歌。我抓住了这个契机，引导孩子们观看柳树，说说柳树的特征，说说柳树的颜色、形状等。回到

教室还用蜡笔画了一幅柳树图。为下面水墨画教学奠定了良好的基础。在春天，柳树是最为迷人、最为"潇洒"的树木，也是千百年来诗人和作家们颂扬不已的题材之一。于是设计了本次关于春季柳树的彩墨活动。

【说活动目标】

1. 理解古诗《咏柳》，熟悉柳树的特征，尝试用水墨画表现。

2. 体验彩墨作画的乐趣，感受大自然的美。

【说重点难点】

重点：枯墨和湿墨的运用。

难点：画面的合理布局。

【说教法】

在活动中，以古诗《咏柳》开篇，让幼儿沉浸在诗画中，通过理解古诗来熟悉柳树的特征。幼儿通过傅抱石先生的作品，观察柳树的枝干，感受枝干的枯墨手法。观察柳树的枝条后，幼儿可以根据真实生活中见到的各种柳树形态，通过自己身姿的自由变换来表演出风中肆意舞动的柳枝。

【说学法】

在创作过程中，幼儿拥有着许多想法和创意，虽然对毛笔的操纵能力、对墨色均匀的把控能力、对水分的控制能力还无法像成人一样精确，但是幼儿愿意并能够主动将先前表现的各种肢体动作呈现在宣纸上，幼儿的创意和表现得到了正面强化和积极鼓励。

【说活动过程】

一、引出杨柳

师：老师这里有一首好听的古诗，大家来听一听，猜猜它讲的是什么？"碧玉妆成一树高，万条垂下绿丝绦。不知细叶谁裁出，二月春风似剪刀。"

小结：对的，这首古诗的题目叫作《咏柳》，说的就是我们春日的柳树。你们知道吗，柳树在古代叫作"杨柳"，好听吗？

二、欣赏名画中的杨柳

1. 名画中的杨柳，关注枝干。

师：请大家仔细观察傅抱石先生画的杨柳枝干，说说看枝干的时候应该注意什么？

小结：杨柳枝干粗粗，在画的时候应该注意水分和速度。水分要少，一定要刮清刮干；速度一定要快。这样才会有画家笔下杨柳的粗粗枯枯的感觉。

2. 名画中的杨柳，关注枝叶。

师：画家傅抱石先生也很喜欢我们朱家角的杨柳，你们看看他是怎样表现杨柳的。(关注杨柳的枝条)你们也来试试，怎么用自己的身体来变成弯弯的柳枝？

三、创作杨柳

师：(1)杨柳的枝干粗粗的，墨汁的水分少少的，请你们也来试一试、画一画。(请个别幼儿尝试)

(2)接下来请你们给杨柳画上它弯弯的腰，就是它们的枝条。(个别幼儿尝试)

(3)杨柳的枝干有了，但是杨柳的叶子我们也一起给它们添画上去。(个别幼儿尝试)

重点关注：幼儿运用干墨画出杨柳枝干的过程中遇到的问题；幼儿作画的习惯。

小结：(1)杨柳依依，树枝粗粗；杨柳依依，弯弯小腰；杨柳依依，成片墨绿；杨柳依依，成排柳树；杨柳依依，春日风光。(教师边总结边作画)(2)当我们用毛笔的时候注意握笔或者行笔方式。

四、自由创作

师：你们想不想学画家，用毛笔把杨柳画出来？（播放视频音乐）

重点关注：幼儿在枯墨运用时遇到什么困难，如何解决？画的画面布局如何；幼儿是否愿意大胆尝试创作。

五、交流分享

师：（展示幼儿作品）朋友们，看，我们的杨柳都依偎在我们朱家角的小河边，各种姿态，真美丽呀。你最喜欢哪一棵呀？为什么？

嗯，你们说得都很对。春天了，让我们和爸爸妈妈一起再去看看春日杨柳依依的朱家角，好吗？

【说活动总结】

整个活动都把幼儿推在前面。通过让幼儿欣赏美景、欣赏名画、个别尝试来引导幼儿，主动去发现美和感受美，通过幼儿的视角来理解画中对杨柳的这种表现手法，让幼儿主动去发现如何创作杨柳图，然后激发幼儿的创作欲望，体验彩墨画作画的乐趣，感受着大自然的美。活动中，幼儿的兴致较高，非常投入，大部分幼儿能够独立完成作品，作品的效果也非常好。

【说活动延伸】

彩墨活动“杨柳依依”可以延伸至班级中的区域内，还可以通过此次活动让幼儿了解到古代诗人们口中的“杨柳”，诗画同源，学习彩墨画同时也是诗歌学习的好机会。

教育反思

【观察记录】

有趣的垫子

浙江省杭州市浙江大学幼儿园西溪分园　周则君

【观察对象】朝朝、豆包　**【班级】**托班

【观察时间】2022年11月25日

【观察背景】

攀爬游戏我们已经玩过好多次了，以往都是老师提前预设好攀爬道路，幼儿能参与的很少。这一次减少我们的高控游戏想法，想让孩子自己设计爬行的路线，从设计过程中观察孩子们的团队合作、问题解决、沟通交往等能力。

【观察目标】

同伴合作能力。

【观察过程】

自由游戏时间，我们提供了游戏垫，孩子们自己搭建爬行隧道。

环节一：一个一个地拼

豆包、朝朝的积极性很高。豆包抬着手腕，说："我是挖掘机工程队队长，现在我们开始工作吧。"朝朝："好的。"

在拼接游戏垫时，豆包趴在地上，把一块游戏垫凸出的齿轮和另一块凹进去的齿轮对准，一个一个地拼接。朝朝拿着垫子，一块垫子放在下面，一块垫子放在上面，在齿轮的重合处拼接。

环节二：游戏垫连接着拼

两块两块的游戏垫拼好了。嘉嘉看到游戏垫还有空缺的部分，也拿起游戏垫拼接。豆包："你需要什么帮助吗?"嘉嘉没有回答，豆包就跑开去拿新的游戏垫。豆包回来时，看到雅雅要从嘉嘉拼接游戏垫的地方爬过去，就赶忙跑过去，横躺在游戏垫的拼接处，不让雅雅过去。雅雅也顺势躺在垫子上，想越过豆包翻滚过去。

环节三：台阶怎么拼?

舞台上的游戏垫都拼接成功了。豆包和朝朝从起点开始在游戏垫上爬了一遍，但是到台阶处游戏垫就断开了。他们拿着游戏垫在舞台台阶的衔接处开始拼接，拼接到一半的位置，豆包和朝朝身体压在垫子上拼接，一下子游戏垫衔接处又断裂开来了。豆包抬起手臂：我们需要队长的帮助。朝朝："我们需要帮助。"老师："你们需要我的帮助吗?"豆包："是的，没错。"

环节四：成功啦，我们玩吧!

爬行隧道拼接成功，豆包和朝朝在起点处开始进行爬行。有小朋友过来玩时，他们还会做指引，告诉其他孩子爬行的起点在哪里。

【分析与措施】

分析：

1. 豆包和朝朝在班里是年龄相对较大的幼儿，两个幼儿都是偏向积极情绪，并且能较专注地完成某一件事情。在这次的爬行隧道游戏中，这两个幼儿一直在完成隧道的拼搭，表现出了较好的专注力。

2. 拼搭爬行垫的过程是孩子们在自主探索连接图式，通过不断重复地将两块爬行垫相连接，他们两个也在探索连接的好办法。在这里还体现出了同伴之间的相互学习，豆包找到连接的方法以后也会去告诉朝朝。

3. 在隧道拼接的最初阶段，豆包通过“工程师”的角色开始召集其他幼儿玩游戏，而朝朝能立刻进入情境中，参与来回互动的模式，并且最终能共同参与合作游戏中，体现了较好的同伴互动的能力发展水平。

4. 在表达性语言能力方面，两个幼儿使用比较广泛的话语，也能使用较复杂的句子。整个活动中豆包的语言表达用词更多一点；但是在语言能力的交往方面，和同伴之间的回合对话会较少，1～2 回合就结束了对话。

措施：

1. 聚焦游戏问题，引发思考。拼接爬行垫的过程是孩子们自主探索连接图式，通过不断重复地将两块爬行垫相连接，他们两个也在探索连接的好办法。在隧道还未完成阶段，有很多幼儿不断爬行，导致隧道出现很多次的损坏。通过视频和照片回顾，讨论出以后拼搭可以增设提示牌。

2. 鼓励合作游戏，引导表达。在自由游戏的过程中多支持幼儿之间的语言表达，多鼓励回合式的沟通交流。

3. 投放多元材料，支持游戏。在这次爬行隧道的搭建过程中，看到了幼儿的连接水平、创意思维。在以后的活动中，会逐步增加爬行游戏的材料，例如爬行山坡、滑梯板、桌子、爬行隧道等。

4. 提升成就感，增强自信。爬行隧道拼接成功后，将照片展示给幼儿们，并请豆包和朝朝简单介绍了他们的爬行隧道。

动起来的轩轩

中国人民解放军海军机关幼儿园　魏　洁

【观察对象】轩轩　**【班级】**小班

【观察时间】2023 年 3 月 22 日

【观察背景】

教师在“感觉统合”教育实践中怎样提升观察儿童、解读儿童的能力，分析评判儿童的发展水平，设定儿童的发展目标，是我们一直探索的问题。在教育环境中家园合作是否及时有效，也会影响教育的实效。

【观察目标】

观察幼儿一日生活的行为与运动能力表现，与家长沟通收集综合信息分析，明确感觉统合水平，给予相对应的改善方案，帮助幼儿提升综合能力。

【观察过程】

今天，轩轩在洗手间徘徊，一会儿到洗手池打开水龙头，一会儿又到小便池转一圈。问他是不是想上洗手间，他点头；问他是不是需要帮助，又点头。在老师帮助下，上完洗手间，洗手后回座位，坐下时他差一点摔到地上，椅子被挤歪了。他在座位上扭着身体，老师要求坐正时，也只能坚持两秒。20 分钟活动中，除了提醒时坐正的几秒，其余时间他

都是大半身倚在桌子上，一条腿斜着，脚歪在地上，并且左右扭动身体。从座位上站起来去喝水时，磕绊桌角，身体踉跄后站稳。喝水时洒在身上。

轩轩在户外综合游戏时，跑步姿势身体倾斜，速度比其他幼儿慢很多，跳不远，不会单脚跳及双脚同时起跳。单脚站立不超过 2 秒，走平衡木完全需要老师扶。户外游戏 15 分钟左右，其间多次坐在地上。

【分析与措施】

分析：

1. 家园合作，收集信息。轩轩出生后一直跟妈妈睡。爸爸妈妈上班时间规律，除工作时间外一直陪伴轩轩。轩轩跟姥姥一起居住较多。轩轩运动少，爬时、坐时、走路时，家长一直用手在后面协助。小时候因为摔过，奶奶一直抱着轩轩，或者让他在推车里躺着。

2. 综合分析。从坐姿等动作及户外运动表现分析，感觉轩轩前庭平衡力及本体觉都需提升。家里老人看护时很小心，轩轩在爬行阶段和走路阶段家长有大量辅助行为，日常很少带轩轩运动，成长过程缺乏必要的运动练习和刺激，从而导致轩轩运动能力不足，前庭觉和本体觉发展明显不足。从对家长和教师的依恋度以及寻求帮助的事件程度和次数分析，说明轩轩自理能力、自我服务能力及自信心不足。

3. 感统测评。家长自测感觉统合测评和丰台妇幼系统检查测评结果均为：前庭觉中度失调、本体觉中度失调。

措施：

1. 进行感觉统合运动针对性的改善练习。

园内：每日增加爬行类运动如手膝爬、手脚爬、钻爬游戏，跳跃类运动如双脚跳、单脚跳、蹦床等，平衡类运动如平衡木、单脚站立。

家庭：每日增加爬行类运动如钻爬游戏、爬楼梯，以及跳跃类和平衡类运动。家长延长带孩子户外游戏的时间。

2. 减少日常生活环节的过度帮助，鼓励幼儿独立完成，并在幼儿有进步的时候给予鼓励。

花朵与小虫

吉林省省直机关第二幼儿园　方美彤

【观察对象】妮妮、美宣　**【班级】**中班

【观察时间】区域活动时间

【观察背景】

班级近期投放了名为《花朵》的手指点画。受到套色版画的启发，在手指点画中加入了套色。小朋友一起观察了流程图，并集体讨论。出示花朵和蜻蜓流程图，大家猜一猜完成这种手指点画，用哪个指头比较合适？猜猜蜻蜓的翅膀是用手的什么部位完成的？

【观察目标】

幼儿尝试运用套色的方式点画花朵和叶子，并添画小虫。感受手指不同部位在纸上留下不同的痕迹，体验指点画的乐趣。

【观察过程】

妮妮和美萱一起来到美工区，取出手指点画的材料。妮妮把材料筐放在了右侧桌子边上，以免妨碍两人操作。

妮妮先用大拇指蘸了些黄色的颜料，印了一朵大黄花。然后，用大拇指尖蘸了些橙色的颜料，运用套色的方法，印在黄色花瓣的上面。接着，又用大拇指印了一个蓝色的花心，换食指蘸了些粉色颜料，围着蓝色花心，印了一朵侧面角度的粉色花朵。

接着，在第一朵黄橙相间的花茎上，用浅绿色印了四片两两对生的叶子。再次运用套色的方式，在浅绿色上印上一层深绿色，使叶片颜色更加丰富和生动。动作要比刚才印花瓣时娴熟多了。然后，在下面的叶茎上，用各色彩笔画了一只努力向上爬的毛毛虫。毛毛虫许多只脚抱着花茎向上爬，头上还伸出一对触角，憨态可掬。

接着妮妮频频扭头看流程图，思考了一下，小拇指的侧面蘸上蓝色的颜料，印出两个小翅膀。忽然，她发现另外一对小翅膀没有位置印了，就用指尖在画面右边上印了两个翅膀。接着，她为蜻蜓画上了红色的尾巴，还细心地在尾巴上画了黑色的横条纹，在翅膀尖上画上了好看的圆点。

然后，看看自己的画面，又拿起黑色笔在毛毛虫身体另一侧也画上了很多只脚。

这时，旁边的美萱也画完了自己的作品，伸过头来问妮妮蜻蜓的画法。妮妮耐心地讲解起来，告诉她蜻蜓的尾巴是长条形的。尤其重点给美萱讲解了一下蜻蜓翅膀，是用小手指的侧边蘸点蓝色，印上去就是翅膀了。

【分析与措施】

分析：

妮妮在美工区自主选择，井井有条地摆放物品，方便操作。看出幼儿学习习惯很好，做事遵守规则。接着，她用两组近似色——黄色和橙色、浅绿色和深绿色完成了花朵和叶子的创作。整个活动过程抱有强烈的好奇心和浓厚兴趣，一直坚持创作，非常专注。不断探索，观察调整。最终完成了作品。

幼儿做完后能充分和同伴交流、讨论，并耐心讲解、解释，完成了美术中的自评和他评环节。回想环节中，幼儿解释毛毛虫的身体两侧都有腿，是因为在晒太阳。这是幼儿在头脑中发挥天马行空的想象，大胆创作的表现。教师在整个过程中没有干预，借助回想过程，帮助所有幼儿重新梳理新知识、新经验，并且能尊重幼儿的创作意愿，注意倾听幼儿的心声。

根据幼儿兴趣，保留这种材料，再提供两组近似色，粉色和紫色、浅蓝和深蓝，进一步丰富幼儿的创作经验。

措施：

教师结合幼儿的年龄特征及活动目标，从情感着手，以兴趣为主线贯穿整个活动，使其充满活力，继而带动幼儿的活动积极性，引导他们有意识地去观察、去讲述，去表现自己的喜爱之情。

整个活动以幼儿为主体，教师用各种有趣的材料和活动过程为幼儿做支持。变过去的“要我学”为现在的“我要学”，根据“循序渐进，层层深入”的教学原则，逐步投放材料。通过“动静结合—整体感知”，先进行头脑风暴式的团体讨论，幼儿整体对这种形式探索感知。继而“启发引导—大胆想象”，让幼儿在感知的基础上，主动探索实践。最后，完成所有手指点画的整合创作。这种学法，注重让幼儿看看、想想、说说、玩玩、做做，在轻松愉快中获取知识，达到教学目标。

教师在活动中，一直是幼儿探究活动的支持者和引导者，在这种师幼互动、幼幼互动、幼儿与材料互动的方式下，发展了幼儿的独立性、创造性，使每个幼儿获得了心理上的满足，感受到了创造的乐趣，体验了成功的喜悦。

“蓝天鸽子店”成长记

上海市静安区延长路东部幼儿园　蒋培英

【观察对象】灯灯、灯哥、乐乐　**【班级】**中班

【观察时间】2023 年 3 月

【观察背景】

幼儿在户外自主游戏。

【观察目标】

能与同伴一起友好协商创设游戏内容，体验自主游戏的快乐。

【观察过程】

观察一：今天户外游戏一开始，灯哥和灯灯兄弟俩选择在一棵杏树下，并将不同形状、大小的炭烧积木构建独特造型。我好奇地问他们玩什么内容时，灯哥迫不及待地说：“妈妈在家给我们养了好几只小鸡，我看到大树下有鸽子，我和弟弟一起开个鸽子店。”灯哥边说边将操场、菜地等地方的鸽子都拿了过来，摆在他们创设的“鸽子笼”里，同时，灯灯跑到材料区拿了一张手工纸画上白云和鸽子。他们的鸽子店诞生了。不一会，蛋黄来到鸽子店说：“灯灯，我想来看鸽子。”灯哥马上说：“那你只能玩一会儿哦，不能多玩的。”随后，乐乐走过来说：“我想买一只鸽子。”灯灯说：“鸽子不卖的。”乐乐失望地离开了。整个游戏活动中，兄弟俩不停地忙碌着，寻找鸽子的食物、笼子。

观察二：孩子们对于鸽子店越来越感兴趣，他们对鸽子店场地有了一定的调整与设计，鸽子店的名称也设想成“蓝天鸽子店”。米粒在鸽子店里不仅当讲解员，还担任鸽子医生的职务。当米粒看到阿圆忙着给乐乐、哈哈和平平讲解怎样饲养鸽子，蛋黄走进鸽子店没人接待时，她立刻走到蛋黄面前详细地介绍。同时，身为老板的阿圆，看到托班妹妹走过来，他很热情地从“鸽笼”里将一只折好的鸽子放进纸杯里，送给妹妹。

【分析与措施】

分析：

《指南》中指出：“幼儿的社会性主要是在日常生活和游戏中通过观察和模仿潜移默化地发展起来的。”灯哥与灯灯由于在家中有养殖小鸡的生活经验，因此在户外游戏中，兄弟俩能够观察幼儿园户外自然环境，设想出“鸽子店”的游戏内容。在游戏分享环节中，我肯定了兄弟俩的创意，让他们兄弟俩介绍自己的鸽子店，大伙都很感兴趣。当同伴们提出“鸽子店只能玩一会儿”“想买鸽子也被拒绝了”等问题时，我将问题抛给了孩子们，“鸽子店里可以有哪些内容满足客人的需求呢?”经过大家的讨论，一起帮助鸽子店设想多种游戏内容后，将游戏中引发的问题与思考延续到家庭，鼓励孩子们回家请爸爸妈妈一起帮忙，解决游戏中遇到的问题。

措施：

针对幼儿提出的问题，首先，我请幼儿利用自由活动的时间与同伴设想丰富鸽子店的

游戏内容，也鼓励幼儿回家邀请爸爸妈妈一起参与，一起查阅关于饲养鸽子的资料。其次，我根据幼儿谈论的结果，增添了一些材料如鹅卵石、小树枝等满足幼儿的需求。最后，为了丰富幼儿对于鸽子饲养的知识，我也特意寻找了一些有关鸽子的资料，支持、丰富孩子们的游戏经验。

炒黄豆

上海市杨浦区阳光幼稚园　朱小凤

【观察对象】泽泽、浩浩　**【班级】**小班

【观察时间】2023 年 4 月 4 日

【观察背景】

自从我们在艺术节开展了亲子制作球衣活动以后，孩子们特别喜欢穿上和家人一起制作的球衣在小操场上玩足球游戏。

【观察目标】

观察幼儿能否在足球游戏中生成新的游戏玩法。

【观察过程】

“炒，炒，炒黄豆……”孩子们念完儿歌，将足球向前踢，让“黄豆”翻起了跟斗。突然，我发现泽泽和浩浩拉起手后放开，念完儿歌后，把球踢给对方，产生了传球的动作。没过多久，浩浩激动地说：“朱老师，圈太小了，球总是跑出去。”我笑着问他：“那你有什么好方法？”“我们可以把圈变大呀。”浩浩雀跃道。泽泽说：“那我们快试试吧！”就这样，队伍慢慢变为四人一组。可是，足球还是不听话地四处奔跑。

这时，泽泽大喊：“我觉得要围成一个很大的圈，像玩‘躲避炸弹’那样。”“对呀！”浩浩附和。只见他们又叫来了很多小伙伴，围成了一个大圈，现在，足球总算没有跑出去了。可是，孩子们你一脚我一脚，没等球传过来，人已经跑出圈去踢球了。

【分析与措施】

分析：

在活动中，泽泽和浩浩不仅掌握了踢球的基本动作，还在游戏中自发生成了新的玩法，产生了传球的动作。更让我惊喜的是，他们遇到困难没有放弃，而是继续探索游戏玩法，根据玩“躲避炸弹”的游戏经验，主动邀请其他小伙伴加入，将小圈变成了大圈。当圈足够大以后，会出现很多人去踢一个球的现象。作为教师，我也需要思考如何在保持他们对足球运动兴趣的基础上，支持和引导他们继续在足球游戏中产生新的玩法。

措施：

《指南》指出，幼儿园教师或家长要“激发幼儿参加体育活动的兴趣”，可以“和幼儿一起观看体育比赛或有关体育赛事的电视节目，培养他对体育活动的兴趣。”为了增加幼儿对足球比赛的认识，我会建议家长在家与幼儿一起收集资料，了解足球比赛。为了让幼儿感受足球比赛的魅力，我后续在幼儿园也会带幼儿观看中大班哥哥姐姐的足球对抗赛。

我园小班足球韵律操中已有踩球的动作，大部分幼儿已经能够原地双脚交替踩球，但连续性不够。我可以引导幼儿将踩球的动作加入，鼓励他们自由增减踩球的次数，鼓励他们连续踩球。而停球对幼儿来说，需要将远处传来的球踩住，停球正处于他们的最近发展区。幼儿稳稳地将小球停下来后，才能接着传球，这也能解决当小球传过来时，到底谁去

踢的问题。因此，我会在观察幼儿游戏兴趣的基础上，引导幼儿在游戏中练习连续踩球和停球的动作。

【案例分析】

沙土乐

新疆维吾尔自治区克拉玛依市乌尔禾区瑞翔幼儿园　姜莉莉

一、案例背景

沙土对于孩子们来说始终充满了无限“诱惑”，拥有丰富的流动性的沙土能够带给幼儿特别的体验，沙的可塑性很强，它是可以千变万化的。幼儿可以通过玩沙了解沙的特点，发挥想象力、创造力，提高动作的灵活性。幼儿天天期盼着可以快点去沙土区游戏。这周，愿望终于实现了，幼儿尽情地开启了探秘沙土之旅……

二、案例描述

来到沙土区，孩子们兴奋不已，很快选择了自己心仪的玩沙工具，有的拿了铲子，有的拿了水桶，还有的拿了盆子，等等，整个沙土区呈现一派忙碌热闹的景象，孩子们三三两两组团游戏，玩得不亦乐乎。

镜头一：

玩沙活动中，只见浩浩用小铲将沙子一铲一铲地聚拢在一起，慢慢地形成了一个小沙堆。他看了看似乎不满意，于是向沙堆中间铲沙子。可是刚铲上去沙子就纷纷滑落下来，他反复试了多次，沙堆一点都没见变大。这下子，他急了，一手倒沙一手捂沙堆，可是沙子还是从上面滑了下去。此时他的小脸已经发红，不停用双手拍小沙堆表达着自己的不满。我走到他身边，从沙池底层铲出一些湿沙，学着他的样子拍打，反复几次沙堆越来越大。他看到了，对我说：“莉莉老师，我来帮你吧。”我笑着点点头。可是他挖起旁边的干沙，沙刚放上去就不停地滑落，他有些纳闷地看着我。此时，我并未说话继续从沙池底下挖出湿沙。不一会儿他发现了其中的奥秘，学着我铲了下层的湿沙来堆沙堆。浩浩说道：“哈哈！我们一起堆了一个大‘城堡’。”“要用下面的沙子才不会滑，才可以堆得更高！”我没有回答他，从旁边的水桶里倒了一点水在沙上，用手把沙聚拢起来，拍打成了一个新的“城堡”。于是他开始尝试不停倒水、堆沙，不一会儿，沙池里布满了大大小小的“城堡”，他的脸上洋溢着成功的喜悦之情。

镜头二：

只见另一边，玥玥正在拿着铲子挖一个洞，而旁边的娇娇见状也在旁边用木棒不停地挖着。不一会儿，沙地里就出现了两个大洞。此时欣怡说：“我们把两个洞连起来，变成一个长长的‘隧道’吧！”“好呀好呀！”孩子们开心地大叫。玥玥说：“我这边不够深，我再往下挖挖，你们挖那个吧。”于是玥玥又努力地往下挖，娇娇和欣怡见状也不停地往前挖。他们边挖边兴奋地叫着：“嘿呦，嘿呦。”此时一边的马宝听见声音被吸引，赶忙过来询问：“我来帮助你们吧。”玥玥看了马宝，点点头表示同意，于是马宝也加入了施工小队。马宝在挖“隧道”的过程中，一只手放在了“隧道”上的连接处。玥玥见状大喊：“不要放在这里，隧道会塌。”于是，马宝赶紧把手拿开。也许是挖得有点累了，玥玥嘟起了小嘴，有些许烦躁地说：“怎么还没好，累死啦！”看到此景，我站在一旁说：“加油，马上可以用你们的‘隧道’

玩地道战了，好棒!”也许是我的鼓励给了他们动力，在他们不懈的努力下，“隧道”终于被挖通了，孩子们开心地拍手大叫起来!

三、案例分析

(一)适时放手，相信孩子

从以上案例中我们可以看到活动前我只是简单地和孩子们讨论了一些玩沙时所需的注意事项，就请孩子们直接进入游戏了，没有预设主题，活动过程中也没有干预孩子们的游戏。但在游戏结束后，竟然发现孩子们的游戏内容如此丰富——搭城堡、挖隧道等，在这个过程中正是我们老师的适时放手，呈现了如此的精彩瞬间，也让孩子们在游戏中兴奋不已、回味无穷。

(二)巧借鼓励，助推探索动力

随着年龄的增长，生活经验的丰富，中班的幼儿已萌发解决问题的能力。在游戏中孩子们遇到很多问题。浩浩在搭建“城堡”的时候，用铲子直接将干沙塑形，却发现“城堡”不牢固，不停有沙滑落。我没有直接告诉他更加牢固的塑形方法，而是在一旁引导，鼓励他再试试看。浩浩看到用加了水的沙做出了结实的“城堡”后获得了启示，也在自己的沙中加了水，最终在探索中收获了方法。同样在玥玥他们挖“隧道”出现畏难情绪时，教师也没有直接干预而是在一旁适时用语言激励，最终都较好地解决了问题。

四、案例措施

1. 抓住游戏后的分享机会，记录幼儿游戏过程的精彩瞬间，鼓励更多幼儿参与游戏并体验和同伴一起游戏的乐趣。

2. 鼓励幼儿在游戏后利用表征的方式记录自己对游戏的想法，把游戏过程绘画并描述，着重描述游戏中遇到的困难，集体讨论解决。

3. 游戏后及时对游戏回顾、讨论和评价，帮助幼儿总结、分享经验，激发幼儿进一步游戏的兴趣。

4. 在游戏材料方面，考虑是否还有其他物品引发幼儿在游戏中的新发现，可以添置更多材料支持幼儿进一步探究。

五、案例总结

《纲要》指出：要为幼儿的探究活动创造宽松的环境，支持、鼓励他们大胆提出问题。在这次幼儿自发玩沙活动中，我及时抓住教育契机，让幼儿在沙地上玩要，感受沙的温度，感知沙的特性。在不断失误的过程中，幼儿不断积累经验，不断采取各种方法验证自己的猜想。教师给了幼儿充分的空间，既是幼儿游戏的玩伴，又是隐性的引导者。幼儿通过直接感知、亲身体验和实际操作进行科学学习，激发了好奇心与探究欲望，形成了良好的科学素养，充分体验着玩沙的快乐。

幼儿随着年龄的增长和身心的发展，游戏的水平从平行游戏过渡到结伴游戏、合作游戏，而自主游戏的形式，充分尊重了幼儿的意愿，让他们可以根据自己的兴趣、喜好做选择，释放了幼儿的天性。因此，在游戏中，教师可作为观察者，记录、归纳幼儿的玩法，将游戏的主动权还给幼儿，让幼儿在游戏中发现、探索、进步与成长!

丢失的郁金香

云南省昆明市五华区团山幼儿园　张新艳

一、案例背景

大二班将以面塑制作“郁金香”花束送给妈妈。在正式教小朋友制作之前，大班组的老师提前用面塑泥制作了栩栩如生的6朵非常漂亮的郁金香。

二、案例描述

大二班的胥老师组织用面塑材料制作郁金香花束送给妈妈作为礼物的活动。胥老师提供了真的郁金香花束和集体教研时制作的面塑郁金香花束让孩子们观摩，孩子们在老师的指导下制作自己的郁金香花束。但然然小朋友在活动中不停地捣乱，不是拿了小朋友的面塑泥，就是抢了小朋友的制作工具。9时40分，生活活动和户外活动时间到了，胥老师把借来的郁金香随手放在瓶子里就带着孩子们下楼去生活活动和户外活动去了。11时，小朋友们回到了活动室，胥老师发现借来的郁金香花束不见了。

胥老师用疑惑的表情问孩子们：“咦？我准备借给朱老师的郁金香不见了，你们知道它们躲到哪里了吗？”

敏敏马上回答：“老师，我知道，我的书包里有1朵花。我特别喜欢，刚才我拿了放在书包里，想带回去给妈妈和姐姐看看。”

胥老师说：“愿意分享好东西特别好，不过，这朵花可以直接放进自己的书包带回家吗？”

孩子们开始发表自己的看法：有的说不能带回家，因为是老师给我们借的；有的说不是自己的东西不能带回家，可以让爸爸妈妈买……就这样，孩子们一起讨论并明确了“不属于自己的东西，是不能直接放进书包悄悄带回家的”。讨论过后，有2个小朋友从书包里拿出郁金香放到了瓶子里，可还是少了3朵花。又询问了一遍有没有小朋友把花忘在了自己的书包里，孩子们也都去自己的储物柜里找了一遍，还是没有找到花。

老师们讨论了一下，跟小朋友们说：郁金香可能是掉在什么地方了，过一段时间应该就会出现。于是和孩子们先把找到的3朵郁金香给了大三班的朱老师，并告诉朱老师我们暂时丢失了3朵花，等找到了再给她。回来后和小朋友们约定看看谁会最先发现那几朵丢失的郁金香。

20时，胥老师看微信朋友圈时，突然看到了然然妈妈17时30分发的朋友圈“感谢宝贝亲手做了送给妈妈的礼物”，配图就是今天丢失的3朵郁金香照片。胥老师立刻给然然妈妈打电话沟通了关于郁金香花束的来龙去脉，并叮嘱她先自然地和然然聊聊是怎么回事，其他的事一概别聊，也不要发火，并观察一下他的情绪变化。

第二天早上，然然妈妈送他来幼儿园并把郁金香花束也带来了。胥老师笑着接过郁金香花束，意味深长地看了一眼然然，摸着他的头说：“然然妈妈，这是幼儿园的，谢谢您帮我们找到了！”然然红着脸，低下头，快速进入教室。区域活动时，胥老师对然然说：“然然，和我一起去绘本馆拿下东西吧。”到了绘本馆，胥老师找了两把小椅子和然然面对面坐下。胥老师看着然然的眼睛说：“现在这里没有其他人，然然，有什么想和老师说的吗？”

然然低下头，不敢看胥老师的眼睛，小声说：“胥老师，对不起，我昨天把郁金香偷偷拿回家了。你问的时候我也没有拿出来。”胥老师摸摸然然的头：“你道歉，是觉得自己做得

不对。那是什么地方做得不对呢？看胥老师的眼睛，好吗？""昨天小朋友都说了，不是自己的东西不该带回家。""你特别喜欢这儿朵郁金香才带回家的吧？你想给妈妈送礼物，又怕被妈妈发现不是自己做的花，那你一定不踏实吧？""是的。""做事时要看看这件事本身是对还是错，而不是看会不会被发现，知道了吗？即使老师和妈妈没有发现，我们也不能把别人的东西随便带回家。郁金香的事我会给你保密，但是老师希望你以后做事情前都能先想一想这件事是对还是不对，做了以后心里会不会踏实，好吗？有没有什么好方法能让心里踏踏实实的呢？""可以自己做，或者跟老师说明让老师送一朵。""好吧，我现在带材料来，我们一起做一朵吧。"

胥老师和然然一起制作了一朵郁金香，并约定今天回家时送给然然妈妈。"现在心里舒服了吗？"胥老师问。然然脸上露出了微笑："嗯，我今天可以开心地送给妈妈了，不用担心了。"

三、案例分析

在幼儿园生活中，儿童的"偷拿"问题处理不当就会刺激他们的自尊心，甚至使他们产生逆反心理，进而引发一些不良行为。

四、案例措施

1. 教师善于发现教育契机，把宏观的教育目标——立德树人和童蒙养正同每一个教育现场联系起来。老师在发现郁金香不见时，没有大动干戈地查找，而是把它当成一个教育契机，轻描淡写地用表情和语言让孩子们讨论并明确了"不属于自己的东西，是不能直接放进书包悄悄带回家的"。老师也没有因为幼儿拿了幼儿园的郁金香就立刻不分青红皂白地苛责谩骂、批评幼儿，让幼儿道歉等。而是坚持正面引导——"有没有小朋友把花忘在了自己的书包里"，既解决了问题，又保护了孩子的自尊心。

2. 时刻关注孩子的心理健康和心灵的成长。《幼儿园工作规程》指出："幼儿园应当充分尊重幼儿的个体差异，根据幼儿不同的心理发展水平，研究有效的活动形式和方法，注重培养幼儿良好的个性心理品质。"我们应当遵循幼儿身心发展规律，注重个体差异，引导幼儿个性健康发展。在郁金香被找回来后，老师找私密的空间用积极引导式的语言和然然谈话，鼓励然然说出事实。其次，站在幼儿的角度想问题，耐心沟通。幼儿对于自己喜爱的小物品，有点小私心，想据为己有，是很正常的。成人不能把问题想得过于严重，更不能指责幼儿，而要与幼儿耐心沟通，让其明白：不是自己的东西坚决不能拿；就算是偶然捡到的，也要交给老师；拿了及时归还，也是好孩子。

3. 及时和家长沟通，家园形成合力。《纲要》指出：家庭是幼儿园重要的合作伙伴，幼儿园应争取家长的理解、支持，鼓励家长参与幼儿园的各项活动，帮助家长理解和指导幼儿的发展。在此案例中，老师发现了郁金香的线索，及时跟然然妈妈沟通，并指导其方法。老师及时与家长沟通，让幼儿知道，遇到问题，老师和家长都会帮助他，这更有利于形成良好的亲子关系、师幼关系。对待幼儿的"偷拿"行为，我们必须用足够的耐心与爱心来引导，家园携手，引导幼儿个性健康发展。

五、案例总结

幼儿的道德认知并非天生，而是呈现出一个外部活动向内部活动转化的过程，并且要经过相当长的时间才可以完成。

神奇的消化系统

广西医科大学幼儿园　陆盼盼

一、案例背景

孩子们的前期经验已经探索了食物的第一站：牙齿。百科知识："食物就像游客一样在我们的身体里旅行，首先食物在口腔里被咬碎，通过食管传送到胃里，在胃里被进一步磨碎和分解，进一步消化，食物就渐渐变成糊状。糊状的食物到达小肠后，小肠壁慢慢地吸收食物内的营养，小肠会把食物的残渣传送到大肠里，最后食物的残渣经过肛门排出体外，排出体外的就是粪便。"如何让孩子们掌握这些知识呢？具体通过什么方式？我们来看看吧。

二、案例描述

我们在课程开始时问孩子，我们吃的食物到哪里去了？孩子们一致认为变成大便排了出来。那食物怎么变成大便呢？

(一)绘本《食物巴士》

内容：妈妈为阳阳准备了西瓜，并告诉他要把西瓜籽吐出来，因为他的嘴巴里停了一辆食物巴士，可以带食物去旅行。西瓜籽和其他食物在巴士上经过了食道站、胃站、小肠站、大肠站，最后都到达了马桶里。唯独西瓜籽没有变样。

整篇故事的语言十分生动有趣，通过讲述一颗西瓜籽在食物巴士中的旅行，让孩子们更直观地了解我们平时吃的食物都去了哪里，而且并不是所有吃进去的食物都会被吸收。

为了让孩子们更直观地观察消化路线图，我们请孩子们将自己喜欢的食物带上巴士，出发，经过食道(像隧道一样细细长长的)、胃(食物狂欢的地方)、小肠(有很多绒毛)、大肠(吸干水分)等站。

了解了消化器官的作用之后，我们在教室里也开起了食物巴士，孩子们变成自己喜欢的食物，"嘟嘟嘟"，出发了。

(二)综合活动

第二天，我们继续围绕着"西瓜籽变成什么样的便便"讨论。孩子们说变成黑色便便，变成"香蕉"便便，变成水水便便。

教师提问："什么情况下会便出水水便便、球球便便、'香蕉'便便？"

幼儿1："喝完汤的时候会便出水水便便，因为汤是水煮出来的。"

幼儿2："我觉得是吃冰激凌的时候便出水水便便，因为冰激凌会融化成水。"

幼儿3："我觉得吃香蕉之后会便出'香蕉'便便，因为它们的形状很像。"

教师："是像大家说的这样吗？我们来看《糊糊·臭臭·便便·球球》绘本里的便便博士怎么说。原来便便的形成是由食物决定的：如果吃太多冰的食物会便出糊糊便便；如果吃太多热气杂乱的食物会便出臭臭的便便；如果不吃蔬菜和水果会便出球球便便；只有健康地饮食，多吃蔬菜不挑食才会便出健康的'香蕉'便便。"

第二天，我们结合了《食物巴士》和《糊糊·臭臭·便便·球球》学到的知识，以及看了视频《正确饮食》之后，在户外玩了"食物的旅行"游戏，让孩子们通过肢体动作和律动促进消化。碎片化延伸——希沃游戏"糊糊在哪里"。

(三)户外活动

在通过绘本、谈话活动、图片学习、情景表演等方式学习之后，幼儿对消化器官已经

有了一定的理解。随之教师组织幼儿利用“超级工程院”的材料做搭建游戏，选最喜欢的器官完成搭建。这个时候幼儿已经体现出小组合作的学习品质了，他们会选择心仪的同伴，一起商量搭什么，怎么搭，用哪些材料搭。

幼儿与同伴一边搭建一边观察图片，从中选择合适的材料。能看得出来幼儿的兴趣点不同，但都能在不同程度上有所提升。孩子们搭建食管、马桶、嘴巴、呼呼便便、蹲厕、胃、大肠等。在搭建“小肠”的时候，有幼儿发现小肠是弯弯曲曲的，但材料没办法转弯，怎么办？这个时候覃老师及时引导，提出换其他材料试一试。

在找完所有材料之后，发现有个多口连接的空心玩具能转弯，最后成功拼出“小肠”。

三、案例分析

1. 小班的幼儿在欣赏完绘本之后，并不是所有的孩子都能记住故事内容，教师利用绘画的方式帮助幼儿加深对食物消化时经过的器官的印象。

2. 绘画能激发幼儿的观察兴趣，探索事物之间的联系。教师要帮助幼儿把图片中的基本因素联系起来。

3. 幼儿的游戏场地从教室转移到户外，培养了良好的规则意识。

四、案例措施

1. 教师请幼儿变成一种食物，跟着巴士去旅行，提高了幼儿对游戏的兴趣，同时也可以提高幼儿看图说话的能力。

2. 教师带领幼儿在教室里情景扮演食物巴士，丰富了多种感官的学习，让幼儿亲身体验游戏的乐趣。

3. 当食物到了胃时，教师结合幼儿最喜欢的早操“口香糖”做律动表演，体现胃的作用是让食物在里面狂欢，同时也增加了趣味性，提高幼儿的专注力。

4. 教师利用情景游戏的图片给幼儿做参考，帮助幼儿先观察消化器官的样子，再选择合适的材料开始拼搭。

5. 教师观察到有个别幼儿利用直长条的材料搭建小肠，小肠的造型是弯弯曲曲的，幼儿想拼出转弯的造型。于是教师及时介入游戏，建议再去找找是否有更合适、能转弯的拼搭材料。

五、案例总结

《神奇的消化系统》反映小班幼儿认识自我的教育内容。由于认识、探索的对象来自认识主体自身，这对小班幼儿来讲无疑是件神秘又充满乐趣的事，因此全体幼儿始终情趣盎然地投入活动。

在目标的定位上，我们将认识、技能、情感三要素有机地结合，立足于让幼儿在多种感官的参与下，通过感知观察来比较推理。通过各个领域的整合——融合了语言、手工、常识、肢体表演、多媒体、游戏等形式让幼儿初步了解身体的构造，知道消化系统各器官的外形特征及作用，并教育幼儿保护好自己的身体。整个活动收到了很好的效果。

嗨，我的情绪朋友

广西医科大学幼儿园　王　璐

一、案例背景

《指南》健康领域的“身心状况”中提出：幼儿情绪安定愉快，有良好的情绪表现是心理健康的重要标志。对幼儿来说，情绪的安定与愉快是维护身心健康、促使其产生社会适应行为并逐渐形成良好个性的重要条件。随着年龄增长，幼儿的情绪表达越来越丰富，让幼儿认识情绪，表达情绪，对自己的情绪有控制、有感知非常重要。情绪看不见也摸不着，怎样带着幼儿认识情绪，感受情绪呢？

于是，我们决定探索：了解情绪小怪兽的种类及每个情绪的内容；以某一个情绪导入，引出别的情绪小怪兽；在初步了解后开始每个情绪屋的体验活动，最后根据自己的体验做小结及表征。

二、案例描述

(一)初识情绪小怪兽

关于情绪，孩子们这样说：

哎呀：“我和好朋友一起玩的时候就会很开心。”

润和：“我妈妈不让我去世纪花园玩，我就会伤心。”

双双：“如果我的好朋友和别人玩了，我会伤心。”

乐曦：“有时候，老师叫我回答问题，我没有想出来，我就会很害羞。”

玥玥：“我有时候会哭，因为我排队没有排到第一个……”

(二)分辨情绪小怪兽

孩子们每天都会有各种情绪变化，因此，借助《我的情绪小怪兽》绘本阅读活动帮助孩子们深入了解各种情绪的由来。在活动中，孩子们也积极讨论了每个情绪相应的表情及应对措施等。除了表情，我们还可以如何表达情绪呢？

欣妍：“可以画下来。”佑佑：“可以用艺术区的材料做出来。”绘本故事是引导孩子认识情绪，掌握情绪调节能力的有效途径之一。借助绘本《杰瑞的冷静太空》，以里面的坏情绪为导引，引发关于“如果有坏情绪该如何缓解”的讨论。其实，坏情绪并不可怕，可怕的是我们不懂得如何用正确方法排解，这样会极大地损害我们身心的健康。那心情糟糕时怎么办呢？我们看了杰瑞和他妈妈是怎么调节的，于是和孩子们讨论平时他们都会有哪些坏情绪，是怎么处理的，积极发散孩子们的思维。

哎呀：“我生气的时候会大喊大叫。”

露匀：“我生气的时候会哭。”

铭铭：“我很伤心的时候也会哭，哭到停不下来。”

上镜：“我不开心的时候，妈妈抱抱我就好了。”

玮玮：“不开心的时候吃颗糖就好啦。”

(三)表达情绪小怪兽

情绪屋体验活动，我们分为五个场馆：开心屋、平静屋、勇敢屋、爱心屋、生气屋。我们班承接的是开心屋，于是和孩子们讨论了开心屋应该如何布置才能让我们变得开心。孩子们很积极，也很兴奋。

关于场景：

孩子们纷纷说："过生日的时候是最开心的，因为有蛋糕、有很漂亮的装扮；过节的时候也很开心，因为有很多好吃的，有气球，还有一些亮片、彩旗。"最终，我们决定用彩灯、彩旗、帐篷、气球来装饰我们的教室，让我们的教室变得温馨漂亮，一进来就很开心。

关于变得开心的事情：

孩子们说：开心屋应该有糖果。于是决定做孩子们最爱的棉花糖。除了棉花糖，玩气球是让人开心的；唱歌跳舞也是开心的时候会做的事情。没问题，安排安排。孩子们还说到吹泡泡，但是考虑到安全和卫生问题，吹泡泡最后被淘汰掉了。

关于装扮：

在讨论时，孩子们纷纷表示自己要盛装出席班上的开心屋体验活动，所以还带来了自己喜欢的漂亮裙子，酷酷的奥特曼服装等。只要孩子们开心，统统带来换上，这就是属于他们的狂欢。

三、案例分析

《幼儿园保育教育质量评估指南》指出："幼儿在一日活动中是自信、从容的，能放心大胆地表达真实情绪和不同观点。"在这个活动中，我们站在幼儿的立场，倾听、引导、鼓励并支持幼儿，为幼儿营造温暖、轻松的心理环境，让幼儿从发现、讨论、认识情绪到辨别、表达情绪，再到学习管理、控制情绪等一系列活动中，体验、发现情绪无处不在，它就像我们的好朋友一样，会时刻陪伴在我们身边，有了情绪也是正常的。消极的情绪是可以通过管理来调节的。根据中班幼儿的年龄特点，他们知道情绪，但是对于情绪的了解不够深入，因此情绪管理的能力有待加强。我们应该借助绘本教学、集体讨论及亲身体验帮助幼儿提高情绪管理的能力。

四、案例措施

情绪时刻在我们身边，但对于中班的幼儿来说如何更合理地去调整情绪还是比较难的。我们只有先唤起孩子们对情绪的前期经验才能更深入地和他们一起走进情绪，让他们知道情绪就是我们在面对不同事情的不同感受，同时去识别、理解、表达不同的情绪。

《我的情绪小怪兽》为孩子们打开了一扇自我感知情绪的大门，通过不同颜色的情绪小怪兽，孩子们更清晰更深入地走进情绪世界，然后一个个去唤醒自己内心的情绪小怪兽。他们会恍然大悟：噢，原来这就是情绪！

《杰瑞的冷静太空》绘本阅读，利用一个活动时间去和孩子们深度分析、识别情绪及告诉孩子们应该如何调整坏情绪，如何发泄心中的不安、生气、难过……而同时也告诉大人应该如何去帮助、陪伴、支持孩子们的情绪管理。在孩子成长过程中，家长的角色很重要。

孩子们知道表情、动作可以表达情绪，也可以用一切材料去表达情绪，情绪对于我们来说都是可爱的情绪小怪兽，它们并不可怕。

调整情绪的方法有很多，并且不同的人有不同的处理方式，即使是孩子，也有很多种个性化的处理方法。我们仅仅通过不同的绘本从各个方面去和孩子们谈话、分析是不够的，必须借助环境，让孩子们去亲身体验、感知，帮助他们找到更适合自己的方法。所以我们设置了不同的场景，让孩子们近距离、直观地去感受和体验不同的人对于情绪的不同处理方法。

五、案例总结

通过一系列探索情绪的活动，孩子们的情绪管理有了明显的变化。不仅表现在幼儿园，在家里也是，孩子们更加愿意去和大人表达自己心中的不满、难过等，同时在和小朋友相

处时也有所不同，他们学会了共情，学会了体谅。随着课程的结束，也让我们有了更清晰的目标，我们也将更多地站在儿童视角去发现、观察、回应孩子们的各种变化(当然包含情绪)，希望在孩子们的成长关键期，给予孩子们关键帮助。

幼儿园该不该收这样的孩子

湖南省长沙高新区中心幼儿园坪山分园　石湘平

一、案例背景

幼儿园由于地理位置偏远，配套小区入住率不高，本学期仅开设了一个混龄班，共38名幼儿。开学一周后发现其中小班组有三名幼儿比较特殊，均有着不同的特点，如口齿不清、动作不协调、大便失禁，集体活动时在地上打滚，爬到高处，不时大叫，在活动室乱跑，等等，影响到了班级的其他孩子。

二、案例描述

在集体备课时，无意间听到老师们对“幼儿园该不该收这样的孩子”展开了讨论，大家有着明显的抗拒心理，大多数表明应该劝退。有带养特殊幼儿经历的邓老师说：“其实，咱们班这几个孩子还算发育比较好的，像孤独症儿童的行为才更令人焦虑。”……此时的我，没有马上介入，回到办公室开始思考解决办法。

三、案例分析

首先，作为教育工作者，应该落实立德树人根本任务，要理解、尊重儿童，支持儿童发展，不放弃任何一个孩子。作为园长，应及时引导树立教师正确的教育观和儿童观。其次，3—4岁是幼儿阶段的行为模仿期，其他孩子也跟着学样，导致班级无法正常开展日常活动。这个问题必须尽快组织教师代表一起商讨合适的解决方法，减缓教师的压力并保障班级所有幼儿正常的学习与生活。最后，幼儿存在这样特殊的行为特点，必须向家长了解幼儿的身体情况以及在家的表现情况，并反馈幼儿在园的情况，寻得理解、帮助和支持。

四、案例措施

和教学专干交流了解现阶段班级出现的带养问题，并商讨出周教研会以“幼儿园该不该收这样的孩子”为主题展开研讨。在研讨前，园长先为大家分享了“珍惜这段不寻常的经历”的师德师风培训，从教师职业道德、教育法规、教育理想等方面分析，通过换位思考法、比较法、举例说明法等方式让老师们知道，经过教育，特殊儿童也会出现奇迹。可是如果我们拒绝了他们，就可能扼杀了一个有希望的生命健康成长的希望。道理人人都懂，但一系列的问题还是摆在了眼前，毫无控制能力的幼儿需要专人负责，谁来负责？于是研讨活动开始了，大家的脑洞开始打开，逐一分析原因，各想其招儿。刘老师表示：“我们要先找家长交流，让家长了解幼儿在园的实际情况，追根溯源，还需要请医生给幼儿诊断，寻找幼儿出现行为偏差的原因。”谢老师表示：“因为是混龄班，大家都需要分组教学。在集体教学活动中，三个特殊儿童没有办法兼顾，是否可以安排新增一名老师？”邓老师说：“我是班级的保育老师，平时大家组织活动时，我就多关注他们在区域内的活动，照看他们的安全。”大家你一言我一语，都在为这三位特殊儿童出谋划策，大家决定珍惜这段不寻常的经历，方法策略也逐步成型。此时的我，倍感欣慰。

五、案例总结

1. 分析原因，承担责任

如果诊断后发现幼儿智力正常，不存在重大障碍，就应追根溯源，以求对症下药。例如：口齿不清是入园前缺乏人际交流还是生理性疾病；哭笑无常是因为身体不舒服还是某些心理需要得不到满足或没有学会表情对应表达；大便失禁是入园前排便训练不当，还是入园紧张或分离焦虑；集体活动中行为反常是否需要得不到满足，兴趣得不到重视。对此，教师要做细致的观察，一个问题一个问题地解决与矫正，勇敢地承担起教育责任来。

2. 耐心指导，纾解情绪

“捧着一颗心来，不带半根草去。”这句名言表达出的是一种无私奉献的高尚精神，这句话应是教师的职业操守。“特殊儿童”需要加倍耐心的呵护，有时引导数十次可能他们也无法掌握一项技能，但是教师绝不能就此放弃。教师应该用真情去感化、用关爱去引导“特殊儿童”，针对出现的问题有的放矢地采取措施。有时对于“特殊儿童”来说，掌握某项本领是次要的，能够让他们在一次又一次的尝试中获得进步、成长就足够了。

在午睡环节中，小晨在床上跳来跳去，爬来爬去。老师的提醒，对他来说没有任何作用，身上的能量感觉无处释放，当释放一会后，开始安静躺着，但时而吐口水到床沿上，时而捏鼻涕，随即又用舌头舔掉。此时老师温和地拿湿巾纸为他擦拭手上、嘴边、床上的污渍，并说：“我最喜欢晨晨啦，老师陪你睡觉好吗?”等他安静下来，轻声细语地告诉他：“口水、鼻涕上都有细菌，我们不能放进嘴里，要做爱干净的小朋友哦。”小晨点了点头，在老师轻轻的抚摸下进入了梦乡。经过了解发现，晨晨是爸爸中年丧子后领养的小孩，从小放养式教育，只希望他健康快乐就好，所以家人的放任不管、百依百顺，更进一步助长了他的不良习惯。父母与教师的言传身教、悉心陪伴才是最重要的。教育“特殊儿童”，仅用常规的方法肯定是不行的，教师要勤于反思，了解“特殊儿童”的家庭环境、心理需求，懂得如何沟通，这样幼儿轻松愉悦，家长安心，更愿意配合教师，教师也教得轻松，充满成就感。

3. 多方协同，共助成长

幼儿园教师工作繁重，班级就需要有合理的人员配置，同时老师们是非特殊教育专业的教师，更需要专业的指导，才能进行持续性的研究。首先，幼儿园新增了一名实习生到班级协助工作，让原有教师有更多时间和精力关注和指导幼儿的成长。其次，在家长同意的情况下邀请特殊教育的专业教师进班观察和诊断，并针对感统失调、语言发育迟缓幼儿的带养方式，幼儿园、家庭、特殊教育三方进行探讨交流，指导家庭教育策略。再次，班级教师建立特殊儿童成长档案，每天做一日生活与学习的观察与分析，定期开展电访、面访等工作，了解幼儿在家、在园的不同表现情况和共性情况，同步家园育儿方式，多方协同，帮助特殊儿童成长。最后，特殊教育专业教师定期开展交流学习活动，帮助幼儿园教师进一步了解“特殊儿童”的发展需要和指导策略。

骑行挑战

黑龙江省齐齐哈尔市和平幼儿园　肖　丰

一、案例背景

幼儿园教育“要以游戏为基本活动”，要发现、保护和引导幼儿固有的天性。而平衡车作为新颖有趣且对幼儿的身体素质和身体形态都有积极影响的运动形式，深受幼儿的喜欢。

笔者所在的小班幼儿对于户外平衡车游戏已有新的探索玩法，不再基于平地和狭窄空隙中骑行，而是开始挑战在一定高度上骑行。这一现象引发了我的关注。

二、案例描述

建熹骑着平衡车在搭着安吉箱的木板上，从下往上骑，尝试了 3 次都没有骑上去，边骑边说“好滑啊”。大霖哼唱着歌骑车过来，被建熹骑车玩法吸引，看了一会说：“建熹，这个太滑啦，换一个吧。”大霖说完就把平衡车放下，然后和建熹一起合力把搭在安吉箱上的木板搬走了。建熹把梯子拖了过来，大霖和两个伙伴从另一边把矮的攀爬架搬来，建熹看到后说：“不要搬那个，你们来搬这个。”接着又一个一个地叫着伙伴的名字，四人一起搬着梯子往安吉箱处抬去。第一次，梯子没有搭上。第二次，四人又变换了一下位置，梯子搭上了。哲锐看梯子没有搭稳，又挪动了几下梯子，梯子搭好了。

建熹第一个尝试骑着平衡车沿梯子往安吉箱上前进，走了两步没有成功。嘉兴和哲锐也来尝试，两人都是双手握住平衡车车把，用脚踩着梯子的梯梁处，一点一点地往上移。嘉兴先到达安吉箱上，又开始向右边连接的更大的安吉箱前进。哲锐在马上要到达安吉箱时一脚踩空，在老师的帮助下踩稳并继续前进，最终也成功到达安吉箱上。而嘉兴在自己的努力下成功到达更高处。建熹在继续尝试着。

三、案例分析

作为教师，我深深叹服孩子们敢于冒险的能力。在尝试从木板上往上骑车时，建熹和大霖具有初步的探究能力，在探究中认识周围事物，发现游戏材料木板滑，摩擦力小。当游戏材料不合适时，孩子们能通过交流、协商一致的办法将木板变换成梯子，说明他们具有一定的沟通能力。而对于小班孩子来说比较沉的梯子，他们可以一起合力搬着梯子走，第一次没有搭上安吉箱，第二次不光搭好，还要搭稳，这些都体现了孩子们的合作、安全方面的意识和能力。

在游戏过程中，建熹遇到个难题：在木板上几次尝试没有骑上去，把木板换成梯子后，还是没能骑上去，如何才能稳稳地骑车到达安吉箱上呢？他一直在尝试中，并没有放弃探究。而教师心里明白：只要幼儿还在探索，还在想办法尝试解决，自己就不需要介入，教师的不主动介入就是在给幼儿挑战成功的机会。

在整个自主游戏活动中，作为教师的我只充当一个安全员的职责，给幼儿创设一个宽松、具有安全感的游戏氛围，鼓励、支持幼儿按照自己的节奏挑战自己，相互合作，探究解决问题，不控制、不干扰幼儿的游戏。当幼儿表现出冒险和挑战行为时，教师应以最敏锐的反应淡定地靠近幼儿。靠近是为了在有危险时能够及时保护他们，而非干涉、干预或指导，从而最大限度地保障幼儿能够接触并享受物理的、社会的、治理上的冒险，相信幼儿的才能和潜力，让幼儿能够毫无顾忌地投入游戏中。

当幼儿在游戏中的某些行为即将引发危险时，教师毫不犹豫地拉住幼儿，没有语言干

预，只有行为的支持。教师拉住幼儿后，一直等到幼儿在梯子上站稳，确认没有危险了，才后退一步，站在一旁继续观察幼儿游戏。教师全程都在关注幼儿的冒险行为，并将介入程度降到最低，努力保证幼儿的游戏不被打断。

四、案例措施

(一)共感体验：游戏的心理支持

在游戏推进的过程中，“教师如何发挥作用”是我们思考的第一个问题。首先是心理支持，教师对幼儿的各种先行探索行为给予充分肯定；其次是提供探索的时间、空间和人际支持；最后是调动幼儿对问题保持持续探究的热情，使探究在一次次师幼共同体验中不断发展。

(二)材料互动：深度探究的载体，衍生教学

自主游戏中，幼儿根据自己的想法和需求变换材料，教师给予必要的支持，从而生成幼儿感兴趣的、需要的课程，促进幼儿的游戏发展和深入探究。材料是隐形的推手，材料的预设和生成、对材料的选择和运用，反映幼儿的原有经验、探究水平。幼儿用自己找到的材料调整坡面的滑度，用比木板宽、比木板有摩擦力的梯子来做连接安吉箱的坡面，让幼儿知道验证、比对的重要性，不同材料带给幼儿不同的能力，也带来更自然、更有深度的合作。

(三)幼儿兴趣：引发安全教育活动

游戏是幼儿最乐于参加的活动，将安全教育融入游戏活动中，往往能够取得事半功倍的效果。首先，在每天和幼儿的晨间谈话过程中，将一些有关于自我保护的常识灌输给幼儿，让幼儿有所意识，教师也要用宽容的态度去对待幼儿的一切行为，并且要很有耐心地对幼儿进行教育，让他们体会到安全和信任，在一个舒适的环境中快乐成长；其次，要教会幼儿在挑战冒险时，要寻求老师的陪同，不要盲目去冒险，要有自我保护意识，教师的陪同是为了在有危险时能够及时保护他们，而非干涉、干预或指导，是最大限度地保障幼儿安全；最后，家园合作共育也很重要。《纲要》指出：“家庭是幼儿园重要的合作伙伴。应本着尊重、平等、合作的原则，争取家长的理解、支持和主动参与，并积极支持、帮助家长提高教育能力。”应家园联合培养幼儿的良好习惯，使幼儿健康快乐地成长。

五、案例总结

此次幼儿自发的自主游戏，不仅让幼儿积极地参与体育活动，还逐渐形成技能，更让他们体会到了高难度挑战给骑行带来的新乐趣。自主游戏的开展，回归幼儿、尊重幼儿爱玩的天性，把游戏的权利还给幼儿，打破区域活动的界限，让他们自由、自主、自发的开展游戏，让幼儿在活动中健康、快乐地成长，幼儿收获的是满满的喜悦。

陈鹤琴先生认为：“游戏是儿童的心理特征，游戏是儿童的工作，游戏是儿童的生命。从某种意义上说，幼儿的各种能力是在游戏中获得的。”游戏是幼儿童年生活不可或缺的一部分，它是幼儿童年的欢乐、自由和权利的象征。自主游戏中，让幼儿拥有游戏的自主权、成为游戏的主人、体验游戏的快乐，才能保证游戏的本性——自由和快乐，才能更有效地促进幼儿的学习和发展。

阅读及“悦读”

——以2—3岁宝宝“日常早教亲子活动中亲子阅读”为例

福建省厦门市思明区社区教育服务中心(早教中心)　李慧艳

一、案例背景

近年来，国家大力提倡全民阅读。亲子阅读引起家长的重视，孕期宝妈胎教给宝宝读绘本，宝宝出生后父母每天坚持亲子阅读，孩子从小养成爱阅读的习惯。有的家长反映自己家的宝宝不喜欢阅读，怎么办？如何从小培养宝宝阅读的兴趣？对早教中心的宝宝进行观察、分析、研究并提出相关策略。

二、案例描述

场景一：

萱萱28个月，10个月大的时候来到早教中心，她是一个自主意识很强的宝宝，去年由于妈妈怀二胎，每次亲子活动课由奶奶陪伴她来到早教中心，拉着奶奶的手往阅读区走。今天她从书架上拿出《画了一匹蓝马的画家》绘本让奶奶讲，奶奶从封面开始讲，一页一页地讲。听完一遍，萱萱让奶奶又从头讲了一遍。又从书架上选了《好饿的毛毛虫》和奶奶一起阅读，她拿到这本绘本嘴里嘀咕着“毛毛虫”，奶奶边指着画面边给她讲，萱萱很认真地听着。萱萱和奶奶在阅读区亲子阅读时间为30多分钟。

场景二：

又是一周的亲子活动课，萱萱和奶奶一进教室就去了阅读区，萱萱又拿起了《画了一匹蓝马的画家》绘本，这次奶奶和萱萱有了互动，奶奶问“画了什么?”萱萱：“马、大象、北极熊……”奶奶给她补充：“蓝色的马。”萱萱跟着奶奶说：“蓝色的马。”今天奶奶和萱萱阅读绘本《好饿的毛毛虫》，前面几页奶奶讲述，到了毛毛虫饿了找食物吃时，她会问萱萱：“星期一吃了什么?”“草莓。”奶奶问：“几个草莓?”奶奶和萱萱一起点数了草莓的数量……

这次的阅读时间为25分钟。

场景三：

第三周萱萱和奶奶又来到了阅读区。奶奶对萱萱说：“你自己看吧。”萱萱拿起了《棕色的熊、棕色的熊，你在看什么?》这本绘本，她坐在地垫上一页一页地翻阅，边看边说：“红色的鸟、红色的鸟，你在看什么?”一旁的奶奶就回应萱萱：“我看见一只黄色的鸭子在看我。”这下换成奶奶问：“黄色的鸭子、黄色的鸭子，你在看什么?”萱萱就回答：“我看见一只绿色的青蛙在看我。”奶奶鼓励萱萱：“嗯，真棒!”……奶奶专心陪伴萱萱一起阅读，她们一起阅读了4本绘本，直到区域活动结束。

三、案例分析

0—3岁早期阅读的目的在于培养婴幼儿良好的阅读习惯和激发阅读兴趣。兴趣能激发婴幼儿学习的内驱力，是开展阅读与所有学习活动积极的态度倾向。萱萱连续三周的区域活动时间都是在阅读区进行亲子阅读，很专注，每次时间都在20分钟以上，其他宝宝看书的专注力持续得很短。为什么萱萱的阅读兴趣这么浓厚，教师产生疑惑：萱萱在家是如何进行亲子阅读的?

与家长沟通了解萱萱在家阅读的情况：萱萱妈妈在宝宝一岁的时候就正式开始亲子阅读，会根据月龄特点、宝宝近阶段喜好及时投放各类书籍。提供一个适合她身高的小书架，

地毯、绘本，每一至两周更换一次。选书、拿书、看书、整理书都由宝宝自己完成。全家人都参与陪伴宝宝亲子阅读，包括爷爷奶奶，白天爷爷奶奶陪伴阅读，晚上主要由爸爸妈妈陪伴阅读。

四、案例措施

2 岁左右是宝宝语言表达的“爆发期”，也是对语言刺激十分敏感的时期。根据宝宝发展特点，提供适宜的环境，合适的读物，有助于宝宝的语言发展。

1. 从宝宝月龄特点出发选择适宜的绘本

宝宝进入 2—3 岁，宝宝的词汇量增大，语言表达能力增强，自主活动意识提高，理解能力快速发展。绘本是最易让宝宝认识世界的方式，也是最有爱、最有效的方式。可以通过阅读认知类或生活类图书帮助宝宝更好地处理生活任务和建立秩序感，进行自我服务。如绘本《阿立会穿裤子了》、《鳄鱼阿鳄爱洗澡》、小熊系列丛书，通过对日常生活、亲子沟通和生命起源的描述，与实际生活相联系，增加宝宝日常经验，启发想象力和模仿力，调动宝宝阅读的兴趣。

2. 创设良好的家庭阅读环境

要让宝宝喜欢阅读，家长应为宝宝布置一个温馨舒适的阅读区。阅读区要尽量选择在采光充足的房间，保证宝宝在阅读时或与宝宝亲子共读时采光充分；准备一个适合宝宝取放的小书架；有固定的坐垫或是桌椅，选择宝宝喜欢的书，坚持每天在宝宝能安静的时间讲短小、有趣的故事。

3. 建立轻松愉快的亲子阅读氛围

亲子氛围是保证宝宝积极参与阅读活动的关键因素，也是保证宝宝产生阅读兴趣的首要条件。小月龄宝宝的家长，可以把宝宝揽在怀里，使宝宝产生安全感、亲切感。月龄大一点的宝宝，家长可以和宝宝并排坐或面对面坐，这样就可以更清晰地看到家长丰富的表情。

4. 亲子阅读中多形式的互动

成人讲述故事的方法直接影响宝宝阅读的兴趣。宝宝太小理解能力有限，所以应该声情并茂地给宝宝讲故事，而不是枯燥地对着书读原文。文字对宝宝不重要，他们更关心图画和家长讲故事的方法。

阅读中要配合有效的提问。在宝宝翻书速度减慢的时候，家长可以通过提一些简单问题来吸引宝宝关注书中内容。例如，萱萱和奶奶对绘本《棕色的熊、棕色的熊，你在看什么?》内容熟悉，萱萱问：“红色的鸟、红色的鸟，你在看什么?”奶奶就回应萱萱：“我看见一只黄色的鸭子在看我。”或是讲到一半时停下来，引导宝宝尝试猜猜后面的情节，家长应该尊重宝宝的不同感受，积极鼓励宝宝边发现边猜想故事内容，鼓励他们融入故事中去。

5. 尊重宝宝对阅读的选择

凡事越强迫越没成效，放开点儿反倒容易成其事。有些家长听到同龄宝宝已经读了很多书会很着急，然后买来一大堆书缠着宝宝读，结果宝宝不买账，家长很失望。心急吃不了热豆腐，让宝宝爱上阅读大多要经历一个缓慢的过程，从一点一滴做起，从每天的陪伴做起，总能让宝宝养成一个好的阅读习惯。

五、案例总结

亲子阅读对婴幼儿的成长价值是巨大的，不仅可以让婴幼儿获得感官上的享受和情感上的满足，增强对周围事物的认知，还可以发展婴幼儿的语言能力。适宜的环境、正确的陪伴方式和成功愉悦的经验，能培养婴幼儿的阅读兴趣，使其养成良好的阅读习惯，提高婴幼儿阅读的技能和水平。

面粉的探索之旅

中国人民解放军63918部队幼儿园　焦雪娇

一、案例背景

根据幼儿的游戏需要，小班创设了“娃娃家”区域，让幼儿在环境和游戏中体验角色扮演，培养动手能力和乐观的生活态度，感受劳动的快乐。游戏中润宝喜欢拿起面包闻一闻、看一看。润宝：“这个面包好香呀!”泡芙：“这个不能吃，这是假的面包。”润宝：“那面包是怎么做的呀?”泡芙：“我妈妈会做面包，它是用面粉做的。”润宝：“面粉是什么呀?”孩子们纷纷上前问着。润宝：“咱们去问问老师。”孩子们对面粉的兴趣像是一粒种子在心里萌芽，借此契机，我抓住孩子们的好奇心和探索欲，和孩子们开始了面粉的探索之旅。

二、案例描述

(一)认识面粉

教师带领幼儿通过动画片了解了面粉的由来和作用。

(二)“面粉里的印迹”

以手指游戏“花园”导入，师生边走进大自然边说手指儿歌。

1. 走进大自然，激发幼儿参与探索的兴趣。教师：“来焦老师身边，我们来看看这棵树，它的叶子像什么?”幼儿：“像扇子。”教师：“哦，像小扇子一样。我们现在一起去看看其他小树。”教师：“我们再看看这棵树，它的叶子像什么?”幼儿：“像扇子，像船。”教师：“我们今天就要和它来做游戏，现在我们去彩虹伞场地吧。”

2. 巩固感知面粉的特征。请幼儿看一看、摸一摸、闻一闻，利用感官了解面粉，鼓励幼儿说出面粉的特性。

教师：“小朋友们，看焦老师带来了什么?”幼儿：“面粉。”教师：“面粉，那我们一起来看一看、摸一摸、闻一闻。”教师：“看看面粉是什么颜色?”幼儿：“白色。”

教师：“摸一摸，是什么感觉呢?”幼儿：“软软的。”

教师：“捧起来闻一闻，是什么味道的?”幼儿：“没有味儿。”

3. 游戏：“面粉里的印迹”。

教师展示用树叶、面粉来做游戏，引导幼儿观察、表达。教师：“小朋友们也要来做这个魔术，去找一片你喜欢的小叶子。”教师：“我们就要变魔术了，我们要把叶子放在哪里?”幼儿：“纸上。”教师：“我们拿着小筛子筛一筛，用小叶子来试一试，拍一拍。”教师：“你们的叶子铺上面粉了吗?”幼儿：“铺上了。”教师：“现在我们要做什么呢?”幼儿：“打开。”教师：“要轻轻地把小叶子拿起来，放在旁边。”教师：“发生什么事情啦?”幼儿：“我这有叶子印了。”教师：“你们的叶子印在纸上了吗?谁的小叶子成功了?”幼儿：“我。”教师：“我们一起来看看这个，这个是怎么回事呢?”幼儿：“面粉多了。”教师：“面粉多了，小宝说得特别好。还有我们在拿小叶子的时候，小叶子上的面粉如果散在印上，黑色的印还会显吗?所以我们要怎么样?”幼儿：“轻轻地拿起来。”教师：“我们把小叶子放在旁边，帮忙把面粉收起来。”

4.“面粉里的印迹”游戏拓展。

教师：“面粉也想和我们的小手来玩游戏。那下面我们就把小手放在纸上试一试，你想

怎么摆都可以。”教师：“小手掌印都出现在纸上了，好不好玩?”幼儿：“好玩。”

教师：“面粉和水也会发生特别神奇的事情，那我们回去以后可以跟爸爸妈妈在家里拿着面粉、水试一试，看看会发生什么神奇的事情!”

(三)游戏延伸

①面粉中的玩具。为幼儿提供面粉，让幼儿选择自己喜欢的玩具，在黑卡纸上进一步探索面粉游戏，感受面粉和玩具会发生什么。②和面大作战。家园合作活动，请家长在家带幼儿探索面粉和水的实践活动，感受面粉加水的变化和问题。③面粉大变身。带领幼儿揉面团，鼓励幼儿尝试将面团捏出不同的形状，并且说一说自己的方法和想法。

三、案例分析

1. 贴近生活，发现幼儿探究的兴趣

《指南》指出：教师要善于发现和保护幼儿的好奇心，利用自然和生活机会，帮助幼儿积累生活经验。面粉的内容贴近幼儿的生活，来源于幼儿游戏中的好奇心和探索欲，能帮助幼儿积累生活经验。

2. 环境支持，激发幼儿探究的欲望

《纲要》指出：我们要珍惜自然资源，让幼儿亲近大自然。活动中教师带领幼儿走进大自然，为幼儿提供相应的材料，让幼儿感知与操作所能接触到的事物，激发了探究的欲望，为幼儿提供了体验和探究的宽松环境。

3. 创设机会，满足幼儿体验探究的过程

活动过程中，教师带领幼儿走进大自然，感受大自然，探索感兴趣的事物。在多种感官参与下，巩固幼儿对面粉特性的感受和认识。在“面粉里的印迹”游戏中，教师理解每一位幼儿的思维方式和思维水平，以语言、目光、动作，支持、鼓励幼儿的探究活动。幼儿通过操作和体验，感受到面粉和叶子、小手发生的神奇变化，满足了幼儿体验探索的欲望。在探索的过程中，为幼儿创设表达和分享的机会，鼓励幼儿自由表达自己的感受和发现。

4. 家园合作，共同为幼儿创造探索的机会

调动家长资源，指导家长和幼儿进行亲子探索活动，探索面粉和水在一起的变化，让幼儿更深一步体验和探索。

四、案例措施

1. 区域活动、教学活动可继续通过幼儿不同形式的亲自操作和体验探究，与多领域结合，不断拓展，发展幼儿初步探索的能力。如“娃娃家”区域活动“我来做美食”，通过角色扮演游戏，爸爸妈妈照顾宝宝，为宝宝制作美食。在进一步探索面团的同时，了解爸爸妈妈的辛苦。

2. 发展幼儿初步探索能力的同时，使幼儿养成珍惜粮食的好习惯，珍惜他人的劳动成果。如教学活动“我是光盘小明星”，回顾幼儿在园和在家吃到的美味面食，知道面粉都是农民辛苦劳动得来的，争做“光盘小明星”，懂得珍惜粮食。

五、案例总结

教育家陶行知先生说：“生活即教育。”我们应为幼儿提供丰富的生活和游戏环境，满足幼儿多方面的发展，使幼儿在快乐的生活和游戏中获得有益于身心发展的经验。

幼儿对面粉的一次次探秘，一次次体验，串起了幼儿和面粉的故事，探究的热情一直在加深。幼儿在活动中学会从生活中寻找答案，丰富了生活经验，锻炼了思考的能力。生活课程的开展不仅培养了幼儿的动手能力，还让幼儿体验到了生活的快乐。

对体弱儿童保教育的干预

吉林省长春汽车经济技术开发区杨柳幼儿园　刘　辉

一、案例背景

幼儿园组织开展对肥胖幼儿、体弱幼儿的筛查和干预项目。中班有一名体弱幼儿，经过和班级教师以及保健医生协商后，采取科学合理的保教育手段干预以及家园共同配合，该幼儿目前身高、体重已达标，并能和其他幼儿一起参加各种活动。

二、案例描述

我们班上一个叫萌萌的小朋友，她是一个经常生病不愿意参加活动的宝宝，就餐时很多种类的饭菜都不喜欢吃，茄子、青菜、鸡肉、芒果等都不吃，有的是不喜欢吃，有的是吃了过敏，食欲不强，进食量比较少，进餐时间长。家长为此伤透了脑筋。经过体检测查确定是体弱儿。我们全面调查分析了体弱儿的特点以及引起幼儿体弱的原因。

三、案例分析

观察发现，萌萌在身高、体重方面明显低于同年龄段的孩子。针对体弱现象我们进行了详细的调查分析，发现引起儿童体弱的原因是多方面的：一是饮食结构不合理，饮食习惯差；二是睡眠时间不足，睡眠习惯不好；三是活动量不当，要么过大，使体能消耗过大，要么过小，影响消化吸收；四是家庭教育中家长对体弱儿的健康不重视或保育方法不正确(如吃得太细，穿得太多)。此外，先天不足及有疾病史也是造成儿童体弱的重要原因。萌萌只是众多体弱儿中的一个典型的代表，应通过对她的观察、了解、教育，帮助她增强体质，使其达到正常的发育标准。

四、案例措施

1. 合理膳食，均衡营养

合理的营养原则是：全面、均衡、适量。全面就是不挑食，餐桌上的食物要尽量多样化。饮食均衡就是食物中的各种营养素按一定的比例标准摄取。根据体弱儿易挑食、偏食的特点，我们首先跟家长沟通，保证家庭的饭桌上遵循以上原则，通过多种方法让她吃得开心，充分吸收营养。在幼儿园，保健医生会重点了解她的进餐情况，我们老师采取多种途径纠正她偏食、挑食的不良习惯。前两天测查微量元素，发现萌萌缺铁很多，我们和家长及时沟通，共同引导她多吃猪肝、木耳等含铁丰富的食品。

萌萌活泼好动，有强烈的求知欲和好奇心，对新鲜事物非常敏感而有兴趣，对食品的味道、色彩及形态都很注意，并易受成人和周围环境的影响。她喜欢吃新鲜、松软、切得较细、营养丰富而便于消化、易于咀嚼的食物，还喜欢色彩鲜艳、形象可爱的食物。如把面点做成小白兔形状，做三色糕等点心，最易引起她的兴趣而增进食欲。我们就给她讲明吃菜的好处，鼓励她细嚼慢咽，逐步养成不挑食的习惯。

我们还发现对她不喜欢的食品，不要强硬命令她吃，这样不但会引起她胃、肠道不良反应，而且会造成她很长一段时间对这种食品的反感，甚至拒食。对此，要慢慢引导，先引导她看别人吃，然后引导她少量品尝，使其慢慢引起好感而喜欢吃。

我们还创设了轻松愉快的进餐氛围。进餐的时候放点轻音乐，使幼儿保持良好的情绪。进餐中老师语言亲切，态度和蔼，鼓励她愉快进餐。同时在进餐中耐心诱导，引起她对食物的兴趣，保持愉快的进餐情绪。我们发现，选择旋律优美、动听、节奏舒缓、音量不大

的轻音乐，与幼儿进餐时的生理节奏合拍，能提高幼儿消化系统自主神经的兴奋点，起到增强食欲、帮助消化的作用。用少盛多添的办法让她不挑食，逐步增强摄入量。同时鼓励她吃各种食物，及时给予表扬，调动用餐积极性。

2. 加强体育锻炼

“生命在于运动”，适量的体育锻炼是预防疾病、增强体质的有效手段。萌萌的妈妈经常担心幼儿园的户外活动会不会让萌萌受凉感冒？其实不然。呼吸道易感儿平时更要加强体育锻炼，多进行户外活动，常呼吸新鲜空气，多晒晒太阳。保健医生每天会在门口重点注意，体弱儿是否在妈妈的陪同下慢跑来幼儿园的，叮嘱坚持每天冷水洗脸等锻炼孩子的耐寒能力，经常锻炼可以促使血液中红细胞、白细胞和血红蛋白增加，有效地改善和提高心脏、血管、呼吸和消化器官的功能水平。在幼儿园2小时的户外活动过程中，我们制订出科学的指导方案，在刚开始锻炼时根据她的身体状况循序渐进，因为剧烈活动有可能带来过度疲劳，反而导致免疫力下降。很多人都知道，体育锻炼是体弱儿康复的有效辅助手段，但是，这种锻炼决不可过量，必须针对病症、度身定制。一般认为，体弱儿不适合进行大运动量的剧烈运动，可以尝试节奏较为缓慢的各类体操，动作有点像太极拳，也有点像瑜伽。萌萌喜欢运动，但是坚持性不强。因此我们安排的活动都是动静交替的，还结合感统的一些器材。在玩乐中通过数十种训练器械达到刺激前庭、本体、视觉、触觉、听觉的综合发展。

3. 注重家园配合

家长对幼儿健康的观念，一般是认为只要不生病就是健康。我们通过家长会、家长学校、家教咨询等方式，让家长认识到：不仅是不生病，同时要发育正常；既不是体弱，也不是肥胖；不仅是生理的，而且包括心理的。使家长对体弱儿童的转变达成共识。

萌萌妈妈很重视孩子的健康，因此沟通起来能达成共识。但由于她工作忙，缺少保教知识。所以我会及时向她介绍幼儿园的作息制度安排、幼儿膳食安排、营养烹调、体格锻炼、体弱儿童的保健，使她了解、掌握科学育儿的知识，并在家庭中配合实施，共同促进体弱儿顺利地转化。

总之，只要幼儿园、家庭双方合作，共同关爱，体弱儿童的身体羸弱状况就能彻底扭转，这样宝宝真的少生病，妈妈也真的少担心了！愿全天下的宝宝都能健康成长！

五、案例总结

幼儿园是为所有幼儿提供优质学前教育的教育机构，特别是我们普惠性公办幼儿园，更应该在对特殊儿童开展有针对性的保育教育工作，制定体弱儿童管理制度，加强体弱儿童的个案管理和观察记录，总结梳理宝贵经验，让更多的体弱儿童健康成长。体质特殊的儿童需要早期干预，只要我们教师和幼儿园采取一系列科学合理、确实可行的方法措施，就能够及早干预和影响儿童，从合理的营养、保持良好的生活习惯、加强体育锻炼、注重家园合作等多方面进行引导，就会让孩子们逐渐走向正常，健康成长。健康的身体才是所有教育的基础和根本，因此，重视幼儿早期身体筛查和视力筛查等健康监测，保证及早发现问题，及早干预，是幼儿园最基础的工作内容，应该引起重视。

水美鱼肥

山东省高密市注沟中心幼儿园　王昱清

一、案例背景

本案例讲述的是大班幼儿通过教师引导在沙水区域预设“钓鱼、卖鱼、烧鱼”等游戏主题，基于自身兴趣，使用相关成型玩具，并利用低结构自然材料自制玩具自主开展的游戏活动。

观察发现，班级幼儿在沙水游戏中仍以结构游戏为主，在游戏规则和玩法上很难突破已经形成的“堆、挖”等经验型思维定式，很难发挥沙子作为低结构材料的深层功能，将沙子带入象征性游戏中。幼儿在游戏中能根据游戏需要做到沙水之间的材料结合，但少有水池、沙坑之间的环境结合。我预期通过投放玩具材料来引导幼儿突破思维定式，向更高水平的游戏发展。

二、案例描述

我在戏水池中投放了成型的小鱼玩具，提问幼儿：“怎么才能把鱼抓到手？”

他们迫不及待地说：“用网捞，下手抓……”当我提醒他们玩具上有螺丝钉时，他们随即说：“用磁铁!”当发现一旁还有树枝、短绳时，他们又像发现了新大陆一样高喊：“做磁铁鱼竿钓鱼!”这些互动体现他们在游戏中的观察和思考促进了思维的发展。

我顺势提问：“抓到鱼要怎么做成大餐？吃不完能不能卖?”还没等到他们的回答，就见他们赶忙摊开铺子，张罗起了餐厅、厨房、鱼店……“大二班渔业产业链”就此形成。

在幼儿投入游戏之后，我一边拍摄一边观察。观察时我以幼儿的角度体验他们的兴趣与需要，表扬幼儿在游戏中的积极表现，并鼓励、支持他们验证自己的想法。

作为教师，我享受到了最高规格的礼遇。当幼儿烹饪好“烧鱼大餐”后，迫不及待地端给我品尝。我假装享用大餐之后，提出了“多加盐、多放辣椒”等建议。幼儿也很喜欢这样的互动，享受自己的扮演角色时的发挥，享受自己的游戏成果，不时将游戏引向深入。

三、案例分析

1. 幼儿的兴趣和前期经验

观察发现，大班幼儿在沙水游戏中已普遍从联合游戏转变为合作游戏，能逐渐预设游戏目标并分工合作实现目标，并且技能多样，计划性、持久性明显增强。比如在中班阶段，他们以自身兴趣为中心相互模仿，利用湿沙塑型做蛋糕、堆小人，到大班阶段逐渐发展为几名伙伴一起合作，有分工、有目标地挖地道、建城堡……他们还逐渐尝试体验更高层次的愉悦带来的满足。在中班阶段，他们主要从游戏过程中感受愉快；到大班阶段，已经具备从目标实现中感受愉快的能力。

2. 幼儿的游戏表现

教师投放的游戏材料引发了幼儿的想象，幼儿的游戏思路被这些小鱼玩具引出的奇思妙想瞬间打通，他们热情高涨地绘就游戏蓝图，迅速建立起“大二班渔业发展区”，在预设“钓鱼、卖鱼、烧鱼”等游戏主题的驱动下，如火如荼地投入游戏。

他们在游戏中获得了丰富的经验，在现实生活习得的礼仪和技能都在游戏中得到发挥和实践。观察到的具体表现如下。

(1)他们在树枝上绑起短绳，短绳的另一头绑上磁铁当鱼钩，不一会儿每个人都拥有了

一根鱼竿。然后，他们迫不及待地去钓鱼。有的幼儿发现鱼线太长了，鱼钩沉入水底，根本无法掌控，他们就将鱼线裹缠在鱼竿上。

(2)有的幼儿鱼线没有系牢，小鱼还没上钩呢，他就变成了“光杆司令”，重新系鱼线的时候，他们就明白了要多缠几圈，多打几个结才行。

(3)玩具小鱼在水流的作用下，就像真的鱼一样游来游去，要想让鱼上钩，就必须专心致志地盯着小鱼，手的动作还要灵活协调。

(4)钓鱼的时候一定要站稳，要不然就会掉进“小河”里；他们还知道了不能把鱼都钓完，要给别人留几条。

(5)钓上鱼之后，他们找来小桶装鱼，桶里的水不能太多，要不然小鱼就游走了，水也不能太少，要不然小鱼就干死了。

(6)卖鱼的时候要双手把鱼递给客人，这表示对客人的尊重。客人走了，还要说谢谢光临。

(7)烧鱼的时候要把锅放稳，不然就会把袖子弄湿；开餐厅的时候要有人当厨师，有人当服务员，一定要分好角色，游戏才能顺利进行。

(8)卖不完的鱼可以拿回家和好朋友们一起分享，吃鱼之前要先干杯庆祝，吃过之后还要收拾碗筷……

3. 不足之处

活动不足之处主要是没有充分把握教育契机，应采取进一步的支持策略，鼓励幼儿思考自身表现以得到启发。

活动调动了幼儿在多个生活情境下的已有经验，支持幼儿在游戏中验证已有经验，为幼儿提供了发挥、实践现实生活中习得的各项技能的机会。活动可能生成多种教育契机。例如，科学领域关于磁铁的知识，幼儿脑中可能会产生“为什么钓鱼的时候磁铁会把小河里的一些细沙也吸上来?”“磁铁的磁力是不是有强有弱?”“为什么磁铁正、负极都可以吸铁但是两块磁铁的同极却相斥?”再如，健康领域关于食品卫生的知识，应引导幼儿游戏后思考“长大了当厨师，烧鱼的时候不能像游戏时这样用手摸食物，要把食物烧熟”“厨师要穿围裙，戴帽子”。又如，社会领域关于社交活动的礼仪，幼儿表现的卖鱼、开餐厅、聚会等角色扮演方式运用的是幼儿在日常生活掌握的经验，这些经验不一定完全符合幼儿个性和年龄特点，游戏也提供了教师为幼儿做出良好的社交礼仪示范的机会。

四、案例措施

我根据幼儿游戏水平和前期经验，预期通过投放玩具材料来引导幼儿突破思维定式，向更高水平的游戏发展。投放的游戏材料既有成型的小鱼等玩具，又有树枝、短绳、磁铁等低结构材料。

“游戏材料的种类对幼儿游戏的具体选择具有定向功能。”我预期运用这一功能，引发幼儿将“堆、挖”的结构游戏和“以物代物”的象征性游戏相结合。通过多种游戏方式相互融合，让幼儿的思维在兴趣的作用下产生发散和转变。

“游戏材料的提供对幼儿的游戏起暗示作用。”我预期把握这一作用，鼓励幼儿在引导下结合游戏材料自行预设丰富的游戏主题，并根据主题投入游戏，合作分工实现目标。

五、案例总结

本活动是幼儿基于自身兴趣，自主开展的游戏活动，活动贴近自然，在户外自然环境中进行。幼儿在游戏中愉悦、兴奋，表现出专注、分享等良好学习品质和亲社会行为。游戏过程体现出结构性游戏和象征性游戏相结合，表现出幼儿高质量的学习与探究。

幼儿能够在游戏中根据自己的兴趣和需要自主选择，与环境、材料充分互动，在游戏过程中不断调整主题和创设新的主题，自然延伸出更多的情境，不断创造新的玩法，充分体现象征性游戏、合作游戏、角色游戏的特点。

楼房变身记

山东省青岛市市北区宝应路幼儿园　孙晓梦

一、案例背景

正在搭建区玩的明明突然对我说："教室里太小了，好多东西都摆不下，孙老师我们可以出去搭建吗?"在明明的带动下，班内迅速掀起一股建构楼房的热潮。孩子们在搭建区运用积木、各种各样的箱子、水彩笔筒等材料开始了一轮又一轮的建构。在搭建前讨论的过程中，孩子们情绪高涨、非常兴奋，纷纷表示想在院子里搭建楼房。经过讨论和观察，孩子们初步制定了分组：搬运组和搭建组。

经过前期的室内搭建，孩子们已经掌握平铺、延长、垒高、排列、转向等技能，还能够合作、协商做游戏。在游戏过程中，我和孩子们一起收集了梅花桩、奶粉桶、薯片筒、纸箱、塑料水瓶等材料，期待他们能够在活动过程中萌发合作意识、立体思维，提高他们的建构水平。

二、案例描述

(一)场景一：烂尾楼

第一次建构游戏开始了，孩子们都特别激动。当他们看到积木时，搭建组大部分的幼儿已经忘记自己的任务，都争抢着去拿积木，高兴地将它们摆放了一地。

明明是搭建组的一名成员，他看了看周围跑来跑去的小伙伴，急得直跺脚："怎么都去搬积木了，搭建都没人了。"明明想办法拉着小伙伴一起搭建，可惜人手不足，很快到了收玩具的时间，这座楼还没建好，小朋友们都恋恋不舍地离开了。

回班分享交流的时候，我问孩子们："为什么今天的楼房变成了烂尾楼?"孩子们七嘴八舌地说道：搭建组小朋友都去搬积木去了，对材料不熟悉，找积木浪费的时间太多……我又问："我们下次应该怎样避免这种事情的发生?"孩子们思考后说道：要合作，要合理分工，坚持到底……

(二)场景二：消防设施齐全的小区

小朋友们不断地吸取前一次搭建的经验，已经不满足于之前的搭建形式了。这次搭建前讨论时，他们决定搭建出周围的楼房并组合成小区。小组分工也重新做了规划，分为别墅组、高楼组、物业组。搭建前，我再次丰富了幼儿常用的建构技能，一起欣赏了经典的楼盘照片。这次搭建选择什么材料呢？应如何进行搭建呢？孩子们再次展开了激烈的讨论。

萱萱、莹莹和霖霖三名小朋友这次是高楼组的成员，三个人一起协商、选择自己楼房的材料。萱萱说："我们家住在 23 楼，在家里一点也不晃，所以这次打底一定要结实。"莹莹也抢着说："这座居民楼这么高，住的人一定很多，消防设施一定要配备齐全。如果就像昨天看的消防视频那样发生火灾，就太可怕了!"

三位小朋友一边说着自己的想法一边操作着。莹莹拿了一块长木板，一端放在楼中间的位置上，一端放在地上，像个小滑梯，她自豪地说："这是消防通道，出现火灾时大家直

接滑下去，立马安全了。"萱萱也不甘示弱，拿了个鸡蛋形状的积木放在楼顶边上说："光撤离得快不行，这个是新型水基烟感器，不仅可以感受空气中浓烟的指数，里面感应器内的水基液体还可以灭火，更环保呢。"

在讲评环节中，这三位小朋友非常自信地介绍了搭建作品。其他小朋友们听得也很投入，纷纷说下次搭建的作品一定比她们还棒！

(三)场景三：和平之"居"

班里的小朋友一个个都是军事迷，正巧这周是海军节，我们邀请了一一的爸爸来到班里为小朋友们讲解了军舰的知识。小朋友们听后跃跃欲试，想要将楼房和军舰相融合，创造出更新颖的安居之所。

小朋友们都在热火朝天地搭建着。就在这时突然听到"哗啦"一声，我赶紧寻找声音的来源，原来是一座房子的顶部不小心塌了。我刚要去介入，发现小朋友们已经发现了问题，正在想解决办法。"'小方舱'怎么塌了呢?""积木这么小肯定不稳，咱们这风大，一吹就倒了。我记得'和平之舟'上的方舱是一个挨着一个的，这样更稳，我们也可以试试。""一个挨着一个分不清楚房间，让医生怎么找病人?"大林反驳道。糖糖说："可以手术室用绿色，住院部用蓝色，用不同颜色的雪花片进行区分，一目了然。"

小朋友们很快就搭建好了和平之"居"，正当他们想要邀请大家来看看时，他们听到了另一组的小朋友正在讲解自己的楼房，不仅可以在陆地上跑，还可以像舰艇一样入海。搭建和平之"居"的小朋友们不甘示弱，也纷纷想方设法创新。这时大白拿来了保安叔叔的钢叉支在了"和平方舟"的前端，钢叉的后上方放了一个奶粉桶，奶粉桶的底下放了一块正方体和圆柱体，很像汽车的挡杆。大白说："这个防空炮有雷达装置，可以识别不明飞行物，有了它，不认识的飞机、船靠近我们，它就轮番发射出去，让坏人有来无回!"

"寸土必争，寸土不让！我们以后也要去当兵，做一个保卫国家的人!"

三、案例分析

1. 幼儿有发现问题和解决问题的能力。场景三中的幼儿发现"方舱"倒了是因为风太大、积木太轻太小站不住，并立马想办法解决，让两块积木挨在一起，防止大风吹倒。还尝试用不同颜色的雪花片做标记，每个房间的作用更加清晰。

2. 发展了语言表达、社会交往能力。《指南》中指出："大班的幼儿能够与同伴分工合作，发生冲突时自己协商解决，知道别人的想法有时会和自己不一样，能倾听和接受别人的意见。"案例中萱萱、莹莹、霖霖一起建楼，她们表达了自己的想法，楼要安全设施齐全、结实、有很多层……她们乐意将自己的想法分享给小伙伴听，并且大胆地搭建出了新型的楼。

四、案例措施

随着幼儿户外自主游戏一次次推进，我已经很少做介入性指导。当出现一些问题时，我会在活动后的分享环节请小朋友们尝试去解决，引导幼儿自己思考解决问题，知道怎样分工又快又好，知道搭建高层时要注意稳定和安全，并时刻拥有一颗爱国之心。通过启发幼儿独立思考，引导幼儿在以后的生活中如果遇到困难，可以自己动脑筋来解决，不再依赖他人。

五、案例总结

本次游戏活动对幼儿发展的价值：解决问题的能力、不怕困难的品质、语言表达能力、社会交往能力。幼儿发现困难时，并没有直接放弃，而是先想办法、找原因。幼儿的游戏不再以单独游戏为主，而是趋向于合作游戏，在相互讨论、相互合作中共同完成任务。

小书包"慧"整理

上海市嘉定区梅园艺术幼儿园　戴思晓

一、案例背景

在幼儿园，每位幼儿都有一个自己的储物柜。昊昊会把水彩笔、口罩、手工作品等放进去，但是每次打开他的柜子都会有东西掉落下来，柜子里面的物品全部堆放在了一起，不方便拿取。可以看出，幼儿的整理能力和自我规划能力有待提高。

居家期间，结合"我要上小学"主题，老师在班级群内推送了"整理书包"的家教指导内容。昊昊妈妈便把昊昊整理书包的过程记录了下来。

二、案例描述

昊昊拉开书包的拉链，先把一本小的书放进了书包的最大一层，再把一本大的书叠了上去，然后拿起两本本子放到大书的上面。最后，昊昊将铅笔盒和水彩笔也一起放进了书包的最大一层，拉上了书包的拉链，对妈妈说："我整理好书包了。"家长在幼儿整理书包前和整理书包中没有语言提醒。

三、案例分析

1. 昊昊对于整理书包的方法不是很清楚。

2. 家长对于培养幼儿整理能力较重视，如，为幼儿提供了一个有简单分格的书包，方便幼儿整理。

3. 家长对于怎么培养幼儿的整理能力、计划能力不是很清楚，如，在幼儿整理书包前和整理过程中没有相应的引导。

四、案例措施

(一)针对幼儿

1. 线上互动，激发兴趣

"兴趣是最好的老师"，教师可以通过线上互动、云参观小学等方式引发幼儿对小学的向往，激发其整理书包的兴趣。

2. 认识书包，了解格局

在整理之前，让幼儿知道书包的功能性是十分有必要的。线上互动时，可以让幼儿分享自己的小书包，找找书包的共同点和收纳的地方，说说书包里可以放什么，什么东西放在哪里比较合适，等等，让幼儿了解书包的主要结构。

3. 制订计划，厘清思路

在幼儿整理之前，可以帮助幼儿理清思路，引导幼儿制作一张计划表，如，先放什么再放什么，什么东西放在哪一格，等等，让幼儿知道整理的方式方法，使得整理更有目的性和计划性。

4. 相互学习，经验共享

在幼儿整理完成后，可以组织一场线上分享会，引导幼儿分享整理书包的好方法，如，先把书整理好再放到书包里，本子按照大小放一起，等等。幼儿之间相互学习，积累经验，增强其任务意识，为入小学奠定良好基础。

(二)针对家长

家长知道培养幼儿良好整理习惯的重要性，有一定的培养幼儿整理能力的意识，但是不清楚培养幼儿整理能力的策略。所以作为教师，可以通过以下方法来实现家园共育。

1. 帮助家长明确观察要点

家长不清楚如何观察识别幼儿的整理能力发展到什么程度，对于一些观察策略不是很清楚。所以，教师可以告诉家长如何去观察幼儿整理书包，如，是否分类，是否整齐，等等。家长通过观察整个过程，及时发现问题，值得肯定的地方给予表扬，有调整的地方及时反思。此外，整理能力的培养是一个长期的过程，建议家长要有一个跟进，如，孩子上学了，一个星期内书本整理得怎么样，需要有一个评价的依据，对幼儿整理能力的培养要有一定的坚持性。

2. 帮助家长明确支持策略

作为教师，一是建议家长告诉幼儿怎么整理，如，大的书和大的书在一起，看书的大小，摆放整齐，再放入书包，等等，让幼儿了解整理方法。二是建议家长帮助幼儿明确整理书包需要的东西，可以给幼儿罗列一个表格，幼儿对照这个表格或图片来整理，按照书包的格子分类摆放。三是可以提供一些整理工具，方便幼儿整理，如，提供文件夹，放一些纸张，等等。

五、案例总结

小小的一个书包，有很多的秘密等着幼儿去探索。幼儿自主思考、探究、体验，不断积累经验，在自我计划的过程中提高了任务意识，在整理的过程中提高了动手能力，为入小学奠定了良好基础。成功的幼小衔接，不是小学知识的提前传授，也不是小学教育模式的超前进行，而是良好习惯的养成与各种能力的准备。所以，我会继续关注幼儿良好习惯的培养，促进幼儿的全面发展。

入园巧“衔接”

四川省成都市第十二幼儿园　秦　丹　廖梦兰

一、案例背景

《纲要》指出：“环境是重要的教育资源，应通过环境的创设和利用，有效地促进幼儿的发展。”生活教育就是给生活以教育，用生活来教育，为生活向前向上的需要而教育。

早晨的入园时光成了幼儿与幼儿园接触的第一个环节，刚入园时小班幼儿都有或多或少的分离焦虑情绪出现，这个年龄阶段的幼儿的行为受情绪支配作用大，他们的情绪仍然很不稳定，容易冲动，常会为了一件小事大哭大闹。较之 2—3 岁的幼儿，他们已开始产生调节情绪的意识，但在实际行动上尚不能真正控制。为此，我们充分利用班级资源，结合班级幼儿兴趣点及年龄特征，为幼儿创设适宜的环境。于是，签到故事就此拉开了序幕……

二、案例描述

开学初期，天气迟迟不见回暖，窝在温暖的小被窝里实在太舒服啦，每天总有小朋友会迟到。晨间游戏时间开始了，泽泽一走进教室就左看右看，玩区域游戏时他也一直看着门口，表情有点失落，他跑过来问老师：“可心来了没呀?”他找了一圈都没有看到可心的身

影，过了一会又跑过来问："老师，可心怎么还没有来呀？她请假了吗？"

三、案例分析

"一日活动皆课程"的理念深入人心，而一日活动中来园活动是幼儿每天必经的重要环节。《幼儿园入学准备教育指导要点》指出：养成良好的生活习惯，有利于幼儿较快适应小学的作息和生活；建议幼儿逐步调整一日作息，提醒幼儿早睡早起、按时入园，保持规律作息。到了小班下学期，大部分幼儿已经有了集体意识，会关心爱护朋友。教师是幼儿的支持者，怎样才能鼓励幼儿积极入园呢？成人的生活需要仪式感，幼儿也需要仪式感。因此我们根据小班年龄特点结合班级情况创设了签到墙，每天早上入园时，引导幼儿签到打卡。

四、案例措施

教室设置了签到打卡墙，鼓励幼儿积极入园。同时引导幼儿开展了大讨论，决定每天给每组前三名的幼儿奖励1朵小红花，每周凑齐10朵小红花将可以兑换一个小礼物。通过签到打卡引导幼儿高高兴兴入园，幼儿每天来园的积极性都提高了。

五、案例总结

《幼儿园入学准备教育指导要点》指出，应帮助幼儿获得积极的情绪体验，帮助幼儿学会恰当表达和调控情绪。入学准备教育是一个循序渐进的过程，幼儿园应从小班开始逐步培养幼儿健康的体魄、积极的态度和良好的习惯等身心素质。

幼儿的情绪体验来自一日生活，来自师幼、幼幼间的互动。经过一学期的适应和鼓励打卡，幼儿均能高高兴兴入园了。

纸杯搭建

四川省成都市双流区西航港常乐幼儿园　李珑颜

一、案例背景

在一次集体教研活动中，老师发现幼儿对纸杯很感兴趣。因此，老师就把纸杯投放在建构区里，让幼儿探索纸杯搭建。幼儿可以按照自己的想法和兴趣随意组合材料，给幼儿留出更多的想象空间，从而引发幼儿之间自主自发性的游戏。

二、案例描述

实录一：区角时间到了，6名幼儿正在建构区搭建。首先映入眼帘的是战战小朋友搭建的纸杯，老师就问："战战，你搭建的是什么呀？"战战兴奋地回答："这是我搭的火箭！"建构区其他小朋友都看向了这边，子煜兴奋地来到战战旁边，说："战战，我能跟你一起搭这个火箭吗？"战战眼神发光，不停地说："可以可以，一起搭火箭，来呀！来呀！"两个小朋友都拿了一摞纸杯在手里，你搭一个，我搭一个，不到5分钟就把地上的纸杯越搭越高，已经超过两个小朋友的身高了。突然，"砰"的一声，纸杯重重地摔在了地上，两个小朋友都欢呼着，建构区其他幼儿听到欢呼声，也兴奋地叫起来。他们都要求再来一次。

实录二：这次建构区的6名幼儿都想搭建"火箭"，老师考虑到安全性的问题，就对他们提了一个建议："既然有这么多小朋友也想搭建火箭，请问除了这个方法，还有哪些方法可以搭建火箭呢？"战战坚定的眼神看着我，说："我只想搭这一种火箭。"新加入的琪琪小声说："我不会！"我观察到子煜把刚刚摔倒的纸杯拿了一摞抱在怀里，开始搭建。只见子煜把

手里的纸杯一个一个地重叠在一起，越搭越高了，已经超过了自己的身高，纸杯再一次“砰”的一声摔倒在地，子煜兴奋地叫了起来！建构区其他小朋友看到后兴奋地奔跑过来，把地上的纸杯重叠在一起，6个小朋友，你搭一个我搭一个，不到2分钟纸杯变得更高了，比前两次的高度还要高。就在这时，我看到其中新加入的琪琪小朋友去抬了小板凳过来。她站在小板凳上，把手上的一摞纸杯轻轻慢慢地放在上面。慢慢地，琪琪手里的纸杯越来越少，而“火箭”越来越高！终于，剩最后一个纸杯了，建构区其他小朋友看着琪琪，很多人都在小声地说：“要倒了，要倒了。”老师也发现火箭晃动得厉害。就在琪琪放好最后一个纸杯时，小朋友们手舞足蹈，特别开心。突然，火箭朝着一边倾斜了，糟糕！火箭倒下去了。火箭重重地摔了下去，只听见小朋友们一阵欢呼声：“倒了！倒了！火箭倒了！”

老师看了看时间，还有10分钟。在这10分钟里，6名幼儿重复3次搭建纸杯“火箭”。活动结束时，建构区的幼儿依旧处于兴奋状态。

三、案例分析

实录一分析：通过以上案例，我发现幼儿在搭建纸杯“火箭”时，幼儿有搭建的技巧，但是很单一。子煜看到战战搭建的火箭倒了，主动帮忙，还和战战一起搭建火箭。看得出战战自主搭建的火箭，引起了子煜对火箭的兴趣。

实录二分析：在第二次火箭倒塌时，引来了建构区其他小朋友的关注。这时老师提出了一个很好的问题，提醒小朋友除了重叠搭建技巧，还可以使用哪些不一样的搭建技巧呢？但是看得出，小朋友们没有想到其他方法，还是想用重叠技巧搭建。当子煜小朋友又使用重叠技巧搭建时，火箭倒了，再一次赢得了建构区其他小朋友的关注。琪琪之前回答老师问题时，说的是她不会，但是她想出了用踩凳子的办法，让火箭变得更高。这也表现了琪琪在游戏中，遇到问题学会思考并以自己的方式去努力解决。在最后的时间里，大家又做了第三次重叠搭建，看得出幼儿很喜爱单一的重叠搭建技巧，因此我根据孩子们本次活动中的反应总结了以下几个问题：

1. 在环境创设中，教师应当怎样引导幼儿提高搭建技巧？

2. 在日常活动中，教师用什么方法来提高幼儿纸杯搭建技巧？

3. 当幼儿遇到困难时，教师应怎样指导？

四、案例措施

1. 在环境创设中引导幼儿提高搭建技巧的方法

方法一：在建构区环境创设时，放置一些搭建技巧的图片、真实的建构设施。方法二：放置我的设计图，让幼儿自己设计今天要在建构区搭建的作品。方法三：教师可以引导幼儿开展纸杯搭建游戏。

2. 日常活动中提高幼儿纸杯搭建技巧的方法

方法一：不能去户外时可以在室内做纸杯搭建的游戏，让幼儿在玩中学，既考验了幼儿的反应能力，也提高了幼儿的搭建技巧。方法二：在下午游戏活动时间或过渡时间，教师可以播放视频，或给幼儿看图片，提高幼儿对纸杯搭建的认知能力。方法三：在幼儿无从下手时，教师通过提问的方式引导幼儿，学会观察墙上的搭建技巧图片，问幼儿：“看了这些搭建技巧，有没有适合你作品的搭建方式呢？”如果幼儿还是选择了重叠搭建，教师可以引导幼儿：“除了重叠搭建，还可以怎么搭建？”教师引导幼儿：“我们可不可以把这些纸杯分开来搭建呢？”如果幼儿还是理解不了，教师可以做示范，让幼儿对搭建有不同的理解方式。

3. 当幼儿遇到困难时，应怎样指导？

指导要适时得当，有针对性。在观察指导的时候，要给幼儿一定的发挥空间，给他们创造宽松的环境去讲述他们的需求、困难等。要仔细倾听幼儿的“秘密”，要站在幼儿的角度去想、去看问题，这样才能更有效地推进幼儿游戏。在活动的前期，要引导幼儿对活动产生兴趣，特别是一些内向的幼儿，我们的目的是让他敢于尝试。幼儿已经有了一定的活动体验，在深入游戏的过程中也许会出现新的问题，或者出现一些困难，这时要鼓励幼儿坚持，并做进一步思考，鼓励幼儿在活动中体验成功和快乐，在活动中树立自信。

五、案例总结

1. 下学期加强幼儿对材料的认识，并让幼儿自己说出这些材料可以使用哪些搭建技巧。

2. 除了幼儿自己想到的搭建技巧，教师用视频和图片丰富幼儿的搭建知识。

3. 让幼儿发挥想象力，把每次需要搭建的作品画在纸上作为设计图，幼儿完成作品时，就可以看看作品与设计图是否一致。

4. 不管是日常生活中的游戏，还是区角游戏，教师要在适当时机给予幼儿正确的引导。

户外活动促进幼儿发展

四川省成都市双流区西航港常乐幼儿园　岑思思

一、案例背景

开学初，我们幼儿园新增设了“丛林探险区”，这是孩子们没有玩过的区域，孩子们都表现得非常积极，也非常的兴奋。区域内设置了崎岖不平的山坡，还有山洞，山洞上面有网子。小朋友们在这里滚来滚去，爬上爬下，玩得不亦乐乎。但是材料投放的单一，引发了不小的问题。

二、案例描述

片段一：轮到我们班到户外“丛林探险”时，孩子们表现得特别积极，兴冲冲地来到区域，爬上爬下，从山坡上面奔跑而下，享受这种冲击感，孩子们玩得不亦乐乎。这时候听到一组对话。阳阳：“我都跑累了，我们来比赛滑下去吧，看谁滑得远滑得快。”心澄说：“好。”于是两个人开始尝试滑下去。心澄是女生，胆子比较小一些，她选择坐在草地上，双脚蹬地，慢慢地向下滑。但是在滑的过程中发现，草地的摩擦力大，她很难滑动。于是她加上手的动作，用手撑着草地，配合着脚向前滑动。不时地还要抬起屁股，往前送行。就这样，心澄艰难地下了山坡，身上沾了一身草，满头大汗，气喘吁吁。滑下来以后，还嘟囔了一句：“这样滑简直太累了。”阳阳二话没说，躺在山坡上，把身体蜷缩在一起，双手交叉抱在胸前，骨碌碌地快速从山坡上滚了下来。

经过几次的反复，他俩发现这个方法最好，因为又快又安全，而且不费劲。于是，旁边的小朋友发现这样玩很有趣，都开始学着阳阳和心澄的方法玩了起来。但是时间一长，小朋友们就发现这样的玩法没有新鲜感了。

片段二：一群小朋友一起在山坡下将一个轮胎车抬上了山坡顶部。子豪说：“这么高，我有点害怕，会不会摔跤？”蔓蔓也说：“这个坡有点陡，我感觉有点危险。”航航跑过来蹲下，看着轮胎车说：“我先来试试，我都不怕。”说完他就自己坐到了轮胎车上，自己用脚在轮胎两边蹬，由于草地摩擦力大，航航比较艰难地滑行着，随即他对旁边的子豪说：“我滑

不动，你在前面拉我吧。”于是子豪就抓住轮胎车前面的绳子，边拉边往坡下走。这时蔓蔓说：“我来帮你们拉。”于是两个人拉着轮胎车就冲到了坡下，三个小朋友都很高兴，觉得自己完成了一件有挑战性又有趣的事情。其他小朋友看到了，也去旁边架子上抬过来一个轮胎车，加入游戏。

三、案例分析

《指南》中提出：幼儿阶段是儿童身体发育和机能发展极为迅速的时期，发育良好的身体、愉快的情绪、强健的体质是幼儿身心健康的重要标志，也是其他领域学习与发展的基础。《纲要》中还指出：“幼儿园应为幼儿提供健康、丰富的生活和活动环境，满足他们多方面发展的需要，使他们在快乐的童年生活中获得有益于身心发展的经验。”作为教师，就是要抓住幼儿游戏的特点，将真实的生活与幼儿游戏相结合，将探究与游戏同步进行，让问题成为幼儿游戏的契机，不断指引幼儿去解决问题，引申出新的游戏内容，不断产生有冲突的情景。帮助幼儿在游戏中发展思维能力、协作能力，支持幼儿游戏更加多样化，使幼儿达到身心全面和谐发展。

案例中，小朋友们玩“丛林探险区”非常地兴奋，使用了两种不同的游戏方法。第一种用到的方法是身体滚动，在游戏中小朋友们从最初尝试蹬到身体滚动，发现了游戏方法的多样性，遇到问题时尝试更多可能，找出自己觉得既有趣又安全的玩法。第二种方法，小朋友们经过观察探索，找到了可以在山坡上操作的工具——轮胎车。经过实践，摸索出了轮胎车在山坡上怎么样才能玩起来。

四、案例措施

1. 社会交往能力

在游戏中幼儿之间引发分歧、矛盾时，应细致观察幼儿的游戏情况，随时发现幼儿的需要，及时引导、帮助幼儿商讨解决策略，在游戏中发展幼儿的社会交往能力。如，片段一中阳阳跑累了，就在积极想办法和心澄一起尝试解决这一问题，并且成功带动了其他小朋友。《指南》中幼儿的人际交往目的是，孩子有自己的好朋友，有高兴的事愿意和大家分享，活动时，能与同伴合作，遇到困难能一起克服，或者在活动中会出主意、想办法。

2. 语言发展能力

《指南》中指出：“语言是交流和思维的工具。幼儿期是语言发展，特别是口语发展的重要时期。幼儿语言的发展贯穿于各个领域，也对其他领域的学习与发展有着重要的影响：幼儿在运用语言进行交流的同时，也在发展着人际交往能力、理解他人和判断交往情境的能力、组织自己思想的能力。”如片段二中“我滑不动，你在前面拉我吧”“我来帮你们拉”等等，这些语言的交流很好地消除了孩子们在游戏中遇到的困难。

五、案例总结

首先，游戏过程中我们要给予幼儿充足的时间，幼儿在游戏中有了时间的支持才能玩出精彩的瞬间。其次，教师在游戏时要适当地介入。在小朋友们玩腻了一些游戏方法后，教师应当及时与幼儿商讨如何利用材料增加游戏的趣味性和更多可能性。这样幼儿的兴趣可能更持久一些。教师在活动中应始终以引导者、支持者的身份带领幼儿发挥主观能动性，考虑幼儿身心全面发展的统一性，为幼儿的游戏提供必要的帮助。最后，让幼儿在户外游戏活动时多玩一会，使幼儿从狭小的空间走出来，充分发挥户外游戏活动相对自由、自主、轻松、愉快等优势，幼儿就能在积极主动的活动中得到全面发展。

娃娃家

四川省成都市双流区西航港常乐幼儿园　武　爽

一、案例背景

游戏是幼儿的天性，在游戏中幼儿能尽情地抒发情绪、表达情感，能充分发挥想象力，创造各种游戏活动。小班自主游戏是幼儿模仿生活、观察生活、学习交往、体验合作、促进多种能力发展的重要途径之一，也是发展幼儿个性化表达表现的基础。娃娃家的游戏是小班幼儿最喜欢的角色游戏之一。考虑到幼儿的需求，我们在开学初期就在班里开设了娃娃家，让幼儿的生活经验更好地体现在游戏中。

二、案例描述

区域游戏开始了，孩子们高兴地进入娃娃家开始游戏。

“爸爸”元宝拿起锅放在煤气灶上，先拿起很多食物倒了进去，又拿起一筐水果直接倒了进去，接下来把那些食物全倒进去了。不一会儿，锅里装满了各种食物。然后他十分投入地拿着铲子一上一下地炒着。

“吃饭了。”他把包子放在小碗中，放了几个还不满足，乐此不疲地把锅里的食物一点一点用盘子盛了出来，然后又小心翼翼地把盘子端到了桌子上。不一会儿，小小的桌子上放满了盘子。

“妈妈”小米粒把衣服塞进洗衣机里，洗了一会儿又塞几件进去，直到没有衣服塞了。然后她又看到了柜子旁边的袜子，就找了两只一样的袜子叠在一起放在了盒子的一个格子里。然后又找了一双袜子重复着动作。元宝高兴地说：“吃饭啦。”但小米粒没有理会，还在自顾自地摆弄袜子。元宝只能自己吃了。

三、案例分析

1. 游戏内容较简单，满足于重复单一的动作

进入小班集体生活后，大多数幼儿开始接触角色游戏，所以对角色游戏很感兴趣，而且很喜欢扮演其中的角色，特别喜欢爸爸、妈妈的角色。他们按自己的想法、喜好模仿成人的各种动作。元宝不断地炒菜，小米粒重复地洗衣服、叠袜子，这些都是他们在模仿日常看到的成人的动作，反映家庭生活中基本的吃饭、炒菜、洗衣服的内容，他们也非常享受“动作”带来的乐趣，沉醉在自己的游戏世界中。

2. 操作游戏材料的过程其实是一种获得信息的过程

由于小班幼儿有强烈的情绪性、爱模仿等特点，各方面能力还比较弱。但幼儿会按照自己的发展水平通过游戏活动“破译”游戏材料所蕴含的信息。

元宝在装菜时，将螃蟹装在一个盘子里，将饺子放在另一个盘子里。他在满足动作操作的同时是在按类别分类。小米粒在整理袜子时，寻找同样的袜子做匹配、叠放。这些都是数学概念在幼儿日常生活中的运用。幼儿正处于直觉行动到具体形象思维的过渡阶段，他们的认识很大程度上要依赖行动。

3. 缺乏交流与合作的意识

每个幼儿都喜欢玩角色游戏，体现出孩子们好玩的天性。尽管游戏前幼儿选择了自己喜欢的角色，但是一旦他们真正玩游戏的时候又会经常忘记自己扮演的角色。而小班幼儿的口语表达能力和交往能力与中大班幼儿相比还比较差，因此他们之间相互交往较少，往

往不期待对方的回应，沉醉在自己的游戏中。他们也常常通过自己的行动表达需求。元宝炒菜煮饭，小米粒洗衣服、叠袜子，两人基本上没有什么交流，只停留在单一的动作层面。

四、案例措施

1. 以游戏为载体，投放与生活相关、有情景、满足幼儿动作需要的游戏材料

小班幼儿具有好动、好游戏、合作性差等年龄特点，因此，我们结合小班幼儿的年龄特点与发展水平，在材料的提供方面不仅考虑到它的可操作性，还要能促进幼儿之间的交往性。所以投放可操作、有情景、能满足他们对个性倾向的需求材料，这比单独的满足动作更有意义。将成品材料替换为半成品材料，如投放可扣、可粘、可拉的包子、饺子、三角饼等游戏材料。将杂乱单一的蔬菜道具更换成可粘、可扣的蔬菜道具，并创设菜地的情境，满足幼儿的动作需要。创设小阳台，贴近真实生活，供幼儿洗晒衣服。

2. 调动幼儿参与性，使其成为游戏的主人

起初漂亮温馨的环境并不能引发幼儿更多的游戏行为。因此要让幼儿参与游戏环境的布置，鼓励他们自己动手来创作。小班幼儿的动手能力较弱，因此提供一些半成品材料，只需幼儿稍微加工。如，让幼儿自己压制各色印花来装饰全家福照片，然后让他们来布置自己的家，从而提高其游戏兴趣。请家长和幼儿一起收集娃娃家的游戏材料，如采集一些自然的草，投放在娃娃家当作蔬菜，让幼儿有更真实的体验。

3. 丰富幼儿的生活经验

在角色游戏中幼儿能直接把自己在家在园的观察所得、已有经验以游戏的方式表现出来，反映了幼儿的情感、认知、个性特点等方面的发展情况。角色游戏就是幼儿生活经验的再现。孩子们对娃娃家的兴趣十分浓厚，但也存在着缺乏生活经验等问题，可以请家长共同配合帮助幼儿丰富生活经验，了解家庭成员在家的对话交流。

五、案例总结

1. 学会观察，善于分析

观察幼儿的游戏，首先要有耐心，要倾听幼儿的心声。教师在游戏指导时，观察幼儿的行为是很重要的，幼儿游戏的行为有时是无声的，但从无声的动作中可以看到幼儿的内在思想、情感流露，所以更需要老师的耐心观察，从而发现幼儿游戏的能力。其次要观察幼儿的游戏，尊重幼儿的情感特点，用宽容的心态去理解他。

2. 充分讨论，积极回应

随着经验的积累，幼儿的是非观念、主见都得到逐步增强。我充分利用游戏的讲评，组织幼儿讨论游戏中发生的问题，让幼儿在讨论中寻求答案。幼儿的集思广益使我明白了一个道理，他们不需要教师的单纯灌输，而喜欢在游戏中自己尝试。由于幼儿的年龄特点，他们认识的知识只是周围生活中最粗浅的，所以有时无法直接解决所遇到的问题，而游戏结束时的讲评正是帮助幼儿创造发现问题、解决问题的好机会，把幼儿发现的问题提出来，再放回到幼儿中去，让他们自己去解决同伴中出现的问题，这样幼儿不会觉得有负担，又可以在大家讨论的基础上积极思考，不但提高了幼儿解决问题的能力，而且还培养了他们观察和思考的习惯。

家园社“关爱耳朵　倾听未来”爱耳日活动

湖北省武汉市江岸区路珈山街幼儿园　赵　璇

一、案例背景

《纲要》指出：“幼儿园必须把保护幼儿的生命和促进幼儿的健康放在工作的首位。”幼儿能够知道耳朵是人体的一个重要器官，知道耳朵可以听声音，但他们对耳朵的外形特征、构造、作用以及保护耳朵的方法还缺乏一定的认识，为了让幼儿进一步了解耳朵的作用、掌握保护耳朵的方法，我们联合社区一起开展了本次爱耳日的活动。

2023 年 3 月 3 日是第 24 个“全国爱耳日”，宣传主题是“科学爱耳护耳，实现主动健康”。耳朵是人们聆听世界的窗口，也是每个人身上的重要器官，幼儿听觉系统尚未发育成熟，与成人相比更加脆弱敏感。我们借此机会在生活、游戏中让孩子们认识耳朵，了解爱耳护耳的知识，知道耳朵的重要作用，增强孩子们保护耳朵的意识。

二、案例描述

天天从开学入园开始，在上课时或者在玩游戏的时候经常摸自己的耳朵，甚至在每天午睡的时候，都是边摸自己的耳朵边睡觉。有的小朋友觉得这样很好玩，就故意学他。于是我决定对此现象进行观察。天天是一名很内向的小朋友，平时也不怎么说话，但有一个习惯，就是喜欢摸耳朵。因此我和他的妈妈做了深入的沟通——因为小的时候父母忙于工作，白天都是由爷爷奶奶照顾，晚上只是和父母在一起睡觉，父母知道他有爱摸耳朵的这个习惯，但没有刻意去纠正他。

作为幼儿教师，我们有责任引导家长树立正确的儿童观，让孩子的偏差行为尽早得到干预和治疗，以尽快融入正常的集体生活。

三、案例分析

经多次询问发现，在日常生活中，妈妈担心孩子睡觉没有安全感，就让他的手抚摸着妈妈的耳朵从而更有安全感，可久而久之天天就每天必须要摸着妈妈的耳朵才能睡觉，以至于到现在耳朵成为他最有安全感的接触物，有的时候发现他在思考问题时，也会摸自己的耳朵，他已经养成了习惯。另外，父母对于天天摸耳朵的习惯并没有重视，这些都会影响天天身心发展，阻碍其健康成长。

四、案例措施

（一）家园共商——客观面对孩子的真实情况

1. 心理疏导

天天父母在心理上难以接受孩子的异常表现，以致不能对孩子的发展异常做出及时反应。当孩子长期习惯性地摸耳朵时，父母缺乏对孩子的细致观察和了解。于是我和天天妈妈反复沟通商量最终达成一致意见：妈妈首先要善于观察孩子身上的行为习惯，坦然面对孩子身上存在的问题，这样才能帮助他改正不好的行为习惯。之后妈妈决定带他一起参加一些户外活动和亲子小游戏，尽量分散他的注意力，让他有事情可做，然后再慢慢改正他喜欢摸耳朵的坏习惯。

2. 制定行为培养方案

通过我们平时积极的引导，最后共同商量制订出适合天天行为习惯的培养方案。为了培养天天良好的行为习惯，我定期向天天妈妈反馈孩子在园的详细情况，以达到家园共育

的目的。经过本学期的干预，他有了很大的进步。

(二)家园共情，特殊孩子需要真正的生命关怀

天天不愿主动与其他幼儿交往，是因为自身的认知和理解限制了其交往能力的发展。在园期间，我鼓励其他幼儿主动邀请天天参与游戏，带着他做一些力所能及的事情。长此以往，他就有了相对固定的玩伴，不再一个人待着。在集体活动中，同伴带着他一起参与活动，他就会学习模仿同伴的行为，跟着同伴的指令活动。另外，天天妈妈也经常带他参加亲戚朋友的聚会或者外出游玩，创造同伴交往的机会，帮助他学习社交技能，进而发展其社会交往能力，同时增进其亲子感情。

在和家长的沟通交流中，我们得知他的妈妈是社区居委会人员，因此我们和妈妈联系，在 3 月 3 日这一天，走进社区开展一次"爱耳日"活动，正好利用本次的活动来互相交流和学习，为天天的全面发展提供多元支持，同时将我们幼儿园文化传递到社区去，增进家园合作的机会。

(三)家园共爱，真正推进融合教育发展

1. 教师引导，共同学习

在幼儿园一日生活中，我向天天提出问题时，首先会确定他的注意力在我身上，然后再发出简短清晰的指令。我还和他的妈妈达成一致："在家妈妈也要使用简短清晰的指令，当天天有所回应时，及时奖励他所表现出来的技能和为此所做出的努力，但同时也要避免无意奖励等不当行为。"在"全国爱耳日"这一天，在老师的讲解中，天天知道了"全国爱耳日"的由来，也知道了耳朵是我们传递和获取信息最迅速、最重要的沟通器官，学习了许多关于保护耳朵的小知识，还一起做保护耳朵的按摩操。

2. 走进社区，家园社联动

我们进入景兰苑社区，向爷爷奶奶们宣传"全国爱耳日"，传播爱耳小知识。我们一起制作宣传小海报，向我们的朋友和家人宣传爱护耳朵、关爱耳朵，给社区的爷爷奶奶们表演了《保护耳朵》儿歌。通过儿歌，爷爷奶奶们也了解了一些不同季节和生活场景中保护耳朵的方法；通过观看视频来学习一些按摩耳朵的方法。虽然小班幼儿年纪很小，但是通过"家、园、社"互动的方式，他们可以用自己的方法，为爷爷奶奶们做爱耳的宣传，让大家知道了耳朵的重要性，学会在生活中保护自己耳朵的方法。

3. 专业纠正，发展有效

好的行为习惯并不是单靠老师一个人培养的，孩子的习惯往往来源于家长的指导和行为示范。因此，家长自己首先要抛弃陋习，做一个好榜样，也更需要家长通过适当的引导，让孩子的注意力由摸耳朵转移到其他游戏或活动上，渐渐减少摸耳朵的次数，从而戒掉摸耳朵的习惯。

五、案例总结

通过本学期的观察，天天在各方面都有一定程度的提升与发展。

幼儿：在人际交往方面，现在天天有了固定的玩伴。同伴邀请时能参与到活动中去，也更喜欢参加集体活动了，生活能力在慢慢提高。适当的干预是孩子成长的必要过程。

家长：教师和家长有效沟通并制订计划对孩子进行干预和引导，同时做好沟通，以缓解家长的焦虑及压抑情绪，增进亲子情感。

教师：在天天的行为变化中，班级的三位老师也付出了极大的爱心和耐心，同时加深了对融合教育的认识，提升了融合教育实践的具体操作能力。

在这个案例中，家长从前期的不配合到后期的共同合作，使得家庭与幼儿园联系更为密切，促使幼儿积极融入社会生活，进而健康快乐地成长。

不翼而飞的“水晶”

广东省深圳市南山区哈啰孔子幼儿园　李淑群

一、案例背景

心理学家皮亚杰根据幼儿对规则的理解和使用，认为0—3岁幼儿无任何规则意识，谈不上道德观念发展。4—7岁幼儿会尊重或顺从规则，但是还没有达到自律水平。因此，当幼儿把幼儿园里的玩具拿回家时，要认清幼儿是有意的还是无意的。3—4岁的幼儿把玩具拿回家，大多是无意行为，他们很多时候只是单纯地喜欢这个玩具，可能是在幼儿园没有玩够，或者想“霸占”这个玩具，只能他自己玩，又或许是家里没有，所以把玩具带回家了。当幼儿把幼儿园的玩具拿回家时，不管是有意行为，还是无意行为，我们都需要正面引导，帮助幼儿建立规则意识，培养他明辨是非的能力。对幼儿归还玩具的行为给予肯定，强化幼儿的是非观念，养成良好的习惯。

二、案例描述

场景一：最近，美工区新投放的材料“水晶”深受小朋友的喜爱，美工区也随之火爆起来，幼儿粘贴出的作品十分漂亮。但是最近整理材料发现“水晶”越来越少，展示的成品也不翼而飞了。

场景二：户外活动回来，小朋友们正在拿书包换衣服，小芒果突然跑过来跟我说：“李老师，诺诺拿了美工区的材料，她放进自己的书包里了。”我走过去蹲下来问：“诺诺，小芒果说的对吗?”诺诺不说话，只是噘着嘴巴。

场景三：接园的时候，诺诺妈妈悄悄把我拉到一旁，紧张地说：“李老师，昨晚洗衣服的时候，我从诺诺的衣服口袋里发现了一个‘水晶’，我从来没有给她买过这个东西。最近听奶奶说，经常看到她手里会摆弄这个东西。临睡前我问了一下她，她开始不说，后来在几番问询下，她才说是幼儿园的。我听后就急了，但当时没有再说什么，想着今天跟您问一下，这是不是幼儿园的东西?”

三、案例分析

幼儿将物品带回家的现象在幼儿园属于较为常见的现象。大部分家长经历这样的事情都会比较紧张，甚至以为这是“偷窃”。尤其是隔代抚养的老人，遇到这样的问题会出现两个极端：要么直接批评教育，不顾及幼儿的自尊；要么放任不管，对这样的行为熟视无睹。在幼儿出现类似行为的时候，我们应该及时关注幼儿的心理状态，明确幼儿是有意行为还是无意行为，适时介入，在保护幼儿的自尊的前提下，帮助幼儿树立正确的是非观。

(一)没有物品的归属概念

对于3—4岁的幼儿来说，不清楚什么东西是属于自己的，什么东西是属于别人的，还没有特别清晰的物品归属概念。在幼儿园可以玩的玩具就是“我”的，在他们的眼中只有“我”喜欢的玩具和“我”不喜欢的玩具。有时候只是单纯的喜欢这件东西，将物品带回家也只是想要回家继续玩。如果是属于无意行为，可以淡化这件事。

(二)因喜爱而占有

幼儿对自己喜欢的玩具，想要占有它，遇到特别喜欢的玩具就想要装进自己的口袋。有时候会带回家给小区的同伴展示，或者给爸爸妈妈看一下，照样子给自己买一份。

（三）自控能力较弱

5—6岁的幼儿有清晰的物品归属概念，他们知道私自拿集体或别人的东西是不对的，可还是会“明知故犯”，原因就是这个阶段的幼儿较难控制自己的行为或想法。他们知道这样的行为是不被允许的，所以往往会将物品放在比较隐蔽的地方，或者避开他人，不想被他人发现自己的行为。

四、案例措施

通过诺诺的反应可以判断出，她是由于太喜欢幼儿园的“水晶”，因此想要占为己有，将物品带回家。如果不及时介入，很可能会有第二次、第三次类似的事情发生。

（一）与家长沟通，做好与幼儿的交流

诺诺是第一次出现这样的行为，家长要与幼儿做好沟通，避免给幼儿造成巨大的心理压力。如果孩子迟迟不开口，也不能着急。应该鼓励幼儿把真实的想法说出来。家长可以跟幼儿谈心：这个水晶很漂亮对不对？你一定很喜欢，妈妈也很喜欢。但是这个水晶是幼儿园的物品，未经老师的同意是不可以私自带回家的。明天，我们一起把物品送回幼儿园。

（二）家长明确态度，帮孩子树立是非观

家长需要明确地告诉孩子，这样做是不好的。物品属于幼儿园，幼儿园的物品是属于大家的，不能据为己有，否则其他小朋友就玩不到了。家长的态度一定要温柔而坚定，帮助幼儿再次确认哪个物品是自己的，不是自己的绝对不可以私自拿走。

（三）帮幼儿想办法，怎样才能带回家

和孩子一起想办法，该如何在合理的范围内满足幼儿的欲望。例如：你这么喜欢“水晶”，如果觉得在幼儿园还不能满足，想要带回家再接着玩，可以跟老师商量，问一下老师，玩具是否可以带回家？等玩够了以后再送回幼儿园。

（四）和幼儿一起面对，解决好这件事

家长与幼儿沟通好之后，第二天可以和幼儿一起到幼儿园归还物品，一起将物品放回原位，教师和家长及时给予肯定。接下来持续关注幼儿的行为，教师可以通过绘本故事进行强化教育，在必要的时候再次提醒幼儿，幼儿园的玩具要在幼儿园和小朋友们一起玩，如果带回家它会想家的。家长在家也可以留意幼儿有没有再出现类似的行为。

（五）适当满足，防止再次发生

对于幼儿正常的物质需求家长应尽可能地给予满足。女孩子爱美，喜欢亮晶晶的衣服或饰品，在这个阶段应适当满足幼儿对美的需求，提升幼儿对美的欣赏水平。

五、案例总结

我们只有了解幼儿行为背后的原因，才能真正帮助幼儿。通过一段时间的观察后，诺诺再也没有出现过类似的行为。我们还特地设置了玩具分享日，让幼儿感受分享的快乐，同时建立起物品管理意识。在这件事情的处理过程中家园配合，一起分析幼儿的行为，有步骤地解决。家长也十分重视，及时帮助孩子树立明确的是非观念，在处理的过程中既保护了幼儿的自尊心，又让孩子明白不是自己的物品不能随便拿。在教育的过程中要运用教育的智慧，当我们遇到幼儿的行为问题的时候，千万不要随意给幼儿下定义，要理解幼儿行为背后的原因，站在幼儿的角度去沟通交流，幼儿才会更容易配合与接受成人的建议。

【教育随笔】

吃饭慢点没关系

中国人民解放军 63918 部队幼儿园　王亚平

幼儿有一个良好的用餐习惯不仅可以促进幼儿身体的发育，也可以促进幼儿良好习惯的养成。我们班的雯雯小朋友，进餐时一直吃得慢，吃得少。每次进餐时，她都是一点一点地往嘴里送，小口小口地吃，一口也要嚼很久，还经常吃着吃着就发呆，我们对雯雯多次劝说、鼓励，但收效甚微。

通过观察分析，并与家长沟通，我们找到了问题的根源，原来雯雯在家饭量就小，一边吃一边玩。而来到幼儿园后，我们只是关注幼儿把饭吃下去，吃够量，吃饭不剩饭。当雯雯看到自己的饭菜时，首先心理上产生了压力，觉得这么多菜自己吃不了，没有了吃饭的积极性，吃起来就会更慢，更不想吃。

在了解到幼儿吃饭慢的根源后，我们也找到了解决措施：

1. 在幼儿园，我们充分利用"餐前播报"环节，让幼儿播报今天的食谱，让幼儿说说自己喜欢吃的东西，老师顺便向幼儿讲解蔬菜中的营养价值，引发幼儿的进食欲望。

2. 为幼儿营造温馨的进餐环境，力求尊重每一个幼儿的需要量和特点，不让幼儿感到紧张、为难。我们根据雯雯的食量，为她盛合适的饭菜，消除了她的心理负担。没有了心理压力和紧张情绪，雯雯的吃饭速度和饭量都得到了明显的改善，脸上也露出了灿烂的笑容。当她吃完菜时，我们会询问她要不要再添点，她有时会很痛快地点点头，并很快把饭菜吃完。

3. 放学后，我们也会请雯雯的妈妈每天关注孩子的饮食，对雯雯的进步及时给予赞许和表扬，先从心理上消除不爱吃饭的障碍，不强行要求她把饭吃光，吃饭不看电视，在餐与餐之间减少零食，配合幼儿园共同关注孩子的变化。

现在的雯雯虽然吃饭还是比一般幼儿慢，但是，我们也看到了她的进步。而且，吃完饭她会跑到我跟前说："老师，我今天把粥喝完了！"我说："雯雯，你真棒!"看到她的进步，我想了很多，面对儿童成长发展过程中出现的一些障碍或问题，作为教师，迫在眉睫的事情并不是急于施教于人，而是要耐心地观察孩子，客观地审视和反思自己的工作，并且及时调整、改进教育策略，长久关注幼儿的成长。

授之以鱼不如授之以渔

吉林省长春汽车经济技术开发区杨柳幼儿园　韩冰杰

近代英国教育家洛克在《教育漫话》中说道："儿童不是用规则教育就可以教育好的，规则总是被他们忘掉。你觉得他们有什么必须做的事，你便应该利用一切时机，给他们一种不可缺少的练习，使它们在他们身上固定起来。这就使他们养成一种习惯，这种习惯一旦养成以后，便不用借助记忆，很容易地、很自然地发生作用了。"家庭教育和幼儿园教育二者相辅相成，必不可少。孩子的教育，是一个系统性的大工程，需要老师、家长、社会形

成合力，而并非只是某一方的单独责任。老师和家长就是要多沟通，有了问题共同探讨研究解决，不能无端地相互指责，推卸自己的责任。

在幼小衔接阶段，孩子们处于身心发展的关键时期，他们对新事物充满好奇心，思维活跃，容易受到积极的影响。在这个阶段给幼儿点燃热情，激发他们的兴趣和潜能，是非常重要的。例如，通过实际的体验，帮助他们理解数学原理，或者组织一次野外探险活动，让他们了解自然环境。

同时，在幼小衔接阶段，家长和教师的角色也很重要。我们可以通过给孩子们提供积极的鼓励和支持，帮助他们建立自信心。总之，点燃热情是教育的目的，也是孩子们获得知识和能力的关键。

“教育之于人，如饮水于鱼。”鱼需要水才能生存，人也需要教育来滋润自己的心灵。教育不仅仅是提供知识，更是培养人的品德和修养。因此，给予孩子们良好的教育是非常必要的。尤其是在幼小衔接阶段，孩子们的心灵和思维还在不断发展形成。因此，给予他们足够的关爱和支持，引导他们去爱学习、热爱生活，是非常重要的。

孔子曾说：“学而不思则罔，思而不学则殆。”这句话告诉我们，学习和思考是相辅相成的，不仅要学习知识，更要加强思维能力。只有通过不断地思考，才能更好地理解和运用所学的知识。

孔子还强调了教师的重要性：“工欲善其事，必先利其器。”这句话告诉我们，教师是教育的重要组成部分，我们的素质和能力将直接影响到孩子们的学习。

总之，对于幼小衔接我们需要不断努力改进教育方法，给予孩子们足够的关爱和支持，为他们的未来打下良好的基础。

“吃书”乐趣多多

云南省昆明市盘龙区东华幼儿园朝九晚五园区　罗家佳

幼儿良好阅读习惯的养成和阅读行为的获得不是一蹴而就的，需要家庭、幼儿园的共同支撑。当幼儿形成了较好的阅读兴趣后，“吃书”现象随即产生。

一、潜移默化，知书

3 岁以前，依依阅读的图书比较简单，主要以绘本或者图多字少的图画书为主，比如：婴儿游戏绘本系列、小熊很忙系列等。她在阅读的过程中逐渐知道了封面、扉页等书的基本信息，同时也在长期的模仿中掌握了图画书的阅读规则。日复一日的过程中，她也有了对书的认知；喜欢与成人一页一页翻阅，共同阅读。

二、润物无声，品书

中班时，依依对鼠小弟系列丛书和《幸福的种子》非常感兴趣。在阅读“鼠小弟”的过程中，依依看到了鼠小弟的小背心时而变成小伙伴的衣服，时而变成不同的玩具，品味到了绘本出其不意的特点，更加激发了阅读的兴趣。幼儿在生活中，总会遇到不同的情绪，比如害羞、胆怯、霸凌等。如何化解这些情绪呢？《害羞的小香蕉》给予了充分的力量和支持。《你不要欺负我》这本书，让幼儿面对一个霸道、蛮横孩子的对抗，学会用自己的语言来保护自己。《我的情绪小怪兽》，让幼儿充分理解情绪在日常生活中的存在，并且能学会分清楚情绪。

三、细细品味，“吃书”

幼儿对自己喜欢的图书总是反复阅读，在熟悉的环境、熟悉的绘本中，幼儿特别能感受到安全感。依依总说，这本书没“吃”够呢！这时候，就需要家长有足够的耐心，支持她的阅读行为。长此以往，她的深度阅读的习惯就可以养成。《西游记》是大班幼儿喜欢的连环画。幼儿对作者吴承恩有了基本的认识后，能较完整、准确地叙述喜欢的篇章。在和妈妈聊天的过程中，依依说：“妈妈，看图复述故事比空讲要简单得多。”瞧，她已经找到了一些阅读的小规律了。

对《西游记》中的人物，依依也说了自己的感受：“妈妈是家里的唐僧；依依是孙悟空，法力高强(大部分小朋友都喜欢当孙悟空)；爸爸是猪八戒，好吃懒做；爷爷嘛，就是沙和尚，苦活累活全都做了。”

“错误”中的成长

湖北省襄阳市枣阳市直机关幼儿园　高　扬

我们班的磊磊小朋友活泼好动、聪敏机灵，很多道理都明白，但就是无法较好地约束自己的行为，喜欢捉弄班上的小朋友们。我几次找他谈话都没有太大改变。有天下午一个小朋友过生日，蛋糕上插了一个可爱的“汪汪队”玩偶，小朋友们都很羡慕。吃完蛋糕后，张老师把玩偶洗干净放在杯架上，准备放学时让过生日的小朋友带回家，可是喝完水后却发现玩偶不见了。我和张老师在教室里到处找都找不见，小朋友都说没捡到。这时我见磊磊眼神闪烁，双手紧紧捂着口袋……我想了想，如果这时我直接过去询问磊磊，一定会伤了他的自尊心，而且别的小朋友也会发现。于是我对着大家说：“玩偶很可爱，大家都喜欢，可能是一个小朋友拿去看一下忘了还回来，但是现在玩偶不见了，我们都很着急。一会儿请把它悄悄送回去吧。”于是我和张老师接着开展后面的教学活动，等我们再次组织孩子们喝水时，发现玩偶又回来了，小朋友们都高兴地大喊：“汪汪队回来了!”于是我微笑着对大家说：“玩偶回来了真好。如果是别人的东西一定要经过别人的同意才能拿，不然别人会很着急的。”我发现磊磊若有所思，我相信他已经明白自己行为的不妥。这样做在保护了他自尊心的同时又达到了纠正不良行为的效果。这件事让我重新审视自己对磊磊“错误行为”的反思：孩子们虽然年龄小，但每个孩子都需要得到尊重，得到同伴的尊重。

当我重新审视了磊磊所谓的“犯错”后，就应当帮助他把错误当成一次学习的机会，使他在错误中成长、在发展中成长。“错误”也同样是一个很好的教育资源，正视这个独特的教育价值，相信在磊磊身上所蕴含的各种潜能。当幼儿出现问题时，同时要反思自己的教育方式是否正确妥当？而不是站在道德的制高点指责他们，让幼儿在成长过程中不会因为心智不成熟而遭遇羞辱，要让他们在安全的环境下从自己的错误中学习，因为每个幼儿都是发展中的人。面对幼儿的“犯错”时，应根据情况对幼儿进行疏导教育、因势利导、榜样示范……当然，这不是一蹴而就的，老师要持之以恒，让幼儿感受到老师对他的关爱与信任。

过了两天，磊磊发现我并没有因为玩偶的事情批评他，他开始越发信任我，喜欢跟我聊天说他心里的悄悄话。而我也时常去发掘他的点滴进步与优点，并加以鼓励和培养。现在小朋友们都说磊磊变得爱帮助他人了，也更遵守规则了……我相信磊磊的这些变化是尊重、宽容、接纳、爱的感化所带来的！

温暖如光　我愿足矣

黑龙江省北大荒集团黑龙江云山农场有限公司幼儿园　马明春

幼儿教育怎样做才能自然融入生活？其实，幼儿教育本就渗透于幼儿日常生活中的方方面面，每一件小事都是教育的契机。

对于班级幼儿的教育，我主要实行“放养”和陪伴，以观察分析为主线，及时进行行为引导及心理疏导，求同存异，帮助幼儿在保有自身性格的同时，在集体中身心健康、快乐成长。

“放养”并不是针对某个幼儿、某件事情，而是针对教育教学情况，幼儿经过一定学习而效果并不明显时，教师做出一定程度的等待。《指南》中明确提出：“每个幼儿在沿着相似进程发展的过程中，各自的发展速度和到达某一水平的时间不完全相同。要充分理解和尊重幼儿发展进程中的个别差异。”就像《指南》所说，每个班里的孩子接受知识的能力与程度各不相同，与其着急地对他们拔苗助长，不如等待他们“开窍”。班级里的俊俊和蕊蕊学习进度一直比较慢，无论我怎么变换方式跟他们讲解，在同一问题上都是明显地比同龄幼儿慢很多。因此，我开始“放养”教育，同时根据他们的学习情况，每次开展活动时都设置不同学习程度能达成的目标，经常提问他们“够得着”的问题，帮助他们建立自信，并在日常活动时，多帮助他们理解事物之间的简单关系。就这样经过了一个月后，两个幼儿给了我特别大的惊喜，这让我明白之前的“放养”是值得的，每个幼儿都需要我们用最恰当的方式去帮其成长，耐心等待。

我常反思自己的教育——我想让孩子们成为什么样的人呢？答案是——让孩子们成为认真、诚实、善良、助人、团结、有爱的人。为此，我改变了以往的观察模式，以幼儿的视角参与幼儿的游戏，慢慢地变成他们的玩伴，进入他们的世界，观察他们的行为，理解他们独特的思维及语言，学着向孩子们撒娇，与他们分享心事，用无形的行为引导，帮助他们明白什么叫作团结与助人，什么叫作接受与原谅，什么叫作努力与坚持。

有选择的“放养”教育和默默的陪伴成长，帮助了孩子们也治愈了我。对我的孩子们，我只想说，我不一定能陪你们走多远，但是只希望在你们幼小的心中，点燃一盏灯，照亮远方，让你们在今后回忆起来时，有一丝温暖留在心间。就这样，温暖如光，我愿足矣。

沙水游戏畅游记

湖北省宜昌高新区颐和雅郡幼儿园　罗　丹

一块游戏的乐园，一粒粒流动的沙子，看似简单，但在孩子们的探索下，却变得充满趣味。

初到沙水区，看到了这么多的工具，孩子们兴奋极了！在老师的引导下，孩子们迫不及待地开启了沙水区的探索。兮兮拿起了水勺，楠楠拿起了沙铲，曼曼拿起了沙筛，楷楷拿起了四棱锥模型，珠珠拿起了水桶……孩子们在沙池里挖、铲、堆、装、运。

畅畅手里拿着圆柱体模型和沙铲，开心地说：“我要把沙子装进去。”子乔看了看旁边的小朋友，将四棱锥模型放到沙池中，用沙铲将沙装入水桶里，然后再将水桶里的沙倒入模型中，渐渐地一个不规则的形状就产生了。闻闻和恺恺一边装沙一边高兴地说：“我们一起堆小山！堆好大一个小山!”波波、曼曼和欣宜则分别拿着小沙铲往沙筛里装沙子，看到沙子渐渐地堆起后，就用小沙铲轻轻地拍拍沙堆……

沙水区的初次探索中，孩子们对新鲜事物非常好奇，通过用眼睛看、用小手摸，选择中意的工具开展挖沙之旅，神奇的小手让沙子变化出了各种各样的事物，既锻炼孩子们的手部力量，也提高了他们的语言发展能力。在初次的探索之中孩子们有自己的想法，有自己的思考。

后来，孩子们的游戏逐渐进入探究阶段。沙子总是堆不稳，沙子沾在工具上……各类问题接踵而至。面对这些问题。孩子们急于寻找老师解决问题，带着疑问我们进入沙水区，通过观察我们发现沙水旁边有小草，旁边的水龙头能出水，于是我们商量着游戏结束时，可以将工具拿到水龙头处洗一洗后再清洗我们的小手。孩子们发现把水倒进沙池中，就会出现跟下雨后的沙池里的沙一样的颜色，加了水的沙子变湿了，湿沙子堆起来的小山更牢固。于是孩子们疯狂地往沙子里加水。他们再次堆沙子时发现沙子又堆不起来，还沾在铲子和手上。畅畅抢先说道：“这个水放多了，沙子堆不起来。”……

孩子们通过疑问来了解这个世界。游戏中孩子们遇到的问题就是他们的兴趣点。教师如何抓住这个教育的契机，积极地启发、引导和支持幼儿，是至关重要的。一个简单的回答远比一个实际的研究容易得多，但是一个实际的研究对幼儿来说影响更为深远，更具有教育意义。

师泽如光　微以致远

广东省深圳市罗湖区安馨幼儿园　林　鹭　柳　霞

教育是爱的事业，是奉献的事业。学为人师，其实是一场修行，在教师的成长路上有过茫然，有过紧张，我深知这份职业对生命的意义和价值，所以时刻提醒自己肩上的责任，而这份责任在我心里生根发芽，是我对幼儿教育的热爱。作为幼儿教师，是幼儿纯真的爱，让我们平凡而琐碎的工作充满激情和感动。

记得有一次我去吃午餐的路上，其他老师神色紧张地跑来告诉我：班上有幼儿摔跤流血了。我立马放下碗碟飞快地跑到医务室，看到恩恩额头上包着纱布，内心一阵紧紧的心疼。医生说要去医院进一步查看。经过了解，恩恩午后散步时在教室跑动，额头撞到了区域柜，可能需要缝针。

我立马联系了家长，家长要求我们带恩恩去眼科医院就诊。虽然眼科医院比较远，但我深刻理解家长担心额头缝针后留疤痕的顾虑，所以积极支持、配合家长一起来到眼科医院。恩恩晕车严重，路途比较远，一路上呕吐不止，我用垃圾袋一直接着恩恩的呕吐物，不停地给恩恩擦拭嘴角的残留物，同时还不断地安抚恩恩和奶奶不安的情绪。

在缝针过程中恩恩比较抗拒，尤其当恩恩的妈妈赶到医院时，恩恩的情绪更加强烈，虽然不断鼓励，但恩恩走进诊疗室时还在大声地号哭。我站立在诊疗室门口无助地听着恩恩的哭声，心也跟着被一片片地揉碎了，恨不能躺在手术室里的是我自己！眼泪唰地流了

出来，也深深地自责，怪自己没有看护好恩恩，怪自己没有教育好恩恩，悄悄地躲到一旁祈祷恩恩坚强、勇敢和平安。

当恩恩从治疗室出来的第一句话竟然是问："老师呢？我怎么没看到老师？"瞬间我就泪崩了。我的心情是感动，是内疚，是自责……此时此刻我才真正感受到我在恩恩心中的地位，同时我更加自责自己没有看护好恩恩。

从那以后我对班级的安全工作更加重视，也让我更加确定我的爱和付出是值得的。通过这件事让我认识到老师的关爱会在幼儿的心中播下爱的种子，老师的宽容会在幼儿的心中播下善良的种子，老师的期待会在幼儿的心中播下希望的种子。

教育是一棵树摇动另一棵树，一朵云推动另一朵云。教育是共同成长过程中的相互陪伴，树与树之间的摇动本质上是共同成长，云与云的推动也是共同前进。前路漫漫，虽有波折，我仍将怀抱梦想又脚踏实地，敢想敢为又善作善成，勇敢地做一颗星星，发光发热，指引着幼儿前行的路与方向。

老师，再讲一个故事吧

江苏省南通市如东县丰利镇石屏幼儿园　郇　环

一、事件经过

餐前阅读是我们班幼儿一日活动中非常受欢迎的环节。在这个环节中孩子们可以选择自己喜欢的绘本请老师讲，可以自告奋勇讲给其他小朋友听，也可以自主选择绘本故事阅读等。有一次应孩子们的要求讲了《抓一头大象做宠物》的故事，听故事过程中我发现孩子们特别专注：当我故意卖关子停顿一会儿，孩子们会焦急地询问后来怎么样了；当我提问前面的内容，他们能清楚正确地说出之前听过的情节；当我模仿大象走动时，他们会特别兴奋地变成大象，甩着鼻子(手臂)跺着脚，笨拙又可爱。最让我开心和高兴的是当故事讲完时，他们竟然异口同声地喊着："老师，再讲一个故事吧！""老师，我们还想听故事！"在孩子们的喊声中，每天都有新的故事出现在幼儿园的一日生活中，有时候是老师讲，有时候是幼儿讲，不论谁讲故事，每次的故事时间都是孩子们最安静、最专注的时间。

二、教师感悟

幼儿喜欢听故事是培养阅读习惯的一个很好的开端。因为听故事可以增加幼儿阅读的兴趣，帮助幼儿持有阅读的"热情"。

听故事对于幼儿来说是一个非常有趣的事情，尤其是当精彩的故事情节，丰富生动的故事画面，以声情并茂的讲故事方式呈现在幼儿面前时，他们的目光会被深深地吸引，他们甚至会不自觉地模仿故事中的人物、动物和情节，会忍不住还想再听一个。当幼儿表示想再听一个故事时，就说明他们的阅读热情已经被激发了出来。这不仅可以很好地培养幼儿的专注力，还可以启动幼儿的自发性阅读，引起对文字的兴趣。

当然，幼儿不仅仅是愿意听、愿意看，还要会听会看，这就需要老师的不断引导。

首先，引导幼儿观察。引导幼儿观察绘本、图书的画面，里面的人物特点，故事的时间、地点等，并能用自己的语言表述出来。根据幼儿年龄特点适当地提问，启发幼儿观察，发现细节，提高观察能力。

其次，引导幼儿猜想即将发生的故事情节或对画面信息和图书内容进行猜想。鼓励幼

儿大胆表述猜想的内容或讲述部分故事或者整个故事内容，发展幼儿的语言组织、表述能力，促进幼儿思维发展。

最后，引导幼儿归纳、总结绘本的部分或整体内容。采用多种形式：可以用语言表达如讲述故事，如餐前阅读环节；可以用绘画的方式记录故事内容；也可以用思维导图的方式归纳总结故事内容。当幼儿习惯了这些方式，将终身受益。

聆听一个好故事，养成一个好习惯，成就一个好未来。

放手的惊喜

四川省绵阳市盐亭县云溪幼儿园　袁春玲

今天的户外自主游戏时间到了，孩子们叽叽喳喳地向操场走去。辰辰和浩浩这对好朋友边走边商量着一起去玩打仗游戏。旁边的瀚林听见了，也想参加，跟着他们跑向了小树林。

三个小朋友穿上迷彩服，戴上帽子，在小树林里拿着积木、瓦片当手枪，“砰砰砰、哒哒哒”地玩了起来。

几分钟后，辰辰用瓦片指着瀚林，笑着吼道：“我们打死你了！”浩浩也扯着瀚林的衣服，大声嚷着：“我们抓到你了！”瀚林尖着声音争辩：“不行，不行！我也是解放军！你们不能打死我！”浩浩把瀚林一推：“那我们不跟你玩了！”瀚林扔掉手里的积木：“我也不想跟你们玩了！”

三个小朋友发生了矛盾。听到了这边的动静，保育老师小跑过来，我看矛盾没有加剧，于是上前拉住保育老师：“等一下，问题不大，放手让他们自己去解决吧。”

辰辰和浩浩两个小朋友想继续玩打仗，可能是刚刚瀚林那句话提醒了他们：我们都是解放军，没有敌人，我们打谁呢？于是两个小伙伴就商量，一个扮演解放军，一个扮演敌人。可是两个人都想当解放军，就又争起来了。“可以‘石头剪刀布’，真笨！”瀚林在旁边舍不得走开，看他们在那里争当解放军，忍不住吼了一声。这时，滚轮胎玩的航航看到了他们的迷彩服，也想加入，就说：“我可以跟你们一起玩吗？”两个小朋友不理他。航航又说，我可以给你们运轮胎过来，我们建一个堡垒再打仗。两个小朋友一听，高兴地答应了，于是三个小朋友一起朝放轮胎的方向走去。

瀚林在旁边看到这一切，马上用比他们更快的速度跑向放轮胎的架子，两只手各扶一个轮胎往回推，突然没扶稳，摔了个四脚朝天。三个小朋友看到他那个好笑的样子，都笑了，瀚林也笑了。我知道他们的问题解决了。

堡垒建好了，四个小朋友用“石头剪刀布”的方式组建了“解放军”和“敌人”两个阵营，开心地玩了一下午的打仗游戏。

中班幼儿独自游戏逐渐减少，群体游戏逐渐增加。他们一方面有主动交往的意愿，一方面又欠缺交往的技能，容易发生争执和攻击行为。幼儿的交往能力不是突然形成的，当他们有交往冲突的时候，成人应该延迟干预，尽量放手，给幼儿自主解决冲突的机会，让他们在这个过程中逐渐学习建立社交关系的策略，从而使其社会性不断完善。

勇于放手，方能收获惊喜，看见成长。

时刻关注幼儿情绪

北京军区机关幼儿园　郭茜雯

在今日的教育活动中，宸宸突然举起手，焦急地说：“郭老师，我不会。”我走上前问：“没关系，别着急，我来帮你。”我一看，新教的这两步都折错了，说道：“没有关系，郭老师教你。那刚刚你认真仔细看郭老师了吗？”看到宸宸微微低头沉默不语，我大致明白：“没有关系，我们下次认真听就可以啦！”话音刚落宸宸哭了起来，我蹲下身轻轻抱起她安抚道：“怎么了宝贝儿，郭老师也没有批评你呀，我们接下来认真对待就可以啦！”宸宸哭着说：“郭老师我错啦！我没有认真听”我说：“没有关系的，我知道宸宸最棒了”宸宸点点头说：“我知道了，郭老师。”

在晚上送幼儿时，我把宸宸的家长叫到一旁，把今天的事情简单讲述了一下，让家长了解一下宸宸的情况，同时在家也关注一下孩子的情绪问题。

在吃完早餐过渡环节时，我发现宸宸在折菖蒲。她时不时地抬头看我，犹犹豫豫的。但我没有着急，一直在耐心等待她主动找我。这时她抬头，我俩对视上，我对她微微一笑。宸宸：“郭老师我不会了，你能帮帮我吗？”我：“好呀，郭老师能帮助到你，可太开心了。”就这样，我一步一步地教她，她终于可以自己独立完成了，宸宸高兴地说：“郭老师，我会啦。”我：“是呀，你可真聪明，一学就会。郭老师刚刚看见有一些小朋友，也有忘记的。你能帮帮他们吗？”宸宸：“好呀！”随后我就见她像个小老师一样特别有耐心地一步一步去教。看见她自信的样子，我也很高兴。

宸宸是一个很要强并且自尊心很强的小朋友，什么事情都要求自己做得很好，但也会有些不自信，胆小。引导她时我就以她的情绪为主，同时也会给予她肯定，帮助她消除对自己的懊恼心理，不能因为这一件事情就否定自己。在引导时也会保护好她的自尊心，让她放松心态，知道自己是一名小朋友，犯了错误很正常，能改就是好孩子。在晚上放学时我同家长说明情况，也是做到了家园共育，共同帮助幼儿消除紧张的情绪。

教师与母亲是不同的，我们不但要具备呵护孩子成长的那份母爱，更要肩负起教育和引导幼儿发展的那份责任。教师不经意的一句话一个眼神，都有可能改变幼儿的一生。只要家长把孩子交到我们的手里，我们就多了一份责任，我会愿意低头倾听他们的内心世界，孩子们的信任也是我最大的动力。作为一名幼儿教师，我的宗旨就是认真对待每一名幼儿，让他们拥有快乐的童年。

不愿参与活动的背后

北京师范大学亚太实验学校　王诗瑶

距离开学已经过去一段时间，最近的区域活动中，正正小朋友在开区后总是别别扭扭的，不太愿意加入。问他遇到什么困难，他只是看着我不说话。再多问几句他就低着头选择一个区域去玩，但看得出他并不感兴趣，只是坐在区域中看着别人玩。今天的区域活动他还是跟之前一样，于是我加入了离他较近的一组。孩子们正在玩吸铁石，大家尝试了很

多物品并且记录在纸上，但是孩子们只记录了可以被吸住的物品，却没有记录吸不住的，于是他们会重复尝试一些东西。当我看到正正也在看着我们时，我假装苦恼地问正正："哎呀，这些好像试过了，还有什么没试过呢?"没想到正正一改刚才默不作声的样子，大声说道："你们这样找太乱了，你们应该把吸不住的东西也画下来，这样没有吸过的东西很快就能找到!"元宝听到正正的话急忙说："对! 小懿刚才就在吸我吸过的玩具!"看到问题解决，正正又远离了这个区域。正当我想上前时，云朵小朋友跟正正说："正正，这个要怎么弄啊?"听到云朵寻求帮助，他马上就过去并且很快帮云朵解开了穿绳的小木偶。看到这里，我隐约明白了正正最近不愿意参与区域活动的原因。

第二天，我在区域中投放了新的玩具。果然，正正看到新玩具后毫不犹豫地选择了新玩具。之后我问过正正几种玩具的玩法，他都能准确地回答出来。他也主动跟我说，班级里的这些玩具他已经都研究过了，也都知道该怎么玩。

区域活动要求教师根据教育目标和幼儿发展水平划分区域，让幼儿在宽松和谐的环境中按照自己的意愿和能力，自主地选择学习内容和活动伙伴，主动地操作、探索和交往。正正的发展水平相对较高，初步的探索与尝试已经不能满足他的需求。所以引导幼儿深入探索是接下来的关键。之后的活动中我发现正正很善于解决问题，他也很喜欢帮助别的小朋友解决问题。于是我请正正当小老师。在帮助小朋友们解决问题的过程中，正正发现每一种玩具并不只有一种玩法，他也在跟小朋友们的互动中明白了每一种游戏都需要更多的尝试和探索。

正正的情况让我明白，要善于发现幼儿行为背后的缘由，从幼儿的角度思考，读懂幼儿。幼儿看待游戏与同伴之间的关系十分微妙，引起幼儿兴趣的不仅仅在游戏本身，同伴间的相互关注与互动也是引起幼儿兴趣的良好方式。

在"续编故事"的宇宙中遨游

北京市第六幼儿园　黄妍妍

故事情节有意思的绘本，一直是孩子们的最爱。看了这么多绘本，小朋友们的词汇量也丰富了很多，很乐于续编各种故事。那么对于有些绘本的结尾，我们有着自己的想法。

《月亮的味道》是一本小朋友们都熟悉的绘本，在小动物们都吃到一口月亮以后，又会发生什么有趣的事情呢。孩子们发挥了自己的想象力。默默说："小动物们都一起品尝了月亮，它们觉得味道很美味，像是饼干的味道，很好吃。它们又想尝尝太阳是什么味道。它们就一起等天亮了，然后又摞了起来，一层一层，一起爬上了太阳，它们也一起尝了尝太阳的味道，发现太阳的味道是蛋糕味的。""那它们觉得哪个味道比较好吃呢?""当然是太阳比较好吃了，我觉得蛋糕味的它们肯定喜欢吃。"默默说。默默这个有意思的结尾，为这个有趣的故事添加香甜的味道。暖暖也迫不及待地和我们分享她编的结尾："小兔子看到这些小动物们吃了月亮，也想去尝尝月亮的味道。它就坐着宇宙飞船去了外太空，准备去尝尝月亮的味道，它在外太空尝到了好吃的月亮。而那些尝过月亮的小动物们已经回家了，和家人们在一起呢。"暖暖这个创编的结尾，给故事增添了一些很温暖的味道。

续编故事，是在理解故事的基础上进行大胆的想象。在充分认知绘本原本的意思后，孩子们才会出现更棒的想法。虽然孩子们的想法天马行空，但是因为他们了解了绘本的意

思，所以他们往往给我们意想不到的惊喜。因为认识了一些文字，所以孩子们也愿意自主阅读，然后根据自己对绘本的理解，大胆续编。续编故事的时候，可以发展孩子们大胆表达的能力、书写绘画的能力以及思维能力，也可以帮助孩子们在表达的时候多说完整、连续的话。而且通过自己续编故事，也丰富了对词汇的认知。虽然孩子们现在只是到了识字的阶段，但是他们通过阅读，通过对故事续编的绘画方式的呈现，都会在旁边添上些自己的“批注”，也是初步练习了前书写的能力。续编故事不仅仅是孩子们对于故事的语言续编，同时在呈现的时候，也会去模仿原作者的绘画形式，让自己的呈现方式更加多样。

所有的绘本故事，原作者都赋予了它一个作者想象出的结尾。它是作者觉得最合适的，但是孩子们往往有着和我们大人不一样的见解，所以应该鼓励孩子们续编故事。而且在以后的学习中，这样做也很有利于孩子们大胆表现。以后孩子们可能就不满足于续编故事了，可能开始创编故事了。把自己的知识编成一个个属于自己的小故事，也是一件很自豪的事情。爸爸妈妈也可以和孩子在家一起续编故事，比一比谁的故事更有意思。孩子们也会不断增加自己的想法，变成最棒的“小作家”！

教育探索

浅谈如何做一名优秀的班主任

广西壮族自治区百色市田阳区那坡镇中心幼儿园　农雪蓉

当前以人为本的教学理念正在逐步深化，素质教育以及基础教育课程改革不断推进。在这场激流勇进的教育改革当中，班主任无疑充当着最为重要的角色。怎样才能当好班主任？我一直在思考这个问题。以下是我的一些看法。

一、爱学生

(一)对学生首先要讲究一个爱字

对待学生，要把学生看作自己的孩子，这样你工作起来就不觉得累。爱孩子才能培养孩子的爱心，爱孩子才能无微不至地关心，注视他们成长中的每一个细节，才能为他们的每一点微笑、进步而衷心感到高兴，才能感受他们的苦恼与困惑，并且为解决这些问题而尽自己最大的努力。爱学生，是教师职业道德的核心和灵魂，它可产生巨大的力量，拉近与学生的距离。

(二)对学生进行感恩教育

引导学生知道感恩的重要性，使得学生能够对家长、对教师表示感恩，对学生相互之间的帮助也表达感谢。学生在感恩心态下参与学习、投入生活，且可以感受到父母劳作的辛苦，在回家之后主动为父母分担力所能及的家务，同时也可以更为专心地听从老师的教导，与同学间也可以保持互帮互助。

二、给学生树立好榜样，班主任应拥有人格魅力

人格魅力具体是指个体在不断成长中融入家庭环境、社会环境，感受到人生方面、学识方面的积极因素，并将这些环境与因素相结合所形成的个人特征。教师人格魅力能够对班级学生的发展起到重要影响，这就需要教师把握以下几点。

(一)保持爱心

捷尔任斯基在其著作中讲道：谁关爱孩童，孩童也会同样爱谁，疼爱孩童是教育孩童的前提。罗素也认为：保持爱心是改善师生关系的基础，教师如果没有爱，那么难以有效引导学生健康成长。由此可见，教师保持爱心具有重要意义，这也是完成教学任务的基础。

(二)具有高尚品格

教师向学生传播知识技能，是美好社会的创造者。教师须积极主动地参与思想品德教学，使自身具备公正、进取、诚信等品格，这也是教师在课堂教学中所需具备的精神力量。实践表明优秀教育家所取得的成绩，都建立在拥有高尚品格的基础上。

(三)扎实的基本功和良好的文化修养

一名出色的班主任必须具备完善的专业知识结构，并具有良好的文化修养。优秀班主任应具有扎实的基本功，欲行其事先利其器。

(四)班主任要以身作则，以信立班

班主任应该是最能以身作则的人，当然这个班主任一定要为人正直可靠，这样才会让学生信服，进而对班主任产生尊重和热爱。班主任须以身作则，发挥带头作用，要求学生做到的，自己首先要做到。

三、班级管理

班风是班级整体建设的一种内部风气，也是班级成员人格集体化的体现。良好的班风

能够为学生学习带来健康、稳定的环境，使得学生形成班级自豪感。学生在班风引导下能够主动维护集体荣誉，努力为班级整体进步贡献力量，这也表明班风能够对学生形成影响，鼓励学生积极进取、不断前进。

(一)培养一支高效率的班干部队伍

班干部是班主任和学生之间联系的桥梁，是教师得力的小助手。随着新课改的不断推进，校园教育逐步加强了对学生需求的关注，班主任也逐渐认知到以人为本的教学方式带来的积极影响。在教学管理实践中，可以在选任班干部时强调民主化，如班主任可采取学生竞选的方式，由学生推荐和表决，选举班干部辅助班主任进行班级管理。

(二)互助学习，促使竞争

在学习方面，要求学生自愿结对子，让一个成绩好一点的去帮助一个成绩相对弱一点的，让他们共同进步。开学初让学生制定出短期目标和长期目标，并且让学生自己找一个竞争对手，努力学习，争取超过他。

(三)注重后进生的转化

学生的发展存在着差异，除了关爱优生，还应多关注后进生，要找出后进生身上的闪光点，激发他们对学习的兴趣。

(四)制订家访计划，定期召开家长会

在开学初制订出家访计划，每学期每位学生至少家访一次。特别是留守儿童，回家之后都是爷爷、奶奶管，这些长辈只是给予生活上的照顾，很少交流思想，所以对于这些留守儿童班主任要给予更多的关注和关爱，要多进行家访，了解他们的家庭情况，以及回家后的表现情况，对存在的问题及时处理，尽量多做思想工作，让学生体会到老师的关心，以及班级的温暖。每学期至少召开一次家长会。

四、班主任工作

(一)经常和学生交流

班主任要妥善、高效地落实工作，首先要获得学生的信任，使得学生能够愿意听、仔细听老师的话，并根据老师的要求开展行动。班主任要经常和学生沟通，鼓励学生发表想法。班主任也可和班干部、课代表交流，获知班级思想动态，了解学生情绪变化。

(二)保持“以人为本”的理念

“以人为本”要求重视人的实际需要，关注人的感受。在教学管理过程中，可以引入“以人为本”的思想。教师需要充分了解学生的性格特征，掌握学生的发展趋向，特别是要肯定学生的个性发展，为学生综合素质提高创造条件。

(三)人性管理

班主任在教学管理中需要强化“以人为本”的管理意识，通过与学生沟通交流，更为全面有效地知悉学生需求，同时也可以使学生理解教师的苦心，在和谐的师生关系下提高学生学习积极性，主动配合班主任教学管理，继而提升教学管理质量。班主任要肯定学生在课堂教学中的主体地位，让学生掌握学习主动权。

五、与学生建立良好的关系

罗杰斯认为，教师所持有的态度直接关乎教育是否成功。学生年龄较小，存在天性好动、好奇的特征，经常会提出一些个性化的问题和想法。如果班主任仅将学习成绩作为学生的评价元素，会造成具有一定个性化的学生信心受到打击，也会影响其学习热情，对这些学生身心健康成长带来消极影响。

（一）事无大小，以班级创建为契机

对于一个新组建的班级，要使班级有凝聚力，关键在于第一学期班主任工作的落实。班级的事情不求惊天动地，只求把一件件的小事做好。特别是从细节的地方入手，从容易忽视的地方入手，密切关注学生在这些方面的细小变化，从到校一直到放学，学生的早读、早操、收交作业、课前准备、上课纪律、两操、午餐、午休、放学值日等。

（二）甘当学生，协调一致，发挥集体力量

在班级管理过程中，班主任需要尊重学科教师，与学科教师保持紧密交流，了解他们对于班级、学生的看法，及时和他们沟通班级情况，了解学生想法。这也可以使学科教师了解班主任的处事风格、管理方式。班主任和学科教师之间应形成高度信任，共同为班级发展商讨。班主任在进行班级管理实践时，需要突出“以人为本”的重要性，同时也需要学科教师提出建议和想法，共同关注班级每个学生的个性发展，知悉学生自我需要，进而激发学生自主学习的热情，提升班级管理效果。

游戏在幼儿教育中的实施探析

广西壮族自治区百色市田阳区那坡镇中心幼儿园　黄　惠　梁爱琴

一、引言

幼儿时期是儿童学习和发展的关键阶段。游戏作为一种自主、愉悦的学习方式，具有巨大的教育潜力。通过游戏，幼儿可以主动参与、积极探索，并通过互动和反馈获得丰富的学习经验。因此，游戏在幼儿教育中的实施具有重要意义。

二、游戏在幼儿教育中的定义和分类

游戏可以被定义为一种自主、目的明确的活动，通过规则和互动来实现学习目标。在幼儿教育中，游戏可以分为虚拟游戏和实物游戏两类。虚拟游戏包括电子游戏、手机应用等，而实物游戏则包括角色扮演、拼搭积木等。不同类型的游戏在幼儿学习和发展中起着不同的作用。

三、游戏在幼儿教育中的实施策略

游戏在幼儿教育中的实施策略对于有效引导、促进幼儿的学习和发展起着关键作用。首先，选择适合幼儿的游戏是实施游戏教育的首要任务。教育者需要根据幼儿的年龄、发展水平和兴趣爱好，选择与他们能力相匹配的游戏。例如，在幼儿园中，可以选择简单的益智游戏或音乐游戏来培养幼儿的认知能力和音乐素养。此外，还可以根据教育目标选择特定主题的游戏，如数学游戏、语言游戏或科学探索游戏，以满足幼儿在不同学科领域的学习需求。其次，游戏设计是实施游戏教育的核心环节。游戏的设计应当充分考虑幼儿的发展特点和学习需求，注重激发幼儿的兴趣和积极参与。游戏应当具有明确的学习目标，并通过合理的难度设置和互动设计，引导幼儿主动参与并享受学习过程。此外，游戏设计还应当关注幼儿的多元发展，涵盖认知、语言、社交和情感等方面。比如，在语言学习方面，可以设计一个名为“字母乐园”的游戏。这款游戏通过美妙的音乐、动画和字母相关的任务，帮助幼儿学习字母的名称、形状和发音。游戏中，幼儿可以与游戏角色一起探索字母乐园，通过拖动字母形状拼凑出单词、听取字母的发音并完成配对等任务。游戏中融入了趣味性和互动性，激发了幼儿的学习兴趣，同时通过重复和巩固，帮助幼儿逐渐熟悉字

母和发音，并培养他们的语言意识和识字能力。最后，游戏评估是实施游戏教育的关键环节，可以帮助教育者了解游戏对幼儿学习和发展的影响，并根据评估结果进行教学调整。评估可以通过观察幼儿在游戏中的参与程度、表现和学习成果来进行。此外，还可以利用问卷调查、记录观察和定期交流等方式，获取幼儿对游戏的反馈和意见，以进一步改进游戏设计和实施策略。

四、游戏在幼儿教育中的应用效果与挑战

游戏在幼儿教育中的应用对于促进幼儿的学习和发展具有积极的影响，但同时也面临一些挑战。

(一)应用效果

游戏在幼儿教育中的应用能够激发幼儿的学习兴趣和积极性，促进他们的认知和情感发展。首先，游戏通过提供有趣的情境和互动体验，吸引幼儿的注意力，使他们主动参与学习活动。其次，游戏在幼儿教育中的应用可以促进幼儿的多元智能发展。不同类型的游戏涵盖了幼儿的认知、语言、社交和情感等多个方面。例如，一个团队合作的角色扮演游戏能够培养幼儿的沟通协作能力和情感交往能力，同时提升他们的创造力和解决问题的能力。这样的游戏体验可以帮助幼儿全面发展，使其不仅在学习上取得进步，也在社交和情感方面获得成长。

(二)挑战

尽管游戏在幼儿教育中有许多积极的应用效果，但也存在一些挑战需要克服。首先，教育者需要正确把握游戏在教学中的角色和位置，避免过度依赖游戏而忽视其他学习方式。游戏应当作为教学的辅助工具，与其他教育活动相互结合，形成综合的学习体验。教育者需要合理安排游戏时间，确保游戏在整体教学中的平衡性和有效性。其次，游戏的选择和设计需要与教育目标相匹配。游戏应当与课程目标和教学内容相一致，有针对性地提供有益的学习体验。教育者需要仔细评估游戏的内容和难度，确保游戏能够满足幼儿的学习需求，并与教学计划相协调。

结论：本文对游戏在幼儿教育中的实施进行了探析，并举例说明了不同类型游戏在幼儿学习和发展中的积极影响。游戏作为一种有趣、互动和目标导向的学习方式，对幼儿的认知、情感和社交能力的培养具有重要意义。通过游戏，幼儿可以主动参与、积极探索，并通过互动和反馈获得丰富的学习经验。同时，游戏还能提升幼儿的注意力、思维能力和创造力，促进其全面发展。

追随儿童问题，建构戏剧课程

——以广西医科大学幼儿园绘本《野兽国》班本课程的开发为例

广西医科大学幼儿园　龙明敏

一、以绘本为载体的幼儿园戏剧活动的教育原则

(一)主体性原则

主体性原则指的是让幼儿成为活动的主体。在活动中，幼儿是戏剧活动的主体，教师是戏剧活动的组织者和引导者。幼儿可以自主选择需要表演的角色和故事情节，甚至可以自己编写剧本，主动参与戏剧活动。

（二）多元化原则

多元智能理论指出，每个人都有 8 种智能，即语言智能、数学逻辑智能、视觉空间智能、身体运动智能、音乐智能、人际交往智能、内省智能和自然观察智能。

（三）戏剧性原则

戏剧是以“矛盾冲突”为主要特征的艺术形式，也被称为“戏剧化”。戏剧的戏剧性原则要求戏剧必须具有矛盾冲突性，让幼儿在矛盾中体验角色的喜怒哀乐，并引发他们思考。

（四）融合性原则

戏剧的形式与内容都是多元化的，其功能也是综合性的，所以，幼儿园戏剧活动一定要结合幼儿实际、课程内容、教育环境等，采用多种方式开展。以绘本为载体的戏剧活动主要有三种形式：一是绘本戏剧表演；二是以绘本为背景的角色扮演；三是将绘本与其他课程内容相结合，开展综合活动。

二、以绘本为载体的幼儿园戏剧活动的实施策略

（一）制定活动目标及过程，准备活动相关内容

以绘本《野兽国》为例，可以制定以下活动目标：

①能根据故事线索大胆想象，并用肢体、语言创造性地表现“迈克斯误入野兽国”“野兽狂欢”等剧情；

②通过即兴扮演等形式，初步感受戏剧游戏中所蕴含的“宽容与接纳”的象征意义，学会合理宣泄不良的情绪；

③投入地参与戏剧游戏，在活动中能随剧情的变化而改变表演内容，在大胆表达自己想法的同时也愿意接受他人的建议。

在确定活动目标后，根据目标内容做活动准备，主要包括物质准备和经验准备。其中，物质准备中，教师可以提前准备绘本《野兽国》的课件；在经验准备中，教师可以多准备有关动物变化的戏剧游戏经验。

（二）以儿童问题为支架，创设“戏剧”环境

故事环境是指为幼儿提供的与绘本有关的场景和活动，包括绘本中的图画、文字、道具等。幼儿对戏剧的认知和理解是建立在对故事环境的感知基础上的，因此，故事环境对幼儿来说至关重要。在戏剧活动中，故事环境是指戏剧场景、道具及角色表演的场所。《野兽国》的故事环境具有鲜明的戏剧风格，教师根据故事情节和场景布置了相应的戏剧场景，让幼儿在有趣的故事环境中感受和体验戏剧。在主题活动“野兽国”中，我们结合绘本内容设置了“野兽国”“巫婆森林”“百兽聚会”等场景，通过图片、文字、道具等向幼儿展示故事发生的场景，让幼儿感受到野兽国和森林里住着各种各样有趣的小动物。同时，通过讲述故事情节，引导幼儿感受人物之间的情感交流，并学习用简单易懂、富有感染力和表现力的语言表达自己对故事情节的理解和看法。

（三）以儿童问题为切入点，开展戏剧活动

剧本创作是幼儿园戏剧活动的基础环节，是戏剧活动的基本要求，也是幼儿表演、体验故事的重要依据。剧本创作环节包括了选择故事素材、确定故事情节、编写人物台词等内容。在编写台词时，首先要对故事的背景做充分了解，并引导幼儿观察绘本，思考自己对这个故事的理解与感受；其次要分析绘本中人物的语言、动作、神态等，提炼出适合改编成戏剧表演的情节；最后还要让幼儿根据自己的理解做创编。例如，在剧本《野兽国》的暖身活动中，教师可以利用“变成小乌龟”“变成动作快的动物”“变成凶猛的动物”“变成大的动物、小的动物”等活动来引导幼儿用肢体表现各种动物造型，预计用时为 5 分钟。以“变

成凶猛的动物”活动为例，教师可以创设这样的剧本：

教师：现在我想请小朋友们准备变成一只非常凶猛的动物。三二一，“嗖”(变成凶猛的小动物)，一二三，“嗖”(变回)。我发现每一个动物都可能来自不同的国家，讲的话都不懂。所以，干脆所有的小动物们、大动物们、凶猛的野兽们，现在都闭上嘴巴不说话，我们先用动作看看小伙伴能不能猜出我们到底是什么动物——不要说话不要发出声音。在暖身活动做完之后，教师做课程小结：“小朋友们，我们刚才已经玩了一个小小的游戏，我们一起演了哪几种动物？乌龟跑得怎么样？还可以扮演什么？(很快的、很凶猛的动物)还有呢？……”

(四)主题式班本课程构建

在建构主题式班本课程时，要遵循幼儿的已有经验和兴趣点，围绕不同年龄段幼儿的发展需求进行活动设计，将戏剧元素融入幼儿园课程，让戏剧活动成为幼儿喜欢、支持和需要的活动。同时，教师应遵循幼儿学习规律、教师教学规律、社会发展规律及园所发展规律，将儿童问题作为课程实施的支架，从儿童真实生活出发，基于问题不断探索和尝试，让幼儿在解决问题中获得发展。例如，在讲述故事的主题活动中，教师可以通过以下步骤来构建主题式班本课程，预计用时 8～10 分钟。

第一，教师一边播放课件，一边有感情地讲述故事，从封面一直讲述到“我要吃掉你”。幼儿用肢体表现动作。

第二，教师讲述绘本，一直讲述到“长成一片森林”。幼儿用肢体表演各种各样奇怪的树。在此过程中，可以构建幼儿单人表现、幼儿两两合作表现，让幼儿参与其中。

第三，教师继续讲述故事，一直讲述到“转动着可怕的眼睛、伸出可怕的爪子”。幼儿跟随教师指令，用肢体表现野兽的神情动作。

第四，教师继续讲述故事，直到“现在，我们开闹”。播放音乐，教师扮演迈克斯，带领幼儿用肢体表现野兽们狂欢的场景。

第五，教师讲述故事，直到故事结束。

通过构建主题式班本课程，可以帮助幼儿更好地理解故事情节，丰富他们的语言表达能力，培养他们对戏剧表演的兴趣。

(五)课程讨论与分享

在课程的实施过程中，教师需要关注每一个幼儿，及时发现幼儿在活动中出现的问题，并给予适宜的指导。在课程讨论环节中，教师请幼儿围坐在位置上，教师根据绘本前期开展的戏剧活动，向幼儿提问，预计用时 3 分钟。例如：

①你觉得迈克斯为什么对妈妈发脾气？

②刚才我们变成迈克斯和野兽们狂欢的时候，心情如何？

③你认为迈克斯为什么要回家？

通过对课堂内容的讨论，幼儿能够更好地理解故事情节，也能对戏剧活动的开展有更多的想法。另外，在讨论结束后，教师可以提出问题，引导幼儿分享自己在课堂上的感受。例如：

①别人对你生气地大喊大叫的时候，你是开心的还是难过的？

②如果别人对你发脾气，你会像迈克斯那样去野兽国吗？

③你遇到过哪些让你感到生气或者不开心的事情吗？

通过幼儿的分享，教师引导幼儿发泄不好的情绪：“我们一起把不开心的事情变成‘狂欢的野兽’，叫出来，跳出来吧。”

三、主题式班本课程的成效

在戏剧活动实施过程中，虽然取得的效果不错，但在班本课程实施过程中也遇到了一些问题，比如，教师对于幼儿的“度”的把握、剧本内容的选择和创作等方面还不够成熟。这就需要教师不断地学习和积累经验，从而更好地开展戏剧活动。虽然戏剧活动有利于促进幼儿的全面发展，但在开展过程中还是需要注意一些问题。

(1)绘本选择要符合幼儿的年龄特点。选择绘本时，应注意绘本内容是否适合幼儿发展需要。同时，对于不同年龄段的幼儿来说，故事情节、语言表达等方面也会有所不同。因此，教师在选择绘本时应根据幼儿年龄特点来确定适合的绘本内容。

(2)要重视剧本的创编和表演环节。在剧本的创编中，教师应该给予幼儿足够的时间去想象和创作，同时在角色扮演环节也要充分考虑到幼儿表演的可能性，不要过于限制幼儿的表现。

(3)要关注戏剧活动对幼儿情绪情感发展方面产生的影响。教师应该将戏剧活动作为一种手段，让幼儿在角色扮演时能够更加投入和沉浸其中，从而获得更多积极正面的情感体验。

幼儿园班本故事审议的实践与思考

——以小班班本课程“与蚕相伴”为例

广东省深圳市宝安区石岩园岭幼儿园　高浩琳

一、班本故事的生成与思考

万物复苏，枝吐新绿，一个关于成长的故事，在四月中萌芽。区域活动时，孩子们正准备从柜子里拿操作材料，却发现了一个神秘的小东西——蚕蛹。瞬间引发孩子们的围观，大家你一言我一语，说着自己的发现。在孩子们热情的讨论中，一系列的问题接踵而至。基于幼儿的兴趣点，“探秘蚕宝宝”拉开了序幕。通过发放调查问卷、聚焦关于蚕宝宝的问题，幼儿和爸爸妈妈一起查阅资料，对蚕宝宝有一个初步的了解。让幼儿与家长共同参与活动，除了促进亲子感情还可以全方位地培养幼儿的能力和思维。

二、班本故事主题的开发与框架

(一)班本故事开发

《指南》的科学探究目标之一：4—6岁幼儿“喜欢接触新事物，经常问一些与新事物有关的问题”。成人要善于发现和保护幼儿的好奇心，充分利用自然和实际生活机会，引导幼儿通过观察、比较、操作、实验等方法，学习发现问题、分析问题和解决问题。

(二)班本故事框架

本次生成课程的价值所在，会给幼儿带来哪些关键经验的提升？我们展开了班本课程前审议，衔接《指南》，预设了课程网络图(见图1)。

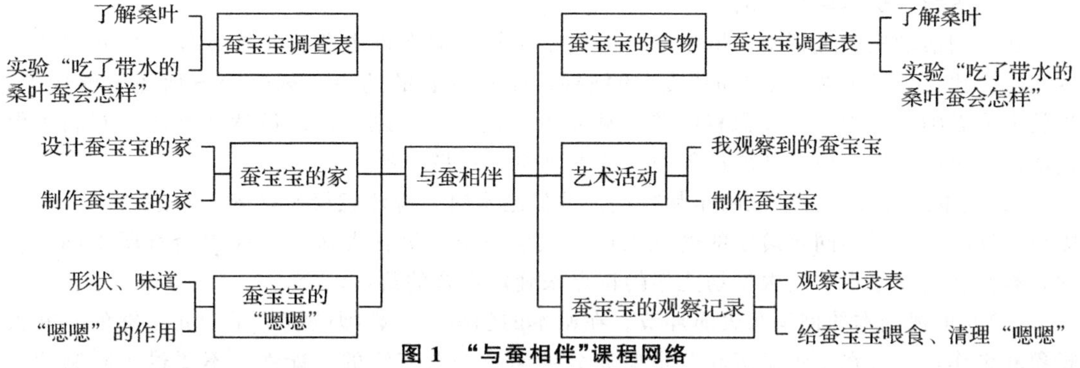

图 1 “与蚕相伴”课程网络

三、班本课程实施策略

(一)给予探索自由的机会——认识蚕宝宝

孩子们每天来园的第一件事就是拿着放大镜去看一看蚕卵有什么变化，并纷纷说出他们的发现，“你们看，蚕宝宝很小很小。黑黑的，在蠕动，好可爱。蚕宝宝有脚吗？它的嘴巴在哪里呀？我在书上看到蚕宝宝的嘴巴在头的前面。书上还有许多字，我不认识，老师，你能讲给我们听吗？”……于是和孩子们开始找寻答案。通过师幼共读，孩子们不仅知道了蚕宝宝嘴巴的位置，还了解到蚕是单眼。看不见东西，只能感觉光线，这种眼睛叫作单眼。孩子们每天观察蚕宝宝的日常变化，也了解了饲养蚕宝宝的注意事项，知道照顾蚕宝宝时要用饲养工具。特别是喂桑叶的时候，一定要擦干叶子上面的水滴。随后的饲喂体验环节，孩子们认真观察蚕的取食过程，在老师的指导下，学会了如何养蚕。

(二)家园同步——亲子活动：设计蚕宝宝的家

“我和爸爸一起做了一间坦克房子。我建蚕宝宝的家，是没有屋顶的。这样它就可以呼吸了。蚕宝宝可以在我建的房子里面玩滑滑梯。我在蚕宝宝的家里画了叶子、蝴蝶、花朵。蚕宝宝来我家住，就不会孤单想蚕妈妈了。我和爸爸一起做了漂亮的小红花，蚕宝宝看到了就会喜欢我，跟我回家。”……

设计蚕宝宝的家这个活动能调动幼儿的积极性：通过与父母共同设计蚕宝宝的房子，增强了亲子互动的同时让幼儿学会独立与担当，懂得感恩；通过领养蚕宝宝，和同伴一起探索蚕的精神，懂得分享与配合；让幼儿做一件自己动手操作的事情，体会一分劳动一分收获的喜悦与成就感。

(三)提供探索的机会——蚕宝宝的活动

通过对蚕宝宝的观察活动，我们生成了一系列幼儿感兴趣的活动，孩子们在各种活动中得到了发展。

1. 户外游戏“蚕宝宝爬爬爬”，孩子们模仿蚕宝宝爬行的动作。

2. 孩子们绘画出观察到的蚕宝宝。

3. 观察记录蚕宝宝的每日变化。从整体到局部，细节的记录和展现越来越清晰，孩子们一直在感受着生命的奥秘。

孩子们真切地感受到蚕宝宝生命的存在，感受到蚕宝宝的生长变化，感受到自己的行为与蚕宝宝生长之间的联系。这一系列的活动，幼儿一方面可以观察蚕宝宝的生长变化，了解蚕宝宝的生活习性和生长知识，培养幼儿热爱大自然的情感；另一方面在照料喂养的过程中，培养了幼儿的责任心和毅力。

四、结语

老师看着孩子们一天天的情感变化。没有蚕宝宝时，总会因为一些小事情打打闹闹，

会挑食，很自我，不懂得关心旁人。自从开展“与蚕相伴”后，孩子们的社会交往能力逐渐提升，跟同伴们交流会使用文明用语，遇到困难会一起努力想办法解决。在陪伴蚕宝宝成长的一个多月里，孩子们通过细心观察、精心照顾、积极探究，真切地感知生物的独特性，也感受到了生命的奇妙、美好和脆弱。同时也培养了孩子们的耐心、爱心和责任心，从而更加爱惜生命。孩子们用行动诠释着对大自然的爱，这将成为他们无尽的精神财富。

信息技术应用于家园共育的实践策略研究

北京市首钢幼儿保教中心古城幼儿园　邱纪荣

一、引言

在互联网环境下，信息化技术被应用在各行各业中，推动了行业的创新发展和改革。幼儿园教育工作的创新发展，同样需要积极寻求与信息技术的融合。通过互联网技术开展家园共育工作，能够不受地域和时间的限制，拉近幼儿园教育工作者和幼儿家长之间的距离，增加家园共育的交流途径，丰富家园共育的内容，为家园共育提供更加广阔的空间。受特殊情况的影响，幼儿家长不能到幼儿园与教师开展线下的面对面交流，所以传统教育模式下的家长会、亲子活动等需要线下见面的家园共育工作按下了暂停键。为了让幼儿在家期间保持健康的身体和积极的心态，在等待开学的这段时光里能过得充实有趣，幼儿园开始尝试各种线上家园互动活动，通过科学、丰富、有趣的活动形式，帮助家长利用居家时间高质量地陪伴幼儿，增进亲子关系。

二、当前信息技术应用于家园共育的不足之处

(一)家长的责任主体存在认知偏差

幼儿的健康成长离不开家庭教育和幼儿园教育的共同努力，这是家园共育开展的基础，也是塑造幼儿健全人格、培养幼儿良好习惯的保障。然而，由于部分地区幼儿园开展线上家园共育的时间相对较短，部分家长受到传统观念影响，对自身的教育职责存在一定的认知偏差。例如，部分家长潜意识中认为幼儿教育主要是幼儿园的责任，自己作为被服务一方，有权接受幼儿园提供的各项幼儿教育服务。即便是幼儿园向家长推荐的一些育儿游戏手工制作、幼小衔接等能够提高亲子关系的方法，家长在这个过程中也只是被动接受，将其视作为一种任务来完成，而并非主动将家园共育当作一种职责来开展。这种认知上的偏差，导致许多家长在互联网环境下的家园共育工作中地位被动，过度依赖幼儿园的引导工作。

(二)家园共育的内容缺乏丰富性

幼儿是家园共育工作的中心，互联网平台只是教育的媒介和辅助手段。但在幼儿园开展的线上家园共育工作中，存在着内容不够丰富的问题。例如，网站是幼儿园对外宣传的主要窗口之一，同时也是开展线上家园共育的主要渠道，而许多幼儿园在官方网站的宣传内容主要是园所特色、招生宣传等信息，更侧重于幼儿园的品牌推广和招生创收，针对家长的育儿指导和家园共育主题工作欠缺，内容不够完善。另外，在常用交流工具、平台上，部分幼儿园开展的家庭教育指导也缺乏系统性和科学性，与家长的互动性不高，更像是教师在向家长布置任务，无法形成双向收获。

三、信息技术应用于家园共育的实践策略

（一）利用公众号开设家园共育专栏

1. 开设家园共育专栏

幼儿园可以在其公众号里开设家园共育的专栏，展示在此方面所取得的成果，注重交流的双向性，这样能为家长参与家园共育提供新的途径，而且有利于提高家长互动的积极性。专栏里面可以划分不同的版面，例如家园联合开展的活动、家长课堂、家长意见栏等。家长课堂可以根据家长们的需要开设，选择一些存在的问题，提出解决的措施和技巧，要注意将理论与真实案例相结合，避免家长因难以理解纯理论的知识而无法运用于实际的情况，以帮助家长更好地解决育儿的问题。家长意见栏可以固定时间发布，让家长们提出自己的想法，园所指派专门的老师收集、整理并反馈给班级的老师或者管理者，作为改善后续的工作的依据。除了让家长参与进来，还可以专门开设幼儿在家时情况的栏目，分享幼儿在家的表现、业余爱好培养、休息时候的趣事等，以增进教师对幼儿的进一步了解。

2. 根据家长的需要完善公众号

幼儿园要始终明确幼儿园公众号所面向的重要读者之一就是家长，要尽可能满足家长的需要，才能吸引更多的人关注，让幼儿园公众号发挥更大的作用。幼儿园可以让每个班级的教师通过家长会等形式，向家长明确幼儿园公众号发布的目的与意义，同时鼓励家长对内容、形式、发布等方面积极表达自己的意见和要求。在收集好意见后对幼儿园公众号的设计进行更新和升级，从而给家长新的体验。针对阅读量较少的栏目和文章，要了解原因并找出家长们不认可的地方做出改进；针对阅读量和反馈信息一直较多的栏目，要继续发挥其优势。另外，要丰富幼儿园公众号的功能，给家长提供便利，如增添一对一的解答服务等，这样可以解决家长的个性化需求，也能鼓励家长积极提问，说出心中的疑惑。

（二）整合利用家长资源，丰富家园共育内容

家长在幼教领域不是专业的，但是在他们各自的领域中有着丰富的经验。对此，教师可以充分利用“家长小课堂”，为其他家长或者幼儿提供新的学习内容。教师可以改变策略，引导家长分享自己的育儿资源，激发家长的育儿胜任力。同时，教师可以采用发放奖章、奖状的形式，提升幼儿的互动能力，增强幼儿的自信心。幼儿园应利用家委会平台，建立幼儿园家庭信息库、网络资源与渠道，通过加强教育宣传，让更多的家庭参加幼儿园活动，商讨幼儿园区域设置的具体内容与方式，充实和丰富区域游戏活动的内容。教师还要让家长注重日常教育。譬如指导幼儿对日常生活中常用的包装等废弃物做回收再利用，并且在游戏活动中与同伴分享交流，说说自己的做法和体会。这样既培育了幼儿的沟通分享意识，提升了幼儿的动手操作能力、创造力，又培育了幼儿的环保意识，使其能够通过合力收集废弃物资实现资源共享。

（三）依托软件开展趣味教学，实现趣味高效学习

对于幼儿来说，他们最喜欢趣味化、直观形象的游戏活动，而信息技术为这种趣味化学习提供了可能性，弥补了传统教学方式的不足，使幼儿能够实现高效、科学、趣味化的学习。教师可以多学习，拓展一些信息技术方面的能力，了解更多具有趣味性的学习软件、小程序等，为幼儿的快乐学习提供支持。例如，教师可以利用电脑录制微课，在选择好适宜的内容之后，就可以开始录制。在后期制作的过程中还可以加入一些动画，让课堂变得更加生动、趣味，这样不仅能够激发幼儿的学习兴趣，更能使幼儿感受到学习的快乐。例如，在微课“猜猜我是谁”活动中，教师为幼儿提供了动物的叫声、走路的姿态等信息，使幼儿能够形象地感知不同动物的特点，从被动学习转变为主动学习。实践表明，幼儿对线

上动画效果是非常青睐的，他们喜欢观看、模仿、体验，喜欢快乐积极的学习。

（四）应用“空中课堂”，提升家长的陪伴质量

传统的家园沟通方式包括家长会、家园联系栏等。而随着信息技术的不断发展，逐渐拓宽了家园沟通的方式。但很多家长依然存在焦虑，如何提升亲子陪伴的质量，对家长来说是很大的挑战。教师要充分利用多媒体，使信息技术手段成为架设家园沟通的桥梁。教师要精心选择教育内容，充分考虑幼儿的年龄特点、学习方式及个别化需求，利用“空中课堂”为家长推送优质的教育资源，提供简单的操作材料，方便家长在家庭中对幼儿进行教育。通过这种方式，一方面切实减少了家长的顾虑，另一方面能够提高家长有效陪伴幼儿的质量，促进幼儿健康快乐地成长。“空中课堂”可以为家长推送一些手指游戏、创意手工制作、绘本故事、科学小实验等，供家长和幼儿共同完成，不仅能激发幼儿的学习兴趣，还能通过丰富多样的活动，提升幼儿的综合能力。“空中课堂”使家长意识到陪伴是生命中的第一位教师，家长不能缺席幼儿的成长，要给幼儿更多亲子陪伴的时间，提升亲子陪伴质量。

四、结语

综上所述，“互联网＋”背景之下，家长要和幼儿园形成协同育人机制，切实减轻幼儿的负担，促进幼儿全面发展、健康成长，这需要多依靠信息技术手段的支持，发挥信息技术手段的优势和功能。家园间要构建和谐的亲子关系，营造家园协同支持的环境，灵活运用多种信息技术手段，使幼儿享受到家长陪伴的幸福。

共同体视域下一园多址幼儿园优势互补教研制度的实践探索

湖北省武汉市直属机关永红幼儿园　袁　璐

一、幼儿园优势互补教研制度的概述

（一）研究背景

21世纪以来，随着现代化建设步伐的加快，城区人口激增，幼儿园布局做出了相应调整。为了充分发挥优质园的办园优势，包括人才优势（含教师、家长、社区人才）、场地优势、设施优势及规模优势等，当今社会出现了越来越多的一园多址的办园模式。在这种新型的办园模式下，如何发挥“总园”与“分园”集团化管理关系，既能平衡姐妹园的关系，又不失园区间的个性特征，促使园区间充分发挥优质的教育资源，形成优势互补的教研制度，实现教育的最大合力，是值得我们深入研究和探讨的。为此，笔者提出了幼儿园优势互补教研制度这一新型议题，旨在结合本园特色引领教育的教研模式，走一园一品、内涵发展之路，成为学前教育界的一个示范点，并不断扩大辐射示范作用，起好引领作用。

（二）概念界定

“优势互补”顾名思义就是在充分利用双方优势的前提下，进行有机整合，促使双方共同进步。而“幼儿园优势互补教研制度”则是在针对幼儿园一园多址的模式下，充分发挥各个园区的教学优势，交流、分享优秀教师的教学经验，在各园区之间形成资源共享和优势互补，从而开发出适合本园特色和优势资源的核心教学模式，最终提升整所园区的特色教科研水平。

(三)研究目的与意义

1. 目的

针对幼儿园一园多址的办园模式和各园所之间发展不平衡的教研现状，建立行之有效的园区合作教研制度，形成科学规范的园区合作教研实践模式，促使园区合作教研活动的组织更加规范合理化。

2. 意义

(1)幼儿园优势互补教研制度建设的实践探索，可以让各园区之间相互学习、优势互补。

(2)将教研内容通过平台互动交流，能够增加园区之间的良性竞争，让每个园区之间都能不断创新、不断探索教研新模式。

(3)园区合作教研能整合教学资源，促进园区优势互补形成教研共同体，提升园所整体的教研水平。

二、幼儿园优势互补教研制度的实践与探索

(一)幼儿园优势互补教研制度实践机制

1. 幼儿园优势互补教研制度化

为了保证幼儿园优势互补教研模式的运行，我园制定了《永红幼儿园优势互补教研制度》、《永红幼儿园园本教研制度》、《永红幼儿园教研组工作制度》和《永红幼儿园优势互补分享制度》。

首先，由园长牵头成立了以园长为首的园本教研领导小组和指导小组。将园区进行了划分，各园区分管的保教园长具体负责教研工作，分工明确，责任到人。其次，我们把幼儿园优势互补教研模式作为提升幼儿园整体工作的重要一环，列入了幼儿园每周议事日程。每学期，我们定时召开园本教研研讨会，四所园区的保教园长、保教助理、教研员及年级组长通过沟通，专门研究幼儿园的教研内容并将教研内容与课题的研究相融合，及时解决教研工作中遇到的问题，加强教研工作的针对性、时效性。

2. 幼儿园优势互补教研制度建设与课题研究相结合

我们将教研工作和课题研究紧密地结合在一起，我园申报立项的“十三五”课题“幼儿园艺术融合课程的研究”，确立了4个子课题，分别通过四个园区的艺术特色及侧重点进行有针对性的研究。

我园以艺术教育为突破口，探索融合课程。艺术融合具有鲜明的“永红”特色，我们希望能够帮助幼儿把从艺术教育中获得的经验引申到其他领域的学习和其他形式的活动中，通过教研活动，促进教师的专业发展，有目的、有计划地分析和解决各园区艺术融合课程实施以及教育教学实践中各种问题，开展反思型实践教研活动，将教研成果运用到课题研究中，让课题研究作为教研活动的理论支撑，不断提升各园区教师的专业能力。

3. 在幼儿日常生活中探索艺术融合课程

我们将四个园区的研究成果通过园区合作教研模式进行分享和交流，既做到各有侧重，也能全面促进幼儿的健康成长。

4. 幼儿园优势互补教研制度建设的组织规范化

在计划的制订上我们采取了“逆向性”原则，即计划的制订由下而上，从基层中收集、挖掘问题。学期初每个幼儿园的保教园长便组织各园的保教助理、教研员及年级组教研组长广泛征求教师意见，然后通过讨论、研究制订出学期计划。该计划具有从群众中来、立足于实际、可操作性强的特点，而且能通过让教师参与计划的制订，达到人人支持教研、

人人明确方向的目的。

每次教研活动我们都有详细的计划和内容，并提前将计划和内容发放给教师，以便每位教师做好思想及行动上的准备。而教研活动主持人就要认真做好本次活动的备课，对活动的目标、重点难点以及活动过程的组织都要做好准备。教研过程中，由记录员详细记录下活动的过程及参与者的发言，整理好后，每周四及时上传“区学前教育网络”平台，也便于以后分析和积累下有价值的资料。

（二）幼儿园优势互补教研制度的实践模式

基于课题的研究任务，我们分园区组成学习小组开展学习和教研。我们的教研有明确的目标，学习内容以满足教师的需要为依据，为教师提供交流互动的平台。幼儿园优势互补教研的模式有效整合了各方面因素的优势，提高了园区之间合作学习的效率，达到课题研究任务和教研目标的要求。

1. 课例旅游式合作教研

以课题为依托，每个园区的教研重点各不相同，但每次通过“一课多研”的模式推敲出来的优质活动是值得大家共同学习的。因此，在以课例为研讨主题的教研活动中，教师执教的优质活动都会以“课例旅行”的模式，在每个园区执教。青年教师通过对优质活动的观摩、研讨和学习，不仅提高了自身的教学水平，也促进园区教学水平的全面提升。

2. 点子漂流式合作教研

在各园区的教研活动中，与教师的碰撞和交流，总会有火花产生，有时可能是一个值得探讨的研讨主题，有时会是在教育教学活动中好的教育方法，还有大家通过学习查找到有价值的信息资料……每次大家在教研活动中研讨出的闪光点，都会在我们的工作群和网络平台上沟通，形成我园的“金点子”平台。通过“金点子”平台的辐射，大家获得了有效的沟通，在教育教学中也能吸取到更多经验，使老师们快速成长。

3. 分享式合作教研

为了把各园区学习的结果与其他园区的教师互动，达到互相促进和提高的目的，首先，在各园区交流之前要求教师进行个人学习和独立思考，比如对研讨活动中某一项教育任务或教育策略做尝试体验，在丰富感性经验基础上参与各园区交流。其次，在各园区的合作学习中，鼓励大家充分阐述自己的原有经验，以这些经验为依托相互质疑，批判反思，寻找出蕴含其中的理念和观点。

4. 骨干引领式合作教研

我园有市、区级学科带头人，优秀青年教师，机关幼儿园名师等骨干教师。通过开展园区合作教研模式，我们组织了各类教研活动的观摩和交流，让年轻教师从中也学到非常多的东西。如在舞蹈活动中，我园何婷老师作为机关幼儿园唯一的一位一线名师，在舞蹈方面有专长。她常组织我园艺术教研组的教师，在四所园区中开展各年龄段幼儿的舞蹈教研活动，开展实践教学活动观摩，将好的教研活动辐射到四所园区，对各园区的迎新、毕业会演等大型活动中的舞蹈节目进行讨论，点评教师的舞蹈活动。

三、收获与展望

自优势互补教研制度建立以来，在开展园区合作教研的探索和实践历程中，我们的收获颇多，切实感受到它为我园的教研工作带来许多新的亮点。在合作互动中，我们收集整理了各园区优质教学活动资源及大型活动（如运动会、迎新演出、毕业会演、幼儿画展等）碟片；申报了省级“十三五”课题“幼儿园艺术融合课程的研究”；教研内容紧密结合教学实际，富有可操作性；营造了尊重和支持的学习氛围；时间和空间更灵活、自主；实现了教

师的优势互补，互相提高。如今，在这种“自下而上”的教研、互动式教研、“参与式”教研、“实践式”教研模式下，自主、合作、探究正成为“优势互补教研”的主旋律。

教育研究是无止境的。下一步，我们将进一步深化幼儿园优势互补教研制度建设，将草根式的幼儿园教研制度研究引向深入。

浅谈新手教师区域活动中指导行为的问题和改进策略

广东省深圳市福田区天健小学附属幼儿园　陈彩梅

近年来，社会上越来越多的人开始关注幼儿的自主学习与发展。在幼儿园的区域活动中，幼儿和教师呈现为一种新的关系。一线教师直接接触班级幼儿、观察幼儿、了解幼儿，从而针对性地做出个性化指导。幼儿也可以更多地感受到教师的关注，从而增进师幼之间情感，以促使幼儿在较为宽松、自由的环境中自主探索，操作，学习，从而提高区域活动的质量。而教师指导的有效与否，与幼儿区域活动的质量有着重大关系。

一、概念界定及研究的意义

(一)概念界定

新手教师我们也叫作初任教师、新教师、职初教师，不同作者对新手教师有不同的界定。就目前看，多数以新教师任职时间的界定，绝大多数划定在1～5年内。本文中将新手教师界定为受聘于某所幼儿园，从事幼儿园保教工作未满5年的一线保教人员。

区域活动，人们也常常称作区角活动，或是活动区活动，是教师根据幼儿的年龄特点、兴趣爱好和发展需要，在班级中设置一定的教育环境即区角，让幼儿通过对投放材料的主动探索、操作等方式来学习，从而促进幼儿身心全面发展。

教师指导行为是幼儿在学习活动中，教师的指引、帮助、支持等全部行为对幼儿产生影响的总和。本文中提到的区域活动中教师指导行为，是指教师对班级区域进行的环境创设和区域材料的投放，以及教师在对幼儿区域活动过程中的指引、帮助、与幼儿间的互动行为等对幼儿产生的影响。

(二)研究的意义

1. 理论意义

教师指导的有效性越高就越有利于激发幼儿参与区域活动的兴趣，促进幼儿获得知识与经验，激发其动脑思考，也更有利于培养幼儿动手操作的能力，以及培养幼儿的社会性。

2. 实践意义

每年，都会有诸多的新教师加入幼儿园的教师队伍中，本文通过研究新手教师在区域活动指导行为存在的问题，提出具有针对性的改进策略，达到帮助提高新手教师在幼儿区域活动中的指导能力和指导有效性的目的。通过提高新手教师的指导能力，提升教师队伍的整体指导技能，来帮助幼儿更好地自主学习。

二、区域活动教师指导现状及问题

王润琪认为，教师对区域环境创设和材料投放的认识有余，行动不足；教师过多关注幼儿区域活动时的秩序，缺少对幼儿活动过程和活动感受的关注，教师的指导行为灵活度不足。

唐敏杰在《区域活动中教师指导策略生成机制的研究》中指出教师指导的情境类型的集

中性、指导问题针对性不强、指导策略具有倾向性、指导结果呈现相似性等问题。

丰化苓在《数学区活动中教师指导行为的研究》中指出教师的指导缺乏足够的观察、重结果轻过程、教师的指导方式单一等问题。

黄瑜在《幼儿区域活动中教师指导策略研究》中指出不同区域教师指导不均、指导多发生在角色区、在指导内容中多忽视情感方面等情况。

三、教师在区域活动中指导案例

今天童童的妈妈来当助教老师，她准备了美工区的手工活动。童童想进美工区和妈妈一起做手工，但是美工区的位置已经满了，所以童童一直蹲在区域选择表的边上，纠结着怎么办。“童童，你的区域计划本上不止做了一个计划，既然第一个计划已经没有位置了，那你就执行第二个计划吧。”所有小朋友都进入区域后，王老师走过来试着引导童童选择其他区。“我想进妈妈的区域。”童童说出自己的意愿。“可是美工区已经满人了，你不能再进去了噢。既然你想进妈妈的区，就应该快快吃完早餐，上来选区。”王老师给童童分析原因。“好吧。”童童只能接受现实。“那你进益智区吧，那里还有位置。”王老师再次引导童童选择其他区。“但是益智区没有我想玩的玩具，我觉得不好玩。”“最近我们在益智区添加了新玩具呀。”“可是我都不会玩。”“你先去选一个材料，拿出来，我一会过去和你一起玩。”“好吧。”童童不情愿地走到益智区，取了一份材料出来。王老师走过来，边说规则边和童童试着玩了起来，玩了一会，童童逐渐被这份材料吸引了。王老师被其他小朋友叫过去帮忙了，童童自己也能专注地与材料互动，没有因为王老师的离开而停下来。

王老师在幼儿遇到问题时，帮助幼儿分析造成问题的原因，让幼儿学会承担自己造成的后果，使用了自然后果策略。当幼儿带有情绪，不知道选择哪个区时，王老师及时给出建议，并提供多种材料让幼儿自行选择，让幼儿有机会接触平时少接触的材料。幼儿选了一个没操作过的材料后，王老师及时陪伴，和幼儿一起操作，在游戏中激发幼儿的兴趣。王老师一系列的指导成功帮助幼儿融入区域活动，同时还帮助幼儿发现了“新大陆”，为以后的兴趣拓宽打下了很好的基础。

四、新手教师区域活动中的指导策略

（一）判断指导的时机

对区域活动做出有效指导的时机有六种：①幼儿重复玩某一种材料却没有突破时；②幼儿对某个区域不感兴趣时；③教师期望幼儿出现某种经验时；④教师从幼儿自发活动中看到教育契机时；⑤当幼儿无所事事，晃来晃去时；⑥当幼儿遇到困难，主动寻求教师帮助时。

（二）语言指导

在指导的过程中，语言的运用是极其高频的，教师应使用开放式的提问，引发幼儿的思考或推进幼儿的活动。

（三）动作指导

教师以参与者的身份直接做出指导，或者运用肢体动作，如点头、微笑等对幼儿的行为表示支持。

（四）提供范例

在区域活动的指导中，提供范例很重要，因为幼儿善于模仿，比如在美工区或是建构区中，教师如果提供一些操作范例或是制作一些成品作品时，就能够轻易地带动幼儿的模仿行为。在幼儿模仿的过程中，他们通过不断操作，也会出现新的创意。教师某一阶段的搭建作品展示，也能给幼儿很好的借鉴作用。

在教师指导的时候，要根据实际情况运用上述的几种策略。

五、结语

教师在指导幼儿前，要观察幼儿、了解幼儿，培养幼儿的自主性；在活动中适时适度地介入，增强幼儿参与区域活动的主动性。根据儿童年龄特征设置和安排区域，投放适宜的材料，在新添加区域材料时教师要有必要的操作演示。教师在区域活动时要给予幼儿充足的活动时间；把自己变身成活动的指导者、参与者，与幼儿一起探究，明确自己区域活动中的角色。教师指导内容应多关注情感方面才能更好地指导区域活动。教师的指导方法是多样的，教师可以通过语言、动作以及范例等方法有效指导幼儿。

基于诊断性评价下“三做一体”的幼儿园STEM主题活动优化策略

广东省深圳市天鹅湖幼儿园　刘焕希

一、概念定义

(一)STEM主题活动概念定义

STEM活动是指以科学、技术、工程和数学相互整合的方式去解决问题，从多学科知识综合应用的角度提高幼儿解决问题能力的教学活动。主题活动则始终围绕着某个话题，并以发散性思维生成若干活动，每个活动都有着各自的趣味性、独特性和领域性。STEM主题活动以主题活动为载体，在开展过程中按照实际遇到的问题生成有关STEM活动，STEM活动融合主题活动能够有效解决幼儿学习广度和深度的问题。

(二)诊断性评价概念定义

诊断性评价也称教学性评价、准备性评价，一般是指在某项教学活动开始之前对被评价者的知识、技能以及情感等状况做出的预测。通过这种预测可以了解被评价者的经验储备和最近发展区，以此为基础判断他们是否具备实现当前教学目标所要求的条件，从而制订出适合的教学计划，选择教学方法有针对性地开展教学活动。将诊断性评价引入STEM主题活动的研究中，可以对活动做出分析，并针对存在的问题提出优化措施，为幼儿园的STEM主题活动的顺利开展提供可靠保障。

二、理论支持

(一)反思性实践理论

唐纳德舍恩认为反思性实践要立足于特定的教育情境，解决特定情境中的问题，在行动中进行反思，获取实践性学识。行动中对行动的反思包含了两层意思，一是对行动的反思，二是在行动中反思。结合诊断性评价，一方面教师要关注自我经验的完善与学习，另一方面，要关注自我行为的改进，两者有机整合，使得教师在教育实践反思过程中对个体的教育行为向更高层级的理解与感悟迈进，从而使得教育行为向更好的方面改进。

(二)建构主义理论

皮亚杰认为儿童是在与周围环境相互作用的过程中，逐步建构起关于外部世界的知识，从而使自身认知结构得到发展的。儿童与环境的相互作用涉及两个基本过程——“同化”与“顺应”。学习是一个双向互动的过程，知识不是简单的输入和提取，应该是在具体情境之中相互作用而产生的。因此，活动前和活动中教师需要思考自己的支持策略，能否帮助幼儿从现有的发展水平向更高级的发展阶段迈进。

三、STEM 主题活动现存问题

(一)幼儿在活动中的积极性低

由于国内 STEM 主题活动开展时间晚，有关成熟案例较少，教师在组织时的课程安排、组织方式、师幼互动、环境支持等方面存在问题，导致幼儿在活动中的积极性不高且持续时间短。

(二)教师开展新领域活动意愿低

STEM 教育是近几年传入中国的新课程理念。这类领域的尝试需要教师本身具备一定的专业知识。在第一次接触新内容时教师会思考自己是否具有专业能力以开展此类活动，即使具备专业能力，因为活动的开展是费时费力的，新领域的尝试需要教师摸着石头过河，能够为教师提供的帮助也是有限的。一旦活动质量不高、成效不明显，还可能让教师产生自负、挫折等负面情绪。

(三)领导层对新领域活动的支持度有待提高

领导层需要制定园本课程、教研计划、活动策划等，其工作量已经接近负荷，所以新领域、新内容的尝试无疑会额外增加工作，同时由于领域的陌生性，开展此类教研活动的效果也有待商议，所以领导层大多以精神上赞同的态度进行支持，缺少物质和有关策略具体的支持。

四、诊断性评价下“三做一体”的 STEM 主题活动优化措施

针对以上出现的问题，笔者通过诊断性评价进行了分析与反思，提出了“三做一体”的优化措施。即针对幼儿兴趣与教师观念，以“想做”提升师幼双方的积极性；针对主题活动、STEM 活动的特征以及活动审议，以“能做”提升活动的合理性；针对领导层及教师的支持策略，用“敢做”提升教师的专业能力与幼儿的问题解决能力。

(一)想做

1. 幼儿兴趣

课程的实施首先需要解决的是“想做”的问题。兴趣作为孩子们的重要内驱力，是支持教学活动正常开展的重要保证，也是开展活动的依据。提高主题活动中幼儿的参与度，可以从选题入手。一般而言，主题的选择会围绕幼儿所能够感知的事物，例如节日、水果、动物等。正如陶行知所说的“一日生活皆课程”一样，这些主题是贴近幼儿生活的，并且主题活动始终围绕着某个话题，以发散性思维生成若干活动，每个活动都有着各自的趣味性、独特性和领域性。好的选题吸引了幼儿的兴趣，解决了“想做”这一问题。此时的主题活动已经具有了广度，但还需要解决深度的问题。在主题活动下如何才能促进幼儿的深度学习呢？STEM 活动不失为一种有效的方法，依据 STEM 活动的真实性与情境性此时还很难提前做活动预设，教师能做的就是耐心等待，等待幼儿在活动中遇到问题。

2. 教师观念

“从做中学”是美国著名实用主义教育家杜威提出的关于教学的核心原则。“做中教、做中学、做中求进步”是陈鹤琴先生的教育理念。究其根本，两种教育观念都强调了“做”的重要性，做是教育教学的起点，教师只有敢做，才能在过程中不断反思总结，提升自我。这就要求教师本身具备敢于尝试和失误的勇气，毕竟新课程、新领域的探究本身就是摸着石头过河。教师要端正心态、不忘初心，要记住教育的目的就是被教育者的发展，减少抵触的负面情绪产生，以一种常态化的心情去看待陌生领域，毕竟没有最好的教育，只有适合的教育，因此一切皆可尝试。

(二)能做

在开展主题活动前，教师通常会提前把活动的网络图预设出来，但更多的是以教师为主，是基于教师主观下的产物。同样 STEM 活动具有生成性和情境性，教师提前设计的 STEM 活动并不是幼儿遇到的真实问题，而是教师的主观臆测。如何才能让活动“能做”呢?

幼儿是学习的主体，是教育教学的主体。首先，由于主题活动的特性，教师要与幼儿利用发散性思维围绕某一话题展开讨论，让幼儿说出这一主题下的关联词，并提出由关联词可以开展的活动。这些活动是幼儿提出的，所以幼儿对即将开始的活动充满了好奇与期待。其次，讨论结束后，教师要对关联词做分类与筛选，思考该年龄阶段幼儿的发展水平，寻找其最近发展区，并思考关联词下的活动是否具有支持幼儿发展的价值。教师可以参考《指南》，根据幼儿年龄的特点思考活动的目标是否合理等。例如，围绕着“动物朋友”这一主题教师与班上的幼儿展开了讨论，并根据关联词分类，划分为“我喜欢的动物”“不一样的动物”“动物的秘密”等板块，每个板块下都有子活动，例如在“保护动物”板块下有“文明遛狗”“垃圾分类”“海洋保护”等活动。最后，不需要预设出该主题活动下的 STEM 活动。因为预设的活动不是孩子们遇见的真实问题，而是教师主导下的活动，没有体现 STEM 活动的真实性与情境性。这就意味着教师要有敏捷的洞察力，要及时察觉幼儿所遇到的问题并做引导。例如在“孵化小鸡”活动中，幼儿遇到了现实存在的问题——幼儿随身携带的鸡蛋因为各种原因纷纷摔破，此时教师与幼儿围绕“如何保护鸡蛋不摔破”讨论，幼儿提出了各种各样的办法，随后教师支持幼儿探索。

(三)敢做

1. 领导层要积极赋能

“敢做”不光是幼儿要勇于尝试，教师也要有“敢做”的决心。教师是一种工作岗位，各岗位的职权都划分明确，大部分教师尝试新领域是在上级要求之下进行的。即使是教师敢于提出创新想法，但这种要求也可能因为不属于上级任务而被拒绝或漠视。因此领导层需要加强对教师的赋权，当教师在尝试新领域或新内容时，可以让教研员进班，以常态化的方式减少来自上级的压力，用自身专业的知识和能力帮助教师明晰道路并融会贯通，让教师逐渐积累“敢做”的决心。

2. 教师要多元支持

多元、合理的支持策略是帮助教师“敢做”的重要保证。教师的支持策略分为间接的、直接的、物质的、非物质的。间接支持包括各种各样的环境创设、家园合作等；直接支持包括方法支持、动作支持等；物质支持包括各种教具、工具、材料等；非物质支持包括鼓励、表扬等。皮亚杰说过儿童就是科学家，儿童天生就对世界充满着强烈的好奇心，渴望探索和了解世界，儿童的思维特点决定了其科学精神只能在亲身操作中才能形成。因此，教师要提前思考活动中所需的支持策略，并筛选出幼儿易于且乐于接受并能够支持活动开展的有效策略，帮助幼儿在活动中快乐成长。

幼小衔接中家庭教育的现状及对策研究

吉林省长春市实验幼儿园　禚金明　李　婷

一、幼小衔接的含义及幼小衔接中家庭教育重要性

（一）幼小衔接的含义

幼小衔接中的“幼”是指幼儿园教育，“小”是指小学教育，它们分别属于两个不同的教育阶段。幼儿、家长、幼儿园、小学、社会都是幼小衔接阶段重要的组成部分，对幼儿能否平稳渡过这一阶段有着重要的影响。

（二）幼小衔接中家庭教育的重要性

家庭教育对幼小衔接有很重要的意义。首先，有利于孩子身心的健康发展，家长科学的教育观念和教育方式能使孩子的身心得到健康的发展。其次，有利于幼儿园教育的顺利实施，家长在家中要贯彻幼儿园的一日生活作息，培养孩子的行为习惯。最后，有利于小学教育的顺利实施，家长能帮助孩子在幼小衔接阶段提前培养孩子的各种能力，帮助孩子适应小学的学习和生活。

二、幼小衔接中家庭教育存在的问题

家庭教育的主体是父母和孩子。幼小衔接阶段中家庭教育出现的问题，主要是孩子的父母在教育上出现的问题。

（一）家长教育目标的偏差

学前儿童家庭教育的目的是指家庭对所要培养的孩子的质量规格总的设想或规定。它指导着父母进行家庭教育的原则，控制、促进学前儿童的发展方向和水平。在幼小衔接阶段的家庭教育中，智育、德育、美育、体育四个方面都是重点，而家长如何取舍会使家庭教育的目标发生变化。

家庭教育中家长教育的目标存在着重视智育，轻视德育、美育、体育培养的观念。认为孩子在这一阶段要加强对小学知识储备，只追求孩子快速适应小学生活，从而忽略了孩子自身全面发展的衔接问题。家长教育目标的偏差，会导致孩子在以后的小学学习中产生厌学、骄傲自满等不良的心理，不利于孩子以后的学习和生活。

（二）家长教育方式不当

学前儿童家长教养方式指的是学前儿童家长在教育、抚养子女的日常活动中表现出的一种行为倾向，它是对父母各种教养行为的特征概括，是一种具有相对稳定性的行为风格。它一般分为四种类型：权威性、专制型、放纵型和忽视型。其中后三种教养方式是不当的家庭教育方式。在幼小衔接阶段，错误的教育方式对孩子以后的生活和学习有着很多不良的影响。

（三）家园合作问题突出

幼小衔接时期的家园合作是指家庭和幼儿园一起合作，充分利用家庭和幼儿园的资源，促进孩子健康和谐发展，使孩子平稳过渡，适应小学的学习生活。家园合作有很多种形式，比如家长会、家长学校、家长开放日、专家讲座、家庭访问、个别谈话等。不同形式都会产生很多的问题。

有的家长工作忙碌，参与家园合作的机会较少，无法及时与幼儿园老师沟通。还有的家长在孩子幼小衔接这一阶段更喜欢通过网络、书本、杂志等方式，自行学习新的教育理

念与教育方式，而不喜欢与幼儿园老师直接沟通。家园合作问题突出，导致家长的教育观念与教育方式出现偏差，孩子无法做好进入小学的准备，从而无法适应小学的生活，由此产生不良的心理状态。

三、幼小衔接中家庭教育存在问题的原因分析

（一）家长片面理解幼小衔接

幼小衔接主要包括孩子心理方面的衔接、身体方面的衔接、习惯方面的衔接、知识方面的衔接以及各种能力方面的衔接。部分家长对幼小衔接所包含的内容都有着片面的理解，在家庭教育中还是注重幼儿在拼音、算数等知识方面的教导。只有少部分家长能够重视孩子自理能力的培养，在家庭教育中让孩子学习自己整理玩具、学习用品，自己穿衣服、叠衣服等。同时有很多的家长不重视孩子社会交往能力、规则意识等方面的培养，孩子在升入小学后就会有不能按时完成作业，不适应小学的生活作息时间等问题。由此可以看出大部分家长对幼小衔接时期所包含的内容理解不够深刻，进而家庭教育的目标发生变化，对幼儿以后升入小学会产生很大的影响。

（二）幼儿园家长工作的局限

当前，大部分幼儿园都认识到对幼小衔接阶段的家长进行家庭教育的指导非常必要。但是很多幼儿园都将这种指导停留在表面，制订了很多计划，最后就只开了一次家长会，由于各种因素，幼儿园老师也无法对家长提出的问题全部做出回答，无法及时纠正一些家庭教育中出现的错误，导致家园沟通出现问题。同时幼儿园中很少有经过专业家庭教育指导的老师，大部分老师都没有接受过专业的培训，无法完美解答家长提出的，关于在孩子幼小衔接阶段家庭教育中出现的问题，导致一些家长会质疑、不信任幼儿园老师，家长的焦虑无法消除。

这些因素导致了幼儿园指导家长的工作十分局限，因而，努力解决克服这些问题，幼儿园正确引导家长进行家庭教育，能帮助孩子平稳进入小学开始新的学习生活。

（三）社会环境的影响

现在，社会的竞争压力在不断增加，大部分人想出人头地多是要考取好大学，找到好工作。在应试教育的体制下，很多家长会认为知识是最重要的，导致家长更加注重孩子在幼小衔接阶段知识方面的衔接，对家庭教育的目标和内容都会产生影响。在幼小衔接阶段家庭教育中，很多家长更注重把自己家孩子与别人家孩子做对比，在幼儿期就互相攀比，过度看重成绩。这样的社会风气，使得大家越来越重视幼小衔接阶段如何让幼儿的成绩提高，而不是如何让幼儿身心全面发展。

四、幼小衔接中家庭教育问题的解决策略

（一）提高家长对幼小衔接的认识

家长要全面了解幼小衔接所包含的内容，这样才能认识到孩子在这一阶段需要什么样的准备，从而对孩子进行科学的家庭教育。

首先，家长要明确幼小衔接的内容，它包含了孩子的身体、心理、习惯、知识、能力等方面的衔接。其次，家长要认识到幼儿园与小学的区别：第一个是教育方式的区别；第二个是孩子的学习形式不同；第三个是学习环境不同。再次，每一位家长在孩子的这一时期都应该主动学习，了解一些科学的家庭教育观念和方法，幼小衔接阶段不是一个短暂的过程，它需要很多的准备，要重视孩子在所有方面的发展。家长只有提高了对幼小衔接的认识，树立了科学的教育观念，关注孩子的全面发展，才让孩子在幼小衔接这一阶段平稳地过渡。

(二)提高家长在家庭教育中实施幼小衔接的能力

家长要明确幼小衔接的各个方面，重视幼儿在幼小衔接阶段的全面发展，并提高在家庭教育中实施幼小衔接的能力。

在身体发展方面，家长要注意孩子的身体健康，为以后小学生活提供体力的保障。在心理发展方面，家长要多与孩子沟通，及时了解孩子的心理状态。在知识培养方面，家长要注意对孩子学习兴趣的培养，而不是提前学习小学的知识。在能力培养方面，对孩子注意力的培养尤其重要。作为家长，要给孩子学习生活自理的机会。在日常生活中，可以指导孩子做一些力所能及的事，例如洗脸、穿衣服、系鞋带、擦桌子、扫地、整理书包等。此外，家长要帮助孩子养成良好的生活习惯和学习习惯。例如，家长可以和孩子共同制定作息时间表，并要求孩子遵守这些时间安排，帮助孩子养成守时的习惯；多与孩子沟通交流，帮助孩子建立良好的倾听习惯；陪孩子一起阅读，帮助孩子养成静坐的习惯等。

小学阶段的教育方式相比于幼儿园阶段会比较枯燥，应培养孩子注意力提高其学习效率。根据每个孩子身心状况发展的不同，采用不同的家庭教育方式教育孩子，能让幼儿更快适应小学的生活。

(三)正确处理家庭与幼儿园、小学的关系

《纲要》指出，幼儿园应与家庭、社区密切合作，与小学相互衔接，综合利用各种教育资源，共同为幼儿的发展创造良好的条件。因此，幼儿园可以多组织一些家长会、家长课堂、专家讲座等。而且现在很多家长对幼小衔接的认识主要来源于幼儿园，而忽视了小学。带领幼儿去小学参观，与小学的哥哥姐姐交流，才能更好地进行幼小衔接。家庭、幼儿园、小学共同合作，才能使幼儿平稳渡过这一重要阶段。

家长要正确认识到家庭教育的重要性，运用科学的方法来教育孩子，加强与老师和孩子的沟通，真正了解孩子，才能使孩子平稳地进入小学生活。

小班幼儿对动画人物形象评价及喜爱偏好的研究

吉林省长春市实验幼儿园　李　婷　禚金明

一、引言

动画作为一种媒体，是向观众传播价值观、人生观、世界观及生活知识的工具之一，也是让幼儿的身心得到正常生长、保持健康的关键因素。因此，动画片内容的选择应该为幼儿心理健康发展创造条件，并帮助他们形成良好的心理状态。动画片是对幼儿进行教育的素材之一，小班幼儿好奇好动好模仿的特点，能够通过对动画片中喜爱的动画人物行为的观察和模仿，产生不同影响。

随着科技的不断发展，幼儿获取动画片的渠道不断增多，使得动画片对于幼儿本身来说重要性越来越大。幼儿的小书包、挂件、衣服、鞋子、玩具等，都存在动画人物的痕迹。

二、小班幼儿对于动画人物评价及喜好的原因及分析

(一)动画与幼儿关系密切

幼儿期获得的知识经验影响着幼儿认知结构的形成，促进身心的健康发展、智力的提升及社会性的发展。动画片因其画面丰富、色彩鲜明、形象生动等特点吸引着幼儿，成为获得经验的主要载体之一。

由于小班幼儿年龄特点的特殊性，他们的思维主要以具体形象思维为主，其在生活中获得的知识经验是有限的，无法理解更深层次意义的事物。小班幼儿天性活泼好动，内心世界单纯，对周围世界的诸多事物充满兴趣，尤其是对动画片保持高涨的兴趣与模仿力。

动画作为科技发展的代表产物之一，它夸张的表现形式，生动的故事情节，色彩鲜明、形象生动的画面和可爱幼稚的角色设计符合小班幼儿发展阶段。动画角色能紧紧抓住幼儿的心，满足幼儿观看想象需求，为幼儿带来了无尽的想象空间和愉悦享受。

（二）动画形象人物特点得到幼儿喜欢

动画作为人类感情的夸张表达方式，聚集了多种艺术表现形式的精华，是艺术审美价值的代表。一方面，动画片中对于善良、勇敢和爱的传递，是幼儿对动画无比喜爱的深层次因素之一；另一方面，动画片的美感具有鲜明的直观性，包括色彩、形象设计、动作造型、画面变换等内容，这些因素符合幼儿的对于事物的审美心理特点，是深受幼儿喜爱的原因。

在小班幼儿一日生活中，大多数家长会为其选择健康的、优秀的动画作品。当然，孩子的喜好是影响家长对动画片选择的因素之一。家长认为好的动画作品对幼儿再教育有事半功倍的效果。例如在实际生活中，幼儿犯错，家长如果直接说“这样是不对的”，这种话的效果远远不如“小公主从来都不会犯这样的错误”。

除此之外，在家长陪同幼儿观看动画片时，与幼儿共同探讨角色也有利于家庭关系的和谐以及幼儿身心的发展。

（三）幼儿对动画形象喜恶的影响因素

幼儿对于动画形象的喜恶与审美因素、性别角色认同、榜样作用以及年龄意识有关。

1. 审美因素方面

审美是用美的角度看世界。小班幼儿对于审美对象的理解主要分为四个方面。首先是整体形象方面，如“高矮”“胖瘦”等；其次是衣着服饰方面，如“蝴蝶结”“民族服饰”等；再次为色彩搭配方面，如“粉色上衣蓝色裙子”等；最后是角色的某一特定部分方面，如“大脸猫”“大头儿子小头爸爸”等。

2. 性别角色认同方面

小班年龄段幼儿会因其自身性别认同的不同，而喜爱不同的动画人物。女孩与男孩喜欢的动画形象在根本上存在着不同。例如，男孩更喜欢充满男性的刚正之气，热血活力且充满责任感的动画角色；而女孩则更倾向于特点鲜明、活泼俏皮、美丽、优雅，充满智慧的动画角色。所以，性别角色认同的作用对幼儿喜爱的动画人物的选择也有着不可忽视的作用。

3. 榜样作用方面

已有研究表明，动画片中充满正义的角色也成为幼儿选择最喜爱的动画人物的重要因素之一。

4. 年龄意识方面

幼儿更倾向选择与自身年龄相符的动画片，反而情节连续性较强，较为成人化的动漫大多数幼儿表示害怕或不喜欢。所以，对于最喜爱的动画人物的选择也更倾向在符合自身年龄阶段的动画片中挑选。

三、动画人物和角色对幼儿的影响

（一）正面动画人物和角色对幼儿形成榜样作用

榜样特质分为三个方面：榜样能力——榜样所具有的才能；榜样行为——榜样所做出

的行为；榜样性格——榜样所表现出的个性。

动画形象最主要因素有榜样因素与反面角色因素，小班幼儿通过观察这两种形象的塑造，模仿动画人物的特殊品质，能够在大脑中形成符号表征。同时也证明了班杜拉社会学习理论的正确性。动画形象对幼儿的影响是不可估量的，一个良好的榜样形象会对幼儿的身心产生正面导向作用。

相对于榜样形象而言，幼儿更看重这些动画人物形象的个人能力。而同伴关系作为动画人物形象个人能力的重要表现之一，自然而然成了幼儿对于最喜爱的动画人物形象选择的重要标准。动画人物形象之间的关系以同伴关系为主，所以动画人物形象同伴关系之间的正向发展，对幼儿现实生活中同伴关系的建立和发展也会起到积极作用。榜样性格一般包括勇敢坚毅、正直善良等。

(二)负面动画人物和角色对幼儿造成消极影响的因素

幼儿对于角色好坏的理解很浅显易懂：一个正义的角色出现的错误是可以被谅解的；而一个反面角色，无论他性格如何或者做坏事出于什么原因，他都是被否定的。对于反面动画人物，幼儿在内心是拒绝的、否定的。这种对于人物形象的理解，促使幼儿坚定不移地追随自己选择的正面角色，并对反面角色进行全面否定。

反面形象的塑造也很有意义，当幼儿完全否定负面形象时，这些负面形象又会反过来强化孩子的积极行为，使他们避免不当行为。

四、动画人物对幼儿消极影响的解决策略

(一)给动画制作者及研究者的建议

动画设计者及动画片制作者在制作动画时，以“幼儿心理健康发展”为首要前提，充分遵循 3—4 岁幼儿理解特点，策划动画片内容情节以及人物形象设计。首先，在设计动画人物以及情节上应引导幼儿正确判断动画人物角色的好坏，充分汲取榜样角色身上的优异品质。其次，对于反面动画人物的设计不能只停留在丑化人物外貌、暗黑系的衣服上，还应该在人物性格以及情节设计上加以完善，客观看待反面角色，在反面角色塑造中突出特点。这样不仅丰富了动画中人物的关系、情节，也对幼儿的认知发展起到了促进作用。

(二)给家长及教育工作者的建议

动画片以其夸张的表现形式符合幼儿对艺术表现形式的审美等特点，使得动画片深入人心。同时，随着科技的发展，媒体多样化趋势越来越明显，幼儿可以通过各种渠道观看动画。所以，一部优秀的动画节目对幼儿智力、语言发展、学习能力和道德行为等方面的发展具有良好的促进作用。例如，动画片中天马行空的情节会促进幼儿想象力的不断发展，环环相扣的故事情节和角色有助于幼儿逻辑思维的培养，等等。

但是，目前动画片产业创新力不足、利益化严重等问题。造成动画片内容中充斥着不符合幼儿身心发展规律等问题。所以，家长在选择幼儿观看的动画片时，应充分了解动画片所呈现的价值观、内容以及人物情节是否有意义。而对于教育工作者而言，教会幼儿是非观以及如何鉴别动画也应该是教育的重点之一。家长与教育者应通力合作，为幼儿健康发展打下坚实基础。

五、结语

动画片作为一种价值观的重要传播媒介之一，对幼儿身心发展起到重要的引导作用。由于幼儿正处于可塑性最强的时期，对动画内容的选择正确与否就直接影响到幼儿早期价值观的形成。

亲近自然的生态式教育

吉林省长春汽车经济技术开发区杨柳幼儿园　牛春颖

“亲近大自然”活动是一个长期的雕刻与悉心呵护的过程，育人无痕恰恰就是心灵与心灵的融合，灵魂与灵魂的对话，智慧与智慧的碰撞，生命与生命的互动。“育人无痕，润物无声”，以此重启自然教育视窗。教师应在自然教育中扮演主要角色，但家长或许才是孩子的第一任自然启蒙老师，这是一种长期、系统、复杂的教育方式。

一、呼唤教育，倡导自然，让儿童为生态发声

蒙氏教育理念中强调：当孩子被放在自然环境里，他会显示出自己的能力。《与孩子重回自然》一书中提出：为什么要在大自然中养育孩子？儿童平均每天会花费大约 7 个小时接触电子屏幕，大多数男孩在 21 岁前玩游戏的时间累计超过 10000 小时，而平均每天在户外进行无组织玩耍的时间却只有几分钟；儿童能够辨认出 1000 多个企业的标识，却对自己所居住地区的原生植物认识不到 10 种……

“大自然缺失症”正威胁着孩子们的健康。几乎完全生活在室内和被技术产品淹没的童年是一种贫瘠的童年，会对孩子们的生理、思维和情感上的成长产生许多负面影响。

2012 年，世界自然保护联盟(IUCN)通过了一项决议，名为《儿童与大自然和健康环境建立联系的权利》(*Child's Right to Connect with Nature and to a Healthy Environment*)，将儿童与大自然的日益疏离列为一个具有紧迫重要性的全球性问题。

简言之，现在人们已普遍认识到，孩子们的大部分时间都是在室内度过的，我们需要让孩子们重新建立与大自然的联系。体味亲近大自然带给他们的视、听、味、嗅、触、感知觉等多种感官的感受，因为每一位儿童，都要做衣服上有泥、眼里有光的孩子，都需要从自然中获取力量。

二、守望天空，追寻自觉，沉淀自然教育底色

我们对教育的需求突然膨胀，对教育的期望值从来没有像现在这么高过。无论从哪个角度来说，每个孩子本应受到的教育方式，都应当有助于尽可能挖掘他自身的、区别于世界上所有其他人的个体潜能。教育者要深思，应该给孩子什么样的教育？如何让家长放心，消除他们内心的焦虑和不安？

传统的教育有顾虑，创新的教育有疑虑，那么，在传统教育的基础上合宜地创新，应是易被社会、家长认可和接纳的。因此，我们需要大胆尝试亲近大自然在幼儿园活动中的有效实施，做教育的发掘者和自觉者。

三、育人无痕，润物无声，重启自然教育视窗

(一)新思想

为了从理念上给家长一个崭新的面孔，带幼儿走出去，我们开展了“亲近大自然”课程。意旨以幼儿为本走进大自然；让教育者提升认知，拥有新思路、新想法和新观点；让教师成为幼儿在大自然中更好的支持者、合作者和引导者。组织自然活动，参阅约瑟夫的流水学习法，即唤醒热情—集中注意力—直接经验—分享启发。

(二)新希望

1. 构筑理论根基

引领教师以书为伴，以书为友，拓宽视野，丰富阅历，吸纳书中精髓。“阅”的升华便

是“论”。教师教研，研讨园所“亲近大自然”活动具体实施策略，把自己变成孩子，体会孩童时自己的喜好，还要考虑到孩子的现实需求，生活在现代社会的他们更需要什么样的支持。新鲜的色彩，蝉鸣的声音，以这种真实的触摸和真切的体会来唤醒幼儿的五官，室内外大肢体和精细动作的训练，促进综合素质全面提升。在“亲近大自然”中，老师和幼儿同频感受，沉浸在自然的怀抱中；以自然为教室，以自然为教具开展自然活动。

2. 理论融合实践

(1)“春雨惊春清谷天。”寻春天足迹，沐浴多彩阳光。走进自然，“打卡”春天：一花一树一世界，一石一虫皆生命；筝舞蓝天，放飞春天；乐享童趣，拥抱春天，动手制作春日里的太阳帽；花润童眸，手绘春天，指尖上的风景，用保鲜膜做工具绘制透明的世界；纯美童心，邂逅春天，树叶贴画；创意插花，春光灿烂，元气满满。我们与大自然零距离，在春日下探索、追赶、成长。孩子们在活动中感受了春之美，体验了春之乐，更重要的是在每一位孩子的心中播下了一颗热爱自然的种子。

(2)“夏满芒夏暑相连。”大自然是幼儿的活课堂、活教材。我们感受大自然的味道与奥妙：“小眼睛，大发现”，发现夏天的树、泥土、蚯蚓、小昆虫；开展美味的野菜、万花筒里的世界、森林故事会、土地小画家、大树的新造型、美丽的树叶贴画、环保小卫士、我是小画家等活动。夏赋予幼儿别样的精彩。

(3)“秋处露秋寒霜降。”秋日的礼物——落叶；秋之创作家——面具；秋叶变变变——迷宫；秋之创意玩——网球；大树与娃娃——粘球；秋之快乐玩——地鼠；五彩的世界——飞盘；玩转秋之叶——拔河；秋日的运动——足球：秋赋予幼儿赏秋之美，品秋之韵。

(4)“冬雪雪冬小大寒。”“冰雪嘉年华”活动中幼儿体验有趣的冰块拼搭、美丽的冰花、冰雪绘画摄影、冰雪主题绘画手工作品展、家庭冰雪运动、小小雪球雪中筑、孩子们的创意雪娃娃、七彩迷宫等项目，瞬间点燃了幼儿对冬的渴望、热度与激情！

(三)新憧憬

1.“亲近自然”的自主化

教师要尊重幼儿的学习方式和特点，充分挖掘大自然的教育价值，在“亲近自然”主题活动中为幼儿创造接触自然、了解自然、探究自然的机会，支持幼儿在大自然中自主探索发现、自主解决问题、主动学习、丰富体验，以促进其可持续发展。

2.“七把钥匙”的衔接化

开展幼师口袋书、沉浸式 VR 地图、园家快递驿站、记录“哇时刻”、探趣自然营地空间、自然观察和编码评价的有效衔接等课程，形成完善的“亲近大自然”课程链。

3. “耕读环境”的可视化

教育不是“告诉”，而是给幼儿亲身体验的机会，从而引发深层的学习。我们要唤醒现代幼儿的劳动能力，重拾幼儿的勤劳品性，真正收获耕读的快乐。在原有耕读的基础上，建立新的模式——环境重构，使幼儿的精力与野性得以释放，促使幼儿更好地发展。

我们的自然教育不断地延展，“活”的亲近大自然课程有着浓浓的“烟火气”，它应该发生在教师和幼儿的共同生活中。以领域关键经验为内核，以真实生活经验为网络，“亲近大自然”课程应该有多重实践样态。而在样态背后，更值得思考的是如何真正满足幼儿学习与发展的需要，让幼儿回归自然，让自然赋能幼儿。

以“小粘贴”为例浅谈如何实施幼儿奖励策略

吉林省长春汽车经济技术开发区杨柳幼儿园　杨斯淇

一、问题的提出

在幼儿园中，教师奖励给幼儿“小粘贴”是常见的一种奖励方法。当前幼儿教师普遍使用的奖励方法有代币奖励、语言奖励、动作奖励等，“小粘贴”奖励属于奖励方法里面的代币奖励。

随着社会的发展，人们对学前教育的关注程度也在不断提高，出现了很多关于奖励的学前教育研究。有学者研究认为，奖励实际上是对幼儿思想行为的好评，奖励可以使幼儿思想行为中的长处得到发扬，并能够引起加强这些优良思想品德的愿望和信心。也有的学者研究认为，在过去很长一段时间里，这些奖励方法中存在的诸如形式单一、话语抽象、动作指示不明等诸多问题。由此可见，合理的奖励策略有利于强化幼儿的良好行为，并使幼儿获得满足感、自豪感，培养幼儿的自信心，对幼儿的成长有较强的促进作用，而不合理的奖励策略带来的负面问题更不应该被忽视。

总之，虽然研究者们对幼儿教师的奖励行为的作用和科学方式一直争论不断，但总体上大部分学者还是认为奖励是对学生思想行为的好评，可以使学生思想行为中的优点得到发扬，并引起巩固这些优良思想品德的愿望和信心。幼儿教师的奖励行为不光在当今社会引起广泛关注，在很久之前的教育中亦是这样。其实早在17世纪，英国著名的思想家和哲学家约翰·洛克在其著作《教育漫话》中对奖励进行了系统的论述，他提倡利用奖励来管教和鼓励幼儿，同时又否定了用物质或者言语作为诱因去讨幼儿的欢心。

在当前，有大量研究试图通过“小粘贴”这一幼儿奖励手段，从教师在幼儿园一日生活中运用奖励策略的情况，分析幼儿教师运用奖励策略的经验和问题。综上所述，我们依旧有必要以“小粘贴”为例，探讨如何实施更合理的幼儿奖励策略的相关问题。

二、奖励策略实施存在的问题及分析

（一）忽视奖励对幼儿身心全面发展的作用

从大量文献中可知，当前幼儿教师运用奖励策略时存在着一些问题。例如，幼儿教师在运用“小粘贴”作为奖励方式时，会用它来维持班级纪律，控制和约束幼儿的行为，达到让幼儿听从教师的话和遵守纪律的效果，却忽视了实施奖励的本质是为了促进幼儿身心全面和谐健康发展。

（二）奖励行为交易化

奖励可以让人的心情十分愉快，但是一旦被当作达成目标的手段就会被“贬值”。在当下，有些幼儿教师把“小粘贴”奖励看成是一种管理班级的手段，利用幼儿喜欢得到表扬的心理，用奖励与幼儿做交易。例如，如果乖乖吃饭即可获得小粘贴，不给粘贴就不吃饭；多喝水就能得到小粘贴，不给粘贴就不喝水；老师询问幼儿帮助反被要求“支付”小粘贴；等等。这时的奖励不再是激励幼儿发展的方式，而变成幼儿在幼儿园一日生活中所有行为的目的。这导致幼儿会根据奖励的质量和数量来决定是否去配合老师，以及配合时投入程度有多少。教师把“小粘贴”当成了一种货币去使用。

（三）奖励用语抽象化

部分幼儿教师在使用奖励方法时话语抽象，说幼儿难以理解的“气话”，容易误导幼儿。

或使用奖励时语言表达不够明确，例如，“看你今天下午表现不错，给你一个小粘贴”，这时幼儿根本不知道自己下午哪些表现是好的，由此容易造成误解从而不能判断自身行为是否正确。

（四）把握奖励行为发生时机不够准确

一些幼儿教师在奖励行为发生时机这方面把握得不够准确，有研究表明，如果儿童经常性不能觉察他所操作的活动和结果之间的关系，就会产生活动无助，即认为自身活动不能引起任何有意义的结果，就会失去学习的兴趣。

三、对幼儿奖励策略的建议

有学者认为，虽然有些幼儿教师认识到，过多的奖励会使幼儿养成骄傲的心理，过多的批评也会使幼儿产生消极情绪，具有一定的合理经验，但从整体上看，大部分幼儿教师还是需要以奖励为主、批评为辅的教育方式，让幼儿能够保持愉悦的情绪才能达到教学目的，促使幼儿全面发展。下面以“小粘贴”奖励方法为例并根据已有研究和理论基础，提出对幼儿奖励的改进建议。

（一）注重奖励策略对幼儿的身心全面发展作用

《纲要》明确强调，幼儿教育应该为幼儿的终身发展奠定良好的素质基础。幼儿教师需要在学科专业知识、幼儿园的法律法规中和日常规范纪律约束的整体统合中促进幼儿发展。所以幼儿教师必须重视自身职业的专业性，科学合理地运用幼儿奖励，发挥幼儿奖励的正面积极功能，最大限度地避免负面消极功能的产生。每一位幼儿教师都需要明白：当今新时代背景下，我们培养的是有独立思考能力的身心全面发展的幼儿，而不是培养听话的幼儿。

（二）重新审视奖励策略对幼儿的作用

幼儿教师要重新审视奖励策略对幼儿的作用，端正对奖励的态度。幼儿教师要明白：奖励不是万能的，也不是适用于所有幼儿，使用奖励策略要合理区分场合和对象。每个幼儿都是独一无二的，幼儿教师应该以发现的眼光看到每个幼儿的闪光点进行奖励。

（三）奖励用语形象具体

幼儿教师应该在使用奖励时，尽量多用描述性、具体化的语言来奖励幼儿的行为表现。尤其是口语奖励中不适用抽象语言，直白地告诉幼儿哪里做得正确，哪些地方需要改进，具体生动的语言更能让幼儿认识到自己优点和闪光点，进而促进幼儿积极健康地发展。

（四）把握奖励的时机

幼儿教师需要知道，幼儿奖励的终极目标是帮助幼儿完成良好行为的内化。有研究者发现，有一部分幼儿在幼儿园中是为了奖励才表现好或取得好成绩，这一部分幼儿往往根据短期的可预见的结果来调整自己的行为，相较于获得奖励，孩子们更应该认识到这些正确行为的内在价值。所以幼儿教师要把握好奖励的时机，在幼儿每次表现出好习惯时给予奖励，给予幼儿及时的强化，帮助幼儿养成正确的生活习惯并能够长久保持下去。

四、未来展望

“小粘贴”作为传统的幼儿奖励手段沿用至今，必然有它存在的合理性。在当前新时代背景下，有研究表明：一部分幼儿教师正在寻求更加全面合理的奖励方式来帮助幼儿养成正确的习惯。这些新的幼儿奖励方式更加注重对幼儿的精神引领和良好习惯的培养。

在未来，我们依旧有必要继续探讨幼儿奖励策略的相关问题，共同促进幼儿奖励方式朝着更全面、更合理和更多元的趋势发展。幼儿是喜欢被奖励的，也是需要被奖励的，只有发挥正向奖励的作用，才能够让幼儿获得由内而外的满足与愉悦，促进幼儿身心全面和谐健康发展。

浅谈幼儿园幼儿对音乐审美经验的构建

广西壮族自治区南宁市南站路幼儿园　谢雯静

一、人的先天音乐能力与无知性：幼儿审美经验构建的条件

审美经验的获取首先取决于个体能够认知美、欣赏美。音乐作品从表面上看是一些运动的物质存在，也就是音乐因素。对于音乐因素，幼儿具有与生俱来的区分能力；音乐的表现，对幼儿有天生的感染力。特别是当听到完整的音乐时，婴儿手臂或手部的运动与音乐的节点相吻合。欣赏单声部音乐和多声部音乐时，单声部音乐的欣赏时间明显较长。在测查音乐表现时，作者在作品的非停止处插入了休止符号。在倾听"变化"后的音乐作品时，幼儿会表现出疑惑的表情，原来是律动动作出现了迟缓、不确定。

幼儿为什么对音乐有与生俱来的区分能力、表现能力？广义的音乐包括自然界中绝大多数生物都具有的音乐表现性。布谷鸟的鸣叫是小三度音阶，母鸡生产蛋后的发音一般是多了一个重复音，蛙鸣声是八分音符的节奏……这些展示出来的表现有一定的美学含义——对称、和睦、韵律美。

幼儿对音乐的区分能力、表现能力也来源于人类发展史上对于艺术的积累。对于人类的基础心理过程，马克思认为是"以往全部世界历史的产物"，列昂捷夫的观点是"人类的经验"，黑格尔的想法是"人类的一些普遍旨趣"，荣格从心理的角度看是"原始意象"或"原始模型"。就好像幼儿绘画中的曼陀罗式模板，在幼儿的歌唱活动中也存在着——小三度音阶。

人类文化演变中，自然的声音被提取为音乐的素材，并经过沉淀，用一种集体无知的表现，变成幼儿的"遗传"。

二、从认知到表现：幼儿审美经验构建的过程

在拥有审美经验构建的前提之后，幼儿可以通过审美体验构建他的审美经验。参考滕守尧先生的观点，作者将幼儿审美经验构建的过程分为三个部分：初始部分、高潮部分、效应部分。

1. 审美经验构建的初始部分

音乐是人类组织起来的多媒体，与其他多媒体的区分是要有节奏、音高和音色。

幼儿有与生俱来的音乐性，幼儿能从很多声音中区分出音乐。例如，乐乐发现离她家很远的一个学校在播放课间休息的音乐《森林狂想曲》。随后，她跑到窗户边面向学校站下，有目的地听音乐，妈妈在旁边和她说话也听不到。她的认知被隔离开来，对旁边发生的事情视若无睹，只对音乐的感兴趣。

这种有意注意会让幼儿产生对音乐的想象和期待、渴望，即审美期待。初步形成审美期待，幼儿才能顺利进入审美经验构建的高潮部分。

2. 审美经验构建的高潮部分

在初始部分，幼儿一般利用感官对音乐作品进行感受和认知，那么，高潮部分则是幼儿对音乐作品的体验期。

前文提到的《森林狂想曲》中，曲中二十多种可以清晰听到的声音就是这个作品的重要组成部分。乐乐的注意点是器乐音乐中的节奏、音乐所要表达的情感。她对音乐所展示出

来的动作反应和哼唱是以句来划分的，将乐曲中的节奏、音高进行整合保存下来。确定不了高音也不能把握节奏时兴趣开始消退，有人介入也无法让她再次提起兴趣。如果让一位四岁的男孩(威威)欣赏这首音乐时，他可能首先关注的是音乐中的各种声音，然后一遍又一遍地跟随音乐模仿声音，同时做出相对应的动作。两个例子相对比发现，对于不同的幼儿，知觉整体能形成审美经验。乐乐偏重于器乐的音高、节奏等；两个孩子都感受到了该曲子的音色、音阶、节奏、速度。幼儿会把抽象化变得具体化。而乐乐的感受是，这首作品和“家”息息相关。不管在哪里听到后都会说：“这是××学校的音乐。”“××学校在我家附近。”审美知觉出现后，审美愉快由此产生。

3. 审美经验构建的效应部分

在音乐审美经验构建的高潮部分，幼儿用主动意识去理解、解释音乐，把收获到的音乐进行内化、再构建，由此形成了对某一作品是“我自己”的审美经验。其后，幼儿把这些经验转移用美好的音乐审美来判断和提升鉴赏音乐的能力。这种审美经验不会根据场景来变化。当我要求威威介绍《森林狂想曲》时，他说这是“小动物的音乐”。前期的审美经验记录在幼儿的记忆中。幼儿会对音乐审美经验的构建有所反应。

拥有判断美与鉴赏美的能力与后天的学习息息相关。两岁时，某幼儿以歌曲《苹果》入睡。两岁三个月欣赏《洋娃娃之梦》以后，她就能说出“这是宝宝入睡的音乐”，充当妈妈哄洋娃娃入睡。两岁七个月时，该幼儿听到《牧歌》这首歌后，自己认知 6/8 拍是随着舒缓的音乐展开双臂慢慢地转圈。到三岁两个月的时候，她可以把音乐经验与生活经验结合在一起，用自己的方式来表达巴赫的《急板》。因此，有了前期的音乐经验，幼儿就能准确地感受到相同音乐所要表达的审美感受。

三、听觉、动觉的联通：幼儿审美经验构建的特点

幼儿在音乐审美经验构建的过程中，需要借助听觉将其转换为真实的存在，在原有经验的基础上将审美经验进行分类存放。研究中发现，在幼儿音乐审美经验的构建过程中，听觉和动觉的互动有重要地位。幼儿喜欢用身体动作来表现音乐，而不愿用涂涂画画的方式表达。

关于体态和语言表述的区别，有的学者认为是因为幼儿语言表达能力较差，也有学者认为幼儿可以用动觉来学习。作为音，它是物质；作为乐，它是感情。这二者是密不可分的。

四、结语

音乐不局限于幼儿，这不是只有幼儿才有的行为。它展示出音乐的认知不局限于任何人，如社会、群体、个体对什么是音乐的观点，但音乐的划分原则是一样的。

因此，幼儿音乐审美经验的构建是存在于幼儿、创作者(演奏者)、社会之间的相互联系之中，一起共享体验的。幼儿把个人的认知建立在社会的集体认知中时，他的“自我”就在音乐中展示出来。

基于儿童视角的幼儿园区域材料及投放策略

广东省深圳市罗湖区泊林幼儿园　叶远金

美国教育家杜威主张从儿童的本能、兴趣和需要出发，以儿童的活动教育为中心。在日常教育教学活动中，为激发幼儿的兴趣，教师创设丰富的学习环境，投放各种各样的材

料，满足幼儿的学习需求和兴趣，激发幼儿自主学习，自主探究。教师投放材料大部分是以成人视角，根据区域材料功能和用途投放区域材料，而不是围绕幼儿兴趣点投放材料，引导幼儿参与区域材料选择和投放，让幼儿去探索、去发现。为此，以“马赛克方法”激发幼儿在区域活动中深度学习与探索，促使幼儿通过观察、发现问题、思考问题、解决问题，全面提升生活学习能力。

一、基于儿童视角的“马赛克方法”实施路径图

(一)发现问题

区域活动开展与实施最主要的来源是区域材料，幼儿在区域活动中选择材料进行学习与探索，可见，区域材料关系幼儿的学习与发展，影响区域活动的学习质量。为了提高幼儿区域活动学习的质量，需投放符合幼儿年龄段、操作性强、有层次性及适宜性的区域材料，从而激发幼儿对区域游戏活动的兴趣。

目前幼儿园区域材料主要采取批量采购，材料种类多，投放缺乏针对性且过于形式化。首先，教师以成人的视角认为这份材料的功能适合幼儿，用自身经验来挑选材料，材料投放缺乏适宜性、层次性、操作性。如果批量采购投放的材料过于简单，大班幼儿会觉得没有挑战性而对材料不感兴趣，小班幼儿会觉得投放材料太难，易受挫，从而降低幼儿对材料的兴趣影响其学习与发展。其次，区域材料投放忽视幼儿主体地位，选择材料没有站在幼儿立场考虑，材料投放比较随意，没有考虑是否满足幼儿需求，幼儿是否感兴趣，没有体现幼儿自主性，忽视幼儿对区域材料的看法。因此，应基于儿童的视角探讨幼儿园区域材料及投放问题，运用“马赛克方法”收集信息、分析解读马赛克式的资料，运用分析结果进行实践，创设满足幼儿学习需求和兴趣的生活学习环境。

(二)研究方法

1. 马赛克方法

马赛克方法是指，通过儿童参与拍照、摄影、绘图、访谈、旅行等多个方法收集信息，对幼儿园班级区域的材料及投放进行研究，把每一种工具获取的经验和看法当作一块单独的“马赛克”，将每一块拼在一起就构成了关于儿童看法和经验的完整马赛克信息，从而获得更为全面的儿童观点的方法。利用完整的马赛克信息可以寻求适宜的调整方案，将自主权还给儿童，运用马赛克方法开展区域的材料及投放讨论和选择，创设儿童视角的区域材料及投放。

2. 儿童视角

儿童视角是指从儿童的角度看待幼儿园区域游戏活动。从操作层面上看，儿童选自己喜欢或者擅长的方式自由参与幼儿园区域材料及投放，倾听儿童对班级区域材料投放的看法并在教师整理、提取相应信息后探寻优化区域材料投放的具体策略。

3. 利用马赛克方法打开儿童话匣子和收集资料

《指南》中明确提出要“最大限度地支持和满足幼儿通过直接感知、实际操作和亲身体验获取经验的需要”。因此，在幼儿做区域游戏活动时，教师要观察、拍照、摄像，记录幼儿与材料互动的情景，引导幼儿分享经验，鼓励幼儿讲述区域材料的选取、操作的情况。教师要观察幼儿对材料的兴趣点。

儿童有权利对区域材料及投放发表意见。教师应引导幼儿运用“马赛克方法”观察、摄影、绘画记录出自己喜欢和不喜欢的区域材料并说出理由，然后基于儿童视角对区域材料投放进行研究，探索区域游戏材料有效投放的路径。

二、运用分析结果去改进实践

(一)分析和解读儿童对区域材料及投放的意见

1. 儿童喜欢区域材料的根本原因是什么

运用“马赛克方法”让儿童的学习看得见，根据收集的资料整合汇总，将幼儿收集的资料展示出来，进行经验共享。儿童自主发言。教师倾听儿童的声音，充分了解儿童想法。有的儿童对区域材料的颜色、形状及操作感兴趣，有的儿童喜欢材料的玩法，有的儿童选择可以一物多玩的简单材料，有的儿童喜欢玩同伴合作类材料，等等。儿童相互分享讨论，主动反馈活动中遇到的问题。教师及时调整材料，更好地支持幼儿进行持续探索，促进其深度学习。

2. 儿童不喜欢区域材料体现出什么问题

儿童不喜欢的材料投放大多是缺乏层次性和挑战性，有的材料投放过于简单，有的材料投放太复杂(儿童不会操作)，实用性不强，使用方法不明确，等等。经过调查汇总体现出材料不是幼儿自己选择的，幼儿没有参与感、体验感，同时封闭、单一的区域材料玩法与规则限制了幼儿的想象力和创造力。因此需要幼儿参与区域材料投放，在创设区域环境时，引导幼儿全程参与讨论。区域创建的过程就是儿童学习的过程。

(二)改进实践

皮亚杰指出：儿童的智慧源于材料，儿童是在对材料的操作、摆弄的过程中构建自己的认知结构的。教师要关注区域材料的特殊性，凸显幼儿主体地位，注重区域材料的观察，理解幼儿行为，聚焦区域活动材料中幼儿关键经验的活动；引导幼儿在区域环境创建中自发、自主地玩材料，并在玩中获得学习经验。教师从关注幼儿需求的行动、回顾观察行为、分析关键行为、提出解决方案等路径回应落实幼儿需求，剖析背后的问题，改变观念。环境创设不仅仅是教师参与，要以儿童为本，让儿童参与其中。

三、基于儿童视角的幼儿园区域材料投放策略

首先，区域活动中为满足不同幼儿的需求，根据幼儿年龄特点投放多元的材料，数量充足，重视材料安全，材料投放符合幼儿身心发展特点，为幼儿提供自主学习探索的活动机会。在区域活动中，引导幼儿投放材料要具有操作性，同一种材料的不同的操作方法，用多种方法操作同一种材料；投放的材料操作指引清晰，投放材料要有层次性，要尊重幼儿个体差异，投放不同难易层次的材料。教师最大限度挖掘材料的教育价值。

其次，幼儿围绕区域参与材料投放投票，采用共同协作的方式参与区域材料投放，实现自主性、实践能力等方面的提升。幼儿根据材料的造型、颜色、形状、功能等选择区域材料，探索材料，创造出不同玩法。幼儿和教师共同收集区域材料，共同投放材料。幼儿收集材料到投放材料的参与过程就是主动学习的实施路径。

最后，教师根据“马赛克方法”进行区域材料选择，小班幼儿选择色彩鲜明、样子逼真的成品材料，中班幼儿选择种类丰富、数量较多的半成品材料，大班幼儿选择具有变化性和开放性的半成品材料，鼓励幼儿勇敢尝试和探索，不断创新，发散幼儿思维。总之，在幼儿园区域活动材料投放中，首先将安全性作为前提，充分发挥幼儿主体作用，将幼儿的探索精神和兴趣有效激发出来，从而在区域活动中有效促进幼儿的学习发展。

四、结语

运用“马赛克方法”，在教育教学实践中能够提供多样化的机会让幼儿表达自己的想法。教师应充分发挥“马赛克方法”的作用，了解幼儿的经验，与幼儿一起回顾、梳理经验，探讨问题并提出改进建议。坚持儿童本位，以儿童的需求、兴趣、年龄特点为视角，不断优

化区域材料及投放，科学有效地投放区域材料，充分发挥材料的教育功能，培养幼儿的自主性、创造性，促进幼儿在区域活动中的学习与发展。

二十四节气融入幼儿园课程体系的策略研究

内蒙古自治区赤峰市红山区第十一幼儿园　郭思彤

四季轮回，春去秋来，大自然有着精妙的规律，而这些规律中蕴含着天、地、人之间相关联的智慧。近几年来，中国传统的“二十四节气”一直频频出现在大众视野里，它作为中国传统文化中的重要组成部分，也是中华民族的一种独特文化符号。二十四节气是指每年按照太阳运行的规律，将一年分为二十四个时期，每个时期称为一个节气。二十四节气既反映了自然现象的变化，也体现了人们对自然的认识和理解。在幼儿教育中，通过对二十四节气的学习和体验，可以帮助幼儿了解自然规律，增强环境意识，培养季节感知能力，促进身心健康发展。本文从二十四节气的概念和历史渊源、对幼儿活动的教育意义、在幼儿园课程中的实践方法、如何融入幼儿体验参与式活动、家园共育、拓宽节气教育的途径等方面进行探讨，分析了二十四节气在幼儿教育中的作用和实践方法，并提出了相应的教学策略和活动设计。

一、二十四节气的概念和历史渊源

二十四节气是中国传统农历文化中的重要组成部分，起源可以追溯到古代农业社会。在古代，人们根据太阳运行的规律来确定农事活动的时间，如春耕、夏耘、秋收、冬藏等。后来，随着天文学和气象学的发展，人们逐渐认识到二十四节气的规律和意义，于是将其列入传统节日和文化活动中。二十四节气分为四季，每个季节有六个节气。春季包括立春、雨水、惊蛰、春分、清明、谷雨；夏季包括立夏、小满、芒种、夏至、小暑、大暑；秋季包括立秋、处暑、白露、秋分、寒露、霜降；冬季包括立冬、小雪、大雪、冬至、小寒、大寒。每个节气都有其独特的气候特征和自然现象，如春分时白天和夜晚的时间相等，清明时万物复苏，夏至时白天最长，小暑时天气炎热，秋分时昼夜平分，霜降时已有初霜，冬至时白天最短等。

二、二十四节气融入幼儿活动的教育意义

在幼儿教育中，通过对二十四节气的学习和体验，可以帮助幼儿了解自然规律，增强环境意识，培养季节感知能力，促进身心健康发展。具体来说，二十四节气在幼儿教育中的作用主要包括以下四个方面。

(一)了解自然规律

通过对二十四节气的学习和体验，幼儿可以了解自然界的变化规律，认识不同季节的气候特点、天象现象、植物动物等生态环境，从而增强对自然的认识和理解。

(二)增强环境保护意识

二十四节气教育可以帮助幼儿树立环保意识，关注自然环境的变化和保护，培养爱护自然、尊重生命的观念和行为习惯。

(三)培养季节感知能力

通过对二十四节气的学习和体验，幼儿可以逐渐形成对不同季节的感知和认知能力，如春天万物复苏、夏天炎热潮湿、秋天果实累累、冬天寒冷凝重等，从而增强季节感知能

力和文化素养。

（四）促进身心健康发展

二十四节气教育可以帮助幼儿建立健康的生活方式和习惯，如合理膳食、适度运动、养成良好的睡眠习惯等，从而促进身心健康发展。

三、二十四节气在幼儿园课程中的实践方法

在幼儿教育中，二十四节气的教育应该贯穿于幼儿园教学活动的各个环节，包括课程设计、教学方法、教学资源等方面。具体来说，二十四节气在幼儿教育中的实践方法主要包括以下三个方面。

（一）课程设计

幼儿园可以根据不同节气的特点和主题，设计相应的课程活动，如制作春联、涂彩蛋、赏花灯、挂月饼等。课程设计应该注重情境营造、体验感受和互动参与，让幼儿在活动中感受节气文化的魅力。

（二）教学方法

在教学过程中，幼儿园可以采用多种教学方法，如讲故事、唱歌、游戏、手工制作等，让幼儿在轻松愉悦的氛围中学习和体验二十四节气文化。教学方法应该注重启发幼儿的兴趣和主动性，让幼儿在参与中学习，感受到学习的快乐。

（三）教学资源

幼儿园可以利用各种教学资源，如图片、视频、实物、场地等，让幼儿更加直观地了解二十四节气的内涵和意义。同时，幼儿园还可以邀请家长参与二十四节气教育，共同营造浓厚的节气文化氛围。

四、结合实际，将二十四节气融入幼儿体验式活动

（一）组织户外劳动实践活动，亲身经历，近距离感知节气变化

幼儿在园是非常喜欢种植活动的，幼儿天生喜爱大自然、亲近大自然。二十四节气也是中国农业播种的一本“全能教科书”，教师需要抓住每个节气的教育契机，适时地引领幼儿参与节气劳动实践。幼儿只有亲身经历了，才能更加了解节气所带来的变化。我们可以在幼儿园场地外设置自由农场、班级一米菜园，作为幼儿劳动种植的区域，让幼儿充分体验种植的乐趣，将二十四节气与幼儿的一日生活关联。种植只是一个开始，这其中的养护过程，更是幼儿对植物的探究学习非常重要的一环。再来说说大型活动的实施，在每年的春季，谷雨节气左右，融入“春耕节”的活动组织实施，小小的仪式感的开启，让幼儿用双手感受大地的复苏，在劳动中探索植物的生长直至体验收获的快乐。

（二）食育熏陶，幼儿探寻节气美食的变化

中国的时令节气当然离不开“美食”。春耕、夏耘、秋收、冬藏，中国的“老祖宗们”顺应天时，应节而动，近几千年博大精深的饮食文化，浓缩、归纳出“不时不育”四个字。在幼儿园的一日生活中，融入节气食育也是一项非常适宜的教育内容。依据不同节气设置不同功效的营养食谱，可以帮助幼儿丰富节气养生相关知识。例如，在一年之始，立春这一天，民俗有“啃春”“咬春”的说法，那么最能代表这一习俗的美食有春饼和春卷，我们在幼儿园的食谱制定中就可以加入这些美食，寓意一年里的祈盼丰收和五谷丰登的意义。惊蛰节气中“吃春梨”的习俗，可以师幼共同参与制作，结合幼儿园的美食厨房进行烹饪，让幼儿亲自动手制作，从而加强幼儿对节气养生和饮食文化的了解。

（三）节气游戏，丰富幼儿对二十四节气习俗的认知

如何将节气文化适宜严谨地融入幼儿的游戏活动中，真正让幼儿体验节气的传统意义？

这是我们现在最需要关注的一个问题。一些节气知识是枯燥、难懂的，有的节气习俗偏离幼儿生活，如果教师不是真正了解，只是一味地空洞、泛泛教授，赶这一股流行之风，将是无效且没有意义的。我们需要筛选每个节气的习俗文化，使其具象化、生活化、本土化，再来设计相应活动，让幼儿真正直观地参与其中。我们以“游戏”为方法设计活动时，就可以将节气的学习融入游戏中，使幼儿通过游戏的方式了解相关知识。例如，用“角色扮演”的方式熟悉“年妈妈”的 24 个节气宝宝及其排序。

五、家园共育，拓宽节气教育的途径

科学有效地培养幼儿传统文化核心素养，还需要发挥家庭教育的作用，使家长对传统文化教育价值的认识延伸到家庭教育中，真正实现家园联动、双效衔接的资源优势互补，在家庭中借助亲子探索、实践的方式补充除幼儿园活动之外的节气教育内容。例如，在春季的清明节气，我们就可以发布通知，亲子到户外制作风筝，放风筝。在端午节这一天，我们可以尝试邀请有包粽子经验的家长走进幼儿园、走进课堂，将传统文化包粽子的经验与幼儿共享。这样的亲子活动在传承传统民俗文化的同时，挖掘中华优秀传统文化的时代价值，也能够推动传统节日更好地融入现代生活，扎实推进家庭文明建设，使文明新风理念深入人心。我们充分挖掘利用家长资源，使幼儿学习的时间、空间、材料得以拓展。

六、结语

二十四节气作为中华民族特有的经验和智慧，对于幼儿和每一位成人来说都是一种宝贵的财富和能量。节气除了对生命力的滋养，对身体的建构，它也是我们内在精神和心灵状态的呈现。作为一名幼儿教师，我们自己首先应该真正地喜欢二十四节气，真正地去观察自然，和自然建立起人文与自然的连接，去感受大自然千变万化的自然规律，才能带领幼儿主动和大自然融为一体，去观察和学习，真正找到适合幼儿的自然教育活动。

幼儿园主题墙展示模式

广东省深圳市龙岗区龙城街道公园大地第一幼儿园　黄春兰

主题墙是一种以幼儿为主体，以教育为目的的墙，它是幼儿园环境中的一个重要组成部分，它在幼儿园的墙面设计中具有独特的作用和意义，可以让儿童在轻松愉快的氛围中学习到知识，提高他们的素质和能力。目前，国内关于主题墙的展示还没有形成完整的体系，但是随着时代的发展以及人们生活水平的不断提升，越来越多的人开始关注起自己身边的事物与问题，而作为主题的墙壁则成了家长与教师们的焦点所在。如何将优秀的东西融入主题墙，让孩子们能够更好地了解中国的文化特色？这就需要我们去挖掘并利用好的材料来进行展示。

一、幼儿园主题墙的重要作用

主题墙的主要作用有以下几点：①帮助幼儿认识周围的环境；②引导孩子们正确看待周边的事物；③培养他们的观察力和创造力；④提高了对材料的利用率，使之更容易理解。在幼儿园中，教师可以根据不同的内容来设计一个主题墙，让幼儿参与活动的过程，这样不仅能激发幼儿学习的积极性，还能使其产生一种成就感。同时也能够让幼儿感受到自己的存在感，并从中体会到成功的喜悦与快乐。

二、主题墙内容的选择

（一）基于儿童已有经验

首先，幼儿对主题墙的认识是很浅显的。其次，幼儿的认知能力还不成熟，对事物的理解还不够深刻，所以在这一时期的主题墙的设计应该更多地考虑到儿童的心理特征和行为特点，让他们能够更好地去了解主题墙的内涵和意义。例如，在幼儿园的主题墙上可以放置一些卡通人物，让这些形象生动的角色融入墙面中，这样不仅能引起小朋友的注意而且也会吸引更多的家长来关注。同时也要注重与其他的班级之间的交流与互动，通过这种方式，来促进整个班集体的氛围以及良好的学习环境的营造。最后，教师要根据不同的年龄段，选择合适的主题进行展示。比如小班的主题墙就可以分为三个部分，分别为"我的爸爸""我的爷爷""我的朋友"。

（二）基于主题活动的进程

主题墙的设计是一个动态的过程，需要不断进行调整和完善。首先，要对主题的内容有一定的了解和认识，并根据主题的变化来加以修改，使之更符合当前的时代背景，这样才能让主题发挥最大的作用。其次，要将整个活动的进程与环境相融合，使之更具有层次感，让幼儿产生共鸣，从而更好地吸引幼儿。在这个阶段，可以采用以下几种方式：①利用多媒体技术，将主题信息通过多种媒体传播到各个领域，如视频、声音、动画等；②运用游戏的形式来组织活动，比如角色扮演、故事表演等；③借助互联网，把主题的相关资料，以图片的形式呈现给观众，例如在幼儿园中，教师制作的一些海报、玩具等。

（三）基于儿童的兴趣需要

幼儿是喜欢游戏的群体之一，他们对事物的好奇心和求知欲都很强。在主题墙的展示中，教师可以利用幼儿的这一特点，将主题墙的内容与幼儿互动，让家长参与其中，这样不仅能激发幼儿的学习兴趣，还能提高其对主题的认知能力。在主题的设计上，要充分考虑到不同层次、不同年龄的人之间的差异性，使每个儿童都有机会体验到集体的快乐。在主题的选择上，要注意以人为本，尊重每一位学生，为每一名个体提供展现自我的平台与舞台。

三、主题墙创设方法的选择

（一）紧随主题

一个主题墙的存在是为了让幼儿对主题有更好的体验和理解，让他们在学习的同时也能感受到主题墙的美感。所以我们要抓住这个重点，将主题墙的设计融入整个活动中，使之更加贴合每一位观众的需求和想法，使其具有更强烈的教育意义。①将"生活"与"艺术"结合起来，把"创造性"的元素加入其中，使之成为一种新的形式来进行展示。②将"情感"作为主题的载体之一，通过对儿童的观察、互动等方式，引导孩子们的思想品德的发展方向，从而培养其对美的追求。③利用不同的材料来制作一些有趣的主题墙，从而提高幼儿的兴趣爱好，激发出更大的潜能和潜力。

（二）幼儿为本

主题墙的设计必须以幼儿为本，这样才能让幼儿感受到主题的美和趣味性，从而喜欢上幼儿园。在主题墙的材料选择上，首先要考虑到的是安全性，其次是符合幼儿的身心发展规律，最后就是适合幼儿的年龄特点，让他们有兴趣去接受。

四、幼儿园主题墙展示的优化建议

（一）促进教师专业发展，提高内容选择能力

主题墙面的设置是一个复杂的过程。教师需要有一定的理论基础，结合不同的环境来

进行合理的布置才能发挥其最大的效果；同时，也要注意与其他的元素相结合，使其更加生动有趣，从而更好地吸引孩子的注意力；再次，要注重主题的创新性，使之更具有趣味性，这样不仅能激发儿童的兴趣还能让他们的创造力得到更大的提升；最后，还应考虑到幼儿的心理特点，为其提供合适的互动空间，使之能够充分表达自己的想法与情感，让人产生共鸣。

(二)灵活变通，巧用文字

幼儿园主题墙的形式多样，可以通过不同的方式来进行变通。比如，在主题墙中运用到了“游戏”的元素；在“娃娃家”中，则是采用了“故事＋文字”的方法；在“小老鼠上灶台”的小房子的墙壁上，则是用了动画的表现手法，利用图形的变化和文字的结合来对幼儿的行为加以引导，使活动更加生动有趣。幼儿园主题墙的内容丰富，不仅仅局限于一个墙面，还包括多个方面，例如环境创设、语言活动等，这些都是为了促进儿童与周围的人之间的交流与合作，同时也能够让孩子们更好地融入环境，让他们感受到来自家的温暖和爱，从而提高其积极性。

五、结语

通过对主题墙的分析与研究，我们可以看出，主题墙要以幼儿为主，其目的就是为了让孩子们能够更好地成长和发展。但是在实际的展示过程中，教师往往会忽略了这一点，只是单纯地把主题墙看作一个简单的装饰品，没有做到真正的教育性。所以说，对于主题墙的展示应该重视起来，这样才能使幼儿更容易理解，同时也能提高他们的学习兴趣。

论幼儿园教师的领导力

北京城市学院　王佳怡

专业是多维度的组合，就行业的专业性来说，有学者认为需要具备八项要件：社会必要性、利他、自主性、伦理规范、与服务对象间保持距离、行为的标准、长期的训练、特殊的知识等。

幼儿园教师的专业伦理维度尤为重要。伦理的基本功能是崇善护弱。行业的服务对象越弱小，其从业者的伦理自律就越显重要。专业伦理主要就是围绕着自律和他律。

一、幼儿园教师专业伦理

幼儿园教师专业伦理指的是教师在从事幼儿保育和教育过程中所应遵守的一系列行为规范或行事准则，以及在这些基础上所表现出来的观念意识和行为品质。幼儿教育针对的学生比较特殊，正是处于3—6岁的儿童。幼儿期对人的一生都有着重要的影响，幼儿园教师比其他任何阶段的教师的责任与作用都要大，因此专业伦理绝对不能缺少、缺失。之前广大学者研究的教师专业伦理，通俗上讲仅仅是研究教师职业道德，这样显然是不够的。在教学过程中，由于服务对象的特殊性，教师采取的方法手段需要因幼儿年龄层的不同而做出调整，教师需要用合理的逻辑依据幼儿的行为选择做出正确的理解与判断，所以为了推动有效的幼儿教学活动，教师必须具备专业的伦理规范。

二、专业伦理的核心取向

(一)对童年价值的充分认知和尊重

“幼儿为本”意味着：幼儿的存在是幼儿教育的第一要素，是幼儿教育最基本的构成。

幼儿为本的践行，首先要做到的就是尊重幼儿的权益，以幼儿为主体，充分将幼儿的主观能动性调动，遵循幼儿的身心发展特点和保教活动规律去进行适合的教育。

(二)对自身价值的充分认知和尊重

幼儿园教师的“幸福从教”离不开好的德行，有理想追求，同时又脚踏实地的幼儿教师就是幸福的人。

三、专业伦理的基本要求——不逾底线

(一)伦理规范与伦理底线

只有通过多种途径加强自身专业伦理修养，学习专业伦理知识，在教学中以及生活中拥有具体专业伦理观念，才能展现出实际的伦理行为。

(二)从道德行为和道德意识层面谈底线

从道德行为或者是道德实践的角度，针对社会生活中家庭与职业等多方面的伦理行为而言，底线是最低的行为规范要求。

从道德意识层面来说，底线就是人与人之间关系以及对伦理行为方面的要求。知道什么是该做的，什么是不该做的，不去做不该做的就是遵守了做人的底线。

(三)一定不能逾越底线

遵纪守法就是最基础的做人要求，教师拥有教书育人的重要职责，伦理底线也应该高于其他人。

(四)如何做到“行合规范，不逾底线”

教师要树立正确的底线意识，首先需要控制自己的不良情绪，其次是克服自己的“自然人性”，最后是在突发性或灾难性事件发生时要把幼儿安全置于首位。

四、幼儿教师在解决“伦理两难”问题时应该怎么做？

幼儿园教育必须解决一个两难问题，那就是“既要顺应儿童的发展，又要将儿童发展纳入社会所需要的轨道”，这两个方面有时是一致的，有时是相互矛盾的。幼儿园教师该做什么？

幼儿园教师要做的事情就是“既要让孩子玩得开心，又要让自己教得有效”，前者主要是为了顺应儿童的自然发展，后者主要是为了促进儿童的发展，并将儿童的发展纳入社会所需要的轨道。

“让孩子玩得开心”是很容易的，首先就是给幼儿更多的自由和空间，给幼儿自主选择朋友、玩具和活动的机会，幼儿就会更开心。在幼儿园教育的操作层面，教师要明白什么是幼儿游戏，要给予幼儿足够的时间去游戏，要给予幼儿充分的自由去游戏，要让幼儿自己去选择并以自己的方式去游戏；不要只是以教师的意愿去要求幼儿游戏，不要过多地去干预幼儿游戏，不要刻意地让幼儿去完成教师预设的教学目标和任务。

“让教师的教学有效”是很困难的，因为在幼儿园的课程教学中，所有的教学都是以游戏活动和生活化去进行的，幼儿园的课程教学比中小学更需要关注儿童的兴趣与需求；“让教师的教学有效”是很困难的，因为幼儿园教师不仅要明白“为什么要教”“教些什么”，还要把握“如何去教”，即在该教的时候不要错失机会，在不该教的时候不要干扰儿童的学习。幼儿园课程种类繁多、纷繁复杂，各种幼儿园课程在“为什么要教”、“教什么”以及“如何去教”等方面各不相同。一般而言，在一个幼儿园课程或一个教学活动中，游戏的成分越多，教师对教学有效性的把握就越困难。各个幼儿园都需自主选择准备适合幼儿的游戏活动。“我们对于幼稚园之种种理论设施都要问它一个究竟，问它一个彻底。我们要幼稚园里样样活动都站得住。”

五、结语

教师一定要遵守把“遵循幼儿身心发展特点”作为方向性要求，把“不得体罚和变相体罚幼儿”作为底线要求，把贯彻落实幼儿教育事业的伦理建设作为幼儿教育的根本。

信息化时代，民办幼儿园教师信息素养的现状、问题及提升策略

广西壮族自治区百色市右江区第一幼儿园　蓝　奉

随着信息化时代的到来，学前教育信息化也得到了前所未有的发展。借助信息化平台共享学前教育信息、资源，重视师资培训，强化家园共育促进园所交流等。信息技术为学前教育的变革与发展带来更多机遇的同时，也对幼儿教师的信息素养水平提出了更高要求：对学前教育信息化的正确认识，丰富的信息基础理论知识储备，较强的信息技术运用能力，安全使用信息技术和保护信息安全，以及积极主动学习信息技术知识，不断提高信息技术水平，等等。学前教育信息化能否有效推进，很大程度上取决于幼儿教师信息素养的整体状况是否良好。民办幼儿园教师是幼儿教师队伍的主力军，占据幼儿教师队伍的“半壁江山”，其信息素养的高低直接影响着整个学前教育教师队伍信息素养的总体水平。

幼儿教师信息素养是指幼儿教师通过教育所形成的在信息化社会中获取、利用、评价、生成信息等方面的能力与修养，包括信息化意识、信息化知识与技能、运用信息技术的能力等具体内容。本文对笔者所在县的850名民办幼儿园教师进行问卷调查，这些幼儿教师来自该县主城区、城乡接合部、乡镇中心以及农村的103所民办幼儿园，园所覆盖率为100％，被调查人数占全县民办幼儿园教师总数的80.04％。调查共发放问卷850份，实际回收850份，有效问卷850份，有效率为100％。通过问卷调查，笔者试图了解当前该县民办幼儿园教师信息素养情况，分析存在的问题及原因，并提出有效提升民办幼儿园教师信息素养的对策。

一、民办幼儿园教师信息素养的现状

（一）民办幼儿园教师有较强的信息化意识

信息化意识，是指教师对教育信息化及其重要性的认识，学习信息技术的态度，以及应用信息技术的热情等。被调查的850名民办幼儿园教师中95.29％的人认为信息技术对学前教育非常重要，92.71％的教师认为在幼儿园日常教育教学活动中使用信息技术非常有必要，这表明民办幼儿园教师对信息化的认识比较准确。90.59％的教师认为自身的信息素养对信息化建设有很大影响，说明教师对自身信息素养重要性的认识比较到位。而在主动学习信息技术相关知识上，有87.53％的民办幼儿园教师表示会经常主动学习信息技术，还有88.24％的教师表示自己经常使用信息技术开展教育教学活动。由此可见，大多数民办幼儿园教师学习信息技术的态度比较积极，使用信息技术的热情较高。

（二）民办幼儿园教师信息化技能有待进一步提高

信息化技能指教师利用网络进行交流、获取多媒体素材以及处理多媒体素材的能力。调查发现，850名民办幼儿园教师均能够通过网络与他人交流沟通，运用的主要网络工具是微信，其次是QQ，还有一些教师也会使用电子邮件、微博等。调查中99.53％的民办幼儿园教师会通过网络下载各种教育资源，具备一定的多媒体素材获取能力。98.94％的教师能够熟练地搜索、播放、下载、保存网络教育资源，但仅有50.24％的教师会对采集到的多媒体素材进行编辑、加工和处理（如截取、剪切教学资源片段，将音频、视频、文字、图片

等素材进行组合等)，说明民办幼儿园教师处理多媒体信息素材的能力较弱，信息化技能有待进一步提高。

(三)民办幼儿园教师运用信息技术教学的能力一般

调查中95.65%的民办幼儿园教师能够比较熟练使用电视机、打复印机、教学一体机、多媒体设备等信息化设备，但对Word、Excel、PowerPoint等常用办公室软件使用的熟练程度不高，尤其是对多媒体课件的设计与制作更为陌生。50.35%的教师在语言领域的教学活动中使用信息技术比较多，其次分别是在科学、艺术领域，在健康和社会领域使用信息技术的人最少。而大部分幼儿教师表示在语言、科学、艺术领域中所运用的信息技术主要是播放从网络上下载的视频、音频等，能根据教学需要自己制作动画短片、录制视频，将网上各种资源整合到五大领域教学中的人很少，说明幼儿教师运用信息技术教学的能力还比较弱。

综上所述，当前民办幼儿园教师的信息化意识较强，信息化技能不高，运用信息技术教学的能力一般，信息素养整体水平不高。

二、民办幼儿园教师信息素养整体水平不高的原因分析

(一)个人知识与能力不足

大多数幼儿教师在学校所学专业都是学前教育或幼教专业，职前所接受的技能培训更多是弹、唱、跳、画、讲等方面的训练，学校虽然开设了信息技术课，但课时很少，所学知识也是信息技术的一些基本理论知识、办公软件的简单使用而已。多数幼儿教师也仅仅能够通过网络搜索、下载一些教学所需要的资源，这远远不能满足当前信息化社会对人才培养的要求。信息知识储备不足，信息技能水平不高，已经成为影响幼儿教师信息素养提高的主要因素之一。

(二)缺乏系统、有效的培训

随着国家对学前教育发展越来越重视，对幼儿教师的培训项目也越来越多。国家级、省级以及县(区)级培训项目应接不暇，但培训内容多以学习《纲要》《指南》等纲领性文件为主，辅之以五大领域教育教学活动的观摩，而专门的信息技术方面的培训很少。虽然2013年以来，国家实施全国中小学教师信息技术应用能力提升工程，各省、市、县(区)也先后进行培训，但目前主要还是对公办学校(园)开展，民办幼儿园教师参加培训的人少之又少，加上信息技术本身在不断地迭代更新，仅仅依靠一两次的培训根本无法系统、全面地掌握，因此想在工作实际中熟练应用就相对困难。

三、提升民办幼儿园教师信息素养的对策与建议

(一)加强自主学习，努力提高信息知识储备和信息技能

《幼儿园教师专业标准(试行)》提出幼儿教师应具备终身学习的理念，同时还要有一定的现代信息技术知识。幼儿教师可以通过在职进修或自主研修的方式，优化自己的知识结构，不断提高自身的文化知识水平。同时，随着“互联网＋”时代的到来，“互联网＋课程”产生了慕课、微课等风靡全球的网络课程形式。“互联网＋学习”催生了十分红火的移动学习方式。幼儿教师既可以通过传统的计算机终端，也可以借助移动终端随时随地参加各种网络课程，自主学习有关信息化的内容，并主动将所学知识运用到实际教育教学活动中，不断提高信息技术能力。

(二)加大资金投入，不断完善信息化软硬件建设

教师的信息素养要通过信息技术的应用来体现，信息技术的应用要求有信息化软硬件的建设。民办幼儿园在资金使用上具有较强的自主性，因此要在信息化基础设施建设和软

件建设上加大资金投入力度，乡镇及农村幼儿园应尽可能地为幼儿教师配备办公电脑并接入网络，以便教师获取教育信息资源。应建立专门的多媒体教室，以便教师有机会接触、了解、熟悉多媒体，并能熟练运用于教学。城区有条件的幼儿园，可每班配备一台电脑，提高资源分配率。每班接入网络，方便教师在教学过程中遇到问题可随时上网查询相关信息，求得答案。可每班配备一体机，鼓励教师在日常教育教学活动中使用多媒体，促进幼儿教师应用信息技术能力的提升。在软件方面，幼儿园应根据园所实际需要建立包括多媒体课件素材库、幼儿园特色资源包、科研资源库、幼儿教育软件包、幼儿园网站、公众号、微门户等。条件允许的幼儿园可以聘请计算机专业毕业，获得一定计算机等级证书或在计算机应用与研究方面获得一定成就的人员，专门管理、维护幼儿园的信息化设备，研究信息技术有效应用于教学的方法，以及对本园教师在信息技术运用方面进行指导等。

（三）加大培训力度，确保培训效果真实有效

对幼儿教师信息化知识的掌握和教学应用能力的培养可以从三个方面入手：一是倚仗国家层面的政策支持。教育部先后印发的《教育信息化 2.0 行动计划》《教师教育振兴行动计划（2018—2022 年）》《教育部关于实施全国中小学教师信息技术应用能力提升工程 2.0 的意见》都明确提出要提升中小学、幼儿园教师信息技术应用能力。这些文件的出台在宏观上为幼儿教师接受信息技术培训提供了良好氛围。二是进一步优化培训内容，提高培训覆盖面。国家级、省级培训项目因为要照顾到全国各省、各市县，往往都有名额分配，这些名额对于庞大的幼师队伍来说无疑是粥少僧多，很多幼儿园根本就没有机会参加。而县区级教育行政部门作为地方的教育主管部门，每年都有本级的培训计划，应保证给予民办幼儿园和公办幼儿园享受同等的培训机会，确保培训可以覆盖本地区所有的幼儿园。同时，教育主管部门在制订本级培训计划时，应该优化培训内容，适当增加信息化理论知识培训和信息技术应用培训，将学前教育理论与信息技术应用培训有机结合，还可以组织开展区本级的信息技术与五大领域教学深度融合比赛活动，提高幼儿教师使用信息技术的积极性和实践能力，真正提高培训的实效性。三是进一步加强骨干教师的培养，加大园本培训力度。民办幼儿园应选任在信息技术方面有较好基础的教师作为骨干教师和重点培养对象，委派骨干教师参加各级培训，同时发挥骨干教师的带头作用，通过骨干教师来指导和培训本园其他教师，以点带面，促进全园幼儿教师信息技术应用能力的提高。此外，幼儿园还可以聘请信息技术专家到幼儿园就计算机基础知识、网络媒体技术、信息化教学设计、信息化教研活动的开展、多媒体素材的获取与处理等内容进行培训和指导，全面提高幼儿教师的整体信息素养。

生活游戏促幼儿好习惯养成研究

北京市第五幼儿园　刘娇娇

《指南》中明确提出要帮助幼儿逐步养成积极主动、认真专注、不怕困难、敢于探究和尝试、乐于想象和创造等良好学习品质。学前儿童好奇心强，喜欢探索新奇的事物，对他们进行正确的引导，容易形成喜欢尝试、喜欢探究的品质，使其一生持续受益。对此，我们开展了幼儿学习习惯的深入研究，重点让幼儿养成爱提问、喜欢尝试、愿意解决问题的探究学习的品质，为以后的学习奠定坚实的基础。

一、幼儿学习习惯研究案例及其分析

(一)一个拉着一个排队走

一个跟着一个走是幼儿入园需掌握的最基本的规矩。小班幼儿常常信步游走，他们即使排队也总将队伍走得稀稀拉拉。很多老师为了尽快将队伍走成型，就让幼儿一个拉着一个排队走，即后面的幼儿拉着前面幼儿的衣服走。我认为这种做法弊端颇多。首先，刚入园的幼儿同伴间互不熟悉，还不善于相互交往，许多幼儿不愿意让别人拉自己的衣服；互相拉着也使被拽着衣服的幼儿有不适感，于是就经常发生推拉、扯打、哭闹的现象。其次，幼儿用手拉着前面幼儿的衣服，腾不出手扶栏杆等辅助物，不利于自身平衡，同时由于是相互拉扯着，幼儿还要顾及整个队伍的平衡(这对于他们是很难的)，一人走快一步，势必引起整个队伍的骚动，往往出现一人摔跤，多人跌倒的情况。最后，如此训练，幼儿只能迈着机械的步伐盲目跟从，束缚了幼儿的手脚，幼儿毫无自主，不利于幼儿主动性和创造性的培养。

建议：教师在引导幼儿练习一个跟着一个走时，不妨先开展小组练习，然后再进行全班练习。为了帮助幼儿能整齐地排队走，教师可要求幼儿先在窄窄的走廊里或沿着地上画好的标记走，然后再到比较开阔或复杂的地带(如楼梯)练习，采取这种由易到难的练习方法有利于提高幼儿排队走的速度。

(二)谁哭得厉害就抱谁

刚入园的幼儿由于对幼儿园陌生环境的恐惧及对家庭的依恋，往往用哭闹来抗拒入园，为了让其他孩子能安静地活动，以及安抚哭闹的幼儿，老师出于高度的责任感往往赶紧对这些哭闹的孩子又抱又哄，给予他们好玩的玩具或好吃的东西。殊不知老师这样做是好心办坏事，其他幼儿看到哭能得到老师更多的关爱，于是纷纷效仿，教室里顿时哭声此起彼伏，老师手忙脚乱去安抚这些哭闹的幼儿，各项活动根本无法正常进行。

建议：哭闹的幼儿可由保育员带着离开活动室去室外进行安抚，这样有利于减小哭闹对其他幼儿的影响。教师对不哭的幼儿要多加表扬、鼓励、赞赏，以加强正面影响。

(三)上厕所要跟老师讲

为了做好小龄幼儿的保育工作，对于年龄小还不会上厕所的幼儿，以及为维护正常的集体教学秩序，老师往往要求幼儿上厕所要跟老师讲。小班幼儿生理机能发育还不完善，自控能力较差，有很多时候往往是一边跟老师说一边小便已从裤腿里流下来了。有些幼儿由于羞怯或不善于表达，在集体活动时即使想上厕所也不愿跟老师说。而且，集体活动中幼儿请示和老师批准的过程本身就影响了大部分幼儿的正常活动。还有些幼儿由于对新环境不熟悉，对厕所的远近距离估计不准，等跟老师讲好，在去厕所途中已经尿裤子了。

建议：允许幼儿随时上厕所，不必跟老师请示。老师应加强卫生间的巡视，密切关注小龄幼儿如厕情况，并及时提供帮助。

(四)定时的、集体的要求多

很多幼儿园在课程中专门开设常规要求的活动，有些教师也习惯在一个固定的时间(如晨间谈话或餐点后)进行常规教育。小班的幼儿记忆具有即时、随意的特点，集体活动时刚刚讲了下课时要将小椅子摆到桌子下面去，等到下课时又有很多人忘了。同样晨间谈话时说洗手，餐点时说整理玩具，由于时间太远，幼儿在实施时只会大打折扣。

建议：多进行即时的、小组的或个别的教育。下课离位时提醒小朋友将小椅子摆到桌子下面并及时督促检查，餐点前教幼儿洗手，玩完游戏教幼儿收拾玩具，等等。发现小朋友乱扔玩具、打人、撕书时应及时教育，这样幼儿才印象深刻，教育效果才好。

二、区域游戏中幼儿学习习惯的培养

班上的小朋友前段时间对书的损坏很大，老师对班上的小朋友进行了引导，将书拟人化，比作“书宝宝”。只要有小朋友损坏了书(弄卷、撕坏等)，我就会说，哎哟，书宝宝好疼啊！……经过引导模仿，班上很多小朋友现在都学会爱护图书，保护“书宝宝”。班上的小朋友非常聪明，模仿能力非常强，在不知道怎么办时，积极询问教师，在得不到想要答案时，能够自己开动脑筋积极寻找办法。

教师要正确引导幼儿游戏，在幼儿寻求帮助或不知道怎么办时适时介入游戏。引导幼儿爱护“书宝宝”，和“书宝宝”做朋友。及时表扬做得好的幼儿，引导鼓励还需进步的幼儿。幼儿在游戏时能真正融入其中，感受游戏的快乐，爱护图书，不损坏图书，感受角色扮演的快乐，将生活经验融入游戏中。

三、教育实践，助力幼儿学习习惯养成

(一)环境设置

1. 养成教育墙面上粘贴“探究小能手”评比表，对在学习活动中爱提问、敢于尝试、能发现和解决问题方面表现突出的幼儿进行奖励，并以表格的形式记录下来。

2. 在养成教育区投放一些科学小实验的操作材料盒，供幼儿进行尝试、探究性操作。投放《十万个为什么》等幼儿版科普图书，培养幼儿探究的兴趣和愿望。

(二)区域活动

区域中投放各种材质的物品以及记录纸，初步感知物体在水中的沉浮现象。

(三)实施建议

1. 将培养幼儿敢于尝试和探究的良好习惯贯穿于一日生活。

2. 教师利用餐前活动时间给幼儿讲一些科普故事。

3. 发放家园联系单，让家长了解从小培养幼儿在学习中敢于尝试和探究的良好习惯的重要性，鼓励家长与孩子一起做实验，体验亲子游戏的乐趣。

四、集体教学活动：我们爱探究

(一)活动目标

1. 养成敢于尝试和探究的良好习惯。

2. 探究能使水中的鸡蛋浮起来的一两种方法。

3. 能做到不懂时爱提问，喜欢动手尝试解决难题和问题。

(二)活动准备

水杯、水、鸡蛋、盐、糖、沙子、勺子、筷子、手工纸、实验记录表。

(三)活动过程

1. 教师创设情境，引出问题。

(1)师：鸡妈妈的蛋宝宝掉到水里去了。你们猜蛋宝宝会沉下去，还是浮在水上？

(2)鼓励幼儿大胆猜测，教师当面操作实验，请幼儿观察并验证猜测结果的对错。

2. 教师引导幼儿讨论：怎样才能让蛋宝宝浮上来？

(1)师：怎样才能让蛋宝宝浮起来了？鼓励幼儿大胆猜想，并将幼儿的猜想用图画的方式记录下来。一一尝试幼儿的方法，并记录结果。

(2)教师介绍自己的想法，借助一些材料，出示准备的操作材料：盐、糖、沙子、勺子、筷子。

3. 幼儿动手操作，验证自己的想法。

(1)教师给每组幼儿提供盐、糖、沙子、勺子、筷子等材料，幼儿操作实验，看一看蛋

宝宝能否浮上来，并记录实验结果。

(2)幼儿开始实验，教师巡回观察幼儿实验情况，及时评价幼儿实验情况。

4. 幼儿交流操作结果，与同伴分享经验。

(1)自由交流，说说自己用了哪些方法，用什么办法让蛋宝宝浮上来了。

(2)师：我们是怎样找到让蛋宝宝浮起来的办法的？

小朋友们在老师提出问题后都能积极动脑筋想办法，把自己的想法大胆说出来，更重要的是我们要动手去试一试，看看我们的办法能不能解决问题，当我们不能解决问题时可以向大人求助。

5. 小结，结束活动。

今天小朋友们开动脑筋帮蛋宝宝实现了愿望，真是了不起！其实生活中我们可能会遇到各种各样的难题或困难，我们都可以像今天这样大胆尝试与探究，寻求解决问题的办法。如果自己实在解决不了，还可以多问身边的爸爸妈妈还有老师他们。

总之，好的学习习惯将伴随幼儿一生，对幼儿今后的学习生活至关重要，我们将继续不断深入研究！

浅谈亲自然视角下豆豆主题活动的有效开展

北京市平谷区第一幼儿园　崔梦頔　李梦文

《指南》中提出：成人要善于发现和保护幼儿的好奇心，充分利用自然和实际生活机会，引导幼儿通过观察、比较、操作、实验等方法，学会发现问题、分析问题和解决问题，帮助幼儿不断积累经验，形成受益终身的学习态度和能力。一日生活中有很多灵活的教育契机，教师要学会抓住这些教育契机生成让幼儿受益终身的主题活动。

幼儿园很多小朋友不喜欢吃豆类食品。为了引导幼儿从认识豆类食品开始逐步养成良好的饮食习惯，我们开展了与豆子主题相关的活动。

一、豆豆初体验：正面了解，激活情感

在豆豆初体验的活动中，我们主要为幼儿打造一个良好的环境，为幼儿提供基本的材料——各种豆类作物，让幼儿初步了解豆类的特点，激发幼儿对豆类的兴趣，并生成简单的探索活动。

(一)打造区域环境，融入“豆”元素

环境在推动幼儿能力发展方面起着至关重要的隐性教育作用，区域游戏活动是我们引入豆子主题活动的重要形式，因此我们为幼儿打造了良好的区域环境，在环境中引入“豆”元素，自然而然地激发幼儿兴趣。

我们在阅读区为幼儿提供了《软软的豆腐》《五颗小豌豆》等绘本；在美工区为幼儿提供关于豆子的各种刺绣制作材料，还为幼儿投放超轻黏土等材料引导幼儿制作豆角架，将幼儿收集的各种豆子做再加工，并展示出来；在表演区为幼儿提供与豆子相关的表演游戏材料等。通过为幼儿提供有准备的环境，让幼儿在不同的区域活动中体验豆子游戏的乐趣，拓展幼儿对豆子的了解，为我们接下来开展丰富的活动提供良好的条件。

(二)丰富幼儿体验，激发“豆”兴趣

通过环境的营造，幼儿已经开始对不同种类的豆子产生了好奇心，他们在平时也会讨

论这些豆子，于是我们请家长也参与豆子探秘的活动，与幼儿一起收集资料，引导幼儿学会如何探索，并生成对豆子的初步了解。在幼儿了解和收集了豆子之后，我们融合了五大领域的活动，使多样化的游戏都可以运用在区域活动中。例如，我们可以将生活区的豆子放到益智区供幼儿开展“豆子分类”的游戏，也可以将刺绣区里幼儿设计的豆子作品放在表演区里成为服饰上的装饰品。

在这一阶段里，幼儿通过丰富多彩的豆子活动，对豆子有了初步的了解，同时也产生了更多的问题和想要探索的主题。我们追随幼儿的脚步，顺势而为，自然过渡到下一阶段的豆子探索活动中。

二、豆豆再相遇：深入探索，实践真知

基于幼儿的兴趣开展更加多样化的探索，在激发幼儿探索兴趣的基础上，提升幼儿的探索能力，对于进一步培养幼儿的科学研究能力起着非常重要的作用。在开展探索活动的过程中，我们不断关注幼儿的生活经验与兴趣爱好，挖掘与幼儿年龄特点和能力水平的相关活动资源与活动形式，使幼儿可以得到循序渐进的引导与提升，在活动中学会有计划地做准备、动手操作、合作交流、反思完善等，培养幼儿的探究素养与良好的学习习惯。

（一）引入丰富的“豆”资源

《指南》中提道：“幼儿的思维特点是以具体形象思维为主，应注重引导幼儿通过直接感知、亲身体验和实际操作进行科学学习，不应为追求知识和技能的掌握，对幼儿进行灌输和强化训练。”因此在开展主题活动和游戏活动的过程中，我们围绕幼儿的兴趣，不断引入丰富的资源，让幼儿了解更多豆子背后的故事，增强幼儿对农作物的情感体验，使幼儿与大自然的联系更加紧密。

教育活动资源的引入不只是可以利用幼儿园资源，还可以利用丰富的家庭资源和社会资源。在“豆豆再相遇”这一阶段，我们收集了十分丰富的关于豆的资源，包括不同豆类的种子、关于豆子种植的工具以及种植资料、关于豆子的相关风俗习惯等，另外我们也鼓励幼儿自己从生活中发现和收集关于豆的资源。幼儿可以在家长的帮助下，带一些豆子到幼儿园，为小朋友介绍自己收集的豆子的种类是什么、有什么特征、植物长出来是什么样子等。另外我们也融合了家庭资源，请有经验的家长为幼儿介绍不同豆子的种植方法和养护方法，丰富幼儿的经验，为我们进一步开展豆子的种植活动打下基础。

（二）生成个性化的“豆”种植

《纲要》中指出，教师要“引导幼儿对身边常见事物和现象的特点、变化规律产生兴趣和探究的欲望”。幼儿在收集和观察班级已有的豆类资源的时候，又产生了新的疑问。

乐乐问：“黄豆、绿豆生出来的小苗都是黄色和绿色的吗？”还有的幼儿问：“这些豆子会生根吗？”孩子们结合自己之前种植种子的经验提出问题，说明他们已经开始将生活经验迁移到新的问题情境中。为了满足幼儿的观察兴趣和对豆子生长的好奇心，我们开展了豆子种植活动，让幼儿选择自己感兴趣的豆类作物的种子种植。在种植前，教师请幼儿首先讨论如何种、用什么工具种等问题，引导幼儿初步形成一个计划。随后孩子们利用自己的工具和种子，开展了小组合作式的种植活动。结合各自的兴趣，孩子们分成了黄豆组和绿豆组，按照小组讨论的方法开始种植。在初次尝试时，孩子们遇到了问题——种子并没有按预想的那样发芽。为了有效解决这个问题，孩子们首先讨论为什么会出现这样的情况，有的小朋友认为是光照不够，有的小朋友认为是豆子淋了雨，还有的小朋友认为是没有翻土。最后孩子们通过求助家长和收集资料，学习了让黄豆和绿豆生芽的正确方法。孩子们的种植很快就得到了想要的结果。在这次种植活动中，孩子们不但通过自己的动手实践满

足了好奇心，还通过猜想、推理等方式开展了科学探索，提升了学习能力。

三、豆豆种美育：融入生活，累积经验

美国近代教育思想家杜威提出“教育即生活”“教育即经验的改组和改造”的教育理论，他认为儿童应该“从经验中学习”，“教育应该符合儿童的生命本性，应当尊重儿童的生活体质，应该满足儿童成长的需要”。我们在幼儿园开展的一切教育工作，都是指向幼儿的生活与经验的。因此在第三阶段，我们引导幼儿将已经累积的经验和已经学到的知识运用到新的问题情境中，进一步促成幼儿的生活经验，帮助幼儿更好地学会如何解决问题。

(一)丰富种植活动，拓展“豆”经验

除了班级的自然区，我们在户外也为孩子们开辟了种植区。孩子们可以在班级“自留地”上种植自己喜欢的作物。孩子们丰富了种豆子的经验后，开始思索可不可以种植自己喜欢吃的蔬菜，于是就有了我们的种植油菜与小白菜的活动。在户外种植活动中，幼儿借助种植工具进行播种活动，并学习如何照顾这些种子，让种子不但可以生根发芽，还可以茁壮成长。在收获了小白菜和油菜后，孩子们将这些作物送给厨房的叔叔阿姨们，请他们帮助幼儿制作美食。孩子们吃着自己种植的青菜，更有成就感，产生了珍惜食物的情感，挑食偏食的行为也得到了有效的改善。

(二)促成经验分享，提升“豆”经验

分享与交流是提升幼儿生活经验、丰富幼儿体验、帮助幼儿树立信心与成就感的重要环节。在活动中，我们也为幼儿提供了分享的机会，让幼儿可以整体回顾自己参与豆子探索活动的过程。

为了让幼儿可以有一个完整的分享交流过程，我们开展了“豆子分享会”的活动，幼儿将自己平时在活动中制作的作品拿出来与小朋友们展示，并且为小朋友们介绍自己的作品。在展示交流的过程中，孩子们呈现了各式各样的作品，涵盖绘画作品、刺绣作品、折纸作品、泥塑作品等。还有的幼儿将自己在家里与家长一起种植的其他作物带到幼儿园，与同伴一起分享不同作物的种植方法，这也让幼儿更好地获得了新的认知，不断拓展知识面，积累新经验。

我们将活动由班级活动拓展成班组活动，让其他班级的幼儿也参与我们的展示活动，并为小伙伴们投票，选出自己最喜欢的作品。通过这次活动，孩子们对于豆子主题活动中自己的表现有一个清晰的回顾，能够用语言清楚地表达自己的想法，提升了自己的表达能力。在反思的过程中，幼儿也可以有效地总结归纳自己在活动中运用的材料和方法，进一步帮助幼儿建立全面的知识体系。通过投票和奖励的方式，也更进一步地激发幼儿探索的兴趣。

在主题活动中，我们为幼儿提供了符合其年龄特征与认知经验的多种活动，并为幼儿创设了良好的环境，投放了适宜的材料，利用游戏、实践、小组合作等方式进一步激发了幼儿的兴趣；也让幼儿在自己动手和开展深度学习的过程中，提升了学习能力，让幼儿更加近距离地与大自然进行了亲密的接触。我们希望通过这样丰富又灵活的形式，为幼儿引入更多真实体验的机会，进一步促成幼儿的“真实践”与“真发展”。

浅析小班“多彩的秋天”主题活动实施策略

北京市平谷区第一幼儿园　于　漫

幼儿的心灵天生与自然相通。亲近自然，是快乐童年生活不可或缺的一部分。陶行知先生曾经说过，“我们要解放小孩子的空间，让他们去接触大自然中的花草、树木、青山、绿水、日月、星辰”。大自然能够唤醒幼儿的“玩性”，也能够释放幼儿的潜力，让幼儿在内在驱力下去主动学习、获取发现、积累经验。鉴于此，我们在教育实践中，在小班阶段开展了“多彩的秋天”主题活动。

一、顺应季节变化，生成主题活动

秋天是充满幸福与收获的季节，秋天的大自然有种独特的美丽，能让人们看到赏心悦目的风景，体会美好的情感。小班幼儿处于入园早期，他们的生活经验有限，观察力还不是很敏锐，同时又对外界具有强烈的好奇心。那些大人们司空见惯的现象，却会引起他们的兴趣，让他们产生一探究竟的意愿。因此，在小班阶段开展“多彩的秋天”主题活动具有积极的意义，能够满足幼儿的成长需求，让幼儿获得发展所必需的经验。本主题着重顺应季节的变化，利用幼儿园及其周边环境中的生活资源，让幼儿感受自然、感受秋天，增加对世界的了解。与此同时，侧重基于“秋天”这个主题进行多维度的拓展，以“秋天”为线索丰富主题活动的内容，让幼儿获得多元发展，提升生活能力。

二、关联多元领域，沉浸自然之美

《指南》提出，“儿童的发展是一个整体，要注重领域之间、目标之间的相互渗透和整合，促进幼儿身心全面协调发展”。在实施“多彩的秋天”主题活动时，我们将多个领域关联起来，让幼儿在活动中沉浸于自然之美。

(一)融入自然，积累直接经验

走出室外、融入自然，是“亲自然”活动中必备的环节。这能够拓宽幼儿的眼界，让幼儿体会到与自然亲密接触的惬意。与此同时，自然界中有丰富多样的教育资源，是创设课程的适宜载体。在“多彩的秋天”主题活动中，教师为幼儿提供融入自然的机会，让幼儿在此过程中开展探究。

案例 1：幼儿园有几棵银杏树，秋天到来时，幼儿发现银杏树的叶子变黄了，落了下来，在地上铺了厚厚的一层。教师引导幼儿去捡拾树叶，然后观察外形，摸一摸树叶是什么感觉，闻一闻是什么气味，用手抖一抖听一听有什么声音。幼儿用银杏树叶做游戏，还发现了一些互动性的小游戏。

案例 2：幼儿在家长的陪伴下开展了一次亲子“秋游”活动。有的幼儿此前去过这个公园，对公园的景物有一定的印象。家长和幼儿一边逛公园，一边讨论秋天给大自然带来的变化。孩子们发现，在秋天，天气变凉了，小草变黄了变枯了，而且，地上的虫子也变少了，不知躲藏到哪里去了。

幼儿以直接感知、亲身体验和动手操作的方式开展学习，这是幼儿的学习方式与特点。开展融入自然的活动，能够让幼儿近距离观察各种现象，开展多感官探究，进而积累直接经验。相关的经验可以迁移运用在其他场景下，令幼儿从多方面受益。与此同时，在大自然怀抱中玩耍的体验是难忘的经历，可以培养幼儿积极的情绪情感，让幼儿发展美好的心智。

(二)走近果蔬，获取科学发现

秋天是果蔬成熟的季节。果蔬可以为幼儿提供营养，蕴含着许多科学的奥秘。在“多彩的秋天”主题活动中，教师创设关于果蔬的多种活动，让幼儿用多种方式感知、观察果蔬，获取科学发现。

案例1：幼儿以前吃过黄豆和绿豆，却没有看过黄豆、绿豆发芽。教师利用植物角创设“种豆芽”的活动，让幼儿用土培的方法令黄豆、绿豆发芽。幼儿每天给黄豆、绿豆浇水，进而观察，关注它们长大的全过程。教师会和幼儿一起互动，探讨豆芽的生长情况，分辨黄豆芽和绿豆芽的区别。

案例2：教师引导家长组织了一次“采摘水果”亲子活动，有的孩子在节假日和爸爸妈妈到郊外去采摘水果，如苹果、梨等。利用这些资源，开展了一次“水果联欢会”。师幼开展观察活动，感受不同水果的外形、颜色、重量；同时通过切开水果，观察种子和果肉，了解内部结构。最后，大家一起享用了一些水果，感受秋天的美好。

幼儿的科学探究建立在对现实生活的观察之上，通过了解生活现象获得提升。在本次主题活动中，教师用各种方式将水果带入幼儿园，让幼儿带着问题去探究，并在探究后开展思维交流，分享自己的科学发现。通过这些活动，让幼儿积累了科学知识，同时发展了乐于思考的学习品质。

(三)艺术延伸，表达审美情感

亲自然的活动主题有很强的延伸性，可以延伸到多种不同的领域中。选择其中一个支线进行延伸，往往会开启全新的学习空间。开展“多彩的秋天”活动时，教师注重将活动向艺术领域延伸，让幼儿借助音乐、美工等途径表达审美情感，言说自己对秋天的喜爱，同时发展审美能力。

案例1：幼儿在亲近自然时，观察到小树叶在秋天落下的现象。相应地，教师创设了“小树叶”音乐活动。在活动中，先用多媒体展示小树叶随风飘落的动画，让幼儿说一说相关的经验；然后播放歌曲，引导幼儿跟唱歌曲；最后，师幼一起探索律动表现的方法，教师扮演树妈妈，幼儿扮演树叶，演出歌中的情境。

案例2：幼儿对水果特别感兴趣，因此教师在美工区粘贴了一些水果图片。幼儿受到情境的刺激，来到美工区时往往会自发地从事创作水果宝宝的活动。幼儿用多种方法表现水果宝宝。如撕纸粘贴，用不同颜色的纸拼出果蔬的果肉和叶子；橡皮泥捏制法，搓成一串串的葡萄；还有的幼儿结合班级传统手工艺特色活动，用刺绣图案表现水果。

在本次主题活动中，各种亲自然的活动是艺术活动的前奏。亲近自然的经历唤醒了幼儿心中“美的种子”，让幼儿在艺术活动中的感觉更敏锐，创造力更旺盛。通过参与各种艺术实践活动，幼儿发展了想象力和创造力，也更深刻地体会到了自然之美。

三、创设分享活动，表达成长喜悦

在分享活动中，幼儿回顾活动过程，交流活动心得，能够内化亲身体验，让一些关键经验沉淀下来。在开展“多彩的秋天”主题活动时，教师在每次活动结束后创设“故事会”，让幼儿说说活动中那些令人难忘的经历以及带给自己的启发，让幼儿将成长的喜悦表达出来。在幼儿表达时，教师注重捕捉其中具有积极意义的内容，引导其他幼儿进一步讨论。如开展“银杏树叶”活动时，有的幼儿提到银杏树叶的扇形不规则，有不同的样子。这个观察结果对小班幼儿而言非常宝贵，教师立刻鼓励其他幼儿也来说说银杏树叶的形状。通过这种方式，教师将幼儿的发言转变为教育资源，让教育活动在分享环节中进一步拓展，促进幼儿的经验内化，强化幼儿亲自然的情感。本次主题活动结束后，即将换季时，教师将

活动中的一些片段编制成《多彩的秋天》故事书，为幼儿的学习之旅留下一段足迹，进一步促进幼儿经验的分享。

总之，“多彩的秋天”主题活动给师幼带来了多方面提升。幼儿在此过程中接近自然，开展探究，乐享创造，积累了多领域经验；教师则在课程创设、师幼互动方面进行尝试，不断拓展活动的范围与深度，收获了一些有益的教育经验。在以后的实践中，将继续依循亲自然教育的路径创设主题活动，让幼儿沉浸自然之美，品味成长之趣。

基于“双减”背景浅谈陶行知创造教育对于幼儿美术活动的启示

北京市平谷区第一幼儿园　张　政　闫如玉

2021年7月，中共中央办公厅、国务院办公厅发布《关于进一步减轻义务教育阶段学生作业负担和校外培训负担的意见》，着眼于推动我国教育理念与教育生态的变革。从幼儿园角度来看，“双减”政策要求我们进一步优化教育活动，注重幼儿思维及学习品质等各方面能力的养成。处于学前阶段的幼儿是创造力初步发展时期，这一时期创造力的培养能为其之后的发展打下坚实的基础。幼儿的想象是独特的，无拘无束的。艺术领域美术活动是表达其内心想法的主要活动之一。如何才能真正提高幼儿的创造力，而不是仅仅局限于完成某幅作品呢？陶行知先生的创造教育思想对美术活动的开展有很高的借鉴价值。

一、陶行知创造教育的基本理论

陶行知在《创造的儿童教育》一文中提出，每个幼儿都有着巨大的创造潜力，其创造力需要解放和培养，并认为创造教育必须依赖于“六大解放”的实现，即解放手、眼、嘴、脑、空间和时间。其教育理念表现出来的学生观、教育观与“双减”政策有异曲同工之妙。创造教育的本质是一种以激发人的潜能为目的，以受教育者现有的知识经验为基础，以综合性的教育方式、创造性的教育手段为途径，让受教育者通过利用环境多感官地探究世界。

二、陶行知创造教育之于美术活动的意义

学前期的幼儿，其各项能力的发展均处于萌芽期，以具体形象思维为主，抽象思维开始发展，因此看到的世界更加纯真，思维最无拘无束且富有创造力。这时教师的适当引导，能促进幼儿创造力的发展。学前期的幼儿还未掌握文字符号，手中的画笔就是他们表达自己的一种重要方式，此外美术活动还能使其得到丰富的知识以及审美等能力的培养，激发其创造性思维。蕴含着“创造性教育”的美术活动相较于传统美术活动而言，更能使幼儿获得长远的创造性思维。

三、如何实施创造性的美术活动

(一)提供良好的环境以及丰富的材料

斯坦伯格(Sternberg，1991)提出的创造力投资理论中表示，创造力是智力、知识、思维风格、人格、动机和环境六种因素相互作用的结果。因此幼儿园的环境对幼儿创造力的培养是至关重要的。陶行知先生在创造教育中也提到，要为幼儿“创造艺术之环境”。由此可见环境对幼儿创造力培养的重要性。创设良好的环境可增加幼儿创作的内驱力，激发其创作欲望。教师可以根据当下主题做环境创设，例如春天的主题，可以将活动室布置成春天的美丽景色，通过各种花草树木环境创设等营造春天氛围。

除了环境，还要为幼儿提供丰富多样的材料。在小班美术活动中，最常见的就是印章

画，但是用海绵、报纸等不同材质的材料印出的效果是不同的，例如要创作印章花朵，有的幼儿觉得圆海绵印出的花朵更好看，有的幼儿觉得花的花瓣尖尖的，可以用报纸搓出相应形状。幼儿的想法多种多样，可根据自己的想象自由选择，避免材料单一对幼儿想象创造的局限性。

（二）以幼儿为中心，减少过多范画

在传统美术活动中，多以绘画的形式为主，而在活动过程中教师往往会使用示范讲解法，将绘画步骤一一示范出来。这样虽然能使幼儿准确明白该如何去画，但也在一定程度上禁锢住了幼儿的想象创造，使幼儿将教师的范画当作标准，通过模仿的方式一笔笔照着画，最终形成了千篇一律的“作品”。幼儿确实画出了某样东西，但在绘画的过程中缺少了自己的思考，久而久之，幼儿就会形成绘画的固定模式，缺乏自己对于事物的观察，更加难以表达自己的想法，其创造力也就难以得到发展。

陶行知先生的“六大解放”中提到要解放幼儿的手、眼、嘴、脑、空间和时间。在教师讲授的过程中应该学会适当“放手”，多给幼儿动手的机会。教师应避免一上来直接告诉幼儿绘画步骤，应让幼儿多观察，并通过观察自己思考可以用什么方法来绘画。在一节国画课绘画瓢虫身体的过程中，教师没有刻意讲用什么方式去画，结果有的幼儿是用侧锋一笔画出，有的幼儿是先用中锋勾边，在将中间填满。虽方法不同，但最终都画出了瓢虫身体，且形态各不相同。由此可见，教师不必步步讲如何画，多给幼儿去想象发挥的机会，才能培养幼儿的艺术表现力与创造力。

（三）注重活动过程中的问题引导，关注个体差异

在幼儿美术活动中，激发幼儿的想象力和创造力是教学活动的重要目的。因此，教师的提问要具有启发性、开放性，要留给幼儿一定的思考空间，促进幼儿自主、创造性地发展。在提问的过程中，要注重问题的多向性，充分解放幼儿的大脑，避免“一问一答”式的，提问时可以联系生活实际进行启发性提问。例如，“你认为这个有点像我们生活中的什么？哪里像？”“如果让你去画只老虎，你想画什么形态的老虎？”运用提问，充分发挥幼儿的想象力、创造力，因为每个幼儿之间都存在个体差异，在此类问题之后，能力强的幼儿能有自己的思考，能力稍弱一些的幼儿也能根据其他幼儿的回答得到相应的启发，故能促进不同水平幼儿创造力的发展。因此在开展美术活动时，要在基于本班幼儿原有经验基础上注意问题的层次性、启发性，从而促进幼儿创造力的发展。

（四）尊重幼儿想象，去除成人化评价

幼儿园教育评价是幼儿园教育活动的重要反馈，是提高幼儿园教育质量的重要手段。陶行知先生曾说：“创造力最能发挥的条件是民主。”在美术活动评价的过程中，教师的评价应从幼儿视角出发，给予幼儿表达的机会。在美术活动中，个别教师会用成人视角去评价幼儿作品“像不像”，而忽视了幼儿作品中的闪光点。每个幼儿都有自己的特点及想法，其能力水平也有所不同，在评价时应尊重幼儿，发挥教育民主。在一次绘画活动中，有一位幼儿的画很特别——一棵树上结着蓝紫色的花。在作品分享的过程中，他说：“这棵是科学家新研究的桃树。”在评价时教师并没有否定他，而是肯定了他，并给小朋友讲解了桃花的常见花色以及云南农科院培育出的新品种花卉。说不定在未来的某一天，科学家真的会研究出蓝紫色的桃花。幼儿都是渴望被肯定的，当教师遇到幼儿的奇思妙想时应该站在幼儿的角度评价，赞扬他们的想象创造，可采用幼儿互评或幼儿自评，给幼儿相互之间交流分享的时间，也许幼儿的回答会给教师们更多惊喜。

（五）开拓幼儿眼界，增加生活经验

陶行知先生提出，创造需要广博的基础。美术活动的开展应该是建立在幼儿原有经验上的想象与创造，比如幼儿绘画动物时，他要先知道动物是什么样子的。幼儿的想象不可能是凭空出现的，这就需要幼儿有足够的知识基础。例如在户外活动时，可引导幼儿运用多种感官感知大自然，丰富经验；利用多媒体等，让幼儿欣赏了解千姿百态的世界，从各个角度观察，增加原有经验。

除了增加幼儿对实物的认识与体验，还应该增加美术欣赏课，增加幼儿对不同美术形式的感知，提高幼儿的审美能力。

总之，在美术活动中教师应该借鉴创造教育中有价值的观点，在实施上还需教师们转换传统教育思想，不断反思优化教育活动，根据幼儿的发展特点，探寻科学的美术教育活动，提高幼儿创造力，使其形成受益终身的创造精神。

“迷彩小军营”户外自主游戏探索中的深度学习

——基于幼儿“真”问题的合作式学习策略

福建省军区机关幼儿园　薛　筠

幼儿园以游戏为基本活动。自主游戏是幼儿根据自己的需要和兴趣，自由选择、积极主动开展的游戏形式。户外游戏作为一种特色的自主游戏具有三大特点：①促进个体性的发展。在自主游戏中幼儿的个体性是指在游戏中有明显的个体活动特点，幼儿在活动中可以充分地发展个性特点，游戏形式多以独自游戏、平行游戏为主。②分散性广。分散性是指在游戏中幼儿往往喜欢在户外场地四处跑动或是三三两两地在一起玩，幼儿的活动范围大，分布范围广。③活动形式的多样性。户外游戏活动内容丰富多样，同时也融合了五大领域的发展要求，它不仅倡导幼儿对游戏内容、材料、形式、伙伴的自由选择，还提供了复杂的问题情境和有准备的游戏环境，激发幼儿主动参与游戏，学会利用新旧知识经验解决游戏中的难题，提升主动思考和在游戏中解决问题的能力。

那什么是深度学习呢？又该如何在自主游戏中促进幼儿深度学习呢？深度学习是一种基于问题解决的学习，是一种充满探究和创造机会的学习，也是个体感知觉、思维、情感、意志、价值观全方位投入的活动，既注重幼儿的个体经验发展，又注重社会价值与意义的建构。深度学习关注幼儿学习内容、学习环境和与他人的互动，更关注幼儿在学习过程中思维的锻炼和能力的提升。

结合大班开展的学军活动“迷彩小军营”游戏则是融合我们部队幼儿园特色的户外游戏之一，也是孩子们最喜欢的户外自主游戏之一。教师在观察幼儿游戏情节的发展中，同时关注幼儿出现游戏的困难，解读幼儿内心的真实游戏需求，进而有针对性地提供适宜的材料、场地支持，在游戏中促进幼儿的综合能力、逻辑思维能力的发展。

一、源于幼儿的兴趣与需求，抓住教育的契机

幼儿的学习特点决定了他们只有在感兴趣的游戏中才能表现出更大的热情和潜力。当幼儿对自然现象、周边环境、同伴关系等表现出好奇时，教师和家长应该利用相应的资源，进一步激发他们的探索欲，让幼儿对游戏活动产生深度学习的可能。因此，教师和家长在游戏前期对幼儿的生活的了解和铺垫就显得尤为重要。

作为一所部队幼儿园，孩子们对军人有着向往与探索的好奇心。我们把握教育的契机结合孩子们对军人的崇拜和好奇，在“迷彩小小兵”主题活动中，基于孩子们的关注点陆续开展了“我的军人爸爸”“军人爸爸小课堂”等丰富有趣的室内和户外活动。孩子们结合户外游戏内容自然而然地根据主题活动了解到的内容延伸出“部队生活是怎么样的?”“军人叔叔是怎么样训练的?”“当个军人我觉得太酷了”等系列问题，这些问题和情境都在促发幼儿内在游戏的动机。为支持幼儿这一需求，我们让孩子们一起收集与“部队”“军营”主题相关的绘本、视频、图像等，让军人爸爸妈妈们带领幼儿参观部队，结合亲子阅读聊一聊关于部队的生活，丰富幼儿的生活经验。

二、提供多种资源，提升问题解决能力

自主游戏并不是任由幼儿自由玩耍，而是在一定的教学计划中衍生出来的。众多经验表明，教学主题与自主游戏相结合，可以丰富自主游戏的内容，促进幼儿知识经验的交流与分享，多角度启发幼儿思考，促进经验的迁移和整合，促进深度学习。幼儿的深度学习需要依靠真实情境和有结构层次的材料。在大型户外游戏过程中，应充分利用沙池、草地、水池、操场等资源，挑选出适合幼儿的、具有结构层次及年龄层次的建构材料，并投放易获取、低成本、可移动、可自行组合的材料。

在搭建“迷彩小军营”的游戏中，教师提供了木板、木梯、拱门、轮胎等低结构材料，幼儿可以根据自己的生活经历，搭建“战斗堡垒”“武器库”“轨道”等。因为游戏情境来源于实际生活，所以孩子们也能将学到的知识迁移到生活中去尝试解决复杂的现实问题。

提升问题解决能力正是深度学习的重要目标之一。教师要将问题贯穿于游戏的始终，幼儿在隐含大量知识点和核心经验的问题情境中，不断实现问题结果与知识经验之间的转换，最终才能完成知识的建构与迁移。例如，搭建“堡垒”的过程就是问题解决的过程，幼儿通过商讨方案、处理纠纷、推倒重建，陆续解决了“堡垒”太窄太矮、没有界限、分工混乱、分不清敌我等一系列问题。

三、敏锐观察幼儿，及时提供各种支持

对于教师来说，促进幼儿深度学习最难的是要对幼儿的行为有强烈的敏感性，很多教师很难发现指导的要点和时机。在自主游戏中，游离状态是很容易被教师发现的，一旦幼儿乐此不疲地投入游戏，幼儿的游戏水平就变得很难判断。

如在搭建“迷彩小兵营”的游戏中，两名男孩翻找着游戏材料但迟迟没有参与游戏。教师很快意识到需要介入，上前主动询问男孩：“你们怎么不参与他们的小战队呢?”男孩答道：“我不想参与对战的游戏。”“我也不想,”另一名男孩答道，“我们想要做食物，‘士兵’说想吃饭。”“当然可以的，你们可以找一些做食物需要的材料。”在教师的指引下，他们明确了搭建“炊事班”的想法。很显然，大班幼儿的创造性和游戏水平远不止如此，看似“忙碌”的低水平游戏，常常被一线教师所忽视。因此，教师需要了解幼儿在该年龄段所对应的游戏能力发展水平，正确把握幼儿学习发展的阶段性特征，在活动中细致观察幼儿，分析游戏内容是否合理、活动难度是否适当，并及时做出相应指引。

根据观察，自主游戏中常常会出现情感不投入、游戏停滞不前、游戏中止、矛盾冲突、低水平游戏五种情形，教师可以采用激发已有经验、角色引导、提问启发、行为暗示等方法进行指导。新经验的获得、旧经验的迁移、新旧经验的整合，是深度学习的特征之一。在幼儿搭建“炊事班厨房”的过程中，教师应时刻关注幼儿的经验是否丰富，适时创设“如何给士兵提供餐点”“没有地方吃饭怎么办”等问题情境，引导幼儿将已有生活经验运用到游戏中。

在幼儿游戏过程中，引入角色或者蕴含角色的游戏材料，能够提升自主游戏的情境性和趣味性。在上述游戏中，教师提供了野战服、头盔等，很快就将无所事事的幼儿吸引过来，幼儿在“对战处”专注投入，增强了游戏的情境性氛围。

此外，提问启发和行为暗示是教师最常用的策略。通过提问或暗示来代替直接给出答案，教师可以启发幼儿主动思考与探究，自主发现问题、解决问题。如在引发幼儿思考“对战点”高度和“炊事班”是否适宜时，教师向“炊事班”的幼儿讨要食物，询问幼儿：“现在战斗结束了，我们可以吃饭了吗?”在这样的问题情境中，教师往往不需要用过多的话语，就能启发幼儿发现问题和自我反思。

四、重视游戏计划，引导幼儿自我评价

自主游戏的质量在一定程度上取决于幼儿的游戏计划。教师在开展自主游戏前，可以引入游戏主题，协助幼儿自主拟订计划，用图文的形式表征。游戏计划可以是通过张贴让环境“说话”，也可以是组织分享和讨论，在这一过程中，幼儿能更加明确自己的目标，主动思考如何达成这一目标。

此外，活动后的反思和回顾也十分重要。幼儿通过总结自己的游戏过程，分析游戏过程的优劣，反驳他人的观点等，进一步提升复述、概括、提炼、分析、批判、推理等能力。在户外自主游戏“迷彩小军营”的组织过程中，教师利用图片和视频让幼儿建立起“小军营”的初步概念，幼儿也基本找到了自己的游戏兴趣点，通过小组合作的形式，完成“游戏计划表”，通过计划分享，幼儿参与游戏的计划性和任务意识得到提高。

在反思环节，幼儿能在没有图片提示的情况下讲述自己和组员的游戏过程，说出“最大的问题在于对战处太拥挤了，我们分不清敌我的战士!”“老师，有人拿走属于我们这边的武器!”“我要感谢我的队员，我们合作得非常好!”幼儿的这些反思，会使下一次游戏更加深入。

教师促进幼儿深度学习的策略体现在游戏过程中的各个方面，既包括前期经验的铺垫、环境的创设，也包括游戏过程的指导、游戏前的计划和游戏后的反思。教育具有滞后性，教师指导的作用往往不能立即显现，促进幼儿深度学习需要教师不断探索，反复检验各种指导策略的效用，以便在不断改进中实现幼儿学习与发展。

激发幼儿探究兴趣的指导策略

吉林省敦化市第一幼儿园　聂丹丹

“探究”是幼儿的天性，是幼儿学习的主要方式和活动方式。幼儿的探究性学习活动，是在教师的指导下动手操作、动脑思考，运用多种方式表达自己的发现与感受，主动探究周围事物的学习活动。教师在探究活动中要成为幼儿学习的引导者、支持者和活动中的陪伴者，因此应掌握以下策略。

一、要满足幼儿探究的需要，培养幼儿的探究兴趣

幼儿天生爱探究，探究又是幼儿成长的需要。因此，教师要及时满足幼儿探究的需要，将幼儿感兴趣的事物和想探究的问题扩展为幼儿教育内容，形成探究活动。在这个过程中，教师要及时激发幼儿的学习探究兴趣，促使幼儿用多种感官观察周围事物，积极探究，鼓励幼儿在探究中发现，提出有关问题，在操作中寻求答案，促进幼儿学会选择和决定自己

的学习方式，学会通过观察发现事物之间的联系，并能主动依据探究结果调整自己的认知行为，从中了解如何去寻求答案和验证自己的想法。探究活动使幼儿在获得积极情感体验的同时，增长了知识。因此，我创设了一次探究性的学习活动“动物的家”。在看《动物世界》时，幼儿对动物的生活习性等知识有一些了解，知道动物都有自己的家。当看到人类乱砍树木，小鸟没有了自己的家时，小朋友们都很伤心。有个叫佳佳的小朋友坐在那里很长时间不出声，我问她：“你在想什么？”她说：“小鸟没有了家多可怜！”她的一句话影响了其他小朋友的情绪。小明说：“它会被冻死吧！”小红说：“它会饿死吧？”小伟说：“我们赶快去植树吧，让小鸟有自己的家。”小丽说：“我们给它建一个快乐的家吧！这样小鸟就会高兴了。”我说：“你们想的办法可真好。”这时，有的幼儿在绘画一片森林。有的幼儿在给小鸟搭建一座房子……每个幼儿都有自己的想法。情感的转移，促使幼儿有更好的发现、更多的感受、更多的创造。于是，小朋友们开始寻找各种小动物的家的图片，幼儿之间互动交流着。由于教师选择了幼儿发现的事物作为探究活动内容，幼儿比较感兴趣，因此，在活动中幼儿积极主动参与，特别兴奋和投入。

二、为幼儿创造一个宽松的空间，营造探究氛围

在探究活动中，教师应围绕教育目标为幼儿创设良好环境，培养幼儿探索与操作的技能，发展幼儿的创新意识和创新能力。

1. 允许幼儿犯错误。幼儿在探索与实践的过程中，难免会出现一些常识性的错误，这时，教师不要否定幼儿的错误，而是引导他们正确地实验，使他们自己发现错误。另外，有些在成人看来是错误的东西，在幼儿心中可能就是合理的、正确的。

2. 教师要了解每个幼儿的认识水平。幼儿往往用自己独特的眼光认识事物，他们总是怀着强烈的好奇心和良好的动机去探究周围的世界。因此，教师要做到心中有数，而不要急于制止幼儿，而应该以幼儿的方式去了解他们，这时就会发现幼儿的意图与想法。教师应为幼儿创造更多的探究时间和空间。如果教师选择的内容是幼儿感兴趣的，符合幼儿认识发展的水平，教师又巧妙地设计，那么就能最大限度地调动幼儿的主动性、积极性和创造性，激发幼儿大胆去观察、探究、思考。

3. 欣赏每个幼儿，鼓励每个幼儿。教师要根据幼儿的爱好、愿望去选择一些活动，让幼儿发表自己的意见，按自己的方式和方法去操作物体。无论幼儿提出多么幼稚的观点，作为教师，都应该接纳和支持。这样会增强幼儿对探究活动的兴趣。教师对幼儿应多表扬、多肯定、多接纳、多欣赏，多给幼儿自主活动的机会，营造积极的氛围，激发他们的探究兴趣。幼儿遇到困难时，教师应及时启发引导，做出必要的讲解。教师要给幼儿广泛的探索空间，还要给幼儿轻松、自由的探究氛围，有效地培养幼儿的兴趣。

三、为幼儿探究提供丰富的、可操作的材料

幼儿的思维是直观的。幼儿在游戏中探究，在玩耍中想象，在操作中表达，在建构中获得满足。他们对于探究的兴趣，在于材料对他们的刺激，由材料引起他们探究的兴趣，也正是对材料的直接操作使幼儿对物质世界有了充分的认识。因此，为幼儿提供丰富的、可操作的材料，是幼儿获得知识经验的基础。

四、鼓励幼儿采用多种形式进行探究

在探究活动中，幼儿会有不同的感受和体验，对问题也会有不同的理解和看法，这些都是幼儿亲身经历探究实践之后所获得，应该珍视。如绘画房子时，我鼓励幼儿画自己喜欢的房子，我只是简单地和幼儿讨论房子的各部分构造，其他留给幼儿自己发挥，自己探索，没有固定的框架。幼儿很快完成了自己的作品。小红完成了一幅长有翅膀的房子，小

军画出了有轮子的房子，小朋友们问："这是什么房子?"他们说："这是我们将要建造的会飞的、会走的房子。"幼儿通过主动探究、创作作品，表现了自己的美好愿望，我想这也是幼儿继续创造和探究的动力。

总之，教师要明确探究活动的目标，真正走进童心世界，保护幼儿好奇心，支持幼儿去探索，鼓励幼儿去想象，去创造。教师要带着一双慧眼，在不同时间、不同背景下，扮演着不同的角色，教师只有扮演好每个角色，才能真正激发幼儿的探究兴趣，才能通过探究性的学习活动，真正地促进幼儿全面和谐的发展。

基于绘本演绎培养大班幼儿语言表达能力的策略研究

广东省阳江市阳东区第一幼儿园　郑梦华

一、研究背景

(一)问题提出

1. 学龄前是幼儿语言发展的黄金期，对幼儿全面发展有着重要意义

3—6 岁是培养幼儿语言表达能力的黄金时期，皮亚杰在认知发展理论中曾提出："幼儿不断在发展，从以自我为中心转向于社会化，而在语言交流中，幼儿能更好地社会化发展。"《指南》也提出了：语言是交流和思维的重要工具。大班幼儿年龄相对较大，他们具备的语言表达能力，成了他们基本的生活技能，影响着他们的人际交往、情绪情感、认知、思维、经验等，为以后的长期发展奠定了一定基础。大班阶段是幼儿语言习得的敏感期，因此抓住这个关键期，培养幼儿语言表达能力尤为重要。

2. 大班幼儿语言表达能力的现状需要得到教育者的关注

根据前期调研发现，某幼儿园的一个大班有 32 名幼儿，该班幼儿的口头语言表达能力不容乐观，例如"不能清楚连贯地讲一件事"的幼儿有 18 人，约占总人数的 56%，"表达内容没有逻辑性"的幼儿有 16 人，占了总人数的一半。

此外，该班拥有较强的书面表达愿意和技巧的幼儿少之又少。

这一现状造成了该班教学活动无法高质量开展，也无法满足幼儿的全面发展需求，因此急需得到教育者的关注与解决。

3. 绘本演绎对幼儿语言表达能力发展具有较大的实用价值

绘本演绎能丰富幼儿的口语表达经验，有利于发展幼儿口语表达能力。幼儿都有强烈的好奇心、模仿力和表演欲。绘本演绎可以让孩子们走出"接受者"这个单一的角色，将绘本故事搬到舞台上，运用语言表达和肢体动作，多角度地进行理解和表现，这有助于孩子们加深印象，并提高语言的表现力。

在演绎的过程中，幼儿绘制故事、分享过程，用多种符号形式演绎对作品的理解和想象，把对绘本故事的理解化为属于自己的图式经验，再根据自己的理解进行再创造。演绎绘本为幼儿创建前书写的环境，激发其书写欲望，已成为幼儿书面语言习得的重要方式。

(二)相关研究现状

绘本演绎能丰富幼儿的口语经验，有利于发展幼儿口语表达能力。在演绎的过程中，能增强幼儿的书写兴趣，对幼儿书面语言的发展具有重要意义。

姚瑾提出："绘本演绎是按照绘本中的角色、情节和语言进行创造性表演的游戏。"

夏琛琛指出：幼儿通过讲述、表演、创作等多元方式进行绘本演绎，来表达内心的审美感知和情感体验，生成丰富多样的绘本演绎活动，提升幼儿语言的表现力。

林茂华指出：幼儿用多种符号形式演绎对作品的理解和想象，实现对作品的情节、角色、对话、内涵等要素的再现与创造，把文学内涵化为属于自己的图式经验，通过绘本演绎的方式来习得书面语言。

综上所述，绘本演绎不仅有着形象、生动的画面，还蕴含着趣味十足的故事，积极开展绘本演绎活动，能充分发展幼儿的语言表达能力。

(三)概念界定

绘本演绎是一种以绘本故事为原型，幼儿根据绘本中的角色、情节和语言进行创造性表演的游戏形式。

语言表达能力是指运用口头语言及书面语言的能力，它是培养幼儿学习、生活、沟通交流的基本能力。

二、研究价值

(一)理论价值

绘本演绎为幼儿提供了一个语言表达及运用的平台。本文主要是探讨挖掘“绘本演绎”促进大班幼儿语言表达能力的价值，从而发现“绘本演绎”发展大班幼儿语言表达能力的可能性，进而探索出利于幼儿语言发展的绘本演绎策略及方案。

(二)实践价值

绘本演绎活动不同于以往传统的语言活动，它更具有开放性，幼儿是根据绘本故事内容，加入自己的情绪情感以及认知，以表演、创造的形式进行故事再现，此刻的幼儿是主动者。本文针对大班幼儿身心特点及语言表达等有待加强方面设计出有针对性的绘本演绎策略，一方面是为绘本演绎发展幼儿语言表达能力提供有效的措施，另一方面是为了在研究中不断丰富教师的教育实践能力。

三、绘本演绎对发展大班幼儿语言表达能力的意义

(一)促进口语表达能力的发展

口语表达是幼儿最基本的语言表达方式，是幼儿学会认知、生存与生活的必备能力。幼儿在演绎绘本过程中能够不断丰富语言经验，习得口语表达，并且能在演绎时增强与同伴之间的交流与互动，为幼儿想说、敢说、喜欢说创造出了宽松的表达氛围。绘本演绎不仅激发了幼儿的口语表达兴趣，还能够发展其语言表达能力，激发其创造性表达的愿望，从而更好地发展幼儿语言思维。

(二)促进书面语言的发展

绘本演绎是以绘本故事为依托，具有生动性和形象性，能更好地促进幼儿运用自己喜欢的符号表征对故事内容的理解，从而激发幼儿设计和记录演绎活动的兴趣，以图示表达自己内心的感受，进而发展幼儿的书面语言表达。

四、大班有效开展绘本演绎的策略建议

《指南》提出：大班幼儿的语言表达目标是，愿意与他人讨论问题，敢在众人面前说话，并能有序、连贯、清楚地讲述一件事情。大班幼儿还应具有书面表达的愿望和初步技能，愿意用图画和符号表现事物或故事。为了更好地发展幼儿语言表达能力，研究者以绘本演绎的方式进行推进，并提出了以下策略建议。

(一)创设演绎环境，激发表达欲望

环境具有隐性教育功能。这里所提及的环境是指物质环境和非物质环境。而非物质环

境又包括两个层次：一种是心理氛围，例如教师为幼儿营造的宽松的、愉悦的，允许幼儿尝试的，利于幼儿表达和演绎的心理环境，这样的环境氛围能更好地激发幼儿的演绎和表达兴趣。另一种是教师自身具备的高素质潜移默化地影响环境，教师的语言素养对幼儿语言发展也会产生重要影响。倘若教师在幼儿面前表现得大方、自然，并乐于表达，倘若教师在与幼儿对话交流中，充满了爱与鼓励话语，那么幼儿将在演绎活动中表现出友爱和自信的一面。

关于绘本演绎的物质环境又该如何创设，这一问题值得教师思考。大班幼儿已经具备初步的书写能力，能够进行简单的文字和符号的书写，因此教师可让幼儿参与材料投放、空间布局、区域设置等方面，打造丰富的绘本演绎环境，促使幼儿和环境发生互动。幼儿的演绎地点应打破舞台的局限，探寻一种属于幼儿自己的小天地，即环境是开放的、多元的、具有生长的演绎空间，这需要教师与幼儿共同合作完成。构建演绎场景尤其要体现幼儿的自主性，从而更好地激发幼儿的表达欲。

（二）挑选演绎内容，满足幼儿需求

选择什么样的绘本进行演绎，是我们首先要思考的。绘本内容直接影响到幼儿参与演绎的兴趣。5—6 岁的幼儿理解能力和探究能力有了进一步的提升，那么大班幼儿在接触绘本演绎时，应该选择趣味性强、动作性明显、角色鲜明、情节跌宕，并有多次对话的绘本故事，以满足大班幼儿的好奇心与演绎欲望。大班幼儿具有很大的个体差异性，他们对绘本故事的喜爱也会不一样，有的喜欢经典童话故事，有的喜欢传统神话故事。作为教师要基于幼儿的兴趣，挖掘他们感兴趣的事物，以此来确定并提供相应的绘本演绎素材。

（三）渗透一日活动，增强演绎兴趣

一日生活皆课程，教师还可以把绘本演绎巧妙融入幼儿的一日生活中。

1."小小快递员"演绎在一日生活中的渗透——"晨接"环节

小朋友对"快递"的话题很感兴趣，那么我们可以把"小小快递员"的故事演绎到"晨接"游戏环节，幼儿以"快递员"的角色，与老师、同伴进行互动问好，以下是"晨接"对话场景：

幼儿：早上好，郑老师，这是你的朋友给你发来的快递。

教师：早上好呀，小小快递员，这是哪里发来的快递呀？

幼儿：上海来的。

教师：谢谢你，辛苦了，你真是一个很棒的快递员！

幼儿：不客气，记得给我好评哟！

2."渔夫与鱼"演绎在一日生活中的渗透——过渡环节

对于幼儿集合难的问题，教师可采用绘本演绎的方式去解决。有一天，集中音乐已经响起，但是还有好几名幼儿在区域玩耍。这时，老师演绎渔夫的角色，对孩子们说："我是渔夫，你们是各种鱼，如果你离开了这个家，我就会把你给抓住。"孩子们纷纷扮演起各种各样的鱼，坐在位置上欢乐地摆动，在区域玩耍的几名幼儿也被吸引到了演绎游戏中来。

浅谈多感官通道对幼儿园音乐节奏游戏的实践与探索

四川省成都高新区知音幼儿园　唐　甜

节奏是音乐中的骨骼，是构成音乐的重要因素之一。学龄前阶段的音乐教学中，最重要和最容易让幼儿接受的方式就是从节奏游戏入手，将节奏和多感官通道相结合，从而促进幼儿的各方面发展。《指南》指出，“幼儿思维特点是以具体形象思维为主，应注意引导幼儿通过直接感知、亲身体验和实际操作进行学科学习”。幼儿园音乐节奏游戏探索的实质，就是通过多感官通道相互渗透。蒙台梭利曾提出感官教育，她认为幼儿正处在各种感官的敏感期，应当抓住此关键期，使感官得到充分的发展。感官通道越多，对事物的认知就会越丰富、越全面，这是幼儿认识事物的特点和学习方式。音乐活动中运用多种感官通道共同参与，可以提高幼儿对音乐作品的感受力、表达力和理解力。

一、什么是多感官通道

多感官指的是哪些呢？主要指听觉、视觉、触觉、嗅觉、味觉、动觉等。

所谓多感官通道，最通俗的解释为人体多种感官在学习与体验某个知识与技能时发挥作用的方式。对于音乐节奏游戏来说，多感官通道的教学方式可以改善目前相对单一、呆板的教学方式，让音乐节奏游戏更有生命力。多感官通道实际就是充分调动幼儿的多种感觉器官联合起来，从而参与到幼儿的音乐节奏游戏中去。

音乐节奏游戏通常涉及节奏、节拍、旋律等，幼儿可通过各类感官刺激、感官运动与表现，对所学的音乐作品进行从最表层到深度的学习与体验，从多个维度来提升音乐方面的认知。

二、什么是音乐节奏

广义的节奏包括自然界和社会生活中一切变化的普遍规律，节奏是一种客观存在，是生活方式的基本特征之一。例如，人的呼吸、脉搏，自然界的潮汐、日出日落，生活中的火车行驶、钟表等形成的节奏。同一节奏作用于不同人的心理会有不同的感知，节奏是与人的生理、心理活动关系最密切的元素。

狭义的节奏是指：音乐中有规律的强弱和长短的现象，是音乐中时间移动的时值表现。构成节奏有两个重要的关系：一是时间的关系，指音响长短；二是力的关系，指音响强弱。美国作曲家艾拉·格什温（ Ira Gershwin ）指出：节奏是音乐的骨架，是表现音乐的重要手段，没有节奏就没有音乐。

三、幼儿园音乐节奏游戏的现状

（一）社会因素

整个社会对于学龄前幼儿音乐方面的研究相对来说是比较少的，所以教师能够参考的资料是比较少的。

（二）幼儿因素

以本幼儿园幼儿为例，因为是学龄前幼儿，幼儿本身缺乏自我学习的能力，听到音乐时处于迷茫状态或者过于兴奋，从而无法达成音乐节奏游戏的目标。在开展活动时，幼儿缺乏学习动机或自我管理能力低下，表现在幼儿对学习任务厌烦或畏惧，产生要么萎靡不振，要么过度兴奋的不良情绪；幼儿不清楚自己的学习任务，对自己遭遇的问题和困难没有清醒的意识，或者虽然能够意识到问题所在，但是缺乏解决问题的策略。

(三)教师因素

因教师引发的教学障碍，常常是由于教师的神态(如面部表情等)、语言(如语速、声调、音量、语气等)、行为(如动作力度、幅度、速度等)和情绪表达(如情绪反应的强度与情绪变化等)，甚至教师的衣着穿戴、指挥手势等和音乐不协调。

或常常是因为教师自身储备的教学方法有欠缺，或者缺少运用各种教学方法的条件，以及对何种方法在何种教学情境可以解决何种教学问题缺乏认识。

(四)材料因素

材料因素主要是指音乐材料和其他辅助性材料，前者包括音乐的旋律、歌词等，后者包括道具、身体装饰物、教具、学具、音像制品和音像设备等。音乐教学活动中的材料或作为教学的内容，或作为音乐教学的工具和媒介，其组织、结构、作用及呈现方式等会作为外部因素而影响着教学的成败。

(五)环境因素

环境因素包括静态的空间位置、动态的空间移动以及幼儿的空间共享能力。空间因素引发教学问题，常常是因为教师在空间处理方面缺乏科学的理论和实践操作技术，因而容易使幼儿产生空间争夺交往挫败或过度兴奋等消极行为。

四、运用多感官通道促进音乐节奏游戏的实践与探索

多感官通道强调的是在活动的过程中，调动各种可利用的感官来更好地体验音乐节奏游戏的乐趣，有效提高幼儿自身的音乐素质，提高对音乐的感知，使活动中的幼儿有所学、乐于学。

听觉：反复倾听音乐，感受音乐的性质和节奏，并逐步深入引导幼儿关注音乐结构、力度的变化等。

视觉：合理运用图片，从而让幼儿通过视觉而更好地理解音乐；通过图画、线条的形式，让幼儿感受音乐的变化，让倾听与视觉结合。孩子们在活动时，不仅靠倾听感受音乐的魅力，还可以通过看图谱的形式感受音乐，激发学习兴趣。

触觉(运动觉)：跟随音乐进行动作表现、表演。

语言：用语言描述对故事情节的想象。

教师全方位地帮助幼儿感知和理解音乐，同时也增加了音乐活动的趣味性。举例：在“雪中之舞”音乐中，教师首先清唱音乐让幼儿运用“听觉”来初步感知音乐，用“语言”描述故事的情节，用“视觉”感受导入的图片和图谱，用“运动觉”跟随音乐做动作，从小肢体到大肢体，全方位地利用多感官通道互相连接，从而帮助幼儿感知和理解音乐节奏，同时增加音乐节奏游戏的趣味性。

五、基于音乐节奏游戏的多感官通道教学的原则

(一)精简有效

“多感官”强调的是在游戏体验时，通过多种感受相结合的游戏模式，让原本单一的游戏形式更加活灵活现。但在活动中有时间限制：小班幼儿的集教时间为10～15分钟；中班幼儿的集教时间为15～20分钟；大班幼儿的集教时间为20～25分钟。因此教师在选择多感官通道来开展活动时，要注意精简有效，避免华而不实。

(二)恰当适宜

多感官通道的环节设计要恰当适宜，更需要与音乐类型、综合能力紧密结合。在教师设计活动时，要多考虑多感官通道在此环节是否恰当合理。

六、结语

多感官通道越多，对事物的认知就会越丰富、越全面，这是幼儿园幼儿学习方式。音乐节奏游戏中运用多感官通道共同参与，可以提高幼儿对音乐的感受力和欣赏力。

剪纸文化融入幼儿园课程的思考与实践

宁夏回族自治区银川市金凤区长城幼儿园　曾志英

习近平总书记在陕西榆林考察时讲道："民间艺术是中华民族的宝贵财富，保护好、传承好、利用好老祖宗留下来的这些宝贝，对延续历史文脉、建设社会主义文化强国具有重要意义"。民间剪纸作为中华民族的传统文化，有着悠久的历史，在其发展过程中沉淀并蕴含了众多文化底蕴。培养幼儿对民间艺术的兴趣及剪纸的能力，不仅能促进幼儿手部肌肉、手眼协调能力、审美及创新能力的发展，还能从小培养幼儿的归属感及民族自豪感，促进幼儿传统文化素养的提升，进而为我国优秀传统文化的传承与发展提供有力的支持与保障。

一、剪纸文化融入幼儿园课程的现状

经过向幼儿、家长及教师发放调查问卷并回收分析后，笔者发现：大多数幼儿对剪纸活动有很大的兴趣，甚至脑海中有自己想要剪出的图案构想，愿意投身其中感受与操作；大多数家长对于剪纸的了解较少，多停留于剪纸图案的欣赏，但考虑到剪纸活动对于传统文化有一定的传承与发展，家长也持有支持的态度，愿意让幼儿接触这项活动；教师站在教育教学的角度并结合幼儿现阶段特征认为剪纸活动能促进幼儿审美发展、手部肌肉的灵活性发展及社会性的发展，愿意开设这一活动，促进幼儿各方面能力发展。

二、剪纸文化融入幼儿园课程的研究内容

我园剪纸文化分别从幼儿、教师及家长三个方面融入课程内容。

首先是幼儿方面。剪纸文化以集体活动为主，区域活动为辅，中间穿插对传统文化的了解及剪纸欣赏活动。教师可以根据幼儿的人数、年龄、身心发展水平确定学习内容。利用集体教学开展剪纸活动，更容易让教师了解幼儿的剪纸水平，每位幼儿都能自己实际操作，直接感知力得到充分的满足，这样他们对剪纸也能获得更丰富的体验。区域中的剪纸活动就更加具有针对性：教师可以让对剪纸感兴趣且能力较强的幼儿参与区域剪纸活动，对其增加剪纸难度，促进其剪纸水平不断提升；可以对剪纸能力较弱的幼儿进行精确指导，发现其剪纸时的具体问题，做有针对性的指导，促进该类幼儿剪纸达到正常水平；也可以让集体活动中作品未完成的幼儿将作品补充完整使之更加精致，或让集体教学中对剪纸有其他想法的幼儿展示自己，将自己的想法付诸实践。总之区域活动对幼儿的指导更具有针对性，对幼儿的能力提升也有更明显的作用。幼儿园剪纸活动不只是让幼儿学会剪纸，而是在传统文化方面让幼儿也有一定的了解，从小培养幼儿的民族自豪感及荣誉感。所以教育教学活动不仅让幼儿亲身实践剪纸，还有对传统文化的了解。

其次是教师方面。为提升教师的剪纸水平，将剪纸文化融入幼儿园课程中，我园邀请宁夏剪纸非物质文化遗产传承人陈燕秋老师对教师进行了剪纸培训。培训中陈老师从我国剪纸的历史渊源，剪纸作品的欣赏及剪纸的技巧等方面详细地解读了作品的设计构图、剪纸的基本操作方法，系统地为教师做了培训。通过培训，教师们掌握了剪纸艺术的基本技法，也感受到了民间剪纸艺术的魅力，为今后的剪纸教育教学活动打下基础。我园在开展

幼儿剪纸活动的同时，也进行了多次教师剪纸比赛活动。活动中教师利用各种技法剪出漂亮的团花、形态各异的十二生肖、寓意良好的“福”字，教师相互交流，切磋技艺，剪纸水平也在不断提升。

最后是家长方面。家长在对教师的配合方面表现积极，很好地和教师进行家园共育，在家中及放假期间也不间断地让幼儿练习剪纸，不断促进幼儿剪纸能力及水平提升。

三、剪纸文化融入幼儿园课程存在的问题及原因

(一)园所方面

1. 内部问题

幼儿园环境创设作为一种隐性课程资源，潜移默化地影响着幼儿在园的学习和生活，对幼儿的整体发展起着重要的作用。我国颁布的学前教育相关法规中也一再强调，教师要充分利用环境资源促进幼儿的发展，鼓励幼儿积极参与幼儿园的环境创设。将民间剪纸元素运用到环境创设中，能从物质环境和精神环境两个方面满足幼儿学习和生活的需求。

园内虽形成了浓厚的剪纸文化氛围，但在剪纸环境创设方面还有部分的缺失。有关于剪纸方面的环境创设主要展示在二楼及特定的教室，在一楼涉猎得较少，且剪纸展示的方式较单一，多以平面展示为主，教师所展示作品多以剪的形式以及团花的图案为主，镂空及阴阳刻法涉及较少。

2. 外部问题

对于传统文化的了解及民间剪纸的实践，不应只停留于幼儿园教学活动，也应组织幼儿欣赏传统文化展，或邀请专业剪纸艺人向幼儿展示剪纸技能，让幼儿在实践中、在生活中真真切切地体验传统文化的悠久历史，体验剪纸艺术的精妙绝伦，让幼儿对剪纸的印象不只停留于幼儿园活动，也存在于真实的生活中。

(二)教师方面

教师是幼儿教学活动的主要承担者，幼儿学习的知识与技能的获取主要来源于教师的“教”。而剪纸活动又是一项教师从未接触过的领域，通过简单的培训及网上获取的资源，教师只能掌握浅显的理论知识，这就导致教师在活动组织过程中缺乏指导实践的能力，组织专业性不强，活动组织仍处于摸索阶段，从而无法让幼儿有良好的活动体验。

在剪纸课程内容设置方面，剪纸教学内容和方法比较单一，剪纸活动以集体活动的形式为主，剪纸内容由教师制定，主要采用的方法也是教师先行讲解示范剪纸然后幼儿模仿，整个剪纸过程中幼儿剪纸的主动性没有体现出来，作品大多千篇一律，并无亮点可言。

(三)家长方面

部分家长观念老旧，认为“教”是幼儿园教师的专属责任，与家长无关。这就导致了部分家长对幼儿技能发展的不重视，缺乏正确引导和必要的帮助，对教师提出的在家帮助幼儿练习剪纸的要求也漠不关心。假如该幼儿本身能力比班级内其他幼儿较弱，那么能力差距将越来越大，剪纸活动难度对他而言也越来越大，从而对剪纸失去兴趣，甚至有排斥情绪。

四、剪纸文化融入幼儿园课程的策略

(一)园所环境方面的对策

首先，利用走廊，让幼儿与环境发生互动。我园收集了教师及幼儿的剪纸作品，达到一定数量后利用走廊墙面、书架顶部，粘贴、放置、悬挂了大量剪纸作品，其中有爱国题材的“我爱祖国”剪纸，有栩栩如生的动物形态剪纸，有寓意平安吉祥的“福”字剪纸，以立体的形式将作品呈现出来，在空间营造上也更具视觉冲击力和艺术欣赏价值。

其次，教师以兴趣为导向为幼儿设置剪纸区域。以往的集体活动中教师都会确定剪纸主题，幼儿无法随心所欲地发挥。于是，教师在了解了幼儿的兴趣所在后，在区角内投放了幼儿感兴趣的图案轮廓，幼儿在空闲时便根据自己的兴趣进行剪纸活动。该区域开放后经常能看到幼儿在区域活动中选择剪自己喜欢的东西。剪纸区域的创设为幼儿的剪纸创作提供了灵感，也提高了幼儿对剪纸的兴趣。

最后，在班级内设置剪纸作品展示墙。幼儿将自己的作品展示在墙面上后，经常与同伴欣赏讨论自己的作品，这也在潜移默化中培养了幼儿的自信心及成就感。

(二)教师方面的对策

针对幼儿教师剪纸专业性不强的问题，我们进行了分析总结，提出了提高教师专业性的策略。

第一，定期参加园内组织的剪纸培训活动，并利用空闲时间通过各种渠道自学。通过园内专业培训结合教师多渠道自学，教师便能够系统地掌握剪纸的基础理论知识，从而提升剪纸教育教学的指导能力。

第二，定期参与剪纸课题组研讨会，更新剪纸教育教学观念。因剪纸课题组教师一直参与跟进剪纸课题的进展，对剪纸教学活动的了解及研究更加深入，其他教师参与其中，能掌握到最新的教学经验，能够及时更新自身的教学观念，为更好地组织剪纸教育活动打下基础。

第三，根据自己实际情况，参与艺术展览，提高自身艺术修养。艺术气息无法用具体的词汇或特征形容，它是一种艺术修为，潜移默化地影响着人们的审美。积极参观艺术展览，在艺术的氛围中感受艺术，逐渐受到艺术的熏陶，也为幼儿的剪纸活动提供不一样的思路。

(三)家长方面的对策

家园形成合力，共同培养幼儿剪纸能力。家长了解幼儿在园内的剪纸水平及剪纸进展，便能根据幼儿的能力水平与幼儿进行亲子剪纸。在家长对幼儿的一对一指导下，家长能发现幼儿的问题所在并及时纠正。在这样的情况下幼儿对剪刀的使用更熟练了，观察也更加仔细，在丰富幼儿剪纸经验的同时提升了幼儿剪纸技能，促进了幼儿的全面发展，家长与幼儿也度过了一段珍贵的亲子时光。

家长在周末也可带幼儿前往博物馆、民俗文化馆、美术馆等地方，让幼儿了解中华优秀传统文化，在日常生活中感受艺术的魅力。

幼儿园集体体育教学活动开展现状及指导策略

广西壮族自治区河池市宜州区第二幼儿园　黎学艺

一、幼儿园集体体育教学活动的现状

(一)教学师资力量的基本情况

某幼儿园目前所拥有的教育师资实力主要是幼师幼教学科和部分师范类本科学校的幼儿教育专业毕业生。其中专任教师45人，本科学历27人，大专学历28人，中级职称4人，初级职称17人。

体育教学中的教师大多是体育教育转型教师，缺乏学前教育专业知识。学前教育教师

转型体育教师的，又缺乏体育专业知识。这也可能与现在的高校缺少学前体育专业相关。教师的性别也被认为是一个突出的问题，男性体育教师的比例相对于女性体育教师所占的比例要低得多。但在与部分幼儿的交流中可以发现，男性体育教师更受家长和孩子们欢迎。

(二)体育课程内容的基本情况

《指南》中明确指出，幼儿动作发展的目标1：具有一定的平衡能力，动作协调、灵敏。目标2：具有一定的力量和耐力。目标3：手的动作灵活协调。

根据对幼儿园的实地考察发现，该幼儿园在其幼儿运动和体育课堂教学的活动组织和形式上多数以幼儿早操、各个年级体能循环和室外活动为主，每个班级每一周只有一节体育课，真正开设起来的具有针对性、专门化的幼儿运动和体育课程较少。

(三)体育课程安排的基本情况

体育活动在一周课程安排上占非常小的比例，一周只有一节体育活动。在体育教学的安排上，缺乏全新的、专门化的幼儿体育教学课程我们深入研究了幼儿身心健康成长发展的规律及其体质特征后，制定出了科学的长期体育教学任务、阶段性的教学目标及单课时教学安排。

(四)基础教学设施的基本情况

在幼儿园里，体育课堂的场地和器材、设施状态都是相对平衡的。用于运动和体育课堂的跳绳、球类等个别器材相对比较丰富。但幼儿使用篮球和篮球架的频率是受到限制的，因为班级众多，平均一个班级两个星期才能使用一次。

二、制约幼儿园集体体育教学活动发展的因素

(一)缺乏重视和指导

幼儿园集体体育教学活动的发展还未引起重视的主要原因是：园内体育领域教师专业知识水平不够，经验不足，教研人数有限，等等。管理层没有组织园内教师进行体育教学方面的教研。

(二)师资配置不足

在幼儿教师严重短缺的现实情况下，男女同龄教师的比率也严重失调，幼儿园里只有两位男性的幼儿教师。在幼儿教育中，男女同龄教师之间的性别偏离和差异对于幼儿的影响力也是具体而且很强的。

(三)基础设施配置不完善

幼儿园的场地和设施装备是有效保障幼儿参与集体运动活动的基本条件。通过实地考察可以得知：宜州某地区属于城乡接合的一个社会集群，经济发展还不够繁荣，幼儿园的经费资金来源较为单一，靠政府拨款、幼儿保教费或者其他单位的资助来购置设备，幼儿园在设施配置方面还不完善。

三、提升幼儿体育教学成效的对策和建议

(一)强化基层职能，督促幼儿体育的发展

教育部门应针对各级幼儿园特点出台一些跟幼儿运动和体育发展密切相关的具体实施政策，区内教育系统部门也要加大对各级幼儿园的监管和指导，促使幼儿园教师工作力量能够得到有效协调。教育部门应落实到各个幼儿园，幼儿园再落实到每一位基层教师，确保每一位基层幼儿教师的各项应有权益。

(二)构建均衡、科学化的师资队伍

高等院校可以进行幼儿体育专业人才培养计划改革，设置一套符合我国幼儿体育成长需求的相关学科专业和人才培养计划，可以尝试将我国幼儿师范类院校中的幼儿教育师范

专业和体育类专业相融合。

幼儿园要建设一套完善的教师队伍岗位晋升管理机制，打通对于幼儿教师队伍岗位晋升的途径，合理地设置幼儿教师男女同等的公招比例，结合当地人才引进的特点来吸引各地优秀教师到幼儿园任教。幼儿园也应根据自身实际情况积极开展课程教学研究和接受继续教育技能的培训等工作，并不断地健全和完善对教师的园内培训以及校外指引机制，努力形成一支具有较强专业化技术水平的幼儿运动教师团队，应当组织且指导幼儿教师深入研究和掌握幼儿运动技术领域的一些相关知识。

(三)教学方法革新

宜州是一个多民族融合、多元文化交汇的地区，因此，教师在设计体育教学内容时要根据幼儿的基本特征充分发挥地域特色、民族特色，以游戏为主，选取幼儿较为熟悉、感兴趣且喜闻乐见的体育活动，选择具有新鲜性、灵动性、互动性等特色的游戏，穿插具有民间体育特色、民族体育特色的体育活动，如滚铁环、舞龙舞狮、投掷、蹴鞠、踩高跷等。这样既能丰富幼儿的体育活动，也可使幼儿了解本地区各民族的传统体育项目，在潜移默化中实现文化传承。

幼儿园理念促使教师大胆创新，努力让孩子们在游戏中逐渐掌握体育知识，充分感受体育精神，在愉悦的体育教学活动中充分感受游戏所带来的快乐。

(四)完善基础设施

幼儿园可以在原有设备上根据幼儿的兴趣爱好、特点、需要合理规划场地，使幼儿园的学具、教具多样化。

幼儿园锤染活动探析

广西壮族自治区河池市宜州区第二幼儿园　邓晓雪

一、锤染的由来

“花开静谧无声，花落悄然无息。”幼儿观察花卉的结构，用手去摸一摸树枝的肌理，欣赏绿的茎脉，用鼻子闻一闻不同花草的气味，刹那间，幼儿对大自然就有了不一样的认知。能将花草最美状态保留下来的方式就是——植物锤染。锤染属于草木染的一种，它是利用敲打拍击的方式来进行植物染色的传统印染方式，能一步一步地将植物变成美丽的图画。

植物锤染取材天然，如月季花、康乃馨、玫瑰花、蓝花楹、郁金香、绣球花的绿叶均可作为染料。不同植物经过不同的排列组合形成各式各样的装饰纹样，使服饰产品更具特色。在染色完毕后，使用过的叶片、花瓣可做成有机肥，为其他植物提供养料，做到取之于自然，用之于自然。

二、特色描绘

植物锤染体验让孩子们在大自然中寻找植物的密码，在敲打中培养艺术的美感。通过或轻或重的敲打，用“锤”的方式记录植物的轮廓和脉络，感受植物色素慢慢渗透布料，完整的植物图案被复印在布料上，不同于绘画或颜料的印制，植物锤染充满着植物的清新和自然的气息。

《纲要》中提到，每个幼儿心里都有一颗美的种子，艺术领域关键在于充分创造条件和机会，在大自然和社会文化生活中萌发幼儿对美的体验和感受，丰富幼儿想象力和创造力。

艺术不只是在纸上描绘，自然的艺术感知要通过观察，发现大自然的创意。今天孩子们的画笔是锤子，在手绢上、衣服上创作，用另一种方式留下自然的痕迹，锤染创作既锻炼手脑协调，又能培养幼儿对美的感知能力，孩子们的无数次的敲打，萃取的不仅是自然的形态和色彩，更是孩子们欣赏艺术美，体验艺术美的形式。植物锤染可以利用图案设计的基本原理，将不同颜色、形状的植物叶片经过组合，形成点、线、面的艺术效果，锤染出与众不同的服饰纹样，为人们带来新的视觉享受。

“生活即教育，教育即生活。”用身边自然材料去创作，只要一把锤子、一块布，加上随手可得的花花草草，一件原形原色的作品就完成了，让自然的美在幼儿的手中延续，亦让幼儿在自然的探索中成长。在这一次生动有趣的非遗艺术体验活动中，孩子们亲身体验，实际操作，感知锤染技艺，乐趣无穷，兴趣盎然。活动也潜移默化地向孩子们渗透了环保健康的生态理念。

三、幼儿园锤染活动探索

每个幼儿都是天生的艺术家！我们利用幼儿园花草繁多的优势，让幼儿去找各种各样形状的叶子、花朵，并尝试观察与记录，从中发现自然的秘密。孩子们尽情地奔跑，仔细地寻找，收集了各种各样秋天的颜色，心满意足地将它们带回了教室！西西：我找到了很多黄色的树叶。安安：我发现了太阳花，红红的。浩浩：我们饲养区旁边最多的是绿色的植物。冉冉：红色的东西实在太少了，我找了很久。孩子们将自己发现的颜色，制作成了一张张网络图，了解了秋天都有什么颜色的植物。

教师思考：美丽的秋天，充满着令人惊喜的颜色。孩子们好奇这些颜色的由来，于是我向孩子们讲解了色素的相关知识。感兴趣的孩子们将寻找颜色的游戏带入了幼儿园的秋日探索活动中，收获颇丰！

(一)准备篇：“敲敲”材料

浩浩：我们收集了这么多颜色的植物，是不是也可以像灿灿他们一样玩“敲敲”的游戏呀？颖颖：我记得他们是用石头敲的，楼下好多石头呢！凯凯：我觉得石头都可以敲出颜色，我用榔头是不是也可以呢？……通过孩子们的调查，“敲敲”工具有锤子、石头、木棍、鼓棒、积木、砖头……欣柔：我们有工具了，可是我们还需要在石头上敲吗？一一：我觉得白纸就可以，教室里有很多白纸，很方便。可乐：除了白纸还可以是布，可以是白纱布。通过孩子们的调查，“染染”材料有窗帘布、洗碗布、纸巾、纸箱、白纸、手帕、衣服……

教师思考：收集到了这么多秋天的植物，孩子们将经验联结到了灿灿和雨点的户外探索小游戏——把颜色留下来。于是关于怎么将颜色留下来，孩子们开展了讨论，和教师一起制作完成了调查表，并且准备材料，跃跃欲试。

(二)初次尝试

孩子们拿出自己准备的“敲敲”工具和“染染”材料，准备进行第一次尝试。

发现问题：

1. 白纸被锤子敲，很容易被敲破，纸上都是一个一个的洞了。而用布敲打的小朋友，他们的布并没有破洞。

2. 粉色的花朵在布上敲打，留下的还是粉色，但是在白纸上敲打就会变色，变成紫色了！

3. 厚厚的叶子敲起来图案就糊开了，薄薄的叶子敲起来图案会清晰一些。

通过第一次尝试，他们决定将“染染”的材料确定为布，因为布不会被敲破也不会变色，是最合适的材料。

锤染经验：

植物锤染就是利用自然界中的花、草、茎叶等植物进行的植物拓染，通过敲击来榨取它的汁液，在天然纤维的材料上染色，是材料易得、操作简单的一种染色方式。

(三)再次尝试

一切准备就绪，孩子们开始设计自己想要留下的大自然的样子。于是，一场关于秋天的印记大比拼开始啦！孩子们选择了造型各异的树叶、花朵，进行了组合，设计成了各种各样新奇可爱的图案。造型设计完成，孩子们在教师的帮助下，在布上覆上一层胶带，此起彼伏的敲击声响起了。他们认真、耐心、细致地“敲敲”和“染染”，专注极了！完成作品的幼儿将自己的锤染作品夹在了美工区，大家互相帮忙用小夹子挂起来，并且互相欣赏讨论着对方的作品。

发现问题：

1. 花叶上的水分不容易保持，怎么办？

2. 锤染的作品放在户外没过两天就褪色了。

锤染经验：

查阅书籍后得知，想保持花叶的水分可以把它插在花瓶里或是泡在水里。通过网络查询后我们了解到，想要作品固色就要放点盐泡一泡。孩子们赶紧试了试，把敲染好的布再次放入水中，浸泡半个小时后，取出晾干。

教师思考：在材料准备方面，孩子们发挥想象，带来了各式各样的“敲敲”材料和“染染”材料。并且在尝试的过程中进行了比较与观察，最终选择了最适合的材料。中班的幼儿能够自主探索、自主活动，在这次敲染尝试中，我看到了孩子们的成长，他们是充满惊喜的个体。在敲染过程中，教师追随幼儿遇到的问题，协助幼儿解决问题。幼儿的观察能力、探索能力、经验积累得到了进一步提升。

(四)环境创设

我们班的阅读区最近正在调整想给孩子们划出一块前书写区，我们搬来了一块空桌子，正在发愁没有桌布感觉空空的。在美工区，我把这个问题抛给了孩子们。西西说：老师，我们敲了这么多作品可以放在上面吗？雨点儿说：桌布应该是一块大大的布，我们可以在一块大大的布上锤染。孩子们很快解决了问题。我们说干就干，开始改造阅读区。看书的时候怎么能少得了书签？我们开始亲手制作书签。我们来一起看看改造后的阅读区吧！

一一说：我觉得敲染的桌布真好看。笑笑说：我们可以把教室里的桌布都换成我们自己做的吗？听到孩子们的想法，我们开始准备材料，同时也提出了新的要求。数学课上最近学到了排序，我们可以按照排序的规律来敲染作品吗？我再次把问题抛给了孩子们。就在讨论时孩子们也提出了自己的新问题。冉冉说：我觉得这么大的布用这么小的胶带粘好麻烦呀。西西说：对的，我们可以用其他东西来粘吗？安安想到了我们上次去户外画画用的保鲜膜。于是我们开始了新一轮的探索。

在这次的班本活动之中，孩子们一直在与色彩做游戏，在游戏中探究，在游戏中思考，也在游戏中总结出了属于自己的新经验。锤染作为本次活动的一次新经验，集中地体现了游戏的教育价值，是游戏主体间互动的基础和媒介，在本次活动中有着举足轻重的地位。我们遵循了“幼儿感兴趣、有目的、可操作、有层次、能变化”的原则，积极地利用多种材料促进了幼儿的游戏兴趣以及探究兴趣。

《指南》指出，幼儿是在探究具体事物和解决实际问题中，尝试发现事物间的异同和联系。针对随处可见的材料——秋天的植物，孩子们充分展示了自己的观察技能、探究能力

和想象思维。在活动中利用锤染的方式，留下了秋天的自然痕迹。在今后的游戏中，我们需要更多地充当一名会观察的教师，发现幼儿的疑惑点和兴趣点，通过小组活动、研究型问题等方式更好地支持幼儿的探索行为。

“草色锤染身上衣，映红犹闻彩花香。”大自然真是太神奇了，给予了我们无限创造的可能。自然的美在幼儿的手中延续，幼儿在自然的探索中成长。

幼儿通过锤染这一活动形式，与植物、阳光等自然环境因素进行积极交互，并主动发现各种工具的使用方法。锤染活动对幼儿的发展具有积极意义。

追随儿童视角　支持幼儿自主探究

——以中班课程故事“田野里的小黄花”为例

湖北省宜昌市葛洲坝蓓蕾幼儿园　胡园园

虞永平教授说：“课程在儿童的生活和行动里。”教师对于自然资源的挖掘和利用，是建构课程的关键。陶行知曾说：“大自然都是活教材，有价值的活教材，它也是孩子们探索的好素材。”我们应紧紧追随儿童兴趣，支持儿童自主探究以实现其心中的想法。为此，我以课程故事“田野里的小黄花”为例，浅谈如何挖掘利用自然资源引发幼儿自主探究。

一、利用自然资源，抓住兴趣点

《纲要》指出：幼儿园教育应从幼儿园的实际出发，结合班级的实际情况，因地制宜地开展适宜于儿童的多样性活动。最是一年春好处，处处盛景皆精彩。在这个充满诗情画意的季节，小朋友们被幼儿园植物田里的小黄花所深深吸引。大家讨论可热闹了，小宇说：“老师，这是什么花呀?”一玮说：“这是油菜花，我见过的。”兴兴说：“不对，这是菜薹花，上次种植的时候老师说过哦!”小朋友们你一言我一语地交流着，开启了对小黄花的探索之旅，感受自然环境带来的美好体验和感受。

二、以问题为导向，引导幼儿自主探究

(一)课程故事的开展

1. 遇见菜薹花

春暖花开，植物园里的菜薹花开了，小朋友们三五成群地进入植物园后仔细地观察菜薹花。朵朵说：“菜薹花是黄色的。”丁奕楠说：“我看见菜薹花有四片花瓣。”回到教室小朋友们把观察到的菜薹花用彩笔画了下来。

知道了菜薹花的结构特点。小朋友们在植物园里认真地观察了菜薹花，并记录了颜色、花瓣数量、气味及结构特点。小朋友们发出新的疑问：菜薹花和油菜花很像，那么油菜花又是什么样子的呢？“你们想一想在哪里可以看见油菜花呢?”老师提出问题。小朋友说：“公园里、植物园里可以看油菜花。”由于幼儿园没有油菜花，小朋友们带着问题与爸爸妈妈走进大自然，去寻找、发现，一探究竟。

2. 寻找油菜花

①走进大自然

油菜花田里，小朋友们看到了金黄色的油菜花，轻轻地摸摸、看看、闻闻，探寻着，发现了好多油菜花的秘密，知道了油菜花是这个季节里一道独特的风景线。了解了油菜花能生长得如此茂盛，离不开大自然里的风、雨、阳光。

教师分析：顺应幼儿的想法，让家长带着幼儿走进大自然，探寻油菜花，让幼儿与油菜花亲密接触，给了幼儿一个亲近大自然的好机会，不仅可以了解油菜花的结构，感知油菜花的生长变化，还能满足探索欲，开阔眼界，陶冶情操，更是促进亲子陪伴，增进热爱大自然情感。

②油菜花的秘密

小朋友们带着浓浓的好奇心，和爸爸妈妈一起完成了关于油菜花的调查。油菜花的花瓣是一片一片的，一朵花有四片花瓣。它们的花蕊是一根一根的，有许多花粉。小朋友们在油菜花田里还发现了蜜蜂、蝴蝶，它们来采蜜了。油菜花的花茎上还长了许多叶子，有些花茎特别长，比我们人都高呢。

(二)课程故事的过程

1. 探秘小黄花

①探索区别

油菜花和菜薹花那么像，也总让我们分不清楚，那么油菜花和菜薹花到底有哪些相同和不同点呢？针对这个问题，教师和家长带领幼儿走进大自然，近距离观察油菜花和菜薹花，发现花儿的秘密，我们一起来看一看。

教师的分析：小朋友们从花瓣、茎、叶、豆荚等方面一一对比，通过小组讨论、认真观察、比较不同，在探索过程中不断地进步和成长，发现大自然的奥秘。

②品味菜薹

小朋友们对植物园里的菜薹花充满了好奇，有很多奇思妙想，大家撸起袖子走进植物园摘菜薹，清洗，切碎，品尝，体验生活，感受自己动手操作的快乐。

教师分析：小朋友们在活动中变得更加自信勇敢，从探讨菜薹花哪个部分可以炒着吃到择菜，清洗，从不敢拿刀切菜到主动尝试，积极讨论炒菜的步骤。在品尝清炒菜薹时，原本挑食的小朋友也变得特别爱吃。通过小朋友们自己动手，生活经验变得更加丰富多彩。生活即是教育，教育一切都来源于生活。我们只是抓住了生活教育的契机，让教育与生活真正成为一体，真正实现“生活即教育”。

③制作食谱

小朋友们品尝完了清炒菜薹，觉得特别好吃，意犹未尽还想吃，大家就想到为什么幼儿园食谱里没有这道菜呢？于是大家根据自己的喜好和口味创意制作食谱。

教师的分析：小朋友们在食堂工作人员和园长的帮助下，讨论后制作了有关菜薹的食谱，有白菜薹炒肉、白菜薹煮面条、蒜蓉菜薹、白菜薹猪肉饺子、白菜薹鸡蛋汤等，希望下次再能吃到自己设计的菜品。

2. 小黄花的创想

①我眼中的小黄花

金灿灿的小黄花象征着春天的符号，在不知不觉间钻进了孩子们的心里，在他们的巧手间流转，在稚拙的言语中裹挟着美好的期待。

②花艺展示

小黄花这么美，小朋友们想把它装在瓶子里，留住美好。于是大家开始做花艺展示。

教师分析：小朋友们拿起小剪刀来到植物园，采摘了一些美丽的小黄花，学习插花为教室增添色彩，通过自己动手学习花艺，感受美。

3. 收获种子

五一节后返园，小朋友们发现植物园里白菜薹的种子都成熟了，开启了讨论。昊阳说，

“老师，豆荚变成黄色的了，可以收割种子啦。”小朋友们来到植物园，开始收集种子。

教师分析：小朋友们收集了很多白菜薹的种子，准备来年春天再播撒种子，静待花开。活动虽然结束了，但是孩子们对植物的观察并没有停止，对大自然的热爱和追求也会持续下去。

三、基于“田野里的小黄花”教师专业提升效果

（一）日常生活教育的观察能力提升

撰写“田野里的小黄花”的过程，是教师系统观察幼儿经验发展的过程，也是教师直面教学实践和教育事实进而完善教育策略的过程。

（二）教育教学研究的反思能力提升

教师记录幼儿的故事，也是教育教学研究的过程。幼儿在自主探究的过程中积累了语言、社会、科学、认识、情感等多方面的经验，而教师在故事撰写中重温教育的真谛，感悟教育经验，其实是对教育过程的再探索和再研究。充分体现了幼儿在前，教师在后的教育理念。

（三）教师课程意识的提升

教师的课程意识，体现了教师对课程意义的敏感程度与自觉程度。课程故事给教师发出了自己的声音的“底气”，因为撰写的是孩子们身上发生的真实故事，是不可复制的。“田野里的小黄花”流露着日常教育教学中的真情实感，教师同幼儿有效地互动，敏锐地捕捉与幼儿经验发展相关的教育契机，这个过程就是教师提升课程意识的过程。

四、结语

著名幼儿教育学家陈鹤琴先生说过：“大自然是我们的知识宝库，是我们的活教材。”在温暖宜人的春天里，小朋友们尽情享受大自然带来的美好体验。从遇见菜薹花、寻找油菜花再到“深入探究”，比较菜薹花和油菜花的区别，自己动手制作清炒白菜薹，设计创意食谱，观察豆荚宝宝，等等，小朋友们一次次在发现和探索中感受自然环境带来的美好体验。

奥尔夫音乐教学法在幼儿教育实践中存在的问题及对策

广东省深圳市罗湖区若水幼儿园　李凤娟

一、引言

目前幼儿音乐教育多以教授歌唱及简单乐理知识为主。因受限于师资配置和教学理念，幼儿音乐教育趋向于功利化，忽视幼儿对音乐的情感激发和体验，同时音乐学习的主体性、个性和创造性未能及时展现。

德国音乐教育家卡尔·奥尔夫开创的奥尔夫音乐教学法较好地解决了幼儿音乐活动中存在的一些问题。这种教学法以“诉诸感性，回归人本”为基本理念，以幼儿为中心，通过游戏和音乐相结合的方式培养幼儿的音乐能力、主动学习能力和创造力。在幼儿音乐活动中科学运用奥尔夫音乐教学法可以帮助幼儿在心中种下一颗热爱音乐、欣赏音乐的种子，有效提升幼儿音乐认知能力，促进幼儿身心和谐发展。

二、教学实践中存在的问题

目前，奥尔夫音乐教学法作为世界三大音乐教学法之一，以其独特的教学特点为广大音乐教育工作者所推崇。因其良好的互动性、即兴性，在幼儿音乐教育中表现得尤为突出，

并且根据幼儿生性好动的特点，在教学中引入多种形式的游戏活动，使幼儿在快乐的氛围中习得音乐技能、提高音乐素养。虽然奥尔夫音乐教学法在一定程度上能够提高幼儿对音乐的兴趣和参与度，在很多幼教机构也很受欢迎，但在教学实践中却存在一些问题。

（一）教材课程设计缺乏社会实践机会

奥尔夫音乐教学法倾向于素质教育，侧重于师幼互动、幼幼互动，且活动内容渗透到健康、语言、社会、科学、艺术五大领域，促进幼儿各方面协调发展，提高幼儿专注力，激发幼儿的潜能。但是现行的奥尔夫音乐教材也存在一些问题，比如缺乏实际应用机会，不适合节目表演，音乐活动成果难以获得家长认同。例如“小木马”“围个小圈圈”“小白兔”“鱼儿鱼儿水中游”等课程，由于家长认识不够，往往认为孩子只是学会了一首简单的念白或者歌曲，而忽视了孩子在活动过程中的感受及其他宝贵收获。

（二）课程容易重复和僵化

有些教师可能只是简单地照搬奥尔夫音乐教材，而没有进行创新和改进，或者无法根据幼儿的需要进行灵活调整，这就容易导致课程僵化或重复，让幼儿感到枯燥乏味。

比如在引导小朋友进行空间肢体创意造型时，如果老师直接说手鼓敲奏4拍后，小朋友就得做出一个造型，很多小朋友会觉得困难。但如果调整为边敲奏手鼓边说“木头人”游戏念白，小朋友的思维就可以瞬间活跃起来，做出各种各样的造型。教师能根据幼儿的接受程度、兴趣所在，对教材进行加工和创新，用非常“接地气”的方式将相关技能和音乐的魅力传递给幼儿。当然，这非常考验教师的音乐素养。

（三）音乐活动过于严谨

在实施奥尔夫音乐教学法的过程中，有的教师要求幼儿必须按照规定的方式演奏乐器，否则就会要求幼儿重复练习。这样容易让幼儿感受到压力，不仅违背幼儿学习规律，也与奥尔夫音乐教学法的初衷相违背。在音乐活动过程中，教师应鼓励幼儿在音乐活动中大胆探索，发现更多可能性，不断建立自信心，从而在音乐活动中敢于表现自己。

（四）幼师音乐素质参差不齐

奥尔夫音乐教学法需要教师具备丰富的音乐素养、专业技能和不断学习的能力，但是在实践中，受限于学习经历、自身认知，很多教师难以保证教学质量。

（五）缺乏审美追求的社会环境

在社会环境和教育环境的影响下，不少教育者和家长将幼儿的音乐学习变得功利，认为音乐教育就是让幼儿学习一项技能，最好成为成长路上的“加分项”。他们对孩子的音乐欣赏和品鉴能力不甚介意，对参加各种比赛、拿各种奖特别感兴趣。因此，很多家长对奥尔夫音乐教学法评价不高。

三、对策及建议

（一）加强家园交流，获取家长认同和支持

奥尔夫音乐教学的有效开展离不开家长的参与和支持。在教学实践中可以设置家长开放日，让家长参与奥尔夫音乐的公开课，在现场、在互动中直观地感受幼儿在音乐教学活动中表现出来的创造力。幼儿园还可以开设音乐社团，音乐老师负责指导，充分利用幼儿园的乐器，在家委会协助下开展一些奥尔夫音乐活动，为家长提供更多的实践机会，让他们通过实际演奏乐器、唱歌、游戏等方式，更深入地理解音乐的内涵和精髓，最终获得家长的认同和支持。

（二）寓教于乐，构建良好的教学情境

教师应根据幼儿的需求和兴趣，设计出具有创意的有趣的音乐活动，在活动过程中尊

重幼儿发展的个体差异，在日常音乐活动中要善于运用多种方式营造活跃的音乐氛围。

首先，教师在音乐活动之前，明确活动的意义和目的，根据幼儿的能力适当调整活动目标，设计好音乐游戏，既避免课堂活动的单一化，也防止过度娱乐化。

其次，教师在备课过程中，需要充分考虑到课堂活动中需要的乐器，如散响类乐器、木质乐器等，让幼儿在活动中多去尝试演奏不同的乐器，从而帮助幼儿更直观地感受到不同的乐器音色。还可以准备教具、音乐、故事等来营造合适的音乐活动情境，更好地帮助幼儿沉浸在音乐活动中习得相关音乐知识和技能。

再次，在音乐活动中，教师运用抑扬顿挫的声调、生动的肢体语言和面部表情，绘声绘色地讲解，把幼儿的注意力紧紧地吸引在活动中。教师还要注意个性化和差异化教学：一方面根据班上幼儿的特点，对音乐活动步骤进行细化，确定活动的重点和难点，对活动目标进行适当调整；另一方面对不同类型的幼儿采用不同的方式开展音乐活动。如先引导性格开朗外向的幼儿积极参与活动，再利用同伴的影响力带动内向腼腆的幼儿，同时老师也要及时给予鼓励和肯定，使所有的幼儿都能达到相应的活动目标。

最后，利用游戏进行奥尔夫音乐活动。根据幼儿天性爱玩的特点，通过游戏、角色扮演等形式将音乐活动与游戏有效地结合到一起。例如在小班奥尔夫音乐活动“母鸭带小鸭”中，让幼儿通过扮演鸭子在格子节奏游戏中感知音乐的节奏，在活动过程中根据幼儿的接受能力，格子从少到多，从教师指导到自行完成，最终引导幼儿唱出格子节奏。还有在奥尔夫音乐活动“十个印第安人”中，让幼儿戴上头饰分别扮演印第安人和狮子，在游戏中，扮演“印第安人”的幼儿根据“狮子”的动作，变化不同的造型，既让幼儿感知到音乐的节奏，也能让幼儿体会到团队合作的快乐。

教师通过充分的备课、丰富的活动内容、良好的活动情境，最终让幼儿爱上音乐活动。

(三)加强培训，不忘初心

幼儿园为教师提供专业培训，积极开展奥尔夫音乐教学法的相关培训内容，使教师获得全面、准确的教学理念，提高教师音乐素养和专业技能。

幼儿园建立奥尔夫音乐教研组，组内以有培训经验的音乐专任教师为骨干，引领教师从理念出发，对教材内容、器材运用、游戏设计等方面开展教学工作。鼓励教师参加教学研讨活动，分享经验和音乐活动心得。使教师在培养幼儿能力的同时，注重培养幼儿的自信心和自主性，让幼儿在轻松、自由的环境中习得音乐。

总之，奥尔夫音乐教学法是一种非常科学的音乐教学方法，它从幼儿的本性出发，注重参与，鼓励创新，强调艺术教育的综合性，注重乐感的培养，同时还能培养幼儿团队合作精神和群体协调能力。但是在实践中也存在如缺乏社会实践机会、课程重复、过于严谨、幼师素质参差不齐、审美缺乏等问题。解决这些问题需要教育工作者加强家园合作，构建良好的教学情境，注重音乐活动质量，提高教师音乐素质，同时注重创新和改进，让奥尔夫音乐教学法在幼儿音乐活动中有效开展，不断满足幼儿的需求和兴趣，激发幼儿的潜力和创造力。

浅谈“安吉游戏”在民族地区的尝试与实践

——以那曲市某幼儿园为例

西藏自治区那曲市第三幼儿园　陈　芳

一、问题的提出

俗话说：“三岁看老。”幼儿期是一个人性格的初步养成时期，也是一个人许多行为习惯的形成和各种能力发展的关键时期，幼儿的健康、活泼成长预示着国家、民族蓬勃发展的将来。幼儿园课程领域中，在健康教育的总目标中明确提到，要培养幼儿喜欢参加体育活动的兴趣，发展幼儿动作灵活、协调的能力。此外，在国家教育部颁布的《幼儿园工作规程》的第一章中，特别强调幼儿园的任务是：按照保育与教育相结合的原则，对幼儿实施德、智、体、美等全面的教育，促进其身心和谐发展，培养幼儿良好的生活习惯、卫生习惯和参加体育活动的兴趣。而“安吉游戏”，用新颖的运动项目和丰富的游戏材料，能够培养幼儿参加户外活动的兴趣，锻炼幼儿的身体，提高幼儿身体发展的整体素质。

那曲市地处青藏高原北部，气候寒冷恶劣，地域文化独特，当地教育事业的发展相对落后，整体教学水平较低，尤其是学前教育事业的发展比较迟缓。本研究主要以那曲市某幼儿园的基本情况为研究对象，经了解该幼儿园的教师大多是工龄较短的年轻教师，对“安吉游戏”的了解比较少，对游戏理念认识不够具体、明确，没有从根本上进行了解与落实。“安吉游戏”的开展对任何一名幼儿教师都有很高的要求，只有足够了解幼儿身心发展的特点，了解幼儿园户外游戏的重要，开发适宜本园实际发展需要的游戏项目，才能从根源上解决本园幼儿身体、心理和社会适应等诸方面的问题，为幼儿今后的发展打下基础。

因此，笔者通过本次对“安吉游戏”在高原民族地区开展的基本情况的研究，发现开展过程中出现的问题，通过调查数据的分析和总结，找出解决问题的方法，探索出更多适合当地幼儿发展的策略，为提高当地幼儿身心发展的整体素质做出努力。

二、调查对象及方法

(一)文献法

利用互联网各种数据库资源、相关书籍等查阅大量“安吉游戏”的相关文献，通过对相关文献资料的整理和分析，为本研究提供理论基础的参考和借鉴，在此基础上提出了相应的观点，为本研究的顺利进行提供理论知识。

(二)观察法

根据此次论文的研究目的和任务要求，笔者选取了那曲市某幼儿园的所有幼儿作为观察对象。根据幼儿园的开展情况，自制“浅谈‘安吉游戏’在民族地区的尝试与实践观察量表”，对幼儿园的户外活动等活动进行观察，利用一学期的时间，对该园的实施情况，以及幼儿和教师在“安吉游戏”活动中的行为进行观察，并做好观察记录。

(三)访谈法

本研究主要采用开放式访谈形式，自制访谈提纲，经过协商和安排，就访谈提纲里的问题进行访谈，请访谈对象谈谈他们对“安吉游戏”开展实际情况的了解，他们遇到了什么问题，以及针对这些问题有什么看法和建议。在访谈的过程中做好访谈记录，最后对访谈内容进行整理和分析。

三、研究的结论

那曲市某幼儿园“安吉游戏”就其开展情况来说，符合《纲要》的要求，有一定的科学依据，而且是以发展幼儿的基础运动能力为主的，符合幼儿的身心特点和年龄特点。幼儿园能够考虑当地气候条件和幼儿园的实际情况。但是由于实际情况的限制，在开展过程中也存在以下几个问题。

（一）幼儿教师经验不足，对“安吉游戏”了解得较少，缺乏认识

1. 实施方案不具体、目标不明确。

近几年，该园幼儿教师大多为新教师，从教时间较短，经验不足，对“安吉游戏”的了解只是浅层次的，表面的，没有进一步结合本园的特色，进行游戏的开发。初期阶段，由于整体经验较少，游戏安排不够合理，尤其是在材料管理与收纳方面比较困难，存在问题较多。教师没有按照幼儿年龄阶段，设计不同的游戏方案，教师只是看着幼儿玩，没有目的与计划，且游戏时间分配不够合理。

2. 对于“安吉游戏”理念理解得不充分。

任何新事物的发展必须经过一个漫长的发展阶段，高原民族地区因为特殊的地理环境以及文化习俗等，园内大多数教师接受的是本土游戏的熏陶和感染，对“安吉游戏”理念理解得不够充分。

3. 幼儿缺乏对“安吉游戏”的认识与了解。

“安吉游戏”以其独占优势的游戏环境和游戏材料吸引幼儿投入游戏中。该园幼儿大多数来自牧区，受生活环境的影响，幼儿大多接触的是耳濡目染的本土游戏，幼儿对这些新的游戏材料和游戏方式比较陌生。

（二）没有体现创新思想

1. 探索阶段没有结合办园理念。

不同人文环境、不同游戏方式，导致游戏理念的冲突。初步引入“安吉游戏”理念，一味强调“引入”，没有将“安吉游戏”与该园的办园理念相结合，在现有资源上加以利用与发展。

2. 大部分教师对“安吉游戏”的安排是照搬照抄的，没有凸显本园特色。

游戏实施前期，该园有少数教师前往安吉县两所幼儿园进行参观学习，有一定的实践经验，但是大多数教师还只是停留在表面的了解，在游戏实施中，教师观念没有转变，且对自身定位不够准确，认为只要让幼儿“玩”就可以，并未与具体的教学目标和教育目的融合。

（三）场地安排和管理不到位

1. 由于园内活动场地的限制，场地比较狭小且分散，管理材料比较困难，对于容易损坏与容易丢失的材料没有进行合理的保管，造成游戏中幼儿未能完全进入“安吉游戏”模式。

2. 游戏材料投放不合理，难易区分不到位，小材料丢失现象比较严重。教师在游戏中的干预不到位。

（四）教师对幼儿的限制与管理较多

在幼儿游戏过程中干涉幼儿，过多地参与游戏，过多强调游戏规则，中断幼儿的游戏，导致幼儿不能够发挥自己的想象进行游戏。

四、教育建议

（一）加强教师专业素养的培养

1. 教师组成交流小组，定期对“安吉游戏”实施过程中的问题做研究分析，互通有无，

再根据自己所带班级情况灵活运用研究成果。

2. 制订合理的方案。

有计划、有目标，才能有所收获。对于“安吉游戏”，我们需结合本园学期计划和目标，制订合理的游戏方案，根据幼儿的年龄特点与实际情况，实施游戏。

(二)打破简单的局面

1. 合理安排游戏时间，根据大班、中班、小班幼儿年龄特点和实际情况安排游戏时间，保证幼儿有充足的游戏时间。

2. 结合园内场地设置，重新调整收纳场地，将收纳设施置于幼儿的游戏场中，并进行分类投放，用简单易懂的方式对游戏材料投放区进行标注，方便幼儿自己取放材料。

3. 加大游戏材料的管理力度，对于容易损坏与容易丢失的材料进行合理的存放。

(三)提高材料的利用率

建立统一的管理机制，加强对材料的统一管理和使用，从幼儿的年龄特点和个性差异等方面对材料分类，从而提高各种材料的利用率。

五、结语

本研究是针对那曲市某幼儿园“安吉游戏”开展情况进行研究，在借鉴已有研究的基础上，通过对该园实施现状的调查，分析了该园开展过程中存在的问题，并提出了改善对策。然而，由于能力有限，本研究还存在很多不足之处，如观察对象不够充足，对问题的分析不够透彻，建议的提出不够全面等，在以后的学习中将进一步努力完善和研究。通过本次调查本人深刻地体会到幼儿园游戏的重要性，认识到只有完善幼儿游戏内容，提高幼儿教师的素养，才能提高整个幼儿园的幼儿教育的质量。

基于儿童视角的PBL项目式学习的课程探究

——以大班“放飞孔明灯”项目案例为例

四川省成都市武侯区簇锦金太阳幼儿园有限公司　王修琴

一、抓住幼儿兴趣，确定核心驱动性问题

科学家培根曾经说过：“好奇心是幼儿智慧的嫩芽。”幼儿的好奇心表现在自我观察、自我动手尝试、自我探究各种活动。教师应观察、倾听幼儿，记录幼儿的发现，并分析幼儿行为。教师在观察过程中还应该及时关注幼儿的“好奇心”和“兴趣点”，对相关问题进行价值判断、筛选和分析，通过提问或者投放与活动相关的材料，激发幼儿的探究欲望，明确探究的目的。

“放飞孔明灯”项目活动是基于幼儿园迎新年活动“逛灯会”而来。在活动前孩子们回家收集了很多种类的灯——电灯、台灯、星星灯、孔明灯……对于孔明灯的出现，孩子们提出了很多的话题：孔明灯是做什么的？孔明灯为什么会飞起来呢？一个个问题的输出，引发了幼儿的好奇心，于是孩子们有了想要自己动手制作孔明灯的想法。

好奇心是幼儿探究的内在动力，强烈的好奇心能驱使他们保持探究的热情与积极性，基于项目式教学的理念，教师及时抓住幼儿的兴趣，肯定了幼儿想要制作孔明灯的想法。当项目主题确定后，教师要以幼儿当下最感兴趣的问题去引发他们思考：怎样去制作孔明灯？孩子们经过激烈的讨论后，明确了核心驱动性问题“制作一个能飞起来的孔明灯”。基

于核心驱动性问题，教师聚焦五大领域的关键经验，并根据大班幼儿的年龄特点，预设了本项目的学习目标。

二、依托核心驱动性问题，推进项目深度探究

1. 孔明灯是怎么来的

想要制作一个飞起来的孔明灯，首先我们要去认识一下孔明灯的类型以及孔明灯的由来和用途，加深孩子们对孔明灯的认知，从而激发孩子们进一步探索。教师充分利用家长资源，开展了认识“孔明灯”的活动，如通过视频或者图片欣赏各种各样的孔明灯，加深孩子们对孔明灯形状的认识。有些家长亲自购买了孔明灯给孩子观察。在观察的过程中，孩子们发现孔明灯是由灯罩和支架两个部分组成的。那么孔明灯是怎么来的呢？它又有什么作用呢？教师通过播放视频，让孩子们进一步对孔明灯有了更深的认识，知道了孔明灯是诸葛亮发明的，用于危险时发出求救信号。

在这场认识“孔明灯”的活动中，幼儿积累了一定的认知经验，如了解到了孔明灯的历史背景及用途，孔明灯的不同形状以及孔明灯的整体构造，从而为后期制作孔明灯奠定了基础。

2. 设计我心中的孔明灯

基于幼儿对制作孔明灯的兴趣及已有经验的积累，教师与幼儿一起协商，确定了可探究的问题：你想制作一个什么样的孔明灯？制作孔明灯需要用到哪些材料？聚焦这两个问题，教师鼓励幼儿积极思考，并引导幼儿根据自己的意愿设计出喜欢的孔明灯，并以设计图的形式呈现出来。小朋友们设计了很多形状的孔明灯，有三角形、椭圆形、长方形、正方形等。最后孩子们通过投票确定了一种设计方案，制作椭圆形的孔明灯。

3. 制作孔明灯需要哪些材料

当孔明灯的设计图出来后，孩子们就积极地展开了讨论：制作孔明灯需要用到哪些材料？基于“用什么材料制作孔明灯”这一关键性问题，教师与幼儿共同收集了他们觉得可以用上的材料，如纸、剪刀、打火机、蜡烛、薄卡纸、绳子、双面胶、盘子、刀、铁丝、木棍等，并整理出了材料清单表。孩子们对照着清单表一样一样地去寻找材料。孩子们将自己在幼儿园找到的材料做了标识，没有找到的材料也做了标识并回家进行寻找。

当材料寻找齐全后，孩子们就要准备制作了。可这时候孩子们遇到了一个问题，就是不知道怎样制作孔明灯。于是教师及时抓住幼儿的问题，展开了讨论，并给到了幼儿相关视频的支撑，让孩子们能够了解孔明灯是怎么做的，怎么组合起来的。观看完视频后，孩子们萌生出了一个新的想法，为了能在制作孔明灯的时候更加便捷，一起绘制出了孔明灯操作图示。

在“搜索材料”的活动中，孩子们使用了“统计图”的方式来记录需要用到的材料并且尝试“估算”材料的数量，对数量关系有了更深入的认知。活动中幼儿的合作能力、语言表达能力、社会交往能力都有明显增强。而教师的角色多是观察者和支持者，教师要及时发现幼儿在活动中的需求，并给予一定的帮助，帮助孩子们进行深入的探究。

4. 探秘材料制作孔明灯

(1)第一次尝试——孔明灯没有飞起来

幼儿按照孔明灯操作图示开始制作，先用薄的纸围合起来制作出了一个灯罩，然后用毛条做成了支架，再将支架和灯罩用胶粘贴起来，最后放上蜡烛，孔明灯制作完成了。接下来就是试飞环节，孩子们迫不及待地点燃了蜡烛，可是当蜡烛燃完了，孔明灯也没有飞起来。教师及时提出问题：为什么孔明灯没有飞起来？幼儿反复检查孔明灯的情况，分析

到两种原因：

“蜡烛的灯芯太短了，燃烧的时间不够。”

“毛条不适合做支架，需要换成铁丝。”

那么如何解决燃料的问题呢？教师再次为幼儿提供了孔明灯燃放的视频，幼儿知道了使用“蜡油”可以让燃烧的时间更长一点。

(2)第二次尝试——孔明灯被烧掉了

在第二次制作孔明灯时，孩子们相互分工合作，自觉分成了两个小组，一组负责制作蜡油，一组负责制作孔明灯。当一切准备就绪时便要开始试飞了。可是当蜡油燃烧了一会儿后，连同灯罩一起烧掉了。孩子们看到孔明灯被烧掉后都无比地失落。教师又及时抓住当下的问题：是什么原因导致孔明灯被烧掉呢？幼儿分析讨论出可能是因为制作的材料不对：

“目前的铁丝太粗太重，要换成细一点的。”

“灯罩的纸太薄，换厚一点的，再把灯罩做大一点。”

(3)第三次尝试——孔明灯被烧掉了

经历前两次的失败，在第三次的时候，孩子们更换了制作孔明灯的材料，并再次按照之前的步骤，完成了一个更大更结实的孔明灯。在试飞的时候，孩子们又转移到天台开始试飞。当孔明灯点燃后，灯罩里面产生了热气变得鼓鼓的，孩子们非常激动，可是当燃料烧到一半的时候，孔明灯再次被烧掉了。三次的失败，孩子们逐渐失去信心。就在孩子们的茫然中，我们寻求到了家长们的协助。经过家长们的研究与分析，总结出了三种原因：

“骨架太重，导致孔明灯飞不起来，在制作时必须要让空气浮力大于重量。”

“灯罩没有密封好，热空气往外跑，导致孔明灯飞不起来。”

“蜡油太重了，可以建议更换成轻一些的燃料。”

(4)第四次尝试——孔明灯成功飞起来了

带着家长们的意见，孩子们再次开始讨论。针对“重量”这个问题，决定再次更换材料，这次选择用大的塑料袋做灯罩，用细铁丝做骨架。关于“燃料”，有小朋友提到用棉花和酒精制作，但是也有小朋友质疑到棉花加酒精不能燃烧，为了验证这一想法，孩子们通过实验进行验证后得到的结论是“棉花中滴入酒精可以燃烧，而且能燃烧很久”。同时教师也抓住教育契机为孩子们讲解了一些安全知识，“酒精属于易燃物，在密闭的空间里不能用打火机直接点燃酒精”，增强幼儿安全防护和自我保护的意识。

在制作完成孔明灯后，孩子们再次试飞。这次孔明灯点燃后，不一会儿灯罩里面就聚集了大量的热气，等待了一会儿孩子们尝试松手，孔明灯慢慢地飞了起来。这一次孔明灯成功飞起来了，孩子们终于感受到了成功的喜悦。

三、探析项目，以反思促成长，收获课程经验

历经一个月的探索，依托幼儿的兴趣逐步推进。从资料的收集到孔明灯的制作，孩子们都积极地去思考和反思，经历三次的失败，每一次孩子们都会去分析失败的原因，并不断更换材料，最后终于制作出了一个成功的孔明灯。整个活动中幼儿的语言表达能力、动手操作能力、合作能力、思维能力、批判性思维都得到了很大的发展，孩子们体会到从失败到成功的过程其实是很不容易的，这也培养了幼儿不怕困难、勇于挑战的学习品质。

四、结语

总而言之，项目化学习立足幼儿实际生活，源于幼儿兴趣，基于幼儿经验，是一种在不断体验、反思与解决实际问题中建构整合式经验的课程。

幼儿攻击性行为的成因分析及矫正策略

广东省深圳市龙岗区布吉街道莲花山庄幼儿园 廖 婷

一、绪论

如今社会加速发展，人们的生活水平逐渐提升，生活条件也在改善，幼儿数量急剧增加。但同时由于家庭教育与环境因素等原因所导致的学龄前儿童攻击性行为越来越多，而这些行为是以暴力形式出现。

3—6 岁是幼儿发展的重要时期，也是幼儿养成性格的重要阶段。近些年，幼儿的攻击性行为变得非常常见。但是又因为很多人对攻击性行为的形成原因了解不充分，在发生这种行为时不及时疏导幼儿，使这种行为出现的频率越来越高，影响了幼儿的身心健康发展。

二、概念界定及理论基础

攻击性行为是指儿童在进行某项活动时，由于对别人或物的不理解而采取了各种行为，导致了其他小朋友无法接受或不能正常使用物品。这种类型的幼儿往往会产生消极情绪。他们害怕被人看不起，或者受到他人欺负；还有一些幼儿则会表现出攻击性行为。幼儿因为年龄小，在面对问题时不能很好地控制自己。

三、攻击性行为形成原因的研究

（一）研究对象

本研究的研究对象是我们幼儿园的幼儿，包括大、中、小班的幼儿以及家长。其中选择了 100 位幼儿家长，对他们进行问卷调查。此次调查对幼儿家长发放调查问卷总共 100 份，回收了 86 份问卷，有 6 份无效问卷和 80 份有效问卷。被调查者大部分是 3—5 岁的幼儿和 30—40 岁的家长。

（二）研究工具

1. 幼儿攻击性行为调查问卷

幼儿攻击性行为调查问卷中一共有 10 道选择题。问卷中的选择题，是参照 Merrell 以及其他人 1994 年制作的调查问卷进行制作的。

此份调查问卷的前 5 道选择题主要描述攻击者对被攻击者的攻击方式。另外 5 道选择题主要描述攻击者是否借助其他事物对被攻击者进行攻击。调查的结果是以 1～5 分计分，然后取反，所以得分越高的幼儿攻击性就越强。

2. 家长认知与行为调查问卷

另外一份调查问卷就是家长认知与行为调查问卷，此份问卷一共有 15 道题，其中有 5 道题是让家长阐述在日常生活中的行为表现，以此分析家长的日常行为是否对幼儿产生了不好的影响。还有 5 道题为教育策略题，意思是要家长阐述自己教育孩子的方法，在掌握了家长的教育方法后就能更好地分析幼儿的攻击性行为是否与家长的教育方法有关了。最后的 5 道题是让家长说出自己认为的攻击方式，以此来分析是不是有些家长认为不是攻击性的行为但事实上却对幼儿造成了不好的影响。

（三）研究程序

（1）制作并将问卷交到被调查人员的手里，等其填写完成。第二天教师收回并数清问卷数量后转交给研究者。

(2)收齐问卷，监测幼儿日常行为的工作完成后进行分析研究。

(四)研究结果

1. 调查问卷结果

分析问卷结果得知：家长的行为会对幼儿造成较大的影响。

2. 观察记录结果

通过对小班、中班、大班各三个班的观察分析，得出结论：小班幼儿出现攻击性行为的频率要明显高于中班和大班，中班和大班的攻击频率相差较小。幼儿的攻击以身体攻击为主要表现形式，随着年龄的增长，身体攻击变少，语言攻击变多了。

(五)研究结果分析

1. 幼儿攻击性行为的表现分析

幼儿的攻击性行为在性别上也存在一定的差异。有研究表明，幼儿体内雄性激素水平越高，发生攻击性行为的频率也就越高。在幼儿攻击性行为中，男女性别上的差异还是比较明显的。首先，男生攻击性行为发生的频率大于女生。其次，男生更多表现为攻击他人或对别人说脏话、打骂等；女生则是出现以自我为中心、不听人说话而采取暴力方式解决问题等行为。两性在攻击性上存在情境差异。

2. 幼儿攻击性行为的成因分析

(1)家庭因素

家长的认知、行为及亲子关系对幼儿攻击性行为有着深远的影响。有研究表明，家庭成员之间的关系和谐程度越高就越能促进幼儿健康成长。大多数家长对幼儿的家庭教育不够重视，认为幼儿的所有行为都是通过上学学来的。这种思想大错特错。家庭教育的重要程度其实要和学校教育的重要程度持平，若没有一个正确的家庭教育，同样会对幼儿的成长健康造成影响。

如果幼儿的家庭中有家庭暴力出现，那么幼儿的攻击性就会比正常家庭成长的幼儿强。当然家庭暴力的表现方式也是多种多样的，它不仅仅局限于殴打的方式。

(2)教育环境因素

通常来说，幼儿都希望被教师关注，如果幼儿觉得自己不受重视的时间过长，就有可能使用攻击性的行为来引起幼儿教师的注意。所以幼儿教师也需要具备一定专业的素养。

活动室墙面环境作为幼儿园环境的重要组成部分，是幼儿社会性发展的重要影响因素。除此之外，幼儿园室内的空间比较小，教师带领幼儿或者幼儿自己玩游戏的时候，容易发生身体之间的接触和碰撞。这也是导致攻击性行为的发生的重要原因。

(3)社会因素

幼儿的学习能力强，这一点导致幼儿们更容易从他们接触到的人和事中学习到各种不良行为。方志红（2011）在发表的文章中表明，模仿是幼儿攻击性行为产生的原因之一，观看过攻击性行为的幼儿相对于没观看过攻击性行为的幼儿更容易产生攻击性。因此在社会中，大众传播媒介也属于造成幼儿攻击性的原因。另外，父母打架对孩子也有影响。

(4)生理因素

人在幼儿时期身体处在快速生长的阶段，整体并没有生长完全，大脑皮层的神经细胞容易兴奋，与此同时，幼儿的交感和副交感神经发育得还不够成熟。所以，幼儿活泼好动的特点加上较差的自控能力，更容易产生攻击性的行为。

有学者通过研究表明，在有攻击性的幼儿当中，男生比女生的比例大，身体强壮的比身体瘦弱的比例大。由于男生身体会产生较多雄性激素，所以普遍认为男生比女生更具攻

击性，女生以言语攻击居多。

四、幼儿攻击性行为的矫正策略

（一）沟通与指导

1. 批评与表扬

教师要对幼儿不正当的行为进行批评和指正，批评的目的是让幼儿改善不正当行为，使幼儿能够分辨是非。相反，在幼儿做出正确的事情的时候，教师要对幼儿进行适当的表扬，以此来激发幼儿继续做出正确事情的兴趣。教师要把批评与表扬相结合，这样才能有效矫正幼儿的攻击性行为。

2. 家园配合，正确沟通

“家长是孩子的第一任老师，家长对自己孩子的了解是其他人比不了的；家长对孩子无论是潜移默化，还是谆谆教诲，那种直接或者间接的影响是其他人没法代替的。”所以，要让教育建立在家园一致的基础上才能让幼儿健康发展，教育的成果才更加明显。作为幼儿教师，一定要耐心与家长进行沟通，并且在互相尊重的前提下达成合作。家长也要理解和认同幼儿教师的教育方式。

（二）良好的成长环境

成长环境对人的影响有多大，相信大多数人都知道。生活环境不仅会对幼儿产生极大的影响，就算是成年人也会受到成长环境的影响。

如今人们生活水平提高，幼儿在家庭中的地位变得很高，有的家长更是对孩子有溺爱的情节，这会让幼儿对大多数事物的认知产生偏差。导致有些幼儿在没有达成目的的时候会攻击家长。幼儿被父母长辈深深地保护起来，导致他们对外界事物的探索变得越来越少。家长要多与幼儿进行心灵的沟通。有效的沟通可以解决很多问题，并且可以帮幼儿养成爱沟通的习惯。

（三）冷处理

冷处理就是暂时对幼儿攻击行为不理睬。当幼儿在外面与人打架后，教师对其表示冷漠，并找个安静的地方让他思过，而不是对他呵斥。使用这种方法来“惩罚”幼儿的攻击性。直到幼儿的情绪稳定，并意识到自己的行为是错误的为止。此种方法可以有效降低幼儿的攻击性行为。

（四）榜样学习

榜样学习是指通过对幼儿进行有目的、有意识的教育，使他们模仿他人行为，并在其效仿中受到感染和影响。

幼儿喜欢模仿，但辨别是非的能力较差，所以，一个良好的榜样对幼儿来说是不可或缺的。在家里，家长要给幼儿树立榜样；在校期间，教师要为幼儿树立榜样。另外，给幼儿树立反面教材也是很有必要的。

浅析幼儿园生活活动组织与实施的优化策略

山东省济南市历下区第二实验幼儿园　贾建平　田倩倩

一、幼儿园生活活动的重要性

幼儿园生活活动对幼儿的身心发展起着重要的作用。通过生活活动，可以培养幼儿规

律的生活习惯、独立生活的能力以及良好的心理素质。幼儿园生活活动具有基础性、重复性、琐碎性、教育性等特征，是幼儿园课程的重要组成部分。

二、幼儿园生活活动的组织与实施存在的问题

(一)幼儿园生活活动组织与实施缺乏灵活性

幼儿园一日生活的组织与实施应当是整体性的、流畅的。然而，现实中很多幼儿园一日生活的组织与实施却存在着单调、死板等问题。具体表现在：①生活活动时间设置单一，缺乏灵活性。例如，幼儿户外活动和加餐之间的时间节点就可以相对灵活些，有些幼儿受情绪、身体等方面影响吃饭时间有些延长，那我们就可以根据本班幼儿实际情况晚会儿再进行户外生活活动，灵活掌握时间。②组织形式单一，缺乏多样性。例如，幼儿晨间活动不必都按照固定形式开展，有些幼儿早上睡眼蒙眬地来园，情绪不稳，教师可利用晨间活动让幼儿散散步，去走廊或是院子里观察植物，介绍植物的习性及特点，让幼儿情绪安定、愉快。

(二)幼儿园生活活动的组织与实施缺乏策略性

教师在幼儿的生活活动中扮演的是组织者、监管者角色，缺少对幼儿生活的参与，也缺少对生活活动教育价值的思考和挖掘。幼儿园生活活动的组织与实施之所以存在种种问题，究其原因，在于幼儿园生活活动与教育活动没能紧密联系在一起，没能充分地相互融合。

1. 生活活动环境创设缺失

幼儿是在与环境的相互作用中发展的。生活活动质量的提升应该先着眼在生活环境的创设上，然后通过生活环境发挥生活活动的教育作用。幼儿在这里过的是一种发展性生活和个体性生活。发展性生活意味着幼儿园应该通过为幼儿准备良好的生活环境，安排丰富的生活活动，提供各种生活经验，促进幼儿发展。个体性生活意味着幼儿园的生活应该具有灵活性和层次性，能够满足不同幼儿的生活需求。随着对环境教育价值的肯定，越来越多的幼教工作者从游戏环境和主题教学环境创设的视角出发，探索提升游戏活动和教学活动的质量。然而，生活环境的创设却被忽略了：幼儿园随处可见形同虚设的生活标语，很多幼儿园的分餐示意图被挂到角落或门后蒙尘；生活记录缺乏互动与细节描述，例如，用简单的插棒或者固定标志记录幼儿喝水的数量；生活提示语缺乏童趣，不够生动，大多是教师制作的图片，缺乏幼儿的参与。

2. 教育者未深挖生活活动教育价值

幼儿园的一日生活可以按照活动内容相对分为生活活动、游戏活动、教学活动等。幼儿园教育应通过保障幼儿“有意义的生活”，来探索如何使丰富的“教育”成为可能，然而在当前幼教实践中，部分教师把“保育”和“教育”区分开来，导致生活活动与学习活动之间缺乏相互渗透，未能将幼儿的一日生活与学习之间教育价值相互渗透。例如“小小值日生”这节课，就是将学习和生活相结合，在做值日擦桌子、扫地的过程中，让幼儿体验保育老师的辛苦，学会换位思考，而不应单单作为一节课来上，要让生活活动与学习活动相互渗透，充分挖掘之间蕴含的教育价值。

3. 生活活动的组织与实施多为高控

在幼儿园实践中，教师所处的位置，所使用的言语，时常表明教师与幼儿的生活状态的。例如，在如厕、洗手、喝水环节，教师大多倾向于站在盥洗室门口，提醒、监督幼儿，但只有话语指令，缺少互动。例如，“上完厕所的小朋友记得洗手”“洗好手的小朋友去喝水，不要在这里逗留”“记得喝水”，等等。在生活活动中，幼儿与教师之间的交流多是机械

式应答。教师脱离幼儿的生活状态，忽视了幼儿是一个鲜活的生命体，只强调幼儿要根据指令生活。

三、幼儿园生活活动组织与实施的优化策略

(一)发挥生活活动的教育价值，生成教育内容

教师可以针对幼儿园生活活动组织中出现的问题，生成教学活动内容：一是以与幼儿的生活活动密切相关的社会问题作为教学活动的主题。例如，针对食品安全可以结合进餐环节，开展相应的食育活动讲解饮食习惯、餐桌礼仪等有关“食”的知识，进而引导幼儿体验丰富的食文化，开展健康饮食活动。二是通过生活活动检验，巩固集体教学活动效果。三是生活活动游戏化，即丰富生活活动组织形式，提高生活活动的趣味性。

(二)创设适宜的生活活动环境，发挥环境育人价值

幼儿园环境创设可以根据家庭概念设计。这个“家”可以被划分为多个不同的区域，如阅读区、益智区、美工区、建构区、自然角、娃娃家等，多种分区可以满足幼儿个体化的生活与学习需求。可以在区角铺设地毯，放置柔软的靠垫，摆放儿童沙发等，使活动室里具有家一般的温馨感。可以在活动室里投放大量生活性材料(生活性材料是指那些教师和幼儿一起收集来的废旧材料或真实生活材料，如废旧报纸、瓶子、水果、蔬菜等)，从而让幼儿感受到自己是生活在真实的生活环境中的。幼儿园环境设计应当具有生命气息。幼儿在这样的空间里能够看到自己生活的影子，看到自己成长的痕迹。

(三)运用生活活动的教育价值，提升幼儿生活技能

生活即教育。生活活动最能锻炼幼儿的能力，反之幼儿的自信也能从生活活动中获得。如建构活动中，幼儿合作拼搭停车场，幼儿根据停车场设计图纸及自身原有的生活经验，相互合作拼搭停车场，在整个搭建过程中幼儿自由结合、自主拼搭完成作品后感到很满足。在整个搭建过程中既锻炼幼儿人际交往及相互协调合作的能力，又增强幼儿在生活活动中的动手操作能力，使幼儿生活活动中的教育价值充分被挖掘，让幼儿在轻松愉快的氛围中快乐活动。

总之，生活活动实践研究“来源于生活，高于生活，回归生活”。我从研究和实践中受到启示，不断挖掘和运用蕴藏在生活活动中的教育功能和价值，将生活活动的教育目标科学合理地渗透和延伸到幼儿的一日常规生活中，形成相对稳定的良好生活秩序，满足幼儿生理和心理需求，让幼儿以积极愉悦的态度情感、独立自信合作的个性品质，不断提升自我管理和社会化能力，形成健康文明的生活方式和行为。

浅谈幼儿园开展融合教育的实施路径

福建省厦门市仙岳幼儿园　李鑫雨

融合教育是指将特殊需要幼儿与普通幼儿安排在同一环境中接受教育，通过多关爱特殊需要幼儿，提升特殊需要幼儿社会适应能力的一种教育模式。本文依序介绍学前融合教育的意义与价值，探究X幼儿园开展融合教育现状及其面临的问题，最后提出针对性的改进策略。

一、学前融合教育的意义与价值

(一)融合教育有利于幼儿的身心健康成长

融合教育不仅可以有效降低特殊需要幼儿的心理隔阂与心理障碍，同时有助于普通幼儿发展同理心。特殊需要幼儿如果只和特殊需要幼儿待在一起，他们在潜意识里可能会认为自己是特殊的，非正常的，但如果与普通幼儿一起生活学习，给他们接触正常的生活与环境的机会，可增加特殊需要幼儿与普通幼儿交流的机会，缩小特殊需要幼儿与普通幼儿之间的差距，有助于提升特殊需要幼儿的社会适应能力。

(二)融合教育有利于提升学前教师的专业技能

融合教育需求不断增加，质的要求不断上升，有助于刺激学前教师不断提高自己的专业素养，学习与特殊教育相关的经验技能，找到适合特殊需要幼儿教育的合理方式，妥善处理特殊需要幼儿与普通幼儿，不断提升自己的教学能力。

(三)融合教育有利于实现教育公平

幼儿园实施融合教育是实现教育公平的重要一环，是保障特殊需要幼儿受教育权的重要方式，同时也是保障社会教育整体向公平化发展的重要途径。

二、研究内容与方法

本研究以厦门市X幼儿园小班为研究对象，该小班段有三名特殊需要幼儿。研究者关心特殊需要幼儿在幼儿园的行为表现与生活适应，实地探究该园开展融合教育的实施途径与实践情况，了解普通幼儿与教师对特殊需要幼儿随班就读的态度与接纳，针对当前该园融合教育实施的现状及问题，提出解决方法，以期提升融合教育的效果。

三、学前融合教育现状及其面临的问题

研究发现X幼儿园目前曾面临一些问题，包括：缺少完善的融合教育环境，教师融合专业知识技能不足，教师与家长对特殊需要幼儿存在偏见，普通幼儿对特殊需要幼儿接纳程度不高，特殊需要幼儿在活动和课程中融合现状不容乐观。

(一)完善的融合教育物理环境略显不足

小班段三名特殊需要幼儿的身心症状存在个体差异，他们对幼儿园的教育环境有不同需要。这三名特殊需要幼儿是随机分配至各普通班级进行随班就读与融合教育，让特殊需要幼儿与普通幼儿共处在同一班级，符合物理环境融合的标准。然而X幼儿园的班级物理环境较适合普通幼儿，缺少保护特殊需要幼儿的物理环境设置。例如，桌面桌角等较硬，不够柔软安全；区域缺乏多样化的刺激语言发展的教具材料。再者，融合亦涉及普通幼儿同伴是否接纳与尊重特殊需要幼儿，即心理层面的融合也是融合的重要维度之一。换言之，融合教育不能停留在共处同一班级(物理环境的融合)，须建立在同伴之间友善与尊重的互助合作与游戏(人际心理的融合)。

(二)教师的融合教育技能略显不足

除了物理融合与心理融合之外，特殊需要幼儿能否接受适宜的教育(教学融合)是融合教育的第三个重要维度。教师的专业成长是融合教育成功的重要因素，学前教育教师应掌握特殊需要幼儿随班就读的教育能力。虽然X幼儿园积极接纳特殊需要幼儿随班就读，但教师未能事先接受充分的、专门化的特殊教育训练，导致其自身对于特殊需要幼儿的情绪与问题行为欠缺较有效的处理对策，甚至积累许多压力。例如，被诊断为孤独症的小杰(化名)，有较为严重的固着行为。有一次教师环境创设改造后，班级内一些物品的位置改变了，隔天小俊重新复归原位。如果小俊被教师阻止，他会号啕大哭，不摆放到原来的位置不罢休，导致教师进退不得。

在班级教育活动和课程参与上，目前仍不会讲话且智力发展较缓慢的丁丁(化名)在妈妈的陪同下基本可以参加幼儿园的日常活动，但是没有真正参与进去，仍然缺乏与同伴的交流互动。例如，他一般是自己一个人玩或者妈妈陪他玩，没有同伴，课堂上忽然站起来跑动，发出“啊呜啊呜”的声音，理解不了活动的指示和要求，很少会有自己的作品。教师认为特殊需要幼儿在活动中干扰正常的教学秩序，增加了工作难度。丁丁得不到来自成人有力的支持与服务，融合现状不容乐观。

(三)教师对特殊需要幼儿存在误解

X幼儿园大部分教师对特殊需要幼儿缺少深入的了解，甚至少数教师存在偏见。例如，D老师提到她面对特殊需要幼儿进入自己的班级时，先感到压力和无所适从，认为特殊需要幼儿会对其他普通幼儿存在负面影响，也担心普通幼儿的家长会有意见和带来不必要的麻烦，很少向家长提及甚至隐瞒班级里有特殊需要幼儿。

(四)普通幼儿对特殊需要幼儿接纳程度不高

观察发现，宁宁(化名)会不受控制地张嘴并想去咬其他普通幼儿，还会时不时发出“啊呜啊呜”的声音。这些行为使宁宁容易遭到同伴的拒绝，只要宁宁一靠近，大部分普通幼儿会选择远离。

四、实施学前融合教育的改进策略

X幼儿园愿意接受特殊需要幼儿随班就读，乐意开展融合教育，但目前发展尚未成熟。根据上述面临的问题，本研究请教X幼儿园的教师了解其开展融合教育的瓶颈与难点，从理论研究、现状分析、实践探索等方面思考如何改善X幼儿园开展融合教育的质量，为特殊需要幼儿提供良好的园所环境与教育支持，并提出五点改进策略。

(一)创设适合的教育环境，制订个别化教育计划

应为特殊需要幼儿提供因人而异的个别化融合教育计划。例如，全天在普通班里融合；半天融合，半天个训；主要在特殊班里学习，部分时间接受融合，当他们适应班级生活后，再逐渐延长融合时间。创造一种以特殊需要幼儿的能力和实际需求为基础的动态的、多元的安置模式。同时引进一些适合特殊需要幼儿的桌椅、绘本、玩教具，让他们可以玩起来，融合到区域活动、集体活动中。

(二)提升学前教师队伍的融合教育能力

幼儿园要重视资源培训的获取与进阶式的园本培训相结合，调动园内教师的力量，可设置资源组、特教组、普教组，划分初阶、中阶、高阶三个时段，实现教师的可持续发展。幼儿园也可以招聘融合教育师资，或者通过园外培训和园本培训培养自己的师资力量，健全完善自己的特殊教育团队。

(三)教师应正向面对与接纳特殊需要幼儿

融合教育首先融合的应该是教师，教师需要改变自己对特殊需要幼儿的认知，不要抗拒和无所作为，要正向面对与接纳。同时，面向班级的家长，积极和普通幼儿家长沟通，让其了解班级情况，鼓励普通幼儿的家长与特殊需要幼儿的家长彼此认识与合作，形成统一的教育同盟，促进普通幼儿、普通幼儿家长与教师友善接纳特殊需要幼儿及其家长。

(四)教师应建立普通幼儿与特殊需要幼儿的情感联结

教师做好榜样，关心、爱护和尊重特殊需要幼儿，从而引导普通幼儿能正确对待特殊需要幼儿，减少他们之间的隔阂，加强其社会交往技巧，可鼓励普通幼儿带着特殊需要幼儿一起玩角色扮演与建构游戏。在普通幼儿看到特殊需要幼儿掉队、乱跑、摔倒受伤，主动去牵他们的手带到教师面前时，教师要肯定其行为，表扬有爱心的幼儿，引导其他普通

幼儿去爱护特殊需要幼儿。在教育活动中，加强普通幼儿与特殊需要幼儿的情感联结，让特殊需要幼儿感受到同伴的友谊和温暖，促进其身心的健康发展。

(五)教师应提高活动和课程中融合教育的质量

在活动和教学过程中教师要关注特殊需要幼儿，即使他们可能理解不了，听不懂指示，也要适当提问他们，创造平等、和谐的学习环境，与他们进行眼神交流与语言刺激，让他们感受到教师的关心，以便更好地融入幼儿园生活。例如，在集体教学活动中，教师会适当提问宁宁，他不会回答，但也会让他点击多媒体课件动画来认识三角形，使他与其他普通幼儿一样有体验的机会。

五、结语

特殊需要幼儿不应被隔离于正常的教育环境之外。幼儿园是实施融合教育的第一抓手，要创造适宜的融合环境，充分尊重每一个孩子，使他们能平等地拥有受教育的权利。

大班幼儿在角色游戏中冲突行为的研究

广东省深圳市南山区哈啰孔子幼儿园　马少丽

人与人之间难免会发生各种冲突，幼儿之间更是会频发冲突。对于幼儿之间的这种冲突家长和教师们不应把它归纳为幼儿之间的消极负面行为。因为幼儿冲突的一个特点就是冲突来得快，去得也快。因此对于幼儿冲突时候，我们应该怎么去处理这个话题值得去讨论。在此进行了一个课题设计：将角色游戏作为幼儿发生冲突行为的必要情境，从冲突行为的各个方面案例做浅要分析，以了解大班幼儿在角色游戏中的冲突行为。其研究结果将有助于以后的研究者更好地理解幼儿社会化进程的发展。

一、对幼儿游戏角色冲突的研究设计

本研究将Z幼儿园大班33名幼儿在角色游戏中的冲突行为作为研究对象，观察幼儿之间发生的冲突事件并对其记录，分析冲突原因，提出改善方法。首先，本文采用观察记录法对Z幼儿园中大班幼儿在角色游戏中冲突双方的关系、起因、解决方式、结束形式、特点等方面进行研究。其次，分析大班幼儿在角色游戏中冲突行为的影响因素。最后，以前两点为基础，为幼儿更好地解决冲突行为提出建议。

二、对幼儿游戏角色冲突行为的研究结果

(一)角色游戏中大班幼儿冲突行为的类型和表现

大班幼儿在角色游戏中引发的冲突是多种多样的，可以根据冲突行为的程度分为以下几个阶段。

1. 意见分歧，互不理睬

这个阶段是幼儿冲突行为的最基础阶段，双方因为一点点矛盾就会陷入这种处境。如果此时没有任何一方打破僵局或者任由这种情况继续下去的话，冲突矛盾很可能会进入下一个阶段。

2. 发生争执，出现言语冲突

进入这个阶段，幼儿之间的矛盾冲突激化了。这个时候游戏的节奏和进度都会受到影响，甚至因此而终止。这时双方都不认为自己有错并且互不相让。

3. 互不相让，发生争抢动作

言语之间的冲突并不会持续多久，当冲突还没有解决的时候，伴随而来的很可能就是双方肢体上的接触。此时的冲突想要通过两人之间自己解决恐怕是不行了，至少是当时情境下的两人已不可能去自己调解开这个矛盾。这时候就需要在教师或其他人的干预，使其分开再进行冲突调解。

(二)角色游戏中大班幼儿冲突行为的起因

1. 角色游戏中冲突行为主要由游戏资源占有引起

通过分析大班幼儿在角色游戏中冲突行为的观察记录数据得知：65.6%的幼儿冲突行为是由"游戏资源占有"引起的；由"游戏规则维护或游戏意见分歧"引起的冲突的概率为22.4%；因"干预控制他人"引发的冲突的概率不超过10%；因"偶然行为"引起冲突的概率甚至不超过5%。由此可见，大班幼儿在角色游戏中冲突行为主要是由游戏资源占有引起的。

2. 不同游戏资源占有的具体冲突分析

(1)游戏材料占有

小九和强强两人都在扮演理发师，但是只剩下一把玩具剪刀。小九拿起剪刀正要用，强强过去对他说："我也要用!"小九回应："我也要用!"强强伸手去夺剪刀，小九护在怀里不放手，强强只好放弃，选择了一把小梳子代替剪刀。

这是双方由于游戏材料占有引发的冲突。

(2)游戏机会占有

老师组织森林动物角色扮演游戏，说举手举得最高的小朋友优先开始角色游戏。小九将手举得高高的，说："我举得最高。"小光看见了，于是站起来举手，高度超过了小九："我比你举得高，我可以先玩游戏!"小九去拽小光的手，说："我要先玩游戏!"随后准备爬上椅子举手，最后被老师制止。

这是双方由于游戏机会占有引发的冲突。

(3)游戏角色占有

医院游戏中只能有一位医生，小九和同班的东东两个人都想当医生。东东大声对小九说："是我先当的。"小九回应道："是我先当的。"东东反驳道："我当。"小九也不甘示弱，推了东东一把，将东东推倒在地，东东爬起来去找老师告状了。

案例中，小九与东东都想当医生，互相争抢医生角色，在言语、动作上产生纠纷，以至于产生冲突。

(三)角色游戏中大班幼儿冲突行为的解决方式

1. 协商交换、妥协让步和威胁屈服是冲突解决最常采用方式

通过表1可以看出大班幼儿在游戏角色中解决冲突行为的方式次数与百分比情况。此数据表明大班幼儿在角色游戏中解决冲突行为最常采用的具体方式是协商交换、妥协让步以及威胁屈服。

表1　角色游戏中大班幼儿冲突行为解决方式

统计方式	说理解释	道歉安慰	主动谦让	协商交换	告状求助	妥协让步	放弃离开	言语攻击	动作攻击	威胁屈服
数量(次)	13	8	11	21	16	20	8	0	1	20
概率(%)	10.4	6.4	8.8	16.8	12.8	16	6.4	0	0.8	16

2. 大班幼儿解决冲突的方式总体较为积极

解决冲突的方式主要分为三类，即积极方式(说理、道歉、寻求和解)、中庸方式(告状、妥协、放弃)、消极方式(言语威胁、肢体动作、互不相让、哭泣生气、直接争抢)。

通过观察记录得知，大班幼儿在角色游戏中解决冲突行为的方式类型主要是积极方式，次数为53次(42.4%)，其次是折中方式44次(35.2%)，其中出现次数最少的是消极方式，只出现了28次(22.4%)。

(四)大班幼儿在角色游戏中冲突行为的结束形式

1. 冲突行为结束形式以自主解决为主

通过观察记录得知，大班幼儿在角色游戏中的解决冲突行为有98次(78.4%)为“自主解决”，27次(21.6%)为“外部干预解决”。表明大班幼儿在角色游戏中冲突行为结束形式主要为自主解决。

2. 外部干预解决形式中以教师干预为主

通过观察外部干预解决形式中教师与冲突事件外的同伴干预次数和百分比分布情况得知，教师干预有21次(77.78%)，冲突事件外的同伴干预有6次(22.22%)。表明外部干预解决形式以教师干预为主。

三、角色游戏中大班幼儿冲突行为的影响因素分析

(一)幼儿自我意识较强，缺乏分享和共情

5—6岁的幼儿自我意识开始觉醒，但是并不能准确地判断是非。他们的人生观和价值观都比较模糊，所以他们的行为往往会跟社会准则和道德标准有所脱离。他们拥有朦胧的自我意识，做事并不能站在他人的角度去思考问题，去理解他人的行为和想法。

(二)家庭氛围不积极，幼儿缺乏安全感

幼儿的家庭环境对幼儿的性格习惯的养成起着重要的作用。当家庭氛围比较紧张和压抑时，在这种环境下成长的幼儿性格敏感，且没有安全感，对待人的外在表现就是容易发脾气，且孤僻不合群。若父母长期否定、不尊重幼儿的话语和意见，这种环境下成长的幼儿就会变得沉默寡言且不自信，遇到事情往往会选择迁就和忍让。

(三)教师缺乏有效策略，难以对冲突行为做出积极干预

教师在幼儿冲突中起着至关重要的作用，因为教师可以决定一场冲突的对与错，奖励与处罚。草率地对一起冲突做出判定会对受到委屈的幼儿内心产生极大的影响，并对之后解决冲突的方法和手段产生消极的影响。教师在遇到幼儿冲突的时候不应做一刀切或者决断性的判罚，而应该对冲突双方进行开导并还原冲突事件，引导双方去寻找解决方案。

四、教育建议

(一)培养和锻炼幼儿的共情能力

自我意识强是这个年龄段幼儿的特征之一，对此我们也不必过于紧张和焦虑。要通过引导和培养幼儿的分享意识，从而让幼儿渐渐产生共情的意识。

(二)教师引导幼儿自己解决冲突

在学校里教师在处理幼儿冲突的时候，尽量减少自己和弱化自身在冲突中的主导作用，让幼儿学会自己解决冲突，幼儿的主观意识强，要在事件中引导幼儿建立正确的是非观。

(三)创建良好的家庭氛围

良好的家庭环境有利于幼儿的身心健康发展。这个年龄阶段的幼儿有很强的模仿和学习能力。因此家长要以身作则，任何事情不能只要求孩子而不约束自己。在日常的行为准则中要贯彻正确的价值观和人生观，从小事一点一点地做起。

家长出现对立情绪的原因及对策研究

广东省深圳市南山区哈啰孔子幼儿园　陈　琪

一、理解和分析家长的对立情绪

(一)家长对立情绪的来源和心理动态

家长对于教师的对立情绪往往有着复杂的来源和心理动态。

首先，家长对教师的对立情绪可能与沟通不畅有关。沟通是家长和教师之间建立有效关系的基础，但由于双方可能存在误解、偏见或语言障碍等问题，导致沟通出现障碍。

其次，家长对教师的对立情绪也可能与教育观念的差异有关。每个家庭对教育有着不同的理解和期望，而教师所采用的教育方法和教学理念可能与家长的期望不一致。家长们可能认为学校的教育方式过于鼓励竞争或过于重视分数，他们更希望培养孩子的综合素养和创造力。这种教育观念上的差异会引发家长对教师的对立情绪，并可能导致争吵和冲突的发生。

最后，家庭背景和个人经历也会影响家长对教师的情绪态度。家长可能会受到自身成长经历的影响，在与教师交往时表现出对权威的反感或抗拒。如果家长在学生时代曾受到过不公平对待或学校不良环境的影响，他们可能对教育制度和教师产生怀疑和不信任的情绪。这样的情绪会对与教师的合作产生负面影响，加剧对立情绪的发展。

(二)家长对教师对立情绪的具体表现和影响

对于家长的对立情绪，其具体表现和影响涵盖了多个方面。

首先，在表现方面，家长可能会主动与教师产生冲突、对抗，表现出强烈的不满情绪。这种不满情绪可能表现为责备、指责、辱骂或者与教师进行激烈的争吵等。此外，家长还可能通过其他方式表达自己的对立情绪，例如拒绝与教师沟通、拒绝参加学校活动等。这些表现不仅给教师带来了心理上的压力，也会对孩子的教育产生负面影响。

其次，家长对立情绪的影响还体现在对家庭教育的干预和观念传递上。当家长对教师抱有对立情绪时，他们往往会在家庭环境中表达负面的观念和情绪，并将其传递给孩子。这种观念传递可能会导致孩子对教师产生偏见，对教师的教育方法和决策不信任，甚至产生敌对心理。这对于孩子的学习和发展来说是不利的。同时，家长在对待教育问题上的对立情绪也会影响家庭的和谐与稳定，对家庭氛围产生负面的影响。

最后，家长对立情绪的具体表现和影响还可能涉及学校和社区的社会关系。家长的抱怨和不满情绪可能会扩散到其他家长和社会网络中，形成一种负面的舆论氛围。这不仅对学校声誉和师生关系产生负面影响，还可能引发社会对教育问题的广泛争议与讨论，对学校和教育管理者形成一定压力。因此，解决家长对教师对立情绪的问题，对于维护学校和社区的和谐稳定具有重要意义。

二、处理家长对立情绪的策略

(一)利用心理学知识进行有效沟通和排解冲突

在处理家长的对立情绪时，利用心理学知识进行有效沟通和排解冲突是一种非常重要的策略。

1. 我们可以采用倾听的姿态与家长进行沟通。倾听不仅是听别人说话，更重要的是理解、接纳对方的观点和情感表达。家长在表达对立情绪时，可能会使用一些强烈的词语和情绪化的表达方式，我们应该保持冷静，不要轻易做出过激的回应。通过倾听，我们可以

更好地理解家长的关切和意见，并寻求双方都能接受的解决方案。

2. 了解并应用一些心理学的知识和技巧，也能够帮助我们更好地处理家长的对立情绪。我们可以采用积极的语言和表达方式，这样更容易引起家长的共鸣和理解。此外，运用肢体语言能够增强我们在沟通中的亲和力和信任度。同时，我们还可以学习一些解决冲突的技巧，如寻求妥协、寻求共赢等，这些方法有助于双方找到合适的解决方案，缓解对立情绪。

3. 在处理家长的对立情绪时，我们还应该关注沟通方式的灵活性和个体化。每个家长的性格特点和沟通偏好不同，我们应该根据不同的情况灵活调整沟通方式和策略。有的家长可能更喜欢面对面交流，有的家长可能更习惯书面沟通。因此，我们要灵活运用各种沟通方式，尊重家长的偏好，建立起更加亲近的合作关系。

（二）树立良好的家校合作关系，减少对立情绪的产生

1. 建立家校沟通渠道，建立家校合作关系的基础。学校可以设立家长会、家校协作小组等机制，定期组织家长与教师进行面对面的交流和沟通。家长可以了解学校的工作情况、教育方针和教育资源的分配，同时也能向教师反馈孩子的学习情况和需求。通过多个方面的交流，家长对学校的了解会更加全面，从而减少对立情绪的产生。

2. 加强家庭教育与学校教育的衔接，增进家校合作关系。学校可以开设亲子教育课程，邀请家长参与其中，让家长了解学校对学生教育的理念和方法，提供家庭教育的指导和支持。同时，学校也可以定期组织亲子活动，促进家长和孩子之间的交流与合作。通过家庭教育与学校教育的有机结合，家长能够更好地理解学校的教育目标和对学生的要求，减少对立情绪的发生。

3. 鼓励家长参与学校决策和管理，促进家校合作关系的良好发展。学校可以成立家长代表团体，邀请家长参与学校的决策和管理工作。家长代表可以代表家长们的利益和诉求，为学校提供宝贵的建议和意见。通过家长代表的参与，家长与学校的联系更加紧密，理解和信任的关系得以增强，从而减少对立情绪的产生。

4. 学校应该注重倾听家长的声音，重视家长的参与。教师可以定期开展家校互动，例如家长家访和家长工作坊等，主动与家长进行对话和交流。这种互动的机会能够让家长感到被尊重和听到，也能够让教师更好地了解家长的需求和意见。通过倾听家长的声音，学校可以更加针对性地改进自身的教育和管理，避免与家长的利益冲突和对立情绪。

三、结语

在当今社会，学校教育扮演着与家庭教育并重的角色，而家长与教师之间的合作与互动关系对于幼儿的成长起着至关重要的作用。然而，在一些情况下，家长对于教师或学校可能会产生对立情绪，这不仅会影响学生的学习氛围和家校合作，同时也会对家长和教师的心态和工作效果造成负面影响。因此，处理家长的对立情绪成了一项非常重要的任务。它有助于建立和谐的家校关系，提升教育质量和学生的学习成果，同时也是一项具有挑战性的任务。因此，我们需要意识到其重要性，并积极地采取措施来处理这种对立情绪，以促进家校之间的良好合作关系，为学生的全面发展营造良好的环境。

幼儿园开展手工活动存在的问题与对策建议

广东省深圳市福田区科技中学附属幼儿园　曾珠苗

手工活动是幼儿园教育的重要组成部分，也是幼儿发展的重要途径。通过手工活动，

幼儿可以锻炼手部协调能力、想象力和创造力，培养动手能力和耐心等。然而，在实际开展手工活动时，也存在一些问题，例如幼儿参与程度不高、手工活动缺乏创意和趣味性等。这些问题给幼儿园手工活动的开展带来了一定的困难和挑战。因此，分析手工活动存在的问题，探讨对策建议，对于提升幼儿园手工活动的质量和成效具有重要意义。

一、幼儿园开展手工活动存在的问题

(一)幼儿参与程度不高

很多幼儿对手工活动的参与没有积极性，甚至出现拒绝的情况。这一方面可能与幼儿本身的兴趣爱好有关，另一方面也与幼儿园的教育方式和手工活动的质量有关。一些幼儿在参与手工活动时，缺乏对图案设计和色彩的想象力，无法充分发挥自己的创造力。此外，有些幼儿在参与手工活动时，无法按照指导进行操作，或者过于匆忙，导致手工作品无法完成。另外，手工活动需要一定的耐心和时间，但有些幼儿会因为缺乏耐心而不愿意参与。

(二)手工活动缺乏创意和趣味性

一是缺乏新意。部分手工活动缺少新意，往往是在传统的拼图、剪纸等基础上进行简单的变形，幼儿对这些手工活动缺乏新鲜感，进而没有兴趣去参与。二是活动形式单一。有些幼儿园开展的手工活动只有制作贺卡、画画等，这些手工活动虽然简单易操作，但容易让幼儿感到无聊。三是缺少趣味性。一些手工活动在设计上过于单一和简单，缺少趣味性和挑战性。这种手工活动往往只是机械地操作，缺乏足够的创意和冒险性，使得幼儿难以产生兴趣。

(三)手工活动准备不足

一是缺乏足够的材料和工具。幼儿园手工活动需要特定的手工材料和工具，但往往由于种种原因，园所配备的手工材料和工具不足，或者不全面、不合适，无法满足幼儿手工活动的需求，从而导致手工活动准备不足。二是缺乏活动准备。手工活动的顺利开展需要严谨的计划和筹备，但是在实践过程中，幼儿园为手工活动的准备工作做得不充分，导致幼儿的手工活动无法实现预期目标。三是缺乏安全保障。托幼机构的手工活动涉及安全问题，需要做好相关的保障措施。但在一些幼儿园中，没有完善的安全保障机制。

二、对策建议

(一)提高手工活动的趣味性和创意性

幼儿的个性差异和好奇心应得到认识和尊重。有的幼儿喜欢色彩鲜艳、线条规整的作品，也有的幼儿喜欢气氛热闹、自由的活动。因此，在幼儿园开展手工活动时应该考虑到幼儿的特点和个性，注重多样化和个性化，选择不同素材、工具或游戏展开教学活动，鼓励学生去发挥自己的想象力。此外，手工活动的创意性、趣味性直接关系到幼儿能否获得真正的乐趣。因此，关注手工活动内容和主题的创意性非常重要。教师可以提供大量的新鲜素材，例如色彩搭配、纹理和材质配合使用等方式，去激发幼儿的想象力和创造力，再将这些创意灵感转化成实际的手工作品。另外，借助编织类的活动，孩子们可以学习如何制作自己的手工作品，同时也能够学会团队合作与互动交流。这不仅可以培养孩子们的想象力和创造力，还可以提高他们的动手能力、眼手协调能力以及思维和逻辑能力，为幼儿园手工活动增加更多的内容和形式。

(二)丰富手工活动的内容和形式

首先，要增加手工活动内容的多样性。为了促进幼儿多方面的发展，幼儿园在手工活动中可以充分加入各类材料、各个主题和故事，从而让幼儿在手工活动中接受更广泛和更具挑战性的内容。例如，通过让幼儿制作生日糖果盒或者花盆，激发他们的独立性、合作性和创造性。其次，要增加手工活动形式的多样性。手工活动不仅应该有多样的内容，还

应该有多样的形式。幼儿园可以举办手工创作比赛，组织幼儿分工合作，甚至可以让幼儿互相交换手工制品。这样可以让幼儿在手工活动中充分体验到快乐、实践和成就感，同时也增强了幼儿的参与感和归属感。最后，要创造生动有趣的环境氛围，从而更好地激发幼儿的创造和想象力。比如手工教室内可以布置一些玩具、装饰品等，以吸引幼儿的注意力和兴趣。在手工活动中，还可以适当加入音乐、故事、童谣等元素，增强幼儿的参与度和专注力。总之，幼儿园在开展手工活动时，应该不断创新，丰富内容和形式，努力营造适合幼儿的有趣、生动、丰富的手工活动环境。这样才能有效提高幼儿的综合素质和技能，促进幼儿全面发展。

（三）建立健全的手工活动准备制度

首先，要明确手工活动目标。手工活动是幼儿园的一个重要环节，其目标是提升幼儿的动手能力和创造力，激发幼儿的好奇心和想象力。为了保证手工活动的质量，幼儿园应该在制订手工活动计划前，明确手工活动的目标和标准。其次，要规范手工活动流程。幼儿园应该建立手工活动流程，明确流程中每个环节的工作内容和责任人，确保手工活动的顺利进行。最后，要建立材料库。幼儿园应该建立专属的材料库，统一管理手工材料和工具，定期对材料库进行更新维护以保证其中的全部物品质量。

以编织类活动为例，准备流程是幼儿园开展编织类手工活动的重要步骤之一，它可以帮助幼儿园更好地开展编织类手工活动，从而让孩子们获得更多的乐趣、学习成果和收获。以下是幼儿园开展编织类手工活动的准备流程：

1. 明确编织类手工活动的目标和主题

在准备编织类手工活动之前，应当先明确活动的目标和主题。例如，可以为孩子们准备一个小项目，例如制作毛绒玩具或手环，或者在手工袋上印一些图案和文字，帮助幼儿掌握制作手工作品的流程和技能，锻炼他们的手部协调能力。

2. 准备相关手工用具和材料

为了让孩子们顺利地体验编织类手工活动，需要准备相关的手工用具和材料，例如编织机、绒线、毛线、剪刀、针等。在准备过程中，应当注意选择符合孩子们年龄特点的手工材料和用具，确保孩子们安全。

3. 组织培训活动

开展编织类手工活动需要一定的技巧和知识，因此幼儿园应当组织培训活动，帮助教师掌握更多的编织类手工技巧，以便于更好地指导孩子们体验编织类手工活动。

通过以上流程，幼儿园可以在开展编织类手工活动前做好充分准备，以保障孩子们顺利地体验手工活动。

三、结语

解决幼儿园开展手工活动存在的问题，需要幼儿园教师结合幼儿园实际情况，提高手工活动的趣味性和创意性，丰富手工活动的内容和形式，建立健全的手工活动准备制度。

自主游戏中如何给幼儿提供有效的环境材料

广东省佛山市顺德区龙江龙外附属幼儿园　高红芳

蒙台梭利认为，环境在儿童的生理和心理的发展中具有重要的作用。儿童的发展是有机体与“适宜的环境”相互作用的结果。游戏环境的创设和玩具材料的投放，要在观察、了

解幼儿的基础上，根据幼儿需要进行。

一、提供适宜空间

《纲要》指出："环境是重要的教育资源，应通过环境的创设和利用，有效地促进幼儿的发展。"幼儿游戏易受眼前情境和刺激物的影响，不同情境和刺激物能引发不同的游戏。因此，环境是幼儿自主游戏的基础和前提。

1. 设置有"围合感"的区域。在这种空间里幼儿会有安全感，能放松、自在地投入游戏，不会介意有人中断他们的游戏。如一棵带有阴凉的大树和草坪，一个帐篷，一个城堡或其他封闭、半封闭空间。

2. 环境空间大小"恰当"。游戏环境蕴含了各种教育因素和契机，环境影响幼儿的行为，进而影响幼儿的发展。例如，环境宽敞，适合奔放的游戏。相对封闭的空间，有助于幼儿专注游戏，有益于智力游戏的开展。空间太大，幼儿会乱跑乱撞；空间太少，又会有争抢现象发生。

3. 设置"娃娃家"。各种游戏都可将开放的"娃娃家"贯穿其中，这会是孩子们休息、社会交往的"润滑剂"，更多孩子会以"娃娃家"为"基地"，在这里做饭、吃饭、照顾孩子、休息，这些是他们最熟悉的主题，因此可将游戏主题不断拓展。此外，彼此相邻的"娃娃家"与建构区，孩子们会在区域间往来并不时丰富自主游戏内容主题。

4. 根据主题定期对空间进行规划布局和调整，利用幼儿园的环境、设施设备，将室内室外空间相连，还可引导幼儿自主规划场地，提高孩子们的计划性，发挥其主动性、主体性，提醒孩子们注意环境的安全。

此外，教师要关注不同个性的幼儿。不同性格的幼儿会被不同环境所吸引。只有幼儿在不同环境中寻找到舒适感，才会与环境良好互动，激发想象和创造。例如，活泼好动的幼儿会被大空间、少约束的环境而吸引，室外的交通游戏、野趣场、洗车店、停车场会是他们向往的地方。而文静的幼儿喜欢私密角、"娃娃家"、阅读区活动等。

二、提供开放多元的玩具材料

玩具材料是幼儿开展自主游戏的重要物质基础。《纲要》明确指出："幼儿园的空间、设施、活动材料和常规要求等应有利于引发、支持幼儿的游戏和各种探索活动，有利于引发、支持幼儿与周围环境之间积极的相互作用。"为让自主游戏持续、有效进行，提供材料时要注意以下几点。

1. 材料物品数量充足

丰富的物品材料能促进幼儿游戏，幼儿思维具有直觉行动性和具体形象性的特点，幼儿是在与材料的直接感知、实际操作和亲身体验中发展的。提供玩具数量要考虑以下三点。

第一，要考虑幼儿年龄。年龄小的幼儿以自我为中心，针对这年龄段的幼儿可提供相同品种多些的玩具，避免冲突。例如，一次在游戏中见幼儿为一个碰铃而发生争斗。随后，我增加了多对碰铃，于是更多孩子愉快地参与其中，解决了游戏中被冲突打断的争执场面。

第二，玩具材料数量要恰当。数量、品种过多时，易分散幼儿的注意力，使幼儿分心，不能专一、持续地探究和游戏。投放材料要考虑幼儿兴趣、发展需要、游戏类型需要，做到有的放矢。

第三，当提供的材料不能满足每个幼儿需求时，要有其他策略。如幼儿园电动车辆数量有限，可通过轮流玩耍，先让一旁幼儿记录，在商定的规则下学会等待，使游戏有序进行。

2. 考虑不同性别幼儿喜好

不同性别幼儿，对不同颜色不同类型的玩具兴趣不同。若在建构区添加"娃娃家"的东

西，会吸引女孩参与游戏中来。若增加男孩子喜欢的乐高积木或蓝、灰、黑色调的车辆物品等，激发男孩子探索体验和挑战的机会。

孩子们的游戏会根据周围可用的游戏材料、游戏情景发生变化。例如，角色扮演的衣服或其他主题相关的材料道具，能促进幼儿角色游戏的开展；面对拼图材料，幼儿常常习惯单独游戏；橡皮泥适宜玩平行游戏。玩具品种越多，自由游戏中的选择越多。例如，建构游戏需要积木、纸箱、纸盒、可镶嵌的各种材料；合作游戏，如厨具、车辆、生活用品、故事相关的道具等材料，会在不知不觉中促进、引发孩子将自主游戏走向深入。

3. 提供适合不同年龄、不同认知水平幼儿的实物和仿真物品

年龄小的幼儿以直觉行动思维为主，投放真实物品更易引发游戏；中班幼儿，形象思维为主，投放仿真玩具，促使他们假想游戏，反映日常生活经验；大班幼儿抽象思维开始萌芽，提供更多抽象的物品进行假想游戏，能拓展其想象力。孩子们使用替代物品或假想物品与他人进行游戏，这种能够替代的技能能为孩子的角色、游戏主题和游戏同伴提供灵活性。区域内，经常变换抽象实物和仿真物品，能为不同认知阶段的幼儿提供不同游戏的机会。

玩法、功能固定的材料为高结构材料，如布娃娃、动物卡、标本、玩具车；功能、玩法开放，有无限变化的材料为低结构材料，如不同色彩的毛线、纽扣、瓶盖等，不同气味，不同声响、不同触觉的沙子、石头、泥巴等。教师可根据孩子年龄认知水平不同，分别提供高、低结构的物品。年龄大的幼儿多喜欢非结构材料，用纸板箱、废旧材料、纸张就可开展任何游戏的主题；年龄小、认知、语言和行为发展层次低的幼儿，以高结构的实物开展游戏兴致会更高。

4. 提供与主题相关的道具

当幼儿对游戏失去兴趣时，就需要教师介入，这时通过投入更多与主题相关的道具，帮助他们拓展主题。教师可以通过提供的道具，引导幼儿该怎样玩以及怎样与人交流。游戏过程中，教师还可用语言提示、引导鼓励孩子假想游戏情景，促进不同认知发展阶段的幼儿在游戏中获得不同的发展。

5. 提供可移动、变化与组合的玩具

能灵活操作移动的玩具材料和物品，不固定在一处，可出现在多个游戏场地。幼儿在与玩具材料的互动探究中，想象、建构自己对世界的认识。可移动玩具不受玩具材料位置的局限，能为幼儿游戏提供各种方便。如纸盒，可用于拼搭建构游戏，又可用于“拖小猪”体能游戏，还可用于大套小来摆放的益智游戏等。再如，大小高低不同纸筒，在不同的地方，可以是树木，可以是饮料，也可以是花瓶等，幼儿可根据自己需要和想象操作玩具材料，变化出多种玩法。

能组合的玩具材料具有无穷无尽的玩法，能生成品种繁多的游戏，促进孩子游戏向纵深开展。例如，户外若只有梯子，幼儿游戏基本是攀爬、走平衡木等简单游戏环节；如果通过增加各种辅助材料，如轮胎、球、弓形门、体操垫、平衡木、积木等多元材料，就能进一步激发幼儿组合出多种情景，玩出富有变化的各种体能游戏、建构游戏、表演和挑战的游戏等。这样有利于幼儿兴趣的保持，还有利于幼儿综合技能和创造性的发展。因此，要注意材料之间的关系，特别重视材料可组合的特性，提供多种选择、变化和组合的可能。

三、结语

自主性的发展对幼儿的一生影响深远，具有自主性的幼儿会有更高水平的自尊和自信，也更幸福。游戏是幼儿的基本活动，幼儿自主性的发展要落实到幼儿园一日环节和幼儿的基本活动中，才能起到理想效果。自主游戏注重放手让幼儿自主选择和决策、自我反思调

控、自我规范负责，为幼儿自我成长奠定坚实力量。环境是重要的教育资源，那么，给幼儿一个适合他们的兴趣需要和已有经验，也适合幼儿最近发展区的环境，可有效助推幼儿的全面发展。

多动症儿童班级教育现状个案观察分析

云南省昆明市盘龙区东华幼儿园　姚丽芬

一、问题的提出

(一)幼儿园多动症儿童R的个案基本情况

因为爸爸、妈妈工作忙，R小朋友从小是爷爷奶奶带大的。刚进入小班时，R小朋友表现出了与众不同的调皮：在室内活动时，经常满教室乱跑，情绪、行为自控能力弱，与班级幼儿相处中常“打”小朋友；户外活动时，缺乏集体意识和安全意识，常独自一人站到玩具架上使劲往下跳。教师认真地向R的妈妈交流R在园的表现和存在问题。R小朋友对自己的犯错能很快认错，但相似的问题一再重复。经园方提醒，家长带孩子到儿童医院做了专业检查，鉴定为多动症。

(二)关注多动症儿童家园融合策略的价值

幼儿园非常重视党的“十四五”规划中关于在普通幼儿园践行融合教育的规划方向，关心多动症儿童R小朋友的发展状况。多动症存在着多元化的特点，包括遗传、环境、心理等多种因素，对于儿童今后的发展造成了严重的障碍。所以，在学前教育阶段采取有效的手段来进行早期教育干预，缓解其症状显得尤为重要。

(三)核心概念界定

幼儿园融合教育：针对3—6岁有特殊教育需要的儿童，将他们与普通儿童安置在同一教育环境中，以两者共同活动的融合教育为主，使其享有同样的学习资源，并提供多方面的支持和辅助满足其发展需求，同时促进彼此接纳、合作、成长。

多动症儿童：在发育过程中出现以注意力缺陷为主要特征，并伴有过度活动、情绪冲动、认知障碍和学习困难的一组综合征的儿童。

二、研究设计与实施

(一)研究对象

以昆明市盘龙区D幼儿园多动症儿童R小朋友及其所在班级的教师、幼儿、家长作为研究对象。

(二) 研究方法

文献法：主要通过查阅相关书籍资料、数据库等，收集“学前融合教育”“特殊需要儿童”“多动症儿童教育策略”“融合教育家园共育”等相关主题的期刊论文、硕博论文共195篇，并对相关文献进行筛选、分析、整理。

观察法：自2022年9—11月观察了幼儿在园一日生活、学习过程中出现的多动症行为，通过观察所收集的信息进行记录与分析。

访谈法：采用正式观察、访谈和非正式观察、访谈两种形式，了解班级管理中师生、家长对多动症R小朋友的接纳、教育现状并进行分析，整改多动症儿童班级管理融合策略，宣传、落实幼儿园融合教育，为R小朋友在园有爱、有质量的学习、成长奠基。

个案研究法：为R小朋友建档，对其家庭基本信息、教育状况进行全面、深入观察、

分析，观察记录幼儿在园一日活动中的表现，为班级个案持续性的融合教育研究提供思路和方向。

(三)研究程序

①查找文献资料，了解多动症的概念、危害及影响多动症的因素；②确定研究对象；③分别通过访谈、观察调查了解个案班级管理中的教育现状；④对调查数据进行汇总、分析，得出结论；⑤针对结论提出建议，为课题的进一步研究提供方法和思路。

三、案例分析

通过查找文献资料，了解到影响多动症儿童发展的因素有器质性因素、遗传因素和环境影响因素。

幼儿每天在园生活、学习近10个小时，从班级管理的角度进行实践研究，对多动症幼儿在园早期教育干预更具时效性。因此，幼儿园从五个维度(多动症儿童的认知、情感、态度、教育方法、环境创设)对班级管理中师生、家长对多动症儿童R的教育现状进行了观察、访谈，共收集106件有效案例，汇总数据并进行分析。

案例1——班级教师角度的案例分析

经访谈和观察发现：在班级管理初期，教师认为R太闹腾，经常需要一个教师专门看顾，班级教师感觉疲惫和协调困难；班级教师在开展活动时怕R打人，常让他单独坐一边；活动中给予R发言、表现的机会不多；R交往技能欠缺，和小伙伴玩时常因动作、方式不当引发纠纷，教师有时显得冷淡不关心。

班级教师对于多动症幼儿的态度、教育方法显现出专业程度不够，缺乏对多动症儿童的人文关怀和教育智慧；虽然R和班级幼儿同处一室，但座位方式和心理上让R处于孤立和被漠视的状态，对R小朋友的社会情感和整体发展极为不利。

案例2——班级家长群体角度的案例分析

因为R与同伴的相处时经常发生行为冲突，同班级大部分家长不喜欢R及其家庭，甚至迁怒R的家长，认为“子不教，父母之过，你家不会管，我来帮你管教”，对R及整个家庭持否认态度。

经调查，班级家长群体并不了解R是多动症儿童，多动症儿童家庭和班级家庭群并未建立良好的沟通、交流，班级教师的桥梁纽带作用在此环节出现断层，加大了班级家园管理工作难度。

案例3——班级幼儿同伴群体角度的案例分析

孩子们怕R，说他爱打人，出现纠纷时，同伴经常把R确定为过错方(经调查，其实并不一定是R犯错)。在此过程中教师未发现教育契机，引导班级幼儿及时研讨和交流。

班级中有多动症儿童，是个教育难题，也是极好的开展融合教育的时机。引导班级幼儿逐步建立实事求是、公平研判的思维，提高班级幼儿对多动症儿童的接纳、关怀和温暖，才是班级管理中应追求的教育价值。

总体来看，班级管理中教师自身融合教育专业技能和思想薄弱，教师、幼儿同伴、家长群体对多动症儿童R缺乏融合共育的意识及行为，班级管理中未能形成良好的融合教育环境对R进行有效的早期教育支持。

四、研究结论

教师是幼儿园开展融合教育的主要实施者，教师群体的融合教育素养、专业能力在班级融合管理中起着至关重要的作用。提高教师群体对融合教育理念、技能、家园共育方法，加大宣传融合教育理念的力度，才能引领班级幼儿、家长群体创设“最小无障碍”的班级融合环境，构建接纳，关爱、共情、包容、相互支持的班级教育管理共同体，形成家园融合、

师幼融合、幼幼融合共同和谐发展之路。

五、建议

第一，园所应从宏观管理上给予班级教育管理支持。

幼儿园应创造条件，在保障班级幼儿享有"两教一保"的标准配置基础上，增加一名特教教师，让特教老师针对R开展个训及指导，既实现普通教师和特教教师专业成长上的双向融合，又实现普通幼儿和个别特殊儿童共同发展的目标。

第二，加强融合教育培训，把师爱和普特专业的融合作为教师专业成长的目标。

运用高校、特校、社区资源对教师进行融合教育培训、跟岗，加强教师对融合教育理念和教育方法的学习。教师在班级教育管理实践中，要尊重R是班级中的一员，从座位、活动参与形式、指导方法上让R和班级儿童融合为一个整体，一起接受有温度、高质量的幼儿园教育。

第三，发挥教研组引领作用，融合教育从"心"的接纳开始：尊重差异，和而不同。

教研组应带领班级的老师开展专题研讨：谈谈你眼中的R。在对R的班级管理中，你觉得需要哪些支持和改变？引导班级教师养成观察、记录、反思、交流的习惯，指导教师尊重、接纳"与众不同"的R，教育中给予更多的爱和指导。

第四，引进高校、特校融合教育专家资源，指导幼儿园成立融合教育团队，开展对多动症儿童早期教育的实践研究。

为R建立个人档案，通过教育评估为R小朋友制订融合教学计划和个训方案。针对多动症儿童R现状，结合幼儿园的一日作息，丰富活动方式，加强R的感统练习，加强其协调、自控能力，增强其注意力和安全意识。

第五，班级教师引领，丰富班级融合教育活动，构建班级管理融合教育成长共同体。

启动"他"和"我们"系列关爱活动，采用家长沙龙、"感恩遇见"、案例分享R小故事、融合绘本阅读、表演等形式，运用移情方式让家长、幼儿同伴愿意从情感、行动上给予R及其家庭更多的理解、接纳、包容和支持。

计划循环：图式理论支持下培养托班幼儿物品整理能力的实践初探

浙江大学幼儿园西溪分园　姚晓兰

一、观察：托班幼儿整理能力现状

相比较小班，托班幼儿由于年龄小，各种生活经验比较少，生活自理能力弱，就会面临更大的挑战。在新托班，幼儿首先遇到的生活自理挑战就是玩具、物品的收拾整理问题。托班幼儿在收拾整理物品方面常出现以下几个问题。

1."玩好就走"——不愿收

为了缓解托班幼儿入园焦虑情绪，班级会提供丰富、充足的玩具供幼儿游戏使用，但孩子们并没有意识到要收拾整理玩具，会出现"玩好就走"现象，教室地面大部分时间都是满地的玩具。

2."胡乱一堆"——不会收

游戏结束，教师引导要收玩具了，有几个幼儿愿意帮忙一起收拾，但是却噼里啪啦地把所有玩具都往一个筐里胡乱一堆。

基于以上现状，我们认识到，可以利用托班幼儿的行为图式迁移运用到生活情景中，

来尝试解决问题。

二、认识：婴幼儿游戏图式概念

(一)关于图式概念

瑞士儿童心理学家皮亚杰最先认识到5岁以下儿童具有有组织的行为模式。英国《儿童早期基础阶段》框架中也融入了图式发展理论，并给出了图式的定义。

图式：儿童重复的行为模式。这些模式通常可以在儿童的游戏中被观察到，并且不同儿童的行为模式有所不同。

(二)托班幼儿游戏中的图式

托班幼儿爱玩、会玩、能玩，动作发展与认知水平高于预期，并能观察到出现了以下几种常见图式游戏。

观察一：

自主游戏中，小雅(2岁2个月)和六六(3岁)爬进了原本装皮球的收纳筐，朝朝(2岁9个月)和豆包(2岁9个月)也来了，四个人一起挤在了收纳筐。挤了一会儿后，朝朝和豆包一起爬出了筐，转而向前推动筐子。游戏中，孩子们交换推筐，乐此不疲。(装填图式、搬运图式)

观察二：

区域自主游戏中，佩奇(3岁)花了很长时间把手指偶小动物排成了长长的队伍，不让我们移动，说："小动物们在排队。"(定位图式)

分析：

托班幼儿喜欢把自己装进筐子，把气球装进推车——装填图式；给小动物或其他玩具排队，玩手抓板拼图——定位图式。幼儿利用重复的活动来帮助自己练习、记忆、组织自己的想法，每次投入图式游戏实际就是在强化学习，把自己的经验和以前的经验联系起来，通过亲身体验来学习。

三、思考：结合计划循环拓展图式行为

近期本班幼儿对装填、搬运、定位游戏非常感兴趣，我们试图将这样的图式行为联结到物品收拾整理能力现状问题。

搬运图式：到处移动和搬运物体。

装填图式：把自己或不同的东西放进某些容器。

定位图式：喜欢仔细地将物品排行或摆成图案以及找准它们的位置。

本文结合塔姆辛·格里梅(Tamsin Grimmer)提出的计划循环(参考Tamsin Grimmer《观察婴幼儿的游戏图式——支持和拓展儿童的学习》)，根据幼儿的当下兴趣与需求，将观察到的常见的动作图式导向新的情境中，同时调整环境或材料，做出下一步的支持计划，以促进幼儿动作的协调、灵活，经验的习得。

如图1所示，我们记录所观察到的幼儿的动作、表达、行为和语言(观察)，分析、解读我们所看到的(评价)，然后为个别或全班幼儿做出下一步适宜的决策(计划)，实践后再次观察、分析，做出后续调整，形成"观察—评价—计划"的循环。在本文中，借助表格形式呈现计划循环的实践记录。

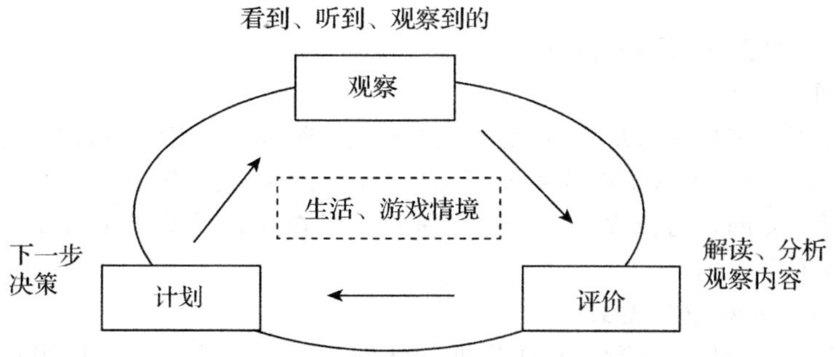

图 1　计划循环模式(1)

四、实践：借助图式理论初探计划循环

(一)游戏活动：玩具宝宝回家

我们思考满地无人问津的玩具与动作图式的内在关联。创设“玩具宝宝回家”的游戏情境，通过将玩具宝宝装进筐并运送到指定的区域，促使幼儿养成收拾及整理玩具的习惯(见表 1)。

表 1　第一阶段(分类装填)

<table>
<tr><td rowspan="3">环节</td><td>观察</td><td>托班幼儿喜欢把自己装进筐子，还会把自己装进纸箱，玩沙活动中认真把沙子装进小桶，并且喜欢利用车子、容器把东西从一个地方运送到另一个地方。</td></tr>
<tr><td>评价</td><td>游戏中出现装填图式、搬运图式，幼儿可能正在思考空间与容积概念的大小，探索“距离”和“路程”，我们可以为幼儿提供很多“装”和“运”的机会，锻炼发展大动作。</td></tr>
<tr><td>计划</td><td>情境创设：玩具宝宝回家。
材料提供：为小汽车等小型玩具准备统一颜色的小号玩具筐；为建构区大积木提供统一颜色的大号玩具筐；收拾整理音乐。</td></tr>
<tr><td colspan="2">观察与成效</td><td>收拾整理音乐响起。教师示范拿起小汽车轻轻放进收纳筐，说：“汽车宝宝要回家了。我的朋友们在哪里?”拿出白色大筐说：“彩色积木宝宝也要回家了，看看我的家是什么颜色?”妙妙大声说：“是白色。”孩子们被吸引过来，开始分头捡起散乱的积木，装进不同的收纳筐。孩子们也跟着说：“玩具宝宝回家啦。”
孩子们把散乱的玩具宝宝都装填到了各自的“家”。孩子们把玩具筐放在了地面中央，教师搬起收拾好的玩具筐放进了玩具柜。
发现问题：玩具宝宝真的回到家了吗？还能提供哪些支持？</td></tr>
</table>

经思考，此时还需要进行下一步的调整计划，提供更多帮助玩具宝宝回到家的支架(见表 2)。

表 2　第二阶段(定位运送)

环节	观察	在第一阶段，托班幼儿喜欢大家一起收拾玩具，会把收拾好的玩具筐递给老师，或放在地面，但不确定送到哪里。
	评价	托班幼儿已经有了对物品摆放有固定位置的意识，可以提供让孩子们尝试一一对应的游戏机会，引导幼儿尝试将玩具搬运到定点位置。
	计划	情境创设：玩具宝宝回到家了。 材料提供：在柜面贴上对应玩具的照片；放置玩具的托盘或玩具筐上也贴上对应的照片。
观察与成效		“我来吧”，“我也要”，孩子们非常愿意送玩具宝宝回到自己的家。他们的脸上透露的是：我能行。 其他(区域游戏)： 区域游戏中，孩子们也能在“玩具宝宝回家”的情境引导下开始自主收拾玩具，把玩具按照柜面的照片一一对应。收整环节逐渐成为游戏活动中一项重要环节。

(二)生活活动：宝宝自助点心屋

托班幼儿逐渐具备整理意识，外部大动作得到充分的练习，同时还需要进一步利用运动来增强小肌肉的灵活性(见表 3 和表 4)。

表 3　第一阶段(定位装填)

环节	观察	托班幼儿把蔬菜水果放进锅里，各种食物放进容器，将做好的食物放在桌上与同伴一起分享。
	评价	幼儿烧饭、做菜，准备食物过程中发生了装填游戏。教师可以利用幼儿当下兴趣点，尝试将这样的行为进一步拓展到真实情境，放手让幼儿开始“自助点心屋”环节。
	计划	情境创设：宝宝自助点心屋。 材料提供：宝宝自助点心屋，提供适宜的夹子、勺子、盘子；提供不同大小的收纳盆，请幼儿将餐具(勺子、盘子)送回指定位置。
观察与成效		小雅(2 岁)选择用夹子夹取苹果，经过几天的重复练习，小雅学会了用夹子夹住水果，装好点心后，自然会用两只小手端着盘子到用餐区。在这一系列动作里，孩子们发生了装填、搬运的图式。

表 4　第二阶段(定位运送)

环节	观察	经过一周左右的点心屋游戏，托班幼儿基本掌握了拿取水果的方法。
	评价	幼儿的小肌肉在重复的图式中得到了充分的练习，动作越来越熟练，还可以继续为幼儿提供更多展示自我的机会。
	计划	情境创设：我是小帮手。 材料提供：午餐后邀请小帮手，帮忙搬运午餐后的餐盆(独立或合作)；日常开展简单的垃圾分类活动；其他随机生活事件。

续表

观察与成效	午餐后，老师邀请馒头(3岁)，“馒头，你要不要当我的小帮手？我们一起搬餐盘。”馒头非常愉快地同意了：“馒头要当小帮手。”说着馒头一把抬起餐盘走到餐车前，说：“我把它放到里面。” 其他(家园)：当我们把这样的画面分享给家长时，得到了家长的一致肯定，同意在家一起配合培养。

如图2所示，通过“玩具宝宝回家”与“宝宝点心屋”的生活情境的创设，教师与幼儿构建了一个积极向上的计划循环模式。在这个“观察—评价—计划”的循环实践中，教师利用图式游戏培养幼儿良好的行为习惯，同时发展幼儿的自主服务能力，并让幼儿在游戏情境中感受到为他人服务的快乐感与成就感。

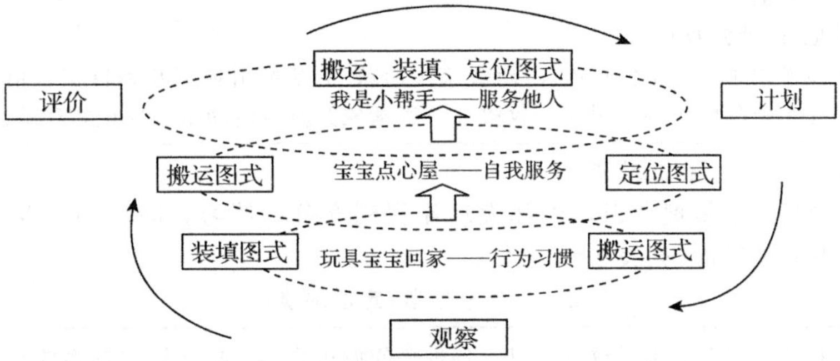

图2 计划循环模式(2)

五、小结：图式理论对于支持幼儿学习的启发

以上两个情境的“计划循环”实践，教师从中得到一些启发。

(一)尊重幼儿：读懂幼儿图式背后的秘密

要相信幼儿是有能力的、自信的学习者。即使是托班幼儿，通过重复的图式游戏，也已能具备基本的整理意识与能力，且超出预期能力水平。要读懂、满足幼儿对重复游戏的需要，允许他们继续做当前的图式行为，让幼儿感觉到被尊重而变得更有自信。

(二)支持幼儿：进一步支持拓展图式游戏

我们针对图式游戏提供更有关联性的持续计划，包括探索活动、创造性游戏、启发性活动等，并辅以相应的活动和资源支持，使整个计划更有持续性和挑战性，支持幼儿获得新的知识和经验。

(三)建立合作：与家长建立双向信息流动

教师有责任向家长传达有关幼儿图式的信息，以及其他生活方面的事情，如果教师对幼儿当前图式的支持能够在家庭得到强化，那么幼儿的进步就能得到进一步强化，这样的计划循环也会更加完整。

地方饮食文化在幼儿园“和融课程”中的应用与实践

——以饮食坊为载体的策略研究

浙江省衢州市龙游县寺后中心幼儿园　卢　宁

一、地方饮食文化和融课程的价值

在幼儿教育中，社会领域的教育是非常重要的一部分。我们应充分利用周围的资源，帮助幼儿感受祖国文化的丰富和优秀之处，以及家乡的变化和发展。通过这种方式，我们能够唤起幼儿内心对家乡和祖国的热爱，让他们在情感上更加牢固地扎根于这片土地上。这也是幼儿园教育中不可或缺的一个环节，需要我们给予足够的重视和关注。而地方饮食文化资源即是一种能够促进幼儿形成良好社会品质的教育资源，它可以有效激发幼儿的社会情感。不同的地域有着截然不同的饮食文化，教师整合多方资源搭建地方饮食文化和融课程(园本课程，旨在实现各地域之间生活习惯、饮食文化等各方面的融合，促进幼儿多元化的和谐发展)，使得幼儿可以从中获得各地饮食文化经验，拓宽幼儿视野的同时，构筑起了幼儿对于不同地域饮食文化的包容性，促进了各地饮食文化在幼儿园中的交融。不同地域的丰富多样的饮食文化，为幼儿的身心发展提供了有利的成长环境。通过这种教育影响，幼儿可以更好地了解和体验地方文化，并将其延伸至家庭和社会的公共生活，从而使幼儿园的课程更加丰富多彩。

二、地方饮食文化和融课程的具体策略

(一)开展环境创设，渗透饮食文化

众所周知，幼儿园中一大重要的教育资源即是环境。我们可以通过对饮食坊环境的创设加以巧思，来有效地促进幼儿与环境之间的互动。环境作为一门隐性课程，它以润物细无声的方式潜移默化地影响着孩子。例如，教师可以发动幼儿和家长，收集各个家庭的家乡特色美食信息。在家长的帮助下，幼儿将其家乡特色美食以绘画的形式展现出来，辅以文字说明来介绍家乡美食，再由教师根据文字说明来收集美食实物图，经装饰后共同展出在饮食坊的墙面上。还可以向家长征集地方特色美食包装盒、包装袋、店铺海报，布置成“中国小吃一条街”。在饮食坊的主墙面上布置出一面中国地形版图，可以由幼儿亲身感知、实践探索后将代表一个地区口味和特色的标志贴在相对应的区域进行展示。多媒体屏幕也可以投放进来，结合饮食坊的区域活动特点，由园内来自不同地域的幼儿录制视频，介绍自己家乡的地方饮食文化，最终合成一个“地方饮食文化小使者”宣传视频投放在多媒体上滚动播放。孩子们在随处可寻、可见、可感受的地方饮食文化氛围中，自然而然地和环境互动，操作感知、亲身体验，感受饮食文化的深厚内涵。同时，文化环境的创设也让地方饮食文化和融课程更加直观，生动。

(二)结合五大领域，深化饮食文化

从《纲要》中可以看出，幼儿园的教育目标是全面的，我们在构建课程时要注重五大领域的相互融合。在这个基础上，我们可以以饮食坊为载体，将地方饮食文化与课程融合起来。通过角色游戏等方式，让幼儿直接感受不同地方的饮食文化，从而促进幼儿在健康、语言、社会、科学、艺术五大领域的协调发展。在饮食坊角色游戏中，教师可以选择具有潜在教育意义、能够促进幼儿健康发展的地方饮食文化资源。幼儿在游戏化的区域活动中，能够自主、直接地了解、感受并接受不同地方的饮食文化。这种以饮食坊为载体的和融课程实践，能够更好地促进幼儿能力、情感、知识、技能、态度等方面的协调发展，让幼儿

在健康成长的同时，对地方文化有更加深入的认识和理解。

1. 健康领域

在“地道的丝娃娃”课程中，孩子们自己动手制作这一道地道的贵州贵阳美食。“丝娃娃”因包起来像极了一个“在襁褓中熟睡的孩童”而得名。“襁褓”是用大米面粉烙成的薄饼。孩子们自己将萝卜、海带、折耳根等蔬菜洗干净，切丝，自己动手调制贵州特色酸汁，最后将“丝娃娃”卷起来。在“香喷喷的土豆饼”课程中，孩子们自己清洗土豆，将土豆捣碎成泥，加入特色调味料……最终做出地道的贵州土豆饼。饮食坊的区域功能让幼儿有了更多动手操作的机会，精细动作得到了锻炼。另外，还可以将地方特色美食与健康营养膳食有机结合在一起。例如，贵州的口味以酸、辣为主，可以适量让幼儿品尝、感受地方饮食口味，让幼儿懂得酸、辣都能增加食物的风味，但不宜多食。土豆饼是一种油炸的食物，味道很好，但是太油腻，不能一次性吃太多……幼儿通过这些地方特色饮食了解有关膳食营养的知识，知道合理的饮食搭配，从而培养良好的饮食习惯。

2. 语言领域

在语言领域，充分利用饮食坊角色游戏性质，给幼儿创造表达的机会，发展幼儿的语言能力。在饮食坊中，幼儿不仅可以当“小厨师”，还可以体验服务员、店长、顾客等角色。在已经直观地了解了地方饮食文化的基础上，幼儿自主选择游戏角色，买卖制作好的食物。当“服务员”和“店长”的幼儿，可以在游戏的过程中向顾客介绍美食的由来、特色之处等，通过反复尝试，清晰、连贯地描述地方饮食文化有关的内容。这样在加深幼儿对地方饮食文化记忆的同时，还能锻炼幼儿的语言表达能力。选择当“顾客”的幼儿，可以通过表达自己对口味的喜好、对食品的需求以及品尝后对食物的评价来丰富语言的运用。饮食坊的区域功能和丰富的饮食文化资源无疑为幼儿的语言环境“添砖加瓦”。在制作和分享食品的同时，小班的幼儿也可以学会并了解相关的词语，例如，香甜、脆、软、美味等。这种以饮食坊为载体的地方饮食文化和融课程，为幼儿提供了促进语言能力发展的条件，让幼儿的语言知识更加丰富，表达更加流畅。

3. 社会领域

在地方特色美食制作的过程中，教师向孩子们讲解当地的饮食文化历史，并介绍特色美食的由来，丰富幼儿对各地饮食文化的认识，培养幼儿对中国丰富多彩的地方饮食文化的浓厚兴趣，使其对中国地方饮食文化产生自豪感。在饮食坊制作美食和角色游戏的过程中，幼儿学习分工、合作、交往、分享等，这些社会性行为也增强了幼儿对地方饮食文化的认同感。

4. 科学领域

幼儿在饮食坊中可以经自己动手制作，从而品尝到各地风味不同的特色美食，发现各地饮食口味的异同，并在教师的引导下探索发现地方饮食文化之间的差异及其产生原因。例如，贵州地区气候湿润，需要多吃辣椒，以排除潮湿天气引起的湿气，所以贵州饮食文化“无辣不欢”。再如，江苏无锡口味偏甜，是因为明清时期制糖业发达，当时各地生产的糖大部分流入江南，无锡夏季闷热，秋冬湿冷，为了吸取能量，糖自然而然成了能量补充的好选择，口味也代代相传。幼儿发现了地方饮食文化背后有着千丝万缕的联系后，会由此好奇一些地区口味偏咸又是什么原因等，借此引发幼儿的猜测，激发他们的探究欲望。在饮食坊中，幼儿通过直接感知、亲身体验和实际操作，对不同地方的饮食文化有了更深入的理解，加强了幼儿对地方饮食文化的包容性。

5. 艺术领域

通过对地方饮食文化的体验、感受、了解和探究，幼儿已经对不同地方的饮食文化有

了一定程度的感知，教师便可引导幼儿以直观的艺术形式来表达地区的饮食文化特征。例如，通过“同伴的家乡味”活动，让幼儿在对同伴的家乡饮食文化有直接感知的前提下，自主发挥想象，涂涂画画，大胆创作，呈现出能彰显一个地区饮食文化特色的美术作品。将这些作品以食品包装袋、环境装饰画等形式进行再加工，再投放进饮食坊。在此创作过程中，幼儿对地方饮食文化的理解有了具象的表达方式，幼儿在饮食坊区域活动的过程中也可以更加沉浸式地体验到地方饮食文化的浓厚氛围。

（三）整合多方资源，打造饮食文化

一个课程的实施往往需要多方资源的配合，合理整合资源可以为幼儿提供更具地方特色、更为丰富有趣、更加贴近生活的地方饮食文化和融课程。为此，我们可以巧借社区资源，邀请地方饮食文化传承人为小朋友们讲饮食文化历史，演示制作地方特色美食，在丰富幼儿的文化生活的同时，也增进了幼儿对地方饮食文化的了解。幼儿可以更深刻、更直观地感受到地方饮食文化的魅力所在。我园幼儿的家庭来自全国各地，家庭资源是很好的教育资源，我们可以充分利用“家长助教”的家园共育方式，邀请来自不同地域的家长来园与幼儿分享自己家乡的饮食文化，指导幼儿制作出更加地道的“地方风味”。课程每进行一段时间，可以选出最受幼儿好评的地方特色美食，经保健室进行膳食搭配加入幼儿日常食谱，再由食堂配合制作。在多方资源的整合下，地方饮食文化和融课程得以向更深层推进，幼儿获得了更加丰富、生动、贴近生活的地方饮食文化体验。

三、结语

地方文化是每个地方独有的文化特色，它们往往具有引人入胜的亲和力，对于幼儿的成长和教育有着非常重要的影响。而饮食文化则是指人们在日常饮食中所体现的文化价值和传承，是人类文明发展过程中不可或缺的一部分。在长期的社会生存过程中，人们不断创造和积累饮食文化的物质和精神财富。因此，通过饮食文化的教育，可以更好地帮助幼儿了解和认识本地区的文化特色，培养他们的文化自信心，提升幼儿的综合素养。在和融课程的实施过程中可以逐步让外地的幼儿对自己家乡的文化产生自豪感，同时也让本地的幼儿充分感受到地方文化的多样性和丰富性。幼儿在和融课程的氛围下，在无形之中产生了对不同地方文化的包容性，他们在其中逐渐了解、体会、悦纳、成长。而以饮食坊的区域活动为载体，则可以让不同地方的饮食文化以更加“润物细无声”的方式融入幼儿的生活。

如何培养幼儿手工制作的创新能力

吉林省敦化市第一幼儿园　管丽丽

幼儿对美和色彩的感受力非常强，爱画画是幼儿的天性，刚刚会拿笔就会在纸上、桌上、地板上涂抹，画上一些特殊的图画。幼儿美术教学就是教幼儿去发现美、感受美，并用一些技能技巧将“美”用多种形式表现出来，从而培养和发展幼儿的想象能力和创造能力。手工制作是幼儿美术教学的一个内容，它是以二度和三度空间来塑造形象的。可视、可感、可玩，对幼儿更具吸引力。那么活动中要怎样实施，才有利于培养幼儿的创造性思维能力，丰富他们的想象力，提高他们的动手实践能力呢？

一、幼儿手工制作的特点

手工制作是与绘画相结合，徒手或使用简单工具将可塑材料或自然材料等，通过剪、贴、折、印、撕、染、捏、塑、编等不同手法，以二度或三度空间塑造出各种可视、可感

的艺术形象，是综合性极强的制作活动。通过手工制作，能锻炼幼儿的动手能力，培养他们的主动性和灵活性，提高他们的美学意识，激发他们的创造性。

二、鼓励幼儿尝试

手工制作首先要从培养基本技能、基本形体的造型能力做起，例如可以按顺序培养幼儿正确使用剪刀的方法，基本的折纸、剪纸技巧，粘贴、泥塑技巧等，掌握了这些基本技能技巧，幼儿就可以自己拼装和创造一些简单的形体。综合性造型活动除了学习这些基本技能外，还需学习切割、连接、装饰等技能，以培养幼儿对材料性质的形体直觉能力、对空间的认识能力。教师要收集一些空瓶、空罐、纸箱等废弃材料，激起幼儿的好奇心，并让幼儿接触和摆弄它们，从而培养幼儿进行制作和创造的兴趣。

三、走进大自然，获取创作灵感

手工创作材料多种多样，可以是身边的废弃物，也可以从大自然中获取，例如树叶、树根、花、昆虫、种子、石头、贝壳、泥土等。教师应带幼儿走出教室，投身到大自然中去。这样不仅能激发幼儿对大自然的热爱，还能培养幼儿的想象、创新能力。

四、活动设计要有创造性

传统的美术活动存在着单一化、技法化的现象，如果将其他各类教学领域的元素灵活运用到美术活动中，那么更能充分激发幼儿的创造热情。幼儿的创造热情在活动中得以充分发挥，创造愿望得到满足和实现，也体现了美术活动具有多元化的特点。所以，教师在活动中要多为幼儿创设些丰富多彩的教育活动，让他们的创造潜能得到更多的挖掘和开发。

五、不要用成人的标准要求幼儿

手工制作是幼儿把他们认为最美、最感兴趣的事物，借助各种材料，动手动脑把它们表现出来的过程，是幼儿对美的另一种创造。无论是幼儿在初学一些基本手工技能，还是在进行综合创造，我们都不能用成人的技能标准去要求、代替他们。教师要尊重幼儿，要为幼儿创造一个有利于其发展的心理环境。

六、注重欣赏活动和评价，发挥幼儿的积极主动性

欣赏活动是为了培养幼儿的审美心理、审美体验，使幼儿内在的发展与外在的美结合起来。欣赏活动能激起幼儿学习的兴趣，创作欲望。

评价在美术活动过程中是一个非常重要的环节，它对于幼儿创造能力的发展起着决定性的作用。在评价过程中，要考虑幼儿是否利用了该年龄阶段可以掌握的美术知识和技能来大胆地创造、表现喜欢的事物。

七、手工的运用

环境本身是多种因素构成的复杂综合的系统，它有一股无形的力量，形成一种强烈的氛围，对人的发展产生潜移默化的影响。每到开学、重大节日，教师都可以抓住时机为幼儿提供展示自己的机会，让幼儿参与进来，利用废旧物、自然材料等，共同动手设计、布置活动室。这样不但能培养幼儿初步装饰、设计的意识，还能启发幼儿发散性思维。

要培养出全面发展、具有创新能力的下一代，就要求教师必须注重树立正确的教育观念，不断提高自身素质、业务水平，根据幼儿各年龄阶段的能力和心理特征设计出多元化的活动课程，为幼儿创设一个宽松、自由的环境，让幼儿用愉快的心情、大胆的想象，创作自己的童真和美好。

《评估指南》背景下幼小衔接双向融合的实践研究

广西壮族自治区南宁市广西—东盟经济技术开发区华侨城幼儿园　李雪芳

《幼儿园保育教育质量评估指南》(以下简称《评估指南》)中指出，幼儿园在教育过程中要“关注幼儿发展的连续性，注重幼小科学衔接”。幼儿园要帮助幼儿做好小学入学准备，引导和帮助家长树立科学的教育理念，不要一味地让幼儿提前把小学的内容学好。家长要注意培养孩子的健康心理，合理安排孩子的生活，为幼小衔接做好铺垫。幼儿园与小学的联系是幼儿园教育的重要组成部分，是小学教育的基础和前提。科学有效的幼小衔接，对幼儿的心理和身心素质发育都有积极的促进作用。

一、背景

在《评估指南》的背景下，各省市教育部门高度重视幼小衔接工作，积极开展相应研究，探索幼小衔接的实践经验。《评估指南》对我们如何切实做好幼小衔接工作提出了具体要求，明确了工作方向。

幼小衔接是幼儿从幼儿园向小学的过渡，是教育的起步阶段，涉及教育理念、课程设置、教学方式、教师专业能力等多个方面。幼小衔接是一个系统性项目，需要各方的协作与合作，才能真正取得预期成果。本研究立足区域实际，从“儿童立场”出发，尝试在“衔接”和“融合”两个维度开展研究，旨在建立幼小衔接的双向融合机制，多方协同，家园共育，帮助幼儿顺利实现幼小衔接。

二、理论基础

《评估指南》中提出，在大班下学期采取多种形式，有针对性地帮助幼儿做好身心、生活、社会和学习等多方面的准备。幼儿园与小学要双向融合，以幼儿的立场出发，通过多方合力、系统规划的方式，推动幼儿从幼儿园顺利过渡到小学。本文以此为理论基础，在分析幼儿发展特点的基础上，提出幼小衔接双向融合的理论模型，即“幼儿立场”“系统规划”“家园共育”，为这一实践研究提供了理论依据。

三、实践探索

幼儿园要充分尊重幼儿的发展规律和个体差异，帮助幼儿通过多种方式适应小学阶段的生活。面对即将进入小学学习的幼儿，幼儿园需要提供科学的入学准备和入学适应性教育，帮助幼儿建立对小学生活的积极期待，逐渐适应并喜欢上新的环境。幼儿园在幼小衔接工作中，要坚持以幼儿为中心，尊重幼儿的身心发展规律和个体差异，帮助他们在身心、知识、能力、学习品质等方面做好准备。此外，幼儿园需要建立与小学的常态化合作机制，通过双向融合来实现教育目标的一致性。基于此，幼儿园从“儿童立场”出发，积极探索实践幼小衔接双向融合的实践策略，不断深化对幼小衔接工作的认识和理解。

(一)构建以“大班下学期”为阶段的衔接活动体系

针对目前的幼小衔接工作，要坚持以《评估指南》为依据，全面深化幼儿园与小学之间的合作。根据幼儿身心发展规律和入学准备情况，构建“大班下学期”幼小衔接活动体系，开展形式多样的衔接活动，帮助幼儿做好入学前的各项准备工作。我们结合幼儿的身心发展规律和入学准备情况，把大班下学期分为幼儿园适应阶段、幼儿园过渡阶段、小学适应阶段。在每个阶段分别开展相应的衔接活动，使幼儿在学习、生活领域都能做到有备无患，为幼儿衔接打下坚实基础。

(二)建立幼小双向互动沟通机制

幼小双向互动沟通机制，是要求幼儿园与小学、小学与家长之间建立理解、信任、支

持、合作的相互关系。通过建立有效的双向沟通机制，帮助幼儿适应小学生活，从而为幼儿顺利完成从幼儿园到小学的过渡创造条件。同时，我们组织开展了“我是小学生”主题活动等一系列入学准备活动；通过给幼儿讲小学、听小学老师讲课等活动，让幼儿提前感受小学生活；开展“我要上小学”主题活动，让幼儿了解自己即将成为一名小学生，激发其对小学的向往；开展以“我要上小学”为主题的各项活动；等等。这些活动让幼儿提前感受到了小学学习、生活的氛围。

(三)以幼儿发展为本，以活动为载体，以家园共育为手段，促进幼儿全面发展

《评估指南》强调，幼儿园要注重幼儿发展的整体性和连续性，坚持保教结合，以游戏为基本活动，有效促进幼儿身心健康发展。我们在实践中通过各种主题活动、自主游戏、户外活动等促进幼儿的全面发展，引导幼儿从运动、游戏、语言表达等方面入手，通过开展各种活动，使家长与幼儿园相互配合，共同保护幼儿的成长。另外，我们通过开展形式多样的活动，使家长与幼儿园相互融合，共同促进幼儿成长。我们还通过家园共育的方式，邀请家长参加幼儿园的各项活动，和幼儿一起学习、探索、成长；通过开展“家长开放日”活动，邀请家长走进幼儿园、走进班级。

(四)制订科学有效的幼小衔接工作方案

在《评估指南》的背景下，我们应充分认识幼小衔接的重要性和必要性，结合幼儿园和小学实际，制订科学有效的幼小衔接工作方案。首先，要树立科学的幼小衔接理念，做到以幼儿为本，以幼儿为主体，把幼小衔接贯穿于幼儿园保教工作的全过程；其次，要重视教师业务能力的培养，提高教师对小学教育以及幼儿发展特点的认识；再次，要结合实际，制订切实可行的幼小衔接工作计划；最后，加强与各小学的交流与沟通，共同探索幼小衔接的科学路径。

四、研究成效

本研究通过幼儿的双向融合，实现了幼儿由“被动适应”向“主动适应”的转变，帮助幼儿树立科学的教育观，为幼儿今后的发展打下了良好的基础。同时，此次调研也为推进幼小衔接工作提供了有益的经验。

中班幼儿学习礼仪培养策略研究

河北省石家庄市桥西区瑞特幼儿园　潘晓娴

一、中班幼儿学习礼仪培养的重要性

中班幼儿生活礼仪由多个领域相辅相成，中班幼儿生活礼仪的内容分为四个方面，即交往、学习、盥洗卫生和用餐，这四个方面组成了幼儿的生活礼仪。拥有良好的学习习惯不仅是幼儿综合素质的体现，还能促进幼儿身心健康，为其今后的发展奠定基础。本文就中班幼儿学习礼仪的培养进行研究，通过梳理相关文献和幼儿园实地调查，发现中班幼儿在学习的过程中存在一些问题。因此对中班幼儿学习礼仪的培养势在必行：首先，对中班幼儿学习礼仪的培养有助于幼儿养成良好的学习习惯，提升幼儿学习水平，同时有利于幼儿将来更好地适应社会；其次，对中班幼儿进行学习礼仪的培养符合《指南》《纲要》的要求，并且学习习惯的养成是一个长期的过程，幼儿应尽早开始学习礼仪。

二、中班幼儿学习礼仪存在的主要问题

(一)读写姿势不正确

经幼儿园实地调查发现，中班幼儿读写姿势不正确现象严重。60 名幼儿当中有 12 名中

班幼儿总是做到读写姿势正确，占比为 20%，有 15 人经常做到，占总数的 25%，有 20 名是几乎不会，而且有 50%以上的幼儿都会出现读写姿势不正确(见图 1)。学习礼仪也是幼儿生活礼仪培养的一个重要内容，对幼儿进行学习礼仪的培养是幼儿入学准备的重要一步。当幼儿出现不良学习习惯时老师要及时矫正，为他们今后的学习和发展打下坚实的基础。

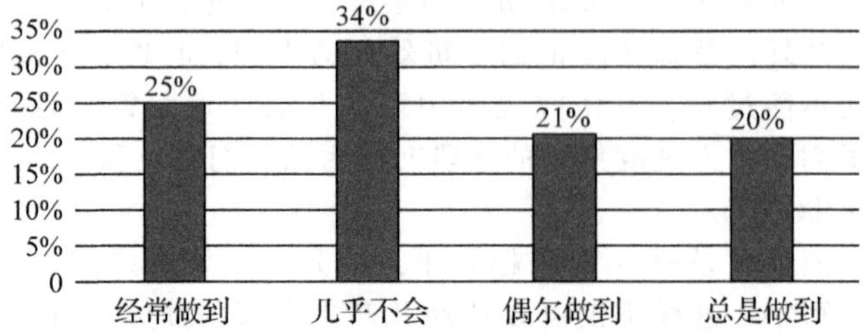

图 1　中班幼儿正确的读写姿势掌握情况

(二)注意力分散，不能积极配合教师教学活动

中班幼儿存在着注意力分散、不能积极配合教师教学活动等问题。积极配合教师并举手回答问题，60 名幼儿当中有 15 名幼儿能够总是做到，占比为 25%占比较低，17 名幼儿几乎不会积极配合教师教学，举手回答问题，占了 28%(见图 2)。在教师组织教学活动时，大部分幼儿不能认真听讲，不能积极配合教师的教学活动，注意力分散。注意力高度集中是一种良好的精神状态，是人心理活动的一种表现。人们在聚精会神地做某一件事时就会忽视周围的人和事，这种现象在中班幼儿身上表现得特别明显。

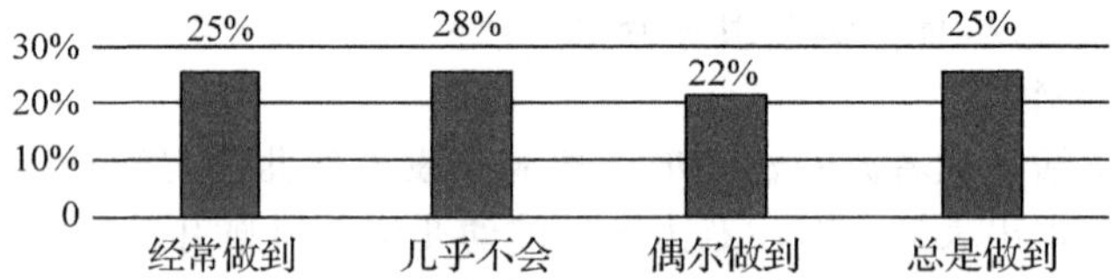

图 2　中班幼儿注意力集中和配合教师情况

(三)不会整理、爱护玩具和教具

中班幼儿不会整理、爱护教具和玩具。在对 60 名中班幼儿学习礼仪表现现状的调查中发现，“整理和爱护学习工具”这一项内容只有 11 人经常做到占比比较低，然而有 25 人几乎不会，占总数的 42%(见图 3)。陪伴孩子童年时间最久的是玩具，玩具能够激发幼儿好奇心、好动和探索活动的愿望，促进幼儿肢体动作和智力等发展。因此需要培养中班幼儿学会整理学习用品的技能，爱护学习工具，温和地处理和摆放物品。

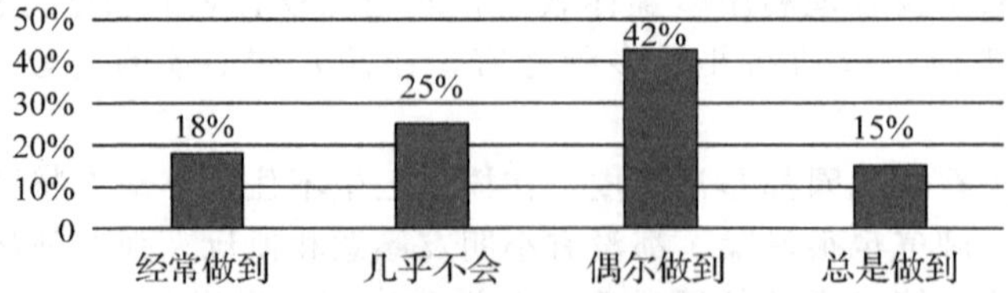

图 3　中班幼儿整理玩具和爱护学习用具情况

三、中班幼儿学习礼仪培养策略

(一)引导幼儿掌握正确的读写姿势

1. 发挥教师的引导作用

教师要向幼儿示范正确的读写姿势，告诉幼儿看书时眼睛离书本的距离以及正确的握笔方法。同时每次书写前应该严格要求幼儿端正坐姿，尊重差异，因材施教，对坐姿不正确的进行个别指导。此外，教师还应根据中班幼儿的生理、心理、年龄特征等合理地安排书写时间，并且时间不能过长。有研究表明中班幼儿的注意力集中时间大概只有几分钟，因此教师要抓住孩子们注意力高度集中的这段时间为孩子们创设和谐的书写环境。

2. 调动幼儿的积极性

培养正确的读写姿势要从幼儿的兴趣入手。幼儿天生好奇好问，喜欢尝试新的东西。可以让幼儿在黑板上写字，这样不仅可以让幼儿产生书写的欲望而且还可以促进幼儿语言发展，在这样耳濡目染的环境中调动幼儿书写的积极性，把书写融入幼儿的日常生活学习中。当发现幼儿书写姿势不正确时，要多进行正面强化，多积极鼓励书写正确的幼儿，给予适度的奖励，发挥同伴榜样的作用。

3. 发挥家长监督的作用

一个好的习惯养成需要不断地强化，那么幼儿的正确读写姿势的掌握也需要不断地利用积极强化方式来塑造正确的读写习惯。斯金纳认为，强化是塑造行为的基础，幼儿通过做了某种活动而得到强化会增加这个行为概率的发生。中班幼儿自我管理和自我监督能力不强，这就需要家长对其进行监督，发现幼儿书写姿势不正确时，采取正确的方法及时纠正。

(二)培养幼儿意志品质，调整教学内容

1. 发挥榜样示范作用

教师在组织教学活动或者游戏活动时，要善于发现幼儿的闪光点，对活动中注意力集中、遵守秩序的幼儿提出表扬，对注意力分散的幼儿耐心加强引导，提高幼儿的意志品质。此外，教师可以利用幼儿身边的榜样，建立奖惩机制，例如开展“学习标兵”“礼仪之星”“进步之星”等评选活动，以此来鼓励幼儿养成良好的学习品质。

2. 改进活动内容，调动幼儿积极性

中班幼儿容易出现注意力不集中的现象，这除了与中班幼儿的年龄特征和注意力发展水平还不高有关，另一个主要原因是教师组织的活动本身缺乏吸引力，中班幼儿对活动不感兴趣。这就需要我们教师在选择教学活动的内容时，首先从中班幼儿已有的知识经验和已经达到的水平以及幼儿感兴趣的内容入手。其次在教学的过程中要注重情境教学，在活动开始前要创设一个活动情景，让孩子们参与到这个活动情景中去，要尊重孩子们在活动中主体地位。最后教师要合理利用多媒体教学，采用比较直观的教学方法让抽象的内容变得直观以利于幼儿理解，调动幼儿的多种感官，让幼儿在活动的过程中学到相应的学习礼仪。

案例：泽泽每天在幼儿园都非常调皮，在椅子上坐不住，小动作特别多，注意力分散，在活动中分心走神，脾气也很暴躁，都没有小朋友愿意和他玩。张老师从家长那里了解到，泽泽有轻微的多动症。第二天教师通过观察泽泽的表现，发现泽泽注意力集中时间只有两分钟，于是根据泽泽的兴趣单独给他设置了一个活动，在活动中泽泽的注意力能够集中两到三分钟。经过一周以后，泽泽的注意力集中时间明显增加，也开始遵守课堂秩序。小朋友们也愿意和他玩耍了。

（三）强化中班幼儿整理玩具和使用工具的技能

1. 发挥一日生活常规的作用

教师应注重发挥一日生活常规的作用，把握幼儿园一日生活的各个环节，抓住生活中的教育契机，注重细节问题，及时给予幼儿语言提示。幼儿园一日生活各个环节都是教育资源。教师要根据本班幼儿的实际情况，了解本班幼儿在爱惜物品方面的具体表现，选择合适的方法激发孩子们爱惜物品的情感。

案例：乐乐是一个性格外向的孩子，每次玩完玩具之后都会把玩具弄得到处都是。针对这个情况，中班开展了一个"我是小家长"活动。在活动中每名幼儿都是"小家长"，教师引导幼儿把自己"小家"收拾得整整齐齐的。活动结束时教师在大屏幕上放玩具归类的图片，引导幼儿收拾玩具。通过这次活动，乐乐逐渐改变了随意放玩具的习惯，每次活动后玩具都摆得整整齐齐的。

2. 家园教育保持一致

家长要与教师保持联系，向老师了解幼儿在园的情况，积极沟通。教师要争取得到家长的支持，使家园教育的内容保持一致。

四、结语

中班幼儿学习礼仪培养能够有效促使幼儿掌握一些学习的基本礼仪，掌握学习的基本技能，从而更好地适应社会生活。本文从引导幼儿掌握正确的读写姿势，培养幼儿意志品质调整教学内容，强化中班幼儿整理玩具和学习工具的技能，从幼儿园、教师、家长以及幼儿自身情况等多方面提出中班幼儿学习礼仪培养的策略。此研究还存在一定的不足，针对中班幼儿交往礼仪培养还缺乏具体的进一步研究，这是以后要继续深入研究的内容。

音乐伴随，幸福成长

——浅析音乐教育之于幼儿一日生活

广东省深圳市盐田区海华幼儿园　朱中环

法国大文豪雨果曾说过一句名言：开启人类智慧宝库的钥匙有三把，一把是数字，一把是文学，一把是音符。可见，音乐对于人类的影响力。音乐是用来表达人类思想感情、反映现实生活的一种艺术。音乐是奇妙的，它能丰富我们的精神生活，滋养我们的灵魂世界，它能以神奇的力量激发孩子们的创造力。《纲要》明确指出："艺术是实施美育的主要途径，应充分发挥艺术的情感教育功能，促进幼儿健全人格的形成。"音乐教育对幼儿幸福成长有着至关重要的作用。它不仅能舒缓幼儿的情绪，且能潜移默化地影响幼儿的成长与发展。在重视素质教育的今天，将音乐艺术与常规教育互为渗透、有机结合，既能让幼儿受到良好的艺术熏陶，在优美的音乐声中愉快地生活、学习，又能让教师轻松、有序地组织活动。

一、让音乐循序渐进地贯穿在幼儿一日生活中

幼儿园的音乐环境应符合幼儿年龄特点，在听知觉上要做到"丰富而不复杂"，"丰富"指的是音乐风格、要素丰富，"不复杂"指的是听知觉符合幼儿的年龄特点。根据不同音乐性质的特点将其贯穿在幼儿一日生活中的不同环节，让音乐渗透到幼儿生活里面，使幼儿在学习、游戏和生活的时候，都能有意志统一、行动合拍、精神愉快的表现，使幼儿生活音乐化。

（一）入园

入园是建立良好家园关系的主要时间，幼儿园的入园音乐作为幼儿踏入幼儿园的第一个“欢迎方式”，具有非常重要的意义。入园时，我们选用活泼、轻快、优美的音乐例如《小太阳》《你笑起来真好看》《红山果》《我爱我的幼儿园》等，减轻幼儿早起入园的紧张感和暂时离开家长的焦虑感，让美好的乐曲伴随着孩子们开始新的一天。

（二）个人工作

个人工作是幼儿一天在园安静学习的珍贵时刻。工作进行期间我们会播放班得瑞的乐曲。如《寂静的山林》《安妮的仙境》等，让优美舒缓的音乐伴随着孩子们专注探索，努力思考，友好地与同伴合作交流。

（三）户外游戏

户外游戏是孩子们一日生活中最期待的环节之一。我园将户外游戏划分为多个区域供孩子们自主选择。我们将音乐教育渗透在幼儿园形式多样的户外自主活动区域中。我们会选用节奏鲜明、韵律动感的音乐，如《脚步律动》《爱我你就抱抱我》《两只小象》《虫儿飞》等，在大型玩具、攀爬、投掷等大肌肉运动区域播放。伴随着音乐，孩子们奔跑、跳跃、攀爬、嬉戏……他们强健了体魄并学会勇敢、坚持和拼搏。我们会在角色区提供各种乐器和表演服饰，幼儿可以利用乐器及道具进行自发的音乐探索活动。当户外自主活动结束时，可以选择节奏明朗且幼儿喜欢的主题歌曲，例如，播放《我爱深南大道》《我爱美佳佳》等，让幼儿一边愉悦地跟唱，一边整理活动器材。

（四）用餐及午睡

1. 用餐

每天的用餐时间，舒缓的音乐让孩子们安静用餐，提高食欲。餐后我们会带领幼儿随音乐拍击身体进行节奏练习，这是一种特别自然的音乐表达，并且充分发挥了幼儿的想象力、创造力。在音乐的节奏练习中，我会结合几何图形来锻炼幼儿的听觉能力和记忆能力。例如，当看到红色的圆形，小朋友们随音乐点点头；当看到绿色的三角形，小朋友们随音乐拍拍肩；当看到黄色的正方形，小朋友们随音乐拍拍腿……而餐前等待时间，教师可播放古诗歌曲，让孩子们在耳濡目染中吟诵、传唱经典诗歌。

2. 午睡

午睡时光，播放轻柔、抒情、缓慢的摇篮曲，能安抚幼儿入睡前易出现的亢奋、烦躁等情绪。把音乐语言和幼儿的生活常规习惯有机融合，能让幼儿在舒缓轻柔的音乐中放松身心，安然入睡。

（五）过渡环节

过渡环节是指幼儿一日生活中各项活动之间的衔接转换，是非正式的，闲散的，自由活泼的。在一日活动的各环节过渡中，让幼儿倾听不同的音乐，不仅能培养其对音乐的感受能力，还能让幼儿在不知不觉中形成良好的常规意识。例如，在排队进入集体活动时，《玩具进行曲》就是很好的排队音乐，伴随欢畅有趣、朗朗上口的童谣，孩子们学会谦和，学会自护，养成多喝水、勤洗手、排队等待的好习惯。

（六）放学离园

放学离园时可以为幼儿送上轻松愉悦的乐曲，烘托离园活动的“幸福感”。例如，播放《我有一个家》《幸福拍手歌》《虫儿飞》《彩虹的约定》等，让幼儿怀着轻松愉悦的心情，感受在园生活的快乐以及与家长一起回家的幸福。

二、音乐教育对幼儿成长的影响力

（一）个性发育

在一日生活的不同时间段播放不同的旋律音乐，能对缓解幼儿不安的情绪起到很好的

作用。从心理上讲：音乐会引起主管人类情绪和感觉的大脑自主反应，使得情绪发生改变。教师应尝试让幼儿学会用各种音乐来表达情感，让音乐成为生活的一部分，让音乐成为另一种语言。

（二）智力发育

音乐对幼儿智力的发育有重要的影响。首先表现在它能加强人的记忆力。生活中人们常会有这样的经验，单单朗读儿歌的歌词和谱上曲子唱出来的儿歌，后者会更快地被记住。音乐对幼儿智力的作用还表现为能促进想象力的发展，音乐是比较抽象的艺术形式，其没有具体的颜色、形态等外观形象。只能通过思维来理解乐曲结构的逻辑性。这就是为什么我们会在音乐中不自觉地笑或泪流满面。

（三）社交发育

人际交往能力也称社会交往能力，是指妥善处理组织内外关系的能力。心理学家通过广泛调查发现，良好的人际关系对于生活的幸福感具有重要意义。早在1973年，瑞士弗赖堡大学法雷尔的研究就发现，音乐能够增强学生的社交能力。1994年，美国人艾杰顿进行了一项有意思的研究，研究者在对发育迟缓（包括患孤独症的孩子）和发育正常的孩子们进行分别教学时，将音乐整合到孩子们的游戏中，他们发现音乐极大地促进了两个小组的理解力和参与游戏的能力，且孩子们面对压力时的焦虑水平也下降了。研究还发现，对孩子们使用背景音乐时，他们出现了更多的同伴交往行为。

（四）体能发育

幼儿时期身体发展正是由大肌肉活动逐步到小肌肉的细腻活动发展过程。幼儿通过打鼓、拍手或演奏乐器等能自由地运用大肌肉以及促进小肌肉的发展。大、小肌肉的运动，影响身体的稳定性和灵活度，有利于组织力、理解力及逻辑能力的形成。肌肉的收缩与伸张、弯曲、伸直、推拉等所引起的感觉信息，有良好的本体感受，幼儿才得以知道自己的姿势如何，才会产生计划性的动作。身体形象的认知影响大肌肉的伸展与两侧协调性，更影响精细动作的发展。这些对体能发育都大有好处。

综上所述，我们要高度重视音乐教育对幼儿成长的影响，发挥出幼儿音乐教育应有的感知社会功能，塑造幼儿健康活泼的个性，促进幼儿的全面和谐发展。对于幼儿来说，音乐更是他们成长、学习生活中不可或缺的一部分。当然，音乐教育的成功并不是一蹴而就的。当前推行的音乐教育改革，其基本理念：以审美为核心，以兴趣为动力，强调音乐实践，鼓励音乐创造，重视学科综合，弘扬民族音乐，理解多元文化。其目标上更加突出人的审美体验与创造精神的培养，从内容和方法上，更突出音乐教育的特殊性和以人为本的原则。当前的音乐教育精神，是完全符合我国国情的一种教育模式。音乐教育应像灯塔，为广大学前教育者指路，为中国的学前教育开创一个新纪元。

混龄教育下幼儿的规则意识和行为习惯养成

广东省深圳市龙华区丹堤实验学校附属溪山幼儿园　冯玲玲

一、核心概念界定

混龄教育：将不同年龄段的学生放在同一个教室，由同一个教师进行教学。混龄教育是一种非常普遍的幼儿教育组织形式，通常采用连续性混龄和间断性混龄两种形式组织教学和活动。

规则意识：人们在行为中会主动去遵循社会上已经被认可和通行的规范、规则。幼儿的规则意识通过一种约束幼儿行为的准则，从行为训练入手，综合多种教育手段，全面提高幼儿的“知、情、意、行”，最终形成意识并约束自身行为，养成良好的行为习惯。所以幼儿遵守规则的过程也就是幼儿行为规范的过程，包括正确意识和行为的指导。

引导式学习：混龄教育重视幼儿之间的互相交流和合作，而不是仅依赖于教师的讲解，这也意味着幼儿可以通过交流学习规则，尝试去解决问题。教师可以充当引导者的角色，引导幼儿去思考和发现问题，提升生活知识和经验的积累，而不是简单地告诉他们规则。

二、国内外相关研究述评

国外研究中，人类学家阿特丽诗·怀特指出，交错年龄间的交往可以提高他们对整个社会的合作精神及责任感。幼儿如果总是在单一的、同年龄阶段的群体或是集体中生活，他们就会对由年龄层次不同的同伴组成的混龄群体，产生好奇心和探索的欲望，这种不同年龄段组成的混龄群体更具有吸引力，它增加了群体之间的互动，同时也增加了复杂性、多样性和层次性。

规则引导法是指用规则引导幼儿行为，形成良好的意识和行为习惯，使其在参与集体活动和游戏活动时，与所制定的规则或是要求的方向保持一致，这是一种确保幼儿自身安全并且不危及他人安全的一种管理方法。让幼儿通过在异龄同伴交往中的角色定位、所处的位置、亲身实践和心理体验，沟通时灵活使用方法和方式的变化，理解、领悟到只有制定规则和遵守相关的约束才能促进活动的合理有序进行，才是活动发展的最有效措施。

国内混龄教育主要以实践研究为主，理论探讨为辅。理论上主要讨论了对混龄教育有直接指导作用的各种理论依据。例如，合作化学习中规则意识的研究，混龄教育下幼儿新的人际挑战，促进幼儿社会性和认知发展，规则意识的形成和行为习惯的养成，提升教师教育理念和技能的影响，等等。

三、选题的理论意义和实践价值

教师在日常教学活动和幼儿教育实践中发现：“5 岁儿童的心理更接近 3 岁儿童的心理……他们之间存在着一种人们在成人与幼儿之间很少发现的交流与和谐。”在这类结构更为复杂的混龄同伴群体中，幼儿不仅有同龄同伴间交往的机会，还获得了异龄同伴间互动的快乐。混龄教育为幼儿提供了观察和模仿、竞争和互补的机会，为幼儿社会化提供了适宜环境，发展幼儿良好的行为习惯、社会交往、自信、情感发展、责任感、规则意识、人格发展、合作和环境适应能力等。

研究者们对混龄教育实践价值，普遍持肯定态度。他们通过观察和调查问卷分析认为混龄组儿童的差异性和成熟度的不同，鼓励教师适当降低对幼儿的注意，教师只是引导者和促进者，要逐步减少幼儿对教师依赖。在混龄教育活动中，幼儿可以轻松完成规则意识的建立和良好行为习惯的养成。

四、幼儿规则意识建立与行为习惯养成策略

众所周知，幼儿养成良好行为习惯将会影响其一生的发展，它奠定了幼儿智力、能力和身心健康全面发展的基础，为幼儿的快乐、健康、和谐发展提供了重要的条件，而混龄教育则利用周围一切的可用资源，养成幼儿良好的行为习惯，为幼儿的健康发展、可持续发展和终生发展奠定基础。

1. 幼儿的行为习惯养成是经历从“知”到“情”再到“行”的转化过程，而在日常教育、自由活动、主题活动的教学活动和研究中，行为习惯的转化过程，要注重社会性教育的实践性，才能逐渐摸索出混龄活动的指导方法和基本规律。例如，通过教师的语言策略、环境策略培养混龄幼儿对规则意识的理解和掌握能力，运用激励策略强化混龄幼儿良好规则执

行力和促进幼儿行为发展的可行性，教师、家长、大龄幼儿的榜样策略可作用于混龄幼儿养成良好习惯，幼儿们会以优秀者的行为习惯为目标，纠正或是调整自我去模仿。

2. 在混龄教育的环境下，幼儿在实践活动中与规则意识形成和行为习惯之间是有关联的。幼儿由于生活、学习体验是多元的，因此他们对各种角色的转换和遵守共同的行为准则需要一个适应过程，而混龄幼儿在这些活动中更容易掌握规则。在从众心理和慕强者的心理下，为快速融入集体，幼儿的规则执行力强且积极性高、学习动机强烈和参与力度都很高，从而建立良好的人际关系，使幼儿自立自信，利于幼儿身心和谐发展。因此教师整合课程和制定规则时，既需要给予幼儿充分的选择机会和适宜的选择内容，同时又要推动幼儿自主决定行为、自主建构规则。

3. 教师需提出发展适宜性方案，包括对幼儿的真实评价、规则的熟悉程序、秩序感的培养和内化的过程，同时结合实际，运用到实践活动中。充分利用幼儿园和社区的场景交互，将获取的经验和技能应用到真实生活情境中，让幼儿在具体的情境中明白规则要求，并懂得规则执行的意义。例如，可以引入集体奖惩机制，让幼儿意识到集体荣誉的重要性，给予幼儿积极的正向激励和反馈，以提高幼儿的规则意识和自我管理能力，进而建立良好的氛围和行为风气。

五、幼儿规则意识建立与行为习惯养成的应用价值

通过观察混龄教育环境下幼儿的互动情况发现，幼儿在规则意识和行为习惯方面同时存在一些问题。教师如何在教育实践中去解决这些问题，并探索出可操作、实用性强的方法就尤为重要了。

1. 引导式学习。混龄教育重视幼儿之间的互相交流和合作，而不是仅依赖于教师的讲解，这也意味着幼儿们可以通过交流学习规则，尝试去解决问题。通过幼儿交流，“规则意识”“分享”“互助”“合作”等不再是抽象的概念，而是日常活动中的一部分。大班幼儿在小班时有过被照顾的经历，面对弟弟妹妹，他们更愿意分享玩具，并制定游戏规则，在产生冲突时更愿意谦让，在真实情景中知道规则的必要性和重要性，在想办法解决问题的过程中逐步形成规则意识。教师在交往过程中可以充当引导者的角色，帮助幼儿学会思考，引导他们寻找问题的根源、理解问题的本质，并一起寻找解决方案，而不是简单地告诉他们规则。

2. 团队合作。混龄教育下，幼儿们在团队合作中亲身体验，彼此之间相互协作，共同完成任务。发展活动时要考虑不同年龄段的幼儿心理特征，同时要确保这些规则得到所有幼儿的理解和认可，这样既参与了规则制定和执行，又促进社交技能的发展和提高，更重要的是掌握了与人友好共处的方法。例如，当大年龄幼儿意识到在团体活动过程中的所作所为会被弟弟妹妹模仿时，会主动、积极、更好地展示自己的正面的行为示范，良好的行为习惯的反复、巩固、内化、肯定、鼓励，并应用于日常行为中，使他们的自信心和责任感得到提升。

3. 个性化教学。混龄教育下，幼儿们具有不同的学习能力和学习方式。教师需要根据幼儿的个性和需求，为他们制订教学计划，提供个性化的教学体验，例如游戏活动、角色扮演、绘本阅读、外出实践活动、情景体验等，提供更多的社会角色体验，扩大幼儿的接触面，提高幼儿的交往能力，促进幼儿社会化的进程。这种互助体验，可以帮助他们更好地了解不同的价值观、文化背景和行为方式，使幼儿的团队管理能力、角色扮演能力、协调能力、规则意识在活动过程中潜移默化地得到发展和提升，并在此基础上逐渐形成一种规范化的行为模式。

及时反馈和评估是培养幼儿良好行为习惯的关键之一。教师可以通过注意每位幼儿的

表现，及时对其行为进行正面或者负面的反馈，在反馈之后，给幼儿指出具体的问题，并提出具体的解决方案，帮助他们养成更好的行为习惯。

六、成功案例展示

混龄教育中，幼儿们在耳濡目染之下，其认知能力、规则的遵守和执行能力、观察以及模仿能力均得以增强。

我们幼儿园有一项交通安全督导工作，督促家长们在骑电动车送幼儿入园时必须戴头盔。班级内先让幼儿自主报名，讲解规则后，幼儿回家自主练习，然后参加班级“安全小卫士”的海选活动。选取大班和小班获胜幼儿各一名联合值勤，对骑电动车送孩子入园的家长进行督查，在表扬家长有良好的安全意识同时，重点利用同龄人之间的表扬和督促幼儿主动戴头盔的方式扩大幼儿的交流面，使其面临不同情境的挑战，在实践中获得生活经验，从而学会在规则下采取合理、有效的交往形式，学会与人交往的正确态度和技能。

混龄教育对于改善幼儿社会适应不良、补偿幼儿的发展迟缓也有一定的作用，能极大地增强那些能力较弱或个性内向的幼儿在学习中的自信心，锻炼他们的社交技能，提升他们的认知水平，使幼儿的同情心、责任感、成就感、领导力、规则意识等方面得到充分的发展，符合《幼儿园工作规程》和《纲要》对幼儿全面发展的要求。

幼儿园戏剧活动组织与实施现状研究

江苏省南京市银龙景苑幼儿园　江　琦

一、幼儿园戏剧活动价值

幼儿园戏剧活动是艺术领域的一种新兴的艺术教育活动，涵盖音乐、舞蹈、美术等多种表现形式，对促进儿童的美育起着巨大的作用。戏剧对话能有效提升幼儿的交流能力；戏剧动作能提高幼儿身体协调能力；戏剧表演可以培养幼儿的表现力、合作能力；故事情节可以帮助幼儿发展逻辑思维。它为幼儿提供了一种新的认知世界、建构自我的方式，同时也为教师、家长、幼儿园传递了一种新的教育理念。

二、幼儿园戏剧活动组织与实施现状的调查与分析

1. 幼儿园戏剧活动开展状况的调查与分析

为了解幼儿园教育戏剧活动开展现状，我们对 100 位一线幼儿教师发放了调查问卷，其中南京某幼儿园一线教师 10 名，其他一线教师 90 名，共回收问卷 86 份，有效问卷 83 份。问卷题目 17 项，为了解戏剧教育活动的现状设置题目：①您对教育戏剧活动了解多少？②您有没有开展过戏剧教育活动？调查结果如图 1 所示。

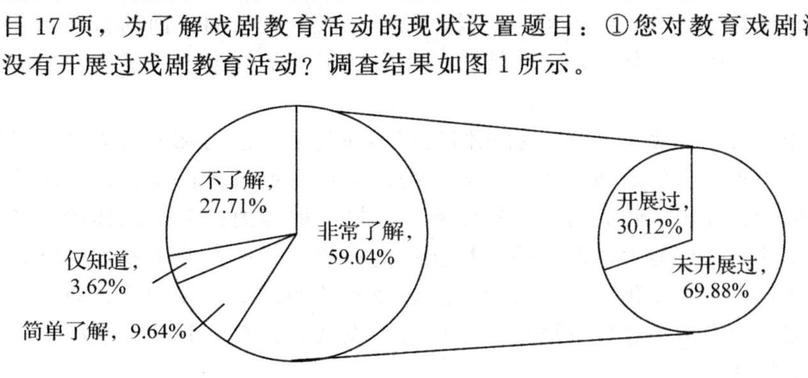

结合教师年龄、教龄进行分析，本科学历一线教师开展戏剧教育活动占比大，教龄在1～3年的教师开展戏剧教育活动较多。

2. 戏剧活动题材选取的调查与分析

戏剧是一门综合艺术，对于戏剧来说剧本是不可缺少的重要组成部分。本次研究对开展过戏剧活动的教师进行调查了解戏剧活动内容的选取，调查结果如表1所示。

表1 教育戏剧活动的题材选取调查

问题	选项	小计(次)	比例(%)
教育戏剧活动的题材(单选)	历史剧	4	16
	现代剧	0	0
	神话剧	0	0
	童话剧	9	36
	民间故事	1	4
	科普剧	0	0
	绘本剧	11	44

幼儿园开展的戏剧活动越来越丰富，内容越来越多样。调查结果显示童话与绘本是幼儿园戏剧活动的主流题材。有研究指出，绘本故事是幼儿园戏剧活动的主要来源，教师应该根据幼儿的年龄特点和能力水平来选择戏剧活动的内容。

(1)绘本与戏剧教育的融合

绘本具有丰富的教育性、趣味性、艺术性、哲理性，是大众认可最适宜幼儿的图书。戏剧可以使绘本的阅读价值在幼儿面前更加生动。幼儿能够发现单纯阅读无法体会到的情感、戏剧冲突、矛盾等，按照自己的理解对故事内容进行塑造，并运用语言、动作、表情将其展现。

(2)绘本特点与选材策略

为了更好地发挥绘本在戏剧教育活动中的作用，我们结合以往的研究提出以下题材选取策略。

第一，考虑幼儿年龄和能力水平。选取的绘本内容要便于幼儿理解，并能够正确地表达出故事内涵。

第二，符合幼儿的已有知识经验。当绘本的选取与幼儿的已有知识经验相联系时，幼儿能够更加专注，将自己对故事的理解融入表演当中，充分发挥想象力和创造力，为表演增添色彩。

第三，贴近幼儿的生活。贴合幼儿生活的绘本能够发展幼儿的移情能力，在表演过程中调动旧的生活经验，获取新的生活经验。

3. 教师在戏剧活动中扮演角色的调查与分析

每一位教师都要对自己的身份有一个清晰的认知。那么在戏剧活动中教师又担任什么样的角色？关于教师对戏剧活动中扮演角色的定位设置问题的调查结果如表2所示。

表 2　教师对戏剧活动中扮演角色的认知调查

问题	选项	小计(人)	比例(%)
您认为教师在幼儿戏剧活动中扮演的角色是?(多选)	参与者	59	71.08
	旁观者	18	21.69
	支持者	74	89.16
	引导者	75	90.36
	观察者	67	80.72
	指挥者	23	27.71

根据调查结果显示，大部分教师能从幼儿的角度考虑，尊重幼儿的主体地位。教师在戏剧活动中应担任以下角色。

(1)掌控全局的能力者

幼儿需要教师的引导；教师作为“孩子王”，不仅要融入幼儿当中，更要拥有掌控全局的能力。在幼儿戏剧教育活动中，教师的职责类似于一位导演，作为整个戏剧的总策划要选取合适的剧本，组织和领导整个团队。

(2)千变万化的参与者

教师为了让幼儿能够轻松愉快地参与活动，不断地转变身份去引导幼儿的想象力和创造力。教师要根据不同的情况扮演不同的角色，无论是作为主要演员还是群众演员都需要参与表演。

(3)适度的启发者

在戏剧活动中，适度的启发有利于幼儿成长。教师要根据幼儿的能力做适当的指导。教师要根据幼儿的能力选择合适的活动内容，制定不同的标准，根据儿童的年龄特点和具体表现给予适当的引导。鼓励幼儿自由表达，将自己的想法融入故事表演之中。

(4)灵活的教育者

教师在设计活动时为了保证活动按照自己的预想进行，通常会把每个步骤都设计得非常精细，但是孩子们的奇妙想法总是层出不穷，戏剧活动开展过程中会出现无数可能，在他们眼中问题的答案不是唯一的。在这样一群孩子面前，教师不可能预设到所有的情况，因此教师必须灵活地运用教育机智才能帮助孩子成长，在不断探索中勇敢前行。

三、南京市某幼儿园戏剧活动设计与实施过程分析

1. 本土文化与戏剧的融合

南京市以戏剧教育活动为特色的某幼儿园充分挖掘本土资源，以石臼湖、天生桥、胭脂河等景点及传说为戏剧课程背景，结合本土文化自主创编《亲亲石臼湖》《胭脂河》《天生桥》等民间故事，制作剧本。

2. 戏剧活动组织与实施

此次研究运用了观察法，分别选取小班、中班、大班各一节戏剧教育活动，观察记录幼儿与教师互动过程。

活动中教师要求幼儿跟读、分配角色朗读，教师选择各个方面发展水平高的幼儿来扮演角色，其余幼儿共同担任旁白角色。

选材多为经典，运用如提问、动画观察引导幼儿理解故事内容。但是教师组织的活动过程缺乏趣味性，活动方式单一，重结果轻过程，没有给幼儿发散思维的机会，忽视幼儿的兴趣和肢体表达。

3. 教师戏剧活动指导能力现状

(1)问题

通过活动前期的选材、中期的表现、后期的引导，发现戏剧活动开展过程中教师指导存在以下问题。

一是活动内容选材单一。教师通常会选取常见的绘本进行改编或是完全照搬绘本，不征求幼儿意见。集体教学过程中只学习人物对话和文字，不考虑情节的冲突与转折。教师不考虑幼儿的兴趣和水平，偏好经典的和利于开展活动的绘本。

二是指导策略运用不当。教师主要运用语言和行为指导。语言教学见效快，但会立即阻止幼儿的行为。行为指导需要教师演示，每当需要示范时教师经常会用视频代替或动作敷衍。教师大多用语言来指导孩子的活动。教师在活动中的指导主要是提问和通知，在不断的提问中逐渐转变为责问或吩咐，行动指导也只是侧重于帮助幼儿搭建活动场地和穿上道具。

(2)建议

幼儿戏剧活动应尊重幼儿的主体地位，展示他们的兴趣、创造力、经验。针对问题提出以下建议：

第一，选题要贴合幼儿经验。有位学者提倡以已有经验作为戏剧创作的基础。教师要仔细观察幼儿日常，深入了解幼儿在不同场所获得的生活体验。幼儿通过扮演人物角色享受表演过程，使自己感到快乐是最重要的，其次才是为观众带来快乐。

第二，扩充参与者人数。教师在选择角色时往往会选择表现力好的个别幼儿，而其他幼儿没有参演的机会。教师要结合班级幼儿的数量来改编剧本内容，增加角色种类或数量。尽量为羞涩的幼儿提供展现自己的机会，安排适合他们的角色，如将静态的景物或场景由幼儿来扮演，帮助其克服怯懦，增强自信。

第三，适度指导。教师尽量运用多种指导方法。例如提开放性的问题，启发幼儿去观察和推敲，不能直接告知限制幼儿的想象力。当幼儿不明白时，教师要采用一些暗示性的语言进行补充，耐心等待幼儿回答并适当给予提示。教师要多关注幼儿的日常表现，以积极的态度鼓励幼儿克服困难。

四、结语

本研究观察南京市以戏剧活动为特色的某幼儿园开展的戏剧活动，结合对一线幼儿教师问卷调查进行分析，发现戏剧教育活动的开展呈上升趋势，但随着戏剧活动增多出现了一些问题：一是教师选择剧本仅看是否利于活动开展，而不考虑幼儿的兴趣需要；二是课程内容单一组织形式单一，活动缺乏趣味性；三是教师选角偏好语言表达能力强、动作发展水平高的幼儿，其余幼儿不受重视；四是教师戏剧活动指导能力有待提高，教师将自己放在领导者的位置“命令”幼儿做事情，限制了幼儿的想象力和创造力。针对造成问题的因由分析：一是教师在活动中高控，从成人的角度要求幼儿；二是拔苗助长的评价体系导致教师只追求结果；三是教师缺乏理论知识学习与实践；四是照搬照抄成品，机械性地记忆故事情节缺乏创造性。针对这些问题参考多个方面的资料提出应对策略：一是尊重幼儿主体地位，提高参与性；二是戏剧活动题材选取贴合幼儿需要；三是教师扮演多重角色；四是提升活动指导能力方面提出应对策略；五是充分挖掘本土资源。

戏剧教育在坎坷道路上不断探索与前进，我们相信戏剧教育一定会走向更加宽广的未来。

幼儿园科学教育游戏化的实施策略初探

北京市朝阳区康泉新城幼儿园　张　雪

一、科学教育游戏化的意义

(一)适合幼儿的学习方式

游戏作为幼儿最喜欢的活动，它贯穿了整个学前教育阶段。在幼儿的一日生活中，绝大多数时间都在进行游戏。幼儿喜欢把他们的一切生活活动游戏化。

游戏能够满足幼儿生理和心理发展的需求，符合两个方面的发展水平，幼儿在游戏中成长和发展。在游戏中，幼儿的学习是一种自觉的、自发的学习，由他们的兴趣、爱好、探究欲望等动机推动着。幼儿在游戏中的学习是潜移默化的，他们不知道自己游戏的过程其实是在学习。比如，在户外活动中走轮胎，走来走去，觉得很好玩，不知不觉中平衡能力得到了发展，身体得到了锻炼。

(二)符合幼儿学习特点

由于年龄特点的限制，幼儿在认知发展上表现出局限性，他们在科学探索活动中、在理解科学知识时，科学性并不强，具有自身的年龄特点。

3—4 岁幼儿学习科学的特点：这个年龄段的幼儿，思维从直觉行动思维正向直觉形象思维过渡，科学探究更加依赖于真实的具体事物，他们理解各种事物和现象常常仅凭自己的生活经验。他们喜欢以反复操作的方式，探索日常的、熟悉的事物。

4—5 岁幼儿学习科学的特点：该年龄段幼儿以具体形象思维为主。幼儿逐渐开始对陌生的事物表现出探究兴趣。他们能够从直接感知到的生活和自然现象中理解一些表面浅显的因果关系，并进行简单的因果分析和逻辑概括。

5—6 岁幼儿学习科学的特点：该年龄段幼儿已经开始萌发抽象逻辑思维。他们观察事物时能够发现细节，喜欢关注事物的变化，对奇特的想象充满好奇心，如开始关注地上的影子，他们对自然现象的兴趣更加浓厚，并开始关注机械原理，如车轮的滚动等。

幼儿进行主动学习和探究的前提就是感兴趣。心理学告诉我们，越是感兴趣的东西幼儿学得越积极主动、效果越好。因此，科学教育游戏化是一个必然的趋势。将知识融入游戏中，能够激发幼儿的探究兴趣，从而获得想象力，创造思维得到发展。幼儿期的学习和教育对幼儿将来创造性能力的发展十分重要。

二、科学教育游戏化的环境创设策略

游戏化活动环境的创设可以从探究空间与探索材料两个方面的策略开始说明，在科学活动中培养幼儿的探究兴趣，提高探究能力。

(一)探究空间

1. 物质环境。设置专门的科学园地，利用墙面创造科学探索环境。如创设神秘的太空墙，粘贴科学家的照片，幼儿和家长收集的资料，或者是在探索活动中拍摄的照片。将区域进行细致的划分：信息资源区提供科学探究和操作的各种知识和信息；探索区可供幼儿自主观察、探究、发现；材料区提供幼儿探究活动的一切材料；展示区能让幼儿在这里自由交流科学探究成果，体验成功的快乐。

在探究空间的设置上最好与科学区角相结合，给幼儿开辟一块专属的空间。操作区与材料区组合在一起且有较为明显的界限。以操作桌面为单位对空间进行小面积划分，每个区域间要保持一定的距离，充分满足幼儿不同的操作模式，既可以独立操作也可以小组合

作，便于幼儿来回穿梭其间。

2. 心理环境。教师给幼儿创设一个自由宽松的探究、操作环境，要注意安全性。尽量减少对幼儿行为和思维的限制，多给幼儿自由表现的机会，多对幼儿说“试一试”。允许幼儿一些独到的、与众不同的想法，让他们消除被批评的顾虑，敢于表达自己的见解，大胆探究、实验。

（二）探索材料

提供丰富的物质材料，材料及其呈现方式要暗含有趣的问题或现象。在活动中，幼儿通过与材料的互动来认识周围的事物，以及去验证一些科学原理。所以教师需要提供大量的半成品材料和实验材料来激发幼儿主动探究的愿望，并在此过程中赋予幼儿权利，使其能够根据自己的兴趣和需要自由选择材料。比如，在“认识空气”活动中，给幼儿准备扇子、气球、打气筒、降落伞等材料，让幼儿自主操作和探索。

1. 为了保证活动目标的达成，活动材料必须满足幼儿在活动中的操作需要。选择贴近生活、幼儿比较熟悉的材料，幼儿在操作过程中自信心会更强一些。活动材料的准备，可以选择成品，也可以提供半成品，幼儿更加喜欢通过自己收集或制作的方式所获得的材料。

2. 准备材料时，要考虑活动目标的物化，还要考虑材料本身的结构和特性。显然，具有丰富结构的材料，能促使幼儿在操作的过程中获得更多层次的认识。不过要切忌使用一些过于花哨的材料，否则容易使幼儿分心，幼儿会因为过于注意材料本身而忽略了探索活动。过于新颖的材料，幼儿首先会把玩、熟悉材料，然后才会有意识地进行相应的操作。

3. 教师需要提供充足的材料，来满足每个幼儿在活动中的操作需要。不同的活动对材料数量的要求是不一样的，教师需要灵活掌握。如果是桌面操作材料，在独立操作的活动中，一般需要每个幼儿人手一份；在小组操作的活动中，一般可以每个小组一份材料。如果是感知观察类活动（如观察动植物等），大型的观察对象可以全班集体共用同一个观察对象。当然最好要有备份材料，因为有可能会出现需要重复操作的情况，而且反复的操作尝试也是幼儿在游戏中常见的一种状态。

4. 需要说明的是，操作区域内放置活动本身需要用的材料，而常规操作需要的一些辅助材料或者工具（如尺子、放大镜等）还是放置于材料区域内。这样既可以保证活动目标的物化，同时也保证了科学探索活动本身所具有的特质。

三、科学教育游戏化的设计组织策略

1. 教师在科学游戏内容的选择上，尽量选择那些孩子们可以理解的，或者在日常生活中经常见得到的东西或事物，做到浅显易懂，具体、直观、形象。教师要积极地为孩子们的游戏创造条件，调动其潜在的能力。

2. 因为幼儿的年龄特点，很难长时间地集中精力。所以教师要安排一些有趣、新鲜的环节，这样幼儿的兴趣会持续得长久一些。比如，在“会变的颜色”活动中，教师组织幼儿开展“奇妙的衣服”游戏来提升教学效果。

3. 用变魔术的方法能引起幼儿浓厚的兴趣，调动他们参与活动的积极性。惊险刺激法则能激起幼儿强烈的好奇心和探究欲望。设疑操作法设下疑问，让幼儿通过自主探索，发现科学道理。

四、游戏指导策略

1. 教师在引导幼儿玩这类科学探索游戏时，要多从幼儿的角度去观察和理解，不能急于求成。关注幼儿成长的最近发展区，不让孩子们去做一些“为难”的事。根据幼儿在游戏中的表现，及时调整游戏的难易程度。如果表现超常，要及时增加难度，帮助他们快速发展；如果表现不理想，就应该给予他们更多的帮助，激发他们兴趣，帮他们取得进步。

2. 每一次的探索活动都是幼儿难能可贵的学习机会，在他们自由自在开动脑筋的时候，教师千万不可草草收场，破坏掉他们浓厚的兴趣以及正在努力结束的实验。教师应该给予他们充分的时间去探究和解决问题。

3. 教师要以问题为导向，鼓励幼儿积极地提问，不要立即给予回答，给幼儿预留出充分思考和分析的时间以及空间。教师启发性“回问”会促进幼儿创意意识。鼓励幼儿“一物多玩”，大胆发散思维。好的科学教育活动就是让幼儿在游戏中获得解决问题的能力，用以解决生活中遇到的问题。

总之，游戏化是一种高效的学习方式，科学教育游戏化能够让幼儿在习得科学经验的同时，满足他们游戏的需要。在相当长的一段时期内，幼儿园科学教育活动游戏化都将会是一种不可替代的活动类型。

情景互动式教学在幼儿绘本阅读教学中的应用

广东省深圳市龙华区民治中学教育集团绿景公馆幼儿园　刘艳辉

一、引言

随着社会经济文化的快速发展，社会竞争压力与日俱增，社会对教育的重视度也日益增长。家长为了“让孩子赢在起跑线上”，把阅读作为文化知识摄取的重要手段，让孩子从幼儿时期开始接触阅读。绘本阅读因为符合幼儿思维和心理发展规律，成为家长们的首选教育方法。然而幼儿通过绘本阅读能否有效地达到家长们的期望，让许多学者和教育家质疑。绘本书籍是教育的工具，如何运用绘本进行教学是十分重要的。有关学者提出，绘本结合情景互动的教学模式能有效地提高学习效率，从而达到教学目的。因此，如何应用情景互动教学模式也成为研究的重点。

(一) 研究背景

绘本相对于其他阅读书籍最大的特点是，绘本主要由文字和图片组成。绘本中图片的连续性使得绘本成为一种相关的视觉图像，这些画面促进了故事的发展。绘本可以呈现丰富的故事情节，将情节发展得淋漓尽致。丁诚提出绘本是动态的、有节奏的。绘本的优点是文字简洁、故事简单，符合幼儿的认知学习规律。因此，图片的吸引力可以让幼儿把更多的注意力放在绘本阅读上，达到获取知识的目的。与传统的阅读教学相比，绘本阅读仍处于初级阶段。情景互动教学模式是丰富绘本教学的主要途径，也是充分发挥绘本功能的主要途径之一。教师根据幼儿的差异和教学内容选择或结合不同的形式创建教学情境。因而，情景互动的教学模式是否符合幼儿教育现状，绘本阅读教学的优点和缺点有哪些，在什么时候可以如何使用情景互动教育模式，等等，这些问题的研究是必要的。

(二)研究意义

本研究旨在通过研究情景互动教学模式，根据此模式的特性来定义其优点，把情景互动教学模式的优点最大化应用到绘本阅读教学中。这对满足幼儿的好奇心和求知欲，培养幼儿的观察力和表达能力有重要的价值。另外，此研究有利于提高教师的教学创新能力。

二、实施情景互动式教学在幼儿教学中的价值

(一)加强师生互动、生生互动

在传统的教学模式中，教师让幼儿观察绘本中的图片，阅读绘本中的句子，只提出与故事字面表达相关的问题。在这种教学模式中，绘本阅读对幼儿各个方面能力的提高是有

限的，甚至会产生学习兴趣降低的消极影响。情景互动教学模式能有效地加强教学中的师生互动、生生互动，产生良好的人际关系，从而为良好的课堂氛围打下良好基础。

（二）提高幼儿的综合能力

情景互动教学模式不仅可以提高幼儿的听、说、读的语言能力，还能提升幼儿学习的自主性。传统的绘本阅读教学中幼儿的真正参与度比较低，幼儿主要通过看图片来理解故事，通过家长或教师的教学来学习绘本上的文字，因此，他们难以集中精力。而根据情景互动的教学方法，教师可以设置有趣的情景来吸引幼儿的注意力。

（三）培养幼儿的学习兴趣

幼儿正处于成长阶段，好奇心强。情景互动教学可以很好地利用这一点，首先使幼儿对所接触的内容产生兴趣。幼儿对某一内容产生了兴趣，就会积极主动地开始学习相关的更多内容。

三、情景互动式教学在幼儿绘本阅读教学中存在的问题

（一）绘本阅读互动情景设置过于课文化

情景互动的主要目的是帮助幼儿更好理解文本内容，体会思想感情，而不是停留于文字表面。特定情境下幼儿对学习活动的参与，很大程度上决定了对所学知识的真正理解程度。然而有的教师设计情景的目的模糊不清，教师创设情景是为了让幼儿身临其境地体验绘本，而不是设立一个脱离教育的表演场景。

（二）绘本阅读互动情景的内容缺乏趣味性

情景互动教学需要借助许多情景素材、教具和课件等教学材料才能实施，然而许多幼儿园由于各种条件的限制未能给教师提供配套的教学材料和工具。更需要注意的是，许多教师的日常工作除了教学，还有班级管理、家长沟通、课外活动等烦琐的事务，分配给教师们的备课时间并不足，因此教师很少制作情景教学所需的材料。

（三）绘本阅读互动情景的内容和幼儿认知产生断层

教师不能做到结合学生的实际情况，比如幼儿的年龄、认知能力、已有水平、心理发展等因素去选择情景进行互动。大部分教师创设情境是以吸引幼儿的兴趣、激发幼儿的课堂参与为目的，以自己的主观意识来判断和创设情景。但有的情景超越了幼儿的认知水平，导致阅读绘本的难度增加，最后使得教学效果适得其反。教师使用互动情景的方式不够灵活，难以有效地引导幼儿甚至难以调动幼儿的兴趣，导致幼儿丧失学习主动性和积极性，最后使得整体教学活动质量下降。

四、对情景互动式教学在幼儿绘本阅读教学中应用的建议

（一）通过多媒体信息技术增加互动情景的真实性

教师可以运用多媒体的信息技术来创设互动教学的情境，这有助于让幼儿积极地融入情境，从而获得情感的启发。

（二）采用游戏的互动教学方式激发幼儿学习兴趣

幼儿活泼好动，求知欲强。教师要善于利用这一点，将教学与游戏结合起来创设游戏情境，调动幼儿的视觉、听觉、触觉感受，激发幼儿的学习兴趣。结合绘本阅读的主要目标，以游戏情境的创设为整合教学的载体，引导和帮助幼儿通过游戏中的互动更好地理解绘本描述的故事，开阔孩子们的思维，丰富孩子们的想象力，从而达到“润物无声”和“潜移默化”的教育目的。教师从幼儿的兴趣出发，让幼儿在游戏中收获灵感，获得启发，感受和理解从未接触过的内容和知识。

（三）设置绘本情景时充分联系生活

教师在设置情景时需要结合幼儿的实际生活，不能因为网络的便利而随意寻找相关主

题的素材。教师需要用自己创新的思维方式来设计课程，让幼儿在课堂上获得更多课本之外的知识。教师应该恰当利用孩子们生活中的事物等已经存在的资源，帮助孩子们理解、学习绘本上的知识。

（四）加强情景互动教学方式的灵活性

教师在使用情景互动的教学方式时，需要创设不同的情景来提高此教学模式的多样性和灵活性。只有灵活地运用不同情景，把多种情景结合为一个整体以及连贯使用同种情景教学，才能做到教学的事半功倍。

五、结语

将情景互动教学模式融入幼儿绘本阅读教学中，可以充分挖掘绘本的价值和内涵，可以使幼儿融情入景，从而更好地理解绘本的内容和所要表达出的哲学含义和道理。这样不仅能达成绘本阅读教学的首要目标，即提高幼儿的听、说、读、写四项语言能力，还能锻炼幼儿的思维，丰富幼儿的想象力和创新能力。

中班幼儿哭泣行为及教师回应特征的研究

广东省深圳市龙华区民治中学教育集团绿景公馆幼儿园　杨清林

一、研究缘起

本学期我所带的班级是中一班，中一班的幼儿活泼可爱、非常热情。但是相处一周后我发现，班级里面爱哭的幼儿特别多。询问了中班的其他三个班级教师，发现幼儿哭泣的现象也是非常多的。到底是什么原因导致幼儿进入中班后还会用哭闹的行为来解决问题呢？教师又是如何看待和应对幼儿哭泣行为的呢？如果对幼儿的哭泣行为有了一定的认知，并且教师们也知道如何去处理的话，是不是能更好地组织幼儿的一日活动呢？良好的师幼互动是否也因此建立？为了解决这些问题进行了本次研究，希望通过本次研究，可以对中班幼儿有更深层次的理解，同时，对于教师们的回应给予一定的指导和建议。

二、研究设计

（一）研究目标和内容

1. 研究目标

本次研究以绿景公馆幼儿园中班幼儿为研究对象，以中一班 36 名幼儿为观察对象，通过对 36 名幼儿在一日活动中出现的哭泣行为进行研究，来挖掘教师的应对措施，并做一定的总结。

2. 研究内容

(1)中班幼儿哭泣行为产生的原因。

(2)中班幼儿哭泣行为发生后教师的应对方法及特征。

(3)教师回应特征对幼儿的影响。

（二）研究方法

1. 自然观察法

本次研究主要以描述记叙法中的日记描述法、轶事记录法、持续记录法，以及间接观察法中的谈话法为主要研究方法，针对中班幼儿哭泣行为的原因进行研究。

2. 访谈法

该谈法分为结构性访谈、非结构性访谈、半结构性访谈三种，本次研究主要运用到非结构性访谈较多。

3. 文献法

文献的收集工作包括查阅文献和积累文献两个部分，本次研究主要以查阅文献为主。

三、研究过程

（一）核心概念

1. 幼儿哭泣行为

哭泣行为是幼儿表达自我的一种方式，哭泣，也是一种语言。哭泣，并不是简简单单的哭，而是带有抽泣的现象出现。幼儿哭泣行为大多是指幼儿在遇见事情时所出现的哭泣和哭闹现象。

2. 教师回应

回应，即回答，指教师面对幼儿的行为做出回答的动作现象。教师回应有可能是语言回应，也有可能是动作回应，甚至是简单的眼神回应。面对幼儿出现的行为，教师回应会给幼儿带来很多结果。

（二）中班幼儿哭泣行为研究

1. 中班幼儿哭泣的原因分类

(1)同伴互动中产生的哭泣。在玩游戏的过程中，幼儿之间因互动而产生哭泣行为有以下几个原因：①争夺玩具；②争夺场地；③争夺“第一”；④争夺好朋友。

(2)师幼互动中产生的哭泣。良好的师幼互动会带给教师和幼儿良好的感受，同时帮助幼儿在互动中学会成长。但是在某一些师幼互动中，教师的行为、态度、语言等也会让幼儿产生哭泣的行为。

(3)幼儿自身原因发生的哭泣。

2. 幼儿哭泣行为的表现

(1)大哭大闹。

(2)轻声抽泣。

(3)默默流泪。

(4)大哭不止。

3. 幼儿哭泣行为发生的场景

(1)入园时哭泣。①早上未睡醒入园时哭泣；②与长期未送自己上学的妈妈或爸爸分别时哭泣；③昨日被老师批评今日不想上学时哭泣。

(2)进餐时哭泣。

(3)户外活动时哭泣。

(4)区域活动时哭泣。①因争抢玩具，“不分享”哭泣；②因争抢场地，“没位置”哭泣；③因争抢角色，“没服装”哭泣。

(5)午睡时间哭泣。①午睡做噩梦哭泣；②午睡睡醒憋尿哭泣；③午睡未睡醒哭泣；④午睡不小心尿床哭泣。

(6)过渡环节哭泣。①因小朋友的“告状”而哭泣；②因整队时未站在第一个而哭泣；③因两人不小心碰撞而哭泣。

以上六种哭泣场景中以区域活动和过渡环节的场景哭泣次数最多。

（三）教师回应中班幼儿哭泣行为的特征研究

1. 教师回应幼儿哭泣行为的原因

经过访谈表明，教师们会对99%的幼儿哭泣行为进行回应，而面对个别幼儿的哭泣行为，教师并没有做出回应。教师回应幼儿哭泣行为原因大概有以下几种：

(1)了解幼儿哭泣的真正原因；

(2)维持常规及秩序，一日活动得以正常开展；

(3)关心幼儿身体是否有不舒服的情况；

(4)与幼儿面对面地去解决问题。

2. 教师回应幼儿哭泣行为的态度

在此项研究中，主要是通过对教师行为的观察来进行研究。中班组一共12名教师，他们回应幼儿哭泣行为的态度大概有以下几种：

(1)积极处理；

(2)缓冲处理；

(3)冷处理。

3. 教师回应幼儿哭泣的语言

教师回应幼儿哭泣行为的语言分为口头语言和肢体语言。

(1)口头语言。出现的口头语言大概有以下两种：①询问关心，表示同情；②批评责备，表示不耐烦。

(2)肢体语言。①身体鼓励，如抱一抱；②眼神鼓励，表示肯定与同情；③拉扯，表示厌倦和生气。

四、研究结论

(一)教师回应幼儿哭泣的方法

结合中班组教师在回应幼儿哭泣时所运用的方法，大致分为以下七种：情绪缓冲型、耐心教育型、安抚帮助型、转移注意力型、批评责备型、冷处理型、忽略型。

根据方法使用对幼儿产生的影响，进一步把教师回应的性质分为良性方法、中性方法及不良方法。其中良性方法包括耐心教育型、安抚帮助型、冷处理型。中性方法包括转移注意力型、情绪缓冲型。不良方法包括批评责备型、忽略型。

(二)教师回应幼儿的效果

教师在面对幼儿哭泣时经常使用的方法有情绪缓冲型、耐心教育型、安抚帮助型和转移注意力型。这几种方法同时也属于较好的方法，可以有效地对幼儿哭泣行为进行回应并且比较温和，比较适用于幼儿。其中批评责备、冷处理以及忽略型的方法都是比较生硬的，相对前四种方法而言，这三种方法属于非良性解决办法，是不太提倡教师采用的。但是通过对教师的访谈可以了解到，本幼儿园教师在面对中班幼儿哭泣时，率先采用的是良性方法，“实在没辙”的情况下，也会选择其他方法。教师通过这几种方法的使用，可以有效地回应幼儿哭泣的行为。

(三)教师回应特征的优势和劣势分析

1. 优势分析

(1)有利于游戏的继续开展。教师的回应可以及时地安抚哭泣幼儿的情绪，便于后期教师在组织游戏时的开展。

(2)有利于幼儿宣泄情绪。教师及时地回应幼儿的哭泣行为，有利于幼儿的情绪及时得到释放，幼儿的心灵可以得到相对应的安慰。

2. 劣势分析

(1)教师回应类型单一，幼儿有心理效应。

(2)教师对自身情绪的控制不够，易被幼儿情绪带偏。

(3)教师回应的肢体动作比较生硬。

(4)教师的回应以恢复常规为主要目标，忽视了哭泣幼儿的身心发展。

五、结语

经研究发现，在面对幼儿哭泣行为时，每个教师在面对相同或者不同的场景时，都有

该教师自己的回应特征。同时根据以上研究表明，教师在回应幼儿哭泣时，所使用的方法对于幼儿的身心影响也较大。很多教师在回应幼儿哭泣行为时还存在需要改进甚至提升的地方。本文提出以下建议，以提升教师回应幼儿哭泣行为时所使用的回应特征。

第一，正确认识幼儿哭泣的行为，引导幼儿表达情绪。教师要正确认识幼儿的哭，分清楚幼儿的哭属于哪种哭，理解幼儿哭泣的行为，并且告知幼儿“我可以理解你的情绪，但是我并不理解你的行为”。同时教师自身要有很好的自控力，不能因为幼儿的哭闹自乱阵脚，自己的情绪受到幼儿的影响从而影响了自己的判断。教师可以通过讲读绘本、情景演示等方法来引导幼儿学会合理地表达自己情绪，并且让幼儿正确地认识自己的情绪。

第二，重视教师肢体语言，使用多种策略综合回应幼儿。教师多利用自己的肢体语言进行回应，能抱一抱的时候就大胆地抱一抱，用自己的肢体语言与幼儿建立良好的信任关系。同时，教师在回应幼儿哭泣行为时可以多采用一些回应的方法，多多尝试，寻找最优的解决方案。

第三，提升教师专业化水平，加强教师情绪控制能力。在面对幼儿哭泣时，有的教师不能很好地控制自己的情绪，导致出现违反“师德师风”的行为。教师要学会控制自己的情绪，多读一些专业书籍来提高自己的专业能力。

第四，提倡家园共育合作，探讨解决问题。教师要经常与家长进行沟通，及时反馈幼儿在园的情况，并询问幼儿在家的表现，看看是否与在园的表现有很大的偏差。同时通过各种合作如家园共育、家长会等方式来提倡与家长的合作，通过家校共育，共同探讨解决问题。

第五，以共情的态度接纳和解读幼儿的哭泣行为。教师要以共情的态度去解读幼儿的哭泣行为，将心比心，站在幼儿的立场思考问题，反思为什么有人会哭，教师是否可以做得更好，等等。

扎根园本教研，促进教师专业成长

广东省东莞市厚街镇桥头幼儿园　陈俏芬

园本教研是幼儿园依据园所的办园特色以及教育教学工作实际，对日常教育教学过程中发现的问题进行的研讨活动，具有一定的针对性和实效性。其重点是基于本园、立足本园，促进本园发展；内容是研究教育教学，研究保教结合，研究家园共育，研究幼儿发展；主体是教师。幼儿园是幼儿成长的场所，也是教师成长的基地。园本教研以幼儿园为研究的基地，以幼儿园全体教师为研究的主体，立足于教学实际，扎实解决实际教育教学问题，是促进教师专业成长的一个重要途径。

一、园本教研存在的问题

园本教研在幼儿园日常教育教学工作中占据重要一席，这是毋庸置疑的。但是在具体实施的过程中，由于各种主客观的因素，又呈现出了各种问题。

(一)园本教研的制度不完善

我们常说“理论指导实践”，没有良好的制度这一“理论”进行指导，园本教研这一“实践”就难以执行。当前，有的幼儿园缺乏园本教研的奖励制度，导致教师的参与积极性低；有的幼儿园园本教研评价制度不完善，导致园本教研缺乏有效性；有的幼儿园基于自上而下的管理模式，导致园本教研也是自上而下的，教师被动执行，敷衍了事，最终园本教研完成了任务，却没有实际操作意义。

（二）园本教研的组织形式单一

大多数幼儿园开展教研活动都是由园长、教研组长等上级部门先确定好主题，再由上级向下级传达，教师基本上很难有机会表达自己的想法和态度。而教师在参与过程中都只是一个“配合者”，处于一种被动接受的心态，这使得教师积极性削弱不少。同样地，在幼儿园教研活动中，往往突出的是专家教师的引领，突出了骨干教师的指导作用，而忽视了普通教师对教研活动的积极主动性，普通教师往往在被动的状态下参与教研，教研目标难以实现。

（三）园本教研缺乏导向性

园本教研应该以问题为导向，教师针对问题进行讨论，寻求解决问题的方法。而大多数教师往往在教研活动的过程中，选择当一名“聆听者”，没有提出问题，这样的现象，正是教师没有主动发现问题、解决问题和及时反思的表现。如果每一位教师都是这样的态度，那么我们的教研活动就是失败的。

（四）园本教研流于形式

不少幼儿园的教研活动开展、教研活动记录往往只停留在应付上级领导的检查，没有真正将园本教研落到实处，导致园本教研形同虚设。有的幼儿园盲目跟风，当一种新的教研活动形式出现时，便盲目效仿，没有根据幼儿园实际情况实施，没有思考幼儿园有哪些问题需要在教研活动中解决的，显然，这样的教研活动是在做无用功。

（五）园本教研缺乏反思

反思能力也是每一位教师都应该具备的专业技能，过硬的反思能力能够对教师的专业成长起到极大的推动作用。然而在日常工作中，很多教师在园本教研活动中，只是被动地听一听、记一记，没有认真思考。

二、开展有效园本教研的策略

面对当下幼儿园园本教研暴露出的这些问题，确实很让人着急，寻找一套科学有效的园本教研的指导策略刻不容缓。

（一）形成有效机制，为园本教研保驾护航

幼儿园应建立科学有效的园本教研制度，规范幼儿园的园本教研工作管理，专人管理，明确分工。结合幼儿园实际，共同研讨幼儿园园本教研制度，如教研活动制度、集体备课制度、听评课制度、学习与培训制度，确保园本教研工作能够有序有效进行。同时，尊重教师在教研活动中的主体性，发挥教师的积极性和创造性，为教师营造一种平等尊重、轻松愉快、互助进步的教研氛围，鼓励教师积极参与园本教研，让教师明白，园本教研是一个展现自我的平台，只有积极参与、认真学习，才能获得更好的提升，才能在这个平台踏上更高的台阶。

（二）明确教研本质，推动园本教研有效进行

园本教研，不是三言两语就能实施完成的，必须明确园本教研是什么、研什么、怎么研。只有这样，才能让我们的教研思路更加清晰，才能让园本教研进行得更加有效。

1. 园本教研是什么？

园本教研是一种以幼儿园为研究基地，以教师为研究主体，以教师在教育教学实践中所遇到的真实问题为研究对象的研究活动。概括一句话就是——园本教研是以幼儿园为本的日常教学研究，是保证《纲要》的贯彻实施向纵深发展的新的推进策略。通过园本教研，引导教师不断反思自己的教学实践，发现自己在教育教学中的问题，培养解决问题的能力，在解决问题的过程中促进教师专业发展。

2. 园本教研研什么？

教师在教育教学实践中所遇到的问题，就是我们需要研究的对象。

A老师教研活动自评环节说：“我的集体教学活动进行得有序流畅，幼儿都能按照我预设的流程进行每一个环节，所以我觉得我的教学没有问题。”

表面上看来，A老师的教学活动似乎是没有问题的，但是，当教师们站在多角度去思考，就会发现每一个教学场景、每一个教育现场，都能发现不同的问题。而这些问题，就是我们在园本教研中的“研”之所在，园本教研从问题开始。

3. 园本教研怎么研？

教研以人为本，以教师为本，园本教研的主体是教师。人们常说理论指导实践，那么，作为教师，进行园本教研的首要条件必定是扎实的理论基础。幼儿园应加强对教师的专业理论的培养，同时，教师也要主动丰富自身的理论素养，才能更好地支撑教研活动的理论基础。

教研的主体是教师，但是教研的基地是幼儿园，幼儿园需要为教师提供教研的平台，才能让教师发挥主体性的作用。幼儿园应开展形式多元的教研活动，使教师在不同的教研形式下，获取不一样的成长。

(1)引领式教研。缺少专家引领的教研活动，都只能低水平的教研活动，因此，幼儿园应该为教师创造更多的学习机会。通过“派出去”的方式，组织委派教师到优秀的教学基地、教学单位进行学习，现场观摩，现场实操，让教师能够汲取同行业界的“精华”。同时，通过“走进来”的方式，积极与专家建立联系，邀请专家莅临幼儿园进行有针对性的指导和帮扶，帮助教师摈弃教育教学过程中的“糟粕”。

(2)互助式教研。俗话说三个臭皮匠赛过诸葛亮，这个就证明了集体智慧的优势，而互助式教研，正是体现集体智慧的有效形式。教师在教研活动的过程中，提出在教学活动中发现的个性与共性问题，与其他教师共同研讨，集结教研团队的集体智慧，在教研过程中各抒己见，以强带弱，进行思维碰撞，共同商讨解决方法，形成互助教研的氛围。在互帮互助中，提升幼儿园教师的整体性发展。

(3)反思式教研。叶澜教授说过：一个教师写一辈子教案不一定能成为名师，但如果写三年反思则有可能成为名师。由此可见教师的自我反思在教师专业成长过程中的重要性。同样地，教研也需要反思，反思教师在教研过程中的优点和弊端，撰写教学反思，集中研讨，及时改进，再实施，提升教研效果。

(4)专题式教研。所谓专题，就是以教师在教育教学过程中表现出的典型案例为对象，进行专门的研究。教师针对专题内容进行深入剖析，根据案例中教师和幼儿发展的特点，共同探讨指导方案，缩小教师成长的差异性。

(5)常态化教研。教研不是任务，不是应付完上级的检查就可以结束的。教研是内需，是教师成长的有效手段。教研应该成为教师常规工作的一部分，在教育教学过程中，环环有教研。当教研成为一种常态，那么，教师在职业成长的道路上一定也会走得更远。

(三)营造教研氛围，保证教研实效

以往传统的园本教研活动，教研管理者作为一种权威，在无形中变成了教研的主导，而往往导致教师处于一种被动参与的状态。这个时候，幼儿园的教研管理者就需要改变自身的思想观念，放下身段，以一位参与者的身份参与教研活动，与其他参与教研的教师形成平等的关系，尊重每一位教师的教育教学思维与教研成果。在这样一种平等、开放的氛围下，才能让教师放下戒备心，放下上下级的阶级观念，敞开心扉，畅所欲言，全身心投入教研活动，体验教研活动的思维碰撞，享受教研活动中收获的快乐。

园本教研的品质在某种程度上决定着园所保教质量，也影响着园所教师的专业成长。因此，必须要科学教学，用专业的视角甄别园本教研的问题，引领教师深度反思，从而开展高水平的教育。

强化绘本阅读课程，助力幼小科学衔接

湖北省武汉市武昌区后长街幼儿园　桂　盼

一、明确绘本阅读目标，设置适应幼小衔接绘本阅读课程

（一）明确绘本阅读指向的幼小衔接目标

在幼儿园的五大领域中，绘本阅读通常出现在语言领域课程之中，但并没有形成专业的体系，在绘本阅读教学中呈现出书目随意、时间不定、教学组织模式零散的现象。要想让绘本阅读课程的价值在幼小衔接过程中凸显出来，就必须在相应年龄段幼儿课程中明确具体的阅读指导目标。《幼儿园入学准备教育指导要点》明确指出，在学习准备中要以培养学习兴趣和学习能力为目标，让幼儿喜欢阅读，乐于和他人一起看书讲故事，遇到问题经常通过图书寻找答案；培养幼儿倾听和表达能力，激发幼儿的阅读兴趣和能力。

幼儿需要通过绘本阅读养成更能够适应小学教学的阅读兴趣，培养坚持阅读的良好习惯，提升幼儿在阅读过程中必备的观察能力和理解能力，强化不同年龄段幼儿在阅读中投入的专注力和语言表达能力。同时，还需要在情感态度与价值观方面利用绘本阅读培养幼儿的情绪管理和行为约束能力。在明确幼小科学衔接目标的前提下，将具体的能力点指向幼儿的阅读课程，以幼儿的绘本阅读来推动能力点的达成。

（二）选择适合实现幼小衔接目标的阅读内容

要使绘本阅读教学和幼小科学衔接之间更具有针对性，就要紧紧围绕幼小衔接的目标选择阅读内容。一般来说，在阅读内容的选择上，以幼小衔接过程幼儿需要达到的目标为选择依据。

在身心准备中，保持良好的情绪状态，具备一定的情绪调控能力，有助于幼儿积极适应小学新的环境和人际关系，使幼儿获得积极的情绪体验，学会恰当表达和调控情绪，能够乐观地面对遇到的困难与挫折。绘本选择上可以推荐《情绪小怪兽》《我不怕站到黑板前》《大头鱼上学记》等阅读内容，来帮助幼儿养成良好的情绪调节能力和更加积极独立的品格。在社会准备中，良好的交往和合作能力有利于幼儿入学后结交新朋友、认识新老师，逐步适应小学新的人际关系。想要提升幼儿的人际交往能力，使幼儿在面对交往时表现出明确的意愿，掌握一定的技巧，可以选择《同桌的阿达》《敌人派》等阅读内容帮助幼儿提前了解人际关系，学会在不同人际关系中应当用怎样的行为去应对和处理。具备任务意识和执行任务的能力，有助于幼儿适应小学学习生活的要求，逐步做到独立完成各项学习任务。还可以选择《迟到的理由》《时间旅行箱》这一类绘本，让幼儿在幼小衔接阶段中实现自我管理，建立起基本的时间管理意识，养成按时完成任务的良好习惯。

（三）打造基于幼小衔接目标的绘本阅读课程

在现有幼小衔接绘本教学大目标中，需要进一步对相关课程的主题结构进行细化架构，明确每一个活动的教学目标。在课程目标的大框架下，制订相应的阅读计划和可行的活动安排。在幼儿绘本阅读教学过程中，通过不同的指导形式实现过程性评价和终结性评价，分主题、分层次、分侧重点地实施绘本教学。

二、关注幼儿阅读需求，在幼小衔接中实现阅读品质培养

(一)尊重幼儿阅读需求，激发幼儿阅读兴趣

教师需要尊重幼儿阅读需求，培养幼儿的阅读兴趣，在合适的时机进行阅读启蒙。在班级区角，可以采取定期投票方式，根据幼儿的阅读兴趣和活动需要提供和更换图画书。给予充足充分的阅读时间，鼓励幼儿自主阅读。同时引导家长积极参与，经常和幼儿一起讨论书中内容，加深他们的阅读兴趣和理解。

(二)制定幼儿阅读规则，培养幼儿阅读习惯

幼儿参与其中的规则制定，更能让幼儿感受到规则的神圣感和重要性，幼儿也更加愿意主动遵守规则，逐步养成良好的行为习惯。在绘本阅读教学中，为了让幼儿的阅读习惯更加切合小学阶段的阅读习惯，可以在翻书习惯、阅读速度、图书保管、阅读时间打卡等多个方面培养幼儿正确的阅读方式。幼儿喜好颜色鲜艳、故事性强的画面，总是习惯跳跃式翻书。教师需要让幼儿学会如何有序翻书，掌握翻书的正确方式。少部分幼儿喜欢将图书乱塞到书包里，延伸到小学阶段，就喜欢将课本一通乱塞。为了改善这个不良习惯，教师可以带头和幼儿一起整理图书角，对页角发皱的图书进行处理，教会幼儿爱护书籍的正确方式。为了强化幼儿的阅读能力，让幼儿养成每天按时阅读的好习惯，可以制作成可视化的评比栏，幼儿的阅读时间每达标一次，就在评比栏上贴小星星做评价，定期进行公示与奖励，以此鼓励幼儿养成良好的阅读习惯。

(三)开发多种阅读方式，提升幼儿阅读能力

教师应帮助幼儿养成良好的倾听习惯，促进其专注力发展。鼓励幼儿根据情节、图书画面对故事结果进行预测或续编、创编故事，通过绘画、手工、搭建、表演等方式再现故事情节、人物关系，促进幼儿语言、情感、社会性等多个方面的发展。幼儿不仅可以阅读绘本，根据图片简单地猜测文本内容，还可以在理解的基础上进行角色扮演，进而提升其理解能力。

三、结语

基于幼小衔接目标的绘本阅读，能够帮助幼儿从学前教育阶段顺利过渡到小学阶段。在绘本阅读教学中，不仅能够进一步强化幼儿的认知能力，还能帮助幼儿养成良好的阅读习惯形成阅读品格，更有利于幼儿适应小学阶段的讲授式教学和理解小学阶段的文字文本内容。

幼儿园教师有效提问的类型和策略

北京市房山区大石窝镇中心幼儿园　柳鹏丽

一、教师有效提问的意义

教师在教学活动中提问质量的好坏对于幼儿是十分重要的。教师提问的难易程度，教师在提问过程之中对于回答的点评，对于学生抢答的刺激等都是需要去认真注意的问题。所以说研究幼儿教师提问的类型与方法具有十分重要的理论意义与现实意义。

二、教师提问存在的问题

教师提问是幼儿园教学活动的重要组成部分，提问的水平是教师教学技能的体现。在幼儿园教学活动中，教师提问不但可以传授知识、分享创造，而且可以改变师生关系，影响幼儿思维的创造和人际关系的发展，优秀的提问可以潜移默化地影响幼儿。

(一)教师与幼儿交流少

教师往往用提问的方式掌握着话语权。教师的语言完全超过了幼儿，幼儿只能跟随教

师的引导。教师提问本来的想法是让幼儿进行积极的讨论，同时对问题做出回答，但是实际情况往往并不是这样的，幼儿对于教师提出的问题并不能很好地按照教师的设计思路回答或者讨论问题，反而使得教师自己回答自己设定的问题，幼儿只不过是做了一回老师的观众而已，并没有参与交流。

(二)缺少对幼儿回答的差异化分析

《纲要》中指出要“从不同的角度促进幼儿情感、态度、能力、知识、技能等方面的发展”“要避免仅仅重视表现技能或艺术活动的结果，而忽视幼儿在活动过程中的情感体验和态度的倾向”。然而，受传统教学观念的影响，教师在提问中更多的是对知识的检测，以实现教学预定的目标。那么，在这样的教学互动过程之中，往往只是为了完成一个固定的目标而进行教学，忽略了幼儿回答的过程之中。

(三)幼儿回答问题的积极性不高

教师在提问的过程中，除了带有预定的目标，还会有倾向性地提问一些同学，从而得到自己想要的答案，长此以往，就会使没有被提问或被提问次数少的幼儿积极性降低，从而逐渐形成恶性循环。

(四)提问频度高，但以低水平问题为主

幼儿园教师在活动中提问频度高，但一半是“无用”问题。有的教师甚至在一节活动课上提出 50 多个问题，但提出的主要是肤浅的、表面化的问题。从提问的类型看，主要以低水平的封闭性问题和知识记忆水平的问题为主，没有实质意义，浪费了时间，没有起到相应的作用，而且更多是形式上的问题，只重视知识的教授，忽略教师与幼儿之间的交流和互动。

(五)提问目的片面性

多数教师认识到提问有利于幼儿思维的启发以及注意力的集中。但是如果要起到这些作用，就要提高提问的质量。有的教师仍把提问看成检验教学成果的工具，部分教师把提问当作培养常规意识的方法，或使教学顺利进行的手段。

(六)互动形式化

教师往往预设教学活动中的问题，按自己的想法控制幼儿的思维，每一个问题的提出都是为了等待预设的答案。从幼儿的回答形式也可以看出，有的教师不喜欢幼儿自由讨论问题，更倾向自己把控课堂，从而导致教师与幼儿之间的互动流于形式化。

三、提高教师提问水平的策略

(一)提出的问题要来源于生活

幼儿教师在设计提问类型和具体问题的过程之中，不能仅仅依靠书本，教师要结合自己的生活实际提出一些吸引幼儿注意力的问题，这样才能充分调动幼儿的积极性，充分活跃幼儿的思维和认知。

(二)丰富提问的多样性

教学有法，但没有固定的方法。提问也是这样，提问没有一成不变的模板，教师应灵活多变地提问，从问题的设计、提问的方法、回应的措辞等方面做出变化，让提问变得丰富起来。但提问的多样性不是“满堂问”，而是提出有质量的问题，提出促进幼儿思考的问题。提问的多样性，不仅体现在对书本知识的问答，还包括平时的生活、课后的业余活动、一些网络上的热点话题以及家庭生活中常见的问题等，这样幼儿在思考和回答问题的过程中，能够对自己平时家里面或者是业余生活进行一个联想和互动，从而提高回答的积极性。

(三)提问对象要包括全体幼儿

一方面，提问要设计不同层次的问题，按幼儿的接受能力区分难易，请比较自信的幼

儿回答稍难一些的问题，缺乏自信比较内向的幼儿回答简单一些的问题。这样既能激发程度好的幼儿学习兴趣，认为还有很多知识要学，也增加程度相对慢的幼儿的自信心，调动积极性。另一方面，提问时要关注全体幼儿，不能每次都叫同样的幼儿回答，要使每一个幼儿都有参与回答问题的机会，这样他们心里面就会觉得自己是被重视的，从而达到良好的教学效果。

（四）提问时间要适当延长

给幼儿充足的时间去考虑问题，有利于问题的完美回答。教师往往在提问后马上叫幼儿回答，特别是一些开放性问题，幼儿不能充分地思考，使得提问也没有了意义，教师精心设计的问题不能充分发挥作用。时间延长之后，幼儿就会有更加充足的时间进行思考，而不是在别的小朋友说了什么之后，自己就跟风回答。延长思考时间能够使幼儿有足够时间来思考，从而形成自己独特的想法。

（五）给幼儿互相讨论、交流的空间

在幼儿回答问题过程中，教师可以就同一个问题阐明自己的观点，幼儿也可以就同一个问题发表自己的意见。教与学双方的各种观点、理由及其论据都能得到充分表述，使幼儿对争辩的问题，认识得越来越清晰，理解得越来越深刻。由此培养幼儿举一反三的多项思维和实际应用能力，使幼儿在轻松愉快的氛围中探求新知。幼儿之间互相交流讨论，思维发生碰撞，这样十分有利于幼儿的思考，对于提高幼儿回答问题的能力具有很大的助益。

以幼儿为中心的“对话式”环境创设

江苏省宿迁市苏宿工业园区翡翠华庭幼儿园　王　艳

一、幼儿园环境创设的意义

（一）丰富幼儿与环境互动的经验，促进幼儿身心全面发展

幼儿在参与环境创设的过程中，不断地观察、积累经验，能促进其语言、社会、健康、科学、艺术五大领域的全面发展。比如大班主题环境创设“好吃的冰糖葫芦”，前期家长带孩子去山楂园采摘新鲜的山楂，在采摘活动中，幼儿体会到农民伯伯的辛劳，懂得珍惜劳动成果；在幼儿园“冰糖葫芦如何制作”过程中，初步了解到冰糖葫芦的制作步骤，丰富幼儿生活经验；在“我来画冰糖葫芦”活动中，幼儿通过绘画并上台分享自己爱吃的冰糖葫芦，提高了语言能力；紧接着在“我来动手做冰糖葫芦”过程中，通过和小伙伴洗山楂、穿山楂、熬糖水、浇糖水等制作冰糖葫芦环节，提高幼儿之间的合作能力、语言交往能力以及动手操作能力，幼儿品尝自己制作的冰糖葫芦，体验自主动手的快乐，懂得食物的来之不易，以后会更加珍惜别人的劳动成果。幼儿在参与“好吃的冰糖葫芦”这一主题环境创设过程中，不断积累、丰富与环境互动的经验，从而促进身心全面发展。

（二）促进幼儿、家长、教师之间的友好关系

在瑞吉欧教育体系之中，无论是教师、幼儿还是家长，每个角色都是地位平等、相互尊重的。良好的幼儿园环境创设一般是由家长、幼儿、教师共同商讨，合作完成环境创设的。所以，在环境创设过程中幼儿、家长、教师之间自然而然形成密切的关系，不仅完成环境的创设，更能促进幼儿、家长、教师之间的友好关系。在环境创设过程中，教师会根据幼儿感兴趣的话题入手，让幼儿通过绘画、手工等方式表征内心世界以及对主题的理解，教师自己也会通过集体活动、小组活动、个人谈话等方式与幼儿积极互动，记录幼儿行为以及语言，为幼儿与墙面搭建起对话的桥梁，使得幼儿与教师之间关系更加亲密、和谐。

同时，在家长助教或者幼儿园半日开放活动中，家长通过参观班级以及幼儿园墙面的环境创设，了解幼儿在幼儿园的表现以及幼儿的内心世界，倾听幼儿与环境之间的“对话”，促进幼儿与家长的亲子关系。在幼儿作品旁可以附着教师与幼儿的对话、意见以及解释，让家长了解教师的教育理念，促进家园工作的进一步开展。

（三）营造温馨环境，提高环境的持久度

陈鹤琴先生曾指出：“通过儿童的思想和双手布置的环境，可使他对环境中的事物更加理解，也更加爱护。”比如在幼儿园最常见的走廊中，我们经常会发现墙面环境创设的脱落，而此时教师如果严厉地批评幼儿，提醒他们小心不要触碰到墙面的环境创设，小朋友们会毫不在意，并不会把教师的话放在心上，究竟是何原因呢？我们走近一看，墙面上的环境创设幼儿的表征寥寥无几，更多的却是展现教师的精美手工。相反，有的幼儿园以幼儿为中心的“对话式”环境创设，墙面上更多的是幼儿的表征，甚至是幼儿自主粘贴与创设，却不会到处可见环境创设的脱落物，因为幼儿知道走廊墙面环境是自己亲手制作参与的，他们会更加小心，爱护自己的劳动成果。

二、当前幼儿园环境创设存在的问题及其成因

（一）教师高控行为，幼儿地位失衡

幼儿园的环境创设应该以幼儿为主，以教师为辅。教师为幼儿建立起支架，为幼儿提供多种材料，让幼儿自主填充框架，把主动权交给幼儿。现如今幼教中普遍存在一个问题，就是好多人认为环境创设是教师的本职工作，每当园长或者领导布置环境创设任务时，教师便会独揽环境创设大权，从主题确定、开展、材料收集、墙面板块的划分都自己决定，却把幼儿的想法完全忽略掉，剥夺了幼儿在环境创设中的主体地位。

（二）更新时间较快，草草了事

每到开学季或主题更换时就需要更新环境创设。幼儿园教师日常工作十分琐碎，同时主题开展的环境创设也需要教师支持。如果主题环境创设开展周期太短，有的教师便会草草了事，为了加快速度，而忽略掉幼儿的参与过程，剥夺幼儿的创作时间。有的教师会找来能力强的幼儿完成表征；有的教师甚至直接代替幼儿创设作品，将“不真实”的幼儿表征粘贴上墙，敷衍了事。

（三）环境主题东施效颦，千篇一律

幼儿园为了追求园本特色课程开展，会对各年级班级提出一些标准化要求并带教师参观一些优秀的幼儿园。这样在班级开展主题环境创设中就会有局限性，将别的幼儿园优秀的环境创设照搬过来，不懂得变通，导致环境创设上的“撞衫”事件发生。又或者是同事之间相互合作，互相讨论，分板块合作完成环境创设，到头来整个幼儿园的环境创设显得单调、单一，毫无创新，给人一种审美疲劳。

三、以幼儿为中心的“对话式”环境创设建议

（一）以幼儿为主，教师与家长为辅共同创设

在瑞吉欧教育理念的方案教学中，让幼儿采取一系列的行为来培养他们解决各种问题的能力。展开来说，就是幼儿在教师的支持和引导下，就像科学家一样，围绕着一个主题进行探讨，在合作研究探讨过程中发现问题、理解意思、建立认知。就像我们环境创设一样，首先，主题是根据幼儿的生活经验和兴趣爱好来选择的，幼儿的主题延伸成主题网络，每个枝干向上向下延伸都可形成新的枝干。其次，在环境创设过程中，教师鼓励幼儿运用各种符号系统，创造性地表现和表征自我。例如，在环境创设过程中，许多活动都是需要运用绘画、粘贴、情景表演、口头语言、书面语言以及剪纸等多种多样的形式开展。最后，在环境创设主题活动即将结束的时候，教师和幼儿需要讨论总结，一起回顾幼儿在主题环境创

设活动中遇到的问题、用到的方法和策略以及评价幼儿探索的过程。在整个过程中，我们教师仅仅是为幼儿建立起一个支架，通过提供材料让幼儿自主创作，把幼儿表征的作品展示在墙面上；而家长为幼儿前期生活经验提供物质或精神上的准备。由此可见，环境创设应以儿童为主，教师和家长为辅，共同协作。

（二）更新周期要适当，给幼儿留白

俗话说“欲速则不达”，就是指凡事都有一个“度”，重要的是看我们如何把握住。在环境创设中每一个主题创设的周期要适中，无论是班本课程还是园本课程，都不能过于追求速度，而忽略了过程中孩子们的创作时间。环境创设结果重要，但是它的过程更为重要。我们知道，幼儿园教育理念都是围绕着幼儿的，环境创设的目的也是通过隐性的课程，促进幼儿全面和谐的发展。环境创设应该体现“幼儿在前，教师在后”的思想，不能本末倒置。所以在环境创设中不能为了急于求成，而不给孩子们足够的时间和空间，剥夺他们的自主权，教师要适当地为孩子们留白。

（三）关注全体幼儿，杜绝“择优选美”

《指南》中指出，要尊重幼儿发展的个体差异；幼儿发展是一个持续、渐进的过程，各自的发展速度和到达某一水平的时间不完全相同。这就需要我们教师关注全体幼儿，每个幼儿创作的作品都值得我们观察与分析，因此在环境创设表征中，教师不能仅仅挑选成人眼中精美的作品，应该全部表征在环境创设中。

（四）重视环境创设后的讨论

一般在环境创设的最后环节都会有讨论与总结的流程，教师和幼儿需要共同讨论与总结，请幼儿回顾自己在环境创设过程中遇到的问题、用到的方式方法并评价他们探索的过程。这样不仅可以提高幼儿的理解与认知，也可以促使幼儿更有自信地将自己的能力展现在新的环境创设中去。

课程游戏化背景下如何实施班级微课程

江苏省盐城市滨海县幼儿园　李思思

一、立足幼儿的兴趣，开启微课程

微课程资源来自孩子们的生活。孩子们在日常生活中频繁讨论的词汇、话题、事物等就是他们兴趣的一个反映。我们要尊重幼儿的兴趣和需要，设计开展适宜的活动，并且鼓励和指导幼儿的活动，从而促进幼儿多个方面的发展。我们可以通过改变活动的材料、规则、伙伴等，让幼儿敢于面对新的挑战，从而获得新的实践经验。我们教师需要的是具有发现班级微课程的这种意识，并且拥有设计微课程的能力，将孩子们感兴趣的事物和现象与班级的课程活动相关联，从而提高幼儿的学习效果。

班级微课程是以幼儿的发展为导向的课程。教师要以儿童的探究和解决问题为主要目标，展示出孩子们在探究解决问题过程中的思想和行动，支持幼儿去尝试解决更有深度的问题，形成更有意义的微课程。实施班级微课程，发现幼儿的兴趣是前提，创设有挑战的环境是保障，适时给予支持引导是关键。我们只有对儿童的行为始终充满好奇，才会有发现的动力。

二、整合各种资源，丰富微课程

（一）做好调查分析

首先教师要从人文、物质、自然资源等入手，建立一个基本的资料库，然后让幼儿成

为这些资源的调查者。调查对于幼儿来说是有意义的，而调查的结果也能让我们发现调查过程中的问题，进而引导幼儿去解决。我们可以对自己的幼儿园环境和物质进行细致的勘察，结合实际场景来开展教学活动，让各种资源得到更好的利用和发展。在我班幼儿的实践过程中，就开始了“遇见银杏”“柿柿如意”“橡来是你”“神奇的无患子”等微课程。这些只是把我们幼儿园里的自然资源融进微课程之中，让幼儿们有更多的机会去亲近大自然，去探索自然中的奥秘。当然，我们的微课程也可以围绕地域特色、各种节日等方面来生成开展。

（二）做好资源分类

我们教师应当对前期的调查结果进行分类整理，分析那些资源是否可用，分析各类资源的潜在价值和可以利用的方式以及与幼儿兴趣的关系，让更多的资源成为有效的微课程资源。

三、追随幼儿思路，培养探索能力

微课程注重的是幼儿经验的积累。幼儿建立微课程项目后，就要开始为此出主意和想办法。这个时期，幼儿根据他们的问题展开行动计划，并依据计划中列出的线索来生成一系列的课程网络。教师通过旁观，可以了解到孩子们关心的问题，从而形成初步的课程网络图。幼儿围绕这些课程中产生的问题，进行调查和讨论，利用各种各样的工具进行探索与发掘。但是由于幼儿年龄小，知识经验较少，他们对事物的认知也是非常局限的。这时候就需要教师适当推动幼儿把握时机。

微课程是动态的，发展变化的。随着课程的不断进行，引发的问题也是层出不穷的。这时候就需要教师引导、协助幼儿，甚至可以安排一些挑战，让幼儿去攻克，帮助幼儿学会自主探索并培养克服困难的意志。例如，之前我们班围绕“滨海港”开展了一个班级微课程。我们组织了多次谈话活动，形成了一些文字资料，然后对资料进行筛选，初步将主题内容分为了：今昔对比、带你参观、黄海美景、黄海美食、黄海大保护。确定了主题的相关内容，也注意到了领域的均衡性，考虑到了活动形式的多样性，有集体活动、调查、小组、亲子、社会实践等。在审议过程中，我们还发动家长资源，制作螃蟹豆腐、海鲜大咖等美食。在活动的过程中，幼儿园的保健老师还帮我们制定了个性化的临时食谱，让活动来源于孩子，也回归到孩子的一日生活中去。

四、构建教研机制，优化微课程内涵

幼儿园的教研机制对于保证微课程的实施质量具有十分重要的意义。在我园定期组织经验交流分享会上，教师各抒已见，最终将“班级微课程”的基本特征归纳为：①立足幼儿当下的兴趣及需要；②幼儿发起，教师搭建框架，师幼合作产生；③由小及大，由一点到多元；④弹性、发展、动态、不可复制；⑤培养幼儿的学习品质，促进幼儿的整体发展；⑥通过各种形式记录、反映师幼的思考过程。明晰了班级微课程的基本特征后，再将其与“游戏是幼儿的基本活动”相对接，就更能理解以游戏为载体来捕捉课程生成的价值所在了：凸显儿童本位；突出完整育人；关注主动学习。

为了更加直观地解决教师们在班级微课程实践过程中的问题与困惑，我们将小班、中班、大班三个典型的“从游戏中生成的课程”作为引子进行研讨。老师们从游戏中幼儿的兴趣点（捕捉）、已有经验（判断）、行为表现（观察）、《指南》对接（分析）、材料调整（支持）、分享讲评（提升）等方面，分享了他们的“从游戏到课程”的思考与推进。

在一次次的交流、分享之后，教师们的思考点有了进一步的突破与调整。我们要围绕发展需求，捕捉新经验的生长点。在幼儿的微课程之中，我们要学会“看”，教师才能对接《指南》，通过观察幼儿的行为表现，有目的地去架设原有经验与未来经验的桥梁，有策略

地支持幼儿各领域经验的整合与发展，促进幼儿学习品质的养成。

在一次次的游戏过程中，幼儿可以自由地与小伙伴们交流，探索材料的使用技巧，因而会产生各式各样的问题，从而引发关于这些问题的分歧。这样有利于教师更好地了解孩子们的兴趣和需求，同时也为班级微课程的不断发展创造了条件。

通过班级微课程的开展，我们看到了教师教学方法的改变，孩子们学习方式的多样性。微课程的建构充分体现了课程游戏化的精神及“以幼儿为主体”的课程理念。它帮助我们重新审视课程与幼儿学习和发展之间的关系，也给教师们带来更多的思考，只有不断地去改进我们的教育观、儿童观和课程观，才能真正走进孩子们的世界，建构适宜的微课程。

幼儿园自主游戏的影响因素研究

新疆维吾尔自治区阿克苏地区新和县新和镇第一幼儿园　王艳维

一、问题的提出

席勒认为，游戏是人所特有的非功利性的自由活动和有创造性的审美活动。华爱华认为，教育背景中的幼儿自主游戏完全是由幼儿自发引起的。目前我国对自主游戏的研究大多停留在教师指导层面，忽略了幼儿的身心发展规律。因此，笔者进行了关于幼儿园自主游戏的影响因素的研究。

二、研究方法

笔者通过文献研究法、实践观察法以及问卷调查法等方法对某幼儿园的园长和教师进行问卷调查及实地访谈，最后将收集的结果进行分析统计。

三、影响自主游戏的因素

（一）幼儿园户外环境

1. 户外场地

从图1、图2中可以看出该幼儿园户外游戏场地面积巨大。

前楼游戏区　后楼游戏区

体验探索区　树林游戏区

图1　户外游戏场地

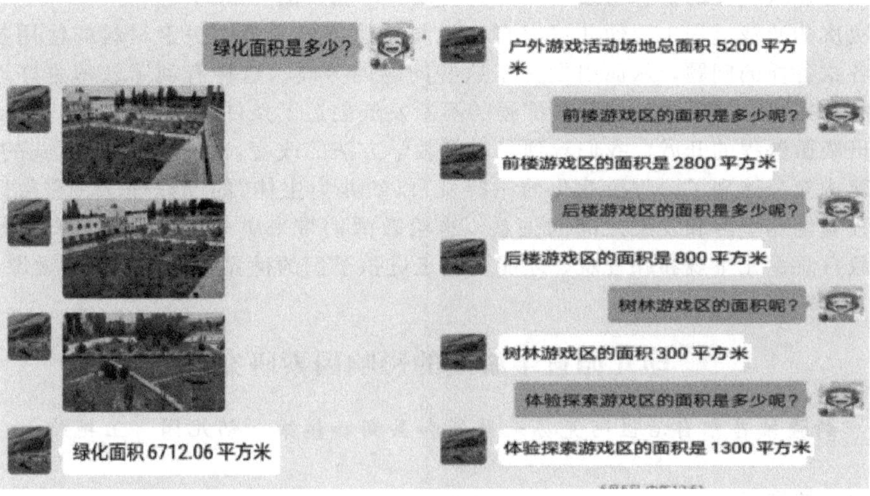

图 2　访谈截图

2. 户外游戏材料

从图 3 中可以看出该幼儿园幼儿游戏材料以低结构的木质材料为主，户外游戏材料种类缺乏。

图 3　户外游戏材料

3. 幼儿园户外游戏时间

从表 1 中可以看出该幼儿园每天户外游戏时间加起来不足 2 小时，未达到《幼儿园工作规程》要求的“每天不得少于 2 小时”。

表 1 户外游戏时间调查统计表

时间	游戏活动安排	户外游戏时间频率
9:30—10:00	早锻炼	100%
12:30—13:10	户外活动	100%

(二)教师对自主游戏的态度

1. 教师对自主游戏的认识

从图 4 中可以看出 30.00%的教师认为自主游戏是“教师教，幼儿玩”。说明部分教师对自主游戏认识不足。

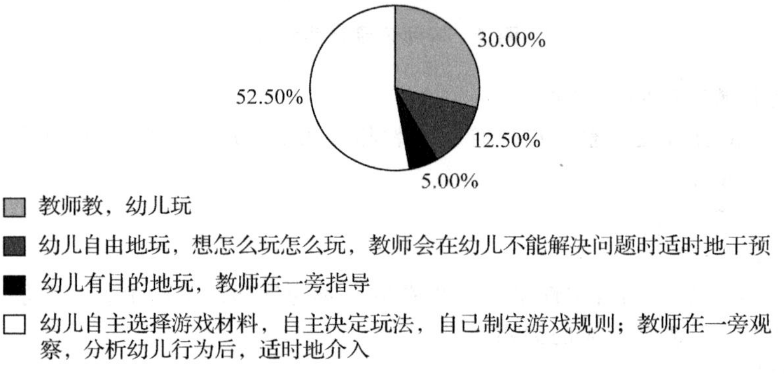

图 4 教师对自主游戏的看法

2. 户外游戏时间

从图 5 中可以看出，教师每天带幼儿游戏时间 60 分钟的占 47.50%，能达到游戏时间 120 分钟的仅占 22.50%。

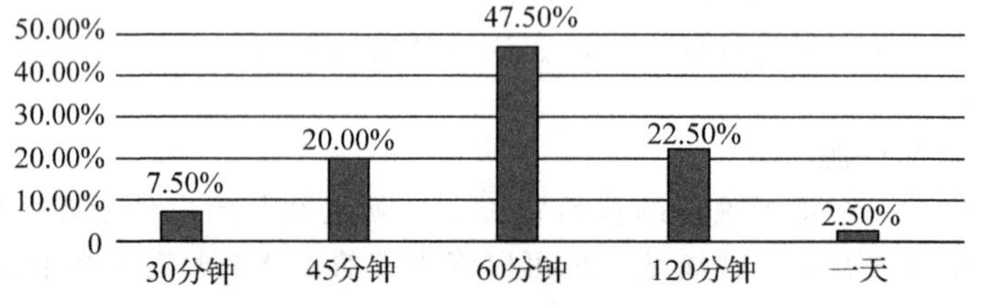

图 5 幼儿日均户外游戏时间

3. 观察幼儿行为

从图 6 中可以看出，教师偶尔会观察幼儿行为的占 45.00%，但是每天会观察幼儿行为的仅占 22.00%，教师不会观察幼儿行为的高达 32.50%。说明教师对幼儿行为的观察不是很重视。

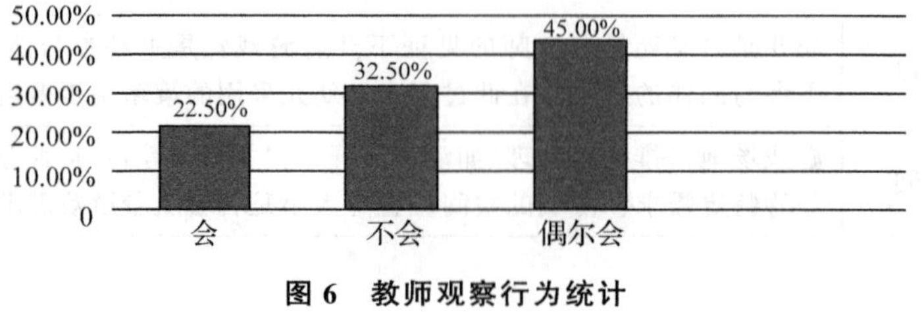

图 6 教师观察行为统计

4. 记录幼儿行为

从图 7 中可以看出能够记录幼儿行为的仅占 12.50%，偶尔会记录幼儿行为的占 50.00%，不会记录幼儿行为的占 37.50%，说明该幼儿园教师对记录幼儿行为不够重视。

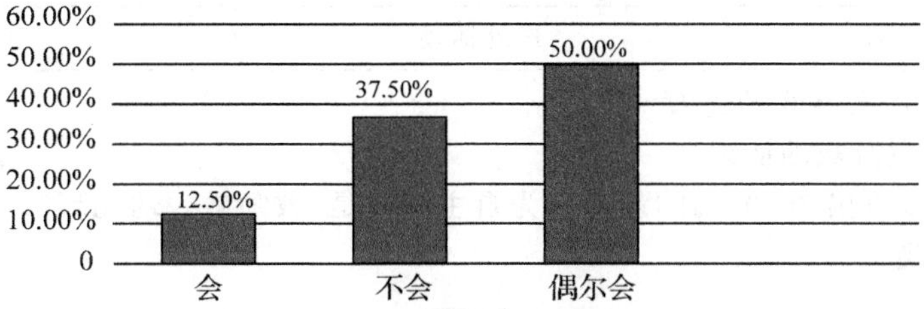

图 7　教师记录行为统计

5. 接受幼儿游戏时间的程度

调查得知，能够接受一整天户外游戏的教师仅占 25.00%，而 75.00%的教师认为不能接受一整天户外游戏。

(三)幼儿对自主游戏的态度

1. 幼儿兴趣

“在低龄阶段，学生的自主性更多体现在以兴趣为导向的情绪上。”幼儿能否积极主动地参加游戏与幼儿的兴趣有极大的关系。

2. 游戏材料

“儿童的注意永远不是指向基本的，重要的事实，而仅仅是指向萦绕着事实的有吸引力的包装物。”恰恰说明游戏材料对幼儿进行游戏有着强大的吸引力。但是现在的幼儿园更加倾向于高结构的游戏材料，忽略了低结构的游戏材料。

3. 游戏性体验

“游戏的魅力在于它对于幼儿构成的挑战性。”幼儿都是喜欢冒险的，越是具有挑战性的东西，他们越喜欢，他们通过挑战、好奇去认识身边的事物。

四、教育建议

1. 合理利用自然资源

新疆的幼儿园有一个得天独厚的自然资源，那就是幼儿园户外游戏场地面积巨大，幼儿园可以开发利用其独有的自然场地，也可以将现有的自然资源充分利用起来。

2. 观察游戏

从表 2 中可以清楚地看到教师在幼儿进行游戏时应该观察什么、注意什么，只有通过观察孩子的行为，才能理解孩子的行为，才能更好地指导孩子的游戏。对于自主游戏，笔者更倾向于定点观察幼儿，用录视频的方式将幼儿的游戏过程记录下来。

表 2　游戏观察内容解读的参考框架体系

序号	解读维度	解读问题导引列举
1	游戏开启	幼儿是自发还是在教师的见证下开启游戏？是主动参与还是在他人的邀请下参与同伴的游戏？在此过程中，幼儿采用的策略是否得当与有效？
2	游戏空间	游戏场地安排是否合理(如动静分开、相关邻近等)？是否考虑到采光、用水等待特定需求？游戏的空间位置与大小是否会随着游戏需求的不同而变化？

续表

序号	解读维度	解读问题导引列举
3	游戏时间	游戏时间是否能满足幼儿游戏的需要？是否会根据幼儿游戏的具体情况和需要而调整时间安排？
4	游戏材料	教师提供了哪些游戏材料？游戏材料的数量、种类是否能满足幼儿游戏的需要？是否有争抢游戏材料的行为发生？高结构材料和低结构材料的比例如何以及是否具有年龄适宜性？幼儿如何操作游戏材料？幼儿对新材料的态度如何？
5	游戏主题	游戏中产生了什么主题？这些主题是如何产生的？是教师设计的还是幼儿自发的？幼儿对这个主题感兴趣吗？游戏主题和当前班级开展的主题活动有关系吗？如果有关系，那么如何通过二者的积极互动支持与推动幼儿的游戏？
6	游戏情节	幼儿的游戏内容是什么？有新的游戏情节产生吗？原有游戏情节得到拓展了吗？如何通过集体教学，家庭与社区等的介入来改善和优化游戏？
7	游戏结束	幼儿主动结束了游戏，还是因“时间到了”而被迫结束游戏？
8	游戏水平	幼儿的游戏处于什么阶段或水平？是独自游戏，平行游戏，还是合作游戏？是混乱失控的游戏，简单重复的游戏，还是富有成效的高水平的游戏？
9	幼儿发展	幼儿在游戏中处于什么地位？是领导者，跟随者，还是旁观者、参与者？幼儿的认知发展水平如何以及具有哪些方面的能力？幼儿的原有经验如何？哪些经验需通过集体教学，家庭或社区的参与来改善？幼儿显现了怎样的学习品质和学习倾向？
10	游戏态度	幼儿在游戏中的情绪体验如何？是热情高涨，认真专注，活泼开朗，还是无所事事，沉默发呆？幼儿游戏的坚持性如何？

3. 记录游戏

记录是了解幼儿的最好方式，我们只有客观地记录幼儿的行为，才能从幼儿的行为中真正地了解他们，从而更好地理解他们。接下来笔者将从记录游戏的环境，记录材料的选择及使用，记录游戏的过程，记录与他人交往的过程，记录游戏前后心情的变化五个方面展开描述。

(1)记录游戏环境

这里的游戏环境指的是游戏场地是否足够幼儿游戏，从而记录户外游戏区域的大小；户外游戏环境布置是否符合幼儿游戏的标准，是人工的户外环境还是天然的自然环境。

(2)记录材料的选择及使用

教师需要记录可供幼儿游戏的材料有哪些，幼儿选择了哪些游戏材料，他们是怎样使用游戏材料的，在用游戏材料的过程中是否出现了问题，幼儿有没有更换游戏材料。

(3)记录游戏的过程

教师需要长时间不间断地记录幼儿的游戏行为，记录幼儿游戏开始前的行为，游戏开始时的行为，游戏中期的行为，以及他们是怎样结束游戏的。这一过程是完整的且连续的过程，需要教师耐心观察，持续地记录。

(4)记录与他人交往的过程

幼儿在游戏时免不了与同伴交流，教师需要记录幼儿是怎样和同伴相处的，幼儿用了哪些方法和同伴相处，在游戏的过程中他们是怎样相互配合的，是否在相处中出现问题，他们是怎样解决问题的。

(5)记录游戏前后幼儿心情的变化

教师要记录幼儿在游戏前是期待游戏还是消极对待游戏；游戏中期幼儿游戏的心情是怎样的，是遇到了困难就此放弃还是积极面对困难想尽办法解决问题；游戏结束时幼儿是表现出喜悦的成功感，还是没有表情或是表情沮丧等。

4. 适时介入幼儿的游戏

幼儿在游戏中总是会出现各种问题。在幼儿解决不了的情况下，教师要及时介入游戏，以便于幼儿游戏的顺利开展。

幼儿园小班形体训练活动存在的问题及解决策略

黑龙江省北大荒集团黑龙江云山农场幼儿园　佟　遥

一、活动目标方面的问题

在幼儿园小班形体训练活动中，机械化的肢体训练很难体现形体训练的情感目标，导致小班幼儿无法在实践中获取情感体验，失去了形体训练活动的人文性特征，无益于小班幼儿在形体训练中愉悦身心，形成了幼儿园小班形体训练低效现象。比如，在小班形体训练中，冰冷、生硬的活动环境并不适合小班幼儿在训练时的情感抒发，而教师在应试思想的束缚下也并未展现出丰富的情感元素，仅在机械的训练任务逐一完成中实现了活动目标，并未启发小班幼儿情感发展方向，难以为积极情感的有效渗透营造适宜的环境。这也形成了当前幼儿在形体训练中忍耐力不足而诱发情绪波动或极端化问题，不能随时随地为小班幼儿的情感发展提供支持，违背了“身心共同发展”的形体训练活动宗旨，降低了幼儿园小班形体训练的素质教育价值。

二、活动内容方面的问题

(一) 训练内容趣味不足

通过与部分教师访谈获悉，很多教师认为形体训练活动是一类极其严肃的课程模式，他们在实践中仅注重幼儿形体动作训练的连贯性与准确度，忽视了趣味性，难以激发小班幼儿的参与动机，不能完成训练任务。比如，部分教师在设计内容时仅注重如何去衔接形体训练动作的完成，却忽视了内容的趣味性，没有为形体训练配备合适的背景音乐，也没有引入相关的形体游戏来辅助训练，不能吻合小班幼儿的心理认知特点，致使没有游戏的支持难以激发小班幼儿的参与动机。幼儿在生硬的形体动作训练中降低了表现形体的意愿，久而久之难以尊崇教师的要求进行相关形体动作的练习。这样不利于小班幼儿在趣味性元素的引导中接受形体训练内容，降低了幼儿园小班形体训练活动的效率。

(二)教师指导方面问题，理论讲授指导过浓

在幼儿园小班形体训练活动中发现，部分教师在进行活动指导时只重视对理论概念的传授与灌输，导致理论讲授指导过度，不能展现出教师在幼儿园小班形体训练活动中指导的针对性。淡化了形体训练任务的直观性特征，不能为小班幼儿提供演练的具体参考。由于小班幼儿理解能力不足无法对形体训练项目产生印象，不能完成既定任务，失去了教师在幼儿园小班形体训练活动中的指导意义，不利于展现幼儿园小班形体训练活动的直观性，形成了低效现象。

三、解决策略

(一)展现体态审美目标

教师在设定小班形体训练活动目标时应展现体态审美元素，这样才能吻合小班幼儿的

身心发展规律，体现美育功能，彰显幼儿园小班形体训练活动目标设定的准确性。比如，教师应认识到形体训练的本质，增加对小班幼儿身心发展特征的了解，引入古典舞、芭蕾舞中的身韵欣赏素材，让小班幼儿在欣赏肢体律动的过程中感受到形体的美学特征与具体形象，并通过语言的引导让小班幼儿理解健康美、弹性美以及气质美的内涵。此时，教师才能通过展臂、把杆等辅助性训练让小班幼儿在体验美的过程中自主发生肢体变化，提高形体训练时的美感，真正在展示体态美的过程中为小班幼儿打开“追求美”的窗口，以吻合小班幼儿的审美特征，从而在展现体态审美目标的同时构建幼儿园美育课程体系，提高幼儿园小班形体训练的审美特征。

（二）适当调整训练难度

适当调整训练难度，才能展现出幼儿园小班形体训练活动内容设计的科学性，吻合小班幼儿肢体表现能力，在难易适中的训练中易于小班幼儿掌握相应的形体动作，提高参与动力。比如，教师应提高自身的舞蹈教育能力，通过理论知识的自主学习丰富舞蹈技能，这样才能在选择形体训练动作时理解难度等级。同时，更应以优美、高雅为原则进行形体训练动作编排，通过侧面抬腿、侧卧、单腿弓箭步等基础动作带领小班幼儿热身，在形体动作的不断循环中逐步提高小班幼儿肌肉温度，调节心理状态，避免在形体训练活动中造成小班幼儿肌体损伤现象。在热身环节后，才能视情况引入侧面平板支撑、单腿臀桥等动作，在渐进式难度中吻合小班幼儿肢体运动规律，符合形体训练原则，展现出活动内容设计的科学性，为幼儿园小班形体训练活动开展创建基础条件。

（三）积极引入趣味元素

积极引入趣味元素，才能体现幼儿园小班形体训练活动的适宜性，在丰富的游戏内容中让小班幼儿理解形体训练的目的，增强参与意识，提高幼儿园小班形体训练活动的趣味性。比如，在小班形体训练活动实践中，教师应引入游戏元素作为衔接训练内容的桥梁，首先，运用律动游戏“踩地鼠”来提高小班幼儿对形体训练目标的感知力，让幼儿随着音乐节奏用“踩地鼠”的方式形成形体舞动意识，增强表现肢体的兴致，将他们引入训练阶段。在接下来的形体训练内容中更要积极地引入游戏主题，让他们在“左手右手看起”中提高臂展质量，在“踢踢踏”中完成单腿臀桥训练任务，在“拔萝卜”游戏中感受单腿硬拉强度。这样通过游戏元素衔接增强幼儿园小班形体训练活动的趣味性，淡化小班幼儿在形体训练中耐力不足的影响，以提高幼儿园小班形体训练活动质量。

四、结语

本文详细地分析了幼儿园小班形体训练活动存在的问题，并依据所获取的资料与实践工作经验准确地拟定了解决幼儿园小班形体训练活动存在问题的策略，以总结的方式形成以下结论：首先，通过文献分析法的科学运用，明确了本篇论文的研究意义与目的，为拟定本文中所需解决的实际问题提供了依据。其次，在理论资料与观察、访谈研究方法所形成资料的辅助下，分别从活动目标、活动内容以及教师指导三个层面指出了幼儿园小班形体训练活动存在的问题，并在明确问题的同时对所形成的原因进行剖析，在阐述后分别做了详细的总结，为拟定解决幼儿园小班形体训练活动存在问题的策略提供了依据。

探索新体制幼儿园总务管理经验

四川省成都市双流区西航港常乐幼儿园　雷　琴

新体制幼儿园是双流区以“政府主导、国企参与、学校自主”为新型教育管理体制的公办幼儿园。新体制幼儿园投入使用时间不久，总务管理者也多为一线教师竞聘上岗，存在因行政事务多管理不科学、管理者业务能力较弱以及管理经验不足等问题，尤其是总务管理中的财务管理、人事管理、后勤管理方面。对幼儿园总务管理在日常事务管理存在的问题进行分析，并且提出一些改进的建议，对于提高双流区新体制幼儿园的管理水平具有重要的意义。

一、幼儿园总务管理日常事务管理概述

从管理学的角度来看，日常事务管理对于提高组织的效率非常关键。幼儿园作为对幼儿集中进行保育和教育的一种学前教育场所，其日常事务管理是否规范、科学，对于幼儿管理和教学水平的提高极其关键。新体制幼儿园总务管理包括财务管理、人事管理、后勤管理等。

（一）财务管理

财务管理是园所管理工作的重要组成部分，是一向政策性很强的工作，是保证幼儿园各项行政事务顺利开展的前提。幼儿园财务管理主要是指严格按《政府会计制度》将教育经费统筹安排，为园所正常工作运转、长效发展以及教职工的切身利益提供物质保障。

（二）后勤管理

如果说教育是有形的，那后勤就是无形的。后勤工作烦琐冗杂，是关乎幼儿园能否长期生存、持续发展的关键所在。对于幼儿园来说，后勤管理不仅包括对后勤人员管理，还包括采购、资产管理、维修以及基础设施建设与管理。

（三）人事管理

人事管理是幼儿园管理工作的核心，主要是指有关人事方面的计划、组织、协调等一系列管理工作的总称，通过人与事的有机协调，达到“人尽其才，事尽其功”的效果。

二、新体制幼儿园日常事务管理的理念——以人为本

“以人为本”就是以人为中心的管理思想，也可以说是人性化的管理思想。人性化管理是由现代行为科学演变出来的一种全新的管理理念，其在管理过程中充分突出人性要素，根本出发点就是充分发掘人的潜能，要求管理者依靠人、尊重人、信任人、激发人。可见，人性化管理从本质上来说是以促进人自身自由、全面发展为根本目的的管理理念与管理模式。

就幼儿园的管理对象来说，无论是对幼儿的管理还是对教职员工的管理，都不外乎是对人的管理。在这种情况下，推行“以人为本”的管理思想，不仅能够调动教职工的工作积极性和创造性，还能在幼儿园形成尊重人才、尊重劳动的良好氛围，有利于促进幼儿园日常事务管理的全面开展和质态提升。由此可见，“以人为本”的管理理念是幼儿园日常事务管理工作的灵魂。

幼儿园“以人为本”日常事务管理的内涵主要体现在以下几点：其一，互相了解、互相尊重是前提；其二，平等友爱是日常事务管理的重要原则；其三，突出服务是日常事务管理的核心；其四，推行自主管理是日常事务管理的有效途径；其五，科学的评价和考核体系是保证日常事务管理工作落到实处的保证。

三、优化新体制幼儿园总务管理日常事务管理的对策

近年来，随着国家政策的扶持和社会对学前教育重视度的提高，幼儿教育事业取得了迅速的发展，幼儿园数量骤增，办园形式日趋多样化，但新体制幼儿园总务管理在日常事务管理手段和方法上存在一定的困难，无法适应学前教育的高速发展，诸多问题也随之而来。因此，需要一套行之有效的方法来改善幼儿园日常事务的管理。

在改善新体制幼儿园总务管理日常事务管理的过程中，总务管理者需统筹做好各项工作，保持积极向上的主人翁心态，做好上传下达的角色，夯实业务管理能力，持续稳步地促进新体制幼儿园的长远持续发展。

(一)运筹帷幄之中，决胜千里之外

幼儿园虽小，但其行政管理工作中的各项事务同样需要标准化、流程化、精细化。为此，首先要明确管理思路，对各项事务进行科学的管理。要把园所文化、办园理念以及中长期发展目标铭记于心，各部门之间要有效地沟通和协调，避免“两耳不闻窗外事”地埋头苦干以致顾此失彼，降低工作效率。各部门可通过行政会、周前会、园长办公会或者闲暇时间围绕园所近期工作重点和中心工作，以“各施所长、取长补短”的方式分急、重、缓、轻地去实施。“目标于心，计划先行。”为了园内外各项工作的顺利开展，各部门从接手工作起就要深知自己的岗位职责，实施工作前先拟订部门学期工作计划、月计划、周计划等，合理部署工作以使工作效率迅速提升。

(二)管理应人性化，提高凝聚能力

幼儿园 90％及以上的教职工是女性。女教师普遍心思细腻，情感柔软。个别年轻老师敏感多疑，争强好胜。作为上传下达的执行层，对上要服从园长对工作的安排，作为总务管理要做好参谋者的角色，尽力做到“参之有道，谋之有方，言之有术”。在遇到棘手或权职范围外问题时，要学会自己先思考解决方案，带着拟出的初步解决问题的方法和不同角度解决的预案向园长汇报，让园长做“选择题”而不是“填空题”，提高解决问题的能力，缩短问题解决的各项成本。对下在安排、指导工作时不仅要准确传达上级要求及任务，更要像对待幼儿一样“因材施教”，对于不同气质类型的教职工要采用适合她们的方法。例如，对“抑郁质”类型的教职工我们首先要与其产生“共情”，再耐心细致地给予其指导；而对于“多血质”气质类型的教职工，当其有过激情绪时，要以严肃的态度先让其冷静……在深入一线，了解教职工“诉求”时，要立足幼儿园全局来思考问题，学会“取其精华，去其糟粕”，分类处理各种“诉求”：对于不合理的部分要及时中止，并耐心地解释和说明，积极化解不必要的矛盾；对于合理成分要以适当的方式向园长反馈。此外，对下还应该去了解教职工“经验水平”，对他们的工作任务也尽量满足他们的“最近发展区”。

“一花独放不是春，百花齐放春满园。”总务管理不仅仅是让自己快速成长，而是发动自身之力，发挥团体优势，抱团成长。要身体力行，切忌纸上谈兵，要做好榜样示范作用。管理上要有艺术性，对教职工多一些尊重和赏识，鼓励和肯定，坚信“希望效应”。发挥各自的长处，优化队伍建设，使整体力量发挥到更大。

(三)夯实业务能力，发挥管理智慧

新体制幼儿园总务管理任务非常艰巨，压力也非常大。要想做好管理工作，首先就要管理好自己，始终保持积极乐观的心态。当处于“职业倦怠期”的时候要用适当的方式去解压，要把工作困难看成是锤炼或展示自己的机会，以认真、乐观、自信、负责、高效等态度坚守职业道德，做好管理工作。其次要提高业务能力，学习财务、人事、后勤、安全等相关知识和上级文件精神，在工作中要边做边反思，借鉴别人经验的同时，要梳理出一套适合自己的方法。最后随着时代的进步，管理也应当智慧化、科学化，在保证完成任务的

同时要有创新优化意识。

作为新体制幼儿园，在财务管理方面，因为手上还有其他工作，一定要在时间节点前完成相关任务，留足处理突发事件的时间。财务工作专业性较强，对于从一线教师转为财务工作的老师，在应对各种专业报表的时候最好不要闭门造车，建议请教专业的人或者同行抱团研究，这样可以大大提高工作效率。在后勤管理方面，物品采购、资产管理以及工程建设是重要内容也是难点，幼儿园的资产存在品类多、范围广、流动性大等特点，管理起来是错综复杂的，我们首先应该梳理出管理的制度，明确管理体系，实行"线上＋线下"管理模式，让资产管理线下落实到人，线上利用现代科技对资产进行管控。工程建设的管理是费时费力的一项工作，小额政府工程从项目论证、园长办公会讨论到招投标以及工程监督验收等环节都要全程参与，该事务周期长，资料归档易出现时间混淆，若按事务名称建立详细的工程项目台账，问题也就迎刃而解了。

四、结语

幼师在一线的工作主要是直接促进幼儿各方面的发展，而总务管理者的管理工作就是推动幼师工作开展的基础和前提。三年的管理工作，让笔者有所启发：总务管理者是幼儿园师资力量的关键性因素，尤其是对于教职工的聘选机制管理，只有优秀教师人员数量增加，才能打造良好的师资队伍，提高幼儿园的办学质量。同时，在对园长的协助工作中，作为总务管理者既起到向教职工传达园长决策的作用，又承担着将教职工在工作中发现的问题向园长进行反馈的职责，对园区建设起着承上启下的桥梁作用。因此，总务管理者更应该突出管理的作用，打造规范的管理队伍和优秀的幼师队伍，从整体上为幼儿创造良好的启蒙环境。

基于"彩泥乐"活动开展幼儿园江南民俗文化活动的实践探索

上海市青浦区泰安幼儿园　周　磊

《纲要》指出，教育内容的选择应体现以下原则：即适合幼儿的现有水平，又有一定的挑战性；既符合幼儿的现实需要，又利于其长远发展；既贴近幼儿的生活来选择幼儿感兴趣的事物和问题，又有助于拓展幼儿的经验和视野。在开展江南民俗文化"彩泥乐"的主题活动中，通过观察、支持幼儿在活动主题生成、活动内容选择以及创造性运用和操作材料时，我们主要借助如下的指导策略，推动幼儿在活动中的兴趣，不断提升幼儿的游戏水平。

一、追随幼儿：让主题活动具有生长的活力

江南民俗文化有着悠久的历史。孩子们在日常生活中，经常接触民俗文化，也有很多幼儿是在民俗文化游戏的陪伴下成长起来的。对于幼儿来说，这些民俗文化与他们的日常生活已经融为一体。因此他们在幼儿园的活动中，会将自己在生活中的发现和游戏活动迁移到游戏过程中。当我们发现幼儿的兴趣时，应追随幼儿的发现，让民俗活动更具生命力和活力。

（一）兴趣导向，拓展幼儿的选择力

《纲要》中提出要以"幼儿感兴趣的事物和问题"开展活动，要"贴近幼儿的生活"，在课程中要凸显自主、自信，让幼儿在快乐的探究中获得有益于身心发展的经验。孩子们在雨天的时候会非常喜欢到户外玩泥巴，然后将自己玩泥巴的经验迁移到班级美工区投放的彩泥，他们会在自由活动的时候，自发地用彩泥塑造各种造型。泥塑本身就是江南民俗文化的一个重要组成部分，孩子们从小对泥巴又有着天然的亲近感，于是我们开展了泥塑彩泥

社团，让幼儿的爱好可以有用武之地，在社团活动中，进一步激发幼儿对泥塑的兴趣。

在社团活动的前期，我们开展了一项调查，从幼儿的一日生活表现以及幼儿的兴趣挖掘方面，了解幼儿对民俗文化项目的了解与实际的操作兴趣。通过调研，我们发现幼儿对泥塑活动非常感兴趣。

(二)家长助力，丰富幼儿的探究力

家庭是幼儿园重要的合作伙伴，为了更好地帮助幼儿在班本课程中有效地学习，教师可以通过家园合作的方式积极调动幼儿的学习积极性。

1. 趣味化的亲子展示

我们可以让家长也参与社团的活动，与幼儿一起感受泥塑的乐趣。例如，在开展泥塑社团活动前，我们可以先让幼儿与家长一起收集关于泥塑的资料，或者实地体验、了解各种各样的泥塑形式，加深对于泥塑的认知。家长与幼儿以讲故事或者表演的形式，为大家介绍自己收集的关于泥塑的故事，让亲子体验更具有娱乐性，进一步激发幼儿的兴趣。

2. 体验性的社会活动

社会体验活动可以让幼儿在更真实的情境下，了解关于泥塑的相关内容。我们通过开展社会活动，为幼儿拓宽眼界，让幼儿走进丰富多彩的泥塑世界，感受泥塑的传统艺术性。例如在假期，我们与幼儿的家长带领幼儿一起走进民间泥塑艺人的手工作坊，幼儿通过自己动手体验民间艺人的创作过程，进一步丰富对泥塑的认识，提升了动手实践和创造能力的发展。

二、发现幼儿：让活动走向更灵活

教师要善于用眼睛去捕捉活动中的点点滴滴，善于用耳朵去倾听来自幼儿的不同声音，用科学的方法引导幼儿开展更具层次性的探究，从幼儿的角度为幼儿提供良好的外部条件，引导幼儿开展深度学习，真正体现《纲要》精神——幼儿是活动的主体。

(一)推动泥塑与想象的结合——尝试与追随

《指南》指出："支持幼儿在接触自然、生活事物和现象中积累有益的直接经验和感性认识。"在活动中，教师作为一个观察者与支持者，给予幼儿必要的鼓励，并在幼儿不断生成的新体验基础上给予支持。

1. 材料选择自主化

幼儿在选择泥塑材料的过程中，发现除了彩泥这种材料，还有许多其他的泥土材料可以运用到泥塑活动中。幼儿开始对各种材料之间的区别产生兴趣，想要知道不同的材料捏制同样的作品时会有什么样的效果。基于幼儿的发现，教师鼓励幼儿自主收集材料并将自己喜欢的材料带到社团活动现场。例如，有的幼儿想到可以用幼儿园操场上的泥土当材料，教师与幼儿共同收集操场泥土，制作泥塑作品，并与其他材料做对比，看看几种材料捏制成的作品有什么样的区别。

2. 主题活动生活化

在开展泥塑主题活动时，教师发挥幼儿的主体性，一方面追随幼儿的兴趣，基于幼儿的生活体验开展主题活动，另一方面结合幼儿的偶然发现，鼓励幼儿自主生成主题，进一步丰富幼儿的泥塑活动经验。例如，幼儿在看过陶土制作的动画片后，产生了想法，想要用泥土捏制各种角色的人偶，然后用这些泥制人偶开展角色游戏。教师与幼儿一起讨论选择什么样的内容，幼儿选择了大家经常看的绘本故事《月亮的味道》，随后幼儿进行分工，以小组合作的方式选择各种角色开始捏制。在捏制完成后，幼儿自发设计小舞台，完成绘本剧的表演。教师全程帮助幼儿录像，并与幼儿一起回顾活动流程。

3. 教师支持灵活化

在幼儿开展泥塑活动的过程中，教师需要根据实际情况为幼儿提供灵活的支持与指导，使活动与幼儿的深度学习更好地结合在一起，让幼儿更自主、更自由、更自在地去观察，发现，讨论，探究，验证。在这个过程中，让新旧经验不断发生碰撞和融合，不断促成幼儿新经验的形成。例如在开展“春天来了”的泥塑活动时，教师为幼儿提供充分自主的空间，幼儿自由地观察并选择与春天相关的事物去捏制。在观察幼儿的过程中，教师及时发现幼儿的需求，为幼儿提供材料、方法、技巧上的指导，不断推动、提升幼儿泥塑水平的提升。

(二)融合泥塑与区域的活动——发现与猜想

在泥塑社团活动中，教师应通过鼓励激发儿童的学习愿望，注重儿童探索解决问题的能力，创造条件让儿童参与实验操作的过程，发现事物之间的联系。在活动中，我们注重将不同的区域活动元素引入泥塑制作的过程中，运用区域资源，发展幼儿的综合素质。

在开展泥塑社团活动时，幼儿的手工制作不应局限于泥巴的捏制，要鼓励幼儿通过多种工具、多种材料的组合，对泥塑作品进行更加丰富的加工创作。在开展泥塑创作的过程中，我们引导幼儿观察生活，然后将自己想要制作的物品画在纸上，引导幼儿形成计划，借助图纸让幼儿更有序地捏制。

以“大白鹅”泥塑为例：我们为幼儿引入图片和视频让幼儿了解生活中的大白鹅是什么样子的，然后引入更加丰富的创作元素。在幼儿熟练操作团、揉、搓、连接等方式创作大白鹅作品后，我们还鼓励幼儿运用不同的材料进行再加工，可以用水彩笔为大白鹅画上漂亮的眼睛，也可以为大白鹅盖一座漂亮的小房子，从而使幼儿在泥塑活动中将艺术、建构等元素运用得更加娴熟。借助幼儿的问题和探究，利用幼儿对泥土的好奇心，可以开展更多的后续活动，使幼儿的认知形成一个有联系的网状的框架，这对于促成幼儿的深度学习来说也可以起到很积极的作用。

三、有效引导：让幼儿发展更真实

在以“彩泥乐”主题社团活动为主要内容的推进过程中，教师有效地引导、促成幼儿真实的发展，更进一步地培养幼儿良好的学习品质和学习习惯，让幼儿获得真实的成长与发展。

1. 倾听是“发现幼儿”的基础

教师充分倾听来自幼儿的声音，才能真正发现幼儿的兴趣、需要、问题，才能更好地对幼儿在游戏活动中的表现与反应形成科学的评价。

基于江南民俗文化开展的泥塑社团活动是基于幼儿自主发现、自主观察生成的游戏。在活动中，教师为幼儿提供正面鼓励与支持，让幼儿通过小组分工合作、讨论交流来观察探究泥土材料。在与泥塑亲密接触的过程中，幼儿发现了不同泥土材料的特点。在了解了不同材料的特点后，教师支持幼儿结合自己的游戏经验对泥巴做二次加工，让各种泥土不再是不规则的丑丑的样子，而是变成了富有生命力的各种造型，幼儿的天性得到进一步的发挥，在游戏的乐趣中促成了幼儿与大自然的完美接触。

2. 理解是“尊重幼儿”的核心

在泥塑活动的背后，隐藏的是教师理解幼儿的理念，只有尊重和理解幼儿，才能真正从幼儿的角度发现更多的教育契机，才能让幼儿对泥巴进行更充分的探究，才能让幼儿玩得更尽兴，也才能让幼儿更大胆地提出想法。

在开展泥塑社团活动的过程中，教师利用幼儿之间的互评使孩子们的团队合作能力也有了发展。在交流中，孩子们想到了更多的好主意。在合作中完成作品，更进一步地促成了幼儿社会性的发展，孩子们在活动中获得了游戏的乐趣，充分解放了幼儿的天性。

泥塑创作与幼儿的天性有着天然的联系。在开展民俗活动中，我们要从幼儿的兴趣点出发，借助游戏化的活动形式激发幼儿参与的动力，才能使幼儿真正成为活动的主人并获得发展。

在户外自主游戏中运用环境资源促进中班幼儿人际交往的研究

上海市静安区烽火幼儿园　高　娟

一、研究背景

所谓人际交往也称人际沟通，指个体通过一定的语言、文字、动作、表情等表达手段将某种信息传递给其他个体的过程。它对于儿童发展具有重要的意义，不但是幼儿社会性行为的重要方面，更对诸如认知、语言能力的发展起到促进作用。中班幼儿正处于喜欢结伴合作、愿意尝试主动交往的年龄阶段。从室内走向户外的自主游戏，给了幼儿更大的空间环境、更多的人际交往的机会。

二、研究的内容与成果

(一)打破常规游戏环境，促进人际交往

我们把选择空间的权利交给幼儿，并且给幼儿充足的时间，在游戏前自由规划自己的游戏地盘，偌大的操场任由他们发挥。鼓励幼儿与同伴讨论，选择自己喜欢的游戏场地及游戏材料，从而让幼儿主动交往。把游戏环境决定权交给幼儿，让幼儿按照自己的想法进行活动，才能够促进更多人际交往。

(二)可变的环境材料，促进人际交往

幼儿的游戏离不开环境与材料。作为老师为幼儿创设安全的游戏环境，提供适宜的玩具材料是我们的专业发展方向。我们应该学会观察幼儿与环境、材料互动的过程，了解幼儿的认知水平。应该根据幼儿在游戏中的发展状况适时适宜地给予调整，只有这样才能真正有效地推进幼儿的游戏进程，促进幼儿的交往。

1. 根据需求自由调整

自主游戏中，幼儿会随着游戏的变化而产生不同的需求，教师观察捕捉到这一现象后，根据幼儿的需求及时支持幼儿调整环境，也是促进幼儿游戏情节进一步发展的重要方面。游戏的情节丰富了，幼儿之间的人际交往自然也就更多了。

在游戏中，两位小朋友非常乐于扮演艾莎公主和安娜公主，起初她们的城堡是用运动地垫架高并且用栅栏围合起来的，她们自顾自地沉浸在自己的游戏中，不与其他小朋友交往。小朋友们在分享交流中就“我也想到艾莎城堡里玩怎么办”的问题展开了讨论。有的说：“艾莎城堡里还可以有雪宝，可以扮演雪宝。”有的说：“艾莎可以出来表演，我们当观众。”……讨论过后，艾莎城堡变了样，围栏不见了，运动地垫也由原来的架高变成了平铺的舞台。前来观看“艾莎”演出和参与“冰雪奇缘”游戏的同伴也多了。

幼儿在讨论中接受了大家的意见，在教师的协助下主动调整了游戏环境，满足了同伴共同参与游戏的愿望。这样及时的环境调整为幼儿提供了与同伴交往的更大空间。

2. 及时调整材料资源

因为户外空间较大，在表演时仿真的话筒往往会达不到幼儿预想的效果，演员与观众的互动很难听清楚。根据幼儿游戏的需要，我们把仿真话筒换成了真话筒，还提供了扩音器、音响和废旧的童话剧票，满足幼儿游戏互动的需求。“水上乐园”变成了“艾莎城堡乐园”，有了话筒的小演员们更加自信了，一边表演一边与观众互动。幼儿也从刚开始一两个

尴尬不自信地邀请客人看表演，转变成了后来戴上扩音器自信地打广告售票。

自由宽松的环境支持及不断调整的游戏材料，让游戏变得越来越有吸引力，游戏中主题与主题之间的互动更多了，幼儿更加自信了，主动交往的愿望强烈了，这给幼儿的人际交往搭建了广阔的平台。

3. 多元的环境材料

幼儿期是一个充满好奇和想象的时期，这个时期的幼儿总是会表现出对某个游戏的强烈兴趣，他们对外部世界充满了热情，而幼儿所处的环境很大程度上直接影响他们游戏中的交往。所以我们可以让环境和材料本身更加多元和开放，满足幼儿的游戏需要，激发幼儿的想象力、创造力，促进幼儿的人际交往。

(1)百变的纸箱

在游戏中，孩子们会利用我们材料库里投放的各种纸盒创造出自己想要的东西，从而玩自己想玩的游戏。比如，一个纸板箱折叠后变成的躺椅，满足了理发师与客人的交往；娃娃家里两个纸箱组合成了奇特的冰箱，“爸爸”和“妈妈”非常和谐地商量着要烧什么菜，还热情地邀请老师品尝他们的美食；大纸盒拼接后变成的高铁吸引了很多顾客前来乘坐。材料的可变让它变废为宝，也给幼儿的游戏带来了更多的灵感，游戏主题丰富了，幼儿的人际交往自然也就多了。

(2)多用的攀爬框架

运动用的攀爬框架因为可以自由组合，非常受幼儿的欢迎，由此引发的游戏主题也是多种多样。比如，攀爬架成了“宇航员”游戏搭建的“火箭”，“空间站”。在“空间站”里他们有实验室、卧室、餐厅等区域。他们在“空间站”里交流着实验发现。由此可见材料的可变性不仅给孩子们更多的游戏灵感，也在不断的创造中让幼儿人际交往更加多样化。

(3)不断更新的游戏墙

游戏中有人际交往能力强的幼儿，也有需要我们鼓励、支持的幼儿。于是我们利用游戏墙环境，让缺乏人际交往能力的幼儿，也能勇敢地跨出第一步。我们在游戏墙上张贴幼儿游戏的精彩照片，利用信息化自媒体播放幼儿游戏的视频片段，让幼儿在自由欣赏的过程中体会到同伴游戏带来的快乐，学习同伴与人交往的技巧。游戏墙环境还是幼儿表达的天地，在这里可以向同伴诉说自己开心的游戏故事，或者提出需要大家帮助的问题，等等，教师要根据幼儿的游戏发展不断更新游戏墙的内容。在这样一个环境的支持下，胆怯的幼儿得到了同伴的引领，也勇敢地去主动与人交往了，去参与自己喜欢的主题游戏了。由此我们看到幼儿在游戏墙环境中积极的情感体验，让他们获得了人际交往的愉悦、乐观和自信。

所以说，多元的游戏环境和材料让幼儿的游戏变得丰富多彩，幼儿在这过程中会运用自己的方法加入想玩的主题游戏，比如询问、帮助、主动结伴等，幼儿通过交往达到心中的游戏目的，激发幼儿人际交往的内驱动力。

(三)延迟满足环境材料，促进人际交往

在游戏中，孩子们对于环境材料会不断地产生新的需求。那么教师如何支持？什么时候支持？其实有时候延迟满足也是促进幼儿交往的一种方式。比如，“宇航员”需要“太空服”，想利用玩沙水的黄色雨衣，我们没有及时给予直接提供，而是让幼儿根据自己游戏的需求主动去当天负责玩沙水的老师那里沟通借服装。不同的幼儿在遇到自己有材料需求时，都会战胜自己的胆怯，在一次次的尝试中，不断地提升自我的沟通能力，从只会说“我要借服装”，到会说“老师，我们玩‘宇航员’游戏，想要借雨衣当太空服，我要借三件”……通过“借服装”这个过程促进幼儿的人际交往，而这样的交往会让幼儿遇到问题不断地去尝试解

决，减少依赖感。

适时的延迟满足，会让幼儿的交流碰撞变多，他们会在这过程中主动交往并且有礼貌地向他人表达自己的需求和想法。沟通中幼儿会更加懂得礼貌，懂得体会他人的心情，这让幼儿的人际交往能力得到进一步的提升。

（四）创设合作的环境，促进人际交往

合作是人际关系的一种形式，是指个体与群体成员为了实现共同目标，而齐心协力产生一致行动的过程。合作能力是幼儿未来发展、适应社会、立足社会不可或缺的素质。因此中班自主游戏中，我们也应该逐步尝试给幼儿创设合作游戏环境，培养幼儿乐意与人交往、互助、合作、分享、有同情心的良好品质。

在沙水游戏中，孩子们非常乐于用沙漏探索沙的流动性。有的幼儿发现沙流下来经过转盘时会被旋转碾压，便惊呼这是在碾大米，并且激发了周围幼儿的兴趣。几个幼儿突然变成了一个流水作业线，有的倒沙，有的接沙，一边交流一边不断地尝试。在之后的游戏中我们鼓励幼儿分组探索“沙流动的秘密”，幼儿自由结伴利用身边的环境资源去取材料，讨论各自的发现。因此在自主游戏中，利用环境材料资源给幼儿一个与同伴合作的氛围，鼓励幼儿合作也是促进幼儿交往的一种方式。

三、结语

本次研究以幼儿的年龄特征为视角，充分挖掘户外自主游戏中环境资源的价值。在研究过程中，从访谈了解幼儿户外自主游戏中人际交往的问题，通过物质环境到人文环境的不断调整，充分创造幼儿与同伴交往的机会，运用环境资源创造条件，让幼儿在自由自主的环境中发现自身的交往潜能，从而增加幼儿人际交往的自信，使其得到更优质的发展。

华爱华教授曾经说过：游戏的一个重要部分就是交际技能，幼儿在游戏过程中协商与计划，学习如何相互交流思想和意图，学习如何口头解决争执，最终在不断增强独立性的同时，获得与同伴友好相处的技能。所以说在一个开放自由、多元的游戏环境中，支持、鼓励、吸引幼儿与他人主动交流，更能够促进幼儿的人际交往能力，从而满足幼儿的情感需求，使其健康成长。

新时代幼儿教师的专业化成长之路

——第二十二届“当代杯”全国幼儿教师职业技能大赛获奖作品选（中册）

苏　津　主编

首都师范大学出版社
CAPITAL NORMAL UNIVERSITY PRESS

图书在版编目(CIP)数据

新时代幼儿教师的专业化成长之路：第二十二届“当代杯”全国幼儿教师职业技能大赛获奖作品选 / 苏津主编. —北京：首都师范大学出版社，2023.11

ISBN 978-7-5656-7760-1

Ⅰ.①新… Ⅱ.①苏… Ⅲ.①幼教人员—职业技能—教师培训—文集 Ⅳ.①G615—53

中国国家版本馆 CIP 数据核字(2023)第 190931 号

XINSHIDAI YOU'ER JIAOSHI DE ZHUANYEHUA CHENGZHANG ZHI LU

新时代幼儿教师的专业化成长之路

——第二十二届“当代杯”全国幼儿教师职业技能大赛获奖作品选(中册)

苏　津　主编

策划编辑　李佳艺
责任编辑　林　尧　武站世
首都师范大学出版社出版发行
地　　址　北京西三环北路 105 号
邮　　编　100048
电　　话　68418523(总编室)　68982468(发行部)
网　　址　http://cnupn.cnu.edu.cn
印　　刷　北京印刷集团有限责任公司
经　　销　全国新华书店
版　　次　2023 年 11 月第 1 版
印　　次　2023 年 11 月第 1 次印刷
开　　本　787mm×1092mm　1/16
印　　张　52.75
字　　数　1352 千
定　　价　158.00 元(全三册)

编 委 会

前　　言

改革开放以来，特别是进入21世纪以后，我国学前教育取得长足发展，普及程度逐步提高。办好学前教育，关系亿万儿童的健康成长，关系千家万户的切身利益，关系国家和民族的未来。

学前教育事业能够健康发展，最重要的保障是师资，因此《国务院关于当前发展学前教育的若干意见》要求：各级政府要充分认识发展学前教育的重要性和紧迫性，将大力发展学前教育作为贯彻落实教育规划纲要的突破口；作为推动教育事业科学发展的重要任务；作为建设社会主义和谐社会的重大民生工程，切实抓紧抓好，加快建设一支师德高尚、热爱儿童、业务精良、结构合理的幼儿教师队伍。

开展职业技能型比赛活动，就是培养合格师资队伍的有效途径之一。

其一，比赛是对幼儿教师的能力和水平的一次全面展示和检阅。人才是教育之本，教师是学校之本，技能是教师之本。拥有过硬的职业技能是每位教师必须具备的基本条件，竞赛是全面磨炼、展示和提高这一素质的最有效的形式。

其二，比赛是提高教师能力、水平和质量的一种重要途径。比赛为教师提供了提高教育能力和教育水平的机会，作为参赛者的教师在准备过程中可以得到前辈及同事们的指点和帮助；参赛的准备和比赛过程会帮助教师得到锻炼和提高，并在展示自己的同时，与其他参赛教师进行各个层面的广泛的交流，互相学习，共同进步。

其三，比赛是促进教师成长的重要手段。通过比赛活动，可以正确引领教师在专业上的进步，引导他们关注最新的教育理念，潜移默化地培养他们的创新意识和学习意识。参与比赛有助于提高全国幼儿教师的职业素养，有助于增加教师之间的专业交流，有助于促进教师之间的专业分享。此外，比赛还是帮助教师树立良好的师德、教育观念和能力的最好方式，能使教师经历一次全面、完整的过程训练。

由《幼儿教育导读》杂志社、当代学前教育网、当代学前教育研究会以及多家机构联合举办的“当代杯”全国幼儿教师职业技能大赛，是当前幼儿教师培养培训的有效补充，也是促进教育教学质量提高、培养合格幼儿教师的辅助手段。

第二十二届“当代杯”全国幼儿教师职业技能大赛，历时3个月，围绕15个比赛项目展开，得到了全国各地幼儿园及幼儿教师的积极响应。比赛中，涌现出了一批具有专业理念和创新意识的作品。经过大赛组委会的甄别，从其中的文字作品中遴选出部分优秀获奖作品结集出版。我们希望通过作品分享展示的形式，促进广大幼儿教师的交流，促进幼儿教师的专业化发展。

在本书的编辑出版过程中，我们得到了来自全国各地幼儿园、参赛选手、教科研领域的专家以及知名出版社同人的大力支持和帮助。在此，谨代表大赛活动的主办机构、组委会的工作人员深表感谢。

为了更好地提升“当代杯”全国幼儿教师职业技能大赛的整体品质，我们将继续

聆听行业的诉求、建议和期盼，借鉴历届大赛的经验，将今后的大赛活动办得更加丰富、更加成熟、更加具有社会价值。我们将继续在幼儿教师专业成长的道路上，不断奉献我们的微薄之力。

祝愿当代幼儿教师专业化长足发展，祝愿我国学前教育事业不断进步！

目　　录

教学实践

【教案】

教育反思

【教育随笔】

教育探索

教学实践

【教案】

家乡的水果

新疆维吾尔自治区轮台县第一幼儿园　刘拉拉

教学领域	社会	班级	中班
设计意图	每个人都有自己的家乡，我们的家乡在新疆，新疆自古就有“瓜果之乡”的美誉，吐鲁番的葡萄、库尔勒的香梨、轮台县的小白杏、阿克苏的苹果、喀什的石榴驰名中外。“家乡的水果”这一教学活动就是充分利用自然环境资源，教育幼儿爱祖国、爱家乡，知道家乡有哪些水果，从而培养幼儿对家乡的热爱和自豪感。		
活动目标	1. 认识常见的水果并能说出其名称，如杏子、苹果、石榴、葡萄、香梨。 2. 探索、发现生活中的多样性及特征，发展幼儿思维和口语表达能力。 3. 体验与同伴交流的快乐，进一步激发幼儿热爱家乡的情感。		
重点难点	重点：掌握杏子、苹果、香梨、石榴、葡萄等词语。 难点：培养幼儿对家乡的热爱和自豪感。		
活动准备	物质准备：水果图片及水果实物。 经验准备：请家长事先带领幼儿认识并品尝有关水果。		
活动过程	**一、导入部分** 师：今天，老师又要带小朋友们去郊游了。你们准备好了吗？出发！ **二、展开部分** 1. 图片认识 师：首先我们来到了阿克苏站，小朋友们，你们看，这是什么水果？（苹果）小朋友们坐好了，我们又要出发了！哇，我们来到了美丽的喀什，好多好多红红的东西，这种水果有一个好听的名字叫什么呢？（石榴） 师：小朋友们，你们看，我们到了库尔勒，这又是什么水果呢？（香梨） 师：下一站，老师还想带你们去个地方——吐鲁番，那里有什么呢？谁能说一说呢？（葡萄） 师：小朋友们，你们知道我们自己的家乡轮台有什么特色水果呢？（杏子） 教师将孩子们说的水果图片贴在黑板上，引导幼儿认识苹果、石榴、香梨、葡萄、杏子。 2. 认识实物 师：今天我们认识了家乡的好多水果。 教师将事先准备好的装有水果的口袋拿出来，边拿出水果边念儿歌：奇妙的口袋东西多，让我先来摸一摸，摸一摸，摸出看看是什么？ 教师摸出石榴问：这是什么？要求幼儿说出水果的名称。 **三、结束部分** 师：请小朋友拿出自己摸到的水果分给大家吃，边吃边交流家乡的水果，说说家乡的好。		
活动反思	1. 本次活动目标基本完成，孩子们发言也比较积极，参与率高，课堂效果非常好。不足之处：前期应该多做一些铺垫工作，让孩子们多认识一些水果，这样课堂上的互动效果会更好。 2. 家园合作：孩子回家和爸爸妈妈分享并探讨，除了今天学到的水果，还有哪些水果是新疆特产。		

保护眼睛

吉林省长春市吉林城市职业技术学院　苗佳鑫

<table>
<tr><td>教学领域</td><td>健康</td><td>班级</td><td>大班</td></tr>
<tr><td>设计意图</td><td colspan="3">眼睛近视的幼儿越来越多，他们经常会有错误的用眼习惯。本次活动通过蒙眼摸物的游戏让幼儿知道眼睛的重要性，通过讨论环节知道如何保护眼睛，并学会做眼保健操。</td></tr>
<tr><td>活动目标</td><td colspan="3">1. 知道眼睛的结构。
2. 跟着视频做简单的眼保健操。
3. 知道眼睛的重要性。</td></tr>
<tr><td>重点难点</td><td colspan="3">重点：知道眼睛的重要性。
难点：学会做眼保健操。</td></tr>
<tr><td>活动准备</td><td colspan="3">物质准备：镜子、眼罩、视频。
经验准备：对眼睛有一定的了解。</td></tr>
<tr><td>活动过程</td><td colspan="3">一、问题导入，通过镜子观察眼睛的结构
师：小朋友们，早上好！今天老师带大家做个小游戏，在做游戏之前我给大家每人发一面小镜子，小朋友们照照镜子，看看我们的眼睛是由什么组成的？然后再玩猜一猜的小游戏，我们先讨论一下吧。
小结：知道眼睛由眼珠、眼皮等组成。
二、玩游戏：蒙眼摸物，感知眼睛的重要性
师：小朋友们既然知道眼睛的构成，那我们现在就开始玩小游戏啦！桌子上有些小物品，小朋友们仔细看看并记住它们。现在老师给每人发一个眼罩，把眼睛遮住，我们来玩猜一猜的游戏，摸一摸小物品，小朋友们来猜是什么吧！
小结：眼睛能看见世界万物是多么美好幸福的一件事，眼睛看不见是多么难过，既看不到爸爸妈妈和小伙伴，也看不到喜欢的玩具。
三、师幼共同谈论如何保护眼睛
师：小朋友们现在知道眼睛能看见世界万物是多么美好的一件事了吗？那小朋友们知道做什么事会伤害眼睛吗？
比如，走路看书是伤害眼睛的，长时间近距离看电视是伤害眼睛的，用手揉眼睛也是在伤害眼睛，等等。
那么，有什么方法是保护眼睛的呢？比如，多看看外面的树，多吃含有维生素 A 的食物，定期去检查视力，做眼保健操等等。
小结：知道什么是对眼睛不好，什么是对眼睛好。
四、看视频，共同学习眼保健操
师：小朋友们一起来看个视频，来学一学眼保健操是怎么做的。
1. 第一节：按揉攒竹穴
两眉头的凹陷处，用打圈的方法进行力度适中的按揉。
2. 第二节：按压睛明穴
眼角处，用打圈的方法进行力度适中的按揉。
3. 第三节：捏耳垂
用拇指和食指轻揉双侧耳垂。</td></tr>
</table>

续表

活动过程	**五、分组做眼保健操** 分两组：男生一组、女生一组，比比哪组做得又好又准确。 小结：用眼保健操来让小朋友们时刻想起眼睛的重要，将眼保健操融入幼儿一日生活中。 **六、活动延伸** 师：小朋友们今天学会了眼保健操，回家可以教给爸爸妈妈，并且要帮助爸爸妈妈也改掉伤害眼睛的坏习惯哦！
活动反思	本次活动是通过先认识眼睛，知道眼睛的重要性，再学做眼保健操来逐步完成的。眼睛是心灵的窗户，但要注意正确做眼保健操，以免做错损伤眼睛。

昆虫去远足

山西省运城幼专附属幼儿园　张艺梅

教学领域	艺术	班级	中班
设计意图	《昆虫去远足》这本绘本的故事趣味性很强，画面也很丰富，有各种各样造型夸张的小昆虫。春天是美丽的季节，操场上的七星瓢虫吸引了孩子们的注意力。他们趴在地上仔细观察七星瓢虫的动态变化，并与它对话。结合孩子的兴趣点，我设计了“昆虫去远足”的创意美术活动。 《3—6岁儿童学习与发展指南》艺术领域目标中提到，幼儿初步感受欣赏并喜爱环境、生活和艺术中的美，欣赏并感受美术作品中形象的造型美，理解形象和主题的意义，尝试用语言、动作、绘画等表达自己的想法。所以，我以黏土造型和背景添画为主要表现形式。		
活动目标	1. 通过玩黏土，感受黏土立体造型带来的愉悦感。 2. 认识各种各样的昆虫，了解简单的昆虫外形。 3. 在昆虫造型的基础上，进行背景添画，并尝试用语言讲述作品。		
重点难点	重点：通过图画书中昆虫的形象，分辨识别生活中昆虫的外形特征。 难点：利用工具塑造昆虫的纹理。		
活动准备	物质准备：彩色卡纸、记号笔、彩色黏土及工具。 经验准备：外出散步，观察春季的变化，寻找昆虫的足迹。		
活动过程	**一、导入部分** 师：春天来了，春风轻轻地一吹，你们看树枝上慢慢长出了嫩嫩的绿芽。小草也从泥土里钻了出来，发芽了，空气中弥漫着泥土的芳香。昆虫宝宝也在草丛中舞蹈起来，欢迎春天的到来。大自然到处呈现出一片生机勃勃的景象。 师：还记得《昆虫去远足》的故事吗？小昆虫去哪儿远足了？ 欣赏《昆虫去远足》，引导幼儿重点观察书中昆虫的外形特点。 **二、欣赏真实昆虫的图片** 1. 幼儿回忆自己在哪里发现了哪些昆虫。 教师提示幼儿用完整的语言表述自己的所见所闻：时间、地点和事件。		

续表

活动过程	2. 展示昆虫的图片。 师：你们看，这里有什么？（蟋蟀、螳螂、瓢虫） 教师引导幼儿观察昆虫外形特征，并选择自己喜欢的图片。 师：我们一起来制作最喜欢的小昆虫吧！ 3. 教师介绍材料及创作要求。 4. 幼儿动手操作。 幼儿进行黏土制作并创意添画背景。 **三、作品展示** 幼儿讲述小昆虫的故事，教师给予肯定。 图 1：蜻蜓和蝴蝶在天空中飞来飞去，它们打算去找毛毛虫一起玩耍。 图 2：天气晴朗，花园里的花也开了，昆虫宝宝都出来玩游戏了。 图 3：小乌龟和小蜗牛正在树林里散步呢。 图 4：阳光明媚，七星瓢虫和小蝴蝶正在聊天，连小蜗牛也爬出来玩游戏了。 图 5：晴朗的天气，小蜗牛出门来找自己的好朋友蝴蝶和鹁鸪。 图 6：蜻蜓宝宝飞出来和大树爷爷玩游戏，它们玩得很开心。
活动反思	本次活动以绘本《昆虫去远足》为主题。整个活动中孩子们的参与度极高、互动极佳。孩子们能够发现画面中细小的事物并能用完整的语言讲述。如：独角仙有黑色的身体，头顶的两只触角，一只特别长一只比较小；虎甲虫身体上有鲜艳的花纹，一对触角和六条腿；蝲蛄，头部像龙虾，尾部没有龙虾长。总之，孩子们的观察能力和语言表达能力都得到了提升。 第一，幼儿的作品分析。生动有趣的故事激发了孩子们创作的灵感。蓝天、白云、山川、草坪……蜻蜓、虎甲虫、毛毛虫，或飞，或跳，或扭动，栩栩如生、活泼灵动的小昆虫跃然于上。 第二，幼儿的创作手法。对于昆虫的制作，孩子们都有独特的创作方式。他们观察到昆虫身体的细微变化并用揉、团、压、搓等方式进行创作。如：七星瓢虫的脚有细小的毛刺；虎甲虫的身体颜色比较鲜艳，孩子都能够用黏土表现出来。虽然孩子们是第一次使用工具进行创作，但是他们运用工具的大胆和灵活却是值得肯定的。 第三，活动的不足之处。这是一节与科学领域相结合的美术创意活动，需要掌握关于昆虫的更多知识，给予孩子更大的创作空间。幼儿讲述自己的作品时，教师应该给予丰富的语言帮助。

小鸡舞

中国人民解放军 66055 部队幼儿园　赵　莹

教学领域	科学	班级	小班
设计意图	日常过渡环节中，老师发现幼儿在听到熟悉的音乐时便会手舞足蹈。他们通过观看视频了解小鸡的生长发育变化，产生了极大的兴趣，于是便生成了本次教育活动。活动中先让幼儿自己创编动作，再唤醒幼儿已有经验观看视频，最后老师示范，给予幼儿足够的创作空间。		

续表

活动目标	1. 感受“小鸡出壳”音乐欢快、有趣的风格，体验随音乐节奏律动的快乐。 2. 理解“小鸡出壳”律动的动作内容。 3. 随音乐节奏进行律动，尝试用肢体动作表现出小鸡出壳的全过程。
重点难点	重点：理解“小鸡出壳”律动的动作内容。 难点：随音乐节奏进行律动，尝试用肢体动作表现出小鸡出壳的全过程。
活动准备	物质准备：PPT，每人一个呼啦圈，小鸡头饰一个，2/4 拍“小鸡舞”音乐 1 分钟，在班级教室内将与幼儿人数相等的呼啦圈摆成半圆形。 经验准备：通过视频，了解“小鸡出壳”的过程。熟悉过渡环节的“小鸡舞”音乐，有跟随音乐律动的经验。
活动过程	**一、开始部分** 导入：老师戴上小鸡头饰，站在一个呼啦圈里，激发幼儿兴趣。 师：小朋友们，你们看老师变成了什么？(小鸡) 师：咦？我周围怎么这么黑呀？(出示鸡蛋图片) 师：你们想变成小鸡吗？请站在自己的蛋壳里。 **二、基本部分** 1. 感知模仿小鸡弄破蛋壳的动作(渗透德育教育“面对困难我不怕，寻找解决办法”) (1)师：哪只小鸡能想想办法把蛋壳弄破？你来做做动作。 幼儿自由发言，引导幼儿做出弄破蛋壳的动作(脚踢、啄破、扇翅膀……) 播放小鸡出壳视频，原来小鸡是用嘴啄破蛋壳的。 (2)“我也来学学小鸡用嘴巴啄破蛋壳。” 播放音乐，教师示范音乐前 6 小节。 (3)“我们一起来把蛋壳弄破吧！可以用你自己的方法哦。” 播放音乐，师幼一起做音乐的前 6 小节。 2. 模仿探索小鸡出壳的动作(渗透德育教育“努力坚持的品质”) (1)师：你们听后面的音乐，猜猜小鸡把蛋壳弄破了以后发生了什么？ 幼儿讨论发言，根据音乐和已有经验猜想接下来的情节和动作。 播放小鸡出壳后的视频。 小结：原来小鸡破壳之后要走出来了。 (2)师：谁能学一学小鸡刚破壳后是怎么走的？ 幼儿回忆已有经验，同伴之间讨论做动作。请个别幼儿上前做示范。 小结：小鸡出壳后走路是摇摇晃晃的。 (3)师：我们一起跟着音乐来学学小鸡走路的样子。 播放音乐，师幼一起做前 12 小节。 小结：小鸡的脚落地是有声音的，试着踩在重音上。 3. 展示表现小鸡跑和飞的动作(渗透德育教育，不断探索尝试) (1)师：小鸡通过努力，终于学会走了。之后，它慢慢长大还会学会什么？ 幼儿讨论发言，根据音乐和已有经验猜想接下来的情节和动作。 播放小鸡助跑起飞的视频。 小结：小鸡要学跑和飞了。 (2)师：学一学小鸡是怎么跑的，怎么飞的？ 幼儿回忆已有经验，同伴之间讨论做动作。请个别幼儿上前做示范。

续表

活动过程	小结：小鸡跑的时候翅膀背在后面，飞的时候扇动翅膀、脚跳起来。 (3)师：我们一起跟着音乐来学学小鸡跑起来和飞的样子。 播放音乐，师幼一起做18小节。 **三、结束部分** 师幼一起做“小鸡出壳”律动(小鸡飞到户外草地上)。 师：小鸡好喜欢幼儿园里的春天呀，我们一起做一遍“小鸡出壳”的律动，飞到幼儿园的草地上捉虫子吃，好吗？
活动反思	本次活动利用多种方式，让幼儿想一想、说一说、做一做等，充分参与到活动中来。通过呼啦圈、贴纸等道具努力营造律动情景和积极的活动气氛，使幼儿敢于并乐于表达和表现，使幼儿乐于参与到音乐活动当中。个别幼儿还会用自己独特的方式表现情节，如模仿小鸡的叫声，扭动脖子将壳啄破等，将自己的已有经验和对律动情节的理解用动作表现出来。 不足之处是在活动前场地设置时，呼啦圈位置摆放过近，导致活动中需要再次调整距离。个别幼儿不能准确地按照三个情节的顺序做出动作，如一名幼儿在破壳后就跑了起来。准备场地时要充分考虑到幼儿活动范围，要给予幼儿足够的活动空间。在做律动时教师要提前提醒幼儿下一步动作情景。

小老鼠玩球

北京卫戍区第一幼儿园　赵雅静

教学领域	健康	班级	小班
设计意图	在日常活动中，我发现幼儿对球类玩具感兴趣，经常拿着纸球、布球以及球形玩具进行游戏，因此抓住幼儿的兴趣点，结合《3—6岁儿童学习与发展指南》提出的“小班幼儿活动中具有一定的平衡能力，动作协调、灵敏”和《幼儿园教育指导纲要(试行)》中指出的“幼儿喜欢参加体育活动，动作协调灵活”，鼓励幼儿参与玩球游戏，培养幼儿参加体育活动的兴趣，设计了本次体育活动“小老鼠玩球”。		
活动目标	1. 喜欢玩球，体验球类游戏带来的乐趣。 2. 能手眼协调地推球向前走。		
重点难点	重点：推球向前走。 难点：持物推球走。		
活动准备	物质准备：篮球、布球、粘球衣、锥桶、呼啦圈、音乐。 经验准备：已有玩球经验。		
活动过程	**一、开始部分** 教师扮演老鼠妈妈，幼儿扮演小老鼠。教师说：“孩子们，让我们跟着音乐一起动起来吧。” 播放音乐，教师和幼儿一起做热身活动，激发幼儿参与活动的兴趣。 **二、基本部分** 1. 幼儿手推球 (1)师：这里有许多篮球，你们想一想，怎样用手让篮球滚动起来？教师提问引发幼儿		

续表

活动过程	思考。 (2)幼儿尝试用手推球。 (3)师：哇，你们真棒，让篮球滚动起来了，那我们试一试推着篮球向前走吧。注意用手推的时候，不要让篮球跑丢了呀。 幼儿尝试用手推球并跟着走。 2. 游戏："小老鼠玩球" (1)师：孩子们，我们要去果树上摘果子，前面有两条路，请你选择一条路，小心地上的"地雷"(锥桶)。绕过"地雷"，用手推球通过，再到树上摘一个果子粘在身上，从旁边返回。每次只能摘一个果子。(教师示范) (2)播放音乐，幼儿进行游戏。推球中鼓励幼儿用手推球并跟着球向前走，注意躲避"地雷"。推自己手里的球向前走。 3. 游戏："猫捉老鼠" (1)师：你们做得真好，都可以躲避"地雷"摘到果子！你们看，前方又出现了更多的"地雷"，请你躲避"地雷"推着球通过。 师：喵，我是一只大花猫，今天肚子饿咕咕，抓只老鼠填饱肚。 教师扮"花猫"，幼儿扮"老鼠宝宝"。 (2)介绍游戏规则："花猫"睡觉，幼儿绕障碍推球走；"花猫"睡醒，发布指令"我起床啦，肚子饿咕咕，抓只老鼠吃进肚"后，开始捕食，"老鼠宝宝"推球进行躲避。 (3)鼓励幼儿尝试使用呼啦圈推球走，继续游戏。 师：你们推球真厉害，谁想试一试用呼啦圈推球走呢？ 师：推球走的时候，要把球保护好，不要跑丢了呀。 **三、结束部分** 师：我们成功地躲避了花猫的追捕，大家都累了，我们一起来放松一下身体吧。 播放音乐，做放松活动，自然结束活动。
活动反思	幼儿喜欢球类运动，利用篮球的多种玩法，增加幼儿活动兴趣。活动开始，幼儿看到篮球，兴奋地跳起来，对篮球产生了浓厚兴趣。孩子们玩过摘果子的游戏，这次推着球向前走去摘果子，增加难度，少数幼儿控制不好篮球，球很容易被推到一边去。在反复尝试后，多数幼儿可以边推球边向前走。"猫捉老鼠"环节，使活动热度达到高潮，多数幼儿纷纷尝试了用呼啦圈推球走，虽然屡屡失败，但是孩子们并未放弃，在不断尝试中，可以持物向前推球走一段距离。幼儿在体育活动中发展了平衡能力，动作协调。

饮料店开张啦

北京市清华洁华幼儿园　李　忱

教学领域	科学	班级	中班
设计意图	班级的活动区开启了水吧游戏，小朋友们需要对着菜单为客人拿饮料，可是小朋友们发现每次给客人拿的都对不上，于是他们便请我来帮忙。《3—6岁儿童学习与发展指南》中指出，要促进幼儿的探究与动手能力，结合小朋友们的需要，我们特开展了此次活动。		

续表

<table>
<tr><td>活动目标</td><td>1. 理解 10 以内数的实际含义。
2. 能通过动手操作，按要求对 10 以内的物品进行对应计数。
3. 体验动手操作的乐趣，喜爱数学游戏。</td></tr>
<tr><td>重点难点</td><td>重点：能手口一致地点数 10 以内数量的物品。
难点：用点数的方法对 10 以内数量的物品进行准确计数。</td></tr>
<tr><td>活动准备</td><td>物质准备：筐、草莓、小橘子、西红柿、购物袋、购物清单、纸杯、PPT。
经验准备：有过数物品的经历。</td></tr>
<tr><td>活动过程</td><td>一、开始部分
师：小朋友们，你们去过饮料店吗？今天我们幼儿园里也开了一个饮料店，我们一起去逛逛吧！
二、基本部分
1. 观察清单
师：今天客人非常多，做饮料的水果不够了，没办法给客人做饮料了。饮料店老板想请我们班的小朋友帮忙去超市购买制作饮料所用的水果。老板把要买的水果和数量列了一个清单给小朋友们，我们一起来看看清单里有什么吧！
2. 讨论
师：小朋友们，清单上有什么水果？各是几个呢？
重点指导：引导幼儿认真观察购物清单上面的水果种类和数量，请幼儿手口一致地用点数的方法一个一个地数每种水果的数量，并进行计数。
3. 拿取水果
师：我们了解了需要帮忙购买的水果和数量后一起去超市吧！
重点指导：关注并引导幼儿能够对应着购物清单一个一个地拿取水果，先关注水果的品种，再关注水果的数量。例如购买草莓，那么就请幼儿用手指着图片上的草莓，并能数出“1、2、3……10”，知道需要采购 10 个草莓，等幼儿拿完草莓后，再请幼儿进行草莓数量的计数，确保草莓数量为 10。
4. 制作美味饮料的秘诀
师：饮料店的老板为了感谢热心的小朋友们，决定请小朋友们每人做一杯美味的饮料。制作美味饮料的秘诀就是每杯饮料要保证用够 10 个水果。我们一起来试一试吧！
5. 制作饮料
师：小朋友们，我们一起来试一试制作美味的饮料吧！
重点指导：每名幼儿从刚才采购回来的水果中自主挑选 10 个水果，重点提醒幼儿要在选完水果以后再对水果的数量进行计数，查看杯子中的水果数量是不是 10 个。
三、总结
师：小朋友们，今天你们帮助了老板采购水果，又给自己制作了美味的饮料，快给自己鼓鼓掌吧！</td></tr>
<tr><td>活动反思</td><td>本游戏丰富了幼儿的实际生活经验。考虑到实物的数量，游戏中的真实水果实物可以换成水果图片。在幼儿熟悉游戏玩法之后，再提升游戏难度，可以增加水果的种类，只要保证幼儿在选同一种水果的数量在 10 以内。等到下学期可以将水果的数量增加到 15 以内。</td></tr>
</table>

神奇的指南针

北京军区机关幼儿园　刘艳萍

教学领域	科学	班级	大班
设计意图	《3—6岁儿童学习与发展指南》指出：幼儿的科学学习是在探究具体事物和解决实际问题中，尝试发现事物间的异同和联系的过程。本节活动通过幼儿积极的探索，在操作的过程中发现磁针指向同一方向的现象，了解指南针的演变，探究指南针的特点，让幼儿在讨论、观察、动手自主操作中，获得切身的体会，体验科学活动的乐趣，懂得指南针有辨别方向的作用。		
活动目标	1. 乐意探索指南针，对磁针总是指向同一方向的现象感兴趣。 2. 认识指南针及其特点，了解指南针的演变。 3. 能通过探究发现指南针的特点，体验指南针辨别方向的作用。		
重点难点	重点：认识指南针及其特点，了解指南针的演变。 难点：能通过动手探究发现指南针的特点，操作体验指南针辨别方向的作用。		
活动准备	物质准备：指南针；"指南针"音频及图片；《神奇的指南针》科普视频。 经验准备：幼儿初步了解东、南、西、北是方位词(不要求幼儿掌握方位)。		
活动过程	**一、开始部分** 出示指南针，幼儿谈论自己的已有经验，引发幼儿兴趣。 **二、基本部分** 1. 发放材料指南针，鼓励幼儿探索，初步感知磁针指向同一方向的特点。 (1)鼓励幼儿探索指南针，初步感知指南针。 (2)组织幼儿分别站在活动室的不同位置、面向不同方向，观察磁针的指向。 (3)幼儿集中交流。 (4)师幼共同小结。 小结：虽然大家站的位置不同，面向的方向也不同，但红色指针都指向了前面的这面墙(教师根据活动室实际情况调整小结，利用参照物帮助幼儿感知)。 2. 复用材料指南针，鼓励幼儿进一步探索指南针，验证磁针指向同一方向的特点。 (1)鼓励幼儿在活动室内自由变换位置和方向，观察磁针的指向。 (2)幼儿交流发现。 (3)师幼小结。 小结：不论我们站在哪里，面向什么方向使用指南针，红色指针都会指向同一个方向。 3. 播放音频及图片"指南针"，引导幼儿进一步认识指南针，了解指南针有辨别方向的作用。 (1)播放音频及图片"指南针"，引导幼儿进一步认识指南针。 小结：指南针由底部的方位盘和磁针组成。不论怎样转动，红色磁针都会指向北方。 (2)引导幼儿了解指南针有辨别方向的作用。 小结：无论我们在什么地方使用指南针，红色磁针都会一直指向北方，可以帮助我们找到方向。 4. 播放视频，引导幼儿简单了解指南针的演变。 小结：指南针是我国古代四大发明之一。最早的指南针叫作司南，由于司南容易破碎且难以制作，人们又用磁铁片制成指南鱼。后来经过不断尝试，将磁铁片变成磁铁针，		

续表

活动过程	并结合方位盘做出了既方便又能准确指示方向的指南针。无论是在野外、沙漠，还是在战场、海上……人们都离不开指南针。 **三、结束部分** 结合幼儿的经验，一起说一说指南针是什么样子的，指南针能为我们带来什么便利。通过自己的了解设计一款属于自己的“指南针”。 **四、活动延伸** 在科学区投放指南针、铁线、回形针等材料，鼓励幼儿将铁线磁化粘贴在卡纸上，制成简易指南针，并放在水中进行验证。
活动反思	本次活动，班级大部分幼儿都比较全面地掌握了指南针的特征、用途与演变等。由于这是幼儿自己较为感兴趣的活动，所以他们对指南针的探索非常积极，愿意去探究发现指南针的特点，体验指南针辨别方向的作用。整节课活动氛围较活跃，师幼互动较好。更重要的是，幼儿有了自己的探索与思考，发现并验证磁针指向同一方向的特点。在“了解指南针的演变”环节，通过视频及图片，孩子们简单了解指南针的演变。在整个活动中，抓住幼儿的兴趣，让他们在发现中思考，在思考中探索，做中发现、直接感知、亲身体验、实际操作，从而对指南针有了更深入的认识。

好孩子要诚实

中国音乐学院附属艺术幼儿园　田　卉

教学领域	艺术	班级	中班
设计意图	《3—6岁儿童学习与发展指南》中指出：在幼儿园教育中要教育幼儿诚实守信，对幼儿诚实守信的行为要及时肯定。幼儿说谎是一种时常发生的现象，是幼儿心理发展过程中的一个特殊阶段。开展“好孩子要诚实”这个活动的目的是正确引导幼儿，减少他们的撒谎次数，改正他们的撒谎毛病，让幼儿养成良好的行为习惯，做到诚实待人。		
活动目标	1. 运用强弱不同的声音有感情地演唱歌曲，并会听前奏整齐地开始。 2. 感受歌曲不同乐段所表达的不同情感，体验歌曲情绪的丰富变化。		
重点难点	重点：运用强弱不同的声音有感情地演唱歌曲。 难点：感受歌曲不同乐段所表达的不同情感。		
活动准备	物质准备：音乐视频、幻灯片。 经验准备：有听音乐演唱歌曲的经验。		
活动过程	**一、开始部分** 1. 教师出示幻灯片，引导幼儿一起观察，并自由讲述图片内容。 提问：图片里有谁？发生什么事了？ 2. 播放音乐，幼儿倾听，感受歌曲的旋律，初步理解歌曲内容。 提问：你们听到了什么？是谁把花瓶打碎了？开始的时候，小朋友是怎样想的，后来呢？ **二、中间部分** 1. 熟悉旋律，分段学唱歌曲 (1)教师清唱第一段，引导幼儿感受歌曲情绪。		

续表

活动过程	师：小朋友把花瓶打碎了，心里是怎样想的，心情如何？ (2)幼儿轻声跟唱，用轻弱的声音表现担心害怕的心情。 (3)跟钢琴演唱，会听前奏整齐地开始。 (4)教师清唱第二段，感受不同的情绪变化。 师：小朋友承认花瓶是自己打碎的，小花猫是怎样做的，这是一个怎样的小朋友？（诚实、知错就改的好孩子） (5)教师弹琴并有感情地演唱，幼儿用较强的欢快的声音跟唱，表现开心快乐的情绪。 2. 完整演唱歌曲 (1)在理解歌词内容的基础上，引导幼儿根据歌曲的情绪变化，运用强弱不同的声音有节奏地随音乐念一、二段歌词。 (2)带领幼儿学唱，注意提醒控制音量的强弱变化，根据歌曲音乐形象的情绪变化，运用强弱不同的声音富有感情地演唱两段歌曲，表现出前后不同的音乐形象。 **三、结束部分** 玩接唱游戏。自由分组，尝试接唱；交换角色，继续玩接唱游戏。
活动反思	根据歌曲音乐形象的情绪变化，运用强弱不同的声音富有感情地演唱两段歌曲，表现出前后不同的音乐形象。指导要点：尝试轮流唱歌，引导幼儿充分倾听和分辨，体验、把握角色心理的丰富变化，尝试运用强弱不同的声音富有感情地演唱、接唱歌曲。

小小清洁工

中国音乐学院附属艺术幼儿园 杨瑞璇

教学领域	健康	班级	大班
设计意图	本月我们围绕“职业大调查”开展各项主题活动，在一次讨论活动中，小朋友们表达想要在户外游戏的愿望，于是他们自己设计一个 PK 游戏，自己制定游戏规则、设计闯关路线。对于大班幼儿来说，他们比较愿意尝试新颖的游戏方式和有一定难度的动作技能。因此，我根据幼儿的兴趣爱好设计了本次活动，让他们在愉悦的氛围中感受体育游戏的乐趣。		
活动目标	1. 发展幼儿走、跑、爬、跳、平衡、钻、攀爬的能力，增强其动作的协调性和灵活性。 2. 学习遵守游戏规则，与同伴合作完成游戏，提高团结协作能力，从中体验体育游戏的快乐。 3. 了解环保的重要性，知道保护环境就是保护自己，逐步养成自觉保护周围环境的习惯。		
重点难点	重点：鼓励幼儿手脚协调地运动，能够主动清理垃圾，并正确分类摆放。 难点：能够与同伴合作清理垃圾，培养幼儿的环保意识。		
活动准备	物质准备：攀爬架、障碍栏、跳马垫、地垫、即时贴、果皮纸屑、牛奶盒、大筐子、可回收垃圾标识、其他垃圾标识。 经验准备：幼儿对生活中常见的环保标识有一定的了解，懂得一些环保方法。		

续表

活动过程	**一、热身运动** 带领幼儿到达活动场地，准备做热身运动：肩部运动、扩胸运动、踢腿运动、体转运动、体侧运动、跳跃运动，同时请幼儿自主摆放游戏道具。 **二、介绍小小清洁工的相关工作** 师：我们是小小清洁工，现在我接到一项重要的任务，即将迎来“文明城市”的评比，我们要展示给大家一幅整洁、崭新的城市面貌。但现在的城市环境需要改善，我们必须不遗漏任何细节，做到尽善尽美，才能在评比中取得好成绩。现在我们一起来看看我们的城市环境如何吧。 1. 小小清洁工们看到目前的城市面貌(场地布置：攀爬架旁设置道具；道路旁的垃圾、纸团、纸盒)，讨论清洁方案。 师：看到随处都有的垃圾，大家有什么感受呢？我们怎么才能让这里变得干净、美观呢？ 师：我们应该怎样清理这些垃圾，改造我们的城市环境呢？(幼儿自由讨论清理垃圾的不同方法，鼓励幼儿说出多种方法并把自己的想法用动作展现。) 2. 开始城市清洁工作，并将清理的垃圾进行正确分类。过程中教师巡回指导，关注个别幼儿。 3. 教师进行活动总结，激发幼儿对保护环境的思考。 **三、放松、拉伸运动** 请幼儿自主合作，收回游戏道具。
活动反思	该游戏依靠幼儿之间的默契配合，在攀爬、通过障碍的同时需要大家齐心协力来清理掉“城市”的垃圾。这不仅能促进幼儿动作的协调性和灵敏性，发展幼儿的想象力和创造力，增强与同伴合作的能力，也能培养幼儿的环保意识和责任感。

幼小衔接之游戏十分钟

陕西省西安市阎良区第六保育院　赵文文

教学领域	社会	班级	大班
设计意图	大班的孩子们即将进入小学了，上小学后与幼儿园的作息时间会发生很大的变化，“课间十分钟”是其中重大的变化，因为在这段时间内孩子们需要脱离老师自行活动，然而幼儿园的孩子对此比较陌生，课间十分钟该干些什么、玩些什么、怎么玩，需要让孩子们在幼小衔接这个阶段有一定的认识和前期经验准备，帮助孩子们顺利适应小学生活。		
活动目标	1. 知道游戏的基本要素和十分钟游戏内容的多样性。 2. 幼儿能结合游戏基本要素，通过小组设计、讨论、合作等方式规划自己的游戏。 3. 感受与他人合作带来的快乐与成就感。		
重点难点	重点：知道游戏的基本要素和十分钟游戏内容的多样性；感受与他人合作带来的快乐与成就感。 难点：幼儿能结合游戏基本要素，通过小组设计、讨论、合作等方式规划自己的游戏。		

续表

活动准备	物质准备：游戏素材图片。 经验准备：对游戏有一定的认识，了解十分钟时长。
活动过程	**一、导入环节** 谈话导入：小朋友们，你们平时都玩什么游戏呀？ **二、基本环节** 1. 情境对话，幼儿对活动产生兴趣，并结合生活经验说说自己的观点。 师：今天幼儿园操场上的所有器械、玩具都被别人借走了，可是我很想和小朋友在这里玩游戏。大家来想想我们可以玩什么游戏呢？如果游戏时间只有十分钟，你还会玩这些游戏吗？ 2. 出示游戏场景图片。 幼儿通过观看和参与活动，明白游戏有名称、玩法、规则、角色等基本要素。 (1)出示“老鹰捉小鸡”的游戏场景图片。 师：这是一个什么游戏？老鹰是哪一个？小鸡在哪儿呢？最前面的那个人是谁？玩这个游戏大概得多少人参加呀？ 师：我们来试试。老师还不会玩这个游戏，谁先来说说这个游戏的玩法？鸡妈妈为什么会张开双臂？她为什么会玩着玩着就和小鸡们蹲了下来？他们蹲下来老鹰还能抓到他们吗？老鹰如果把小鸡抓住了怎么办？游戏怎样开始？怎样算结束？ 师：原来游戏中还有这么多规则，幸亏我问了你们，要不然在玩的时候我肯定会出错。教师和幼儿一起开始游戏。 师：你觉得这个游戏在十分钟内可以玩吗？ 总结：出示老鹰、小鸡、鸡妈妈角色图片，并从游戏名称、参与游戏的人数、游戏玩法、游戏规则、游戏时间上进行总结。 (2)出示木头。 师：这是什么？当你想到它的时候，在这片空地上，你会玩一个什么游戏呢？ 如果有小朋友想到了，请你告诉我们这个游戏需要多少人参加？并可以邀请小朋友一起来玩玩。 师：在开始玩之前，你需要告诉小朋友有关游戏的哪些信息呢？ 请被邀请到的小朋友一起来玩游戏。 师：大家觉得十分钟时间可以玩这个游戏吗？ 3. 幼儿根据游戏要素及场地要求，创编游戏。 (1)出示轮胎。 师：如果脑子里想到了它，你会在这片空场地上创编出一个十分钟内可以玩的游戏吗？ (2)师：生活当中有很多事物，可以与我们的游戏进行联想，接下来请小朋友自由分组讨论，想象在这片空场地上还能创编出哪些十分钟内可以玩的游戏。 4. 各组展示自己创编的游戏。大家提出好的建议，各小组对游戏进行反思，有问题的及时商议做出调整。 **三、结束部分** 教师播放幼儿设计时相互商量、游戏时相互合作、遇到问题时相互解决的视频，提出对幼儿社会性品质的赞扬和鼓励。 师：小朋友们马上就要上小学了，希望你们以后能和小学的大哥哥、大姐姐在一起开心、愉快地玩。

续表

活动反思	教师能以游戏贯穿整个活动，并选择在操场上以真实的游戏作为案例，让幼儿了解游戏的各要素，并在自己理解的基础上通过合作、想象、沟通去设计不同游戏，体现了自主学习的目的。同时，该活动也顺利达到了教学目标，教师以此为升华点，希望孩子们上小学以后能和小学的大哥哥、大姐姐在一起玩得开心、愉快。

香甜的菠萝

中国人民解放军61726部队小红帽幼儿园　陈思恒

教学领域	艺术	班级	小班
设计意图	《3—6岁儿童学习与发展指南》中指出：和幼儿一起感受、发现和欣赏自然环境和人文环境中美的事物。在菠萝成熟的时节，它可爱的造型、鲜明的色彩、香甜的气味引发了幼儿的探索兴趣。因此，我设计并开展了本次活动。		
活动目标	1. 愿意参加水粉画活动，体验水粉画带来的乐趣。 2. 尝试用色块、水粉线条大胆表现菠萝的外形特点。 3. 能一一对应使用水粉笔和颜料，并保持画面干净整洁。		
重点难点	重点：引导幼儿表现出菠萝完整的外形特征。 难点：一一对应使用水粉笔和颜料，并保持画面干净整洁。		
活动准备	物质准备：菠萝、菠萝果肉、牙签、水粉纸、水粉颜料、水粉笔、黑色彩泥、围裙。 经验准备：幼儿已有画水粉画的经验。		
活动过程	**一、闻一闻，激发幼儿兴趣** 师：小朋友们，这个布袋子里装着一个好吃的水果，请你闻一闻，猜猜它是什么水果？ 小结：小朋友的鼻子好灵敏，闻一闻香甜的气味就能猜出来是菠萝！ **二、尝一尝，感受菠萝的味道** 师：你们喜欢吃菠萝吗？请你用牙签拿一块尝尝，它是什么味道？ 小结：菠萝是很多人喜欢的水果，它甜甜的，有一点点酸，非常美味。 **三、看一看，观察菠萝的外形** 师：每组桌上放了一个菠萝，请你走过去仔细看一看菠萝的样子。菠萝是什么形状？菠萝是什么颜色？菠萝上面有什么？它像什么呢？ 小结：菠萝是椭圆形的，叶子像一顶绿色的皇冠，表皮好像一片片的鳞片，有的地方是淡黄色，有的地方是橘黄色，还有的地方有少许绿色。 **四、摸一摸，感知菠萝的特点** 师：请你用手轻轻摸一摸菠萝的叶子和表皮，会有什么感觉呢？ 小结：摸起来真的非常扎手！原来菠萝叶子的两边有尖尖的锯齿，表皮布满了带刺的鳞片。 **五、试一试，探索菠萝的画法** 师：菠萝这么有趣，你们想把它画下来吗？先画什么？后画什么呢？ 1. 教师讲解画菠萝的方法。 第一步：用柠檬黄和中黄色水粉画椭圆形的菠萝身体； 第二步：用翠绿和草绿色水粉在菠萝的正上方画叶子；		

续表

活动过程	第三步：用橘黄色水粉画表皮上的鳞片； 第四步：用黑色彩泥捻出细短条按压在鳞片中间，当作刺。 2. 个别幼儿尝试画菠萝，教师重点指导表现菠萝每一个部位的要点。 **六、画一画，积极创作菠萝** 1. 教师介绍材料。 师：每组桌上都有水粉纸、水粉笔、各种颜色的水粉颜料和黑色彩泥，小朋友们每人拿一张纸，其他材料大家一起使用。 2. 教师巡回指导幼儿作画。 (1)每支笔的颜色要和水粉颜料的颜色一一对应。 (2)按照四个步骤画出完整的菠萝。 (3)大胆选择颜色，大胆动笔。 **七、说一说，展示幼儿的作品** 教师配合幼儿把作品悬挂在绳子上互相欣赏。 师：小朋友们，快来看看哪一个菠萝最香甜，为什么？
活动反思	从幼儿参与活动的表现和作品效果来看，我在活动设计与组织中做到了以下四点： 第一，善用食材，确定表现形式。菠萝是幼儿熟悉的食材，基于幼儿在生活中对菠萝色彩、形状等特点的了解，我决定让幼儿用水粉画的方式来表现菠萝。 第二，妙用感官，引发真实体验。体验性和表现性是儿童艺术的特点，幼儿在闻、尝、看、摸等感官感受中，对菠萝的外形特点有了深刻的印象。 第三，巧用示范，讲解教授方法。通过个别幼儿分别示范画出菠萝的身体、叶子、鳞片、刺，教师适时的语言指导，帮助幼儿解决了活动重点和难点，解决了在艺术活动中教与不教的困惑。 第四，精用材料，推进自主创作。精心搭配水粉颜料的颜色，仔细考虑其数量及摆放，避免了频繁洗笔的过程，让幼儿在创作时拿取方便，选材自主，得心应手。

我的“怪兽”朋友

黑龙江省建三江幼儿教育有限公司　王文超

教学领域	健康	班级	中班
设计意图	《3—6岁儿童学习与发展指南》中明确指出“幼儿健康领域包括身体健康、心理健康和生活习惯三方面”。心理健康问题越来越受到人们的关注。在“中国德育原理百年发展史研究”课题引领下，承接了子课题“如何在幼儿的点滴生活中渗透德育内容”的实践研究，我作为实验教师，在读绘本《我的“怪兽”朋友》时，萌生出为孩子拓展一节心理健康活动的想法，通过暗示、游戏等让孩子战胜恐惧、不安定的心理，保持愉悦的健康情绪。		
活动目标	1. 理解绘本故事内容并尝试表达感受。 2. 幼儿能主动、大胆地参与活动。 3. 体验战胜不良情绪后的愉悦感，保持健康的心理状态。		
重点难点	重点：理解绘本故事内容并尝试表达感受。 难点：幼儿能主动、大胆地参与活动，保持健康的心理状态。		

续表

<table>
<tr><td>活动准备</td><td>物质准备：绘本《我的“怪兽”朋友》课件、怪兽服饰、音乐。
经验准备：孩子们有拍手舞的活动经验。</td></tr>
<tr><td>活动过程</td><td>一、导入
师：宝贝们，我们要出发啦，一同去郊游。
二、绘本故事《我的“怪兽”朋友》
1. 师：这是一片原始大森林，这里有茂密的灌木丛，这是什么呀？这是一双什么样的眼睛呢？(一双黄色的大眼睛)这双黄色的大眼睛是谁的呢？
蓝绿色的大鼻子，白色的尖牙，红色大嘴巴，扭曲的小耳朵，乱蓬蓬的紫色头发，绿色的大脸，森林里的小伙伴看到它的长相，都叫它“绿色怪兽”。
2. 心理暗示提问指导：你看它的样子，心里有什么感受？鼓励幼儿大胆表达自己的心理状态。
小结：当我们看到一些使我们害怕的事物时，我们首先要勇敢，保持镇定，然后想办法战胜它。
三、互动游戏：走开，绿色怪兽
1. 师：看到“绿色怪兽”，小朋友们有点害怕是吗？那我们想办法赶走它好吗？
2. 幼儿想办法，表达自己的想法并尝试。(可都赶不走)
3. 师暗示指导语：它呀，最怕你说“走开”，不信请你试试！
幼儿尝试。(要求说完整话，声音响亮，才能赶走)
师：我们一起大声说“走开，绿色怪兽！”
师：绿色怪兽走开了，我们一起说“不准回来！直到我们说可以才能回来”。
四、心理暗示翻转游戏：欢迎“怪兽”回来
1. 录音(怪兽哭诉)：小朋友们，我可以回来跟你们一起玩游戏吗？(PPT 配图：怪兽帮助他人)
原来“绿色怪兽”只是外表丑陋，它的内心是很善良的，愿意帮助别人。
2. 师指导语：我还知道很多人，他们虽然外表丑陋或者身体与我们有很大的不同，但却是我们学习的榜样。我们一起来看一下(PPT 插图)。
(1)霍金那么无助地坐在轮椅上，他的思想却使人们遨游到广袤的时空，渐渐解开宇宙之谜。
(2)消防战士，烧伤后的叔叔外表变得丑陋了，但是叔叔舍己为人的精神是我们学习的榜样。
3. 小结：孩子们，在生活中我们也许会遇到长得很丑或者身体与我们不同的人，但是只要他内心是善良的，是有爱的，我们就要张开双臂接纳他。宝贝们，让我们一起张开双臂，欢迎小绿回来！
五、互动游戏：我们大家是朋友
1. 情境设计：怪兽出现(画外音)。
2. 幼儿与“怪兽”进行音乐互动游戏。
3. 小结：只要勇敢地面对所有的问题，问题都会被我们解决，“我们是最棒的宝贝”。</td></tr>
<tr><td>活动反思</td><td>中班健康活动“我的‘怪兽’朋友”互动性很强，孩子们的参与度非常高，实现从不接受到接纳和“怪兽”朋友做游戏，互动性很强。幼儿能够大胆、完整地表述“走开，××”。那个之前害怕午睡的孩子，再也没有突然哭闹的现象出现，达到了很好的安抚、教育效果。生活即教育，这节课只体现了健康、语言领域的内容，之后还可以延伸到艺术、科学等领域，进行多元化的课程设计。</td></tr>
</table>

营养配餐小达人

内蒙古自治区赤峰市红山区第二幼儿园　曹文静

教学领域	健康	班级	大班
设计意图	通过良好饮食习惯的培养与教育(食育)，引导幼儿形成对健康饮食的牢固印象，使孩子们养成良好的饮食习惯，将健康有益的食谱和食物营养摄入方式引入日常生活中。		
活动目标	1. 认识和掌握食物的分类及营养膳食宝塔的结构组成。 2. 初步学会合理搭配每餐的饭菜，知道饮食要多样化、营养要均衡。 3. 能够逐步形成正确的合理膳食意识，养成良好的均衡饮食习惯。		
重点难点	重点：认识和掌握食物的分类及营养膳食宝塔的结构组成。 难点：初步学会合理搭配每餐的饭菜，知道饮食要多样化、营养要均衡。		
活动准备	物质准备：课件、各种类别食物的图片、学具筐、纸盘。 经验准备：对食物种类有初步的了解。		
活动过程	**一、游戏导入** 了解幼儿已有生活认知经验。 师：小朋友们，老师今天先来和大家做个游戏，游戏的名字是“水果园里有什么”。 **二、引导幼儿自主学习食物分类** 师：老师还想了解一下，除了这些水果，你还喜欢吃哪些食物呢？(激发幼儿对食物的兴趣) 幼儿积极发言。 师：哎呀，说得我都要流口水啦！太香啦！你们吃过这么多好吃的食物，老师这里也有很多好吃的食物(出示各种食物图片)，它们都是什么呢？ 师：请小朋友们帮我把这些食物分分类，同一种类的食物放在一起，为它取一个共同的名字。 谷物类：小米、大米、玉米、面条、包子、面包。 蔬菜、水果类：黄瓜、西红柿、大白菜、苹果、香蕉、火龙果。 动物性食物类：鸡肉、猪肉、鸡蛋、鱼、大虾。 奶、豆类及制品类：牛奶、酸奶、豆腐、豆浆、豆片。 油炸食品类：烤肠、炸串。 **三、借助情境和范图，逐层介绍“营养膳食宝塔”** 师：老师又有新想法啦，我想开一家专门为我们小朋友服务的营养餐厅，我需要一些得力的小助手来帮助我为大家准备丰富有营养的食物，谁想来帮助我？(调动幼儿参与活动的积极性) 师：小朋友们，老师这里有一座营养膳食宝塔(出示营养膳食宝塔图 PPT)，了解了这座宝塔我们就知道怎么科学合理地吃东西了！ 师：这座塔一共有几层？它是什么形状的？它正好代表了我们刚才认识的食物的五个种类！(逐层分享讨论) 最底层是谷物类，第二层是蔬菜、水果类，第三层是动物性食物类，第四层是奶、豆类及制品类，第五层是油炸食品类。 教师教幼儿营养配餐小儿歌：宝塔底层最重要，谷类食品营养好；蔬菜水果第二层，两类食物不能少；肉蛋鱼虾第三层，每天适量换着吃；牛奶豆类第四层，每天记着吃一点；油炸食品在塔尖，尽量少吃要记牢。		

续表

活动过程	**四、尝试自己设计一份营养餐，大胆说出自己的想法、分享交流** 小结：今天我们不仅了解、掌握了许多营养知识，还学会了设计搭配合理的营养餐，顺利通过了考验，成为老师餐厅的小助手，老师真为你们感到高兴，希望你们在生活中也能不挑食、不偏食，养成科学进餐的好习惯。今天回家请你们试着给家里人设计一份营养食谱，记住要搭配合理哦！
活动反思	本次教育活动的内容很有意义，结合每年的“5·20”中国学生营养日主题，大力开展学生营养与健康科普宣教活动，形成宣教活动常态化。整个教育活动中，孩子的主动性发挥得很好，给予了他们更多自主的空间，让他们动手去做，动口去说，动脑去思考、去理解。在与伙伴的交流讨论中，幼儿的能力、知识、技能都得到提升，丰富了幼儿的经验水平，对活动的重点和难点的把握较充分。 本次活动的不足之处是，提供的教育活动材料还需要再丰富一些，这样孩子们理解得就会更顺利。

神奇的中草药

北京师范大学亚太实验学校学前部　谭　晶

教学领域	社会	班级	大班
设计意图	古代先贤对中草药和中医药学的深入探索、研究和总结，使得中草药得到了广泛的认同与应用。与此同时，我园幼儿也是从日常生活中、从身边感受着中医药的博大精深。幼儿在生活中就接触过中草药，如在幼儿园喝过用枸杞熬的粥、银耳雪梨汤等；同时，园内的百草园也为幼儿提供了很好的中医药文化熏陶。因此，本班就结合“神奇的中草药”主题开展了一系列的社会活动，让幼儿对中草药产生浓厚的兴趣，感受中草药博大精深的文化，感受着中华传统文化的力量！		
活动目标	1. 知道生活中常见的四种中草药——山楂、枸杞、菊花、陈皮的不同功效。 2. 能够与同伴合作完成“我是小中医”的职业游戏体验。 3. 感受中草药的神奇，激发幼儿对中华传统文化的兴趣。		
重点难点	重点：知道生活中常见的四种中草药——山楂、枸杞、菊花、陈皮的不同功效。 难点：能够与同伴合作完成“我是小中医”的职业游戏体验。		
活动准备	物质准备：PPT，山楂、枸杞、菊花、陈皮等中草药，小狗、小猪、小鸡、小鸭等动物音频与图片，挂号单、药方、牛皮纸、壶、杯子等中医馆常见的物品及中医馆每个岗位的立体图示。 经验准备：幼儿对身边中草药有了解，并参观了园内的百草园。		
活动过程	**一、图片导入，激发幼儿的学习兴趣** 教师出示百草园图片，引起幼儿兴趣。回顾常见的中草药名称与功效。 师：你们记得之前在百草园中见过的中草药吗？我们一起来回忆一下，分别是什么；它们有什么功效呢？ **二、加深幼儿对常见中草药功效的理解** 1. 听一听：播放四种动物不同症状的描述音频，引起幼儿兴趣。 小猪说：今天吃得太多了，肚子好撑好难受呀！ 小狗说：最近看电视看得我眼睛好干好疼呀！		

续表

活动过程	小鸡说：阿嚏，怎么流鼻涕了呢？我好像要感冒了。 小鸭说：咳咳咳，嗓子好疼，有痰吐不出来好难受呀！ 2. 说一说：幼儿扮演动物，复述四种动物不同症状的语句。 3. 游戏：图片配对。动物图片与四种中草药一一对应。分辨生活中常见的山楂、枸杞、菊花、陈皮四种中草药不同的功效。 **三、职业游戏体验："我是小中医"** 1. 职业游戏体验。 师：图片配对游戏小朋友们完成得非常好，老师决定开一家中医馆，帮助更多的小动物缓解不舒服的症状。请看，老师已经布置完成，这是中医馆的挂号区、看病区、配药区、拿药区、中药饮品区，同时在每个区的岗位桌子上放了所需的材料，请小朋友们快快加入吧！ (1)分小组参观与讨论中医馆岗位与职责。师：这个区需要负责什么工作？这个区的材料应该怎样使用？ (2)游戏。 师：现在我们来玩"我是小中医"的游戏。 每个幼儿准备两张照片。 规则：请第一排的小朋友拿着自己的照片，听音乐选择自己喜欢的动物头饰去看小中医，请第二排的小朋友选择自己喜欢的区域位置，当不同岗位的小中医。 (3)第一排、第二排小朋友角色互换体验游戏。 2. 总结。 **四、中草药文化传承** 邀请其他班幼儿和老师进行"职业小中医"互动，邀请品尝泡好的中草药。
活动反思	从幼儿身边事物开始，引导他们关注生活和常见事物，让幼儿发现、认识、了解、辨别生活中常见的中草药及功效，并与中医相结合，感受着中医药博大精深的文化底蕴。利用职业情景游戏体验的方式让幼儿感受到大社会在幼儿间的小社会中的缩影，促进了幼儿的社会发展。 在进行职业体验的过程中，每个区的岗位都出现了不同的问题，例如，挂号区的人员较为密集；每个区的岗位出现了空缺的现象，有幼儿不熟悉岗位职责等，应根据具体情况增添更明确的岗位立体图示；增加1—2名协调管理员。

小精灵的魔法汤

广东省深圳市龙华区鹭湖外国语小学附属祥澜苑幼儿园　冯　徐

教学领域	艺术	班级	大班
设计意图	大班幼儿对新鲜的事物非常好奇，他们喜欢象征性游戏，常常在游戏中把自己想象成一个特定角色。因此，在选材中考虑到活动的趣味性，让幼儿在具体的操作游戏和探索活动中感受和表达乐曲。		
活动目标	1. 喜欢听音乐，感知音乐快慢、强弱的变化。 2. 能运用肢体动作表现音乐旋律的不同特点。 3. 愿意参加音乐律动活动，感受音乐情景游戏的快乐。		

续表

重点难点	重点：感受欢快、流畅的乐曲风格，感受 ABA 曲式结构。 难点：用肢体表达 A 段渐强、渐快的旋律特点。
活动准备	物质准备：PPT 课件，有颜料、没颜料的瓶盖若干，披风，巫师帽，魔法棒，音乐《蓝精灵》《加速度圆舞曲》。 经验准备：对音乐活动感兴趣。
活动过程	**一、开始部分** 歌曲导入——教师播放歌曲《蓝精灵》。 魔法精灵：小朋友们，欢迎你们来到魔法森林，到这里来的每一个人都能够得到魔法，我是最会变魔法的魔法精灵了！我最喜欢做魔法汤啦，不过我的魔法汤不是用来喝的，是帮助人们实现愿望的！ 师：刚刚魔法精灵说到这里来的每一个人都能够得到魔法，你们想要学习魔法吗？但是小精灵每次做魔法汤的时候都会听一段音乐，看来这段音乐一定也有魔力。听！小精灵的音乐开始了…… **二、基本部分** 1. 初听音乐，欣赏并表达倾听音乐的感受。 提问：(1)刚才在听音乐的时候你觉得魔法精灵会干什么？ (2)这段音乐给你的感受是什么？ 小结：这真是一段很愉快的音乐。这段音乐叫《加速度圆舞曲》，非常有名。 2. 再次听音乐，运用肢体表达音乐旋律。 (1)教师制作魔法汤，吸引幼儿观察教师动作，感受音乐旋律。 (2)魔法验证。 ①师：小朋友们倒数 3 个数，看一看老师成功了没有？ ②师：在变魔法时，你们看到老师做了哪些动作？ ③师：你们想变魔法吗？请幼儿随意站在一个瓶子前面，跟随音乐尝试做动作。 3. 引出图谱，感受 ABA 的音乐结构。 (1)边完整听音乐旋律，边看图谱。 师：哎呀！我忘记告诉你们我的魔法配方啦！我们来一起看一看吧！ (2)梳理经验，学习看图谱。 4. 巩固练习。 (1)幼儿尝试边跟随音乐边做动作。 师：我们一起跟着魔法的配方完整地来一次。 (2)引导幼儿发现图谱中的规律。 (3)幼儿听音乐制作一次魔法汤。 ①师：你们学会这个魔法配方了吗？我们一起来当魔法精灵，做一做魔法汤吧。 ②师：魔法精灵们，我们开始做魔法汤了，一定注意哦！ 5. 幼儿听音乐制作一次魔法汤。 6. 收回瓶子后，跟着图谱再练习一遍。 **三、结束部分** 1. 展现成果，升华活动。 师幼跟着音乐做动作。 师：现在让我们集中精力再做一次吧！记住哦，不能乱晃瓶子，否则魔法可要失效了。 2. 总结。 师：现在是见证奇迹的时候了，你们的魔法都成功了吗？ 魔法精灵：恭喜你们成功晋级高级魔法师啦！

续表

活动反思	活动中选取的音乐是节选自约翰·施特劳斯的《加速度圆舞曲》，乐曲曲风比较活泼、欢快。结合音乐的曲风，创设魔法师制作魔法汤的情境，激发幼儿的兴趣。在整个活动中，幼儿的参与度很高，能够全程跟随老师完成目标。在幼儿学习图谱时，教师讲解得不够清楚，导致大部分幼儿并没有理解教师想表达的意思。音乐活动需要感知音乐的音色，但是在活动中教师强调得太少，应该多在这方面深挖一下。通过这一次的音乐活动，让我了解到自己在音乐领域中依旧存在着诸多不足，可喜的是这次活动中幼儿参与的积极性大大提高了，给了我很大的信心。

欢乐跳皮筋

黑龙江省佳木斯市同江市实验幼儿园　赵玉莹

教学领域	健康	班级	大班
设计意图	跳皮筋是幼儿很感兴趣的一项活动，孩子根据儿歌、童谣，一边唱一边跳，这项活动既能锻炼幼儿的腿部力量，又能提高幼儿身体动作的灵活性和协调性，培养幼儿对民间体育游戏的兴趣，体验一起合作游戏的快乐。		
活动目标	1. 引导幼儿初步掌握跳皮筋的方法。 2. 激发幼儿对民间体育游戏的兴趣，体验合作游戏的快乐。 3. 锻炼幼儿的腿部力量，提高幼儿身体动作的协调性与灵活性。		
重点难点	重点：锻炼幼儿的腿部力量，提高幼儿身体动作的协调性与灵活性。 难点：引导幼儿初步掌握跳皮筋的方法。		
活动准备	物质准备：音乐、皮筋若干。 经验准备：熟悉一些简单的民间童谣。		
活动过程	**一、开始部分** 师幼一起做热身运动。 **二、基本部分** 1. 介绍民间的各种传统体育游戏并出示图片：踢毽子、捉迷藏、老鹰捉小鸡、跳房子、滚铁环、跳皮筋。 师：以上六种体育游戏都属于民间传统体育游戏，我们了解了这么多种传统体育游戏，那我们今天就来玩一玩其中的一项“跳皮筋”好不好？跳皮筋应该怎么玩呢？首先要有两名小朋友来撑皮筋，其他小朋友跳皮筋。那么问题来了，我们要怎么跳皮筋呢？ 幼儿自由回答皮筋的各种玩法，请四名幼儿跟着音乐示范跳皮筋。 师：小朋友们真棒啊！玩得真好，那还有没有其他的玩法？ 幼儿自由回答，教师总结玩法。 2. 教师总结跳皮筋的几种玩法。 (1)玩法一：跳格子。 由两名小朋友撑皮筋，撑皮筋的时候双脚打开与肩同宽。跳皮筋的小朋友站在皮筋的一侧，双脚并拢，跳进皮筋；双脚打开，两只脚分别跳到皮筋两侧；再跳进皮筋里，最后跳到另一侧。 活动进行两次，第二次跟随音乐跳皮筋。 (2)玩法二：鸭子过河。 由两名小朋友踩住皮筋，蛇形单脚跳跃跳过皮筋，全程单脚，不能碰到皮筋。		

续表

活动过程	(3)玩法三：穿越火线。 由两名小朋友将两根皮筋变成一根，撑到与腰同高度，小朋友们快速双脚迈过皮筋。 **三、结束部分** 教师总结幼儿的表现，鼓励幼儿在今后的活动中继续合作探索皮筋的花样玩法。 师：今天我们一起玩了跳皮筋的游戏，其实皮筋还有很多玩法，今后我们继续探索皮筋的花样玩法。
活动反思	本次活动的设计符合大班幼儿的年龄特点，在活动中幼儿利用皮筋探索各种关于皮筋的玩法。整个活动幼儿非常感兴趣，乐于参与其中，既锻炼了身体，又发展了腿部力量，幼儿和同伴互相合作，体验跳皮筋带来的快乐。

多变的紫甘蓝汁

北京市通州区芙蓉幼儿园　王　鑫

教学领域	科学	班级	大班
设计意图	在图书区阅读过新书《一园青菜成了精》后，幼儿经常谈论书中的内容。基于幼儿对青菜的喜爱，我们开展了“一园青菜”主题活动，通过种植、养护、收获、玩转青菜等内容，支持幼儿在种植探索中，掌握种植的要领、丰富青菜相关知识。本活动为主题下的科学活动，通过猜想—实验—交流—再猜想—再实验的活动形式，共同研究、探索发现紫甘蓝汁的神奇变化，感受科学探究的神奇。		
活动目标	1. 操作感知紫甘蓝汁在碱面、白醋等酸碱性不同的物质作用下，颜色发生的不同变化。 2. 能在操作中发现不同调料的酸碱性，并尝试分类和记录。 3. 在探索紫甘蓝汁与不同物质发生变化的过程中，体会科学探究的乐趣。		
重点难点	重点：在操作中探索紫甘蓝汁与不同物质接触，发生颜色变化的特点。 难点：根据紫甘蓝汁颜色的变化，探索不同物质的酸碱性并进行分类和记录。		
活动准备	物质准备：贴有实验材料图片的杯子、操作记录表、幼儿提取的紫甘蓝汁、透明杯子若干、水彩笔、白醋、食用碱、柠檬汁、小苏打、水、白糖水、盐水。 经验准备：有使用实验记录单的经验。		
活动过程	**一、根据幼儿角色区游戏，谈话导入** 师：今天在小餐厅，你吃到的是什么面？是什么颜色的？你吃过其他颜色的面吗？都有什么颜色？ **二、第一次探索：发现白醋、碱面会让紫甘蓝汁发生变化** 1. 出示彩色面条图片，激发探究兴趣。 重点提问：你吃过的彩色面条是怎么做的？怎么能做出粉色的面呢？ 2. 出示实验原料：白醋、清水、碱面。请幼儿猜想，哪种物质能让紫甘蓝汁变成粉色，并进行投票。 3. 请幼儿根据猜想，分组操作材料，动手尝试验证自己的猜想。 4. 分享实验结果，调动感官，总结三种物质的特点。 小结：酸酸的白醋让紫甘蓝汁变得有点红、有点粉，没什么气味的碱面让紫甘蓝汁变得有些绿，水让紫甘蓝汁看起来更淡了，但是颜色没有发生变化。		

续表

活动过程	**三、再次尝试** 1. 出示其他实验材料，幼儿讨论，对于实验结果进行猜测：这些东西能不能让紫甘蓝汁变色呢？ 2. 出示记录单，共同发现记录单使用和记录的方法：怎么知道我们尝试了哪些东西，发生了哪些变化？ 3. 操作实验并记录：再次操作探索让紫甘蓝汁变色的物质有什么，哪些没有变化？并使用记录表进行记录。 (1)操作实验材料，分别将实验材料加入紫甘蓝汁中，观察变色现象。 (2)将实验现象用自己的方式进行记录。 (3)对比自己的猜想，尝试和同伴说出实验过程和结果。 4. 观察紫甘蓝汁的变化，分享自己的实验结果。 (1)幼儿进行分享，利用表格共同梳理实验结果。 (2)总结：柠檬汁和白醋一样，让紫甘蓝汁变得有些粉，小苏打和碱面一样，让紫甘蓝汁变成深颜色的，(白糖)水、食盐没有让紫甘蓝汁变色。 **四、活动结束** 在含有碱面水的紫甘蓝汁中慢慢加入白醋，发现紫甘蓝汁又变回紫色的神奇现象。鼓励幼儿继续探究紫甘蓝汁变色的秘密。
活动反思	本次活动的重点是在操作中探索紫甘蓝汁与不同物质接触，发现颜色有哪些变化。难点是根据紫甘蓝汁颜色的变化，探索不同物质的酸碱性并进行分类和记录。我结合活动的重点与难点采取了多种策略，引导幼儿主动猜想、探究、记录，对实验结果进行分类。 教学活动运用了层层递进的方法引导幼儿突破难点与重点。一是通过猜想、实验发现紫甘蓝汁加入不同物质会发生变化；二是猜想其他物质会不会使紫甘蓝汁发生变化；三是集体尝试；四是集体分享分类。活动的最后一个环节，将变色的紫甘蓝汁变回紫色，为幼儿继续探究紫甘蓝汁变色进行了铺垫，大大提高了幼儿继续探究的兴趣，感受到科学的神奇。

趣探数字 4

福建省厦门市同安区溪望幼儿园　颜燕妮

教学领域	科学	班级	大班
设计意图	班级科学区投放了镜子材料，引发了幼儿探究兴趣。有一名幼儿偶然发现用镜子与数字 4 可以变出有趣的图像，吸引了周围的孩子，进行了热烈的讨论。为了满足所有孩子的探究欲望，生成了集中科学活动“趣探数字 4”。 活动中，我根据幼儿的兴趣点及发展需求，预设了单面镜子的探索及两面镜子形成夹角进行探索游戏，观察镜子在数字卡片 4 的不同方位上，呈现出不同图案；让孩子思考镜子组合角度与成像数量之间的关系。		
活动目标	1. 感知镜子在卡片 4 上有趣的成像，探究双面镜夹角的大小与成像数量变化。 2. 能用连贯的语言表述自己所看到成像的变化，并正确记录。 3. 保持探究兴趣，乐于合作分享。		

续表

<table>
<tr><td>重点难点</td><td>重点：操作镜子在卡片 4 不同位置所呈现的图案；大胆验证在卡片 4 的位置图像，并用连贯的语言表述自己所看到的成像。
难点：学会使用记录表，在记录表里画出镜子里的成像；验证夹角位置所反射的图像。</td></tr>
<tr><td>活动准备</td><td>物质准备：平面镜、数字卡片 4、笔、记录表、图像照片。
经验准备：对镜子中反射的图像原理有一定的了解。</td></tr>
<tr><td>活动过程</td><td>一、欣赏图像
师：孩子们，我们来欣赏几组图片，猜一猜，这些图片是怎么形成的？你们能猜出来吗？
小结：原来是借助 2 片镜子和数字 4 而形成的有趣图片。具体要怎么操作，还可以变出哪些从没见过的图像，我们来试试吧。
二、幼儿探索
1. 材料介绍，幼儿每人一面镜子、数字卡片 4。
2. 操作方法：用单面镜子在数字卡片 4 每个位置投射，观察图像的变化，和同伴分享所发现的图案。
3. 师幼小结：图像是由光的反射、光线延长线的交点而形成的虚像，图案大多是对称的。当你把镜子放在数字 4 的上或下，左或右，边或角的时候，将会发现更多从没见过的图案。
三、趣味游戏
1. 介绍玩法：先观察两面镜子在数字 4 的哪个位置，再用镜子验证图片，看和第 2 栏哪个图案一致，就用线连起来。
2. 幼儿分组操作，老师个别指导。
3. 分享交流，梳理总结。
在验证图案的时候，要仔细观察两面镜子在数字 4 的具体位置，再进行操作，慢慢移动镜子，就可以找到与图片一致的图像，进行连线。
四、两两合作
1. 介绍记录表的记录方法。
(1)介绍玩法：两人合作，一人把两面镜子放在数字 4 的某个位置，形成一个夹角，调整镜子的夹角大小，让镜子反射出完整的一幅图像时，把图像完整地画出来。
(2)规则：用笔在第 2 栏“数字 4”的位置标出镜子夹角的位置；在第 3 栏画出镜子所反射出来的图像。操作镜子的幼儿，形成图像后不能乱动镜子。
2. 幼儿自由找合作伙伴进行操作，老师巡视引导、拍照。
3. 经验分享。
在操作过程中，两人要互相配合好，当镜子调到出现完整图案时，拿镜子的幼儿要坚持住，不能移动镜子，直到画好为止。画的幼儿要仔细观察图像，才能把图像完整画出来。</td></tr>
<tr><td>活动反思</td><td>幼儿在活动中带着问题和已有经验自主操作材料、亲身感受与直接体验、发现并自己得出结论，形成对事物的感性认识，这种学习方式对幼儿科学教育实践有着重要的意义。教师在教学活动中一定要激发幼儿自主学习的兴趣，敢于让幼儿发表意见，激发幼儿参与活动的兴趣。
在活动中幼儿学会互相协作、共同探索、获取经验、分享交流，遇到困难不退缩，坚持完成任务，老师充分给予幼儿自主操作、观察比对、记录成果的空间和时间；氛围轻松、自由，师幼互动有效，实现了幼儿快乐地自主学习，达到了活动的预设目标。</td></tr>
</table>

巧手园艺师

四川省都江堰市安龙幼儿园　罗　茜

教学领域	艺术	班级	大班
设计意图	四川省都江堰市安龙镇有着“川派盆景第一村”的美誉，家家户户都有盆景，幼儿都有栽种植物和了解园艺师工作的生活经验。遵循学前儿童音乐核心经验之动作表现中关于5—6岁儿童控制性、随乐性、协调性的发展特点，我们将挖土、清理叶子、修剪、绕丝、浇水等动作与音乐《玛丽波尔卡》相结合，设计此次律动活动。活动中运用图谱，帮助幼儿更好地感知音乐，表达音乐。同时在“由弱变强”的乐段中，我将制作川派盆景特有的“绕丝”动作巧妙加入其中，这样既发展幼儿新的栽种经验，同时体验园艺师栽种植物的喜悦以及律动活动带来的乐趣。在支持鼓励幼儿参加艺术活动并大胆表现的同时，帮助他们提高表现的技能和能力。		
活动目标	1. 认真倾听音乐，结合图谱，能用肢体动作表现音乐的节奏。 2. 借助栽种植物的经验，尝试创编相关动作，并随乐合拍表现出来。 3. 体验园艺师栽种植物的喜悦以及律动活动带来的乐趣。		
重点难点	重点：感受B段音乐的变化，做出由慢变快的动作。 难点：借助栽种植物的经验，创编相关动作。		
活动准备	物质准备：音乐《玛丽波尔卡》、图谱、图片。 经验准备：有栽种植物的经验。		
活动过程	**一、谈话导入** 师：小朋友们，你们栽种过植物吗？ 师：你们栽种植物时，会怎么做？ 小结：我们在栽种植物时，会挖土、浇水、除草。今天罗老师邀请了一位园艺师傅来，我们一起来看看这位园艺师傅在栽种植物时，做了什么事情？请仔细看。（观看视频，完整倾听一遍音乐） 师：请问这位园艺师傅在栽种植物时做了什么事情？ 师根据幼儿的回答，张贴图片。 （园艺丝，是制作川派盆景植物时会用到的一种特殊工具，可以帮助植物造型。在盆景造型过程中，我们把这个动作称为“绕丝”。） 小结：这位园艺师傅在栽种盆景植物时，他做了挖土、清理叶子、修剪、绕丝、浇水等工作，他真是一位优秀的巧手园艺师！ **二、基本部分(分解音乐乐句，逐一出示图谱，师幼创编动作)** 1. 播放第1—8小节音乐，通过“挖土”的肢体动作表现乐曲内容和节奏。（教师提炼幼儿动作） 师：我们一起来学学园艺师傅做盆景，先做什么？小朋友们来试一试挖土的动作。 2. 播放第9—12小节音乐，通过“清理叶子”的肢体动作表现乐曲内容和节奏。 3. 播放第13—20小节音乐，通过“修剪”的肢体动作表现乐曲内容和节奏。（教师提炼幼儿动作） 师：你们觉得大剪刀是什么样的？ 师：大剪刀是这样的，那小剪刀呢？ 4. 播放第21—28小节音乐，通过“绕丝”的肢体动作表现乐曲内容和节奏。（教师提炼		

续表

活动过程	动作） 师："绕丝"是给植物造型时专业的动作，你会怎么绕呢？请做一做。 注：此段音乐是重难点，教师可以喊口令"慢—慢—快快快快"辅助幼儿感受，可根据具体情况反复两三遍。 5. 播放第29—36小节音乐，通过"浇水"的肢体动作表现乐曲内容和节奏。（教师提炼动作） 小结：我们学习了园艺师傅"挖土、清理叶子、修剪、绕丝、浇水"的动作。想要成为巧手园艺师傅，就必须栽种时动作熟练，请好好看图谱、听音乐，一起完整欣赏。 **三、完整播放音乐，结合图谱，能用肢体动作表现乐曲内容和节奏** 1. 完整感受图谱，幼儿完整感受音乐。 2. 结合图谱和预令，幼儿尝试合乐完整表现乐曲内容和节奏。 3. 结合预令，师幼站立，幼儿尝试自主合乐完整表现乐曲内容和节奏。 4. 幼儿讨论并再次创编动作，播放音乐，合乐完整表现乐曲内容和节奏。 **四、结束部分** 播放音乐，幼儿跟随音乐走出教室。
活动反思	此乐曲是4/4拍，大部分幼儿可以借助图谱、动作表现音乐节奏，B段音乐(绕丝)部分，用形象的绕圈动作和口令"慢—慢—快快快快"辅助幼儿感受节奏。第13—20小节音乐应反复听，大小剪刀动作处音乐变换不明显。

一个……的故事

湖北省恩施州民族幼儿园　向敏娜

教学领域	语言	班级	大班
设计意图	大班幼儿语言能力发展较快，对新事物和周围世界充满好奇，为了给孩子语言发展提供更多的机会，根据幼儿爱猜想的特点，设计了本次活动。		
活动目标	1. 学习地点、事物和人物的说明方法，感知三者不同的结构组织特点，尝试用简洁清晰的语言表述。 2. 在游戏中理解和运用"是非疑问句"，多角度地捕捉地点、事物和人物的特征。 3. 借助故事回顾幼儿园生活的美好时光，萌发长大的自豪感和责任感。		
重点难点	重点：用简洁清晰的语言表述地点、事件、人物等。 难点：理解和运用"是非疑问句"，多角度地捕捉地点、事物和人物的特征。		
活动准备	物质准备：自制绘本、PPT、音乐、电脑、音响。 经验准备：有在幼儿园生活的经历，对身边事物有多维度的认识和感知。		
活动过程	**一、导入部分：一个"是还是不是"的游戏** **二、展开部分：一个"未知"的故事** 拓展游戏，推断故事的地点、事物、人物，并用说明性的语言完整介绍。 1. 出示自制绘本，介绍"一个……的故事"。 指导语：这本书的每一页都有一个问号，原来这个故事是要我们来猜的。 2. 第一次游戏，推测并介绍故事发生的地点。		

续表

活动过程	(1)出示绘本第 1 页，猜测故事发生的地点。 提问：你猜故事发生在哪个幼儿园？ (2)引导幼儿尝试从名称、位置、班级、景观等方面来讲述自己的幼儿园。 提问：你的幼儿园是怎么样的？请你来介绍一下。 小结：我们可以从名称、地址、班级、建筑景观等方面来介绍一个幼儿园。 3. 第二次游戏，推测并介绍故事中的事物。 (1)出示绘本第 2 页，幼儿提问猜测故事中的事物。 提问：提什么样的问题可以帮我们更快猜到这个事物是什么呢？ (2)引导幼儿尝试从类别、颜色、形状、材质、操作等方面讲述故事里的事物。 提问：你能介绍一下这个事物吗？ 小结：我们可以从类别、颜色、形状、材质、操作方法等方面来介绍一种事物。 4. 第三次游戏，猜测并介绍故事中的人物。 (1)教师用说明性的语言介绍故事中的人物。 提问：那故事里会有谁呢？请你仔细听我的介绍，然后猜猜是谁？ (2)幼儿猜测故事中的人物。
活动反思	大班幼儿语言迅猛发展，逻辑思维初步萌芽，他们喜欢探究周围世界，爱提问、爱思考。本活动抓住幼儿的兴趣，围绕幼儿熟悉的事物在游戏和猜想中层层深入活动。在游戏中，幼儿能尝试用简洁清晰的语言描述事物，大胆清楚地表达，能说出物体的特征，从时间、地点、人物等方面描述一件事，锻炼了他们的语言表达能力和沟通交流能力。

石头城堡

江苏省南通市如东县丰利镇石屏幼儿园　严鼎文

教学领域	艺术	班级	大班
设计意图	希望小朋友能够通过本节活动了解丙烯石头画。学习运用颜料来装饰石头，体验在石头上作画的乐趣。		
活动目标	1. 尝试用丙烯颜料在石头上进行绘画。 2. 尝试用颜料绘画来装饰石头，体验在石头上作画的乐趣，大胆地运用绘画好的石头以及多种材料装饰城堡。 3. 提升幼儿的创造能力，培养幼儿良好的作画习惯。		
重点难点	重点：引导幼儿大胆地在石头上用丙烯颜料进行绘画创作。 难点：尝试用装饰好的石头来装饰“城堡”，发展幼儿的想象力、创造力和语言表达能力。		
活动准备	物质准备：小石块、棉签、丙烯颜料、毛线、毛球、纸、水彩笔等材料，泡沫和石头做的城堡。 经验准备：有一定的线描画基础，有一定的想象力。		
活动过程	**一、故事导入，激发兴趣** 师：在遥远的大海上，有个神奇的石头王国。石头王国的国王在海边建了四座有趣的		

续表

<table>
<tr><td>活动过程</td><td>石头城堡。他想把全国的居民都安排到四个城堡里去生活。可是，居民们有自己的想法，他们觉得石头城堡灰扑扑的，一点也不好看，需要把石头城堡美化一下再搬进去。国王说："那我们一起想办法把城堡美化一下吧。"小朋友们，你们愿意帮一下这位国王和王国的居民们吗？
二、交流讨论，集体操作
1. 引导讨论
师：为了美化这四座城堡，老师准备了一些材料。小朋友们，看一看你们都认识哪些？大家想一想，我们怎么帮助国王把他灰扑扑的城堡变得美丽呢？
师：我们除了可以在石头上画上我们喜爱的各种图案，还可以用这些材料来装饰石头。这些材料可不是一般的材料。你们看，这个像什么？
师：对啊，我们可以把这些用来搭建城堡的石头用鲜艳的颜色画上最好看的画再放回去，并且，还可以用各种材料来装饰城堡，这样城堡就会很漂亮啦！
2. 明确任务
师：小朋友们，你们清楚我们的任务了吗？谁再来说一说？
师：对，首先我们需要把城堡上的石头拿下来画上你最喜欢的图案，然后再把石头搭到城堡上，再用大树、鲜花、喷泉、彩灯进行装饰。小朋友们明白了吗？
师：那我们就开始分组完成装饰石头城堡这个光荣的任务吧！
3. 分组操作
(1)小组讨论创作内容。
师：城堡上的石头有各种形状，大小、颜色也不相同，取下石头时一定要记住原来的位置，便于画好后送回原地。嘘——，请各个小组轻声地讨论一下你们想要绘画的图案，然后悄悄地告诉老师，好不好？
师：小朋友们的想法真的都非常棒，那就开始创作吧！
(2)老师巡回指导。
要求：保持画面干净；安静操作，注意安全。
4. 幼儿操作
(1)教师观察指导幼儿操作，个别辅导。根据幼儿确定的主题进行点拨，鼓励他们大胆想象，集体创作，体验合作创造的乐趣。
(2)老师根据各组创作进展及时评价和鼓励。
(3)引导各组进行装饰，完成作品。
5. 集中交流体验成功
(1)幼儿自我评价，介绍自己小组的作品。
师：石头王国四座灰扑扑的石头城堡经过小朋友们的创作，焕然一新，已经变得鲜艳、活泼、热闹了。完成了这么精彩的作品，小朋友们开心吗？现在，请各组派一两名代表介绍一下你们的作品，说一说你们在石头上画了什么，怎么画的，又做了哪些装饰。
(2)教师对孩子合作及操作情况进行评价。其他各组孩子参与评价。
师：小朋友们的创作都十分精彩，大家都动了脑筋，我们的作品真的非常棒。大家觉得呢？
三、活动延伸，探索区域
师：一次有趣的石头王国之旅快结束了。四座漂亮的石头城堡将成为石头王国居民快乐的新家，国王和百姓们都非常满意。为了感谢小朋友们的帮助，国王送来了几本和石头有关的绘本，大家想要去阅读这几本新绘本吗？好，那我们一起去阅读区看看吧！</td></tr>
</table>

续表

活动反思	本节活动借由故事情境帮助幼儿沉浸在活动当中。在活动中，幼儿以“小画师”的身份了解并尝试了丙烯石头画，他们大胆地绘画并用各种材料装饰城堡，体验到了绘画的乐趣。教师让幼儿通过绘画帮助别人，培养了幼儿乐于助人的品质。

有趣的二等分

北京市朝阳区西坝河第一幼儿园(望京部)　刘　星

<table>
<tr><td>教学领域</td><td>科学</td><td>班级</td><td>大班</td></tr>
<tr><td>设计意图</td><td colspan="3">在日常生活中，“等分”对于幼儿来说并不陌生：过生日时分蛋糕、吃午餐时分点心等都会遇到此类问题。但大多数幼儿对“等分”的概念仍模糊不清，对于等分方法的多样性更是缺少了解和思考。因此，我特意设计了此活动，通过对平面图形的等分到对实物的等分，引导幼儿在亲自操作的过程中积累经验、探索方法，进一步激发幼儿对数学活动的兴趣，提高幼儿解决实际问题的能力。</td></tr>
<tr><td>活动目标</td><td colspan="3">1. 乐意交流探索的过程和结果，感受等分游戏的快乐。
2. 理解等分的意义，初步学习二等分。
3. 对不同形状、性质、数量的物体进行二等分，体会等分方法的多样性。</td></tr>
<tr><td>重点难点</td><td colspan="3">重点：理解二等分的含义。
难点：探索将物体等分的多种方法，对等分活动感兴趣。</td></tr>
<tr><td>活动准备</td><td colspan="3">物质准备：彩色纸、糖果、圆形蛋糕、方形蛋糕、瓶装矿泉水、剪刀、等分用的容器。
经验准备：有过与他人分享东西的经验。</td></tr>
<tr><td>活动过程</td><td colspan="3">一、开始部分：圆形二等分——理解等分的意义
师：西西、露露是一对双胞胎姐妹，有什么东西都喜欢分享。妈妈买回一包彩色的手工纸，颜色非常漂亮，她们都很喜欢，可每种彩纸只有一张，她们想把每张纸都分成大小一样的两份，你们能帮帮她们吗？
1. 教师出示一张圆形的彩纸，请幼儿讨论怎样能将圆形纸分成一样大小的两部分。
2. 请几名幼儿讲一讲他们的方法，并实际操作。
3. 教师带领幼儿一起比对验证，引导幼儿理解把物体分成一样大小的两份就是二等分。
二、基本部分：探索平面图形(正方形、长方形、正三角形)的多种等分方法
1. 出示正方形、长方形、正三角形彩纸，请幼儿自由选择操作，并鼓励幼儿探索不同的等分方法。
2. 集体交流以上图形的不同等分方法，体验不同图形等分的方法也会有所不同。
3. 实物的等分——体会等分方法的多样性。
师：邻居阿姨又送来一些礼物，请大家也来帮西西、露露分一分吧！
(1)将幼儿分成几组，为每组提供10颗糖果、圆形蛋糕、方形蛋糕、1瓶矿泉水等实物以及相应的工具、容器。
(2)幼儿分组探索以上物品的等分方法，教师认真观察、了解幼儿的方法，并用提问质疑的方式，引导幼儿思考合理的方法。
(3)针对以上物品，各组介绍自己的等分方法。
三、结束部分：梳理总结
教师引导幼儿思考梳理，比如，糖果可以用数数比较的方法，也可以用一颗一颗逐一</td></tr>
</table>

续表

活动过程	分到两个容器里的方法；圆形、方形的蛋糕可以迁移之前平面图形的等分经验，也可以渗透横切面以厚度等分的方法；矿泉水的等分可以通过目测的方法，将水倒到两个一样大小的玻璃杯中，也可以将水倒入同样大小的矿泉水瓶中，边倒边比对，直到分成一样多的两份。
活动反思	理解二等分的意义对于大班的幼儿来讲并不是多么困难的事情，但探索等分的多种方法、体验等分方法的多样性有着重要的意义。它会打破幼儿单一固定的思维模式，激发幼儿深入探索的欲望。活动中我选用了幼儿经常接触的材料，这些直接与生活实际相联系的材料与之前的材料相比更富有挑战性：从平面变成立体，从单一性质变成多种性质，等分的方法会有很大的变化。正是这些材料的投放使得“体会等分方法的多样性”成为可能，也使得我们的数学活动不只是让幼儿学到知识和技能，而且能够让幼儿锻炼和发展思维，学会多种解决问题的方法和途径。

老狼老狼几点钟

中国人民解放军73127部队幼儿园　林素妹　邓桂芬

教学领域	科学	班级	小班
设计意图	一一对应是不经计数做等量集合和比较两组物体多少的简便方法，当我们想把“多”“少”“一样多”的概念介绍给幼儿的时候，最好的办法就是让他们做“配对”活动，如何让孩子更容易接受和掌握？“老狼老狼几点钟”作为经典的民间传统游戏是很好的载体，小班幼儿在游戏中感受到呼啦圈与羊一一对应的关系。		
活动目标	1. 通过游戏能将两组物体建立一一对应的联系，并用一一对应的方法比较两组物体数量多少。 2. 能熟练说出两组物体是一样多还是不一样多，体验“玩”数学、“用”数学的乐趣。		
重点难点	重点：学习运用对应的方法比较两组物体数量的多少。 难点：能正确判断并说出两组物体谁多谁少；比较物体数量的多少。		
活动准备	物质准备：呼啦圈若干个、老狼面具一个；布置适合幼儿活动的场地。 经验准备：幼儿已玩过“老狼老狼几点钟”的游戏，玩过“配对”小游戏。		
活动过程	**一、说说游戏** 导入：出示小羊和大灰狼头饰，激发幼儿活动兴趣。 师：你们玩过“老狼老狼几点钟”的游戏吗？ 师：这个游戏是怎么玩的？ **二、玩玩游戏** 出示呼啦圈，介绍游戏玩法。 1. 游戏玩法一：小羊与羊圈(呼啦圈)一样多 交代玩法：老师扮老狼，小朋友扮小羊。游戏开始，小羊问时间，当听到老狼报“开饭了”时，马上逃回羊圈。 梳理游戏规律——小羊的数量和呼啦圈的数量是一样多的，老狼没能抓住羊。 2. 游戏玩法二：小羊多，呼啦圈少 梳理小结：呼啦圈的数量和小羊的数量不一样多，老狼抓住一只羊。		

续表

活动过程	3. 游戏玩法三：小羊少，呼啦圈多 梳理小结：呼啦圈的数量和小羊的数量不一样多，老狼没有抓住羊。 **三、活动延伸** 1. 吃点心，看看自己盘子里的点心，再和其他小朋友比一比，是不是一样多。 2. 午睡时候，看看床铺和小朋友是不是一样多。
活动反思	游戏是幼儿园最基本的活动，本节课通过游戏让幼儿体验“玩”数学、“用”数学的乐趣，将教学目标“将两组物体建立一一对应的联系，并用一一对应的方法比较两组物体数量多少”融入游戏中。 这节课“老狼老狼几点钟”更偏向于游戏课程，幼儿往往沉浸在游戏中，而忽略了活动本身的数学目标，材料呼啦圈摆放得比较随意，导致幼儿对呼啦圈和羊一样多或不一样多并不清晰。教师在小结时没有及时回应幼儿，进行梳理小结，比如，一只小羊一个呼啦圈，小羊和呼啦圈一样多。

寻宝大冒险

四川省宜宾市叙州区第四幼教集团赵场街道中心幼儿园　蔡汶芩

教学领域	科学	班级	大班
设计意图	《幼儿园教育指导纲要(试行)》提出，数学教育必须让幼儿能从生活和游戏中感受事物的数量关系并体验到数学的重要和有趣；教师要引导幼儿对周围环境中数、量、形、时间和空间等现象产生兴趣，建构初步的数概念，并学习用简单的数学方法解决生活和游戏中某些简单的问题。大班孩子具备初步的空间对应和空间感知能力，但是与灵活运用和理解还有一定距离，因此希望通过游戏化的方式发展巩固孩子的空间感知能力，能正确使用方位词表述方向。		
活动目标	1. 在游戏中体验相互帮助、群策群力的乐趣。 2. 能正确使用方位词表述方向。 3. 利用序数和空间的相关经验，发展幼儿的空间感知能力。		
重点难点	重点：能正确使用方位词表述方向。 难点：利用序数和空间的相关经验，发展幼儿的空间感知能力。		
活动准备	物质准备：车票、座位号、操作图(图谱和盲盒)、PPT、黑板、宝石图片、12 个格子、盲盒、音乐。 经验准备：具有方位语言描述的能力，可以两个两个地进行数数。		
活动过程	**一、跟着探险家去寻宝** 1. 出示探险家照片。 师：今天探险家要带着小朋友们一起去寻宝，我们这么多人需要坐车去，现在请根据自己的车票找到正确的位置。 教师发车票，幼儿随着音乐找座位。 2. 幼儿随着音乐找到正确的座位。 **二、寻宝员闯关** 师：探险家说跟着去寻宝是比较危险的事，不能随意在车上乱动。要动脑筋才能寻到宝藏，她想考考你们，看你们能不能通过她的两关考验，通过考验的人才可以跟着去寻宝。		

续表

活动过程	第一关考验：请准确说出你的前、后、左、右四个方位的小朋友是谁。 第二关考验：请说出你前面第二个小朋友是谁。 **三、探险家寻宝石** 这次的探险任务是找到12颗宝石。 1. 用表格和符号提示，找到具体的目标。逐个方位箭头指示(上2左1)寻到1颗宝石。教师把找到的宝石贴在黑板上。 2. 用表格和符号提示，找到具体的目标。逐个方位箭头指示(上3右2)寻到2颗宝石。教师把找到的宝石贴在黑板上。 提问：探险家两次一共寻到了几颗宝石？ 3. 用表格和符号提示，找到具体的目标。两个方位箭头指示同时出现，(下4左2)寻到4颗宝石。教师把找到的宝石贴在黑板上。 提问1：现在探险家寻到了几颗宝石？(7颗) 提问2：她的任务是几颗？我们还差几颗宝石任务？ 提问3：你是怎么看出来的？ 4. 没有方位箭头指示。 根据她领到的寻宝图提示(左3上4)，这次找到了2颗宝石。 提问1：请小朋友们帮探险家找到这次的宝石在哪里。 提问2：你是怎么找到这个位置的？ 5. 自由路线图。本次是3颗宝石。 提问：根据探险家的位置和宝石的位置，请你说出可以走哪些路线达到宝石位置。 (1)幼儿自由说路线图，教师可以请小朋友上台边说边画路线图。 (2)现在探险家集齐了多少颗宝石？(12颗)教师边说边和小朋友们一起两个两个地数。 (3)探险家今天的寻宝任务已完成。她为了感谢小朋友们帮助她寻到这么多的宝石，她给小朋友们准备了礼物。 **四、复习巩固** 教师出示盲盒：探险家给大家准备的礼物在这里。这是一个盲盒，要想领到礼物，需要你们开动脑筋，探险家要考考你们。 师：现在请小朋友们把小椅子下方领礼物的提示图轻轻地拿出来。请按照小提示单上的位置在图上做好标记，再到我这里领盲盒里的礼物。
活动反思	在活动中教师语言要简练明确。幼儿对前后方位的辨别有一定经验，对他们来说比较简单，但是左右的辨别还是容易产生混淆，在之后的延伸活动中应该加强左右训练的游戏内容。整个活动教育目标较好达成，孩子们参与度高，反应活跃。

火车开啦

北京市大兴区庞各庄镇中心幼儿园　李明明

教学领域	艺术	班级	小班
设计意图	《火车开啦》是一首欢快的儿歌，有着动听的旋律，整首歌洋溢着快乐的氛围，歌词生动简洁，重复句式较多，适合小班幼儿演唱。		
活动目标	1. 体验唱歌活动的乐趣。 2. 知道｜××｜××｜的旋律。 3. 能用自然的声音演唱歌曲。		

续表

<table>
<tr><td>重点难点</td><td>重点：会唱歌曲《火车开啦》，并能用自然的声音演唱歌曲。
难点：记忆歌曲中的歌词。</td></tr>
<tr><td>活动准备</td><td>物质准备：火车司机头饰，自制图谱。
经验准备：幼儿对火车的基本构造有一定的了解。</td></tr>
<tr><td>活动过程</td><td>一、导入部分
激发兴趣。
播放火车声音，请幼儿猜猜是什么声音。小朋友们一起来猜猜这是什么声音？
师：火车发出什么声音？(轰隆；呜——；咔嚓咔嚓)小朋友真细心，比老师记得还清楚。呜的声音，是火车的叫声；咔嚓的声音，是车轮的声音。
二、基本部分
1. 理解歌曲内容
(1)整体欣赏。师：老师有一列小火车开过来了，请你们听一听，歌曲的名字叫《火车开啦》，听听歌曲里唱了什么？比一比谁听得最清楚。
提问：歌曲的名字叫什么？歌曲里唱了什么？
(2)请幼儿再听一遍，同时出示图谱，引导幼儿认识图谱。
2. 学唱歌曲
(1)发声练习。师：老师的小火车来了，哪个小朋友要坐老师的小火车呢？小火车怎么叫呢？老师来当火车司机，请小朋友来当小车轮和小汽笛(咔嚓咔嚓，咔嚓咔嚓，呜——，咔嚓咔嚓，呜——)
(2)老师出示图谱，引导幼儿根据图谱，跟随音乐与老师一起唱歌。
(3)老师引导幼儿根据图谱唱，分组唱。男生组、女生组分别演唱。师：我们比试比试看看哪组的小火车开得最好，好不好？男生是一列小火车，女生是一列小火车，看哪一组的小火车开得又快又好。
3. 演唱歌曲
(1)教师边弹边唱歌曲《火车开啦》，引导幼儿感受歌曲表达的情感。
师：小火车司机在开火车的时候心情怎么样？我们应该用什么样的声音来演唱这首歌曲呢？
幼：应该用高兴的、欢快的声音来演唱。
(2)引导幼儿带着感情演唱歌曲。
师：我们用高兴的、欢快的声音再来唱一遍吧，看哪个小朋友的小火车是最欢快的。
三、结束部分
玩音乐游戏“开火车”。一个幼儿当火车头，其他幼儿手搭在前面幼儿的肩上，边随音乐一起演唱边往前开！</td></tr>
<tr><td>活动反思</td><td>《火车开啦》是一首生动活泼、欢快的匈牙利儿童歌曲，深受幼儿喜欢，在本次活动中老师层层递进，引导幼儿学唱歌曲，并通过歌词图谱的形式引导幼儿记住歌词，幼儿能够跟着音乐一起欢快地歌唱，但在活动中忽略了带着幼儿认识｜××｜××｜的节奏型。</td></tr>
</table>

开超市

北京市通州区永乐店镇中心幼儿园　福　雪

教学领域	科学	班级	大班
设计意图	幼儿园的数学教育要求幼儿能解决问题，通过参与实践活动，发展运用数学的能力。点数是日常生活中常用的技能，而对于有一定数概念的大班孩子来说，有必要探索、学习群数的方法，选择自己喜欢的群数方法来解决生活中的数数问题。本次活动根据孩子很喜爱超市这一特点，并充分利用了开超市的情境，以让幼儿帮忙数、“进货”的方式，积极践行《3—6 岁儿童学习与发展指南》精神，在轻松的氛围中引导幼儿快乐、自主地学习群数，并引导幼儿在操作中探索群数的方法，找出自己喜欢的群数方法，以便应用到生活中。		
活动目标	1. 掌握两个两个地数的方法。 2. 能用两个两个地数的方法进行 20 以内的计数，并说出总数。 3. 积极参加科学活动，能大胆与同伴交流自己的操作过程。		
重点难点	重点：掌握两个两个地数的方法。 难点：能用两个两个地数的方法进行 20 以内的计数，并说出总数。		
活动准备	物质准备：彩笔、小数棒、记录表、PPT 课件。 经验准备：幼儿会两个两个地数 10 以内物体的数量。		
活动过程	**一、导入环节：情景导入，引出主题** 师：森林王国里要开一间超市了，王国的主人想要邀请小朋友们去超市里帮忙准备物品，你们想不想去呀？(请小朋友们帮忙数一数超市里物品的数量分别是多少，并记录在记录表中) **二、基本环节：了解两个两个地数的方法** 1. 提问：请你说一说你是按照什么方法进行计数的？(鼓励幼儿大胆表达自己的想法) 2. 小结：我们在计数的时候可以按照两个两个地数的方法进行计数，这样数得会更快一些。 3. 请幼儿再次进行计数，引导幼儿使用两个两个地数的方法进行记录。 4. 小结：我们一个一个地数，一次数一个，一共数了 20 次；而两个两个地数，一次数两个，一共数了 10 次。所以，两个两个地数，比一个一个地数更方便、更快捷。 **三、重点环节** 能用两个两个地数的方法进行 20 以内的计数，并说出总数。 1. 师：森林王国的主人把需要准备的物品数量都写好了，我们一起来看一看都需要准备什么呢？(练习两个两个地数) 出示 PPT，请幼儿按照 PPT 上面的数量进行计数。(使用小数棒) 幼儿操作，教师引导幼儿使用两个两个地数的方法进行记录，教师巡视。幼儿出现问题时，教师鼓励幼儿与同伴间协商解决。 小结：在准备物品的时候，有的小朋友数多了，有的小朋友数少了。在数的过程中我们要认真看好物品数量，两个两个地数正确，不要着急。 2. 师：接下来，我们要独自去帮忙准备物品了，你们准备好了吗？ 出示 PPT：小汽车需要 12 辆，请你用两个两个地数的方法数出来吧。 蝴蝶结发卡需要 12 个，请你也用同样的方法数出来吧。足球需要 16 个，要怎样数呢？		

续表

活动过程	布娃娃需要 19 个，要怎样数呢？ （幼儿使用小数棒两个两个地数） 小结：两个两个地数，当数到最后只剩下 1 个数时，凑不到 2 个，就直接说出下一个数，如 2、4、6、8、9。 3. 师：超市里的商品不够了，需要小朋友们帮忙去进货，快来帮助森林王国的主人吧！ （引导幼儿在进货过程中使用两个两个地数的方法进行计数） 幼儿操作，教师巡回指导。（利用记录表） 教师带领幼儿进行小结活动，同伴间相互分享自己的操作过程。 **四、结束环节** 活动总结、延伸，自然结束。
活动反思	幼儿能将物体用两个两个单位进行按群计数。让幼儿帮超市进货，在数数的过程中，幼儿也初步了解了按群数数的含义。本次活动我以设计开超市的场景切入主题，幼儿都能积极回答，说出自己的想法，对游戏形式很感兴趣，对操作的材料都很感兴趣，在操作探索的时候积极性都比较高，但是在操作环节前，教师提的要求不够详细，常规的要求也要提，比如没有说操作完的材料要排整齐放到杯子里，个别幼儿就开始玩，以前好不容易建立起来的常规又会慢慢地松散掉。本次活动还存在着不足：教师没有把握整个环节的重点，让幼儿的知识经验得不到进一步的提升，这也是数学活动中非常关键的一点。接下去我会观摩平行班的数学活动，思考我设计的活动是否合理，考虑是否周全。

神奇的洞洞

中央军委机关事务管理总局北极寺老干部服务管理局幼儿园　田思雨

教学领域	科学	班级	大班
设计意图	《3—6 岁儿童学习与发展指南》中指出：幼儿的思维以具体形象思维为主，应注重引导幼儿通过直接感知、亲身体验和实际操作。基于此，教师从激发幼儿的探究欲望、学会自主探究与合作交流出发，设计了本次科学活动“神奇的洞洞”。整个活动采用尝试教学法，通过观察、对比、操作、实验等方法，让幼儿在剪一剪、说一说、玩一玩中探究纸洞变大的奥秘，在浓厚的科学氛围中感受科学的神奇，激发其科学探究的欲望。		
活动目标	1. 发现剪线间距（宽窄）与纸洞大小的关系。 2. 尝试根据图示剪出大小不同的纸洞。 3. 乐意大胆地尝试剪洞洞游戏，并在对比实验中体验成功感和愉悦感。		
重点难点	重点：发现剪线间距（宽窄）与纸洞大小的关系。 难点：尝试根据图示剪出大小不同的纸洞。		
活动准备	物质准备：玩偶、A4 纸、剪刀、课件、轻音乐。 经验准备：幼儿已积累按图示剪纸的相关经验。		
活动过程	**一、导入** 提出话题，引发讨论。 师：今天来了几只小动物，其中有 8 只小动物遇到了一件难题，它们想在森林舞会上表演从这张纸钻过去，想请大一班的小朋友来帮帮忙，你们有什么方法呢？		

续表

<table>
<tr><td>活动过程</td><td>二、幼儿第一次按图示剪纸洞
1. 师：刚刚小动物悄悄告诉我它们还带来了图纸，让我们来看看吧。（请 1—2 名幼儿讲讲怎么剪）
2. 剪洞要求。
师：等会儿都去按照你们的想法试一下，剪洞前老师要提几个剪洞规则。①筐里拿出一张纸，剪一剪，剪洞时要专心，全神贯注安静地剪。②剪的纸洞不仅要让小动物能钻进去，还要保证洞洞四周不要断。③剪出来的废纸要放到酸奶盒里。④当音乐结束的时候请你整理好材料。把你剪好的洞，放在桌面上。好了，大家去试试看吧。
幼儿进行第一次尝试，教师进行巡视、交流，观察幼儿操作。
3. 交流展示，观察比较。
师：看一看，我这里有刚刚小朋友剪的洞，哪里不一样呢？
师：除了大小，再仔细看看洞洞的四周，有什么不同。
4. 小结：大洞四周的边框窄，小洞四周的边框宽。
三、观察操作，探索洞变大的秘密
1. 提出任务，寻找秘诀。
师：小朋友真是太棒了，成功地让 8 个小动物钻过去。大熊猫听到了，它也想来玩钻纸洞，你们瞧，它来了。
师：它还能钻过我们刚刚剪的纸洞吗？（幼：不能）
师：那该怎么办呢？（幼儿讨论）
师：你有什么方法能让纸洞变大？（幼儿回答）
师：可是更大的洞要怎么剪呢？
2. 观察图纸，自由讨论。
师：我这里有一张大熊猫给我的秘诀图，可以帮助我们剪出一个更大的洞，我们一起来看一看。
师：你能根据这张秘诀图剪出更大的洞洞吗？该怎么做？（请 1—2 名幼儿说一说）
3. 自主操作，探究方法。
幼儿进行第二次集体尝试。（幼儿可多次尝试）
师：我们一会儿根据秘诀图的提示去剪一剪，看看到底能不能剪出更大的纸洞。
4. 巩固剪洞要求。
教师巡视、交流，观察幼儿操作。
5. 展示交流，归纳提升。
师：你剪出的纸洞能让大熊猫钻过去吗？你是怎么做的？
师：你们有没有成功地剪出更大的洞洞呀？
师：谁来分享一下你是怎么做的呢？
师：看来按照秘诀的提示，掌握剪的方法是成功的关键。
师：还有谁来讲一讲？（请剪得小的幼儿讲一讲）
师：为什么剪成小的了呢？
师：这个小困难谁来帮帮他？（请剪得大的幼儿来说说）
小结：只要你按照这样的方法就能剪出一个更大的洞洞。
四、巩固经验，挑战剪出超大洞
幼儿进行第三次集体尝试。
1. 提出问题，观察比较。</td></tr>
</table>

续表

活动过程	师：原来洞洞的大小，与边框的宽窄有关，边框宽的洞洞就……(小) 师：那边框窄的呢？ 幼：洞洞就大。 师：小朋友们，我们再来挑战一下剪个更大的洞洞，有信心吗？ 师：等会儿我们再去试试，试的时候想一想，边框怎么剪能剪得更窄一点又不会断，想一想应该怎么做。 2. 再次探究，巩固方法。 师：请你再去试一试，看看能不能剪出更大的洞洞让老师也能钻过去？ 3. 归纳提升，经验迁移。 师：今天我们找到了剪超大纸洞的秘诀，真是太神奇了。这里有一张比 A4 纸还要小的纸，你们能剪出更大的洞洞让更多的好朋友轻松地钻过去吗？
活动反思	在本次集体教育活动中，幼儿兴趣浓厚，愿意自己去探索；材料准备得比较充分，足够让每一名幼儿进行多次尝试。活动的不足之处：我们为了保证活动流程的完整性，没有给幼儿提供足够的时间进行尝试，应该给幼儿提供充分思考、验证、探索的时间，减少教师的指导。如果幼儿对活动感兴趣，今后可以进行多次活动，让幼儿深度探索。

热闹的秧歌舞

山西省吕梁市临县县直机关幼儿园　薛凯艳

教学领域	艺术	班级	小班
设计意图	一个国家综合实力最核心的还是文化软实力，事关精神的凝聚。家乡文化正是文化自信的根与魂，文化自信就是对本土文化的一种认同，我们要做的就是通过教育点燃家乡传统文化与现代文明交融共生的这张“文化名片”。为此，我们一起探秘家乡文化，山西的千年文化孕育着这片黄土地上的人们，临县更是有“伞头秧歌之乡”的美誉，“伞头秧歌”已被列为非物质文化遗产。基于此，我们组织此次活动，目的是激发幼儿对家乡文化的兴趣，了解家乡文化，从而传承和弘扬本土优秀文化。		
活动目标	1. 在熟悉秧歌舞的基础上，尝试进行角色表演的游戏。 2. 能够在角色表演的游戏中乐于自信地展现自己，体验游戏的快乐。		
重点难点	重点：在秧歌舞的音乐中尝试进行角色游戏。 难点：在角色表演的游戏中乐于自信地展现自己，体验游戏的快乐。		
活动准备	物质准备：彩绸、扇子、花伞、秧歌服装。 经验准备：了解秧歌是临县特有的本土文化；观看过表演；参观过秧歌广场。		
活动过程	**一、视频欣赏，导入活动** 师：孩子们，通过这几天我们对伞头秧歌的学习，我们知道伞头秧歌有很多种不同的角色，我们一起来说说看。 幼：舞狮子、骑毛驴、伞头、龙舞、乐队。 师：我们一起来看看他们是怎么表演的。小朋友们，你们最喜欢哪个角色？ 小结：原来伞头秧歌有这么多角色，并且每种角色的表演方式都不同。		

续表

活动过程	**二、尝试游戏，感受韵律** 师：我们跟着音乐一起来游戏吧！让我猜猜看你扮演的是哪个角色？ 1. 鼓励幼儿大胆选择角色，通过看视频模仿所选角色的动作。 2. 找个别榜样幼儿说说他扮演的是什么角色，是怎么表演的。鼓励其他幼儿学学看。 3. 和榜样小朋友的角色是一样的幼儿，可以和他站在一起表演。 **三、角色表演，大胆表现** 1. 幼儿自选角色，配上道具进行装扮。 2. 请 1—2 名幼儿扮演伞头，随着音乐转圈表演。 指导要点：在角色表演游戏中鼓励幼儿大胆展现自己，体验和小朋友一起游戏的快乐。 3. 小结：和朋友一起做游戏，真是一个好玩的音乐游戏。
活动反思	经过孩子们对秧歌舞的前期经验，本次活动孩子们的参与感还是很强的，都可以大胆自信地表演。不足之处是本班的活动室不大，加上道具之后活动室显得拥挤。幼儿自主探索的时间有点短，对自己喜欢的角色观察、讨论、总结得不够完整，孩子们最后的关注重点都在音乐和打闹上。

比较高矮

吉林省长春市吉林东光奥威汽车制动系统有限公司幼儿园　刘　鹤

教学领域	科学、语言	班级	小班
设计意图	《3—6 岁儿童学习与发展指南》中的科学领域里明确指出，3—4 岁幼儿要能感知和区分物体的高矮。幼儿比较高矮的已知经验和现有水平是通过目测判断的。所以，本次活动设计遵循循序渐进的原则。首先，通过观察物体，然后让幼儿作为活动主体，通过幼儿操作比较高矮，这样更加直观。其次，层层递进，让幼儿对高矮概念有了更深的理解，在此基础上完成学习目标。		
活动目标	1. 在比较活动中体验参与数学活动的乐趣。 2. 学习如何比较高矮；通过比较让幼儿理解高矮的概念。 3. 通过自主动手操作培养幼儿比较性观察能力和思维的灵活性。		
重点难点	重点：知道被比较的物体应放在同一高度。 难点：知道与不同对象比有不同的结果，感知高矮的相对性。		
活动准备	物质准备：幼儿每人一个学具盒，其中包括蓝色长方体积木 1 块、红色长方体积木 1 块、红色圆柱体积木 1 块、蓝色圆柱体积木 1 块。 经验准备：有对物体进行高矮比较的经验。		
活动过程	**一、游戏导入** “谁是小矮人”玩法：小朋友们围成一个圈，顺时针踏步走。听教师的口令蹲下，然后起来继续踏步走。小朋友们先说：“白雪公主，白雪公主，谁是小矮人?”教师接着说：“仔细听，仔细看。男孩是小矮人。”是“小矮人”的小朋友就蹲下来。然后游戏重新开始。老师也可以根据某位小朋友的特点说不同的口令。(比如：红衣服的是小矮人；长头发的是小矮人等。)		

续表

<table>
<tr><td>活动过程</td><td>二、用积木比较高矮
教师将准备好的学具盒发给每个小朋友一份。
1. 初步感知不同。
教师出示红色的长方体和蓝色的长方体积木。
提问：(1) 小朋友们，这是两个什么？(积木)(2) 请你们用小眼睛看一看，它们有什么不一样的吗？
小结：这是两块长方体的积木，但是它们的颜色和大小不一样。
2. 进一步比较，感知高矮。
(1)请幼儿从学具盒中取出和老师一样的红色的长方体和蓝色的长方体积木，按老师的要求，竖着并排摆放在桌面上，让幼儿观察两块积木有什么不同。
提问：除了大小和颜色，这两块积木还有什么不一样的地方吗？
(2)幼儿操作，教师巡视，结束后讨论分享。
提问：①你还发现这两块积木有什么不一样的？②你是用什么方法比出来的？
小结：通过把两块积木从底部并齐竖着摆放在同一水平面，从下到上的距离的长度为高矮。距离长的积木为高，距离短的积木为矮。
3. 巩固：请小朋友们再拿出红色的圆柱体和蓝色的圆柱体积木，按刚才的方法比一比，哪个高，哪个矮？
提问：(1)请说一说这两个积木哪个高，哪个矮？(2)你是怎么知道的？
小结：把两个圆柱立起来，放在一个水平面上，从下到上，距离长的积木高，距离短的积木矮。
4. 总结：正确比较高矮的方法是，首先要把两块积木从底部并齐竖着摆放在同一水平面上，从下到上的距离的长度为高矮。距离长的物体为高，距离短的物体为矮。如果两个积木都平放，就不叫高矮的比较了。
5. 收整学具，请幼儿把积木都送回学具盒里。
三、延伸活动：人物比高矮
1. 请一个小朋友跟老师比一比，让小朋友们说一说小朋友和老师谁高，谁矮？
2. 请配班老师上前跟老师比一下，让小朋友说说谁高，谁矮？(选做)
3. 请两个小朋友一组，进行高矮比较，然后高的小朋友站一边，矮的小朋友站一边，高的小朋友再两两比较，直到最后两个小朋友比较，找到班级里最高的小朋友。(注：不找班级里最矮的小朋友，避免伤害小朋友的自尊心。)</td></tr>
<tr><td>活动反思</td><td>小班幼儿对于物体高矮的感知方法大多数都是用已有经验——“看”的方法进行比较高矮。本节活动课通过借助实物比一比的方法让幼儿来辨别物体的高矮，通过游戏操作的方式让幼儿更好地理解高与矮。</td></tr>
</table>

冰壶的秘密

陕西省西安市陕西学前师范学院　郭恬汐　赵　玥

<table>
<tr><td>教学领域</td><td>科学</td><td>班级</td><td>大班</td></tr>
<tr><td>设计意图</td><td colspan="3">大班幼儿对北京冬奥会有一定认知和了解，但受认知局限等诸多因素影响，总体来说了解相对较少且并不全面，仍需在更多的活动中以认知、交流与体验为依托，进一步丰富对奥林匹克精神的理解，提高内心对祖国的自豪感和归属感。
《幼儿园教育指导纲要(试行)》指出，要充分利用社会资源，引导幼儿实际感受祖国文化的丰富与优秀，激发幼儿爱家乡、爱祖国的情感。本次活动帮助幼儿从实验中进一步了解冬奥会冰壶项目的科学原理，引导幼儿丰富对科学实验的认知，增强科学探究能力与自主动手操作能力。</td></tr>
<tr><td>活动目标</td><td colspan="3">1. 知道摩擦能够生热，从而减小冰面摩擦，丰富对摩擦力的相关科学经验。
2. 能够在合作探究中通过观察、比较和记录，验证自己猜测，初步得出摩擦生热的结论。
3. 喜欢探索与发现，并在过程中与他人合作与交流，有好奇心，喜欢自己动手寻找答案。</td></tr>
<tr><td>重点难点</td><td colspan="3">重点：知道摩擦能够生热，能够改变冰表面状态，影响摩擦力大小；能通过实验进一步了解摩擦力的日常应用。
难点：对摩擦力大小的影响因素进行探索与分析；愿意了解其他冬奥项目的科学知识，喜欢感受冰壶运动背后的奥林匹克精神。</td></tr>
<tr><td>活动准备</td><td colspan="3">物质准备：教学课件、有关冰壶比赛的相关视频资料、冰面、冰壶、冰刷等。
经验准备：幼儿前期有摩擦力的相关知识储备；引导幼儿与父母讨论冬奥会相关小知识，并尝试从生活中找到摩擦力大小改变的现象加以感知。</td></tr>
<tr><td>活动过程</td><td colspan="3">一、视频与谈话导入
1. 播放视频：教师以 2022 年北京冬奥会为契机，以师幼互动询问幼儿都知道哪些比赛，并播放冰壶比赛视频，引起幼儿注意，进而引出教学主题。
2. 介绍规则：两队交替进行，将本队冰壶投入圆圈，也可以将对方队伍的冰壶撞出圆圈，最终冰壶离圆心近的队伍获胜。
二、基本环节
1. 尝试游戏，引导幼儿初步感知
(1)出示材料：教师向幼儿提供冰块和冰壶，并引导幼儿进行比赛，扮演冰壶运动员，每队交替进行。
(2)师：冰壶滑行的距离不够远，比赛进行有难度，我们要进一步引导幼儿想办法解决问题。
2. 组织实验，加深理解
(1)教师提问：向幼儿展开“有什么方法可以让冰面更滑”的提问，随后引导幼儿联系生活实际，尝试采用在冰面加水的办法；同时，做好观察记录并分享结果。
教师小结：冰面有水时，冰会更滑，这样就会使得冰壶滑得又快又远。
(2)师：没有水的情况下，冰要产生水就需要先让冰融化，那该如何将冰融化？(进一步引导幼儿并启发幼儿进行思考。)</td></tr>
</table>

续表

活动过程	教师小结：冰遇热就会变成水，晒太阳就能让冰融化。 (3)联系实际：若场馆里没有太阳，又该通过什么办法把冰融化？ 以举例方式展开师幼互动，并得出结论：摩擦生热。摩擦产生的热会让冰融化成水，水能让冰变得更滑，减小摩擦，冰壶就可以滑得更远。 3. 回顾问题，巩固提升 教师播放运动员掷冰壶视频，进行实验验证。 教师小结：在冰面与冰刷摩擦过程中生出热量，把赛道的冰融化成水，让赛道更光滑，冰壶就可以去到指定位置，这就是冰壶的秘密。 4. 教师总结 教师对实践操作能力与表达能力强的幼儿进行肯定，并对其他幼儿做出鼓励，实验结束后引导幼儿总结反思实验过程。 同时，在课余时间组织一些关于冰壶项目的主题活动，进一步帮助幼儿认知、了解冰壶项目，了解冬奥会，引导幼儿积极关注并萌发热爱运动、积极进取的精神。 **三、结束部分** 教师对活动中幼儿做出的讨论及分享进行整合，激发幼儿的自信心和培养幼儿认真对待、参与游戏活动的欲望，随后总结本次主题活动，及时进行自我总结、反思与评价，归纳活动中仍存在的问题与不足之处，并在后续活动设计中予以改进。本次教学活动后，教师向幼儿提出关于摩擦力的两个问题，引导幼儿课后进行主动思考；同时，通过开展室外冰壶游戏、投放相关绘本等辅助完成知识巩固。
活动反思	幼儿能够通过本次活动了解摩擦生热使冰融化的现象，但本次活动更加需要注意的是课后实践。幼儿已有认知经验受个体差异等因素影响仍不平衡，科学知识与其背后传递的科学精神无时不刻不在影响着我们，引导我们始终持热爱、致敬的态度面对科学，指引着我们砥砺前行。动手实践操作贯穿在幼儿的一日生活之中，所以更需家长配合教师，帮助幼儿在生活中进行相关实践，增进与家长、教师及同伴的互动交流，更好地在日常生活中展开实践，理解强化科学精神与探究意识，萌发自己作为中国人的骄傲与自豪，增强对祖国的认同感和归属感。

单双消消乐

湖北省武汉市经济技术开发区红升幼儿园　黄玉薇

教学领域	科学	班级	中班
设计意图	中班幼儿对“数”很感兴趣，他们的计数能力明显提高，且初步形成了数的概念。《3—6岁儿童学习与发展指南》提到，能通过实际操作理解数与数之间的关系，同时建议“利用生活和游戏中的实际情境，引导幼儿理解数概念”。为此，我设计了“单双消消乐”的活动，通过成对地消除水果的游戏引导幼儿了解单双数的概念、知道单双数排列规律，并在游戏情境中使用两两对应的方法区分 0—10 的单双数。让幼儿在游戏中学，在游戏中成长，在游戏中进步。		
活动目标	1. 愿意主动参与认识单双数的活动，体验解决问题的乐趣。 2. 了解单双数的概念，知道单双数的排列规律，知道 0 是特殊的双数。 3. 会用两两对应的方法区分 0—10 的单双数。		

续表

<table>
<tr><td>重点难点</td><td>重点：了解单双数的概念，知道单双数的排列规律，知道 0 是特殊的双数。
难点：会用两两对应的方法区分 0—10 的单双数。</td></tr>
<tr><td>活动准备</td><td>物质准备：画有 7×8 方格的纸；水果卡片(2 张猕猴桃、2 张葡萄、4 张草莓、4 张西瓜、6 张桃子、6 张芒果、8 张梨子、8 张橘子、10 张苹果、10 张香蕉)；0—10 的数字卡片各 3 套。
经验准备：幼儿玩过消消乐的游戏。</td></tr>
<tr><td>活动过程</td><td>一、游戏导入，激发兴趣
师：小朋友们玩过消消乐游戏吗？(出示贴着打乱顺序的水果卡片的方格纸)今天我们一起来玩一个游戏“水果消消乐”。
二、消消游戏，学认单双
1. 游戏初始
(1)师：这里有哪些水果？
(2)师：这些水果各自有多少个？
(3)幼儿记录水果图案和数量。
2. 进行游戏
(1)介绍玩法：同一种水果有两个可以一起消除。
(2)幼儿进行游戏。
3. 游戏结束
(1)小结：刚才两个一起消除完了的水果分别有 2、4、6、8、10 个，这几个数字有一个共同的名称叫双数。还剩一个的水果消除之前的数量分别是 1、3、5、7、9 个，这些数字有一个共同的名称叫单数。
(2)幼儿跟读：1、3、5、7、9 是单数，2、4、6、8、10 是双数。
(3)师：你们还记得 1 到 10 的数字是怎么排列的吗？(1 到 10 按照 1、2、3、4、5、6、7、8、9、10 排列)
(4)师：仔细观察一下单数和双数，它们的排列有什么规律？(间隔排列)
三、深入教学，理解单双
1. 单数加 1 变双数
师：剩下来的水果宝宝好孤单呀，我们一起来给它们找伙伴吧。
(出示一张草莓卡片)师：老师这里还有一张草莓卡片，现在草莓数量有几个？可以全部消除吗？4 是什么数？
小结：原来单数加 1 就可以变成双数了。
2. 单数减 1 变双数
师：现在直接拿走一张桃子卡片，一共还有几张桃子卡片？桃子卡片都消除了吗？
小结：单数减 1 也可以变成双数。
师：双数怎么变成单数呢？(双数加 1 或减 1 可以变单数)
3. 0 是特殊的双数
师：我们把一个菠萝拿走，现在还有多少个菠萝呢？(0 个菠萝)
小结：单数减 1 也可以变成双数。现在 1 减 1 变成 0，0 是偶数。
四、巩固游戏，区分单双
1. 每个幼儿随机分发数字 0—10 的卡片。</td></tr>
</table>

续表

活动过程	2. 介绍规则：请小朋友们根据老师说的话来摆出不同的动作。比如，拿到单数卡片的小朋友就要摸头。 3. 幼儿游戏，教师及时提醒与表扬。 **五、师幼总结** 1. 幼儿总结：单数怎么变成双数，双数怎么变成单数，0是什么数。 2. 师：请小朋友们下课之后看看生活中有什么东西是双数的，什么东西是单数的。欢迎和老师分享你们的发现。
活动反思	在本次活动中，教师使用大量操作材料，关注幼儿的直接感知、实际操作和亲身体验，让幼儿在愉快的游戏中了解与区分10以内的单双数，让数学活动变得有趣起来。整个教学活动都以"水果消消乐"游戏为主线，串联各环节并做到层层递进，在体现数学教学的完整性和主题性的同时，便于幼儿接受和理解。本次活动也有不足之处：教师语言不够简练，可以用更儿童化的语言来进行引导；教师可以多给幼儿一些讨论、发现和操作的时间。

趣玩扑克

江苏省南通市如皋市港城第二实验幼儿园　石丹丹

教学领域	科学	班级	大班
设计意图	扑克牌作为生活中常见的事物，是孩子们最为熟悉的低结构材料。《幼儿园教育指导纲要(试行)》科学领域中提出，幼儿对周围事物和现象感兴趣，有好奇心、求知欲；能运用各种感官，动手动脑，探究问题。当这群充满好奇心的孩子们玩起扑克牌，就延伸出了许许多多有趣的游戏。本次活动从游戏故事中的一个小点出发，针对纸牌为什么站不起来这一问题，也为了满足幼儿的好奇心，我设计了本次活动。		
活动目标	1. 探索让扑克牌站立的方法，如折、卷等。 2. 积极寻找把扑克牌搭得又高又稳的方法。 3. 主动参与探索，体会合作游戏的快乐。		
重点难点	重点：找寻游戏活动中搭建失败的原因，能够大胆与同伴交流表达经验，并能体会到合作游戏的重要性。 难点：能用折叠、平铺等多种技能搭建扑克牌高楼，并发现如何把扑克牌搭得又高又稳的方法。		
活动准备	物质准备：PPT、扑克牌若干、勾线笔4支、展板1块、桌牌4块、木头支架4个、大头针若干、材料筐8个。 经验准备：有玩过扑克牌的游戏经验。		
活动过程	**一、游戏故事分享，回忆扑克牌的多种玩法** 师：孩子们，这是什么？(出示扑克牌图片)还记得你们和它做的游戏吗？我想请小朋友上前来分享一下你的游戏故事。分享完之后请将你的游戏故事贴到对应的扑克牌游戏方框里。 引导幼儿上前说一说：打牌比大小游戏、扑克牌拼搭游戏、扑克牌接龙…… 师：原来扑克牌可以玩这么多有趣的游戏，你们真棒！		

续表

<table>
<tr><td>活动过程</td><td>二、游戏视频观察，发现搭建扑克牌遇到的难题
师：孩子们，在你们和扑克牌的第一次游戏中，老师悄悄地录下了这样一段视频。观看完视频后请告诉老师，你发现了什么？（播放幼儿游戏视频）
引导幼儿发现问题大胆讲述，幼儿交流分享。
师：孩子们，我发现房子没有建起来你们都很着急，那今天我们就来找到让扑克牌站起来的方法，好吗？
三、幼儿动手尝试，探索扑克牌站立的秘密
1. 第一次尝试
师：现在每人在材料盒里拿取一张扑克牌，请你们思考，如何让这张扑克牌站起来。尝试改变一下扑克牌的形状。（引导幼儿尝试折一折、卷一卷）
师小结：原来要想让扑克牌站起来，只要改变它的形状，让它的身体保持平衡，这样一张扑克牌就能自己站住了。
师：哪种形状的扑克牌站得更稳呢？轻轻摇晃桌子试一试。（得出结论：三角形形状的扑克牌最为稳固）
2. 第二次尝试
师：继续增加难度，一人两张扑克牌，利用你们手中的扑克牌尝试两张扑克牌组合站立的办法。
发现问题：扑克牌不稳，老是倒下来；解决：折痕若深一点就不容易倒。
3. 第三次尝试
师：难度继续提高，找到你旁边的小伙伴，两两合作利用你们手中的四张扑克牌尝试搭建，看看谁搭得又高又稳。
发现问题：第二层搭不起来，如何垒高？解决：没有折过的扑克牌，可以帮助我们搭建楼房，起到支撑的作用。
四、扑克牌作品赏析，再次挑战大型扑克牌建构
师：今天老师也带来了一些其他幼儿园小朋友的扑克牌搭建作品，我们一起来看一看。（展示作品，引导幼儿说一说如何搭建，丰富其经验）
师：孩子们，欣赏了这么多有意思的作品，我相信你们现在一定是一名合格的建筑师了。最后，你们愿意接受挑战吗？我们来试一试小组合作大型扑克牌搭建。搭建前，请你们小组讨论，拿取材料筐里的纸、笔、垫板，先画出设计图，再用大扑克牌在地面上进行搭建，快去试试吧！
幼儿操作，教师巡回指导。
师：好啦，时间到啦，请你们轻轻地回到自己的座位上，一组派一个代表来说一说你们组在搭建楼房的过程中用到了哪些搭建方法？
幼儿互相评价。
五、结束活动
师：你们可真厉害，你们的小手创造出了一栋栋的扑克牌高楼，老师承认你们现在是合格的建筑师了！最后我们再来观看一个视频，看看视频中的这个建筑师厉不厉害？老师告诉你们，很多伟大的建筑师从小都喜欢造扑克牌楼、造积木楼，我相信你们只要肯动脑筋，积极动手，长大以后一定会成为了不起的建筑师！</td></tr>
<tr><td>活动反思</td><td>整个活动环节由浅入深，层层递进，幼儿从一开始在做一做、玩一玩中探索让扑克牌站起来的多种方法，到合作搭建扑克牌高楼，充分体验了探索成功的快乐。针对大班幼儿的年龄特点，本次活动也具有一定的挑战性。活动能让幼儿积极思考，敢于尝试，在活动中体验合作的乐趣，提高幼儿的动手能力。</td></tr>
</table>

勇敢的小士兵

北京市昌平区南口镇中心幼儿园　陈　宇

<table>
<tr><td>教学领域</td><td>健康</td><td>班级</td><td>大班</td></tr>
<tr><td>设计意图</td><td colspan="3">基于日常生活对幼儿的观察，发现班里一部分幼儿在遇到问题时不愿尝试自己解决，经常中途放弃。一部分幼儿接受不了失败的结果，或因为怕失败而不去选择。能够具备良好的抗挫能力是幼儿适应社会生活，胜任未来学习、工作的前提。针对这些现象和情况设计了本节活动，使幼儿知道生活中的挫折是必须经历的，敢于面对挫折，勇于克服困难，才能对新事物有积极性和主动性，从而锻炼幼儿在困难和挫折面前不低头的坚强意志和性格。</td></tr>
<tr><td>活动目标</td><td colspan="3">1. 喜欢参加体育活动，体验与同伴合作游戏的快乐。
2. 能以手脚并用的方式安全快速地进行攀爬。
3. 勇敢面对挫折，敢于挑战困难。</td></tr>
<tr><td>重点难点</td><td colspan="3">重点：巩固手脚协调、交替地爬。
难点：遇到困难不放弃，能够与同伴合作解决。</td></tr>
<tr><td>活动准备</td><td colspan="3">物质准备：桌子、轮胎、梯子、地垫、感统器材(半圆弓形梯)。
经验准备：幼儿有爬攀爬架的经验。</td></tr>
<tr><td>活动过程</td><td colspan="3">一、开始部分
跟随音乐进行队列练习及热身准备。
二、基本部分
1. 情景导入：选拔出一组速度快、动作灵活、不怕困难的优秀送信员。
2. 第一次探索：地垫上手脚交替快速爬。
(1)幼儿自由分成人数相等的两组，在地垫上进行手脚爬的练习。
(2)讨论：爬过地垫是怎样做到快速通过的？
小结：手脚要互相配合，交替、不间断地快速爬。
(3)幼儿运用手脚交替、不间断的方法再次尝试爬过地垫。
3. 第二次探索：悬空爬过“小河”。
(1)按照分好的两组先爬过地垫，再尝试悬空爬过“小河”。
(2)幼儿集中交流分享每组遇到的困难和心理感受。
提问：①在游戏过程中遇到了哪些困难？该如何解决？在游戏过程中的心情是怎样的？
②两组队员进行谈论，每组选出一个队长进行分享。
小结：爬过梯子时，手要抓住梯子的两边，脚踩稳，身体保持平衡。
(3)运用手抓梯子、脚踩稳、身体平衡的方法再次游戏。
4. 第三次探索：翻山越岭。
(1)按照分好的两组先爬过地垫，再尝试悬空爬过“小河”，最后翻过“高山”。
(2)幼儿集中交流分享这次每组遇到的困难和心理感受，并探索解决困难的方法。
小结：在最高点，身体转过去爬下来，还可以在最高处迈腿直接滑下来。克服害怕的心理，同伴之间能够互相鼓励、加油，在旁边保护。
(3)幼儿用讨论出的好方法再次尝试。
(4)引导幼儿说一说成功后的感受。
5. 游戏：计时大挑战。</td></tr>
</table>

续表

活动过程	两组队员进行比赛，用时最短并全员安全到达的一组获胜，成为优秀的送信员。 6. 教师带领幼儿做放松整理活动。 **三、结束部分** 小结：在日常生活中，我们会遇到大大小小不同的困难。遇到困难我们要勇敢地去面对，互帮互助，发生冲突时尝试协商解决，这不仅可以帮助我们更顺利地完成任务，而且会让我们感到快乐。遇见困难时，要学会跟别人商量，要学会接受别人的意见。在今后的学习和生活中有更多的挫折在等待我们，你们准备好了吗？
活动反思	本次活动孩子们积极参与、兴趣很浓、勇敢地接受挑战。遇到困难时能够在同伴和老师的鼓励下想办法克服，找到解决问题的方法，更没有轻易放弃，坚持挑战不同级别的难度。在整个活动中选择不同的音乐为幼儿营造良好的活动氛围，材料的选择和摆放上遵循从简到难循序渐进。本次活动提高了幼儿的运动技能，培养了幼儿的竞争和合作意识，让幼儿在宽松的氛围中自由地游戏，充分发挥了幼儿作为活动主体的理念。

【说课稿】

不一样的小汽车

广西壮族自治区崇左市崇左幼儿师范高等专科学校　潘钰英

【设计意图】

在科学教育活动内容选择上，提倡主题活动内容“源于生活，源于兴趣”的教育理念，培养儿童探究兴趣、科学态度和简单的科学方法技能。结合幼儿喜欢的小车作为活动题材，我设计了本次活动“不一样的小汽车”，激发幼儿对科学活动的好奇心和求知欲。

【说教材】

本次活动“不一样的小汽车”是属于幼儿园科学教育中的设计制作类科学教育活动，旨在培养幼儿的动手操作能力。设计制作类活动是以培养幼儿的设计与制作能力为主的活动。《幼儿园教育指导纲要(试行)》强调，幼儿的学习要来源于幼儿的生活，以生活为基础，建立在生活之上的活动内容的选择要以幼儿原有的知识经验为基础。考虑幼儿设计与制作的水平，本活动以幼儿生活中最常见的汽车为活动题材。

【说活动目标】

1. 产生制作汽车的兴趣。
2. 能够主动制作汽车，并分享自己的制作成果，进行大胆交流。
3. 初步感知汽车与生活的关系，知道汽车有利有弊。

【说重点难点】

1. 重点：产生制作汽车的兴趣和初步感知汽车与生活的关系，知道汽车有利有弊。
2. 难点：能够主动制作汽车，并分享自己的制作成果，进行大胆交流。

【说教法】

1. 直观教学法。采用直观教学法是因为这个年龄阶段的幼儿思维具有明显的具体形象性特点，以看图片、看课件的形式直接刺激幼儿的视听器官，能使教学内容生动活泼，激发幼儿学习的兴趣。

2. 提问法。采用提问法是因为提问能引导幼儿有目的地、仔细地观察，启发幼儿积极地思考。我运用启发性提问让幼儿将看到的具体形象的图片或课件用语言描述出来，是解决活动重点的有效方法。

【说学法】

1. 观察法。幼儿通过视觉、听觉等感觉积极参与活动，幼儿通过观看课件直接获得印象。

2. 讨论交流法。幼儿可以在自由宽松的环境中表达自己的见解，发展语言表达能力，增长知识。

3. 多感官参与。《幼儿园教育指导纲要(试行)》中指出，要让幼儿多感官参与，动手动脑，积极探索，用恰当的方式表达、交流、探索。

【说活动过程】

一、音频导入

师(播放小汽车音频)：有哪位小朋友听出是什么发出的声音吗？

引发幼儿积极思考与幼儿的实际生活相联系，吸引幼儿的注意力，从而引出本次活动的主题。

二、出示汽车图片，引导幼儿谈一谈汽车与人们生活的关系

师(出示汽车图片)：请小朋友想一想汽车在我们的生活中有什么大本领，又有什么坏毛病呢？

引导幼儿主动思考汽车的利弊，最后教师进行总结。

三、引导幼儿观察小汽车的基本特征

设计制作类科学教育活动是综合性较强的活动，儿童缺乏相关经验，这就需要教师在活动过程中提供必要的引导。例如在本次的活动中，教师要在制作前引导幼儿观察汽车的基本特征，充分引导幼儿观察，可以为随后的制作奠定认知基础。

四、鼓励幼儿自己制作小汽车

《幼儿园教育指导纲要(试行)》指出，要让幼儿多感官参与，动手动脑，积极探索，用恰当的方式表达、交流、探索。所以这一环节中我鼓励幼儿制作出自己喜欢的小汽车。同时，幼儿在设计制作小车的过程中，充分展现出想象力与创造力的发展水平。

五、引导幼儿分享交流自己的制作成果

分享交流是设计制作活动中幼儿表达想法的重要形式。教师应积极鼓励幼儿以多种方式来展现自己的作品以及分享自己在设计制作过程中的发现与想法，同时积极反馈同伴的分享和作品，以此来完善自己的作品和对设计制作的认知。在幼儿分享交流这一环节，教师为幼儿创设宽松的语言环境，让幼儿大胆表述自己如何制作小车，给幼儿充分表达与表现的机会，锻炼幼儿的语言表达能力。

六、活动结束

教师以自然结束的方式来带领幼儿去展览区，结束本次活动。

【说活动总结】

本次活动设置的提问、讨论等环节都是面向全体幼儿的。本次活动尊重幼儿的主体性，极大地激发了幼儿的兴趣。

【说活动延伸】

活动结束后，可以在美工区投放画笔和绘画纸，供幼儿画一画小汽车，这样可以将本次活动与艺术领域进行整合。

音乐活动“大猫小猫”

重庆市九龙坡区渝州路中心幼儿园　倪星星

【设计意图】

小班幼儿的思维具有“拟人性”，常常会把各种事物当作人来看待。猫是幼儿生活中常见的，也是他们很喜欢的朋友，它们的叫声也经常被小朋友模仿。因此，我选择《大猫小猫》这首歌，在歌曲中添加趣味情境，引导幼儿感知猫咪和其他动物的叫声，并通过对大小声的感受与表达，提高幼儿对声音强弱的敏感度。

【说教材】

《大猫小猫》选自卓越课程上期教材第二单元“我会自己做”板块，节奏简单，歌词简短且重复，易于幼儿理解。《幼儿园教育指导纲要(试行)》中指出，幼儿园的教育活动，是教师以多种形式有目的、有计划地引导幼儿生动、活泼、主动活动的教育过程。本次活动通过添加大猫大声唱、小猫小声唱、自我介绍练唱等趣味环节帮助幼儿通过多种形式熟悉演唱歌曲，在游戏情境中学会歌曲。

【说活动目标】

1. 感知大猫小猫的不同，理解歌词。
2. 运用声音的强弱表现大猫、小猫，尝试仿编歌曲。
3. 积极参与活动，大胆演唱歌曲。

【说重点难点】

1. 重点：学唱歌曲，尝试运用声音的强弱表现大猫、小猫。
2. 难点：大胆想象，尝试仿编歌曲。

【说教法】

1. 示范法。教师完整示范演唱可以引起幼儿的兴趣，使幼儿初步感知歌曲呈现的内容，调动幼儿的积极性。

2. 图谱教学法。苏联音乐教育家卡巴列夫斯基曾说过：“只要音乐是形象的，即使是不同的体裁，都能使孩子接受。”图谱教学以形象的图案直接刺激幼儿的视听器官，是幼儿学习歌曲的有力支架之一，尤其在帮助幼儿理解记忆歌词、了解歌曲句式结构等方面具有很好的支持作用。

【说学法】

1. 角色扮演法。分组扮演大猫和小猫练唱歌曲，有利于幼儿感知大猫、小猫在声音上的不同。

2. 情境学习法。幼儿在长得像老虎的大猫小猫通过自我介绍向小动物们解除误会的情境中练唱歌曲。

【说活动过程】

一、活动导入——情境导入

教师出示猫的图片，创设大猫小猫长得像老虎，需要向小动物自我介绍的情境，充满童趣，能快速吸引幼儿的注意，同时激发幼儿乐于助人的热情，自然而然地引出歌曲。

二、活动展开

1. 教师演唱歌曲，幼儿感知歌曲。

教师演唱歌曲，幼儿感知大猫小猫声音大小的不同，并跟随图谱，学唱歌曲。

师：歌曲里有几只猫？大猫叫了几声？小猫叫了几声？大猫小猫的自我介绍有什么不同？你们能唱出它们的区别吗？

2. 幼儿分组扮演大猫和小猫对唱歌曲。

幼儿的思维以表象和形象为工具，具有具体形象性，该环节运用图谱教学法，形象生动地展现歌词内容和节奏，帮助幼儿理解歌曲。同时，教师引导幼儿使用多种感官参与法，让幼儿快速掌握歌词内容和歌曲节奏。

3. 教师创设大猫小猫找朋友情境，引导幼儿脱离图谱练唱歌曲。

(1)猫咪找小牛玩，幼儿集体练唱歌曲。

(2)猫咪找小鸡玩，幼儿尝试脱离图谱练唱歌曲。

(3)猫咪找小羊玩，幼儿单独表演歌曲。

以图谱为支架在童趣的情境中多次练唱歌曲，有利于幼儿熟悉歌词、节奏和旋律，根据维果茨基支架教学理论，最终应撤去图谱，引导幼儿独立演唱歌曲，培养其独立自主性。

4. 教师创设找朋友的情境，幼儿尝试仿编歌曲。

教师创设森林里来了大狗和小狗、大鱼和小鱼，它们想要学习大猫小猫的自我介绍的情境，引导幼儿仿编歌曲。

(1)大狗、小狗学习自我介绍。

幼儿创编有声音的小动物的自我介绍。

(2)大鱼、小鱼学习自我介绍。

幼儿创编没有声音的小动物的自我介绍。

(3)幼儿自由创编歌曲。

师：除了狗和鱼，还有哪些小动物能用这样的自我介绍？请你把它唱进歌曲里。

奥尔夫说过，让孩子自己去找，自己去创造音乐，是最重要的。在熟悉歌词和旋律的基础上，幼儿尝试创编歌词，在自由创造中感受音乐的趣味性。

三、活动结束

教师代表小动物们感谢小朋友们帮助它们进行自我介绍，在情境中自然而然结束活动。

【说活动总结】

首先，情境贯穿始终。长得像老虎的猫咪为了不吓到其他小动物，特意准备了好听的自我介绍，游戏化的情境充满想象力，且富有童趣，幼儿在趣味情境中快乐地学唱歌曲。

其次，符合幼儿年龄特征。教师利用形象生动的图谱帮助幼儿理解歌词，尊重了幼儿思维的具体形象性。教师引导幼儿在趣味的情境中多次练唱歌曲，熟悉歌曲旋律，幼儿在轻松愉快的氛围中学会了歌曲。

最后，活动前期应丰富各种动物形象及其叫声的经验，创编环节才能有更积极的参与性。

【说活动延伸】

在科学区摆放猫和老虎的图片，幼儿比较其不同之处。引导幼儿回家和家人探讨怎样独特地介绍自己。

母鸡和苹果树

山东省德州市齐河县机关第二幼儿园　刘舟云

【设计意图】

《母鸡和苹果树》绘本通过母鸡和大灰狼两个鲜明的形象，拓展幼儿的想象力，激发幼儿根据画面内容讲述故事的兴趣。内容既符合幼儿的年龄特点，又能帮助幼儿学习新的思路，通过观察苹果树的变化，体验观察和发现的乐趣。

【说教材】

本次教学活动选自《山东省幼儿园课程指导・幼儿学习资源》中班，主题三“落叶飘飘”、次主题二“秋天的果实”中的教学活动。《母鸡和苹果树》讲述了聪明的母鸡一步一步识破大灰狼诡计的故事，引导幼儿学会遇事要动脑筋，要学会保护自己。

【说活动目标】

1. 了解故事内容，学习母鸡和大灰狼的角色对话，懂得遇事要动脑筋。

2. 能根据画面内容，大胆猜想故事情节，表述故事内容。

3. 体验观察和发现的乐趣。

【说重点难点】

1. 重点：了解故事内容，学习母鸡和大灰狼的角色对话，懂得遇事要动脑筋，体验观察和发现的乐趣。

2. 难点：能根据画面的内容，大胆猜测故事情节，表述故事内容。

【说教法】

《幼儿园教育指导纲要(试行)》指出：教师应该成为幼儿活动的支持者、合作者、引导者，在活动过程中应该力求形成探究式的师幼互动。

1. 情境教学法。教师创设母鸡带领小鸡一起游戏的情境，引出活动的内容，激发幼儿的学习兴趣。

2. 提问法。提问法中，向幼儿提问：你为什么觉得它不是一棵真正的苹果树呢？……引发幼儿的思考，参与活动的互动。

【说学法】

《3—6岁儿童学习与发展指南》中指出：4—5岁的幼儿能根据连续画面提供的信息，大致说出故事的情节，具有初步的阅读理解能力。

中班幼儿主要依靠具体事物的形象和对它们的联想进行思维，通过连续的苹果树变化的图片，激发幼儿大胆猜想故事情节，学习活动内容。

在整个活动中，以幼儿为主体，变过去的“要我学”为现在的“我要学”，为此我采用的学法有讨论法和观察法。

1. 讨论法。与幼儿进行讨论：如何让苹果树现出原形呢？……激发幼儿的探究欲。

2. 观察法。让幼儿观察苹果树一系列变化的画面，引导幼儿大胆猜想故事内容。

【说活动过程】

一、情境导入，引发兴趣

教师创设母鸡带领小鸡一起游戏的情境，引出故事的内容。

师：今天天气可真好呀！小鸡们，我们跟着鸡妈妈一起出去玩吧！

通过情境的导入，激发幼儿听故事的兴趣，引出故事的内容。

二、分段讲述，初步感知

教师出示挂图，引导幼儿观察图片，并大胆猜测讲述画面的内容。

师：一阵风吹过，苹果树上出现了什么呀？是什么样的耳朵呢？看到树长耳朵，你们心里是什么感觉？

本环节主要运用提问法，引导幼儿大胆猜想故事的内容。

三、完整讲述，理解故事

教师完整讲述故事，引导幼儿懂得遇事要动脑筋。

师：你们相信这是一棵真正的苹果树吗？你们觉得是谁假扮的？（苹果树是大灰狼假扮的）那你们有什么办法能够让它现出原形吗？

此环节与社会领域相互渗透，幼儿通过观看课件的形式完整欣赏故事，有利于其更形象地了解故事内容，引导幼儿懂得遇事要动脑筋，要学会保护自己。

四、音乐创编，游戏巩固

在音乐游戏当中，教师将故事内容创编成歌谣，请幼儿进行音乐律动。通过跳动的音符，激发幼儿的兴趣，巩固所学知识。

【说活动总结】

通过本次活动，引导幼儿懂得遇到事情要动脑筋。让幼儿了解自我保护的方法：遇到坏人或者危急的时候，先躲起来保护自己，再想办法。我们一定不能像大灰狼那样伪装自己、欺骗别人，我们要向母鸡学习，学习母鸡的机智勇敢，学会识破坏人的伪装，学会保护自己。

【说活动延伸】

教师请幼儿发挥自己的想象力，猜想如果大灰狼再来时会装扮成什么样子，我们可以怎样识破大灰狼的诡计。在美工区画下来，与同伴交流分享。

小动物搬家

广东省东莞市常平镇教育管理中心　袁嘉仪

【设计意图】

基于幼儿具体形象思维特点，利用“小动物搬家”的故事情境引入序数概念，将抽象内容形象化。通过多媒体演示和操作材料，激发幼儿学习兴趣，引导他们通过直接感知、体验和操作进行学习。

【说教材】

“学会用数词描述事物的排列顺序和位置”是《3—6岁儿童学习与发展指南》对4—5岁幼儿在数学认知中对“感知和理解数、量及数量关系”的具体目标体现之一。现阶段，4—5岁的幼儿对10以内的数和量已有初步的感知和理解，为了进一步提高他们对自然序数的认识，并能正确运用序数词，我选择了“体验8以内的序数的排列关系”作为本次数学活动的教学内容。

【说活动目标】

1. 幼儿在故事情境和游戏中感受序数排列的关系，并体验到数学的重要和有趣。
2. 认识8以内的序数，感知小动物在序列中的位置。
3. 能判断序列的方向并用序数词“第几”描述小动物在序列中的位置。

【说重点难点】

1. 重点：认识8以内的序数，感知小动物在序列中的位置，再描述小动物的位置。

2. 难点：能判断序列的方向并用序数词“第几”描述小动物在序列中的位置。

【说教法】

1. 情境创设法。将序数的概念贯穿在小动物排队、坐火车、爬山、搬新家等情节中，将抽象的概念形象化，便于幼儿融入情境，加深理解和记忆。

2. 游戏操作法。用游戏的方式让幼儿帮助小动物们根据车票找座位，根据房卡找房间等。

3. 启发提问法。目的是依靠幼儿已掌握的数学经验，根据启发式提问获得新的知识经验，充分调动幼儿学习的主动性。

4. 多媒体运用。本活动使用的课件运用了音频、动画等方式实现具象情境和游戏操作的呈现。

【说学法】

1. 观察法。幼儿通过观察多媒体和操作卡上的画面情境，解决数学问题。

2. 操作体验法。幼儿根据车票和门牌钥匙运用序数知识让小动物们对号入座。

【说活动过程】

采用多媒体教学方式，借助“小动物搬新家”的故事，以游戏操作为主要手段，将序数的概念童趣化，引导幼儿学习。

一、情境导入，激发幼儿活动兴趣

开始导入部分我使用了提前录制好的“微信电话”，让幼儿猜测是谁的来电(幼儿可以通过观察长颈鹿微信头像和“动物村主任”的备注字眼猜测出)，而来电的目的则是邀请企鹅老师前往动物新家。这时创设了故事情境，用创新的方式激起幼儿兴趣，让幼儿产生好奇心，看看有哪些动物要搬新家了。

二、引导幼儿感知横排物体在序列中的位置

该环节主要通过“动物排队”和“动物坐火车”两个情境引导幼儿感知横排序列。首先是借助PPT的动画设计，有方向性地依次出现8只小动物，引导幼儿伸出手指点数动物的数量。接着借动物小熊之口提问，引导幼儿点数时伸出小手指以及用完整的话描述动物在序列中的位置。通过思考讨论和PPT两个方向的动物依次出场的演示，引导幼儿感知序数是具有方向性的。

结合声音和动画演示，从火车到来，数车厢，观察车票，从而获得动物坐火车需要的信息，为每位幼儿提供可操作的学具。其间，我在巡回中进行指导，及时为幼儿搭一把“梯子”，如提示哪一只小动物在第一车厢等。操作过程中，尽可能地给予他们独立思考和操作的空间，同时注重自我管理和自我服务能力的培养。

操作完毕后便是幼儿的分享和更正环节，始终引导幼儿用完整的话描述序列位置。

三、引导幼儿感知竖排物体在序列中的位置

该环节主要通过“动物爬山”和“动物搬家”引导幼儿感知竖排序列。在小动物爬山的过程中，我尝试调动幼儿的情绪一起为小动物加油，然后一起观察现阶段画面从上往下的排序情况。

爬到山顶后便是新家，此时需要幼儿借助屏幕上动物的住房信息帮助小动物搬家，我也为幼儿准备了操作材料。主要目标是判断序列开始的方向以及感知序列。此外，楼房的设计上每层会有三个房间，一方面是做难点设计，作为一个干扰项或者下一阶段的经验铺

垫；另一方面是给予幼儿可自主选择房间的权利。操作完毕后，依旧是分享交流环节。

四、结束游戏“坐火车”

最后的“坐火车”游戏，隐性地巩固本次活动横排和竖排序列的核心经验，同时也为下一个阶段较为复杂的序列关系做铺垫。所以才会设计两种车票。

【说活动总结】

通过引入“微信电话”和动画音乐演示，创建形象故事，引导幼儿感知序列方向性，为幼儿园提供新颖的教学资源。创设宽松有序的环境，将学习主动权交给幼儿。活动中存在一些不足，如材料贴纸需要改进，贴纸撕取难度大且耗时；应针对幼儿精细动作的发展，调整活动时间安排。

【说活动延伸】

将活动玩教具投放在数学区，让幼儿继续操作探索，体验排序的乐趣。鼓励幼儿在家里或熟悉的地方找序数，了解其用途。

多彩的垫子

广东省清远市连南瑶族自治县三江镇中心幼儿园　房珍梅

【设计意图】

通过编织活动，幼儿可以锻炼手指的灵活性和手部肌肉的协调性，提高手工制作能力和创造力，同时也可以培养幼儿的耐心、细心、专注力、毅力等，增强自信心和自我价值感。此外，在编织活动中幼儿还可以认识不同的材料和工具，了解不同的编织技巧和方法，培养幼儿的观察力和思考能力，促进幼儿的综合发展。

【说教材】

幼儿手工教育活动是幼儿艺术活动中的一部分，本次活动选自我园自制的《幼儿园中班编织活动教案》的教材内容，该教材的内容主要包括中班幼儿编织的基本知识和技能、活动特点、教学步骤和方法以及不同类型的编织活动教案，旨在提供中班幼儿编织的内容建议，帮助教师梳理、明确编织活动教学过程。根据中班幼儿能用绘画、手工制作等表现自己观察到的或想象的事物的年龄特点，我组织开展“多彩的垫子”教学活动。通过开展编织实践活动，发展了幼儿的手眼协调能力、专注力和创造力，同时也让幼儿体验到艺术和手工制作的乐趣。

【说活动目标】

1. 幼儿认识理解“压”“挑”编织的技法。
2. 能够初步用“压”“挑”编织技能完成作品。
3. 感受手工活动带来的乐趣。

【说重点难点】

1. 重点：让幼儿学习并掌握“挑”“压”的编织技法。
2. 难点：能够理解第一排先“压”后“挑”的编织顺序，第二排则反过来先“挑”后“压”的编织方法，以此类推交替“压”“挑”的方法，完成一个垫子的作品。

【说教法】

1. 直观教学法。幼儿的学习都是通过直接经验的感知进行学习的，所以教师播放PPT、提前录制好操作步骤视频、播放多媒体课件，让幼儿通过图片、视频直接感知和学习七彩垫子的编织步骤、方法。而且在视频中，把编织要注意的细节放大，以及对编织注

意事项进行解说，以此解决本次编织教学活动的重点和难点。

2. 提问法。通过教师针对性的提问，激发幼儿的想象与思维，让幼儿大胆表达自己的想法。

3. 演示和示范法。通过教师向幼儿展示编好的垫子，引导幼儿着重观察垫子压挑面的紧密特点，以及“彩虹条”颜色搭配的变化。通过教师对“压”和“挑”交替编织的示范操作及重点讲解，让幼儿对交替压挑穿编的编织方法更加清晰。

【说学法】

1. 视听教育。教师通过播放活动视频等视听资料，让孩子在欣赏观察中学习。

2. 体验教育。幼儿通过操作体验活动，感受到学习的乐趣和成就感。

3. 互动教育。教师通过引导师生互动、同伴互动等方式，让孩子在交流中学习，提高他们的语言表达和社交能力。

4. 自主教育。幼儿园通过提供自主选择的机会，让孩子在自主探索中学习，培养他们的自主学习能力。

【说活动过程】

一、导入

1. 播放PPT，在教师的引导下，初步认识各种垫子。

2. 教师出示小篮子，篮子里装2个垫子。师：小朋友们，你们猜猜我这个里面有什么？我们请一个小朋友把它拿出来吧。(邀请一名幼儿上来拿)

3. 幼儿和老师一人拿一个垫子做对比。师：请小朋友观察一下它们的区别，并说一说。

二、学习“压”“挑”编织的技能

1. 师：你们想知道垫子是如何制作的吗？我们一起来看一看。教师播放视频。

2. 请幼儿观看压挑编的操作视频。

3. 教师将垫子编织的过程编成儿歌，结合儿歌内容和孩子一起读几遍儿歌。

儿歌：《小竹签穿山洞》

一压一挑第一排，一挑一压第二排；
重复第一第二排，以此类推排成行；
别忘带上彩虹条，多彩垫子编织好！

三、幼儿动手操作，教师巡回指导

1. 发给每位幼儿一份编织材料，安静编织。

2. 教师对个别幼儿进行指导。

四、评析幼儿作品

师：现在小朋友们的作品都完成了，我们一起来看看大家的垫子变成什么样子了(请几名幼儿上来说说自己的作品)。

师：有的小朋友是先挑后压，有的小朋友是先压后挑，有的小朋友选择的“彩虹条”的颜色都是一样的……

五、结束活动

教师出示大垫子。师：现在我们用“压”和“挑”的方法编织更大的垫子，有信心吗？我们去外面编织吧！

【说活动总结】

通过自主动手探究，幼儿能够理解和掌握“压”“挑”的区别。活动过程中孩子们对于编织活动有着浓厚的兴趣。学习尝试的过程中，会有孩子忘记交替压挑的编织方法，导致“彩

虹条”松垮、走位。在老师的鼓励下，幼儿大胆试错、纠错、改错，不畏惧失败，敢于挑战。同伴之间互相帮助，分享自己的想法和经验，共同进步。编织成果很显著，每个幼儿都积极参与，成功完成了自己的作品，他们对自己的作品感到非常满意和自豪，使幼儿感受到成功的喜悦。

【说活动延伸】

在理解和掌握“压”“挑”的编织方法后，可以以小组合作的方式一起编织更大的垫子，比如地垫等。还可以用无纺布剪出各种不同的造型：水果、交通工具、动物、植物、生活用品等，再结合不同颜色的“彩虹条”编织出各种好看的图案。

魅力扎染

河北省张家口市崇礼区第三幼儿园　李家卓

【设计意图】

扎染，是我国民间特有的印染方法，其工艺从扎到染都具有丰富的创造性。扎染作品色彩艳丽、图案变化无穷，容易对幼儿产生强烈的吸引力。我抓住幼儿的这一兴趣点，设计了此次活动。在本次活动中，我将化身讲解员带领幼儿沉浸式参观“扎染艺术馆”“扎染文化馆”“扎染体验馆”，旨在让孩子了解中国古老的扎染工艺，感受扎染的乐趣及图案出现所带来的惊喜和成功的喜悦。

【说教材】

1. 扎染是幼儿园大班艺术领域的活动内容。

2. 扎染工艺是中国传统文化的一部分，因此，本节活动对幼儿来说非常具有吸引力。

3. 本次活动能够让幼儿学会扎染的方法，能够锻炼幼儿的艺术创作能力及发现美、创造美的意识。符合《幼儿园教育指导纲要(试行)》中艺术领域教学的要求。

4. 通过本次活动能够引导幼儿发现中华传统工艺的魅力，丰富幼儿的感性经验和审美情趣，激发他们表现美、创造美的兴趣。

【说活动目标】

1. 初步了解扎染工艺，知道扎染是中国传统的制作工艺。

2. 初步掌握扎染的方法，尝试用折、卷、扎、染等多种方法进行创作。

3. 通过欣赏多种形式的扎染作品，感受扎染奇妙、多变的艺术美。

【说重点难点】

1. 重点：感受美、欣赏美，享受创造美的过程。

2. 难点：掌握扎染的方法，尝试用折、卷、扎、染等多种方法进行创作。

【说教法】

1. 情境教学法。将扎染文化和制作方法贯穿在扎染文化馆、艺术馆和体验馆中，将扎染艺术具体化，充分调动幼儿的积极性，便于幼儿实际感受和体验，理解和掌握扎染知识。

2. 观察法。通过多媒体的形式让幼儿观察扎染的制作工艺和艺术美，从而习得扎染的相关知识及扎染方法。

3. 启发提问法。根据启发式的提问，使幼儿获得新的经验。

4. 欣赏评价法。通过对扎染作品的欣赏评价，培养幼儿欣赏艺术的能力，提高幼儿的审美水平，丰富幼儿的生活阅历，提升幼儿的文化素养。

【说学法】

1. 感官参与法。皮亚杰认知理论提到，“幼儿必须通过自身活动发现、认识客观世界，不断建构、完善自己的认知模式”。在整个活动中，我将引导幼儿运用各种感官，通过看、说、听进行学习，充分调动幼儿的参与积极性，体验创作的乐趣。

2. 讨论评议法。幼儿根据已获得的相关知识经验，在观察欣赏扎染作品中可以互相交流各自的看法。

3. 操作法。幼儿自主选择材料，自主折叠，采用自己喜欢的扎染方法进行创作，让幼儿主动探索和学习，习得扎染技能，体验成功的乐趣。

4. 引导幼儿通过参与、讨论、模仿、操作、展示等活动方式，逐步完成活动任务，引导幼儿在活动中生动、活泼、主动地学习，丰富幼儿的情感，培养幼儿的认知能力和语言表达能力。

【说活动过程】

一、欣赏多样扎染作品，感受扎染奇妙多变的艺术美

教师利用多媒体以参观艺术展的形式为导入，吸引幼儿的注意力，激发幼儿的好奇心和学习兴趣，从而进入扎染文化馆进行学习。

二、介绍扎染，出示扎染材料，讲解扎染方法

1. 播放视频，介绍扎染，幼儿初步了解。

教师小结：扎染是我们中国的一种传统制作工艺，扎染就是将白色的布进行捆扎，挤上颜料，让白色的布出现漂亮的花纹。

2. 出示材料，介绍扎染织物与扎染工具。

师：想一想我们刚才在艺术馆看到的作品，扎染都藏在了哪些作品里呢？这些花纹又是怎么来的呢？

3. 介绍捆扎法。

播放教学视频，感受不同的折叠和捆扎方式会出现不同的花纹。

4. 教师演示扎染过程的具体步骤，强调注意事项。

步骤：浸湿—拧干—捆扎—滴染—静置晾干。

注意事项：

(1)扎染前戴好手套；

(2)滴瓶轻拿轻挤，不要挤到其他小朋友眼睛里；

(3)滴染颜料时要适量；

(4)保持桌面整洁干净。

幼儿通过对这些扎染过程的探索和思考，初步了解本次扎染活动的基本内容，激发了幼儿的探究欲望，增强了幼儿的自信心，为下面的学习奠定了基础。

三、幼儿操作，体验创造美的过程

师：学习了许多关于扎染的知识，相信小朋友们已经跃跃欲试了，下面请跟随我到扎染体验馆吧。

1. 幼儿自主选择材料，自主折叠，采用自己喜欢的扎染方法进行操作。

2. 教师巡回指导，讲解。

四、作品展示

幼儿自主在展板上拼贴作品，最终与人形立板结合，幼儿在扎染体验馆留下这次扎染之旅的纪念。

【说活动总结】

好的教育活动不是止于特定的某一次活动，而是一个长期、持续的过程，特别是对幼儿能力、习惯的培养。本次活动大大激发了幼儿对于扎染制作的兴趣，并在此基础上掌握简单的扎染方法进行大胆创作，激发他们表现美、创造美的兴趣。

【说活动延伸】

我采用家园合作的方法进行活动延伸，将孩子们的作品交由孩子们自行保管并带回班级、家中，和伙伴、家人一起分享，这样的活动呈现在其他孩子们面前，他们也会充满欣喜和探索的兴趣。另外，在活动中鼓励幼儿大胆创作，将点、线、面有机结合，构成美丽的图案。在老师、伙伴及家人评价作品时，让孩子一起带着赏识的情绪观赏同伴的作品，他们可以从中获得更多的扎染经验。

神秘袋

北京市朝阳区康泉新城幼儿园　康　京

【设计意图】

幼儿的科学学习是在探究具体事物和解决实际问题中，尝试发现事物间的异同和联系的过程。成人要善于发现和保护幼儿的好奇心，充分利用实际生活机会引导幼儿通过观察、比较、操作、实验等方法，学习发现问题、分析问题和解决问题的能力。

一次，小朋友们在美工区制作时发现材料柜里毛球和彩色串珠及玉米泡沫泥混在一起了。小朋友们都没办法进行制作了。它们长得很相似，怎么才能快速地把它们区分开来呢？为了帮助孩子们解决这个小困难，认识物品的特征。结合《幼儿园教育指导纲要(试行)》中小班幼儿科学领域的年龄特点：幼儿对周围世界的探索主要是通过对物体的看、听、摸、闻、尝等感知和操作活动来进行的，它与幼儿的“玩”往往是同一过程。于是我设计了这一次的科学教育活动。

【说教材】

本节活动是以《3—6岁儿童学习与发展指南》中小班幼儿的年龄特点为基础，根据《幼儿园教育指导纲要(试行)》的教育要求，集成了前期科学活动中的教育经验。本次活动主题是发展幼儿的科学探索能力，帮助幼儿初步了解物体的软硬和粗糙光滑的特征。幼儿日常生活中比较常见的几类物品表面可分类为粗糙和光滑，本节活动在对比触摸实验中，教师通过语言、动作、游戏等多种方式的引导，帮助幼儿在不受物体的形状、重量、体积等因素的影响下，感知物体软和硬及光滑和粗糙的特征。

【说活动目标】

1. 喜欢参与触摸不同物品的活动。
2. 初步了解物体的软硬和粗糙光滑的特征。
3. 能分辨软和硬、粗糙和光滑。

【说重点难点】

1. 重点：了解物体软硬和粗糙光滑的特征。
2. 难点：在对比触摸中，不受物体的形状、重量、体积等因素影响，感知物体软和硬及光滑和粗糙的特征。

【说教法】

1. 亲身体验法和观察法。活动中的第一个环节是探索“神秘袋”，幼儿能够通过摸一

摸、看一看、捏一捏、拍一拍、揉一揉来进行探索，并大胆地分享自己的发现。

2. 实际操作法。在第二个环节中，教师为每一位幼儿都准备了“神秘袋”。在实验操作环节，教师播放了适宜的背景音乐，为幼儿创设温馨放松的操作氛围。孩子们兴趣高涨，专注地探索袋子中的各种材料，然后纷纷积极踊跃地向同伴和老师们分享自己的发现。

3. 启发引导法。教师根据幼儿的实验分享，和幼儿共同小结梳理。

4. 游戏情景教学法。为了帮助幼儿进一步熟悉不同材料的特性，在第三个环节教师开展了“找朋友”的游戏，请幼儿把找到的材料全部装到“神秘袋”里，和它们做游戏，看看只用小手能不能把它们找出来。

【说学法】

1. 课程游戏化。整个活动通过引入环节以及过程中的两个游戏的串联，幼儿始终通过自主操作，大胆表达，充分发挥了自主性，并在活动中为幼儿提供充足的试验探索时间。

2. 师幼互动。教师以儿童化的语言进行指导，积极并及时地对幼儿的主动探索以及大胆表达进行肯定和鼓励，活动氛围愉快融洽。

【说活动过程】

一、游戏一：感知物品软硬的特征

师：海绵，海绵在哪里？请你把它找出来。

幼儿通过海绵软软的特性，将其从袋子里摸出来。

师：积木，积木在哪里？请你把它找出来。

幼儿通过积木硬硬的特性，将其从袋子里摸出来。

二、游戏二：感知物品光滑和粗糙的特征

师：滑滑的圆圆的东西是谁？孩子们回答是玻璃球，并将其从袋子里摸出来。

师：粗糙的扎扎的东西是谁？孩子们回答是火山石，并将其从袋子里摸出来。

三、教师根据变换玩法帮助幼儿掌握材料特征，根据幼儿表述梳理

积木、火山石摸起来是硬的，海绵、弹力球、毛球是软的。玻璃球摸起来是光滑的，火山石是粗糙的。

在活动的结尾部分，教师邀请幼儿探索周围物品，感受更多物品的特征。师：在我们的班级里还有很多东西，孩子们可以找一找、看一看、摸一摸，感觉一下它们是什么样的。哪些是软的，哪些是硬的？哪些是光滑的，哪些又是粗糙的？幼儿自由探索并表达。

四、活动小结

师：你们的小手可真厉害，这么多东西都被你们摸出来了。回家以后再找一找，感觉一下家里的东西，把你的感觉告诉爸爸妈妈吧！

【说活动总结】

活动中，教师有意识地引导幼儿掌握重难点，了解物体软硬和粗糙光滑的特征，并通过对富有递进性材料的触摸，认识到有的物体是有些软，有的物体是非常软，认识了软硬的不同层次，提高了生活技能。

【说活动延伸】

请幼儿将家中的探索发现以照片的形式或实物的形式带到幼儿园来和其他小朋友进行分享，提升活动经验，并将其中适宜的材料投放到科学区，方便幼儿持续探索研究。

动物大变身

广东省深圳市第二幼儿园　向　勇

【设计意图】

模仿是人类的本能，模仿他人是我们习得知识和技能的最主要方式，尤其是孩子，他们喜欢倾听自然界中好听的声音，爱模仿小动物的叫声，也爱模仿小动物走路的样子，这是幼儿的天性，也是他们在表达自己情感需求的一种方式。

《3—6岁儿童学习与发展指南》中艺术领域的目标中指出，中班幼儿喜欢倾听各种好听的声音，经常唱唱跳跳，愿意参加歌唱、律动、舞蹈、表演等活动，能用自然的、音量适中的声音歌唱，能感知到声音的快慢、高低、长短、强弱等变化，也能即兴哼唱、即兴表演，给熟悉的歌曲编词。

【说教材】

本活动的歌唱素材，受一款儿童游戏"动物的大变身"的启发，旋律灵感来源于浙江省少儿舞蹈考级第二级《有洞的音乐》，原本只有旋律部分，用来训练舞姿与定格。经过我的改编之后，符合中班幼儿的年龄特点，旋律简单又流畅，结构工整，重复内容较多，也符合中班幼儿的音域范围。该节奏变化明显，加上了有趣生动的歌词，使用了重复、象声词、与动物匹配的叫声，适合中班幼儿学唱和编唱，也适合模仿。我以该歌曲作为载体，进行音乐综合活动，不是单纯地学一首新歌或者开展一种律动，而是注重让幼儿操作音乐(指幼儿在和谐的音乐环境中听辨、学唱歌曲，摆弄、敲打乐器，表现身体动作等活动的总和)，使幼儿在聆听、模仿、歌唱、创造的过程中，喜欢音乐活动，音乐能力也得到整体发展。

【说活动目标】

1. 幼儿能大胆歌唱，会用不同的动作表现不同动物的特征。

2. 感受音乐游戏多变的快乐，提高倾听能力、即时反应能力和自控能力。

3. 幼儿通过和同伴合作演唱歌曲，尝试用乐器表现音乐形象，体验与同伴合作游戏的快乐。

【说重点难点】

1. 重点："倾听与反应"，即幼儿感受音乐游戏多变的快乐，需要具有一定的倾听能力、即时反应能力和自控能力。

2. 难点：与同伴合作演唱歌曲，尝试用乐器表现音乐形象。

【说教法】

用语言导入法，引出游戏情境，结合视听法、多媒体教学法开展活动，运用讨论法、游戏等方法提高幼儿活动的参与性与积极性，同时增加游戏的趣味性。

【说学法】

本次教学活动以幼儿为主体、教师为主导，以"变变变"的游戏为切入点，让幼儿在自主、合作、探究中开展游戏，通过看动物图片集体模仿动物唱歌，再到变化歌曲伴奏的速度来演唱歌曲，整个过程是由浅入深逐步推进的。在这个过程中，幼儿通过多感官参与，学会了操作、探索以及举一反三等方法，音乐能力整体得到了提升。

【说活动过程】

一、一起来玩游戏

1. 教师出示动物园图片，引出游戏情境。提问：这是什么地方？

2. 教师讲解游戏规则：现在，老师带大家到动物城。动物城里动物多，想变什么就变什么。请大家仔细听清楚老师的口令，当老师说到“一二三，变”的时候，小朋友就要变成自己喜欢的动物，定住不许动。一二三，变！

3. 师：刚才小朋友们都变成了小动物，我来看看大家都变成了哪些动物？接着，教师模仿各种小动物的叫声，请幼儿猜一猜，猜对后出示相应的图卡。师：汪汪汪，汪汪叫的是谁？喵喵喵，喵喵叫的是谁？

分析：首先以“变变变”的游戏为切入点，让幼儿随机做动作表示动物，再出示图片，让幼儿模仿动物的叫声与动作，进一步熟悉动物的特征，教师激发了幼儿原有的模仿动物的叫声以及动态表现动物特征的经验，提高了幼儿参与活动的积极性，从而也熟悉了游戏规则，在这里是一种铺垫。

二、一起来唱歌

1. 教师根据出示的动物图片顺序，带着幼儿共同演唱歌曲，如：现在我们一起来玩游戏，玩个动物大变身。一起变小狗，汪汪汪汪叫，一二三，变！

2. 坐“游览车”逛动物园。让幼儿根据图片的顺序，接龙演唱歌曲，轮到谁唱，谁就站起来，可两人一组或三人一组。

3. 改变歌曲的速度，快慢演唱歌曲。师：游览车的速度一会儿快，一会儿慢，小朋友千万要注意了！

分析：通过看动物图片集体模仿动物唱歌，再到小组或个人接龙演唱，以及变化歌曲节奏的速度，整个过程是由浅入深逐步推进的，这样增加了游戏的趣味性，不仅能锻炼幼儿的专注力，还能提高倾听能力和反应能力。

三、一起来表演

1. 给每个幼儿戴上动物头饰，一起来扮演小动物。

规则：根据图片的内容和排列顺序，戴着相应头饰的幼儿为一组上台来演唱歌曲，并做模仿动作，当唱到“一二三，变！”时，幼儿模仿动物的动作，定住不动，直到歌曲全部结束。看看谁的动作最像小动物。

2. 同伴合作表演。同一组小组成员上台表演，有的幼儿歌唱，有的幼儿做相应动作表演。

3. 改变图片的顺序，让孩子即兴表演。

分析：在这一环节中，进一步激发孩子的表现欲望，他们和同伴合作时，需要专注地倾听与自控。最后，当老师随机改变小动物的出场顺序时，幼儿要及时做出反应，如出示小猫图片，“小猫”就要出来表演。有些孩子会因为反应稍慢，出现措手不及的情况，做出一些滑稽可爱的动作，会使活动更加有趣，活动气氛高涨。

四、一起来玩乐器

1. 教师出示四种乐器，让幼儿辨别音色，并将乐器和对应的动物进行匹配。（响板对应鸭子，摇铃对应小鸟，沙蛋对应小鸡，单响筒对应小狗）

2. 幼儿选择自己所扮演动物之相对应的乐器，边唱歌曲边演奏乐器，没有轮到自己演奏时，手中的乐器不能发出声响。

3. 再次改变音乐伴奏的速度，幼儿唱前面四句，唱到哪只动物时，在心里默唱，不发出声音，用演奏乐器来代替歌唱。唱到“一二三，变！”的时候，仍然定住不动，直到歌曲全部结束。

分析：根据乐器的音色来匹配动物的特点，这个环节需要幼儿有前期经验。“我和乐器

接龙唱”这是一个难点，也是一个突破点。我会根据现场幼儿对活动掌握情况，来决定是否开展。

【说活动总结】

以上这四个过程(一起来玩游戏、一起来唱歌、一起来表演、一起来玩乐器)层层递进，不断激发幼儿参与活动的兴趣，活动顺利开展，并达到活动目标。

【说活动延伸】

根据幼儿兴趣增加不同动物的图片，让幼儿自由寻找下一个歌唱的动物。增加不同的乐器，根据动物的图片匹配不同的乐器。将相关乐器和图片投入区角。

教育反思

【观察记录】

从《田鼠阿佛》来看有用和无用

陕西省西安欧亚学院　刘　念

【观察对象】幼儿及教师　**【班级】**大班

【观察时间】下午绘本阅读时间

【观察背景】

幼儿园下午的绘本课堂上，围绕幼儿对《田鼠阿佛》的讨论来展开观察。

【观察目标】

教师如何通过绘本与幼儿产生教学，达到幼儿语言与社会性发展的目的。

【观察过程】

下午的绘本阅读课上，教师和小朋友一起分享了《田鼠阿佛》的故事。在听完故事之后，教师随即抛出一个问题："在这个故事中，哪个地方让你特别喜欢？"

小小举手回答说："我听到其他四只老鼠在工作，但阿佛没有。"

教师说："哦，你的回答非常好，看来你听得很认真哦。谁还有不同的想法吗？"

"阿佛很懒，它都不愿和伙伴一起抬东西。"诺诺说道。

教师随即回答道："你觉得阿佛很懒，可为什么别的田鼠搬东西不懒，而阿佛搬阳光、搬颜色、搬词语就是懒呢？"

接着，教师和小朋友关于"工作"展开了进一步探讨。

教师问："你觉得怎么样才算是工作，工作会给我们带来什么？阿佛和其他田鼠做的又有何不一样？"

大大说："工作会有钱。"

小修说："工作很累的，我爷爷的工作就很累。"

叮当说："其余老鼠在抬东西，在收拾干菜，而阿佛没有。"

教师又问："那阿佛在干吗呢？"

小朋友们说阿佛是在收集阳光、颜色和词语。

"难道只有抬东西才是工作吗？收集阳光、颜色和词语又为什么不是工作呢？"教师继续问道。

叮当腼腆笑笑，不说话。

教师继续说："如果有一天，你躺在草地上晒着阳光，感受春风吹过脸庞，草尖划过皮肤，你会觉得这是工作吗？"

小朋友们又说："是。"

他们继续聊着，生活中一些看似无用，很容易就得到的东西真的没用吗？它会让你的生活变得更美吗？比如阳光、色彩、清纯的空气。小朋友们说会的。

到此，由于时间原因教师结束了这次讨论。

【分析与措施】

分析：

此次绘本的讨论不具有明确的目的性，目的不在于让孩子理解有用和无用的区别，更不是希望孩子明白工作的含义。师幼展开讨论不仅仅是为了得到答案，更是希望可以通过

这样的方式，让孩子充分地参与讨论中。在过程中让孩子充分感受到自由发言和被尊重的感觉。当然，这样的探讨能够帮助孩子语言的发展，以及社会性的发展。

措施：

教师要给予幼儿支持，在讨论过程中要保持开放的态度，切不可先入为主地设定答案。有时看着像是一种开放式的提问，但最后教师的提问往往还是向教师设定的答案上走。另外，在孩子的发言过程中，会出现孩子抢着发言的混乱局面。为此，我们用竹子做了一根棒，取名“发言魔法棒”。只有当孩子拿到魔法棒的时候才能发言。这会让我们的课堂秩序维持在相对可控的范围内。

我的新发现

中央军委机关事务管理总局北极寺老干部服务管理局幼儿园　赵景飞

【观察对象】小帆、可乐、源源　**【班级】**中班

【观察时间】上午区域活动时间

【观察背景】

结合园本课程以二十四节气为背景的传统文化教育贯穿于幼儿的一日生活中，前期对春分、清明节气开展活动，由此生成主题活动“春季种植”，孩子们积极收集种子开展种植。随着种子发芽，我们常常看到孩子们看一看、比一比，想要了解植物的高矮，结合幼儿兴趣及想要进一步探究的问题，教师投放测量工具，支持幼儿尝试对植物进行测量。

【观察目标】

尝试用测量的方式探索植物的生长变化。

【观察过程】

小帆在植物角浇水发现土豆的长芽垂了下去，源源边说边将它架在花架上：“这个长弯了，只能把它立起来，要不要给它浇水?”小帆说：“可以。”这时可乐拿着自制测量尺走到小西红柿旁，比画几下后来到桌子上取了一支笔又回去再次测量。小帆说：“鸡毛菜都干了!”源源用手摸了叶子，叶子零碎地掉了，他说：“鸡毛菜最先发芽的，但它都干了!”于是摘下一片枯萎的叶子放在桌上边掰边观察。可乐说：“鸡毛菜如果是最先发芽的，那最容易干了。”源源重复可乐的话，可乐说：“鸡毛菜的叶子长得像蜘蛛网似的难看!”他俩相视而笑。

可乐继续进行测量，左手拿尺子底端插到土壤表面，右手握笔寻找一根植物后盯着叶子尖与尺子对应的高度，歪头仔细观察，轻轻地在尺子背面画了一条线，反复翻转看了三四次，又用同样的方法进行第四次测量，这次将线画到了尺子正面，小声数起来：“15、16、17、18、19 米。”笑着举起尺子提高音量：“它有 19 米!”源源也找了一把尺子指着土豆的芽说：“那这个必须得用两个尺子。”说完将可乐的尺子拿过来连接到一起尝试测量，可乐主动说：“那我来画吧。”源源：“要从 1 开始量，要画到这上面。”这时可乐想了想又拿起尺子说：“我还没画完呢。”然后取来记录本安静地画着。小帆看了看他俩放下浇水壶，也拿起笔和尺子开始尝试测量……

【分析与措施】

分析：

孩子们对植物的生长变化具有浓厚的好奇心，源源乐于观察，小帆喜欢照顾植物，可乐能用测量的方法感知了解植物外部特征和变化，与同伴积极分享新发现，有一定的记录

表征能力，能带动、吸引身边的同伴一起参与到测量活动中。

措施：

在活动中教师不轻易打断幼儿，给予幼儿专注探究的时间，注重创造宽松环境，支持幼儿相互交流，提出新问题，引发更多的思考和探索。在测量后鼓励幼儿用符号或图形等方式记录，区域结束鼓励幼儿回顾、分享，提高记录表征的兴趣及能力，同时关注细节问题，如是否从“0”开始测量，测量单位是否表达准确等，在以后的指导中更有针对性地进行引导。

小菜园里的生日会

北京市第四幼儿园长阳分园　鲁　杨

【观察对象】熙熙、正正、彻彻　**【班级】**中班

【观察时间】上午区域活动时间

【观察背景】

今天是彻彻的生日，熙熙知道后，想去交往区和小菜园为他过生日。

【观察目标】

幼儿能否运用生活经验在交往区玩过生日的游戏。

【观察过程】

活动区开始了，彻彻对熙熙说：“今天是我的生日，晚上回家我就能过生日了。”熙熙听到后说：“我也想给你过生日，要不咱俩去小菜园吃饭，我给你过生日吧。”彻彻高兴地和熙熙一起来到小菜园，熙熙问服务员：“小菜园有蛋糕吗?”服务员说：“没有蛋糕。”“没有蛋糕太可惜了。”看到他们失落的表情，我问：“熙熙，有什么是老师可以帮你们的吗?”熙熙说：“老师哪里能找到蛋糕啊?”“中四班交往区是蛋糕房，那里应该有。”“那我去中四班买个生日蛋糕吧。”不一会儿熙熙高兴地回到小菜园，打开蛋糕对彻彻说：“你快许愿，吹蜡烛吧。”这时小厨师正正端着一碗面过来对彻彻说：“过生日要吃长寿面，送给你，祝你生日快乐。”彻彻高兴地说：“谢谢你，我请你吃蛋糕。”这时熙熙说：“过生日还要照相，老师帮我们拍一张合照吧。”我说：“好呀，来，看我这里，一、二、三，咔嚓!”她高兴地拿过手机给彻彻看，并说：“你看照片照好了，我们开始吃蛋糕吧。”于是彻彻在小菜园里过了一个开心的生日。

【分析与措施】

分析：

熙熙在知道今天是彻彻生日时，建议在交往区为彻彻过生日，她有丰富的生活经验，知道过生日需要生日蛋糕，要许愿、吹蜡烛、合影等，能够主动向老师寻求帮助，并独立到中四班去“买”蛋糕。

正正是“小菜园”的厨师，当他发现同伴有新游戏时能够主动结合自己的“工作”调动生活经验为彻彻制作长寿面。

在观察幼儿需求时老师能够给予幼儿适当的支持，当幼儿需要蛋糕时，考虑制作时间会阻碍幼儿新游戏的进度，于是提供线索，引导幼儿独立到其他班去购买蛋糕，提升沟通交流的能力。

措施：

1. 经验分享。请彻彻分享今天玩过生日游戏的过程，引发幼儿兴趣，从而引发交往区

新游戏的开展。

2. 材料的收集与制作。结合游戏内容，幼儿讨论需要什么材料，如何制作，什么时间制作，助力新游戏的顺利进行。

3. 集体教育活动。收集分享幼儿过生日的过程，说一说过生日时的趣事。提升幼儿的生活经验，延伸到角色游戏中。

4. 成果分享。交往区增添“生日会”墙饰，将孩子们在交往区过生日时的合照展示在墙饰上。

蒜头长头发了

广东省深圳市罗湖区安馨幼儿园　何佳敏

【观察对象】君睿　**【班级】**小班

【观察时间】区角活动时间

【观察背景】

班级植物角区域中，君睿发现蒜头发芽了，对此产生了浓厚的兴趣。

【观察目标】

观察幼儿的探究关注点及探究结果，根据观察内容了解幼儿的身心发展阶段，给予幼儿进一步的支持。

【观察过程】

君睿今天路过植物角的时候，发现蒜头发芽了，蹲下来看着蒜头说：“这是什么呀？好奇怪啊!”接着观察了周边的环境，发现白色的托盘里有一个放大镜，君睿拿起放大镜，把放大镜对着眼睛，玩弄了几下，发现看不清，开始尝试弯腰蹲下来，发现这样能看得更清楚了，于是君睿身体越来越往前倾，终于找到了使用放大镜的方法。君睿笑着说：“长长的，是蒜头的头发吗？是头发!”接着放下放大镜，发现蒜头的旁边有一个软尺，伸出小手去摇晃软尺，软尺开始摆动起来，君睿说：“他在跳舞，很高兴。”

【分析与措施】

分析：

1. 君睿对周围的很多事物和现象都充满了兴趣，而且对感兴趣的事物能仔细观察，发现其明显特征，显示出君睿具有初步的探究能力。

2. 在观察的过程中，君睿运用了形容词，能用“高兴”来描述客体的情感，说明已经能理解高兴这个形容词，并且产生正确联想。

3. 以我观物，物皆着我色，正是幼儿年龄阶段特征的体现，君睿将自己的情感投射到物体身上“他在跳舞，很高兴”，体现了目前的发展阶段过程。

措施：

1. 在植物角投放更多有趣的探究工具，鼓励幼儿使用不同的工具进行探究。

2. 在植物角投放更多生长周期明显的动物、植物，引导幼儿感知生物的多样性和独特性。同时，了解动物的生长发育、繁殖和死亡的过程，开展情感教育。

3. 给幼儿提供儿童照相机和绘画本，鼓励幼儿将观察到的现象用自己的方式记录下来，与同伴一起分享。

游戏的力量让幼儿更自信

北京市朝阳区丽景幼儿园　隋　超

【观察对象】然然　**【班级】**中班

【观察时间】晚餐环节

【观察背景】

经过一天的幼儿园生活，孩子们安静地吃完晚餐后，都会搬着自己的小椅子到睡眠室一个挨着一个地摆好，再到衣帽柜里拿好自己的东西放在小椅子上，然后在椅子上玩自己喜欢的玩具。然然是个非常乖巧的孩子，自理能力也比较强，很少让老师操心，但是他比较内向，平时不太爱说话，不善于表达自己。

【观察目标】

找到让幼儿自信的方法。

【观察过程】

今天吃晚饭前，我用神秘的口气对本班幼儿说："今天咱们快点吃饭啊，赶紧吃完了我就带你们玩一个特别好玩的游戏。"

果然，今天吃晚饭的时候，很多小朋友都比往常吃得快了一些，大部分幼儿吃完了，一个接着一个坐在小椅子上，我便教起了他们新游戏"击鼓传花"。"花"停到哪个小朋友手里就请那个小朋友说一说今天在幼儿园表现最好的地方。前两个传到"花"的小朋友都说得特别好，能说出自己表现好的地方，第三个持"花"的小朋友就是然然，他慢慢地站起来，犹豫了很久，下面有的小朋友都开始聊天了，我以为他不清楚站起来要说什么，于是我便耐心地又告诉他一遍，结果他还是没有说出来。我问他："没想好呢，是吗?"他点点头。

于是我对其他孩子们说："谁能来说一说今天然然哪里表现得好?"有一个小朋友说："他听老师的话，上课表现得好。"游戏玩了一会儿，结束后我对孩子们说："我希望明天小朋友们都可以表现得特别好，这样晚上玩游戏的时候你就很容易说出自己哪里表现好了，是不是?"他们拉着长音对我说"是"。

【分析与措施】

分析：

幼儿对新鲜事物感兴趣，尤其是游戏，教师抓住幼儿对游戏的兴趣促使幼儿抓紧时间吃饭，不拖沓。

然然平时就比较内向，不善于表达，在全班幼儿面前还不能大胆地说出自己的想法。原因是幼儿对自己不自信，找不到自身优点。

措施：

这个游戏可以帮助幼儿发现自己身上的闪光点，在幼儿说不上来的时候，其他小朋友能够说出此名幼儿的闪光点，也为此名幼儿心中增添了一份肯定。

1. 坚持游戏化，增强每一名幼儿善于发现自己闪光点的能力。

2. 在游戏中培养幼儿表达与倾听的能力。

3. 正确、适当地给予幼儿评价。

中班幼儿很在意别人对自己的看法，可能别的小朋友说了什么，就会影响自己的心情，但往往会忽略对自己的看法。因此，我要在日常注意自己的措辞，引导孩子发现自己和别人的优点，让孩子与孩子之间多一点夸奖，多一些微笑。

走近儿童，分析儿童

——以观察幼儿解决问题能力为切入点

贵州省遵义市红花岗区第三幼儿园　刘　雪

【观察对象】大一班幼儿　**【班级】**大班

【观察时间】自主户外活动

【观察背景】

大一班的孩子在日常活动时的交往很频繁。经过查班，观察到很多孩子会发生各种冲突，发生冲突后，孩子们大多是靠吼、争抢来解决问题，经常会出现告老师、打架、委屈的现象。《3—6 岁儿童学习与发展指南》里提到，5—6 岁的孩子应该做到与同伴发生冲突时能自己解决，针对大一班幼儿在解决冲突能力方面进行了此次观察，希望能根据观察，对儿童的行为进行分析，能有一些支持策略及措施来帮助孩子们更好地成长，成为更好的他们。

【观察目标】

观察幼儿在活动中是否能自主协商解决问题。

【观察过程】

场景一：

穿黄色衣服的小男孩坐在椅子上正准备进行游戏计划，穿玫红色衣服的小女孩便拿着计划本走向黄衣小男孩，说："这是我的，你的椅子在这儿!"

黄衣小男孩站起身坐到旁边的椅子上，刚坐下，花衣小女孩走过来说："这是我的椅子!"然后黄衣小男孩又站起来皱着眉头，提着椅子，说："那我坐哪里？我刚刚坐在这里的!"接着喊了一句："老师!"这时一个身穿白褂子的小女孩走过来说："哎呀！谁把我的椅子拿走了?"旁边穿蓝色小裙子的女孩说："别的小朋友把你的椅子挪开了。"

场景二：

在沙池里，黑衣小男孩手持管子、提着水桶站在原地张望，蹲着的花衣小男孩用手推了黑衣小男孩的小腿一下说："你别站在我的坑里!"

场景三：

黄衣小男孩追着花衣小男孩说："这是我的，还给我。"花衣小男孩没理他，将铲子递给粉衣小女孩说："我跟你交换一下管子可以吗?"旁边的蓝衣小男孩说："不可以!"黄衣小男孩伸手去抢回铲子，花衣小男孩快速从粉衣小女孩手里拿回铲子，走向了绿衣小女孩，并说："我拿这个铲子和你换一下那个白色管子。"黄衣小男孩见状说："我去给你拿一个来行不行?"然后跑着去柜子里拿来了管子，可花衣小男孩已经用铲子和绿衣小女孩交换并拿走了管子。黄衣小男孩说："我也想用这个铲子。"绿衣小女孩没有还给他。

场景四：

迷彩衣男孩走到沙池拿起一个蓝色桶，绿衣小男孩和他说："别抢我们的桶，这是我们的桶，我们的桶!"

【分析与措施】

分析：

教师在户外活动环节对大一班的孩子们进行观察，孩子们发生了四次冲突，而在这些冲突中，孩子们都是用生硬的语言、动作来表达自己的想法，不顾他人的感受。当孩子们

同时想要一个玩具时，他们不知如何处理，而是直接用强取的方式。幼儿的社会性行为主要是在日常生活和游戏中通过观察和模仿慢慢发展起来的。因此，教师和家长要注意榜样作用，用环境来熏陶孩子，做好示范作用；给予孩子肯定，当孩子做出好的行为时，教师要及时夸赞，引起幼儿注意，大家互相学习，一起成为更好的自己。

措施：

1. 游戏回顾：集体谈话。“我的位置在哪里?”“当我们都想要同一个玩具时怎么办?”“别人挡到你了怎么办?”通过这些问题，引导幼儿去思考与同伴发生冲突时怎样解决，提升幼儿的沟通交流能力和人际交往能力。

2. 餐前活动。幼儿分享：“你好，可以一起玩你的玩具吗?”游戏：“找位置”。

3. 集体教学。绘本分享《我们一起玩》，谈话活动“她××很厉害，我想向她学习”“可以这样做”。

4. 家园共育。多带幼儿进行团体游戏，引导幼儿自己解决在生活中遇到的问题。让幼儿做力所能及的事，自己解决家庭中日常的事务。

牵手机器人

江苏省如皋市长江镇港城第二实验幼儿园　张婧婧

【观察对象】楠楠、星星　**【班级】**中班

【观察时间】上午建构游戏时间

【观察背景】

围绕机器人主题活动展开建构游戏，利用功能室探究齿轮之间的联动。

【观察目标】

1. 幼儿遇到问题能否不断尝试解决。

2. 幼儿在游戏中能否大胆表达自己的猜想。

【观察过程】

游戏一开始，按照搭建的原始目标，只需要转动一个齿轮，其他齿轮都会跟着转动。但当楠楠开始转动齿轮时，只有左边的机器人转动，连接两个机器人的手却静止不动。楠楠拉来星星说：“你看，它们没有一起动。”星星回答：“是的，我们检查一下。”不一会儿，他们发现连接手臂的第三个齿轮与第四个齿轮中间有间隔。楠楠说：“哥哥，这个齿轮连接不上怎么办啊?”星星思考片刻说：“把这个往前移一下。”他们开始将第四个齿轮往前移，但新的问题又出现了。“哥哥，不行，移到前面它们就叠在一起了。”星星回答：“这办法不行，应该往上移。”楠楠根据星星说的方法开始尝试，但发现还是不行，这个没法插在孔里，孔离得很远。他们寻求老师的帮忙：“老师，我们这个机器人没办法一起转动，怎么办啊?”老师上前查看了一下说：“你们刚刚试着移动改变齿轮的位置，那除了这个方法外，还有没有其他的办法呢？这两个有空隙的齿轮中间可不可以进行填补呢?”星星听了老师的话，想了想，忽然大声叫道：“我知道了!”随即拿来一个齿轮和圆棒，在第三、第四个齿轮空隙下方增加了一个齿轮，随即转动了一下，这下总算转动了。

【分析与措施】

分析：

通过两次齿轮不转，幼儿能够先自己检查缘由，并根据自己的设想不断调试。第二次

不能联动显然比第一次的问题要深入，他们选择先自己解决，当在自己的认知中无法解决时，能够及时寻求帮助，并在教师的提示下，找到解决的方法。幼儿提高了动手动脑尝试解决问题的能力，也习得了通过调整位置或增加材料让齿轮转动的关键性经验。

措施：

1. 谈话总结影响齿轮转动的几种因素，为下一步游戏提炼关键性信息。

2. 通过视频播放，让幼儿欣赏有关齿轮转动的机器，丰富幼儿经验，从而激发幼儿更多的设计创想。

3. 在建构游戏中，教师应多鼓励、少介入，引导幼儿遇到问题时通过观察、比较、尝试等方式解决问题。

4. 根据幼儿游戏的深入发展，及时调整环境，根据幼儿游戏需要添补材料，为幼儿游戏的深入开展提供支持。

小鱼“滑滑梯”

江苏省如皋市长江镇港城第二实验幼儿园　郭　姚

【观察对象】苏苏、萱萱、筱雨、coco　**【班级】**中班

【观察时间】上午户外游戏时间

【观察背景】

前期的游戏中，孩子们用水管搭建了长长的管道，探究起水流的方向。这次的游戏中，孩子们加入了小鱼继续探究。

【观察目标】

1. 幼儿能够与同伴合作游戏。

2. 在户外沙水区游戏中，幼儿能够主动探索多种游戏的方式。

【观察过程】

苏苏从游戏筐中拿出五条玩具小鱼放在水管上，到小河边用水桶舀水，将水从水管上端往下倒，小鱼玩具流到了第三根水管处就停住了。萱萱说：“只差一点点了。”苏苏说：“我们一个一个放吧。”

这一次，黄色的小鱼顺利地滑到了自己的“家”中——黄色的水桶里。筱雨看见了，走了过来说：“我也加入你们吧。”苏苏说：“好呀，你也拿一个水桶来装水吧。”筱雨拿了一个大桶装满水，萱萱放了两条小鱼在水管上，筱雨和苏苏在“滑滑梯”的顶端加水，两条小鱼从“滑滑梯”上一会儿就“到家”了。

苏苏继续增加小鱼的数量，三条、四条、五条。

苏苏说：“我想到一个好玩的游戏，我在最上面加水，筱雨在中间加水，萱萱在最下面加水，这样小鱼滑滑梯就更快了。”三位小朋友一直游戏了三次后，第二根水管和第三根水管的连接处开始往下塌陷了，苏苏继续准备从最上面开始倒水。筱雨说：“我们的水管有点塌了。”萱萱说：“连接的地方有些漏水，小鱼就过不去了。”这时 coco 走过来，说：“沙子上面有水就陷下去了。”苏苏说：“我们用竹片和石头来把它增高吧。”萱萱说：“好呀。”“滑滑梯”被孩子们调整后变得高高的，吸引了更多孩子到来。

【分析与措施】

分析：

1. 基于原先的管道建构，孩子们探索出了新游戏。在已经建好的管道上，孩子们想到

了让小鱼来“滑滑梯”。孩子们不断调整、不断尝试，从起初成功地送一条小鱼回家到最终成功地送所有小鱼回家。

2. 充分利用游戏材料的特点，支持幼儿的持续探究。在一次次的加水“滑滑梯”中，原本用沙子垫高的管道渐渐塌陷了。当幼儿想要继续垫高水管的高度时，他们认识到“沙子遇到水会湿，会塌陷”，于是孩子们决定用“不怕水”的材料作为水管下面的垫高物。

措施：

1. 集体分享：将幼儿游戏的状态用视频拍摄记录下来，用于游戏后的经验分享。分享一：小鱼一开始“滑滑梯”为什么没有成功呢？分享二：当管道塌陷时，苏苏、萱萱和 coco 是怎么做的？分享三：为什么要用竹片、石头来垫高呢？还可以用什么来垫高？

2. 讨论：小鱼还可以在沙池里玩些什么游戏呢？世轩说：“小鱼还喜欢游泳，可以设计一个游泳池。”小米说：“小鱼也可以在游乐园里面玩。”牛牛说：“还可以种一些树，在城堡周围，小鱼可以逛街……”

沙水池挖水渠

江苏省如皋市长江镇港城第二实验幼儿园　戴萍萍

【观察对象】宸宸、范儿、婧婧、贝贝等　**【班级】**中班

【观察时间】上午户外游戏时间

【观察背景】

户外自主游戏时幼儿能自主选择材料进行游戏，范儿选择了沙水工具，其他小朋友也跟他选择了同样的工具，大家开始自由玩耍。

【观察目标】

小朋友在游戏的过程中遇到问题有解决问题的能力。

【观察过程】

尝试挖水渠。

进入沙水区之前，幼儿要穿好防护装备。孩子们穿好雨靴，有秩序地进入沙水区，选择自己喜欢的游戏材料开始玩起来。刚开始他们挖了一条细细的、长长的水渠，但是发现不能直接将水引入沙池，于是加入了塑料纸。

初次尝试引水流。

范儿说：“我们的水渠成功啦！赶紧加水。”不一会儿，他们发现塑料纸在往水里滑，水也不流动。于是他们展开了讨论，“这是为什么呢?”婧婧猜测：“是不是水太重了，所以两边陷下去了？上面需要用石头压住。”

再次尝试引水流。

大家将原来的水渠两边用沙子加固了，并且又开辟了一条支流。范儿在水渠上铺上沙子，固定两边，其他小朋友看到了也立即加入了进来。在所有人的团结努力下，不断地把水注入小水渠，缓缓的水流累积成了一个大水洼。

【分析与措施】

分析：

1. 在玩沙玩水的过程中可发展幼儿的感知觉。在玩沙的过程中，幼儿会接触到不同质地的沙子，比如湿沙、干沙等。

2. 玩沙玩水可练习幼儿大小肌肉的力量和协调能力。幼儿用力拍打沙子或用铲子将沙子铲起，都需要运用大小肌肉的力量，这个过程可以训练肢体的协调能力。

3. 玩沙玩水可发展幼儿的创造力。通过玩水、玩沙，幼儿获得成功的体验和快乐。

4. 幼儿玩沙玩水可获得情绪上的满足。玩水、玩沙可以满足幼儿探索自然的兴趣。

5. 玩水玩沙可学到关于水和沙的知识。当幼儿在玩沙和玩水的时候，他们会发现沙和水的特性。

措施：

1. 提供丰富且具有层次性的游戏材料。可以提供一些和科学探究有关的游戏材料，如放大镜、大小不同的刷子、尺子等。

2. 提供适合中班幼儿年龄段的游戏材料。中班幼儿随着年龄的发展，已经不再满足于一些简单重复的动作，这时可以将沙水进行融合，让幼儿感受到干湿沙在不同状态下具有不同的形态。

3. 活动后及时评价与鼓励。在幼儿发现水渠因为承载了水的原因，两边会往下塌时，他们自行讨论，发现问题，还吸引了其他小伙伴加入，并且开辟了另一条水渠，形成了两条支流。这样大大增加了幼儿的自信心，也给他们以后团结合作奠定了牢固的基础。

【案例分析】

我们的教室

山西省运城市河津市市直机关幼儿园　米　丽

一、案例背景

大班幼儿已有一定的生活经验与一定的建构经验，他们已掌握了很多搭建技能，如平铺、围合、垒高、连接等，幼儿对搭建城堡、各种房子具有浓厚的兴趣，能对自己的搭建作品有初步的设想，并能搭建出一些完整的建筑造型。本月我园的活动主题是“盖房子”，在这个主题下，孩子们了解了房子的基本结构，认识了世界各种有名的建筑，也熟悉了房子的时代变迁，这些经验的习得给孩子们进行户外积木搭建提供了很多素材。为了让孩子们的搭建作品更丰富，搭建技能得到进一步提高，在室内主题墙，我张贴了很多中国及世界有名的建筑图片，有故宫、巴黎圣母院、帆船酒店、比萨斜塔等；在碳化积木区，我投放了建构技能小书和幼儿的搭建作品小书，方便幼儿随时翻阅参考。

二、案例描述

（一）积木教室的诞生

户外活动开始之前，我和幼儿一起进行户外活动计划。

文文说：“老师，我想把我们的教室搭建出来！我们教室里有很多桌子、椅子，墙边还有很多柜子。”洋洋说：“我们的教室就是一座房子，它四周有墙，桌椅柜都在里面。”毛毛说：“得需要很多人才能搭成。”文文说：“那我们一起在户外搭一个大大的教室吧！”

游戏开始，“小建筑师”们积极地投入搭建工作。曼曼从积木柜里拿出了很多单元积木，并喊道：“如心、辰辰、溪溪，我们来搭我们的围墙吧”；阳阳径直将取出来的积木放在窗户下面，拉着洋洋与希希开始搭建柜子；文文、雨雨、思彤决定要搭建桌子与椅子。

“哎呀，我这桌子又塌了！”文文在一边大叫起来，毛毛拿着粗圆柱积木走过来：“我们

试试用这个粗的来当桌子腿吧!"说着，他们三下五除二就完成了桌子腿的搭建。文文小心翼翼地趴在上面验证它的稳固性，说："这个桌子稳固多了，我们在它四周搭上椅子，在桌子上面玩游戏吧!"

(二)我们的生活区

有了上一次搭建教室的经验，这次小朋友们迅速分工，很快将教室里的桌椅、柜子搭建起来了。只听萌萌大声喊道："千千、文文，我们快来搭床吧!"她先拿了四块正方体积木当床的四条腿，接着又拿了两块最长的积木架在正方体积木上，随后，他们用很多两倍厚的单元积木进行盖顶，千千说："头顶、脚底我们用什么把它护住呢?"萌萌从积木柜找了两块大三角形积木分别做床头和床尾，就这样，他们又拼搭了三张床，舒服地躺下来休息。

子博选择在墙角搭建卫生间，他选择了四块薄单元积木，做女生上厕所的地方，旁边靠墙立了两块两倍厚的单元积木做男生小便池。我走过去问道："怎么上厕所呢?"子博说："女生上厕所的时候双脚踩在积木上。"在男生小便池旁边，子博还用半环形积木搭建了小马桶，他开心地坐在马桶上。

另一边，希希用半单元积木与六倍厚的单元积木进行水杯架的搭建，他将两块半单元积木重叠间隔平铺，并在其上架长积木，依次往上，使用半单元积木做水杯……

(三)生活区的完善

佳辰迅速搬来许多单元积木，"我来搭围墙，搭上围墙上厕所就不羞了"，说着采用之前围教室围墙的方法开了工。"男女厕所还得分开"，她在中间搭建了隔断。

子博搬来半环形积木来拼搭马桶，飞飞坐上去体验一番后说："还是有点低。"子博继续完善垒高，并在马桶旁边放了小圆柱积木作为卫生纸。

文文搭建小便池，开始他选择了薄单元积木立起来，飞飞说："有点低，冲水还得蹲下来。"飞飞拿来两倍厚的单元积木进行调整，我走过来问："怎样如厕呢?"飞飞说："对哦，需要有个洞。"马上和文文一起拿了积木开始修缮……

三、案例分析

此次建构游戏活动，从搭建活动室扩展到生活室，孩子们得到了多方面的学习与发展。

(一)培养了良好的学习品质

在搭建过程中，幼儿认真专注进行游戏，出现问题，能自己思考并尝试主动去解决问题，幼儿的想象力和创造力等良好学习品质均得到发展。

(二)动作得到发展

在不断搬运积木的过程中，其力量、耐力、手眼协调、手部小肌肉动作都得到发展。

(三)倾听与表达能力得到提高

我们的教室搭建出来后，幼儿会表述它们的名称及功能，遇到问题共同商量、讨论等，老师给予幼儿宽松的语言表达机会和倾听他人的机会，促进其语言能力的提高。

(四)社会性得到发展

在搭建过程中，需要分工合作，难免会有分歧、争执等，大家共同合作、商量解决，其社会性能力得到极大提高。

(五)科学探究及解决问题的能力得到提高

在遇到柜子与水杯架不稳固的问题时，幼儿积极探索，并试图采用把底座铺满的方法使其更稳固；在搭建桌子时，将细的桌腿换成粗的，桌子会更稳固等。幼儿在反复探究和尝试中，初步理解一些抽象的科学原理。

四、案例措施

(一)做幼儿的生活经验与搭建技能支持

积累前期游戏经验，为幼儿更好地开展游戏活动做铺垫。当幼儿对搭建教室感兴趣时，我引导他们仔细观察教室的结构、陈列的物品，帮助幼儿丰富搭建教室的前期经验。

(二)游戏活动中的观察与指导

在搭建游戏的过程中，我始终作为一名观察者、引导者，适时介入，把问题抛给幼儿，把幼儿推在前面，支持幼儿在发现问题、解决问题的过程中独立思考。

五、案例总结

游戏是自主的，但自主不等于放任自流。在游戏中，若幼儿只是简单地宣泄感情，并没有高阶思维参与，幼儿游戏水平就会长时间处在低水平，难以达到高水平，也就难以发挥游戏促进幼儿学习与发展的功能。高质量的游戏需要教师高质量的支持与回应，这是幼儿游戏质量达到高水平的关键。这就要求教师根据观察的结果对幼儿进行有针对性的支持与引导。

所以，在搭建前期，除了给幼儿一些口头支持外，还应给幼儿充足的时间进行教室图纸的设计，进行搭建的时候，幼儿才会更加有条理；如搭建过程中应根据幼儿的需求及时提供幼儿所需的各种真实材料或替代材料，来帮助幼儿更加真实地还原生活。同时，提高幼儿以物代物的能力，从而发展幼儿的想象力与创造力。另外，还可以投放纸笔等读写材料，方便幼儿现场设计班级标识、厕所标识等，提高他们的前书写能力。

总之，在幼儿自主游戏中，教师一定要做到少干涉，多静心观察，随时以专业理念提供支架策略，始终把引导的落脚点放在培养幼儿解决问题的能力上，真正做到活动由儿童发起、由儿童推动。

家乡的景观河

新疆维吾尔自治区喀什市叶城县第三幼儿园　肖成英

一、案例背景

沙子是大自然赐给儿童最天然、最有趣的自然游戏材料，孩子们对沙和水充满着探索欲望，起初他们只是单纯地挖坑、寻宝。近期还投放了许多 PVC 管和剖面管供孩子们选择。孩子们利用各类材料进行自主游戏，有的挖宝藏，有的做蛋糕，有的堆城堡……丞丞发现沙池旁的水管，他打开水龙头，发现居然有水，兴奋地说："啊！来水啦！来水啦！"孩子们蜂拥到每个水龙头，打开水各种玩。孩子们都在发挥着自己的想象能力，进行着属于自己的"大工程"。孩子们发现了沙与水的特质，湿沙更易塑形，对于水的需求越来越浓，由此出现"河流"，从而不断衍生出新的游戏主题。

二、案例描述

(一)"小河"工程

在挖"小河"游戏时，幼儿们探究着怎样把水引进"小河"，有的幼儿用管子往小河注水，有的幼儿用长长的 PVC 管运水，有的幼儿用几节剖开的 PVC 管连接起来输送水进"小河"，有的幼儿用小桶提水倒进"小河"，幼儿们热衷于运用各种工具将水运至"小河"。

丞丞说："你们看，这里有一个大洞，水进洞了。"原来水龙头下面被水冲出一个大坑，水龙头的水直接从大坑流走了。宇宇说："水流到海洋去了。"家杰说："不对，水流到楼下

面了。”孩子们议论纷纷。老师问：“怎么把水引到小河里?”梓馨说：“可以用水车啊！这样水会流到小河里。”老师说：“嗯，可以试试啊!”梓馨快速从工具箱里找来水车放在水龙头下面。果然经过水车的转动，水慢慢流进了“小河”。梦洁和羽墨搬来一根长长的剖开的PVC管，直接架在水车上说：“让水流远点、流快点。”宇平和俊赫也从工具箱里找到几根长短不一的剖开的PVC管子和高矮不一的木架，他们从另一个水龙头下搭建了一座像高架桥一样的运输管道，运输管道建成后，家杰发现水从第一根PVC管流进第二根PVC管，到第二根PVC管水就倒流，水不流向第三根PVC管。他们三人不停地调整位置，一会换PVC管，一会换木架，最终经过长达10分钟的修建，终于完美收工，水被顺利地运送进“小河”。

(二)“景观河”工程

沙池里挖出了一条条的“小河”，每条河道都是独立的。老师说：“大家快来看看！多美的风景啊!”正好说：“老师，像我家门前的景观河。”晨翰说：“是的，是的，妈妈带我去玩了。”老师问：“你们家门前的景观河是连在了一起吗?”诗诗说：“我们把小河挖通吧!”老师鼓励她说：“可以呀！想法太好了!”

孩子们说干就干，有的用铲子挖沙，有的空手直接挖，有的用翻斗车运沙。大家挤在一起，一片热火朝天的景象。正好说：“这里不需要这么多人，人太多了，快去那边挖。”张兴晨扛着铲子去挖另一端了。晨翰说：“我从这里挖，把小河全部连接起来。”正好说：“老师，为什么小河挖好了，水不流过来啊!”老师说：“比一比，小河两端怎样?”正好说：“小河这边高。”他自言自语说，“再挖深一些，水肯定流过来了。”老师说：“哦，是这样吗？你试试看。”“挖通了！挖通了!”晨翰大叫起来，诗诗也高兴地喊了起来。

三、案例分析

首先，沙子是低结构、有多种玩法的原材料。不少幼儿在玩的时候游戏方式比较单一，新添加的游戏材料引起他们的注意，同时，教师还发现大部分幼儿喜欢2—3个人为一组来玩游戏，能够互动起来。游戏分享中，作为游戏的观察者，教师及时引导幼儿通过集体讨论的方式，播放再现游戏过程，面对一个小朋友遇到的问题情境，及时抓住契机，引发幼儿讨论，共商解决的办法，在这个过程中，教师惊喜地发现幼儿拥有自己的思考和想法。“我的回想”“我的计划”，一次个性化的记录给幼儿提供学习新视角，提供机会让他们对自己的设想进行计划，支持和鼓励他们在下一次游戏时，大胆验证自己的想法，能够有效促进幼儿进入更深层次的学习，提升游戏质量。

其次，自主游戏最重要的就是要放手游戏、发现儿童，在游戏的过程中教师敏锐地捕捉到了这一课程契机，在充分尊重幼儿意见和想法的基础上，引导幼儿发现—讨论—验证，给予他们充分的支持。在游戏开展过程中，教师注意倾听每位幼儿的声音，观察每位幼儿的动作，思考每位幼儿的想法，允许他们试错。在探索过程中，幼儿不断丰富自己的认知，大胆探索材料的拼接与利用，努力找寻让水不漏出来的方法等，全身心投入游戏中的幼儿弄脏了鞋袜、弄湿了衣服，退后一步的教师，看到了了不起的幼儿。

四、案例措施

孩子们在游戏中对“水流向哪儿去了”进行了猜测、讨论，在老师的追问“流不进小河里怎么办”之下，孩子们想到了借助各种工具材料，可以看出幼儿形成了自主思考的意识，宇平和俊赫搭建了一座像高架桥一样的运输管道，家杰观察到水引入第二根PVC管。开始孩子们想不到方法是想求助老师，我没有直接告诉他们问题的答案，而是引导孩子们观察水的流向，孩子们结合生活经验连接管道，用经验迁移的方式找到了引水的好方法，这是孩子们获得的较为稳定的新经验，对推动游戏水平的提升起了较大的作用。让我最惊喜的是

游戏结束后的分享环节，孩子们畅所欲言、答疑解惑、激烈讨论，让我发现原来我在幼儿的游戏中更多的是一位倾听者，倾听幼儿的发现、困惑、回应，而我所要做的便是给幼儿提供充分自由的发言空间，让孩子们进行思维上的碰撞。

五、案例总结

(一)纵情沙水，在探究中遇见惊喜

幼儿以具体形象思维为主，探索性游戏以幼儿生活为基石，贴近幼儿生活，更能够激发幼儿的活动兴趣。本次游戏活动是在沙水区进行的，沙子是低结构的、没有固定玩法的原材料，没有固定形状，没有固定的操作方式，这就为幼儿提供了更多的创造性和可能性，更能激发起幼儿的探究欲望。同时，管道的搭建促使幼儿积累建构知识以及在实践中运用生活经验。例如，对比管道的长短、大小、高矮，知道管道有漏水的地方，水流不到沙池等，通过试错、探究、验证、多次反复操作，增强了幼儿的观察力、想象力和创造力。

(二)多元互动，在愉悦中成就发展

1. 创造机会，增进伙伴关系

幼儿在玩沙中，愉快、激奋的情绪得到了很好的宣泄与释放。小班下学期幼儿的合作水平不是很高，而游戏天然的趣味性和挑战性，触发了幼儿之间的合作与互助。在玩的过程中，幼儿能够做到自发牵手，积累了一定的交往经验，同时深刻感受到了团队的力量，体会到了成功的喜悦，于无形之中增进了同伴间的友谊。

2. 多感官参与，感知材料特性

幼儿在挖沙过程中，体会到沙子细小、松软的特点，在沙水融合的过程中感受到了沙子遇水具有可塑性的特点；在引水过程中，发现水会渗透到沙子里，导致水流变慢，折射出沙子有很强的吸水性；在管道、拼接材料、辅助材料的使用过程中，提高了空间认知能力以及对材料的多元化运用能力……沉浸式的体验之下，幼儿对沙子的多元认知正在生成。

3. 坚持不懈，养成良好的学习品质

相互协作、分工合作、各司其职、动手动脑、不断试错……是幼儿在游戏中反复上演的行为，在这个过程中，幼儿的协商合作能力、自主探究能力、解决问题的能力都得到了不同程度的锻炼和提升。同时，在协商讨论的过程中，幼儿能够做到主动思考问题、解决问题，全神贯注于整个游戏环节当中。在幼儿感兴趣的游戏活动中，积极主动、认真专注、不怕困难、敢于探究与尝试的学习品质正在悄然形成。

用心引导单亲幼儿解决问题、发泄情绪

河北省石家庄市河北外国语学院　祁丽文

一、案例背景

由于社会多元化发展、婚姻观的转变，单亲家庭越来越多。爱的残缺使离异家庭的孩子心灵受到了很大的伤害，他们有的内向自卑、抑郁冷漠；有的易躁易怒，缺乏合作意识。单亲家庭孩子的教育问题越来越引起人们的重视，面对这些被伤害的孩子，如何通过教育解决他们的心理问题，使他们健康成长，是所有教育工作者都应该思考的问题。

二、案例描述

明明是一名来自单亲家庭的幼儿，他的父亲因意外不幸去世，他和妈妈生活在一起。明明的妈妈对他的教育非常重视，但由于工作繁忙，不能长时间陪伴孩子，使得明明在幼

儿园表现出了一些激进行为。

在一次音乐游戏活动中，需要小朋友们选取自己喜欢的水果头饰进行表演。小朋友们争先恐后地选择自己喜欢的头饰，有几位小朋友选择了同一个头饰，在老师要求选择相同头饰的孩子们用石头剪刀布做决断时，其他小朋友都很快将问题解决，但是明明在与军军石头剪刀布输掉后仍强硬地将头饰霸占在手中，并抡起拳头准备攻击军军。

三、案例分析

明明来自单亲家庭，由于平时与人交往不多，对人与人之间的交往感到焦虑，在众人面前感到不安、敏感，情急之下会通过打人行为来缓解焦虑、抑郁的情绪。同时由于家庭特殊，明明容易成为其他孩子欺负和孤立的对象，这导致明明刻意在言行上表现出与众不同，甚至喜欢和老师对着干以显示自己的存在感。明明对生活和学习中的小摩擦、小矛盾斤斤计较，反应强烈，是由于在成长过程中家长关爱不足，导致其自我保护意识过强，容易出现过激行为。他不顾教师劝阻强抢头饰并试图打军军是因为他觉得军军是故意和他对着干，觉得自己被忽视，却没有意识到自己的错误，所以他不顾规则强抢头饰还试图用暴力来发泄不满。

四、案例措施

第一，教师引导明明在与其他小朋友的相处过程中更加友善和体贴，让其感受同伴的友善，逐渐关爱、包容他人。可以通过集体社交活动和游戏活动培养幼儿的良好品格。

第二，教师引导其他小朋友与明明一同学习、做游戏，让明明体会到身边朋友的友善，体会到自己与其他小朋友没有不同，使其逐渐放下防备，减少以暴力发泄不满的情况。

第三，引导明明与老师诉说自己的情绪并使其情绪得到合理缓解，让明明意识到不用暴力也可以解决问题。

第四，教师与明明家长进行沟通，尽量多与明明进行亲子活动，逐步建立良好的信任和沟通关系，可以通过共同阅读、玩要等起到作用。同时也应适当引导明明清楚规则的重要性，让其更好地掌握行为规范和生活常识。

五、案例总结

《幼儿园教育指导纲要(试行)》中指出，建立良好的师生、同伴关系，让幼儿在集体生活中感到温暖，心情愉快，形成安全感、信赖感。单亲家庭的幼儿在教育时需要特别关注，尤其是在家长没有较多时间陪同孩子时，更应多加引导和关注，让单亲幼儿在友爱、团结的环境中茁壮成长。

户外活动中幼儿自主管理能力的推进

上海市青浦区清河湾幼儿园　张菊凤

一、案例背景

户外安全管理是一个强调幼儿积极主动参与的过程，它是通过自主管理促进良好行为习惯的养成，提高自我安全服务的意识和能力，把教师的要求逐步转化为幼儿自我需求操作。这一点很好地诠释了“以幼儿为主体”“以人为本”的教育理念。培养幼儿自主管理能力是《幼儿园教育指导纲要(试行)》社会领域的重要内容之一，如果能充分调动幼儿自主管理的主动性，将会对其良好行为习惯的养成起到关键作用。

二、案例描述

第一次案例实录

今天在几位孩子的帮助下，基本上所有的木质材料都搬放在了塑胶场地上，虽然老师和几位小朋友已经尽力地在搬运动器材，但是十分钟很快就过去了，等到其他小朋友陆续来到运动场地时，我们还没有全部完成。

随着音乐响起，所有的小朋友都争先恐后地帮忙搬各种器材，其中有的小朋友不乐意与其他同伴一起合作搬，自己扛着木板一个劲儿地往前冲；也有小朋友是和其他同伴一起合作搬一个攀爬架，可是看到旁边有其他的器材，又半途而废跑去帮忙搬其他的材料了。此时我看到尘尘紧皱着眉头将手中的材料重重地放在塑胶场地上，说："我先搬的这个凳子，结果毅毅来和我抢，我就被木凳子擦了一下。"所以，看得出孩子最后还是拿木凳子"出气"。

第二次案例实录

活动开始了，有个别小朋友会将自己的任务与其他小组混淆，此时宸宸就开始大声地吩咐同伴再多搬几个轮胎，但不同小组的成员之间缺乏沟通，如彩虹桥那里只有一位小朋友在整理，其他幼儿都不见了踪迹，一个区域没有及时完成，导致了整个户外活动被延迟。

老师问："这块区域是哪个小组负责的?"毛毛说："是第三组，现在只有嘉嘉一个人在铺路。"第三组幼儿马上去帮嘉嘉铺路。还是人多力量大，没过多久小路就铺完了。第五小组的幼儿虽然已经将本组的器材都摆放完成了，但做事认真仔细的两位妹妹还是不停地在摆放梯子，检查运动指示牌前自己小组的材料有无缺失或摆错，可惜轮胎和梯子的摆放太靠近出发地了，很多幼儿都拥挤在一起。幼儿在爬山坡的时候，基本上都是爬上去没有问题，但下坡时只能选择跳下来，因为有些玩具摆放的方向错误，导致运动中存在一定困难。

三、案例分析

案例分析一：

首先，一群幼儿蜂拥而上难免会存在安全隐患。问题是如何让孩子有序地进行活动。孩子收放玩具时有点自由散漫，由着自己的性子来，有种随心所欲的状态。所以会出现半途而废的情况，不能有始有终，如何让所有孩子齐上阵而不会出现乱象需要教师根据幼儿的实际情况进行适当调整。

其次，大胆地放手，让孩子自主地"管理"他们玩的材料。所有幼儿都加入运动器材的摆放以及收拾整理中，孩子们搬运运动器材既是户外运动前的身体活动准备，也是帮助老师分担一些户外运动的任务，只有每位孩子都有事情做了，他们才不会嬉戏吵闹、无所事事。

案例分析二：

首先，在地面上做标记，养成规则意识，保障安全。即使分配了小组任务，但有些玩具的摆放方向和距离还是不够到位，活动中难免会出现这样或那样的困难。有几块运动场地是幼儿做操的地方，所以是不适合在地上做任何标记的，应组织幼儿采用恰当的方式准确定位。

其次，幼儿自制材料标识，制作场地标识。材料库里的运动器材多种多样，数量也较多，如何让幼儿很容易地区分这些物品，为它们找到自己的"家"，是教师应重点考虑的问题。俗话说"没有规矩不成方圆"，培养幼儿自主管理能力必须从培养规则意识开始。因此，为了方便记忆自己的任务和器材种类，建议组织幼儿自制材料标识。

四、案例措施

(一)让幼儿一同参与到收放运动器材的队伍中来

教师对幼儿自主能力的培养不可能停留在某个或某些幼儿身上，顾及面肯定是班级中的全体幼儿，只有让所有的幼儿都参与进来了，才有利于班级幼儿良好自主管理能力的培养。

(二)增强幼儿在管理中的主人翁意识——制定班级公约

可以和孩子一起制定班级公约及分组收放的规则，鼓励幼儿根据自己小组内的讨论和协商“认领”一块属于自己的收放区域。教师根据幼儿的小组数将整个活动区域分成五个场地，然后让幼儿小组来按人数和顺序“认领”。

(三)实行“管理员”轮换制度，增强自主管理的意识

实行户外运动的小组管理员制度，在“管理员”的评选方面，一切都由孩子自主选择自己心目中的“管理员”，每一位投票的幼儿还要附加上自己的理由。等到一周结束以后，反过来作为“管理员”的幼儿还可以评价本组的成员表现，两者形成了密切的联系和督促关系。

下一任的管理员必须提前跟岗学习，我们可以称他们为“实习管理员”。如果孩子之间出现纷争，让孩子们想办法解决，可以是猜拳等措施，此时管理员要发挥调节剂的作用。

(四)制作户外运动指示牌

可以用文字及照片的形式表示，务必让孩子看得懂、能理解，并内化为自己的行为规范，最终表现在运动场景的布置和收拾方面。用图片提醒幼儿“我该选择哪些材料，该放在哪块区域”，如利用箭头表示出发和过程，以及在中间贴上一张完整的运动场景图。这些标记可以用图片等形式表现，能让孩子看懂就行。

(五)利用照片或视频形式寻找运动中的问题

照片和视频可以让幼儿直观地观察自己和同伴在运动过程中是如何使用这些运动器材的，而且能看清自己碰到了什么麻烦，大家是如何一起根据直观的“信号”集思广益，争取最佳的解决方法的。

(六)分散人流，分工明确

每天户外运动时间都由一位带班老师在仓库内寻找材料，然后拿到门口供等候的幼儿搬运，减少了仓库拥挤的状况，幼儿还多了选择的机会。

五、案例总结

幼儿园教育应以游戏为主，以幼儿的户外活动为例，每次户外活动器材不一定由老师搬进搬出，因为活动器材太多，老师还没有完全摆放完成，孩子们就已经在一旁等候多时。此时，老师可以把任务适当交给幼儿。在大力推进素质教育的当下，坚持基于幼儿的立场，在学前教育创新模式之下，遵循幼儿成长规律，使得孩子可以成为户外活动安全管理的真正主人。

摘桃趣事

陕西省西安市阎良区第六保育院　罗　璇

一、案例背景

为了给幼儿提供亲近自然、探索自然的机会，我院打造生态园林式院所，操场上随处可见的花、草、果树，都是深受幼儿喜爱的“游戏伙伴”。

保育院有一个传统，每个孩子自入院起便可以以班级为单位认领一棵树，承担起照顾树的职责。中二班的孩子也不例外，桃树在孩子们的精心照料下茁壮成长。直到孩子们惊喜地发现桃树上结出了小小的果子，于是期盼桃子成熟成了孩子们最大的心愿……

二、案例描述

(一)桃子熟了

骄阳下，负责照料桃树的几位小园丁在小山坡乘凉时惊奇地发现，躲在翠绿桃叶后的桃子终于成熟了。

孩子们围在一起，看着已经成熟的果实都想摘回去尝一尝，在询问过同伴和老师的意见后，一场摘桃子行动就此拉开了序幕……

(二)摘不到的桃子，怎么办?

班里个子最高的嘟嘟轻松地摘到了最低处的桃子，其他小朋友也学着踮起脚尖尝试，但都失败了，他们又蹦起来，但也没有摘到。“就差一点点……”孩子们略带失望地说。

“老师，昊昊上树了!”嘟嘟的呼喊声打破了低落的气氛，只见昊昊手脚并用爬上桃树，在小朋友的保护下成功摘到了挂在树梢上的几个桃子，同伴们都为他鼓掌叫好，而此时低处已经没有桃子了。这可怎么办？一旁的悠悠说：“我们能不能找一些工具帮忙?”回到教室，孩子们利用区域时间拿起纸笔，开始绘制摘桃子工具的设计图；经过激烈的讨论，孩子们投票选取了四种方法进行尝试。

(三)“我们可以找什么工具帮忙?”

孩子们第一个尝试的方法是滚筒，他们将滚筒滚到了桃树下，希希和迪迪率先爬上滚筒，可是滚筒不停摇晃，孩子们根本无法掌握平衡，“滚筒总是会滚来滚去”“站都站不稳”。为了安全地摘到桃子，孩子们放弃了第一个方法。

“我们试试第二个方法吧!”说着，孩子们搬来了三脚攀爬架。他们将三脚架摆在桃树边的空地，接连爬上架子将桃子摘下。可轮到昊昊爬上去的时候，眼前已经没有能够到的桃子了。于是他们合力将三脚架移至桃树另一侧，这时，米米却说：“这样不行！架子会滑下去的!”原来是因为三脚架在斜坡上难以摆放。看来，“适应多种地面摆放”也是选择工具的标准之一。随后，孩子们三两结伴，再次开启探索之旅。

第三个方法是踩小木桩，他们将小木桩摆成了阶梯状。高个子的嘟嘟在昊昊的配合下，踩着木桩成功摘下 3 个桃子后，便再也摘不到更高处的了。“还差一点就能碰到了。”嘟嘟小声嘀咕着。话音刚落，只见迪迪气喘吁吁地抱着几块碳化积木从远处跑来：“把积木垒在小木桩上，就能摘到更高处的桃子了!”“这样不安全，它太滑了，我会摔倒的!”在嘟嘟的制止下，迪迪放弃了这个让木桩变高的方法。

孩子们并没有因为摘不到更高处的桃子而沮丧，而是继续尝试第四种方法。只见他们将攀爬梯架在桃树上。“让我来，让我来!”迪迪接替怕高的希希开始爬上梯子采摘。不一会

儿，就将摘下的桃子递给下面的小伙伴，“高处还有一些桃子，可是我实在是够不到了。”梯子上的迪迪望着树顶的桃子失望地说。

三、案例分析

自己照料的桃树结果了，幼儿想要采摘和品尝的愿望愈发强烈，教师准确把握教育契机，抓住幼儿的兴趣点。在满足幼儿采摘意愿的同时，我们也应让幼儿了解，在集体生活中，要征求集体或同伴的意见。

幼儿解决问题的能力是与生俱来的。在初期摘桃过程中不难发现，每个幼儿在这场活动中都发挥着自己重要的作用。摘不到低处的桃子后，幼儿并没有放弃，而是总结经验，通过商讨、设计、投票选出下一次摘桃子需要的材料和方法。游戏中幼儿能主动思考、发现问题，提出用工具摘桃子这个新思路的同时，也为后续活动埋下了伏笔。

在摘桃活动中，每一次成功摘到桃子必然激发孩子们进一步探究的动力，在设计、讨论、投票的过程中，幼儿充分发挥想象力绘制出各类设计图，最终通过投票来选取工具，他们愿意尝试并积极回应。幼儿运用工具来辅助支撑其采摘时，产生“能不能选择轻便、好挪动的材料”“山坡处的桃子怎么办”“大家如何进行分工”等问题，幼儿能充分借鉴同伴的经验，促进幼儿间的同伴学习和思考。

而幼儿解决问题的能力不仅在于对材料的组合运用，对自身能力的认识与判读、身体动作的发展、自我保护的意识也能支持孩子们去解决一些问题。比如在用滚筒摘桃子时，谁敢踩在来回滚动的滚筒上，上面动作能保持平衡；为什么不能站在垒在树桩上的积木上……这些看似无关紧要的小细节，却处处体现了孩子们解决问题的思维。

四、案例措施

(一)顺应幼儿的兴趣

摘桃活动具有自主性、游戏性以及阶段性、开放性等特点。整个活动的开展源于幼儿的兴趣，虽然过程中遇到了工具不稳固、体积大不好搬运、高度不够等多种问题，但在兴趣的促使下，幼儿能在较长的时间内持续游戏并寻找合适的工具，自发地形成解决问题的良好态度。

(二)关注多元知识经验的获得

真正让儿童成为游戏的主人，过程中孩子们遇到困难时通过不同途径获得突破并积累相关经验。如通过同伴帮助感知工具轻重、稳固、高低等概念。在解决高处桃子怎么摘的问题时，幼儿通过绘画表征进行分享交流，寻找合适的解决办法，为活动提供了新的思考方向。

(三)幼儿在前，教师在后

本次游戏案例幼儿的想法得到了教师的尊重和肯定，幼儿的创新得到了教师的鼓励和启发，教师紧紧跟随幼儿的节奏和兴趣，适宜的介入和支持给予幼儿分享经验和作品的机会，让他们不知不觉地想说、敢说、会说，提升语言表达能力。活动中很多细节可以看出孩子们具有一定的社会交往技能及安全防范意识，懂得基本的自我保护方法。

五、案例总结

在整个活动中教师能够“管住手、管住嘴”，让幼儿多想、多说、多做，为幼儿的“试错”提供充足的空间，真正让儿童成为游戏的主人，过程中孩子们遇到困难时通过不同途径获得突破并积累相关经验。在此期间，教师通过观察幼儿的摘桃行为、记录每次小组讨论的关键词、分析每张“计划书”背后的思维方式、总结每位“小园丁”的性格特点，用镜头真实记录儿童游戏与学习的全过程。

爱心医院

天津市幼儿师范学校附属幼儿园　成宇颖

一、案例背景

嘉嘉从家里带了几本绘本《马医生》《牙齿大街的新鲜事》《住院》到幼儿园，区域游戏时间孩子们纷纷翻阅起来。洋洋说："医院里有很多医生、护士、接待员等，他们每天都忙着自己的工作。"小麦说："医院里有很多科室，可以治疗不同的疾病……"

随着绘本故事的阅读和讨论的深入，孩子们穿起了白大褂，并利用教室的一块空闲区域、现有的角色服装和小药箱等开始了爱心医院游戏。我将孩子们准备活动的照片和视频分享到班级群后，爱心医院游戏也引发了家长的关注，一些在医院工作的家长纷纷表示可以给孩子们提供游戏材料，睿睿妈妈主动到园给孩子们宣讲一些预防疾病的小知识等。睿睿妈妈的分享更加调动了孩子们高涨的情绪，爱心医院游戏在孩子们激动的心情中展开了，医院里面每天都很忙碌，经常上演着各种治病救人的精彩故事。

二、案例描述

娃娃家中，美美发现了一个坏掉的娃娃，右胳膊已经断了，左腿也摇摇欲坠，她自言自语道："这个娃娃已经受伤了，它不能参加我们的生日聚会了。"于是就把它扔到了角落里，接下来几天孩子们玩的都是新娃娃，坏掉的娃娃一直无人问津。过了几天，小布拿起了这个娃娃，喊道："娃娃骨折了，太可怜了！怎么办呀?"嘉嘉闻声赶来，说道："那得赶紧送医院呀!"小布赶紧抱起娃娃准备往医院送，嘉嘉急忙喊道："不能这么抱，它骨折了你这么抱，会加重它的病情的。"小布："那应该怎么抱呢?"嘉嘉："你去拿两根绳子和两根木棍。"小布一脸疑问，但还是去找了，只见他从美工区找到了两根编织绳后，又开始四处寻找木棍，他在教室里找了一圈也没有找到。小布挠挠脑袋，对我说："老师，益智区的插管可以拼插成一根短棍，我们能拿来娃娃家用吗?"我说："当然可以。"小布开心地拼好插管，拿到了嘉嘉旁边。只见嘉嘉先用短棍夹住了娃娃快要断掉的胳膊，然后让小布用绳子把胳膊和短棍一起绑住固定，接着又用同样的方法固定了腿，才说道："现在我们可以去医院了。"

嘉嘉和小布来到了医院，他们一脸焦急地在护士的引导下排队、挂号，睿睿医生看了看娃娃的病情，说道："你们不用太担心，我一定能把娃娃的伤医好。"只见睿睿医生拿了酒精给胳膊消了消毒，把断掉的胳膊和腿重新接回去，并上了药，美美护士给娃娃抽了血。睿睿说："幸亏你们之前已经处理过了，不然娃娃的胳膊就接不回来了。"嘉嘉说："我的爸爸是骨科医生，他说骨折后不能乱动，要固定好。"睿睿说："你们做得特别好，以后要注意让娃娃多吃蔬菜，多晒太阳；更要轻轻地抱娃娃，不能使劲儿拽它的胳膊和腿，不然它还会骨折的。"嘉嘉和小布说："谢谢大夫，我们一定会照顾好娃娃的。"说完，开开心心带着娃娃离开了。

三、案例分析

幼儿在游戏中模仿、创造性地重现生活中的经验。在前期经验的积累下，嘉嘉把娃娃断掉的胳膊和腿进行简单固定；睿睿医生对娃娃的照顾和嘱咐等，都表达了他们对安全和健康的认识，他们将生活中的经验迁移到爱心医院游戏中，丰富了游戏内容，也把自己对于疾病预防的认知和对医护人员的尊敬通过游戏反映出来，自主性得到了发挥，创造力得

到了体现。

在医院里，工作人员分工明确，幼儿角色意识强，从护士引导挂号、排队，到医生诊断、治疗、叮嘱注意事项等，情节不断丰富深入。各个岗位也能各司其职、积极配合，做好自己的工作，幼儿之间的合作能力得到提升。

在没有工具、幼儿向我求助时，我给了他思考和选择的权利，幼儿选择了用拼插管来解决材料不够的问题，老师尊重了幼儿的想法，支持了游戏的深入，成为幼儿游戏的观察者和支持者。

四、案例措施

爱心医院游戏是幼儿根据自己的兴趣和生活经验自主发起的游戏，在游戏过程中，幼儿的认知需求和社会性需求等均得到不同程度的满足和发展。

合作需求——随着游戏的开展，幼儿在游戏中出现了合作的需求。例如，娃娃需要固定包扎时，同伴帮忙寻找工具，一起解决问题；到了医院，通过护士的指引、医生的治疗等共同帮助娃娃治病等。伴随着游戏的一步步深入，幼儿的合作能力得到提升。

认知需求——从小医院最初的设立到游戏的深入，无论是他们把绘本中的内容运用到游戏中，还是生活经验的模拟再现等，他们都是边学习边治病，游戏中解决问题的发展契机促进了幼儿认知的发展。

从爱心医院游戏中，我们看到了幼儿学习的生长点，伴随着游戏的开展，我们可以通过材料、老师及家长等的支持，不断丰富游戏内容，扩展幼儿的兴趣点和经验增长点，促进幼儿的学习和发展。

五、案例总结

角色游戏不仅是现实生活的模拟和再现，还有机会在游戏中解决真实发生的问题；从幼儿在游戏中表现出来的模仿、替代、想象中，我们可以看出幼儿的思维、动作、社会性等方面的发展水平。我们要相信幼儿，要与幼儿的生活经验相结合，深入挖掘游戏价值，以促进幼儿个性的全面发展。

（一）相信幼儿，幼儿才是游戏的主人

游戏强调幼儿在游戏中的自主性和自发性，强调幼儿的主体地位。爱心医院主题来源于幼儿图书的分享，游戏中的环境是幼儿和老师共同创设的。在游戏中，幼儿可以根据自己的意愿以物代物，比如，用拼插管代替木棍等，真正把游戏的主动权交给幼儿，支持幼儿的游戏，使得幼儿在游戏中的主体地位得以实现。

（二）发现幼儿，游戏与生活相结合

《3—6岁儿童学习与发展指南》强调，幼儿的学习是以直接经验为基础的。生活化的游戏内容有熟悉、易模仿等特点。在日常生活中，幼儿都有去医院看病的经验，在爱心医院游戏中，幼儿通过模仿和想象，创造性地反映现实生活，把日常经验带到游戏中，比如，挂号、排队都是幼儿日常经历过的事情，因此更容易诱发幼儿的游戏行为。

（三）理解幼儿，深入挖掘游戏价值

一是重视幼儿园与家庭的合作，充分利用家庭中的教育资源，请医生家长参与爱心医院游戏中，介绍医院发生的事情，让幼儿更加深刻了解医院的功能与作用，帮助幼儿拓展相关经验，使得游戏的内容更加丰富。

二是老师和家长根据孩子们的游戏情况，适时进行材料的补充，以满足幼儿的游戏需求，比如投放《加油，熊医生》《我可不怕打针》等相关绘本，以扩展幼儿相关经验，丰富游戏内容。

三是游戏具有潜移默化学习的作用，如骨折的病人不能随便移动，需要先把伤肢固定；病人需要多晒太阳等，真正地把生活融入游戏，将游戏、生活与学习融为一体，让幼儿玩在其中，乐在其中，学在其中。

我的支付攻略

福建省厦门市华侨幼儿园　阮芳婕

一、案例背景

角色游戏中，幼儿经常模仿支付行为，如快餐店买吃的、超市购物，自然而然"支付"是孩子们会碰到的一个行为。观察中发现，小班幼儿在游戏情境下有这一环节的想象和模仿表现，这也体现出幼儿在生活中的经验和游戏体验过程中的学习需求。那么，小班年龄段的孩子在游戏中对于"支付"处于什么样的游戏水平，他们会如何在游戏中表现，孩子又能在"支付"中获得什么经验呢？本案例中，教师从幼儿"支付"行为中观察幼儿，提出推进策略，希望能在实践中总结关于"支付"这一环节的游戏指导策略，并提高幼儿的游戏水平。

二、案例描述

(一)观察一：有意想象和模仿中的支付

镜头一：超市支付情况

超市收银台旁有一台收银机，馨佑拿起来在手上摆弄，不一会儿，顾客杨杨走过来了，她提着购物篮，准备"结账"。只见杨杨把商品放到收银台上，馨佑认真地用收银机的扫描器对准了商品，刷完说："付钱。"只听杨杨说了句"给你钱"，然后就走了。杨杨并没有真的给馨佑钱，而是假装给了。

镜头二：快餐店支付情况

快餐店里，译萱扮演服务员的角色，为小顾客们服务。"欢迎光临，请问你要吃什么？""我要一份这个。"一个小朋友手指着薯条。说完之后，只见小朋友端着薯条就要走。译萱叫住她说："你还没付钱呢！"她的手还伸出来做出要钱的姿势。只见那个小朋友在译萱手上拍了一下，说"给你"，译萱说"谢谢"，然后小朋友就走了。旁边另一个小朋友说："还可以用手机支付，我妈妈去超市都是用手机扫二维码支付。"

(二)观察二：寻找"支付"的替代物

我利用家园配合的桥梁，请家长们帮助孩子记录了出门"支付"的经历，孩子们纷纷拿着自己的照片进行分享和交流。

生活中常用的支付方式是现金和手机扫二维码。有幼儿发现一些场所也可以用刷卡的方式。哪些东西可以代替现金、手机和银行卡呢？孩子们在游戏中寻找起来。

1. 现金替代物

活动室中刚好有许多建构用的雪花片，很多小朋友一把抓来雪花片，安安找来一支油画棒，昱辰拿来了一本书，雨茉想用雪糕棒，伯琳找来了一根羽毛。这么多物品，小朋友们开始商量要用什么当现金"支付"更好。淏淏说："肯定是雪花片，它是圆形，可以代替硬币！硬币就是圆的。"

孩子们响应淏淏说的。老师问安安："为什么你拿油画棒？"安安说："因为它是长长的。"珞诗说："但是它会弄脏手。"昱辰说："我拿了一本书，是长方形，钱就是长方形。"思妘说："这也太大了，不方便！"思妘说完，昱辰就把书放回去了。雨茉和伯琳拿的雪糕棒和

羽毛，小朋友们觉得不像钱，而且班级里雪糕棒和羽毛的数量没有那么多，所以最后决定，用雪花片代替钱币(现金)。

2. 手机替代物

孩子们一下子发现收集来的一大筐牙膏盒，认为可以用它充当手机，因为是长方形的。

3. 银行卡替代物

雨茉和伯琳找来了科学区里的卡片，认为这个可以当银行卡使用。

(三)观察三：探索和体验不同的支付方式

1. 刷卡

孩子们拿着寻找来的支付替代物到快餐店“就餐”。译萱作为快餐店的工作人员，不亦乐乎地收着孩子手里的钱(雪花片)，收一张给一份餐，直到宥希拿着一张卡来到快餐店，译萱也同样收到筐里，译萱说：“放在这里就可以了。”

雨茉拿着一张从区域柜里找到的卡片，嘟囔着说要刷卡，结果她和拿手机支付一样，往前方“嘀”了一声。

宥希也在区域里找到了一张卡片，她说：“这个卡是可以刷的!”老师问：“要在哪里刷？是用机器吗?”结果她发现超市区的收银机可以刷卡。她拿来收银机，指着这个凹槽说：“是在这个地方刷的。”其他小朋友说：“原来平常我们玩的收银机的凹槽是这个作用！卡是可以刷的，我们超市的收银机就有刷卡的地方!”

2. 手机二维码支付

欣燃拿着牙膏盒准备支付，对着自己的前方比画了一下，嘴里发出“嘀”的声音。其他幼儿都学着欣燃的样子，不亦乐乎地用手机支付。淏淏突然说：“可是没有二维码。”老师问：“什么是二维码?”译萱回答：“我知道！是正方形的，有黑色的点。”

游戏后，我把孩子的这两个问题提出来再次和大家讨论：二维码在哪里？卡怎么用？

孩子们发现手机里有二维码，商家的桌上也有二维码。他们决定自己动手将二维码剪下来，贴在手机上。

细心的淏淏发现，在他去外面买东西的时候，老板的桌面上都会有二维码，有时候直接在桌面上扫码就可以了。如果手机上没有二维码，那么也可以在桌上扫码，于是他制作了贴在桌面上的二维码。

3. 现金支付与点数

崧伦拿着三个雪花片来到快餐店买汉堡，一边给店员一边说：“一个，一个，一个，我有三个钱。”一共给了三次。老师问：“你要买几个汉堡?”译萱想了想，问崧伦：“你要几个汉堡?”这时候崧伦说：“三个!”译萱将手边的汉堡一个一个递给崧伦，不多不少，正好拿了三个给崧伦。

三、案例分析

(一)有意想象和模仿中的支付

在游戏中可以看出，孩子们愉快地参与，同伴之间交流较为顺畅。尤其是在买卖环节，幼儿迁移一定的生活经验，在快餐店买吃的和超市购物时初步模拟“支付”环节。在游戏环境下，幼儿的游戏水平正处于有意的想象和模仿阶段。大部分幼儿在游戏中对“支付”的环节是有需求的，现实生活中除了用现金支付，还可以用手机扫码支付，是幼儿的已有经验。

(二)寻找“支付”的替代物

孩子们在生活经验中慢慢了解支付的方式，从游戏过程中寻找替代物可以看出，孩子们能够根据自己的想法大胆地、主动地寻找周围的物品，表现出积极主动的良好的学习品

质。大部分幼儿对钱币的形状有一定的了解，比如硬币是圆形的，纸币是长方形的，知道二维码是正方形的，并能够在生活中很快找到同样形状的物品作为代替。虽然有些孩子找的东西和别人不同，但是孩子们能够说出自己的想法，与老师一起讨论，表现出了积极主动的学习热情。

(三)探索和体验不同的支付方式

第一，孩子在与同伴游戏过程中互相学习，探索、发现了刷卡的正确方式，并在体验中获得了新的经验。

第二，能利用身边的事物，以物代物，在游戏中想象的主题逐渐趋于稳定，有目的地进行游戏，有意想象得到发展，为创造想象奠定基础。

第三，在教师提供的材料中幼儿尝试用剪贴来制作游戏道具，提高游戏的自主性和动手操作能力。

第四，幼儿用雪花片充当钱币。在支付时，能够对应数量，三个雪花片对应三个汉堡，用点数物品的方式来辅助支付，为幼儿的数学经验做了铺垫。

四、案例措施

第一，家园联动。通过周末亲子外出，引导家长带领幼儿观察生活中的支付行为，丰富小班幼儿的生活经验。

第二，寻找替代物。通过鼓励幼儿寻找不同物品代替游戏需要，刺激想象力，支持幼儿游戏行为。

第三，创造性游戏。鼓励幼儿使用不同的支付方式，幼儿通过自制支付码进行游戏，提高游戏的自主性和动手操作能力。

第四，鼓励幼儿运用点数方式支持游戏。幼儿用雪花片当作钱币，在支付时，对应数量，三个雪花片对应三个汉堡，用点数物品的方式来辅助支付。

五、案例总结

(一)游戏特点

1. 源于幼儿游戏，尊重幼儿学习需求。
2. 贴近幼儿生活，贴合幼儿的学习兴趣。
3. 启发幼儿利用周围物品，以物代物进行游戏。

(二)游戏价值

1. 启发幼儿自主探索，锻炼幼儿自主学习的能力。
2. 玩中学，学中玩，使幼儿在游戏中获得数学经验知识和生活经验知识。
3. 游戏提高了幼儿语言表达能力和社会交往能力。

“幼”见京剧

河北省省直机关第一幼儿园　宋开妍

一、案例背景

京剧是我国的国粹，已有200多年的发展历程。但是作为中国文化的精髓，京剧正逐渐被我们的下一代遗忘。作为文化的传播者——教师，该如何让孩子了解中华民族，了解自己祖国的文化，为自己是中国人感到自豪，并把我们的国粹一代代传承下去呢？为了培养幼儿对中国传统文化的热爱，并通过京剧潜移默化地树立幼儿的民族自尊心、民族自豪

感，弘扬我们中华民族的传统美德。本着亲历探究、体验快乐的原则，结合幼儿的特点，我们开展了系列活动。

二、案例描述

（一）初识京剧

“兴趣是最好的老师”，京剧艺术中色彩鲜明丰富的脸谱特别能激发孩子们的好奇心和学习兴趣。我为孩子们提供了不同颜色、象征不同意义的脸谱。孩子们立刻七嘴八舌讨论起来，“我喜欢绿色的”“我喜欢红色的”……我顺势抛出问题：“你们知道这些颜色的脸谱代表什么意义吗？”在孩子们大胆猜想后，我对脸谱做了介绍，孩子们对不同颜色的脸谱所代表的人物品质有了初步的了解。孩子们认真观察，动手临摹，纷纷找出彩笔，开始画起来。

（二）体会京剧

上次的脸谱活动后，经常有孩子进入美工区去观察、绘画或制作脸谱。孩子们逐渐对这种单一的形式不满足。于是我们决定将更多的京剧知识带给他们。通过一首孩子们感兴趣的《七律·赞京剧》一诗，我们决定从京剧的行当分类入手，向幼儿逐步渗透京剧知识。“生旦净丑”说的是京剧里的四大“行当”，在进一步了解四大行当的基础上，我们请幼儿按自己喜欢的行当分组。用眼睛捕捉，用小手临摹，幼儿对京剧人物的服饰、行头、道具等有了更加细致深入的了解。通过布题猜测、了解感知、实际操作等教育手段和方法让活动深入开展。

（三）走进京剧

要使区域真正发挥其应有的作用，关键在于教师的指导。了解京剧的行当后，我们发现幼儿有了越来越浓厚的兴趣和表演的欲望。于是我们决定将表演区布置成一个“梨园小舞台”。孩子们将在美工区自己制作的头饰、饰品和脸谱也都投放了进来。同时，我们还发动家长一起行动起来，和孩子们一起制作头饰、道具和戏服。我们还选取了《卖水》等适合入门的音乐曲目提供给孩子们，方便他们学习、演唱和表演。

区角活动时，孩子们纷纷走进了“梨园小舞台”，他们和同伴商量着选择什么服装，扮演什么行当的人物。

（四）品味京剧

随着主题的深入，本着让幼儿亲历探究、快乐体验的原则，在园领导的支持下，我们请来了专业的京剧演员为孩子们演出，让他们真实感受和了解中国京剧的演唱风格、服饰、曲调、表演，使孩子们更加喜欢京剧，并充分感受中国国粹带来的艺术美，让幼儿产生强烈的自豪感。

看一看：让孩子们近距离地观看京剧演员是如何从画脸、缠头开始装扮的，并请演员们为幼儿化上专业的京剧妆，更加深了他们对京剧角色的认识和喜爱。

听一听：演员们为孩子们带来经典京剧片段。孩子们坐得笔直，目不转睛地盯着舞台上的演员，不时在下面模仿并情不自禁地鼓掌喝彩。

学一学：孩子们跟随演员站在表演舞台上，有模有样地学习走台步、跑场、甩腔等京剧的基本动作和唱腔。

“京剧真的是太棒了，我回去以后也要教给我弟弟，让他跟我一起学京剧。”随着京剧活动的深入，京剧文化不仅感染了孩子，也带动了他们每一位家庭成员，京剧这种独有的艺术表现形式，在幼儿园和家庭的共同努力下，得到了更好的传承和发扬。

三、案例分析

德育教育中，传统文化有着举足轻重的教育意义，而京剧又是传统文化中的瑰宝。在

实际的操作中，我们充分利用了区域活动的教学优势，又结合了大班孩子有极强的求知欲的特点，让幼儿自主地选择活动内容和合作伙伴，主动进行探索与交往，达到最佳的学习效果。幼儿的知识是在观察探索与操作中通过自身的活动获得的，教师的适时引导可以加深幼儿对京剧的了解。在孩子们主动的学习探究中，教师适时参与，引导幼儿进一步体验京剧的魅力。同时根据幼儿的思维特点，结合浅显易懂的旋律和鲜明的人物形象，挖掘出京剧中能激发幼儿的兴趣点，使幼儿有了进一步了解京剧的欲望，也对我们中国的传统艺术产生自豪感，这在德育教育中具有很重要、很深远的意义。

四、案例措施

首先，以幼儿产生的浓厚兴趣为出发点，生成主题活动。起先孩子们只是被脸谱多彩的颜色吸引，并没有认真观察脸谱的共同性。我们通过个性发现、语言引导等教学技巧将孩子们的注意力吸引过来，巧妙地引导他们进行自发的再观察和讨论，从而使他们在绘画过程中了解和抓住脸谱的共性特点。

其次，引导幼儿深入观察，以幼儿迫切的了解需求为基础，根据幼儿在发展过程中的不同需要提供阶段性材料，不同的阶段运用不同的策略，提供不同的材料，不仅满足了幼儿的兴趣，也让幼儿感受着周围事物的变化，促进幼儿认知能力的发展。

再次，为幼儿不断加深的兴趣创建体验环境，通过环境“大舞台”的创设，为幼儿提供了更多的表现自我的机会，幼儿在表现的过程中体验到成功的愉悦，树立了自信心，引导幼儿走近京剧、了解京剧、喜爱京剧、发现京剧艺术的美。

最后，通过京剧进课堂，让京剧走近幼儿，幼儿们能近距离、更深层地品味京剧。在一系列的活动中孩子们不再只是浅显地知道京剧是我们的国粹，而是更深刻地理解京剧艺术文化的博大精深，体验到了中华民族文化的魅力。

五、案例总结

京剧有着200多年的历史，是中华民族的艺术瑰宝，是中华优秀传统文化之一。将优秀的传统文化融入幼儿园课程中，引导幼儿走进京剧—了解京剧—喜爱京剧—发现京剧艺术美，让幼儿在潜移默化的教学中了解传统文化，树立文化自信，热爱传统文化。

升国旗活动中的红色教育和美育教育案例分析

河北省省直机关第一幼儿园　安文昭

一、案例背景

红色教育是中国特有的教育形式，融入幼儿园教育中，不仅可以让幼儿更好地了解国家的建设和发展历程，更可以让幼儿在成长中逐渐树立起正确的世界观和价值观。而美育强调的美是丰富幼儿精神世界的重要源泉，红色文化作为一种教育资源，能够使幼儿树立正确的历史观、民族观和文化观。国旗是一个国家的荣誉，每个国家的国旗都是不同的，每面国旗都有它的意义，它代表着一个国家的建立和产生。升国旗是我们幼儿园每周定期举行的一项大型集体活动，对于培养幼儿的仪式感、爱国情感和美育观有着重要的作用。从台上的护旗手，国旗下讲话的小朋友，到台下的小观众们，都有自己的收获。但是有一些小朋友不能够理解升旗的含义，仅仅觉得这是一项幼儿园的任务甚至是游戏，以致在升旗仪式上出现不严肃的行为。

二、案例描述

在练习升旗时，绝大多数小朋友都能够做到庄严肃穆、昂首挺胸，可是总有几个小朋友有时嬉皮笑脸，有时打打闹闹，昊昊就是典型的例子。

昊昊属于活泼开朗型的孩子，性格外向，在小朋友之间有很高的威望，小朋友亲切地称他为“昊哥”。“昊哥”这一次当上了护旗手，可是每次排练的时候，他总是特别“神气”，一边走一边看着台下的小观众骄傲地笑着，有时候边走还会边说：“看我走得帅不帅!”台下的小观众纷纷欢呼，丝毫没有在意现在是练习升国旗，哪怕是练习，也应该是很严肃的一件事。

三、案例分析

护旗手入场是一个庄严肃穆的过程，每一个护旗手都要抬头挺胸，目光直视前方，甩起手臂，昂首阔步，可是总有小朋友像昊昊这样嬉戏打闹，不顾场合，连台下的观众都被影响到。可是幼儿现在对于升国旗的了解只是停留在这是幼儿园的活动，是我们大班应该承担的任务，对其内涵所知甚少，于是我们在班里展开了一场讨论。

四、案例措施

首先，我从最表面的问题入手，我问孩子们：“升国旗的时候，当你抬头看，你能看到什么?”“国旗!”“蓝天、白云!”“园旗!”“教学楼!”我接着又问：“升旗时你们看到的景象美不美呢?”孩子们争先恐后地回答：“美!”“特别美!”我继续趁热打铁：“当你抬头，看到的是一幅多么壮美的画面啊！蓝蓝的天空，五星红旗冉冉升起，在《义勇军进行曲》的铿锵旋律中，孩子们，你们不觉得特别慷慨激昂吗?”孩子们更激动了，都纷纷说深有同感。我又问：“我们为什么要升国旗?”那些平时活跃的小“话痨”嘴张了张想说又不知道怎么说，我换了个问题：“你们在什么地方见过升国旗呢?”昊昊最先抢答：“冬奥会!”其他的小朋友也争先回答道：“民心广场!”“天安门!”紧接着我问：“什么时候在天安门升旗呢?”“每天早晨!”“阅兵式!”我问：“那么在天安门广场上的升旗手和护旗手都是什么人呢?”“解放军叔叔!”孩子们异口同声回答。“那我们就来看一看解放军叔叔是怎么样升旗的。”

策略一：观看解放军升旗

我趁着孩子们喝水的间隙，把昊昊叫了过来，我问他：“你见过解放军叔叔吗?”他果断地说：“见过！解放军叔叔特别帅!”接着我又问：“那你见过解放军叔叔升旗吗?”昊昊摇了摇头说：“没有。”于是回班后，我专门找了一段天安门广场升旗的视频让全班小朋友观看，视频中的升旗手、护旗手、观众全部目不转睛地盯着国旗，升旗动作整齐划一，给人们极大的视觉震撼。看完后，班里的氛围有些压抑，“昊哥”也难得没有发言。现在，孩子们对于升国旗时的礼仪、规则有了大致的了解，也对护旗手的任务和职责有了进一步的认识，下面要让他们从情感上认同升国旗。

策略二：故事移情

我又带他们简单看了《王二小》这部电影。电影的主人公王二小是比孩子们大几岁的哥哥，但是他为了革命最终献出了自己的生命。在电影结束时，不少小朋友看到二小牺牲的画面眼眶都红红的。我对他们说，这就是战争，这就是我们国家以前的生活。

策略三：讨论分析

接着，我又看着昊昊问所有小朋友：“我们现在的生活幸福吗?”所有小朋友都一起回答：“幸福。”我说：“今天的幸福生活都是无数的革命先辈用生命换来的，国旗的颜色之所以是红色的，就是要时刻提醒我们，不要忘记英雄们流过的血。而升国旗则是对这些革命先辈的纪念，是我们纪念他们的一种仪式，现在回想一下你们之前的行为，你们觉得那样

做礼貌吗？是一个懂礼知礼的小朋友应该做的事情吗?”所有小朋友都小声回答道：“不是。”“你们说如果那些英雄们看到你们升旗的样子他们会开心吗?”我又问。大家一起回答：“不会。”“那我们应该怎么做呢?”我接着问。“不说话。”“不笑，要严肃。”“立正站好。”“走得整齐。”……孩子们纷纷说道。我对他们说：“你们说的都对，五星红旗上面染的是革命英雄的鲜血，我们每次升国旗，都是纪念逝去的英雄，所以我们的不严肃，是对他们的不尊敬。”

下午排练的时候，明显感觉到昊昊和其他小朋友的变化，他不再像之前那样嘻嘻哈哈了，护旗的时候站得非常直，感觉像一个小大人一样，庄严肃穆，走起路来也是脚步矫健有力，仿佛换了一个人一样。台下的小观众们也不说笑了，一直盯着五星红旗。

五、案例总结

当今幼儿园的红色教育和美育教育，实际上不只是告诉孩子们要爱国，更重要的是通过课程和实践在潜移默化中对幼儿进行熏陶。红色教育和美育教育更要从小抓起，大班的幼儿已经具备了对事物的分析和判断能力，都有了自己初步的价值观。就升国旗而言，我们不仅要让幼儿去完成这项任务，更要让他们理解升旗的含义，这样幼儿才会对这件事产生心理认同，从而激发幼儿爱祖国、缅怀革命先辈的情怀，感受到做升旗手是光荣的、自豪的。

根据大班幼儿的年龄特点和心理成熟度，我用了共情的方法，从美育入手，再给他们观看解放军的升国旗仪式，接着看红色电影，让孩子们明白升国旗的真正意义是什么，这样他们对待升国旗这件事的态度相比之前就有了天翻地覆的变化。

大班户外表演游戏的初探

——以“茶馆”为例

上海市徐汇区枫林幼儿园　庄　蕾

一、案例背景

进入大班了，开展的主题活动“我是中国人”很受孩子们的欢迎，其中的一系列学习和节庆活动，如中秋节古诗词活动“静夜思”、重阳节古诗词活动“中华孝道”，以及突出大班年龄特色的月月展活动，让孩子们有了充足的前期传统文化表演经验。

二、案例描述

孩子们来到了自己的表演游戏区域，按照之前的计划，再次开展了户外表演游戏。轩轩在材料货架上挑选了一块红色的大花布，大声地叫着扬扬和辰辰：“我们一起用这块红布搭建小舞台吧!”只见三个人分工搭建起了舞台，辰辰说：“我来拉一边的角。”扬扬说：“那我来拉边吧。”通过三个人的齐心协力，小舞台很快搭建好了。果果、玏玏、依依、宇宇、鑫鑫、煜煜六个人聚集在了一起，玏玏和煜煜两个人合作把运动用的黄方块搬运到了测温篷下面，鑫鑫一个人把蓝印花布铺在了黄方格上，宇宇把茶具、杯子、碟子放在了黄方格下面，嘴里嘟囔着：“我一个人整理就够了，你们就分工吧。”依依说：“宇宇和鑫鑫负责给客人做吃的，玏玏和果果负责招待帐篷里的两位客人，我是老板我收钱，煜煜你招待室外的客人。”不一会儿，鑫鑫整理完了蓝印花布又去帮忙，和玏玏两个人搬来了平衡板，依依这时候拿了一块很大的绿色地垫，放在了帐篷底下。

三、案例分析

这是开展表演游戏活动的第二次，记得孩子们第一次搭建场地的时候因为选择室外材

料的关系，产生了很大的分歧，导致场地搭建失败，游戏没办法进行。我们的场地有两个不可移动的设施，一个是孩子们入园晨检的测温篷，一个是遮阳伞。前期，在孩子们的计划中，测温篷被孩子们设计成了茶馆里的小舞台，遮阳伞底下是茶馆的收银台和厨房。经过这次的交流分享后，孩子们讨论出了需要布置环境的一些材料，测温篷作为舞台铺上红色的地毯会更像舞台的样子，地毯就选用了红色的长布代替。遮阳伞下使用黄方块和蓝印花布这两种材料作为茶馆的收银台和厨房。需要两个帐篷作为室内的茶室，室外用运动的平衡木代替搭建座椅，作为室外的茶室。

四、案例措施

《上海市幼儿园办园质量评价指南》在自我社会性人际交往中指出，孩子们能够想办法结伴共同游戏，活动中能与同伴分工、合作、协商，一起克服困难、解决矛盾。孩子们的表现达到了这一点。

在这次搭建的时候，轩轩、扬扬、辰辰懂得分工合作，三个人商量自己的站位，在布的一头一尾和中间，并且懂得一起克服困难，把这块很长且成人都觉得费劲的红布给铺了出来，孩子们合作的力量真的不可小觑。

依依是个比较能干、有主见的女孩，她懂得给同伴分工，在大家都在整理的时候，她对大家的工作进行了细分，如宇宇和鑫鑫负责给客人做吃的，玏玏和果果负责招待帐篷里的客人，煜煜负责招待室外的客人，给茶馆里的每个孩子安排了合理的工作任务，并得到了大家的默许和认可。

五、案例总结

游戏是属于幼儿的，老师要相信幼儿，幼儿应该做游戏的主人。从最初的协商之后的计划，再到之后的搭建，无不凸显大班幼儿较强的交往能力，幼儿在此次成功搭建茶馆的过程中，学会了与同伴分工、合作、协商，一起克服困难、解决矛盾的本领。

五子棋风波

北京市昌平区南口镇中心幼儿园　李泽君

一、案例背景

棋类游戏是大班幼儿喜爱的活动形式之一，有助于促进幼儿初步的逻辑思维能力的发展、培养幼儿的规则意识及正确看待输赢的良好心态，是促进幼儿社会性发展的有效途径之一。然而，在棋类游戏中，我班幼儿常常会出现不遵守游戏规则或规则意识不清，好胜心过强而“输不起”等行为表现。

二、案例描述

最近，孩子们很喜欢下五子棋，今天区域活动时博轩和峻霖一起下棋，走了几个回合，总是峻霖赢，博轩急了，在第三回合时，移动了一粒已经走好的棋子，硬说已连起来是五个棋子，赢了。峻霖阻止说：“不对，你犯规了！”两人争了起来，峻霖说：“你赖皮，刚才我的棋明明放在这儿的，不可以再移过去的！”博轩争辩说：“我刚才放在这儿的。”峻霖说：“放好了就不可以动来动去，不能后悔的！”博轩说：“你刚才又没说不可以动！”于是峻霖生气地来向我告状。

其实，我一直在旁边暗暗观察他们，见峻霖来搬救兵了，于是我蹲下来说；“五子棋的规则是什么来着？”峻霖马上说：“放好棋子就不能再动，连对 5 个算赢。”博轩没有说话。我

又问博轩："如果峻霖下好的棋也动来动去，你同意吗?"博轩想了想，摇摇头说："不愿意，可是我想赢啊!"我说："我理解你想赢的心情，但是我们不能不遵守规则呀！赢了就是赢了，输了就是输了，输了没关系，下次赢回来就好了，咱们可以多学学五子棋的技巧。"然后他们俩你看看我，我看看你，峻霖说："那我们说好，谁也不能动谁的，怎么样?"博轩点点头答应："好的，你玩得这么好可以教教我吗?"峻霖说："可以。"两人又高兴地下起棋来，边走边说："刚才那次不算，我们重新来……"

三、案例分析

《幼儿园教育指导纲要(试行)》中指出，儿童通过交往，逐步认识自我并接纳他人，初步了解社会生活必需的基本行为规范。在游戏中发生争吵是幼儿交往中不可避免的现象，也是幼儿交往的一种方式，幼儿正是在争吵中学会保护自己，学会与人交往的必要经验。当幼儿在争吵中无法说服对方时，往往会找老师做自己的"靠山"，希望通过老师的话语，帮助自己反败为胜，从而达到自己的目的。而如果老师经常充当幼儿的"靠山"，那就剥夺了幼儿参与交往的权利，也阻碍了幼儿交往能力的形成和发展，影响幼儿学习交往的过程，同时幼儿今后碰到类似的问题，又会以"争斗—失败—找靠山"的方式来解决，这不利于幼儿的社会性发展。所以，我们在面对幼儿发生矛盾争吵的问题时要因材施教。

四、案例措施

(一)帮助幼儿建立规则意识

大班幼儿的年龄特点表现为竞赛性的游戏增多。在幼儿游戏初期往往会忽视游戏规则的建立，在游戏过程中会产生矛盾，引起争吵。作为教师，当看到幼儿发生争吵时，在保证安全的前提下最好先做个旁观者，先不要注重争吵的"胜"与"败"的结果，而应该注意解决争吵的过程，帮助幼儿分析争吵中的问题，同时帮助幼儿制定一些游戏规则，引导幼儿按游戏规则进行游戏，慢慢地，幼儿在游戏中的规则意识会逐步形成。

(二)树立自信，友好交往

当幼儿跑来告状时，老师应该鼓励他，要有信心，要相信自己，靠自己的"努力"去解决问题。当然这种"努力"不是靠争吵去解决的，也不是靠武力去占有，去取胜，而是让幼儿去寻找更好的方式去交往，让他们通过实践去发现，在交流中也能解决许多问题。老师可以教幼儿一些人与人交往的小技巧，引导幼儿对同伴要学会谦让，学会宽容，引导幼儿学习处理问题的方式方法，引导幼儿用协商的方法来解决问题等，慢慢地，幼儿与同伴的交往能力会逐步提高。

五、案例总结

交往是人的需要，也是社会对人的要求。通过交往，人们能够互相交流信息和感情，协调彼此之间的关系，达到共同活动的目的。幼儿时期的交往对幼儿成长极为重要，它能促使幼儿更好地适应社会。幼儿经过多次"争吵"交往后，就会逐步学习和掌握一些办法，这就是幼儿交往能力的形成和发展的过程。《幼儿园教育指导纲要(试行)》中指出，教育活动的中心任务是充分鼓励儿童参与活动，与同伴交往，形成良好的人际关系。所以，作为教师，应多为幼儿创造一些交往的条件，让幼儿在交往中去实践去锻炼，培养幼儿的交往能力，让幼儿做一个"赢得了"又"输得起"的人。

我们也应注重家园合作，搭建交往平台。苏联教育实践家和教育理论家苏霍姆林斯基曾说过："没有家庭教育的学校教育和没有学校教育的家庭教育，都不可能完成培养人这一极其细致而复杂的任务。"《幼儿园教育指导纲要(试行)》中指出，家长和教师是幼儿社会学习的重要影响源，模仿是幼儿社会学习的重要方法，教师和家长的言行举止直接或间接地

影响幼儿，构成他们学习的榜样。幼儿的社会性需要家、园、社会保持一致，密切配合。

因此，教师和家长都应关心幼儿的交往活动，为其提供有利的发展空间。教师和家长要从点滴入手，以身作则，树立正确的教育观，并不断探索研究，使幼儿在智力发展的关键期能得到“交往”这把开启心门的金钥匙，能拥有一个美好的人生。

该放手时就放手

北京市昌平区南口镇中心幼儿园　王　冉

一、案例背景

当前，虽然已经进入疫情常态化管理阶段，但为了确保幼儿的健康与安全，很多园所还是实行封闭式或半封闭式管理的。在这样的背景下，家长不能入园或不能进到班级门口，每月一次的被褥搬运就成了“历史遗留问题”。月末那天的室内活动时间(运送被褥必须经过户外操场，园所为了幼儿安全考虑，都会选在孩子在室内活动的时间进行，但同时幼儿也无法直观地看到教师辛苦搬运的过程)，幼儿园总是需要动用大量人力、花费较长时间来完成这项任务。其间，有教师提出：“我们是不是可以适当放手，让大班的孩子们试一试自己搬运被褥到园门口呢？既可以培养幼儿的独立性，还能提升幼儿的劳动意识和自信心。”多方考量之后，我们决定试一试，于是就开始了接下来的故事。

二、案例描述

又值月末，“声势浩大”的被子搬运工作又要开始了。这次不同以往，教师们特意选在了户外游戏时间，或是扛着，或是抱着，或是拎着，从孩子们游戏的场地旁“路过”。许多幼儿都停下正在进行的游戏，有的幼儿只是好奇地看着，有的幼儿和好朋友说着：“看啊！老师在帮我们搬被子。”有的幼儿直接抱起一床被子一起运了起来。在个别孩子的带动下，许多中大班幼儿都加入运被子大军中。有了孩子们的帮忙，这次被子搬运比以往提前了15分钟结束。

教师们马上抓住这个教育契机，带着孩子们回到班级进行了讨论：“搬完被子，你有什么感受？”“我太累了，但我很开心！”“自己的事情应该自己做，所以我们的被子应该自己搬。”“我觉得自己很棒！被子那么重，我都坚持搬走了。”“被子太重了，我提不动，但我找到了我的好朋友合作一起搬”……教师继续提问：“接下来，你们想做点什么？”“我们是幼儿园里的哥哥姐姐，以后的被子都能自己搬！”“我觉得我们还可以自己装被子。”“我们可以找一找其他既节约时间又省力的好方法”……

接下来的一周，教师和孩子们又一起探究了：被子怎么叠能节省空间；怎么装能又快又整齐；哪些运被子的方法能够又省力又安全；等等。针对幼儿提出的大胆设想，教师都给予了支持，鼓励孩子们一一进行尝试，最终得出了更加科学适宜的策略。于是，孩子们更加期待下个月末的到来，希望自己成为运被子大军中的一员。

三、案例分析

在幼儿园“未完全放开”情况下，类似“搬运被子”的事件还有许多。比如，幼儿自己背书包入园，自己拿拖鞋回家等。《幼儿园教育指导纲要(试行)》中明确提出：创造多种机会和条件，引导幼儿能努力为自己、他人、集体做力所能及的事，不怕困难，有初步的责任感。由此可见，独立做事能力的培养在学龄前阶段是非常重要的。教师牢牢把握住这一教育契机，从“小事”中引导幼儿尝试独立思考、独立表达、独立做事。

四、案例措施

(一)幼儿园里这样做

结合这次“被子大作战”，班级还能开展很多具有教育意义的活动，在这些活动中，教师真正成为幼儿学习的支持者、合作者、引导者，使每个幼儿都能获得不同程度的发展。

第一，选择适宜幼儿年龄特点的学习方式，帮助其学会独立做事的方法。比如，开展“我的被子我会装”活动时，运用儿歌“遇到问题别着急，开动脑筋想一想，一定能够解决它!”帮助幼儿平稳焦急烦躁的心情。再用儿歌“解决办法多又多，一个一个来尝试，自己不行同伴帮，你拎袋子我来装，先左边再右边，边挤边压放平整，团结协作解难题”帮助幼儿学习装被子的方法。

第二，耐心倾听，为幼儿创设独立思考与独立表达的机会。比如，开展“被子怎么运才省力又安全”谈话活动，幼儿表示：“力气大的可以自己拎。”“力气小的可以和朋友一人拎一边，合作完成。”“可以拖着走。”“可以在楼梯上铺上垫子，有的扔有的接，让被子滑下去。”“可以在阳台系上绳子，被子像坐过山车一样”……教师在听完幼儿提出的建议后，分组带领他们进行一一尝试，最终投票选出最合适的。

第三，树立榜样，传承独立品质。比如，大一班和小一班可以形成“大手拉小手帮帮团”，大班幼儿不仅要运送自己的被子，还要帮助运送弟弟妹妹的被子，不仅培养了大班幼儿的独立性和责任感，形成了好习惯，更给小班幼儿树立了真实的榜样，感受到了哥哥姐姐对他们的爱。

(二)给幼儿父母的建议

幼儿独立性的培养不仅要靠教师的引导，更要取得家长的支持与配合，可以从以下几方面入手。

1. 在日常生活中培养幼儿的自理能力

(1)在角色扮演中练习基本技能。家长可以和幼儿一起玩角色扮演游戏，让幼儿体验1小时“妈妈”或者给布娃娃当“妈妈”，在“照顾宝宝”的时间里，鼓励其操作小一点的被子，从中学习并逐步掌握独立叠被子的方法。不仅如此，还可以利用这个方法帮助幼儿锻炼独立穿鞋子、穿衣服、系扣子等基本生活技能。

(2)在家庭竞赛中提升做事效率。幼儿好胜心强、爱表现，在家中可以设立“家庭竞赛”时间，请你跟爸爸比一比，谁能用最短的时间做完这件事。比如，早上起床(叠被子、穿衣服、洗漱等)环节，刺激幼儿能够快速完成一件事，但也要注意完成的质量不能低。

(3)从易到难，逐步深入。在实施之前，家长对自己的孩子进行有针对性的分析，从许多事情中找到对于幼儿来说比较容易独立完成的，让其体验到成功的喜悦，积累自信心。这样有利于激发幼儿愿意主动挑战更难的任务。

2. 尊重幼儿的好奇心，培养幼儿独立思考能力

比如，在“叠被子”“装被子”“运被子”系列活动中，教师给予每个幼儿充分表达的机会，运用提问、追问、讨论等多种方式刺激幼儿进行独立思考。在家中，家长可以选择幼儿感兴趣的话题与之进行探讨，或共同上网搜索答案，激发幼儿的好奇心，培养幼儿独立思考的能力。

3. 创造机会，培养幼儿解决问题的能力

比如，在“运被子”的方法探讨中，教师并没有直接说出答案，而是把问题抛给孩子们：“你认为既安全又快速的搬运方法是什么?”孩子们的回答五花八门，有的幼儿的回答是从过山车的经验迁移来的，有的幼儿的回答是从自己实际的生活经验中提取的，有的幼儿的回

答是自己大胆想象的。幼儿的任何回答都是值得肯定的。在经过一系列实践后，他们会从中总结经验，找到最适宜的方法。

五、案例总结

在从教的过程中，我们经常会遇到意想不到的“突发事件”，作为教师要善于在“问题”中发现教育契机，让孩子们“因祸得福”，最终在“困难”中求发展。就像本案例中表达的，成人的“一时放手”，说不定可以成就孩子的一生。与此同时，也成功为幼升小顺利衔接做好准备。

辰辰变了

广西壮族自治区水利厅幼儿园　吴　红

一、案例背景

辰辰生活在一个三口之家，父母经商，母亲在南宁市经营着一个餐厅，父亲在外地开饭店，辰辰跟随妈妈在南宁生活，父亲空闲时每月会回到南宁 2—4 次和家人小聚。辰辰每天从幼儿园离园后都会到妈妈的餐馆，一直等到深夜妈妈忙完餐馆的生意，才回家休息。爸爸妈妈对孩子比较溺爱，平时没空管孩子，为了让孩子安静听话就给孩子玩手机、看电视等。辰辰最近迷上了奥特曼动画片。

二、案例描述

辰辰，男孩，4 岁，聪明、活泼、好奇心强、动手能力较强，喜欢帮助别人。除了手工和绘画活动以外，老师组织的其他集体活动他都不喜欢参加。他喜欢打人，他打人是没有什么目的的，他只是把自己想象成“奥特曼”，被打的小朋友就是“奥特曼”的敌人“怪兽”。老师批评他时，他从不争辩，不吭气，也能很快地认错，但是过后还是依然我行我素。

观察一：早操活动时间。

小朋友都在认真地跟随音乐运动，辰辰也在运动着，但他的动作和小朋友们的不一样，他的嘴里还时不时地发出声音，手上摆出的是打架的动作，大喊“我是奥特曼”，有时自己玩得不过瘾，看没人理他，他还会把手打到小朋友的身上。

观察二：午餐后。

中午吃过午餐后，大多数小朋友都在安静地看书，辰辰不看书，先是假装摔了一跤，成功地吸引了一些小朋友的注意力。接着再大喊一声“我是奥特曼”，双手模仿奥特曼的经典动作，吸引了涛涛和他一起进行“奥特曼”大战，瞬间整个教室都吵闹起来了。

三、案例分析

(一)孤独的孩子，玩着孤独的游戏

辰辰平时除了上幼儿园，待的最多的地方就是妈妈开的餐馆了。作为老板的妈妈非常忙碌，常常顾不上陪辰辰。辰辰经常拿妈妈的手机玩游戏或看动画片打发时间，自从迷上了奥特曼的动画片以后，无聊之余，辰辰每天就自己玩起了“奥特曼打怪兽”的游戏，他把自己想象成奥特曼，出现在自己眼里的人或物都是怪兽，整天玩着打怪兽游戏。

(二)打人是幼儿引起他人注意的一种方式，满足自我表现的欲望

辰辰在幼儿园打人并不是对别人不满或和小朋友有矛盾，这只是他想引起他人注意、自娱自乐的方式之一。他打了人之后，被打的小朋友或是哭泣，或是愤愤不平地找老师告状。有的爱打抱不平的男孩会为被打的孩子“报仇”，辰辰通常会摆出迎战的架势应战，这

时辰辰就会成为被全班小朋友关注的对象。每次老师批评辰辰时，他都会忽闪着大眼睛认真地听着，也能很快地认错，但之后很快就又开始我行我素了。

(三)通过“打人游戏”，与同伴交往

辰辰日常生活中更多的是和成年人待在一起，爸爸妈妈都很忙，周末又是餐馆最忙碌的时间，辰辰较少有和同龄人一起玩耍的机会。在餐馆里，大多数时间他都是自己玩耍，或看动画片，或玩手机游戏。在幼儿园里辰辰也很少和小朋友合作玩游戏、交流、交往。他和小朋友的交流方式一般都是在打斗中完成的。

四、案例措施

(一)家园共同培养孩子良好的兴趣和行为习惯

第一，家长每天多抽出时间陪伴孩子，玩一些亲子互动游戏，特别要建议辰辰父亲多抽出时间来陪伴孩子，培养孩子良好的行为习惯，树立良好榜样。

第二，为孩子提供丰富多彩的活动。儿童教育学家蒙台梭利曾说，儿童对于活动的需要几乎比食物的需要更强烈。因此家长要经常带孩子到户外进行各种体育锻炼，这不仅有助于骨骼发育生长，还有益于孩子发泄压抑情绪，在大自然中舒展孩子的心灵。

第三，鼓励孩子寻找伙伴。幼儿园和家庭都应为孩子创造与同伴交往的机会。孩子在与同伴交往中发展社交能力，促进社会性情感发展，增强性别意识和自我意识。

第四，培养孩子良好的阅读习惯。家长给孩子买一些有趣的故事书、绘本，每天抽时间跟孩子一起看书读书。幼儿园也应营造温馨可爱的阅读区域吸引孩子进入阅读区，经常进行有趣的阅读活动表演，邀请辰辰参与活动。

(二)家园共同教育，转移幼儿注意力，淡化奥特曼的影响

孩子崇拜、迷恋奥特曼，引导不好会引发幼儿的暴力倾向。所以要转移幼儿注意力，但切不可急于禁止，否则只能适得其反。可选择一些画面图案鲜明、语言幽默、情节生动的优秀动画推荐给孩子，冲淡幼儿对奥特曼的兴趣。与奥特曼有关的书籍、图片、玩具趁孩子不注意的时候，要慢慢地收藏起来，放在孩子看不到的地方，然后用别的玩具吸引他的注意力。

在幼儿园里，不带关于奥特曼的书籍、图片、玩具，不看奥特曼动画片。对于其他几个对奥特曼感兴趣的幼儿，我们也和他们的家长交流过，让家长们了解这样的动漫形象对孩子的影响和弊端，让家长们配合尽量淡化奥特曼对孩子的影响，引导孩子去关注更健康的动画形象、游戏和玩具。

(三)多做有意义且力所能及的事

首先，在幼儿园里，辰辰是个很喜欢帮老师做事情的孩子，老师们经常创造机会让他帮忙。例如，参与值日生工作：推送餐车、收杯子、挂毛巾、收放体育器械、分发午点、收拾果皮等；协助小组长工作，帮忙收放书本、剪刀、胶水等工具。这些事情他都很乐意去做，只是有时他也有开小差办不好的时候，老师都是以鼓励为主。

其次，在家里，妈妈也要要求辰辰做一些力所能及的事情，例如，要学习自己收拾好玩具、图书，自己穿衣服，自己吃饭，不要妈妈喂饭，帮妈妈擦桌子、倒垃圾等。

再次，在餐馆里，帮妈妈或服务员阿姨跑跑腿拿一些小东西、剥大蒜头等。妈妈可以适当示弱，让孩子帮忙“捶背”“捏腿”，多鼓励孩子，增加孩子的成就感。

最后，根据孩子在园爱画画和做手工的兴趣，建议妈妈在家提供这方面的材料和工具，让孩子多做练习。

五、案例总结

通过一段时间的家园配合教育，辰辰打人的现象少了，有时候能参加教师组织的集体活动了。在幼儿园的“迎新年音乐会”和期末汇报活动中，辰辰都能积极参与了。放假前一个月，老师让辰辰做了小组长，他可以独立地完成小组长的工作了。

虽然辰辰有了一些改变，但是良好的习惯、兴趣的培养，必须经过家园共同努力、长期坚持才能见成效。今后，我们还要不断加强家园联系，使家园教育步调一致，让孩子健康成长。

对孩子身上出现的一些不良习惯和不良言行，我们要多一份爱心和耐心，去深入分析孩子的一言一行、一举一动，找出原因，找到问题的症结，才能找到解决问题的办法。

【教育随笔】

你是最棒的

中国音乐学院附属艺术幼儿园　闫军花

琪琪是一位在各方面动作都比较慢的小朋友，特别是在运动时，琪琪对一些运动提不起兴趣，觉得自己比较胖做不好。在前一阶段学跳绳的时候，老师心里有点担心，担心她的反应不灵敏会打击她的自信心，担心出现受伤的情况。我们在和她交流时，就经常鼓励她，每当她跳过一个或两个时，就会在全班幼儿面前表扬她、鼓励她：“用这种方法坚持跳下去，一定就能跳得很好。”琪琪也特别努力，每当老师让小朋友自由练习时，她都会特别认真努力地去练习，哪怕因为运动出了很多汗也不喊累。她妈妈与我们交流：“老师的鼓励、赞赏给了她很大的力量，她回到家天天训练，我都觉得孩子最近进步很大，已经可以坚持连续跳 20 个了。”这出乎我们的意料，琪琪很快学会了跳绳。

户外活动学习胯下绕球，需要球从身体前面经过胯下绕一圈回来，球不可以落地，靠手的传递去完成。琪琪因为较胖所以练习有些困难，球总是跑走。于是老师从旁单独教授琪琪一遍动作后，琪琪一遍一遍认真练习，老师在集体面前表扬夸赞她：“琪琪是最认真努力的小朋友，你是最棒的。”琪琪在户外活动快结束时能够掌握动作要领，第二天跟着节奏做胯下绕球，动作干净利索，而且节奏准确。老师表扬了琪琪，说道：“认真刻苦的小朋友真的很棒！”我发现所有孩子心灵深处最强烈的需求就是渴望得到他人的赏识。

赏识孩子是赏识孩子的优点、长处和进步，而不是忽视孩子的缺点和弱点。该指出的问题应当及时指出，该批评的问题应当及时批评，该制止的问题应当及时制止。这是不能含糊的。

“没有学不好的学生，只有不会教的老师。”这是赏识教育的基本理念。赏识促使成功，抱怨导致失败。不是孩子需要赏识，而是赏识使他们变得越来越好；不是坏孩子喜欢抱怨，而是抱怨使他们变得越来越坏。在孩子的成长道路上，父母、老师应该为他们多喊“加油”。教育好孩子，让我们从赏识他们开始吧！

在问题中发现教育契机

中国音乐学院附属艺术幼儿园　李雪娇

每一天，孩子们最期待的时刻就是区域游戏时间。今天的美工区依旧很热闹。格格和乐乐选择了制作贴画——妈妈的头发。指导科学区的孩子进行色彩实验时，我依旧关注着美工区的动态，因为在进区时两个孩子因为材料的选择问题已经有一些“拌嘴”的行为，我没有进行过多的干预，我期待观察她们如何解决。让我没有预料到的是，格格抓起剪刀顶着乐乐的脑袋，说：“你要是敢告诉老师，我就把你头发剪掉。”乐乐用非常大的声音回应她：“你不要欺负我，我要告诉老师。”我赶紧上前处理。我把格格手中的剪刀拿开，我问她：“你刚刚在做什么?”没等我说下一句，她噘起嘴巴开始大哭，不论我再说什么，她也听不进去，就这样持续到区域活动结束。在她哭的过程中，我只能问乐乐刚才发生的事情经过，因为格格想要自己制作妈妈的头发，不想和别人一起玩，而乐乐说：“你不分享，我要告诉老师。”所以发生了那一幕。

我很庆幸，就在事情发生的前两天，我组织过防欺凌的集中教育课程“请不要欺负我”，教给了孩子们被他人欺负时保护自己的方法，并且告诉他们一定要掌握“勇敢”这个秘密武器，大声地拒绝，并且向老师和家长求助。乐乐记得，并且能在真正面对恐吓时把“秘密武器”用出来。区域结束后，我又组织孩子们集中讨论刚才发生的事情。有不同想法怎么办、材料不够怎么办、被欺负了怎么办，从各种角度展开了一次教育。我想，即使今天的教育活动无法正常进行，也要抓住这个教育契机，扩大教育范围。

对孩子开展防欺凌、防性侵这样的教育是十分重要的，需要融入我们一日生活的各个环节中，发现契机，立即教育。告诉他们是什么，不如教会他们怎么做。我想，这会比照本宣科更有意义。

牛奶盒变身记

中国人民解放军73127部队幼儿园　林素妹　陈　红

我问小朋友：“每天喝完的牛奶盒子能不能扔垃圾桶里呢?”小朋友们齐声回答：“不能。可以把牛奶盒利用起来。”“那今天我们一起来收集牛奶盒怎么样？先去收集，然后洗干净了晒干，最后我们一起动动脑筋把它们变废为宝。”我建议。

小朋友们吃完点心，嵩嵩、丽丽和茜茜三个人开始从一楼到三楼收集牛奶盒。过了一会儿，嵩嵩先回到教室，脸上露出喜悦的笑容，高兴地对我说：“小林老师，你看我们今天收集到了好多牛奶盒啊！现在，我们需要多叫几个人来帮忙，一起把牛奶盒洗干净。”

召集其他伙伴一起洗牛奶盒，劳动过程中大家有说有笑，快乐地享受着一起劳动的过程，我听到宁宁说：“我们把牛奶盒洗干净了，可以让它们大变身，牛奶盒可以做手工，做各种形状的造型，可以做成飞天的龙，也可以做成大大嘴巴的鳄鱼……”“把牛奶盒拼成动物，可以做成孔雀。”睿睿接着说。小朋友们开始你一言我一语大胆地展开想象。

牛奶盒确实有点多，对于中班的小朋友来说，清洗那么多的牛奶盒对他们来说也是挑战。陶陶说：“我们不能放弃，坚持到底，就一定会成功的。”禾禾回应：“对，不能放弃。”

陶陶鼓励其他人，大家一起努力，一起加油，我们是最棒的！

在小朋友们共同的努力下，终于把牛奶盒洗完了，嵩嵩喊我："小林老师快出来看，我们在晒牛奶盒，牛奶盒已经排成两排了。"陶陶开始数数，数一数今天收集了多少个牛奶盒。"第一排有44个，第二排有44个，第三排有10个，一共有98个。"陶陶兴奋地说，"哇，我们太厉害了，快收集100个牛奶盒了。"

教育就在我们的生活中，喝牛奶、拿牛奶盒、洗牛奶盒、晒牛奶盒、做牛奶盒、玩牛奶盒。收集牛奶盒的活动不仅锻炼了孩子们的劳动能力，还培养了他们的团结合作、坚持不懈的精神。孩子们的自主能力得到充分发挥，大家主动帮忙，分享快乐，也能更好地激发大家的想象力，实物数数也能提升数学能力。我也应该多给孩子们提一些启发性的问题，比如，去别的班级拿牛奶盒有没有遇到其他问题，让孩子们养成认真观察、勤于思考的习惯。

让孩子一步一步远离愤怒

山东省济南市纬二路幼儿园　尚瑛珊

"老师，霖霖抢我玩具！""老师，霖霖用手指我！"一天下来我的耳边一直都是霖霖的名字。一开始，我对孩子轻声劝阻，后来，这种情况不断发生，我终于板下脸来对霖霖进行了批评教育，可是安静了没两天，更多的孩子来告状了。于是，我把霖霖叫到身边，对他说："老师好吗？你喜欢老师吗？"在得到一连串肯定的回答后，我说道："如果以后你再打人，再和小朋友吵架，老师就不喜欢你了。"接下来的几天，霖霖乖了许多，我的耳朵边也清静了许多。但是每当看到孩子做什么事之前都要先偷偷看看我的眼神，我总觉得不舒服，感觉自己的处理方法并不妥当。几天后，搭班老师提醒我说："霖霖最近特别调皮，经常在老师不注意的时候对其他孩子动手，批评他的时候会愤愤地自言自语，握紧拳头，你要多注意他。"面对搭班老师的提醒，我开始意识到自己的不对，也对自己利用孩子对老师的喜爱的处理方式产生了深深的自责，也许那是对孩子变相的威胁。后来，我采取了以下措施。

第一，远离事发地点，让孩子安静下来。给孩子一个沉淀情绪的过程，把他带到安静一点的地方，让他有思考的空间，相信孩子就会对自己的行为有了评价。

第二，远离事发起因，捕捉孩子情绪。事发后，老师不停追问事情的起因、过程，其实没有必要，老师的各种说法传到孩子耳朵里都成了一个意思：我打人了，我犯错误了，或者是我被委屈了，我很冤枉。这样只会让孩子的情绪越来越激动。作为幼儿教师，我们应及时发现孩子的愤怒点，从观察中发现让孩子激动的真正原因，并引导孩子合理地宣泄情感。

第三，远离愤怒情绪，不着痕迹地替代。孩子的注意力是容易被转移的，老师应运用这一点，当孩子的情绪正确释放后，我们就可以通过即兴的小故事、小笑话等让孩子明理、自省。

第四，远离隐形伤害，呵护孩子心灵。事情解决了，但自尊心正在发展中的孩子也许对于这小小的纠纷、争执有点介意，老师作为"大孩子"可以参与其中，让孩子们握握手、抱一抱，帮孩子们真正消除隔阂，重新玩在一起。或者我们每一次的教育最后都可以这样来结束——一个小拥抱，一张满怀歉意的画，让孩子用自己的方式来解开心结。

幼儿园班级扎染主题环境创设的构思与实践

广东省深圳市罗湖区安馨幼儿园　柳　霞

一、扎染主题的背景

靛青染春秋，扎染有着悠久历史，起源于黄河流域，早在东晋，扎染已经开始发展成熟。扎染工艺分为扎结和染色两部分，它有一百多种变化技法，各有特色，晕色丰富，变化自然，趣味无穷，这种独特的艺术效果是机械印染工艺难以达到的。扎染纹样神奇多变，色泽鲜艳明快，图案简洁质朴，有令人惊叹的艺术魅力。扎染是艺术与技术的完美结合，整体美更折射出民族文化的韵味，具有深厚的民族特色和独特的艺术价值。

二、扎染主题的构思

我以扎染为主线，在班级门口设置了扎染展示主题区，在美工区设置了主题背景墙。扎染以传统的靛青蓝为主，给孩子传统文化为主的浸润；同时以七彩颜色扎染为辅，不限制儿童自主选择自己喜欢的颜色；有主有次，有靛蓝的主题，也有多姿多彩的七彩色。

三、扎染主题的设计

暑假期间我就已经在构思和酝酿扎染的主题，所以开学后的 9 月份就准备了初级材料给孩子们尝试和感知。有了初步材料和前期经验记录后，国庆期间给每位孩子发一份扎染操作材料，让孩子们用扎染的布设计跳舞女孩的服装，并呈现在班级的各个空间角落。

四、扎染主题的实践

通过师生共同努力，利用一抹素芳描绘出师幼心中最美的一抹蓝，再将它绘就在舞动的童年、点缀在闪耀的舞台，表现为一个可爱的晴天娃娃，或者一件扎染旗袍，或者一个灵动的蝴蝶结。在扎染的世界里，每个孩子都是天生的艺术家，每位教师都是点亮幼儿艺术之光的天使。在共享、共创中共成长、同进步；在一抹素芳一抹蓝中，遇见童年的美好，演绎和传承中华古老文化的雅致。

在教室的进门处设置了扎染的主题景观，情境高低错落有致，星光或明或暗，作品呈现丰富多样，主题跃然纸上。在班级的展示墙、幼儿工作台、教室的空间都充盈着丰富的扎染作品，为幼儿创设沉浸式的主题学习环境。

五、扎染主题的渗透

(一)环境中的渗透

1. 突出主题：以美工区为主，在教室各个角落渗透，以润物细无声的方式给幼儿以觉知。

2. 多方式呈现：我们用扎染的布做跳舞女孩、晴天娃娃、笑笑娃娃、衣服、围巾、笔袋、团扇、发夹、旗袍、背包等多种物件，激发幼儿动手扎染的兴趣。

(二)区域间的渗透

扎染以美工区为主，同时渗透在各个区角：在语言区有扎染相关的阅读材料；在生活区有扎染服装设计；在科学区有“颜色对对碰”；在表演区有孩子们自己扎染的服装；在积木区和自然角也有扎染的材料，给幼儿关于扎染的丰富感知。

六、扎染主题的规划

(一)毕业礼物

孩子们即将毕业，在实践中思考幼儿的毕业礼物，包括：扎染的笔袋、扎染的衣服、

扎染的围巾、扎染的背包等。

(二)毕业节目

为了将扎染的主题贯穿成一系列的活动，我们将幼儿毕业典礼的节目设计为扎染服装T台秀。希望通过这样的方式让幼儿更深地感知扎染，传播中华传统艺术和文化。

小朋友们的爱

中央军委机关事务管理总局北极寺老干部服务管理局幼儿园　高巧巧

近几天孩子们都在议论同一个话题："我妈妈说我是从垃圾堆里捡的。""不对，是妈妈生的。""从哪里生出来的?""我们怎么到妈妈肚子里的?"他们讨论着，心中充满疑惑。他们怎么忽然对这些感兴趣，我感到很纳闷。仔细查阅了相关资料，我才知道，原来孩子们到了感知自我的关键期，他们开始对"我从哪里来"发生了浓厚的兴趣。于是，我找到了一本关于生命起源的图书《我从哪里来的》。首先，我和孩子们一起了解人是从哪里来的，让孩子们知道，是爸爸妈妈共同创造了他们。爸爸身体里有很多小蝌蚪，妈妈身体里有很多宝宝蛋，爸爸把小蝌蚪放到妈妈的肚子里，跑得最快的小蝌蚪找到宝宝蛋就变成一个小宝宝。妈妈的肚子里有一个宝宝住的宫殿叫子宫，宝宝就在那里慢慢长大。"我们在妈妈的肚子里怎么吃东西呀?"这是孩子们真正关心的问题。于是，我从网上搜集了有关胎儿成长的图片，让孩子们观看，他们就像着了魔一样，一声不响，默默地看着。"啊！我们在妈妈肚子里怎么像个小老鼠。""我们在妈妈肚子里都干什么呀?"通过看图片，孩子们知道了，原来我们是通过脐带来吸收妈妈身体里的营养，妈妈吃什么我们就能得到什么。妈妈为了宝宝的健康，从不挑食，什么都吃，才让宝宝长得又漂亮又健康。孩子们知道了他们先长出头、身体、胳膊、腿，然后再长出鼻子、眼睛、嘴巴、耳朵，再长出手指和脚趾。都长好了，就开始调皮了。有时候用小拳头打妈妈，有时候用小脚丫踢妈妈，还有时候用小屁股拱妈妈，好像在和妈妈做游戏，妈妈可开心了！孩子们听着听着都不出声了，他们在想什么？是不是在想自己在妈妈肚子里干的好事？"我在妈妈肚子里踢妈妈，妈妈快让我出去。""我在妈妈肚子里游泳。""我还在妈妈肚子里吃手指。""我在妈妈肚子里还会打嗝。"孩子们你一言我一语，话匣子打开了，他们有太多的感受要和同伴一起分享。吃午饭时间到了，孩子们才恋恋不舍地停止谈论，并和老师约定睡觉前再接着讲。孩子们对自己从哪里来的兴趣如此强烈是我没有想到的，他们开始慢慢懂得感受亲情的美好。午饭后，当孩子们静静地躺在小床上，我放上了一盘班得瑞的钢琴曲，优美、舒缓，在静静的音乐声中，我又一次讲起了故事《我从哪里来的》，这一次，孩子们听得很安静，很投入，似乎再次享受母爱的孕育。听完故事，我悄悄地说："赶快睡吧，说不定，今天中午就会梦见你在妈妈肚子里的事情。"孩子们都安静地入睡了，看着他们甜甜的睡态，我被他们纯真的感情所感动。

午睡起来，孩子们纷纷告诉我，他们梦见在妈妈肚子里快乐的事情。乐乐好像比其他的孩子有更多的感受。她跑到我面前问："老师，你的孩子现在在哪儿?""我的孩子在很远的地方上大学。""你现在看不见你的孩子，感到孤单吗?""我每天看到你们，就像是我的孩子，有你们陪我，我不孤单。""如果我们调皮，你是不是就会很孤单?""以后我们一定不惹你生气，让你每天都快乐。"我的眼睛湿润了，孩子们怎么会想到这些，看来他们对妈妈的爱有了更深的理解，一定会更加爱自己的妈妈，也一定会更爱自己身边的人。这是一次成功的爱的教育，孩子们的真挚感情感染着我，也感染着每一位家长。第二天，家长都激动

地告诉我孩子们说的一句句令人感动的话。“妈妈，我一定好好爱你。”“妈妈，我现在长大了，不用你操心了。”每位家长在和我交流的时候，眼睛都是湿润的，他们没有想到，对孩子的情感教育可以这样进行。

“卖拖鞋”的故事

广东省佛山市顺德区机关幼儿园　张倩儿

进入小班下学期，孩子们穿脱鞋袜的能力有了很大的提升，午睡结束后，他们总能独立把鞋子穿好。但我观察到，近一半的孩子在换完鞋子后忘记了将拖鞋放回鞋柜，“无家可归”的拖鞋散落一地，看起来凌乱极了。

为了帮助孩子们养成良好的收拾习惯，我悄悄拍下了拖鞋散落一地的照片和拖鞋整齐放在鞋柜里的照片。第二天午餐前，我用电视向孩子们展示了这两张照片，并请他们说一说：“你更喜欢哪一张照片？为什么？”孩子们纷纷举手表示自己更喜欢拖鞋在鞋柜里的照片。乾乾大声说道：“我喜欢第二张，因为它看起来整整齐齐！”我说：“是的，大家都觉得整齐的鞋子更好看，所以我们换完鞋子后一定要记得把它放回鞋柜，这样它才能变得整整齐齐哦！”考虑到他们处于前运算阶段，我又编了个诙谐的小故事：“听说幼儿园里有只调皮的小猴子，它最喜欢捡那些没回到鞋柜的拖鞋拿去卖，你们千万别让小猴子把你的拖鞋捡走咯！”孩子们都笑了，说：“我才不会让小猴子卖我的拖鞋！”

第二天下午，散落在地上的拖鞋少了许多。我走进教室吆喝道：“卖拖鞋咯！卖浩浩的拖鞋，卖希希的拖鞋……”被叫到名字的孩子都不好意思地笑了，连忙跑出去把拖鞋放回鞋柜。

第三天下午，地上的拖鞋又少了几双。我依旧走到教室里吆喝“卖拖鞋”，听到诙谐的吆喝声，记得放拖鞋和忘记放拖鞋的孩子们都哈哈大笑。我拍拍手，认真地对他们说：“虽然小张老师今天又卖拖鞋了，但是我今天很开心。因为昨天有 5 双拖鞋没回家，但今天只有 3 双拖鞋没回家，说明我们班又有两个小朋友养成了及时收拾东西的好习惯，变得更加能干了。等哪一天小张老师不需要卖拖鞋了，就说明我们班的小朋友已经变得像中班的哥哥姐姐一样厉害了。”虽然孩子们还在笑，但我看到他们眼里闪烁起亮晶晶的光……

第四天，第五天……散落在地上的拖鞋逐渐变得越来越少，孩子们也逐渐学会了通过自我提醒法来帮助自己安放好拖鞋。当同伴忘记放拖鞋时，他们也会主动跑过去提醒同伴。终于，在某一天下午，我惊喜地发现鞋柜前面的地板干干净净，一双“无家可归”的拖鞋也没有了！

“卖拖鞋”的故事让我看到，小班幼儿身上有着很强的观察、反思和执行能力，他们是自己生活的小主人。教师们要多动脑筋，选择科学、积极的教育方式，引导他们主动参与自我学习、自我管理的活动，帮助他们到达最近发展区并增强他们的自我效能感。“卖拖鞋”的故事暂时告一段落了，但小二班孩子们的成长故事还在继续进行。

“老师，我们还没有聊聊天呢”

广东省佛山市顺德区机关幼儿园　方逸虹

与学前教育相伴数载，孩子们的一言一行、一举一动牢牢牵动着我的心，有的活泼有

的安静，有的热情有的内敛，而我始终相信，每个孩子都是一颗颗小种子，带着我们的爱，在微风和暖阳下开出小花。

乐乐是一个调皮好动的小男孩，没有一刻能闲下来，上课时屁股喜欢离开小椅子，手不停地摆弄区域的学具；盥洗时玩水，经常把衣服弄湿；玩玩具时经常被小朋友投诉抢玩具；午睡时间也喜欢捉弄旁边的小朋友，真是一个令人头疼的皮娃娃。

有一天午餐后，乐乐早早吃完，扛起玩具手枪又穿梭在内庭小花园的花丛里，时而蹲下，时而跳起，嘴里念叨着“快！有怪兽”，我提醒了好几次，可乐乐还是钻进草丛里，甚至还在草地上打滚。他的额头上已经冒出汗珠，可是乐乐还是乐此不疲地跑来跑去。

我觉得应想个办法让乐乐停下来，于是尝试跟乐乐聊聊天。我招呼乐乐，让他坐到我的旁边来。我说：“乐乐，你满身大汗，休息一下吧，我们聊聊天。”乐乐先是愣了一下，看着我，我向他又招了招手。乐乐目不转睛地看着我：“好啊，我喜欢聊天。”我想起乐乐有个刚出生的妹妹，便问：“乐乐，你平时在家有没有陪妹妹一起玩？”乐乐：“没有。妹妹还小，不陪我玩。而且妹妹和爸爸妈妈住一起，我和外婆住一起。”我接着又问：“你平时在外婆家做些什么事情？”乐乐回答：“我在外婆家很开心，外婆陪我吃饭，帮我洗澡。对了，我还帮外婆洗碗。”……我表扬乐乐是一个有爱心的好孩子，他腼腆地笑了笑，边说边靠近我。我抱住乐乐，他越说越起劲。那天中午乐乐一直拉着我的手，午睡的时候还要求我坐在他身边，看着他午睡，我觉得乐乐还挺可爱的，被孩子信任的感觉真美好。

从那天起，乐乐每次一吃完午饭，就搬起小椅子，坐在教室门口等我。有一次我在指导其他小朋友漱口擦嘴巴时，乐乐在门口呼唤我：“老师，我们还没有聊聊天呢！”

往后的日子里，一有空我们俩就会聊聊天，发生任何事情，乐乐会第一时间跑来与我分享。我也顺势引导乐乐学习与其他小朋友交往以及遵守班级规则，渐渐地，乐乐的行为习惯有所改善，不再像刚入园时那么好动。

教育事业任重道远，我愿以爱心、耐心继续浇灌“小花朵”们，静待花开！

“我不会”女孩

河北省省直机关第十幼儿园　段晨曦

我们班有个可爱的小朋友——恩恩，但她有一个不太可爱的口头禅——我不会。区域活动时，女生都在美工区涂色，她却在一边发呆；小朋友们竞争表演名额，她从不参与；语言活动，小朋友们纷纷发言分享自己的经历时，她只是倾听者，从不发表看法。每当教师问她不参与活动的原因时，她就嘟嘟嘴说：“我不会！”为此，老师们十分着急，直到在一次关于“我最喜欢的少数民族”的分区活动上，我们看到了希望，恩恩终于从“我不会”变成了“我能行”。

那天恩恩选择了美工区的“我最喜欢的少数民族”的绘制活动，一开始她又对我说：“老师，我不会！”这时我又想动手帮她画几笔，可我突然间看到了一旁的佳佳画了一个圆圆的头，于是说：“恩恩，你也跟佳佳一样试着画一个圆圆的头。”看着她又要说“我不会”，我马上说：“其实很简单的！就像这样啊……对吧，佳佳？”佳佳马上接腔说：“对啊！你试试吧！”于是恩恩看了看我，又看了看佳佳，低下头怯怯地画了一个圆。我看她画好后接着说，“头上有什么呢？你能试着画一画吗？”于是恩恩又动手画了五官。这时她似乎没有那么害怕了，于是我接着说：“恩恩，你再试试，你可以的！别轻易放弃，老师特别期待你和佳佳的

作品!”最后分区结束的时候，恩恩交给了我一张她画的维吾尔族的小姑娘，看着她闪着光的眼睛，我决定再接再厉，在班集体面前表扬了恩恩绘制的维吾尔族小姑娘。可能是我的表扬起作用了，也可能是恩恩终于开窍了，接下来的几天时间里，她一直在绘制少数民族小姑娘。而这之后，恩恩的嘴里基本上再也没有说出那句口头禅——“我不会!”而是变成了当别人不自信、不敢动手操作时鼓励他人的“你试试看！你可以的”。

一天，在跟孩子们讲述绘本《点》时，我忽然意识到恩恩不就是现实版的瓦斯蒂(绘本《点》的主人公)吗？老师一句善意的话语，一个富有爱心的举动，如同一道魔法，让他们的生活产生了巨大的变化，照亮了他们原本不自信的童年，让他们拥有了更加灿烂的未来。欧文主张，“教师亲密的动作、友好的谈话等启发儿童思考，教师应充分调动儿童学习的积极性，激发儿童的兴趣，发展幼儿的求知欲望”。同时，赏识教育强调，教师应当及时对幼儿的进步给予适当的支持与鼓励，所以，作为一名合格的幼儿教师，我们应该学会用发展的眼光看待我们的孩子，不仅要用爱心，更要用耐心等待他们的成长!

小蜗牛

山东省烟台市市级机关幼儿园　荆　娜

雨后的天气，让人感觉特别清爽。我们班的小朋友开心地跑到种植园地呼吸着雨后新鲜的空气。大家玩着玩着，我发现有一群小朋友蹲着围在种植园地旁边，到底发生了什么有趣的事情呢？我好奇地走过去，想看看孩子们在干什么。只听见元宝说：“你们别碰！这是蜗牛!”元宝继续说：“我们可以轻轻拿，把它放在手心上。”说着，元宝小心翼翼地拿起了一只蜗牛轻轻地放在了手心上，“大家快看，蜗牛出来了。”元宝大声地说着，眼睛也睁得大大的。

元宝忽闪着大眼睛对我说：“老师，蜗牛在外面一定很孤单，我们把它带回教室，放在自然角好吗?”我说：“当然可以。”就这样我们带了几只蜗牛回教室，把它们放在自然角的小玻璃瓶子里，让孩子们仔细研究。

第二天一大早，元宝就早早来到幼儿园，冲向自然角看小蜗牛，“天哪，蜗牛不动了!”元宝大喊道，哭着朝我跑来：“老师，蜗牛，它不动了，是不是死了？这可怎么办?”我安慰着元宝说：“老师也是第一次养蜗牛，我们对它的生活习性和饮食习惯都不了解，我们都应该多学习、多了解一些，这样才能把蜗牛养好！咱们一起查查资料看看该怎么养它吧。”

第三天早上，元宝一进班级就高兴地跑过来告诉我：“老师，我知道怎么养蜗牛啦！蜗牛都喜欢潮湿阴暗的地方，它们喜欢吃土里的营养，所以我们不应该把它放在玻璃罐子里养，可以把它们放进花盆里，这样它们就不会死啦。”我问：“元宝是怎么知道的呢?”他说：“我和爸爸一起上网查的呀，这回我一定能养好蜗牛。”

元宝有一双善于观察、发现的眼睛，还有一颗爱护小动物的心。元宝对小动物的关爱和对饲养动物的探索、求知精神让老师看到了元宝有“小小科学家”的潜质。

作为教师，我们一定要有一双善于发现的眼睛，细微之处都要积极引导幼儿，今后我们会请元宝来当爱心饲养园的小主人，给小蜗牛喂水、喂食，以后我们也会在植物角添置一些大家喜欢、感兴趣的小动物，元宝还可以成为小动物科普知识的“讲解员”，向小朋友们介绍有关动物的知识。鼓励爸爸妈妈带小朋友去动物园近距离观察动物，让班级的其他小朋友也能像元宝一样都成为爱护动物、有环保意识的小朋友。

陈鹤琴先生说过，大自然是最好的教材，让孩子以大自然、大社会为活教材与实际紧密地结合。孩子们通过和蜗牛的亲密接触，知道了许多关于蜗牛的科普知识，在玩中学，在学中玩，深度学习正在发生……

与未来同行　与信息相伴

重庆市九龙坡区第一实验小学　何　军

70 年代的孩子看小人书，80 年代的孩子爱连环画，90 年代的孩子有学习机……“10 后”的孩子酷爱平板、手机。随着信息技术的发展，孩子们接触的事物在不断发生变化。信息技术改变着我们的生活，给我们的生活提供便利的同时又对正常生活形成冲击。不少家长通过各种命令限制孩子对信息技术的接触时间和方式。作为一名教育工作者，我深知与时俱进的道理。

幼儿园大班的孩子们就快毕业了，虽然孩子们年龄不大，但他们已懂得毕业即分别，有的孩子互赠礼物，少数几个孩子拿着家长给他们准备的同学录来一起记录。对于基本能把自己的名字写完整的孩子来说，似乎并没有更多的方式能让他们留住这些纯洁的友谊。看着孩子们依依不舍地和好朋友说告别悄悄话，我决定用新方式帮助他们把友谊保存得更长久一些。

我通过和他们聊天得知班上孩子们都有电话手表，孩子们能熟练地操作电话手表，有的还能通过“摇一摇”加好友。这不是正好能解决孩子们想要维持幼儿园友谊的问题吗？于是我提议每天规定一个时间，孩子们可以戴上电话手表和伙伴交流。一个星期过去了，孩子们都加上了自己的好朋友。他们不断跟我分享和好朋友聊天及相互发送的信息。橙宝说，他周末约了好朋友一起去动物园；玉儿说，她和伙伴说好了放学后一起去小区玩滑滑梯……看到他们天真、可爱的脸庞，我感到非常欣慰。

通过适当的规则和正确的引导，电子产品能帮助孩子们尝试融入社会、探索生活。在电话手表时间里，他们带着任务和小朋友交流；尝试相互探索手表不同功能的使用方法和使用技巧；他们勇敢、真诚地帮助伙伴，他们在活动中感受到了快乐。

电子产品或许会对孩子成长有影响，但我们不得不承认它的便捷和效能。我们培养的是祖国的未来，他们需要与未来同行。电子信息技术就是他们成长的原生环境，我们可以利用信息技术趋利避害，帮助孩子们进步和成长。

丢失的红番茄

湖北省黄冈市园丁幼儿园　方　丹

幼儿园开辟了种植小天地，我班种植了番茄，经过了几个月的悉心照顾，番茄苗长大了，开花结果了。小朋友们每天盼望着青青的番茄能变红，终于，番茄红了，虽然只红了两个，小朋友们还是特别兴奋，围着红番茄叽叽喳喳地讨论着：“我们的番茄红了！”“是呀，红了两个。”“我们马上可以摘了。”“怎么吃呢？”“生着也可以吃，就是不知道酸不酸……”

一天早上，一个红红的大番茄不见了，只见一个半截的光秆伸出来。添添最早发现，大喊着“快来”，我们班的“护茄”小卫士们急匆匆地冲出来，到处寻找丢失的大红番茄。

围绕着丢失的番茄，孩子们展开了激烈的讨论，纷纷将自己的猜想画在了纸上，一个个俨然成了小侦探。

桐桐说："肯定是程医生拿着剪刀摘走的，我们的番茄就种在医务室门口，她离得最近，她拿去给病人治病了。"菲菲说："也有可能是被鸟儿叼走了，鸟儿也喜欢吃甜甜的红番茄。"果果说："被美女小偷偷走了，因此老师说吃番茄可以美白，变漂亮。"涵涵说："是小蚂蚁趁着天黑，趁着我们都不在的时候，偷偷把红番茄运回家了。"茜茜说："有三种可能，第一是被小鸟叼走了，第二是蚂蚁搬走了，第三是被小朋友们偷偷剪了。"靖靖说："如果我们早给番茄盖个房子，房顶让小鸟放哨，番茄就不会被偷走了。"

铭铭说："两个红红的番茄只剩下了一个……我们把这个番茄摘下来，放到教室里藏起来。"

大家认为这是个好办法，便行动起来。

绿绿的大番茄又在悄悄变红，这一次，我们要保护好我们的大红番茄。

"丢失的红番茄"是孩子们在种植活动中随机生成的课程之一。孩子们对丢失的红番茄展开了积极思考，纷纷表达自己的分析判断，表达出各自不同的理由，我不由得对孩子的语言表达能力、分析思辨能力和对劳动成果爱惜的情感惊叹！

孩子们对问题的自主探究、仔细观察、认真推理、积极交流，反映出我们的活动帮助和促进了孩子们的语言表达能力、观察分析能力、社会交往能力。孩子们用绘画作品对"番茄去哪里了"进行大胆推测、思考和记录，一幅幅"画中有话"的画面，反映出孩子们思维能力和艺术表现能力的提升；而后续孩子们自觉的"护茄"行动则是情感、认知、品格的终极表现。生活即课程，"天地大课堂"让孩子们"天地"更宽、"课堂"更广，是真实的"活"教育。

我们的好朋友

北京市东城区东四五条幼儿园　张　楠

"老师，杰杰又趴在地上了。""老师，杰杰爬到书架上去了。"……这个上蹿下跳的小朋友，就是我们的好朋友——杰杰。

开学初，杰杰在班级中所表现出来的行为让我很困惑。区域游戏时，杰杰总是这边玩一下，那边玩一下，有时候还会破坏其他小朋友的作品；户外游戏时，他总是脱离队伍跑来跑去；教育活动时，趁老师不注意的工夫，他一会儿趴在地上，一会儿又跑到楼道里……发现这个问题我主动与他沟通引导，但不管我问他什么，他只是面无表情，看着我一句话也不说。杰杰与大家的不一样，让我有些不知所措。但尊重幼儿一直是我对待孩子的准则，"要尊重个体差异，主动了解有益于幼儿身心发展的不同需求"，幼儿是具有发展差异的人，在"尊重"的基础上，"主动了解"幼儿不同兴趣、能力、气质和性格等个体差异因材施教。于是我开始观察杰杰的行为表现，正视他的优缺点。在一次区域游戏中，我无意发现了杰杰加减法算数非常快，抓住这个教育契机说："杰杰，你太厉害了，这些加减游戏你都能玩出来吗？"紧接着他骄傲地说："这些都太简单了，我还会更难的！"听到他主动回应我的问话，终于觉得向他内心世界迈入了一小步。后来，我主动邀请杰杰成为我的好朋友，和他建立亲密关系，用好朋友的语气提醒他要遵守规则，游戏时，我也会主动用好朋友的口吻关心杰杰想去哪个区域游戏，了解他的游戏计划。渐渐地，他不再不说话，而是敞开心扉愿意与我分享他的想法。

在班级中杰杰一直都是独来独往，不愿意与其他小朋友交流和游戏。一次过渡环节，我们一起玩猜数字游戏，杰杰次次都能猜对，借此契机我对小朋友们说："杰杰玩猜数字游戏玩得太好了！果然是我的好朋友！你们也愿意和他成为朋友吗？"孩子们纷纷表示愿意，一拥而上向杰杰请教猜数字游戏的秘诀。说到自己最擅长的地方，杰杰非常自豪且愿意与大家分享。区域游戏时，有的小朋友遇到问题了，我也会请杰杰去帮忙……我帮助杰杰创建与其他小朋友的交流机会，渐渐地，他也不再自己一个人游戏活动了，慢慢和大家融入一起。

"老师，今天我和杰杰一起搭建了8层的酒店！""老师，这个数学册里有一个我不会，是杰杰帮我讲的！""我和杰杰是好朋友！"……孩子们从告杰杰状到愿意与杰杰交流玩耍，我想，这就是"好朋友"的力量吧！这种力量也让我听到了成长的脚步声。

小小"录制者"

湖北省武汉市洪山区第一幼儿园悦蒲园　熊　雨

2022年，疫情又一次迫使我们进行线上教学活动，为了让孩子们把宅家的日子过得充实有意义，我们在园领导的引领下为孩子们精心录制了很多科学小游戏，每天都推送给孩子们探索学习，孩子们在屏幕上和我们相聚。

早上我发送完推送视频，没多一会儿，就收到了兴兴的微信留言："老师，今天的学习内容怎么没有科学小实验呢？"我告诉他，今天的科学内容是棋类游戏。他又发来语音："哦，我还是想玩科学小实验。"紧接着又发来一条语音："今天没有就算了吧，我就不玩了，哎！"语气里透露着失望和一点点妥协。"我们玩了那么多科学小实验，那你最喜欢哪个科学小实验呢？"我引导他说道。"老师，您每天发的学习内容，我都是第一个玩科学小实验，我都很喜欢呢！"他兴奋地说道。"那现在让你自己选择玩一个，你想自己探索哪个科学小游戏呢？""我想玩'不漏水的袋子'，这个是昨天的科学小游戏，嘻嘻。""可以啊，老师想看一看你是怎样玩科学小游戏的，行吗？""行啊，但是我们又不在一起，您怎么看我玩？"没等我回复他消息，他又发来一条消息："老师，老师，我知道啦！我可以让妈妈帮我拍，然后录成视频发给您！"我给他发了一个大拇指的表情。他又发来语音："老师，我不和您说啦，我去做实验啦！"

大概过了两个小时，兴兴的视频就录制好发给我了。视频里兴兴学着老师录制的样子有模有样地说着，玩到高兴的时候忍不住笑出了声，但是有些地方还是很紧张，说话吐字不是很清晰，最后在视频末还录了一句："小朋友们，快和爸爸妈妈一起动手玩起来吧！"

我针对他的作品与他进行了视频交流："老师觉得你第一次录视频特别棒，但是老师也看出来了你有一点点紧张，对吗？""嗯。"他点点头。"一次视频有点长，你可以要妈妈分开录，还有你要想清楚自己的实验步骤，然后一步一步去录，相信自己哟！"兴兴点点头。第二天，我又收到了兴兴的视频"不漏水的袋子"，这次他的眼睛里多了一份自信，而且步骤特别清晰，说话节奏也慢了。他发语音说："老师，我妈妈把视频发到了抖音里面，好多叔叔阿姨都给我点赞呢！""兴兴小朋友很棒哟，在生活中还有很多的科学小实验和你的神奇创想，我们都可以用手机录下来，你会收获更多惊喜哟！"之后兴兴又录制了科学小实验"神奇的筷子""有趣的毛毛虫"、自创游戏"艾莎装备"、手工制作"母亲节礼物"、亲子游戏"趣味夹瓶盖"。

从中获得的教育启示如下：

第一，树立科学的现代教育技术观。现代教育技术飞速发展，响应“科教兴国”战略的号召，在教学中应用现代技术教育已成为当今社会教育学中不可或缺的环节。现代教育技术并不是指单纯的物质技术，它是先进教育思想与先进科学技术相结合的产物。因为疫情原因，我们在“云端相约”实现我们的教育教学目标。兴兴对“科学小实验”感兴趣，通过“屏幕”这一特殊形式鼓励孩子探索发现，创意表达，用教育智慧拥抱每一个孩子，用不同的形式来承载我们的教育情怀，感受成长的力量！

第二，用心捕捉每一个教育契机。兴兴是一个思维活跃的小男孩，平日里在幼儿园表现欲很强，总是喜欢争着回答问题。在与兴兴的交流中，我感受到兴兴对今天学习内容没有科学小实验的失望，及时理解幼儿的心情并启发幼儿说说自己感兴趣的科学小实验，成功地激发了幼儿的创作兴趣。做到“幼儿在前，老师在后”，引导幼儿去思考“怎样去实现让老师看我做实验呢?”。一个善于思考的孩子，不仅善于主动获取知识经验，还要学着整合、调动原有经验，做出合理的科学判断，并在好奇心的驱动下进行科学创意。

第三，家园配合保护幼儿创作欲望。成人的思想境界，将影响孩子的成长眼界；成人的培养导向，将指引孩子的发展方向；成人的投入程度，将打磨孩子的精彩光度！在这次“录制”中也得到了兴兴妈妈的大力支持，她耐心地帮助兴兴录制视频、剪辑视频，帮助孩子树立了自信心。家长和教师一起引导幼儿运用自己的眼睛真切地观察现实，运用自己的大脑开启想象，才有了后来那么多精彩的小视频！

每个孩子内心都有一个丰富的小世界，会因真实的情景去观察，因真实的问题而思考，从而点燃自主探索的内动力，虽然病毒阻挡了孩子们入园的脚步，却阻挡不了他们的探索之旅！

尊重孩子

北京市首钢幼儿保教中心八角幼儿园　金　巍

教育应从尊重开始。

我国教育家魏书生曾说：“人心与人心之间，就像高山与高山之间一样，你对着对方心灵的大山呼唤：我尊重你。那么对方心灵的高山的回音便是：我尊重你。”尊重他人不仅是个人内在修养的外在表现，同时也是构建和谐人际关系的重要基础。人与人之间需要尊重，教师与幼儿之间更需要尊重。

尊重是教师与幼儿沟通的桥梁，师生之间的相互尊重来自平等与真诚。教师应该明确地认识到，新时代良好的师生关系应该建立在彼此平等的基础之上，教师应该改变居高临下的姿态，真诚地与幼儿交流，真正做到了解幼儿的内心世界。这样才是在教育中做到尊重。尊重是双向的，只有尊重才有平等，只有平等才有信任，教师才可能深入幼儿的内心世界，才能与幼儿进行心灵的沟通。

尊重是建立和谐师生关系的基础，尊重体现在教师对幼儿的理解和接纳。我国著名的教育家陶行知先生说：“真的教育是心心相印的活动，唯独从心里发出来的，才能达到心的深处。”真正的教育源自内心的尊重，只有在教师实践中做到尊重，爱护幼儿，才能使幼儿真正感到温暖。这意味着要让幼儿成为被关注的对象，意味着教师要尊重每一位幼儿。

用心引导，用爱呵护

云南省玉溪市第一幼儿园　冯钰涵敏

从事幼教工作以来，我发现，我的工作需要我学会爱，爱我所教的每一个孩子，将他们视如己出；我的孩子们需要我给予爱，像妈妈一样无微不至的关爱。为了这共同的需求，我努力地爱着，爱着我的工作，爱着我的每一个孩子。我的爱之舟从新生入学的那一刻就开始起航了。幼儿园迎来了新一届小班新生，上幼儿园对他们来说无疑是人生中面临的第一个挑战，挑战全新的环境，挑战幼儿园独立的学习生活，挑战自己。

亚熙，是我班的一名年龄偏小的宝宝，他的入园焦虑情况是我们班最为严重的。一次，我班配班普老师抱亚熙回教室时，被亚熙抓伤了手。我抱过亚熙时发现了她手上的伤口，急忙询问她，普老师笑了笑："没事！小孩子情绪上来了都会这样，回去涂点消毒液就行了。"她对孩子的包容令我感动。我的脑海里出现一个念头：让亚熙向普老师道歉，并借这个契机让他明白并不是哭闹就不用来上幼儿园，你的哭闹有时还会伤到关爱你的人。等到孩子们午睡前，我把亚熙叫了过来，抱他坐在我的腿上，笑眯眯地问他："亚熙，你今天在幼儿园开心吗？"亚熙抬头回答我："开心。""亚熙玩得开心，老师很高兴。可今早亚熙不小心将抱你来教室的普老师的手抓伤了。我知道你不是故意的，普老师也没有责怪你，但是当我们不小心让别人受伤了就应该向人家说声'对不起'，好吗？"亚熙缓缓点了点头。之后，我带他找到普老师，亚熙低着头，好像真的认识到了自己的错误，轻轻地说了声："普老师，对不起！"普老师微笑着对亚熙说道："亚熙，没关系的！希望你从明天开始开开心心地来上幼儿园，和班上的小朋友快乐地游戏，好吗？"亚熙抬起头看了看普老师，认真地点了点头。从那天开始，亚熙早晨虽然还是会哭闹，但当我们去抱他时，他不再乱蹬乱抓。现在，亚熙的哭闹消失了，能自己高兴地走进教室，我发现早晨入园时亚熙没有哭闹，就奖励他一颗小五角星并表扬他："哇，笑眯眯走进教室的亚熙真棒，老师喜欢你！"

每一个孩子都有自己的性格特点，针对每个孩子的特点进行有针对性的引导教育，是我今后幼教中努力的方向。从亚熙的身上，我明白了教师只要用心，就能走进孩子的心灵；只要有爱，就能让孩子爱上幼儿园，脸上绽放出灿烂的笑容！

蜗牛伴我行，成长你和我

——阅读点亮教育

四川省成都市高新区第二幼儿园　刘　星　胥　清

孩子就是落在我生命里的一束光，照亮了我前进的方向。踏入师范的第一天，我的老师告诉我们，以后我们会"牵着一只蜗牛去散步"，静下心来，放慢脚步，牵着我心爱的"蜗牛"共同成长。

——题记

蜗牛很稚嫩，但天真无邪，充满阳光。中国青少年研究中心首席专家孙云晓在《向孩子学习：一种睿智的教育视角》书中写道：成人只有和孩子一起学习，同时也向孩子学习，才能适应当今社会的发展与变化。小小的孩子能教我们什么呢？教育不是上施下效、长善救

失吗？何为上？难道上只要以年岁大、经验丰就为上吗？深思以后，我认真地蹲下身，用真挚的心态向孩子学习。

你们看，她叫琪琪，一个活泼开朗、不拘小节的小女孩。当活泼与不拘小节相加发生化学反应时，不禁让人头痛！有一次，吃的是特色菜，也是琪琪最喜欢的菜，一接到盛满饭菜的餐盒，她兴奋得一跳，不，是一大跳，饭菜就全跳到前面妍妍的身上了！妍妍大哭起来。琪琪眨着眼睛可怜兮兮地对着我说："老师，我不是故意的，下次不会啦！"犯错是成长的代价，只要认识错误改正了就是好孩子。

又到了吃特色菜的一天，我担心琪琪又犯错，悄悄对琪琪加大了关注力度。接餐，琪琪没跳，安全过关！我高兴琪琪的成长。快乐不过三秒，琪琪为了加菜，还没有吃完就忙着起身，一不小心又把饭菜打倒，一不凑巧，饭菜又倒在了妍妍身上，妍妍大哭。当晚，妍妍妈妈怒气冲冲地给我打来电话，电话里，她情绪激动，说话也很不客气。确实，大冬天的，连续两次孩子的衣服都被饭菜弄脏，作为家长，他们肯定很难接受。而我只能沉住气，安抚家长。

第二天，我们排队准备出去做操，由于天冷，我提醒孩子们把衣服拉链拉好。这时，令我意外又感动的一幕出现在眼前——妍妍在帮琪琪拉拉链！休息时，我问妍妍："今天老师看到你帮琪琪拉拉链了，你真乖！不过你为什么要帮她呢？"妍妍说："妈妈告诉我，琪琪是妹妹，还不懂事。妹妹只要不再用饭烫我，我还是会和她玩的，她不会拉拉链，我可以帮她。"那一瞬间，我突然觉得鼻子发酸——孩子是多么善良啊！在之前的事件中受到伤害的是妍妍，可她还是选择原谅，乐于助人，这是多么值得我们学习的品质！孩子的宽容、热情、与人为善深深地打动了我。

这个故事恰好印证了孙老师的观点。我学着向孩子学习，改变了自己的态度与位置：我不再觉得孩子那么小，什么都不懂，而是蹲下来拉近彼此心的距离，站在一米的高度看世界，学着向内审视自己，反思自己，重塑自己，进而提升自己。

学习穿鞋子

湖北省武汉市国防科技大学信息通信学院幼儿园　李雪莲

现如今多数家庭都是两代人养育一个孩子，生活上被照顾得太多，导致孩子自我服务水平较低，小班的幼儿就更不用说了，于是穿反鞋这件事在班里经常发生。

午睡结束后，孩子们陆陆续续起床开始穿衣，这时我发现一个孩子将鞋子的左右脚穿反了。在帮他纠正过后，我发现又有其他孩子也将鞋子穿反了，于是我将自己的鞋子脱下，边念儿歌边做动作："穿鞋分左右，左脚穿左鞋，右脚穿右鞋，提起小鞋跟粘住小纽扣。"将鞋子正确地穿在脚上。孩子们学习了穿鞋儿歌后，效果却不是很好，在接下来的几天，我只好在他们起床后去一遍遍地纠正，帮助他们将左右脚换过来，这也引发了我去思考该如何解决这个问题。

于是我盯着鞋子看了许久，忽然发现每个孩子的鞋都有魔术贴，就像一对小耳朵。我灵机一动："请小朋友们摸摸自己的小耳朵，他们在你身体的中间还是两边呢？"孩子们大声地回答我："两边！"我紧接着说："你们的小鞋子也有耳朵，不信你摸摸看，翘起来的魔术贴就是它们的小耳朵，小耳朵如果长在中间就说明鞋子穿反了！"嘿，这招还真灵！许多孩子立刻就明白了，一看就知道自己的鞋子有没有穿反。通过这个方法，我们班的孩子们很

少有将鞋子穿反的了。

小班幼儿正处于前运算阶段的初级阶段，表现为注意力不稳定、观察能力较弱，只能观察出事物的粗略轮廓。他们知道鞋子要穿在脚上，但对于鞋子的左右这种细节部分会关注不够。我想通过儿歌教会孩子们分辨鞋子的左右，但是忽略了他们还不能理解具体的方位名词，那些对于孩子们来说太过抽象，且纠正过程中一味强调左右方位并不能解决问题。这需要我们把孩子们生活中的问题拟人化，用拟人化的口吻和孩子们沟通，会比空洞抽象的说教要有效得多，更利于孩子的理解和认可，孩子可能会更快地学会如何去做，把教育的要求顺利转换成孩子们自身的需求。

蜗牛的故事

广东省深圳市盐田区海华幼儿园　曹慧敏

前一天晚上下了小雨，所以第二天早上的户外草坪略显湿漉，但天气依然阳光明媚，不会影响户外活动。今天我们在草坪上玩耍，大家都很开心。不知道孩子们会有什么不同的发现呢？我很期待。

大家正在开心地玩耍时，班级有一个小朋友走到我旁边拉着我说：“老师，那里有一只很大的蜗牛。”我说：“是吗？在哪里呀？”他说：“我带你去。”他拉着我走到蜗牛旁边，我发现大家都蹲在那里观察。这个小朋友说下雨了蜗牛就会出来的，还说它会吃泥土。我问他为什么下雨蜗牛就会出来。他犹豫地说：“它是不是也想出来玩？嗯……可能它想出来找它的好朋友吧，跟我们一样，和小伙伴们一起玩游戏。”那它为什么会吃泥土呢，他说：“它大概是肚子饿了。”我发现他有很多的想法和发现，这让我非常惊喜。

就这样，我们开始对这只蜗牛刨根问底……我说：“你说的都很对。主要是因为蜗牛喜欢在阴暗潮湿的环境中生活，下过雨之后，空气湿润，这时候它就会出来呼吸新鲜的空气，还能够找食物吃，身体的水分也就不会流失了。它可不喜欢在有阳光的地方哦，因为温度太高不适合它生存。”他一直听得很专注，思考过后说：“哦，原来是这样呀！”他突然起身说：“那我们就不要围在这里打扰它了吧，让它呼吸新鲜空气、找食物吃吧。”于是，他就和小朋友们说：“我们去别的地方玩吧。”一只小小的蜗牛就会让孩子发现、设想和换位思考，理解他人，不打扰他人。孩子们在好奇中获取知识，在行动中体验爱心。

在我们与孩子接触的一日活动中，处处都蕴藏着教育契机。每天在幼儿园，孩子们都会有很多类似的问题出现，有时在班级，有时在户外，有时甚至是在一个不起眼的小角落……这个故事是因为天气下雨，一只蜗牛引发的教育。平时的时候，这位小朋友就会有很多新奇的想法，很喜欢问原因。我看到了他的好奇心和探索精神。特别是他最后说：“我们不要在这里打扰它了。”我看到了他小小年纪就学会了换位思考，会站在别人的角度思考问题，让我很有感触。

通过这次随机教育，我也有了很多思考。其实静下心来想想，生活的一点一滴都是教育。平时老师应继续和孩子们开展关于蜗牛的讨论，进而延伸到教育的其他方面。在今后的类似探索发现或其他方面，希望更多的小朋友们一起观察和讨论，这样就会有更多的小朋友像他一样有探索精神。

教育探索

家园共育视角下提升亲子阅读质量的策略研究

吉林省中工技师学院　李佳芮　任立红

亲子阅读作为家庭教育的核心内容、文化教育的基础环节，越来越多地受到国内学者的广泛关注。家园共育旨在携手家庭共同寻找提升亲子阅读质量的有效策略，培养幼儿良好的阅读习惯，开阔幼儿视野、增长知识、培养想象力及创造力，促进亲子交流。

一、提升亲子阅读质量中家园共育问题探究

(一)家长参与意识薄弱，参与能力有待提高

调查显示，家长意识到亲子阅读是重要的，家庭需要提供良好的阅读氛围。大部分家长意识到早期阅读的重要性，认同图书是早期亲子阅读的重要途径。调查还发现多数家长选择学习机、点读机、平板电脑等电子设备开展亲子阅读，幼儿随机选择阅读材料，电子阅读替代家长朗读，家长伴读的同时处理其他事情。还有少部分家长在亲子阅读过程中遭受挫败，认为亲子阅读浪费时间和精力。

(二)亲子阅读材料较多，材料使用频率较低

调查发现，家长通过书店、网络等购买渠道为幼儿购置阅读材料相对便利，家庭中亲子阅读材料的数量较多，阅读材料的使用频率较低。一些阅读材料甚至未拆封未使用，摆放在书架上或充当杂物堆砌。部分家长认为阅读是教幼儿识字，因此经常选取读诗识字相关书籍阅读。大多数家庭没有为幼儿设定阅读角或小书房，常在卧室床上或客厅沙发开展亲子阅读，往往一本读物没有读完就被其他事情打扰暂停。

(三)阅读开展比较随机，幼儿价值培养丧失

家庭中亲子阅读开展比较随机，阅读计划制订情况并不乐观。亲子阅读开展方式较多，但在调查中发现，绝大多数亲子阅读采用照本宣科的朗读感受方式，更多的是家长随机引导，幼儿独自阅读图书，遇到问题再向家长求助。通过亲子阅读，家长希望幼儿识记汉字，以此向他人彰显，这种带有偏差的重视，可能会误导幼儿对亲子阅读的认识，带来抵抗和恐惧心理。由于亲子阅读开展的随机性较强，阅读时间难以保证。少部分家长往往在面对幼儿提出的“刁钻”问题时缺乏耐心，采取不予理睬、随意搪塞回应，可见家长在亲子阅读中表现出的情绪急躁和随意状态，指导情况并不乐观。

二、提升亲子阅读质量中家园共育问题归因

(一)家园共育稀疏，存在认知偏差

有些家长对亲子阅读价值定位、理解不准确，对亲子阅读开展不重视，幼儿园对于亲子阅读的专业性指导不够，导致家长在亲子阅读实施过程中表现疲乏。家长琐事缠身，索性利用电子设备代替家长伴读，吸引了幼儿注意力，也解放了家长。但这并非长久之计，一方面，电子设备的强输出和吸引力，剥夺了幼儿独立思考的能力；另一方面，电子阅读互动性和吸引力较强，幼儿的主动学习能力被削弱。

(二)盲目购买材料，阅读环境不佳

家长在选择阅读材料、创设亲子阅读环境、开展亲子阅读形式等方面的能力有所欠缺，内容对接偏差会对幼儿阅读兴趣和时间产生直接影响。大部分家长选择在卧室床上或客厅沙发上开展亲子阅读，阅读气氛营造不到位，阅读场地较为随意，好不容易开始的阅读易被打扰或被迫暂停；整体上大部分家长对亲子阅读重视程度不高，不利于幼儿在亲子阅读

中获得价值感。

(三)系统逻辑不强，顶层设计缺失

对于亲子阅读的培养离不开对幼儿价值培养的期望，现存的阅读随机现象和价值培养缺失问题，究其原因是系统逻辑性不强，缺乏顶层设计。亲子阅读伴随幼儿成长的全过程，也可以说伴随人的终身成长全过程。应为幼儿制定阅读清单，以此来缓解实践中家庭对于材料选择的不知所措。幼儿园为家庭和幼儿在宏观上甄选书籍，设计逻辑架构，全面覆盖幼儿成长所需的养料，使亲子阅读的开展有体系、成逻辑，从始至终贯彻阅读价值。

三、提升亲子阅读质量中家园共育优化策略

(一)重视阅读价值认同，学习阅读方法技巧

阅读有利于提高幼儿的道德修养，帮助幼儿在丰富阅读体验的同时内化阅读价值。家、园作为幼儿生活、学习的主要场所，对幼儿的了解更全面，指导的专业性更强。

建立平等的阅读关系。家园共育帮助家长建立正确的亲子阅读意识，用心倾听幼儿的想法，与幼儿处于平等地位，让幼儿感受家长不仅是父母、长辈，更是知心朋友，是爱的传递者。家长积极回应幼儿主动提出的话题，正面回应幼儿提出的幼稚或偏颇的问题，以平等参与者身份说出意见，做出解答，以提高亲子阅读质量。建立良好的阅读模式。第一，有目的地提问。家长可以提出与阅读材料相关的启发式、开放式问题，在阅读前猜测、设悬，让阅读过程充满悬念，帮助幼儿在阅读的同时进行思考，幼儿在阅读中获得成就感。第二，保护幼儿发问。如果问题延展性较强，可稍作回应，待阅读完成后再深入探讨。第三，鼓励幼儿创作。家长注意培养幼儿通过阅读获得的经验进行举一反三和创造性创作，可将阅读内容向生活延伸，建立阅读内容与生活的紧密联系。

(二)分级选择阅读材料，营造良好阅读环境

首先，依据幼儿年龄特点选择阅读材料。在选择阅读材料时，家长可参考图书所能提供的有用信息参考，如图书上的文字、故事所揭示的哲理、视觉艺术、听觉艺术、感觉艺术，图书的排版、线条、色彩、形状、互动性等因素。此外，应建立对幼儿发展的合理期望，根据幼儿发展需求选择适宜的阅读材料。其次，依据幼儿发展现状选择阅读材料。最后，基于幼儿兴趣爱好选择阅读材料。幼儿的阅读目的源于最初的兴趣使然，因此家长在选择阅读材料时应着重考虑幼儿的阅读兴趣。

幼儿成长离不开良好环境的直接和间接影响，一方面，创设温馨、科学的物质环境。家长可创设安静、舒适的开放式阅读空间，摆放柔软靠垫、书柜，布置有童趣的环境，规划合理阅读时间，定期添加优质书籍。在物质上提供高质量保障，吸引幼儿主动接触，进而主动阅读。另一方面，构建和谐、愉悦的精神环境。家长是幼儿最好的老师，家长首先做好阅读榜样，幼儿会随之模仿。创设温馨睡前回顾，家长与幼儿在轻松的睡前，配合亲密的肢体语言引导幼儿主动回顾阅读情节，鼓励幼儿提出疑问，提高幼儿的理解能力，达到靠近阅读、走进阅读的最终目的。

(三)举办阅读推广活动，开展亲子阅读指导

幼儿园以专业的角度为家庭提供亲子阅读指导，并以适宜的形式参与其中。家、园联合举办幼儿阅读材料选择推荐活动，开办亲子阅读沙龙；邀请优秀幼儿读物编辑、作者亲临活动现场指导，分享创作灵感和心得，帮助家长理解、体会阅读材料的深意，更好地传达给幼儿；推荐提高亲子阅读质量的专业书籍，如《由图画书爱上阅读》《幼儿阅读的心灵地图》《绘本有什么了不起》等；合理使用电子设备，在父母下班前，可以请年长照料者使用电子设备进行亲子阅读，时间控制在15—20分钟；幼儿园可开展线上、线下多元融合的亲子

阅读活动，充分发挥主体优势，助推亲子阅读开展。

家园开展亲子阅读指导，交流亲子阅读的收获与困惑，分享喜悦，解决难题，形成家、园互助帮扶团体。以故事讲述为例，幼儿园可在阅读之前了解故事时间、人物、地点、情节等背景再进行指导。家园共育可通过参观图书馆、绘本馆，参观校园等集体活动，观察幼儿需求；制订亲子阅读计划，以幼儿园为平台展示阅读成果，为亲子阅读留下珍贵影像，记录幼儿成长和教育过程；基于幼儿期以形象思维为中心，家园可开展绘本自制活动，吸引幼儿投入故事创作；开展家园亲子阅读指导讲座、培训，群策群力，开设网络平台、公众号、提示标签等形式普及亲子阅读知识和推文，完整阅读教育闭环，加强家园互助交流，为提升亲子阅读质量提供有力保障。

四、结语

亲子阅读作为幼儿开启阅读世界的大门，家园共育为亲子阅读的高质量开展助力。通过亲子阅读，让读书变成快乐的事情，帮助幼儿开阔视野、激活灵魂、启慧心灵，体会不同视角的大千世界，获得不同的人生体验。良好的阅读习惯需要家园共育，持之以恒、言传身教，让幼儿在阅读中获得知识，得到乐趣。目前，亲子阅读仍存在诸多问题，需要幼儿园和家庭协同助力，树立正确的阅读观念，提升自身阅读修养，选择适宜的阅读材料，掌握科学有效的亲子阅读策略。

贯彻落实“去小学化”要求的策略

吉林省省直机关第二幼儿园　艾红波

幼儿园在贯彻落实“去小学化”文件精神中，认真按照《3—6 岁儿童学习与发展指南》和《幼儿园教育指导纲要(试行)》执行，坚决杜绝学前教育“小学化倾向”，将入学准备贯穿于一日生活之中，遵循幼儿身心发展规律和特点，坚持以游戏为基本活动，为培养健康活泼、勇敢自信的新一代儿童奠定良好基础。

一、从转变活动方式入手，为提高学习兴趣准备

活动方式的转变是以幼儿的发展特点来决定的，让幼儿习惯在生活中学习，并能学以致用，真正感受到学习带来的快乐。我们认为，只有确立科学的幼小衔接的观念，才能明确教育方法，让活动方式顺应幼儿的特点，让幼儿乐意主动参与，从而增强幼儿参与活动的持久性。

秋游活动是幼儿最感兴趣的活动，我们将这个活动作为一个幼小衔接专题活动内容来搞，努力找寻幼小衔接活动的结合点，以丰富多彩、多元化的形式激发幼儿的学习兴趣。我们对活动进行设计安排，让幼儿在活动中体验自己长大了的积极情感。带孩子来到得天独厚的南湖公园，美丽的秋天，处处都蕴含着教育契机。在这多彩的季节里，大自然是孩子们最广阔的课堂，让孩子们更生动、直观地了解、认识秋天，亲近大自然，让他们体验集体同游的快乐。

精彩的传统游戏，如拔河、找宝藏、丢手绢、过独木桥等，让孩子们玩出童真、玩出智慧、玩出精彩。孩子们拥抱自然，体验秋天，在缤纷的秋日画卷中，快乐的笑声回荡在天际。翩翩飞舞的落叶，在孩子们的手中变成了一幅幅美丽的画卷。他们沐浴着阳光，呼吸着新鲜空气，像一只只欢乐的小鸟，在秋风中展翅飞翔。秋游活动给孩子们增添了美好的回忆，丰富了他们的生活经验。

通过实践与探索，我们领悟到只有立足于正确的教育观念，将幼儿的终身学习、后续发展放在第一位，才能在“去小学化”工作中有所突破和创新。

二、在丰富多彩的活动中，让幼儿学到知识

幼儿升入大班后觉得自己长大了，我们抓住幼儿渴望长大的契机，在一日生活各环节中加强观察与指导，积极鼓励幼儿自己的事情自己做，例如，自己整理衣服、书包，学系鞋带，其间我们组织幼儿开展拍球、跳绳、夹杏核、玩沙、玩水、平衡车、幼儿足球、跳绳、滚轮胎、拍球、趣味运动会等比赛活动，在竞赛中促进幼儿能力的提高。在多种节日活动中让孩子们学到知识，如在“欢度元宵节”活动中，和孩子们一起布置环境，剪窗花、猜谜语、包饺子；“三八”妇女节，孩子为妈妈制作手工，引导孩子学会关心，学会体贴，激发孩子对妈妈的情感。

“浓情端午”的端午节活动，和孩子们共同包粽子、煮熟品尝；六一儿童节的趣味运动会，每一项活动的比拼都让孩子们感受到自己的强大和自信；“月圆人也圆”中秋主题活动，孩子们用画笔描绘出了对节日的感受；美食分享活动，使孩子们在活动中感受到了辛苦，自理能力、创造能力、想象能力等均得到提高，也懂得了感恩，更体验到了快乐。

“欢庆十一”主题活动，我们重温开国大典这激动人心的时刻，向孩子们讲解国旗、国徽的象征意义，孩子们用绘画的形式来庆祝祖国母亲的生日，用自己的双手装点祖国母亲；情景剧《狼来了》的排练，孩子们从自选角色、改剧本到彩排，乐于参与活动，在活动中得到锻炼，各种能力得到提升。

三、在不同领域、不同区域中发展幼儿智力

第一，经常让幼儿欣赏优秀的文学作品，学习古诗、听故事、看图讲述，感受作品中语言的丰富和优美，养成良好的阅读习惯。结合主题活动开展自主游戏，引导幼儿在自由、宽松的气氛中积极主动探索和学习。我们开设了多种区角，如在益智区投入五子棋、跳棋、魔方等，根据幼儿的年龄特点，有层次、有步骤地提出各阶段的区域活动目标。根据“去小学化”精神，我们开展游戏活动，如在晨间活动中我们利用标志桶学习按照规律排序，在游戏中学习分解组合，注重引导，不断增添相关内容，鼓励幼儿探索、发现，幼儿学习兴趣高涨。

第二，把数学知识融入我们日常生活的每一个环节中。

(1)排队时，可以进行高矮排序的学习。吃间餐时可以进行一一对应和集合的教学。每人一块饼干、一杯牛奶，每人一套餐具，全班共有多少套餐具，多少块饼干，多少杯牛奶？幼儿分发和收拾餐具时，引导幼儿学习分类。

(2)切西瓜时引导幼儿学习等分；游园时引导幼儿比较树的粗细、花的多少、距离的远近。花坛里，引导幼儿观察花的数量、颜色并提出问题。有几朵红花，有几朵黄花，一共有几朵？拾落叶时引导幼儿按树叶不同的特征进行分类计数等。

(3)在建筑区，引导幼儿在搭建过程中运用不同形状，感知三角形等各种形状的特征。在运动场中拍球感知前后、左右，练习数数。跑步时，引导幼儿感知速度的变换，并有意识地向幼儿提供各种不同的材料，让幼儿边玩边创编简单的应用题。

(4)在幼儿生活中寻找关注点，捕捉数学教育的内容。我们经常听到幼儿感兴趣的话题，如在记录孩子喝水的评比台前，他们边说边拿冰棍做比较，今天谁喝的水多，今天一共喝了几杯水，午餐一共吃了几个包子，户外锻炼时投沙包谁投得远……引导幼儿将学习与现实需要紧密结合，如在学习“序数”活动中，设置了盲盒——生日送礼物的情景。把藏有小礼物的盲盒立起来排成高楼状，标志出横竖房间号，让幼儿说出自己选的礼物在第几

排、几号房间。说对了才能拿到礼物，孩子们很开心，不知不觉中学会了排序，知道了盲盒上横竖排上的数字所代表的不同含义。幼儿学习数学的兴趣越高，学习的效果也就越好。通过数学教育，发展幼儿的逻辑思维能力和空间想象能力。训练幼儿做事认真、仔细并有条理性和坚持性。教育幼儿勇于克服困难，培养幼儿良好的学习品质和自信心。大型户外区域游戏中的建构游戏具有规则性、操作性和灵活性，让幼儿有足够的时间观察、接触和操作，不断挑战自我，发挥想象力，分工合作，真正做到玩中学、学中玩。

四、家园共育，合作共赢

《幼儿园教育指导纲要(试行)》中指出，家庭是幼儿园重要的合作伙伴。应本着尊重、平等、合作的原则，争取家长的理解、支持和主动参与，并积极支持、帮助家长提高教育能力。

由此可见，家园合作共育在幼儿园教育中显得尤为重要。我们经常利用开放活动、家长会及早晚接送孩子的机会及时主动地与家长们进行沟通，反馈幼儿在园情况，携手共育幼儿茁壮成长。

综上所述，幼儿园教育是小学教育准备的初级阶段。幼儿园教育的成败直接关系到孩子的未来成长。“小学化”给我们带来无数的危害，我们必须转变教育观念，改变陈旧的方式方法，正因如此，幼儿园、小学以及家庭三个方面都要保持高度的配合和协调，旨在帮助儿童提升自身的生活能力、交往能力、心理承受能力及学习能力。为幼儿进入小学打好坚实的基础，进而有效缓解幼儿及家长的心理压力，帮助幼儿养成良好的学习习惯和生活习惯，使其更好地适应小学阶段的学习和生活。

多媒体技术在幼儿教育中的应用

青海省六一幼儿园　黄彩云

幼儿是很难通过单纯的文字性叙述来理解和学习知识的，必须依靠一些形象可感的元素和一些带有实践性的活动，而多媒体的功能恰好能够满足幼儿在这方面的学习需求，这也正是教师需要的。多媒体在幼儿教育中的应用需要找准时机、用对方法，才能发挥实效。

一、利用多媒体吸引幼儿注意力

幼儿在学习过程中非常容易走神，一旦学习活动的趣味性有所降低，就无法对他们有足够的吸引力，他们便会东张西望，与伙伴们交谈起来。如果任由这种情况继续下去，教师将很难把控局面，令教学活动失去控制，陷入混乱。但是，为了与孩子们保持良好关系，在遇到这样的情况时，教师不能对幼儿进行呵斥，否则问题会愈演愈烈。利用多媒体设计的教学活动将起到吸引幼儿注意力的效果，使学习活动更有秩序，教学效果更好。当然，教师在选取教学材料时必须以儿童的兴趣需求为基准，否则是达不到这样的效果的。

比如，在教孩子们认识植物时，为了让他们在看到卡片上的植物时能说出对应的词语，教师可以为他们播放时下最热门的动画片段，如《熊出没》《喜羊羊与灰太狼》等，画面中出现了大树、小草等植物，这些画面都是学龄前儿童最熟悉的。在整个过程中，他们一定会目不转睛地观看动画，教师在适当的时候按下暂停键，用画面上的图案告诉幼儿对应的植物名称是什么，一定能令他们记得牢固。当教学活动对学习个体产生了深深的吸引力时，教学活动才能取得理想的效果，这便是多媒体教学价值的首要体现。

二、利用多媒体促进教学内容形象化

幼儿的智力发育水平还无法理解抽象的事物，因此教师需要借助一些卡片和道具辅助教学，帮助他们理解。而多媒体能够将卡片、道具上的信息直接呈现出来，并且还具有动态展示的功能，在形象性和直观性上无疑是更胜一筹。因此，教师可以利用多媒体帮助完成抽象知识与形象信息之间的切换，更顺利地完成基本的认知教育。比如，在“认识各种天气”的教学中，教师利用卡片上的固态信息和自己的口头解释，很难令孩子们理解，因为一些特殊的天气状况是幼儿没有经历过的，以后遇到类似的情况可能还是无法描述。那么不妨利用多媒体设备，以视频的形式播放晴天、阴天、多云、下雨、刮风、下雪和下冰雹等天气的真实画面，弥补图片在动态性上的不足，将无法在一瞬间呈现出来的不同天气状况全部展示出来。在呈现“刮风”的画面时，由于风不同于雨、雪，无法直接用肉眼观测到，教师可以用夸张的动画视频来演绎，并用身边的硬纸板扇风，让孩子们感受。通过这种方式，我们能带领幼儿更好地认识世界、认识自然，优质完成认知教育的任务。

三、利用多媒体组织主题活动

主题活动是幼儿教育中最富有综合性的一个环节，它集趣味性和丰富性于一身，营造出足够活跃的氛围。而活动仅仅依赖教师规定的一些要求和简单的道具是远远不够的，还需要多媒体在影音方面的支持。比如，在“动物模仿操”活动中，教师首先利用多媒体为幼儿播放青蛙蹦蹦跳跳、小鸡咕咕叫、小鸭子水中游、小马快跑等视频，首先吸引孩子们的目光，也让他们对小动物的活动特征有基本的了解。接下来播放“动物模仿操”的视频，让孩子们跟着视频，在音乐的节奏下一起做动作。视频集画面和背景音乐于一体，带有很强的感染力，在做操的过程中，课堂氛围将达到高潮。在幼儿记错动作时，教师可以引导他们回忆刚刚视频中的画面：“小朋友们，想一想，小青蛙是怎么从一片荷叶上跳到另外一片荷叶上的?”形象化的视频内容更容易留给孩子们深刻的印象，令他们学习的效率更高。活动的最后，在背景音乐下，师生边做动作边说“小青蛙蹦蹦跳跳，小鸡小鸡咕咕叫，小鸭子水中游，小马小马快快跑”的儿歌，孩子们不仅在模仿小动物的过程中得到了四肢协调能力的锻炼，也知道了小动物的活动特征，此次教学任务就能高效完成。

四、结语

多媒体在幼儿教育中的应用能够解决许多教学的难题，利用多媒体所具有的功能，能够满足儿童追求学习趣味性的需求，顺应他们的思维特征，令教学效率倍增。当然，这一切都基于合理运用多媒体的基础之上，教师要做到不盲目、不滥用、不依赖，不固定于某几种方法，或者完全照搬其他教师的教学模式，要自主创新，创立自己的教学风格。

基于系统化教学设计模型搭建教学活动设计能力记录表

山西省机关事务管理局第二幼儿园　畅　方

幼儿园教学活动设计是对幼儿学习的所有方面进行分析、创设、实施、评价的合理性规划，教学活动设计需要理论支撑，这些理论将直接影响幼儿园教师对于集体教学活动设计以及对目标、内容、实施、评价等方面的理解和应用。

一、沃特·迪克(Walter Dick)系统化教学设计模型

幼儿园教学活动设计是幼儿园教师对教学组织行为的预先计划，是一个精心设计和安排一系列因素的过程。设计过程独立于实施过程，侧重于规划和组织，并具有一定的技术

性和系统性。沃特·迪克(2004)致力于教学设计理论和应用的研究，他与卢·凯瑞(2004)提出了著名的系统化教学设计模型，该模型对教学领域产生了重大影响。

首先，沃特·迪克(2004)认为，教学本身是一个由一系列教学因素(学习者、教师、教育影响等)组成的系统，只有对这些教学因素进行合理、有效的安排互动，才能完成一个良好的教学过程。教学过程本身也是一个为了更好启动和促进学生学习的系统。教学设计是对教学过程的规划和设计，因此它也是一个系统。

其次，根据这一教学理念，迪克与卢·凯瑞(2004)提出了教学系统化设计模型，即迪克—凯瑞教学设计模型，以模型的形式解释他的教学设计理念。沃特·迪克将教学设计视为一个系统，重视系统中的每个模块，使每个模块之间相互作用以至达到教学的最优化。

最后，在设计模型开发后，他还特别重视此模型在实践应用中的效果，并对此模型进行多次的反复应用、检测和考察。

沃特·迪克从教学流程的角度划分了教学设计的维度，并指出教学设计包括教学活动过程的所有阶段，其中设计既是整个教学过程，也是其中的一部分。活动设计的各个方面都体现了幼儿园教师集体教学活动的设计能力，根据系统化教学设计模型的环节可以将幼儿园教师的设计能力划分为制定教学目标、教学实施规划、教学分析和活动评价等方面的能力。

二、幼儿园教学活动设计要素

《幼儿园教师专业标准(试行)》对教师专业能力维度有过明确规定，即规划和实施幼儿园教学活动的要求是要根据幼儿各年龄阶段的发展水平和教学活动安排，制定相应的能体现针对性、阶段性特征的教育活动计划，以及具体针对某一个活动的实施方案。其中制定具体的活动方案可以为幼儿园教师的教学活动提供指引，与此同时，幼儿园教师制定活动方案的能力也是幼儿园教师教学活动设计能力的集中体现。其中还建议要根据特定的教育目标、不同幼儿在不同方面的兴趣需求和不同年龄特征来确定选择的教育内容，确定活动目标，并详细地设计教育活动方案。这就要求幼儿园教师的教学活动设计能力需包括对学情的分析能力、选择内容的能力、制定活动目标的能力、制定活动方案的能力。

另外，根据高敬教授对于幼儿园集体教学活动设计方案提出的需要具备的要素可知，一个完整的集体教学活动设计方案应包括活动名称、活动目标、活动准备、活动组织与实施过程、活动延伸等部分。活动名称可以确定活动所适用的年龄对象、某一领域和所设计的活动内容；活动目标是教学活动可能达到的预期结果的制定，目标的表述需要具体、具有可操作性；活动准备包括幼儿所需的经验准备和确保活动顺利进行的物质准备；活动组织与实施过程是详细说明活动组织与实施的具体步骤和方法；活动延伸是对设计后续活动的要求。基于此，本文将幼儿园教师教学活动设计能力结构划分为学情分析能力、活动目标制定能力、活动内容选择能力、活动准备能力、活动实施规划能力、评价与反思能力。

三、幼儿园教师教学活动设计各能力维度内涵

(一)学情分析能力内涵

“学情”包含“学习者”和“学习”两个基本要素。“学习者”主要是指3—6岁的学龄前儿童，“学习”主要是指幼儿教师在幼儿园内对幼儿进行的指导学习。幼儿园教师科学、准确的学情分析可以为活动准备、活动目标、活动实施与规划、活动内容、活动反思和评价提供基础，从而确保教学效果的有效性。

学情分析能力主要是对幼儿本身基本情况的分析能力和对幼儿园教学活动与幼儿发展情况符合程度的分析能力。对幼儿本身基本情况的分析能力包括对幼儿身心发展特点和现

状的分析、对幼儿原有生活和学习经验的分析、对幼儿学习动机和活动兴趣的分析。对幼儿身心发展特点和现状的分析可以全面了解幼儿作为个体或整体在该方面的独有特点；对幼儿原有生活和学习经验的分析可以了解幼儿的学习起点和经验储备，为教师在活动中关于最近发展区的设计提供支撑；对幼儿学习动机和活动兴趣的分析可以为教师因材施教提供指引。对活动本身与幼儿发展情况符合程度的分析能力主要是指在进行幼儿园集体教学活动设计时，能否通过对活动的分析来做出适宜幼儿进行学习的判断，主要体现在对所设计的活动的地位和作用的分析上。

（二）活动目标制定能力内涵

活动目标是对进行的教学活动结果所做出的预先设想或制定的特定要求和标准。幼儿园教学活动设计的活动目标制定能力蕴含在幼儿教师对于活动目标的制定设计中，其内涵主要包括对活动目标制定依据的科学分析和对活动目标表述的规范表达。对活动目标的制定是在综合考虑幼儿在同一学习内容上所表现出的不同需求制定的，主要体现在对各方面的不同发展需求、各个年龄段的发展水平要求等，在幼儿园教师活动目标制定过程中发挥着科学指导作用。对幼儿身心发展特点和学习特点的分析贯穿于活动设计的整个过程，可以使幼儿园教师制定的活动目标更加明确和具有针对性。对活动内容的分析可以使教师在制定活动目标时明晰教学重难点和各领域间的目标渗透。对活动目标表述的规范化表达体现在表述的用词是否准确、角度是否统一、顺序是否得当。表 1 为活动目标制定诊疗表。

表 1　活动目标制定诊疗表

活动内容：　　　　　　　　　　班　级：
被诊疗人：　　　　　　　　　　诊疗人：

项目	很好	好	一般
目标具体性			
目标科学性			
领域是否清晰			
突出优点			
改进意见			

（三）活动内容选择能力内涵

幼儿园教育活动内容是指在教育活动过程中，幼儿园为实现特定的教育目标而需要幼儿通过各种途径不断学习，获得特定知识、操作技能和不同行为经验的活动总和。对于幼儿园教师教学活动设计的活动内容选择能力的内涵分析应从两个方面把握：选取原则和活动内容范围。

选取原则可以理解为选择依据，需要考虑到多重因素。首先，考虑与活动目标的契合度，为实现教学活动的种种目标而需要选择种种方面内容；其次，考虑与幼儿的适应性，幼儿是学习活动内容的主体，对于活动内容的选择必然少不了对幼儿身心发展水平和规律、各年龄阶段的发展特点以及兴趣需要等方面的分析；最后，考虑能根据时代发展和环境变换进行调整的灵活性。活动内容的范围是广泛的，任何有利于幼儿全面发展的内容都可以成为选择的对象。在一定程度上，活动内容的选取原则和选择范围互为表里。幼儿园教师教学活动内容选择的能力体现在对选择尺度的把握上，对幼儿园教师的专业能力提出了更高的要求。表 2 为活动内容选择诊疗表。

表 2　活动内容选择诊疗表

活动内容：　　　　　　　　　　　班　级：

被诊疗人：　　　　　　　　　　　诊疗人：

项目	很好	好	一般	不好
内容与目标的一致性				
内容是否适量				
是否基于幼儿发展水平				
内容科学性				
领域是否清晰				
突出优点				
改进意见				

（四）活动准备能力内涵

活动准备是整个教学活动设计环节中的一部分，活动准备能力是指幼儿园教师在经验和物质材料等方面进行开发和选择的预先规划能力。幼儿园教师教学活动准备能力体现在对经验的唤起和调取以及对物质材料创设、选取和利用的设计中。第一，经验方面对于幼儿园教师准备能力的要求在于教师能对自身教学所需的知识经验和幼儿所需的知识、生活经验进行唤起和调取。第二，物质材料方面对于幼儿园教师准备能力的要求在于能够关注到所需材料的范围以及在准备过程中可生成的教育影响。其中需要准备的物质材料范围应包含所需材料的数量和种类、教具、教学设备、教学情境创设的材料或创设好的教学情境。幼儿园教师活动准备能力的高低还体现在能否充分调动幼儿、家长、社区等资源的优势，使他们共同参与活动的准备，形成良好的教学影响。表 3 为活动准备诊疗表。

表 3　活动准备诊疗表

活动内容：　　　　　　　　　　　班　级：

被诊疗人：　　　　　　　　　　　诊疗人：

项目	很好	好	一般	不好
教案准备				
环境准备				
实操材料准备				
基于幼儿经验的准备				
教师经验准备				
突出优点				
改进意见				

（五）活动实施规划能力内涵

教学活动组织与实施是幼儿园教师对制订的教学活动计划的具体实现，是完成特定教学活动目标的重要部分，这个过程也是幼儿与活动材料、幼儿教师、周围环境、同伴互动的过程。

幼儿园教师教学活动设计的活动实施规划能力具体体现在对实施过程三部分的设计中。

首先，导入部分要求幼儿园教师为吸引幼儿的注意力，做到对时间和空间进行规划安排、对教学情境的创设预先考虑、选择合适的导入策略。其次，基本部分要求幼儿园教师能够设计自然、流畅的教学环节；根据教学经验预测情况发生并做好应对策略；选择合适的指导或提问策略；选择适宜的活动组织形式、方法和信息化工具；促进幼儿各种能力得到发展的引导策略。最后，结束部分对于幼儿园教师的要求是选择合适的结束时机和方式，必要时对活动延伸进行简单阐述。

（六）评价与反思能力内涵

沃特·迪克在系统化教学设计模型中将“形成性评价”定义为：“形成性评价是教学设计者针对设计过程的各个方面进行数据的收集、获取，然后通过对这些数据的分析使用而进行修改教学，以达到提高教学效率、效果目的的过程。”形成性评价属于系统化教学设计的一部分，而且渗透并贯穿于整个教学活动设计的方方面面。

对于幼儿园教师教学活动设计的评价与反思能力的内涵分析主要体现在对评价与反思的形式和内容中，具体表现为能够通过幼儿及其家长、同事、教师自我等主体来评价与反思活动设计；评价与反思的内容主要包括：对整个活动设计的预期结果、设计中所运用到的理论依据、发展价值伦理性等方面。对该维度能力的最终要求是能够对问题进行针对性的调整和改进。

四、教学活动设计的各能力相关性及观察记录表

通过对幼儿园教师教学活动设计六个能力维度的内涵分析，可发现各能力维度之间相互影响，学情分析能力体现的是幼儿园教师对教学内容及幼儿各方面发展的整体分析和把握，是幼儿园教师教学活动设计能力的基石。活动目标是整个教学活动的“航标”，具有导向作用，活动目标制定能力体现的是对预期结果的适宜规划，是幼儿园教师教学活动设计能力中起着关键作用的一环。活动内容选择能力体现着选择对幼儿发展起促进作用内容的敏锐性，在幼儿园教师教学活动设计能力中和目标制定能力一样起着重要的作用。活动准备的能力体现的是为教学活动顺利开展所做的经验和物质准备，是对各种资源进行调配和保障活动开展的能力，是幼儿园教师教学活动设计能力中重要的部分。活动实施规划能力体现着对活动过程的整体预设，是幼儿园教师教学活动设计能力的最终体现。评价与反思能力体现的是幼儿园教师对整个活动设计的重新审视，是提升教学效果的助推器，对其设计能力的提升也具有促进作用。

幼小衔接中存在的问题及对策研究

山西省太原市万柏林区丽华幼儿园　刘　巍

一、幼小衔接的基本意义

幼小衔接是指幼儿园和小学之间的过渡和衔接，让幼儿从幼儿园顺利进入小学教育阶段的过程。这个过程中，幼儿需要逐步适应新的学习环境、学习方式和学习内容，以顺利完成幼儿园到小学的转变。幼小衔接的含义还包括为幼儿提供更好的教育资源和服务，让幼儿在小学教育中获得更好的发展和成长。幼小衔接教学是指幼儿园和小学之间的教育衔接过程中，针对幼儿和小学生之间的教育差异和转化，有计划、有组织地进行教育教学活动，促进幼儿顺利过渡到小学阶段的教学活动。幼小衔接教学要求教师根据幼儿和小学生的实际情况，适当调整教学方式和内容，让幼儿在平稳、逐步的过渡中，充分展现自己的

潜力和能力。

二、幼小衔接过程中存在的问题

(一)幼小衔接教学单向化

通过分析发现幼儿园与小学的教育衔接过程中，教学方向单一，小学教育对幼儿园或托儿所的教育缺乏认知和尊重，幼儿园或托儿所的教育不能有效地与小学教育衔接。小学教育往往注重学科知识和技能的教学，而幼儿园或托儿所的教育更注重综合素养和基础能力的培养，缺乏学科知识的引导和培养。小学教育往往没有充分了解幼儿园或托儿所的教育内容和教育方式，也没有充分尊重幼儿园或托儿所的教育理念和教育价值。幼儿园或托儿所的教育不能有效地与小学教育衔接。

(二)幼小衔接教学简单化

通过分析发现幼儿园或托儿所在与小学的教育衔接过程中，教学内容和方法过于简单化，缺乏挑战性和深度，不能满足儿童的学习需求和发展需求。一是教学内容缺乏深度和广度。幼小衔接教学中，往往只涉及基础知识和简单技能的教学，缺乏对知识点的深入探究和拓展，限制了儿童的学习发展。二是教学方法单一、呆板。幼小衔接教学往往采用传统的讲解式教学，缺乏互动性和创新性，不能激发儿童的兴趣和主动性。评价方式简单粗暴。三是幼小衔接教学往往只注重表面的成绩和考核，缺乏对儿童综合能力和潜力的评价，影响了儿童的学习积极性和成就感。

(三)幼小衔接教学小学化

通过分析发现幼儿园与小学的教育衔接过程中，小学教育的教学内容和方式过度强调学科知识和考试成绩，忽略了幼儿园所注重的综合素养和基础能力的培养，导致幼小衔接教学过程中缺乏综合性和多样性的教育。一是对学科知识和考试成绩的过度强调。小学教育过度强调学科知识和考试成绩，忽略了幼儿园或托儿所注重的综合素养和基础能力的培养，导致幼小衔接教学过程中教育方向单一，缺乏综合性和多样性的教育。二是教育内容和教育方式的单一化。小学教育的教育内容和教育方式往往较为单一，缺乏多样性和创新性，与幼儿园或托儿所的教育相比，存在一定的差异。三是缺乏充分的教育衔接。由于教育内容和教育方式的差异，幼儿园或托儿所的儿童难以适应小学教育的要求，缺乏充分的教育衔接。

三、促进幼小衔接发展的策略

(一)改进幼小衔接教学单向化措施

1. 建立幼小衔接工作机制

学前教育机构与小学应当建立良好的工作机制，建立联席会议制度，制订幼小衔接工作计划，实行教育教学对接和交流，以确保幼小衔接教育的全面实施和有效推进。主要从以下几个方面入手：一是建立联席会议制度。学前教育机构与小学应当建立联席会议制度，制订幼小衔接工作计划，通过定期召开联席会议，确保幼小衔接教育的全面实施和有效推进。二是完善信息共享机制。学前教育机构和小学应该共享教育教学资源和教育信息，开展教育教学对接和交流，促进教育教学的衔接。三是建立教师交流平台。学前教育机构和小学应该建立教师交流平台，促进教师之间的交流和互相学习，提升教师的教育教学能力，为幼小衔接教育的实施提供有力保障。

2. 建立教师培训体系

建立教师培训体系是解决幼小衔接问题的重要举措。以下是建立教师培训体系的一些具体措施：一是设立幼小衔接教育专业课程。在教师培训计划中增设幼小衔接教育专业课

程，针对幼儿园和小学教师的实际需求，提供相关培训和知识技能的学习。二是建立教师学习平台。针对教师学习需求，建立教师学习平台，提供各种学习资源，包括课件、案例、教学视频等，促进教师知识的深入了解和掌握。三是加强教师实践能力培养。除了理论知识学习，还要加强教师的实践能力培养。可以通过组织教学实践、教学观摩和教学交流等方式，提高教师的实践能力和幼小衔接教育的质量。

(二)改进幼小衔接教学简单化措施

1. 优化课程设置

优化课程设置是解决幼小衔接问题的重要举措。以下是一些优化课程设置的具体措施：一是统一教育教学标准。针对幼儿园和小学教育的不同特点，建立起符合幼儿园和小学学习阶段的教育体系和教学标准。二是整合教学资源。加强幼儿园和小学之间的沟通与合作，建立共享教育资源的机制。

2. 制订详细的幼小衔接计划

制订详细的幼小衔接计划需要考虑以下几个方面，一是教学内容对接：针对幼儿园和小学的教学内容进行对接，确保幼儿园的学生在小学能够顺利接受教育。可以通过分析两个阶段的教学大纲和教材，确定幼儿园阶段与小学阶段的知识体系、主题和学习内容的衔接关系。二是教学目标对接：制订幼小衔接教学计划时，根据幼儿园和小学教学目标的不同，确定衔接教学的具体目标和要求。三是教学方法对接：幼儿园和小学的教学方法也存在差异，制订幼小衔接教学计划时，需要考虑教学方法的对接，确定衔接教学的具体方法和策略。四是评估方式对接：幼儿园通常采用观察记录和学生作品展示等方式进行评估，而小学则注重通过考试和作业等方式进行评估。

(三)改进幼小衔接教学小学化措施

1. 建立综合素质评价体系

综合素质评价体系需要注重幼儿的综合发展，而不是单一的学业成绩。通过综合素质评价体系，可以评价幼儿的语言表达能力、创新能力、动手能力、协作能力等综合素质，这有助于减轻孩子们在幼儿园阶段的学习压力。一是确定评价目标：需要明确评价的目标是什么，例如幼儿的语言表达能力、创新能力、动手能力、协作能力等。二是选择评价方法：评价方法可以包括观察、记录、评估、测试等多种方式。三是制定评价标准：评价标准应该根据评价目标和评价方法来制定。四是实施评价：评价过程应该注意保证评价的客观性和公正性，同时需要遵守保护幼儿隐私的原则。五是反馈评价结果：评价结果需要及时反馈给家长和教师，让家长和教师了解幼儿的学习情况和发展情况。六是改进评价体系：评价体系应该不断完善和改进。

2. 开设适合幼儿园学生的衔接课程

幼小衔接课程需要根据幼儿园学生的认知水平和兴趣特点来设计，以满足幼儿园学生的学习需求，同时适当引入小学化元素，例如小学生活常识、小学学科概念等。一是关注幼儿的兴趣，衔接课程可以从幼儿的兴趣出发，设计有趣的活动和游戏，吸引幼儿的参与，激发他们的学习热情。二是注重学科的连贯性，衔接课程应该注重幼儿园和小学学科内容的连贯性，让幼儿在学习过程中逐渐习惯小学的学习方式和学科内容。

四、结语

“幼小衔接”研究的主要目的是探究幼儿园和小学之间的衔接问题，寻找促进幼儿顺利适应小学生活的有效途径和方法。找出幼小衔接存在的问题和瓶颈，为制定有效的幼小衔接方案提供基础。探索幼小衔接的有效方式和方法，促进幼儿顺利适应小学生活，减少因

幼小衔接不顺利而导致的学习和心理问题。总之，“幼小衔接”研究旨在提高幼儿教育和小学教育的衔接度，促进幼儿的全面发展和成长，为教育改革和教育发展提供有益的借鉴和参考。

中班一日生活过渡环节现状研究

——以兰州市×幼儿园中一班为例

山西省运城学院　刘晓鑫

《幼儿园教育指导纲要(试行)》是当前我国幼儿教育重要的纲领性文件，在关于“幼儿园教育活动的组织与实施”这一部分中明确指出：教师要“科学、合理地安排和组织一日生活”，“尽量减少不必要的集体行动和过渡环节，减少和消除消极等待现象”。这肯定了过渡环节在幼儿园一日生活中的重要性。本研究通过观察法了解中班幼儿一日生活过渡环节的整体安排、组织策略及师幼互动情况；选择在过渡环节获得发展及处于消极等待的幼儿作为案例，分析其中的可取之处与不足；最后，通过访谈了解教师对过渡环节的所思所想。从园方及师幼角度为一线教师科学组织一日生活过渡环节提供借鉴，希望能尊重幼儿自主性，考虑其身心发展特点及兴趣，允许幼儿自主发起活动，在身心层面告别消极等待，感受丰富多彩的幼儿园生活。

一、中班一日生活过渡环节的现状及存在的问题

(一)一日生活时间划分过细，缺乏对过渡环节的重视与计划

观察中一班作息表发现，早上 7：40 入园到晚上 5：05 离园期间的每一分钟都被安排了各种活动，并没有体现出留给师幼的过渡时间。科学合理的时间表引导一日生活，然而若划分过细，严格遵循时间表流程，既显得一日生活急促混乱，还浪费了过渡环节的教育性，不顾幼儿的实际发展水平，违背以人为本的原则。

此外，该班的一日生活过渡环节包括入离园过渡、早午餐前过渡、餐后—集中活动过渡、室内外活动过渡、午睡前后过渡、教学活动—区域活动过渡及离园前过渡，过渡环节数量较多。过渡环节是一日生活的重要组成部分，然而比起简短细碎的过渡环节，教师更重视教学活动等时间较长的活动。

(二)教师组织过渡环节时预知能力不足，内容和组织形式单一，缺乏分工合作

研究中观察发现：幼儿们正在室外沙池区玩沙子，每个幼儿都在进行自己的沙堆建构，突然老师告知幼儿，放下手里的沙子，该排队回教室了。有的幼儿仍恋恋不舍地蹲在沙池，直到老师再三催促后才动身去排队。进入教室后，有幼儿问老师下一次去玩沙子是什么时候，老师没有理会，只是让他们安静地如厕、喝水。小男生和小女生在盥洗室前各排一队，主配班老师在旁边喝水，生活老师在做餐前准备，盥洗室里有幼儿在玩水，但老师并未发现。

可以看出来，教师并未在过渡开始前告知幼儿下一个活动是什么以及具体做法，而是突兀地结束正在进行的活动，打断了幼儿的思维和创造，影响其参与活动的积极性，没有让幼儿养成合理安排自己时间的能力，幼儿的身心仍停留在上一个活动中，在过渡环节显得手忙脚乱。

过渡活动以生活类为主，不够丰富，缺乏教育性；且大多是集体进行，未考虑其个体差异，幼儿缺乏彼此合作或与教师单独交流的机会。此外，教师组织过渡环节时的分工合

作能力不足，且合作大多限于主配班老师间。在访谈中，生活老师说："我作为生活老师主要是照顾好小朋友的饮食起居，至于教育和活动组织，就要靠另外两位老师了。"显然，该生活老师未能意识到自己也是组织过渡活动的主体之一，要想提高过渡环节组织效率，就需要各个老师的配合。

(三)幼儿在过渡环节中消极等待的时间较长，自主发起活动和服务集体的机会较少

观察发现：豆豆是今天第一个入园的小朋友，在教室门口跟老师问好以后，她就自己将签到卡插入点名栏中，放下书包，自己去换室内鞋。换完鞋以后，她进入教室搬个小椅子坐在自己的座位上，坐了一会儿看到还有很多小朋友没来，她就开始帮大家摆放小椅子。摆完以后，她走到了植物角，学着生活老师的样子，拿起小喷壶去给植物们浇水。这时，越来越多的小朋友们进班了，看到豆豆在给小植物浇水，也都凑了过去，一起讨论植物和之前相比有了哪些变化，有的小朋友还在分享自己家里的植物。这时，老师进入教室，拿走了豆豆手中的喷壶，让小朋友们乖乖坐好，不要乱动老师的东西，小朋友们的讨论也戛然而止了，只能在座位上发呆。

可以看出来，幼儿的无所事事行为在过渡环节是很常见的。中班幼儿在一定程度上能够照顾自己，有些还能服务集体，擅于思考和观察的幼儿也会自主发起活动与讨论，然而教师未能抓住教育契机进行引导，忽视幼儿在过渡环节的身心需求，仅组织高度控制下的集体活动，这些都不顾幼儿主体性，使其处于消极等待状态，也导致过渡环节中幼儿缺乏自我管理机会、服务集体机会以及学习机会。

(四)过渡环节中师幼互动质量不高，教师未重视幼儿个体差异

对于幼儿在过渡环节发起的活动与讨论，教师有时会直接打断，转移到集体活动中，有时则会敷衍回应，未能抓住教育契机。而在教师发起的过渡活动中，也大多考虑教学内容和生活需要，未考虑幼儿的兴趣与实际需求。此外，教师在过渡环节的组织中缺乏一定弹性，有时过度追求集体活动，忽视幼儿个体差异性。

二、中班一日生活过渡环节的策略

(一)幼儿园为师幼安排科学有弹性的一日生活，加强对教师在过渡环节组织的培训与教研活动

幼儿园应综合考虑本园在占地面积、器材设施等方面的实际情况及各班幼儿的需要与发展情况，给予教师一定的自主性，在考虑到本班实际情况的前提下，允许各班弹性作息，使师幼有充分的时间实现身心的自然过渡，做到张弛有度。此外，园方应定期开展有关过渡环节组织的培训及教研活动，引导各班教师分享彼此的困惑与学习经验，共同反思，一起进步。

(二)教师端正对过渡环节的认识，提升对过渡环节的组织能力，彼此加强协作

教师应以发展和教育的眼光看待过渡环节，幼儿自理能力、服务集体的能力及语言表达能力等都能在此环节得到全面发展。

对于过渡环节的组织，教师应以适宜的方式于正在进行的活动结束之前，提前给幼儿传达过渡的信息，告知幼儿下一个活动是什么及具体做法，引导幼儿做好进入下一个活动的身心准备。此外，教师应兼顾个别与整体，既组织集体形式的过渡活动，也考虑幼儿个体需要，以个别和小组形式组织活动。最后，班级所有教师应加强在过渡环节组织中的分工协作，生活老师也应认识到自己同样是组织过渡环节的主体之一，明确工作及负责的部分，提升组织效率，共同促进幼儿发展。

（三）发挥幼儿的主体地位，丰富幼儿在过渡环节的活动，注重与幼儿的互动及情感交流

过渡环节应以幼儿的发展水平、兴趣及需要为第一要素，结合培养目标及本园本班特色等，因地制宜地设计活动，使幼儿在身心层面都告别消极等待，有事可做，有问题可思考。过渡活动的发起人不仅是教师，还可以是幼儿。幼儿是天生的探索者，他们的脑袋里随时会有各种疑问和发现，教师应抓住教育契机，与幼儿积极互动，引导幼儿深入思考，发散思维，大胆创造。

此外，中班幼儿有一定的自理能力，应逐步培养其服务集体的能力。例如，入园过渡环节可以引导已入园的幼儿帮大家摆放椅子；设置值日生，每日打理自然角的植物，餐前帮大家分发餐具；整理环节可以让速度快的小朋友去帮助速度慢的小朋友……这样一来，既能让幼儿发挥自己的长处，还能改善自己的短处，通过互助促进幼幼关系，也促进幼儿的社会性发展。同时，教师应多给予幼儿正面的表扬与鼓励，不敷衍，认真给予他们回应，形成良性的师幼互动。

三、结语

过渡环节是一日生活的重要组成部分，具有丰富的教育价值。而要科学合理地组织一日生活，需要园方、教师、幼儿三方协力配合，尊重幼儿，满足其身心有节奏发展的需要，使得幼儿在过渡环节既能放松身心，又能从中受益，亲密的师幼关系和幼幼关系自然也能从中获得发展。

幼儿教育中奖励策略应用研究

陕西省渭南市大荔县洛滨幼儿园　柴路颖　沈天双

一、幼儿教师对幼儿应用奖励策略中存在的问题

（一）教师比较倾向于精神奖励

调查结果显示，在接受访谈的18位幼儿教师中，能够在教学活动中将精神奖励与物质奖励结合到一起的教师数量，在访谈总数中占比不足12%，说明大部分教师的奖励策略运用比较单一。除此之外，大部分教师比较倾向于精神奖励，出现这种情况的原因，可能与幼儿园的经济环境有着较大关联，教师为了不增加教学负担，而比较喜欢使用“成本”较低的精神奖励。教学活动中使用精神奖励的教师占比超过了80%。

（二）奖励策略的应用缺乏理性

奖励是对幼儿某些行为习惯或学习能力的认可与肯定，也是教师在提高幼儿某项能力时所使用的关键方法。如果奖励效应较弱，那么幼儿的行为习惯就不会得到有效增强；如果教师过于频繁地使用奖励策略，那么幼儿的行为虽然能够得到强化，但是可能会促使幼儿的奖励需求变得愈发功利性。因此，教师在使用奖励策略的时候，应该根据实际情况，对奖励策略的运用做出有效控制。在对幼儿园的调查中发现，教师都比较了解奖励的积极作用，而不知道奖励的消极作用。与此同时，大部分教师会在教学活动中经常性地使用奖励策略，能够认识到奖励策略弊端的教师非常稀少。

（三）奖励策略的应用缺少规则

经过观察发现，在幼儿园中，教师的奖励策略运用得比较随意，并没有制定出详细、具体的奖励规则。首先，缺少科学、合理的奖励规则。大部分教师并没有在课堂教学活动

中指定奖励规则，只要幼儿能够表现出积极行为，教师就会对幼儿进行奖励。在接受调查的幼儿教师中，22.2%的教师并没有制定奖励标准。其次，奖励规则的制定主体缺失。教师在制定奖励内容的时候，并没有询问幼儿对奖励内容的意见，忽略了幼儿在奖励中的主体性位置，很多奖励内容均是从教师的角度出发，奖励策略所能够产生的效用较弱。最后，奖励规则缺少科学性。主观经验是教师指定奖励内容的主要依据，并没有充分考量现阶段幼儿奖励的研究观点，过于重视经验判断就会降低奖励内容的针对性和准确性。

(四)奖励策略的使用过于随意

幼儿是教师实施课堂奖励的对象，作为教师，应仔细研究幼儿的个性，充分了解幼儿的需要，做到“奖随人异”。然而，恰好相反，幼儿园的幼儿教师极少考虑幼儿需要，难以根据幼儿的个性进行差异性奖励。经过访谈得知，多数教师在课堂奖励时，较少考虑幼儿需要及幼儿个性差异。

二、幼儿教师对幼儿不当使用奖励策略的原因分析

(一)教师方面的原因

在多数教师看来，奖励是激发和促进幼儿参与活动积极性的手段，此部分教师就喜欢积极参与活动互动、能主动参与活动的幼儿。通过仔细观察不难发现，一般能主动举手发言的幼儿，多为学习能力较强的学优生，而部分回答问题频率比较有限，甚至于不回答问题的幼儿，多属于是学习能力较弱的孩子。教师为了能够持续性强化学优生的能力，会不断向学优生进行奖励，中等生的奖励频次稍弱一些，而学困生所能够获得的奖励却非常稀少，究其原因，与教师缺少对奖励的有效理解有着密切联系。

(二)幼儿园方面的原因

奖励只能算是教学活动的辅助方式，幼儿园的帮助是提高幼儿教师奖励策略运用效果的基础。笔者通过调查得知，虽然大部分幼儿教师会在教学活动中经常性地使用奖励策略，然而幼儿园为教师提供的奖励策略帮助却比较有限。一方面，物质保障不充分。在幼儿园一日生活活动中，想要充分发挥出奖励策略的效果，就必须将精神奖励与物质奖励结合到一起。精神奖励达成条件较低，而物质奖励则需要得到资金或某些物品的支持，幼儿园作为开展学前教学的主体，并没有为教师提供充足的物质保障，这也是教师频繁使用精神奖励的主要原因。另一方面，理论支持不足。奖励策略是一种教学方法，需要得到相关理论的支持与帮助。教师想要充分使用奖励策略，以及发挥出奖励策略的实际作用，不断学习奖励策略的运用理论则非常重要。幼儿园作为教师开展工作的主要场所，需要承担继续培养幼儿教师的责任，然而在调查的三所幼儿园中，园所并没有为教师提供相关方面的培训支持，教师在运用奖励策略的时候，缺少先进理论的支持，致使教师的奖励策略运用出现各种各样的问题。

三、对幼儿教师运用奖励策略的建议

(一)提高幼儿教师对奖励策略的理解

教师对于奖励策略的认知水平，对奖励策略的运用效果有着较大影响。教师只有提高对奖励策略的认知，才能使奖励策略为教师开展教学活动提供帮助，才能使奖励策略的运用水平得到提升。很多幼儿教师在开展教学活动的时候，普遍认为奖励就是对幼儿进行表扬和赞赏，奖励策略滥用的现象非常明显。想要增强对奖励策略的运用，教师就应该加强对奖励策略的重视，从多方面了解奖励策略的价值与内涵，充分认识到奖励策略所带来的积极效应与消极效应，多从积极效应的角度考虑，灵活使用奖励策略，进而增强奖励策略对幼儿学习与行为习惯的良性影响。

（二）制定科学合理的奖励规则

奖励规则是教师开展奖励活动的前提条件，更是评价幼儿是否应该获得奖励的标准。可在幼儿园中，教师由于缺乏有关奖励的理论素养，往往难以制定出合理的奖励标准。针对这种现状，笔者建议：教师在制定奖励策略和标准的时候，应该询问幼儿对此的建议。从幼儿的角度对现有奖励策略进行调整，提高奖励标准及奖励内容的针对性和准确性。除此之外，教师之间还应加强沟通，共同制定统一的奖励规则，让幼儿在规范的奖励规则中，不断增强行为能力。总之，只有在科学化与合理化的奖励规则背景下，才能使教师的奖励策略运用水平明显提升。

（三）教师应理性使用奖励策略

幼儿教师理性使用奖励策略需要得到幼儿园的支持与帮助，对此，笔者认为幼儿园领导应鼓励教师对幼儿进行理性奖励。第一，奖励策略的应用要实现公平，要能够覆盖全部幼儿。教师的奖励覆盖范围不能仅包含学优生，还应该面向全体幼儿，把奖励作为稳固学优生能力、提升学困生能力的工具。第二，合理使用奖励策略。教师合理使用奖励策略的频率，也将对幼儿的行为习惯养成有着较大影响，过多地使用奖励策略，就会促使幼儿形成功利性的行为习惯，奖励策略的实施效果将会受到限制；过少地使用奖励策略，则会降低奖励策略的效用。因此，教师在对幼儿进行奖励时，应该控制好奖励的度，科学、合理地使用奖励策略，将奖励策略中的作用发挥到最大。例如，教师可根据幼儿行为实施奖励，在幼儿首次出现某种行为以后，对其进行有效奖励，而后再出现同样行为时，则暂停奖励，直到幼儿出现其他行为以后再对其进行奖励。

（四）开展有差异化的奖励策略

幼儿教师应根据幼儿的实际表现，使用有差异的奖励策略，要针对幼儿的兴趣爱好、性格特点、优缺点、生活环境制定不同的奖励策略。除此之外，教师在使用奖励策略时，要结合实际情况做出正确的奖励判断。一方面，由“趣”入手进行奖励。幼儿与幼儿之间有着较大差异，如兴趣的不同使得部分幼儿倾向于唱歌，部分幼儿倾向于阅读。教师在对幼儿进行奖励的时候，可以将幼儿的兴趣或偏好作为基础，提供能够引起幼儿兴趣的奖励，这样，教师的奖励策略实施效果就会得到明显提升。另一方面，由“需”入手进行奖励。不同时期内幼儿所表现出的需求并不相同，教师应该针对不同时期的幼儿进行有针对性的奖励。例如，在开展阅读活动的过程中，小班幼儿比较希望教师能够关注自己，教师对其进行奖励时，可以多选用“你真厉害、继续努力”等语言；中班幼儿则希望教师能够肯定自己的阅读能力，教师对其进行奖励时，可以多使用“太棒了、你读得真通顺”等语言；大班幼儿则比较关注教师对自己阅读水平的认可，教师在对其进行奖励时，可以多使用“你把故事中的××情感表达得真好”等语言。

家园合作存在的问题及策略

陕西省渭南市大荔县同州幼儿园　孙淑琴

苏霍姆林斯基曾经说过，儿童只有在学校和家庭共育的条件下才能实现和谐的全面发展。两个教育者不仅要一致行动，要向儿童提出同样的要求，而且要志同道合，抱着一致的信念始终从同样的原则出发，无论在教育目的、过程还是手段上，都不要发生分歧。很多发达国家为此做出了很多努力，都在一定的程度上阐明了家园共育对幼儿发展的重要性，

如英国政府于1997年推出了“确保开端”计划，德国也非常重视家园合作。家长的配合，使学前教育有了良好发展。

一、家园合作中存在的问题

近年来，我国对家园共育的工作越来越重视。《幼儿园教育指导纲要(试行)》明确指出：家长是幼儿园教师的重要合作伙伴。应本着尊重、平等的原则，吸引家长主动参与幼儿园的教育工作。《3—6岁儿童学习与发展指南》中也提及应注重加强幼儿园和家长的合作。可以看出，我国利用政策文件的形式，为幼儿健康成长指明了方向。但在家园共育工作的实施过程中却出现了不少的问题。

(一)家长对家园共育的认识具有片面性、狭隘性

很多家长认为孩子上了幼儿园，教育孩子的事情就全都是老师的，当然也很少参加幼儿园组织的活动。这种片面狭隘的想法阻碍了家园共育的有效实施，也让老师和家长在对孩子教育方面产生分歧，不利于孩子的健康和全面发展。

(二)家园合作缺乏积极的、主动的有效合作

由于教师和家长在家园共育中存在分歧，二者之间缺乏积极有效的互动。例如，幼儿园每学期都会定期开展活动，很多家长只是收到通知，按时参加，教师传达要求，家长也只是抱着完成目的的心态来参加，并没有从孩子的角度来考虑，也没有和老师达成主动有效的交流。

二、家园合作的有效策略

(一)掌握与家长沟通的有效策略

良好的家园关系能使幼儿园的教育教学工作得到更进一步的开展，萨提亚模式提出：“人们在第一次接触的时候，就可以在彼此之间建立某种联系。”当我们与家长进行接触时，就开始建立家园关系，我们只有建立了良好的家园合作关系，才能让今后的工作更好地开展。首先，在和家长进行沟通时，教师要有一定的专业性，不仅要懂得教育工作的理论知识，还需要了解相应的家庭教育知识，要不断加强自身的学习，这样在和家长交流时，才能体现教师的专业性，有的放矢地为家长在教育孩子的过程中出现的困惑提出建议，帮助家长解决困难。其次，要尊重每一位家长，平等交流。作为教师，我们应该主动建立彼此相互信任的机制。在平时的工作中，我们可以利用接送孩子的时间主动向家长介绍幼儿在幼儿园的情况，幼儿在幼儿园各方面的表现。每个月在《家园练习册》中及时向家长反馈孩子近期的现状，让家长更加了解，通过家长的反馈，我们也知道了家长内心的需求；有些家长不方便对老师说出来的都会写出来，这样就能更好地针对不同家长的需求采取不同的方法。有些家长有意见不敢提，针对这种情况，我们要主动了解家长，抓住需要沟通的问题，选择适当的时机，采用合理的方式，真诚地与家长进行交流，以实际行动取得家长的信任，这样才能取得好的教育效果。每次的家长会、班级运动会等的目的就是拉近家长与教师的距离，可以让大家在平等的交流、对话中找到共识，消除隔膜。

(二)家长参与幼儿园活动的策略

家园共育指幼儿园与家长一起完成对幼儿的教育工作，在幼儿教育中家长的参与有利于幼儿的发展，家长是教师最好的合作者。从一定意义上讲，有什么样的父母就有什么样的孩子，家长是幼儿的第一任老师，而且是长期、全方位的老师。在平时多种形式的活动中，让家长充分参与进来，感受幼儿教育的重要性，知道幼儿教育不单单是老师的责任，家长的力量同样重要。

首先，幼儿园里的“家长护园队”，让家长们根据自己的时间参与到活动中来，知道进

出幼儿园的方向，没有带接送卡的家长在门房等本班老师来接之后，才能进班。通过站岗执勤，家长感受到了安全在幼儿园中的重要性，并且在今后接送孩子的时候会严格要求自己，也会帮助老师提醒其他家长。

其次，幼儿自理能力大比拼、幼儿班级运动会等主题活动，不仅让家长来当裁判给孩子们打分，还让他们和自己的孩子与其他班进行亲子比赛。在活动中家长能够看到孩子们的发展水平和自己孩子的能力。

最后，家长走进课堂、节日亲子手工制作，大部分家长比较关心的就是自己孩子在幼儿园学习怎样，经常有些家长会说"我孩子什么都不会，连简单的数字都不会写"等。在公开活动中让家长了解孩子们是在游戏中学会学习的，而不是老师教会的，这就需要我们帮助家长转变观念。很多家长来参加幼儿园活动的时候以为就是给孩子来拍照的，我们应在活动中让家长对亲子活动有一定的了解，认识到自己在活动中的地位。

（三）转变和提升家长的育儿观念

父母是幼儿的第一任老师，是幼儿成长过程中对幼儿影响最大的人。由于缺乏幼儿教育的理念，很多家长还跟以前一样，认为孩子在幼儿园，一切都应该由老师去教育，跟家长没有关系。所以我们在幼儿园中开展丰富多样的活动形式，让家长充分参与进来，感受幼儿园的教育教学，感受家园合作的重要性。

第一，家长学校讲座，通过上课的形式让家长了解最新的教育理念，以此提高家长的意识，转变家长的观念。专家们深入浅出的讲解和生动的举例使家长们深受启发，现场还有家长们针对教育孩子过程中遇到的困难和专家进行询问，专家也非常有耐心地、诚恳地与家长进行交流，开启了他们的心扉，在今后的教育中与老师达成一致。到了冬天，天气渐渐变冷，有些家长怕幼儿生病不愿送孩子入园，更有甚者，看到班里有生病的孩子，索性就不送孩子，怕自己的孩子也被传染，幼儿园就会请专门的保健大夫和中医保健按摩大夫给家长们讲解。通过学习让家长懂得孩子锻炼身体的重要性及方式和疾病的防控，家长们也都深有感触。

第二，每个班级门口的家园联系窗里包含科学育儿、卫生保健、温馨提示、家园配合四个板块，家长们可以利用接送孩子的时间去学习更好的科学育儿方法；班里的微信群中有老师、家长们看到的一些好的文章、育儿方法，大家都可以在群里进行分享；定期给每个家长发放亲子专刊，让家长参与进来，积极投稿，和大家进行学习、交流。这些活动可以帮助家长不断提高理论修养，使家长们端正认识，了解和掌握幼儿的学习特点和幼儿教育的规律，提升家庭育儿水平。

三、结语

在教育越来越强调生态化的今天，家园的合作是一种必然的趋势。当然，在家园共育的工作中，我们还有许多想法需要实施，还有一些工作需要实践。虽然家园共育的最终目的是让幼儿受益，但反过来利用幼儿影响家长主动参与教育活动的效果也是非常好的。所以只要教师平时的家长工作再做得细致一点，再深入一点，树立指导家长工作日常化的意识，营造相互赏识的班级环境，就一定能使家园共育产生良好的效果。

倾听读懂儿童　相伴生命成长

北京市大兴区亦庄镇中心幼儿园　褚茹萍

观察无时无刻不在进行，却常常听到教师的困惑：区域活动、生活活动都在观察孩子，为什么还是反馈我们不会观察？

一、倾听儿童，立足教师观察与指导能力

（一）观察儿童新视角

第一，聚焦教师观察。《幼儿园保育教育质量评估指南》强调，重视教育过程、聚焦班级观察。不难看出，观察是教师应具备的重要能力，更是实施生命教育、品格启蒙，促进幼儿全面发展的关键。

第二，课题实施促进教师观察。借助课题“促进幼儿品格养成的教师观察与指导能力研究”，通过对幼儿品格养成的实践研究提升教师观察与指导的能力。对幼儿品格发展进行评价分析，促进幼儿品格养成。

（二）聚焦观察，研究新策略

第一，构建观察认知。结合教师在课题中的发展需求，将业务学习作为“专业加油站”，开展关于“幼儿游戏行为的观察与解读”相关内容的学习，引领教师掌握幼儿主题活动中的观察方法、记录方法、解读幼儿的方法、反思方法及注意事项，从而提高教师在观察的基础上回应幼儿、支持幼儿不断进步的能力。

第二，专题观察研究。开展“区域集体教育活动的观察与指导”，带领教师采用“专题教研找问题、现场教研善分析、回顾研讨想策略”的形式逐步提升观察分析能力。不断利用教科研一体化推进教师参与课题研究，逐步提升教师专业自信。

第三，评价基于观察。在研究过程中，逐步完善品格评价，形成园本化的《幼儿成长手册》。以幼儿品格发展、教师观察、家长观察，对幼儿品格行为进行综合性评价。

通过课题推进，教师的观察与指导都影响着幼儿的发展，引领教师构建专业知识系统、优化观察工具，提升教师观察力、指导力的同时，对幼儿品格培养和生命成长起着至关重要的作用。

（三）善用观察提成效

幼儿品格养成在课题研究中逐渐形成以品格观察、品格评价、品格故事为主的“品格工具三步走”。

第一，品格观察。幼儿品格养成从主题下的区域游戏入手，关注幼儿游戏的过程是否促进幼儿能力发展、品格发展。这就需要教师明确什么是幼儿的真游戏、好游戏。放开对幼儿游戏的束缚，要激发幼儿主动学习的愿望，支持有意义的学习，促使教师与日常区域指导剥离，以观察者的视角追踪幼儿的真游戏。

第二，品格评价。第一步，配班教师、业务领导对带班教师和幼儿进行观察。表格中设有“哇时刻”“啊时刻”，分别记录幼儿在游戏中的优点与不足，便于教师用赏识的目光、发现的视角解读幼儿。在行为分析、品格分析、幼儿教育建议部分，需要结合幼儿年龄特点、目标培养、教师指导进行深入剖析，并给予相对应的教育引导和策略支持。第二步，教师专注观察区域幼儿活动，暂停区域指导。在游戏行为观察记录（我看见）、品格分析及培养、幼儿与环境材料互动的情况（我发现）、空间利用及材料投放的问题（我思考）、调整

效果(我实践)部分，发现幼儿感兴趣的事情，看见幼儿的行为，发现幼儿与材料的互动情况，思考如何给予幼儿支持。

第三，品格故事。教师采用文字、视频的方式，用观察的视角捕捉幼儿品格成长的瞬间。透过文字、镜头处处体现品格教育，真正促进幼儿品格的养成和健康成长。借助信息宣传引发家长关注品格教育，共同携手促进幼儿良好品格培养。

二、在倾听中捕捉儿童兴趣需求

在园本课程教育活动中，倾听幼儿的感受和需求尤其重要。幼儿时期是极为敏感的阶段，他们对周围的事物都充满了好奇心。尊重孩子，接纳孩子，注重教师和幼儿高品质互动，是自主研究生命教育课程的探索。让教师时刻陪在孩子身边，细心观察每一个孩子，细心聆听他们的世界，挖掘他们的兴趣、爱好，给予他们空间，让每个孩子释放他们的天性。

三、在读懂中给予儿童探索空间

一言一行中观察，支持教师走进儿童，读懂儿童。一字一句中细心记录，一句句识别、分析，理解儿童的想法和感受，更好地给予他们需要的支持帮助。

喜爱动物是儿童的天性，小班幼儿为了保护小兔子"壮壮"进行了一系列的探究，为小兔子建造了一个安全的居住区，用网栏围住了小兔子的生活区域，确保不受其他动物的惊扰。谁来照顾兔子？幼儿主动想办法解决问题，用轮流的方式每天设有"值日生"负责小兔子的草料、活动情况，探究过程幼儿不仅学会了如何保护和尊重动物，还学会了通过创造性思考解决问题。同时，孩子们也深刻意识到动物与人类的共生关系和重要性。

这样的课程是贴近幼儿兴趣、尊重幼儿想法的，支持幼儿围绕自身兴趣进行深入的探究学习，教师运用观察倾听的方式，引导他们更好地研究问题、解决问题，亲近动物、了解自然。

"儿童的智慧源于操作"。大班幼儿在美工区发现了形态各异的木头，这极大地吸引了他们的好奇心。这些木头可以做什么呢？幼儿们自发开展讨论："我想用这些木头做成蛋糕、城堡、公主、小汽车……"在木工活动中，允许幼儿自由地选择材料和工具，哪怕他们的选择是盲目的或是有可能导致失败的，这些勇敢的尝试背后都蕴含着学习机会。游戏是幼儿认识世界的方式，幼儿有了兴趣就会去探索，遇到困难自己会设法解决。在木工活动中碰到自己完成不了的问题时，同伴间互相商讨，及时调整，这样能在更大程度上促进幼儿质疑性思维与创造性思维的健康发展，让幼儿喜欢学习，具有发现问题和解决问题的能力，入学后敢于接受不同学科新知识、新技能的挑战。

社团成为小朋友参观小学之后的热门话题，想开自己喜欢的社团活动，通过主题活动，小朋友表达了自己想开展舞蹈社团、体操社团等。开展社团活动的过程中，出现了时间冲突等问题，但是，幼儿们都积极地解决问题，比如调整时间，协商站位、队形等。在这个过程中，幼儿通过集体合作、团结协作的方式，不断解决问题，共同完成了社团活动的策划和实施。在社团招募活动中能感受到大班组小朋友对社团活动的积极态度，遇到困难能调整自己的情绪主动想办法解决。

从园所到教师都在倾听中走近幼儿，鼓励和支持幼儿开展各种形式的社团活动，提高幼儿的综合素养和能力水平，让幼儿在玩中学习、成长，为以后进入小学生活奠定了坚实的基础，是教育智慧的迸发，是倾听的力量。

四、在相伴中与儿童共同成长

幼儿园里，处处体现儿童为主体的视角。一粒小麦种子有它的神奇之处，在精心种植下，小麦会成为一个麦芽棒棒糖，还会引得幼儿进入食堂观摩，体验多元化教育。在美食

制作过程中，感知活动即课程。大班幼儿带着自己亲手制作的苹果美食开展美食分享会，学习售卖，学习生活中的数学知识。“健康美味的苹果沙拉 2 元一份，酥脆的苹果燕麦饼干 3 元，快来买喽!”在一声声的叫卖声中，幼儿根据自己的喜好，纷纷从口袋里取出钱，购买自己想要品尝的美食。活动中，幼儿不仅品尝到了苹果美食，认识了钱币，学习了运算，还感受到数学在生活中的实际应用。

幼儿想玩好玩的沙水区，想要在幼儿园里种树、种花，还有许多想要做的事情，他们尝试了向园长送上申请书，把自己的愿望用图画、符号记录下来，勇敢地表达出来。看着幼儿园里一棵棵新果树的相继栽种，一颗颗花种悄然安家，一个个区域的名字相继诞生，用灵巧的双手、积极自主的行动点亮属于自己的幼儿园，真正做到幼儿园由幼儿做主。

在不断探索生命教育中，明确课程核心，即“关注幼儿兴趣，关注幼儿生活，关注幼儿发展”，教师能听见儿童，读懂儿童，以品格养成为生命底色，引发幼儿在兴趣和问题的内在动机驱动下，主动积极地探索并解决问题，丰富和发展认知、情感、能力和个性。从生命和基础教育的整体性出发，让每个教师都精彩，去唤醒教育活动中的每一个生命，让每一个生命真正“活”起来，相伴幼儿生命成长。

教师用观察、倾听的专业解读，让教育回归根基。播撒一颗仁爱的种子，在儿童心中倾注爱的力量，让分享、合作、关爱慢慢生长；播撒一颗机智的种子，在儿童身边倾注支持的能量，让积极主动、认真专注、学会学习助力幼小科学衔接。在生命教育理念下，用看得到的优质教育，润泽看得见的生命成长，引领幼儿活出生命的意蕴，绽放生命的光彩。

地域性美术作品的幼儿美育功能呈现

——以太行山美术为例

河北省保定理工学院　范晓琦　杨偲琪

一、太行地域美术创作贯古通今

地域通常是指一定范围内的地理空间，是自然要素与人文因素作用形成的综合范畴。不同的地域有着不同的景观特点，形成别具一格的地域文化特征。在中国美术发展脉络中，美术家们从未停止对太行地域美术创作探索的脚步，其产生可追溯至商代时期。商朝后期都城遗址殷墟出土的甲骨文、青铜器铭文，孕育出中国书法之萌芽。初凿于北齐的响堂山石窟(在今河北邯郸峰峰矿区)是中国最早的石刻佛经之地。宋代工艺美术拥有“南有景德，北有彭城”的称号，磁州窑(在今河北邯郸峰峰矿区)是汉族传统制瓷工艺的珍品，是中国古代北方最大的民窑体系。五代画家荆浩在太行地域开创北方山水画派，对中国山水画发展影响深远。这些传统文化艺术植根于深厚的文化土壤之上，在经历了长时间的积淀之后，逐渐形成了稳定的本质特征，即某种文化基因或者文化品格。① 近代画家沈逸千被誉为抗战绘画第一人，当代太行地域美术发展更是“百家争鸣”的胜景。从抗战到解放再到新时代，人文精神使得太行地域美术创作有其丰富内涵，美术家顺应时代在这片土地上不断创新、繁衍生息，促成了太行地域美术发展的丰功伟绩。正是太行山丰富的地形地貌及悠久的人文精神，使太行母题创作延续至今，是研究中国佛教、建筑、雕刻、绘画及书法艺术的重要宝库之一。

---

① 宋眉、俞晓群、吴刚:《传统文化艺术资源的当代转化》，杭州：浙江大学出版社，2019 年版，第 10 页。

二、太行地貌特征

从地形上看，中国华北地区主要由华北平原与黄土高原两大地貌单位组成。黄土高原与华北平原一个在西，一个在东，中间被太行山等一系列山脉分开，分属中国地势三大阶梯中的第二级与第一级两个阶梯，① 在中国地貌轮廓有着不可替代的地位。美术是文化的产物，黄土高原与华北平原很早便出现在中国历史演变进程中，这意味着太行地域文化起源较早，人文得到很好的积累传承，为美术发展留下宝贵的传统底蕴。

太行山是中国罕见的地质景观富集带，其横向宽度大、多分支，特殊岩石地貌种类丰富，例如，南太行嶂石岩地貌被誉为“中国三大砂岩地貌之一”，除顶层为石灰岩外，多由红色石英岩构成。赤壁丹崖，如屏如画。太行山南麓云台地貌，以裂谷构造、水动力作用和地质地貌景观为主；雄居太行山最北端的白石山大理岩峰林地貌在全国独一无二，这里降水丰富、植被丰茂，以西麓十瀑布峡最为有特点。从景观学角度而言，太行山作为主脉拔地而起，与两翼的平原山野形成强烈对比，组成太行山复杂多样、险峻壮观的景观，具有较大的美学价值。美术家可以在这里发现多样的创作素材，丰富创作灵感，是太行地域美术发展繁荣及多样性形成的重要因素。

三、太行地域美术作品的幼儿美育功能呈现

以太行为母题的美术创作领域中，怎样结合新的时代条件，传承和弘扬优秀传统文化，是值得深入探讨的问题。在E. 希尔斯看来，现代意义上的“传统”是指“历代相传的东西，即过去延传到现在的事物，包括物质物品，关于各种事物的观念思想，对人物、事件、习俗和体制的认知”。② 在不同时期，太行山地形地貌特征在变化，社会发展衍生出来的人文特征也在变化，笔者认为，正是太行山丰富的地形地貌及悠久的历史人文使太行母题创作延续至今。

(一)太行地形地貌与皮亚杰认知发展阶段论

皮亚杰的认知发展阶段论认为，0—2岁是幼儿感知运动阶段，幼儿通过自己与外界客体交互作用中的感觉和运动(看、听、触摸、吮吸、抓)来理解这个世界，该阶段奠定了以后复杂认知结构的基础。

太行山地形地势多样、名山众多，为美术创作提供了丰富的天然素材，也为幼儿在这一阶段的感觉发展提供天然成长环境。北方画派鼻祖、五代山水画家荆浩为后世留下山水画论《笔法记》，其弟子关仝创作了著名的《关山行旅图》，其二人与董源、巨然并称四大山水画家，在当时乃至当代都是举足轻重的山水大家。北宋郭熙、李唐、范宽也曾留下诸多太行题材的美术作品。在当代，中国艺术研究院贾又福以北太行作为创作素材，其山水作品《太行丰碑》获第六届全国美展银质奖，被中国美术馆收藏。主张“笔墨当随时代”的白云乡是北派山水代表人之一，他的作品《静山如太古》入选第十届全国美展，获铜牌奖；作品《故园热土》入选第十一届全国美展，获提名奖。太行地域复杂多样的地形地貌为美术家提供了极大的包容性，覆盖面广，不同时期、不同风格的美术家在这里都能吸收与自己创作相关的艺术灵感，同时也可以尝试新的艺术形式，在这片土地发挥艺术多样性。

(二)太行地域人文与埃里克森人格发展理论

埃里克森把人格发展按照生理年龄划分为八个阶段。在每个阶段，我们都有特定的发展任务，如果顺利通过，那么人格会发展得更健全，反之，人格则会有一些缺失的部分。

---

① 郑平：《中国地理》，北京：五洲传媒出版社，2020年版，第33页。

② E. 希尔斯：《论传统》，傅铿、吕乐译，上海：上海人民出版社，1991年版，第11页。

太行山脉纵跨京、晋、冀、豫四省市，环抱华北地区和中原地区，孕育诸多文化，如中原文化、燕赵文化、三晋文化、齐鲁文化等；人文痕迹遍布华北，是中华民族文化重要的发祥地，也是中华文明历史进程的重要组成部分。新金陵画派著名画家魏紫熙多次登太行创作，当代著名画家费正的《元宵夜》和《包饺子》创作灵感均出自于此，壁画《将相和》获第七届全国美术作品展览铜牌奖。

太行山人文荟萃、历史悠久，形成独具特色的人文符号。人们在长期的生产生活实践中累计和保存下来的物质及精神形态，广泛地存在于社会文化思想、生产技术、艺术形式、风俗习惯中。① 随着社会发展、人文演变，太行人文美术作品没有停滞不前，而是推陈出新、代代相传，一直记录着这里的变化。

（三）太行精神丰富幼儿文化底蕴

太行精神随时代发展演变延绵至今，对幼儿文化底蕴培养是宝贵的财富。从纵向的史学层面考察，太行山精神演变基本经历了古代愚公移山精神；抗日战争时期伟大的抗战精神；精益求精、无私奉献的白求恩精神；20 世纪 60 年代自力更生、艰苦创业、团结协作、无私奉献的红旗渠精神；在以上演进过程中，太行精神以红色血脉为典型代表，在新时代涌现开创扶贫新路的“新愚公精神”。

“不擅画者画物质，善画者画精神。”②美术作品不仅仅是对风景的写照，也记录着时代的人文活动，与观者产生共鸣。徐悲鸿先生曾创作油画作品《愚公移山》，当年，正值中华民族抗战的危急时刻，徐悲鸿先生意在通过形象生动的艺术形式，表达抗日民众的决心和毅力，产生振奋人心的共鸣，鼓舞人民群众争取最后的胜利。当代油画家牛东凯一直致力于红色题材绘画，用艺术的形式生动讲述中国共产党在百年奋斗历史中谋求人民幸福和民族复兴的丰功伟绩，其油画作品《曙光》在第五届“红船颂”全国美术作品展获奖收藏。对于当代美术家及观者来讲，红色记忆不仅仅是历史，也是民族精神中不可缺少的重要部分。可以说，红色基因是太行地域丰厚的艺术底蕴。

太行精神承载了中国革命、建设和改革的历史，它在不同时代汲取了不同的养分，融汇成了太行红色基因，是中华民族宝贵的精神财富，它永远不会因时代变迁而失去价值，它总是伴随着时代的进步而进步，伴随着社会的发展而完善。③ 幼儿能感受到的并不是太行地域美术创作狭义的对风景表象的照搬写生，而是广义的在太行精神中的红色气息、风土人情，引导幼儿思考、描绘再表达。将当代幼儿没有经历过的历史通过艺术的形式传达到视野面前，这种直观的历史人文再现也是弘扬中华民族精神的重要途径。

四、结语

在对太行地域美术创作历史形态的梳理中发现，无论是创作画家、作品数量质量，还是创作规模、形态样式，太行地域美术创作中蕴含的“太行风尚”和“太行精神”都是与众不同的。这足以见证，以太行山为母题的美术作品在当代中国美术创作中的重要地位。在中华文明的历史发展进程中，太行地域矗立起一道道丰碑，是自然的丰碑、文化的丰碑，也是精神的丰碑和艺术的丰碑。太行山雄浑厚重、威严峭拔的气势以及红色精神传承成为历代美术家创作的重要题材，太行地域作为美术创作的根脉、魂魄，孕育了一代代优秀的艺

① 宋眉、俞晓群、吴刚：《传统文化艺术资源的当代转化》，杭州：浙江大学出版社，2019 年版，第 9 页。

② 薛永年、赵银邦：《写生的传统与当下意义——中国美术太行论坛文集》，太原：山西人民出版社，2015 年版，第 8 页。

③ 张萍：《红色基因代代传——对太行精神的再认识》，《支部建设》2020 年第 22 期。

术家和经典作品。一方水土养一方人，幼儿美育的发展不是一蹴而就的，需要良好的文脉传承，以太行山为母题进行艺术创作有着深远的幼儿美育意义。

幼儿诗歌立体书创意设计

宁夏回族自治区银川科技学院　王紫瑞　哈欣汝

立体书作为图文结合的艺术作品，对促进幼儿健康的发展和成长具有重要作用。教育幼儿的过程中离不开内容多样的书籍，而在科技发展迅速的时代，幼儿已不满足于阅读普通书籍，三维立体书的出现受到幼儿的强烈欢迎，这也让立体书产业迅速发展。笔者发现，以幼儿诗歌为主要内容的立体书籍在市面上很少见，通过调研分析幼儿诗歌立体书的定义及教育价值，考察幼儿诗歌立体书的市场现状，结合优秀传统诗歌文化设计出有创意的立体书，增强幼儿诗歌立体书籍的创意性和互动性，使幼儿对诗歌有更直观的理解。基于唐诗文化，就立体书的封面和内容的设计进行总结，对中国传统文化在幼儿诗歌立体书中的发展提供了经验与建议。

一、设计理念

《唐诗立体书》的制作分为四个部分来完成，先是对适合幼儿阅读的唐诗进行筛选，查阅相关资料后开始绘制。草图绘制、机关设计、场景布置等，将需要以立体形态呈现的画面绘制好上色裁剪后粘贴，最后装订成书。这种形式不仅符合幼儿喜爱游戏的天性，还能培养他们的语感、记忆能力，又能提高他们的审美能力和传统文化的感受力。

适合幼儿阅读的诗歌，不论是古代的还是现代的，它们共同的特质是易懂且富有童趣，向幼儿传达生活中的美好，记录美好的再现形式，是给幼儿想象和体验的丰富空间。不论是以现代幼儿诗歌还是以古代诗歌为设计题材，在设计过程中首先要遴选符合幼儿身心特点的诗，依据选定的诗，多角度分析解读诗歌内容，搜集相关文献图片资料，制定设计方案，画面内容和机关设计必须贴合诗歌大意，严格依照诗内描写的景物、人物等进行设计。

笔者绘制唐诗立体书的内容为浪漫主义流派的诗，搜集相关资料，并对唐诗进行筛选。考虑到立体书的厚度、容量等问题，笔者选出四首唐诗为主要内容，分别是《咏柳》《池上》《望庐山瀑布》《夜宿山寺》。根据查找的图片资料，依据诗意预想三维空间下的立体书并暂时绘制出平面场景草图。

图 1　《咏柳》《池上》草图

图 2 《望庐山瀑布》《夜宿山寺》草图

二、从传统文化中汲取创意设计

(一)对传统文化元素的借鉴

中华五千年的传统文化璀璨瑰丽，有太多可以被借鉴到设计中的元素符号，这些视觉符号在设计中的运用，一方面要注重传统视觉符号的现代应用，另一方面也要注意其自身的设计变化，将其与现代设计进行完美融合。传统视觉符号是现代设计中不可缺少的重要元素，但在应用时也需要根据其自身特点进行适当的调整和变化，使之能够更加符合时代潮流和社会发展需求。中国传统视觉符号在现代设计中的应用要做到继承与创新相结合，使其更好地为现代设计服务。

(二)对传统工艺美术的借鉴

立体书的设计可以借鉴剪纸作品中很多有趣而生动的造型，这些造型不但生动活泼、优美大方，而且构思精巧、工艺精湛。在幼儿诗歌立体书设计中结合这些民间工艺元素能更好地丰富我们的设计作品，提升幼儿对传统文化艺术的审美水平和艺术修养。笔者在设计书籍封面时融合了唐朝纹饰和剪纸花纹进行了创新。

三、立体书设计的美观性

幼儿已经具有了一定的审美能力，在设计过程中最大限度地还原诗歌的美，借助图画表达情感的同时传达正确的价值观，将美育践行于设计中，幼儿能通过阅读幼儿诗歌立体书感受美和创造美。

(一)根据幼儿审美心理设计

幼儿审美是一个从他律到自律、从外在到内在、从被动到主动、从封闭到开放、从简单到丰富的发展过程。幼儿对美和艺术的认识，首先是一种客观事物在幼儿头脑中引起和反映出一个形象和现象，而这些形象和现象又会引起幼儿去主动观察和了解。当幼儿将美和艺术表象与具体事物联系起来时，就会产生一种积极主动的探索美和艺术奥秘的心理活动。

(二)根据幼儿感官需求设计

幼儿对美的感官需求主要表现在对美和艺术的认识上。幼儿对美和艺术的认识是通过观察、触摸、感知来进行的。唐诗出现的景物、人物要立体化，这一部分是和背景紧密相连的，但需要分开制作，在绘制部件时，要注意大小，太大则折不进书内，太小会影响观感，需要根据背景来丈量部件的大概尺寸。考虑到书籍打开后画面会有一定的遮挡及明暗面等，所以笔者在绘制时，反复丈量，渲染遮挡的明暗面。还要考虑到有些部件是有机关的，制作时要留有机关的调动，使机关在操作时灵活不死板。

（三）场景机关设计要发挥特有性质

1. 趣味性

在幼儿诗歌立体书中，趣味性主要表现在立体书的形式和内容两个方面。前者是指幼儿诗歌立体书的设计要新颖别致，在形式上要有较强的趣味性；后者是指幼儿诗歌立体书要具有很强的内容趣味，让幼儿通过阅读诗歌立体书而感受到知识的魅力。

2. 互动性

在幼儿诗歌立体书中，互动性体现在幼儿诗歌立体书中设计了大量的小机关，这些小机关可以使幼儿进行更多、更复杂的操作，使幼儿感受到自己动手做一本属于自己的小书时所带来的成就感。另外，还可以根据不同年龄段孩子们对于图画内容的喜好来进行适当的调整。

3. 直观性

直观性是艺术的基本属性之一。幼儿正处于人生的初级阶段，认知发展不够完整，幼儿对诗歌的理解本身就有一定的困难，为了让诗歌更加简单易懂，因而书籍的内容要直观，画面要抓住幼儿的审美特点设计，避免出现抽象类或不符合幼儿年龄特点的画面。

幼儿诗歌立体书离不开机关的制作，这是激发幼儿学习兴趣的主要途径，幼儿通过拉一拉、翻一翻等动作探索书籍内容是一件趣事，笔者绘制书籍翻动样式简略图，唐诗立体书的大小是 8 开，展现更多的画面内容需要较大的纸张，如何在 8 开的尺寸上创造更大的空间呢？首先取三张 8 开的卡纸横放于桌面上沿着中线对折，对折后将其中一张作为主要画面，其中两张叠放粘贴在主画面卡纸的两端下方，使之可以折叠在 8 开卡纸当中，由此一来打开空间更大，使幼儿仿佛行走在诗中的世界一般（见图 3）。

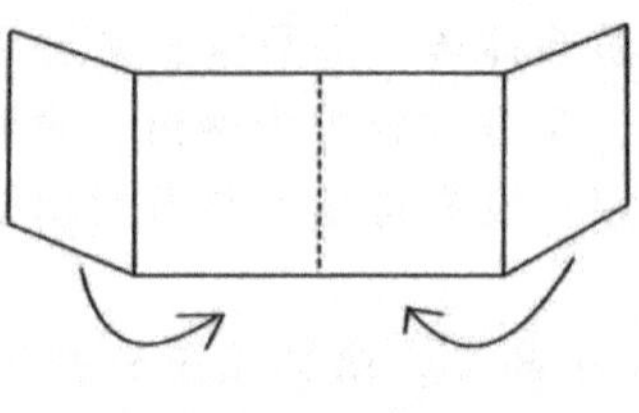

图 3　翻动样式图

为了使立体书更贴合幼儿审美发展特点，在机关设计上要具有互动性和趣味性，还要贴合所选题材的适用性，根据诗歌设计合理的机关是提升诗歌立体书创意设计的必要途径。图 4 至图 6 是笔者绘制的滑动、拉动、翻动机关简图。

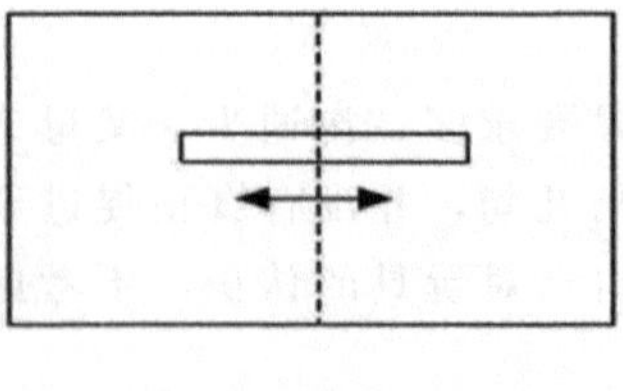

图 4　滑动机关

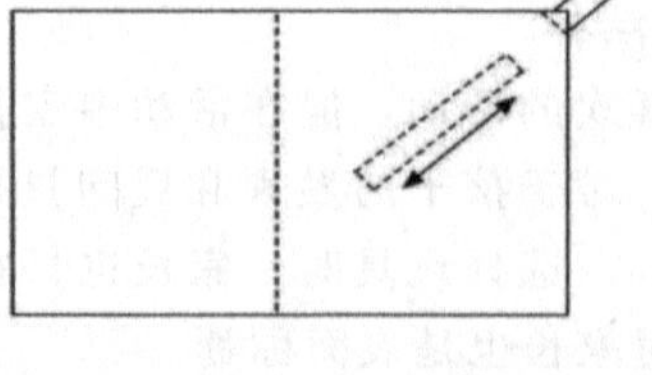

图 5　拉动机关

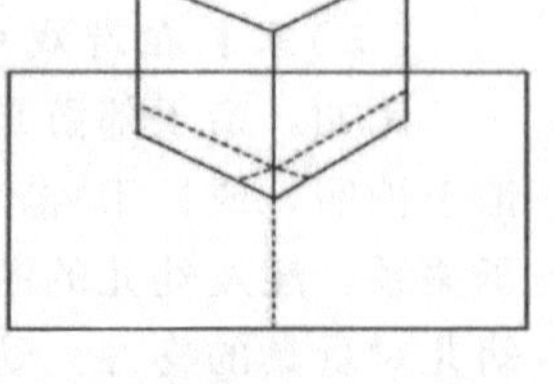

图 6　翻动机关

以上机关简图运用于笔者的设计当中，机关制作好后，设计到了最后一步：组装书籍。笔者将页面与页面之间的连接点进行粘贴，最后将印制好的书籍封面、封底与手工制作的书籍内容进行组装，一本完整的幼儿诗歌立体书就制作完成了。

亲子共同游戏对家庭关系改善的研究

新疆天山职业技术大学　刘会玉

人们都喜欢看讲述家庭幸福的剧情。舞蹈剧《胡桃夹子》中很著名的一幕，就是大人和儿童们一起围着圣诞树跳着传统舞蹈。而在现代社会中，很多家庭关系却越来越疏离。父母花了很多心思给儿童最好的物质生活，却忽略了陪伴的重要性。

一、家庭教育中亲子共同游戏的重要性

《幼儿园教育指导纲要(试行)》指出：寓教育于生活、游戏之中。亲子游戏是家长与幼儿交流感情的重要途径，它不仅有助于增进家长和幼儿之间的感情联系，还可以促进幼儿的智力发育，增强幼儿的逻辑思维能力。家长要重视亲子游戏的促进作用，将幼儿园教育与亲子游戏相结合，制定提升亲子游戏质量的有效措施，促进幼儿各方面能力的发展。

二、亲子游戏中的突出问题

(一)家长对亲子游戏理解不深

和婴儿玩耍很容易，然而随着孩子慢慢长大，家长却不知道怎么和儿童一起玩了。儿童非常需要和爸爸妈妈一起玩。大部分家长和幼儿认为亲子游戏具有积极的促进作用。很多幼儿会经常向父母提出进行亲子游戏的要求，父母也乐于接受这样的请求，双方在游戏的过程中都能获得轻松、愉快的游戏体验。多数家长愿意和幼儿开展亲子游戏，他们知道亲子游戏有助于促进亲子关系，让家庭气氛更为融洽、愉悦，促进幼儿的全面发展。但在调查过程中，笔者发现仍有少数家长没有将学习与游戏相结合，没有深层次地理解亲子游戏的意义。

(二)家长在物质方面给予孩子的多，陪伴孩子的时间少

随着社会的发展，家长对幼儿教育越来越重视。他们开始为幼儿选择形形色色的玩具，以此促进幼儿智力的发展。我们也发现很多家庭中的玩具买回来以后就变成了摆设并没有发挥它的价值。有些家长从不考虑幼儿会不会玩，玩得开不开心。在亲子游戏中，多数家长会以幼儿为游戏的主体，从幼儿的兴趣着手，让幼儿自由、自主地选择亲子游戏的内容，鼓励幼儿根据自己的兴趣主动开展游戏。但是，在实际调查中，少数家长是在幼儿多次要求下才参与亲子游戏的，他们与幼儿进行游戏互动时的态度不积极，没有认识到亲子游戏对亲子关系的促进作用，参与亲子游戏的积极性不高，不知道如何促进幼儿的全面发展，不知道如何与幼儿一起进行游戏。

(三)家长在游戏中应付性陪伴

比如，亲子郊游是幼儿最喜欢的活动，但在活动中家长也是要求多、沟通少，父母或忙于拍照，或忙于“监督孩子”，对于孩子的发现和提问只是敷衍几句，并没有真正促进亲子关系，激发幼儿的游戏兴趣。在选择玩具时，家长也只在乎自己对玩具的认识，不考虑幼儿对玩具的喜好，幼儿玩耍时家长也是表面称赞。

三、亲子共同游戏的质量创新对策

(一)家庭成员共同参与，营造快乐氛围

某家庭一共有6个成员，每天晚上大家都一起洗碗、收拾房间，他们把这个时间变成了唱歌时间，儿童们唱学校里学的歌，还教大家一起唱，全家人尽情欢唱。慢慢地，儿童越来越大，可以唱和音了。后来，全家分成两个声部，仿佛一个出色的合唱团。家庭中亲子一起唱歌给家里带来美妙的和谐。当父母和儿童一起玩游戏时，对抗气氛就会降低，亲子关系就有可能变得更加和谐。

有一位爸爸是个篮球迷，还是当地业余篮球队成员，他有两个孩子。春天，只要天气好，爸爸就和孩子们一起练习篮球，连三岁的小宝宝都有自己的篮球服。爸爸经常和孩子们一起在操场上玩篮球。孩子们长大一点，爸爸就增加一些篮球技能的难度。大孩子毫不介意弟弟技术相对较弱，只要大家一起参与就好。当小的孩子有了进步，大孩子和爸爸一起欢呼。爸爸从来不批评孩子打球时的失误。他总是大声为孩子们加油，给孩子们鼓励。很显然，他享受这样的打球时光，孩子们也是。通过以上案例我们发现，在日常生活中家长和孩子一同玩耍是促进家庭关系和谐的秘诀。

(二)生活技能游戏，享受生活乐趣

亲子游戏有助于锻炼幼儿的思考能力，提高幼儿的智力水平，优化幼儿的认知结构，帮助幼儿获得有效的学习方法，充分调动幼儿的学习动机，引导幼儿形成积极向上的学习态度，促进幼儿认知能力的形成和发展。每个家庭都应该有适合儿童年龄的游戏时间，这应该成为日常生活中固定的一部分。当儿童大一点，对各项生活技能的训练可以很容易添加到游戏中，家庭所有成员都可以参加游戏。社会交往能力是人类生存最基本的能力之一。随着幼儿身心需求的日益增长，他们与人进行社会交往的需求会更为迫切。蕴含着积极、丰富教育资源的亲子游戏是培养幼儿社会交往能力的良好载体。家长可以以亲子感情为基础，以家庭为单位，和幼儿一起开展各种各样的互动游戏，让幼儿观看父母在家庭中的“工作”，待客时引导幼儿学习待人接物的礼节；重大节日和孩子们一起去准备一场晚会，布置会场也是“游戏”的化身。亲子游戏的同时锻炼幼儿与人交往的能力，促进亲子关系健康发展。

绝大部分孩子都喜欢表演，父母不要总当观众，也可以参与其中。孩子喜欢扮演大人，那大人们就可以扮演孩子。所有的故事、童话、传说，都可以成为即兴表演的素材。

(三)寻找共同兴趣，创造家庭乐园

某家庭开展了一个“虚拟环游世界之旅”的活动。暑假来临前，每个家庭成员都开始筹划自己想去的地方，开始调研，搜集信息，制订旅行计划，放在专门的文件夹里。暑假时，全家一起“环游世界”。每人的兴趣不同，做的事情也不同，当父母热情参与时，就能强烈地感染儿童，儿童这时也会萌发无穷的创意。儿童会告诉父母他的兴趣是什么，然后大家可以借着这个机会一起参与。有个儿童参加了学校的活动后，在家里建了一个“博物馆”。家里所有古老的东西都被贴上标签，放在“博物馆”的架子上。家庭其他成员也很努力地收集各种可以放在“博物馆”的物品，一块彩色玻璃被称为“古老教堂窗户的遗骸”，一根在树林里找到的羽毛被称为“古印第安人帽子上的装饰”，家里的一个儿童甚至用玉米棒做了一个娃娃。这些都是激发家庭成员创意、增进家庭和谐氛围的好机会。

四、结语

父母有义务和责任带动孩子一起玩游戏，使家里渐渐形成和谐快乐的气氛。这样就可以慢慢改善家长要求过多和孩子对抗的情况，大人和孩子成为有共同兴趣的伙伴。共同的

游戏时间，可以成为家庭和谐、家庭成员相互了解的重点时间，这是家人快乐的重要来源。利用这个时间，儿童能够学会，最重要的是享受乐趣。儿童通过亲子游戏可以获得新的知识、新的经验。在游戏过程中，他们可以巩固自己已有的技能、技巧，促进自身思维能力的发展。然而，从目前情况来看，家庭中亲子游戏时间、亲子游戏技能、亲子陪伴的问题依然存在。以上内容结合具体问题提出了相应的对策，希望家长可以从中得到一定的启发或者帮助，从态度上重视亲子游戏，以此改善家庭亲子关系。

如果家长留心倾听儿童，会发现很多儿童感兴趣的事情，再加上一些想象力，这些都能成为家庭亲子游戏的项目。共同享受乐趣，把家庭成员凝聚在一起，形成团结合作的氛围，这是家庭气氛必需的基础，能够促进全家人的平等、轻松、和谐。

“师徒结对汇报课”促进幼儿园新入职教师教学能力发展策略的探析

吉林省长春市实验幼儿园　韦　晶

一、新入职教师教学能力发展现状

国家对于提升学前教育质量高度重视，以教学能力为主要发展内容的幼儿园教师专业能力培养成为幼儿园师资队伍建设的重要内容。对于新入职的幼儿教师，他们是一批刚刚毕业走出校门的学生，有着丰富的理论基础和专业知识。尽管会有幼儿园的实习机会，但是，他们往往缺乏系统而深入的幼儿园实践工作经验。在面对幼儿日常教育教学活动设计方案的时候，更偏于从书本上找依据，而忽视了幼儿的真实发展经验和需要。在教学活动实施阶段，面对年龄幼小的孩子，如何吸引幼儿的兴趣与关注点，把控好课堂教学氛围，有效引导幼儿进行预设的活动流程等是需要进一步历练和提升的。在活动评价中，也往往从活动本身谈活动，关注的是方法、策略、技巧的积累，较少关注幼儿在活动中的表现与随机教育。

二、“师徒结对汇报课”的含义

“师徒结对”是当前幼儿园促进新入职教师专业发展的有效手段。经验丰富、能力突出的骨干教师，手把手地传、帮、带、教，帮助新入职教师快速适应岗位工作，从学生身份顺利而有效地过渡到教师身份，进而促进新教师专业能力的发展。有学者认为，师徒制是应对青年教师实践性知识缺乏问题的有效途径，也是教师专业发展的有效平台。

汇报课需要教师进行充分的准备、计划，是面向一定群体进行正式而公开的课程讲授活动的一种教研形式。对于幼儿园来说，以师徒结对共同研磨汇报课的形式来促进幼儿园新入职教师专业发展，是提高园所师资力量理性而高效的选择。

三、“师徒结对汇报课”为新入职教师教学能力发展提供的策略

（一）教学活动设计——脚踏实地

1. 真教研中发展

“师徒结对”制度虽然是以师父为主要经验传授人，但是在研磨汇报课过程中，师父也是带着一颗共同学习、共同成长的学习之心。在师徒交流之中，师父毫无保留地分享自己的经验、优秀的教学方法以及技能技巧，帮助徒弟规避一些疏漏和偏差，为新教师间接、高效地汲取丰富的经验奠定基础。对于新入职教师，他们在专业知识方面的学习很扎实，对《3—6 岁儿童学习与发展指南》《幼儿园教育指导纲要（试行）》《幼儿园保育教育质量评估指南》等文件内容很熟识，但他们对文件中精神的理解仍然有待加强。有着多年丰富实践经验

的老教师，相对于新入职的教师，他们对于文件的内容和精神有更加深刻的感悟和理解。可以为徒弟教师提供一定的案例做解释，分享自己对教学活动等内容的独到见解与思考；徒弟汇报课活动内容的设计，新、老教师都要认真学习相关文件、深入钻研科学理论，师徒间彼此借鉴、商讨，使教学活动的设计是科学的，是有据可依的。在研磨之中，师徒发掘自身的知识盲点，有的放矢地预备与研讨，在彼此的真心交流中共同学习，共同成长。

2. 真游戏中创新

对于学前儿童，他们独特的学习方式就是“玩中学”。《幼儿园教育指导纲要(试行)》中指出，幼儿园要以游戏为基本活动。对于新入职教师，在其设计教学活动时，往往过于在意目标的完成情况、教学活动的流程衔接、教学方法的使用、教学材料的选择等问题，而忽视对幼儿的关注度。经验丰富的师父教师一定知道，优秀的幼儿园教学活动，一定是看见幼儿的，也一定是在游戏中实施、寓教于乐的。因此，师父在对徒弟进行指导的过程中，要让徒弟明确教学活动的设计一定是充满游戏性、趣味性的，要鼓励徒弟对幼儿进行足够的观察、认识与了解，并在此基础上根据幼儿的不同年段、不同发展经验，为教学活动创设有针对性的游戏内容。此外，值得注意的是，要正确区分“真游戏”与“假游戏”。教师高控之下的游戏不是真游戏，只有充分发挥幼儿游戏自主性的真游戏，才是有“趣”的，才能真实吸引幼儿。

3. 真互动中传承

当前师徒结对模式下也出现了许多形式化的负面效应，师父有所保留、保守专制，徒弟不思进取、过度依赖，都将使师徒结对促进新入职教师专业能力发展的使命和责任事倍功半。师徒之间真实的互动才能实现经验的真实传承。师父教师要有一颗宽广的胸怀、足够的耐性、呕心沥血的奉献精神。徒弟教师也要有自己的思考、见解和创新意识，在尊重师父的前提下，不唯师是从。不懂要问，具备不但要知其然，还要知其所以然的勇气和毅力。在师徒共同研磨课的过程中，身为师父要对徒弟的真实发展情况和发展诉求有所了解。同时，也要做到根据徒弟的不同特点、最近发展区、成长历程，给予针对性的意见和建议。徒弟要积极认真对待师父的指导，在不断观察、模仿之中钻研品味，在师父的言传身教之中吸纳师父优秀的方法和经验。

(二)教学活动实施——挑战自我

2022年出台的《幼儿园保育教育质量评估指南》中，将师幼互动作为教师教学实施过程中的重要内容。师幼互动不仅可以反映教师的教育观、儿童观，还能显示教师专业能力发展的真实水平。因此，对于新入职教师而言，活动实施过程中师幼互动往往是一个难点，往往会出现急于完成目标、课堂控制能力弱、紧张焦虑情绪等问题，忽略了师幼之间的互动，或仅仅浮于表面，草草地完成师幼互动。

师父教师应从行为、语言、观察几个方面入手，帮助徒弟进行提高。在行为方面，首先，要做到尊重幼儿。例如，当幼儿提出问题时，教师要蹲下身来与幼儿沟通交流，做到平视幼儿，使幼儿感受到被尊重、被理解和被关爱。其次，教师要给予幼儿充分的自主性。鼓励幼儿通过直接感知、实际操作和亲身体验获取知识经验。例如，美术活动中，有幼儿出现操作困难时，教师要给予其方法的指导，而不是包办代替。最后，对于幼儿的进步，做到及时的认可与表扬。同时，教师的语气要亲切，语言表达清晰而准确，理解幼儿思维发展水平，运用幼儿理解的句式、词语与其沟通交流。

针对师幼互动，师父往往会交给徒弟一个绝招儿，那就是“观察”。只有认真观察幼儿，才是真实做到“以幼儿为中心”。从幼儿的言行举止中发现、了解幼儿，分析并准确判断幼

儿的真实发展需要。同时，要对幼儿的已有经验和发展经历有足够的了解，以儿童的现有发展水平去衡量和看待幼儿的进步，在最近发展区内为幼儿设置具有挑战性的任务，促进幼儿“跳一跳够得着”，有针对性地分层指导，确保每一名幼儿都能通过活动有所收获。此外，活动过程中的随机教育也体现了师幼间的有效互动，是幼儿教师实践过程中不断积累的专业经验和能力的体现。

师幼互动过程也是教师不断认识自我的过程。优秀教师并不是千篇一律的，而是百花齐放，各有各的优秀之处。每名教师都需要对自我有一个真实、准确的认识，在结合自身的性格特征、优势短板、技能技巧、社交能力等特点后，发现属于自己的师幼互动亮点，选择适合自身的师幼互动方式，不断挑战和调整自己的教学策略，最终形成自身独特的教学风格。

(三)教学活动评价——以评促教

教学评价是教学反思的一种形式，反思是教师教学能力提高的关键。善于反思的教师是会思考的教师，是有问题意识的教师，也是最容易在专业方面有所发展的教师。首先是新入职教师的自我评价，其对自身的教学过程进行重新的回顾和思考，总结优点，增长经验；对于缺点和不足，分析原因，思考类似情况处理方式的调整策略。如果说徒弟的自评比较主观的话，那么师父的评价则是更加客观。要从徒弟的整个发展历程来分析，肯定徒弟的进步之处。同时，徒弟在活动实施过程中出现的问题，师父要进行原因分析，给予徒弟方向性的引导，不能单单就问题而谈问题。作为一名经验丰富的老教师，更能够透过现象看本质，了解和分析徒弟的深层问题，给予针对、有效的指导，帮助徒弟实现高效的成长。同时，园所组织专家点评，不同专家教师有不同的专业经验和活动感悟，可以为新入职教师从多角度、多方面提供好的建议和意见，促进新手教师的多维度思考，为其自身教学能力发展提供有力支持和保障。

方言对幼儿语言发展影响的研究

吉林省长春市长春光华学院　阮超怡

一、方言的背景及现状分析

我国方言种类众多，没有集中的分布区域，呈现较为零散分布的状态。越来越多的方言由于自身以及外部条件的影响，渐渐地从我们的生活中淡化，以至于消失。

(一)方言作为人与人交际工具的功能大大削弱

随着科学技术的发展，信息时代的到来，人与人之间的交流日益淡化，方言的交流也不例外。伴随着经济社会的发展，城镇化趋势加强，农村人口不断向城镇迁移，不少从农村到城里打工的年轻人，为了适应城里的工作需要，不得不放弃家乡方言，使用普通话。人们对于方言的依赖性大大降低，方言的使用率也大幅下降，使得方言作为交际工具的功能也大大削弱。

(二)国家推广普通话，方言发展空间缩减

为了适应经济建设和社会发展的需要，1986 年国家把推广普通话列为新时期语言文字工作的首要任务。在大力推广普通话的趋势下，特别是教育普及的当下，人们学习、工作、交流都是以普通话为主。由于政策支持，普通话覆盖面广，其主体地位已然形成，对方言的生存发展形成巨大挑战，方言传播面缩小，使用人数也大大减少，进而导致方言发展空

间大幅缩减。

（三）方言教育与文化传承的缺乏

在教育方面，方言被严重忽视。学者大多喜欢把研究对象放在外来文化上，对本土文化不加以钻研，导致方言作为传统文化的研究不被重视。不管在学术研究上还是在日常生活方面，方言都只是被大多数人当作交谈的工具，其蕴含的历史文化价值无法得以真正挖掘，方言是地域文化的载体，是一个地区特殊的语言形式，是一种以语言形式记载的先人文化，具有极大的历史研究价值。而现今使用方言的人屈指可数，大部分人放弃家乡方言，对于方言文化传承的漠视使得方言渐渐退出语言舞台。

二、方言对幼儿成长过程中语言发展的积极作用

（一）增加幼儿的情感认同与归属感

一方水土养一方文化。从方言延伸出的地方民谣，具有当地文化特色的童谣，旋律轻柔、抚慰入睡的摇篮曲，这些都为幼儿的语言感受能力奠定了基础，为幼儿在成长过程中建立了一个全面感知语言的环境。带有方言文化的地域民俗，例如陕西民歌信天游，曲调高亢辽阔、节奏自由、粗犷奔放，生动展现了大西北人豪爽奔放的精神风貌和自由洒脱的精神世界，使幼儿在文化熏陶的过程中潜移默化地加深对家乡的情感认同，更大程度地调动孩子情感的积极性。

（二）提升幼儿的语言感知与表达能力

孩子从出生到掌握语言，一般需要 3—4 年的时间，而语言发育的关键期是 2—4 岁。专家认为，9 个月到 24 个月(2 岁)是理解语言的关键期，而 2 岁至 4 岁是表达语言的发育关键期。这段时间孩子的语言环境是建立在家庭环境的基础之上的，家庭的特殊性在儿童语言发展中所起的作用，是任何教育机构所不能完全替代的。父母给予孩子的语言信息大多是以方言为主，为孩子创设的语言环境是具有浓厚家庭范围的方言交流。1—2 岁，这一时期的语言特色是说单字句，能用手势、表情辅助语言来表达需要。2—3 岁，由能说短句逐渐变为会使用复杂句，喜欢提问。3—6 岁，说话流利，会用非常丰富的词类，并能从成人的言谈中发现语法关系，修正自己错误的暂时性的语法，逐渐形成真正的语言。幼儿期的语言感知是多变、多样的，方言中饱含家乡情怀，在幼儿语言发展阶段能够给予幼儿更多的情感刺激，让幼儿在生长发育过程中更加愿意表达自己的想法。学习方言是幼儿掌握口头语言发展的有利时机。方言以其特有的感染力与感召力，拉近幼儿与交流者的情感距离，激发幼儿表达自己的想法，不断提升幼儿的语言感知与表达能力。

三、方言的语言交流环境对幼儿语言发展的消极影响

（一）杂乱的语言环境，造成幼儿思维混乱

幼儿语言发展本身就是一个复杂多变的过程，单一的语言环境能使幼儿更好地融入语言交流中，而面对多样复杂的语言环境时，幼儿容易陷入其中，倘若不加以引导，容易造成其在语言发育方面的问题，影响幼儿健康成长。

（二）语言存在偏差，造成幼儿无法正确表达自我

方言本身就是一种地域文化，不同地域之间存在语言的偏差，当不同方言交流时的偏差出现之后，会导致幼儿被置于一个陌生的语言环境中，无法表达自己心中所想。当无法表达自己内心感受或者想法时，就容易造成幼儿在语言表达上的封闭，使幼儿在面对他人的语言输出时，主观性地回避，导致不合群、被排挤，严重的还会导致孤独症或者其他心理疾病。

(三)方言发音语调多样化，对幼儿听说能力造成影响

以宁波话为例，老派宁波话单字调为7个，分别是阴平、阳平、阴上、阴去、阳上去、阴入和阳入。而更早的传教士记录认为宁波话的声调有太多的不确定性，所以除了入声标了韵尾之外，其他的单字调都没有进行标记。由此可见方言的复杂性，平仄入里的声调音节本就包含着不确定性，方言的口音也存在一定的差别。复杂的语调，厚重的口音，很可能使幼儿形成不良的语言习惯，阻碍幼儿接收消息、表达信息、听说能力的发展。

四、创设良好的语言环境，促进幼儿语言健康发展

(一)多设计语言创意活动，搭建语言发展平台

比如举办“讲方言大赛”、方言主持人比赛、方言俗语大挑战等活动，让孩子在活动中不仅感受到比赛的快乐，还能学到方言的文化知识，做好方言文化传承者的小角色。同时，幼儿园也可以在亲子活动中邀请家长来参加方言活动，既增进亲子关系，也利于方言文化的传播与交流。

(二)鼓励孩子想说、敢说、会说

《幼儿园教育指导纲要(试行)》中在语言方面对教师的指导要点提出明确要求：“语言能力是在运用的过程中发展起来的，发展幼儿语言的关键是创设一个能使他们想说、敢说、喜欢说、有机会说并能得到积极应答的环境。”想说，首先是要为孩子创造表达的机会，教师可以让孩子分享在家里发生的趣事，可以模仿家长的口吻进行表演，或者让讲同一方言的孩子组成一组进行方言的交流，讲不同方言的孩子也可以来讨论不同之处，使孩子在交流的过程中不仅获得语言知识，也增进同学之间的交流。敢说，需要教师注重孩子的表达，对于想要积极发言的孩子应当给予其机会来充分地表现，并且在孩子发言过程中教师要温柔有耐心。对于有进步的孩子，教师在教学过程中要给予鼓励与表扬，没有取得进步的孩子也要给予他们信心。会说，需要教师在日常教学中向学生传授一定的词汇，孩子有了词汇的积累，有了充足的知识储备就能够准确地表达。

(三)家园共育，搭建家园绿色通道

幼儿园交流大多以普通话为主，教师在日常教学过程中要以身作则，普通话表述要清晰，语速要恰当，便于孩子在听的过程中理解。同时教师要有足够的耐心，不管是在日常教学还是课余活动中，多注意孩子的表达，当孩子表达错误时，要及时帮助孩子改正语言发音的错误。幼儿阶段的孩子，语言感知、表达能力强，教师要注重正确引导，注意言行规范的指引。

家长作为孩子的第一任老师，在幼儿的成长过程中起到示范和引导的作用。在学前儿童语言发展过程中，家庭是幼儿接触的第一场所，其言行是儿童模仿的对象。一个良好的家庭环境和范围，可以为幼儿提供更为良好的语言发展空间。在家庭教育中，家长可以在方言的交流中多和孩子输出关于方言文化的知识，使孩子在讲方言的过程中获得情感认同和语言的感知，有助于孩子自主表达，拉近家长和孩子之间的情感距离。

幼儿园的普通话规范、家庭的方言熏陶，通过家园共育的方式加强语言的学习，既能够让幼儿学习掌握普通话语言规范，又能够针对不同场景进行不同语言的学习，对幼儿的语言发展有极大的推动作用。

项目式教学新探索

——促进幼儿自主学习

上海市青浦区清河湾幼儿园　池菊芳

一、项目式学习的主题背景

《教育部关于大力推进幼儿园与小学科学衔接的指导意见》中提到："全面推进幼儿园和小学实施入学准备和入学适应教育，减缓衔接坡度，帮助儿童顺利实现从幼儿园到小学的过渡"。《上海市学前教育课程指南》指出："要重视幼儿学习的过程，尽量创造条件让幼儿通过直接体验来学习，使他们充分感受到学习、探索以及与人合作、交流的乐趣。"由此可见，通过校园联动等细化策略，幼儿能亲身了解小学的基础设施、学习情况等多方面和幼儿园截然不同。

基于幼儿已有认知经验积累以及主题"我上小学了"的深入关注，在真实情境下开辟幼儿探究学习之旅，设计项目式学习活动"不一样的学校"。

二、学习的过程与方法

(一)项目式学习活动的前期设计和准备——调查表

1. 自主学习策略

(1)"调查表"引起幼儿关注

利用调查表开启大班幼儿对小学学习生活的无限憧憬，幼儿很乐意在大大的白纸上尽情发挥。"万事开头难"，因此开展调查表的设计是重中之重，要起到每个环节相辅相成的作用，本次调查表为"我上小学了"主题项目自主学习内容服务。

(2)分组协商完成调查表

首先，教师简单地引导设计过程，幼儿分组完成。随后每组就开始寻找合作伙伴，有的小组讨论得如火如荼，显得热闹非凡。不过有的小组中只有一个成员在忙前忙后，其他同伴参与度不够。利利和阳阳一组的问题填满了整张纸，可有的小组只有一个问题。

(3)完成"我的问题"——布置调查表

最后将调查表张贴在个别化区域环境墙面——"我的问题"，这样每天的游戏时间中，任何一位幼儿都可以去看看自己以及他人设计的调查表，做到温故而知新。

2. 效果反馈

之前幼小衔接的课程是一节一节地上，可惜收效甚微。我们带大班孩子去附近的小学转一转，亲身体验小学生活，幼儿通过所见所闻才会乐意表达，幼儿成为自主学习的真正主体。

改变调查表的形式，以往回家幼儿和家长共同完成调查表，都千篇一律的是家长完成，幼儿上交，幼儿参与度低，对于调查内容了解不足。幼儿小组合作是一贯倡导的合作学习方式。可本次活动的不足之处是没能让不同性格、不同层次的幼儿进行优化组合。

3. 解决方法

(1)小组斟酌设计调查表

在自主学习、合作研究的过程中，仅仅规定了内容、明确了要求仍不够，有时调查表还应给予幼儿操作方法的适时提示。如：每组有两个问题(笑脸代表喜欢小学的生活；问号代表对小学生活有所担心或有所疑惑)。使用幼儿能理解的"语言"，这样有利于调动幼儿的

积极性、发挥幼儿的创造性。

(2)调查表的人员搭配和分工

人员安排上要求男女混合搭配，这样分组有利于幼儿间的优势互补。

调查表要明确职责，组内分工明确，各司其职，做到人人有事做，事事有人做，有小组策划人、形象代言人、小组记录员等，保证每个幼儿都能积极参与，还要形成习惯，通过日常练习使幼儿养成良好的合作、分享习惯。

(二)实地参观附近小学，采访哥哥姐姐

1. 自主学习策略

(1)走进小学校园

在一个阳光明媚的早晨，我们带领着一群即将毕业的大班孩子踏入了小学的大门。当孩子们站在操场上的那一刻，他们三五成群地讨论开了……有的孩子问我："老师，哥哥姐姐每天做几次操呀?"也有孩子互相窃窃私语："我姐姐上三年级了，她每天回来都有很多作业要完成。"随着时间的推移，孩子们发现小学教室、餐厅、厕所等都是独立的，原来吃饭和上厕所离教室那么远。

(2)"我是小记者"

没过多久，校园响起了一阵清脆的铃声，原来小学生的"课间10分钟"到了，一片嘈杂的喧闹声打破了寂静的校园。在教师的引导下，孩子们一下子缓解了紧张情绪，一些小学的哥哥姐姐也围了过来，关于小学的问题都从调查表上走进了现实生活，只见有的幼儿之前的胆怯心理化为开心的笑容。虽说课间10分钟对于"小记者"们显得有点仓促，但"小记者"们还是收获颇多。

(3)体验小学课堂

当走在小学一年级的走廊里，部分孩子已经开始跃跃欲试，特别想在小学一年级的课桌椅旁坐一坐，感受一下当一年级的小学生。我们有幸请来了一年级的英语老师，老师热情地招呼所有小朋友入座，孩子们聚精会神地听着小学英语老师讲课，他们端端正正的坐姿俨然一名小学一年级的学生了。

2. 效果反馈

在"我是小记者"环节，幼儿一拥而上去询问哥哥姐姐的问题都是"千篇一律"的，缺乏个性化，而且询问的场地是在小学生课间10分钟的大操场上。"我是小记者"的采访目标不明确，造成活动任务完成不到位，另外没有一个幼儿去询问小学老师。

3. 解决方法

(1)教师及时捕捉"小记者"采访瞬间的视频。

(2)小朋友的采访记录可采用多种方式，如记录卡、绘画等。

(3)分散"小记者"采访计划。应该由三位老师带上部分孩子进入不同场所进行采访并记录，这样采访的内容会更加丰富，幼儿对小学的了解会更全面。

(三)延伸开展——"小学生的一天"主题区域活动

1. 自主学习策略

(1)渗透"小学课堂"，丰富区域活动

丰富多彩的活动是吸引幼儿进行自主学习的永久性"磁石"。在我们的区域活动中添了一个主题区域——小课堂，小课堂中的材料都是借用隔壁小学的，摆设中有现成的小桌椅和小黑板以及作业本。幼儿以绘画的形式制作成了大墙面展示的《册子》。

(2)“生活教育”背景下的值日生活动

值日生版面设计、值日生人员搭配、值日生工作职责都是由孩子自己完成。幼儿学做力所能及的事，坚持完成任务，初步产生为他人服务的意识，体验服务的乐趣和成就感，提高幼儿与同伴合作、评价、商讨的能力。

(3)家长参与课程——助教活动

充分利用家长资源。尘尘妈妈的前期准备工作做得非常充分，不仅制作了生动有趣的PPT课件，而且还特意带来了当下小学一年级的语数外等书本，还制作了一张大大的课程表。班级幼儿始终跟随着尘尘妈妈的思路，都听得聚精会神。

2. 效果反馈

家长助教课堂，有利于促进幼儿自主学习效果的真正提升。区域确定必须以幼儿的发展为着眼点，充分考虑到孩子的已有经验积累和情感水平，关注孩子的兴趣点、障碍点和发展点。“小学生的一天”走出“教条式”，走进幼儿缤纷的“生活世界”，让幼儿感受到生活中处处有学问，游戏中也能快乐地学习。

3. 解决方法

(1)尽量找一找幼儿感兴趣的事物，模仿到位，另外开设小课堂还要设置“课间 10 分钟”的自由活动、休息时间。

(2)提供毽子、沙包、绳子等民间体育器材，教室旁的走廊就是“课间 10 分钟”的活动场地。

(3)“小老师”也要经过“挑选”，能够胜任的才能上岗。

三、成效

教学是一次重要的历程，于师、于生均是如此。当项目式学习历程变为一种旅程，而且是一种项目式教学的通透旅程，其体验是不言而喻的。走进小学能锻炼大班幼儿细致入微的观察能力，有利于知识的融会贯通和多角度、多层面地思考问题。

幼儿在自主实践中获得积极情感体验的途径与机会。“项目式学习”势必对孩子各方面发展起到锦上添花的作用，促进幼儿学科核心素养的提升和问题解决等关键能力的发展。

四、结语

首先，实施以上项目式自主学习活动时，一要考虑幼儿园和小学之间的距离；二要考虑幼儿出门的交通安全。只有保证安全的前提之下，才能组织幼儿去小学参观、感受。

其次，由于现在是疫情防控期间，在全体师生戴上口罩和测温的基础上开展“幼小衔接”的项目式自主学习，否则可根据疫情做适当调整，如拍摄大部分大班幼儿接下来就读的小学环境、就读教室情况等。

最后，也可邀请三五位曾经在幼儿园就读的一年级哥哥姐姐来做客，和大班幼儿进行直接的面对面互动交流，为大班的弟弟妹妹讲一讲小学的学习生活。

幼儿情绪与行为问题的成因与干预研究

贵州省贵阳市乌当区振新幼儿园　谢淞宇

2—3 岁是幼儿的“心理断乳期”。在幼儿 2—3 岁期间，我们能经常碰到他们的情绪或者行为等问题，这些问题也恰恰反映幼儿在传递自我意志。幼儿早期的情绪和行为问题通常是有原因的，通常与动机、需求和感觉有关。在大多数情况下，一旦我们找到原因并采取

适当的行动，他们的情感和行为问题就会迅速结束。

一、引发幼儿情绪与行为问题的原因

根据走访调查、问卷调查以及文献调查法得出引发幼儿情绪与行为问题的原因。引发幼儿情绪与行为问题的原因包括以下三个方面。

(一)生活环境与幼儿的情绪、情感

对于幼儿情感生活来说，他们的物质生活也在影响着他们的精神生活。在走访调查中，我们观察到，家庭教育环境比较好的幼儿大多数比较积极向上；一些家庭情况比较特殊，如父母离异的幼儿，只有老人抚养长大的幼儿等这些家庭情况特殊的孩子，他们的性格一般比较孤僻、怪异、不合群。

因此，我们得出结论，良好的家庭环境会对幼儿产生积极的心理作用。在一个充满敌意的家庭环境中，幼儿容易产生消极的情绪和行为。

(二)幼儿园同伴关系

在走访调查与文献调查法中我们了解到，幼儿的合群程度直接决定幼儿的情绪与行为。教师和幼儿，及幼儿与幼儿之间的关系至关重要，能够在一定程度上影响幼儿的人际关系和情感表达。在当今时代，教学内容无处不在，当孩子的消极情绪达到一定程度时，他们可能会产生不寻常的、落后的、情绪化的后果。

(三)父母的教养方式

幼儿长期与父母生活，父母的教养也在对幼儿产生深远的影响。根据走访调查发现，现在大部分的家长基本上采用的是民主宽松的教育方式，这样的教育方式能促进幼儿表现更多的积极情绪；相反，消极的家庭情况能够给幼儿带来负面的影响。家庭情况影响着幼儿的情感认知与行为表现，所以，父母教养的方式能够主导幼儿的情绪发展。

二、引发幼儿情绪与行为问题的原因分析

(一)引发幼儿情绪与行为问题的内部因素分析

我们在文献资料中找到一些数据，根据表1的情况分析，在健康孩子身上发现幼儿情绪与行为问题的基本上比较少，只占2%，大多数幼儿情绪与行为异常的情况表现在身体状况比较差的幼儿身上，总体占比高达98%。这些异常行为和情绪的问题有：孩子的身体反应慢、语言表达能力差等。

表1　产生情绪与行为问题的幼儿的身体状况

幼儿身体表现	占比情况(%)
健康	2
出生时缺氧	20
营养不良	23
发育迟缓	35
其他身体状况	20

(二)引发幼儿情绪与行为问题的外部因素分析

第一，幼儿的家庭环境与家庭组成。我们在走访调查中了解到，一般的幼儿喜好与习惯都与父母相关，父母是孩子的第一位老师，是孩子的模仿对象。心理起源说认为教育起源于儿童的无意识模仿。家庭氛围会给孩子成长带来非常大的影响，家庭结构也在影响孩子的身心发展。

根据图 1 所示，独生子女家庭占比 62.03%，非独生子女家庭占比 37.97%。由此可见，大多数的家庭都是独生子女，独生子女的家庭占比是非独生子女家庭的 1.6 倍。根据图 2 所示，家里有一个兄弟姐妹的占比 53.33%，家里有两个兄弟姐妹的占比 33.33%，家里有两个以上兄弟姐妹的占比 13.33%，从这个数据我们可以看到“二孩”家庭比较多，这是受我们国家生育政策的影响。根据图 3，我们可以看到，对现有家庭结构，大部分幼儿都是满意的，占比 87.97%；不满意的幼儿仅仅占比 12.03%。综合来看，独生子女较多，“二孩”家庭较多，幼儿基本上满意这样的家庭结构。

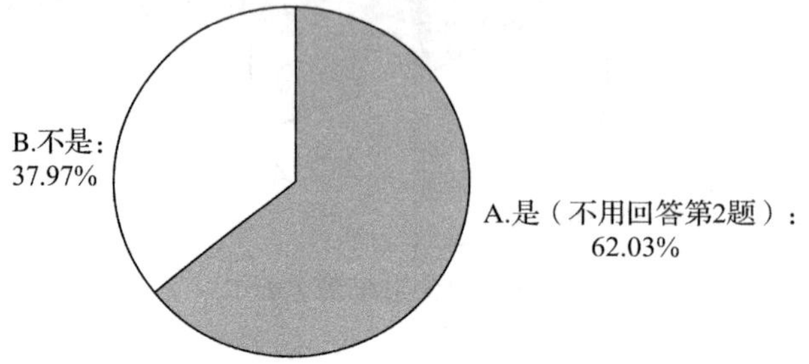

图 1　是不是独生子女

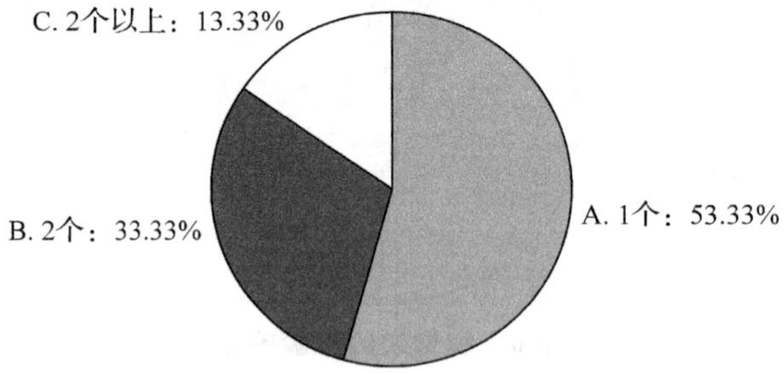

图 2　有几个兄弟姐妹

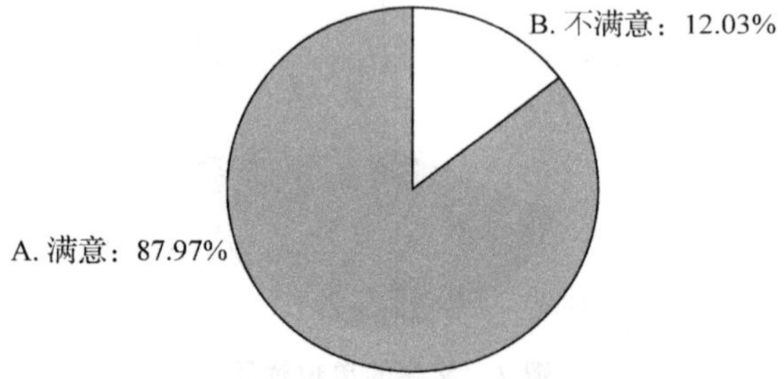

图 3　对现有家庭结构是否满意

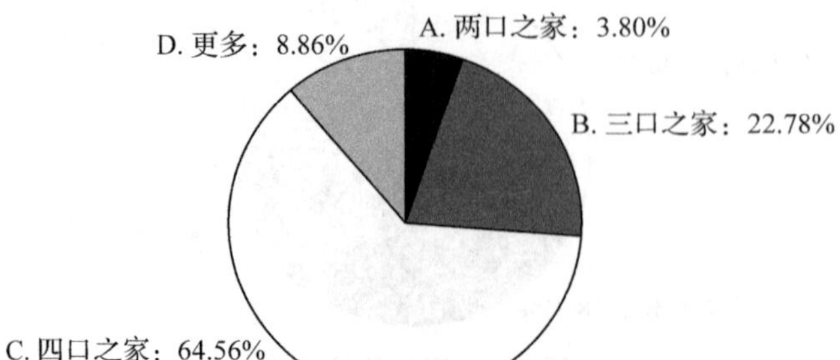

图 4　期望的家庭结构

幼儿最期望的家庭结构是四口之家，占比达到64.56%(见图4)；与父亲的年龄差距集中在25—29岁，占比51.90%(见图5)；与母亲的年龄差距集中在20—24岁之间，占比45.57%(见图6)；父母的单位性质基本是个体私营，占比分别达到34.18%和36.71%(见图7和图8)。针对独生子女家庭，父母更倾向于对孩子宠爱，孩子也更容易出现极端的行

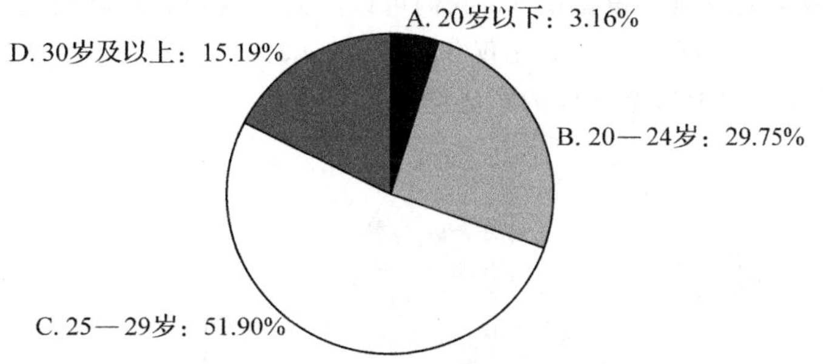

图5　和父亲年龄差距

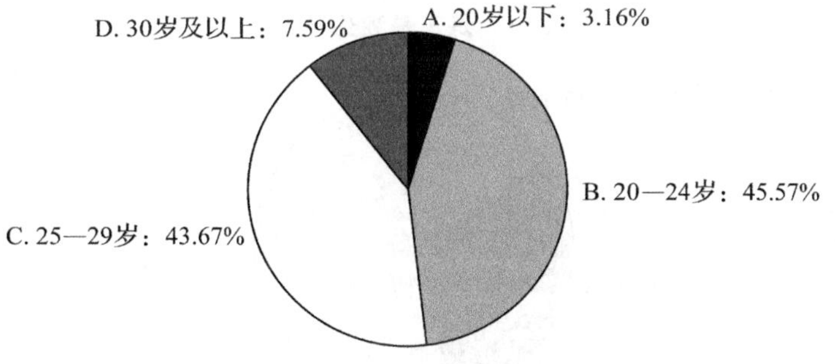

图6　和母亲的年龄差距

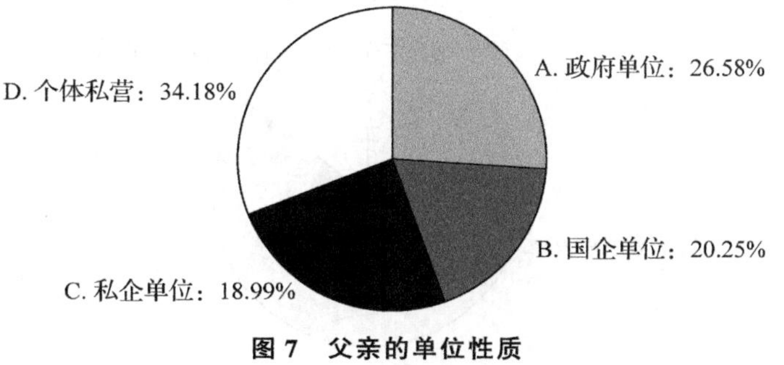

图7　父亲的单位性质

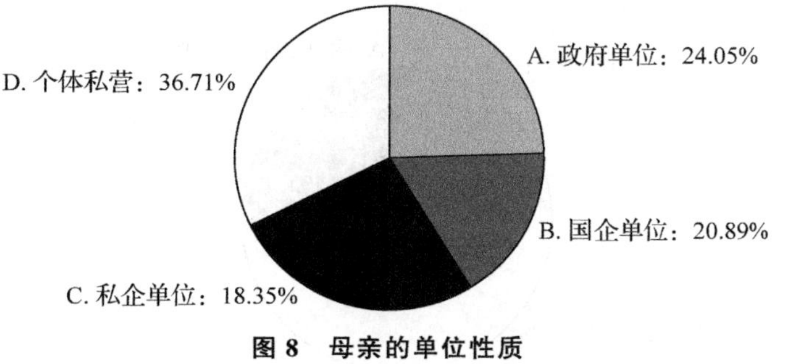

图8　母亲的单位性质

为。对于“二孩”家庭来说，因为有兄弟姐妹的争宠，孩子的情商就在潜移默化中进行了锻炼。他们会清楚地知道自己与兄弟姐妹之间的差异。对于个体私营单位的家长来说，社会生活压力比较大，他们的时间与精力都不是很充足，培养教育孩子的时间比较少。综上所述，家庭结构对幼儿的行为以及幼儿的情绪的影响是幼儿身心健康的根基。

第二，幼儿父母期望过高。根据传统观念，家长都望子成龙，对独生子女的这种期盼更甚。家长的期望往往让孩子背负了太多的精神压力，变得越来越叛逆，从而产生消极情绪与行为问题。

(三)来自社会方面的影响因素分析

根据访问调查法，在幼儿情绪与行为问题的成因与干预的研究课题中，我们把社会方面的影响因素主要定为幼儿园影响、伙伴影响、媒体影响和其他四类。然后，根据分层抽样的调查方式抽取 100 名家庭情况不尽相同的幼儿进行研究得出相应的数据(见图 9)。

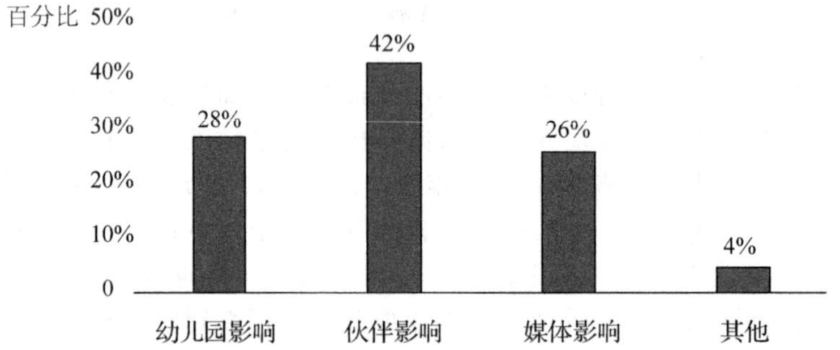

图 9　幼儿情绪与行为的社会影响因素

在图 9 中我们看到，幼儿园影响、伙伴影响、媒体影响占比较大，所以我们把调查方向定为这三类。首先是幼儿园的影响。幼儿园教师的工作态度以及教学策略影响着幼儿的情绪与行为，甚至幼儿园教师与幼儿的亲密程度也在影响着幼儿的行为与情绪发展。其次是伙伴效应的影响。没有适当的交流，儿童就不能融入社会。无效的交流甚至是无交流，可能会给孩子带来一个孤独的童年甚至形成孤僻的性格。最后是媒体的影响。由于互联网的发展，在手机等多媒体的应用软件上，幼儿能够快速便捷地获得各种信息，媒体的信息有好有坏，幼儿很难进行分辨，从而影响幼儿的行为与情感。

三、幼儿情绪与行为问题的成因与干预的策略

(一)要能够正确认知幼儿的特质

引发幼儿的行为以及情绪异常的原因是多方面的。幼儿的气质特征、幼儿的家庭环境、幼儿园环境、同伴等因素都容易引起幼儿的异常情绪和行为。从心理学的角度来看，幼儿的异常行为相对较少。在持续学习、正规教育和生活环境的推动下，这些异常情绪和行为往往会随着孩子的成长而慢慢减少。这要求我们在实践中不断提高自己的专业技能，这就需要幼儿教师学习一些儿童心理学知识，为幼儿的异常情绪和行为找到有效解决办法。

(二)幼儿园要能够引导幼儿的情绪与行为

幼儿的情绪和行为异常的情况有：交际能力弱、破坏纪律、喜欢说谎、喜欢打架等。对于上述问题，幼儿教师应该想到一些方法去进行杜绝与防范。例如，教师可能会采取一些惩罚措施来教育有异常行为的孩子。这种惩罚性教育需要以一定的情感为基础，是一种科学有效的惩罚性教育方法。因此，当幼儿教师面对有异常情绪和行为问题的幼儿时，教师可以采取一系列措施来减少其情绪和行为问题，提高幼儿的自我意识和认知能力。

(三)加强家庭与幼儿园之间的合作

为了纠正孩子的坏脾气和异常行为，我们必须从多方面入手。首先，父母必须改变旧观念，在孩子面前树立榜样，以身作则，用自己的行动影响孩子的行为。父母应该为孩子树立一个“我懂你”的思想，孩子做得对应该受到表扬，做错了应该受到惩罚。在家庭成员之间，不论是谁都应该遵守这样的规定，让孩子养成有规矩、知对错的好习惯。对于幼儿的一些异常的行为，家长应该及时与教师沟通，教师也应该及时告知家长孩子的一些行为与表现，实现家园合作，齐抓共管，优化家园合作体制机制。这样，幼儿能够意识到自己的异常情绪与行为问题，并且在教师以及家长的帮助下及时找到解决问题的办法。

依托联盟支持幼儿园男教师专业发展的策略研究

江苏省兴化市四牌楼幼儿园　陈天择

党的二十大报告提出，坚持以人民为中心发展教育，加快建设高质量教育体系，发展素质教育，促进教育公平。培养幼儿园男教师是国家对学前教育性别失衡的有益补充，更是提升学前教育质量的重要策略。自2019年起，江苏省兴化市组建成立了幼儿园男教师专业发展联盟，聘请省特级教师、一线资深园长为导师，全市免费定向培养在岗幼儿园男教师为成员，积极开展读书交流、集中研修、跟岗学习、网络研修、考察交流、个别访谈、成果展示等活动，更好地帮助男教师加快专业成长，发挥性别特质和职业优势，引导他们强化职业信念和归属感，提升男幼师队伍的整体素质。

一、幼儿园男教师的重要性

我国学前教育的主要实施场所是幼儿园，由于文化因素与其工作自身的特殊性，幼儿教师一直由女性占据主导地位，使得幼儿在幼儿园接受到的教育不可避免地带有一定的“女性气质”。许多研究已经指出教育场域中男性声音的缺失，会导致儿童尤其男孩儿童性格不够坚强，怯于应对挫折与困难等问题。在幼儿园中增加男性教师比例，构建一个男性、女性教师相对平衡的教育生态非常重要。

在对兴化市幼儿园男教师调查研究中发现，男教师在幼儿园中是“香饽饽”，是大家寻求帮助的对象。电子办公、信息化教育是女教师寻求帮助的高频率点，而在教育教学、环境创设中，男教师多是与女教师团结协作、互帮互助、互相弥补。男教师生活上较为独立，做事果断、敢于冒险，在对幼儿的教育中，幼儿更容易受男教师的影响，表现得更加独立自主，更加敢于探索和创新。男教师在史地政方面的知识面往往要比女教师更广、了解得更多，对幼儿的教育更加有利。体力强、爱运动也是男教师自身普遍的优势，这让他们在从事高强度的体力劳动或工作时，更有效率。

二、幼儿园男教师专业发展中的问题

基于幼儿园男教师培养、专业发展和幼儿成长的需要，我们设计了调查问卷和访谈提纲，主要从幼儿园男教师师资队伍建设、专业发展存在的问题及其原因、联盟的认识与态度、专业发展现状等方面展开。通过对教师调查问卷各项数据的整理统计，幼儿园男教师专业发展中存在以下问题。

(一)专业发展能力方面的问题

部分幼儿园男教师在幼儿教师专业需求上存在一定的能力短板，这就使得他们不能够很好地完成教育教学工作，影响到幼儿的全面发展。例如跳舞、唱歌等专业需求中，男教

师的表现会相对欠缺，不利于实现独立有效的教育教学。另外，在幼儿园教师团队中，部分男教师也存在缺乏同女教师沟通合作的问题，男教师很少向女教师请教问题、交流等，对于对方的兴趣特点和能力擅长方面缺乏了解，也缺少有针对性的职业规划指导和职后培训。同时，男教师相较于女教师，在与家长沟通方面存在差距，多是女性家长作为家园之间的联络人，一些男教师在与女性家长沟通时存在隔阂。

（二）专业发展动力方面的问题

当前幼儿园教师队伍的构成中，年轻幼儿教师占比大。年轻的幼儿园男教师存在专业发展动力不足的情况，有些男教师选择将幼儿教育作为临时工作的跳板，故而身心精力存在一定程度的松懈情况。男教师的日常工作环境中几乎都是女性，因此他们的孤独感与面临的被女性同化的风险是可想而知的。已有研究表明，男教师虽然“供不应求”，但同时幼儿园男教师流失的现象也颇为突出，许多男老师因为待遇不足或是种种问题离开了这一岗位。当下仍存在的问题有，缺少对男教师职后工作过程中的心理与情绪问题的关注，缺少有效保障措施降低幼儿园男教师的流失率。这些因素造成部分幼儿园男教师缺乏进步动力，在工作中有懈怠情况。

（三）专业发展途径方面的问题

从当前的学前教育实践来看，专业发展途径主要是外出学习、观摩，针对男教师的专业发展途径没有独特的外在支持。接受职业培训是每个教师的责任，也是自身成长发展的义务。传统的幼儿园教师专业发展途径主要是基于女教师设计的，虽也能实现幼儿园男教师基本的专业发展，但缺少对男女教师差异化的挖掘。这种差异化的缺位，容易使男教师变成幼儿园中的“花瓶”。

三、联盟支持下幼儿园男教师专业发展策略

（一）依托联盟创新男教师专业发展平台机制

幼儿园男教师专业发展联盟成立以来，制定了《兴化市幼儿园男教师发展联盟三年行动计划》，以“个性定制，指导职业规划”“专业阅读，提升理论素养”“学以致用，提高实践能力”“扬长补短，强化性别特质”“激发活力，打造联盟文化”五大行动为抓手，每月定期开展集中研修活动，邀请省内外专家讲座、指导，让男教师在专业知识的引领下开展专业学习；组织开展主题沙龙、读书论坛等，让男教师通过研讨交流来激活思维，在头脑风暴中迸发更多的创意与灵感；联盟成员成功申报了泰州市教育科学“十四五”规划重点课题“依托联盟支持幼儿园男教师专业发展的策略研究”，在课题研究中且行且思，积淀成果。联盟内轻松愉悦的氛围，让男教师可以畅所欲言自我表达，对教育工作中遇到的各种烦恼和问题开展集体探讨，展示出男教师队伍的独特风采和研究成果。

通过创新男教师的专业发展机制，有效地帮助他们对教育前沿理论进行学习，顺应幼儿教育发展趋势。同时由名师引领，为不同风格的幼儿园男教师量身定制培训方式，缩短成长周期，避免盲目性和随意性，让男教师准确把握自己的专业定位，以高远的教育理想来引导自身职业发展的规划。联盟中成员之间的思想开发、资源开发以及各自园所文化的开放，给联盟带来了多元发展的可能，更加具有包容性和接纳性。在联盟支持下打造了核心凝聚力，立足联盟攻坚克难的优势，彰显解决问题的广度与深度，凸显联盟的规模效应，实现了群体和个体的共同发展和成长。

（二）依托联盟树立男教师专业发展科学认知

联盟尽力改善区域内男教师发展的生态环境，通过报纸、电视台、网站、公众号等传媒形式，以积极的舆论导向社会评价。开通微信公众号“兴化市幼儿园男教师专业发展联

盟”，定期推送成员读书心得、观察笔记、教育案例、课程故事及联盟动态信息等，展现幼儿园男教师专业素养，给予幼儿园男教师以归属感和身份认同。利用各幼儿园的公众号向家长传递男教师的别样课堂，利用丰富多样的活动向社会传递男教师的别样风采，利用各种男教师的评选活动充分展示男教师的独特魅力。良好的舆论氛围既能让男教师们愉悦地融入工作，又能吸引更多的男教师加入这支队伍，从而为幼教事业注入更多的阳刚动力。

创新开展幼儿园男教师俱乐部，分为体育类、语言类、音乐类、舞蹈类、美工类、摄影类、科技类，每类俱乐部由一名男教师领衔。在俱乐部活动的组织开展过程中，激发各位男教师主动创新的内生动力，同时通过不同俱乐部之间的定期交流分享、合作研究，形成资源共享、优势互补、注重实效、共同提高的俱乐部建设新格局。同时，与幼儿园、学校、社区及其他团体、组织开展联谊活动、竞赛活动、文体活动，让男教师在活动中扩大交际圈子，获得成功感，激发自信和活力，增强团队荣誉感和职业归属感。

(三)依托联盟打造男教师专业发展研训平台

在联盟支持下，男教师应当积极构建起研训平台，为专业发展提供阵地保障。幼儿园是男教师开展专业发展的第一阵地，因此男教师要把握好幼儿园环境特点，强化园本教研工作。通过开展个性化的培训内容来使男教师有更好的发展，成长为幼儿园发展的重要动力，同女教师之间形成优势互补，实现双向成长。

联盟充分整合多方资源，汇聚合力，依托全方位、立体化的专业支持模式，优化幼儿园男教师知识结构，提升理论素养，强化保教实践能力。根据男教师专业能力提升需求，每年确定 2—3 个能力提升重点目标，有针对性地开展现场教研、主题研讨等活动，强化研究反思和实操训练，不断提高男幼师们对幼儿行为的观察与解读、环境的创设与利用、一日生活的组织与实施、游戏活动的支持与引导等幼儿园教师专业能力。通过针对性、系统性指导，邀请具有相关专长的教师或专业人士进行专题指导，联盟内切磋评比和走出去展示交流等方式，进一步强化男教师性别特质，充分挖掘男教师在促进幼儿个性全面和谐发展中的职业优势，开拓更为宽广的课程实践领域，逐步构建男性特色课程。同时，针对男教师不善沟通、粗心大意、保育能力偏弱、易冲动急躁等不足，采取师徒结对、同事帮扶、专项培训等途径，帮助男教师逐步克服弱点，补齐短板。

四、结语

随着我国教育体制改革的深入，学前教育受到了社会广泛关注，不断为加强和促进学前教育进步创造良好的社会环境。幼儿园男教师作为重要的教育力量，应当充分发挥出自身优势，为幼儿的全面发展做出贡献。我们也将继续探寻在幼儿园男教师发展联盟的活动过程中促进或制约发展的因素，进而有针对性地提出构建幼儿园男教师发展联盟的策略，形成幼儿园男教师专业发展激励保障机制，进一步探寻联盟与周围环境联动的可能性，发挥集体效能的最大化，形成幼儿园男教师独特专业发展之路！

浅谈小班幼儿生活自理能力的培养

湖北省仙桃市第二实验幼儿园　高　瑾

一、研究背景及意义

随着社会的发展和进步，人们越来越重视幼儿的全面发展，因此，培养幼儿良好的生活自理能力是一个非常重要的内容。生活自理能力是幼儿生存、发展和适应社会所必须具

备的基本的能力，也是幼儿适应未来生活和工作必不可少的重要能力。众所周知，学前教育阶段是幼儿身心发展、形成良好行为习惯、性格养成的重要阶段。在幼儿园小班，通过培养孩子的自理能力，可以促进他们形成良好的行为习惯，从而提升他们的综合素质。

幼儿时期是培养幼儿生活自理能力比较关键的阶段，从儿童心理学的发展规律上来看，幼儿的年龄和幼儿的可塑性成反比。本文对幼儿生活自理能力进行研究，有助于我们更加全面地认识到影响幼儿生活自理能力的各方因素，对于教师和家长在日常过程中引导孩子生活自理具有实践意义。

二、小班幼儿生活自理能力的调查及分析

(一)小班幼儿生活自理能力现状

在参考各种相关文献和调查研究的基础上，研究者设计幼儿生活习惯调查问卷，其目的是了解幼儿在家中生活自理能力培养的现实情况，从而找出问题进行分析和解决。研究者发现在家中生活自理能力较强的幼儿占班级人数的五分之二，处于一般水平的幼儿占五分之二，自理能力较弱的幼儿占五分之一。家长们表示孩子吃饭不理想，存在挑食、需要喂食、吃饭速度慢等问题。一部分幼儿中午不愿意午睡，还有的幼儿午睡需要家长陪伴。少部分幼儿穿脱衣服、自己大小便等方面需要家长帮忙，缺乏基本生活自理能力。

1. 小班幼儿如厕环节的现状

根据问卷调查结果分析发现，该小班大部分幼儿都会在需要如厕时主动向成人表达及寻求帮助，一半的幼儿能够自己上厕所，一部分幼儿能够在成人的帮助下上厕所，少部分幼儿还不能够自主完成如厕。

2. 小班幼儿进餐环节的现状

根据问卷调查结果分析发现，该班有五分之四的幼儿能够做到独立进餐，五分之一的幼儿有时能独立进餐，极少数幼儿不能独立进餐，少部分幼儿进餐仍需要成人陪同；五分之一的幼儿经常挑食，五分之二的幼儿偶尔挑食，五分之二的幼儿很少挑食，说明仅有少部分幼儿不挑食；大部分幼儿在督促下能做到饭前洗手，但是洗手时还不能熟练地运用七步洗手法。

3. 小班幼儿午睡环节的现状

根据问卷调查结果分析发现，大部分幼儿可以安静入睡，并在睡觉时可以保持良好的睡姿，五分之三的幼儿可以分清楚衣物的正反面，五分之四的幼儿可以认清楚鞋子的左右，并且能够自己穿衣脱衣、穿鞋脱鞋。这也说明大多数幼儿能在午睡环节保持比较好的习惯，可以初步实现自理。

(二)小班幼儿生活自理能力问题分析

幼儿生活自理能力需要在老师和幼儿以及家长三方的共同努力下不断改进和提高。根据家长问卷调查结果以及实地观察比较发现，大部分的家长对于孩子的生活自理能力存在着认知偏差，特别是爷爷奶奶养育的幼儿自理能力会比父母养育的幼儿稍弱一些，绝大部分幼儿在家里和在幼儿园的表现有所不同。

1. 小班幼儿如厕环节存在的问题

研究者发现有些幼儿不能按照自身需求如厕。在幼儿园如厕时，老师基本上会通过语言正向鼓励幼儿进行自主如厕，不会提供过多的帮助。一些幼儿会按需如厕，或者在老师的帮助下如厕，还有少数幼儿哪怕老师再三提醒，依然由于游戏或者其他因素不去如厕，导致出现裤子被尿湿的现象。

2. 小班幼儿进餐环节存在的问题

(1)使用勺子的方法有误。研究发现，几乎每一个幼儿都能够自己用勺子用餐，只有极少数幼儿大多数时候握着拳头拿勺子，还有一些幼儿用左手拿着勺子用餐。经过老师的提醒，大部分幼儿在进餐时可以保持周围环境整洁。

(2)边吃边玩，不能专注地独立进餐。用餐时，为了让幼儿可以专心安静地用餐，培养良好的用餐习惯，除了口头的叮嘱，老师还会播放一些轻音乐来营造一个舒适的进餐环境。研究者发现，班级里只有五分之三的幼儿可以在教师提醒之后做到专心安静地用餐；五分之一的幼儿相对而言不偏食、不挑食；而一半的幼儿在用餐的时候会交流或做小游戏，或者吃的时候想起某一件事，或被其他的事物所吸引，从而停止用餐。

3. 小班幼儿午睡环节存在的问题

研究者发现，在接受观察的幼儿中，有三分之二的幼儿可以做到安静入睡。一个舒适安静的睡眠环境能够有效提升幼儿的入睡速度，一个嘈杂不安的环境不但会让幼儿的睡眠质量下降，还会影响幼儿的午睡习惯。起床时，部分幼儿会等老师帮自己穿。一些幼儿会试着自己把衣裤穿上，五分之三的幼儿可以正确辨认衣物的正反面。穿衣脱衣是午睡的一个关键步骤，同时也是生活自理能力的不可或缺的部分。小班幼儿动作协调性较差，敏捷性不足，所以自行穿衣脱衣对小班幼儿来说具有很大的挑战。

三、小班幼儿生活自理能力的培养策略

(一)提高小班幼儿生活自理的主动性，加强生活自理能力培养

1. 提高小班幼儿生活自理的意识

不同家庭的幼儿进幼儿园之后的适应程度是不同的，他们都从家里的焦点变成了班级里的一员。刚进园的小班幼儿没有形成生活自理意识，习惯了被照顾的他们还不能理解自己的事情要自己做，所以生活自理积极性不高，我们要尽可能让他们自己完成幼儿园一日生活里的各种活动，不能过度依赖他人，要培养他们形成生活自理的意识。

2. 注重训练小班幼儿生活自理能力

小班幼儿生活能力的培养并不是短短的几天或者数月就能完成的，而是需要家园共育、长时间的积累、持续的练习、不断的巩固，让它成为生活常态。小班幼儿要掌握基础的生活自理技巧，只有幼儿园的训练是不够的，在家也需要和幼儿园保持一致。幼儿反复练习时，家长不适宜过多干预以及提供帮助。虽然小班幼儿年龄较小，可是他们具有超强的可塑性，幼儿在小班加强自理能力的锻炼会更有效。

(二)重视教师专业素质的提高

小班幼儿年纪偏小，决定了他们专注力较差、注意分配能力低下、精细动作发展慢、缺乏生活自理意识，所以教师要经常提醒幼儿保持专注，要学会自己的事情自己做。同时教师要有观察幼儿的习惯，了解他们的能力水平，跟踪记录他们的不良习惯，对问题的根源进行分析，加强自身的专业素养，在一日活动中有的放矢地对幼儿进行教育。

(三)建立合理的生活自理能力评价标准

制定科学的评价标准，不仅可以激发幼儿学习的主动性，而且还可以促进幼儿各方面能力的发展。评价标准应该遵循科学性、趣味性、实用性和发展性的原则。评价标准应该具有较强的可操作性，可以让幼儿自己来参与制定，同时要尊重幼儿的意见。评价标准应以“三个基本”为基础：基本生活技能、基本生活态度、基本行为习惯，再根据不同年龄段幼儿的年龄特点，制定不同年龄段幼儿的评价标准。根据不同年龄段幼儿的发展水平，制定适合该年龄段幼儿的评价标准。

（四）培养幼儿良好的生活自理习惯

良好的生活习惯是幼儿形成良好性格的重要条件。幼儿有较强的模仿能力，接受新事物很快。因此，我们抓住这个时期对幼儿进行生活自理能力的培养，对他们的发展有着重要的意义。在生活中，我们应从小班开始培养幼儿的生活自理能力，让他们养成独立、自理的习惯，如自己吃饭、穿衣服、上厕所等。在家里，家长要在幼儿面前做好榜样，同时，我们要注重引导幼儿在学习自理时，要持之以恒，不能在幼儿园一个样，在家里又是另一个样。

四、结语

幼儿园是孩子接受教育过程中的一个重要阶段，而小班这个时期的幼儿自理能力的培养是非常重要的。我们只有在平时注意对孩子自理能力的培养，才能在幼儿园教育过程中更好地帮助孩子成长。家长也要多给孩子一些锻炼自己生活能力的机会，让他们学会独立。但是要注意以下几点：在孩子刚开始学习做事情时，家长不要过多干预和包办；平时让孩子养成自己做事的习惯；教孩子学会一些简单的生活小技能，如穿脱衣服、扣纽扣等，提高他们自理能力；平时多鼓励孩子自己动手做事。

大家都知道，好习惯是我们一生最宝贵的财富，有了良好习惯，将使人终身受益。幼儿生活习惯养成教育是幼儿教育的基础，更是幼儿未来全方面发展的基础。因此，需要教师和家长协作共育，携手共进，为幼儿更好的发展共同努力。

在中班幼儿动作发展目标指导下提高特殊幼儿跳跃能力的探究

北京市昌平区教工幼儿园　张艳清　刁迎新

《幼儿园教育指导纲要（试行）》（以下简称《纲要》）健康领域中指出，幼儿园要开展丰富多彩的户外游戏和体育活动，培养幼儿参加体育活动的兴趣和习惯，增强体质，提高对环境的适应能力，在体育活动中，培养幼儿坚强、勇敢、不怕困难的意志品质和主动、乐观、合作的态度。特殊儿童，尤其是孤独症倾向儿童，大运动能力训练对其发展的作用是多方面的，同时也是非常必要的，这绝不仅是为了获得某项动作技能，更重要的是取得运动以外的效果——促进孤独症倾向儿童的身心发展，培养社会适应能力。

孤独症倾向儿童大肌肉力量差，表现在动作的协调、稳定性不足。如蹦床时腿发颤，跳动姿势不稳；抛接球时动作无力，手眼不协调或怕球碰着，不敢接球，拍球时腰弯得很低；对爬、跑的活动很惧怕或是逃避。因此，跳跃能力的培养对于发展特殊儿童的大肌肉很有益处。

一、循序渐进提高特殊儿童助跑跨跳能力

在练习每个技能前，我们首先要了解每项运动技能的动作要领。跨跳的动作要领是手上进行的动作是绕环摆，脚上的动作是全脚掌着地，然后就是使劲往斜前45度的方向蹬，前面那条腿的大腿要抬高，同时让小腿自然下垂，后面那条腿要蹬起力、伸直，双手向前摆动时，双脚向前蹬。在跨跳的时候注意助跑时重心要平而稳，要控制步幅，关键是助跑的最后一步要大，脚后跟先着地，继而到全脚掌。起跨时积极上踢腿、移髋，并要注重手的控制。跨跳是单脚起跳、单脚落地的大幅度跳跃动作，练习跨跳动作不仅能增强弹跳力，而且掌握跨跳技术对生活中跨越障碍物有实用价值。

在组织跨跳的过程中，教师通过幼儿自由探索尝试的方式，让幼儿自己总结出跨跳的

方法，根据《纲要》《3—6岁儿童学习与发展指南》中所说的，幼儿只有亲力亲为之后习得的经验才是他们自己的。尤其是对特殊儿童，在老师教了标准的跳远动作之后，幼儿反而不会跳了。所以实践后，我给特殊儿童更多的自己探索尝试的空间，看看孩子们自己到底能不能跨跳、会不会跨跳、到底能跨跳多远的距离。

于是在助跑跨跳的初期，我用粉笔画了两道横线作为小河，请小朋友们跑着迈过去，因为距离较窄(30厘米)，所以小朋友跨过去毫不费力，但是轮到有孤独症倾向的悦悦的时候，他跑到那里就会不由自主地停下来，我走过去拉着他的小手，他会慢慢迈过去，但是当下一次练习时，他又停了下来。其他的游戏项目他都玩得很熟练，每到助跑跨跳这一环节就会慢下来。他停下来后会先环顾四周，似乎在查看是否有老师关注着他，如果没有看到老师瞧他，他就会赶紧从中间迈过去；如果发现老师正看着他，他就会停下来一直凝视着老师，不做任何动作，导致后面堵了一群小朋友在排队。看到此情景，我马上跑过去拉着他的小手，用语言鼓励他大步迈过去。就这样，我一直关注着悦悦，每当他通过其他障碍过来，轮到这一关时，我就拉着他的小手，边跑边带领着他，跑到跨跳阶段时我就会用力拉起他，并提醒他迈过去，这样几圈下来后，他终于可以自己跨过去了。当看到他自己成功跨跳时，我还会送上一个大拇指，看到他稚嫩的小脸上流露出开心的笑容。

之后，我又单独找到悦悦的家长，与家长沟通了关于幼儿助跑跨跳时的表现，间接地让家长知道幼儿在遇到问题时不敢和身边人倾诉，鼓励家长多些耐心与幼儿沟通，对幼儿多一点儿鼓励，让幼儿从心底接受他人的帮助，卸下自己的防备，逐渐变强变勇敢。

经过第一次助跑跨跳的学习，大部分幼儿基本掌握了助跑跨跳的技能，后来我们加大难度，加宽跨跳的距离，以帮助幼儿掌握助跑跨跳的技能。再次练习时，我看到悦悦的眼神中没有当初的恐惧与慌张，而是多了一份坚定。

第一，在对幼儿助跑跨跳的指导中，我把学习助跑跨跳分成了三步，运用语言的提示，示范带领幼儿学习助跑跨跳。这样的处理是适当的，所以通过练习，大部分幼儿初步学会了助跑跨跳，有孤独症倾向的幼儿胆子比较小，体育能力比较薄弱，缺乏自信。基于他其他方面的能力表现，我觉得他在本次练习中可能会学会助跑跨跳，因此我带着他一起进行助跑跨跳，给了幼儿很大的信心。

第二，活动后我和悦悦妈妈交流了孩子在助跑跨跳时的表现，了解了孩子不敢面对成人、不愿卸下自己防备的原因后，间接引导孩子妈妈在家中要以适当的方法与幼儿多沟通，了解孩子的需要，并加强助跑跨跳的训练。后来家长在发现幼儿的变化后，听取了老师的意见和建议，真正达到了家园配合，我们共同打开了孤独症倾向幼儿的心结，让孩子在面对老师时再也不会感到恐慌和害怕了。

第三，耐心等待幼儿的自我消化。每个孩子的自身条件不同，不能一概而论。有孤独症倾向的悦悦先天条件不足，内心又缺乏自信，害怕成人的指责，心理防御力很强。所以在练习的过程中突破自己内心的恐惧是无比重要的。因此教师不要给孩子压力，要给孩子充分的时间，要耐心等待孩子理解与自我消化，并且要及时了解原因，及时鼓励幼儿。

第四，充分发挥同伴的示范作用。幼儿的同伴作用是指幼儿之间的同伴交往，它是指年龄相同或相近的幼儿之间的一种协作关系，它对幼儿的发展有无可替代的作用，是同教师、成人的交往所不可比的。一般说来，幼儿与成人的交往关系是不平等的，主要是照顾者、教育者与被照顾者、被教育者之间的关系。与之相比，同伴交往更加平等、互惠和自由。所以我们也可以让有孤独症倾向的幼儿与同伴互相帮助，互相鼓励。

第五，积极关注幼儿的情感体验。教师在指导幼儿体育技能的学习中，比较容易忽视

幼儿的情绪情感的体验。其实不仅要通过学习帮助幼儿掌握技能，还要帮助幼儿形成快乐自信的品质。教师应关注特殊幼儿的表现并给予反应，幼儿进步时及时表扬，幼儿畏惧时及时鼓励。技能较复杂或有一定的难度时，利用降低难度等方法给予幼儿支持，让他们感受到成功的喜悦。

二、通过多种途径提高特殊儿童立定跳远的能力

立定跳远的动作要领是预摆、起跳、腾空和落地。协调用力正确的标志是：髋、膝、踝三关节能迅速有力地蹬直，上肢能做出协调的摆动，起到带、领、提拉的作用。

面对有孤独症倾向的幼儿在活动中做了如下尝试。在幼儿练习立定跳远的过程中，有孤独症倾向的悦悦总是斜着跳，这样就会导致幼儿跳不远、跳不直。所以在分散练习的时候，我用粉笔在地上画上很多圆圈当作荷叶，请悦悦扮演小青蛙，只能在荷叶上练习跳跃，老师扮演水蛇在圆圈周围盘旋，如果悦悦跳到水里就会被“吃掉”。这样一来，悦悦跳的时候都是在同一条直线上。通过小青蛙跳荷叶的练习，渐渐地，孤独症倾向的悦悦也知道了在跳远的时候要正面对着目标，保持跳的是一条直线。

经过一段时间的练习，悦悦对跳远的兴趣更加浓厚了。然后老师遵循着从简单到复杂、从容易到困难的原则，投放了跳远器械。第一次，我用软布垫作为跳远的障碍，根据悦悦的水平，先投放一块窄垫子，再投放一块宽垫子，这样，他跳起来就有一定的挑战性。掌握了之后，我又增添了一项新的生活材料——废旧轮胎，既可以锻炼幼儿跳跃的高度，又可以锻炼幼儿跳远的精准度，轮胎从一个紧挨着一个摆变成拉开一些距离摆，增加了新的挑战，让悦悦获得一定的成就感和满足感。

无论是助跑跨跳，还是立定跳远，抑或是其他方面的体能，我们在生活中应善于抓住特殊幼儿的兴趣点，帮助他们理解每一项体能的技能技巧，并且多加练习。这种练习不能只在幼儿园进行，还要在家里得到家长们的大力支持，这样才能提高幼儿的跳跃能力。

幼儿园教学游戏化的现状分析

——以 TT 幼儿园为例

湖北省武汉市汉南区育才幼儿园　李　梦

一、研究背景和意义

(一)研究背景

随着我国经济的发展、教育水平的提高，社会的竞争也变得越来越激烈，社会的竞争在扩散和逐级下沉，从社会到高校，从高校到高中，从高中一直到小学。幼儿园教育的目的是开发幼儿的智力，培养幼儿对学习的兴趣，幼儿园对幼儿没有学业的要求。但是近年来，竞争也影响到了幼儿园，在这样的背景下，幼儿园对幼儿的学业、幼儿的成绩有了要求，幼儿园的教育变得小学化。幼儿过早地面对竞争的压力，这不仅严重伤害到了幼儿的身心健康，也违背了幼儿教育的初衷。幼儿教育小学化，会让幼儿失去学习的兴趣，甚至会让幼儿厌倦学习，讨厌学习。因此，教育部门十分关注幼儿教育小学化的问题，于是各地教育部门出台教育措施，专项治理幼儿教育小学化的问题。教学游戏化是解决幼儿教育小学化问题最有效的措施之一，各地教育部门出台教育措施，目的在于推进幼儿园教学游戏化建设。于是本文对幼儿园教学游戏化的现状进行了研究。

(二)研究意义

本文在前人关于教学游戏化理论研究的基础上，选择TT幼儿园作为研究样本，试图通过问卷调查的方式，了解TT幼儿园教学游戏化的现状，发现当前教学游戏化在推进中面临的问题，并提出优化教学游戏化的对策。在此基础上，推进教学游戏化在TT幼儿园的建设，充分发挥教学游戏化的作用，让幼儿的逻辑思维、抽象思维、推理思维等得到更好锻炼，让幼儿的智力得到有效的开发。

二、相关概念

(一)游戏的概念

游戏界定为“由内部发起与控制、伴有积极情绪、有一定玩法与规则、体现内部真实的一类行为总和”。此外，游戏活动区别于非游戏活动的核心在于人在活动中是否产生游戏性体验，这是一种在游戏中产生的积极的心理体验与内部状态。综上所述，本文将游戏定义为由儿童内部发起与控制，遵循一定玩法与规则，反映内部真实并伴有愉悦情绪的一类活动，并将游戏性体验作为儿童参与游戏或退出游戏的判断标准。心理学认为游戏是调节外部输入的信息和机体处理这些信息的能力，使机体与外界保持平衡。

(二)教学游戏化的概念

教学游戏是指根据教学目的、教学目标、教学效果，选择合适的游戏，把需要传授的知识、价值观、道德等融入游戏中，使得幼儿在游戏中学会需要传授的知识、价值观、道德等内容，达到教学目的、教学目标的教育方法。幼儿游戏环境的创设和教师在建构游戏方面的能力是实现教学游戏化的途径。教学游戏化的目的在于通过游戏吸引幼儿的注意力，让幼儿全身心地投入教学中，提高幼儿的学习兴趣，培养幼儿人际交往、语言表达等能力。教学游戏化是与传统教学相对的，我国传统的教学强调教学的纪律性，教学气氛的严肃性。在传统教学中，教师是教学的主导者、组织者，教学形式是教师讲授、学生倾听。教学游戏化强调教学的灵活性、自由性。幼儿是教学主题的选择者，是教学活动的主导者，也是教学活动的评价者，教学形式是教师引导学生探寻。教学游戏化中，要充分尊重幼儿的主体性、创造性、独立性以及差异性。

三、幼儿园教学游戏化的现状调查分析

(一)幼儿教师对教学游戏化的了解程度

幼儿教师对教学游戏化的了解程度，反映了幼儿教师对教学游戏化的认知水平。如果幼儿教师对教学游戏化十分了解，说明幼儿教师对教学游戏化的概念、特点、意义、应用以及相关的理论知识十分了解，对教学游戏化的认知水平高；如果幼儿教师对教学游戏化较为了解，说明幼儿教师对教学游戏化的概念、特点、应用等浅层次的知识了解，对游戏化学习理论、建构主义等深层次的知识缺乏了解，对教学游戏化的认知水平属于中等；如果幼儿教师对教学游戏化基本了解，说明幼儿教师只是对教学游戏化的概念了解，对教学游戏化的认知水平低；如果幼儿教师对教学游戏化不了解，说明教师缺乏教学游戏的基本概念，对教学游戏化的认知水平几乎为零。幼儿教师对教学游戏化的了解程度，主要受到幼儿教师所接受的教育、教育部门的要求、幼儿园要求三个因素的影响，幼儿教师所接受的教育是指幼儿教师在读学前教育专业时所接受的教育；教育部门的要求是指教育部门要求幼儿教师在教育幼儿时需要采用的教育方法；幼儿园要求是指幼儿园要求幼儿教师在教育幼儿时要遵循的教育方法。

在幼儿教师对教学游戏化的了解程度的选项中，TT幼儿园教师中有10人选择了对教学游戏化十分了解，55人选择了对教学游戏化较为了解，4人选择了对教学游戏化基本了

解，0 人选择对教学游戏化不了解，具体情况如图 1 所示。

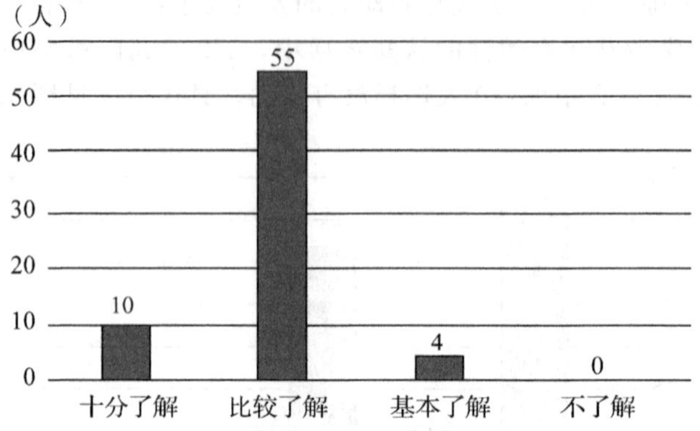

图 1　幼儿教师对教学游戏化了解程度的情况

从图 1 我们可以知道 TT 幼儿园对教学游戏化整体认识水平属于中上等，对教学游戏化的概念、特点、意义、应用等知识较为熟悉。

（二）幼儿教师对教学游戏化的态度

幼儿教师对教学游戏化的态度，反映幼儿教师对教学游戏的认可度。如果幼儿教师选择“十分有必要”，说明幼儿教师十分赞成在教学中使用教学游戏的教育方法。如果幼儿教师选择“某些情况有必要”，说明幼儿教师会选择性地使用教学游戏的教育方法。如果幼儿教师选择“没有必要”，说明幼儿教师对教学游戏化的认可度低，不太赞成在教学中使用教学游戏的教育方法。

在幼儿教师对教学游戏化态度的选项中，TT 幼儿园教师中有 38 人选择了在幼儿教学中使用教学游戏十分有必要，29 人选择了某些情况有必要在幼儿教学中使用教学游戏，2 人选择了没有必要在幼儿教学中使用教学游戏，具体情况如图 2 所示。

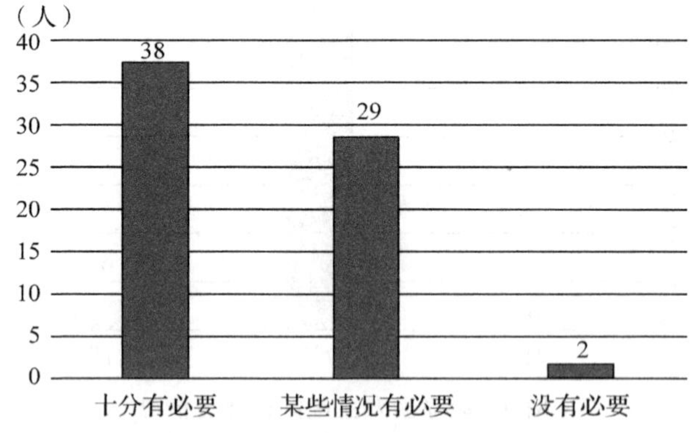

图 2　幼儿教师对教学游戏化态度的情况

从图 2 可以看出，TT 幼儿园大多数教师对在教学中使用教学游戏的教育方法还是赞成的，但是 42%的幼儿教师仍然采用传统的教学方式，只是偶尔使用教学游戏的教育方法。

（三）教学游戏化的有效性

教学游戏化的有效性是指教学游戏化对幼儿的发展、能力的培养起到的作用。如果幼儿教师选择“十分有帮助”，说明幼儿教师相信教学游戏化对幼儿的发展、能力的培养可以取得良好的效果。如果幼儿教师选择了“比较有帮助”，说明幼儿教师认为教学游戏化不是

万能的，在有的方面，教学游戏化不能帮助幼儿取得良好的效果。如果幼儿教师选择了“没有帮助”，说明幼儿教师认为教学游戏化对幼儿的发展几乎没有作用。

在幼儿教师对教学游戏化有效性的认知选项中，TT 幼儿园教师中有 37 人选择了十分有帮助，32 人选择了比较有帮助，0 人选择没有帮助，具体情况见图 3。

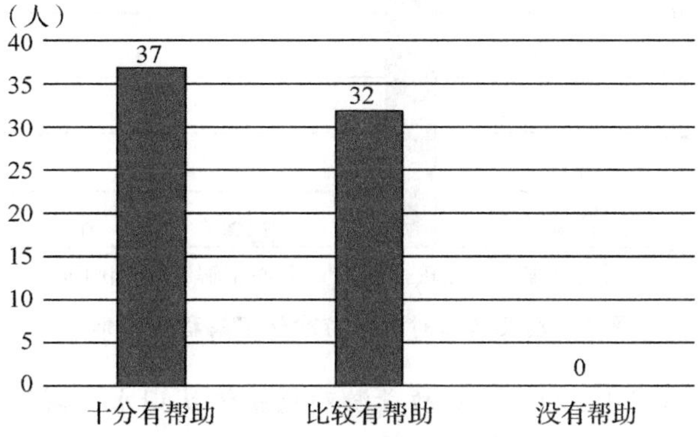

图 3　幼儿教师对教学游戏化有效性的认知情况

从图 3 可以知道，TT 幼儿园全部老师都认为教学游戏化可以帮助幼儿的发展，提高幼儿的能力。有接近一半的教师认为，教学游戏化不是万能的，在某些方面，教学游戏化并不能很好地帮助幼儿进步，意味着这部分教师不完全信任教学游戏的功效，会谨慎地使用教学游戏。

（四）教学游戏主题的选择者

在教学游戏主题的选择者的选项中，TT 幼儿园教师中有 0 人选择了园长，63 人选择了教师，6 人选择了幼儿，具体见图 4。

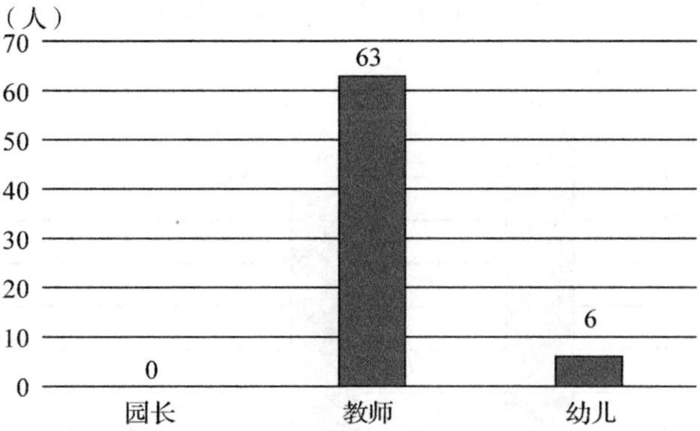

图 4　教学游戏主题的选择者情况

从图 4 中我们可以看到选择最多的选项是教师，说明 TT 幼儿园教学游戏主题的选择者大多是老师，幼儿很少成为教学游戏主题的选择者。这种情况表明了幼儿自由选择教学游戏内容、确定教学游戏主题的自由权被剥夺了。幼儿只能被迫参与到自己不感兴趣的教学游戏中。

四、优化幼儿园教学游戏化的建议

（一）让幼儿成为教学游戏主题的选择者

幼儿教师应当认识到幼儿成为教学游戏主题的选择者的重要性，之所以采取教学游戏

化的教育方法，是因为传统的教育方式存在一定的弊端，需要采取教学游戏化的方式来改进，提高幼儿的学习兴趣。如果教师成为教学游戏主题的选择者，就会降低幼儿的学习兴趣。因此，幼儿教师要充分尊重幼儿对游戏主题的选择权，让幼儿选择教学游戏的主题，提高幼儿参与游戏的积极性。

（二）增加幼儿园资金投入

TT 幼儿园属于公办的幼儿园，财政拨款是 TT 幼儿园资金的主要来源，幼儿园的教学游戏化离不开资金的支持。因此，增加资金投入是解决幼儿园教学游戏活动硬件和软件缺乏问题的有效途径。

（三）选择正确的指导方式

许多教师之所以选择强制式的指导方式，主要原因是缺乏对幼儿主体性的尊重；许多教师之所以选择放任式的指导方式，主要原因是过于相信幼儿的主体性。因此，幼儿教师要对幼儿的主体性有正确的认识，既要尊重幼儿的主体性，又要对幼儿的主体性进行引导。在教学活动中，幼儿教师应当采用参与式的指导方式，减少对幼儿游戏的干涉，引导幼儿朝着预设的方向发展。

（四）重视教学游戏的总结与评价工作

许多教师没有养成对教学游戏的总结与评价的良好习惯，一是幼儿教师没有意识到教学游戏的总结与评价的重要性；二是幼儿园对教师的教学游戏的总结与评价能力缺乏要求。因此，幼儿教师首先要认识教学游戏总结与评价的重要性，意识到教学游戏的总结与评价既可以帮助教师进步，也可以帮助幼儿认识自己。同时，幼儿园要把教师的教学游戏的总结与评价纳入对教师的考核中，改变幼儿教师很少或者几乎不会对教学游戏化进行总结的局面。

（五）转变错误的观念

教师成为教学游戏化的总结与评价的主体，其原因在于 TT 幼儿园大部分教师认为，总结与评价是教师的事，与幼儿无关，幼儿只需要听从老师的建议，改正自己的缺点与不足。因此，教师要转变错误的观念，认识到教学游戏化的总结与评价的主角是幼儿，教师的角色是支持者、合作者、引导者，因此教师要做好支持者、合作者、引导者的工作。

在游戏中培养幼儿学习品质的实践研究

黑龙江省空军哈尔滨蓝天幼儿园　冯　婧

学习品质是指学习态度、行为习惯、方法等与学习密切相关的基本素质，是在幼儿期开始出现与发展，并对幼儿现在与将来的学习有重要影响的基本素质。学习品质要在幼儿的实际生活、学习和游戏中进行长期、持续的培养。游戏是幼儿园的基本活动，对培养幼儿良好的学习品质具有独特的作用。基于此，本文对游戏中培养幼儿学习品质的实践进行研究，以供参考。

一、游戏对幼儿的益处

（一）促进幼儿各方面能力的发展

在游戏中，幼儿不仅得到肢体的锻炼，还得到认知、情感、意志和个性等方面的发展。在游戏中，幼儿不仅知道该怎么玩，还会在游戏材料、游戏玩法方面积极思考、大胆探索，不断地生发新的想法，发现和创编新的玩法，实现从自主探索意识的形成到创新意识的发

展。在这个过程中，幼儿的创造性品质得到发展。

(二)善于协商，相互合作

游戏有同伴合作的机会。在游戏中，幼儿需要与同伴共同协商制定游戏规则，结伴开展游戏，在游戏中相互沟通、相互鼓励，在小组竞赛中，与同伴相互协商、配合，努力争先。因此，游戏不仅可以促进幼儿沟通能力的发展，还有助于培养幼儿良好的合作与社会交往能力，增强幼儿的团队意识和协商合作的技能，促进幼儿合作互动的良好学习品质的发展。

(三)激发兴趣，主动参与

喜爱游戏是幼儿的本能，也是幼儿锻炼身体的需要。游戏环节有趣、活动器械好玩、玩法多样，能够吸引幼儿的注意。幼儿往往会主动并专注地参与到游戏中。

二、幼儿园游戏存在的问题

(一)游戏材料的投放不够丰富多样

观察发现，角色游戏和表演游戏区投放的丰富多彩的服饰道具强烈吸引着幼儿的兴趣，幼儿选择自己喜爱的服饰尽情地表演。但是，游戏中，很少有投放反映地方特色且幼儿也熟知的游戏材料。比如角色扮演内容总是围绕医生与护士、超市买和卖投放道具材料，表演区总是投放王子与公主的服饰发饰等。同时，角色游戏和表演游戏提供的游戏材料的结构较强，不利于幼儿想象力和创造力的发展。

(二)游戏时间受活动计划的限制

观察发现，幼儿园游戏活动的时间，特别是具有创造性的游戏时间安排得很紧凑。创造性游戏中富有想象力和创造性的玩法总是会受到时间限制而不得不仓促结束，很多幼儿意犹未尽。对于具有思考力和有创意的玩法，他们也要花更多的时间进行高质量的自由游戏。没有适宜的游戏时间保障，游戏在幼儿看来不再是无拘无束、充满想象力和创造力的事，而是“一会儿就结束了”“时间太短了”。

(三)游戏之间的关联作用未被充分重视

游戏的分类是研究者为了研究的方便而划分的，但在幼儿看来游戏之间没有清晰的界限。观察发现，在建构游戏中，幼儿喜欢根据自己的经验搭建各种各样的作品或场景，并对自己搭建成功的作品充满满足感和喜悦感。接着，他们喜欢以自己的作品为基础继续开展角色扮演游戏。此时，建构游戏和角色游戏在幼儿看来是一个完整的游戏。但这时，老师往往以“游戏的时间到了”或“现在是建构游戏时间，只能在建构区，不能去角色区游戏”为由阻止或终止幼儿的游戏活动，幼儿不得不在于教师看来是一个类型的游戏中继续游戏或结束游戏。教师割裂幼儿游戏的情况时有发生，幼儿的游戏进程被打断，幼儿的游戏热情开始消退。

三、游戏中培养幼儿学习品质的对策

(一)要灵活创设游戏环境

幼儿园可以让幼儿参与游戏环境创设，教师要与幼儿协商并支持幼儿自主决定在哪里玩、玩什么、怎么玩，从中提高幼儿参与游戏的积极性。例如，大班幼儿观看球赛后，在草地上自发地玩起足球游戏。这时，教师应给予支持，与幼儿一起布置足球活动场地，创设开展足球游戏的环境，吸引大班幼儿开展足球游戏。又如，中班幼儿掌握童车骑行技能后，向教师提出玩骑行队的游戏，教师随即与幼儿共同观察户外环境，确定骑行线路图，开展了快乐骑行队游戏。这样可以提高幼儿对体育游戏的兴趣，幼儿的坚持品质可以得到发展。

（二）在游戏闯关中培养坚毅品质

让幼儿养成坚毅的品质也是幼儿心理健康教育的重要目标之一。因此，在体育游戏中渗透心理健康教育的同时，要学会调节好体育项目的难易程度，引导幼儿通过由浅入深的体育活动来不断挑战自我，完成挑战目标，实现预期的心理教学效果。例如，一位教师在开展“两人三足”活动时，设计了不同强度的目标，引导幼儿们一次又一次地完成体育活动。幼儿们在教师的引导和鼓励下，经历了失败，也获得了成功，在反复的挑战中不断增强自己的心理承受能力，养成了坚毅的品质。要想让幼儿的下肢力量灵活起来，可以借助“两人三足”的游戏，让幼儿在游戏中获得平衡性与协调性的共同发展。当然，同样也需要经过反复锻炼。在游戏开始前，教师任意将幼儿分成多个小组，并提前设计好“闯关”模式。在教师的设定下，游戏的第一关，是将幼儿分为两组，比一比哪组更快到达终点；游戏的第二关，教师增加了难度，将平衡凳的高度按照由低至高的顺序摆放，幼儿们在踏过平衡凳时，需要克服不同的高度；游戏的第三关，道具由平衡凳替换成了轮胎，每一小组需要越过八个轮胎障碍才能到达终点，在此过程中，幼儿们要想同时跨越轮胎，就必须提前做好协商，哪一只脚在轮胎外面，哪一只脚踏入轮胎里面。

（三）优化游戏过程，促进游戏融入孩子的生活学习中

教师可以优化游戏时间，在晨间活动、教学、区域活动中引入游戏，在入园、课间等时间也可以调动孩子参与简单的小游戏，让游戏成为一种教育常态，培养孩子的运动习惯。此外，教师还应结合孩子的需要不断创新游戏内容，例如坚持“一物多用”的理念，不断开发体育器材的应用潜力，拓宽游戏范围，引入民间体育游戏，在多元化的游戏中促进孩子的综合发展。

（四）丰富教学形式，进一步弘扬与传承民间游戏的智慧

民间游戏是指人民群众在长期的生活实践中所积累与流传下来的传统游戏形式，其具有较强的趣味性与健身性。民间体育游戏包含着无穷的民间智慧，若能恰当加以挖掘与运用，也能推动幼儿自觉融入思考的过程之中，从而推动其积极思考的学习品质的发展。

以滚铁环为例，滚铁环是一项备受人们喜爱的民间体育游戏，在引进这一游戏之后，幼儿很快便融入积极的游戏之中。我在教育实践中除了向幼儿讲解具体的游戏操作方法之外，还有意识地鼓励幼儿在大量尝试与实践的基础上思考与分析“铁环为什么能滚动起来”“铁环滚动的技巧有哪些”“滚铁环除了自己玩之外，还有哪些好玩的玩法”……这一系列问题的提出让幼儿置身于思考与探索的氛围之中，推动着他们认真分析、仔细探究。如此一来，不仅使幼儿对滚铁环这一民间体育游戏有了更浓厚的探索兴趣，能积极融入游戏之中，更在无形之中培养了幼儿积极思考的学习品质，效果良好。

通过以上的实例可以充分了解到民间游戏中蕴含着非常丰富的学习品质教育资源，因此幼儿教育工作者应当积极挖掘、合理利用游戏资源，为幼儿日后学习进步与成长奠定坚实的基础，做好充分的准备工作。

（五）用游戏材料激发幼儿的好奇心与兴趣，发展幼儿的主动性

丰富多样的游戏材料能够深深地吸引着幼儿的兴趣。在问“你为什么选择表演游戏”时，90%的孩子会说“裙子很漂亮”“我喜欢这个魔术师的衣服”等。幼儿喜欢围着新颖的游戏材料交谈自己的想法，主动扮演或表演起游戏角色或搭建自己喜欢的主题。在兴趣与好奇心的驱使下，幼儿能够按照自己的想法大胆地进行游戏，并且游戏活动时间能够持续很久。观察发现，游戏材料比较贫乏的游戏，幼儿兴趣不大，很少主动去游戏，游戏的时间也相对较短。

(六)游戏过程开发幼儿的创造力，设置弹性的游戏时间

高质量的游戏需要足够的时间来保障。幼儿的创造欲望比较强烈，能长时间专注地探索物体的多种操作可能，热衷于有挑战性的事物，这就需要有更多的时间探索游戏。有研究表明，幼儿具有思考力和创意，但他们实际上很少或根本没有机会使用低结构和真实的物体作为游戏材料。教师可根据游戏情况适当地调整本班一日活动的计划，设置弹性的游戏时间，采用多种指导方式鼓励幼儿大胆表达自己的创意，遇到困难不退缩，主动思考多种解决问题的办法，培养幼儿的主动性、坚持性和创造性的学习品质。

(七)发挥游戏之间的联动作用

幼儿在进行游戏时，不会像研究者一样将游戏进行分类，他们的思维活跃，想象力丰富，往往从教师期望的游戏转移到下一类游戏。这时教师应追随幼儿兴趣点支持幼儿继续进行游戏，将不同的游戏结合起来，发挥游戏的联动作用。

幼儿园开展劳动教育的意义及有效策略

北京市昌平区南邵镇中心幼儿园　李　静

一、幼儿园开展劳动教育的重要意义

(一)劳动教育是深化教育改革的需要

习近平总书记在2018年的全国教育大会上提出："要在学生中弘扬劳动精神，教育引导学生崇尚劳动、尊重劳动，懂得劳动最光荣、劳动最崇高、劳动最伟大、劳动最美丽的道理，长大后能够辛勤劳动、诚实劳动、创造性劳动。"劳动教育作为中国特色社会主义教育制度的重要内容，其主要目的是培养德、智、体、美、劳全面发展的社会主义的建设者和接班人。开展幼儿园劳动教育，就是幼儿园落实深化教育改革的重要实践，是深化教育改革的迫切需要。

(二)劳动教育促进幼儿认知与成长

在劳动中，幼儿需要动手动脑，还要学习使用各种劳动工具，在潜移默化的实践操作中，他们学会了发现问题和解决问题，锻炼了独立性和自我服务的能力。幼儿在劳动的过程中，手指会做一些复杂、精细的动作，从而让孩子的思维更加敏捷。同时，孩子在劳动的过程中，肢体会得到充分的锻炼，手眼协调能力和动手能力会得到提升，幼儿的责任感也会增强。

(三)劳动教育促进幼儿全面发展

劳动教育是德、智、体、美、劳"五育"教育中的重要组成部分，幼儿阶段是幼儿劳动习惯、劳动品格、劳动意识发展的关键时期，在劳动的过程中幼儿能学会分担和责任，享受为家庭奉献的喜悦。想让幼儿在家庭中有责任感，承担家务劳动是最好的方式。做家务对幼儿的社会性发展有着重要影响作用，是培养幼儿独立性、动手性、服务性、责任心的过程，是帮助幼儿逐步走向社会化的过程。

二、劳动教育开展现状及存在的问题

在培养幼儿劳动价值观念方面，幼儿园在教育教学工作中能意识到劳动教育的重要性，但在实践中劳动教育普遍以班级常规训练为主，旨在培养幼儿生活常规意识，提高其生活自理能力，忽视了培养幼儿的劳动价值观，无法体现出劳动教育的教育性，导致劳动过程中幼儿没有得到教育性学习，也就无法体现劳动教育的作用。

在当今社会，家长的劳动教育观念缺乏，在教导以及培养方式上过多干预，包办代替，对幼儿劳动教育重视不够，对幼儿劳动教育放手不够。一些家长对待幼儿劳动会表现出不信任的态度，部分家长在面对孩子劳动中出现的问题视而不见，并没有及时对幼儿劳动进行有针对性的、及时的指导。总体来说，家长对于幼儿劳动教育在重视、支持、指导方面还有所欠缺。

三、幼儿园多渠道渗透开展劳动教育的策略

(一)关注幼儿一日生活，探索劳动教育策略

实施行之有效的劳动教育，教师应该遵循《3—6 岁儿童学习与发展指南》精神，根据各阶段幼儿的年龄特点和发展规律，尊重幼儿的现有能力和个体差异，选择适合的劳动内容和劳动难度，循序渐进开展渗透一日生活各个环节的劳动教育，确保其课程内容与幼儿身心发展规律、特点相符合。

1. 小班幼儿自我服务劳动教育指导策略

对于小班幼儿，着重围绕自我服务来进行劳动教育活动设计。如在一日生活环节中引导幼儿自己吃饭、刷牙、叠衣服、洗手、如厕等，在自我服务中渗透劳动教育。在活动实施中可以围绕区域活动优化劳动教育渗透，可以在角色区组织“娃娃家”的活动，让幼儿在给娃娃穿衣服、帮娃娃梳头等照顾娃娃的活动中进一步锻炼、提升自己的生活自理能力，激发幼儿自我服务劳动的兴趣。

2. 中班幼儿为集体服务劳动教育指导策略

对于中班的幼儿，要从之前的以自我服务为主逐渐向以为集体服务为主这一方向过渡。在一日生活环节中可以让幼儿轮流当班级的值日生，就餐前，小小值日生负责检查小朋友洗手情况，帮助洗完手的小朋友放袖子，帮助老师摆放餐具、抹布、纸巾、小椅子等；餐后，和老师一起清理桌面上的残渣，擦桌子、地面等。在区域游戏、户外游戏结束后和小朋友一起收拾整理玩具、图书，一起为植物角的花浇水等，引导幼儿在为集体、为他人服务中感受劳动的快乐，同时也锻炼幼儿遵守规则等良好品质、习惯的培养。

3. 大班幼儿为社会服务劳动教育指导策略

对于大班的幼儿，在其能够积极主动地为集体服务后，可以鼓励幼儿学习物品的自主管理、班级物品的管理或力所能及地为社区提供服务。可以结合垃圾分类和光盘行动带领幼儿进入社区，或者在家里帮助家人做一些力所能及的事情，逐步培养幼儿的责任心。同时可以和孩子一起查找相关资料，了解特殊职业劳动者的工作内容、危险系数、工作环境，深入认识各行各业劳动的特点和工作内容，引导幼儿尊重他人的劳动成果，学会关爱劳动者，引导幼儿要懂得珍惜每个人的劳动成果，给予劳动者最大的尊重。

(二)创造趣味劳动条件，激发幼儿劳动兴趣

幼儿园的劳动教育活动要注重游戏化和生活化，让幼儿在游戏中劳动，在玩中学，充分调动幼儿的兴趣，让劳动不再枯燥乏味，引导幼儿持之以恒地劳动。

1. 在区域游戏中渗透劳动教育

教师可以有意识地将劳动教育引入区域游戏中。在角色游戏区域可以提供各种可操作的材料，让幼儿扮演生活中的各种角色，比如照顾娃娃的生活，帮助娃娃穿衣、喂饭、洗衣服、梳头等；还可以利用身边的材料，自己动手制作小房子，再装饰房子的外观和内部，选出一名“小能手”，给予物质奖励，激发其他幼儿的动手兴趣、操作积极性。在美工区，幼儿可以选择自己喜欢的材料进行手工劳动，通过贴、捏、画、剪、编织等劳动来大胆创造出具有美感的作品，体会手工劳动的乐趣；也可以结合节日节气饮食特色，引导幼儿利

用手工材料制作节气美食，让幼儿们在亲自动手制作中体会到劳动的快乐；还可以组织幼儿开展室内外种植活动，幼儿可以自己选择想要种植的植物，体验种植、照顾植物、收获的快乐。

2. 在环境创设中渗透劳动教育

教师可以在一日生活的劳动教育中利用班级的环境鼓励幼儿自主参与劳动学习。如设置光盘行动和垃圾分类互动墙，将垃圾分类和光盘行动意识潜移默化地渗透到幼儿的一日生活中，引导幼儿进行自我服务并有意识地为集体服务；盥洗室墙面可以张贴"七步洗手法"及喝水、节水的图示；在"我是小小值日生"环境墙上贴上值日生的分工及工作流程示意图；教师应在幼儿的劳动过程中发挥监管作用，扮演引导者的角色，及时评价幼儿的进步和不足之处，表扬他们端正的态度、热心帮助他人的行为等。这对于幼儿劳动观念的形成、劳动能力的提高、身心的健康成长来说大有益处。

3. 在德育中渗透劳动教育

幼儿园可以开展劳动教育和德育相融合的活动，充分利用各种节日或者主题活动引导幼儿树立正确的劳动观念，形成正确的劳动态度 。如在"节约粮食日"，通过种植养殖活动、光盘行动、认识农民伯伯等系列劳动教育活动，引导幼儿动手操作，亲身感知，体会成功感，学习尊重他人和自己的劳动成果；在"节水日"，引导幼儿开展节水行动，并引导幼儿在家中实践节水妙招，同时提醒家人节约用水，引导幼儿养成节约用水的习惯；在爱心助残日，教师可以抓住教育契机，组织开展爱心义卖的主题活动，引导幼儿通过自主收集材料，手工制作玩具并义卖等，从摆放"商品"，绘画宣传海报到参与义卖互动，体验公益性劳动的价值，学会以自己的劳动去关心帮助他人。

(三)家园共育劳动教育，培养幼儿劳动品质

幼儿的劳动教育仅仅依托幼儿园以及教师的努力是不够的，理想的劳动教育成果，往往离不开家庭的有力支持和合作共育。在日常劳动教育中，要全面挖掘、利用家庭教育资源开展劳动教育，培养幼儿劳动品质。

1. 家长放手给幼儿劳动机会并给予幼儿认可

家长要学会放手，把劳动的机会给幼儿，幼儿能做的都让幼儿自己做，鼓励幼儿自己的事情自己做，让幼儿帮助家长做事情，培养家庭责任感。让幼儿承担一些家庭的责任，幼儿在家庭中所做的事情，家长要真诚地给予幼儿认可，要坚持在幼儿做完后，对幼儿的语言、行动给予认可，激励幼儿热爱劳动、主动劳动。

2. 家长积极为幼儿做榜样示范

劳动教育中不仅要培养孩子学会劳动，更要引导幼儿学会尊重身边每个为我们服务的劳动者，只有家长以身作则尊重我们身边的劳动者，孩子们才会模仿家长的行为，并理解尊重的含义。家长还可以在参加社区志愿活动中带着幼儿一起活动，培养幼儿开展公益志愿服务的兴趣。家长积极的榜样示范，能够让幼儿从点滴细节中学习尊重我们身边的劳动者。

劳动教育是孩子终身发展和适应社会发展需要的必备品格和关键能力，也是落实"五育"并举的重要内容和途径，能够为促进人的全面和谐发展奠定基础。教师应引导家长进行科学正确的教养方式，鼓励幼儿坚持不懈做家务，为幼儿提供参与劳动的机会，全方位多渠道开展劳动教育课程，才能够真正培养幼儿健康生活、科学学习、勇于承担责任、积极探索的精神，为他们未来的劳动能力打下坚实的基础。

小班幼儿攻击性行为的研究

——以上海某幼儿园为例

上海师范大学天华学院　曹雅玫

幼儿攻击性行为是指幼儿频繁地运用身体或者武器去攻击他人身体、物品，或者运用语言去辱骂他人的行为。攻击性行为是幼儿期最为突出的反社会行为，这对攻击者或者被攻击者的身心发展有着不良影响，如果幼儿的攻击性行为持续不断、频繁出现、强度增大，这种攻击性行为发展到成年就可能转化为犯罪行为。

幼儿攻击性行为的发生频率较高，但是教师有时会忽略这些行为，因此了解幼儿出现攻击性行为的原因和目的是非常重要的，能够帮助教师更好地了解事情经过，便于进行针对性的措施，正确指导幼儿，端正行为规范。

本次研究选择了上海嘉定区某幼儿园小班中一个班级的全体幼儿和教师为研究对象，其中 16 位男生，12 位女生，2 位带班老师，1 位保育老师。

一、观察结果及分析

(一)幼儿攻击性行为的性别差异

笔者根据幼儿园小班的具体情况，观察到 14 次攻击性行为。根据已有的观察数据，将收集的数据整理分析。

数据显示小班幼儿攻击者和被攻击者的男女性别存在差异，攻击者男生有 11 次，女生有 3 次；被攻击者男生有 10 次，女生有 4 次。无论是攻击者还是被攻击者都是男生所占比重更大，主要原因是男性激素或雄性激素会导致男生个性易冲动，做事直来直去，没有考虑到他人的感受。幼儿攻击性行为多是因为紧张、愤懑等不良情绪，不知如何处理而采用了错误的宣泄方式。女生大多数比较安静内敛，主动攻击他人的概率也相对较小。同时男女生的家庭教养方式的不同在一定程度上也影响着攻击性行为的概率。

(二)幼儿攻击性行为的原因

笔者将事件起因分为争夺物品、争夺领导权、模仿他人攻击和恶作剧四种因素。根据已有的观察数据，将收集的数据整理分析。

表 1　小班幼儿攻击性行为起因的次数分布

起因	争夺物品	争夺领导权	模仿他人攻击	恶作剧
次数	7	3	3	1
占比(%)	50.0	21.4	21.4	7.1

从表 1 可以看出，幼儿攻击性行为的主要原因是争夺物品(共有 7 次)，其次是争夺领导权和模仿他人攻击，分别各有 3 次，再次是恶作剧(出现 1 次)。幼儿出现攻击性行为的原因主要分为内部因素和外部因素。首先是内部因素，每一个幼儿的气质类型不同也决定着处理方式的不同，胆汁质的幼儿精力旺盛、易冲动的特点会导致他们较难控制自己的情绪。其次是外部因素，不同家庭的教养方式也会影响幼儿的行为，有些家庭对于幼儿会过于溺爱，导致幼儿在幼儿园中仍跟在家中一样，出现不愿与他人分享等错误观念和行为。此外，现如今幼儿面对多样化的世界，接触到的影视作品中会带有暴力元素，这一时期的

幼儿多以模仿为主，没有清晰的辨别能力，他们会模仿其中的动作，而导致攻击性行为的出现。

(三)幼儿攻击性行为后的教师介入

笔者将事情结果分为由老师干预解决、由其他幼儿干预解决、双方自行解决和其他方式。

表 2　小班幼儿攻击性行为结果的次数分布

结果	由老师干预解决	由其他幼儿干预解决	双方自行解决	其他方式
次数	11	2	1	0
占比(%)	78.6	14.3	7.1	0

从表 2 可以看出，占比最大的是由老师干预解决(共有 11 次)，这一时期的幼儿缺乏独立处理突发情况的能力，同时在他们心中老师是权威的代表，所以通常情况下会寻求老师的帮助，进行评判。面对幼儿的攻击性行为和错误观念，教师的介入非常重要。这一时期的幼儿还未形成独自处理突发事情的能力。当他们出现问题时，大多数情况会第一时间寻求教师的帮助。但是笔者发现，当教师在进行集体教学活动时，为了使课堂教学活动顺利地进行下去，不耽误进度，有时会选择性地忽视这类问题的出现。

二、教育建议

(一)培育幼儿健康的心理，形成正确的人际交往方式

攻击性行为的出现一定程度上反映了幼儿的心理偏差，小班幼儿的社会性较差，我们需要帮助幼儿形成正确的人际交往的方式。将相关技能融入日常教学、游戏活动中，让幼儿在轻松愉悦的活动中学会人际交往的技巧。同时攻击性行为的出现有部分原因是因为幼儿的语言发展欠缺，无法合理地表达自己的想法和诉求，所以我们也需要有意识地将技巧融入语言活动中。经常和幼儿进行交流和沟通，建立良好的师幼关系，定期关注幼儿的心理状态。

(二)建立良好的教育环境

幼儿攻击性行为多是因为紧张、愤懑等不良情绪，不知如何排解而采用了错误的宣泄方式。教师需要建立良好的教育环境，给予幼儿充足的安全感和归属感。面对幼儿的诉求和疑惑，我们需要耐心倾听和给予安慰，我们只有真正关心爱护幼儿，幼儿才能感受到被重视，也会减少一些攻击性行为的出现。此外，教师的环境和资源投放也影响着幼儿的情绪和行为。温馨且丰富的班级环境会让幼儿放松下来并保持心情愉悦。丰富班级材料的投放也是一种规避争夺物品行为的方式，增加材料的多样性和数量也会让幼儿感受不同材料的特点。

(三)端正家长的科学育儿观念

有效的家园共育会影响孩子的一生，教师应该多与家长交流关于幼儿的行为表现，同时在交流中找到家长存在的错误教育观。幼儿可塑性非常强，容易受到环境影响。教师需要定期对家长进行相关主题教育，提醒家长注意自己的情绪管控，不要将自己的不良情绪和错误思想带给孩子，要让孩子在一个温馨、舒适的环境中成长。此外，对于不同家庭的教养方式，教师需要给出针对性的意见，避免部分家长极端化。

(四)甄选适宜的大众文化

如今正处于信息化发达的阶段，幼儿会面对纷繁复杂的信息。我们需要对幼儿的观看

内容进行筛选，将社会主义核心价值观融入日常教学和活动中，从小培养幼儿的爱国主义精神，树立正确的人生观和价值观，在引导中不断端正幼儿的行为规范。

总之，幼儿期的孩子出现攻击性行为是正常现象。教师和家长需要予以重视，正确地分析幼儿的行为动机，并进行及时干预。幼儿是祖国的花朵，无论是教师还是家长都要发挥好榜样引领作用，我们需要承担起自己的责任，引导幼儿茁壮成长，成为祖国的栋梁。

基于幼儿视角幼儿园环境创设的思考与实践研究

广东省深圳市龙岗区宝龙街道同心第二幼儿园　黄晓丽

《幼儿园教育指导纲要(试行)》强调，幼儿园应该为幼儿提供一个健康、丰富的环境，以满足他们多样化的发展需求，让他们能够在真实的成长环境中得到充分的发展。以幼儿为中心进行的幼儿园环境创建，使幼儿参与到环境创建之中，强调幼儿是自己的生命的主导是本文的主旨。幼儿视角即教师用合适的方法来表现幼儿的真实思想，并指导幼儿参与到环境创造中来。

一、基于幼儿视角，幼儿园环境的建设具有重要意义

(一)体现对幼儿权利的尊重

联合国大会 1989 年批准《儿童权利公约》，其中明确指出：“儿童对于任何与自己有关的事情，都享有表达自己看法的自由，大人应当给予儿童适当的尊重。”幼儿在幼儿园中生活，幼儿园的室内和室外环境会对幼儿产生很大的影响。教师应该重视幼儿的生活经验，对其思维和情感等进行全面的考量和尊重。对幼儿园的环境进行规划、评估和改造。将幼儿的发展放在第一位，幼儿能够独立地加入自己的环境中去，获得独立参加活动的权利和积极学习的机会。

(二)体现对幼儿需求的关注

环境是指自然条件、社会条件和心理条件的总和，它是幼儿成长的主要因素，对幼儿成长有很大的作用。一般情况下，幼儿园的整体环境都是由成人来策划与设计的。成人经常会回顾自己幼儿时代的经历，并在幼儿时代的记忆中去了解现在的幼儿，从而给幼儿创造出一个在成人看来是有趣的、有意义的幼儿园环境。然而，一个时期有一个时期的特点。成年人对童年的追忆，也仅仅是从成年人的角度出发，并不能将幼儿们对于生活的喜好与当前的环境联系在一起。所以，最好的方法就是聆听幼儿的心声，理解幼儿的需要，将幼儿的视角、幼儿的想法与成年人的记忆有机地融合起来，只有在这种情况下创造出的环境才对幼儿的发展有利，能够让幼儿的能力在生活中得到充分的发挥。

1. 满足幼儿建立归属感的需要

《3—6 岁儿童学习与发展指南》指出，要创造一个能让幼儿感到亲切的环境，能让幼儿对幼儿园产生一种“家”的感觉。对幼儿来说，“家”是一个熟悉、舒适、温馨的地方，它有自己的地位和作用。幼儿刚刚步入幼儿园，对于这里的环境和教师都是非常陌生的，在这里的学习和生活需要很长的适应过程。如果让幼儿们参与到环境创造中，幼儿就会觉得自己在幼儿园的团体生活中是被需要的、被欢迎的。在以幼儿视角为基础的环境中，幼儿就可以感觉到安全感和归属感。

2. 满足幼儿树立自信心的需要

以幼儿为中心的幼儿园环境创设，可以为幼儿提供更多表现的机会。为了更好地让幼

儿参与课堂，老师可以通过环境创设，利用“标识”的元素，让幼儿创造出独特的、有趣的、有意义的环境。例如，老师可以让幼儿创造出他们的绘画、手工和美术作品，并将其粘贴到课堂上。在这种充满着幼儿作品的环境中，他们能够找到自己的存在感，并获得成就感，从而提高他们参与环境创造的自主性和自信。

3. 满足幼儿求知的需要

在幼儿园的环境创设中，创建一面“主题墙”是常见的方式。一般来说，老师会将幼儿园最近进行的主题探索活动用图片的方式展示在幼儿可以看到的墙面上。幼儿经常会对有趣的、不断变化的环境感到好奇，并对其进行探索。老师可以指导幼儿参加主题墙的创建活动。例如，让幼儿自己选择主题材料和作品去装饰主题墙，这样能够让幼儿的好奇心得到充分的释放，从而让幼儿对周围环境中的知识有更深入的认识。

二、基于幼儿视角，幼儿园环境创设存在的问题

（一）忽略幼儿的需要

许多幼儿园在设计环境时，忽略了幼儿的真实需求，将他们视作成年人的附属物，过度使用形象化的标志、机械化的建筑材料和鲜艳的颜色。尽管教师关注了幼儿的身心、生理特点和行为习惯，但是缺乏针对幼儿年龄特征和实际需求的环境设计，往往会导致出现一些不适合幼儿生活的问题，如活动室、卫生间、衣帽间的布置等，这些问题会影响幼儿之间的交流和活动，从而降低他们的一日活动效果。

（二）缺少幼儿在环境中的参与

在学前教育的改革和发展过程中，幼儿园已经开始关注环境的潜在的教育意义，并开始关注如何指导幼儿对周围的环境进行积极的创造，然而效果却并不理想。尽管“参与”的主题墙上有幼儿的创作和表达，但是由于一些教师缺乏引导，这些作品的内容受到了一定程度的局限性，从而影响了幼儿在环境创设中的积极性。许多情况下，幼儿对环境的参与比较简单，幼儿在环境创设中参加时间并不平等，能够有机会参加环境创设并进行创作的幼儿，大部分都是具有比较良好的美术表现和创作能力的幼儿。即使是参与环境设计的幼儿，也缺乏一定的主观能动性，他们往往扮演着“工具人”的作用，只是充当了在环境创设中帮助老师在墙面上写出题目或者画画的角色。

三、基于幼儿视角，幼儿园环境创设的策略

（一）创造适合幼儿多层面发展需求的环境

幼儿在认识和兴趣方面存在着差异，因此他们对相同的环境创造的困难感受，也存在着差异。在创造环境时，设计师要注意创造出具有一定挑战和困难的阶梯式环境，以符合所有幼儿的差异化发展的需求。

幼儿的能力发展是在不断变化的，他们的兴趣和需求也在不断变化。所以，在从幼儿的角度对周围的环境进行设计和创造的时候，要对幼儿的特点进行全面的考虑，同时还要将环境和幼儿的发展状况相联系。比如，这其中就包含了要建造什么样的运动设施、使用什么样的游戏物质等内容。利用丰富多样的、可探索的自然材料，营造一个温暖、友爱、包容的环境，让幼儿在其中产生兴趣和求知欲，同时也能让幼儿得到更多的学习机会。

（二）营造有利于幼儿社交发展的环境

幼儿性格活跃，喜欢与人交流，因此，在幼儿园的环境策划与设计中，应充分体现幼儿的这一心理。第一，从整个幼儿园的环境设计出发，设计更多的走廊和广场，把各种建筑连接在一起，创造出幼儿进行社交和沟通的环境，以增进幼儿相互沟通的效果。第二，通过在各游乐场间设置长廊，将游乐场的空间通路进行贯通，以突破各班间的“壁垒”，使

各年龄、各班的幼儿能够相互沟通。第三，对于部分空间的规划，特别是在课堂的场地的营造上，要把场地内的材料和玩具尽量结合起来，使幼儿们能够更好地进行游戏的角色转换。第四，在特定的区域中，给幼儿们创造一个私人的区域，幼儿们累了可以休息，让幼儿们有一个可以进行调整的“港湾”。

（三）营造井然有序的环境

幼儿园是孩子们成长过程中最主要的环境，它不仅能够提供良好的、有序的、有规律的生活和教学活动，还能够培养孩子们的生活自理能力。幼儿有规律的生活是他们感到安全的基础。一个有序的环境，一个熟悉、可控、可预测的空间，能够让儿童感受到安全、放松和自由。这种可预测的环境，有助于他们以全局视角来观察事物，进行系统思考，并培养出良好的逻辑推理能力。所以，在创造这个环境的时候，要特别关注各个物体的摆放，要做到分类、标志清晰。帮助幼儿建立起一个井然有序的环境，养成一个良好的生活习惯，培养幼儿的自制力。

（四）创造丰富多彩的环境

幼儿园阶段的孩子，正处于思维发展的阶段。创建适合幼儿思维发展需要的幼儿园环境是必要的。教学空间的布置应以审美为基础，以创造一个温馨、自然、和谐的教学空间。充分分析幼儿心理、生理和行为习惯等，保证室内外的空间要有充分的多样性和可变性，这样才能支撑幼儿进行不同领域的学习，从而让幼儿获得更多的学习体验。在幼儿园室内设置具有一定的观赏性和多样性的活动区，放置充足的娱乐器材和玩具。室外的空间既是幼儿进行实践的环境，也是幼儿进行探索与研究的环境。所以，在创建室外环境的过程中，应该具有一种能够在动态中改变的特点，要以幼儿的真实需要和他们的喜好为基础，对所需要的素材进行持续的更新，随时满足幼儿成长中的需求。

四、结语

综上所述，在幼儿园的环境创设中，教师要对各个年龄阶段的幼儿的身体和心理发展的特征有充分的认识，对他们与周围的环境进行科学合理的设计，并且引导幼儿积极参与到环境的创设中去，成为幼儿的启发者、引导者、观察者和反思者。创造出以幼儿为主的环境，让幼儿在自己参与创造的环境中进行学习和生活，在提升他们自信心的同时，还能获得更多的乐趣。

幼小双向衔接实践研究

北京市平谷区靠山集中心幼儿园　马晓静

一、问题的提出

幼小双向衔接是幼儿园和小学的教育连接，这一环节对幼儿的发展非常重要。随着我国素质教育理念的不断深化以及新课程标准的出台，幼小衔接在幼儿教育中也越来越受到重视。但当前幼小衔接中存在着教育内容不够和谐、教育方式不够统一等诸多问题，这直接影响了幼儿学习效果与发展潜力。对于出现的一些问题，我们有必要通过实践研究来探讨与幼小衔接相适应的教育模式与途径。本文旨在对幼小双向衔接问题进行深入的探讨与实践研究，并针对问题提出相应的解决方案与措施。

二、概念界定

(一)幼小双向衔接

“双向”有两种解释：一是来和往两个方面，二是指思想、意见、文化在相对的两方面往来流通。“衔接”的意思是互相连接。

本文中幼小双向衔接是指幼小协同，科学衔接。它不是将幼儿园向小学单方面地靠拢，而是从本班幼儿角度出发，将与幼儿相关的小学、幼儿园及家庭都向幼儿靠拢，以便实现幼小双向衔接。

(二)入学准备

入学准备就是孩子上幼儿园时需具备一定的基本技能与知识，使其能较好地适应小学学习环境。入学准备不仅涉及儿童本身，还关系着整个家庭以及社会。入学准备包括但不仅限于语言、数学、社交及自理能力。对幼儿而言，入学准备工作的质量会对其小学学习与生活产生直接的影响。

本文中的入学准备是指幼儿想要顺利地适应小学阶段的校园生活，不仅需要幼儿园、小学教师长期的教育实践的综合，同时也需要对幼儿进行基本技能、知识、社交能力及自理能力的准备。

三、幼小双向衔接的现状分析

(一)幼儿入学准备的心理情况

为了了解本班现阶段 13 名幼儿入学准备的心理情况，通过调查问卷进行调查分析，得出了以下结论：半数以上幼儿是开心的，但一小部分幼儿比较担忧。本班现阶段 13 名幼儿入学准备的心理情况见图 1。大多数幼儿对认识新朋友、怕自己没有朋友较看重，需要教师及时引导和帮助。

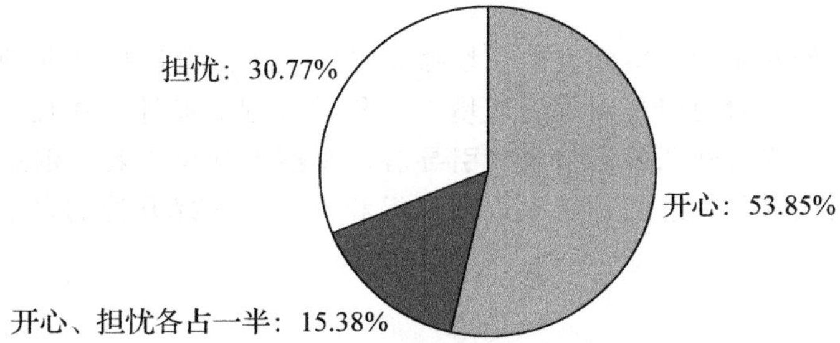

图 1　上小学的心情

(二)幼儿家长对于幼儿入学准备的认知

为了调研大班家长在大班幼儿入学准备认知上是否存在教育观念的差异，进行频数分析，结果如表 1 所示。

表 1　幼儿家长对幼儿入学准备的认知

问题	选项	频数	百分比(%)
您对孩子上学的心情	十分期待	3	23.08
	平静，顺其自然	5	38.46
	有一定的担忧	5	38.46

续表

问题	选项	频数	百分比(%)
您每天有充足的时间陪伴幼儿，并开展幼小衔接的相关教育	很少，几乎没有	1	7.69
	有，半小时左右	1	7.69
	有，一小时左右	2	15.39
	有，两小时左右	9	69.23
您的孩子是否有规律的生活习惯	大部分有	7	53.84
	有	3	23.08
	没有	3	23.08
您的孩子是否有自主学习、阅读的习惯	大部分有	4	30.77
	有	2	15.39
	没有	7	53.84
您的孩子上学后最令您担心的是什么	人际关系	2	15.39
	动作慢，做事磨蹭，跟不上小学的学习速度	4	30.77
	动作慢，做事磨蹭，跟不上小学的学习速度；人际关系	2	15.39
	动作慢，做事磨蹭，跟不上小学的学习速度；任务意识欠缺，不能完成成人交代的任务	1	7.69
	动作慢，做事磨蹭，跟不上小学的学习速度；课堂纪律；人际关系	1	7.69
	动作慢，做事磨蹭，跟不上小学的学习速度；课堂纪律；任务意识欠缺，不能完成成人交代的任务	1	7.69
	动作慢，做事磨蹭，跟不上小学的学习速度；课堂纪律；任务意识欠缺，不能完成成人交代的任务；人际关系	1	7.69
	课堂纪律	1	7.69
您认为幼小衔接过程中，哪个方面最重要	学习准备、心理准备、知识储备、任务意识	1	7.69
	学习准备、心理准备、知识储备、生活准备、运动能力、社会交往能力、任务意识	10	76.93
	学习准备、心理准备、知识储备、社会交往能力、任务意识	1	7.69
	学习准备、心理准备、知识储备、运动能力、社会交往能力、任务意识	1	7.69

从表1可知，家长对孩子上学的心情“平静，顺其自然”的比例为38.46%，“有一定的担忧”占比是38.46%。在“您认为幼小衔接过程中，哪个方面最重要”分布来看，大部分家长选择为“学习准备、心理准备、知识储备、生活准备、运动能力、社会交往能力、任务意识”，共有10个，占比为76.93%。

四、幼小双向衔接存在的问题的原因分析

首先，幼小双向衔接存在教育理念差异的问题。幼儿园关注幼儿全面发展，而小学关注学科知识学习与掌握，认为幼儿教育只是为幼儿升入小学打基础。其次，师资力量薄弱。幼儿园教师关注幼儿情感、认知和语言发展等，而小学教师则关注幼儿学科知识的掌握程度。所以，若师资力量不足，将影响到幼儿园幼儿与小学生的衔接问题。最后的问题原因在于父母。从调查情况看，有部分家长觉得幼儿园以玩为主，以学为辅，家长陪伴少；小学则以学为主。这样，幼儿就会对小学教师产生抵触情绪，从而导致幼儿不能很好地完成幼小双向衔接任务。

五、幼小双向衔接的改进策略

（一）社会环境的调整——幼儿入学准备的前提

社会环境的调整是幼儿入学准备的前提之一。在幼儿入学前，家长可以带孩子到学校附近的公园、图书馆等地方看看或者带领幼儿多参加学校的亲子活动等，这样幼儿会逐渐熟悉学校周边的环境和社会氛围。其次，学校也应该为幼儿提供良好的社会环境，如小课桌、与小学的哥哥姐姐交流入学经验等，让幼儿有更多的机会与其他孩子交流和合作。

（二）家庭教育的支持——激发幼儿学习兴趣

家庭教育是幼儿入学准备的重要环节，对幼儿学习兴趣的培养起着至关重要的作用。首先，家长应该注重幼儿的生活和情感需求，尽可能为孩子创造安全、稳定、愉悦的生活环境，以保证孩子在身心上的健康和稳定。其次，家长们应该注重启发孩子的好奇心和探究欲，鼓励孩子多问问题，多探索事物，从而激发他们的学习兴趣。最后，家长们还应该为孩子提供丰富的学习资源，如图书、玩具、游戏等，以帮助他们扩展知识面和提高学习能力。

（三）学校资源的利用——培养幼儿的自主能力

在大班幼儿入学准备的过程中，学校资源的利用对于培养幼儿的自主能力至关重要，如户外运动、故事比赛等。鼓励幼儿自己动手做事，让他们参与家庭决策等。通过家校合作，学校可以更好地发挥资源优势，帮助幼儿在学校和家庭中都能够得到有效的培养。

（四）教师的指导——引导幼儿的学习方式

在幼儿的学习中，教师的指导是至关重要的。幼儿的认知水平和学习方式与成人有很大的不同，因此教师需要有针对性地引导幼儿的学习方式。例如，可以通过游戏、歌曲等形式引导幼儿学习数学等基础知识。又如，可以通过提问、启发等方式引导幼儿思考，让幼儿在学习中体验到自主学习的乐趣和成就感。此外，教师还应该鼓励幼儿进行自我评价，让幼儿在学习中不断提高自己的学习能力。

六、结语

本文以我班实际开展的“幼小双向衔接”活动为例进行了深入剖析，并提出了相应对策和建议。我相信，在教育工作者和相关部门的共同努力下，幼小双向衔接的效果和质量将会得到进一步提高，为孩子们的未来奠定更加坚实的基础。

电子白板图解法在幼儿语言教学中的融合应用

中央民族大学附属中学丰台实验学校幼儿园　甄　萍

随着我国幼儿教育事业的发展，幼儿教育的目标要求发生了很大的变化。在新的教育形势下，借助各种方式帮助幼儿实现深度学习，是促进幼儿多种能力发展、基础性素养提升的有效手段，同时也是实现幼儿教育目标，推动幼儿教育活动持续、深入推进的重要途径。下面将结合教学实践，以基于电子白板的图解法为例，对语言教学中绘本阅读教学推动幼儿深度学习的策略进行探讨。

一、图解法对于幼儿教育的价值

图解法是指将幼儿教育活动中某个具体的目标、内容，以符合幼儿认知特点，且内容简单、鲜明、生动的图画、符号等形式展示出来，以此提升幼儿的学习兴趣，增进幼儿对活动内容的理解，提高教学质量和效率，促使其在深度学习中实现自身能力的发展。图解法教学模式主要有两种形式，一是具象形象式图解，二是抽象性图解。将图解法引入幼儿教育活动，不仅可以直观、形象地显示出完成某项学习内容的方法和过程，还可以以形象化的图片、符号弥补教师口头讲解或短暂、有限的示范教学存在的不足，可以更好地保留、重现教学内容，以此促进幼儿识记水平、想象力、模仿力、对比分析能力的发展。此外，在幼儿教育活动中引入图解法，还可以为幼儿创设轻松的学习氛围，同时借助丰富、生动、有趣的图片、符号对幼儿造成视觉冲击，吸引幼儿的注意力，在此基础上锻炼幼儿的观察能力、探究能力、语言表达能力、思维能力、创造力，因此图解法逐渐成为幼儿教育活动常用的教学模式。本文将基于电子白板，对图解法在幼儿语言教学中的应用策略进行探讨(见图 1)。

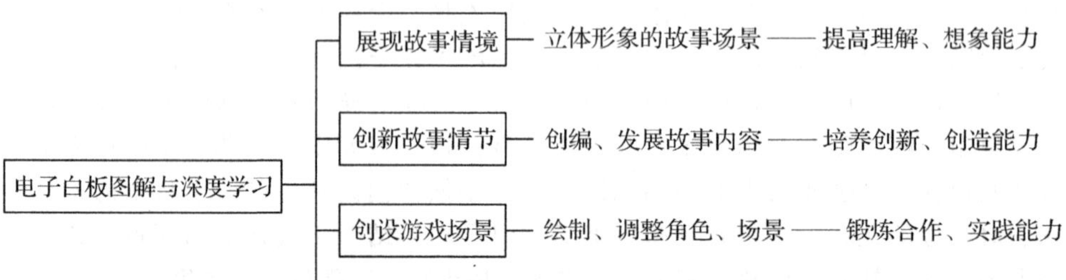

图 1　本文思维导图

二、基于电子白板的图解法的绘本深度学习实践策略

(一)展现故事情境，驱动深度学习

基于电子白板的图解法绘本深度学习活动中，教师首先应利用电子白板集图、声、形于一体的演示特点，借助于图解法，结合幼儿的兴趣点为幼儿展示与绘本故事有关的情境，以此营造生动、形象、立体的学习场景，打造沉浸式学习空间，充分激发幼儿的参与热情，促使幼儿主动投入深度学习当中。

以《卡卡莫特岛》绘本故事深度学习活动为例。幼儿们在自由活动时间进行自主阅读时，对这个故事产生了浓厚的兴趣，并围绕这个故事展开了讨论。过程中，幼儿们提出了很多问题，如古古乐和小伙伴们是怎样跟海豚一起玩耍的？被风暴袭击时，他们是怎么渡过难

关的？在大雾里大家是怎么找到方向的？……但由于幼儿的认知有限，对这些问题并未找出满意的答案，于是有幼儿跑来请教老师。了解到这个情况后，教师萌生了基于电子白板采用图解法为幼儿讲解绘本故事，促进幼儿深度学习的想法。随后，教师对幼儿提出的问题进行了汇总，并组织幼儿集体阅读了这个绘本故事。在这个过程中借助电子白板、结合故事内容，通过提示、启发的方式，引导幼儿运用已有知识和经验对之前提出的问题进行了自主思考和讨论，并根据幼儿的思考、讨论结果，将古古乐与小伙伴们前往卡卡莫特岛的每一个环节，以详细的图解方式呈现出来，让幼儿直观、形象地了解古古乐和小伙伴们的每个活动细节，解除幼儿的各种问题和疑惑。

基于幼儿的兴趣点、探究点，基于电子白板采用图解法引导幼儿自主思考提出各种问题，并将整个故事内容以更加详尽、细致的图片、声音、符号相结合的方式呈现给幼儿。这样的方式，不仅可以为幼儿创设生动、立体的沉浸式学习空间，给幼儿带来强烈的视觉、听觉冲击，进一步激发幼儿的参与热情，还可以引发幼儿通过思考、讨论，增进对故事内容的理解，实现深度学习。

（二）创新故事情节，推动深度学习

基于电子白板的图解法的绘本深度学习活动中，幼儿们往往会对故事内容提出很多新颖、有趣的设想。教师应重视幼儿的这些想象、设想，在此基础上引导幼儿对绘本故事进行改编、创新，并借助电子白板进行绘制、讲解，帮助幼儿厘清创作思路，创作出完整、有趣的故事内容，进一步推动幼儿的深度学习。

仍以《卡卡莫特岛》绘本深度学习活动为例。幼儿在学习完绘本故事内容后，对这个故事产生了很多丰富的联想和想象。有的幼儿说，可以给古古乐和他的小伙伴们配一架直升机，这样他们就不用经历大海上遇到的那些危险了，还可以随时出发帮助更多的动物解决困难；有的幼儿说，可以邀请奥特曼加入古古乐的队伍，这样大白熊一下子就被打败了；有的幼儿说，古古乐可以让大白熊跟他们一起回农场，大白熊那么有力气，肯定能帮农场解决很多问题……对于幼儿们的这些想法，教师给予充分的肯定，并鼓励幼儿调动自己的想象力对故事情节、内容进行更多的设想。随后，教师引导幼儿借助电子白板将自己对于故事的设想用一幅幅图画展示出来，并配上适宜的声音等元素。幼儿自主创作完成后，教师组织幼儿根据自己创作出来的一幅幅图画，为小伙伴们讲解自己对于故事的构想，并引导幼儿们对每位幼儿的创作进行评价。然后，引导幼儿结合小伙伴们的评价、建议，对自己的故事画面进行补充、调整、完善，创作出更加丰富、有趣的故事内容。

基于幼儿对故事的想象，引导幼儿借助电子白板创作出全新的故事内容，并引导幼儿借助于一幅幅图画对故事进行讲解。这样的方式，不仅可以锻炼、培养幼儿的想象力、创造力，还可以锻炼、培养幼儿的动手能力、语言表达能力、逻辑思维能力，促进幼儿深度学习能力的发展。

（三）创设游戏场景，推进深度学习

基于电子白板的图解法的绘本深度学习活动中，幼儿们不仅会对故事内容产生丰富的想象，还会生发出很多有趣的游戏构想，这些都是教师拓展、延伸学习内容，推进幼儿深度学习的良好契机。

在《卡卡莫特岛》绘本深度学习活动中，教师在借助电子白板采用图解法引导幼儿学习、创编了故事内容后，幼儿们对于这个故事的兴趣更加浓厚了。很多幼儿在活动过程中会运用自己的想象力，模仿原故事及自己创作的故事里的各种角色的神态、表情、动作进行表演。看到这个情景，教师萌发了基于《卡卡莫特岛》及幼儿创编的故事内容，引导幼儿自主

创设角色游戏的想法。由于故事中涉及的角色很多，需要以小组的形式进行表演，教师又组织幼儿从原故事、幼儿自主创设的故事中选取了三个大家最喜爱的故事，并引导幼儿自主创建了游戏小组，每个小组选取一个故事进行表演。准备表演的过程中，教师引导幼儿将需要表演的角色及故事情节的发展变化过程，运用电子白板工具进行分析、演示。例如，运用电子白板设计、调整每个角色的形象、神态、动作、语言；根据表演过程中的环境和场景变化设计、调整相应的画面，并借助于电子白板投放到大屏幕上，作为动态的舞台表演背景。这样的方式，可以将表演过程以一种更加直观的方式展示在幼儿面前，为幼儿改进、提升表演内容提供便利。

（四）提供评价参考，发展深度学习

基于电子白板的图解法绘本深度学习活动中，幼儿身处学习、创作、表演活动环节时，其深度学习能力也在一步步推进，但部分幼儿对于深度学习的认知存在一定的滞后，因此需要通过活动后的总结、分析、评价，推动其深度学习能力的有效发展。

仍以《卡卡莫特岛》绘本深度学习活动为例。在活动结束后，教师组织幼儿对活动过程中自己及小伙伴的表现，以及活动各个环节的组织、创设情况等进行了评价。评价过程中，教师借助电子白板利用图解法展示了整个活动过程的每个活动环节。其目的是让幼儿完整地回顾每项活动内容以及自己和小伙伴们在活动中的表现，在此基础上思考、分析自己及小伙伴在每项活动、每个环节中表现出来的优点及不足，促使其在自我反思、聆听其他小伙伴评价的过程中，较为客观地认识到自己需要继续保持的地方、需要改进的地方以及需要进一步提升的地方。同时，通过参与评价活动，了解、认识此类游戏活动的价值，今后开展此类活动时应该注意的问题，并在总结、分析此次活动的过程中，快速积累和汲取丰富的生活经验、学习经验。这对于幼儿深度学习能力的发展有着极大的推动作用。

教师基于电子白板采用图解法，引导幼儿对《卡卡莫特岛》绘本深度学习活动进行了回顾、分析、总结、评价。这样的方式，不仅可以开阔幼儿的认知视野，增进幼儿之间的交流，还可以促进幼儿思维能力、表达能力等多种能力的发展，丰富幼儿的知识结构、经验体系，推动幼儿深度学习能力的进一步发展。

三、结语

总的来说，基于电子白板采用图解法引导幼儿进行深度学习，是培养幼儿思维能力、探究能力、想象力、创造力、实践能力等多种能力的有效途径，同时也是推动幼儿深度学习的重要手段。教师应深入发掘信息技术、各种教学模式在幼儿教育中的价值，通过合理整合、利用信息技术为幼儿创设更加丰富、有趣的学习空间，更好地调动幼儿的学习积极性，促使其在主动参与学习活动的过程中，实现自身深度学习能力的有效发展，为其日后学习、生活奠定良好的基础。

红色基因传承下的幼儿园户外活动构建探析

湖北省武汉市江岸区路珈山街幼儿园　张　添

《幼儿园教育指导纲要（试行）》指出，要充分利用社会上的一些资源，让幼儿感受我们祖国的文化，亲身经历家乡的变化和发展，以此来激发幼儿热爱祖国、热爱家乡的情感。而红色文化作为国家发展建设的一部分，对于开展幼儿爱国教育有着积极的影响。通过开展红色基因传承下的户外活动，能够让红色文化走进幼儿园，让幼儿在户外活动中接受良

好的爱国主义教育，促进幼儿的发展。

一、红色基因在幼儿园户外活动中的教育优势

随着社会的不断发展，多元化的文化出现在我们的生活当中，思想文化的相互碰撞也为社会和生活带来了新的活力。幼儿阶段年龄较小，心理发展不成熟，区别是非的能力有限，因此，需要教师给予正确的引导，帮助幼儿形成正确的意识和观念，助力幼儿未来的成长。红色基因文化在幼儿园户外活动中具有以下几点优势。

第一，让幼儿感受现在的幸福生活来之不易。幼儿都出生在和平的年代，不了解我国的近代历史，基于红色基因传承的背景开展户外活动，能够让幼儿了解到一些革命烈士的故事。通过开展活动、讲述故事等途径，使得幼儿明白如今的幸福生活是来之不易的，让幼儿学会珍惜当下的生活。

第二，让幼儿传承发扬革命的精神。幼儿是一个发展中的人，学前阶段也正是幼儿思想能力、意识观念形成的核心阶段。教师基于红色基因背景开展幼儿园户外活动，可以对幼儿形成思想精神的统一，让幼儿感受革命烈士顽强不屈、拼搏奋斗的精神，进而实现精神的传承和发扬。

第三，激发幼儿的情怀，促进价值观形成。幼儿目前的思维处于具体的形象阶段，对于一些事物的了解仅仅停留在表面。因此，基于红色基因背景开展户外活动，可以通过红色文化渲染背景，调动幼儿的情感，通过生动、形象的方式来激发幼儿对于一些革命事迹的情感外溢，让幼儿循序渐进地形成情感价值观，进而更好地感受到红色文化的魅力所在。

二、基于红色基因传承下的幼儿园户外活动构建策略

（一）创设户外环境，激发幼儿表现欲望

《幼儿园教育指导纲要（试行）》中提到，环境对于幼儿发展来说是重要的资源，应该通过环境的创设来激发幼儿参与活动的兴趣，以此来促进幼儿的发展。因此，为幼儿创设良好的环境，是促进幼儿发展的重要因素。基于红色基因传承的背景，我园在户外活动中创建了“冲锋小战士”活动场所，在户外区域为幼儿准备障碍网、冲锋号、轮胎、滚筒等玩具，在游戏活动中可以有效地锻炼幼儿滚、爬、跳跃等多项运动的技能。比如，在户外环境中，为幼儿准备障碍物，让幼儿跳跃障碍物，走平衡木，并且为幼儿播放音乐，让幼儿像一个小士兵一样，不仅长气势，还有效锻炼了幼儿的跳跃能力和平衡能力。另外，我们还利用幼儿园周边的地形，设计了适合大班幼儿攀爬、跑钻等动作发展的户外区域，并且设计“爬绳网”“滑索道”“绳索荡桥”等项目，在让幼儿的多项技能得到锻炼的同时，还可以培养幼儿勇敢、坚强、敢于挑战自我的良好品质，这都是红色文化基因的传承。

（二）投放红色材料，开展本土户外活动

一些新颖的活动器材能够调动幼儿的积极性，引导幼儿主动参与进来。除了为幼儿创设新颖的户外环境之外，我们幼儿园还结合当地的红色文化，购置了一些体育器材，为幼儿提供各种各样的玩具，打造了一个富有红色文化资源的户外运动环境，真正实现户外运动的本土化。比如，我们投放了幼儿迷彩服装、手榴弹玩具等材料，并且在美工区域对材料进行筛选和改造，利用一些废旧的物品来制作红色材料，将轮胎和麻袋垒成一个个战壕，用迷彩布制作成一个充满奇幻的森林……在投放材料的过程中，也可以让幼儿参与进来，自己动手制作一些独特的材料，使得幼儿的思维能力在这一环节得到充分发展。另外，我们还可以运用一些影视材料，组织幼儿观看《地雷战》《小兵张嘎》等红色系列的电影，让幼儿的思想情感得到启发，这也是红色基因传承的一部分。

（三）开展红色游戏，发扬传承红色精神

户外活动是幼儿一日活动当中至关重要的内容，也是促进幼儿全面发展的重要途径。在红色基因背景下，教师可以运用户外区域当中的一些材料，为幼儿创设多元化的游戏活动，让幼儿的意志得到充分锻炼。比如，在这一背景下，我们开展了“革命长征——两万五千里”主题活动，其主要的形式就是引导幼儿自主规划户外活动当中的器械，让幼儿形成教育联想，达到红色教育的目标。在活动开始之前，教师对幼儿分享：“红军叔叔长征的路十分艰辛，他们翻越了一座座雪山、跨越了一条条长河，那么，我们在幼儿园当中，应该如何模拟长征呢?”孩子们在听到这个问题之后，纷纷发表自己的意见：“我们可以将沙坑区制作成沼泽地!”“我们可以把攀爬架当作一座座雪山!”“在手工区我们还制作了手榴弹!”在孩子们激烈的讨论下，我们初步拟订了户外活动中的游戏元素，确定基本的“战场”。随后，教师再一次提出问题：“在长征的路上，会发生哪些事情呢?”通过问题的形式引导幼儿再一次讨论，让幼儿的思维和语言表达得到发展。在最后的主题活动中，通过开展“闯夺关卡”“夺取阵地”等一系列的活动，让幼儿感受到红军叔叔顽强拼搏的精神，不断地深化幼儿对于红色文化的理解，实现红色精神的传承和发扬。

（四）探访红色场所，亲身感受红色资源

武汉作为首义之城是国家的红色基因库，有着众多的“红色地标”，相比较于红色故事、红色歌曲来说，红色的文化场所更能够让幼儿真实感受到红色资源的魅力，体会到红色精神。当然，探访一些红色的文化场所，还需要借助家园共育，让家长也参与到教育活动当中。《幼儿园教育指导纲要（试行）》中提到，“家庭是幼儿园开展教育的合作对象，应该基于尊重、平等、合作的基础上，让家长积极参与进来，实现共同教育”。我园黎黄陂路园区受到汉口红色文化的熏染，借助近邻的八七会议纪念馆、宋庆龄故居等博物馆，开展系列红色主题教育，开展的“用活红色资源，点亮红色星火”小小讲解员主题活动在学习强国平台宣传发布，赓续红色血脉，传承家乡文化，弘扬红色精神。

三、结语

历史并没有被遗忘，红色文化资源对于幼儿的影响是巨大的，在幼儿的户外活动中、在幼儿感兴趣的游戏中、在幼儿的语言表达中、在幼儿的真实感受中……充分利用一些红色文化资源，将红色基因融入幼儿园的户外活动当中，通过一点一滴的浸润，让幼儿能够在红色的文化氛围当中去学习、去游戏，从中收获启蒙，在心中深深地种下一颗爱国的种子，引导幼儿从小就萌发爱国的情怀，感恩党和国家，传承和发扬红色精神，实现幼儿的全面发展。

赓续百年初心，担当育人使命

北京有色金属研究总院幼儿园　何　荃

为了进一步贯彻落实“七一”重要讲话精神，铭记百年奋斗历程，传承红色基因，赓续建党初心，弘扬伟大建党精神，弘扬尊师重教风尚，我园全力推进幼儿园管理创新，切实担当为党育人、为国育才的光荣使命。

北京有色金属研究总院幼儿园成立于1952年，至今已有70多年的历史，在全园教职员工的共同努力下，我园顺利通过北京市质量督导评估A级验收，先后被评为北京市市级示范园、海淀区卫生保健区级示范园，跻身优秀幼儿园前列。现将我园在管理中的亮点分

享如下。

一、强调目标管理，制定幼儿园发展规划

结合幼儿园自身状况及外部条件，在国家教育方针和幼教培养目标的指引下，分别制定出切实可行的长期、中期、短期目标和发展规划，将其作为全园教职工的奋斗方向。

我园总结2018—2021年幼儿园三年发展中的优势和不足，制定2021—2024年三年发展规划，将思想建设、文化建设、精细化管理、队伍建设、保教工作、保健工作和后勤工作作为重点工作，年度分解，措施翔实，做到带头抓落实，善于抓落实，层层抓落实。

二、加强思想引领，促进幼儿园科学规范管理

(一)赋能党政工团，践行使命担当

以习近平新时代中国特色社会主义思想为指导，深入学习贯彻习近平总书记关于教育的重要论述，深入领会党的教育方针科学内涵、核心要义和精神实质，坚决维护党对教育工作的全面领导，牢固树立"四个意识"，坚定"四个自信"，做到"两个维护"，自觉在思想上、政治上和行动上同以习近平同志为核心的党中央保持高度一致，不断提升园所教书育人的质量和水平。我园将党建工作融入日常管理工作，与园所文化相结合、与队伍建设相结合，全面提升园所管理质量。

我园充分发挥党政工团的战斗作用，组织丰富多彩的业余活动，加强幼儿园的文化建设、理想信念，提升教职员工的政治素养，增强团队的凝聚力，营造讲政治、讲正气，民主、和谐的教育环境与工作氛围。带领所有教职员工积极开展党史的学习，弘扬党史文化。

我园始终坚持"以人为本"，在园所文化精神的引领下，幼儿园实现人本管理，让教师参与幼儿园管理与发展，尊重教师的想法和意见，开展园长分层谈心，真诚了解老师们的需求，切实帮助老师们解决实际问题，营造尊重、和谐的幼儿园氛围。

(二)优化幼儿园管理制度

幼儿园管理制度作为幼儿园管理工作中的重要指导内容，其科学性会直接影响教职员工的工作热情与主动性，因此想要促进幼儿园管理水平的进步，就必须要对幼儿园管理制度做进一步优化。

1. 做好对幼儿园管理体制的创新

通过对幼儿园发展理念的理解，结合我园的实际发展现状，建立起园长负责、教师管理的民主集中制管理制度，这样既可以给予教师一定的归属感，让他们参与到幼儿园的管理工作当中来，又为幼儿园决策的民主化、科学化目标实现提供支持。

2. 做好对幼儿园运行机制的创新

我园在充分发挥党组织在幼儿园管理工作当中核心地位的同时，积极地引进和融入其他部门，使幼儿园能够形成一个全体参与、上下一心的管理模式，为幼儿园的进步提供最佳动力。

3. 积极融入激励机制

将对幼儿园中层干部的激励机制融入幼儿园管理工作中，能够从客观上督促幼儿园管理人员不断提升自我素质，并给予管理人员充分的认可，进而更好地激发出他们的工作热情，为幼儿园管理工作的进步提供支持。

三、坚持立德树人，加强专业引领，抓好教师队伍建设

(一)高度重视师德师风建设

幼儿园稳定教师队伍，加强思想道德教育是迫在眉睫的工作。可通过开展多种形式的理论学习和师德演讲活动，使职工明确师德建设的目标、规范，树立正确的人生观、价值

观和世界观。多渠道促使教职工树立主人翁意识，在内部形成强大的凝聚力，发挥出教职工的积极性、主动性。

我园积极开展师德师风和廉政教育主题活动，建立幼儿园师德师风及党风廉政建设制度，每月对全体教职工进行师德师风评价，每学期表彰师德先进个人，建设一支师德高尚、业务精湛的教师队伍。

(二)加强专业引领，打造高素质团队

一方面，干部率先提高专业素养，立足管理实践，借助规划和计划的制定和执行过程、行政例会、学期总结等开展管理交流提升。另一方面，开展教育研究，助力教师专业发展，建立教科研领导小组，紧紧把握教研前找准问题、教研中激起质疑、教研后注重反思的“三阶段教研”重点，在螺旋式的教研过程中，提高教研实效性，提升教师的专业化水平。

(三)分层培养，打造师资队伍

我园按照教职工队伍三年规划，将教职员工细化为干部、教师、保育员、保健员及后勤人员等五种类型，设定骨干、成熟、成长、新职等四阶段标准，做到人人有定位、岗岗有目标，促进全体教职员工进阶成长。

第一，通过教科研培训、园本教研活动，新职型教师向成长型教师推进，成长型教师向成熟型教师推进，成熟型教师向骨干教师推进，不断优化幼儿园教师梯队建设，提升幼儿园教师队伍整体教学能力。

第二，加强新入职教师培训力度，从儿童观、教育能力和家长工作等方面全方位培养。

第三，“走出去”与“请进来”相结合，给骨干教师提供更多外出培训的机会，把幼教专家请进课堂进行现场指导和有针对性的讲座、研讨。

四、构建有爱、有趣和有益的园本课程，支持幼儿自主发展

我园努力构建支持幼儿自主发展的园本课程，以“以爱育爱、有声有色”为课程理念，弘扬爱的文化，营造爱的氛围，构建“爱在四季”园本课程；以培养“阳光、自主、乐学的儿童”为课程目标，整合“有爱—友爱，有趣—有益”的课程资源，建设专业化的课程团队，以春夏秋冬四季的活动为课程线索，以情感教育、北京特色、传统文化为课程资源，丰富“爱在四季”课程主题，建设有声有色的园本课程。

(一)在有爱的课程中支持幼儿收获情绪情感的发展

爱是办园的根基，让孩子从小感悟爱、体验爱、收获爱，将是孩子童年最美好的回忆。孩子的爱，包括对祖国、对社会、对父母、对同伴、对自己、对环境的爱，是多元的、多样的。例如，我们开展的“爱的抱抱”“让爱飞起来”“妈妈的味道”等活动，让孩子们在体验与参与中收获情绪情感的发展。

(二)在有趣的课程中支持幼儿收获真正的游戏乐趣

幼儿园课程最主要的特点是“好玩儿”“有趣”，让幼儿能够“动起来”“玩起来”，真正实现“在玩中学”“在做中学”，符合幼儿学习与游戏的特点。例如，可以开展“探秘故宫”、“金秋艺术节”、合唱节、“大师的画”、运动会、“阅读节”、“科技节”等活动，关注幼儿原有的经验与水平，开展适合幼儿年龄特点的游戏与活动，让幼儿在玩中、在操作中收获真正的游戏乐趣。

(三)在有益的课程中支持幼儿长远发展

课程不仅要立足孩子当下的发展，还要关注到孩子作为一个完整的人的长远的发展，教育要有长远眼光，课程也要有深远意义，这种意义是来源于孩子的生活经验的。例如，开展“重阳敬老”“传统节气——冬至”“科学家进校园”等活动，让孩子不断开阔视野、开阔

眼界，丰富生活经验，感知生活的乐趣。

户外自主游戏中推进幼儿深度学习的反思策略

——以大班户外自主游戏“小小野战营”为例

新疆维吾尔自治区呼图壁县第六幼儿园　张馨宇

在户外自主游戏的过程中，我们常常看到幼儿做着简单、重复且低效的游戏，这不利于其深度学习。究其原因，主要是因为幼儿园与教师出现了游戏误区，放任幼儿游戏，认为游戏的目的在于让幼儿开心地玩。为此，教师应及时转变教育理念，完善自主游戏开展策略，探究更加适合幼儿的游戏方式。

一、捕捉游戏兴趣，引发深度学习

在一次户外游戏中，一群喜爱要枪的幼儿将板鞋、球拍、水管等当成枪进行射击游戏，穿梭在操场的各个角落，嘴里还不停地喊：“咻咻，咻咻，冲啊!”场面一片混乱，而且严重干扰了操场上其他班级幼儿的户外活动。为了避免影响其他班级幼儿，笔者安排几个幼儿扮演坏人，并对其他幼儿提出建议：“孩子们，后花园的小山坡上好像有坏人，要不你们帮老师看看，注意隐藏，别让坏人看到哦!”孩子们兴冲冲地跑到后花园的小山坡上，操场上一下子安静了，游戏也有秩序了。户外自主游戏能够有效促进幼儿想游戏、真游戏的需求，而自发的游戏行为也是幼儿游戏兴趣、经验水平的生动体现。从游戏中可见，幼儿对于“打仗”的游戏很感兴趣，想象力丰富，以物代物的能力越来越强。幼儿的角色意识、任务意识被大大激发，为了能更好地隐蔽，有的幼儿假装中弹倒在草地上，有的幼儿在草地上匍匐前进，他们各个有模有样；个别幼儿还能进行联合游戏，邀请同伴合作捕捉对手，幼儿的合作意识开始萌发，游戏也变得秩序井然。

二、丰富游戏经验，促进深度学习

在深度学习中，迁移与应用是重要的学习方式。从上文可以看出，户外自主游戏“打仗”看似是一场激烈的游戏，奔跑、追逐、捕捉，可当教师真正走近幼儿，会发现幼儿缺少相关的游戏经验，只是单纯地追逐玩闹，没有游戏情节延伸。因此，教师要善于搭建游戏支架，丰富幼儿的关键经验，推动游戏情节不断发展，促进幼儿更加主动地投入游戏中。

(一)多渠道丰富游戏关键经验

教师要关注幼儿游戏的关键经验，鼓励幼儿多渠道搜集与游戏主题、游戏角色相关的信息。例如，开展户外自主游戏“小小野战营”前，教师组织幼儿通过观看军营纪录片、实地参访、网上查找资料等方式获取游戏相关的关键经验，知道军队都有什么人，军人平时怎么生活，日常都有哪些训练、怎样练，战场上有人受伤怎么办等内容。游戏中，由于有前期经验的收集，幼儿们能够结合自身已有经验迁移应用，增加游戏情节，游戏不再停留在原来的嬉戏玩闹上。幼儿社会交往能力不断增强，懂得商量，通过“黑白猜”“剪刀、石头、布”的方法分配角色，角色意识也逐步增强；同伴间的合作意识明显增强，部分幼儿懂得与同伴合作攻击对方，游戏趣味性增加，深度学习也悄然发生。

(二)捕捉闪光点，丰富已有经验

每个幼儿都是独一无二的，他们身上都有闪光点，是珍贵的资源库。游戏中，教师要有一双慧眼，捕捉幼儿的闪光点，启发幼儿相互学习，引导幼儿拓展游戏经验、获得新的

认知，特别是游戏中以及游戏后的回顾，尤其重要。

三、提供丰富材料，支持深度学习

幼儿的智慧来源于操作，而操作要借助于环境及材料。丰富的游戏材料是幼儿开展游戏的前提，也能调动幼儿活动的积极性，游戏材料越丰富越能激发幼儿的想象力和创造力。因此，在助推幼儿深度学习的过程中，游戏材料的支持与辅助至关重要。教师要善于关注幼儿在游戏中的关键经验，提供适宜的游戏材料，让幼儿自主寻找材料、选择材料、讨论材料、探究材料、运用材料、增减材料、创造材料，在与游戏情境、材料的互动中丰富游戏体验。

（一）多元化、多层次

在户外自主游戏中，教师要为幼儿提供多元化、多层次的游戏材料，允许幼儿跨区域选择适宜的游戏材料，满足不同幼儿的个体差异，让幼儿在自然生动野趣的环境中释放天性，获取多元的游戏体验。例如，在户外自主游戏"小小野战营"中，教师要允许幼儿跨区域选择材料，允许他们搬来班级角色区的医药用品、体能区军绿色的海绵垫来进行游戏。游戏中幼儿的社会交往能力不断提升，游戏情节越来越丰富，同伴间的合作意识也增强了。

（二）低结构、可变化

低结构材料简单、可变性强、可塑性高，能给幼儿提供丰富的自由想象空间。因此，在户外游戏中，教师可以设置一个专门投放低结构材料的供给站，满足幼儿在游戏中的创造性使用。例如，在户外自主游戏"小小野战营"中，教师可以投放竹子、PVC管、报纸等低结构材料。游戏中，幼儿可以运用报纸制作纸球当炸弹，用水管搭建坦克……不仅满足了幼儿游戏探究的需要，更发挥了想象力和创造力，还实现了幼儿在游戏中的多元体验和深度学习。

四、创设问题支架，推动深度学习

陈鹤琴先生说过："儿童的世界是儿童自己去探索、去发现，他们自己所求来的知识才是真知识，自己所发现的世界才是真世界。"由此可见，儿童具有主动学习、自主建构经验的能力。作为有能力的学习者，不同的幼儿在与同伴、环境互动中会产生异于别人的经验与认知。因此，当幼儿出现问题无法继续游戏时，教师要善于组织幼儿聚焦活动中的核心问题进行交流讨论，将幼儿的个别经验转化为集体经验，引导幼儿分享不同感受，从而帮助幼儿从不同角度看问题，加深幼儿对已有经验的理解，并在此基础上进行反思，形成新经验，推动游戏发展。

五、反思游戏计划，优化深度学习

游戏计划指的是幼儿依据自己的想法用喜欢的创意符号、非正式的图画或语言等形式表述即将开展的游戏。基于游戏案例解读幼儿在活动中的深度学习，游戏计划尤其重要。在幼儿游戏的过程中，教师应让反思游戏计划伴随游戏的始终，促进幼儿深度学习，在其幼小的心灵埋下思辨的种子。

游戏前，教师要追随幼儿的兴趣需要，捕捉有意义的教育契机，把游戏的主动权还给幼儿，引导幼儿确立游戏的主题、计划，并付诸实践。同时，教师要为幼儿制订游戏计划留有充足的时间，将计划看作游戏的一部分，引导幼儿讨论怎么玩、在哪玩，不断反思与调整，提升幼儿对游戏的整体规划，使游戏更有目的性。

游戏中，教师要引导幼儿做游戏计划的执行者、评价者。当幼儿游离于游戏之外时，教师应参与游戏，引导幼儿讨论"你们的游戏计划是什么、需要什么材料、怎么安排"等问题，促进幼儿在游戏中不断反思，成为自己游戏的评价者，全身心地投入游戏当中，并能

积极采用多种策略解决游戏中出现的问题，提高深度学习的可能性。

游戏后，教师要反思、完善游戏计划，推进游戏深度开展。当幼儿形成“计划—实施—回顾”循环模式后，教师可以引导幼儿不断思考、完善、补充游戏计划，因为趋于成熟的计划在游戏实施时更有目的性，游戏中的深度学习就能自然而然地发生了。因此，游戏后教师要善于通过录像、照片等形式帮助幼儿回忆游戏情节，与幼儿一起讨论问题，提出需要改进的地方，不断完善游戏计划，实现幼儿在户外自主游戏中的深度学习。户外自主游戏“小小野战营”正是在同伴间一次次的讨论、完善中，通过“简单混乱的对战游戏—丰富的情境布置与材料使用—出现丰富的角色—明确游戏规则—合作解决游戏中的问题”等环节，不断促进幼儿在户外自主游戏中实现深度学习。

总之，在户外自主游戏中推进幼儿深度学习，首先，教师要秉承儿童本位教育观，相信幼儿是有能力的学习者和沟通者，充分发挥幼儿的积极性、主动性、创造性，尊重幼儿的兴趣、需要，把游戏的权利还给幼儿。其次，教师要聚焦幼儿游戏的兴趣焦点，关注幼儿游戏的关键经验，搭建经验支架、材料支架、问题支架等游戏支架，让幼儿不断完善游戏前期规划、构建游戏经验，有效促进幼儿持续、深度学习，提高幼儿自主游戏水平。最后，教师还需要不断提高自身的专业素养，提升幼儿的行为观察能力，从自主游戏制约幼儿深度学习所存在的问题中摸索出切实可行的解决途径及策略，保障幼儿在户外自主游戏中深度学习。

聚焦倾听习惯　助力幼小衔接

北京市通州区张家湾镇牛堡屯中心幼儿园　李一卉

随着国家“双减”教育的落实、创造教育的提出，幼小衔接已经不仅仅是智力与学业上的准备，更是学习习惯、生活习惯上的准备。倾听就是细心听别人说话，是幼儿接触社会、接受信息的手段之一。《幼儿园教育指导纲要(试行)》指出，培养幼儿注意倾听习惯，发展语言理解能力。可见，在幼儿期培养倾听习惯尤为重要，以下便是基于这一目标拆分提出的具体实施路径及策略。

一、“兴趣”是培养幼儿倾听习惯的关键

(一)善分析，寻问题

俗语说得好，“兴趣”是孩子最好的老师。由于孩子的年纪较小，所以孩子们往往对其感兴趣的童话故事、童谣、儿歌等百听不厌，对感兴趣的游戏也百玩不厌，而一旦让孩子听一些他们感到没有趣味的故事、玩一些感到无趣的游戏，孩子们就会注意力不集中，毫无兴趣。根据这个特点，老师需要开展一些孩子感兴趣的活动，从而培养孩子的倾听习惯。

(二)巧引导，探新路

《幼儿园入学准备教育指导要点》以幼儿的学习兴趣为氛围培育孩子好奇好问的精神，助力孩子形成良好的读书惯例，增强孩子自主读书的兴趣爱好和一定的能力，并指出要顺应孩子身心规律，抓住关键点并把这些准备的教育内容纳入孩子的一日生活与游戏；指导儿童采用直观感受、实际操作和亲身感受等方法累积经验，逐步进行相应的准备。基于此，我们在支持幼儿倾听能力中提出了科学化及联动化的策略，经过观察、互动、参观、实践、游戏、主题活动、日常生活，助力幼儿的学习能力得到一定提升，帮助幼儿在未来更好地适应小学生活。

比如，3—6 岁的幼儿都很喜欢小动物和一些卡通人物形象。教师在教育活动准备时可以以小动物和卡通人物为媒介作为教具。在讲述的时候进行演示，使抽象的道具形象化、具体化。又如，幼儿喜欢玩各种游戏，我们还可以通过日常的一些过渡环节，或者放学之前的时间做一些游戏来培养幼儿注意倾听的习惯。例如，幼儿坐成一圈玩传话游戏，或者是“咄咄咄，谁来了”以及“我说水果你来拍”等游戏，教师可以在游戏时调整音量的大小来集中幼儿的注意力。幼儿也非常喜欢夸张的语言和动作，教学中教师要注意教学语言的表达应该抑扬顿挫、绘声绘色、富有童趣，还应配上相应的动作和丰富的表情等，使幼儿乐于倾听。总之，只要幼儿感兴趣，就能激发他们倾听的欲望。

二、“环境”是培养幼儿倾听习惯的保证

（一）巧发现，勤思考

幼儿园的教育环境是相对放松的，所以，在一种轻松的教学氛围中，幼儿在听到自己知道的问题后，基本上不会出现举手的行为，他们会在课堂上直接回答。如果对这种习惯不进行纠正，孩子们在步入小学以后，既无法认真思考问题，又会严重干扰班级的纪律，最后直接影响了孩子的学业。幼儿园的学习和生活一直保持着轻松的教学氛围，所以幼儿往往没有形成较好的倾听习惯，尤其当别人发言或者老师讲话时，往往会打断。这不但严重影响了班中教学的纪律，而且导致幼儿在不懂得聆听的前提下，没有形成考虑问题的习惯，当孩子们步入小学以后，势必因此产生困难。因此，我们应该先在大班课堂上专门针对孩子的问题，明确认真聆听这一观念，让幼儿逐渐形成倾听的学习习惯。

（二）善发现，齐进步

在大班开展教育活动的过程中，教师需要采取正面评价和指导来培养孩子举手的良好习惯，对举手的孩子予以全面的鼓励，在同伴间相互影响的环境中，幼儿通过同伴之间相互学习来要求自己的行为。

例如，在幼儿园数学“小刺猬的项链”教学活动中，起初教师出示小刺猬项链的规律时，提出相关问题，如：小刺猬的项链下一颗会是什么颜色呢？问题提出以后，课堂中一定存在幼儿随机回答、脱口而出的现象，此时我们应选取举手的幼儿进行解答，不管答案合理与否，也应肯定幼儿举手回答的行为。接下来，如果我们可以继续抽选举手的孩子回答问题，并继续给予赞扬，而这时就会有小朋友说：“老师您还没有叫到我。”“老师我还没有说这些问题。”顺势抛出问题：“那么请小朋友来说一说，刚才老师为什么要叫这几位小朋友来回答?”接下来他们就会自觉举手作答，此时我们再选这些小朋友回答问题。采用这个办法，我们也可以慢慢培养孩子形成举手的习惯，而在举手之前，幼儿希望得到老师的表扬，必然就会对问题进行思索，反过来也培养了孩子爱思考的学习习惯。

三、“提问”是培养幼儿倾听习惯的助手

（一）找不足，善思考

在听一段童话、一段歌曲之前，老师可提出几个有关的问题，让小朋友带着问题来听，要求他们认真仔细听；或者把握机会和小朋友沟通：“你听到了什么？说给老师和小朋友听听好吗?”此外如果小朋友们的回答大致一样，教师还可以通过手段引导幼儿回答，教师这时就要提出开放式的提问；也可以请孩子回忆故事的对话和内容等。总之孩子有了任务意识以后，就知道只有认真仔细地聆听才能得到需要的东西，对教师的询问可以做出恰当的回应，也有利于养成孩子的倾听习惯。

（二）细斟酌，巧提问

在上幼儿园大班的时候，在开展有关“我最喜欢的运动”的教学中，我们可以先向小朋

友提出问题："你最喜爱的体育运动是什么？为什么喜爱这项体育运动?"在提出问题以后，我们可以先给小朋友一定思考的时间，接着我们可以随机挑选几名幼儿加以解答。例如我们在选欣欣回答的时候，可以在她回答之前先向全班小朋友强调一下，在欣欣解答的过程中要仔细聆听，绝对不能打断其发言，然后便可以让欣欣回答。假如欣欣说："我最喜爱的体育运动是踢足球，因为可以和小朋友们之间合作，我很喜欢比赛的感觉。"当欣欣答完问题以后，我们就可以继续向其他小朋友提问，问题可能有："你喜欢踢足球吗？假如你也喜爱的话，那么你和欣欣喜爱的原因相同吗?"关于这两个问题，我们都事先强调要认真听取欣欣的答案。在此时，多数孩子都能够做出较好的回应。但假如我们事先并不强调认真聆听，其他小朋友在同时面临这两个问题时，很可能无法有效回答，又或者依然回答着自己感兴趣的运动。所以，我们在大班的教育中，也可采用这个方式去慢慢养成孩子们先聆听、后思考的学习习惯。

四、"榜样"是培养幼儿倾听习惯的动力

(一)师引导，善沟通

儿童的很多行为都可以在教师那里寻找影子，所以，教师在一日生活中应格外注重自己的行为，做好幼儿的表率。教学上一定要注意认真聆听每位幼儿的意见，无所谓对或者错，无所谓是简单顺畅或是吞吞吐吐。如果平日里有小朋友向教师倾诉心事或者"告状"，即使教师手中有着重要的事情，也一定要先停下来仔细聆听小朋友的诉说，不仅用眼睛更要用内心聆听，进而帮助小朋友们处理所遇到的困难。

(二)有耐心，巧捕捉

教师的一举一动经常是孩子效仿的对象，幼儿教师的行动随时都对孩子的成长产生重大的意义。

要想让孩子养成正确的倾听行为，首先老师也必须养成正确的行为。要善于和孩子交流，并学会倾听孩子之间的语言，不管孩子讲些什么，教师都必须认真地倾听并给予热情的回应，哪怕孩子讲述某个幼稚的情节或几句重复了很多遍的话语时，教师也要不厌其烦地听完。而假如老师在听某位幼儿的讲述时心不在焉，似听非听，这位孩子对老师所说的话就会置若罔闻了。当孩子向老师诉说自己的所见所闻时，老师就应当面带笑容，并通过表情告知孩子自己正在认真地听，而且还应当努力帮孩子将话语讲得清楚，使孩子认为老师在接受他的语言表达，为他的表达而喝彩。这样，小朋友的自信就会逐渐提高，会越讲越棒，并且当教师和同伴讲解时也会像老师一样仔细倾听对方说话了。

五、结语

倾听习惯的培养对幼儿来说是一个润物细无声的过程，它需要结合游戏、生活、家园共育、日常观察等多种方式实现。教师应有效把握和理解孩子的身心发展规律及学习方式方法，把《幼儿园入学准备教育指导要点》中针对倾听能力的教育建议及目标融入幼儿的游戏及一日生活之中，支持孩子通过实际体验及亲身操作的方式积累入学经验，助力幼儿走向健康快乐的幼小衔接过程。

幼儿园中班室内区域活动教师指导行为的研究

山东省东营市广饶县实验幼儿园　王春婷

通过对幼儿园室内区域活动设计和指导行为的研究，了解目前幼儿园室内区域活动方面的问题，并思考解决和改进办法，能够为幼儿园教育人员提出一定建议，完善教育机制，更好地促进幼儿的全面发展。本研究以幼儿园的中班教师及近年带过中班的教师为研究对象，以调查问卷的方法进行调查研究，并对山东省东营市A幼儿园中一个中班进行观察研究，以该班级的全体幼儿和教师作为研究对象。

一、概念界定

(一)室内区域活动

幼儿园区域活动是教师根据幼儿兴趣为幼儿划定有利于幼儿各个领域良好发展的空间，给予幼儿时间让幼儿自由选择在此空间里放置各种材料，以此来促进幼儿的全面发展的一种幼儿园活动。其中涉及的主体分别是教师和幼儿。

(二)区域活动指导行为

在区域活动的指导行为方面，众多学者提出首先要重视恰当性。恰当性包括教师在区域活动过程中变换不同的教育角色和行为去指导幼儿。对于中班幼儿，幼儿很少出现不会选和不想选的情况，教师很少再进行行动示范、提示、邀请等指导行为，大多是活动过程中有针对性的指导，指导行为以观察、协商等为主。

(三)幼儿园室内区域活动指导的现状

在室内区域活动指导方面，有以下几种问题。在区域活动指导上，一些幼儿园的教师缺乏现场科学指导能力；有些教师在游戏指导过程中，只会对幼儿进行行为上的约束；甚至有的教师会把区域活动时间作为教师的休整时间，导致幼儿的需要被忽视，使得幼儿在区域活动中得不到良好的发展。

二、中班室内区域活动教师指导行为的分析

关于室内区域活动教师指导行为方面包括的具体指导方式、指导方向、是否适时、是否均衡的问题，笔者将分别从恰当性、时宜性、平衡性三个方面来进行阐述。

(一)恰当性

根据问卷的排序题“在中班区域活动过程中，您经常采取什么行为指导幼儿的活动，以实现活动良好进行”教师的答案，笔者进行了统计，具体见表1。

表1　中班教师最常选择的指导行为

选项	人数	占比(%)
提问	5	13.16
建议	0	0
观察	28	73.68
角色扮演	4	10.53
调解矛盾	1	2.63
其他	0	0

由表1可知，将“观察”选项排序为第一的教师数量占总人数的73.68%；将“提问”排序为第一的教师有5位；将角色扮演排序为第一的有4位。整体来看，教师频繁观察中班幼儿的室内区域活动，并经常以提问的方式来引导中班幼儿；选择调解矛盾和提出建议来指导幼儿的行为相对较少。根据上文中的相关研究，笔者认为，所调查的教师的指导行为对中班幼儿来说是恰当的。

当幼儿出现不合理行为时，教师不恰当的指导行为会影响幼儿以后的正常区域操作。笔者在观察中记录了一件发生在自然角的事：某天下午的室内区域活动过程中，幼儿浇水时水渗到了楼下，教师高声质问自然角的两名幼儿，并带两名幼儿去楼下道歉。后来笔者观察到，这两名幼儿很少选择自然角，其他幼儿也受到了影响。从室内区域活动指导行为的角度出发，这在一定程度上影响了教师对幼儿自主计划方向和问题解决方向的指导。

（二）时宜性

以下是关于教师指导时宜性的统计。

表2　教师是否能够适时地介入中班幼儿的游戏活动中

选项	人数	占比(%)
从未	0	0
很少	5	13.16
经常	26	68.42
总是	7	18.42

通过表2可以看出选择“经常”选项的人数最多，占比最大；其次是选择“总是”选项的人数；选择“很少”选项的有5个人，仅占13.16%。

在笔者对该幼儿园某中班的观察期间，该班级教师在区域活动过程中因未及时关注到两个小朋友发生的冲突，后来幼儿之间矛盾升级，发生了受伤事件。可以看出，在这次事件发生过程中，教师并没有做到及时发现异常情况并介入幼儿的区域活动，可见教师的指导并不合时宜。

（三）平衡性

根据观察记录表中记录的教师指导次数，以及对照表判定的教师指导行为的指导方向，最终得出表3。

表3　室内区域活动教师指导方向次数统计表

指导方向	指导次数	占比(%)
自主计划	2	7.40
规则意识	8	29.63
友好相处	1	3.70
合作分享	4	14.81
纠纷处理	5	18.52
语言表达	0	0
创造性	4	14.81
问题解决	3	11.11
总计	27	100

通过表 3 可以看出，在室内区域活动过程中教师所有的指导行为中，以规则意识为指导方向的行为次数最多，占总体指导行为次数的比重为 29.63%；其次是纠纷处理；再次是合作分享和创造性；占比较少的是友好相处方面；在语言表达方面并未表现出教师的指导行为。可以看出以培养幼儿良好行为为目的的教师指导行为在指导方向上还是分布比较平衡的，教师的指导行为是具有一定平衡性的。

根据“幼儿园中班教师室内区域活动在区行为的观察记录表”中记录的公立幼儿园中班教师在区时间，得出图 1。

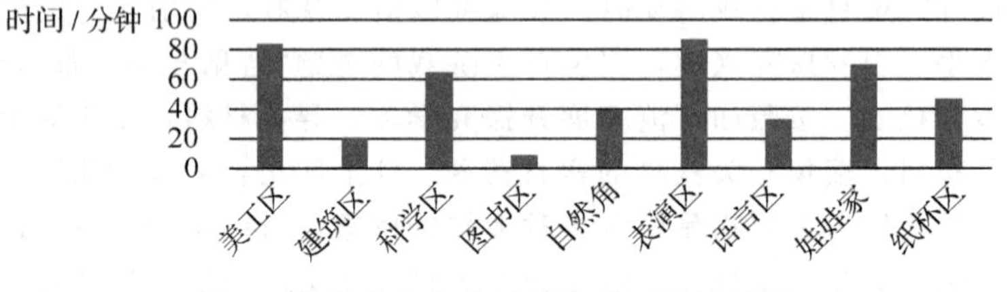

图 1　教师在各室内区域指导时长统计图

由图 1 可知，教师在各个区域停留时间长短不同且差距悬殊。从整体上看，该班教师偏重对美工区、表演区、娃娃家的指导，对于其他区的指导不够重视，这会导致室内区域活动指导的不平衡。

经过对幼儿的自然状况下的采访，笔者发现幼儿园的任务安排会在一定程度上影响幼儿对自我感兴趣的室内区域的选择，即教师对某区域过度的指导行为会使幼儿对某区域失去兴趣。

经过对幼儿园室内区域指导行为的调查问卷结果、访谈录音、观察记录样本的分析，笔者发现，有一些教师在室内区域活动指导方面不能采用适当的指导方式来指导幼儿，不能适时介入幼儿活动，不能做到保证各个区域的指导平衡、适度。

三、对策与建议

关于室内区域活动的指导，首先，教师应对幼儿采取适当的指导方式，不可因为幼儿的不当行为而过度指责，使得幼儿自主选择及问题解决的能力发展受到阻碍。对于上文中的自然角洒水事件，笔者认为教师应该冷静对待，需及时教给幼儿为植物浇水的正确方法，以保证幼儿在下次进入自然角时能独立、顺利地操作。

其次，关于教师介入幼儿游戏的时宜性，园所应该对所有教师进行培训，使教师认识到室内区域活动对幼儿健康成长和各方面能力发展的重要作用。

最后，教师需注意平衡园所教学任务和幼儿个人意愿两者的重要性。对于 A 幼儿园而言，园所可尽量在尊重幼儿意愿的情况下安排任务型的区域活动，使幼儿在轻松的氛围中，既能够去自己感兴趣的区域锻炼各方面能力，又能够完成园所及教师培养的预期目标。

幼儿园“非遗”与自主游戏活动融合对策的研究

广西壮族自治区崇左市大新县直属机关幼儿园　农燕妮

如何丰富幼儿教育教学，丰富活动设计内容，成为教师研究的重要工作。非遗传统文化的融入渗透，利于对幼儿进行审美教育、文化教育、情感教育，利于发展幼儿的综合素质。自主游戏作为幼儿学习的一种方法，具有趣味性、引导性和启发性，二者融合，既可

以丰富幼儿园教学资源和创新教学路径，还可以为创设传统文化教育路径提供参考价值。

一、赏非遗之“美”融合环境，激发自主游戏建构动机

《3—6岁儿童学习与发展指南》和《幼儿园教育指导纲要（试行）》都明确指出：要重视幼儿园环境资源的塑造，为幼儿创设善于学习、善于创作的生活和学习环境，继而发挥环境教育的功效。非遗之美在于其劳动人民在作品中所透露出的创造性和艺术性。为激发幼儿自主游戏建构的动机，培养幼儿的审美能力，可以将非遗之美与幼儿园环境进行融合，在赏非遗—观环境—创非遗—生环境的过程中，促进自主游戏建构。

例如，在设计扎染自主游戏活动时，教师可以借助视频，先引入一段简单的视频做开端，从赏扎染入手，引发探究兴趣，创生自主游戏的主题“遇见扎染，布里生花”，借助幼儿生活的大环境为核心，按照如下流程展开探究学习。寻找材料：幼儿从生活环境中寻找可以扎染的各种布料，搜集有关扎染的素材资源。扎上印记：关联幼儿学习的大环境，以小组为单位，让幼儿思考为何物品中有多种多样的图案，有的是冰裂纹路，有的是整齐排列。染出缤纷：引导幼儿合作分工，就扎染的工具、扎染的步骤、扎染的图形设计方案进行分享，让幼儿利用扎染为父母做一件缤纷的短袖。扎染秀场：教师以此次学习活动为核心，开展扎染秀场主题活动，让幼儿为此次秀场做准备，借助园内的树木，利用绳线、夹子等工具，装扮扎染秀场环境；展示扎染自主游戏参与过程，利用文字、图片等形式进行展示；鼓励幼儿设计关于该秀场的邀请函，让父母做秀场模特，与幼儿一起走秀。

深入生活环境欣赏扎染艺术之美，延伸自主游戏活动主题，不仅体现了游戏的自发性以及非遗文化的教育价值，还能够培养幼儿的文化素养和审美能力。通过赏扎染之美，做扎染艺术作品，让幼儿在自主游戏活动参与中，完成一场关于非遗学习的游戏之旅，提升教育质量。

二、听非遗之“史”融合语言，赋能自主游戏育人功效

非遗文化之丰富，有深厚的历史文化内涵，极具历史文化教育价值。认识优秀非遗历史文化，是幼儿传承非遗潜在精神价值的重要组成部分。为提高自主游戏的育人功效，赋能非遗育人价值，教师可以以融合幼儿语言表达能力培养为视角，从“说非遗之史”中，创设有关语言类的自主游戏活动。

戏曲作为中华优秀传统文化的重要组成部分，其中京剧历史源远流长，京剧脸谱、唱腔、行当、戏服等，都透露出浓郁的文化气息，有丰富的育人价值。教师可以设计“当非遗遇上戏曲”的主题活动，从京剧入手，关联脸谱设计自主游戏活动。例如，教师可以在认识京剧脸谱的基础上设计“说唱脸谱”的自主游戏活动，按照图1所示流程展开。

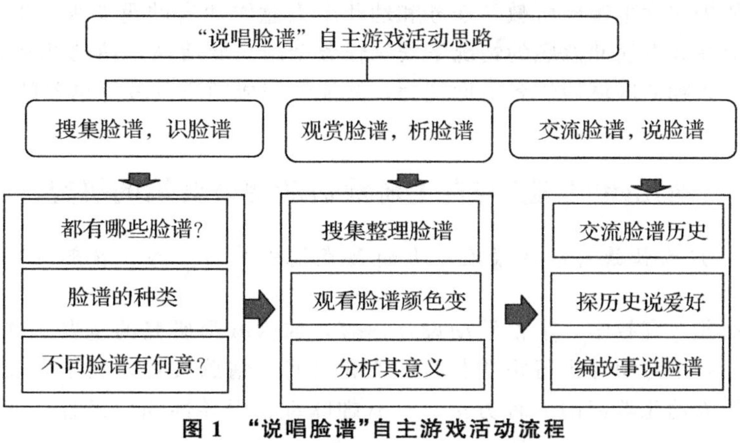

图1 “说唱脸谱”自主游戏活动流程

根据图1的展示，让幼儿自主自发地参与“说唱脸谱”游戏活动，让幼儿为自己绘制一张喜欢的脸谱面具，然后根据自己对该脸谱历史知识的了解以及意义的分析，创编关于该脸谱的故事。开启“说唱脸谱”的游戏活动，可以是讲解故事，也可以是情景剧表演，还可以是“说唱脸谱”的京歌演绎，让幼儿自己选择表演方式，从语言表达视角入手传承非遗文化，提高幼儿对文化认识和感悟的学习能力，提高自主游戏的育人价值。

三、学非遗之“技”融合实践，支持自主游戏持续发展

非遗不仅有丰富的文化性和历史性，还有丰富的技巧工艺，对培养幼儿劳动能力和动手能力具有积极的促进作用。要想持续开展自主游戏活动，除了玩乐以外，还要有对应的探究学习，有问题、有思考、有实践。因此，在设计非遗和自主游戏融合教学时，可以从非遗技巧学习入手，支持游戏持续发展，支持幼儿持续探究。

在扎染自主游戏开展过程中，当幼儿认识扎染知识以及扎染工具以后，对于采用何种方法设计出漂亮的图案，需要幼儿掌握一定的扎染技术。那么，为促进扎染自主游戏能够持续开展下去，教师可以融合技术学习的活动，开设学技巧的游戏活动，以小组为核心，开展小组比赛活动。在具体实施过程中，教师可以先利用微课为幼儿讲解扎染方法，比如捆扎法、打结扎法等。在观看的基础上，立足动手实践，诱导幼儿合作学习技巧。让幼儿分享关于扎染技巧的学习笔记，利用表格记录的方法，展开交流互动，在技巧学习中促进幼儿对扎染进行持续探究，为幼儿创作扎染作品做好铺垫。

在学习京剧脸谱的自主游戏活动中，为提高幼儿对京剧戏曲文化的认识，明白脸谱的含义，教师可以以画脸谱这一技巧学习为核心，丰富幼儿的“说唱脸谱”自主游戏活动，促进自主游戏活动能够持续发展下去，在幼儿参与说唱脸谱的游戏活动中，按照“探索脸谱—画脸谱—创作脸谱”的路径，从观察中让幼儿感知脸谱的对称之美，认识脸谱创作的技巧；然后让幼儿描绘脸谱，分析不同颜色脸谱背后的含义；最后立足创作，结合自己的兴趣和对京剧脸谱的认识，创作具有个性特色的脸谱面具，用脸谱展示自己，从而丰富幼儿的“说唱脸谱”表演游戏活动，让幼儿在表演中融入自己的个性特色，促进自主游戏活动得到创生发展。

四、传非遗之“情”融合评价，促进自主游戏多元表征

评价是幼儿教育教学的重要组成部分，具有启发思考、促进学习、精准教学的作用。在非遗教育教学过程中，除了学习、认识、理解以外，还有内化、传承，教师可以从自主游戏表征的视角入手，创设非遗和自主游戏融合的活动，在非遗传承中进行教育引导，提升幼儿园教育教学质量。

教师可以设计“小小非遗传承师”争师游戏活动，让幼儿选择自己喜欢的非遗内容，按照“确定主题—学习有关该非遗的历史文化信息—学习制作技巧—进行实物制作—展示作品成果”的流程展开自主游戏。在确定主题中，让幼儿将自己选择该非遗的原因、想法说出来。在学习非遗有关历史文化信息的过程中，幼儿整理自己的学习记录，可以是文字记录，也可以是图片记录。在学习制作技巧中，可以就工艺学习过程，深入“问题—对策”进行学习。在成果展示中，可以利用视频、作品、文字和作品讲解、情景剧展示等多种表征方法进行展示，让幼儿多维表征自己对非遗的认识，针对争师自主游戏活动的开展，展示幼儿非遗自主游戏的过程，鼓励教师、幼儿、家长、社会人士进行点评，从作品探索到作品完成全过程进行综合点评。根据评价信息的反馈，为自主游戏设计提供优化思路，让幼儿从评价中开拓传承思路，提高自主游戏和非遗融合力度，提高教育教学高度。

五、结语

游戏是激发幼儿自主参与的有效途径，利用游戏支持幼儿学习、传承非遗，既可以增加教学的趣味性和教育性，还可以丰富幼儿园素质教育资源，创新教学新视角。教师要重视非遗在幼儿园教学中的融入渗透，针对非遗之美、之史、之技、之情展开深入探索，在非遗学习中培养幼儿的综合素质，提升幼儿园教育质量。

壮族民俗节庆文化与班本课程的整合策略

——以崇左市大新县直属机关幼儿园为例

广西壮族自治区崇左市大新县直属机关幼儿园　赵苑媛

一、壮族丰富多彩的民俗节庆文化

壮族民俗节庆文化是壮族长期的历史发展过程中积淀下来的丰厚财富，是壮族文化遗产的重要组成部分。比较具有壮族特点的节日是“三月三”歌节、“牛魂节”等。除此之外，壮族的节日多与汉族相同，春节、元宵、清明、端午等都是具有壮族传统民俗文化的节日。

（一）“三月三”歌节

壮族每年有数次定期的民歌集会，其中以“三月三”歌节最为隆重。壮族有定期聚会唱歌的传统，唱歌的地点也比较固定，这种集体唱歌的特定场所叫“歌圩”。农历“三月三”这天，家家户户制作五色糯米饭，染彩色蛋，杀鸡宰鸭，喝酒庆贺，采取不同方式欢度节日，有些地方的“三月三”歌节甚至比春节还隆重。

（二）春节

壮族的春节从大年三十至正月初二共三天，但正月初三至初五仍算春节期。它是一年中最隆重的节日，一般从腊月二十三就开始做准备，家家户户搞卫生，做新衣，购买年货，张贴对联，制作糕点，杀猪、包粽子、放鞭炮等。春节期间，除了走访亲戚，男女青年多去参加对歌、打陀螺、走板鞋、斗鸡等民俗体育活动。年三十晚家家都要守岁，直到午夜十二点，燃放鞭炮，除旧迎新。

（三）“吃立节”

“吃立节”是壮族的传统节日，时间是每年农历正月三十。“吃立”意为“欢庆”。节日期间，举办舞狮子、耍龙灯、唱歌跳舞等各种节目，热闹非凡。

二、幼儿园班本课程

幼儿园的班本课程是指某一段时间围绕一个主题，幼儿自主观察、探索周围现象和事物，教师适时、适宜、适度地给予支持与引导的系列活动。

三、壮族民俗节庆文化与班本课程的有效整合

（一）明确规范，指明壮族民俗节庆教育班本课程的方向

壮族民俗节庆具有时段性，与幼儿园班本课程的特性相吻合。班本课程的建构是一项繁杂的工作，班本课程的实施是一个系统化、循序渐进的过程。教师必须稳抓核心，实施整合策略，明确民俗节庆教育的目标，认真制订计划，深入了解民俗节庆文化，同时结合本班幼儿的实际情况进行教育目标预设。只有明确方向，以幼儿为主体，时刻注意幼儿的学习兴趣与发展水平，把幼儿摆在核心地位，才能有效实施民俗节庆教育班本课程。

（二）开发环境，融入主体元素，民俗节庆文化与班本课程的整合环境对幼儿教育有着潜移默化的作用

教师应充分把握这一隐性教育因素，使它发挥最大的教育功能。

1. 利用壮族民俗节庆“歌圩”文化创设环境

幼儿园邀请了当地有名的山歌传承人许秀珍老师进园进行表演，加深幼儿对“山歌”的认识。为了学唱简单的本地“高腔诗蕾”，特邀请校外辅导员每周开展“山歌”特色课程“我的乐园幼儿园”，歌词（音）为：“幼儿园楼真是呐，玩具咯咯都迷齐；抛球跳绳楞朵瘾，仍迷更瘾滑滑梯。厅客东西学内咪，手工划划学得快；跳舞唱歌真厉害，聪明伶俐根根爱。”在大型活动上，如横跨2020—2021年的运动·艺术——“一会一节”由山歌传承人许秀珍老师带着县幼山歌组传唱《快乐一会一节》，歌词（音）为：“文尼召开运动会，班班迷根参加齐；抛球跳绳又跑步，舞龙呐列拉罗色。”独具壮族特色的“三月三”节，老师、家长、小朋友盛装赴会，孩子们手捧亲手制作的绣球，齐唱壮乡“山歌”《唱着山歌盼你来》：“嘛咯喂，嘛咯喂，到我们山里来，德天瀑布伴你歌唱咧，唱着山歌盼你来”，用壮族的绣球舞庆祝壮乡节日。还有备受家长和孩子喜爱的“壮乡拉歌台”，在那天，整个幼儿园都在“山歌”声的笼罩中，欢声笑语遍布幼儿园的角落。在此基础上，在班级主题墙上布置一些幼儿较为熟悉的“唱山歌”情景，同时在区角游戏投放多样化的材料（壮族服饰、绣球、话筒、山歌音乐等），幼儿在区域活动中可以随时模仿“唱山歌”场景，通过各种手段让壮族“山歌”融入幼儿园。

2. 利用壮族民俗节庆的饮食文化创设环境

每一个节庆都含有丰富的饮食文化，为创设以壮族民俗节庆饮食文化为主题的环境，各班级结合当季民俗节庆的饮食文化设立活动，发动家长同幼儿共同制作壮族美食。例如，以“三月三”壮乡情为主题的“三月三”歌节是载歌载舞的民俗节，总少不了丰富多彩、香甜可口的传统佳肴，邀请家长共同参与准备一场丰盛的簸箕宴，五色糯米饭、艾叶糍粑、香椿卷、米花糖、年糕等。

3. 利用壮族民俗体育游戏创设独具特色的体育课程

竹竿舞是广西壮族自治区独特的民间体育游戏之一。竹竿舞极其考验舞者双脚的灵活性和对音乐的韵律感。它是一种肢体语言，舞者跟随着众人的歌声来回起跳，穿梭在竹竿之间，以优美的舞姿来表达自己的情感。竹竿舞是一项简单易玩、节奏感强、竞争性大、变化多样的体育游戏，我园将竹竿舞融入幼儿园的体育课程，竹竿舞的独特玩法能让幼儿切身感受到体育游戏的乐趣，从而更加喜爱体育课程。首先，我们改编了竹竿舞的跳法。竹竿舞的传统跳法对于幼儿来说具有一定的难度，幼儿的骨骼还没有发育完全，无法完成烦琐且节奏快的动作。因此，将竹竿舞融入幼儿园体育课程中就必须适当调整跳法，使其更适合幼儿的身体发育特点。简化竹竿舞的节奏，将原本快速复杂的四分之三拍改成较为缓慢稳定的四分之二拍，降低竹竿舞的难度。其次，使用儿歌作为伴奏音乐。传统竹竿舞是以民族歌谣作为伴奏音乐，这类音乐对于幼儿来说难以理解且难以吸引幼儿的兴趣。因此，我们选择节奏明显、动感的音乐作为伴奏，让幼儿跟随音乐起跳，如《蜗牛与黄鹂鸟》《唱着山歌盼你来》等儿童歌曲。除了体育课外，晨间锻炼也结合民间游戏的内容让幼儿自由选择，分别设有跳竹竿、抛绣球、踩高跷、走板鞋等民间游戏板块，孩子们每天早上的晨间锻炼可以根据自己的兴趣选择喜欢的游戏内容。每逢遇上民俗节庆、运动会等活动，幼儿园都会组织开展各种民俗体育游戏，例如，“庆元宵”舞龙舞狮、逛庙会等；“三月三”壮乡节碰彩蛋、跳竹竿舞、抛绣球等。

4. 利用壮族民俗节庆开展民俗文化环创活动

在幼儿园的环境创设里，幼儿园的各个角落都充满壮族传统文化的元素。例如，独具壮族特色的壮锦，孩子们亲手缝制的绣球、香包。尤其是在民俗节庆里，幼儿园到处都充满浓厚的传统文化氛围。在班级环创方面，每个班级都有自己的班级环创特色，围绕本班级课程进行环创，彰显民俗文化。

（三）多元整合，保障民俗节庆教育班本课程的进行

1. 将民俗节庆文化教育贯穿语言领域、社会领域

在语言领域中，教师经常引导幼儿欣赏家乡的民俗节庆文化传说、神话故事等，让民俗节庆文学艺术的嫩芽慢慢地在孩子们幼小的心灵中萌发。重视整合社区、家庭各方面的教育资源，请家长帮助收集有关民俗节庆的资料，如节庆的传统习俗、饮食习惯、美食做法等，让幼儿在交流与收集的过程中感受壮族民俗节庆的风土人情。

2. 将民俗节庆文化贯穿于艺术领域中

壮族民俗节庆中通常会以“唱山歌”“壮乡风情舞”等载歌载舞的形式欢度节庆，园里经常组织幼儿欣赏这类文娱演出，引发幼儿的参与兴趣。在角色游戏里，幼儿常用角色扮演、情景模仿的游戏方式开展艺术探索活动。除此之外，在艺术区，鼓励幼儿利用多种材料进行民族手工创作，如彩泥、彩色石子、粘贴画等。把幼儿的作品放在展示区，不仅可以起到装饰环境的作用，还能增强幼儿对活动的兴趣。

民俗节庆教育不仅仅体现在日常的节庆教育活动中，教师要懂得进行多元整合，更好地保障民俗节庆教育班本课程实施，将节庆教育融入幼儿的一日生活中，促进幼儿对于民俗节庆的清楚认知，帮助幼儿积累更多的生活经验，促使幼儿全面发展。

深度学习背景下幼儿园区域活动支持策略的研究

广西壮族自治区崇左市大新县直属机关幼儿园　黄金红

一、解：深度学习之幼儿园区域活动支持体系的建构

区域活动类型多样，如美工区域、建构区域、语言区域等，它们的共性就是开放、自主、探索、创新、创生，是幼儿展示自我、发展自我、提升自我的有效载体。在区域活动开展过程中，为支持幼儿深度学习，促进幼儿在区域活动玩乐的过程中实现知识、能力、个性品质的综合提升，教师要重视区域活动支持体系的建构，明白如何支持幼儿深度学习，知道要采取何种方法支持幼儿探究，知道深度学习的表现是什么，从而提升区域活动开展的质量。

首先，分析区域活动主题，让幼儿明白区域功效，知道自己在活动中要做什么。其次，立足任务、问题、合作、表征四大环节，助力支持策略生成。在任务中，以群为核心，引导活动层级推进，在完成任务的过程中，促进活动进入下一个阶段，按照由小到大、由易到难的规律，层层引导；在问题中，促进思维进阶，以启发、引导为核心，借助问题，促进幼儿探索、思考、分析、创新；在合作中，激发幼儿思维碰撞，表达观点见解，支持幼儿创新实践，提高幼儿的合作能力，实现浅表学习到深度探索；在表征环节，鼓励幼儿大胆表达自我，多维多元展示成果，借助多维评价的融合，促进幼儿走向深度学习，从而提高区域活动实施的质量。

二、寻：深度学习之幼儿园区域活动支持实践的策略

（一）建“群”任务，支持区域活动层级推进

区域活动是幼儿园课程的重要组成部分，是课程实施的一种途径。幼儿在区域活动玩乐学习过程中，有互动也有探究，凸显幼儿自主性，利于落实幼儿的主体地位。而“群”任务在区域活动中的运用，是基于由易到难、由小到大、由单一到整体，立足活动目标对区域活动过程展开的探索引导，能够支持区域活动层级推进，助推幼儿深度学习。

例如，在开展区域活动的时候，可以通过设计群任务的形式，引导幼儿自主参与活动探索，鼓励幼儿积极参与区域活动，支持幼儿自主游戏。可以设计的群任务如表1所示。

表1 设计群任务形式

群任务设计维度	群任务完成计划	群任务设计目标
和谁一起玩	在区域活动建构之前，想清楚要合作的伙伴	通过设计群任务，让幼儿在区域活动玩乐的时候知道要做什么，怎么做，支持幼儿自主设计区域活动玩乐的能力，培养幼儿的自主能力和实践能力，提高幼儿的合作能力和解决问题的能力
玩什么内容	确定要玩的内容以及区域活动要玩的主题	
想要完成怎样的作品	运用图画、文字等形式初步设计自己要完成的作品	
完成该作品需要的工具是什么	运用表格记录的方法分析完成作品需要的工具，以及工具使用技巧、使用途径	
完成该作品要解决哪些问题	思考在区域活动主题过程中，会遇到什么问题，如果遇到该问题要怎么做	
在活动中各自要完成什么内容	想清楚和合作伙伴要承担的任务和完成的目标	

通过设计群任务，为幼儿区域活动玩乐的时候提供支持和方向，提升幼儿园区域活动开展的质量，促进幼儿学习从简单玩乐到深度探索，体现学习之深、思考之深。

（二）借“巧”合作，支持区域活动持续发展

区域活动具有合作性和探索性的特点，能够让幼儿在合作中提高对活动主题的认识，在讨论交流中促进思维碰撞，支持区域活动持续开展。为促进幼儿深度学习，教师可以借助合作为辅助，通过设计合作任务，激发幼儿自主参与，通过增设合作机会和合作活动助推幼儿深度探索，从而为区域活动持续进行提供支持，为幼儿持续发展提供支持。

例如，在区域活动“桥”实施的过程中，由于建桥工程大、难，幼儿在玩乐的时候，需要幼儿之间的合作助力。在具体实施过程中，如果没有科学引导，幼儿之间很容易发生矛盾和冲突。比如有的幼儿要造拱桥，有的幼儿想造石板桥，还有的幼儿想要造网红桥等，类型非常多。同时，对比以往传统区域活动，活动仅仅停留在建桥玩乐中，忽视了建桥过程中所隐藏的深度学习价值，比如测量桥的活动，以及建桥设计的方案等。这既可以让幼儿在玩乐中提高数感，还可以培养幼儿的审美能力、空间能力、问题解决能力。为提高区域活动完成的质量，在玩的过程中，还需要幼儿分工合作，通过交流沟通不断优化建桥方案，最终完成建桥活动。那么，为促进该区域活动能够持续进行、支持幼儿深度探索学习，教师可以借助合作引导幼儿建桥，促进区域活动有序稳步开展，具体实施方案见图1。

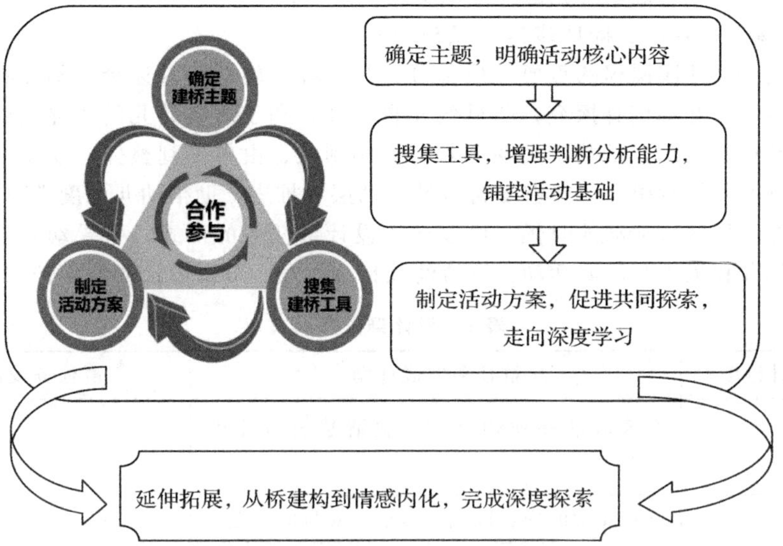

图1　建桥活动实施方案

第一，根据建桥主题的确定，鼓励幼儿提出自己要建的桥的名称，然后互相投票选举，说一说自己为什么要建这样的桥，说一说这种桥的优点。根据要解决的问题确定桥的主题。

第二，根据建桥主题，搜集有关建桥的工具，分工合作，为每一个小伙伴制定不同的任务和目标。比如，建桥设计师，负责设计建桥图；建桥记录师，负责图文并记录建桥过程；建桥队长，负责统筹规划制定建桥规则，协助各个成员完成建桥过程中的小目标和活动任务。

第三，根据合作方案的制定，小组合作共同建桥。根据完成的成果展示，说一说自己对桥的认识，让幼儿在合作中从玩乐到学习，在建桥中学习合作，学习解决问题，学习共同探索，提高幼儿的人际交往能力。

第四，教师根据建桥这一主题进行外延，利用微课或者讲故事的形式，为幼儿讲解有关桥的历史文化，激发幼儿的爱国情怀，从而实现深度学习引导，实现玩乐的升华、情感的升华。

（三）助“多”表征，支持区域活动创新创生

评价表征是区域活动开展的重要组成部分，在传统教学中，该环节多是以教师总结为主，幼儿参与性不够，失去了评价表征启发、创新、创生的功效。为促进幼儿深度学习，教师可以借助多元表征和评价融合的方法，在多表征、多点评中，为幼儿带来新的灵感，支持区域活动创生持续发展，促进幼儿从浅表学习到深度探索。

例如，在完成区域活动内容的时候，传统表征多数是教师总结，或者教师让幼儿简单总结，存在浅表化学习的问题，难以发挥该阶段的育人功效。在此时，教师可以采用多维表征评价的方法，促进深度学习。

第一，图画式表征。将区域活动玩乐的过程，用图和语言的形式进行表达，用图说话，根据图画进行幼儿自评、互评。

第二，记录式表征。以连环故事的形式，将区域活动的过程变成一个个小故事，鼓励幼儿记录自己在区域活动中的表现以及活动探索过程，为教师、幼儿和家长了解该区域活动实施过程和完成情况提供真实的材料。借助大众点评的方法，在微信朋友圈、抖音、公

众号分享该区域活动开展情况，征集评价意见，让幼儿了解自己提升的空间点。

第三，表格式表征。从区域活动主题、活动内容、活动过程、活动方案、活动预期成果和最终成果等方面进行记录展示，运用表格的形式直观展示自己参与的过程，由教师和幼儿进行互相点评，从多个维度点评分析，直击问题点，引导幼儿认识区域活动探索中的不足，充分发挥评价的优势，促进幼儿深度学习。

第四，情境式表征。以真实的情境为核心，让幼儿介绍自己的作品，将自己的作品融入区域活动主题情境中，从主题、探索过程、合作过程、问题解决情况以及作品情感方面进行全面讲解。在情境表达的过程中，进行师幼互动式点评，将评价贯穿在表达引导中，促进幼儿思考、探究、表达、优化。

通过多维表征的方法，让幼儿在表征环节对区域活动建构实施的过程进行再次回忆、分析，借助表征和评价的方法，促进幼儿走向深度学习，增强区域活动育幼的价值。

三、结语

深度学习的核心是培养幼儿的综合素质，落实主体地位。区域活动是幼儿园教育活动的重要组成部分，借助该活动促进幼儿深度探索，教师要注意思维的启发、幼儿自主积极的参与以及教学方法的改革优化。通过建群任务，打开深度学习的通道，在设链问题、借巧合作、助多表征的方法践行中，为幼儿深度学习提供支持对策，让幼儿能够走出浅表学习的误区，层层探索，持续探究，继而培养幼儿的综合素质和综合学习能力。

践行陶行知“六大解放”

——从高控中解放儿童创造力

江苏省南通市创新区紫琅幼儿园　张甦姝

陶行知在《创造的儿童教育》中提出儿童创造力“六大解放”的思想，主张从儿童的头脑、双手、眼睛、嘴巴、空间以及时间六个方面，全面彻底地解放儿童的创造力。而存在于教育环境中的高控行为将本应解放的六个方面牢牢束缚，儿童的创造力得不到相应的发展。教师控制行为(Teacher's Controlling Behavior)是指教师在教学过程中，通过情感或行为对学生施加压力，迫使其以特定方式思考、体验或行动。教师控制的典型表现包括给予学生过多的行为指令、干扰学生的学习节奏、不允许学生发表批判性的或独特的见解、强迫学生进行无意义或无趣的活动等。

一、省思案例中高控现象

案例一：活动室中几名幼儿在玩“能量爆发”游戏，他们用雪花片模拟着火山爆发的情景，将雪花片撒得到处都是。教师在没有任何询问的情况下指责该区域幼儿，并命令他们将雪花片收回玩具筐。

案例二：即将春游，“带矿泉水还是保温杯”的话题引发了幼儿之间的争辩，幼儿各有各的想法。教师最后要求幼儿“统一带矿泉水，禁止带保温杯”。春游当日，幼儿入园后，教师一一检查书包，只要发现幼儿书包中有保温杯，就将幼儿的保温杯拿出放回书包柜。

案例三：一名幼儿搭了一座高楼，为了防止高楼被其他幼儿碰倒，教师当众提议在建构区围上“围墙”。自此以后，建构区中很少看到幼儿游戏的身影，高楼外的围墙在教师的要求下倒了又修，修了又倒……

案例四：窗外下起雨，几名幼儿开始讨论“为什么会下雨”，有的说是太阳公公把云骂

哭了；有的说打雷的闪电把云吓哭了；有的说火山爆发了，烫到云朵了；有的说大自然需要雨水，给云朵打电话。教师听到幼儿间的讨论未做反应，而是出示视频《水的循环》向幼儿进行正确科普。

陶行知先生提出的创造力“六大解放”建立在儿童的主动性、能动性、独立性之上。在过去，儿童的创造力被固有的迷信、成见、曲解、幻想层层包裹，而如今教育者的高控变成限制儿童创造力的裹头布。通过以上案例，教育者的言行举止皆存在高度控制的状态，若儿童长期处于教育者高度控制的管理中，其创造力将会受到严重限制。

案例一中教师仅关注到儿童的外部行为，忽略儿童行为的内部动因，一再以强制性言语和行为来要求儿童保持安静和统一秩序，儿童虽变得顺服，但教育者的高控行为违背了“六大解放”的理念。

《幼儿园保育教育质量评估指南》中要求教师“支持幼儿参与一日生活中与自己有关的决策”。而案例二中由于教师忽视儿童的自主意识，剥夺儿童的决定权，因此儿童失去了自由发表自己想法、自主承担后果的机会，可见教师的高控行为确确实实束缚了儿童的头脑与双手。

建构区是儿童发展创造力的重要游戏区域，其在发展儿童创造力、社会交往能力等方面有着重要的作用。案例三中教师提出的“围墙”看似保护了儿童的建构成果，却导致部分儿童因担心自己碰倒围墙会受到惩罚等原因而停止了游戏，可见教师善意的控制成为束缚儿童创造力的牢笼。

案例四中教师未能理解创造的源泉在于思考，幼儿对“下雨”现象的看法充满着童话色彩；教师的高控行为默认儿童的学习模式是接受和灌输，认为科学知识可以扩充儿童的知识面，忽视了儿童与生俱来的创造力。

结合以上案例，借鉴陶行知先生创造力“六大解放”思想，在教师的高控行为表现上，笔者归纳、列举了以下表现：剥夺儿童的选择权；无视儿童的发言；忽视儿童的需求；按部就班的一日生活流程；命令式口令；提出控制性建议；限制儿童的行为；替儿童做决定。

二、教师高控行为产生的原因

（一）儿童观认知偏差

儿童观是指社会看待和对待儿童的看法或观点。由于认知匮乏和专业能力缺失，教师对儿童的看法产生偏差以及错误认知，常见错误的儿童观有“儿童是空罐子”“儿童是白纸”“儿童是麻烦”等，持错误儿童观的教育者则常用主观评断对幼儿采取高控行为。从以上案例中可以看出儿童观认知偏差犹如一层无知傲慢的滤镜，蒙住教育者的双眼，使其只看到儿童行为带来的表面结果，忽视儿童学习的过程。

（二）不确定性带来的失控感

艾利森认为科学家和儿童在一定程度上是有着共同特点的，他们都是宇宙中最好的学习者。儿童是天生的求知者和世界的探索者，他们对于未知充满好奇。充满创造力的探索源于对不确定性的正向看法。而教育者控制的本质是基于一种确定论模式。在成人的头脑中没有哪一种观念能比确定性更占有不可动摇的地位，这就导致大部分人对未知是不安的，尤其在日常工作中面对的是不可控儿童，比如儿童使用颜料创作时，彩色颜料会洒到衣服上，不同颜色会被打乱，画笔会画到画板上，过于用力画纸会被戳破，画不出教师预期的效果等；儿童的不可控容易造成混乱，处于高控的教师会认为混乱是具有破坏性的。

三、从高控行为中解放儿童

(一)打破失控感

格赛尔的研究表明，从学习的习惯次序上看，儿童总是先学会负向的行为，然后自发地向正向过渡。儿童在日常生活中的模仿学习活动，一般是从负向行为开始的。处于高控状态的教育者所难以忍受的失控感是孩子从负向学习到正向学习的必经之路，故要解放孩子的创造力，教育者必须先打破内心的失控感。

首先，审思自身的高控行为是为了维护教育者的确定性还是为了儿童的正向发展，进而以解放儿童为目的重建内心的理性秩序，这不得不要求教育者树立正确的儿童观，站在儿童的视角。案例一中教育者看到混乱的场景时考虑到孩子是在模拟火山爆发，换个角度去想：孩子的认知经验丰富，以物代物的游戏水平在发展，他们目前已获取火山爆发的表层认知经验，该如何提供材料支持他们去深度学习？在游戏过后，可以陪孩子一起收纳或者找个地方将孩子们的火山保留下来，以便继续学习和探讨，以此教育者在内心重新建立理性秩序，便看到了“混乱”中所蕴含的教育意义。

其次，无法控制的，遵循儿童的本能和天性。蒙台梭利认为儿童的天性是比金子还要宝贵的矿藏，教育者常常以自己的标准善意地控制着儿童的天性，比如教师组织孩子到花园中写生刚盛放的鲜花，而孩子们却像达尔文一样，被花丛中的各种昆虫所吸引，教师此时不妨放下自己预设的活动，提供放大镜和小瓶子支持孩子去花丛中观察七星瓢虫身上鲜艳的色彩和图案，观察蜜蜂在花丛中忙碌的身影，模仿蝴蝶翩翩起舞。

最后，将外部管控转为内驱力。教育者的控制会破坏儿童的内驱力，使儿童无法从内而外地为自己的事情负责，教育者不妨支持儿童对未知的探索。案例二中有部分孩子坚持自己的想法，执意要带保温杯去春游，教师若尊重儿童的想法，可能之后会有儿童在途中想要放弃；可能有儿童会帮助同伴；可能有儿童想办法将保温杯中的水倒掉以减轻重量……因为一次又一次的选择，可能会出现不同结果，但其都将变成儿童为自己所做的决定而负责到底的内驱力。

(二)保持松弛感

创造力是好奇和探索的种子，需要在自由的土壤里才能够生根发芽，而陶行知先生所述的“六大解放”，即解放儿童头脑、双手、空间、时间、嘴巴、眼睛，简单来说就是通过解放来给予儿童相对的自由。教育者需要保持一定的松弛感。那么，教师如何在日常生活中保持松弛感？

首先，降低期待值，不要求孩子的回答一定要符合教师或者科学的标准。当教育者放松心态，蹲下身子站在儿童的视角，会听到儿童口中的声音，看到儿童眼中的发现，感受到儿童心中的热爱。太阳公公和云朵和好了，我们可以去外面郊游了，发现樱花被风儿偷走了，观察甲壳虫挑衅墙角的蜘蛛，和蜜蜂一起到花园里做工……松弛感会让你发现儿童与生俱来的创造力，他们好奇花怎么开，感受风怎么吹，猜想雨怎么落，观察蜘蛛怎么织网，模拟鸟儿怎么建窝……

其次，实行弹性化管理模式。在无弹性化的管理模式下，教师即便看到儿童、理解儿童，也无法保持松弛感。不可否认的是教育者的控制行为除了自发的，也有被动的情况，比如儿童正持续观察“蜜蜂采蜜时是用嘴还是用脚”时，此刻突然响起早操音乐，是继续支持儿童探究，还是强制性结束，教师会陷入两难；若在弹性化管理模式下，教师拥有自主支配时间的权利，也就是儿童拥有了掌控时间的可能，时间上的自由将给予教师去支持儿童尽情观察与探索的松弛感。

最后，保持松弛感需要具备相应的条件，教师之间的关系、教师之间配合的默契程度、班级心理氛围、家长的认可程度等都是影响教师松弛感的因素。比如，教室中只有一位老师和一群儿童，那么出于安全角度考虑，在可能会完全失控的状态下保持松弛感是不切实际的；另外在团体合作中，压力会被分散，相对较轻的压力是松弛感所必备的条件。

综上所述，教育者须践行陶行知先生的儿童创造力“六大解放”思想，不断更新教育理念，树立正确的儿童观，扩展科学认知，突破思维定式，时刻审视自己的教学行为，反思教学实践，追随儿童的发现，与儿童共同学习、探索、创造。教师减少高控行为即是儿童创造力解放的开始。

过程评价，多元发展

——以幼儿体育“跳绳小达人”活动为例

广东省深圳市龙岗区龙城街道吉福幼儿园　曹　茜

《幼儿园教育指导纲要(试行)》(以下简称《纲要》)明确指出，幼儿教育要重视幼儿学习和生活能力的培养，重点在于提高幼儿身体素质和社会适应能力，激发幼儿参与活动的激情，促进幼儿全方位能力的提高。跳绳活动在促进幼儿身体协调能力和跳跃能力方面发挥着重要作用。但在实际教学过程中，幼儿因为各种因素拒绝参与跳绳活动，逐步丧失参与体育活动的兴趣。本文则重点探索“跳绳小达人”体育自主活动设计的优化策略，升华过程性评价的意义。

一、前期现状分析，幼儿参与感不足

根据《纲要》发展要求，幼儿课程活动内容要接近幼儿生活，要促进幼儿参与活动激情，培养幼儿相关兴趣爱好，为幼儿全方位能力的提高奠定坚实基础。

随着运动会中的跳绳比赛落幕，小朋友们燃起了跳绳的斗志，在跳绳上有了很大的突破，之前一直不会连续跳的幼儿也慢慢找到了方法，时不时地开始念叨“什么时候跳绳”“老师，你快来帮我计时数一数”“老师，我现在可以连续跳五个了”“老师，我好像还是有些不熟练”……

基于现场观察，我设置幼儿困惑调查表，了解幼儿对跳绳的想法，具体反应如下：为什么我们的跳绳不一样？不会连续跳怎么办？跳绳总是甩到衣服、帽子怎么办？跳绳怎么才能又快又稳呢？跳绳可以好多人一起跳吗？

为了充分激发幼儿的跳绳兴趣，也为了贯彻落实立德树人教育理念，更为了促进幼儿全方位能力的提高，我以跳绳技巧和玩法为核心进行案例设计，探寻激发幼儿活动兴趣的方法，分析影响幼儿活动的兴趣因素，为进一步促进幼儿多元化发展奠定坚实基础。

二、中期原因探析，激发幼儿参与热情

(一)创设轻松愉悦的环境，尊重幼儿自主性

通过查阅幼儿认知心理学书籍，发现幼儿喜欢在活动中增长技能，不喜欢单一枯燥的以教师讲解为主导的课堂学习氛围。为此，我发现好多幼儿已经更换了新跳绳，并拥有分享跳绳学习经验的强烈兴趣，于是创设了以下交流情境。

我说：“好多小朋友换了新跳绳，都想要分享和介绍自己的新绳子，因此我们开启了对于各种绳子的认识，我们一起收集了教室里的绳子和电脑查询出来的绳子，发现原来绳子也有很多的奥秘。”恬恬说：“绳子的种类有很多，有棉布绳、弹力麻绳、塑料绳、钢丝绳、

珠节绳、计数绳、无绳绳球、手柄加重绳。”垚垚说：“绳子有不同的材料，有的耐磨，有的不耐磨，有的重，有的轻。”心心说：“不同跳绳的用处也不同，我们小朋友比较适合棉布绳、塑料绳和珠节绳，而健身的达人和减肥的大人适合用手柄加重绳、计数绳和无绳绳球。”昊昊说：“很多比赛的选手会使用钢丝绳！”

轻松愉悦的合作探究活动，加深了幼儿对绳子的理解，更激发了幼儿的跳绳欲望，都忍不住想要跳一跳、试一试，于是笔者将教室里的跳绳进行了分类，幼儿开始了不同绳子的体验。

(二)开展混龄跳绳项目，增强幼儿自信心

跳绳运动作为基础活动已经被广泛应用于日常幼儿教学课程中，不同年龄的幼儿都掌握了不同的跳绳技巧，也都具有参加跳绳活动的强烈兴趣。基于混龄教育观念，我创设了混龄跳绳项目。

我说：“小朋友们，我们都已经掌握了跳绳的基本技巧，接下来我们将进行一场不同班级的友谊大赛，请小朋友们按照自愿的原则进行小组组合，每一个小组里要有一名大班的幼儿、一名小班的幼儿、一名中班的幼儿。组成小组的小朋友们可以获得一朵小红花，并带上自己的跳绳走到游戏展示区域。”在教师的帮助下，幼儿们进行一对一的沟通和了解，并最终组成混龄参赛小组。恬恬说：“我们既然已经成为一个比赛小组，就要做好获得第一名的准备，我们现在要充分利用练习时间进行练习，从而选择最适合自己的跳绳，你们要不要拿我的跳绳试一下呢？我们相互换一下跳绳，尽可能地展示自己的跳绳风采。”

通过设置混龄跳绳项目，构建起不同班级幼儿间的联系，在培养幼儿解决问题能力方面发挥重要作用。在整个比赛活动过程中，不同幼儿相互帮助，一起寻找最佳的跳绳方法，一起选择最优的跳绳，无形之中提高了合作探究能力，也感受到了相互帮助的魅力，最终增强了自信心，满足了幼儿的荣誉感。

三、后期现场回顾，提高幼儿跳绳技能

(一)观看现场跳绳视频，促进幼儿能力提升

经过开展以跳绳为核心的运动项目，幼儿的身体素质和竞争意识得到了快速的提高，也具备了参与跳绳运动的热情。但由于幼儿自我控制能力和自我反思能力较弱，无法从跳绳活动中分析自己的技术错误，无法独立获得跳绳能力的提升。为此，我充分使用互联网拍摄技术，实现了整堂跳绳课程的全方位拍摄，并重点分析幼儿的相关动作。

幼儿认真观看现场跳绳视频，快速找到了自己的位置，并与他人动作进行对比，很快就发现了跳绳的技巧。小华说：“绳子的长度一定要和自己的身高相匹配，如果绳子的长度过长，可能需要花费大量的力气去摇绳，从而影响了跳绳的频率。绳子的长度越短，需要跳跃的高度就越高，也会影响跳绳速度。”甜甜说：“绳子的质量也会影响跳绳效率，我们要选择橡胶材质，不要觉得任何绳子都可以进行跳绳运动。”悦悦说：“在跳绳的过程中，我们一定要保持高度的注意力集中，始终让自己的身体保持一个姿态，不要出现东倒西歪的情况，这样也能够提高跳绳的速度。”幼儿讨论非常激烈，并能够仔细对比自己的跳绳动作，在教师的指导下不断发现跳绳的技巧，并把解决问题运用到实际跳绳运动过程中，极大地提高了跳绳效率。

(二)探究提高效率方法，促进幼儿持之以恒

幼儿自控能力比较弱，无法对枯燥单一的事物保持较长时间的注意力，也无法始终坚持跳绳运动。为此，教师可以与家长构建起高效的联系，一起开创家校合作新模式，用跳绳打卡的形式督促幼儿参加跳绳运动。

比如，教师可以充分使用互联网信息技术，使用钉钉等客户平台的打卡功能，形成积极打卡的健康运动的良好风气，共同促进幼儿养成坚持锻炼的良好习惯。与此同时，幼儿家长也可以充分利用互动平台进行经验沟通，了解其他幼儿在跳绳运动过程中遇到的问题，并及时给予方法上的提前干预，帮助幼儿尽快掌握跳绳的动作技巧，提高幼儿运动技能。

(三)重视过程评价方法，促进幼儿多元发展

幼儿能力正处于飞速发展的阶段，随时随地都可能出现质的飞跃。为此，教师要克服传统固定化的静态评价方式，用发展和全面的眼光去看待幼儿的进步，实现过程性评价与结果性评价的相统一，真正促进幼儿多元发展。比如，教师可以为每一位幼儿制定行为习惯观察表，了解每一位幼儿每一节课的课堂表现，并根据幼儿行为变化给出一定的方法指导，促进幼儿改变习惯，提高幼儿的综合能力。除此以外，教师也要克服评价的主观性，要坚持用数据说话，以幼儿的视角去评价幼儿的行为，在轻松愉悦的评价氛围中促进幼儿多元发展。

四、结语

以跳绳运动为核心的活动课程，一方面帮助幼儿感受传统游戏的乐趣，满足幼儿的探知欲望；另一方面加深了幼儿对跳绳的理解，提高了幼儿的跳绳技巧。总之，跳绳运动在提升幼儿综合能力方面发挥了重要作用，是促进幼儿多元发展的重要方式。

幼儿园户外体能活动的开展策略

江苏省宿迁市沭阳县杭州西路幼儿园　李益群

一、体能的概念

“体能”一词最早源于美国，从广义上来说，通过力量、速度、耐力、协调、柔韧、灵敏等运动素质表现出来的人体基本的运动能力就是体能。何谓幼儿体能？简单地说，游戏加身体活动的运动就是幼儿体能，幼儿经由身体的运动，接受大量的感觉、知觉及运动的刺激，进而促成他们身心机能的正常发展。

二、幼儿园体能教育

幼儿教育始终将“健康教育”放在第一位。幼儿期的孩子正处于身体及心智发育最为迅速的阶段，通过体育锻炼来促进幼儿身心发展，户外体育游戏让幼儿对体育运动产生兴趣，户外体育游戏可以为幼儿参与运动提供动力。幼儿教育以体育教育促进健康教育，以健康教育促进学前儿童全面、和谐发展。

幼儿园的体能活动，俗称“体能课”，以发展幼儿基本动作、增强幼儿体质为基本目标。体质包括体格、体能、生理机能、适应能力及心理状态。其中，幼儿体能主要体现在幼儿的基本动作技能和身体素质方面。由于幼儿年龄的差异，不同年龄班的体能课具有显著的年龄特点，其动作技能要求及活动目标有着严格的区分。

体能活动内容的选择应遵循幼儿身心发展的基本规律，各年龄班应按其年龄段的目标及要求，发展走、跑、跳跃、投掷、钻爬、平衡、攀登、翻滚等基本动作技能。

三、户外体能活动中需注意的问题

在幼儿园户外体能活动中，作为环境的管理者、维护者，幼儿学习的引导者、观察者，老师事先要花很多时间做准备。教师是一个观察者，教师不只是指导者，还应是一个积极的引导者。而这些教学方法和原则对于户外体能活动同样具有指导意义。

幼儿也是一个完整而独立的个体，成人要给予幼儿足够的重视和尊重，尤其是幼儿园体育老师，更应该怀着爱心和童心尊重每一位幼儿，能通过幼儿户外活动中的种种行为透视隐藏在孩子身上的“童年的秘密”。

这里所说的“尊重”，并不是指对孩子一味地顺从，任其自由发展，而是权利的平等。在幼儿遵守制度的前提下，给予幼儿合理的权利，如游戏活动中幼儿可以自由选择自己喜欢的角色与同伴，使幼儿感觉到被尊重。

（一）关注活动中的每一个幼儿

户外体能活动中，总是会有个别幼儿处于“游离”状态，参与活动的主观能动性不是很强，作为老师，要留意观察这些幼儿的言行，了解他的真实感受，不要以“命令式”的语气强迫要求他参与，而是先保持关注，之后引导他并找些他感兴趣的活动参加。这就需要老师为户外活动课做充分的准备。

尤其针对胆小或者能力发展稍弱的幼儿，教师更要善于动用各种“小心思”，吸引孩子的注意，引导他参与感兴趣的活动，让他们充分感受到户外体育活动的快乐。

（二）在活动中要设计让孩子有成功体验感的环节

孩子缺乏语言表达技能，游戏就是他们最重要的表达自己内心想法和感受的方式，也是发展他们社会性、培养规则意识的重要手段。正如教育家福禄贝尔所说，游戏是孩子心灵最纯真的创造，可以使孩子获得快乐、满足和平静，是可以使孩子有所受益的源泉。

在户外体育活动中，教师要根据本班幼儿的发展情况，准备难度适中的不同游戏材料供幼儿选择。例如，在“定点空投”的游戏中，针对幼儿情况安排不同距离的空投线，便于幼儿根据自己的实际能力进行空投，让不同的幼儿都能参与游戏，从而能有成功的情感体验。

这样的物料准备和活动设计，能激发每个幼儿的参与兴趣，从而拥有成功的情感体验，以后更加乐意参加体育活动。

（三）户外体能活动中安全意识谨记心中

户外体能活动中老师应把安全意识谨记心中。活动开始前，更要设想发生各种危险的可能性，在给幼儿更多自由空间的同时，还要特别加强安全教育。体能活动前，要和孩子一起讨论游戏的内容、规则，并提出相应的约定，然后再选择适宜的户外体能活动场地。

在体能活动中，既要以“一颗童心”参与到活动中去，又要不停地观察和关注孩子，适当调节运动量和增减衣服，及时纠正孩子的危险行为。

四、户外体能活动的开展策略

（一）充分利用自然材料，结合主题教学开展户外活动

体能活动大都在户外，所以，在利用自然材料这一点上便具有非常大的优势。我们可以充分利用自然材料，就地取材，结合主题教学，开展户外活动。户外有宽阔的场地，有新鲜的空气，有绿绿的草坪，还有户外沙坑、水池等，完全可以充分利用这些自然材料结合每个月的主题进行户外游戏。

例如，春天，利用幼儿园内的种植区，和孩子们一起动手种蔬菜瓜果。在进行户外活动的时候，开展体育游戏“我给苗苗浇水”，既让孩子们照顾了环境，又让他们享受了户外活动带来的运动乐趣。夏天时，可以结合夏天的主题，带孩子们观察西瓜虫、蜗牛、蚂蚁、瓢虫等，让孩子们在了解昆虫生活习性的同时，积累知识。与此同时，收集与动物相关的儿歌，大家一起随着富有节奏的音乐律动，如《蜗牛与黄鹂鸟》。

(二)带领孩子自制教具，创造丰富多彩的户外活动形式

根据户外活动的灵活多样性，结合幼儿园教育原则，我们可以根据不同的主题活动和体能活动设计，准备丰富多彩的户外游戏材料，激发孩子的游戏兴趣，满足孩子的户外活动需求。充分调动社区和家长资源，利用废旧材料，如旧轮胎、废纸箱制作不同的活动器材，让幼儿自己动手设计、制作，他们更会乐在其中。

(三)采用灵活多样的游戏形式，选择孩子喜爱的内容

随着孩子的成长，其基本动作已经发展得很好，但敏捷性和细微动作的发展还不够。所以，通过户外体能活动的创设，训练孩子的身体协调性，促进精细动作的发展，提高孩子的灵活性。据此，我们设计的活动有滚轮胎、走轮胎、跳“轮胎阵”游戏、蛇形跑等。这些活动对孩子动作敏捷性和灵活性的发展是大有裨益的。

户外体能活动开始前，我们安排集体比赛性活动，这样有利于活动前的教育和提出约定，营造出体育活动的浓厚氛围，激发孩子踊跃参与的积极性。集体比赛活动，首先组织孩子一起讨论并提出“游戏约定”；其次，把孩子分成两组，让孩子们给自己的小组取个“响当当”的名字，每个孩子都积极参与其中。当胜利取回物品以后，孩子们个个脸上笑开了花，一股参与其中的成就感便油然而生。

户外体能活动进行中，还要适当给孩子一些自由活动时间，让孩子自主选择活动伙伴、活动内容，这也是蒙台梭利混龄教学的优势之一。在这个群体中，有不同年龄段的孩子，他们之间会“互帮互助”。在活动中，一些能力较强的孩子，会主动寻找和照顾自己喜欢的“弟弟妹妹”，“以大带小”，带动其他孩子一起游戏。

(四)因地制宜、因地而异，创设各种丰富多彩的体育活动

因各地风土人情的不同，户外活动的开展需因地制宜，这就需要教师创设丰富多彩的体育活动，还可把经典童年游戏融入其中。这些经典童年游戏虽然没有繁复的物质材料支撑，却种类丰富，玩法多样，不受时间、空间的限制，有的还配有朗朗上口的童谣，陪伴了一代又一代人的成长，比如，丢沙包游戏、跳房子游戏、踢毽子游戏、丢手绢游戏、找朋友游戏、钻鼠洞游戏等。

在户外环境中，引导幼儿进行体育游戏活动，教师需要按照幼儿身心发展所需，抓住关键期，开发儿童运动技能，为其提供适当的游戏活动，因材施教，因地制宜，给孩子们创造一个快乐的户外活动空间，享受户外活动带来的乐趣。

心向阳光　快乐成长

——幼儿心理健康教育问题的探究

广东省深圳市龙华区行知小学附属锦绣江南幼儿园　杨柳芬

心理健康是幼儿教育中容易被忽视的一个方面，幼儿时期的教育与许多心理问题产生存在很大的联系，在幼儿发展的关键时期，正规且有效的心理健康教育对幼儿心理健康起到至关重要的作用。本文分析了现阶段幼儿的特点以及幼儿心理健康教育的必要性，根据幼儿心理健康教育方面出现的问题，分别从环境创设、增添课程、师资强化以及家园共育四个方面进行分析，提出了促进幼儿心理健康教育的有效途径，从而达到提高幼儿心理健康教育质量的目标，切实完善幼儿教育的不足和缺陷。

一、现阶段幼儿特点分析

现阶段幼儿有意性行为明显增加，在活动中集中注意力的时间相比之前有了很大的延长趋势，能完成一些力所能及的任务。幼儿的规则意识萌芽，是非观念较模糊，在活动中学会交往。这一阶段的幼儿在人际交往方面变得有礼貌，但是非观念比较薄弱，主要表现在单纯地认为被表扬是好事，受指责是坏事；在受表扬时能够表现出开心的情绪，受指责时会感到难为情。幼儿在活动中学会了交往，能够与同伴共同分享快乐的事情，同时在集体活动中学会与他人交往的方式。这一阶段的幼儿也存在较强的好奇心理，他们的好奇心较多表现在对事物表面的兴趣上，喜欢向别人提问题，也能初步理解事物的因果关系，抽象概括能力萌芽。幼儿对人对事有相对稳定的态度和行为方式，在面对问题时能够表现出自己特有的行为态度，初步形成比较稳定的心理特征，这说明他们对事物的理解能力逐渐增强，思维也有了一定的发展。

二、幼儿心理健康教育的重要性

(一)促进幼儿智育发展及未来潜力

当幼儿感到心理压力时会导致自身情绪紧张，紧张的情绪会导致幼儿思维迟钝，长期在这种环境中成长会造成幼儿长时间注意力不集中的现象，从而对幼儿的智力发展造成影响。而心理健康的幼儿能够在轻松愉快的环境和氛围中收获更多有价值的信息，同时帮助幼儿排除不必要的焦虑。良好的心理对于幼儿的成长发育有至关重要的影响，良好的心理能够促进幼儿产生更多克服困难的勇气和信心，使幼儿由内而外地散发出强烈的自信，对幼儿未来发展潜力能够起到促进的作用。

(二)促进幼儿的性格养成

健康的心理对于幼儿的性格养成具有积极的影响，幼儿在和谐美好的环境中学习知识和处理问题，能够使幼儿从小就拥有自信。特别是教师和家长对于幼儿的关注能够促使幼儿产生更多的热情，这种热情能够支撑幼儿处理好人际关系、情绪调整方面的问题，从而塑造理想的自我形象，培养幼儿的人格。

(三)提高幼儿的个人素质

幼儿个人素质的养成与幼儿良好心理健康有着紧密的联系。教师和幼儿家长需要注意的是，幼儿不仅需要文化知识方面的学习，更需要个人品格、意志方面的锻炼。拥有健康的心理会使幼儿更快具有关心他人、家庭、社会、自然的意识和责任感，使其能够拥有自主、自信、自强的人格品质。

三、当前幼儿心理健康教育存在的问题

(一)幼儿园不够重视心理健康教育

目前大多数幼儿园都是以传授幼儿文化知识为主，在日常授课中也会引导幼儿形成良好的行为习惯和道德规范。而对于幼儿教育方面的焦点，局限于幼儿学到了哪些科学文化知识，在幼儿园生活中认识了几个字、几个单词等，幼儿园教育的关注度迟迟难以转向幼儿心理发展方面。还有的幼儿园虽然已经开设了有关幼儿心理健康教育方面的活动，但是这些活动的目的浮于表面，教师的教育焦点仍然是将规范、习惯和知识的获得放在首位，这种浮于形式的教育活动从本质上来说就是对幼儿心理健康教育缺乏重视，并不会对幼儿心理发展产生实质性的影响。

(二)幼儿心理健康教育不够系统

虽然心理健康教育在我国已有一定的发展，但是我国有关幼儿心理健康教育方面的理论比较薄弱，一些幼儿园在对待幼儿特有心理方面的问题时，难以通过正规系统的心理健

康教育理论来解决幼儿的心理问题。还有的幼儿园并没有系统地将心理健康教育确定下来，只是当作任务分配给幼儿园教师，由教师自主探索发现和查找一些零散的资料来对幼儿进行心理健康教育，幼儿园这种做法导致心理健康教育难以有序地进行下去。

（三）师资力量较为薄弱

部分幼儿园难以对幼儿出现的心理健康问题进行有效反馈，有的甚至并没有发现幼儿存在的心理健康问题。教师不具备专业知识和技能来对幼儿心理健康教育问题进行预防。如果没有专业理论进行支撑的话，在对幼儿进行教育时会出现很多棘手问题。较为薄弱的师资力量，导致幼儿园教师开展心理健康教育活动时缺乏相关的理念，所开展的活动也难以达到预期的效果。师资力量的匮乏给幼儿园心理健康教育带来很多困难，同时也给幼儿教育造成消极的影响。

（四）家庭方面缺乏重视

家庭方面对于幼儿心理健康教育问题缺乏重视也是目前存在的显著问题，许多幼儿家长认为将幼儿交给幼儿园是为了解放自己，所以潜意识地认为教育幼儿是幼儿园的必要任务。而对于幼儿心理健康教育方面，家长也扮演着十分重要的角色，仅靠幼儿园的教育难以发挥实效。所以幼儿家长也要参与到这个过程中，在日常生活中关注幼儿的心理动态，与教师共同投入幼儿心理健康教育工作中。有的幼儿家庭并没有意识到这一点，这也使幼儿园的心理健康教育陷入了困境当中。

四、提高幼儿心理健康教育的策略

（一）积极创设有利于幼儿成长的环境

幼儿正处于身体发育以及心理发展的黄金阶段，在这个阶段中，幼儿很容易出现心理方面的问题。所以教师需要积极创设有利于幼儿成长的环境，引导幼儿在环境中学习心理健康方面的知识，在亲身体验的过程中收获更多。教师要创造一个能够激发积极社会情感、充满爱心和关切的环境，幼儿年纪较小，在面对新环境时会产生焦虑的情绪以及极强的不安全感，这种情绪让幼儿对陌生环境产生排斥的心理。针对这种情况，教师可以适当转移幼儿的注意力，创设温馨的室内环境来给予幼儿安全感，比如，在室内摆放一些质地柔软的布娃娃或者是一些趣味性较强的玩具。

（二）增添心理健康教育的课程

幼儿园需要根据幼儿学习的需求来增添心理健康教育的课程，根据不同情况来合理地调整心理健康教育课程的基本内容。教师首先要明确幼儿心理健康教育课程的目的，通过维护幼儿的身体健康来减少幼儿孤独、自卑、交往障碍等不良心理状况，让幼儿拥有良好的行为习惯。在实施幼儿心理健康教育课程时，要遵循原则，首先是主体性原则。幼儿虽然年纪较小且没有较多的社会经验，但是幼儿园教师要明确幼儿拥有尊严、意志和人格。在开展心理教育的过程中，要充分发挥幼儿的主观能动性，通过调动幼儿的积极性来达到培养良好心理素质的目的。其次，也要秉持渐进性原则，充分照顾到儿童心理发展的渐进规律，并且逐步调整、改进课程的不足之处，切不可急于求成而采取强制性的高压手段。最后，也要采取区别性原则，区别对待不同能力水平和不同气质、性格类型的幼儿，有针对性地采取不同的教育措施。只有确立心理健康教育课程的目标和原则，才能够将课程的育人功能发挥得更好，促进幼儿的多角度发展。

（三）提升教师的整体素质

师资力量的建设是保障幼儿园心理健康教育正常而有效开展的重要条件。教师整体素质的提升有利于开展更多高质量的幼儿心理健康教育活动，同时拥有更加丰富的手段来推

动幼儿的心理健康教育进程。对幼儿园来说，要积极开展针对教师的专业培训，高度重视专业师资的培养工作，通过培训使教师具备专业知识和技能，能够采取成熟的措施来开展幼儿心理健康教育活动。对幼儿园教师来说，应该积极配合幼儿园的技能培训工作，在业余时间也要多思考幼儿园心理健康教育活动计划，同时通过多种途径学习一些较为先进的心理健康教育理念，完善幼儿心理健康教育。

（四）利用家园共育模式提升幼儿心理健康教育的关注度

教师与幼儿每天接触的时间是有限的，幼儿的某些心理方面的状况可能在幼儿园很难表现出来，所以利用家园共育模式来提升幼儿心理健康教育方面的关注度是一项切实可行的途径。幼儿园教师要与家长进行积极的互动，多与家长进行交流，使家长拥有良好的心态。教师也要将幼儿心理健康教育方面的内容传授给家长，使家长能够重视幼儿的心理教育。在日常生活中也要尊重幼儿、爱护幼儿，多与幼儿进行有教育意义的游戏，通过游戏让幼儿正确认识竞争与合作的内涵，同时增强幼儿的心理承受能力和抗挫折的能力。在日常生活中，家长要关注幼儿的心理变化和情绪变化，同时与教师进行沟通，遇到不懂的问题向教师求助，通过细心引导的方式，帮助幼儿排解内心的不良情绪。这种家园共育模式能够有效提高家长对幼儿心理教育方面的关注度，同时加强家长和教师的沟通和联系，共同探讨解决幼儿心理健康问题的良策，减少幼儿发生心理健康问题的情况。

五、结语

综上所述，幼儿的心理健康教育问题需要更多的关注度，幼儿园教师应该从多角度、多途径寻找心理健康教育方面的有效措施，同时也应该加强自身专业技能和知识的学习，选择合适的契机对幼儿进行教育。教师要与家长建立紧密的联系，多与家长进行沟通和交流，共同为促进幼儿心理健康出力，为幼儿心理健康教育奠定基础。

幼儿园混龄走班式学习的实施方式与策略

广东省深圳市教育幼儿园（深云分部）　葛　清

一、我国混龄班实践概况

很多幼儿园先从尝试几个混龄班开始，并无全园混龄，主要采用“间断性混龄”、部分混龄、“大带小”的方式。在混龄班中，混龄游戏活动和混龄生活活动占主要部分，混龄教学活动比较少见，基本上是“混龄生活，分龄学习”的模式。

二、混龄走班式学习的价值与意义

（一）混龄教育学习的价值

国际儿童教育学会（ICEI）、美国学校管理者协会（AASA）等都曾指出混龄教育带给儿童的益处，他们认为混龄教育有利于幼儿认知、社会性、情感及语言发展等，并且还认为混龄教育有利于儿童学业。加拿大的瑞森幼儿早期混龄教育研究机构从1996—1999年对混龄教育模式进行了为期三年的研究，发现混龄教育有利于增强儿童社会责任感，增加儿童的合作，减少儿童的攻击性行为。同时，混龄教育是为高能力学生而准备的，他认为混龄班的儿童比同龄班教育的儿童在社会性、情感发展和人际交往能力方面发展得更好。

混龄教育促进儿童的认知和社会性的发展。如王晓芬、赵丽君、刘云燕等研究者认为，混龄教育对儿童的认知和社会性发展有重要的作用。张更立提到混龄教育将会弱化幼儿“自我中心”的倾向，促进幼儿社会认知的发展，促进幼儿的亲社会行为技能，包括合作、分

享、帮助、秩序、谦让、负责等行为的能力。

混龄教育促进儿童语言和情感的发展。我国有研究者认为，混龄教育为幼儿提供了更多的情感体验机会，还有研究者认为混龄教育促进语言的发展，学前期是儿童语言发展的关键期，儿童又有机会与不同年龄段儿童互动，丰富了儿童的语言词汇。

（二）混龄编班学习的益处

有研究者认为，混龄编班有以下益处：提供教养的机会、提供学习的方式、促进社会性的发展、促进认知的发展。在幼儿园和学前班的混龄班里，教学更易于避免出现“小学化”的倾向。混龄班并没有对学生的成绩产生消极影响，这些学生对学校、自身和他人持有更为积极的态度。基于64项研究的回溯，Anderson和Pavan认为，在成就测验上，混龄班孩子做得同样好或者更好。

三、混龄走班式学习的实施方式

（一）混龄班级的规模与构成

混龄班是像“家”一样的班级，大大小小的孩子和老师，在这个温馨的“家”里共同学习、共同成长。这决定了混龄班人数不能过多，否则容易导致诸多问题，如教师难以照顾到所有孩子，孩子之间的冲突增加等。我们经过反复实践发现，24—26人的混龄班教育效果比较好，每年龄段8人，每毕业8名幼儿，再招收8名小班幼儿，教师配备标准应不低于每班“三教半保”。同时，要注意男女儿童比例协调，最好男女幼儿的比例是1∶1，这样一方面有助于形成男女优势互补的生态环境，另一方面可以帮助幼儿确立性别认同，理解社会对性别角色的期待，促进幼儿心理的健康发展。

（二）混龄教育课程及其特征

混龄教育课程是指围绕一个主题，师幼共同创设与主题相关联的活动区域，渐进投放满足不同年龄层次、不同幼儿活动需要的区域材料，幼儿按照自己的能力和意愿，自主选择活动内容和活动材料，教师适时给予支持与引导的一种动态的系列开放活动。孩子具有自我建构的能力，在面对复杂、整体的事物时，孩子们能够通过自身的感受构建自己的个体世界，进而实现成长，由此决定了幼儿园混龄教育课程还应呈现出明显的主题性、活动性和发展性的特点。

主题性是幼儿混龄教育课程整全性的体现，只有围绕主题组织教育活动，幼儿才能触摸到事物的全貌，尽管不一定能够理解事物的全貌。具体而言，就是要通过整合科学、艺术、社会等相关课程领域，形成活动主题，体现不同的层次目标，才能促进全班幼儿的发展。活动性是混龄教育课程对开展形式的要求，即混龄教育课程必须以活动的形式开展，要让师幼在活动中体验、探究和发现事物的真理。发展性则是基于混龄教育的根本特征提出的基本要求，宏观上不同年龄的孩子都需要发展，微观上混龄班中存在着不同的年龄群体，其具体的发展需求存在明显差异。

四、混龄走班式学习的具体实施策略

（一）混龄走班式学习的前期准备

幼儿园制定混龄走班式学习方案，明确活动目的和意义，提前预设活动中可能出现的问题并提出解决方案，围绕《3—6岁儿童学习与发展指南》，确保混龄走班游戏的顺利开展。教师要给孩子创设一个相对统一、有序的游戏环境，同时针对每一次游戏活动开展专项研讨，及时发现问题、解决问题，共同推进混龄走班式学习的进一步发展。

（二）混龄走班式学习的具体策略

首先，根据不同的教育目标对混龄班幼儿进行分组，如可分为集体混龄和小组混龄开

展活动，也可分为大中组、中小组进行混龄活动，还可以打破年龄界限按幼儿的能力分组，中班能力强的幼儿可参与到大班活动，小班能力强的幼儿可参与到中班活动。此外，还可以互补混龄分组，即在同一活动中，将不同年龄、不同发展水平的幼儿分成若干个小组，让他们在小组内互帮互学、共同发展。

其次，采取适宜的活动策略。一是情境创设。在主题活动开展的过程中，根据主题线索，师幼共同探索主题开展的思路，生发主题活动的具体环节，并创设相对应的面对三个年龄段幼儿呈现的活动情境。二是将分组活动和个别指导结合起来，充分考虑三个年龄段幼儿不同的年龄特点、能力差异、兴趣爱好等，鼓励幼儿自主选择，教师对幼儿进行观察，并适时给予支持、帮助和指导。三是成果分享。幼儿与幼儿、幼儿与教师在互动活动中分享经验，相互启发，共同体会成长的快乐。

再次，把握混龄教育实施的流程。在主题统领的区域活动中，教师在充分了解幼儿已有知识经验的基础上，应用“分层”的思路对主题目标进行分解，对活动达成的不同目标进度进行预设，以体现对每个幼儿的关注。在依托于区域活动的同时，教师要善于将领域知识融合进去，关注幼儿获得知识经验的整体性。同时，在课程的具体实施中，教师可结合自己的观察，发现不同年龄层次幼儿的兴趣和需要，不断地生成新的主题，实现课程生活化。

五、开展混龄走班式学习的注意事项

（一）应建立温馨平等的师幼关系

在混龄班里，师师之间须默契配合，彼此尊重，都能基于幼儿为本的成长需要，各司其职，思考创设的环境是否和谐生态，所做的工作是否有效有益，是否能够促进幼儿身心健康成长。只有这样，当幼儿之间遇到矛盾的时候，大的孩子才有信心充当调解员的角色，依靠自身的经验储备以及对交往策略、方法的理解运用，对幼小儿童提出合理化建议，并得到他们的认同，由此幼儿的社会交往能力、问题解决能力及关爱分享谦让等品质才能不断得到提高。

（二）教师须具有较高的专业素养和专业技能

混龄班教师应有正确的教育观、儿童观和学习观，能将每个幼儿都看作有着独特发展路径的人，能纵向地看待孩子的发展，能看到每个孩子的成长都有一定的生长期，从不同的角度、不同的侧面多元地看待孩子，发现他们身上的闪光点。此外，混龄班的组织和教学还要求教师能在把握每个年龄段幼儿不同学习特点的基础上设计教学，对其发展目标与状态进行合理的预设，明白幼儿学习是在与同伴交往过程中自我建构和实现的。

（三）须有必要的物质条件和人员保障

当前混龄教育的实施不再是20世纪80年代因教室和师资有限而被迫出现的教育现象，也不再是教师教完大孩子再教小孩子的无奈复式教学。为保证混龄教育的有效适宜，幼儿园在师资配备上应保证每个混龄班“三教半保”，要为混龄班提供符合不同年龄段幼儿身高特点的桌椅，要能根据不同年龄段幼儿的身心特点为混龄班配置充足的游戏材料和玩具。

六、“混龄走班”活动的显著成效

（一）环境育人，五大领域资源整合

《3—6岁儿童学习与发展指南》中指出，儿童的发展是一个整体，要注重领域之间、目标之间的相互渗透和整合，促进幼儿身心全面协调发展。全园整个走班活动区，涵盖了幼儿发展的五大领域，避免了集中教育活动中单领域上课教授制的弊端。每个孩子在走班游戏中，都会做到社会、语言、科学、艺术、健康等领域的综合经验的运用，继而得到全面

发展。

（二）因材施教，促进幼儿个性化发展

每个幼儿都会根据自己的兴趣和需要来选区，表现出不同的喜好和差异，有的幼儿会连续几天都选择同一个区，意味着幼儿在自己的游戏水平中，尝试到了新的刺激，从而获得一种新经验、新技能，个性化在走班游戏中表现得淋漓尽致。

（三）师幼互动，拓展教师专业经验

教师在走班游戏中与混龄儿童发生互动，解决的都是实际问题，而不是预设问题，这对教师的专业技能提出了更高要求。在幼儿游戏力的驱动下，也会促使教师不断学习，去帮助幼儿解决游戏中出现的问题。走班游戏，从真正意义上赋予了幼儿自主探索、自由游戏的机会，让幼儿在宽松的人际氛围、个性化的自主空间里，释放天性，自愿参与到游戏中来，幼儿的自主学习、人格建构得到充分完善。

深度学习视域下大班幼儿建构游戏策略研究

福建省厦门市翔安教育集团东方新城幼儿园　陈雅妮

建构游戏是幼儿十分喜欢的，并且能够在很大程度上锻炼幼儿的创造性游戏，但在开展的过程中我们经常遇到各种各样的问题。在大班幼儿教学中，如何通过建构游戏活动的组织与实施促使幼儿深度学习，最终获得全面发展呢？

一、大班幼儿建构游戏促进深度学习的价值

幼儿阶段的教育工作，是整个教育工作的初级阶段，也正是幼儿知识、能力、情感等素养形成的关键时期，更需要落实深度学习，才能为社会培育更多优质人才，引领时代高速发展。深度学习视域下的大班幼儿建构游戏，其价值主要表现如下。

第一，建构游戏，是通过引领幼儿思考与操作，进而完成活动任务，获得生活体验的游戏，对于幼儿行为、智力、情感等发展有着积极的促进作用。将舞台交给幼儿，能够快速激发幼儿兴趣。因此大班幼儿建构游戏活动，可以激发幼儿兴趣，引导幼儿结合实际生活，展开思考、探究、操作、交流、体验，进而收获更多的知识、技能与经验，不断完善与提高自我，这样就可以促使幼儿自主参与学习，主动实现知识的迁移，促进深度学习。

第二，深度学习对于幼儿的自主学习、知识迁移、体验感悟、综合运用等能力有着很高的要求。而大班幼儿建构学习就为幼儿自主参与等学习活动搭建了良好的平台，有利于幼儿自主发现问题、解决问题，获得思维、操作等能力的发展，促进深度学习。

第三，深度学习还在于体验、感悟、反思，最终促进情感发展。而大班幼儿建构游戏，就是先通过游戏活动激发幼儿兴趣、吸引幼儿的注意力并主动踊跃参与游戏活动，通过实践操作、互动交流，体验与感悟，总结与反思，更加深入地体验情感，满足幼儿的情感发展需求，有利于幼儿的全面发展。

二、深度学习视域下大班幼儿建构游戏的实施策略

（一）营造良好环境，满足幼儿游戏需求

大班阶段的幼儿虽然具有了一定的游戏经验与技能，但还是会受到外界环境因素的干扰，最终导致游戏活动的效率低下。因此就需要幼儿教师通过良好环境的营造，满足大班幼儿的游戏需求，进而促进其深度学习。

首先，幼儿教师要为大班幼儿留有充足的建构游戏时间。只有在长时间的游戏活动中，

才能让幼儿注意力保持集中，实现思维的发展、操作能力的强化，去构思游戏活动、体验游戏过程，推动深度学习。教师在幼儿建构游戏活动中，还要密切观察幼儿的行为与表现，做好详细精准的记录，然后进行活动时间的调整与告知，引导幼儿灵活把控好自身的建构时间，提高自身的综合能力。

其次，提供多元丰富的游戏素材，引导幼儿展开建构游戏活动。建构游戏需要幼儿自主思考与操作，然后完成活动任务。因此教师要根据每一位大班幼儿的个性特征为其提供多元丰富的素材、工具，满足每一位幼儿的发展需求。

此外，在游戏环境的布置、游戏素材的提供中，需要结合幼儿的生活经验，鼓励幼儿自主搜集、判断、运用游戏材料营造良好的游戏活动环境。比如通过回收生活废品，然后进行合理分配，自由搭建与操作，获得更多的体验与感悟。

(二)给予有效指引，鼓励幼儿深入探究

在建构游戏活动中，还需要教师的有效指引，才能促进深度学习。

首先，教师要引导幼儿自主参与游戏活动，能够主动操作与构建，才能激发幼儿深度学习的兴趣。在实际游戏活动中，教师要基于每一位幼儿的兴趣、行为、经验等，鼓励幼儿自主发表观点、提出想法，然后由教师总结归纳，引导幼儿进行游戏活动主题的构建，将幼儿引领到相应的活动区域中，全身心地投入游戏活动中。

其次，在整个建构游戏中，教师都要给予适当的指引，为幼儿提供思考想象、操作交流的空间，才能促使幼儿持续展开游戏活动。比如大班幼儿喜欢具有挑战性的游戏活动，教师就可以为幼儿布置一些具有挑战性的活动主题，然后将幼儿带领到活动区域，利用现有的素材工具完成游戏任务，丰富幼儿的知识经验。

最后，深度学习视域还要求幼儿根据自身的经验去进行未知情境的探索，进而提出新的问题，实现知识技能的灵活应用。因此在整个建构游戏中，就需要教师指引幼儿展开思考、质疑、探究，进而不断提高自身的操作能力。比如在游戏活动中，教师要根据幼儿的实际操作情况，从侧面引导幼儿仔细观察、提出问题，实现思维的转换。接下来引导幼儿从客观角度分析原因，从多个角度进行操作探究，清楚地认识问题所在。最后指导幼儿实现所有信息、经验的整合，提出解决问题的方法，敢于不断操作与实践，提高自身的综合能力。

(三)结合实际生活，丰富幼儿建构经验

深度学习的有效进行，与幼儿的生活经验有着密切联系。因此在建构游戏中，还需要教师结合幼儿的实际生活逐步引导幼儿展开搭建、操作，最终获得全面发展。

首先，在大班幼儿建构游戏中，教师可以先引导幼儿观察生活中的各种事物，仔细回忆生活中的经验，然后进行模仿操作，实现知识的吸收、经验的消化。比如，家庭、幼儿园、游乐园等周边的人物、事物、景物，都可以成为建构游戏活动的主题，引导幼儿观察与模仿。

其次，引导幼儿展开生活操作、探究、实践，收获更多的知识、技能与经验，强化自身的综合能力。比如飞机、轮船、小汽车、房屋的搭建，花朵、衣服、书包等的制作，都可以勾起幼儿的生活经验，引导幼儿自主展开操作实践，实现生活知识与经验的灵活运用。

最后，通过适当的拓展延伸，开阔幼儿的思维视野、知识经验等，强化幼儿的综合能力。比如，教师可以通过生活情境的创设引导幼儿自主搜集资料，展开思考观察，然后利用相应的材料工具进行搭建操作，保障整个建构游戏的开放性、创新性、多元性，促进幼儿深度学习。

三、结语

综上所述，本文针对大班幼儿建构游戏促进深度学习的价值，展开了详细深入的分析，并且具体探讨了深度学习视域下大班幼儿建构游戏的实施策略，希望能为大班幼儿建构游戏的深度学习提供一些理论依据。在今后的教学工作中可以通过营造良好环境、给予有效指引、结合实际生活三个方面，满足幼儿游戏需求、鼓励幼儿深入探究、丰富幼儿建构经验，保障大班幼儿建构游戏活动的高效开展，从而促进幼儿深度学习。

论德国学前教育发展特点及其对我国学前教育的启示

北京城市学院　李新宇

一、德国福禄贝尔幼儿园的教育内容

福禄贝尔在工作期间，为 4—6 岁的儿童安排了观察、说话练习、数数、唱歌、造型、体操、童话游戏、野游、回忆的内容，这部分内容成为福禄贝尔幼儿园后来教育内容的基础。福禄贝尔建立了以自我教育为主的直观教学机构，直观教育相对于那些比较抽象的教育，可以让幼儿更好地理解和学习。他认为，不应该把学前教育机构办成学校，幼儿不应该接受学校教育。为了使幼儿得到自我发展，应该让幼儿更直观、更形象地参与到活动之中，这样才能为幼儿以后上小学打下良好的基础。

(一)“恩物”教学

福禄贝尔为幼儿设计了很多游戏与活动，其中最主要的一种就是运用他设计的供幼儿使用的玩具——“恩物”来进行游戏。“恩物”是福禄贝尔对他制作的可以让幼儿使用的玩具用品的称呼，意思是上帝的恩赐。在幼儿使用的过程中，锻炼了幼儿的认知能力和创造性，也发展了幼儿手部活动技能；也可以通过“恩物”让幼儿运用感官对这个玩具有更直观的了解，让他们对这个东西产生好奇心，激发幼儿的探索能力，通过探索学习到知识。

(二)作业活动

福禄贝尔通过作业对幼儿进行初步的教学，内容包括编纸、折纸、图画、拼图等。这些活动锻炼了幼儿的动手能力，也让幼儿更直观地了解到这些东西，同时激发了幼儿的兴趣。

(三)重视幼儿的语言发展

福禄贝尔重视幼儿的语言发展，他通过唱歌、讲故事、朗诵和游戏等方式，来培养儿童的语言能力。这些方式不但是幼儿所感兴趣的，也是幼儿更容易理解的方式。

二、德国学前教育的特点

(一)以游戏为主的课程设计

德国的课程设计是以游戏为主，没有统一的标准，有很多自由活动，由幼儿园自行决定的。幼儿园是幼儿自由活动的场所，而不是一所学校。它是可以帮助幼儿实现自我发展的地方，不是单纯为了接受灌输式的知识和内容。

(二)混龄编班

德国的学前教育不按年龄，强调异质分组，尊重不同年龄儿童的相似性和相异性。混龄编班比按年龄编班会更有优势一些，混龄编班可以锻炼年龄较大儿童的领导能力，也有利于培养他们的沟通能力，让他们增强自信心。而那些年龄小的儿童，一般也喜欢跟年龄大的儿童玩耍。在与年龄大的儿童玩耍的同时，也可以向他们学习到更多知识，学会与他

们交流，可以锻炼年龄小的幼儿的沟通能力和与人交往的能力。这样所有儿童都得到了成长，让他们在无形中学会很多技巧和知识，也体现了自由发展和自我教育的特点，幼小衔接也会更自然一些。

（三）融合教育

融合教育主要是为身心障碍儿童提供的教育，即平时所说的特殊教育。让特殊儿童和普通儿童一起生活和学习，让他们有了和正常儿童同样的权益，充分体现了人性化特点，也是国际教育发展的趋势。教师应充分激发他们的潜能，不能把他们当成特殊儿童来看待，只有公平地对待他们，才能让他们在其中获得更好的成长，让他们能像正常的幼儿一样得到社会的关注与关爱。这样才是对这些儿童的公平。通过融合教育，也可以让这些特殊的孩子发展自己的潜能，提高他们与人交往的能力和沟通能力。

三、德国师资培养与中国师资培养

（一）德国师资培养

德国师资培养培训对象主要是热爱儿童的青年妇女，师资培训的重点首先需要了解幼儿身体和心理的发展过程。如果不了解幼儿身体和心理的发展过程，那就无法对幼儿进行更好的教育，而且如果用了不正确的教育方式，就很有可能对幼儿的身心发展造成伤害。所以了解幼儿身体和心理发展的全过程是至关重要的，也是最关键的因素之一。其次是培养教师热爱儿童的思想，如果教师不爱儿童，就无法激发出教师的主观能动性，也很有可能会控制不住自己的坏情绪而对儿童发脾气，这可能给儿童造成不可逆的伤害。最后教师要熟练掌握正确的保育和教育的方法，没有正确的方法，就会让幼儿得不到好的发展，甚至可能会让幼儿养成不良习惯。

（二）中国师资培养

中国师资培养首先是要熟悉班级中保教工作的细致要求，只有先了解了保教工作才能更好地照顾幼儿，这也是一名教师应该具备的最基本的条件。其次，要了解幼儿园的办园理念、办园特色、办园宗旨。尤其是要了解幼儿园的办学宗旨，幼儿园是为了教育幼儿，为了幼儿的发展而合理安排活动。如果不了解办学宗旨是无法为幼儿安排合理的活动的。要让幼儿在充满爱的环境里健康成长。最后，要了解班级设置及教学相关教师，清楚教师备课的要求，只有清楚教师备课的要求才能更好地教育幼儿，为幼儿设计更好的活动。

（三）总结

作为一名幼师，我们要了解儿童的生理和心理，了解儿童身体方面和心理方面的发展，知道怎么更好地去教育他们，怎样教育才是最好的方法，如何让他们学习到更多东西，培养良好的学习习惯。

四、德国幼儿教育思想对中国幼儿教育的启示

（一）树立正确观点

首先要树立一个正确的观点。德国的教育学家福禄贝尔认为，幼儿园是帮助幼儿实现自我发展的场所。幼儿进入幼儿园后，应接受良好的教育和习惯培养，让他的身心得到锻炼，从而更好地认识人与自然，而不是用填鸭式的方法向他们灌输知识。而且从幼儿发展的角度，他们也不能过早地接受概念性知识。

现在社会的竞争压力很大，一些家长认为，不能让孩子输在起跑线上，怕孩子以后跟不上社会的节奏，怕被社会淘汰，就想让幼儿园教师教孩子一些小学的知识，想让幼儿园教育多涉及一些小学的内容，这并不利于幼儿的身心发展。所以，应该让更多的家长了解幼儿教育的方法，以免让幼儿过早进行填鸭式的知识化教育。幼儿教育也是家庭教育的延

伸，所以一定要向家长普及幼儿教育的一些知识和要点。在教育幼儿方面，也要选择幼儿可以接受的知识，符合他们年龄段的知识，符合他们身心发展的特点和接受能力。

(二)加强家庭教育

福禄贝尔认为，幼儿期是人生中很重要的阶段，家长在幼儿教育中也起着非常重要的作用。父母是孩子的第一任老师，所以家长的一举一动对幼儿的影响是非常大的。

结合中国学前儿童家庭教育的原则，父母重视对幼儿进行教育的同时，也不能脱离了实际生活。要贴近幼儿的实际和生活，只有贴近他们的实际生活，才能让幼儿的印象更深刻，也能让幼儿更加感兴趣，更有对知识的求知欲，可以做到事半功倍的效果。

家长要尊重幼儿的意见，调动幼儿的主动性、积极性。每个幼儿都有自己的想法，但是有些家长却只喜欢按自己的想法让幼儿做事。这种情况是非常常见的，也是错误的。在教育孩子的过程中，家长要尊重幼儿，也要学会理解幼儿，不要对幼儿随便发脾气。幼儿有自己的想法，有些事可以先问问幼儿这么做的道理。在对幼儿进行教育时，要从幼儿自身的情况出发，根据幼儿的年龄特征和个性差异，采用对幼儿更合适的教育方法。要善于发现幼儿个性特点，还要抓住幼儿擅长的方面去加以发展。每个幼儿适应的教育方法也不同，只有找对了适合幼儿的教育方法，才能让幼儿得到更好的发展。

(三)重视游戏的作用

游戏是幼儿生活的主要方式，也是幼儿认识世界、认识自然的有效途径，在一定程度上能帮助幼儿发展自身的智力、体力等。教师应该为幼儿创造一个可以良好游戏的环境并学会为幼儿去开发新的游戏，让游戏有更多的种类、更多的形式和内容，教师自己也要积极地去融入幼儿的游戏当中，多多去观察幼儿的想法，了解幼儿内心的小世界，这样才能更了解幼儿，了解幼儿之后才能给幼儿设计更完美的游戏和教学，让幼儿在“玩中学，学中玩”，不知不觉地提升幼儿的各项能力。

(四)尊重幼儿的发展特点

在幼儿的教育中，只有尊重幼儿身心发展特点才是最好的教育方式。所以，教师要掌握好幼儿身心发展特点，根据幼儿发展特点来制定教学的目标和计划。教师要仔细观察幼儿的行为，在了解幼儿的基础上，采取有针对性的教育方式，让幼儿得到良好的教育。

(五)采取作业和“恩物”的教学

在教学的过程当中，可以把福禄贝尔的“恩物”教学运用到其中。“恩物”教学就是中国幼儿园课堂上教师亲手给幼儿制作的那些玩教具，这些玩教具比购买的玩具更有教育价值，它是根据班级幼儿的不同发展程度量身制作的，更加符合幼儿发展规律。还有福禄贝尔所提到的作业。通过一些折纸、图画、拼图、积木等锻炼幼儿的各方面能力，让幼儿在游戏中就能增加知识，培养能力。

教育的方式应当是随着时代的发展不断发展的，要汲取其他国家好的教育方法，努力去完善。教育的内容也应该符合幼儿的年龄特点，对他们的身心发展有好处，让幼儿在快乐中学到知识，提高自身能力，在幼儿园这个大家庭中，开心快乐地成长。

农村小班幼儿良好饮食行为习惯培养策略

陕西省西安市西咸新区沣西新城第五幼儿园　卢　彤

健康的饮食行为习惯无论是对成人还是对孩子来说都很重要，拥有好的饮食行为习惯是幼儿健康成长的保障。但是就目前来看，与城市相比，农村的幼儿饮食仍存在一些问题。农村幼儿家长不知道如何培养孩子良好的饮食习惯，如何去解决他们在饮食中出现的问题。部分幼儿存在不良的卫生习惯，幼儿没有使用专门的餐具，而是使用和成人一样的餐具。农村地区幼儿饮食方面的问题等待解决。

本文研究 3—4 岁农村幼儿饮食行为习惯，从研究者所查询的文献资料来看，研究农村地区小班幼儿的饮食行为习惯的文献比较少。本文从这一角度入手调查研究，然后去了解造成此现状的原因是什么，为培养幼儿健康饮食行为习惯提供策略。

一、农村小班幼儿饮食行为习惯调查现状分析

研究者通过问卷调查法和个别访谈法，对选取的 100 名农村幼儿在家的饮食行为进行探究，其中 84 份为有效问卷。研究当中发现农村地区小班幼儿的饮食行为习惯得到了一定的改善，但仍存在着不足。根据研究结果，具体情况如下。

(一)进餐的时间

幼儿的用餐时间分布情况，20 分钟以内可以吃完饭的幼儿占 46.43%，20—30 分钟吃完饭的幼儿占 46.43%，而只有 7.14%的幼儿吃饭时间在 30 分钟以上。幼儿消化系统敏感，应该是细嚼慢咽，调查当中有超过一半的幼儿用餐的时间不适宜，过快或过慢都不利于消化。

(二)进餐的专注性

调查显示，在吃饭过程中，幼儿很容易分心，其中，22.62%的幼儿可以认真吃饭，55.95%的幼儿边吃边玩，30.95%的幼儿会被电子产品打扰，53.57%的幼儿边吃边说话，8.33%的幼儿吃饭时在做其他的事情。

(三)进餐的独立性

从调查结果发现，幼儿进餐独立性较差，但也在逐步培养中。结果显示，有 77.38%的幼儿可以独立吃饭，但偶尔需要大人喂；而 22.62%的幼儿不能独立吃饭，但其中有 15.48%的幼儿在学习中，7.14%的幼儿经常需要大人的帮助。根据结果，幼儿在吃饭过程中还是需要成人的帮助来用餐，独立性较差，这背后的原因除了幼儿自身，还和成人的教养方式和观念有很大的关系，因此培养幼儿独立用餐的习惯极其重要。

二、存在的问题及影响因素分析

(一)存在的问题

研究者通过对农村地区小班幼儿在家饮食行为习惯的研究发现，近年来，家长对于孩子饮食卫生习惯的教养有了很大的改善，但是仍存在着很多问题。

1. 进餐的时间不当

在进餐的时间中，只有 46.43%的幼儿可以在 20—30 分钟吃完饭；53.57%的幼儿吃饭速度不一，要么过快，要么过慢，这都是不好的。幼儿吃饭速度不当会造成肠胃的不适，影响消化。

2. 进餐专注度不高

随着技术的发展，各种科技产品开始影响幼儿的生活，尤其是幼儿吃饭过程中，家长总会因为这些产生矛盾，有些祖辈认为只要孩子吃饭就行，哪怕孩子看着手机和平板电脑。而父母认为看手机既影响吃饭，也对眼睛不好。

3. 进餐独立性差，用餐被动

在研究中发现，幼儿能够自己独立吃饭的比例不高，幼儿或多或少需要借助成人的帮助才可以完成用餐活动，也有小部分幼儿是在上幼儿园后才开始独立用餐的。其中很大一部分原因是成人的介入，导致幼儿无法独自吃饭，而这背后又是由经济、教育水平等因素引起的，在此不做深究。

(二)影响因素分析

1. 家庭因素影响

第一，家长的教育方法和思想观念会对幼儿的饮食习惯产生影响。家长总是想尽一切办法让幼儿吃饭，并未想过幼儿为什么不喜欢吃，如何主动吃饭。威逼利诱也好，惩罚或奖励也好，只是解了燃眉之急，没有解决根源问题。另外家长的喂饭行为也是造成幼儿独立进餐能力差的重要原因之一。

第二，家长的言行对幼儿饮食习惯有影响。孩子受到大人的影响是很大的，甚至会波及以后的成长。在问卷中，有一半的幼儿安静吃饭的概率比较小，父母安静吃饭的比例也较低。3—4 岁幼儿学习的主要方式是模仿，而家长在吃饭中表现的行为都会影响到幼儿，因此父母更应树立好的榜样。

2. 食物因素影响

食物的颜色、形态、味道或其烹饪方法等都会影响幼儿产生不爱吃或厌恶食物的行为，从而导致家长认为幼儿有挑食行为。重复的单一的食物让幼儿变得厌烦。研究数据中发现，食物本身的因素也是影响幼儿不良饮食行为的重要原因之一。在访谈过程中，A 家长谈及关于食物的问题：“我们家孩子不喜欢吃葱姜蒜，不喜欢吃青椒、茄子，每次都剩在碗里。孩子说青椒的味道难闻，那些葱姜蒜辣嘴不能吃，茄子炒得太烂了，在嘴里感觉不好，有时候我都发愁怎么才能让她好好吃饭。”

3. 幼儿园相关的教育影响

幼儿园饮食的培养教育并不到位，加上又受到农村教育方式的传统模式的影响，使得幼儿园教育缺位。一是幼儿园健康教育工作不到位，教师和生活老师缺少相关培训，没有统一的合适的教材课程。二是幼儿园周边各种炸烤的摊位众多，孩子上下学的路上必然会经过它们，如此，孩子们接触到的无营养食物的机会增多，但没有解决的方法。幼儿老师是孩子的第二任老师，除了家庭教育以外，幼儿园教育也是重要且必要的。

三、改善农村小班幼儿不良饮食行为习惯的教育建议

(一)家庭方面

父母作为孩子的第一任老师，应以身作则，做好榜样，培养孩子良好的饮食习惯。父母应当树立正确科学的教育方法，在教育方法上要松严有度，改变一些固有的观念。

在面对孩子不爱吃的食物、分心等不良习惯时，过度宠爱或过度严格都是不可取的，过度宠爱会导致幼儿营养摄入变少，饮食的种类变少；过度严格可能会造成幼儿对吃饭的恐惧。例如，孩子有因看电子产品而哭闹暴躁的行为时，家长及时采取行动解决，在多次说服和讲道理无法解决的情况下，采取适当的强硬手段也是有必要的，要让孩子明白家长这么做的目的，所以适当的教育方法是很重要的。

(二)食物方面

食物的颜色、气味、形状等都会影响到幼儿的吃饭问题，让幼儿感到不舒服的食物味道，也会导致幼儿不喜欢吃。因此，这个时候家长可以利用绘本故事的内容，让幼儿了解不良饮食习惯的危害，通过小问题了解孩子的想法，问问幼儿为什么不喜欢吃它，询问幼儿的建议；和幼儿一起把食物做成自己喜欢的植物、动物或喜欢的形象，让幼儿更容易接受它。食物鲜艳的颜色会吸引幼儿的注意力。家长可以和幼儿一起采购食材，种类丰富的营养的食材可以满足幼儿的成长需要。营养搭配，种类丰富，不在于多，而是要营养丰富，种类和色彩的搭配要符合幼儿的喜好。家长需要在饮食的做法和搭配上用心，更要了解幼儿的需求，才能让幼儿喜欢吃饭。

(三)幼儿园方面

如今生活中没有营养的食物很多，幼儿无法分辨，幼儿园教育显得尤为重要，学前教育工作者更应明白健康合理的饮食对人的成长发育多么重要。幼儿教师和生活老师都需要经过培训，去了解饮食教育并重视饮食教育，帮助幼儿及家长解决问题，促进幼儿健康成长。

四、结语

综上所述，家长们对于孩子的饮食习惯问题十分重视，但遇到的难题却无法解决，幼儿进餐的时间不当、进餐独立性差、进餐专注度不高。因此，笔者从家庭、食物和幼儿园三个方面提出解决方法。

浅谈幼儿园男教师流失成因及其对策

广东省深圳市宝安区石岩园岭幼儿园　陈秋云

长期以来，幼儿园教师一直都是女性居多，女性从事幼儿教育工作被认为是再正常不过的事情。在女性幼儿教师的教育之下，幼儿很容易形成“半面人格”。因此，幼儿园急需男教师的加入，为幼儿园的发展注入新的活力，为幼儿的全面发展提供保证。幼儿的发展不仅需要女教师的细心呵护，而且需要男教师的阳刚之气作为推力。男性进入幼儿园是幼儿教育生态良性循环的重要条件。男女教师若能有效地配合和合作，必将产生良好的“异性互促”效应。近年来，教育部也不断发布关于幼儿园男教师发展的培养计划，使幼儿园男教师逐渐成为学前教育发展的关注点之一。2017 年我国幼儿园的教职工人数共有 4192850 人，其中男教师有 330069 人，占总人数的 7.87％，男女教师比例约为 1∶12；专任教师总人数为 2432138 人，其中男教师有 53847 人，仅占 2.21％，男女教师比例约为 1∶44。相比较下，2017 年幼儿园男性教职工人数比 2011 年约增长 67％，由此看出越来越多的男性进入学前教育领域发展，这也符合教育发展的规律。但目前全国幼儿男教师严重缺乏，对此，通过分析我国幼儿男教师严重流失的原因，并从幼儿园男教师的实际需要出发，有针对性地提出一些解决对策。

一、幼儿园男教师的教育价值

(一)有利于幼儿性别角色塑造

在一日活动中，幼儿和教师是不断相互交流的，幼儿通过对教师的语言、行为进行学习和模仿，从而获得利于自身发展的知识和经验。因此，幼儿教师对幼儿成长尤为重要。在幼儿园中每个幼儿都是独特的个体，不同的幼儿有不同的需要倾向，有些幼儿可能更喜

欢女教师身上柔和的一面，有些幼儿更喜欢男教师身上勇敢的一面，男女教师均对幼儿有着重要影响。相对于女教师而言，男教师在日常教学中通过自身男性的角色示范，潜移默化地影响幼儿，帮助幼儿构建适当的性别角色行为，对于男幼儿的性别角色塑造具有很好的引导和示范作用。因此，男教师对正处于性别角色形成关键时期的幼儿影响尤为重要，特别是处于性别认同阶段的男幼儿。教师成为幼儿的观察对象，幼儿通过对教师的模仿和学习，强化自身性别意识。因此在幼儿园中有男教师和女教师对幼儿进行教育，更利于幼儿形成完整的性别角色，更健康地成长。

（二）促进幼儿个性和谐发展

男教师在教育幼儿的方式上与女教师存在明显差异，给幼儿带来不同的教育方式和情感体验。例如在组织游戏中，女教师可能会首先考虑到幼儿的安全问题和体力问题，通常组织较为和谐的规则游戏和听说游戏；而男教师通常组织具有冒险精神的游戏活动及运动型游戏。男教师在冒险性游戏过程中与幼儿相处，给幼儿带来更多的感官刺激和游戏创新性，使得幼儿更容易沉浸在游戏中与教师彼此互动，而且男性特有的勇敢、冒险等特质容易给幼儿带来心理依赖与安全感，可以促进幼儿心理的发展，对幼儿的体能、智力、个性等方面的发展都有直接影响。因此，幼儿的意志品质培养关系到个性品质的形成。在幼儿园中不仅需要女教师，也需要男教师，这样才能让幼儿更好地接触不同性别教师身上存在的阳刚或温柔特质，更利于幼儿个性的和谐发展。

（三）激发幼儿多元思维发展

幼儿园男教师和女教师在思维模式上也存在差异性。有心理学家分析，男性和女性在思维模式上表现为男性更倾向于独立性的抽象思维，善于推理演绎，具有逻辑性和迁移性，理性思维占主导；而女性则倾向于依存性的具体思维，善于类比归纳。男教师的独特思维方式和探索精神，在教学实践过程中会潜移默化地对幼儿产生影响，通常会在教学或游戏活动中鼓励幼儿从不同的角度去思考问题、发现问题，在不断思考和实践中，探知答案，激发幼儿的发散性思维和动手实践能力，不断地调动幼儿的积极性和主动性。幼儿在不同性别教师的教学思维引导下，激发了多种思维发展，有利于发展创造力和想象力。

二、幼儿园男教师流失原因分析

（一）幼儿教师工资低

当前，学前教育在我国还属于非义务教育，幼儿教师收入普遍偏低，收入不仅低而且责任大、工作量多。以二、三线城市为例，幼师的工资一般是3000元左右。而对于要担当起养家糊口责任的男性而言，工资水平相对会比较低。当今社会，买房子、买车或者是结婚彩礼钱，由男性支付的概率较高。而男性如果一个月工资较低的话，加上高物价除去吃穿等基本消费，一个月能攒下的钱不多，所以很多男生都不乐意当幼师，他们觉得工资太低了。

（二）幼师的社会地位不高

同样是老师，小学和中学老师仿佛比幼儿园老师地位高很多，其工资水平也会高一些。很多人在没有深入了解和接触到幼师这个行业时，不知道幼儿教师在组织一日活动的时候要有计划性、目的性、创造性，工作量很大，工作很辛苦。

（三）社会传统职业观念束缚，迫使其寻求其他出路

在传统观念的影响下，很多人会觉得幼教这个工作就是哄孩子，没有什么技术含量；不管学历和专业，什么样的人都可以胜任；而且大多数人认为带孩子是女性的工作。

以上三点也是导致幼儿园男教师流失的原因。

三、幼儿园男教师流失对策分析

(一)政府方面：加大对男教师的关注和支持力度

首先，完善薪酬保障制度，优化经费投入结构。政府和教育相关部门应该制定幼儿教师入职标准和最低工资标准，保障幼儿教师每月准时、准数拿到薪酬。对幼儿教师队伍建立评价机制，加强激励引导。给予充分的社会保障，合理分配幼儿园教师的编制数额。其次，应注重对幼儿园男教师的培养。最后，教育部门可呼吁幼儿园组织聘任有一定经验和教育学历的男家长或中小学男性教师定期到幼儿园兼职。此外，政府需强化对幼儿园体育工作的监督、检查和指导，要求幼儿园配备专职的男性体育教师，并把这项纳入学前教育政策规定中，作为幼儿教师队伍建设评估指标，鼓励和支持男性教师从事幼教工作。

(二)社会方面：转变传统职业刻板印象

需充分利用网络、自媒体、报纸等媒体手段发挥导向作用，向大众传达幼儿园男教师在幼儿教育中的重要作用，转变大众对幼儿教师职业“唯女性胜任”的传统刻板印象。高等学校在扩大学前教育男生招生规模的同时，向学生讲解职业发展，请一些优秀的幼儿园男教师来举办讲座，让想报考学前教育专业的男学生对职业有足够的认识，增强对职业的认同感。同时，向幼儿家长普及正确的教育观念，让家长意识到男教师的重要性，幼儿的成长需要有男教师的陪伴，这对幼儿的性别角色发展、个性培养等方面有着重要的促进作用。让幼儿园男教师成为学前教育事业发展的一张“名片”，在学前教育领域真正实现自我价值，共同营造利于幼儿园男教师成长的社会和谐氛围。

(三)幼儿园方面：创设男教师成长平台

幼儿园创设男教师俱乐部平台，促进男教师专业发展。某幼儿园男教师“俱乐部”以“教育信念、人文关怀、专业支持、职业认同”为四大理念，逐步在实践摸索中明确俱乐部团队目标、活动理念，并建立章程，提出成员共同守则等，以此来表达该俱乐部的功能与价值定位。建立男教师俱乐部，为男教师之间提供表达和交流机会，充分挖掘和发挥个人优势，如男教师的个人音乐风格、美术特长、篮球技能等，找准自身特色和定位。此外，可以让新手男教师在入职适应过程中，由老成员带动，传授教学经验，增强其教学实践能力，确保新手男教师能够快速适应幼儿园现实需要，更好更快地投入幼儿园教育工作中。俱乐部为在园男教师之间的情感交流与工作合作提供平台，促进彼此成长，获得归属感和成就感。同时，建构男教师俱乐部人文环境，女教师亦可参加男教师组织的专业学习、技能交流等特色活动，营造文化学习氛围，加强与男教师之间的感情和工作默契，树立共同的教育理念和教育目标，提升俱乐部人文底蕴。

(四)自身方面：搭建幼儿园男教师联盟共同体

各地区幼儿园男教师建立幼儿园男教师联盟，不仅长时间内确保师资稳定，缓解幼儿园男教师数量少的难题，也为幼儿园男教师的发展提供了共同组织。组织幼儿园男教师团队联盟，建立专门的章程，定期开展系统的专业培训，加强专业知识学习，了解基础教育改革和最新幼儿教育发展动态，提升自我学习和科研能力，树立科学的儿童观。不同地区间的新手男教师跟岗实习和参加教学活动观摩，共同探讨教学实践方法，分享学习经验和教学资源，加强各地区幼儿园男教师之间的凝聚力，协同发展。此外，联盟与幼儿园搭建合作桥梁，实现共赢。鼓励幼儿园男教师“跨园兼课”，可以根据自己的工作量，规划好时间完成，剩余时间到其他缺少男教师的幼儿园兼课，兼课所获得的课时费归自己所有，这能在一定程度上增加幼儿园男教师的收入。联盟与幼儿园在不断合作中寻得共赢，为幼儿园男教师发展提供又一途径的同时，也优化了幼儿园师资生态，搭建幼儿园男教师联盟，

以民主和谐的组织氛围，发挥男教师个人和团体优势，以“阳光、积极、坚守”的精神面貌，让大众正确认识男教师联盟团体。

组织行为学视角下青年幼儿教师的成长激励

华东师范大学　徐钰萍

青年幼儿教师工作的积极性直接影响着学前教育质量和儿童的发展。但是在现今的幼儿园工作中，由于各种不同影响因素，大量青年幼儿教师产生了职业倦怠感。如何减少青年幼儿教师的职业倦怠感，充分激发其工作热情，增加青年教师的组织支持，发挥科学有效的成长激励，是目前幼儿园组织管理过程中迫切需要解决的问题。

一、经典激励理论概述

关于“激励”的定义在不同领域各不相同。管理学中认为激励主要是发挥人的创造性过程，而在心理学中则是激发内驱力的过程。总之，激励是根据个人的需求而产生维持动机的心理活动过程，个体在其间被激发出了很足的内驱力。

根据组织行为学研究，目前管理学界比较经典的激励理论主要有以下几种。

（一）马斯洛的需求层次理论

激励理论中著名的马斯洛的需求层次理论主要包括人类五大需求，呈金字塔模型分布，表现为：生理需要、安全需要、归属和爱的需要、尊重需要和自我实现需要。这五种需求分别是不同等级的需求。人们在多数情况下会选择先满足自身的基本需求后，再去追求更高一级的需求。

（二）赫茨伯格的双因素理论

美国心理学家赫茨伯格把影响员工工作态度的因素描述为“保健因素”和“激励因素”。“保健因素”主要是与工作环境有关的因素，如人际关系、工作条件、工资待遇等不涉及工作内容的因素。“激励因素”则是与工作本身息息相关的，如工作任务、责任、绩效等因素。激励因素的满足更有助于积极性的激发。

（三）弗鲁姆的期望理论

北美著名心理学家和行为科学家弗鲁姆于1964年提出了期望理论。他认为，人都是渴望满足自身内在需要的，也会努力实现目标。但尚未实现的目标常常表现为一种内在期望，这时的目标反过来又会强化个人动机，而这个动机的强烈程度，一般取决于目标价值与期望概率的乘积。

（四）亚当斯的公平理论

美国著名管理学家亚当斯，在其公平理论中指出，幼儿教师对个人所得的工作报酬是否满意，会进行横向和纵向的社会比较。其结果的公平与否决定了教师工作积极性的高低，会直接影响其下一阶段的教育动机和自我发展。

二、青年幼儿教师的激励需求分析

经访谈调查，发现青年幼儿教师的激励需求主要包括物质和精神两方面。

（一）物质需求方面

每个人都希望通过自己的劳动付出获得一定的回报，但是在职场中往往也存在一些不公平、不均衡的现象，这在一定程度上不利于提高年轻教师的工作积极性。

1. 投入与收获不对等

一名青年教师A在访谈中说道："我们每天还要加班写很多很多的文案，个案笔记、游戏观察记录、备课反思等，还要参加各种比赛，还有环境评比等，真的是忙到没时间过自己的生活。"由此可见，投入与收获的不对等大大挫伤了青年教师的积极性。

2. 福利与待遇不完善

在访谈中教师B提到："现在年轻老师都在拼命做公众号，但是并没有获得什么报酬，会做的那个人会迎来更多的任务，工资大家都差不多，越来越多的人就不愿意主动了。"工资福利上的待遇问题成了青年教师没有工作激情的普遍原因。

（二）精神需求方面

青年幼儿教师在精神上的需求主要包括：专业成长、获得领导与同事的信任和尊重、在工作当中获得成就感、公平晋升等。

1. 在职培训不全面

在访谈中，一名本科学历的青年教师C说道："我们在大学里就已经学了很多的理论知识，我们现在更需要的是实践操作上的指引。"很多培训确实只注重理论上的"填鸭式"教学，缺少实践操作指南，无法满足个性化青年教师的差异性发展需要，一定程度上限制了青年教师的成长空间。

2. 岗位晋升不合理

很多教师反映在岗位晋升中，大部分幼儿园都是以教师的教龄资质来安排岗位的。在访谈中，教师D说道："有些青年教师很有能力，但就是因为教龄不够输给了老教师，只能再等一段时间再升职。"可见在幼儿园，"论资排辈"这一岗位晋升的问题引起了很多新教师的不满。

三、影响青年幼儿教师的激励因素

通过探析需求现状，笔者发现，按照动力源的不同，可以区分为个人和外部两大影响因素。

（一）外部因素

1. 收入待遇不理想

幼儿园教师的工资待遇一直是当下社会极其关注的一个热点问题。与其他教师群体相比较，幼儿教师的工资待遇还是普遍偏低的，甚至付出与回报不成正比，增加了部分青年教师在比较上的失落感，导致他们的工作积极性明显降低。

2. 职业地位不平等

现在社会依然普遍存在对幼儿教师的偏见，其职业地位远没有中小学教师高，很多人都认为幼儿园老师就是"带孩子玩"。这使得青年幼儿教师对自己的职业没有强烈的认同感，对幼儿教师的"尊师重教"现象并没有很大改善。

3. 资源分配不均等

当前存在一种普遍现象，幼儿园的一些优质培训更多的是留给幼儿园里资格较老的教师、年级组长、骨干教师、学科带头人等，而留给青年幼儿教师的名额少之又少，导致青年幼儿教师心理产生不平衡。

（二）个人因素

1. 自我内驱力不足

自我发展的内驱力主要倾向于工作中的成就与名望的获得，同时也倾向于未来规划的职业目标。青年幼儿教师内驱力不足，很大一部分原因是因为每天一日工作的忙碌与烦琐

消磨了激情与意志。每天“两点一线”的生活较为单一，缺乏对自我成长意识的主动调节。

2. 自我动机性不强

心理学研究表明，需要会支配动机，动机决定行为。当自我动机性很强时，教师会自觉追求发展；当动机性不强时，即便有再多的激励，也无法唤醒个人内心的发展欲望。因此，注重对青年教师的动机性培养尤为重要，鼓励青年教师追求工作成就感以及他人的肯定与赏识。

3. 自我概念性不明

自我概念主要指一个人对人格、能力等的自我赏识，即个人对自我的认识。青年幼儿教师只有在充分了解自我的基础上，才会对自己做出客观评价。但现实中很多青年幼儿教师对自我概念是模糊的，缺少自我成长的动力。

四、激励青年幼儿教师的策略

针对青年幼儿教师激励中存在的需求问题，笔者试图通过物质、精神、情感三个方面对进一步激励青年幼儿教师提出策略建议。

（一）物质激励

1. 设计合理的薪资体系，提高物质吸引力

虽然说现在的年轻一代更注重享受精神需要的满足，但根据需求理论，可以了解到人作为“社会人”，其第一位需要始终是生存需要。要通过设计合理的薪资体系，提高物质激励对于青年教师的吸引力。

2. 开展适当的福利活动，提升职业幸福感

在给教师保障基本的福利待遇后，每当逢年过节可以适当根据经费安排，给教师发放一些生活必需品，补贴日常所需；还可以让想法丰富的青年教师积极献策，完善工会福利制度。

3. 创造良好的组织氛围，提高内心期望值

温暖宜人的办公环境往往能够使教师保持愉快的身心，抱有强烈的工作激情，达到事半功倍的效果。良好的环境还可以形成团结友爱的组织氛围，增加团队凝聚力与向心力，大力提升青年教师的内心期望值。

（二）精神激励

1. 优化激励制度，激发青年幼儿教师的内驱力

当前，幼儿园的激励方式普遍过于单一，幼儿园首先有必要对青年幼儿教师的需求状况进行调查分析，了解不同年龄、性格、学历的青年幼儿教师的不同需求，从而建立按需激励的动态激励制度，发挥最大的激励作用。

2. 尝试分层培养，提升青年幼儿教师的认知力

每个青年教师身上都有着自己独特的个性与风格，管理者要因材施教，进行“分层式”的多元化培养。例如，开展项目小组学习、班级沙龙、结对帮扶等活动。通过分层式培养提升青年幼儿教师的自我认知。

3. 鼓励在职学习，提升青年幼儿教师的学习力

幼儿园管理者要传播“终身学习”的理念，支持鼓励青年教师加强深造，如通过在职考研、专升本等学历提升途径，可以形成更加专业的教师学习氛围，丰富青年教师的经验，帮助其开展更加有效的教学活动。

（三）情感激励

1. 支持性组织激励

比如开展“青蓝结对”“工会联谊”“团委竞赛”等多种活动丰富新教师的体验，给予各种

支持，帮助新老师更好地适应职场，可以更好地发挥对青年幼儿教师群体的情感激励功效。

2. 和谐性文化激励

和谐的幼儿园文化可以带给人"家"一样的温暖与归属。和谐的人际关系、温和而有力量的领导、团结友爱的组织氛围、积极向上的组织精神、快乐丰富的组织生活等都可以在日常的潜移默化中激励人心。坚持以人为本的幼儿园文化建设，可以有效激励青年教师融入集体。

3. 一致性目标激励

"情感激励"在国外一般被定义为"一种在工作中建立起来的情感信任与情感支持，以及由此而进行的任务授权和目标激励"。幼儿园应引导幼儿教师确立和幼儿园一致的个体发展目标。

组织行为学视角下的激励理论对于青年幼儿教师的成长激励具有重要的启发意义与指导作用。因此，幼儿园管理应最大限度地激励青年幼儿教师的成长，重点关注他们的物质、精神和情感需求，激发他们的活力与工作积极性，提升其职业幸福感，更好地促进学前教育事业的发展。

浅谈二十四节气与区角活动环境创设的融合

辽宁省军区第七幼儿园　霍诗婉

一、环境创设

（一）国外有关环境创设的研究

关于幼儿园空间环境设计方面，Jeffrey(1992)对幼儿园空间环境设置进行数据化分析，从空间的密度、大小、分割等维度进行研究，对环境创设中的照明、色彩等方面因素，以及对幼儿的各方面影响进行阐述。马拉古奇在《儿童的100种语言》中提出，要创设多感官参与的环境颜色，材料、光线等都要丰富；环境创设要灵活，让幼儿提出环境布置的意见，让幼儿动手改造。蒙台梭利提出，要为孩子提供一个有准备的环境，教师要为幼儿营造一个轻松自由的精神环境，让幼儿可以自己探索。

（二）国内有关环境创设的研究

《幼儿园教育指导纲要（试行）》明确指出，环境是重要的教育资源，应该通过环境的创设和利用，有效地促进幼儿的发展。关晓莺(2020)认为，环境创设刺激幼儿自我意识、自我认知和社会性发展，在实际创设幼儿园环境的过程中，要注重结合幼儿的身心发展需求，加强精神环境建设效果。王巧丽(2021)认为，幼儿园环境创设中存在过于注重物质环境，忽略人文环境和环境与教学的结合的问题。环境的创设对幼儿有很大的影响，教师要营造积极良好的环境，促进幼儿的学习发展，激发学习兴趣，为幼儿后期发展奠定基础，提高教学效率。

二、关于二十四节气主题活动区环境创设与游戏组织的策略

《幼儿园教育指导纲要（试行）》中指出，环境是重要的教育资源，应对环境进行有效的创设和利用，以此来促进幼儿的发展。由此可见，环境在幼儿教育活动中具有重要作用。针对二十四节气，可在各活动区开展游戏活动。例如，美工区开展"节气色彩"活动、阅读区开展"故事卡片"活动、益智区开展"节气农场"活动等。

(一)美工区的环境创设与游戏开展

1. 环境创设

针对本次的主题活动，并结合本班幼儿实际的绘画特点与能力，在美工区投放了未填色的节气画卷、彩纸、勾线笔、彩笔、彩泥、剪刀、固体胶等美术材料，供幼儿进行绘画与制作。

2. 游戏开展

在美工区开展了“节气色彩”“节气美食”两个游戏活动。

进行“节气色彩”活动时，第一个游戏是在每个节气活动结束后，请幼儿根据自己的理解设计属于自己的节气图书。二十四节气图书设计完成后，装订成书册，使每个幼儿都有属于自己的节气书。第二个游戏是先请幼儿回忆节气特点(立春、雨水、惊蛰、春分、清明、谷雨)，准备6个节气的长幅画，幼儿合作填色，然后大家把创作好的作品粘贴在美工区进行展示。

开展“节气美食”活动时，请幼儿说说春天6个节气的美食都有哪些，自由讨论。讨论结束后，选择美术材料进行制作。制作完成后，幼儿可以将作品投放在娃娃家进行游戏。

教师在活动中观察幼儿情绪，必要时对幼儿进行帮助。

(二)阅读区的环境创设与游戏开展

1. 环境创设

在阅读区投放关于节气主题的书籍、绘本故事卡片以及在美工区幼儿制作的属于自己的二十四节气图书。另外，还开展了节气知识小竞赛。

2. 游戏开展

在阅读区以“动”“静”结合的形式开展了两个游戏活动。

在“静”中，幼儿在阅读区可以阅读关于节气的图书；以小组进行的形式抽取卡片，讲述喜欢的绘本故事；在美工区制作的二十四节气画册完成后，教师组织幼儿对画册进行分享。

在“动”中，幼儿通过一段时间的主题活动，对节气有了一定的了解，基于此背景，开展节气知识小竞赛。在活动前教师与幼儿讨论如何完成竞赛，都需要哪些角色；讨论完成后，由幼儿自行分工完成比赛。竞赛形式分为必答题和抢答题两个环节，最后根据答对题目数量的多少进行排名，获得相应的奖励。

教师是幼儿自主游戏的协助者，在不打扰幼儿自主游戏的前提下，可以给幼儿适宜的启发和指导，帮助幼儿克服困难。

(三)益智区的环境创设与游戏开展

1. 环境创设

益智区材料的投放是幼儿园教学的重要部分。益智类玩教具应用于教学中，能有效提高幼儿的学习兴趣，培养幼儿的规则意识，并且能有效提高幼儿独立思考的能力和专注力。针对本次主题活动，我在益智区投放“节气农场”棋盘游戏，通过桌游，既加深了幼儿对节气的了解，又培养了幼儿的思维能力。

2. 游戏开展

“节气农场”可以供2—4人玩耍，根据参加棋子的多少，可难可易。棋子分为水果、蔬菜、主食和干果4类，共16枚，幼儿要经过39个事件点才能到达谷仓终点。

首先，幼儿选择自己的农作物棋子。其次，掷骰子，按照点数大小，决定行走顺序和前进的相应步数。最后，到达事件点时，根据指示操作相应的棋子。

教师在活动中进行观察，非必要时不介入幼儿活动，相信幼儿能通过探讨解决问题。

幼小衔接视角下幼儿时间观念培养的实践研究

广东省东莞市凤岗镇中心幼儿园　刘思苑

幼儿园的一日教学活动中，通常都是以游戏为主要形式，幼儿的一日活动也较为宽松、愉悦。对于幼儿而言，他们对时间概念的认知仅限于早上、中午、下午。对于大班的幼儿来说，他们即将步入小学一年级的生活，培养他们按时、守时、惜时的良好生活习惯，具有非常重要的意义。时间观念的培养可以帮助孩子合理规划时间，养成一个好的习惯；时间观念的培养可以让孩子更有时间观念，帮助孩子形成遵守时间的观念；时间观念的培养可以让孩子知道时间的珍贵，更加珍惜时间。

一、缘起

开学至今已有两个多月的时间，幼儿园规定的入园时间是 7：40—8：00，8：10 开始早操活动，但每天各班在早操前来园的人数最多只有一半，幼儿来园参加晨间锻炼活动的数据是不达标的。不单是入园出现此种情况，平常幼儿做事情也非常拖沓，因此加强幼儿的时间管理尤为重要，同时还需做好家长工作，让家长也参与到幼儿时间管理的教育中。根据幼儿的表现，我采用了行动研究范式勒温(K. Lewin)螺旋循环模式对班级幼儿的行为进行研究。勒温螺旋循环模式包括计划、行动、观察、反思四个步骤(见图 1)。

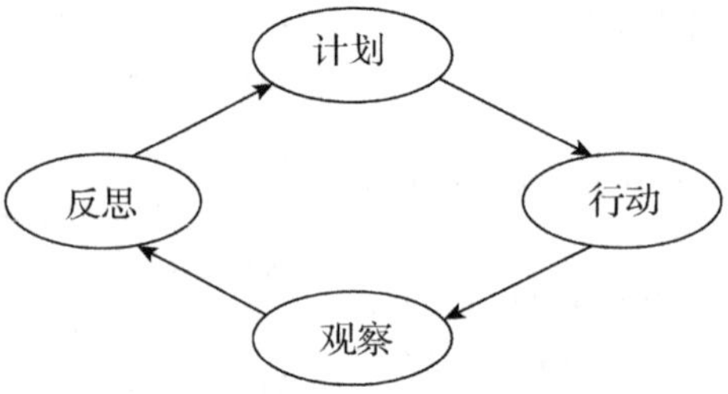

图 1　勒温螺旋循环模式

二、计划

(一)班级幼儿基本情况

班级共有 39 名幼儿，第一，幼儿家庭住址的路程分析统计如表 1 所示。

表 1　幼儿来园路程与时长

来园路程	1—2 公里	2—3 公里	3 公里以上
幼儿人数	10 人	24 人	5 人
正常来园时长	8 分钟内	15 分钟内	超过 15 分钟

第二，接送人的职业统计分析如表 2 所示。

表 2　接送人的职业统计

家长职业	家庭主妇或老人	父母双职工
幼儿人数	25 人	14 人
8：10 前来园情况	基本到齐	迟到人数较多

(二)初步拟订培养幼儿时间观念的方案

表 3　幼儿时间观念培养方案

行动	时间	目标	措施
总计划	第 1—10 周	1. 提高幼儿感知时间的能力，感知、理解时间的概念，增强幼儿珍惜时间的意识，知道要惜时、守时。 2. 引导幼儿学会管理时间，学会分配时间，开始为自己的一日生活做计划。 3. 让幼儿养成良好的生活习惯。 4. 向家长宣传时间观念对幼儿的重要性，让家长共同参与幼儿的习惯培养。	1. 让幼儿认识时间，学会看时钟，感受时间的长短，知道即使自己不做任何事情，时间也是一样流逝，时间是一去不复返的，也是看不见、摸不着的。 2. 通过了解时间的典型特性，让幼儿学会分配自己的时间，学会给自己制订计划，大概了解每做一件事情需要多长时间。 3. 引导幼儿养成良好的生活习惯，做事情不拖沓，有规划性。 4. 做好家长的引导工作，让家长了解幼儿的迟到行为带来的危害，引导家长共同参与幼儿良好习惯的培养。
第一个研究循环	第 1—2 周	1. 做好家长的宣传工作，提醒家长培养幼儿时间观念的重要性。 2. 做好幼儿的引导工作，引导幼儿做一个惜时、守时的孩子，让幼儿了解迟到的危害。	1. 通过与家长的面谈、家访、电访了解孩子经常迟到的原因。 2. 通过面谈、家访、电访、微课掌上通、家长群宣传幼儿迟到的危害，让家长重视这个问题。 3. 让幼儿了解在各种场合因迟到带来的危害和负面影响。
第二个研究循环	第 3—6 周	1. 让幼儿认识时间、感受时间，让幼儿学会支配自己的时间。 2. 让幼儿感受准时参与幼儿园晨间锻炼的乐趣，感受准时到幼儿园看到别具一格的场景。 3. 对坚持做到天天准时入园的幼儿给予肯定，让幼儿在集体面前有自豪感。	1. 班级开展各种认识时间的活动，拍摄幼儿在各生活环节的视频，让幼儿共同讨论如何改变自己的拖沓行为。 2. 幼儿学会为自己制订计划，学会管理自己的行为，管理自己的时间，做时间的小主人。 3. 教师热情欢迎准时入园的幼儿，可以给予适当的奖励(物质奖励与语言奖励)。 4. 开展各种有趣的晨间锻炼活动，让幼儿感受准时参加晨间锻炼的乐趣。
第三个研究循环	第 7—10 周	1. 引导幼儿进行入园签到活动，让幼儿不仅学会认识时间，同时加强幼儿书写姓名和数字的能力。 2. 进行签到活动前做好家长的宣传工作，请按准确的时间进行填写，让幼儿了解今天迟到的原因。 3. 与幼儿共同讨论：坚持做到每天上学不迟到的方法，讨论约束自己行为的奖罚制度。	1. 让幼儿练习书写自己的姓名，加强幼儿对时间的认识与书写，学会在门厅晨检后回班的第一件事情是进行签到活动。 2. 因老师无法时刻监督幼儿的实时签到情况，故此项活动需要得到家长的大力支持。 3. 实行签到的奖罚制度。奖励：进行积分兑换；惩罚：由家长与幼儿共同讨论惩罚方式。 4. 班级教师每周公布幼儿本周签到情况、积分统计情况，反馈签到出现的问题，做好下一步的完善计划。

三、行动

(一)第一和第二个研究循环

1. 幼儿迟到的原因

孩子出现频繁迟到的原因，一是孩子本身缺乏时间观念，做事情拖沓；二是家长原因，不重视幼儿的习惯培养，不了解迟到现象带给孩子身心健康的危害。

2. 培养幼儿时间观念的方法

(1)师生共同参与

首先，让孩子认识时间，了解时间的典型特点，时间总是一去不复返，而且时间是看不见、摸不着的；其次，让幼儿感受时间，认知时间的长短，知道要惜时、守时，坚持做到做任何事情都不拖沓的良好习惯；最后，让幼儿学会支配自己的时间，知道什么时间段该完成什么事情，为自己制订相应的计划。

(2)家园共育

幼儿园已让幼儿认识时间，感知时间的长短，学会支配、管理自己的时间。家庭、幼儿园需保持教育同步，家长能以身作则，坚持做到早睡早起，做事情不拖沓，在规定的时间内送幼儿上学，知道迟到的危害，无特殊情况不迟到、不随便请假。

3. 反思

在与家长的沟通中发现，其实家长知道培养幼儿时间观念的重要性，但在实际生活中还存在一些问题：第一，有些家长重视度还不够，他们一方面了解上小学后如果出现做事情拖沓、迟到的现象会很不好，但另一方面觉得现在孩子还小还不能理解，等上小学后再正视这件事情；第二，有些家长认为幼儿的时间观念培养就是看懂日历、认识时钟等知识，忽视了幼儿在日常生活中的习惯培养，在家庭生活方面包办现象太严重；第三，有些家长缺乏持之以恒的精神，可能坚持几天后觉得太辛苦就打消念头，继续让自己和孩子“懒惰”下去，故家园教育不同步，时间观念难以养成。

(二)第三个研究循环

1. 开展签到活动

幼儿对时间有了初步的概念，针对幼小衔接我们需要加强幼儿前书写、前阅读的能力，故开展了“大班级幼儿入园签到活动”，签到表上要求幼儿书写自己的姓名，提供数字时钟让幼儿填写自己每天入园的时间。但这可能存在以下问题：第一，幼儿早上入园没有签到的习惯，不懂得来园后马上签到；第二，担心家长会干涉幼儿签到，代孩子签到；或是已经迟到了，要求幼儿填写不迟到的时间，如果出现这个情况将会影响本次签到的意义，故需做好签到前的宣传工作。

2. 培养幼儿时间观念的方法

(1)幼儿方面

预设幼儿可能在签到时发生的情况，故班级先开展各种预设活动，提高幼儿解决问题的能力，并对幼儿的签到进行奖罚制度，让幼儿形成一种习惯、一种责任。

(2)家长方面

有了前期的铺垫，家长对时间观念培养已有一定的认识，开展本次签到活动是为了增强幼儿的时间观念及幼儿的责任感，同时锻炼幼儿前书写的能力，大部分家长都非常配合此项工作，班级迟到的幼儿越来越少，幼儿做事拖沓现象逐渐减少。

3. 反思

有了“时间”这根无形的指挥棒，逐渐让幼儿养成了规律的生活习惯，幼儿也变得更加

"听话"，做事情磨蹭的现象越来越少。班级同时开展了各种有趣的晨间锻炼活动，幼儿积极参与晨间锻炼，在一旁观看的家长脸上也洋溢着笑容。

四、结语

本次班级幼儿的实践研究共分为三个研究循环进行，第一个研究循环的重点是加强幼儿的时间观念，让家长知道迟到的危害，让家长共同参与培养幼儿的良好生活习惯及时间观念。第二个研究循环的重点是让幼儿认识时间、感知时间的长短、学会分配自己的时间、学会对自己的事情做计划，同时让幼儿体验准时入园的乐趣。第三个研究循环则是第一个、第二个研究循环的延伸，幼儿对时间已有初步的概念，同时加强幼儿的时间观念与任务意识。这三个研究循环开展的起因归根结底是幼儿缺乏时间观念的意识。时间观念在当今社会是人与人交往最为基本的条件，幼儿的时间观念也在逐渐形成，时间观念的培养可以帮助幼儿合理规划时间，培养一个好的习惯，让幼儿更有时间观念，知道时间的珍贵。

"双减"背景之下的幼小衔接创造性策略的探究

北京市通州区潞苑幼儿园　黄静若

幼小衔接工作是一个陈旧、新鲜而又重要的话题。说它陈旧，是因为年年幼儿园的大班工作都提；说它新鲜，是因为对于每一位学龄前儿童的父母来说，它永远是个全新的话题；说它重要，是因为幼儿的发展必定会在这一阶段发生一定的质变。学前教育和小学教育在学习与生活等方面都存在着较大差异，前者是以游戏为主导形式的教育，后者是以正规课业学习为主导形式的教育，这就会造成幼儿的身体和心理上的不适应。因此，随着家长、社会对幼儿教育的重视，幼小衔接工作就显得越发重要了。从幼儿园到小学，是儿童成长的一次飞跃。做好幼儿园与小学的衔接，帮助幼儿顺利地幸福地走好这一步，对儿童身心发展都具有重要意义。

为贯彻落实教育部《关于大力推进幼儿园与小学科学衔接的指导意见》(教基〔2021〕4 号)精神，按照北京市教育委员会印发的《北京市推进幼儿园与小学科学衔接攻坚行动实施方案》的通知要求，大力推进副中心幼儿园与小学科学有效衔接，促进幼儿身心健康全面发展，结合副中心学前教育发展现状及未来规划，本文就如何开展幼小衔接工作提出多种创造性的策略。

一、遵循儿童身心发展规律和教育规律，实现幼儿园到小学的顺利过渡

坚持儿童为本、双向衔接、系统推进、规范管理的基本原则，全面推进幼儿园和小学实施入学准备和入学适应教育，减缓衔接坡度，帮助儿童顺利实现从幼儿园到小学的过渡。

二、推动幼儿园、小学、家庭形成合力，共促幼小衔接工作的开展

(一)正确认识幼儿园与小学教育的差异

幼儿园的教师和幼儿家长十分关注幼小衔接，家长关注之心更加迫切，特别是到了大班下学期，家长要求幼儿园教拼音、学算术，恨不得把小学的教科书拿来让孩子们先学。孩子要参加各小学设置的种种面试，家长总是担心自己的孩子知识不够，所以大部分孩子已经开始面对升学压力。要想做好幼小衔接工作，首先我们要正确认识幼儿园与小学教育的差异。幼儿园与小学在生活环境、工作任务、教学方法、对孩子的学习要求、对孩子的生活要求等各方面都有所不同。

（二）认真学习相关文件，高度重视幼小衔接工作

认真学习《幼儿园入学准备教育指导要点》和《小学入学适应教育指导要点》精神，高度重视幼小衔接工作。根据政策要求，准确把握文件精神，明确工作目标及工作要求。同时，认真参加区教委同研修中心系统组织开展的幼小衔接系列专题培训，分层次分学段有针对性地进行工作部署及政策宣讲，切实贯彻落实教育部《关于大力推进幼儿园与小学科学衔接的指导意见》精神，做好幼儿园与小学科学有效衔接。

（三）幼儿园落实政策，科学创造性地开展入学准备教育

第一，严格按照幼儿一日作息时间进行活动，科学合理安排幼儿的一日活动，没有要求教授拼音、识字、计算(超出幼儿园范畴)、英语等小学内容。注重幼儿的体能锻炼，保证幼儿的户外活动时间不少于2小时，两餐间隔3.5小时，完全符合幼儿园的作息制度。

第二，在教学方法上，通过组织教师的业务学习，充实教师的专业知识；通过学习幼儿心理学、教育学、卫生学等内容，引导教师了解幼儿的年龄特点和认知特点，尊重幼儿身心发展的规律。幼儿园的所有活动以游戏为主，各个环节安排紧凑，没有要求幼儿机械背诵、记忆、抄写、计算等情况。开展角色游戏、体育游戏、音乐游戏、桌面游戏、智力游戏等，幼儿一日活动以兴趣培养和习惯养成为主要目标。灵活应用集体、小组和个别活动等多种形式，激发幼儿的探究欲望，促进幼儿身心全面和谐发展。注重幼儿通过亲身体验、直接感知、实践操作等进行自主游戏和学习。

第三，探索创造五大领域活动典型案例。认真贯彻落实《3—6岁儿童学习与发展指南》的精神，落实《幼儿园入学准备教育指导要点》的基本要求，扎实推进园本幼小衔接课程建设，切实关注儿童的兴趣和需要，开展符合幼儿身心发展规律的多样化活动。积极探究健康、语言、社会、科学、艺术典型案例，引领教师将主题下的相关教育活动、区域活动编辑成册，形成幼小衔接园本课程。切实开展幼小衔接相关主题教育，如“时间快车”主题活动，帮助幼儿初步认识时间，有利于幼儿感知时间的存在，发展时间直觉，建立初步的时间观念，同时引导幼儿养成良好的生活习惯；“我上小学了”主题活动，使幼儿初步了解小学生上课、学习的基本情况，了解应该为进入小学做好哪些准备工作，激发幼儿做一名小学生的强烈愿望。真正站在幼儿发展的立场上来研究、探索幼小衔接，坚持以幼儿为本，关注幼儿的现实发展和可能，切实为幼儿的健康成长提供良好的环境。通过相关主题活动的开展，帮助大班幼儿了解小学学习方式、生活节奏、作息规律等，增强幼儿对小学的具象化认识，让幼儿在良好学习习惯、学习能力、学习品质及上学意愿等方面做好充分准备，为今后进入小学一年级学习生活打好坚实基础。

（四）重视德育工作与小学一体化衔接

第一，开展小组会议，梳理爱国主义教育活动，制定学期爱国主义教育方案。

第二，积极学习小学德育目标，帮助教师了解幼小衔接阶段的德育目标。

第三，各班制定班级爱国主义教育活动方案，开展爱国主义教育活动，如创设爱国主义教育区域环境，图书区分享阅读红色书籍，表演区表演爱国主义舞蹈、合唱，美工区制作爱国主义小手工；制作爱国主义教育宣传板等。

（五）创新活动形式，开展专题教研活动，做好大班教师幼小衔接培训工作

第一，开展幼小衔接交流会议，梳理幼小衔接相关内容。

第二，开展幼小衔接教师培训会议。如大班幼儿一日生活规范的学习、幼小衔接幼儿习惯的养成方法、帮助幼儿做好上小学的心理准备、指导幼儿确立时间观念及树立规则意

识等。

第三，加强幼儿园与小学的互动观摩交流。与小学衔接年级教师加强沟通；定期与小学衔接年级教师进行联合教研，解决幼小衔接阶段实践中出现的各类问题。

(六)建立完善的幼儿园、小学联合教研机制

积极参加区级教研统筹、引领。区教师研修中心开展幼小衔接教研工作的内容，结合实际，推动建立幼小学段互通、内容融合的联合教研制度。

首先，做好衔接年级教师培训。把幼小衔接相关内容融入学期教材教法培训。做好幼儿园大班及小学入学教育中相关问题的收集和整理，针对主要症结有的放矢地进行教育教学策略研究。促进幼小衔接联合教研制度的有效性和科学性，加强过程中的业务指导，及时研究解决两个学段教师在幼小衔接实践中出现的各类问题。

其次，指导衔接典型案例研究。针对大班向小学一年级过渡的儿童年龄特点和心理特征，开展多种主题、专题教学研讨活动，及时转变一年级教师的教学观念，减少学生的学习难度和梯度。探索幼小衔接教育的有效方法和措施，总结梳理成果和经验，形成典型案例。

(七)做好家长和社区工作，争取家长的认可

幼儿园的家长工作是一项相当重要的内容，我们的幼儿园是城乡接合部幼儿园，家长对幼儿学习知识的渴望很强烈。做好家长工作，开学前一定要做到百分之百家访。我们联合通州区台湖成人文化技术学校和台湖镇教委办联合开展了“家长讲座”活动，我们还引进幼儿品格教育中的双师课堂内容，和家长一起分享科学的育儿知识，请幼儿教育方面的专家为家长们从专业的角度讲解了幼儿坚决不能小学化的常识，得到家长的一致认可。

另外，结合幼儿园开展的社区早教活动向家长宣传科学做好幼小衔接的具体方法，让家长从未入园就了解到科学保教保育的重要性，为入园后的家长工作打下良好的基础。幼儿园和家庭都是幼儿生活的主要场所，除了在园做好入学准备教育外，更应建立有效的家园共育机制，促进家长教育观念与教育行为的转变。切实开展幼小衔接宣传工作，通过开展大班幼小衔接家长会会议、校外橱窗宣传、调查问卷、微信公众号宣传幼小衔接科学理念，向家长介绍了幼儿园与小学在学习内容、学习形式、生活环境等方面的变化；并结合班级的实际情况，让家长了解到应从心理、学习、行为习惯上为孩子做好入学的准备，同时明确了家长在幼小衔接工作中的职责与重要作用。

引导教师在与家长沟通上“下功夫，举实招，出实效”。开展幼小衔接家长知识讲座及交流研讨活动，并以科学的教育理念和生动的实例解读如何帮助幼儿科学做好入学准备，帮助家长明确幼小衔接的重要性，树立正确的幼小衔接观念。引导家长理解、感受和配合，帮助幼儿做好入学准备，形成教育合力。

总之，幼小衔接工作不是幼儿园、小学、家庭单方面就能够完成的，需要家校园共同合力，改变衔接意识薄弱、过度重视知识准备、衔接机制不健全的状况，规范校外培训机构的教育教学行为，明显转变幼儿园和小学教师及家长的教育观念与教育行为，建立幼小协同的有效机制，形成科学衔接的教育生态。

借信息技术之风　开启云端幼小衔接之旅

——疫情背景下幼小衔接活动实践探索

天津市河东区天铁黄花脑幼儿园　周　雪

疫情常态化背景下，幼儿园教学活动随时都可能被按下暂停键。面对慌乱、焦虑的幼儿家长，面对充满向往、担忧的幼儿，如何让幼儿顺利从幼儿园过渡到小学是大班老师面临的关键问题。为了实现科学衔接，顺利过渡，我们借助信息技术之力，在幼儿园和家庭之间架起时空桥梁，开启不“疫”样的幼小衔接“云端”之旅。让大班幼儿停课不停学，成长不延期，借信息技术之风，为幼儿开辟了一条科学有效的衔接之路。疫情背景下如何科学有效地开展幼小衔接活动，我们进行了深入的思考，并做了如下探索实践。

一、云端同心　共话未来

（一）云端共学，共酿思路

幼小衔接是幼儿向小学过渡的教育过程，也是幼儿成长过程中的重要转折点。教师要深入理解、内化幼小衔接内涵，明确幼小衔接工作目标，进而把控好幼小衔接方向。教师们就如何科学有效地开展云端幼小衔接工作进行了线上研学活动，旨在聚焦疫情防控期间幼小衔接指导痛点、关注幼儿发展需求、密切家园合作、适时幼小联动，并做好线下复课适时调整活动方案的准备。

（二）云端共解，科学衔接

幼小衔接不仅是幼儿园的衔接，更重要的是携手家庭，家园共育形成教育合力。在居家防疫的特殊时期，以家庭教育为切入点，充分调动家长教育力量，获得家长的极力配合显得更加重要。在返校时间不能确定的情况下，着重对“如何让幼儿居家也能幼小衔接，如何让幼儿实现从幼儿园到小学的平稳过渡，如何让家长积极有效地参与到幼小衔接家园共育工作中来”等问题进行了探讨、思考。

（三）云端调查，精准教研

幼儿、家长、教师是幼小衔接工作中同舟共济的伙伴，相辅相成，缺一不可。疫情背景下幼小衔接工作的有效性取决于三者的同发展、共成长。只有基于问题找准方向，才能直击问题。我们发放问卷调查表，精准了解本班幼儿家长幼小衔接问题，通过对家长幼小衔接概念的了解，上小学的顾虑和疑问，目前幼小衔接家庭教育的困惑和担忧等问题的收集、研讨，根据本班具体情况精准开展幼小衔接家园共育工作。

我园和小学毗邻，幼儿每天都能看到小学生的大部分活动情况，所以86%的幼儿对于要上小学这件事充满了期待和憧憬；14%的幼儿心里有担忧，其中大部分幼儿对于小学的作息时间、上课方式、作业和考试等都有不同程度的担忧。71%的家长担忧幼儿的学习习惯等问题；86%的家长已经有意识地在开展幼小衔接的工作，14%的家长不知道要如何做；95%的家长由于工作原因在幼儿居家期间无法督促、陪伴幼儿。

在收集、梳理、汇总了家长问卷问题后，班级教师经过研讨并制定出班级家园共育幼小衔接活动方案，力求解决每一个幼儿的真问题、解决每一个家长的真困惑。

二、云端“童”行　长程衔接

幼儿是幼小衔接工作的核心，所有工作都要回归幼儿身上，回归教育的本心，遵循幼儿学习和发展的规律，最大限度地促进幼儿按其本性生长。幼小科学衔接直接影响到幼儿

未来的长远发展，因此，要从儿童的视角出发，怡情养趣，呵护和培养幼儿的学习品质，让幼儿在积极、主动、灵活的学习过程中遵循本心的成长，为终身的成长发展打下良好的基础。

（一）云端塑行：开展有温度的云课堂

居家防疫期间，要科学有效地开展幼小衔接活动，最大限度地调动家长力量是关键。我们整合教学资源，充分利用互联网学习资源，有效利用家长的碎片化时间，抓住幼儿的家庭教育资源，设计了适合大班幼儿的幼小衔接主题课程。重点做好幼儿和家长的幼小衔接心理准备、幼儿的能力准备和习惯培养。在设计主题课程的内容选择上，基于儿童经验建构的规律和特点，以日常生活为依托，立足大班幼儿和家长的实际，从幼儿的兴趣、需要、能力水平出发，坚持循序渐进、逐步深入的原则，支持幼儿在原有经验基础上深入建构和主动学习。让幼儿在能力上为上小学做好充分的准备，在心理上增强上小学的确定性。

（二）云端塑习惯

良好的自我服务能力和生活习惯，是成为一名合格小学生的必备素养。为了锻炼幼儿的生活服务技能，增强自我服务意识，养成良好的生活习惯，我们开展了为期一个月的好习惯养成打卡活动，鼓励幼儿为家人做一些力所能及的事情：扫地、洗碗、擦桌子、整理生活用品、整理玩具和书包、叠被子、刷牙、洗脸等。让幼儿在活动中增强责任感，培养幼儿面对困难的勇气和信心。为了鼓励幼儿积极参与活动，老师每天按时点评幼儿参与活动的情况，在打卡结束后为幼儿颁发好习惯奖状。授人以鱼，不如授人以渔，宅家期间，孩子们每天在“星星排行榜”的鼓励下，乐此不疲，积极参加好习惯养成活动，良好的生活习惯也在日积月累中逐渐形成。

（三）亲子游戏

利用这个难得而又特殊的时光，让父母放下生活的烦恼，耐心陪伴孩子度过幼儿成长过程中的关键时期，让陪伴成为孩子成长路上最坚实的力量。在线上教学过程中，注重培养幼儿生活习惯、行为习惯的同时，也注重亲子关系的培养，让幼儿和家长在和谐的亲子关系中顺利达到幼小衔接的目的。

以五一劳动节和母亲节为契机，开展亲子劳动技能大比拼，和爸爸妈妈一起利用最常见的水果、蔬菜等食材，摆出精致的果盘，鼓励幼儿在家帮助父母做一些力所能及的家务劳动，如收拾自己的玩具和生活用品，照顾家里的弟弟妹妹，为家人做一顿早餐等，让幼儿学会照顾自己，照顾家人。

三、线下共情　共唤成长

在最后一个月的线下教学活动中，我们着重解决幼儿对上小学的疑虑和担忧，帮助幼儿认识自己，树立信心，培养幼儿对小学的美好憧憬和愿望。

（一）倾听本心

恢复线下教学活动以后，着重让幼儿近距离地认识、了解和接触小学生活。我们开展了“我向往的小学生活”主题活动，先听一听幼儿口中的小学是什么样子，用文字帮助幼儿记录下他们心目中的小学；再通过幼儿的画笔，把他心目中最美丽的小学画出来。每位幼儿都带着美好的愿景，画出心中美丽的小学，极大地激发了幼儿上小学的愿望。

（二）幼小联动

在幼儿对小学充满期待的同时，部分幼儿对小学生活也产生了焦虑和担忧，为了精准地对幼儿进行心理疏导，让幼儿对上小学保持着更加积极的心理，我们开展了“我要上小学”主题调查活动，通过谈话的方式让家长了解幼儿对即将到来的小学生活的困惑和担忧；

把幼儿的担忧和好奇记录下来，教师以幼儿的问题为靶向，有目的地开展问题疏导活动。借助教师交流的契机，我们把小学老师请进幼儿园，面对面地为大班幼儿答疑解惑，让小学老师为大班幼儿上课，在一日生活中，有意识地按小学作息安排活动。在小学老师的帮助和指导下，幼儿对小学有了美好的期待。

（三）丰实体验

即将毕业的大班幼儿都对小学有着无限的好奇和憧憬，但由于疫情的原因，不能进入小学进行实地参观体验。为了满足幼儿的憧憬和好奇，提前感受小学生活，我们为幼儿安排了云游小学活动。采用“云参观”的方式，帮助幼儿直观了解小学校园环境、学习生活、学校特色等。从幼儿口中的小学—想象中的小学—云参观小学—印象中的小学，循序渐进地帮助幼儿了解小学生活。特别是家里有哥哥姐姐正在上小学的幼儿，请他们讲一讲自己和哥哥姐姐在学习生活上的不同，让幼儿直观了解幼儿园和小学的区别；共同创设了“我要上小学”的主题墙，通过直接参与的方式，让幼儿了解了课间十分钟要做的事情，知道上小学要准备的学习用品、生活用品等；幼儿们很羡慕戴红领巾的哥哥姐姐，通过学系红领巾活动到布置系红领巾主题墙，幼儿们对红领巾的兴趣只增不减。

（四）感恩铭记

美好的童年可以治愈人的一生。为了让幼儿把三年难忘的美好时光留存在心底，对即将分离的小伙伴、老师、幼儿园心存怀念和感恩，我们开展了“时光印记”、“珍惜当下”、自制毕业纪念册、毕业寄语、亲子寄语、教师寄语、毕业典礼等一系列活动。通过“线上＋线下模式”帮助幼儿认识自己，树立自信，让美好的记忆留驻幼儿心底，在祝福中体验成长的快乐和不舍，用积极阳光的心态来面对人生的第一个毕业季。让幼儿在家长、老师和小朋友的祝福声中自信地踏上新的人生旅程。让幼儿在新的起点满怀美好心情，学会感恩，清楚认识到自己不再是幼儿园不懂事的小朋友，在心理上做好入学前的准备。

疫情之下，我们充分借助互联网之力，用不“疫”样的方式和幼儿共度幼小衔接。在“云衔接”开展的活动中，我们充分从幼儿和家长的实际情况出发，共思、共解，多方联动，充分利用多媒体技术和互联网，让家长忙碌而不盲目。家园智慧共享，积极应对疫情的挑战，共同努力让幼儿在和谐、自然、快乐、有效的衔接之路上自信、快乐地开启人生的新起点。

幼特融合教育下语言发育迟缓儿童教育支持与策略

广东省广州市越秀区安安幼儿园　朱燕媚

一、幼特融合教育的国内现状分析

近些年来，在幼儿园教育中我们发现有部分语言发育迟缓的儿童进入了普通幼儿教育系统内，并且这部分语言发育迟缓儿童的家长对特殊教育无法理解，自身对特殊教育也存在“偏见”，在日常与其孩子的班级老师沟通中出现了不信任的现象，导致班级老师无法从家长那里了解到孩子的具体发展情况，使班级教师无法对这群个体差异儿童进行有效的指导。

我国在1987年开始进行融合教育初探，形式为随班就读。最开始尝试的特殊儿童是听障儿童，后续慢慢扩大类型，逐步发展了孤独症谱系障碍儿童进行随班就读，但他们入读发展时间比较晚。目前我国正处于融合教育的发展阶段，《广东省“十四五”特殊教育发展提升行动计划》（以下简称《行动计划》）提出，明确到2025年，广东省初步建立高质量特殊教

育体系，残疾儿童少年义务教育入学率达到97%，珠三角和粤东粤西粤北地区持证残疾幼儿学前三年入园率分别达到90%和85%以上，也为幼特融合教育提供了广阔发展空间。

二、幼特融合下语言发育迟缓儿童的教育支持

(一)园内支持

语言发育迟缓是指各种原因引起的口头表达能力或语言理解能力明显落后于同年龄、同性别的正常儿童发育水平，智力低下、听力障碍、中枢神经系统疾病等因素均是语言发育迟缓的常见病因。若发现儿童有语言发育迟缓，应积极寻找病因，语言发育迟缓会影响儿童日常生活和学习。在日常语言发育迟缓儿童幼特融合教育中，幼儿园教育是融合的基础。教师在教育中，应当给予幼儿合理支持。

1. 环境支持

语言发育迟缓儿童因没有语言表达的支持，经常出现过激行为，我们要提前检查班级安全情况，如门窗、地面、楼梯间、桌椅等。我们要提前营造安全的环境，让他们入班时会感觉到身心舒适，这样也能保障他们在园教育期间的安全问题。我们可以提前了解他们的喜好，按照他们的喜好与班级幼儿共同创设环境，使他们从环境中感受到大家的关注。在他们融入游戏后，我们就可以慢慢地安排他坐在同伴身边，让他倾听到同伴的话语，促使他们交流，慢慢地进入儿童交流圈子。

2. 情感支持

在刚入园时，因他们年龄小，也无法使用语言表达自己的情绪，他们对环境感到陌生并特别敏感，十分抗拒有人接触，会时常出现过激行为，如自残、丢物品、大声喊叫等。他们会比较愿意在远处观望其他班级老师和儿童的交流，从而获得对身边人的信任，并学习到人与人交流的方法。只要他们感受到教师与同伴的情感支持后，他们就会慢慢放下防备。对于教师来说，我们要学会用肢体语言表达对他们的关爱，如早上问好、日常握手，在他们需要时尝试用手势表达对他们的关心。对于同伴来说，班级幼儿要学会宽容他们，帮助他们，满足他们合适的活动空间的需要。

3. 关注支持

他们虽不会用语言表达，但他们喜欢观察身边的人，他们通过观察了解情绪表达的方法，就会在日常活动中表现出来，教师要善于在旁关注他们的情绪与交流情况，给予他们及时的支持和鼓励。如看着班级幼儿玩游戏开心时，他们会跟着笑，这时教师就要给予适当关注和语言支持，要用图片和语言告诉他们身边的事情，并鼓励他们自主表达。我们也要时常与班级其他幼儿反馈与他们交流的情况，提醒班级其他幼儿学会与他们交流的方法，告知班级其他幼儿在他们有需要时，我们应及时帮助他们。

4. 交流支持

由于他们的词汇量极为匮乏，语言交流经验也是极为缺乏。教师日常就要主动和他们说话，表达自己对他们的喜欢。提倡班级幼儿多与他们说话，让其感受到同伴的关爱，如询问他们、重复他们的语言、通过老师的话表达喜欢他们等。只要他们愿意运用语言交流，教师就要延长他们谈话的时间与兴趣，肯定他们的语言，鼓励他们多表达，让他们在多次表达中获得谈话经验。

(二)家园支持

家长与幼儿园是语言发育迟缓儿童幼特融合教育的辅助，家长的支持能使语言发育迟缓儿童信心大增，能激发他们对语言学习的欲望。因长期和父母生活与沟通，父母直接感受到孩子学习语言前后的不同。能让语言发育迟缓儿童感受到进步的喜悦，能让他们满足

自我需要，能让他们自主表达情感，这也是最能支持他们自主积极学习语言的需求。

（三）机构支持

特殊教育机构是语言发育迟缓儿童幼特融合教育的支援，能使家长和幼儿园教师明确个体发展目标，他们能按照幼儿最近发展区判定发展目标，支持幼儿按目标进行发展训练，也能合理配合其在园内的交流活动。

三、幼特融合下语言发育迟缓儿童的教育策略

（一）园内教育策略

1. 营造安全快乐的环境

教师在他们入园前要做好家园沟通，提前检查活动室的环境和活动材料。准备好他们所喜欢的玩具，如娃娃、小车、积木等。在他们入班后，引导他们去寻找自己所喜欢的东西进行游戏，支持他们与班级其他幼儿交流。通过营造安全快乐的环境，能让他们找到自我存在的价值，也能让他们提前放下防备之心尽快融入班级生活。

2. 时刻给予生活的关爱

《幼儿园教育指导纲要(试行)》指出："建立和谐的师幼、同伴关系能让幼儿在集体生活中感到温暖、心情愉快，形成安全感、信任感。"因此，融合教育就要在幼儿和教师之间建立一种积极有效的互动，让幼儿和教师在互动中沟通、促进，使幼儿健康成长。教师在他们每天回园时，给予一个微笑和问候，能使他们心里感受到特别舒服。教师早接时还要观察一下他们有没有身体不适，提前发现他们的身体状况，与家长进行及时沟通，能使他们感受到老师对他们的关爱。

3. 建立同伴互助的氛围

我们可以适当进行班级谈话，提出引导性的问题，让班级其他幼儿发现他们的需要，让他们感受到同伴与教师的关注，了解到自己存在的价值。我们可以开展一些肢体语言的谈话活动，如"让我们抱一抱""让我们握握手""让我们帮助你"等系列活动。让他们在活动中了解到同伴的肢体语言，清晰别人与他交流的意图，降低他的戒备心，也能让他尽快融入班级整体教育。

4. 创造师幼表扬的条件

表扬要有目的性、针对性。根据他们的现状以及近期要解决的问题，认真地表扬他们，目的是促使他们积极学习语言，提升他们的自信心。自信心是相信自己有能力实现目标的心理倾向，是推动人们进行活动的一种强大动力，也是人们完成活动的有力保证，它是一种健康的心理状态。我们要帮助他们了解自己、认识自己、谅解自己。让他们了解班级需要，从而让他们在群体中提升自己的自信，如在班级中表扬他，在园内老师面前表扬他们，在其父母面前表扬他们，都会让他们感受到自己被关注，希望自己能多说一点，提升语言学习积极性。

（二）家园共育策略

首先家长要学会接受语言发育迟缓儿童的特殊性，营造良好的家庭氛围，形成家园合力，才能完全实施家园共育策略的最优化。

1. 离园反馈

离园反馈是家园共育策略中最为便捷的沟通方式。在离园时，我们应当及时与家长反馈幼儿的在园情况，让家长能及时了解到儿童的发展，也能因他们实际发生的问题，在家支持与帮助他们。

2. 电话反馈

电话反馈是家园共育策略中最为普通的沟通方式，也多用于家长反馈。我们虽能反馈到儿童的发展，但无法实际看到问题，只能倾听反馈，给予家长支持与指导策略。

3. 微信、QQ反馈

微信反馈是家园共育策略中较为形象的方式。我们通过微信或QQ发送儿童的日常活动视频，也能通过语音进行沟通交流。帮助家长与教师建立沟通桥梁，也能说明教师实际的观察问题，家长也能切切实实地了解到幼儿的需要。教师能依此给予合理的教育支持判定，提高家园共育效果。

4. 家园手册反馈

家园手册反馈是家园共育策略中最为常用的沟通方式。在手册中，教师要写清楚幼儿各项能力发展的情况，如肢体发展、语言发展、交往发展等。我们要按实际出发，切不可胡编乱造。语言发育迟缓儿童只要明确目标，做好配合支持，他们就能很容易取得进步。

（三）机构共育策略

首先家长已经明确自己支持儿童的目的，也愿意接受园内教师提供的建议，需要有效辅助儿童进一步发展，这样就可以进行机构共育支持。

1. 家长与机构教师沟通

可以在机构进行语言测试后，告知机构教师幼儿在家及在园情况。家长必须正视自己的教育态度，毫无保留地告知机构教师，才能让机构教师按照实际情况合理安排培训，加强幼儿的发展训练。

2. 园内教师与机构教师沟通

在幼儿进行机构培训后，园内教师要积极与机构教师沟通，反馈幼儿在园的语言发展情况，具体到字、词、句的表达，让机构教师能实时调整教育目标，提高幼儿的语言发展水平。

四、结语

十年树木，百年树人。幼特融合教育是长期且持久的事情，幼儿园教师作为语言发育迟缓儿童在学校中的第一任老师，应做好融合教育支持，给他们带来快乐，给家长带来希望。切实地帮助他们自身发展，也希望社会能给予他们和他们的家庭更多帮助与支持，让家长更加放心，让这群可爱的孩子的笑容更加灿烂。今后我还会进行更多的融合教育实践，在这些特殊的孩子心中种下爱的种子，为他们的教育发展贡献自己绵薄的力量。

家园共育视角下幼儿奖赏问题研究

湖北省文华学院　杨棕淇

奖赏在幼儿教育中是一种普遍的手段，它在幼儿健康成长的过程中起着重要的推动作用。本文的研究的目的在于明确“家庭教育”和“幼儿奖赏”的理论逻辑性，探索“家庭”和“幼儿园”的合作方式，提高教育的适用性，并丰富“家庭教育”和“幼儿奖赏”。从家庭教育的角度，探索了父母和教师在幼儿奖赏中的不足，针对问题提出解决方法，为教师和父母的奖赏方式提供策略依据；并以幼儿奖赏充实家庭共育的内涵，为教师与父母携手推动家庭教育工作的开展提供参考，助力孩子们的成长。

一、幼儿奖赏教育方式的实施现状

本文通过问卷调查的方式对湖北省恩施州儿童进行考察和访问，对恩施州三所幼儿园的 308 位家长和 78 位教师进行了问卷调查。研究发现，奖赏在幼儿的成长过程中起着重要作用。69%左右的家长都认为奖赏是“非常重要”的，25.87%的家长认为“比较重要”。50.56%的教师认为奖赏是“非常重要”的，43.21%的教师认为奖赏“比较重要”(见图 1)。总体上，两者都认同奖赏对幼儿身心发展起着重要作用。

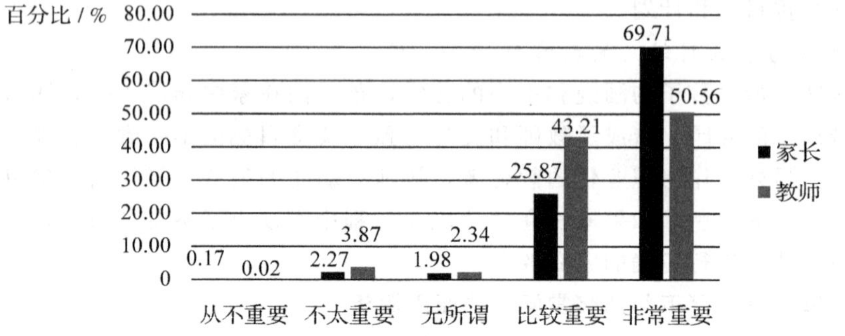

图 1　家长和教师认为奖赏在幼儿教育中的重要性

从问卷调查中可以看出，家长在被问到“你觉得老师给孩子们的奖赏是否会对自己的奖赏产生作用”时，许多父母都觉得老师给孩子们的奖赏不会使他们在家里对孩子进行的奖赏作用有所衰减(见图 2)。

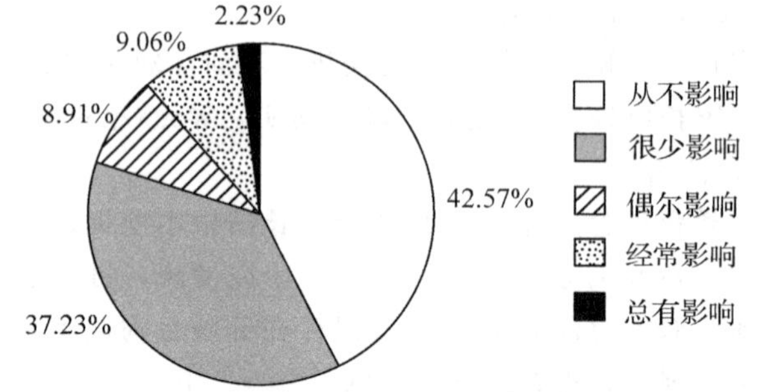

图 2　“你觉得老师给孩子们的奖赏是否会对自己的奖赏产生作用”选项回答情况

二、家庭共育视野下幼儿奖赏面临的问题

家庭和幼儿园是幼儿教育的两个主要领域，一方面是家长和教师在幼儿教育中需要保持一致性，如果家长和教师之间的教育方式互相矛盾，很容易产生“双面”的个性，从而影响到幼儿的健康发展。另一方面，家长和教师之间的合作形成合力，使孩子们的成长趋向一致，可以将家庭教育和幼儿园教育功能最大化地利用起来，如果一方不合作，就会降低另一方的教育效率，从而阻碍幼儿身心健康发展。在教育的过程中，无论是家长还是幼儿园，都离不开另一方，对幼儿的奖赏教育也同样不可忽视。但是，本研究结果显示，父母与教师在合作教育中存在一些问题，并产生了一定的负面影响。

(一)家庭成员之间对幼儿的奖赏形式不同，合作程度低

家庭成员之间对幼儿的奖赏形式不同表现为有些家庭成员对幼儿的教育过严，对孩子的要求比较高；有些家庭成员对幼儿的教育过宽，为了讨好孩子或不想让孩子哭闹，往往用物质奖励满足孩子。两者皆不可取。家庭成员之间的教育目标和教育方法应保持一致，

并且要经常交流沟通，共同培养幼儿，促使幼儿更好地成长。若家中还有老人或其他成员，父母也应主动与其沟通，以实现教育的一致性。

(二)父母对子女的奖赏方式不科学

个人的发展并非单独进行的，我们每个人都处于多重的环境之中，与他人以及周围的关系是发展的关键因素。所以在不同的环境下，幼儿园与家庭的协作收益比个体更多，并且彼此都会相互影响。但是我们可以看到，当前父母对幼儿的奖赏不科学，常浮于表面，没有明确的奖赏目标和计划。

(三)教师与家长对幼儿的奖赏目标不一致

由于有些父母对孩子的溺爱和不当的奖赏，孩子们在家中养成了一些坏习惯，并把这些坏习惯带入了幼儿园，造成了教师和父母对孩子奖赏目标的不一致，忽视了孩子的品德和情感培养。另外，作为职业化的教育者，教师对幼儿的教育水平要高于父母，而且在教育中起到引导者的角色，如果家长在幼儿成长过程中表现出了不良的教育行为，那么教师就有义务引导他们进行正确的家庭教育。

三、家庭教育视野下幼儿奖赏问题的原因探析

(一)幼儿园的奖赏与共同教育平台缺失

健全的教育体系是推进学前教育工作的一个重要保障，也是教师和家长之间的良好沟通和交流平台。在奖赏教育的过程中，父母和教师可以在交流合作的基础上，对奖赏的内容、方式、时机等进行探讨和计划。但是，缺乏健全的体系会导致教师与父母之间的交流效果受到一定程度的制约，导致奖赏教育的作用仅仅停留在表层。

(二)幼儿园的家长工作有待完善

幼儿园教师对于家长工作缺少规划和制度安排。当前在幼儿园的共建工作中，很多“家长会议”“家长开放日”“家长座谈会”制度等都没有落实，导致“家长工作”随意性较强。

(三)家园共育意识淡薄

家长与教师一致的教育观念是保证幼儿健康成长的根本前提，双方强烈的幼儿奖赏共育意识是增强幼儿奖赏效益性的必要保障。但是，研究发现，目前家长与幼儿教师在幼儿奖赏教育上的意识淡薄，双方对幼儿奖赏的认识存在分歧且沟通不足，家长对教师组织的共育活动的参与意愿也不强烈，教育理念不一致。

四、家庭教育视野下幼儿奖赏对策

(一)完善培养模式，深化奖励与协作培养

教师与家长之间的奖赏教育交流缺少制度保证，导致交流效果差，家长会、亲子活动等都表现出随意性，缺乏计划性，家长与教师协作教育实施幼儿奖励也难以深入推进，降低了幼儿奖励效果的可持续性。为了贯彻实施好幼儿园的家长工作，促进家长与老师之间的“奖励协作”，幼儿园要优化共育机制，健全家长工作制度，不断完善家长委员会运作机制，优化家园共育激励机制，提升幼儿教师与家长沟通互动的积极性与主动性。

(二)加强亲子关系的培养，使家庭成员之间的奖赏教育理念更加连贯

家长和教师的教育观念是两种激励方式，所以，家长和教师的共同激励教育是推动两种激励协同的重要因素。但是，当前家长与幼儿教师之间的“奖赏共育观念”还比较薄弱，对于教师的奖赏，家长的配合不够，而且在奖赏的方式上，也缺少了两方面的合作。因此，要加强对幼儿奖赏教育的宣传，扩大家长与教师的奖赏教育交流的途径，加强对家庭成员的共同培养，加强家长与教师的激励教育观念的一致性。

(三)建立家庭奖赏教育的学习社区，增强教育意识

提高家长在奖赏教育中的教育意识，并协助他们建构幼儿奖赏的认知系统，是非常有意义的。因此，建立家庭奖赏教育的学习社群，让家长在提升养育能力的同时提高对幼儿的教育能力。

五、结语

奖赏是当前家庭教育中较为常见的一种教育方式，对于提高幼儿的自信心、培育幼儿良好的习惯等都起着非常关键的作用。无论是家长还是教师，在对幼儿的教育上都非常看重这一教学方法。在家庭中，对幼儿的奖赏方法存在以下问题：一是家庭成员之间对幼儿的奖赏形式不一致；二是家长的激励与指导方式常常浮于表面，不够科学；三是教师在奖赏与共同教育中与家长不配合。面对问题采取的主要措施有：一要优化家园共育机制，共同对幼儿实行奖励措施；二是加强亲子关系的培养；三是提高家长在奖赏教育中的教育意识。

由于研究者自身的水平和研究时间的限制，本文仍有一些需要完善的地方。从家庭教育角度来考察幼儿奖赏的问题，目前学术界尚缺乏足够的、科学性的理论依据，因此，从家庭共育的角度来分析幼儿奖赏的问题和成因，缺乏相关的理论依据，分析的结果比较肤浅，有待进一步完善与提升。另外，虽然采用了问卷调查，但主要内容是家长与教师的奖赏情况，而对当前亲子关系中的幼儿奖赏程度还没有进行定量的评估。下一步将通过对典型案例进行探索分析，积极与家长互动沟通，进一步提出更为合理的方式，为完善家庭教育提供解决对策，提出具有科学性的教学计划。

幼儿自我控制力的发展与评价研究

广东省广州市越秀区安安幼儿园　黄旭君

幼儿时期是自我控制力高速发展的时期，自我控制力的发展水平能有效预测个体的自我调节水平、人际交往能力。有研究证明，拥有良好的自我控制力的人能对所遇到的人或事做出更加积极的反馈，反之就容易做出危险性的行为。自我控制的标准是能够在理解并执行规则的同时调节自己的情绪和行为。很多研究者对自我控制的发展做了研究，他们认为，自我控制会经历一种从外显行为向内隐行为转化的过程，如何在幼儿时期让幼儿将良好的自我控制发展为一种自发的行为，需要幼儿园以及家庭二者共同来做行为训练。

一、自我控制力

夏巍和杨行(2016)在归纳了之前主要的几种定义后，对“自我控制力”做出了这样的解释：自我控制力是个体以自我控制为核心，表现出的对自己思想、行为、情绪自主调节、控制和约束的一种综合能力，是自我控制品质的外在量化指标，是需要个体自觉主动调节自己的行为，抑制住欲望的一种能力。

(一)幼儿自我控制力

对于幼儿自我控制力的含义，各学派有不同的观点。精神分析学派以弗洛伊德为代表，他将良心和规则的内化作为儿童自我控制获得的重要机制。认知学派以皮亚杰为代表，他认为，儿童的道德发展是从他律道德向自律道德转化的过程、是以儿童的认知能力的发展为基础的。行为学派代表班杜拉对自我控制心理机制做了进一步研究，强调自我调节并非仅仅通过意志控制来实现，它要借助一系列子功能——自我观察、判断过程和自我反应的

发挥。

（二）学会自我控制的意义

1. 理论层面

心理学家认为自我控制是智力发展的起点（弗拉维尔，1981），是情绪或情商的发展关键，处于人格自我意识中的意志控制层面；在教育学中，自我控制决定着网课的学习成效；在管理学方面，现今的科技时代要求人才需有更好的适应性和团队建设意识；而在社会学领域，良好的自我控制力能够使人在各种诱惑中依然积极向上、遵守社会规则。

2. 实践层面

在实践层面，自我控制对个人发展以及社会进步都具有十分重要的价值。在我国，由于独生子女家庭居多，中国家长的“爱”在一定程度上影响了幼儿自我控制力的发展，造成了幼儿成年后的自我管理意识薄弱甚至缺乏。有不少研究表明，儿童期自我控制力强的个体，成人后更能抵制诱惑，抗挫折能力强，能成熟地面对人生的各种危机。

二、幼儿自我控制的发展特点以及影响因素

（一）幼儿自我控制的发生与发展

在了解幼儿自我控制的发展前，要学习感知幼儿自我控制在何时发生。王玉华通过文献研究得出一个结论：“任何自我控制行为的产生都受到个体认知过程的监控。当个体需要自我控制行为时，先必须进入认知监控过程。”总的来说，自我控制发生于幼儿的“有意识”之下。幼儿自我控制的发展特点与自我控制的结构相关。有研究者通过编制自我控制行为家长评定问卷，用因素分析、评价与实验的方法，总结归纳出自我控制的五种基本结构：独立性、自觉性、坚持性、自制性与自我延迟满足，但这目前并不是一个标准答案。

国外研究学者证明自我控制力并不是与生俱来的能力，幼儿需要通过成人的指导与社会的交往才能逐步习得这种能力。在国内，根据各年龄阶段幼儿自我调控能力来划分自我控制的发展。总的来说，1 岁前的幼儿的自我控制是借助成人的意志来实现的；1—3 岁是幼儿自我控制的萌芽期；4—5 岁是无自我控制能力向有自我控制行动的转折点，此时对幼儿进行自我控制力的培养是最有利的阶段；5—6 岁幼儿已表现出一定的自我控制能力，但仍然需要成人给予一定的指导。通过国外对幼儿自我控制的研究可以看出，幼儿的自我控制的发展其实是幼儿的是非价值观建立的过程，通俗来说是一种社会规则建立的过程。第一个阶段是对动作和运动的控制；第二个阶段是认知活动的规范；第三个阶段是对情绪情感的控制。

（二）幼儿自我控制的影响因素

神经系统的发育影响着人自控能力的形成与发展。鲁利亚将大脑皮质与自我控制能力的发展关系进行了一系列的研究，他将人的大脑皮质的发育分为三个级别，刚出生的婴儿第一级区的大脑皮质便已发育，但这是最简单的大脑皮层，并不对自我控制力有所影响；主控幼儿期幼儿自我控制能力发展程度的，主要是复杂的第二级区以及第三级区的大脑皮质，这两个部位的大脑皮质是与对信息的加工、自我调节水平及复杂的整合作用直接联系的。这与大脑皮层的抑制功能的作用有关，抑制功能的作用越小，儿童表现的冲动性越明显；反之相反。

性别也影响着幼儿的自我控制能力。沈悦（2011）从气质、教师期望与同伴接纳三个方面对男女幼儿的交互性进行研究，结果表明：同伴接纳与气质情绪性交互影响男孩的自我控制水平，而对女孩没有影响，在男孩具有低气质情绪性时同伴接纳才会影响自我控制，反之则不影响；教师期望可以预测男孩的自我控制水平，对女孩并不影响。纵观整个幼儿

时期，女孩的自我控制水平显著高于男孩，男孩自觉性发展水平滞后于自我控制结构的其他方面，女孩的自觉性发展水平却最高。

三、幼儿自我控制力的培养策略

(一)在了解幼儿的基础上给予其适当的关爱

幼儿因年龄、气质类型与性别等的不同，自我控制力的发展也有所不同，教师与家长不应对发展程度较低的幼儿提出过高的要求，也不能对发展程度较好的幼儿提出过低的要求，以培养其自我认知、自我反省的能力。幼儿教师应该积极创设耐心与富有爱心的氛围，适当地给予幼儿赞扬，在幼儿行为不当时耐心地向他们解释原因。在这样的氛围中幼儿才能积极回应教师发出的指令，教师所做的干预才能有效实行。

根据心理学家的研究，父母教养方式会影响幼儿的气质类型，进而影响幼儿的情绪控制能力，研究证明，权威型家庭下成长的幼儿拥有较好的情绪自控能力，但需要父母具备一定的文化素质。故幼儿园可通过一定的知识交流会和机构以及通过一些培训对家长进行知识的传授，使家长更加了解幼儿以及知道如何正确应对幼儿的某些“调皮捣蛋”的行为。

(二)在游戏中培养规则感

维果茨基认为，游戏是学前儿童的主导性活动。游戏促进儿童的“最近发展区”的发展，幼儿在游戏中的表现往往高于实际生活中的表现(刘焱，2014)。

孙岩等(2015)通过ERP测试考察经过游戏训练后的幼儿大脑电波的特点，以此来说明自我控制脑认知功能的发展。测验表明：经过游戏训练的幼儿自我控制能力显著提高。结论如下：第一，幼儿在自主性强的游戏中能够通过控制游戏框架和想象情境控制自己的行为；第二，符合幼儿年龄特点的游戏，他们能参与并自觉遵守游戏规则；第三，教师的指导作用很关键，因为教师是幼儿最近发展区的支架，可通过鼓励式等言语指导、参与游戏来加强幼儿对游戏中自我控制规则和行为的内化。

(三)发挥榜样作用，帮助幼儿培养良好的习惯

幼儿善于模仿他人，但他们缺乏良好的辨别能力，因此就需要教师与家长在平时为幼儿做言行一致的好榜样。教师与家长应积极沟通，建立一致的教育理念，在幼儿园独立完成的事在家一定也要自己完成。幼儿时期的孩子不能理解太复杂的词汇，生活中的有些道德问题他们并不能理解，这时候就需要身边的大人多加引导，用实际行动告诉他们哪些是应该做的，哪些是不能做的。

浅谈幼儿参与自主游戏的重要性

海南省三亚市崖州区中心幼儿园　邢维婷

自主游戏在幼儿园教育活动中的地位非常重要，在任何活动领域，游戏都发挥着不可替代的作用。只有将自主游戏与幼儿教育进行有机结合，才能使教育的价值达到最高，从而促进幼儿全面发展。在学前教育阶段开展自主游戏，有利于促进幼儿身心发展，培养幼儿良好的行为习惯。尤其是开展集体活动，不仅可以激发幼儿的天性，还能培养幼儿的想象力与创造力。因此，幼儿园在开展自主游戏的过程中，要树立一定的规则，引导幼儿形成规则意识，满足幼儿个性发展的需求，另外还要更多地考虑幼儿的喜好与兴趣，明确具体活动目的，促进教师对幼儿的有效指导。

一、自主游戏

(一)自主游戏的概念

自主游戏是幼儿依据自己的需要和兴趣，自由地选择、开展游戏，并在其中自发交流互动的过程。自主游戏有两项基本前提：一是幼儿应当处在幼儿园构建的游戏环境当中，二是自主游戏应当以幼儿的快乐和满足作为目的，由幼儿自由开展，体现的是幼儿的意愿。

(二)自主游戏的特点

自主游戏具有内容自主、材料多样、形式灵活等几项特点。自主游戏是由幼儿选择想要玩的游戏类型，支持玩伴自主、材料自主、玩法自主，即幼儿自己选择玩伴，可以利用幼儿园内老师准备的各种材料，或者自带玩具进行无穷的探索，自己设计游戏的玩法。

(三)自主游戏的内容

自主游戏需要遵循幼儿参与的自主性和活动项目的游戏性，不存在固定的内容安排。教师在其中主要起到辅助作用，为儿童提供场地和材料，如有情况需要，也应进行一定的引导，除了做适时的旁观者外，也可以成为与幼儿共同游戏探索的合作者和引导幼儿游戏的参谋者。

二、幼儿参与自主游戏产生的问题

(一)幼儿学习品质发展水平影响游戏开展

幼儿受到生长环境、身体机能、生活经验、性格特征等因素的综合影响，在自主游戏中会呈现个性化的需求和特点。但是，幼儿期是个体学习品质发展的初级阶段，幼儿各方面能力相对较弱，因此，在自主游戏中会经常看到有的幼儿自主性、专注度不强，有时候流露出依赖教师和同伴的倾向；有的幼儿不自信、解决问题的能力不强，遇到困难时，会直接选择放弃；有的幼儿缺乏深入探究的能力，倾向于玩角色游戏、结构游戏，而不愿尝试带有一定任务要求的益智类、科学探秘类游戏；有的幼儿喜欢操作现成的游戏材料，手工制作新的游戏材料的情况不多见，导致幼儿的学习品质发展水平与其自主游戏的需要不匹配，在一定程度上影响了幼儿深度学习的开展。

(二)教师的专业支持不够

自主游戏需要幼儿对游戏形式、游戏内容、游戏材料、游戏时间、游戏伙伴进行自主选择和自主调节，教师需要及时、适当、有效地提供专业支持。然而，有些教师对自主游戏有一些误解，认为“它是一种幼儿完全自由、自发的游戏，不应给予任何干预，更不应与学习挂钩”，因此，他们的支持常处于“可有可无”，甚至“有不如无”的境地。比如，有的教师对幼儿游戏中的探究行为缺乏认真的观察和分析；有的教师虽然观察到了幼儿游戏中的问题，但并未给予相应的指导；有的教师跟踪指导滞后，对游戏促进作用不明显，导致幼儿在自主游戏中的深度学习难以获得必要的支持。

(三)游戏环境的作用发挥不足

环境对幼儿的深度学习发挥着重要的作用。在自主游戏中，游戏区域设置不当、游戏材料投放不佳、幼儿游戏时心理状态不好等，都会直接或间接影响幼儿学习的进展和效果。比如，自主游戏空间的布局不合理，美工区、表演区、科学区、阅读区、沙水区、种植区、攀爬区等区域不全，且不能跟随幼儿的情况及时改变，难以支持幼儿进行多元的学习；有的幼儿园自主游戏时间设置相对固化、缺乏弹性，而且材料投放较为单一、材料投放更新不及时，难以支持幼儿在游戏中进行持续、深入的探究；有的教师忽视对游戏中幼儿情绪状态、合作关系、抗挫折意识的观察和调整，导致幼儿无法积极地进入自主探究状态。自主游戏的整体环境未能发挥对幼儿深度学习的促进作用，导致幼儿的学习难以获得理想

效果。

三、自主游戏环境创设的作用

（一）自主游戏环境的重要性

幼儿的发展也和自然环境有着不可分割的联系，游戏自然环境的品质也在相当程度上直接影响着幼儿的游戏水准，以及幼儿的发展程度。在我国大力推动生态文明理念的背景下，创建全国幼儿园幼儿自主游戏教育环境的意义重大。就幼儿园自主游戏环境设计而言，要让幼儿从小形成正确的人生观，教导幼儿敢于承担责任，是新时期生态文明建设规划不断完善的必要条件。

（二）幼儿全面发展的需要

幼儿的发展关乎着未来社会的发展，而幼儿最终要被培育成为实用的综合性人才，幼儿期也是最关键的阶段，是启蒙的关键时间。良好的环境有助于培养幼儿的学习兴趣和行为习惯。让幼儿在良好的自主游戏环境中学习，对学习内容进行深入集中的探索，让他们获得知识、运用知识，并形成能力，最终实现幼儿的全面发展，促进幼儿健康、快乐、幸福地成长。

（三）加强教师对自主游戏的合理化指导

教师是幼儿自主游戏环境中一个十分重要的角色，教师对幼儿自主游戏的合理化指导直接影响到幼儿游戏的自主性的实现。虽然很多老师也对自主性活动表示了理解、肯定和支持，但是在实际操作流程中，因为幼儿园对活动时间安排、课程教学进度、班级制度等方面都有较明确的规定，因此教师基本上无法选择，而教师主动性的不足又使得幼儿也很难自主游戏。

（四）完善游戏设备，培养幼儿的积极性

教师要及时更换材料，替换破旧材料，加强对不安全用具的把控，仔细检查每一项幼儿用具，做到安全放心，进一步培养幼儿的积极性，按照幼儿的心理发展需要与社会现实需求，去创建环境和参加活动。

四、自主游戏对幼儿发展的价值意义

（一）自主游戏为幼儿健康和动作发展奠定基础

幼儿的动作发展分为两大类：一类是指大肌肉动作，发展走、跑、跳、攀爬等基本动作，动作的发展体现在动作的协调性、平衡性、力度、灵敏度等方面，幼儿在大型运动器具上进行自发的体育锻炼，就能促使这方面的动作发展。动作发展的另一类是指小肌肉动作，发展操作技能，如一些拼图等桌面的自主游戏和自发的玩沙游戏，能为提高幼儿的手眼协调能力、动作的灵巧性起到重要的作用。

（二）自主游戏为幼儿的语言和认知发展保驾护航

自主游戏对幼儿来说是一种最没有压力的活动，所以，自主游戏是保证幼儿认知发展的有效动力。在自主游戏情景中发生的问题，更易激发幼儿的积极思维，主动找出更多解决问题的方法，在玩中获取各种不同的经验。教学活动只能提供给幼儿特定的知识和技能，而自主游戏能使幼儿获得认知能力及思维的变通性、创造性，由于自主游戏中幼儿相互间交流的迫切需要，幼儿的语言会得到迅速的发展。自主游戏还能吸引幼儿的注意力，使他们得到注意力和坚持性的训练。因而，自主游戏对幼儿的语言和认知发展的先天开发是非常需要的。

（三）自主游戏为幼儿将来的社会发展做铺垫

由于幼儿自由地选择了玩伴，每个幼儿在游戏中作为一个小团体的成员，必须学会遵

守一定的规则，逐步学会如何与同伴交往，如何协作、互助，游戏时玩伴间纠纷和矛盾的结果会给幼儿一种最深切的人际关系体验，这为日后的社会性协作打下了初步的基础。幼儿在自主游戏中与同伴交往时，不断体验着成功与失败的感受。因为自主游戏是最没有压力的活动，所以在游戏中幼儿体验最多的是一种成功感和胜利感，这对他们的心理健康发展是非常必要的。

五、自主游戏对幼儿教育的重要性

幼儿教育的终极目标是发展幼儿能力。在幼儿教育的过程中，游戏作为幼儿最喜欢的活动，幼儿的能力与品质等都能在游戏活动中体现出来。尤其是幼儿在自主游戏活动中能够最大化地展示自己的真实喜好，满足自己内心与情感的需求。由于在自主游戏中，幼儿不受成人的干扰，不因为成人的喜好或者规避责难，或者讨好成人而去刻意做出一些非源于内心的行为，压抑真实的自己，从而更有利于教师通过观察游戏中幼儿的行为，去追溯幼儿的心理诉求，从而抓住有效引导的教育机会，去帮助幼儿发展、陶冶情操、启迪智慧，提升幼儿的良好品德，提升幼儿的自信心，促进幼儿各个方面的综合发展。

六、结语

综上所述，在幼儿自主游戏开展过程中，要促进幼儿的发展，了解自主游戏对幼儿发展的影响，开发幼儿的智力，促进幼儿知识的掌握，培养幼儿形成良好的习惯。同时，教师在自主游戏开设过程中，要提升游戏的安全性，投放合适的游戏材料，激发幼儿对游戏的兴趣。教师要保证幼儿充足的游戏时间，创设宽松的游戏环境，使幼儿融入具体的情境中，挖掘自身的潜能，感受到自主游戏的快乐。

浅论幼儿园探究性课程

北京市通州区永乐店镇中心幼儿园　侯彦竹

幼儿园探究性课程是一种让幼儿主动获取知识，使用知识解决问题的课程推进方式。在探究的过程中，幼儿依据自身的知识结构、思维方式、学习方法等，对各种感兴趣的事物有针对性地猜想、寻解，在解决问题的过程中学会探究，形成科学的价值观。探究性学习就是在探究性课程中以“探究”的方式获得知识、掌握方法、解决问题的过程。因此，在幼儿园探究性课程中，我们要明确幼儿探究性学习的特点、探究性课程的价值取向、探究性课程的教育理论等，来助推幼儿的探究行为。

一、幼儿探究性学习的特点

幼儿探究性学习是指在某一学科领域或者生活场景中，以某个问题作为突破点，幼儿通过发现问题、调查研究、分析研讨、亲身体验、实验验证，以及表达、交流、设问、解惑等学习过程，获得知识、掌握方法的一种学习方式。这种学习方式倡导的是一种探究性学习理念、方法、模式，能让幼儿主动获取知识、解决问题，形成科学的思维方式、认知观点和科学精神。幼儿探究性学习的特点主要包括以下几点。

（一）主动性

幼儿探究性学习作为一种探究性学习理念、方法、模式，在活动的过程中以幼儿为主体。幼儿积极参与自己建构的探究性活动，以自己的经验和知识为基础，通过亲自探索和发现、主动体验与实战，以自己的方式将知识纳入自己的认知结构中，并试用学过的知识解决新问题。教师在这个过程中只是一个组织者、指导者和参与者。探究性学习方式有利

于幼儿主体意识和主体能力的形成和发展，有利于塑造幼儿独立的人格品质，有利于培养幼儿的学习主动性。

(二)实践性

幼儿探究性学习是以亲身体验为主的实践活动。幼儿通过动手动脑，运用多种感官，将实践、体验、感知贯穿于整个活动中。幼儿探究性学习还特别强调幼儿与外在资源的连接，通过调查、参观、访问、模仿等，把直接经验与间接经验相融合，在实战性的学习中促进综合能力的发展。

(三)过程性

幼儿探究性学习追求学习过程和学习结果的和谐统一，更加关注学习的过程。教师应注重在学习过程中潜在的教育因素，尽可能地让幼儿经历一个完整的发现、应用和发展的探究过程。

(四)开放性

幼儿探究性学习的目标是灵活的，具有一定的延伸性，不像集体活动的目标那样有明确具体的要求。幼儿探究性学习的内容是开放的，可以根据幼儿发现的兴趣点和学习能力进行不断的拓展或者中断。探究结果也是开放性的，可以有多种不同的见解。幼儿探究性学习打破了传统教学在统一规定下的教学模式，为幼儿提供了大胆创新、超越自我的学习空间，有利于培养其创新意识和创造能力。

二、幼儿园探究性课程的价值取向

每一种课程都有其内在的教育价值取向，幼儿园探究性课程也一样。现代教育已经越来越重视认知与学习品质、社会性与情绪、身心健康与动作技能的培养，蕴含在这些幼儿学习基础素养之下的，正是“关心”二字。认知与学习品质——能力，社会性与情绪——关心人、爱人(心理健康)，身心健康与动作技能——可爱的人(身体健康)。因此，我们把“学会关心：培养有能力、关心人、爱人并且可爱的人”这一教育思想作为探究性课程的教育重点。通过对“学会关心”的解析，我们把它分为“关心自我、关心他人、关心动植物、关心自然环境、关心人类创造的物质以及精神世界”等几个方面，我们的课程目标、课程内容、课程实践都从“关心”而来，朝“关心”而去。

三、幼儿园探究性课程的相关教育理论

(一)思维五步法

美国教育家杜威认为，人从问题的提出到问题的解决，思维在不断地演进着。这一演进的过程，一般有五个步骤：发现疑难问题；推测预料，确定疑难；提出解决问题的种种假设；推断假设；进行试验，检验和改正假设。以上可概括为思维五步法，即联想、问题、假设、推理、试验。

杜威的思维五步法是一种科学的思维模式，比较符合幼儿操作活动的过程，可以很好地体现幼儿的实践轨迹。在主题活动的推进过程中，我们根据以思维五步法为基础的探究路径，为幼儿提供一些有趣的探究工具，引导幼儿在观察、比较、实验的过程中，发现问题、分析问题和解决问题，不断积累有益的经验，逐步养成自主探究、合作探究的能力。

(二)生活教育理论

陶行知提出“生活即教育”“社会即学校”“教学做合一”的生活教育理论观点，提倡“六大解放”。他认为，课程内容来源于幼儿园周围的人、事、物，教育要通过生活才能发出力量而成为真正的教育。

陶行知的生活教育理论对幼儿园课程资源开发利用研究具有至关重要的指导意义。幼

儿园课程、幼儿教育和幼儿生活三者紧密结合，课程资源开发利用过程本身就是幼儿美好生活的过程，而且探究性课程的资源潜在于幼儿生活中。怎样从生活中挖掘课程资源，让课程回归幼儿的“生活世界”，让幼儿在了解生活、感受生活的过程中促进其身心发展，是我们课程研发的重点。因此，与幼儿生活相关的、幼儿感兴趣的、有助于拓展幼儿经验的资源，我们都纳入了探究性课程中。

(三)建构主义理论

建构主义的最早提出者是皮亚杰。他认为幼儿是在与周围环境相互作用的过程中，逐步建构起对外部世界的认识，从而使自身认知结构得到发展的。人的素质和能力的发展形成，总是在积极参与的实践活动中内化和建构的。学习本质是学生主动建构的过程，师生各自以不同的方式建构对世界的理解。建构是多元的，个体只有与环境交互作用，才能真正形成自己的认知。

我们从皮亚杰的建构主义理论中认识到，幼儿园课程的建构其实是幼儿自我学习过程的建构。在这个过程中，我们根据幼儿的需要，尽可能地提供适宜的场地、工具，搭建探究的支架，从而激发幼儿的探究兴趣，使其在探究的过程中培养自己的探究能力，并形成受益终身的学习态度和能力。

(四)综合课程论

综合课程论又叫广域课程论，它与分科课程论不同，强调知识的横向联系，主张打乱学科界限，按照知识在自然界和人类社会中的客观存在及其内在联系组织教材，形成不以学科命名的课程。根据综合程度的不同，分为大综合和小综合两种形式。大综合主张彻底打乱学科界限，重新组织教材，学科的痕迹已不复存在；小综合主张既不使各个学科分别独立成课，又不完全打乱学科界限和体系，进行课程设计。

四、幼儿园开展探究性课程的意义

(一)幼儿园探究性课程是一种发展

幼儿园课程改革深入发展的必然是以幼儿的内在需要为动力，将课程的拓展与幼儿的兴趣紧密相连，以多元化的学习方式使幼儿参与和体验学习的程度不断加深。

幼儿园探究性课程是一种由幼儿自主发现问题、提出问题、探究问题的课程。它以幼儿的原有经验为基础，以问题为载体，通过独立与合作的方式进行探索或研究活动，让幼儿在探究过程中获得体验与知识，挖掘潜能，健全人格，培养创新精神与探究能力，以及掌握一般探究方式等。它给了幼儿更大的发展空间，也更强调和凸显幼儿的个性发展。

幼儿园探究性课程是我园课程发展的一个里程碑。它的确立让我们的园本课程探索有了新的理论根基，让我们思考如何更好地利用现有的课程资源平台，构建具有整体性、主动性、独立性、独特性、体验性、问题性等明显特征的课程体系来助推幼儿的发展，助推教师的发展，助推幼儿园的发展。

(二)幼儿园探究性课程是一种创新

幼儿园课程创新的根本出发点是让幼儿的学习充满自然与和谐、创造与快乐、尊重与合作。幼儿园探究性课程以项目学习的方式推进课程发展，聚焦于各领域的融合，开展有意义的学习。

幼儿期的孩子好问，喜欢探究，思维发展快速，对周围事物充满好奇。引导幼儿与周围生活产生互动，不断进行体验、探索，一方面能够让他们获得内心的自我满足，并伴随主动体验，可以对周围的事物和人群形成新的认识，对事物的内部结构产生新的感知，对人和人之间的关系产生新的体会；另一方面，由于幼儿在活动开展过程中需要发挥主动性，

其参与性更强，学习效果更好，效率也更高。因此，我们认为，幼儿园探究性课程是一门更富有弹性和充满活力的课程。它更接近幼儿的最近发展区，能让幼儿在积极的自我参与中获得更多的成就感，提高自主学习的能力，从而实现从“孩子追赶课程”到“课程追随孩子”的转变。可见，幼儿园探究性课程不仅是一种理想的价值取向，同时也是幼儿园园本课程理论提升和实践发展的一个新的生长点。

教育教学中培养幼儿劳动智慧的策略

浙江省金华市东阳市妇联幼儿园　齐晶晶

一、劳动与劳动智慧

(一)劳动的价值

当我问孩子“劳动是什么”时，他们的回答通常是“种地”“当值日生”“就是去干活”“劳动是每天抬水，抬到晚上”“小喜鹊造新房，小蜜蜂采蜜忙”……那么劳动到底是什么呢？劳动是维持自我生存和自我发展的手段。劳动可以满足人们的基本生活需要；提升自己的技能和专业性；促进个人成长，为社会做贡献，创造价值。

(二)劳动智慧的概念

劳动智慧是围绕劳动挖掘生活化的活动内容，生成各年龄段特色活动的组织与实施的策略。做到三方面：将劳有所“感”，变“无感”为“有感”；将劳有所“植”，变“形式”为“实种”；将劳有所“保”，变“浪费”为“环保”。

劳动教育过程中需要避免的主要问题是：“邀赏式劳动”，幼儿为获得成人的赞扬或奖励而做出的劳动行为；“嬉闹式劳动”，活动过程中幼儿的情绪体验极好，积极参与的主动性很强，但并没有劳动意识、劳动行为以及产生劳动结果；“任务式劳动”，幼儿在成人的安排、要求下所进行的劳动。

(三)劳动智慧的重要性

人类的历史是从石器时代不断进行创新进化而来，从劳动初期开始人类就在不断地创新。劳动也要坚定不移地贯彻创新、协调、绿色、开放、共享的新发展理念，坚持人与自然和谐。通过培养幼儿劳动自觉性和形成幼儿劳动意识，来达到幼儿园教育回归生活的目的，以“责任到人”的种植方式珍视幼儿活动的想法和主人翁意识，保护幼儿的好奇心和学习兴趣，尊重个体差异，鼓励支持幼儿通过亲近自然、直接感知、实际操作，让幼儿在接触大自然、理解大自然、喜欢大自然的过程中习得劳动相关经验，在实际操作中巩固经验，发现问题并进行创新。

二、在教育教学中培养劳动智慧

(一)尊重劳动，热爱劳动

让幼儿养成尊重劳动、热爱劳动的意识。劳动不仅仅是单纯地完成任务获得表扬，不是短时间轻松就能获得的收获，而是在劳动中发现热爱，在劳动中收获坚持，感受劳动人民的艰辛与喜悦，有服务自己、服务他人、服务自然的意识和能力。

我园每班都有一块自己的“一亩三分地”，如何将劳动变为一日生活中的常态化，是教师一直思考与解决的问题。从农村土地的利用上，我们发现“责任到人”这一举措可以大大促进幼儿的劳动积极性，养成劳动习惯。以草莓园为例，前期老师和幼儿探讨“责任到人”一词的含义，抛出班级种植草莓将不再以群体播种、草莓共享的方式，而是将草莓以一人

一株的方式采购，幼儿根据自己的眼光选择属于自己的草莓苗进行播种，草莓苗结出的果实属于草莓苗的主人。通过实际研究，这样的方式不仅提高幼儿的主人翁意识，也能提高草莓的产量，幼儿在收获果实中收获自信。

此外，在草莓种植前期我们交谈"责任到人"的实践方法，孩子们便提到"如果草莓长不出来怎么办"，虽然每个孩子都有强烈的责任心，但草莓种植中存在很多不确定因素，因此种植草莓也存在一定的风险。在讨论中有孩子便提出："如果长得多可以分享给其他小朋友。""我不是自己吃的，我要带回家给爸爸妈妈吃。"人之初，性本善，每位孩子都有着纯真善良的本性，他们的问题比老师多，方法同样也比老师多。

在种植草莓的活动实践过程中，老师将劳动教育融合其中，激发幼儿自主劳动的意愿，引导幼儿体验劳动的乐趣。孩子们种植的草莓终于要结果了，然而，草莓却被偷吃了。对比咬痕，利用绘本《谁咬了我的大饼》，孩子们发现了不同动物的咬痕是不一样的。通过猜想和一系列的走访调查，孩子们最终确定偷吃草莓的是麻雀。第一颗草莓果实被麻雀"劫走"了，孩子们备感无奈，也更加重视保护草莓。种植草莓是一项有温度、有情感的活动，幼儿精心呵护、仔细观察，牵挂着、期待着，关注生命成长过程中的每个细节。此次草莓被偷吃的事件，引发了幼儿一系列的发现、讨论和调查，不仅有利于幼儿积累相关的植物知识和种植经验，更有利于激发他们对自然、生命成长的积极情感。

(二)慧心慧动，启迪于劳

由内至外，在劳动中展现智慧，利用多种形式进行合作探索，获得初步的环保意识和能力。学校教育德育为先，倡导在活动中育人。学校教育的终极目标是培养社会人，要求要在社会实践中去完成。在劳动实践创造价值中，每个幼儿作为班集体中的一员都要互帮互助。以草莓园为例，孩子们每天不定时地照顾、观察草莓苗，不仅仅留意自己的草莓苗，还在关注着旁边的草莓苗。

此外，我们还把劳动教育扩展到家庭、社会。以草莓园为例，经过三个月的种植，发现一颗草莓也没有长出来，孩子们失望极了。老师组织了一场"为什么草莓长不出来"的大讨论。孩子们带着疑问，周末和爸爸妈妈去了草莓种植基地咨询种植专家。得知最好搭上大棚，刮风下雨都不会影响草莓苗。当即我们便邀请了会搭大棚的"专家"为我们的草莓造个"家"。孩子们在劳动中收获了种植知识和经验。

(三)和谐身心，以动制静

多种形式体验劳动，以劳动的"动"反衬环境的"静"。周末两天升温明显，天气逐渐变暖，周一入园，孩子们发现草莓缺水，纷纷开始讨论着。孩子们结合已有经验，请教有经验的爷爷奶奶们，观看植物饮水机的原理、草莓种植视频，翻阅相关绘本书籍，孩子们思考了给草莓浇水的好方法。利用家长资源，用 PPC 管制作出了浇水装置。在制作的过程中孩子们发现 PPC 管不好固定及衔接，于是团队协助，一个固定，一个将笔绕着管口画定好大小，去木工房进行分割组装。

种植活动是幼儿与植物、泥土、水以及各类工具相互作用的过程，也是幼儿加深对植物的生长过程以及植物与泥土、阳光、空气、水等要素相互关系的认识过程。在发现草莓缺水的过程中，幼儿的观察分析能力、推理能力、责任意识、科学探究能力得到了一定程度的提升，动静结合不仅提升劳动素养，还能体验到成功感、胜任感和满足感。

(四)乐于劳动，享受生活

苏联教育家苏霍姆林斯基说过："儿童高尚的心灵是在劳动中逐渐培养起来的，关键是要使儿童从小就参加劳动，使劳动成为人的天性和习惯。"生活离不开劳动，劳动即生活。

各班结合幼儿一日生活中的各个方面继续开展劳动教育，引导幼儿热爱劳动，树立良好的劳动观念，体验劳动的快乐。

“生活即教育，行为即课程”，劳动教育融入日常生活，才能落地生根。以大班草莓园为例，孩子们通过前期的选择投票，选出自己最想要种植的植物——草莓，但在草莓的种植中孩子们发现草莓并不是容易种植的水果，而且生长周期很长，但这些不能阻止他们的热爱。在草莓一天天的变化中，孩子们又发现草莓被吃了，为此展开了“草莓被谁吃掉”“为什么吃掉草莓”“怎么保护草莓”等一系列讨论，最后在吃到草莓后孩子们又思考草莓怎样吃更好吃。他们把草莓做成草莓奶昔、草莓冰糖葫芦，晒成草莓干，烘焙制作草莓蛋糕等。

如何预防手机游戏对幼儿身心健康产生危害的探究

吉林省敦化市第一幼儿园　朱华君

科技发展日新月异，各种电子产品层出不穷，普及千家万户。幼儿期是孩子们生长发育的关键期，由于有些家长对电子产品危害的漠视和对看管照顾孩子责任的淡化，让电子产品成了孩子的玩具，严重影响了孩子的身心健康。幼儿园作为基础教育的基础，有责任和义务引导家长合理、正确使用电子产品，给孩子创造一个健康的成长环境。

2018 年 8 月 30 日，教育部等八部门联合印发《综合防控儿童青少年近视实施方案》。其中对家庭提出的要求是：控制电子产品使用。家长陪伴孩子时应尽量减少使用电子产品，有意识地控制孩子，特别是学龄前儿童使用电子产品，非学习目的的电子产品单次使用不宜超过 15 分钟，每天累计不宜超过 1 小时；使用电子产品学习 30—40 分钟后，应休息远眺放松 10 分钟，年龄越小，连续使用电子产品的时间应越短。

一、幼儿玩手机游戏的调查

(一)调查报告

课题组先后进行了两次幼儿玩手机游戏的情况调查。

第 1 期参与调查的有 113 个幼儿家庭。在 113 个家庭中，有 94 个家庭的孩子玩手机，19 个家庭的孩子不玩手机，比例分别为 83.2%和 16.8%。有 47 个家庭选择允许孩子玩手机游戏，66 个家庭选择不允许孩子玩手机游戏，比例为 41.6%和 58.4%。有 28 个家庭认为有必要给孩子玩手机游戏，有 85 个家庭认为没有必要给孩子玩手机游戏。“幼儿在什么时间玩手机游戏”这个问题，有 39 个家庭选择监护人无暇看管时，15 个家庭选择无聊时。幼儿每次玩手机游戏的时间有 10 分钟、20 分钟、30 分钟不等；幼儿常玩手机游戏的类型多为益智类与休闲类。

第 2 期针对手机游戏内容再次展开调查，有 52 个家庭参加。幼儿手机游戏的内容为微信小程序跳一跳、换装游戏、打枪、植物大战僵尸，其他则是用手机看视频，或者是学英语、看动画片类的视频。多数幼儿玩游戏的时间是在晚上或者无聊的时候。在 52 个家庭的调查显示中，有 1 个孩子对手机没有兴趣。

关于玩手机的利与弊的问题，家长的回答如下。

有利方面：首先，孩子能接触到新鲜的东西，可以增加孩子知识面，开阔眼界，见识更多；还可以加强生活安全知识或其他安全防范意识；有益于智力开发。具体表现为：模仿说话、唱歌和跳舞，语言表现有规律、丰富，认识字比书本教得快，认识很多颜色、水果的英文，体验很多生活接触不到的情景。其次，注意力集中、想象力丰富、培养了孩子

的思考能力、锻炼了孩子的手眼协调能力。最后，时代需要。手机已经成为现在社会、生活发展需要的常用工具，完全不给孩子玩手机是不可能的，只要掌握时间和正确的引导方法，应该不会对孩子造成不良影响。

弊端方面：第一，视力影响。手机有很强的辐射，长时间看手机对眼睛有很大的伤害；看手机过多会造成远视储备消失，提前近视。第二，成长发育和骨骼影响。玩手机会减少动手时间，不利于孩子的大运动与精细动作等发育。杀脑细胞，脊椎会变形等。第三，人格形成影响。人际关系逃避现实、专注在游戏里要脾气、影响孩子控制能力；迷恋，会养成不爱学习的习惯；不爱动脑思考，思维局限；不利于孩子专注力的发展。

(二)幼儿玩手机游戏的原因及危害

通过观察玩手机游戏的幼儿在园游戏、活动表现，分析幼儿玩手机游戏的家庭因素及危害。

1. 家庭因素

幼儿玩手机游戏的行为多发生在家庭中，发生在监护人无暇看护的状态下；或者是有效陪伴较低的家庭中，采用手机陪伴幼儿学习来丰富幼儿的知识领域。家长的表现为知道不好，但是实在没有人看孩子，将手机作为哄孩子的“电子保姆”；孩子不爱吃饭，以看手机动画片为奖励，引导幼儿好好吃饭等。

2. 手机游戏对幼儿的身心健康造成的显性危害

(1)身体方面。

①视力危害。孩子的视力发育是像身高一样逐渐递增的，过早并且长期专注手机屏幕里的内容，孩子的眼睛会不知不觉地离手机屏幕越来越近，这样会使眼睛聚焦的角度增大，造成眼睛的睫状肌收缩的幅度增大。时间一长，睫状肌就容易产生疲劳，引起调节痉挛(假性近视)，再继续发展就会变成真性近视。

②骨骼畸形。长期用手机还会导致幼儿手指发育畸形；低头玩游戏也会对幼儿颈椎带来很大伤害。

(2)心理方面。

①影响幼儿性格。长期玩手机的幼儿，表现为不喜欢与人交流，当孩子和外界接触交流的机会减少的时候，孩子以后患上抑郁的概率就越高，导致性格内向、孤僻，甚至易患孤独症或抑郁症。

②影响幼儿思维方式。手机游戏中充斥着各种声音和光影的刺激，对孩子大脑发育非常不利，同时手机游戏内容易让孩子兴奋，从而不能静下心来，影响幼儿的专注力。长期玩手机的孩子，大脑皮层会变薄，语言和推理能力表现较差。

二、指导建议

针对这一现象，我园增加了家教指导的力度。通过家长会、家长学校、家教微课堂向家长传输科学的育儿知识，让家长知道如何陪伴幼儿是有效的，如何让幼儿合理地使用手机。

(一)父母做榜样

父母是孩子最好的老师，家长的示范引领决定着孩子的习惯和行为。家长在家庭生活中适时放下手机，养成合理使用手机的习惯，让孩子远离手机。

(二)有效陪伴

家长忙的时候，用手机陪伴孩子最省心，也因为这样的原因才导致孩子依赖手机。代替手机陪伴幼儿的方法很多，如让幼儿看书、画画、拼图、搭积木等；出门不方便的时候，

包里放上几本画册，让幼儿养成爱读书的好习惯，一举多得。另外，家长要有计划地设置亲子时光，陪伴孩子一起亲子游戏、户外活动、亲子阅读等，给幼儿高质量的陪伴，与幼儿对话、互动，才是幼儿身心健康发展最需要的。

（三）正面引导

调查中许多家长也指出了手机游戏会带来一些益处，但最好不让幼儿接触手机，可是有的幼儿已经开始接触手机，并有强烈的兴趣需求，强行制止的话会让幼儿产生强烈的情绪反应。可以与孩子商量计划时长，制定规则，和善而坚定地正面引导幼儿。

教育只有一次，错过不能重来，不能让手机游戏毁掉孩子的美好童年，我们要为孩子们营造健康的成长环境，趋利避害，相信手机游戏的危害就会远离我们的孩子。

家园沟通常见问题与策略

山东省济南市历城区郭店中心幼儿园虞山分园　马　艳

《幼儿园教育指导纲要（试行）》指出："幼儿园应与家庭、社区密切合作，与小学相互衔接，综合利用各种教育资源，共同为幼儿的发展创造良好的条件。"幼儿教师面对幼儿和家长两个群体，既要关注幼儿、用心呵护，因人施教、尽到职责，又要重视家长、加强沟通，赢得尊重、争取支持，共同促进幼儿健康、全面发展。在幼儿教育实践中，由于受思想观念、认知水平、所处位置、价值取向等诸多因素影响，幼儿教师与家长沟通交流中难免会发生分歧，处理得当能够保证家园合作有效进行，否则就会影响幼儿教育的质量和环境。幼儿教师需要理性看待与家长沟通中的矛盾问题和分歧，掌握应对措施，提高自身素质，掌握家园沟通的工作主动。

一、家园沟通中常见的问题

（一）教育观念不同，缺乏共同语言

1. 对幼儿教育的关注重点存在差异

众多家长重视智力培养，更看重应试教育，认为孩子聪明、文化成绩优异最重要，忽视孩子的体育和美育，甚至认为是文化学习之外的事情，浪费时间和精力，对幼儿园安排的游戏活动、趣味课堂缺乏认同、不愿配合。

2. 对幼儿阶段的学习规律认知不一

不少家长受形形色色的商业化宣传广告影响甚深，对所谓的"不让孩子输在起跑线上"理解片面，急于求成、揠苗助长，家庭教育"小学化"，使学前教育异化为"学前学习"，入园后也要求教师在教学课程里加重阅读、识字、写字、计算等学习内容，用认了多少字、会算多少题来衡量教师业绩，达不到预期就评头论足、表达不满。

3. 对家园共育的内涵和外延认识肤浅

有的家长把在园教育和家庭教育割裂开来，对需要配合的亲子活动、材料准备等消极对待，责怪幼儿园不应该给家长增加负担，认为把孩子送到了幼儿园，幼儿教师就该全面负责，如果要家长来干，还要幼儿园、老师做什么。因家长态度不积极，幼儿园的很多活动无法开展。

（二）角色定位错误，难以互动沟通

1. 家长把幼儿教师当作"保姆"

家长对幼儿教育职业存在歧视和偏见，只是把幼儿教师当作看孩子的保姆；认为自己

交了教育费和生活费，自己就是“上帝”，教师就是服务员，教师有绝对的义务为家长服务，容不得有任何过失与差错，一旦发生点问题，就不依不饶追究到底。

2. 幼儿教师把家长当作“学生”

幼儿教师在幼儿教育方面往往以专业人士自居，认为自己掌握专业知识经验，具有专业权威性，与家长沟通中往往表现出居高临下的口吻，带着一种教育“学生”般的说教口气；把家长看成执行者，在活动中形成指挥与被指挥的关系。

（三）信息渠道受阻，引发误会隔阂

1. 老人代转信息，沟通不够直接

许多父母忙于工作，幼儿都是由祖辈来照顾，接送幼儿由老人承担，幼儿父母与教师深入交流的机会少。教师通过老人转达信息，有的老人转达内容不详，有的老人加入自己的看法，有的老人甚至忘记转达。

2. 幼儿误报情况，传递不实信息

幼儿认识事物的能力、语言表达能力有限，向家长陈述在幼儿园的所见所闻，诉说自己在幼儿园经历的事情，不能准确表达，偏离事实和原貌，引起误会、疑虑。

3. 教师知情有限，做出片面结论

家访无法顾全每位幼儿，教师对幼儿的家庭情况和在家里的表现不是很了解，全凭幼儿在园的表现进行判断，无法将家园情况结合起来进行分析，出现主观性和片面性。

（四）相互信任不够，造成沟通障碍

1. 理性与情感的冲突导致不信任

家长对自己孩子是骨肉亲情，教师对班内孩子是师德大爱。家长对孩子的爱常常是情感多于理智，认为自己的孩子最可爱、最优秀，只看自己孩子的优点，过分宠爱，一味娇宠。教师要对每个孩子负责，既要爱孩子，也要体现公平，很多时候需要理性驾驭情感，有的家长不理解，所提要求得不到满足时，觉得教师对自己的孩子不够关心。

2. 家长关心的问题得不到满意答复，导致不信任

家长向教师询问自己孩子在园情况时，有的教师由于平时缺乏对孩子的详细观察和记录，家长得到的往往只是“表现还不错”“挺好的”“一般”等空洞回答，具体情况回答不上来，家长会觉得这是敷衍应付，对教师工作不满意，怀疑教师对幼儿关注不够。

3. 负面舆情影响导致不信任

自媒体时代，个别幼儿园里发生的有违师德师风、让人心寒的事件，被媒体曝光，在网上发酵，负面舆情在不少家长脑海中留下负面记忆，因而对幼儿园教师存有质疑，戴着有色眼镜和怀疑的目光看待教师的所作所为，缺乏稳定、牢固的信任感。

（五）情况处置欠妥，产生矛盾冲突

1. 表达生硬

教师在与家长沟通时，缺少换位思考，语气语调生硬，伤及感情，告知家长幼儿的缺点和问题时不分场合。

2. 情绪失控

幼儿在园磕碰受伤、与同伴发生冲突、被其他孩子打伤，有的家长会怒气冲冲地找教师理论。有的教师处事不冷静，与家长争执，让家长认为教师对自己的孩子或者对自己有偏见，甚至认为老师是不负责任的，这样更不易沟通。

3. 固执己见

有的教师对家长提出的批评性意见不能正确对待，缺少自我反思的态度，认为家长是

在找碴，急于为自己辩解，对家长的意见建议、善意提醒置之不理，把关系搞僵。

二、家园沟通策略方法

(一)宣传幼教知识，形成共同认知

幼儿教师与家长对幼儿教育取得一致认识，相互沟通是前提基础。幼儿教师可利用不同时机和场合，向家长传播科学的幼儿教育、保育知识技能，帮助他们树立正确的教育观念。

1. 推动观念转变

利用家长会、家长开放日活动，向家长集中宣传全面发展的教育观，引导家长认识到科学的幼儿园教育应根据幼儿的心理发展特点，采取适合幼儿阶段的方法，使他们在健康、语言、社会、科学、艺术五大领域得到全面发展。

2. 引导合理预期

可以利用家长会或者家园联系栏来引导家长正确认识幼儿教育重点和幼儿园的功能定位，让家长清楚幼儿园的功能应该是补充和延伸家庭成员在孩子年幼时教育的角色，不在知识学习上给幼儿园提出与功能定位不相符合的期望要求。

3. 提供教育指导

幼儿教师平时要多研究家长们所面临的各种教育问题，利用自己的专业资源，主动给他们答疑解惑，随时随地为他们提供有效指导。通过微信公众平台、幼儿园网站、家长园地、家长学校等渠道，介绍科学育儿经验，不同程度地提高家长科学育儿水平，家庭和幼儿园对幼儿的教育达成一致。

(二)展示职业精神，赢得家长信任

有效沟通首先必须相互信任，用信任搭建起沟通的桥梁。

1. 一视同仁，尊重理解家长

无论在何种情况下，教师对家长都应一视同仁、平等对待，不因家长社会地位的高低而有亲疏之分。应该在相互理解、彼此尊重的基础上进行沟通。

2. 重视细节，体现关心体贴

著名教育家陶行知有句名言：“捧着一颗心来，不带半根草去。”平时注意关注幼儿的食量大小、是否挑食、吃饭用时长短、是否养成良好习惯等生活方面的各种表现，细心观察幼儿在集体教学与活动、区域活动、户外活动的兴趣喜好，与人交往情况，留意幼儿在学习活动中的注意力、专注力、吸纳新知识的能力等，通过文字、图片、视频等方式记录保存下来，做到心中有数。

3. 提高素质，展示专业水准

现在家长文化水平普遍较高，对幼儿教育方面的了解越来越多，对教师的专业素养要求更高。幼儿教师要加强专业知识学习和业务技能研究，不断优化知识结构，如果家长与幼儿教师多次交流后觉得教师没有什么新的知识，翻来覆去总是一些肤浅的套话，就会觉得教师没有深度、缺乏新意，就不再有沟通交流的意愿了。

4. 坦诚相待，树立负责任的态度

孩子在幼儿园发生意外受伤、弄湿衣服、睡觉受凉等情况，幼儿教师要敢于担当，负起应负的责任，而不应推卸责任、极力为自己开脱。

(三)回应家长关切，建立感情基础

良好的感情基础，能够使家园沟通在一种友好、和谐的氛围中进行，有利于提高沟通的效果。幼儿教师要主动与家长建立良好的感情纽带，做一个家长喜欢的老师。

1. 了解家长心态

研究家长的关心关切，家长重视和关注的问题，教师必然会与家长多次沟通，教师可以多关注家长经常提到的问题，有针对性地和家长沟通。

2. 及时反馈情况

家长经常会向教师发出请求，让教师帮着在幼儿活动的时候及时减少衣服、保证孩子饮水情况等。对家长的合理要求和叮嘱事项，教师要热情答应，放在心上，用心做好，及时进行反馈，让家长知道其要求教师都记在心上了，而且全都做到了。

3. 帮助解决问题

孩子身上的问题，许多家长也看得出来，但毕竟不是专业的幼儿教育工作者，苦于没有解决的办法。教师应注意研究孩子容易出现的各种心理行为问题，热心为家长排忧解难，为其提供有效的对策方案，解决持续困扰他们的幼儿教育问题。

以儿童为中心的“对话式”环境创设

江苏省苏州市苏州姑香苑幼儿园　李雯洁

幼儿园环境创设包括物质环境创设和精神环境创设两大方面，其中物质环境创设是人们可以看到的，尤其指幼儿园的班级空间环境创设以及幼儿园的室外整体环境创设。以儿童为中心的“对话式”幼儿园环境创设是指教师为幼儿建立起一个支架，为幼儿提供工具和材料等，让幼儿成为环境创设的主人。让环境成为很好的教育资源，让幼儿与每一面墙“对话”。

一、幼儿园环境创设的意义

（一）丰富幼儿与环境互动的经验，促进幼儿身心全面发展

幼儿在参与环境创设的过程中，不断地观察、积累经验，促进自身语言、社会、健康、科学、艺术等五大领域全面发展。比如，在参与大班主题环境创设“好吃的冰糖葫芦”前期，家长带孩子去山楂园采摘新鲜的山楂，在采摘活动中，幼儿体会到农民伯伯的辛劳，珍惜劳动成果；在幼儿园“制作冰糖葫芦”的过程中，幼儿初步了解到冰糖葫芦的制作步骤，丰富幼儿生活经验；在“我来画冰糖葫芦”活动中，幼儿通过绘画并上台分享自己爱吃的冰糖葫芦，提高了语言发展能力；在“我来动手做冰糖葫芦”的过程中，通过和小伙伴经历洗山楂—穿山楂—熬糖水—浇糖水等，提高幼儿之间的合作能力、语言交往能力以及动手操作能力，幼儿品尝自己亲手制作的冰糖葫芦，体验自主动手的快乐，懂得食物的来之不易，以后会更加珍惜别人的劳动成果。

由此可见，幼儿在参与“好吃的冰糖葫芦”这一主题环境创设过程中，不断积累、丰富幼儿与环境互动的经验，从而促进幼儿身心全面发展。

（二）促进幼儿、家长、教师三角色之间友好关系

在瑞吉欧教育体系之中，无论是教师、幼儿还是家长，每个角色都是地位平等、相互尊重的。良好的幼儿园环境创设一般是由家长、幼儿、教师共同商讨、合作完成的。所以，在环境创设过程中，幼儿、家长、教师之间自然而然形成密切的关系，不仅完成环境的创设，更能促进幼儿、家长、教师直接的友好关系。在环境创设过程中，教师会根据幼儿感兴趣的话题入手，幼儿通过绘画、手工等方式表征自己内心世界以及对主题的理解，教师也会通过集体活动、小组活动、个人谈话等方式与幼儿积极互动，记录幼儿行为以及语言，

为幼儿与墙面搭建起对话的桥梁，使得幼儿与教师之间的关系更加亲密、和谐。同时在家长助教或者幼儿园半日开放活动中，家长通过参观班级以及幼儿园墙面的环境创设，了解幼儿在幼儿园的表现以及幼儿的内心世界，倾听幼儿与环境之间的“对话”，促进幼儿与家长的亲子关系，在幼儿作品旁附有教师与孩子的对话、意见以及解释，让家长了解教师的教育理念，有助于家园工作的进一步开展。

（三）营造温馨环境，提高环境的持久度

陈鹤琴先生曾指出：“通过儿童的思想和双手布置的环境，可使他对环境中的事物更加理解，也更加爱护。”比如在幼儿园最常见的走廊中，我们经常会发现墙面环创的脱落，而此时老师便会严厉地批评幼儿，提醒他们不要触碰到墙面的环创，而小朋友却丝毫不在意，并没把老师的话放在心上，究竟是何原因呢？原来当我们走近一看，墙面上的环境创设中幼儿的表征寥寥无几，更多的是展现教师的精美手工；相反有的幼儿园以儿童为中心的“对话式”环境创设，墙面上更多的是幼儿的表征，甚至是幼儿自主粘贴与创设的，却不会到处可见环境创设的脱落物，因为孩子知道走廊墙面环境是自己亲手制作参与的，他们会更加小心、爱护自己的劳动成果。这样，并不用教师的反复提醒，幼儿便会自主地爱护、提高环境的持久度，营造出温馨的环境，丰富幼儿园的文化内涵。

二、当前幼儿园环境创设中存在的问题及其成因

（一）教师高控行为，幼儿地位失衡

幼儿园的环境创设应该以幼儿为主，以教师为辅，教师为幼儿建立起支架，为幼儿提供多种材料，让幼儿自主填充框架，把主动权交给幼儿。现如今幼教中普遍存在一个问题，就是好多人认为环境创设是教师的本职工作，每当园长或者领导布置环境创设任务时，教师便会“独揽”环境创设大权。从主题确定、材料收集到墙面板块的划分都由教师自主决定，忽略了幼儿的想法，剥夺了幼儿在环境创设中的主体地位。

（二）更新时间较快，草草了事

从事幼教行业的教师都知道，每到开学季或是主题更换时是环境“大换血”的时刻，这时不少老师就会抱怨。我们都知道幼儿园教师日常工作十分琐碎，包含日常幼儿保教工作、教案撰写、计划撰写、观察记录、政治业务、读书笔记等，主题开展的环境创设也需要教师支持。如果主题环境创设开展周期太短，教师便会草草了事，为了加快速度，就会忽略幼儿的参与过程，剥夺幼儿的创作时间；有的教师会找来能力强的幼儿完成作品，甚至教师直接代替幼儿创作，将“不真实”的幼儿作品粘贴上墙，敷衍了事。

（三）环境主题东施效颦，千篇一律

幼儿园在追求园本特色课程开展时，会对各年级班级提出一些标准化要求以及带教师参观一些优秀的幼儿园，这样在班级开展主题环境创设中就会有局限性，将别的幼儿园优秀的环境创设“移植”到本园，导致环境创设上的“撞衫”事件发生。又或者是同事之间相互合作，互相讨论，分工板块合作完成环境的创设，到头来整个幼儿园的环境创设显得单调、单一，毫无创新，给人一种审美疲劳的感觉。

三、以儿童为中心的“对话式”环境创设的意见和建议

（一）以儿童为主，以教师与家长为辅，共同创设

在瑞吉欧教育理念方案教学中，让儿童采取一系列的“行为”来培养他们解决各种“问题”的能力。展开来说，就是儿童在教师的支持和引导下，就像科学家一样，围绕着一个主题进行探讨，在合作研究探讨过程中发现问题、理解意思、建立认知。就像环境创设一样，首先，主题是根据儿童的生活经验和兴趣爱好来选择的，幼儿的主题延伸成主题网络，每个

枝干向上向下延伸都可形成新的枝干。其次，在环境创设过程中，教师鼓励幼儿运用各种符号系统，创造性地表现和表征自我。例如，在环境创设过程中，许多活动都是需要运用绘画、粘贴、情景表演、口头语言、书面语言以及剪纸等多种多样的形式开展的。最后，在环境创设主题活动即将结束的时候，教师和儿童需要总结讨论，一起回顾儿童在主题环境创设活动进行过程中遇到的问题、用到的方法和策略以及评价幼儿探索的过程。而在整个过程中，教师仅仅是为幼儿建立起一个支架，通过提供材料让幼儿自主创作，把幼儿表征的作品展示在墙面上，家长为孩子前期生活经验提供物质或精神上的准备。由此可见，环境创设是以儿童为主，以教师和家长为辅的共同协作。

(二)更新周期要适当，给幼儿“留白”

俗话说“欲速则不达”，就是指凡事都要有一个“度”，重要的是我们如何把握。在环境创设中，每一个主题创设的周期要适中，无论是班本课程抑或是园本课程，不能过于追求速度，而忽略了过程中孩子们的创作时间。环境创设结果重要，但是它的过程更为重要。我们知道，幼儿园教育理念都是围绕着孩子的，环境创设的目的也是通过隐性的课程，促进幼儿全面和谐地发展。环境创设应该体现“孩子在前，教师在后”的思想，不能本末倒置。所以在环境创设中不能为了急于求成，而不给孩子们留有足够的时间和空间，剥夺他们的自主权，要适当地为孩子们“留白”。

(三)关注全体幼儿，杜绝“择优选美”

《3—6岁儿童学习与发展指南》中指出，“尊重幼儿发展的个体差异。幼儿发展是一个持续的过程，各自发展速度和到达某一水平的时间不完全相同”。这就需要我们教师关注全体幼儿，每个孩子创作的作品都值得我们观察与分析。因此在环境创设中，教师不能仅仅挑选成人眼中精美的作品，应该将幼儿的作品全部表现在环境创设中。

(四)重视环境创设后的讨论

一般在环境创设的最后环节都会有讨论与总结的流程，教师和儿童需要共同讨论和总结，请他们回顾自己在环境创设主题活动进行中遇到的问题、用到的方式方法以及评价他们探索的过程。这不仅可以提高儿童的理解与认知，也可以让他们更自信地将自己的能力展现在新的环境创设中去。

核心素养理念下高职高专学前教育专业人才培养的对策

云南省昭通市职业教育中心　张　霓

近些年，随着学前教育的关注度越来越高，人们对幼儿教师的要求发生了变化，由单纯强调专业知识及技能拓展到了专业能力与综合素质并重，促使学前教育专业人才培养模块逐渐走向规范化、系统化。高职高专学前教育专业是我国学前教育人才的主要供给渠道之一，贯穿核心素养理念，持续培养和输送综合素质较高、教学能力较强的学前教育人才，为学前教育的实施及发展贡献力量，是其历史使命与重要责任。

一、核心素养理念下高职高专学前教育专业人才培养的概念

我国于2016年9月发布《中国学生发展核心素养》整体框架，其中提到，我国各级学校培养学生应遵循“全面发展的人”的核心理念，注重学生文化基础、自主发展以及社会参与三位一体共同发展，进一步细化后包括人文底蕴、科学精神、学会学习、健康生活、责任担当、实践创新等，这就是核心素养的六大元素。基于此，本文认为，核心素养理念下高

职高专学前教育专业人才培养就是高职高专学校学前教育专业通过各相关课程培养具有上述素养的综合型人才，在实现其自身发展的同时，促进学前教育领域乃至社会的整体发展。这是一项立在当前、着眼于未来的任务，因此是综合性的、可持续发展的。

二、核心素养理念下学前教育专业人才培养的对策建议

（一）营造核心素养培养氛围，以环境影响人才的思想

1. 营造职场氛围，深化人才对学前教育的认识

从人才进入学前教育专业接受学习开始，就应有意识地引导他们接触未来学前教育职场，树立学前教育职业发展意识，形成正确、科学的观念。建议高职高专学校定期组织与之有关的讲座、演讲等活动，邀请学前教育领域的专家作为主讲人，指导人才全面认识和规划自身应具有的职业素养。同时，在日常教学中，首先，学校和教育工作者应注重案例教学，利用榜样的力量以及反面教材，激发人才职业认同感，使他们感受到从事学前教育的乐趣和意义，明白成为一名幼儿教师后备人才的专业性，从而坚定深耕学前教育领域的决心；其次，学校教育人才应正确看待幼儿，以充足的耐心、爱心、热心、细心以及责任心对待自己的工作及幼儿园的幼儿，引导幼儿健康成长成才；最后，学前教育人才应提高自身的职业修养，培养爱岗敬业品质、人格及心理健全、人文及科学素质兼具，既要做一名合格的未来教育者，也要成为未来幼儿的学习榜样。

2. 营造竞争氛围，增强人才的学前教育能力

高职高专学校及学前教育专业应定期以彰显专业核心素养为主题（或目的）开展各类教学技能大赛、创意规范大赛、素养比拼大赛等，可单独组织，也可作为重要活动的演出项目，一方面了解人才对核心素养的理解程度，另一方面可突出学校对人才核心素养培养的重视。通过比赛也能扩大核心素养理念的影响范围，形成竞争激烈、类型多样、较为活跃的文化氛围，吸引人才踊跃参与其中，在实践中提升自我核心素养及教育教学知识和能力。

（二）明确核心素养培养目标，构建理论与实践相结合的培养体系

1. 校内培养兼顾重视知识与技能的提高

（1）优化专业理论课及其实施过程。专业理论课是培养人才核心素养的基本途径，它不同于各种培训活动，专业理论课能够给予人才专业知识，为其提供系统、全面的培养机会，且更能做到以人才为中心，持续培养人才的核心素养。具体来说，就是通过专业理论课培养人才的文化基础，使人才拥有人文底蕴、科学精神，并学会学习。为此，专业理论课应根据人才不同阶段的能力安排不同的内容，如先是基础的学前教育学，之后可逐步加入学前儿童发展科学、学前儿童保育学等课程知识，也要引用一些热门话题、行业新知等，充实课程内容。在教学时，应注重案例教学法、讨论教学法等的运用，逐个攻破教学重难点，夯实人才的理论知识基础。总的来说，科学的专业理论课体系不仅能增加人才的专业知识积累，也能帮助人才形成健康的人格，师德素养、专业水平同时得到提高。

（2）完善技能训练、第二课堂、实训室模拟实践模式。第一，通过专业技能课程逐步提升人才的表现力，增强人才的创造力，尤其是艺术课教学，如音乐、美术、舞蹈等，更要注重培养人才的创新思维和艺术表现力、感染力。第二，开设第二课堂。即在以教室为主阵地的第一课堂教学的基础上，开设校内课外实践教学活动，如针对音乐课开设的合唱团等，针对美术课开设的玩教具制作活动、创意美术学习活动等，针对舞蹈课开设的舞蹈团、舞台剧交流活动等，让人才在做中学，在学习中感受乐趣，自信地展现自我，充分发挥在第一课堂学到的知识，并使其得到进一步延伸。第三，结合实训室开展模拟演练，培养人才的专业技能。高职高专院校应针对学前教育专业设置相关实训室，如保育实训室、教学

实训室等，并完善设备、资料等资源，方便人才开展模拟仿真实训。同时也可以实训室为平台，结合实际规划实训项目，引导人才以小组为单位，共同制订计划、分工合作、探讨实施，完成实训任务，强化人才的专业能力，使人才的核心素养从文化基础拓展到自主发展。

2. 校外培养强调深入实地，注重社会参与

(1)积极进行观摩学习、实践研究。建议按照不同年级或是课程教学的需要，明确固定时间段以引导人才深入幼儿园观摩、实践、交流学习等，通过参与幼儿园实际教学过程以及和教师、幼儿的互动，感受学前教育职业的积极价值，总结学前教育规律，深化对专业知识的理解和运用，以此培养责任担当、实践创新等核心素养。同时，也要注重基于理论、案例和实践训练开展相应的教学研究，首先结合教学实际以及人才自身的学习水平，明确教研的方向(题目)及类型，如实地调研、个案研究、主题创作、活动设计等，引导人才运用所掌握的专业知识，深入实地观察、调查，然后综合性分析研究，确保研究过程及结果贴合学前教育实情，且对学前教育的发展有一定促进作用。另外，也可根据幼儿教师专业标准，总结关于幼儿教师(人才)的能力和素养要求，再据此设计实践培养体系，包括相应的知识、技能、经验和综合素质等，按照从低到高的年级梯度，分层次开展实践教学活动，再加上与幼儿园的深入实践互动，以及融合了自评和互评、过程性评价与终结性评价的公平评价机制，这样集学习、实践与科研于一体，突出"疑、思、研、试、做、评"各个重点的培养模式，能够切实培养和提高人才的核心素养。

(2)拓展社会性合作，形成人才培养合力。高职高专学校应充分利用合适的社会性学前教育资源，拓展人才核心素养培养渠道和力量，增长见识，积累实践经验。即在校内技能训练、第二课堂、实训室模拟和校外幼儿园、幼儿教育培训机构、优秀幼儿示范园等之间建立合作关系。一方面，定期开展交流学习活动，分享、借鉴有效的、先进的教育理念、内容及方式方法，结合学校实际情况适当调整，确保培养的方向始终正确；另一方面，除了将这些机构单位作为人才培养阵地之外，也可将人才研究、设计的一些理论成果应用到这些机构单位，如在第二课堂创作的舞台剧、音乐剧、玩教具等，不仅能为这些机构单位提供新鲜有创意的教学素材，而且能够检验人才的科学精神、实践创新水平等，对于人才核心素养的提升极为有利。

三、结语

高职高专院校学前教育专业作为学前教育领域人才的主要供应源之一，应在正确理解国家关于学前教育专业人才核心素养的要求的基础上，不断探索培养模式，采取营造培养环境，构建技能训练、第二课堂、实训室模拟演练等实践教学体系，深入幼儿园、幼儿教师培训机构等单位组织实践交流学习，开展教研活动等措施，有针对性地培养和提高人才的文化基础、科学精神、责任担当、实践创新等素养，引导人才学会自主学习和发展。这不仅是高职高专院校学前教育专业教学改革的有效途径，也是满足社会对学前教育高素质人才需求的切实手段。